2013

Shanghai Finance Yearbook

上海金融年鉴

上海金融年鉴编辑部 编

上海人民出版社

2012年1月13日，中国人民银行上海总部工作会议召开。

2012年1月18日，刘鸿儒金融教育基金会名誉理事长刘鸿儒，中国人民银行副行长杜金富共同为洪葭管先生2011年度“中国金融学科终身成就奖”颁奖。

2012年5月10日，中国证监会副主席刘新华，上海市副市长屠光绍共同为白银期货上市交易揭牌。

2012年5月23日，上海市经济信息化委、中国人民银行上海总部、上海银监局、市商务委四部门联合召开上海金融支持实体产业经济发展会议。

2012年12月3日，上海黄金交易所于中国外汇交易中心举行银行间黄金询价业务联合上线仪式。

2012年10月25日，“金融让生活更幸福”——万名进城务工者金融知识教育项目在浦东新区启动，中国银监会消费者保护局负责人刘元、上海银监局局长廖岷等出席启动仪式。

2012年8月28日，上海证监局局长张思宁在上海上市公司董事长总经理沙龙上讲话。

2012年7月11日，上海保监局举行保险消费者权益保护工作社会监督员聘任仪式。

中国外汇交易中心暨全国银行间同业拆借中心（简称交易中心）为中国人民银行直属事业单位。自1994年成立以来，交易中心按照中国人民银行、国家外汇管理局发展银行间市场的战略部署，在上海市委、市政府的大力支持下，依靠广大市场成员，以“全球人民币相关产品交易主平台和定价中心”为建设目标，坚持“多种技术手段、多种交易方式，满足不同层次市场需要”的业务方针，利用先进的电子信息技术，依托专线网和互联网，建成了为银行间外汇、货币、债券三个市场的现货及衍生品提供交易、交易后处理、信息和监管等服务的基础平台，每日生成人民币汇率中间价、上海银行间同业拆放利率Shibor、债券指数、收益率曲线等系列市场基准，服务对象包括2000多家法人机构、5000多家交易账户、20000多家信息和监管用户，年交易总量超过300万亿元人民币。

地 址：上海市浦东新区张东路1387号30栋
电 话：021－63298988
传 真：021－68797900
邮 编：201203
网 址：www.chinamoney.com.cn
www.shibor.org
www.chinacp.com.cn

CHINA FOREIGN EXCHANGE TRADE SYSTEM
中国外汇交易中心
全国银行间同业拆借中心
NATIONAL INTERBANK FUNDING CENTER

▶ 2011 年杜永茂董事长荣获首届“沪上十大金融家”称号

2006年，中国保监会史无前例一次性批复平安养老保险股份有限公司（以下简称“平安养老险”）设立35家分公司、127家支公司。随后短短9个月内，平安养老险迅速完成全部分公司和支公司开业。

在沪上十大金融家、公司董事长兼CEO杜永茂先生的带领下，公司迅速发展。2007-2009年，公司企业年金管理资产先后超越太平、长江，夺得市场第一，年金领军公司地位从此确立。2010年，公司实现净利润1.62亿，一举成为业内首家实现法人盈利的养老险公司。

▶ 2012 年《中国企业员工福利保障指数》发布会

▶ 杜永茂董事长出席 2011 年陆家嘴论坛

2012年3月，公司企业年金累计资产管理规模业内首家突破千亿大关，持续保持市场领先。当年11月，公司正式提出“综合实力第一”的宏伟目标，未来将“对外打造养老健康专业领域NO.1，对内成为团体综合金融主拓者和集团利润主要贡献者之一”。2012年，平安养老险为21万团体客户、4800万个人客户提供专业的企业年金及保险服务。截至2012年12月，累计为87万家团体客户提供企业年金及保险服务。截至2012年12月，平安养老险管理年金资产达1252亿，年均增速252%，成为国内年金资产规模领先的管理人；资产标规市场份额32.9%，持续保持市场第一。短险年均增速18%，市场份额每年提升1个点；长险年均增速5%，市场份额每年提升1.2个点。短险综合成本率持续优化，年均下降0.5个点。法人报表利润每年持续增长，2012年实现法人报表净利润2.90亿，业内领先。

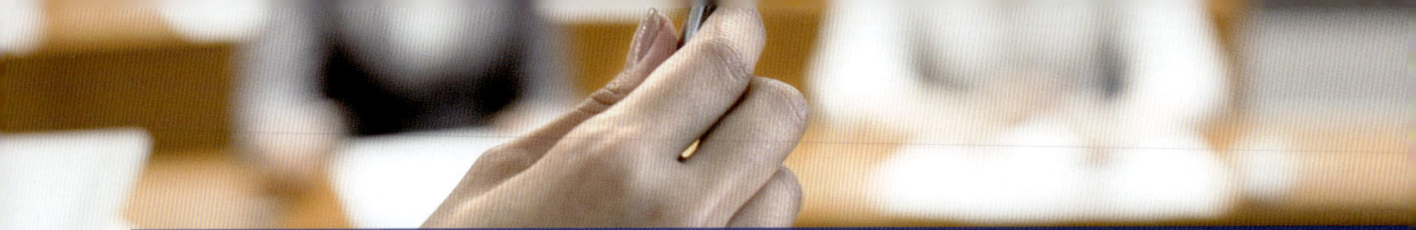

中国金融培训中心

China Center for Financial Training

中国金融培训中心（下称“中心”）是中国人民银行直属正司局级事业单位，对内又名中国人民银行北京培训学院，承担中国人民银行总行机关干部培训；承担分支机构副处级（含）以上领导干部和全系统高级专业人才培训；承担中国人民银行远程教育培训实施工作；承担金融专业英语证书考试委员会办公室、中国教育技术协会金融专业委员会秘书处、全国金融职业教育教学指导委员会的日常工作；开展金融培训方面的国际学术交流活动；为金融系统和社会提供培训和咨询服务。

中心拥有一支由中国人民银行总行领导、司局级和处级干部，其他相关部委领导和司局级干部，金融机构知名专家，高校和研究机构知名专家学者以及国际知名专家学者等组成的专业水平高、研究能力强的培训师资队伍。经过多年的探索与实践，中心在中国人民银行厅局级领导干部培训、处级干部培训、高级专业人才培训、远程教育专项培训、金融英语考试、国际合作培训等方面积累了丰富的经验，取得了显著成就。

面授培训经验丰富

2004年至2012年，共举办“中国人民银行厅局级领导干部高级培训班”、“中国人民银行地市中心支行行长培训班”等280多期面授培训班，培训各级领导干部和各类专业人才1 2000千多人。2012年，以提升培训管理者素质为主题的领导力建设暨创新培训方法示范班，被中国人民银行人事司定为年度精品班、示范班，并作为中国人民银行干部教育培训工作改革创新典型案例上报中央组织部。

远程培训超常发展

中心举办中国人民银行系统内远程培训班40多期，培训各类专项人才15万余人；2012年，成功实施面向商业银行的反洗钱岗位人员远程培训，培训人数达到14.5万人，初步搭建了适合于金融机构学习的开放式远程培训学习平台；同时，远程培训课程体系完善，课程总数达到500多门，拥有丰富的课程资源。

专业岗位证书考试稳步推进

金融英语证书考试是1994年经中国人民银行和原国家教委联合发文批准建立的我国第一个国家级行业性专业外语水平证书考试制度，自1995年组织考试以来，到2012年底，全国累计30余万人报考，近7万人取得合格证书。根据中国人民银行授权，金融业反洗钱岗位准入培训证书考试稳步开展。与美国国际金融专业人才协会合作，“注册信贷分析师”证书考试已经启步。

国际合作培训取得新突破

中心根据国内培训市场需求，积极开拓国际合作培训项目，与国外著名金融机构、院校和协会达成了金融培训合作意向。整合国内外最优质的师资，2013年成功举办“中国金融高端培训”(Top Talk on China’s Finance, TOCF)，作为中国人民银行金融教育培训的高端品牌，受到中国人民银行总行领导的充分肯定和金融机构

网　址：http://www.chinacft.org
邮　箱：ccft@chinacft.org
传　真：010-88091601
电　话：010-66199364

训学员的高度赞赏。

中心在实施中国人民银行岗位培训的同时，积极拓展培训领域，履行社会责任，服务金融系统和实体经济，为政府机关、金融机构、相关企事业单位、行业协会等提供高层次、专业化的培训服务。

国人民银行副行长、外汇管理局局长易纲在2013年“中国金融端培训”（Top Talk on China’s Finance, TOCF）上授课。

员认真聆听讲座

2011年诺贝尔经济学奖得主、纽约大学教授托马斯·萨金特（Thomas Sargent）在2013年“中国金融高端培训”（Top Talk on China’s Finance, TOCF）上授课。

美国经济学会前副会长、前总统经济顾问、哈佛大学经济学教授罗伯特·巴罗（Robert Barro）在2013年“中国金融高端培训”（Top Talk on China’s Finance, TOCF）上授课。

w w w . s g e . c o m . c n

Shanghai Gold Exchange (SGE thereafter), approved by the State Council, founded by the People's Bank of China (PBC thereafter) and registered in the State Administration for Industry & Commerce, is a not-for-profit and self-disciplined legal entity. SGE organizes transactions for the precious metals including gold, silver and platinum in accordance with the principle of "Open, Fair, Just and Honest".

SGE adopts a membership system and has totally 166 members, which produce 90% of China's total gold production with the consuming and smelting capacity accounting for 90% and 95% respectively. From 2008, with the approval of PBC, SGE granted the membership licenses to 8 foreign banks. With the active participation of these foreign banks, SGE enjoys the status of being the only exchange in China that has the foreign members.

SGE employs normalized trading for gold, silver and platinum which should meet the strict standard regulated by SGE. At present stage, SGE conducts both spot and deferred trading for gold, silver and platinum with the following 11 trading species: Au99.99, Au99.95, Au50g, Au100g, Au(T+D), Au(T+N), Ag99.9, Ag99.99, Ag(T+D) and Pt99.95. SGE trades 10 hours a day and provides 3 trading sessions: morning session, afternoon session and night session (9:00 pm ~ 2:30 am, from Monday to Thursday).

SGE assigns 16 clearing banks including Bank of China, Agricultural Bank of China, Industrial & Commercial Bank of China and China Construction Bank, etc., and conducts the clearing business under the principle of "Concentration, Directness and Net Valuation". Following the principle of "One account one code", SGE sets up 72 assigned vaults in 43 cities all around the country to facilitate its members' storage and delivery business. In addition, SGE appoints 57 domestic bullion producers to provide the standard gold and silver ingots and bars for trading.

No.99 Middle Henan Road, 200001, Shanghai China   Tel: +86 21 33189588   Fax: +86 21 33662058

打造中国经济风险管理平台

建设**“社会责任至上，市场功能完备，治理保障科学，运行安全高效”**的世界一流交易所

伴随着中国经济与金融改革步伐的持续加快，中金所将逐步建立权益类、利率类和汇率类三条产品线，为中国实体经济打造一个功能完善的风险管理平台。

中国金融期货交易所
China Financial Futures Exchange

地址：上海市浦东新区世纪大道1600号陆家嘴商务广场6楼(200122)　Add:6th Foor,LJZ Plaza,No.1600 Century Avenue,Shanghai 200122,China
Tel:8621－50160666　Fax:8621-50160606　Website:www.cffex.com.cn

中 钞 国 鼎 印 证

产品名称	材质	规格(克)	发行量(个)
福运花丝金如意	Au.99	68	2000
		218	800

中金国盛
CHINA FINANCIAL AUTHENTICATION

北京中金国盛认证有限公司

China Financial National Rising Authentication

中金国盛认证中心　成立背景

北京中金国盛认证有限公司（即：中金国盛认证中心）于2011年成立，是根据中国人民银行的决策部署，经国家认证认可监督管理委员会（CNCA）批准设立，由中国人民银行直属单位中国金融电子化公司独资筹建的金融行业首家专业认证机构。

中国人民银行在金融行业引入认证认可机制，将检测认证作为行业标准落实和辅助监管的手段，推动金融标准认证体系建设，通过检测认证机构的技术支撑加强行业监管。

中金国盛认证中心作为金融标准认证体系的重要组成部分，其成立和发展对推动金融标准落地、提高金融行业服务质量、防范金融风险、维护国家安全和公众利益具有重要意义。

中金国盛认证中心　主要工作及目标

- 非金融机构支付业务设施技术认证，定期监督获证机构的标准符合性
- 对委托的检测机构进行管理，确保其检测能力及其客观公正性
- 金融行业标准要求的检测、认证技术方法研究，不断提升检测、认证评价能力
- 开展金融行业标准、检测、认证相关培训，努力为提高金融行业技术水平做出贡献

中金国盛认证中心　公正性

中金国盛认证中心根据国家认证认可相关法规和中国人民银行相关规定对认证机构公正性的要求，为维护认证活动公正、诚实的立场，保持认证活动的独立性，制定了公正性政策，建立了公正性组织架构和独立性认证实施流程，并由来自认证管理部门、支付行业管理部门、支付清算协会、消费者、支付机构用户、支付机构和认证中心七方代表组建维护公正性委员会。维护公正性委员会对认证活动进行监督和指导，维护认证实施公正性。

中金国盛认证中心　资质能力

认证机构批准书

中国认证认可协会文件

关于发布2011年第1批非金融机构支付业务设施技术认证审查员确认名单的通知

中国合格评定国家认可委员会

产品认证机构认可证书

(No. CNAS C150-V)

北京中金国盛认证有限公司

中国合格评定国家认可委员会

认证机构认可证书附件

认可业务范围

世界·无界
中银全球现金管理
跨国企业全球财务一体化解决之道
New York
London
Paris
Hongkong

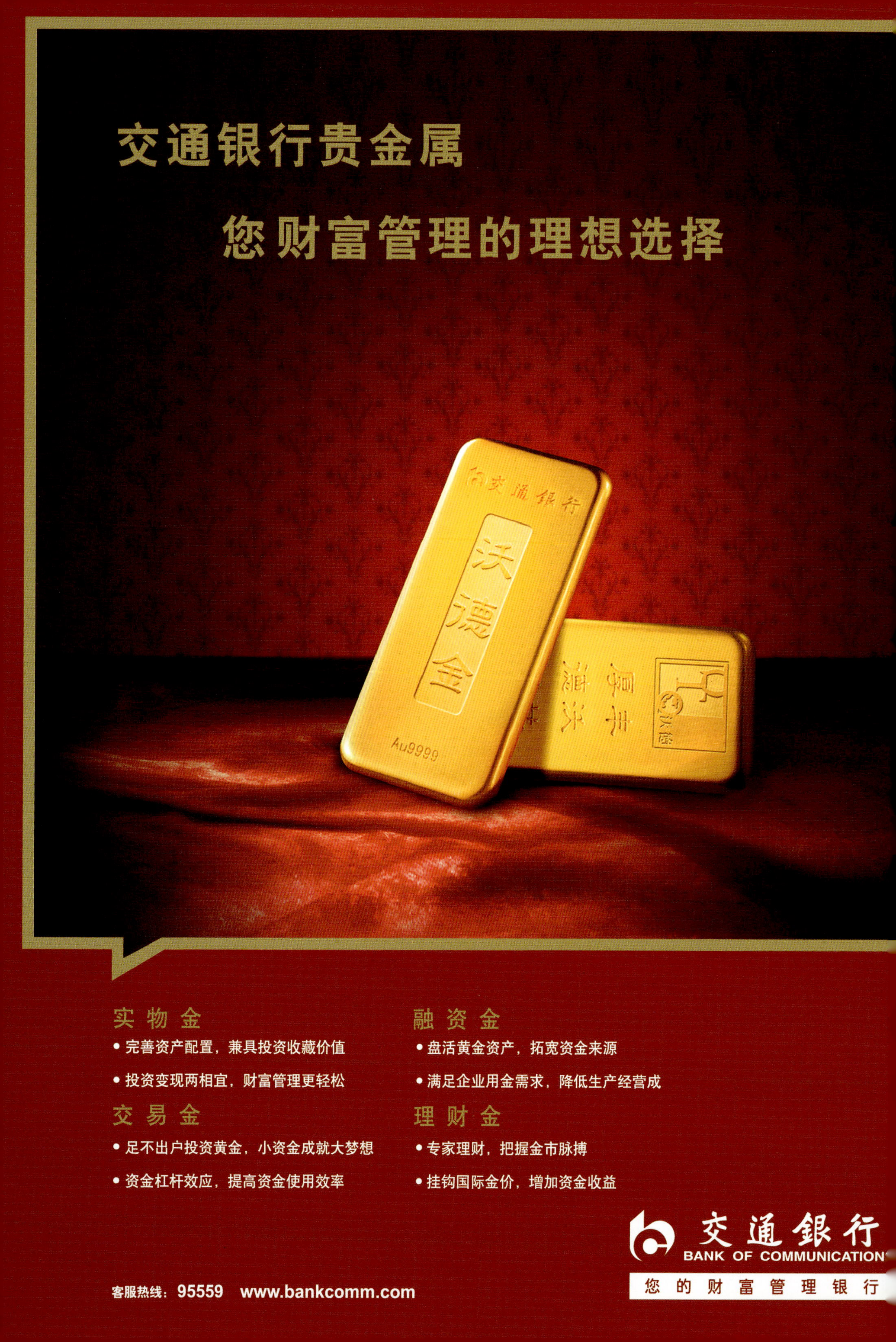
交通银行贵金属
您财富管理的理想选择
交通银行
沃德金
Au9999
实物金
• 完善资产配置，兼具投资收藏价值
• 投资变现两相宜，财富管理更轻松
融资金
• 盘活黄金资产，拓宽资金来源
• 满足企业用金需求，降低生产经营成
交易金
• 足不出户投资黄金，小资金成就大梦想
• 资金杠杆效应，提高资金使用效率
理财金
• 专家理财，把握金市脉搏
• 挂钩国际金价，增加资金收益
交通银行
BANK OF COMMUNICATION
您的财富管理银行
客服热线：95559 www.bankcomm.com

为加快战略转型，大力发展资产管理业务，交通银行于2012年末成立了资产管理部，牵头管理、推进全行表内外、本外币资产管理业务。资产管理部内设综合运营部、产品管理部、投资交易部、风险审查部四个二级部。

经过多年发展，交通银行理财业务已经形成了针对个人客户和机构客户、涵盖本外币、包括封闭式、周期型和开放式的比较完善的产品系列。

交通银行个人理财产品品牌为“得利宝”，主要包括面向交银客户的交银添利、面向沃德客户的沃德添利、面向私人银行客户的至尊、面向代发工资客户的薪享理财四个系列的理财产品；分别有封闭式理财产品、周期型产品，开放式产品和结构性产品。机构人民币理财产品品牌为“蕴通财富”，主要包括稳得利系列封闭式产品、生息365系列开放式产品以及日增利系列结构性产品。机构外币理财产品品牌为“领汇财富”，主要包括挂钩外汇汇率的“慧得利”系列和含有提前终止权的“慧兴利”系列结构性存款产品。

浦发银行
SPD BANK
新思维·心服务
移动金融领先银行
Innovating for Better Life
无论何时何地，无论衣食住行，手机一挥，轻松搞定！
浦发移动金融，不断创新，给你随行、随心的新金融生活。
闪付
特惠商户
缴费支付
交通卡
移动充值
投资理财
电影票,机票
浦发银行
SPD BANK
NFC
客户服务热线 95528
www.spdb.com.cn

中国民生银行
CHINA MINSHENG BANK
上海分行
SHANGHAI BRANCH
自助注册
专属理财
网点排号
汇款实时到账
手机号转账
跨行账户管理
跨行资金归集
自助注册
理财服务
跨行汇款
网点&排号
手机号转账
安全提示
他行账户
中国民生银行
CHINA MINSHENG BANKING CORP., LTD.
服务大众 情系民生
中国民生银行 版权所有
手机随身 民生随行
功能强大，特色鲜明
●本行他行账户查询，一目了然
●跨行资金归集，资金管理快捷方便
●跨行互联互通，转账汇款实时到账
●手机号转账，本行他行账户都能收
●网点查询、排号，省时省力
●投资理财丰富，专属理财独享
●本行跨行汇款，手续费全免
●不登录，也能享受丰富的移动增值服务
中国民生银行手机银行
客户端下载：苹果用户可通过 iPhone、iPad 中自带的 App Store 下载我行手机银行客户端。
安卓用户可通过 http://www.cmbc.com.cn/m/cmbc.apk链接下载。
签 约 开 通：您可以通过手机银行客户端自助注册，也可通过个人网银贵宾版U宝或到营业网点签约开通。
本海报内容不构成任何要约，本海报所述业务内容及情况最终解释权在法律法规许可范围内归中国民生银行。
95568
www.cmbc.com.cn

与客户共成长

兴业银行资金营运中心

兴业银行股份有限公司资金营运中心（Financial Markets）于2003年11月在上海成立，是兴业银行直属的综合性、专业化资金运营机构。资金营运中心业务范围覆盖自营投资、交易销售、贵金属经纪、研究分析等四大类，是目前国内货币市场、债券市场、商业票据市场、外汇市场、黄金市场等各资金市场中最积极、活跃的机构之一。

投资类产品：

人民币债券交易（含一级、二级市场）；票据贴现、回购；本外币同业拆借、存放；人民币同业借款；债券回购。

交易类产品：

人民币对外汇即期、远期、掉期、期权；人民币利率互换；人民币债券交易（含一级、二级市场）；信用风险缓释工具；黄金租借、即期、远期、期货；白银即期、远期。

代客类产品：

代客结售汇业务（即期、远期）；代客人民币对外汇掉期、期权业务；代客外汇买卖业务（即期、远期）；代客利率互换业务；代理上海黄金交易所贵金属买卖业务；代理实物黄金销售业务；福满金业务（人民币和美元结算和报价的黄金、白银产品，美元结算和报价的外币对产品）。

研究类产品：

宏观数据预测；政策预测；信用市场研究；利率及债券市场研究；外汇及商品市场研究；定量研究分析。

资金营运中心成立十周年来，积极把握我国金融市场化、国际化和综合化发展机遇，不断提升内生增长动力和同业竞争力，积极探索国际化路径，致力成为人民币资金交易最有影响力的做市商，实现与客户共同成长、共同发展。

▶ 2010年1月，资金营运中心举办代理贵金属业务战略合作签约仪式。

▶ 2012年5月，资金营运中心举办全球外汇市场业务发展论坛。

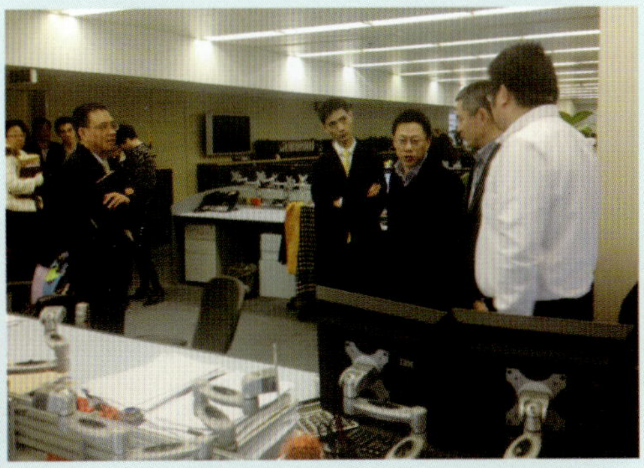

▲ 2013年3月，上海银监局局长廖岷（图右三）视察资金营运中心交易大厅（图右四为兴业银行副行长蒋云明、图右五为资金营运中心总经理陈世涌）。

地址：上海市江宁路168号兴业银行大厦28楼
邮编：200041
服务热线：95561

10th 2003-2013

兴业银行
INDUSTRIAL BANK CO.,LTD.
资金营运中心

典范价值　尽在平安
时间无价　尊享最高6000元的航班延误赔付保障
关爱无价　全年6次海外机场接送机
情谊无价　万事达双币卡尊享公务舱买一送一
平安钻石信用卡
贵宾专线40088-95511
中国平安
保险·银行·投资
平安银行
PING AN BANK
欢迎致电平安银行24小时贵宾服务专线40088-95511或
登录平安银行信用卡网站www.creditcard.pingan.com了解更多专属礼遇

华 美 银 行
EAST WEST BANK

南商(中国)首发信用卡
两地享自由 南商行天下
NCB
南洋商业银行(中国)
商务白金信用卡
CORPORATE EXECUTIVE
5531 3488 8888 8888
PLATINUM
88/88-88/88
CARDHOLDER NAME
COMPANY NAME
MasterCard
Corporate
Platinum
·跨境礼遇 ·健康护航 ·畅打高球 ·出行无忧 ·积分大赏
NCB
南洋商业银行
从香港到内地 服务一脉相承
南洋商业银行(中国)有限公司
服务热线：800－830－2066
公司网址：www.ncbchina.cn
中国银行附属公司 中银香港集团成员

德意志银行
强大后盾 为成功奠基
Passion to Perform
Deutsche Bank
德意志银行
浏览www.db.com/china。本广告已获德意志银行(中国)有限公司批准，由其传达，仅供参考。本广告所述服务由德意志银行(中国)有限公司根据当地适用的法律及规定提
意志银行(中国)有限公司2013版权所有。

东证期货
ORIENT FUTURES

全国统一客服热线 95503

www.dzqh.com.cn

公司简介

上海东证期货有限公司（以下简称“东证期货”）是一家经中国证券监督管理委员会批准的经营期货业务的综合性公司。东证期货是东方证券股份有限公司的全资子公司，现有注册资本金5亿元人民币，员工近300人。公司主要从事商品期货经纪、金融期货经纪、期货投资咨询、资产管理等业务，拥有上海期货交易所、大连商品交易所、郑州商品交易所会员资格，是中国金融期货交易所结算会员。

东证期货以上海为总部所在地，在大连、北京、太原、郑州、常州、上海、长沙、广州设有9家营业部，并在北京、抚顺、天津、济南、南京、常州、苏州、上海、杭州、武汉、广州、北海、桂林、南宁等14个城市设有26个IB分支机构，形成了立足上海、辐射全国的经营网络。

自2008年成立以来，东证期货秉承“稳健经营、创新发展”的宗旨，始终致力于成为一流综合性期货公司。

- 2008年开业典礼
- 公司召开了第一届董事会

- 2009年3月公司第一家分支机构大连营业部正式成立

- 2012年公司在中国证监会开展的期货公司分类评价中获评A类A级
- 公司成功取得期货资产管理业务资格
- 公司召开了第二届董事会

- 2010年公司取得首批股指期货开户资格，时任中国金融期货交易所总经理朱玉辰先生亲临公司视察开户情况

- 2011年公司第一届职工代表大会
- 公司取得了期货投资咨询业务资格
- 公司党总支正式成立

获奖荣誉

一流衍生产品投资服务提供商

上海崇明沪农商村镇银行

SHANGHAI CHONGMING SRCB RURAL BANK

上海崇明沪农商村镇银行自2009年2月开业以来，在四年多的时间里坚持科学发展，坚持“服务县域、服务三农、服务小微企业”的经营宗旨，秉持“小、快、活”的经营特色，逐渐成为了崇明地区具有较高知名度的农村金融主力军之一。

2013年6月末，我行各项存款余额16.35亿元，各项贷款余额8.34亿元，实现拨备前利润总额2419万元。在全国800余家村镇银行中，我行荣获2012年度“全国优秀村镇银行”。去年，在上海市所有村镇银行中，我行涉农类信贷余额、比例最高，人均利润总额最高，ROA、ROE、资本充足率、货币信贷评估等各项指标名列前茅。

王洋董事长

在这四年里，我行积极转变发展方式，加快推进业务转型，各方面都取得了长足的进步：

一、完善股权结构和组织架构

审时度势，增发自然人股份，实现了股权结构多元化，对内引入了股权激励机制，对外获得了三农、中小企业、存款大户等目标市场参与者的长支持；调整组织架构，完善部门、岗位制约，由“三部一厅”调整为“五部”。

陈文斌行长

二、充分发挥“三会”作用，为业务发展保驾护航

自开业以来，我行共召开了10次董事会、9次监事会和7次股东大会，审议和听取的议案共有131个，有力促进了各项业务科学、稳健的发展。

三、坚持服务“三农”和小微企业

2013年6月末，按中国人民银行统计口径计算的涉农类贷款余额超8.12亿元；践行更好地贴近农民农村市场的宗旨，为农户量身打造了六个信贷产品，有力支持了本地“三农”的发展，6月末信贷产品余超8亿元；积极扶持专业合作社的发展，今年6月末农民专业合作社贷款余额近9600万元，同时对于类贷款给予利率反哺政策，统一执行基准利率。为积极鼓励我行支持“三农”发展，中国人民银行给予行2亿元的支农再贷款额度。

四、依靠大股东的支持

作为上海农商银行控股的村镇银行，无论在管理经验还是在业务支撑、技术支撑方面都得到了主发起行的大力支持。

开业初期，我行向控股行学习借鉴，制定了合法合规的规章制度，在最短的时间内为业务顺利开展提供了制度保障；四年多来，控股行审计部为我行的内部审计机构，从内部控制、案件防控、信贷业务、财会业务等多方面进行了专项审计，有效解决了我行审计专业能力薄弱的现实，同时进步规范了我行经营管理工作；委托控股行对我行资本金和闲散资金进行合理化投资，实现资产收益最大化，目前历年实现的投资收益总额占我行历年实现利润总额的37%；与控股行签订流动性支持协议和IT协议，确保业务稳健、可持续性发展。

支农再贷款签约仪式

五、提高风险管控能力，提升风险防范意识

严格控制信用贷款规模，适度发放保证担保贷款，大力发展房屋抵押贷款业务；制订科学的议价政策，对不同种类的贷款执行区别化的利率；确保开展业务“制度先行，内控先行”，及时更新规章制度，建立案防建设长效机制，加强内控处罚力度。

六、加大宣传力度，提升知名度

由于成立时间短、规模小等客观原因，我行在岛内做了大量的宣传工作，并广泛发放宣传单、三星镇南协村与居委会及县武警进行结对和共建等以进一步提升知名度和品牌形象。

在这发展的数年间，我们得到了来自上级监管机构、控股方、新闻媒体等各方面的关心和支持，这些都成为了我们成长道路上源源不断的动力。们将进一步加强金融创新，努力改进金融服务，逐年提升经营业绩，切实履行社会责任，更好地汇报社会各界的关爱。

上海浦东建信村镇银行有限责任公司于2010年12月21日正式成立，注册资本15 000万元，由中国建设银行股份有限公司作为发起人，股东单位分别为：上海城投资产经营有限公司、上海新华发行集团有限公司、上海东方惠金文化产业创业投资有限公司、上海建工集团股份有限公司、上海江东土地房地产开发有限公司。注册地址位于上海市浦东新区川沙新镇北市街26号。

上海浦东建信村镇银行是一家定位服务于中小企业和“三农”的新型金融机构。开业至今，始终秉承“诚实守信，快捷高效”的经营方针，立足浦东，全力为“三农”和中小企业提供金融服务。在合规经营的前提下，充分体现独立法人机构的的服务优势，及时响应客户需求，从而更好促进区域经济发展。

上海浦东建信村镇银行将努力成为一家具有业务特色、产品创新、市场知名度的“精品村镇银行”。

为您的企业开启新商机

杉德巍康企业服务有限公司

成立于2005年3月，是由上海科技投资股份有限公司（国有投资公司）、上海强生控股股份有限公司（国有控股上市公司）、上海杉瑞投资有限公司等共同投资成立的一家企业服务公司，注册资金为人民币12460万元。

公司倾力建立标准化的系统运营、管理服务平台。为全国的卖场、超市、百货、餐饮等近百家企业提供定制化的会员卡技术、运营服务。为支付机构提供收单系统开发、第三方支付企业提供软件开发和系统集成方案。7X24小时全天候的专业化运营管理团队，确保系统的安全、持续、稳定、可靠运行。

2011年，公司全资设立了杉德电子商务服务有限公司和上海杉德支付网络服务发展有限公司，并于2011年相继获得中国人民银行支付业务许可证。

杉德电子商务服务有限公司

注册资金23051万元，总部位于上海。2011年5月18日，公司获中国人民银行首批颁发的“支付业务许可证”，经核准专业从事全国范围银行卡收单、预付卡受理、互联网支付、移动电话支付业务。杉德电商定位全国性金融支付服务领导企业，致力于为发卡机构、特约商户和持卡人提供全方位的金融支付解决方案和安全、高效、优质的金融专业化服务。

上海杉德支付网络服务发展有限公司

注册资金10000万元，总部位于上海。2011年12月22日，公司获中国人民银行颁发的“支付业务许可证”，经核准专业从事预付卡发行与受理业务。公司将尽全力为企业、个人客户提供高效、准确、便捷的预付卡支付和受理环境，致力打造中国领先的预付卡服务平台。

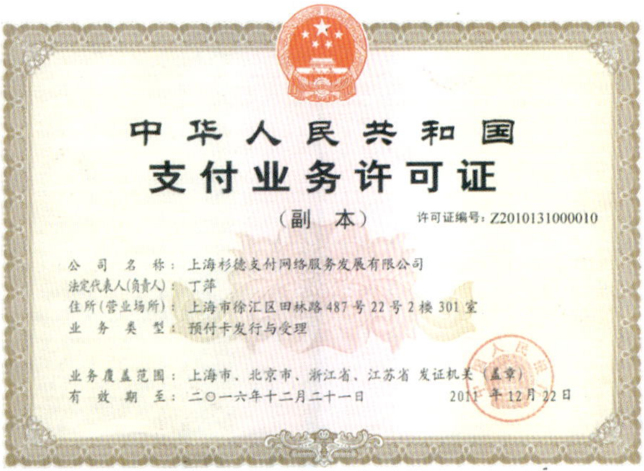
中华人民共和国
支付业务许可证
（副 本） 许可证编号：Z2010131000010
公司名称：上海杉德支付网络服务发展有限公司
法定代表人(负责人)：丁萍
住所(营业场所)：上海市徐汇区田林路487号22号2楼301室
业务类型：预付卡发行与受理
业务覆盖范围：上海市、北京市、浙江省、江苏省 发证机关（盖章）
有效期至：二〇一六年十二月二十一日 2011年12月22日

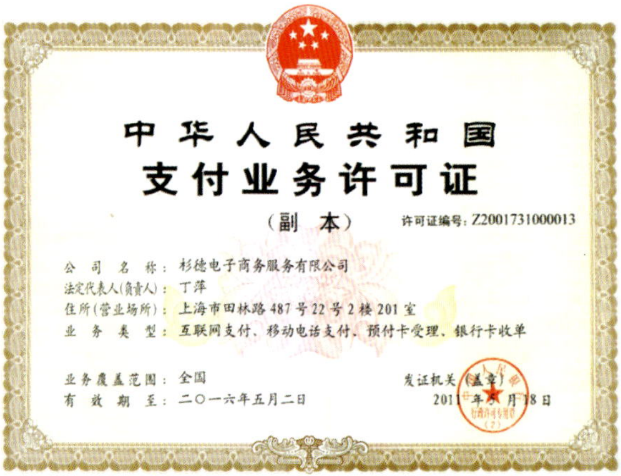
中华人民共和国
支付业务许可证
（副 本） 许可证编号：Z2001731000013
公司名称：杉德电子商务服务有限公司
法定代表人(负责人)：丁萍
住所(营业场所)：上海市田林路487号22号2楼201室
业务类型：互联网支付、移动电话支付、预付卡受理、银行卡收单
业务覆盖范围：全国 发证机关（盖章）
有效期至：二〇一六年五月二日 2011年 月18日

上海金国咨询服务有限公司
SHANGHAI JINGGUO CONSULTING CO,.LTD
注册信贷分析师国际资格认证培训
银行柜员金融职业技能鉴定培训
银行外汇业务专项培训
连续十年“信得过人才服务单位”
公司总部注册地址：上海市南苏州路333号（华隆大厦）21楼（200002）　培训团队办公地址：上海市梅园路77号（上海人才大厦）21楼（200070）
培训服务热线：021-63803100　图文传真：021-62885032　公司网址：www.jrzx.net.cn

上海票据交换中心

SHANGHAI AUTOMATIC CLEARING CENTER

上海票据交换中心是中国人民银行上海总部金融服务一部管理单位，国有独资企业法人。中心位于普陀区真光路1581号，占地13亩，建筑面积14000平方米。作为中国人民银行上海总部的对外服务窗口，中心的主要职能是承担全市各商业银行本币票据的同城交换和资金清算。目前中心日均受理上海1600余家商业银行营业网点约22余万笔票据交换，日均清算资金量近700多亿元。

同城票据交换是上海现代支付结算体系的重要组成部分。中心目前拥有同城票据电子清分系统、全国支票影像系统、支付结算综合业务系统等支付结算业务系统，并以向商业银行提供增值服务为突破口，开发了票据提回和提出业务集中处理系统等，拓宽了同城交换和清算的业务领域。

近年来，中心先后被评为“上海市安全防范先进集体”、“上海市厂务公开民主管理先进单位”、“上海市综合治理平安单位”，并连续两届被上海市政府光荣命名为“上海市文明单位”。

票据中心办公大楼

中国人民银行上海总部金融服务一部孙辉主任一行视察票交中心

中国印钞造币
CHINA BANKNOTE PRINTING AND MINTING
上海造币有限公司
SHANGHAI MINT CO.,LTD.
1920 201
上海造币有限公司
SHANGHAI MINT CO., LTD.
500g
Fine gold
999.9
上币生肖投资金条
10 · 20 · 50 · 100 · 500 · 1000克
上海造币有限公司
SHANGHAI MINT CO., LTD.
1000g
Fine gold
999.9
上币对品质及创新的不懈追
始于1920
地址: 上海市光复西路17号 邮编: 200061 Add: 17 Guangfu Xi Rd. Shanghai PR CHINA 电话 / Tel: 021-52900000 传真 / Fax: 021-52901922 E-mail: Shmint@online.

上海金融年鉴编辑委员会

金融机构组稿及编写人员

于　岚	于　明	尤　飞	王　飞	王　波	王　玮	王　亮	王　俭
王　峥	王小玲	王晓蕊	王梦遥	王晶佳	王慧卿	韦　卫	付　玥
冯秋波	叶朱演	田吉花	乔瑜婵	刘　伟	刘　宇	刘　然	刘文焕
刘建飞	吕　沂	孙卫东	孙安乐	巩　平	庄　飞	庄　琦	朱　双
朱凯博	朱明宝	朱皑韬	许　玲	许弘弢	许伟为	闫晓梅	严　哲
严瑾瑜	何秋翔	何新海	余怡琳	吴晓均	吴睿佳	宋卫平	张　彬
张　瑛	张　颖	张云清	张永江	张亚双	张步高	张冠琼	张春霞
张曙阳	忻文雯	李　旻	李　峰	李　霖	李丰收	李勇阳	李雪静
李雅颖	李冀申	杜庆琴	杨朝安	汪思宇	沈鸣镝	沈艳春	邱　杰
邱晨祎	陆　清	陆维熠	陆蓉晖	陈　昊	陈　荣	陈　晗	陈　戟
陈　瑞	陈戈娴	陈伟华	陈佳佳	陈秋敏	陈寅宇	周　菁	周　韵
周　颖	周亚玲	孟　晶	季晓菁	林　文	林　晶	林亭彦	林春山
林越育	欧阳栋樑	范雪丹	俞林伟	俞剑辉	姜天鹰	施玲烨	费永建
赵永生	倪蓓琳	唐　黎	唐卫峻	唐燕清	夏　乐	徐　宇	徐　克
徐　艳	徐　喆	徐平凡	徐沁惟	徐盈盈	秦志淮	翁　璇	莫俊巍
袁　航	诸惠峰	贾勤文	郭　居	郭亚丽	钱国根	钱雪莲	顾　萍
顾文硕	顾凌娴	顾静文	高　鹰	高桂莹	曹　阳	曹　晶	曹凤晶
曹慧婷	黄　琦	黄依睿	彭　怡	彭　琦	曾芳琴	程宏勇	童逸文
舒　颖	舒芸芸	蒋　晨	蒋　薇	谢　放	谢秉强	谢晞德	韩　丽
窦　杰	褚　伟	蔡　宇	潘　淼	黎　端	薛晨鸣	戴旭闽	

编辑说明

一、作为大型金融资料性文献书刊，本卷年鉴为《上海金融年鉴》总第十三卷，全方位记录2012年上海金融工作的基本情况和重要信息，具有很高的资料价值，供金融界和广大读者参考和使用。

二、本卷年鉴秉承《上海金融年鉴》一贯的方针，内容涵盖银行业、证券业、保险业和其他金融机构一年来的主要业绩，力求真实齐备。

三、本卷年鉴共分十一篇，第一篇综合，第二篇银行，第三篇证券，第四篇保险，第五篇市场，第六篇统计，第七篇法规，第八篇文化，第九篇人物，第十篇长三角金融，第十一篇机构名录。另加附录，内容为长三角金融大事记、上海市贷款企业资信A级汇编和上海金融创新奖获奖名单。

四、本卷年鉴"长三角金融篇"，反映上海、江苏、浙江、安徽三省一市金融合作和发展情况，为上海国际金融中心建设服务。

五、本卷年鉴"统计篇"中，有些项目口径经过调整，如与上年年鉴数据不一致，请以本卷为准。

六、本卷年鉴"人物篇"中，先进劳模和商业金融机构负责人均以各部门或单位所提供的资料为限，新闻人物由媒体评选产生。

七、本卷年鉴稿件由本编辑部予以整理与编辑，以期全书在风格上有所统一。

八、为方便读者查阅检索，在卷末设置主题索引，按照首字汉语拼音排列。

九、书稿在编辑过程中，得到了中国银行业监督管理委员会上海监管局、中国证券监督管理委员会上海监管局、中国保险监督管理委员会上海监管局、上海市金融服务办公室、《上海保险年鉴》编辑部以及各中外金融单位的大力支持，还得到中国人民银行南京分行、杭州中心支行和合肥中心支行等具体协助，并由上海人民出版社负责出版工作，在此一并致谢。

《上海金融年鉴》编辑部

2013年10月

目　录

第一篇　综　合

第二篇　银　行

第三篇　证　　券

第四篇　保　　险

第五篇　市　　场

第六篇　统　　计

第七篇 法　规

第八篇 文　化

第九篇　人　物

第十篇　长三角金融

第十一篇　机构名录

附 录

Catalogue

Chapter 3 Securities

Chapter 4 Insurance

Chapter 5 Financial Market

Chapter 6 Statistics

Chapter 7 Laws and Regulations

Chapter 8 Culture

Chapter 9 People

Chapter 10 Finance at Yangtze River Delta

Appendix

第一篇 综 合

一、总结2012年主要工作，部署2013年各项任务

——在2013年1月中国人民银行上海总部工作会议上的讲话

中国人民银行上海总部副主任兼上海分行行长　张　新

(一) 2012年主要工作

2012年，在总行党委的正确领导下，在胡晓炼副行长的分管下，上海总部认真学习宣传贯彻党的十八大精神，以进一步加强作风建设和金融支持实体经济发展两项工作为重点，紧密结合辖区实际，在有效落实金融改革发展各项举措中，积极探索“三个平台、三个中心”建设的新思路，更好地发挥作为总行有机组成部分的职能作用，圆满完成了全年各项工作任务。

1. 学习宣传贯彻党的十八大精神

2012年，上海总部将学习宣传贯彻党的十八大精神作为首要政治任务，全面部署、狠抓落实，推动全辖各级行迅速掀起了学习宣传贯彻的热潮。

一是认真做好迎接党的十八大工作。牵头外汇交易中心、中国银联、黄金交易所、上海清算所等25家单位，完成党的十八大代表推荐提名工作。召开上海总部党代会，选举产生15名出席总行党代会代表，实现了党员参与率、基层党组织参与率“两个100%”。组织全辖各级行收看收听党的十八大开幕式。

二是有效开展学习宣传贯彻活动。认真学习周小川行长、胡晓炼副行长的动员讲话精神，下发上海总部《关于深入学习宣传贯彻党的十八大精神的通知》和学习宣传贯彻方案，明确重点、形式和要求。通过党委中心组学习、举办读书班、党校培训等形式，抓好党员领导干部的学习工作。邀请党的十八大代表、党校教授等来行辅导授课，深入解读党的十八大重大理论和实践问题。充分利用内刊、网站、宣传栏等载体，开设专题专栏，多层次、多角度深入宣传党的十八大精神。及时向总行报送上海总部辖区学习宣传贯彻党的十八大精神动态。

三是突出党的十八大精神对上海总部各项工作的指导。在深入学习、提高认识的基础上，用党的十八大精神统领上海总部各项工作，将学习贯彻党的十八大精神同上海总部建设、金融宏观调控、改革创新等重点工作密切结合，做到理论联系实际、理论指导实践，不断提高履职能力。

2. 大力改进工作作风

根据中央改进工作作风、密切联系群众的“八项规定”和中国人民银行系统相关廉政规定，按照从严、从紧、高标准的要求，研究制定并实施了《关于进一步改善和加强对辖区分支机构服务工作的十条意见》和《关于规范公务活动中“迎、住、食、送”有关事项的通知》。

“十条意见”将密切和协调上海总部与辖区分支机构的联系，作为加强基层行服务的基础；将保障和促进基层行民主权利的落实，作为加强基层行服务的关键；将尊重和促进基层行员工价值的实现，作为加强基层行服务的核心，就十个方面的工作作了具体规定，体现了上海总部切实改进工作作风、牢固树立服务基层的理念和决心。2012年，上海总部领导赴辖区基层调研21人次，召开各类座谈会55次。在调整组建的新一届专业技术资格考核推荐(评审)委员会中，辖区基层行评委占比超过50%。在通过高级专业技术资格评审的员工中，辖区基层行占比为65%。先进集体和先进工作者评选委员会组成人员调整后，基层行成员占比更是达到了74.1%。

“公务活动规范通知”就简化公务活动“迎、住、食、送”等接待事项，逐一作了明确规定，要求上海总

部各级领导干部以身作则、带头执行。上海总部将执行规定情况，纳入了党风廉政建设责任制考核内容，每季度通报一次。同时，要求各级纪检监察部门加强监督检查，发现违反规定的，予以通报批评；对超过三次的，其领导班子年度党风廉政责任制考核不予评定为A类。近期，在2012年辖区年度综合业绩考评的现场考核工作中，各考核组率先严格执行上述规定，起到了较好的示范作用。

3. 从早从快从实开展金融支持实体经济工作

一是早启动、快行动。在全国率先制定印发了加强和改进金融支持实体经济发展工作的指导意见，指导辖区各级行将其作为全年工作重点。辖区各中心支行迅速行动，紧密结合履职实际，形成了具有本地特色的工作思路、目标和实施意见，全辖金融支持实体经济发展专项活动在较短时间内拧成了一股绳。

二是广宣传、重考核。通过建立沟通协调、工作简报、特色报道三个宣传“平台”，多层次多渠道开展宣传，增强了地方经济金融领域的共识和合作。2012年1月17日，央视播出了“上海总部指导金融机构加强实体经济发展”有关专题节目。3月2日，在全国“两会”即将召开之时，《金融时报》以“有举措、有行动、有实效——央行上海总部辖区全面启动服务实体经济发展工作”为题开辟专版，对上海总部支持实体经济发展的先进经验和举措进行了专版报道，取得较好的社会反响。建立健全总部对辖区中心支行的检查监督、人民银行对金融机构的考核评价、企业和地方政府对金融机构的考核评价等三个层次的工作机制，有效增强了全辖金融支持实体经济发展工作的激励约束效应。

三是抓重点、求实效。以“经济转型发展、金融综合改革、实施国家战略、发展民生金融”为突破口，以点带面、因地制宜，确保了辖区金融支持实体经济发展工作做实、做细、做出成效。在支持实体经济转型发展、发展民生金融、探索金融深化与国家战略结合中推动工作，促进辖区金融业在稳增长中发挥保障作用、在促转型上发挥引领作用、在惠民生上发挥服务作用。实体经济的融资成本进一步降低，经济结构转型速度进一步加快，金融服务的意识和效率持续加强。

四是靠创新、求长效。将金融支持实体经济发展的要求，与区域金融改革试点任务紧密结合，在金融改革的总体框架下，因地制宜探索了金融改革支持实体经济发展的可行模式。探索金融产品、技术、机制等“三个创新”，发挥政策“引力”、形成平台“合力”、增强制度“定力”，全辖金融支持实体经济发展的长效机制正在形成，改革的成果得以较好地固化和推广。

4. 加强上海总部职能建设

近年来，在总行党委的正确领导和总行相关司局的大力支持下，上海总部职能建设取得长足进展，在履行全国性职能方面取得了一定经验。上海总部在深入总结建设经验的基础上，立足现实，充分发挥主观能动性，积极探索并逐步形成了推动上海总部可持续发展的“三个平台、三个中心”职能建设新思路，即着力加强重大金融改革试点及其操作管理平台、人民币国际化的业务创新和全国性操作管理平台、公开市场操作和金融市场运行监测升级平台、国际金融业务后台服务中心、金融研究与培训中心、总行在沪有关机构协调服务中心等职能建设。

目前，总行党委已原则同意进一步加强上海总部职能建设的大方向，明确今后要授权上海总部承接一些总行新业务的操作管理职能，恢复对上海总部属地职能的绩效考核，对全国性职能和兼职领导干部实行总行、总部双重考核，加强领导班子和干部队伍建设。

根据总行部署，按照“总行司局、设在上海”的原则，配合总行做好人民银行金融消费权益保护局落户上海相关工作，在人员配备、办公设施、财务管理和后勤保障等方面予以了大力支持。2012年12月26日，金融消费权益保护局在上海正式成立。

5. 切实做好各项业务工作

一是大力支持上海国际金融中心建设。认真做好代理境外央行机构投资银行间债券市场业务。协助韩国央行设立代表处，成功举办中德央行业务研讨班。支持赛领国际投资基金成功设立运作。规范引导人民币合格境外机构投资者(RQFII)业务有序开展。“抓住关键实现上海金融对外开放新突破”、“在沪跨国公司外汇资金池试点与深化国际贸易结算中心试点”等两项工作，分别被评为2012年上海金融创新推进奖。在新华社上海分社等媒体联合评选的“2012年上海国际金融中心建设十大事件”中，上海总部牵头推动的有五件，主要参与的有四件。

二是贯彻实施稳健的货币政策。做好稳健货币政策的预调微调，对金融机构实施差别化的信贷调控政策。建立利率管理工作长效机制。加强产业信贷政策的对接，完成对上海各金融机构的首次货币信贷政策导向效果年度评估。根据总行指令，实施外汇公开市场竞价交易监测、操作和清算。继续加强对银行体系流动性和货币政策反馈的分析工作。

三是加强金融市场监测管理。稳步扩大在沪金融机构发债规模，推动在沪非金融企业发行债务融资工具。配合总行完善市场管理法规制度。强化同业拆借市场信息披露管理，完善银行间债券市场准入备案流程。加强银行业机构黄金市场业务管理，打击非法黄金交易。深化对国内外金融市场运行情况的监测分析。

四是构建金融稳定长效机制。牵头组织开展重点领域和环节的金融风险排查，及时形成风险排查报告并上报总行。继续加强金融业日常风险监测分析工作，按时完成银行业、证券业、保险业、交叉性金融工具和涉外企业风险监测定期报告。稳步开展“两综合、两管理”工作。

五是加强外汇管理。开展跨国公司总部外汇资金集中运营管理，进一步深化上海综合保税区国际贸易结算中心试点。成功实施货物贸易外汇管理制度改革，顺利实现新旧制度的平稳过渡。全力做好资本项下简政放权工作。推进外币兑换机业务试点和新台币现钞兑换试点。

六是提高调查统计和金融研究水平。贯彻落实金融统计制度，金融统计标准化进入实践领域。强化统计数据管理，组织开展统计检查。率先在上海开展金融家问卷调查试点工作。进一步提升金融研究水平，继续打造研究精品。

七是加强金融对外交流与合作窗口建设。积极拓展国际业务领域，参加金融稳定理事会两个小组的工作。落实“积极跟踪，有限参与”的伊斯兰金融政策，审慎协调处理国内伊斯兰金融业务。代表人民银行，参加东新澳央行组织等区域性金融合作机制下的重要活动。参与欧债危机特别工作小组，跟踪研究欧债危机发展动向。

八是推动跨境人民币业务纵深发展。跨境人民币业务迅速发展，截至2012年底，上海、浙江、福建跨境人民币结算量分别达到4 891亿元、4 762亿元和1 064亿元。率先开展经常账户跨境人民币结算银行审核流程优化、人民币资金池境外放款业务、人民币外商股权投资业务试点。有效开展跨境人民币业务统计监测分析。配合总行做好新版RCPMIS系统升级和日常管理工作。研究沪港银行间人民币拆借利率联动机制。

九是提升金融服务创新管理水平。完成总部支付系统、同城清算系统的风险集中排查和安全评估，高效妥善处置多起突发事件，确保支付清算系统稳定安全运行。开展支付机构集中治理，促进支付机构规范健康发展。主动介入、积极支持、全面推进财政国库单一账户与公务卡改革，得到地方政府领导和相关部门的高度评价。加快立体库建设进程，推动代理库安全保卫规范管理。积极开展纸币产品异地入库试点，提高发行基金调拨能力与库房使用效率。落实假币专项治理工作，督促商业银行切实履行反假币社会责任。加大残损人民币回收力度，努力提高流通中人民币整洁度。

十是深入开展征信和反洗钱工作。立足金融征信定位，积极参与推动新一轮社会信用体系建设。全面推动机构信用代码建设工作，成功发放全国首张机构信用代码证。有效应对国际反洗钱形势变化，积极参与总行FATF新标准及国内政策衔接研究。落实风险为本的监管思路，启动大额和可疑交易报告综合试点。

(二) 落实中国人民银行工作会议精神，做好2013年各项工作

2013年是全面深入贯彻落实党的十八大精神的开局之年，是为全面建成小康社会奠定坚实基础的重要一年。做好今年各项工作，意义十分重大。上海总部和辖区各级人民银行要认真领会总行会议精神，切实按照全年工作的总体要求和具体措施，进一步实现职能建设和履职实践的新跨越新突破。

1. 继续深入学习全面贯彻落实党的十八大精神

深入学习贯彻落实党的十八大精神，是当前和今后一段时期上海总部和辖区各级行的首要政治任

务。要按照中央的统一部署，自觉把思想和行动统一到党的十八大精神上来，把智慧和力量凝聚到落实党的十八大提出的各项任务上来，全面推进2013年的各项工作。

要按照总行关于学习宣传贯彻党的十八大精神的统一部署，切实加强领导，通过辅导讲座、专题研讨、座谈交流等多种形式，使上海总部和辖区各级行党员干部进一步理解和准确把握党的十八大精神实质。要原原本本地学习党的十八大报告、党章和习近平总书记在党的十八届一中全会上的重要讲话精神，力求做到“八个深刻领会”，增强做好新形势下央行工作的自觉性、主动性。

要注重学习领会党的十八大对经济金融工作的重要部署，结合辖区经济金融实际和自身履职要求，贯彻落实好金融改革发展稳定各项举措，将党建工作与业务有机结合起来，相互促进，进一步拓展“三个平台、三个中心”职能建设，确保学习宣传贯彻党的十八大精神取得实效。

2. 认真贯彻执行稳健的货币政策

当前，我国经济企稳回升态势较为明显，但国内外经济金融形势仍然错综复杂，经济发展面临的不确定性因素依然较多。2013年人民银行工作会议指出，要继续坚持稳中求进的工作总基调，实施稳健的货币政策，保持政策连续性和稳定性，增强前瞻性、针对性、灵活性。上海总部和辖区各级行要加大对国内外经济形势的监测分析和调查研究力度，及时提出政策建议，科学制定调控预案。

一是始终坚持稳定物价这个首要目标。周小川行长在这次会议上专门强调，保持物价稳定是我国货币政策多个目标中的首要目标。2013年是政府换届年，各地发展热情高涨，融资需要比较旺盛，由于财政收入放缓、支出刚性，融资压力可能集中于金融领域，上海总部和辖区各级行要对通货膨胀保持高度警惕。

二是认真执行稳健的货币政策。保持货币信贷总量和社会融资规模平稳适度增长，在盘活存量上下更多的功夫。重点做好一季度的货币信贷调控工作，引导金融机构合理把握信贷投放节奏。要根据流动性格局的变化，有效发挥再贷款、再贴现在保障银行体系流动性和支持信贷结构调整中的作用。高度关注、配合总行研究辖区流动性供给方式和渠道变化对信贷投向以及新资本要求对货币信贷调控的影响。严格按照总行指令实施外汇公开市场操作业务，确保银行间外汇市场平稳运行。

三是重在调结构和提高效益。根据总行要求发挥好差别准备金动态调整工具的逆周期调节作用，完善信贷政策导向评估，继续引导金融机构加大对国家重点在建续建项目、“三农”、小微企业、现代服务业、新兴产业等的信贷支持。继续完善民生金融，努力支持就业、扶贫、助学等民生工程。积极探索发展碳金融市场，支持和促进生态文明建设。落实好差别化住房信贷政策，加大对中小套型普通商品住房和保障房建设的支持力度。促进建立小额贷款公司健康发展的正向激励机制。

四是加强监测分析和宣传引导。高度关注辖区经济金融运行中的倾向性、苗头性问题，加强调查研究，及时向上级行和上海总部反馈，为总行决策提供支持。研究完善中央银行与社会公众的沟通机制，紧紧围绕人民银行中心工作，综合运用各种新闻发布平台，深入解读金融政策，合理引导公众预期。特别是要做好对所在地方政府和金融机构的沟通引导工作，使其正确理解稳健货币政策的目标和要求，优化投资结构、提高投资效率。

3. 牢牢守住不发生系统性、区域性金融风险的底线

继续全面加强金融风险监测评估，重点关注新的风险苗头，有针对性地完善应对预案。一旦风险暴露，要及时报告，果断妥善处置。加强对地方中小金融机构、交叉性理财产品、历史遗留问题和民间融资风险的监管管理，引导其规范健康发展。加强对具有融资功能的非金融机构的风险监测，防范非正规金融及相关领域风险向金融体系传导。根据总行部署组织主要商业银行开展金融稳定压力测试。充分发挥基层行优势，维护证券期货业稳定。加大金融稳定再贷款维权和清收力度。从维护中央银行公信力的高度，切实加强内部管理，防范内部风险事件影响央行形象。与时俱进，加强政策宣传和舆论引导，及时妥善应对各类谣言和不实舆情信息。

4. 深入推动金融改革

一是规范履行新职能。近年来，中国人民银行适应金融发展和履职需要，增加了一些新职能和新手段，如第三方支付监管、金融消费权益保护、“两综合、两管理”等。在这些方面，上海总部和辖区各级行都进行了积极探索，也取得了明显成效，积累了比较丰富的经验。下一步，要继续探索创新，认真总结推广好的经验和做法，同时进一步健全规章制度，完善工作机制，提高规范化管理水平，做到依法合规履职。

二是全力支持区域金融改革试点。区域金融改革是金融改革的一个重要方法。目前上海总部辖内正在开展区域金融改革试点的有温州、泉州、丽水、三明沙县等地区，上海国际金融中心建设作为一项国家战略也在不断推进。要遵循市场规律，立足当地实际，突出特色和重点，认真研究试点中出现的新情况新问题，提出建设性意见。需要强调的是，设立金融改革试验区需考虑经济区位优势、各方面条件和实际效果，辖区有关分支行在参与设计地方金融改革方案时，要实事求是地做好可行性论证，并事先加强与上级行沟通。上海总部和辖区有关分支行要加大对区域金融改革试点的支持力度，帮助细化实施方案，充分运用好现有政策，推动各项改革措施落到实处。

三是做好金融重点领域改革工作。配合总行推动农村信用社深化改革，扎实推进农业银行深化“三农金融事业部”改革试点，完善农村金融服务体系，推动政策性金融机构改革、金融业综合经营试点。适应利率市场化改革需要，引导金融机构增强风险定价能力，用好利率浮动定价权合理定价。落实中央政策，支持加快发展民营金融机构，鼓励和引导民间资本发展社区类金融服务企业。引导民间融资规范发展。

5. 不断提高金融管理与服务水平

一是进一步推动金融市场规范发展。推进涉农、涉中小企业和金融市场产品创新，提高资源配置效率。促进债券市场发展，配合总行做好基础设施和制度建设，继续推动债券产品创新，创新利率风险管理工具，稳步推进信贷资产证券化试点。稳步推进代理境外央行债券投资业务，继续做好银行间外汇竞价市场的监测、分析和操作工作。积极推动黄金市场产品创新，加强对商业银行黄金业务的管理。

二是大力推动外汇管理业务创新。扎实做好货物贸易外汇管理工作，将监管重心逐步转移至总量核查、动态监测和分类管理。做好资本项目信息系统上线工作。积极深化跨国公司总部外汇资金集中运营管理试点，继续研究促进个人本外币兑换行业发展试点措施。进一步丰富银行外汇衍生业务类型。加强跨境资本流动监测，根据外管总局要求建立联动的跨境资金监测分析机制，做好《区域外汇收支运行报告》的撰写工作。完善应对跨境资金集中流出入的政策预案。继续严厉打击地下钱庄等违法犯罪行为，加大对违法违规信息的披露和部门共享力度。

三是持续推进跨境人民币业务发展。进一步简化跨境贸易人民币结算手续和审核流程。以市场需求为导向，积极推动业务创新。强化对跨境人民币业务发展情况的监测分析，密切跟踪离岸人民币市场发展情况。做好 RCPMIS 系统建设，重点推进经常交易、跨境投融资、担保、购售等监测模块的开发监测及上线工作。积极配合总行做好 CIPS 系统及运营机构建设工作。推动跨境个人人民币业务发展，探索构建个人境外投资审慎性管理制度。研究开展跨境人民币贸易再融资业务。加大宣传培训力度，提升跨境人民币金融服务水平。

四是深化国际金融交流与合作。积极参与国际金融规则等基础性研究工作。努力推动区域金融合作，研究探索上海与港澳台金融合作新机制。加强伊斯兰金融研究与政策协调，审慎处理境内伊斯兰金融事务。做好 G30 春季全会和 APG 年会筹备工作。进一步完善外国央行驻华代表机构定期会议机制。做好《投资机会与风险》研究工作，支持企业和金融机构走出去。切实加强外事管理，积极开展专题实务研讨交流与合作项目。

五是进一步改善金融服务。做好第二代支付系统、中央银行会计核算数据集中系统上线前的准备工作。鼓励引导支付业务创新，强化支付服务市场监督管理。以助农取款和手机支付为抓手，深入推进农村支付环境建设。推动银行业金融机构开展现金全额清分，加快残损人民币回笼销毁。改进普通纪念币发行管理，务实推进反假币工作。加强国库监管，进一步提高国库统计研究与资金分析水平，为地方政府管理财政资金和发展经济提供支持。继续研究推动地方国库现金管理。今年上海总部机关和省会中心支行新设的法律事务处，将加挂金融消费者权益保护处的牌子，相应增加处级干部编制。要完善处理职责范围内金融消费纠纷的工作体系和机制，加强金融消费者教育。

六是加大征信管理力度。做好《征信业管理条例》的宣传和实施工作。充分发挥中国人民银行征信系统的重要作用，推动地方社会诚信体系新一轮建设工作。继续推进中小企业和农村信用体系试验区建设。严格征信业务管理，全面规范商业银行和征信机构的征信相关行为，加大对侵犯个人信用信息主体权益行为的查处力度。推进信用评级市场规范发展，引导信用评级机构开展业务创新，推动小额贷款公司、融资性担保公司接入征信系统及信用评级试点。

七是提高反洗钱监管的有效性。加强大额可疑交易报告综合试点工作指导，探索建立以风险为本的交易报告模式。探索在非银行机构中开展反洗钱分类监管，着力提升监管的有效性。实施法人监管政策，全面推行金融机构风险评估。加强金融机构反洗钱人员培训和知识普及工作。

八是加快金融信息化建设。加强金融信息安全保障，强化信息安全管理。做好应急演练，确保正确应对。充分运用电视电话会议系统。加快金融 IC 卡在公共服务特别是交通卫生等领域的普及推广，推进移动支付基础设施建设。改善小微金融机构网络接入服务。

九是将内部管理放在更突出的位置。按照国务院规定，今年人民银行要公布全系统预算，上海总部和辖区各级行在财务管理上要更加严格规范。同时，要进一步重视和加强基层行会计财务管理，为基层行履职提供有效保障。加大对重要事项的督查力度，严格落实保密规章制度。高度重视网上舆情，善于运用新媒体力量，积极开展网上舆论引导和应对工作。不断提高基建、固定资产管理和集中采购管理水平。推进节能减排项目试点。切实加强安全保卫，坚决杜绝重大安全事故。

二、金融管理机构

1. 中国人民银行上海总部

2012年，中国人民银行上海总部认真学习宣传和贯彻落实党的十八大精神，按照2012年中国人民银行工作会议部署，紧密结合实际，以加强和改进金融服务支持实体经济发展工作为核心，认真督导辖区中心支行和金融机构有效落实各项措施，推动辖区经济稳步发展；以防范和化解重点金融风险工作为底线，不断完善国际国内金融市场监测分析体系，组织开展上海重点领域和环节的金融风险排查工作，有效维护全辖金融稳定；以出台进一步改善和加强对辖区分支机构服务工作的十项措施为契机，形成上海总部与辖区分支机构共同发展的强大合力；以上海国际金融中心建设、货物贸易外汇管理制度改革、跨国公司资金运作便利化试点、经常账户跨境人民币结算银行审核流程优化、人民币资金池境外放款业务试点等工作为突破口，不断深化“两个平台、一个窗口、一个中心”职能建设，积极探索打造“三个平台、三个中心”、为实现上海总部职能建设的新跨越奠定了坚实基础。

【加强和改进金融服务支持实体经济发展】 分别针对辖区中心支行和上海市金融机构，结合实际制定印发了加强和改进金融服务支持实体经济发展的指导意见，要求辖区各中心支行和金融机构认真落实金融服务实体经济的各项措施。2012年全年，辖区20家中心支行认真贯彻落实总部工作部署，主动实施“一把手”负责制，紧密结合履职实际，形成了各自推进所辖地区金融服务支持实体经济发展的工作思路、目标和实施意见，同时通过组织开展专项活动，加大政策宣传力度，强化指导和考核，认真谋划、精心安排，“从早、从快、从实”因地制宜地全面启动了相关工作。

上海总部与上海市经济信息化委、银监局、商务委等部门联合召开上海金融支持实体产业经济发展会议，确定12家银行将于2012年起连续三年为上海市实体产业滚动提供总额6 600亿元融资支持。为进一步提高产业政策与货币政策、信贷政策的对接效果，上海总部先后出台《上海市信贷投向指引(2012年版)》、《上海市银行业金融机构货币信贷政策导向效果综合评估办法》等文件，有针对性地提出“八大信贷导向”，为金融支持实体经济发展提供政策保证。

【推进上海国际金融中心建设】 上海总部始终高度重视推进上海国际金融中心建设工作。形成《2012年上海总部牵头和参与的上海国际金融中心重点工作分解表》，确定了2012年上海总部牵头开展的23项上海国际金融中心重点推进工作、31项关注配合工作以及8项研究探索工作。

严格执行总行指令，制定《代理境外央行债券投资业务信息服务工作制度》，做好代理境外货币当局投资银行间债券市场的具体操作业务。2012年全年与人民银行签署代理债券投资协议的境外机构总数共计13家，协议投资金额1 805亿元，目前累计代理交易总额达到1 199.96亿元，债券托管余额884.76亿元。扩大在沪金融机构发债规模，瑞穗实业银行(中国)、星展银行(中国)、上海银行等分别成功发行金融债券。推动在沪非金融企业发行债务融资工具，研究规范在沪非金融企业发行债务融资工具管理流程、建立协调机制、规范工作推动程序和后续监督管理。推动并协助韩国央行在沪设立代表处，牵头研究并推进外国央行用人民币投资中国债券市场。

积极制定跨国公司资金运作便利化试点的具体操作方案，12月3日中海运完成跨境资金双向调拨的首笔交易。进一步深化上海综合保税区国际贸易结算中心试点工作，截至12月底，试点企业达50家，试点项下外汇收支达84.85亿美元。继续支持综保区开展融资租赁业务。积极参与人民币国际支付清算系统(CIPS)的研究论证，形成《人民币国际支付清算系统及机构落户上海的方案》和《关于组建中国人民币国际清算股份有限公司的方案》专题报告。根据上海实际情况，形成《关于上海建立合格境内个人投资者境外投资审慎性管理制度的方案》。

【稳步推进公开市场操作平台建设】 灵活运用再贴现工具引导金融机构支持实体经济发展，再贴现资金重点向小微企业倾斜。截至12月底，累计办理"小微"企业票据再贴现2 132笔，金额88.85亿元，分别占74.5%和60%。密切监测外汇竞价市场的供求变化和价格走势，严格按规定进行操作。每日监测分析外汇竞价市场交易情况，为总行货币政策决策提供依据。与交易中心清算部密切合作，共同做好央行外汇交易远程清算后台的工作。进一步优化新建交易室的各项技术系统和基础设施，推进总部公开市场操作平台建设。继续加强银行体系流动性监测分析工作，促进与在沪公开市场业务一级交易商的沟通交流。

【促进金融市场健康发展】 新建国内外金融市场及宏观经济数据监测平台，持续跟踪监测和分析国内货币、债券、黄金、期货及理财产品等市场运行情况。拟定《2012中国金融市场发展报告》写作提纲，成立写作小组启动初稿撰写工作。加强同业拆借市场、银行间债券市场管理，编制完成《同业拆借业务操作实用手册》。加强同业拆借市场管理。2012年，共批复39家机构进入同业拆借市场，55家机构调整同业拆借限额，14家机构变更联网名称，1家机构退出同业拆借市场。认真做好银行间债券市场准入备案管理，共办理各类金融机构、非金融机构和集合产品准入备案1 045家。组织召开"2012年黄金市场工作座谈会"，提升人民银行管理黄金市场的影响力。

【积极构建金融稳定长效机制】 牵头组织开展上海重点领域和环节的金融风险排查工作。对外正式行文银、证、保等各类金融机构300余家，逐家开展风险排查，及时完成风险排查报告《关于上海地区重点金融风险排查和防范情况的报告》。继续加强上海金融业日常风险监测分析工作，按时完成银行业、交叉性金融工具和涉外企业风险监测定期报告。完成《中国区域金融稳定报告(2012)》、《上海金融稳定报告(2012)》写作、出版工作。对总部辖区116家应参加评估的银行业金融机构，每半年开展一次稳健性非现场量化评估。继续做好上海市银行业金融机构重大事项及重要信息报告工作，维护辖区金融稳定。2012年全年上海地区165家银行业机构发送重大事项或零报告，为开展金融稳定工作提供了有力支持。进一步推进上海市新设银行业机构审批业务、以及综合评价各项准备工作，严格履行内部操作程序，加强金融监督管理。

【维护现代金融服务体系安全运行】 确保支付清算系统运行安全、国库资金安全、各级库房安全，完成总部支付系统、同城清算系统的风险集中排查和安全评估。不断完善金融服务基础设施建设，配合总行做好第二代支付系统联调测试与模拟运行工作，稳步推进上海支付结算综合业务系统二期建设，建成上海立体库物流自动化系统，推动国库业务持续健康发展。高度重视规范支付服务市场发展，对在沪支付机构开展了为期6个月的集中治理工作。对个别严重违反《非金融机构支付服务管理办法》和触及监管红线的支付机构，予以了严肃处理。研究制定《加强和创新货币金银工作15项具体措施》，推动上海市货币金银工作再上新台阶。制定并下发《2012年上海市现金服务与管理工作要点》、《上海市"十二五"时期现金服务工作指导意见》，加快现金出纳科技化进程。

召开"上海市金融监管部门反洗钱工作协调会"，形成反洗钱监管合力。高度重视大额和可疑交易报告综合试点工作，督导工商银行上海市分行做好大额和可疑交易报告试点，启动东方证券股份有限公司、太平洋保险集团公司综合试点工作，协助总行做好平安集团在沪综合试点有关工作，提高可疑交易分析工作专业化水平。制定《上海市机构信用代码推广工作方案》，成功发放了全国首张机构信用代码证，率先将首批26.4万户地方性金融机构存量数据一次性批量上传成功。积极参与和推动上海市新一轮的社会信用体系建设工作，提出开展定性信息共享的工作设想，引导和推动地方信用体系建设。稳步扩大借款主体信用评级市场规模，试点小额贷款公司评级，促进评级市场规范发展。

【有效提升外汇监管和服务水平】 成功实施货物贸易外汇管理制度改革。8月1日顺利实现新旧制度的平稳过渡，相关外汇监测系统运行平稳，截至12月底，上海市货物贸易外汇收支名录企业达到43 482家，获得了外管总局的高度肯定。全力做好资本项下简政放权工作。认真落实《国家外汇管理局关于境内个人参与境外上市公司股权激励计划外汇管理有关问题的通知》,扎实推进资本项目信息系统上线前的准备工作,已完成了对多家银行的非现场验收,并向总局申请联调。研究构建第三方支付机构跨境支付管理框架,为争取上海更多第三方支付机构参与试点打下坚实基础。批复外资人力服务外包企业开立服务外包外汇专用账户,明确账户收支范围和审核要求,积极推动上海服务外包产业发展。推进外币兑换机业务试点和新台币现钞试点,完成2011年度及2012年中期在沪银行执行外汇管理规定情况年度考核。完成《国际收支手册》中金融衍生品、储备及证券投资等章节分报告的写作工作。深化沪深两地汇警四方合作机制,严厉打击跨境资金违规流动。积极开展特定经济区域企业等各类外汇专项检查。

【推进跨境贸易人民币结算业务发展】 推动跨境人民币结算业务纵深发展。截至12月底,上海市跨境人民币结算总量位居全国第四达4 891.2亿元,同比增长47.7%,超额完成年度工作目标。率先开展"经常账户跨境人民币结算银行审核流程优化"试点,目前已有12家商业银行及118家试点企业报备开展优化审核业务,在全国形成示范效应。率先试点人民币资金池境外放款业务,以个案形式成功办理国内首笔外商投资企业人民币资金池境外放款业务。积极推动人民币外商股权投资(RQFLP)业务在上海先行先试。大力支持人民币海外投贷基金的设立运作,协助解决基金的工商登记,密切关注基金的运行发展。积极探索个人境外投资审慎性管理制度。配合总行做好新版RCPMIS系统升级和日常管理工作,截至12月底,累计激活上海地区企业6 405家,审核跨境直接投资合规信息397笔。

【推动金融对外交流与合作的窗口建设】 参加"新兴市场和发展中经济体金融稳定工作组"和"消费者金融保护工作组",以多样化方式开展国际金融改革的动态监测工作。参与国际司"欧债危机研究特别工作小组",参与撰写《投资机会与风险》研究报告。研究欧元体系央行内部信用评级系统(ICAS),推动央行业务创新。认真落实"积极跟踪,有限参与"的伊斯兰金融政策,审慎协调处理国内伊斯兰金融业务。积极开展2013年G30春季全会的筹备工作,参与筹备亚太反洗钱组织(APG)第十六届年会,协助国际货币基金组织(IMF)第四条款磋商代表团、AMRO磋商小组、穆迪信用评级公司主权信用评级组顺利完成在沪磋商会谈。牵头研究并推进外国央行用人民币投资中国债券市场相关事宜,有效推动与港澳台的金融交流合作。

【确保各项业务平稳有序运行】 积极完成总行、总部领导重要活动的协调安排,认真做好金融消费权益保护局落沪相关工作,配合总行和上海市政府筹备并成功举办"2012陆家嘴论坛",积极协调筹备第五次长三角金融联席会议。根据总行、总部、部门领导要求,对网络舆情监测工作进行全面部署,始终以对人民银行的攻击、造谣、诬蔑、失实报道及言论为核心监测目标,加大监测力度,明确监测重点,总结监测经验,进一步增强专项舆情监测力度。围绕党的十八大召开、全国"两会"、上海国际金融中心建设、中小企业融资风险、辖区金融体制改革动态等专题,积极开展舆情专报工作,妥善应对负面舆情事件,为党的十八大的胜利召开和总部各项中心工作顺利开展营造安定和谐的网络环境。根据总行要求,进一步加强总部保密工作管理机制和辖区保密工作考核机制,对2009年以来确定的保密要害部门部位重新开展确定、审核、报备和确认工作。积极参加上海金融法治环境建设联席会议各项活动,交流汇报上海总部在金融法制建设方面取得的主要工作成绩和工作安排,参与《上海市推进国际贸易中心建设条例》、《上海市国际金融中心法治环境建设》修订编写工作。稳妥推进上海市金融消费权益保护工作,积极宣传和解释中国人民银行金融消费者权益保护工作的政策精神和相关制度,研究起草《上海总部金融消费者权益保护工作方案》,并做好相关咨询申诉的解答分办工作。严肃财经纪律,扎实有效推进节能减排工作。

(中国人民银行上海总部综合管理部)

2. 中国银行业监督管理委员会上海监管局

2012年,上海银监局持续改进和加强银行业监管,有效督导全市银行业继续保持平稳运行,并在风险管控、服务实体经济、维护消费者权益、创新转型发展等方面取得了一些新的成效,为上海市"四个中心"建设做出积极贡献。截至年末,在沪银行业金融机构资产总额达9.03万亿元,同比增长11.91%。

辖内本外币各项存款 6.22 万亿元，同比增长 9.72%。本外币各项贷款余额 4.11 万亿元，同比增长 9.98%。不良贷款余额 270.93 亿元，不良贷款率 0.66%，低于全国平均水平 0.32 个百分点。2012 年，上海银监局共有 8 个集体、10 个个人获得省部（上海市）级荣誉。

【服务实体经济】 按照“分类指导、有扶有控”原则，督导上海银行业做好服务实体经济工作，取得新进步。一是名单制下重点项目建设得到有力支持。其中，保障性安居工程贷款年末余额 680 亿元，比年初增加 233.25 亿元，占当年全部住房开发贷款增量的比重达到 162%，远超年初设定的不低于 60%的监管目标，房地产信贷投向进一步倾向民生保障。二是小微金融服务和“三农”金融服务进一步加强。截至年末，全辖新增小微企业专营支行 114 家，年中指导上海市银行同业公会创新推出的“上海银行业小微信贷产品信息查询平台”访问数量已达 4.2 万人次；小微企业贷款余额 8 353.92 亿元，占各项贷款余额比例为 20.30%，较上年同期增长 14.58%，高于同期各项贷款增幅 4.6 个百分点；较年初增量 1 063.16 亿元，同比多增 128.17 亿元，顺利实现小微企业贷款增幅等“三个不低于”和单户授信 500 万以下小微企业贷款余额超千亿元的目标。截至年末，全辖涉农贷款余额 1 487.87 亿元，同比增长 11%，比各项贷款平均增速高 1.02 个百分点。三是支持“绿色信贷”。信贷投放主要集中在水污染治理、污水处理及其再生利用、城市环境卫生管理、其他能源发电、电池制造等领域，并逐步形成覆盖绿色产业链上下游的金融产品体系。四是新增贷款主要投向批发零售业和制造业。年内上述两大行业合计新增贷款 1 644.01 亿元，占全部新增贷款的 49.05%。其中批发和零售业新增贷款 1 101.55 亿元，同比增长 22.45%；制造业新增贷款 542.46 亿元，同比增长 9.01%。

【风险管控】 2012 年，上海银监局着力推进重点领域的风险防范与化解，取得新实效。一是推进融资平台贷款清理规范。完善平台风险主评审行负责制等三项工作制度；分类制定化解风险方案；在确保上海重点市政项目建设的同时，实现全市平台贷款大小口径继续下降。二是推进房地产贷款风险防范。强化房地产信贷风险监测；加强对大额房地产贷款的风险监管；开展房地产信托项目风险防范和化解。截至 2012 年底，上海银行业房地产不良贷款余额 41 亿元，不良贷款率 0.38%，贷款风险可控。三是信息科技风险事件频率有所下降，由 2011 年的 6 起下降到 2012 年的 3 起。

【金融消费者保护】 积极对银行业零售产品实施行为监管；进一步扩大金融消费者知识教育覆盖面，上海银行业青年“三进活动”、金融消费者权益保护月活动、“万名进城务工者金融知识教育”项目等社会反响良好。

上海银行业青年“三进”活动启动仪式

【金融机构集聚】 一是银行业金融机构在沪设立总行级、功能性机构增多。上海银监局根据银监会下发的《中资商业银行专营机构监管指引》，积极推动该办法在上海辖内的执行，引导各商业银行在沪设立总行级专营机构，并在监管职责范围内给予准入指导。截至目前，异地法人中资商业银行在沪设立持牌专营机构总计六大类 12 家，包括信用卡中心 4 家，票据专营机构、资金交易中心和私人银行部各 2 家，贵金属专营机构、中小企业专营机构各 1 家。二是台资金融机构落户上海，业务和规模进一步拓展。国泰世华商业银行上海分行开办人民币业务已获批准，第一商业银行上海分行和台湾土地银行上海分行筹建人民币业务已获批准，台湾银行上海分行被选定为中国大陆地区新台币业务清算银行。截至年末，已有 6 家台资银行在上海设立了分支机构，台资机构数量位居全国第一。三是金融机构综合经营试点逐步推进。交通银行信用卡中心及私人银行中心均已通过开业申请的初审；浦东发展银行综合经营取得新进展。浦发硅谷银行有限公司以及金融租赁公司相继开业，村镇银行布局继续推进，同时该行还向银监会递交了设立伦敦代表处的申请；上海银行综合经营试点取得新突破，拟收购基金管理公司和财务有限公司并组建租赁公司。

【金融市场体系建设】 一是持续推动银团业务发展。组织辖内银行召开"2012年重大项目建设暨银团贷款签约仪式"，要求银行依照《关于推进上海地区银团贷款业务发展的指导意见》对符合必须组建标准的项目做到"应建尽建"，鼓励银行提高银团组建率，做大银团贷款转让交易市场规模。指导上海市银行同业公会完善银团贷款信息系统，对银团贷款信息发布与统计系统（以下简称"银团系统"）进行了二次开发，不仅完善了信息统计功能，而且为下一步银团转让交易奠定了坚实基础。截至年末，上海银团贷款余额2 553亿元，当年新增936亿元。二是积极推动电子商业汇票交易平台建设。持续督导跟进工行票据营业部设立票据电子化平台建设进程，多次会同相关机构、部门深入讨论建设方案，目前相关工作正积极推进中。三是大力促进金融租赁市场发展。密切跟踪银监会起草制订《国内金融租赁公司在境外设立SPV开展融资租赁业务的相关制度和办法》的进程，鼓励辖内金融租赁公司做好前期在业务、人才等方面的储备工作，积极研究国际航运船舶融资租赁业务税收优惠政策，促进上海综合保税区飞机、船舶等融资租赁业务试点深化，交银租赁和招银租赁已经累计在上海综合保税区设立了35家SPV，其中18家SPV已经成功落地。

【金融开放和创新】 一是积极推动跨境人民币业务发展。在沪外资法人银行积极开展跨境人民币结算、内保外贷和离岸金融等业务；在56家外资银行分行中，13家机构已经开展了人民币跨境业务，中国银行上海市分行、进出口银行上海分行亦已开展人民币跨境结算业务。二是推动境外机构扩大参与银行间市场和证券市场的规模。在发行金融债方面，渣打银行（中国）有限公司成为全国首家获批发行小微企业专项金融债的外资银行，获批额度50亿元；此外，多家外资法人银行开展银行间市场非金融企业债务融资工具承销业务，取得良好市场反映。在衍生产品交易业务方面，56家外资银行分行中，已有21家机构持衍生产品交易资格。外资银行分行利用自身传统优势发挥更加重要的作用，如德意志中国上海分行、蒙特利尔中国上海分行是外汇掉期和远期合约的做市商，美国银行上海分行、摩根大通中国上海分行已取得银行间市场债券交易做市商资格，能对利率互换和债券远期进行做市。三是营造鼓励金融创新的更佳监管环境。上海银监局创新建立了产品维度监管工作机制，包括快速反应机制、产品评估机制、风险告知机制等，以在加强对金融产品风险监管的同时，更好地了解、支持和推动金融创新发展。

（上海银监局）

3. 中国证券监督管理委员会上海监管局

2012年，上海证监局按照全国金融工作会议和全国证券期货监管工作会议的总体部署，始终以促进上海资本市场"发展、创新、规范、稳定"为工作重心，坚持依法行政，探索监管创新，持续提升监管的有效性和透明度；不断强化服务理念，优化市场环境，加快推进行业创新，促进提升市场主体质量和核心竞争力，为上海经济持续平稳发展和国际金融中心建设做出了积极贡献。

【促进市场主体规范运作】 一是提升上市公司透明度和质量。指导上市公司强化股东回报意识，督促完善章程分红条款，通过现场检查、下发监管关注函等措施，强化监管约束。深入开展年报监管，重点检查39家上市公司，坚持做好信息披露监管，督促提高信息披露质量。组织146家主板公司全面实施内控规范。落实股价异动报告制度，完成股价异动核查8家次。二是强化证券公司内生约束机制建设。提升证券公司合规管理有效性，将日常监管信息引入合规管理有效性评估，并组织合规问责穿行测试，开展信息隔离墙检查。指导公司探索集团化经营下的风险管控机制，强化对创新业务的风险管理。深化经纪业务账户、佣金和营销管理，推进投行业务内控机制建设，强化资产管理业务持续监管和风险防范，推动融资融券业务转入常规，稳妥推进转融资。组织478家营业部分类评价，督促27家营业部纠正存在的问题。三是促进基金公司合规稳健运行。强化对投资决策流程的合规监管，开展基金销售专项检查，抽查从业人员买卖股票的申报情况，深入核查媒体报道的异常交易。强化货币基金日常监控，开展统一情景压力测试。跟踪指导多家公司完成股权和管理层变更，及时提示风险。督促完善信息披露内控机制，严肃查处违规披露。加大事后问责力度，将3家公司的投研人员涉嫌违规行为移交稽查。四是夯实期货公司规范发展基础。深入核查保证金预警，坚持做好净资本报表审核，指导强化营业部的风险管控。督促解决高管人员缺位等问题，引导首席风险官提升履职能力。有效发挥分类评价作用，期货公司违规扣分持续下降。稳妥推进账户规范工作。五是引导中介机构归位尽责。督促会计师事务所提高执业质量，指导完成辖区275家市场主体的年报审计。完善律师事务所证券法律业务信息数据库，首次以证监局名义对律师事务所下发警示函。继续开展创业板公司保荐机构的持续督导问核。

【发挥服务功能】 深入区县宣讲政策，积极推动上市后备资源的挖掘培育。全年9家公司首发上市融资40.45亿元。支持上市公司再融资，大力推动发行公司债。全年24家上市公司累计融资1 149.37亿元，其中公司债融资122亿元。推动13家公司完成并购重组，共有3家公司因此消除了同业竞争，有力促进了经济结构调整和国企市场化改革。此外，推动张江园区6家企业进入代办股份转让扩大试点。

【促进机构创新】 一是全面落实证券公司创新发展研讨会的精神，启动创新业务单项约谈机制，加快推进产品创新和组织创新。5家公司参与现金管理产品、7家公司参与债券质押式报价回购，1家公司率先推出客户证券资金消费支付、外币资金银行换汇等新型理财服务；5家公司参与转融资业务试点，其中4家为全国首批；8家公司参与约定购回式证券交易；6家公司通过中小企业私募债试点方案备案，总计发行24单；6家公司在新三板扩容后新发18个项目。4家证券公司荣获2012年上海市金融创新奖，上海证监局推进证券公司创新转型荣获2012年上海市金融创新推进奖。二是鼓励基金公司做大专户理财业务，积极开展跨市场ETF等产品创新。新增20家公司获批专户理财业务资格。2012年产品数量增至274只，同比增长两倍以上；合计规模近571亿元，较上年末增长91%。7家公司获保监会批准，受托管理保险资金。积极开展跨市场ETF产品开发，华泰柏瑞沪深300ETF产品募集329亿元，创基金发行以来第二大发行规模。5家公司获批独立销售机构资格，占全国的57%。6家基金公司荣获2012年上海市金融创新奖。三是有序推进期货投资咨询业务，鼓励7家公司首批获准开展资产管理业务。指导期货同业公会推进行业技术创新，举办期货机构投资者年会。8家期货公司荣获上海市金融创新奖。四是鼓励证券公司引入外资股东，指导合资公司扩大业务范围。支持4家证券公司、3家基金公司开展RQFII业务试点，积极拓展境外资产管理业务。

【依法行政】 一是有效落实行政审批制度改革，及时公示相关项目办事指南，完善备案管理的制度流程。开展专题培训，加强政策指导，并与工商行政管理部门沟通协调。持续推动行政审批系统建设，基本实现证券经营机构许可事项上线办理。二是不断提升依法行政水平。梳理完善多项监管工作规程和业务流程，为开展监管工作奠定了基础；坚持法律会签审查，确保行政行为依法合规。

【大力打击违法违规】 一是重点防控和打击内幕交易行为。推动市政府办公厅转发打击和防控资本市场内幕交易的实施意见，配合开展内幕交易警示教育展，重点防控打击内幕交易。全年查办内幕交易案22件，案件调查成功率显著提高。二是加大自立自办案件的查处力度，办理上市公司违规信息披露案件2件。其中巴安水务经立案调查、自行审理后，被上海证监局行政处罚，是全国首例对创业板公司给予行政处罚的案件。三是深入推进打非和反洗钱工作。共查处非法证券活动案件29起，办结26起，先后向公安机关通报线索6起，向工商部门通报线索3起。完善反洗钱部门沟通机制，开展证券、基金行业反洗钱专题培训，提升从业人员对于反洗钱工作的认识。四是努力优化办案模式，探索引入刑侦手段，实现案件的有效突破。积极推进跨境协查，协查涉外案件4件，提请涉外案件初查1件。

【深化投资者教育保护和诚信环境建设】 一是推进诚信体系建设。全面落实《证券期货市场诚信监督管理暂行办法》，完善诚信档案管理制度，坚持做好诚信档案数据录入和查询，将其嵌入行政审核流程。有序推进诚信信息公开查询，统一对外服务窗口，协调人民银行建立信用报告查询长效机制。二是深入开展投资者教育。充分整合资源、拓宽渠道，全力推进中国证监会开展的“理性投资，长期投资”和“积极回报投资者”专项教育活动。组织编发《上市公司股东权利保护知识手册》、《识别与防范非法证券活动知识手册》等宣传材料40万册。探索创新投资者教育的载体和形式，指导制作证券投资系列宣传片、编写中小学生理财教育读本，合作开发“投资者之窗”手机应用软件。加强媒体宣传合作，借助媒体平台深入开展网络路演，增进与投资者的互动交流。

（上海证监局）

上海证监局深入开展投资者保护宣传教育活动

4. 中国保险监督管理委员会上海监管局

2012年，上海保监局以科学发展观为主题，把握“稳中求进、进中求好”的主基调，根据上海经济社会发展的市情和上海保险业发展的行情，以综合治理车险理赔难和人身险销售误导为重点逐步改善保险消费者利益保护，统筹推进“抓服务、严监管、防风险、促发展”相关工作，推动保险监管和行业发展呈现新面貌。

【围绕上海经济社会大局谋发展】 一是全力以赴配合上海保监会和上海市政府做好个人税延型养老保险试点前准备。二是着眼于上海国际金融和航运中心建设，配合金融办对保险交易所功能定位和作用进行论证研究，积极推动上海航运保险协会组建。三是重点发挥政策性保险功能，配合政府部门重点支持实体经济和民生保障中的薄弱环节、弱势群体和重点领域。2012年，出口信用保险覆盖上海出口风险230.9亿美元，同比增长26.9%，服务企业1 429家，同比增加713家，累计向66家企业支付赔款3 803万美元，同比增长53.2%，一般贸易出口的渗透率达25.3%；创新推出科技型中小企业短期贷款履约保证保险，累计提供约4.8亿元贷款保障；指导安信农业保险股份有限公司完善蔬菜价格保淡保险和新农合“闵行做法”，加大农业自然灾害的风险补偿作用，2012年安信农保“夏淡”保障金额达1.21亿元，赔款约720万元，“海葵”台风赔款接近2亿元；参与奉贤区民生保险工程，提高商业保险对社会保障全面覆盖体系的贡献度。四是鼓励保险机构通过产品、模式和服务创新支持小微企业发展，覆盖制造业、化工行业、建筑业、农业、高新技术、商业、餐饮等行业。五是引导保险公司殖化社会责任，开展行业性“1+1 心连心　一元慈善”公益活动，成立“上海人身保险牵手你我”慈善专项基金，并将第一期114.5余万善款，用于资助上海市慈善基金会设立的“多彩晚霞——慈善流动轮椅车”公益性项目。六是会同市政府相关部门大力推动火灾公众责任保险，全面推广危险化学品安全责任保险，探索建立住宅工程质量保证保险机制，食品安全保险、医疗责任保险等与社会管理创新和政府职能转变紧密相关的险种，大力推动发展高端医疗、健康养老、大病医疗以及长期护理保险，及时做好重大事故的理赔工作。

【围绕保险消费者利益诉求抓实效】 2012年，上海保监局以综合治理车险理赔难和人身险销售误导为重点，逐步建立消费者利益保护体系和长效机制。

一是着力推动车险理赔从“赔得慢、赔得烦”表象问题的解决向“秩序规范、标准清晰、机制顺畅、服务优质”的长效机制确立转变。既强化了现场检查工作，又注重行业标准和制度机制建设。在市质量技术监督局、市金融精神文明办公室的指导下，研究制定全国第一个地方性车险理赔服务标准，在全国率先开展保险理赔员（车险定损）职业资格鉴定，积极推动行业研究建立符合上海实际的代位求偿制度。

二是着力推动人身险销售从单一行为管控向基础建设与专项治理相促进、客户需求匹配与销售品质评价相结合、风险管控与舆论引导相联系的全方位治理体系转变。联合银行监管部门开展银保渠道治理，配合《银行保险监管指引实施细则》进一步加强银行网点业务品质；制定出台《60岁以上及特殊人群核保规则》，明确不适宜投保投连险和万能险人群，建议按投保人年龄段区分推荐产品；建议各保险公司调整核保流程和要求，并于2012年3月1日起正式实施全国第一个地方性人身险服务质量地方标准《人身保险业窗口服务质量规范》。

三是着力推动消费者利益保护从被动"接诊"向一门式接待、调处一体、矛盾解决和制度完善同步的行业"大信访、大调解"模式转变。搭建保险监管部门、行业组织、市场主体和社会公众等多方参与的消费者利益保护机制，向社会公开选聘上海保险业社会监督员，研究构建上海保险业"大信访、大调解"工作机制，形成行业纠纷协商处理、内部消化的工作格局。

【围绕风险防范化解导向促稳定】 上海保监局充分认识到行业稳定的重要意义，以"稳中求进、进中求好"为工作基调，以现场检查和非现场监管为支撑，逐步完善风险导向型、功能辅助型的保险监管体系。一方面，继续完善非现场监管框架和指标体系。构筑财产保险监管责任人和人身保险监管联系人制度，探索建立产险和寿险不同风险侧重的分类监管指标体系。另一方面，利用保监会和公安部"破案会战"契机，指导辖内保险公司配合公安机关及时移交案件线索，推动建立对口联系、即发即送、系统比对、信息化操作等制度。此外，还加强风险的整体把握和个点跟踪。及时关注行业调研、舆情监测、综合检查和信访投诉等渠道反映出的风险动向，从宏观层面加强对系统性、区域性和群体性风险的把握，建立应急预案指导下的保险公司、行业协会、监管部门和地方政府多层风险防范化解体系。重点加强非正常集中退保风险、中介机构非法集资和股权激励风险、司法案件风险、易激化扩散的纠纷矛盾以及市场苗头性风险隐患的防范化解力度。

【围绕监管自身建设提效能】 2012年1月1日，上海保监局正式实施《中国保险监督管理委员会上海监管局内设机构职责(暂行)》，在查处分离大框架下，强化消费者利益保护工作，新增消费者利益保护处，整合现场检查力量，新增稽查处，优化行政许可审批，集中归口办公室办理，并分别制定出台上海保监局信访工作细则和行政许可、稽查、处罚工作办法。目前，上海保监局初步建立以集中稽查为手段、结合反洗钱和反欺诈工作、以内外审为依托、与公安等部门联动、具备风险预警、风险模块化归集、风险聚焦处置及监管政策反馈完善的稽查大框架；初步建立面向保险机构和保险从业人员"标准统一、流程规范、效能改善、窗口示范"寓监管于服务的行政许可新模式；初步形成"查处制衡、权责统一、程序规范、决策科学"的查处分离工作机制。

（上海保监局）

2012年7月11日上海保监局举行保险消费者权益保护工作社会监督员聘任仪式

5. 国家外汇管理局上海市分局

2012年，国家外汇管理局上海市分局围绕外汇管理中心任务，紧密结合上海实际，加快推动外汇管理理念和方式的"五个转变"，坚持改革创新和先行先试，有效提升外汇监管和服务水平，各项工作都取得了新进展。

【加快推进实体经济发展和上海"两个中心"建设】 一是支持实体经济发展。积极参与《中国人民银行上海总部关于加强和改进金融服务 支持上海实体经济发展的若干指导意见》的制定工作。通过加强督导和服务，持续推进金融服务支持上海实体经济发展的有关工作。二是积极推动跨国公司资金运作便利化试点。厘清中、外资跨国公司的政策需求，有针对性地提出了提高跨国公司资金运作便利化的政策建议。积极争取开展相关先行试点，制定具体的操作方案，指导试点企业做好各方面的工作。三是认真完成国际金融中心建设的各项工作。扩大国际贸易结算中心试点范围，增加试点企业家数。

认真落实个人本外币兑换特许业务试点新办法，召开了第一次个人本外币兑换行业合作促进体系工作会议。研究期货保税交割试点向区外延伸的可行性。继续支持综保区开展融资租赁业务。研究规范融资租赁业务外汇收支行为，解决了相关融资租赁公司的外汇支付难题。积极参与和推进上海 PE 企业的试点工作。

【积极稳妥推进各项外汇改革】 一是成功实施货物贸易外汇管理制度改革。结合上海实际，认真研究制定工作方案，高效保质地完成银行和企业的培训。开展政策宣传和咨询工作，扎实做好历史业务清理、监测系统企业名录及档案信息清理等各项准备工作。8 月 1 日顺利实现了货物贸易外汇管理新旧制度的平稳过渡。二是全力做好资本项下简政放权工作。认真落实《国家外汇管理局关于境内个人参与境外上市公司股权激励计划外汇管理有关问题的通知》。扎实推进资本项目信息系统上线前的准备工作。全力做好直接投资外汇管理新政策的宣传培训工作。三是配合总局研究构建第三方支付机构跨境支付管理框架。召集多家第三方支付机构开展调研，全面梳理企业业务需求，配合总局研究构建跨境电子支付外汇管理框架。四是积极推动上海服务外包产业发展。认真贯彻《上海市服务业发展“十二五”规划》精神，积极协调市商委等有关部门，批复了外资人力服务外包企业开立服务外包外汇专用账户，同时明确了账户收支范围和审核要求。五是继续支持外汇业务创新。推进外币兑换机业务试点和新台币现钞试点，加强对辖内外币兑换机业务试点的管理，积极扩大外币兑换机业务增长。联合上海市金融办、上海市台办等部门召开新台币双向兑换业务试点推进座谈会，共同推进新台币现钞试点。支持外汇市场发展，支持银行开办合作办理远期结售汇业务，为暂不具备金融衍生产品业务资格的银行向中小企业提供汇率风险管理服务提供渠道和便利，积极推进货币经纪公司开展人民币对外汇期权经纪业务，研究开展即期交易经纪业务。

【完善日常监管和服务】 一是完善银行外汇收支与结售汇业务监管。开展银行执行外汇管理规定情况考核工作，完成 2011 年度及 2012 年中期银行考核工作。有序开展银行结售汇综合头寸系统和结售汇统计系统升级工作。依法做好各项结售汇业务审批工作。完善银行结售汇业务管理办法。认真落实结售汇综合头寸管理新政策。加强结售汇统计数据核查工作。二是加强经常项目日常外汇管理。努力提高货物贸易外汇监管水平，严格柜台业务审核，探索和优化货物贸易外汇收支非现场监测模式。提升服务贸易非现场监管水平，提高对服务贸易项下异常外汇资金流动的监管和打击力度。完善对上海市保险机构外汇业务市场准入的管理。积极参与总局对《保税监管区域外汇管理办法》的修订工作。密切关注个人结售汇整体变化趋势，有重点地打击异常资金流动。三是加强资本项目日常外汇管理。稳妥高效地推进外资企业外汇年检和境外投资联合年检。合理核定银行短期外债指标。规范境外机构 A 股减持业务。帮助有条件的财务公司尝试开展远期结售汇业务的试点。积极支持企业“走出去”。四是切实提升外汇服务水平。全面推行外汇营业大厅总值班制度，协调处理各类特殊业务处理需求。帮助企业银行及时了解外汇管理新政策。在货物贸易外汇管理改革推广期间，张贴改革公告及业务办理指示，现场办公解答企业银行关于改革的问题和疑惑。稳步推进上海市分局子站建设，推动分局子站建设尽早达标上线。五是打击外汇违法违规行为。强化汇警合作机制，首创沪深汇警四方合作新平台。严厉打击地下钱庄、非法买卖外汇等违法犯罪行为，配合上海市经侦总队破获涉案金额巨大的特大地下钱庄案。开展打击网络保证金交易调查工作。六是深入推进上海外汇信用体系建设工作。积极开展“诚信兴商”宣传教育活动，协调组织“浦发杯”外汇业务知识竞赛、“第四届外汇业务实务知识竞赛”等活动。向银行进行诚信兴商宣传，分析讲解违规案件。贯彻实施外汇违法信息披露工作。

【加强统计监测和信息调研】 一是提升国际收支申报质量。开展国际收支申报现场核查，完成国际收支网上申报系统银行数据接口程序验收，强化国际收支统计各项制度落实。二是扎实开展抽样调查和信息交流工作。完成贸易信贷抽样调查和上海换汇成本调查，借助外汇局沪浙闽五分局信息交流工作会议机制，研究探讨外汇管理热点问题。三是积极开展信息调研。完成金融衍生品、保税区企业跨境资产转卖业务等课题报告和专题调研。完成各类监测分析报告，及时反映上海跨境资金流动和结售汇情况。围绕资本项目管理便利化、外汇非现场检查、经常项目外汇管理工作服务实体经济等开展调研。积极参与上海市发改委、商务委等部门的课题调研。

【夯实外汇管理基础工作】 一是认真做好规范性文件清理工作，积极解决法规清理中的难点疑点，切实减少文件数量，确保依法行政。二是提升科技支持。开展业务系统应用门户整合，强化信息安全管理，开展技术服务，研究探索资金流动监测分析与风险预警手段。三是完善内部控制。开展保密普法教育，严格管理涉密文件和计算机设备。加大同级内控监督力度，开展内控制度建设和执行情况检查。四是加强外汇政策的培训和咨询。认真做好上海市人大和政协提案、信访件、分局咨询邮件、上海市银行同业公会会员单位所提意见的答复工作，组织好对银行和企业的外汇政策培训。

（上海外管局）

6. 上海市金融服务办公室

2012年初，经国务院同意，国家发改委发布《"十二五"时期上海国际金融中心建设规划》。上海抓住《规划》出台这一重要契机，在党中央、国务院和市委、市政府的正确领导下，在国家有关部门的指导与支持下，认真贯彻落实国务院2009年19号文件和《规划》精神，围绕"一个核心、两个重点"，上海国际金融中心建设不断呈现新亮点，取得新突破。

【新型金融市场建设步伐加快】 金融市场体系日益健全。上海股权托管交易中心正式开业运营，截至2012年末挂牌企业达到48家；上海证券交易所正式入股股交中心。张江高新区企业进入非上市股份公司股份转让扩大试点取得突破，全国共8家企业首批挂牌，其中张江挂牌企业2家。保险交易所筹建工作稳步推进。此外，落实清理整顿各类交易场所相关工作，维护了上海金融市场的健康发展。

【各类金融机构加快集聚】 大型金融机构二总部引进工作取得重大突破。2012年3月，中国银行上海人民币交易业务总部正式在沪成立，成为四大国有银行中首家在沪设立"二总部"的银行，目前在沪的银行类功能性总部持牌专营机构总计七大类12家，非持牌专营机构达到34家；证券类功能性总部58家，保险类功能性总部14家。此外，2012年，韩国央行上海代表处、银联国际有限公司、台湾银行上海分行、中国信托商业银行上海分行、平安产险航运保险运营中心等纷纷在上海成立。在传统金融机构不断发展的同时，新型金融机构加快集聚，本市51家企业获得第三方支付牌照，位居全国首位；好买财富、诺亚正行、东方财富等5家独立基金销售机构获批，超过全国获批机构的半数。截至2012年末，在沪金融机构总数达1 227家，比2011年末增加91家。

【金融改革创新力度加大】 重要金融产品工具不断推出。中国外汇交易中心成功启动人民币对日元直接交易，发布新增的外汇远期曲线、Shibor利率互换定盘曲线与收盘曲线。银行间黄金询价业务正式上线。白银期货在上海期货交易所成功上市，期货保税仓单融资业务推出，国债期货、原油期货相关工作顺利推进。华泰柏瑞沪深300ETF、嘉实沪深300ETF等跨市场ETF产品推出，首只跨境ETF产品——易方达恒生中国企业ETF公开发行并在上交所上市。中小企业私募债券业务试点推出。银行间债券市场推出的又一创新型非金融企业融资工具——资产支持票据业务正式启动。上海清算所获批开展人民币远期运费协议(FFA)中央对手清算业务，这是上海清算所自主研发的第一项跨市场的场外衍生品清算业务。

【金融对外开放领域进一步扩大】 2012年，上海市跨境人民币结算总量继续迅速增长，目前本市跨境人民币业务已基本覆盖了货物贸易、服务贸易、资本项目等所有大类。境外三类银行机构、世界银行、境外保险公司以及人民币合格境外机构投资者(RQFII)等多种境外主体获准进入境内银行间债券市场。在沪外资法人银行瑞穗银行(中国)有限公司、星展银行(中国)有限公司分别成功发行10亿元、5亿元人民币债券。赛领资本管理有限公司成立并成功募资，国内最大规模人民币海外投贷基金启航。跨境人民币参与外资PE试点工作稳步推进，海通国际成为国内首个参与此项试点的机构。跨境人民币再保险业务正式启动。上海综合保税区国际贸易结算中心外汇管理试点企业扩大到50家，跨国公司总部外汇资金集中运营管理试点启动，货物贸易外汇管理制度改革顺利推进。

【金融发展环境进一步优化】 成功举办2012陆家嘴论坛和上海国际金融中心建设国际咨询委员会第五次会议。举办第六届上海中小企业金融洽谈会。完成上海金融创新奖和金融人才奖评选颁奖

(人才奖评了两届,体现了上海市委市政府对金融人才的高度重视和爱护),举办首届上海金融创新论坛。出版《上海国际金融中心法治环境建设》白皮书。加强金融风险防范处置,会同有关部门,妥善处理各类矛盾,切实维护了金融稳定。

【切实加大对经济社会发展的金融支持力度】 推动新型机构规范发展,加强对小额贷款公司的相关监管制度建设和信息系统建设,做好融资性担保行业发展、监管与风险处置。截至2012年末,本市已有101家小贷公司获批设立,其中87家已开业,注册资本130亿元,累计放贷711.7亿元,贷款余额149.8亿元,投向"三农"和小企业贷款占到七成;80家融资性担保机构审批通过,71家持有有效经营许可证,注册资本总额164亿元,累计提供融资性担保贷款2 750亿元,年末融资性担保贷款余额近450亿元。聚焦民生项目和社会建设,推进上海发行定向中期票据支持保障房建设;做好金融支持大居配套建设工作;做好企业年金试点投资上海公共租赁房债权融资产品的相关工作;推进火灾公众责任保险、船舶污染责任保险、电梯等特种设备责任保险、地铁等地下空间安全责任保险、危险化学品安全责任保险等工作。

【深入推进上海金融国资国企改革】 2012年,浦发银行与美国硅谷银行在沪合资组建国内首家专注服务于科技型中小企业的合资银行;东方证券与花旗集团成立合资证券公司等。海通H股成功发行。市属金融国资管理制度进一步完善,市属金融机构创新发展的体制机制不断完善,资本补充机制、法人治理机制、选人用人机制、激励约束机制进一步健全。相关市属金融机构完成董监事会换届、董监事调整以及高管竞争性选拔工作。市属金融企业海外资产管理、国有股权登记、国资经营预算管理等工作稳步推进。

2012年,全市金融业增加值2 450.4亿元,同比增长12.6%,占全市同期GDP的12.2%。全年金融业税收(不含证券交易印花税)完成844.1亿元,同比增长14.3%,增收105.5亿元,占全市税收收入的11.5%。金融业增加值和税收增速均明显高于同期全市GDP和税收增速。年末全市中外资金融机构本外币各项存款余额6.4万亿元,同比增长9.2%,贷款余额4.1万亿元,同比增长10.2%。全年上海金融市场交易总额达528万亿元,同比增长26.34%;金融市场直接融资额3.89万亿元,同比增长34.9%。

(上海金融办)

三、上海市金融报告

1. 2012年上海市金融运行报告

2012年，中国人民银行上海总部和上海市各金融机构认真执行党中央国务院宏观调控精神，贯彻落实人总行稳健货币政策的各项要求，按照稳中求进的总基调，配合推进上海国际金融中心建设，不断优化金融资源配置，着力增强对实体经济的支持力度，有效缓解信贷资金供求结构性矛盾，为上海创新驱动、经济转型发展创造了适宜的货币金融环境。2012年末，上海市本外币各项存、贷款余额分别为63 555.3亿元和40 982.5亿元，同比分别增长9.2%和10.2%；全年社会融资规模较上年多增442.2亿元。

(一) 金融中心建设取得新突破，服务实体经济能力增强

2012年，上海国际金融中心建设取得新突破，市场建设稳步推进，金融机构加快聚集，改革创新力度加大，服务实体经济功能不断增强。

一是金融市场体系建设稳步推进，功能性金融机构加快聚集。上海股权托管交易中心正式开业运营，张江高新区企业进入全国中小企业股份转让系统取得突破(试点扩大后首批挂牌企业中张江2家)，为中小企业提供了融资新渠道。至2012年末，上海股权托管交易中心挂牌企业达到48家。保险交易所筹建工作稳步推进。中国银行上海人民币交易业务总部、韩国央行上海代表处、银联国际有限公司、台湾银行上海分行、中国信托商业银行上海分行、浦发硅谷银行正式在沪成立。截至2012年11月末，在沪的银行类功能性总部持牌专营机构总计七大类12家，非持牌专营机构34家；证券类功能性总部58家，保险类功能性总部14家。新型金融机构加快集聚，2012年底上海市有51家企业获得第三方支付牌照，位列全国首位；5家独立基金销售机构获批，超过全国半数。2012年，上海证券交易所股票交易累计成交16.5万亿元，同比减少30.7%；沪市A股累计筹资总额为2 890亿元，较上年减少9.7%。银行间同业拆借市场和债券市场交易活跃。2012年，全国银行间同业拆借市场成交量同比增长39.7%，质押式回购和买断式回购成交量同比分别增长41.3%和82.8%。

二是金融改革创新力度加大，金融产品工具不断推出。外汇交易中心启动人民币对日元直接交易。银行间黄金询价业务正式上线。白银期货在上海期货交易所成功上市，国债期货、原油期货相关工作顺利推进。华泰柏瑞沪深300ETF、嘉实沪深300ETF等跨市场ETF产品推出，首只跨境ETF产品(易方达恒生中国企业ETF)公开发行并在上海证券交易所上市。中小企业私募债券业务试点推出，资产支持票据业务启动。上海清算所推出人民币远期运费协议(FFA)中央对手方清算业务。实施货物贸易外汇管理制度改革，正式启动跨国公司资金运作便利化试点，继续深化上海国际贸易结算中心试点，促进对外投资贸易便利化。

三是债券市场融资功能有效发挥，对中小企业支持力度加大。2012年，上海证券交易所发行公司债(包括可转债、可分离债、证监会审批的公司债、私募债)150只，筹资总额为1 974.2亿元。银行间债券市场信用类债券发行量较快增长。2012年，上海清算所登记新发信用类债券1.9万亿元，同比增长223%。其中：短期融资券和超短期融资券累计发行1.4万亿元，同比增长187.6%；区域集优中小企业集合票据发行29.2亿元，同比增长109.9%；非公开定向债务融资工具发行3 813亿元，同比增长315%。债券市场创新产品为非金融企业开辟了新的融资渠道，有助于加强金融支持中小企业发展。2012年，上海清算所共发行非金融企业资产支持票据14只、金额57亿元；上海和深圳证券交易所共有81只中小企业私募债完成发行，募集资金90.8亿元。

四是保险业务平稳增长，为实体经济发展提供坚实保障。2012 年，上海市原保险保费累计收入 820.6 亿元，同比增长 9%，产、寿险公司原保险保费收入比例为 33∶67。保险业大力支持农业、中小企业和对外贸易发展。“夏淡”绿叶菜综合成本价格保险工作取得成效，2012 年累计承保蔬菜面积 12.9 万亩，保险保障金额 1.2 亿元，已支付赔款 17.6 万元。积极发展短期贷款履约保证保险，自 2010 年以来累计为各类科技型中小企业提供约 4.8 亿元贷款保障。出口信用保险服务上海外贸发展成效提升，2012 年出口信用保险的出口渗透率(承保额占出口额的比重)达 10.6%，同比提高 2.9 个百分点；企业覆盖率(支持服务企业数占全市出口企业数的比重)达 4.7%，同比提高 1.3 个百分点。

(二) 信贷投放增速企稳回升，有效信贷需求逐步恢复

2012 年初，受经济增长放缓、宏观调控力度加大等因素影响，上海信贷有效需求明显萎缩，信贷增速一度下滑。面对严峻的形势，中国人民银行上海总部认真落实中央和人总行稳增长的各项政策措施，围绕强化金融支持上海经济转型发展这一主题，不断增强各项政策的针对性、有效性和前瞻性。一是印发了《关于加强和改进金融服务　支持上海实体经济发展的指导意见》，制定了金融支持实体经济的 30 条措施，并加强组织领导，严格考核监督，建立重点联系行制度，广泛宣传推广，督促金融机构加大对实体经济的支持。二是大力推进银政对接，联合市政府经信委等部门召开“金融支持实体产业经济发展大会”，与市商委联合开展“上海市服务贸易和服务外包企业最佳伙伴银行”评选活动，与市教委开展国家助学贷款“二次创新”试点、启动“风雨彩虹”助学行动计划。三是充分发挥差别存款准备金动态调整工具的逆周期调节作用，支持资本充足率较高、资产质量较好、法人治理结构完善、信贷政策执行有力的金融机构适度增加信贷投放，并根据实际需要灵活调整投放进度。随着各项政策的实施和经济金融形势的转变，从下半年开始，上海市信贷运行开始出现积极变化，信贷有效需求回升。这主要体现在：

一是从信贷总量上看，增速先抑后扬。2012 年，全市中外资金融机构本外币各项贷款增加 3 818.3亿元，同比多增 163.9 亿元。其中，前 5 个月贷款增长率逐步下降，随后贷款增长率开始企稳回升，到 2012 年末，全市本外币各项贷款同比增长 10.2%，较 5 月末回升 1.3 个百分点。2012 年末，上海市本外币贷款余额在全国中的比重为 6.1%，比上年末下降 0.3 个百分点，但贷款占比仍远高于生产总值占全国 3.9%的比重。

二是从信贷结构上看，短期贷款、外汇贷款和房地产贷款同样呈现前低后高走势。2012 年，全市中外资金融机构短期贷款增加 1 792.5 亿元，同比多增 357.8 亿元，四个季度的累计同比增长率分别为 13.9%、10.3%、11.1%和 15.3%。全年外汇贷款增加 109 亿美元，同比多增 33.4 亿美元，四个季度的增量分别为 19.6 亿美元、−13.0 亿美元、42.6 亿美元和 59.8 亿美元。全年房地产贷款增加 623.9 亿元，四个季度末余额同比增长率分别为 4.4%、5.7%、6.6%和 7.1%。

三是从信贷主体上看，外资银行信贷开始止跌回升。由于受国际国内环境变化、监管指标约束以及经营战略调整影响，2012 年前 7 个月，外资银行信贷一度出现明显收缩迹象。1—7 月，上海外资银行本外币贷款累计减少 162.6 亿元。但从 8 月开始，随着外资企业经营情况好转、外资银行贷存比压力趋于缓解，信贷投放能力有所增强。外资银行贷款逐步回升，下半年共增加了近 60 亿元。

四是票据融资支撑贷款规模的现象正在改变。2012 年上半年，在票据贴现利率持续走低的情况下，票据融资反而同比大幅多增 532 亿元，这反映出上半年信贷有效需求明显不足，商业银行不得不通过增加低收益的票据融资来应对考核要求。而上海票据融资占新增贷款比重明显高于全国平均水平，显示信贷有效需求的问题更为严重。但下半年票据融资仅增加 26.5 亿元，其中 4 季度大幅减少 79.9 亿元，票据压缩幅度比全国更大。信贷结构的这一转变反映上海真实信贷需求已开始回升，银行正通过压缩票据规模为一般贷款增长腾出空间。

下半年上海有效信贷需求恢复的主要原因有：

一是宏观经济环境逐渐改善。上海经济逐季企稳回升，一季度、上半年、前三季度和全年分别同比增长 7%、7.2%、7.4%和 7.5%。工业生产形势趋稳，全年规模以上工业增加值同比增长 2.9%。从结构看，上海战略性新兴产业加快培育，全年信息传输、计算机服务和软件业增加值同比增长 16.5%，大规模集成电路、物联网、云计算等新兴产业逐步形成，并通过政府和民间创业投资的引导带动作用，吸引了信贷投入的增长。第三产业快速增长，全年上海市第三产业增加值增长10.6%，同比上升1.1个百分点。

二是企业经营情况有所好转。2012年，上海市规模以上工业企业利润总额同比减少2.8%，降幅比上半年收窄1.3个百分点。随着企业经营情况的好转，企业投资意愿也有所增强，2012年上海工业投资增长1.1%，比上年同期提高0.9个百分点。企业去库存化取得明显进展，全年产成品存货同比减少7.0%，应收账款增势得到有效控制，下半年净减少52.6亿元。中国人民银行上海总部的调查也显示，2012年下半年，企业货款回笼平衡指数强劲回升23个点。各微观经济主体对宏观经济信心有所回升，四季度上海市企业家、银行家、居民的宏观经济信心指数分别比三季度上升0.3个、15.6个和6.9个百分点。企业贷款意愿开始有所恢复。银行家问卷调查显示，2012年四季度贷款总体需求景气指数比二季度上升4.3个百分点，企业借款利率承受力指数同比上升22.4个百分点。

（三）社会融资结构继续优化，推动上海经济转型发展

2012年，中国人民银行上海总部在加强总量调控，确保金融支持实体经济力度不断增强的同时，更加注重发挥信贷政策在促进上海转型发展中的结构优化作用。一是强化再贷款工具的定向支持效果。建立再贷款授信审批制度，与相关银行签订中小金融机构再贷款总体框架协议，共同组成资金池重点支持文化产业和战略性新兴产业，通过杠杆化运作最大程度发挥再贷款工具对实体经济的定向支持作用。二是加强信贷政策和产业政策的对接，发布《2012年上海市信贷投向指引》和《上海市银行业金融机构货币信贷政策导向效果综合评估办法》，对全市180多家机构完成了首次年度评估，并根据评估结果适时调整部分法人机构的差别准备金政策参数，支持符合政策导向的信贷投放。三是大力发展直接融资。与有关政府部门、交易商协会建立工作协调机制，探索利用银行间市场创新工具支持民生工程建设，推动在沪非金融企业发行债务融资工具，同时积极联系在沪金融机构，宣传银行间债券市场政策法规，摸底调研金融债券发行需求，鼓励金融机构通过债券市场筹集资金。四是加快金融改革发展。组织成立"上海市推广银行卡助农取款服务工作领导小组"，推动区（县）国库直接支付改革。制定《上海市支付机构支付业务监督管理暂行办法》和《上海市支付机构重大事项报告管理办法（试行）》，促进支付服务产业健康发展。试点小额贷款公司评级，稳步扩大借款主体信用评级市场规模，促进评级市场规范发展。在全国率先开展经常账户人民币结算银行审核流程优化试点工作。各项措施的实施强化了金融结构调整对经济结构转型的促进作用。

一是贷款投向进一步优化。2012年，全市新增的本外币企业贷款（不含票据融资）中，投向第二产业的贷款增加972.4亿元，其中制造业贷款增加550亿元；投向第三产业的贷款增加1 570.1亿元，占全部境内企业贷款（不含票据融资）增量的61.2%，其中批发零售业、交运仓储邮政业和租赁商务业的贷款分别增加619.8亿元、411.7亿元和272.1亿元。2012年，全市各银行继续加大对中小型企业的信贷倾斜力度。上海市中外资银行投放大、中、小和微型企业本外币贷款分别增加396.8亿元、929.9亿元、

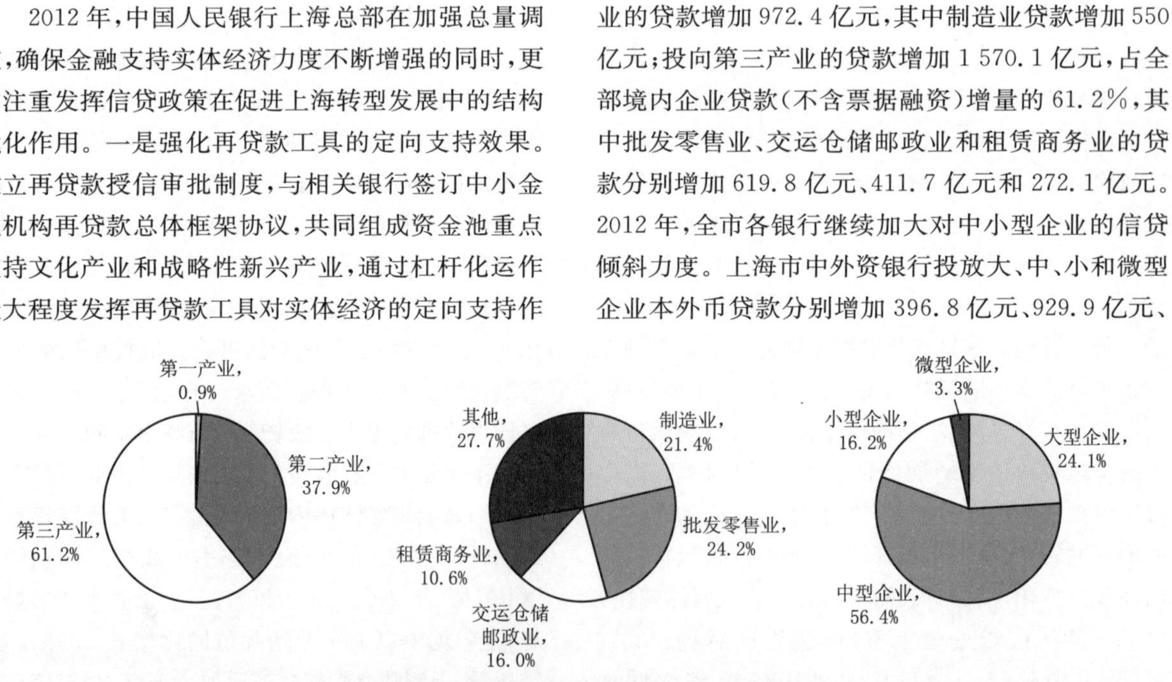

图1 2012年上海市新增本外币贷款投向结构情况

266.6亿元和54.4亿元；中小微企业贷款余额占比由年初的63.3%上升至年末的64.1%。人民银行上海总部银行家问卷调查显示，今年对小企业贷款审批收紧的银行占比逐季下降，第四季度为4.3%，比上年同期下降11.4个百分点，小微企业贷款难问题得到一定缓解。积极发展贸易融资业务，全年贸易融资增加1 236亿元，同比多增926亿元，促进外贸进出口的稳定增长。

二是融资方式不断拓宽。2012年，债券发行量明显提高。一方面，非金融企业债券融资额大幅增加，在地区社会融资规模中占比明显上升。2012年，上海市非金融企业累计发行各类债务融资工具筹资净额(发行额减去兑付额)764.3亿元，较上年大幅增长37.1%；债券融资占社会融资总规模的13.4%，同比提高2.8个百分点。另一方面，上海金融机构通过发行次级债券、金融债券、资产支持证券、次级定期债务等各类金融债券770.3亿元，夯实资本基础、拓宽资金来源，提高服务实体经济的能力。此外，支票授信业务的推广有效拓宽了中小企业融资渠道，2012年上海市共有4家商业银行开办支票授信业务，有效签约客户1 585户。

三是金融服务水平明显提高。保障房建设等民生领域的金融支持力度不断增强，金融机构全年保障房开发贷款增加204.3亿元，占全部房地产开发贷款的一半。上海农村地区银行卡助农取款服务在崇明县成功启动试点。推动上海成为银行卡产业资源集聚高地和国际银行卡交易清算中心，加大金融IC卡受理市场改造力度，全年已有16家银行推出金融IC卡，全市几乎所有POS机具、ATM机具均可受理金融IC卡。年内新增获牌第三方支付机构17家，总获牌机构51家，占全国的26%。政府补助资金直接支付业务快速发展，2012年"服务三农"国库直接支付业务累计完成金额7.3亿元，同比增长19倍；服务中小企业国库直接支付业务累计完成笔数和金额同比分别增长43倍和94%。经常项下跨境人民币结算业务继续快速发展，全年实现人民币跨境结算4 919亿元，同比增长48.5%。其中，贸易结算业务总量居全国第三位，占全国12.6%；资金交易量继续保持全国首位。在国内率先开展外商投资企业人民币资金池境外放款业务，满足了跨国公司人民币全球调配的需求。

(四) 金融体系流动性合理充裕，企业融资成本明显降低

2012年，中国人民银行上海总部进一步完善流动性管理。一是灵活运用回购式再贴现工具，引导推广使用商业承兑汇票和电子商业汇票。2012年全年，上海总部共办理再贴现148.2亿元，同比增长76.5%；年末再贴现余额为38.8亿元，比上年增加25.8亿元；办理电子票据再贴现75.6亿元，占当年再贴现发生额的51%。二是维护上海票据市场的健康发展。完善票据利率监测统计分析系统，通过上海市票据业务联席会议平台，加强与商业银行和票据机构的交流沟通。三是建立利率管理工作长效机制。密切关注利率市场化的影响，建立利率工作联席会议制度，上线运行新利率监测管理系统，建立存贷款利率浮动情况监测制度，开展小微企业贷款利率定点监测，定期编制小微企业贷款利率价格指数。这些政策措施确保了上海金融体系流动性充裕和社会资金增长适度，为实体经济健康发展创造了适宜的货币环境。

一是各项存款平稳增长，企业总体支付能力较强。2012年，全市本外币各项存款增加5 379.2亿元，存款余额同比增长9.2%。从存款期限结构看，受通胀预期减弱、降息预期增强等因素影响，存款定期化趋势明显。2012年全市本外币单位和个人定期存款与活期存款分别增加4 324.6亿元和801.7亿元，占新增存款的比例分别为84.4%和15.6%。从存款主体结构看，单位存款增长放缓，财政性存款减少，个人存款同比多增。2012年，全市本外币个人存款增加2 587.3亿元，同比多增303.4亿元。从存款币种看，外汇存款增加较多。2012年，全市金融机构外汇存款增加120.3亿美元，同比多增13亿美元，同比增长26%。企业支付能力有所提高。中国人民银行企业问卷调查显示，2012年四季度认为当季支付能力较强的企业占56.9%，同比提高5.8个百分点；预计下季度支付能力较强的企业占50.6%，同比上升9.2个百分点。

二是金融体系流动性充裕，保障了银行的放贷能力。12月末，上海市中资商业银行人民币贷存比降至55.1%，比上年末下降0.4个百分点；备付率为4.1%，比上年末下降0.2个百分点。受公开市场逆回购力度加大等因素影响，商业银行流动性总体趋于宽松，货币市场利率明显回落。银行间市场同业拆借月加权平均利率从 1 月份的 4.37%降至 12 月份的 2.61%，质押式债券回购月加权平均利率从 1 月份的 4.68%降至 12 月份的 2.62%。从中国人民银行上海总部银行家问卷调查结果看，第 4 季度认为资金头寸较紧的银行占比为 11.4%，比上年同期下降 20 个百分点。金融机构投资保持较快增长。全市金融机构本外币股权及其他投资当年新增 1 014.6 亿元，同比多增 663.1 亿元。

三是贷款利率水平下降，企业融资成本明显降低。2012 年，各金融机构坚持与实体经济共同发展，取消各项不合理收费，合理确定贷款利率浮动幅度，减轻了实体经济的融资成本。全市商业银行下浮利率贷款占比持续上升。12 月末，全部商业银行实行下浮利率的人民币贷款占比为 27%，比 6 月份和上年末分别上升 4.5 个和 7.4 个百分点。12 月份，上海各类期限新发放贷款加权平均利率为 6.41%，比 2012 年 5 月份降低 0.81 个百分点，远大于同期基准贷款利率的下调幅度。据中国人民银行上海总部小微企业贷款利率监测数据，12 月份报价行小微企业强担保和弱担保方式贷款加权平均利率分别为 6.702%和 7.252%，较 6 月分别降低了 0.38 个和 0.37 个百分点。企业问卷调查显示，2012 年四季度认为借款利率偏低或适中的企业占比为 76.4%，同比提高 22.4 个百分点。

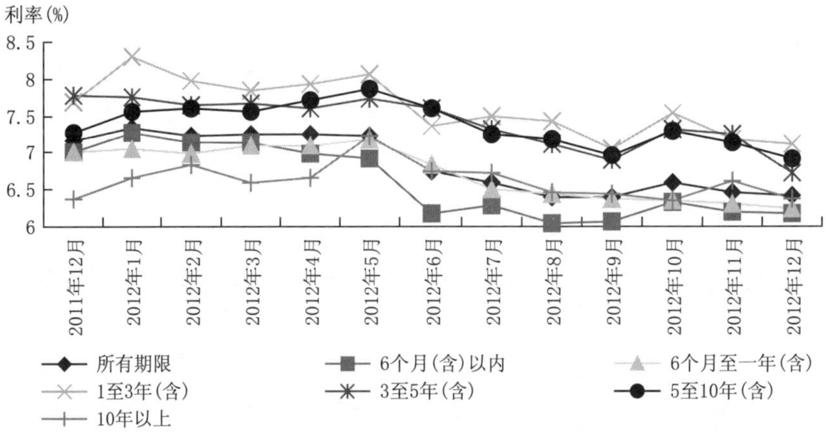

图 2　上海金融机构各期限贷款加权平均利率

（中国人民银行上海总部货币政策分析小组）

2. 2012 年上海市金融市场运行报告

（一）同业拆借市场

（1）同业拆借交易量同比明显增加，拆入量增幅较大。2012 年，上海市金融机构在全国银行间同业拆借市场累计拆入资金 100 148.4 亿元，累计拆出资金 117 336.7 亿元，较 2011 年分别增长 87.76%和 33.53%。合计交易量为 217 485.03 亿元，同比增长 54.01%。上海市场累计拆入、拆出量在全国市场的比重分别为 21.44%和 25.12%，前者较 2011 年有所上升。交易期限较 2011 年进一步短期化，7 天以内品种交易量占比约 93%。

（2）同业拆借利率波动式下降，下半年稳中略降。2012 年上半年，同业拆借利率波动式下降，下半年走势平缓，并伴随小幅回落。受年初季节因素影响，同业拆入、拆出加权平均利率分别为 4.27%和 4.11%，为年内最高。由于央行降低存款准备金及停发央票等因素影响，市场流动性充足，一季度末拆入、拆出利率大幅下降至 2.59%和 2.53%，跌幅达到 40%。二季度，同业拆借市场利率呈现波动式下降，4 月份拆入、拆出利率上浮至 3.21%和 3.19%，5 月份存款准备金率下调，拆借利率大幅下降至 2.15%和 2.18%，创下年度最低值。6 月份，由于季末指标考核压力，拆入、拆出利率回升至2.64%和 2.75%。下半年，央行将逆回购作为一项常规性操作，市场资金面总体较为宽松，市场利率水平稳中趋降。7、8 月份利率水平基本保持在 2.74%上下，但受季末及假日因素影响，拆入、拆出利率在 9 月略上升至 2.90%和 2.85%。年末拆入、拆出利率分别回落至 2.49%和 2.42%。

(3) 参与机构类型丰富,证券公司及农商行业务增长明显,外资银行转为资金净拆入方。从交易量来看,2012 年大部分交易主体的拆入、拆出量同比均有一定的增加。证券公司拆入资金较上年增加了 9 倍,外资银行拆入量也同比增加了 82.28%。农商行拆入、拆出量分别较上年增长了 3.67 倍和 1.75 倍,股份制银行拆出资金量增加了 60.71%。而国有商业银行的拆入资金量较上年下降了 84.65%。

从交易主体看,资金拆入方主要是外资银行、股份制银行、城商行及证券公司,这四类机构拆入量占总量的 85.79%,而农商行占比也达到了 8.41%。传统拆入主力(外资银行、股份制银行及城商行)占比较去年下降 11 个百分点。资金拆出方主要是股份制银行、外资银行和城商行,三类机构拆出量占总量的 95.47%,集中度仍然较高。2012 年同业拆借市场交易主体进一步丰富,信托、外资财务公司以及外资证券均有拆入业务发生。

从资金流向看,股份制银行、城商行、国有银行为净拆出方,其余机构为净拆入方,其中证券公司、外资银行、财务公司、农商行为主要净拆入方。其中证券公司及农商行资金净拆入量同比分别增长了 10 倍和 1 倍。2012 年上海各类金融机构累计净拆出量同比下降 50.23%。净拆出方中,只有股份制银行净拆出量同比增长 75.44%,其余机构均保持稳定或有小幅下降。此外金融租赁公司和外资银行由去年的净拆出方转为净拆入方。

(二) 债券市场

(1) 质押式回购交易量增长明显,回购利率波动下行,下半年趋于平稳。2012 年上海市金融机构质押式正、逆回购分别累计成交 151 189.8 亿元和 130 845.4 亿元,同比分别增长 60.24%和 20.71%。累计交易 282 035.2 亿元,同比增长 39.1%,净融入资金 20 344.32 亿元。正、逆回购交易量在全国市场的占比分别为 11.07%和 9.85%,分别较去年上升和下降约 2 个百分点。

2012 年上海市质押式回购加权平均利率与拆借利率走势基本一致,上半年波动式下降,下半年稳中趋降。年初利率水平为全年最高的 4.57%和 4.43%,一季度大幅下降至季末的 2.69%和 2.62%,下降幅度约为 40%。二季度利率水平呈现波动式下降,4 月份回升至 3.27%和 3.28%,5 月份继续下探至 2.23%和 2.26%,为年内最低值,季末小幅回升至 2.77%和 2.90%。下半年利率水平基本保持平稳,9 月份略有上升,较 6 月份小幅上扬了 10 个基点和 5 个基点,年末下降至一季度末水平。

(2) 农商行等业务增长迅速,股份制银行为主要净融出方,城商行及外资银行净融入资金大幅增加。从交易量来看,除国有商业银行及企业年金同比下降 77.31%和 55.97%,证券公司较 2011 年略降 4.81%外,其余各类金融机构的交易量均有不同程度的增长,其中农商行同比增幅达到 94%。

从交易主体来看,股份制银行、城商行、农商行、外资银行及证券公司是质押式正回购的主要力量,占比均超过总量的 10%,合计占比 84.23%。股份制银行仍是质押式逆回购的绝对主力,其成交量占总量的比重为 53.8%,市场份额略有下降,农商行占比 16.38%,较 2011 年稳步增长。

从资金流向看,股份制银行为主要的净融出方,外资银行、证券公司、城商行为主要的净融入方。其中,股份制银行净融出资金 40 273.35 亿元,同比下降 9%;城商行、外资银行及证券公司净融入资金额分别为 18 861.41 亿元、15 991.33 亿元和 14 334.4 亿元,同比分别大幅增长 178.8%、166.53%和下降 10.12%,外资基金由 2011 年的净融出方转为净融入方。

(3) 现券交易量同比增加明显,外资银行、股份制银行、证券公司及农商行交易活跃,境外银行净融出量①大幅增加。2012 年上海市金融机构银行间市场现券交易量较 2011 年增长 32%,全年累计买入现券 179 027.37 亿元,卖出现券 176 112.98 亿元,净融出资金 2 914.4 亿元。现券买入、卖出量在全国市场的占比 23%左右,同比略有上升。

从交易主体看,外资银行和股份制银行仍然保持活跃,但市场份额同比有所下降,两者现券买入市场占比分别为 35.73%和 25.23%,现券卖出市场占比分别为 36.21%和 25.25%,外资银行占比较 2011 年下降约 10 个百分点。证券公司及农商行业务量增长明显,买入卖出总量增幅分别约为 160%和 200%以上,现券买入、卖出金额占比分别为 16.19%和

① 本部分境外银行现券交易规模为通过注册地为上海的代理行开展交易的规模。

8.97%、16.76%和9.19%。财务公司交易量同比增长约4倍。

从资金流向看，证券公司、农商行、城商行、财务公司及企业年金为资金净融入方，净融入资金量同比下降一半左右。其他金融机构为资金净融出方，其中外资银行的资金净融出量同比减少了90%左右，城商行与证券公司的资金净融入量同比均下降了一半。境外银行及保险公司的资金净融出量较2011年增长了近2倍，国有商业银行净融出资金同比增长4倍左右。

自2010年8月中国人民银行发布《关于境外人民币清算行等三类机构运用人民币投资银行间债券市场试点有关事宜的通知》以来，境外中央银行或货币当局、港澳地区人民币业务清算行和跨境贸易人民币结算境外参加行三类机构获准参与银行间债市的现券买卖业务，这一途径成为境外人民币回流内地的重要渠道。2012年上海地区境外银行参与现券交易规模增长迅速。全年累计买入现券827.78亿元，较2011年增长171.27%；累计卖出现券48.64亿元，较2011年增加了75.3%；现券买入、卖出量分别占全国境外银行买入、卖出量的52.27%和15.93%，较2011年分别增加了27个和减少了6个百分点。2012年上海地区境外银行净融出资金779.13亿元，占全国总净融出量的7.6%。

(4) 买断式回购交易量同比上升，证券公司、股份制银行交易活跃，外资银行及城商行交易量大幅萎缩。2012年上海市金融机构买断式正、逆回购分别累计成交7 084.29亿元和3 314.59亿元，同比分别增长58.98%和57.76%。正回购交易方面，证券公司占据了91%的交易量，且交易金额同比增加近1倍，股份制商业银行由2011年的零交易快速增长到480.6亿元，占比达到6.78%，中外资基金公司业务量也有大幅的增长。而2011年占据20.76%市场份额的外资银行交易量大幅缩减为零，城商行交易量缩减为零。逆回购方面，证券公司、农商行及股份制银行仍占据主导，三类机构交易量同比均大幅增长。基金公司、外资银行及城商行的交易量同比均有不同程度的萎缩，其中城商行交易量缩减为零。

(5) 债券回购结算代理业务大幅增长，记账式国债柜台交易量萎缩。

截至2012年末，上海市具有债券结算代理业务资格的金融机构共有结算代理户数3 001家，较年初增加19家，托管债券余额2 982.19亿元，较年初增加1 362.21亿元。通过结算代理方式，总计办理现券交易6 264笔，交易金额为6 730.1亿元，同比下降25.7%(其中买入3 666笔、3 785.61亿元，卖出2 598笔、2 944.48亿元)；债券回购2 626笔，交易金额为7 133.15亿元，同比大幅增加157.52%(其中正回购821笔、3 777.40亿元，逆回购1 805笔、14 591.9亿元)。分机构看，中国银行上海人民币交易业务总部金融市场部、交通银行及上海浦发银行等机构业务较活跃。

2012年，上海市商业银行柜台记账式国债交易量下降明显。仅工行、农行、中行交易中心、建行、招行发生业务。五家机构累计办理买入3 766笔、金额8 668万元，同比下降30.87%。累计办理卖出4 968笔，金额7 664万元，同比下降41.09%。

上海市商业银行记账式国债柜台交易情况表(2012年)

单位:笔、万元

金融机构	买入		卖出	
	笔数	金额	笔数	金额
工商银行	2 167	2 527	2 626	2 873
农业银行	130	55	92	42
中国银行交易中心	1 123	5 883	1 974	4 627
建设银行	89	33	123	51
招商银行	257	170	153	71
合计	/	8 668	/	7 664

(三) 票据市场

(1) 票据融资余额持续增长，直贴交易量增加明显。2012年末，上海市银行承兑汇票余额12 124.55亿元，较年初增加2 149.33亿元，增幅为21.55%；票据融资余额4 455.97亿元，较年初增加1 377.97亿元，增幅为44.77%。其中，企业贴现余额2 018.34亿元，较年初增加672亿元，增幅为49.91%；买断式转贴现余额2 437.63亿元，较年初增加705.97亿元，增幅为40.77%。买入返售余额6 873.27亿元，较年初增加2 296.94亿元，增幅50.19%；卖出回购余额225.82亿元，较年初减少78.15亿元，降幅为25.71%。

2012年，上海市金融机构累计办理银票承兑26 177.87亿元，较2011年增加2 690.99亿元，增幅为11.46%。累计办理贴现45 546.79亿元(含买断式转入)，同比增长 32.84%。其中，累计办理直贴9 047.21 亿元，同比增加 3 224.9 亿元，增幅为 55.39%；累计办理买断式转入 26 499.58 亿元，同比增加 8 036.16 亿元，增幅为 28.23%；累计办理买断式转出 29 085.65 亿元，同比增加 6 394.69 亿元，增幅为 28.18%。累计办理买入返售 23 265.91 亿元，同比减少 7 580.22 亿元，降幅为 24.57%；累计办理卖出回购 3 670.89 亿元，同比增加 579.21 亿元，增幅为 18.73%。

2012 年，上海市金融机构累计办理再贴现业务 202.36 亿元，较去年同期增长 91.18%，其中银行承兑汇票 128.94 亿元、商业承兑汇票 73.41 亿元。12 月末，再贴现余额为 106.37 亿元，同比增长 6.6 倍。

(2) 票据市场利率大幅回落，下半年趋于平稳。2012 年的票据利率延续了 2011 年 10 月以来的下降态势。从贴现利率看，1 月份的银行承兑汇票和商业承兑汇票贴现利率分别为 8.59%和 8.74%，为全年最高水平。上半年央行两次下调存款准备金率，使市场资金面较为宽裕。一季度末，银票和商票贴现的月加权平均利率分别为 6.23%和 7.18%，较年初分别减少了 236 个和 156 个基点，下跌幅度分别为 27.42%和 17.84%。二季度利率水平继续下行，6 月份银票和商票贴现的月加权平均利率分别为 4.89%和5.91%，分别较年初下降了 43.04%和 32.29%。下半年，央行逆回购常规性进行，市场资金未出现过紧状态，票据市场利率走势稳中有降。三季度利率水平走势平稳，但略有上升，季末的利率水平分别为 5.32%和 5.91%，较二季度末上升了 10 个基点左右。四季度，贴现利率保持稳定，较三季度末略有上升。2012 年银票和商票贴现利率的年末水平分别为 5.67%和 6.41%，较 2011 年年末分别下降了 34.08%和 27.49%。

转贴现利率走势与贴现利率基本趋同，全年为下跌趋势，上半年下降明显，下半年走势平缓，略有上升。一季度末，买断式转贴现和回购式转贴现月加权平均利率分别为 6.17%和 5.67%，较年初的最高水平 8.31%和 6.66%分别下降了 214 个和 100 个基点，下降幅度达到 25.73%和 14.96%。二季度利率水平继续下降，季末水平为 4.89%和 3.89%，下降幅度为 17.98%和 6.7%。三季度利率水平略有上升，季末较 6 月份微幅上涨了 25 个和 12 个基点。四季度利率水平小幅度下降。2012 年末，买断式和回购式转贴现利率水平分别为 5.42%和 4.99%，较上年末分别下降了 33.86%和 24.63%。

(四) 外汇市场

(1) 即期竞价交易大幅减少，做市商成交量占比下降。2012 年度，上海金融机构外汇即期交易中，询价交易累计买入 121 339 笔，折合 15 607.14 亿美元，同比下降 9.98%，累计卖出 110 520 笔，折合 15 201.99 亿美元，同比下降 9.91%。竞价交易累计买入 271 笔，折合 1.6 亿美元，同比下降 97.21%，累计卖出 206 笔，折合 1.94 亿美元，同比下降 92.22%。

从成交币种看，美元仍占据绝对优势，成交额合计 27 588.16 亿美元，占比达 89.54%。从参与机构看，星展银行(中国)、浦发银行、汇丰银行(中国)、交通银行、三菱东京日联银行(中国)、兴业银行资金营运中心、花旗银行(中国)等 10 家做市商银行成交量居前，合计占比达 72.03%，较 2011 年下降了 15 个百分点。

(2) 外币对买卖交易量下降，欧元兑美元为主要交易品种。2012 年度，上海金融机构在银行间外汇市场外币对买入累计成交 16 933 笔，折合 480.93 亿美元，同比减少 29.54%。卖出累计成交 15 705 笔，折合 623.79 亿美元，同比减少 15.12%。其中，询价交易累计买卖折合 793.08 亿美元，同比减少 1.00%，竞价交易累计买卖折合 311.63 亿美元，同比减少 49.44%。

从成交品种看，欧元对美元是最主要的交易品种，成交额达到 364.50 亿美元，占比 33%。其次为美元兑港币、澳元对美元分别占比 30.6%和 16.6%。从参与机构看，渣打银行(中国)、汇丰银行(中国)、三菱东京日联银行(中国)、美国银行上海分行、东亚银行(中国)等五家外资行成交较多，合计占比 76.51%，较 2011 年增加了 10 个百分点。

(五) 衍生品市场

(1) 人民币利率互换业务平稳发展，短期品种为主导。2012 年度，上海金融机构人民币利率互换交易名义本金额(固定支付方和浮动支付方双向统计)合计 32 376.99 亿元，同比增加 1.91%。2012 年末，支付固定利率未到期合约敞口额 13 355.98 亿元，较年初增加 655.19 亿元。支付浮动利率未到期合约敞口额 13 361.95 亿元，较年初增加 874.00

亿元。

从期限品种看,6个月至1年以及6个月以下的合约成交量最大,分别达到12 106.69亿元和11 318.54亿元,占比37.39%和34.96%。1—3年的合约成交量达到5 879.64亿元,占比18.16%,三者合计约90.5%。固定利率中3%—4%及2%—3%的利率支付水平成交量最高,分别为7 842.44亿元和6 509.52亿元,占比分别为48.28%和40.07%。浮动参考利率中7天回购利率的比重仍然最大,成交量达到9 271.29亿元,占比57.47%,其次是隔夜shibor,成交量为3 599.65亿元,占比22.31%。

(2) 债券远期交易清淡。2012年,上海市金融机构债券远期交易额共4.12亿元,买入、卖出金额均为2.06亿元,资金融入、融出方分别为交通银行和国泰君安。

(3) 外汇远期交易同比大幅下降,7天内交易占比近一半。2012年度,上海金融机构外汇远期交易累计买入折合560.93亿美元,同比减少52.13%,累计卖出561.82亿美元,同比减少54.08%。2012年末,外汇远期买卖余额分别为93.27亿美元和97.01亿美元,较2011年底分别减少273.48亿美元和224.79亿美元。

从交易币种看,各个品种均有交易发生,其中美元远期累计交易额为1 107.53亿美元,占比98.64%。从交易期限看,以7天交易最多,占远期总交易量的48.27%,6个月内的短期品种占比达到83.45%。从参与机构看,德商银行上海分行、星展银行(中国)、浦发银行、汇丰银行(中国)、交通银行等十家做市银行交易活跃,累计成交金额占比81.99%。

(4) 外汇掉期交易增长明显,以美元及短期品种为主。2012年度,上海金融机构外汇掉期交易累计远端买入折合13 029.13亿美元,同比增长46.65%,累计远端卖出折合11 439.8亿美元,同比增长35.61%。2012年末,外汇掉期远端买卖余额分别为1 779.25亿美元和1 612.59亿美元,较2011年底分别增加938.43美元和883.39美元。

从交易币种看,美元、欧元、港币/人民币等有交易发生,其中美元掉期交易额为19 770.34亿美元,占比99.93%。从交易期限看,以7天以内的短期品种居多,成交金额为12 187.49亿美元,占远端买卖量的61.60%。从参与机构看,交通银行、渣打银行(中国)、兴业银行资金营运中心、上海浦发银行、汇丰银行(中国)等十家做市银行成交活跃,累计成交额占比70.97%。

(六) 黄金市场

(1) 金交所业务量同比下降,延期交易占比较大。2012年度,上海市金融机构参与金交所各项业务累计成交量为2 577.57吨,成交金额为8 711.25亿元。其中金交所自营黄金业务累计成交量1 898.79吨,累计成交金额6 437.05亿元。累计买入、卖出黄金823.04吨和1 075.75吨,同比下降19.68%和16.35%,成交金额分别为2 794.76亿元和3 642.29亿元,同比下降17.96%和14.64%。自营延期交易总成交量为1 486.89吨,占比78.64%,总成交额为5 038.28亿元,占比78.27%。

金交所代理业务交易累计买入黄金368吨,同比减少43.17%,成交金额为1 231.6亿元,同比下降40.07%。累计卖出黄金303.31吨,同比下降49.97%,成交金额为1 020.83亿元,同比下降47.28%。其中代理延期产品总成交量为534.47吨,占比79.61%,总成交金额1 795.27亿元,占比79.45%。

2012年,上海市金融机构开展上期所黄金期货自营业务买卖金额约1 023.87亿元,同比增加33.43%。

(2) 账户金交易量下降,其他黄金业务受追捧。2012年度,上海市金融机构累计买卖美元账户金451.86万盎司,买卖金额为74.3亿美元,与2011年持平。累计买卖人民币账户金1 009.1吨,同比减少33.97%,买卖金额为3 417.01亿元,同比下降12.91%。

2012年度,上海市金融机构累计买卖品牌金(包括自由和代理)41.37吨,同比增加4.76%,买卖金额1 490.55亿元,同比上升10.01%。开展黄金租赁、黄金拆借等业务累计成交量为391.28吨,同比增长59.62%,涉及金额约1 331.60亿元,同比增长76.89%。开展黄金远期、黄金期权、黄金掉期等业务累计成交量为3 357.61万盎司,同比增长57.29%,涉及金额为776.7亿元,同比增长84.29%。

(闫晓梅　李　霖)

3. 2012 年上海市支付体系建设报告

(一) 完善支付结算制度

(1) 发布地方性第三方支付监管制度。为规范上海市第三方支付机构支付服务行为,强化风险防范意识,中国人民银行上海分行制定发布了《上海市支付机构支付业务监督管理暂行办法》和《上海市支付机构重大事项报告管理办法(试行)》(上海银发〔2012〕217 号),明确了上海市支付机构需报批与报备事项、异地支付机构在沪分公司开业备案要求、人民银行现场检查的权利与内容、建立支付机构信息联络机制等,规定了重大事项内涵、报告时间、报告形式、报告要素等。

(2) 发布银行卡业务考核办法。为加强上海市银行卡业务管理,提高银行卡服务水平,促进全市银行卡产业的持续、健康、有序发展,中国人民银行上海分行制定并印发了《上海市银行卡业务考核管理暂行办法》及《上海市银行卡业务 2012 年度考核实施细则》(上海银发〔2012〕138 号),明确了对商业银行发卡业务、收单业务、银行卡风险管理及市场规范、银行卡服务、创新及重点工作开展情况等进行考核评比的制度依据。

(二) 推进支付系统建设

(1) 加快综合业务系统优化项目建设进程。为切实拓展上海支付结算综合业务系统功能,提升上海市同城支付清算效率,2012 年中国人民银行上海分行制定并印发了《上海支付结算综合业务系统业务功能优化项目实施计划》(上海银发〔2012〕129 号),按时间节点稳步推进系统建设,年内完成系统内部测试,计划 2013 年上线运行。

(2) 组织开展二代支付系统的联调测试和模拟运行工作。根据中国人民银行总行《关于做好第二代支付系统联调测试的通知》(银办发〔2012〕4 号)要求,组织、协调辖内银行开展第二代支付系统的联调测试。根据中国人民银行总行关于第二代支付系统模拟运行工作要求,协调上海辖区 5 家直接参与者及 2 家特许参与者参与二代支付系统模拟运行试点工作,配合完成行名行号的新增、变更和撤销等测试内容,完成一二代参与机构报文验证统计表的核对及统计分析系统的验证。

(3) 强化支付清算系统安全管理。根据中国人民银行总行《关于加强支付清算系统安全管理工作的通知》(银办发〔2012〕40 号)要求,组织上海市各支付清算系统参与者建立健全支付清算系统风险管理工作机制、认真开展风险排查。针对辖内个别参与者因支付系统头寸不足而暴露出的流动性管理工作漏洞,采取约见谈话、口头或通报批评方式,督促其提高对支付系统流动性管理的重视程度,加强资金管理和应急处理,进行有效整改。根据总行《关于开展同城电子清算系统安全性评估工作的通知》(银办发〔2012〕144 号)精神,成立由相关部门人员及从商业银行抽调的外部专家组成的评估小组,对综合业务系统进行现场评估,提出针对性整改意见督促整改。

(三) 加大非现金支付工具推广力度

(1) 推进票据电子化。积极吸收符合条件的机构加入电子商业汇票系统,逐步扩大上海市商业汇票电子化的覆盖范围,全年共为 87 家银行营业机构办理新增接入系统,为 5 家法人机构或上海主管行办理以共享间连方式加入系统,为 6 家外资银行办理变更系统接入方式。通过发放《电子商业汇票业务宣传手册》、组织各银行结合本单位实际情况开展产品推介、案例分析、培训讲座、知识竞赛等多种形式开展电子商业汇票宣传工作。全年上海市电子商业汇票承兑业务量占全部商业汇票结算量的 13.61%,较上年同期上升 3.0 个百分点。

(2) 推广银行卡使用。推动银行卡在特定行业的受理环境建设,重点突出旅游行业、交通行业的应用。做好中职学生资助卡、公务卡、军人卡等特色银行卡业务的推广工作。引导和鼓励金融机构加快发行金融 IC 卡,敦促相关机构加大金融 IC 卡受理市场改造力度,推进金融 IC 卡在出租车、高速公路以及其他相关领域的应用。截至 2012 年末,上海市共发行银行卡 1.32 亿张,发展收单商户 14.35 万户,布放 POS 机具 43.36 万台,同比分别增长 5.60%、15.17%和 13.90%;2012 年,上海市共发生银行卡交易 19.36 亿笔,交易金额 17.36 万亿元,其中银行卡消费笔数 6.99 亿笔,消费金额 1.17 万亿元。

(3) 提高非现金支付工具社会认知度。借助《上海金融报》这一本地媒体平台,发布《新型电子支付工具概述》、《典型新型电子支付工具介绍》、《非现金支付发展展望》等支付体系专题宣传文稿十余篇，累计15 000余字。组织中国银联上海分公司及相关发卡金融机构开展一系列“银行卡安全知识宣传社区行”活动，营造全民安全用卡环境。

（四）加强支付体系监督管理

（1）规范第三方支付机构发展。一是积极落实支付机构年度监管报告制度。认真研究细化落实人总行文件精神，完善统计分析报表，并组织开展培训。逐一审核51家支付机构的报表数据，完成11份监管报告。二是组织整改和风险排查。根据人总行整改要求，采取现场和非现场验收相结合的方式，顺利完成第一、二两批获牌机构的整改验收工作。为确保上海市支付服务产业健康发展，组织支付机构开展风险排查工作。三是集中整治支付服务市场秩序。印发了《关于支付机构主要违规问题及监管要求的通报》（上海银发〔2012〕256号），提出相关监管要求。确定12家支付机构为执法检查对象，综合运用“现场资料调阅”、“现场询问”、“暗访”和“测试”等手段和方式实施检查。

（2）落实银行账户实名制管理。一是组织基本账户年检。印发《关于开展基本存款账户年检工作的通知》（上海银发〔2012〕95号），对上海市各银行已经为存款人开立的基本存款账户进行清理规范，及时有效处置不符合开户条件或长期未发生收付活动的基本存款账户。二是组织存量个人人民币银行存款账户相关身份信息真实性核实工作。组织各银行做好各项业务和技术准备工作，建立了核实工作专管员制度。截至2012年底，已核实为真实性的账户数量306.28万户，核实率为39.20％。

（3）防范支付工具风险。一是加强银行卡风险管理。加强警银合作，组织各银行配合市公安机关开展“鹰眼”专项行动。及时收集各类银行卡风险案例和安全用卡提示，敦促商业银行强化银行卡安全管理。搭建上海市银行卡产业合作、联动和自律平台，促进银行卡产业健康发展。二是规范银行预付卡发行。认真落实人总行《关于规范银行业金融机构发行磁条预付卡和电子现金的通知》（银发〔2012〕14号）要求，在充分调研的基础上督促各相关银行制定业务清理整顿计划。对个别银行与支付机构违规合作发行银行预付卡一事采取辖内通报、提出严肃批评、责令整改等措施。

（五）突出支付结算支持实体经济功能

（1）明确重点业务，定位突破方向。一是针对上海民营经济发达，小微企业金融服务需求旺盛与供给不足之间矛盾突出的现实，知难而上，将提升小微企业的支付结算服务作为金融支持实体经济的重点突破方向之一。二是积极响应市政府“努力抓好城乡统筹发展这个转型发展的重大任务，加强对郊区农村发展的支持力度”和“郊区是上海创新驱动、转型发展的广阔空间”的号召，确定改善农村郊区支付结算服务为另一重点突破方向。三是夯实与实体经济联系较为紧密的各项支付结算工作，积极服务经济发展。

（2）向小微企业推广支票授信业务。实地赴农行、邮储开展调研，推动其支票授信业务的研究和规划工作。召开支票授信业务座谈会，听取有关银行健康、可持续开展业务的意见和建议。建立支票授信业务的统计监测机制，按季收集、整理相关数据。结合空头支票行政处罚工作，向被处罚单位宣传支票授信业务政策，鼓励其向有关银行申请开办相关业务。2012年上海市共有4家商业银行开办了支票授信业务，有效签约客户1 585户，发生支票授信业务1 212笔、金额9 026.99万元，支票授信业务透支余额为2 613.85万元。

（3）逐步改善农村支付服务环境。牵头组织成立“上海市推广银行卡助农取款服务工作领导小组”，有序推进上海农村地区银行卡助农取款服务各项工作。在崇明县成功启动上海市银行卡助农取款服务试点，加快了农村地区电子支付工具普及推广步伐。组织涉农银行举办有市政府相关部门、当地政府和新闻媒体参与的“支付结算系民生，金融服务惠三农”大型主题集中宣传活动。组织上海电视台、文汇报、解放日报等媒体围绕农村支付服务专题进行采访，并在第一财经频道作了长达7分钟的专题宣传报道。

（4）做好账户准入管理并提高跨境账户覆盖面。根据《人民币银行结算账户管理办法》及其实施细则依法开展上海地区账户开户行政许可工作，规范审核人民币结算账户开立、变更、撤销等事宜。全年共受理人民币银行结算账户开户许可申请160 267户，其中核准各类账户159 465户、不予许可各类账户802户。对有关商业银行就积极推进境外银行及境外机构在境内账户开立工作进行布置，进一步扩大了全球结算网络的数量及覆盖面。全年上海地区境内代理行为境外参加行累计开立人民币同业往来账户数较年初增长33%，总数居全国第一，上海地区境内银行为境外机构累计开立人民币银行结算账户数较年初增长59.62%①。

(5) 积极做好符合条件机构的申牌工作。按照坚持标准、不减少必备程序、不迁就申报材料瑕疵的基本要求，采取政策咨询、面对面辅导、现场指导等方式辅导辖内第三方支付机构支付业务许可申请，完成7家机构的初审和申报工作。在人民银行总行的支持下，上海地区支付机构队伍不断发展壮大，年内上海地区新增获牌支付机构17家，总获牌机构达51家，占全国26%。

（中国人民银行上海总部
金融服务一部支付结算处）

4. 2012年上海市征信体系建设报告

2012年，中国人民银行上海总部积极服务上海国际金融中心建设，积极参与和推动上海市信用体系建设工作，稳步推进企业和个人征信系统运行，大力推广应收账款质押和融资租赁登记系统应用，稳步扩大借款主体信用评级市场规模，深化评级市场的培育与管理，做好贷款卡发放核准和年审工作，不断提升金融机构征信系统数据质量，开展"信用记录关爱日"和机构信用代码专项宣传活动，不断优化上海金融生态环境建设。

（一）积极参与和推动上海市信用体系建设工作

为进一步推动上海社会信用体系建设工作的深入开展，中国人民银行上海总部立足金融征信定位，不断探索政府诚信、社会公共管理和服务领域方面的信用产品使用，推动征信系统功能的充分发挥。2012年初，上海市政府正式启动了推动上海市诚信体系新一轮建设工作，上海总部探索加强与地方信用体系建设合作，积极推进上海市村镇银行、小额贷款公司等微型金融机构接入征信系统进程，充分发挥人民银行征信体系在社会信用体系建设中的重要作用，引导和推动地方信用体系建设。

（二）稳步推进企业和个人征信系统应用管理工作

(1) 顺利完成信用报告新旧版本的升级切换。推动完成个人信用报告从2004银行标准版向2011银行专业版、企业信用报告从2005版向2012版的切换工作，在全国第一个实现新版个人信用报告查询使用率达标。

截至2012年底，上海共收录28 945 613个自然人和231 027户企业，开通个人征信系统用户11 317个，企业征信系统用户5 163个，企业贷款余额27 396.41亿元。

(2) 扎实开展征信系统数据质量管理工作。为进一步巩固和提高企业征信系统客户基本信息质量，上海总部继续扎实开展征信系统数据质量管理工作。一是认真组织开展企业征信系统贷款卡年审工作。2012年对全市各区县77 021户持卡企事业单位进行贷款卡年审，其中69 793户通过年审，年审通过率90.6%，创历史新高。二是积极开展数据质量定点检测与考评工作。对中信银行等7家全国性金融机构和农业银行信用卡中心等5家信用卡中心进行征信系统数据质量定点监测。组织对全市75家加入企业征信系统的金融机构和15家加入个人征信系统的金融机构开展数据质量量化考评，企业综合一致率达98%，个人综合一致率达99%。按照地方性金融机构测试验收标准，完成对5家申请加入企业征信系统和3家申请加入个人征信系统的地方性金融机构的测试验收工作。三是做好征信系统数据异常情况核查，指导金融机构及时发现问题并查找原因，认真落实整改，进一步提高整体数据质量。四是开展企业征信系统有关重复报送业务的专项清理，完成对19家地方性金融机构2 581条信息记录的核查清理。

(3) 全力做好机构信用代码推广应用工作。机构信用代码推广应用工作是2012年上海征信管理工作的重点内容之一。根据总行工作要求，结合上海实际情况，上海总部制定了《上海市机构信用代码推广工作方案》、《上海市机构信用代码推广工作领导小组的方案》等制度，并在4月初召开了上海市机构信用代码推广应用工作动员大会。机构信用代码推广工作正式启动后，上海迅速完成了信用代码培训、用户开通、柜台设置等相关工作，并于5月31日成功发放了全国首张机构信用代码证，在全国率先将首批26.4万户地方性金融机构存量数据成功上

① 数据来自人民币银行结算账户管理系统口径。

传。在机构信用代码推广工作过程中，上海对各金融机构积极采取走访座谈、约见、召开推进会、发文通报等多种手段，同时按周公布各金融机构发证进度排名，有效保证了全市银行业金融机构保质保量地完成机构信用代码证发放工作。截至 2012 年 10 月 31 日，上海市共完成机构信用代码证发放 118.88 万张，其中存量部分实现对所有未消亡机构的代码证发放任务，新增部分实现 100％发证。

（三）大力推广应收账款质押和融资租赁登记系统应用，积极服务上海实体经济发展

主动联系上海市浦东新区政府有关部门，推动在商业保理试点工作中运用应收账款质押登记公示系统，在《上海市浦东新区设立商业保理企业试行办法》中明确有关业务要在系统中进行权属登记。组织在上海地区开展应收账款质押登记操作系统的宣传、培训和推广。结合上海实际情况制定并下发《中国人民银行上海分行关于开展动产融资登记公示系统宣传推广工作的通知》（上海银发〔2012〕280 号），加强对于上海地区商业银行的指导，注重宣传的制度性和长期性，扩大社会公众对登记系统的认知度，全方位营造良好的宣传氛围，切实取得宣传效果。截至 2012 年 12 月底，上海累计登记业务 50 791 笔，累计查询 91 036 笔，提供查询证明 31 592 笔。做好辖内应收账款质押登记系统常用户注册的审核工作，组织沪上金融机构配合征信中心开展应收账款质押登记操作系统和融资租赁登记公示系统整合模拟运行工作。

（四）深化评级市场的培育与管理，促进评级市场的健康发展

继续组织开展 2012 年信贷市场借款企业、集团关联企业、担保机构评级工作，不断完善借款企业、担保机构和集团企业归集评级制度，扩大评级覆盖面和评级品种，进一步修改完善评级指标体系，增强评级结果的准确性和科学性，健全评级报告质量评审制度、评级监管考核制度等监管措施，促进评级报告质量不断提高。同时，不断完善评级从业人员考试制度，建立考试题库，上半年对上海市的评级从业人员分别组织开展了资质考试和认定工作，加大对评级机构的监督检查力度，对 9 家评级机构的信贷市场与银行间债券市场信用评级业务的执业经营行为进行了现场检查，通过市场筛选与评价加快推进评级机构的优胜劣汰，促进评级机构进一步加强内部管理，维护评级行业的健康有序发展。

（五）加强金融行业从业人员诚信教育，开展机构信用代码宣传，提高社会信用意识

为了推动金融机构不断完善金融信息安全管理制度，规范金融机构征信工作从业人员的信息使用安全，保护金融消费者的合法权益，进一步提升金融机构的社会公信力和社会责任感，6 月 14 日，上海组织开展了第五次“信用记录关爱日”，对招商银行信用卡中心等有关金融机构 200 多位征信工作从业人员全面开展了一次诚信职业道德宣传教育，并将规范使用征信系统、保护金融消费者合法权益教育作为今后金融机构征信工作人员入职和后续职业教育的一个重要部分，从正面引导金融机构相关从业人员提高对征信系统使用和诚信职业规范的认识和理解，杜绝金融机构从业人员在征信系统查询和应用等问题上存在的侥幸心理，保护金融消费者的合法权益。同时，自 12 月下旬起，通过组织开展“上海市金融机构征信业务知识竞赛”等多种形式，在全市范围内组织开展机构信用代码专项宣传活动，加强对机构信用代码及社会信用体系建设的教育和推广，积极组织金融机构开展征信知识进企业、进园区等相关主题活动，不断促进社会信用意识的提高，优化上海金融生态环境。

（中国人民银行上海总部金融服务二部征信管理处）

第二篇　银　　行

银行业概述

【上海银行业机构情况】 截至2012年末，上海银行业营业性机构总数达3 503家，较上年末增加84家。其中，国有商业银行1 678家，政策性银行(含国开行)14家，股份制商业银行493家，城市商业银行310家，农村金融机构319家，非银行金融机构32家，邮政储蓄银行452家，资产管理公司4家，消费金融公司1家，外资金融机构200家。

【上海中资银行基本经营数据】 截至2012年末，上海中资商业银行本外币资产总额71 696.77亿元、存款54 304.74亿元、贷款30 938.70亿元、本年利润781.57亿元、不良贷款234.25亿元、不良率0.76%。

【上海外资银行基本经营数据】 截至2012年末，上海外资法人银行本外币资产、存款和贷款余额分别达到1.62万亿元、1.11万亿元和7 341亿元，同比分别增长了6.03%、6.65%和6.92%。上海辖内外资银行资产、存款和贷款分别达到1.08万亿元、5 729亿元和4 243亿元，资产和存款同比分别增长了4.64%和5.51%，贷款同比下降了3.45%。上海外资法人银行不良贷款率0.34%，辖内外资银行不良贷款率0.37%，外资法人银行整体拨备覆盖率达到283.11%。上海外资法人银行累计盈利125.01亿元。

【上海非银行金融机构基本经营数据】 截至2012年末，在沪非银行金融机构总资产、总负债和利润总额分别为4 806.93亿元、4 140.46亿元和113.93亿元，同比分别增长27.65%、32.13%和31.33%，此外，在沪信托公司管理的信托资产合计5 833.37亿元；货币经纪公司累计撮合本外币业务分别占全国的87%和63%强。具体情况见下表：

单位:亿元、%、人

机构类别	总资产	同比增长	总负债	同比增长	本年利润	同比增长	从业人数
信托公司	217.95	20.52%	26.61	24.58%	30.99	29.36%	970
财务公司	2 247.71	11.91%	2 038.15	11.71%	42.36	20.55%	1 021
金融租赁公司	1 648.88	68.17%	1 481.56	92.00%	20.90	69.78%	354
汽车金融公司	669.74	14.69%	578.63	13.05%	19.00	28.12%	1 289
消费金融公司	19.99	106.95%	14.80	291.57%	0.16	105.27%	90
货币经纪公司	2.66	22.58%	0.71	24.56%	0.52	18.18%	211
合　计	4 806.93	27.65%	4 140.46	32.13%	113.93	31.33%	3 935

（上海银监局）

一、中资银行

（一）中资法人银行

1. 交通银行

【概况】 2012年，交通银行根据中央“稳中求进”总基调和经济金融工作一系列总体部署，扎实推进“两化一行”战略，不断深化全行“二次改革”，着力提升创新能力与服务实体经济的水平，各项业务保持质效并举、稳健发展的良好势头。截至2012年末，交行在境内设有机构182家，其中省分行30家、直属分行7家、省辖分行145家，在全国202个地级以上城市、144个县或县级市设有2 701个营业网点；在境外设有香港、纽约、旧金山、东京、新加坡、首尔、法兰克福、悉尼、澳门、胡志明市、台北分行及交通银行（英国）有限公司等12家机构。业务范围涵盖商业银行、证券、信托、租赁、基金、保险、离岸等金融服务领域，旗下全资子公司包括交银国际、交银保险和交银租赁，控股子公司包括交银施罗德基金、交银国信、交银康联人寿以及四川大邑、浙江安吉、新疆石河子、青岛崂山等4家村镇银行。此外，交行还是常熟农商行第一大股东，并战略入股西藏银行。

【经营业绩】 截至2012年末，集团资产总额达5.27万亿元，较年初增长14.36%；客户存款余额3.73万亿元，较年初增长13.56%；客户贷款余额2.95万亿元，较年初增长15.05%；全年实现净利润583.73亿元，同比增长15.05%；平均资产回报率（ROAA）和平均股东权益报酬率（ROAE）分别达到1.18%和17.91%。减值贷款率保持在0.92%的较低水平。连续四年跻身《财富》世界500强，营业收入跃升至第326位；英国《银行家》2012年全球1 000家最大银行排名中，交行一级资本列第30位，较上年提升5位；标普、惠誉、穆迪等三大国际评级机构对交行评级均达到A区间。

【支持实体经济】 交行认真落实稳健货币政策，服务经济发展方式转变和产业结构升级，合理把握信贷投向与节奏。年末境内银行机构人民币贷款较年初增加2 931.84亿元，增幅12.88%，富有成效地为实体经济发展提供了金融支持。其中，贷款结构继续朝着“三高三低”目标优化调整。中西部地区贷款余额占比28.24%，较年初提升0.41个百分点；个人贷款余额占比20.41%，较年初提升0.53个百分点；中小微企业贷款余额占比41.04%，较年初提升1.65个百分点。政府融资平台贷款余额占比8.49%，较年初下降2.15个百分点；房地产贷款余额占比6.10%，较年初下降0.09个百分点；“两高一剩”行业贷款余额占比2.95%，较年初下降0.50个百分点。同时交行充分发挥综合金融平台优势，以表内授信、债务融资、租赁、信托、离岸、保险等融资形式的组合，多渠道地满足实体经济资金需求。

【发展战略实施】 交行“走国际化、综合化道路，建设以财富管理为特色的一流公众持股银行集团”（两化一行）发展战略确立以来，引领交行转型发展取得了积极成效：一是国际化发展快速推进，全球金融服务能力大幅提升。2012年7月，交行台北分行顺利开业，“以亚太为主体、欧美为两翼”的境外机构布局更趋完备。2012年末，境外银行机构12家，资产规模占比为7.67%，较年初提高0.47个百分点；净利润占比为4.50%，同比提高1.04个百分点。抢抓企业“走出去”和人民币国际化等重大机遇，加速发展跨境人民币业务。交行—汇丰战略合作进一步深化。二是综合金融服务能力不断提高，综合化经营进入回报期。子公司发展态势良好，控股子公司（不含英国子行）资产规模达人民币915.90亿元，较年初增长46.88%；实现归属母公司净利润达人民币12.74亿元，同比增长17.96%。战略入股的西藏银行实现当年开业、当年盈利。三是财富管理业务特色显现，差异化竞争优势形成。“沃德财富”、“蕴通财富”等核心品牌得到市场广泛认同，中高端客户基础扩大，荣获《财资》(*The Assets*)杂志“2011年中国最佳财资和营运资金银行”、《欧洲货币》“中国最佳高资产客户银行服务”等重要奖项。

【产品业务创新】 2012年，交行积极走创新驱动、转型发展之路，以转型促发展、以发展增实力、以创新增活力，在金融市场、托管、离岸业务等领域深挖新业务增长点。金融市场业务创新活跃，非信贷资产收益率领先同业；资产托管业务发展迅速，资产托管规模达1.5万亿元，较年初增长78.98%，其中养老金托管规模突破5 000亿元，成为中国最大养老金管理银行。信用卡业务成为零售业务转型引擎，信用卡在册卡量(含准贷记卡)较年初净增476万张达2 703万张；累计消费额5 462亿元，同比增长51%。离岸业务的资产规模、利润总额、贷款余额和国际结算量等指标居同业首位。国际结算突破4 000亿美元，跨境人民币业务量增长49%。持续加强互联网金融创新，继率先推出手机无卡取现业务后，2012年推出业内首台“远程智能柜员机”(iTM)，通过远程视频座席协助客户实现全能服务。

【加快服务提升】 持续完善服务提升管理体系，不断提高服务水平和品牌竞争力。2012年在中国银行业协会组织的中国银行业文明规范服务千佳示范单位评选活动中，被授予“突出贡献奖”，共有88家营业网点被评为“千佳”示范单位。电话银行客服中心客户满意率达99.65%，比上年提升0.8个百分点。荣获ICMI国际客户管理学院“全球最佳呼叫中心”称号，并蝉联第二届中国银行业协会优秀客户服务中心评选最高奖项“综合示范奖”。

【深化“二次改革”】 2012年是交行“改革年”。为重塑自身较大规模与灵活机制双重优势，交行全面深化“二次改革”，加快管理创新、推动转型发展，深化业绩评价与绩效管理、前台架构与营运流程、产品创新与授权管理等关键环节改革，取得了一系列阶段性成果。“人工网点+电子银行+客户经理”的“三位一体”经营模式逐步成型，机构网络布局更趋合理。年末银行机构网点达2 701个，地市级机构覆盖率提高到60.66%，自助银行和人工网点配比提升至0.79∶1，电子银行业务分流率达73.17%。

【加强风险管理】 一年来，交行积极应对经济基本面下滑挑战，多措并举加强风险管理。制定实施新风险管理规划，着力健全“1+3+2”全面风险管理体系，优化授信流程和授权管理，不断改进集团风险管理模式，稳步推进新资本协议达标，全面推行内部评级等高级计量方法落地应用。把握市场动向和风险特征，加强对钢贸、理财、民间借贷等相关重点风险领域专项管控，及时消除风险隐患。在外部风险加大环境下，通过扎实有力的全面风险管控，全行资产质量指标总体表现稳定。2012年末，减值贷款率0.92%，稳定在1%以下。特别是在广大股东和监管部门鼎力支持下，交行顺利完成A+H定向增发，募集资金约566亿元，年末核心资本充足率达11.24%，发展能力和抵御风险能力显著增强。

【金融文化建设】 2012年，交行继续大力弘扬“拼搏进取、责任立业、创新超越”的交行精神，推进“责任”和“创新”为核心内容的企业文化，丰富企业文化内涵，推动企业文化深植落地，为全行改革发展提供了强大精神动力。制定实施企业文化建设纲要，加大企业文化宣传学习培训，利用“一报一刊”(《交通银行》报、《交银》杂志)，积极营造浓厚文化氛围。开拓企业文化建设新方法新阵地，组织“弘扬交行精神，全面提升核心竞争力”主题教育活动，开展《国有及国有控股企业企业文化建设工作评价指标体系实施细则》试点，认真参与全国金融系统企业文化建设候选先进单位和个人活动评选，充分发挥先进典型示范引领作用。大力推动信贷、廉政、风险、合规、服务等子文化建设，形成了子文化与母文化共同繁荣的良好局面。积极促进员工与企业共同成长，分享改革发展成果，企业文化认同度不断增强。

【履行社会责任】 交行积极履行一家百年金融企业和大型国有商业银行所肩负的社会责任，2012年每股社会贡献值进一步提高到3.16元。以金融信贷杠杆和高效电子银行大力支持资源节约型、生态友好型社会建设。切实把绿色信贷融入企业战略，绿色类客户及贷款占比持续提升。积极创新产品，努力提供更多低碳高效金融服务。推行绿色运营和绿色采购，进一步减少资源能源消耗，并广泛开展绿色公益活动。热心参与社会公益事业，为构建和谐社会、实现人人享有尊严的社会发展目标贡献力量。2012年交行投入1 618万元善款用于扶贫、助残、救灾、支教等公益领域，数以千计交行志愿者参与到保护野生动物、尊老爱幼等各项爱心事业中，先进典型不断涌现。推动与各利益相关方实现合作共赢，完善公司治理，加大股东现金分红，加强投资者关系管理，提升价值创造能力，更好地回报股东。

加强消费者权益保护，提升服务水平，客户满意度在大型银行中保持领先。

【经营指标】

单位:亿元

指标＼年份	2008	2009	2010	2011	2012
集团净利润(归属母公司股东)	285.24	301.18	390.42	507.35	583.73
集团本外币资产总额	26 782	33 091	39 516	46 112	52 734
本外币各项存款余额(不含同业存款)	18 658	23 721	28 678	32 832	37 284
本外币各项贷款余额	13 286	18 393	22 369	25 618	29 473
个人贷款余额	2 051	3 106	4 179	5 093	6 015
按揭贷款余额	1 246	1 987	2 682	3 129	3 583
减值贷款比率	1.92%	1.36%	1.12%	0.86%	0.92%

(彭 琦)

2. 上海浦东发展银行

【概况】 截至2012年末，上海浦东发展银行总资产规模达31 457亿元，本外币贷款余额15 446亿元，各项存款余额21 344亿元，实现税后利润341.86亿元。全行总资产、存款余额、贷款余额分别比年初增长17.17%、15.31%和16.01%。税后利润比2012年同比增长25.29%，实现营业收入为829.52亿元，比2011年同比增长22.14%。浦发银行经营规模实现历史性的跨越，盈利能力不断增强，资产质量也始终保持在较好水平，不良贷款比例控制为0.58%，不良贷款准备金覆盖率达到399.85%，在国内同业处较领先地位。在全国设立了38家直属分行，824个营业机构，员工达35 033名，架构起全国性商业银行的经营服务格局。浦发银行积极探索综合经营的道路，已经先后合资组建华一银行、浦银安盛基金管理公司、浦发硅谷银行、浦银金融租赁公司，参股莱商银行18%股份，作为控股股东发起成立21家浦发村镇银行。2012年《银行家》杂志"世界1 000强银行排名"，按照核心资本计，浦发银行进入全球银行60强之列，排名全球第57位，较上年上升7位，在上榜中资银行中排名第8位，表现出良好的综合竞争优势和增长势头；在《福布斯》杂志发布的全球企业2 000强榜单中，浦发银行成功跻身全球企业200强之列，居第153位，居上榜中资企业第11位以及上榜中资银行第6位；英国《银行家》杂志发布"全球金融品牌500强"榜单，浦发银行排名第62位，跳升29位，位列亚洲银行第12位，中资银行第7位，品牌资产24.5亿美元；获评《21世纪经济报道》"亚洲最佳风险管理银行"奖，入围2012年亚洲银行竞争力排行榜十强。

【综合经营战略实施】 围绕建设具有核心竞争优势的现代金融服务企业的发展目标，2012年浦发银行积极落实综合经营战略，为客户提供全方位金融服务，通过与中国商飞公司和上海国际集团联合发起设立国内首家由商业银行、先进制造企业和综合化金融控股集团共同组建的金融租赁公司，开业半年多来已累计投放租赁贷款超过百亿元人民币，为我国民航产业发展提供金融支持与服务，打破外资同行在国内飞机租赁领域的强势地位，全面提升我国民用航空产业综合竞争力；与美国硅谷银行合资发起设立专注服务科技型中小企业的浦发硅谷银行8月正式开业，这家中国第一家拥有独立法人地位的"科技银行"将有助于促进我国自主创新能力提高和经济发展方式转变；与法国安盛投资管理公司等合资组建的浦银安盛基金管理公司进一步完善公司治理，资产管理规模突破百亿元，投资业绩明显提升，多只基金取得市场领先地位，为广大投资者带来了较高回报。

截至2012年底，浦发银行在全国范围内设立了21家村镇银行、25个营业网点，浦发村镇银行总资产达201亿元，比2011年增加66.33%；各项存款余额157亿元，各项贷款余额104亿元，实现税前账面利润3.36亿元，增幅74.09%。浦发村镇银行涉农贷款余额为84.07亿元、中小企业贷款余额为79.96亿元，分别占贷款总额的80.5%和76.6%。

【公司金融服务】 客户经营稳步发展：对公客户总数已达86万户，同比增幅16%，对公资产负债较快增长：对公总存款22 605亿元，新增3 029亿元；其中，一般对公存款余额17 236亿元，较年初增长2 059亿元，余额规模继续位居9家股份制银行第2位；对公贷款平稳有序投放，一般对公贷款余额12 185亿元，全年增长1 618亿元，其中，中小企业贷款突破2 200亿元，新增681亿元，对公不良贷款额和不良贷款率均达到控制目标。

继续加强与央企的战略合作：与宝钢集团公司、东航股份、中国铁建等13家央企签订了总对总战略合作协议；与战略合作伙伴中国移动的34家分公司全面业务合作不断推进。同时进一步深化对央企的金融服务：成功中标中国煤炭科工集团有限公司银企直连合作银行；成功承销中国铁建、中国铁物、中国中铝等央企的超短融、短融和中票业务；成功开展上海宝钢集团和上海电气建筑节能公司绿色信贷业务。

全面推进与省级龙头、大中型企业的业务合作：与天津保障房、上海检疫中心、山西省政府等22家政府部门和省级龙头企业签署了战略合作协议；为振华香港、国银租赁等企业提供离岸金融服务，并会同东航集团成功参与外汇总局跨国公司总部外汇资金集中运营管理政策创新试点，离岸客户群体不断壮大；成为首家获得上海清算所综合清算会员资格的银行，双方创新开发的航运金融衍生品人民币FFA于12月10日正式上线，首批试点客户顺利完成交易，打开航运金融业务新局面。

盈利能力持续增强：全年实现对公中间业务收入74.91亿元，同比增幅16.8%。国际结算业务量2 352亿美元，同比增长29.4%；跨境人民币结算业务量和债务融资工具承销额均突破千亿元大关；公司保理业务总量超过1 800亿元，在股份制银行的排名中居于首位；股权基金托管规模突破1 400亿元，市场规模占比连续五年保持市场第一。

创新推出《绿色信贷综合服务方案》2.0，制定业内领先的绿色信贷产品体系，国内首单亚洲开发银行(ADB)建筑节能项目在青岛开花结果；成功完成法国开发署(AFD)绿色中间信贷(一期和二期)和国际金融公司(IFC)能效贷款合作项目；受银监会邀请参与《绿色信贷指引》编写，并作为承办单位，举办新兴市场绿色信贷论坛。

加大金融产品创新，推动金融服务持续增值。第一，持续推动直接融资业务创新。一是创新推出国内首批、银行首家独立主承销资产支持票据(ABN)，为上海浦东路桥建设股份有限公司主承销5亿元资产支持票据项目；二是成功发行主承销的首单商业银行金融债券，为上海农商银行成功发行50亿元3年期金融债券，进一步丰富了债券承销业务品种；三是积极参与新一轮信贷资产证券化试点，并进一步丰富信贷资产证券化基础资产的种类。第二，贸易融资业务创新层出不穷。一是自偿性贸易融资(应收类)业务试点成功，实现了风险管控模式和经营模式等多重创新；二是在资本业务方面实现跨境人民币对内和对外直接投资、跨境人民币QFLP等多项业务突破，启动了跨境人民币境外结汇、贸易跨境人民币转口贸易及融资等多项跨境融资业务的创新推进，不断提升基础业务服务能力。

创新特色业务模式，提供个性化金融服务。第一，股权基金屡创其新。为赛领国际发展投资基金、蓝色经济区产业投资基金等10支大型产业基金提供托管服务；股权基金综合金融服务获得上海金融服务创新成果一等奖，成为唯一获此殊荣的商业银行单位。第二，托管业务创新亮点频现。浦发银行“阳光慈善”托管综合金融服务正式对外发布并上线运营；为上海市金融创新试点项目提供托管服务，成为QDLP的3家试点银行之一；成功推出全国首单集合类QDII信托托管业务——大中华QDII；开展首笔财产信托资金保管业务；成为天津市首单100亿险资不动产债权投资计划的托管行；紧扣单用途预付资金存管业务正式开闸的机遇，成功签约全行首笔单用途预付卡资金存管业务。

【个人银行业务】 2012年，全行个人金融资产突破5 700亿元；个人存款余额达到3 914亿元，市场份额在同类股份制商业银行中继续保持第二，个人贷款克服外部不利环境影响，余额突破3 090亿元；全行个人客户数突破2 300万户。

2012年，建设更为丰富完善的个人财富产品体系，发挥专业资产配置服务的优势，助力实现客户、负债、金融资产的协同增长。全面优化银行理财产品的发行档期，实现产品的滚动发行和常态化发行；基金证券方面，坚持“基金精品屋”优中选优的专业服务，为客户构建组合配置；保险方面，不断丰富养老、健康、少儿教育等特色保险产品；贵金属方面，建立了以艺术类贵金属为主体、以投资金条为辅助的实物贵金属产品线，实物金与金交所现货及延期业务丰富了客户的贵金属投资手段。同时，推出网上银行理财版和手机银行理财产品销售功能，电子渠道理财产品的销售替代率大幅提升。

个人信贷业务积极应对客观环境压力，在保持个人住房按揭贷款的基础信贷业务地位的情况下，着力提升产品服务能力；大力拓展个人经营性贷款，围绕个体工商户、小微企业主的资金需求，以1＋N

批量拓展、方案式营销，逐步形成区域特色和优势，同时，针对商品批发业务等客群提供“融资易”综合服务方案；以“消贷易”为切入点强化对存量客户的二次营销和新增客户的组合销售，通过提高贷款便利性来迅速提升消费类贷款的发展速度。通过影像流项目、个贷评分卡成功上线，产品创新能力和流程管理能力明显加强。

不断拓展银行卡产品和支付结算通路，打造服务特色，培育新的增长点。加快推进IC卡产品研发，初步形成了涵盖普卡、金卡、白金卡、钻石卡的借记IC卡产品体系，IC社保卡、地铁IC卡等项目有序推进；完善支付通路，提升客户体验，针对日益强大的互联网购物市场，与第三方支付机构合作推出银联无卡支付、支付宝快捷支付等；构架总对总缴费业务平台，强化缴费业务经营功能；以固话POS为拳头产品，服务小微企业资金链，有效推进专业化市场商户拓展；针对出国人群的外币支付结算需求，形成了以电子银行直联结售汇、西联汇款和SWIFT汇款业务为核心的个人外汇产品体系。

加快产品创新与功能整合，提升服务品质，扩大品牌影响力，信用卡发卡量、消费额、透支额稳步增加，盈利能力显著提升。全年信用卡新增发卡258万张，累计发卡超过879万张；客户交易增幅明显，全年交易额831亿元，同比增长50%；营业收入19.0亿元，较上年同期增长53%，其中消费金融发展较快，全年中间业务收入达10.11亿元，同比增长52%。

私人银行积极推进全国区域布局，利用一年时间成立8家私人银行分部，广泛覆盖高净值客户集中区域，方便客户就近体验。建立了以“尊享盈”系列为代表的私人银行专属理财产品体系，为私人银行客户及其家庭提供财富增值的专属通道；创新开发了专属投资账户服务，建立顾问咨询服务体系，涵盖投资、税务、法律等多个专业领域，致力打造以资产管理和顾问咨询为特色的私人银行核心竞争力。2012年全行私人银行客户规模和金融资产均实现53%的增长，私人银行客户数突破6 000户，管理金融资产规模突破1 000亿元，为进一步扩大市场份额奠定了良好基础。

【移动金融与电子渠道业务】 2012年，浦发银行移动金融及电子渠道业务继续坚持以客户为中心，积极创新渠道的服务模式，提升产品功能，推出了个人网上银行理财版、NFC手机支付产品等多项创新产品，进一步优化和提升了电子渠道的服务内容和服务水平，充分发挥了渠道支撑的重要作用。2012年，全行电子渠道交易替代率80%，其中，网银已连续4年成为浦发银行第一大业务渠道，自助银行已成为继柜面之后对客户影响力最大的服务渠道。

2012年，全行个人电子渠道客户数达786万户。其中个人手机银行和网银理财版用户双双突破100万户。个人网银交易笔数已突破1.2亿笔，交易额近1.9万亿元，同比增幅均超过40%。全年手机银行累计交易笔数近600万笔，交易金额近100亿元。自助网点已突破3 500个，自助设备保有量突破6 000台，基本覆盖了国内主要城市和地区。

为顺应客户理财的服务需求，2012年1月中旬，率先推出了个人网上银行理财版，实现了客户无需签约即可享受个人网上银行全面的投资理财功能。首创的个人网上银行理财版已逐步成为普及大众理财的重要平台。为顺应客户日益增长的商旅服务需求。在原有内嵌商城的基础上，进一步推出了网上银行商城内嵌电子客票业务，为客户提供一站式购票体验。另外，和苏宁易购、易果网、9588旅行网、支付宝、中移电子商务、ChinaPay、财付通、易宝支付、联动优势、快钱等全国320余家商户和第三方支付公司的业务合作。为顺应客户的支付结算需求，在2011年首次发行中国移动浦发银行借贷合一联名卡的基础上，业内率先实现了手机支付产品的全国推广，率先为全国客户开启了“方便快捷、绿色环保”的闪付新生活，该卡已成为年轻人时尚生活的主要选择。截至2012年末，联名卡客户已近56万名。为推进手机支付产业的发展，浦发银行已联合中国移动率先研发并推出包含中国移动浦发银行联名卡所有功能的基于NFC技术的定制手机，使客户可以使用手机实现小额快速支付，为客户提供更佳安全便捷的支付体验。

【中小企业金融服务】 2012年，浦发银行继续加大对中小企业金融服务的政策和资源支持力度，在支持中小企业的政策和措施方面着重体现了四个继续坚持，一是继续坚持给予中小企业资源配套和扶持，坚持信贷计划单列，坚持中小企业业务的考核倾斜政策和人力资源投入，2012年，浦发银行中小企业贷款增幅超过40%。

二是继续坚持服务创新。在深刻了解中小企业的金融需求的基础上，2012 年，浦发银行深挖银行服务中小企业的潜力，全面推出"吉祥三宝"中小企业金融服务模式（包括针对园区中小企业的"银元宝"模式、针对交易市场中小企业的"银通宝"模式、针对供应链上下游中小企业的"银链宝"模式），为园区、交易市场、核心企业上下游三大中小企业集聚区域开展批量客户开发和综合金融服务。通过模式创新、产品创新、系统创新等方式为中小企业提供全面服务，切实解决中小企业短、频、急的融资需求。2012 年，"吉祥三宝"模式下服务中小企业客户近 4 500 户，"吉祥三宝"模式也以其创新性获上海市 2012 年度金融创新成果三等奖等一系列奖项。

三是继续坚持客户培育和全程服务。2012 年，浦发银行针对高成长、高科技企业推出了"科技金融α模式"。该模式是以契合科技型中小企业成长全程金融需求为主线，以整合全社会支持科技型中小企业发展的资源为支撑，打造的一个多方共赢、多元服务的综合金融服务平台。同时，浦发银行启动了全行范围内的成长客户培育工作——"千户工程"。"启动第一年就实现超过 1 000 户成长型企业的入库目标，为入库企业打造了以信用授信产品、优惠服务政策、绿色服务通道等为一体的综合金融服务方案。

四是继续坚持流程优化。2012 年，浦发银行全面完成信贷工厂一期建设，建立了完整的小微企业授信管理体系，构建形成小微企业信贷领域批量化、标准化、集约化的管理模式。

（浦发银行）

3. 上海银行

【概况】 2012 年，上海银行以《上海银行三年发展规划（2012—2014 年）》为指引，认真落实各项业务发展计划，贯彻执行国家宏观调控政策，加快改革步伐，在加强精细化管理中推进专业化经营，取得了良好的经营业绩。截至 2012 年 12 月 31 日，上海银行总资产为 8 154.67 亿元，存款总额为 5 431.60 亿元、贷款总额为 3 894.09 亿元；全年实现利润总额 91.71 亿元；平均资产收益率 1.13％，加权平均净资产收益率 20.19％；资本充足率 13.15％，核心资本充足率 9.22％；不良贷款率 0.84％；拨备覆盖率 285.29％。截至 2012 年末，上海银行拥有营业网点 294 个，设有自助银行 186 个，布放自助服务类终端设备 2 337 台，员工 9 362 人。年内，上海银行发起设立的江宁上银村镇银行、崇州上银村镇银行相继开业，截至年底，上海银行发起设立的村镇银行数量达到四家。2012 年，上海银行新获得多项业务资格，包括外商投资股权投资试点企业托管业务资格、货币掉期自营和代客交易资格等。在经营业绩取得进步的同时，上海银行的市场地位获得进一步提升：在英国《银行家》公布的 2012 年"全球前 1 000 家银行"中，按一级资本排序，位列全球银行业第 172 位；在《亚洲银行家》公布的"2012 亚洲银行家 500 强"资产规模排行榜中，位列亚洲银行业第 55 位。

【公司金融业务】 面对激烈的市场竞争，上海银行进一步强化"以客户为中心"的经营理念，夯实客户基础，优化信贷投向结构；提高营销层次和服务水平，促进小企业金融业务发展；加快海外业务发展。

（1）对公存贷款业务。上海银行结合区域实际，积极采取措施，培育局部亮点，实施分支机构"一行一策"差异化经营。继续调整信贷投向结构，巩固并加强传统优势业务领域；严格限制钢贸、光伏、造船、民营关联集团等行业和客户新增授信业务；积极发展绿色信贷，促进发展低碳经济，探索发展文化产业，服务实体经济；启动重点目标客户营销体系建设，明确分层级管理的重点目标客户清单，逐户定制金融服务方案，深化与其的全方位合作；通过单列 100 亿元专项信贷额度补贴，加大对装备制造业、汽车及零部件制造业、生物医药业、商业零售业、航运物流业等行业的信贷支持力度。2012 年，上海银行新增公司贷款主要投向制造业、服务业以及民生领域。截至年底，公司贷款余额 2 818.24 亿元，同比增长 8.46％。上海银行坚持以发展传统业务为基础，通过加强与战略性业务的协同发展，大力拓展对公存款业务。截至年底，公司存款余额 3 161.84 亿元，同比增长 19.36％。

（2）小企业金融业务。2012 年，上海银行以完善小企业业务发展模式为指引，通过专营体系建设、差异化制度安排及产品服务创新等途径提升小企业金融服务水平。推进专营体系建设，在上海地区区域管理总部和部分分行层面设立小企业金融部，部分分行小企业金融部下设营销团队，开展相关具体业务。加强产品服务创新，主要包括基础类授信产品、科技金融类产品及绿色信贷类产品。继续加强银政、银担、银协等各类平台合作，强化批量营销模式。推进差异化风险管理制度建设，优化小企业信贷业务流程，规范小企业信贷业务操作规程，建立差异化的小企业业务授信审核机制及差异化支付管理制度，进一步规范对担保机构的管理，明确担保机构的准入及分层管控措施。

（3）投资银行业务。上海银行围绕特色定位，加快产品创新步伐，加强专业营销支撑与业务转型管理，不断提高投资银行业务的市场竞争力。以客户为中心，进一步丰富投行产品。2012 年，上海银行发行了第一只超短期融资券，在未设分行区域的债务融资工具承销项目实现突破，首次推出对公开放式理财产品和对公非保本理财产品，并在理财产品投向、交易结构以及同业合作模式方面进行了创新。以集约化为目标，优化机制与流程。建立完善投行业务项目决策机制、风险管理机制、联动营销机制、营销信息分享机制等；全面启动产品制度化工作，面向市场，统筹规划，推广创新产品覆盖面；不断优化债务融资、权益融资等操作流程，实施业务流程创新。以人才驱动发展，完善内设机构设置和管理机制。加快引进人才，扩大团队规模，初步建立投行专业团队；完善人才培养机制，加强员工培训；构建投行网络，加强总分支行联动营销。以市场化为原则，完善业务合作机制。推进同业战略联盟，实现多平台合作，与国际著名金融机构开展全方位战略合作；与多家信托公司、证券公司和资产管理公司建立了较为紧密的合作关系。

（4）新型机构业务。上海银行积极拓展资产托管业务，发展与私募股权基金、创业投资基金、非金融支付机构及小额贷款公司的合作关系，旨在提供满足新型机构客户个性化需求的全方位金融服务。上海银行通过持续引进各类托管产品，调整客户及产品结构等措施不断扩大托管规模，通过整合营业网点、电子化支付平台等功能和优势，与 10 多家非金融支付机构建立合作关系。上海银行还成为首批单用途卡合作存管银行，拓宽了非金融支付客户范围。通过与 67 家小额贷款公司开展业务合作，业务规模增长超过 70%，并荣获上海小额贷款公司协会“小贷行业最佳合作伙伴”称号。通过创新产品与服务，积极参与 QFLP 创新试点工作，并获得外商投资股权投资试点企业托管业务资格；与多家 QFLP 机构签订战略合作协议；参与跨境人民币投资境内股权投资基金（RQFLP）业务等金融创新，成为国内首单 RQFLP 试点企业的合作银行。

（5）海外业务。上海银行已与 130 多个国家和地区的 1 600 多家境内外银行及其分支机构建立了代理行关系，并与这些代理行在账户清算、国际结算、贸易融资、资金业务、人员交流与培训等方面开展了广泛的合作。2012 年，上海银行大力拓展国际贸易融资和国际结算业务。从夯实客户基础入手，着力改善客户结构，外汇业务客户群体有效增长，外汇业务资产负债及国际结算规模得到提升。

【个人金融业务】　上海银行以交叉销售、联动营销为突破，以整合创新为助力，以精细化管理为保障，积极培育上海地区养老金融服务特色，打造个人金融服务品牌；采取各种措施，积极推进私人银行业务发展；信用卡业务规模稳步增长，客户质量有所改善，取得较好经营效益。

（1）个人存贷款业务。上海银行扎实发展客户基础，不断改进储蓄存款增长方式，抓目标客户群拓展，抓批量业务和交易驱动性业务营销，促进储蓄存款较快增长。坚持中高端客户定位，积极开展交叉销售和综合服务，改善业务结构，提高定价水平和综合收益。细分客户、精准定位，推出薪资贷、存抵贷、保证金型出国留学贷款和车牌贷业务，个人贷款稳健发展。

（2）个人理财业务。加强与主流基金、证券和信托公司合作，丰富“慧财”家族系列理财产品线，新推日新月溢（养老专属）、网银专属、慧通财富专属和私人银行客户专属“私享”系列等理财产品。“慧财”人民币易精灵贵宾专属理财产品荣获 2012 年度上海金融创新成果奖提名奖，成为唯一一款获此奖项的由中资银行自主开发的个人理财产品。上海银行大力推进基金、保险重点产品销售；对接上海黄金交易所交易平台，推出个人贵金属延期交易业务，初步形成“慧金”贵金属业务产品线。

（3）养老金融业务。推动养老金融业务产品和服务体系建设，加快推进从代发业务银行向养老金融专业服务银行的转变。实现养老专属理财产品常态化循环发售；针对性引入养老特色年金险、中老年短期意外险等保险产品；初步搭建医疗服务平台，开展“重阳节”主题营销、“冬令养生健康诊疗”、“美好生活卡”药房刷卡优惠等活动；持续提升养老金代发柜面服务效率,不断提高养老客户满意度。2012年,上海银行养老金客户及代发规模继续列上海市11家代发银行之首。

(4) 私人银行业务。上海银行以"打造重点面向中等及以上收入家庭的财富管理专家"为战略重点,以存量优质客户挖掘为抓手,积累并壮大客户基础,加强队伍培育,实现业务良好起步。以"财富顾问+投资顾问+专家智囊团"模式,为客户提供涵盖银行、证券、保险、基金、信托、PE、投行、不动产、留学、移民等金融及非金融的、个性化的私人银行服务。

(5) 银行卡业务。上海银行信用卡业务坚持以效益为核心,积极推动客户、产品、渠道、销售体系和业务结构等方面的转型,培育新的业务增长点,拓展业务发展空间,增强可持续发展能力。围绕目标客户推进产品创新,以产品结构优化带动客户结构优化,完善对销售渠道的产品支撑;强化客户生命周期管理,针对重点目标客户群开展营销活动;大力发展分期信贷业务,助推中间业务收入提升。加大借记卡支付结算服务和跨行业增值服务创新力度,积极开拓中间业务收入的多样化来源。实现了PBOC2.0金融IC借记卡正式面市,发行多种专属卡、联名卡和行业应用卡。

【资金业务】 上海银行紧密结合金融市场的发展状况、监管要求和我行具体情况,持续推进资金业务经营模式转型,积极开展金融创新,资金运作能力和市场竞争力得到进一步提升,市场地位继续巩固,规模效益同步增长。上海银行通过优化完善定价机制,在有效控制成本和保证流动性的前提下,加大同业业务扩张力度并提升同业业务收益,与信托、基金、保险、资产管理公司业务合作日益紧密,大同业金融服务平台初步构建。

上海银行继续保持公开市场一级交易商、SHIBOR报价团成员、债券做市商等重要资格,积极开拓货币市场、债券市场、衍生品市场、票据市场、黄金市场、外汇市场和理财产品等业务领域。2012年,上海银行获得货币掉期自营和代客交易资格,完成外汇期权交易资格备案,推出黄金进口、同业黄金拆借、黄金租赁、代客外汇结构性存款、代客外汇掉期等业务。

【"沪港台"合作】 2012年,上海银行进一步深化与沪港台的战略合作,加强平台建设,与上海、宁波、昆山等地台办签订战略合作协议,密切联系各级台协并服务台协会员;探讨开发与台资咨询公司、征信公司和租赁公司的合作共赢模式;加强与香港金融机构合作,为客户提供跨境联动服务。同时,借助平台资源推进两岸三地客户共同营销和联动服务,深度挖掘客户资源。通过细分客户群,创新开发出多个针对企业和个人客户不同需求的金融产品。

【渠道建设】 上海银行以提升客户体验为主线,以促进渠道分流为切入点,以加快产品研发和渠道建设为手段,推动电子银行服务能力全面提升;以渠道建设促分流,以业务分流促转型,深挖渠道资源价值,提高渠道效能。进一步丰富产品功能、加强渠道建设,着力提升客户体验。2012年,上海银行陆续推出个人网银贵金属延期、企业网银电子票据等44项新功能,优化了个人网银证件号登录等97项功能,启动电子银行"五心服务、五星品质"工程。

上海银行通过开展"1+e"套餐活动、"支付宝快捷支付双响炮"、"蛇年贺岁火,海派e生活"等多项营销活动,统一企业网银和个人网银Usbkey介质品牌名称,推出"E盾"品牌,提高品牌辨识度。高度重视践行企业社会责任,积极开展公众教育服务活动,并荣获由中国金融认证中心颁发的"2012年区域性商业银行最佳网上银行用户体验奖"、新华网颁发的"网民最信赖网银支付品牌"等多项殊荣。

2012年,上海银行各类自助机具新布放348台,达到2 337台,客户服务中心电话量(含外拨)1 378万通,并荣获由中国银联客户服务中心颁发的"受理环境规范贡献奖"。

【经营指标】

单位:亿元

指标 \ 年份	2008	2009	2010	2011	2012
净利润	30.77	36.23	50.28	58.06	75.00
本外币资产总额	3 677.36	4 660.39	5 667.75	6 554.26	8 154.67
本外币各项存款余额(不含同业存款)	2 663.63	3 334.21	4 095.22	4 663.24	5 431.60
本外币各项贷款余额	1 780.02	2 447.04	2 984.36	3 341.30	3 894.09
个人消费贷款余额	291.43	353.32	436.15	485.09	430.68
住房按揭贷款余额	250.8	298.93	361.58	385.68	366.13
不良贷款率	2.23%	1.59%	1.12%	0.98%	0.84%

注:因为2012年个人贷款额度口径调整,将消费贷款调入经营性贷款,所以2012年个人消费贷款较2011年下降较多。

(上海银行)

上海银行文化艺术专项基金设立与艺术节合作项目签约

4. 上海农商银行

【概况】 2012年，上海农商银行坚持以科学发展为主题，以稳中求进为基调，积极应对经济形势、市场环境和监管政策变化，加快转型发展，加强风险防控，全年实现净利润38.01亿元。截至2012年末，全行总资产3 562亿元，各项存款余额2 866亿元，各项贷款余额1 915亿元。据英国《银行家》杂志统计，按一级资本排序，在2012年度全球1 000家大银行中，上海农商银行排名第213名，较2011年排名上升22位，在国内所有入围银行中排名第19名，继续跻身全球银行250强。

【业务转型成效明显】 全面推进小微企业金融服务，小微贷款余额97.24亿元，在全市占比约10%；新兴业务发展提速，贸易融资、科技金融、财富管理、银行卡、金融市场业务快速增长，债务融资工具参团承销、贵金属交易取得突破，"银银证平台"、手机银行、金融IC卡、工会会员服务卡投产，开设首家科技型支行；储蓄存款可持续增长模式逐步建立；社区性便民银行建设全面推进，金融便利店达到100家，小微企业专营网点达到40家，设立贵宾理财中心10家，开设首家财富管理中心。

【业务发展稳中求进】 储蓄存款持续快速增长，增量位居全市第四，市场占比7.15%。财政性存款取得重大突破，累计中标市级国库、社保基金存款75亿元，国库单一账户营销取得积极进展。以"中小微农科贸"为重点，推进信贷结构调整。截至2012年末，国标中小企业贷款余额1 222亿元，500万元以下小微企业贷款余额97.24亿元，科技型中小企业贷款余额109.8亿元，均较年初有较大幅度增长。推进"三大工程"建设，加强对农村重点建设领域的金融支持，涉农贷款余额531亿元，在全部自营贷款中占比32%。着力提升中间业务发展质量。公积金委托贷款增量市场占比超70%，理财、保险、基金、实物黄金等产品销售保持较快增长，"鑫风卡"、"鑫成卡"、"世界白金鑫卡"等特色产品受到市场好评。

【风险管理不断强化】 推广授信业务差异化授权和授信审批双签制，全面实行个人按揭贷款集中审批，小微企业贷款自动化审批系统推广应用成效显著，获得上海市金融创新奖三等奖。加强贷后管理，形成常态管理机制，强化对大额贷款的跟踪监测和风险预警工作。全力推进钢贸类贷款风险化解工作，加强地方政府融资平台贷款风险监控，推行商业化房地产开发和土地储备企业名单制管理，房地产贷款风险总体可控。不良资产清收成效显著。完善案防组织推进机制，完成操作风险评估和控制项目，启动员工违规积分制试点。落实消防和安全生产责任制，未发生重大责任事故。推进新资本管理办法的实施，开展内部评级体系框架设计，启动风险偏好咨询项目。健全业务连续性管理机制，梳理完善各类应急预案。

【营运工作扎实开展】 全面推进新一代银行系统和张江业务处理中心建设，系统开发任务基本完成，金融IC卡、手机银行、网上商城、商业汇票、电子支付、全国大通关、信用卡影像审批等系统已投产。加快生产环境、系统网络建设和改造，制订了"两地三中心"灾备实施策略。张江业务处理中心建设取得阶段性成果。加强会计营运工作。推出了支票授信、预付卡代售业务，试点布设自助票据托收机，优化电子回单、支付密码、验印等系统功能。

【村镇银行开局良好】 2012年，上海农商银行积极支持村镇银行筹建，在湖南、山东、云南三省批量设立32家村镇银行实现开业，各项业务起步良好，年末存款余额合计70.94亿元，贷款余额合计31.82亿元。建立了总行部室、分支行与村镇银行结对指导机制。加强科技支持，完成了核心账务、信贷管理、财务管理等系统建设，试点推出了借记卡、自助机具、网上银行等业务。开发了非现场审计系统，制订了流动性救助预案。

【财富管理服务升级】 上海农商银行首家财富管理中心于 2012 年 8 月 10 日在徐汇支行隆重开业，专门面向全市日均金融资产 100 万元以上的个人客户，提供专业化、个性化、高质量、深层次的财富管理服务。除了将“鑫意理财”现有服务升级外，“鑫意财富管理”还将在健康关怀、子女教育、投资顾问、艺术鉴赏、爱心慈善等方面为客户提供增值服务。

【经营指标】

单位：亿元

指标 \ 年份	2008	2009	2010	2011	2012
净利润	8.04	11.59	21.89	31.77	40.41
本外币资产总额	1 723.71	2 127.77	2 537.28	3 113.66	3 585.52
本外币各项存款余额(不含同业存款)	1 470.86	1 788.68	2 109.16	2 463.63	2 865.54
本外币各项贷款余额	927.32	1 186.15	1 412.87	1 664.7	1 920.98
个人消费贷款余额	82.32	100.62	118.38	126.15	135.62
住房按揭贷款余额	74.85	94.23	111.83	120.14	125.23
不良贷款率	2.29%	1.88%	1.34%	1.17%	1.28%

（上海农商银行）

上海农商银行财富管理中心宣告成立

(二) 中资银行分行

1. 国家开发银行上海市分行

【概况】 2012 年，国家开发银行上海市分行认真贯彻国家宏观政策和监管要求，牢牢把握上海市“创新驱动、转型发展”战略和“四个中心”建设要求，坚持“抓好党建、办好银行、支持发展”的指导思想，开拓进取，稳健务实，各项工作保持平稳健康发展。截至 2012 年末，上海市分行表内信贷资产余额比年初增加 1.4%，受托业务余额比年初增加 15.9%。表内贷款中人民币贷款余额比年初增长 7.6%，不良贷款率 0.20%。

【规划先行业务】 规划能力增强，提升规划开发一体化成效。2012 年，上海市分行与市区政府等部门合作编制 13 项规划，创历史新高。淀山湖、迪士尼、文化产业等规划通过专家论证，其中《上海国际旅游度假区暨上海迪士尼项目投融资规划》被列为上海市政府决策咨询研究重点课题；《上海淀山湖地区“十二五”系统性融资规划》纳入市级重点规划；完成斐济规划报告，与澳大利亚西澳州政府签订《规划与合作战略关系谅解备忘录》，推动分行在英美发达国家的规划咨询工作实现突破。积极推动《开发性金融支持上海保障性住房建设科学发展规划》、《上海市公共租赁住房投融资框架建议》等前期规划成果实施；以规划手段服务上海国际航运中心建设得到《国际金融报》等主流媒体报道和转载。

【银政合作及大客户战略】 积极与政府合作，深化与重大客户关系。“十二五”六大重点开发区域中，分行获得世博园区、临港地区、虹桥商务区、迪士尼园区四个主牵头行，徐汇滨江、浦东前滩 cbd 两个联合牵头行，其中主牵头的虹桥枢纽银团获得了中银协颁发的最佳交易奖；搭建了与经信委和商委两个合作平台，与经信委签署 1 500 亿元《开发性金融合作备忘录》；与金山区、杨浦区、闸北区签订了合作协议；与张江管委会签订了“十二五”期间合作协议。

【国际合作业务】 积极推进外汇和国际业务的发展。在 2012 年经济和市场动荡影响客户外汇需求、市场竞争激烈的不利局面下，分行攻坚克难，与市经信委、商委召开“走出去”项目对接会。进一步加大外汇和国合项目开发力度，重点支持了宝钢资源(国际)收购非洲西芒度铁矿中方联合体项目、宝钢资源(国际)收购加拿大矿业公司权益项目、光明集团收购英国维他公司股权项目等多个具有影响力的海外并购项目，囊括了上海市场当年所有重大跨国并购项目，继续保持了上海市场上的国际合作主力贷款行地位。印度莎圣 11 亿美元出口买方信贷项目获得“上海银行业银团贷款创新项目奖”，与宝钢等签订800亿美元“走出去”合作协议。

【民生业务】 关注民生，成为上海保障房贷款第一主力银行。保障性住房项目贷款余额占全市市场份额近一半，当年贷款发放量上海市第一，已成为上海市保障性住房项目融资领域的主力银行，重点支持了杨浦旧改、创辉、保利、中冶等旧区改造项目；是上海银行业唯一与市政府签订旧改和保障房全面合作协议的银行。2012年初，分行被上海市银监局授予了信贷支持保障房建设工作“突出贡献奖”；8月，上海银监局召开了包括中央电视台，上海电视台第一财经频道、新华社、解放日报等九家媒体参加的宣传上海金融机构创新支持上海保障房的媒体见面会，得到了多家媒体的高度评价，华泾公租房项目整体贷款方案更是获得银监局肯定，作为宣传金融支持民生保障房的典型案例并在上海电视台播出；9、10月，上海电视台财经栏目和中央电视台财经二套分别播出了对分行支持上海保障房建设的专题采访节目。

【中小企业服务】 拓展合作模式和渠道，推进中小企业发展。初步完成了从租赁为主向自主开发为主的过渡，搭建了长宁国资统贷平台，签订了创业接力科技型中小企业合作协议并推出统贷平台产品；进一步深化、扩大和再担保公司的合作；建立了支持科技型中小企业“一行一策”，与工业园区、商业银行等客户建立了联系。在新华网、人民网、《人民日报》、《经济日报》等媒体积极宣介，扩大开行履行社会责任的影响力。签订了11个中小企业合作机制；与15家小贷公司展开合作，贷款余额达到上海小贷公司融资总规模的三分之一，在市场上稳居首位，上海小额贷款协会授予分行“2012年度上海小贷行业最佳合作伙伴”奖。

【文化产业金融业务】 支持重点文化发展区域、支持重大文化项目。重点支持了世博园及配套建设、世博文化中心、迪士尼园区建设、东方传媒海外并购、有线电视数字整体转换项目，积极开展与文广集团、世博集团、东方传媒、申迪集团、紫竹视听基地项目等重点文化企业的合作。

【业务创新】 多方位拓展中间业务、多渠道开发资本市场业务。分行连续第二年主承销发行89亿元市政债，被韩正书记高度称赞：“上海债发得漂亮”。完成债券承销发行9支；完成对农银租赁公司、交银租赁公司同业借款发放；与上国投开展了代客资金组合管理业务；为东航提供的油料套期保值交易服务。

【经营指标】

单位：亿元

指标＼年份	2008	2009	2010	2011	2012
净利润	18.97	21.35	25.51	10.62	18.96
本外币资产总额	1 420.57	1 483.27	1 772.41	2 147.72	2 149.74
本外币各项存款余额(不含同业)	105.77	136.96	144.18	146.02	114.76
本外币各项贷款余额	1 287.10	1 435.97	1 631.84	1 965.79	1 993.10
个人消费贷款余额	0	0	0	0	0
住房按揭贷款余额	0	0	0	0	0
不良贷款率	1.12%	0.30%	0.42%	0.31%	0.20%

（国开行）

国家开发银行上海市分行编制的《开发性金融支持上海文化产业系统性融资规划》通过专家论证

2. 中国进出口银行上海分行

【概况】 2012年，中国进出口银行上海分行围绕创新驱动、稳中求进、服务上海“两个中心”建设与发展外贸增长的总基调，积极支持和推动区域经济社会全面协调发展，在业务拓展、风险防范、经营管理和自身建设方面取得了新进展，各项工作取得了新成果。截至2012年12月31日，上海分行信贷业务稳步增长，本外币贷款余额达到550.61亿元，较年初增加 110.12 亿元，增长幅度 25%。经营效益进一步提高，同比增长 21.57%。信贷资产质量进一步优化。

【政策性职能】 2012 年，上海分行坚持“稳中求进、进中提升”的业务发展方针，加大了对传统市场和新客户的拓展力度，在保持传统信贷业务支持力度的基础上，积极提升进口信贷和境外投资贷款等业务的占比，充分发挥分行在支持地区外贸增长和“走出去”业务领域的基础性作用。一是加大对有市场、有订单的机电产品、成套设备和高新技术产品出口企业的支持力度。二是在全球航运市场持续低迷的情况下，为国内有比较优势的船舶企业拓展市场，向大型国有船企发放船舶融资类贷款，有力地支持了我国船舶出口。三是大力支持能源、资源和关键设备的进口业务，促进国际收支平衡。四是提升金融服务水平，大力支持企业“走出去”。

【支持上海国际航运中心建设】 2012 年，上海分行依据交通部《全国内河航道与港口布局规划》的要求，积极利用国际物流基础设施建设贷款，与上海浦东发展银行上海分行联合牵头组织了银团贷款，支持了上海市国际航运中心建设重点项目——内河航道整治工程建设。该项目将发挥内河水运运量大、能耗低、成本低、安全快捷、绿色环保的优势，在降低对城市环境污染的同时，减少了国家投入环境保护的费用，得到了上海市政府相关部门的认可，获得了良好的社会影响。在 2012 年上海市银行同业公会组织的《上海银行同业年度奖项》评选中，该项目获得银团贷款“社会责任奖”。

【业务创新】 2012 年，上海分行加快业务创新，推动业务结构调整，初步形成了以会展服务、航运物流、电子科技为主导的行业金融与特色金融，实现了经济效益和社会效益良好结合的转型发展。一是支持上海市的重点投资项目。向上海迪士尼主题公园、陆家嘴软件园等重点项目建设提供了数亿元资金的支持。二是加大对上海“三港三区”(外高桥港区、浦东国际机场空港、洋山港区和外高桥保税区、浦东机场综合保税区、洋山保税港区)的信贷支持力度。三是积极配合上海市“优先发展先进制造业、现代服务业”的产业园区发展战略，分行与张江高科技园区、金桥出口加工区、临港产业区、浦东康桥工业区建立了信贷关系。四是大力扶持上海软件产业和集成电路产业的发展。帮助企业建成了高精度集成电路芯片生产线等重大项目，为上海迈向科技型城市发展作出了积极贡献。

【银行管理】 2012 年，上海分行一是推行全面风险管理，确保稳健合规经营。加强业务风险管理，开展产能过剩及“两高”行业贷款的风险排查；对业务全流程进行风险监控，进一步规范贷后管理工作；在管理和处置存量不良贷款方面取得明显进展。二是增强经营服务意识，进一步改善内部管理。加强财会和计划管理，及时全面报送统计数据。在 2012 年上海市 116 家银行国际收支和结售汇统计考核评选中，上海分行获得结售汇统计优胜银行一等奖；做好信息科技工作，确保信息安全。

【队伍建设】 2012 年，上海分行以人为本，加强干部员工队伍建设。以党建促进队伍建设，提高干部员工的政治思想素质；分行领导班子成员带头树立良好工作作风，培养干部员工的“担当精神”，营造勇于创新、干事创业的优良风气；员工培训工作取得明显成效，受到分行员工的普遍欢迎。荣获了第五届“全国金融系统职工职业道德建设先进单位”称号。

【经营指标】

单位:万元

指标＼年份	2008	2009	2010	2011	2012
净利润	39 124.17	73 155.66	61 926.49	44 056.06	53 557.34
本外币资产总额	3 860 842.39	4 351 701.88	5 179 239.38	4 519 020.37	5 552 075.53
本外币各项存款余额(不含同业存款)	225 542.24	272 975.63	317 559.53	407 204.03	248 014.72
本外币各项贷款余额	3 270 717.18	4 130 196.59	5 154 518.67	4 404 974.63	5 506 134.85
个人消费贷款余额					
住房按揭贷款余额					
不良贷款率	4.18%	3.03%	2.09%	2.18%	1.67%

(进出口行)

3. 中国农业发展银行上海市分行

【概况】 2012 年，中国农业发展银行上海市分行认真贯彻落实总行党委和市委、市政府的各项工作部署和要求，紧紧围绕“两轮驱动”发展战略，以“稳中求进”为总基调，各项经营指标均创历史新高，较好地履行了农业政策性金融职能，为确保上海粮食安全和服务上海城乡一体化发展发挥了应有的支柱和引导作用，分别被上海银监局授予“优秀进步奖”、被上海市发改委选定为“城乡建设用地增减挂钩项目”主打银行。截至2012年12月末，全行各项贷款余额250.05亿元（不包括66.56亿元同业票据转贴现余额），比年初增加57.61亿元，增幅29.94%；全年累计投放贷款118.77亿元，比上年同期多投放16.86亿元，增幅为16.55%；全年日均存款达到46.4亿元（含同业存款），比上年增加12.95亿元，增幅38.7%。经营效益实现快速增长，全年实现考核利润5.42亿元，较上年增加0.92亿元，增幅20.39%，人均考核利润173万元。

【业务发展】 2012年，农发行上海市分行在业务发展中，一是找到了一条业务均衡发展的途径，较好实现了上海大城市特色的两轮驱动模式，为确保上海粮食食品安全和服务城乡一体化统筹发展发挥了应有的支柱和引导作用；二是突破了业务发展的瓶颈，业务规模显著提升，客户结构、资产质量得到了改善。

（1）坚定不移的巩固和加强粮棉油政策指令性、指导性信贷业务，积极稳妥地支持农产品全产业链发展。2012年，农发行上海市分行在传统粮油业务经营上做到巩固服务好以“中储粮上海直属库、上海良友集团有限公司、光明食品集团公司”三大粮油平台为主的战略性粮油客户，扶持信用度高、影响力强的区县国有粮食购销企业，培育成长性好、在上海有知名度的民营加工企业和产业化重点龙头企业，其中对三大粮油平台的信贷支持基本确保了上海粮食市场近40%左右的供应，使上海市场的粮油销量、价格、质量保持稳定，让政府放心，市民更安心。截至2012年12月末，全行粮油等传统业务贷款余额105.97亿元，占全部贷款的42.38%。

（2）做强做好适合大城市农业农村发展实际的中长期贷款业务，实现业务的可持续健康发展。通过大力提升银政合作的层级，结合政府各项重大市政工程和现代农业发展战略规划，农发行上海市分行大力发展稳固了市、区两级的战略性客户群。截至2012年末，新农村和水利建设项目等农业农村基础设施建设贷款余额144.08亿元，比年初增加49.35亿元，增幅52.1%，支持了浦东曹路基地以及松江、金山、嘉定等第二批大型居住社区土地储备和农民动迁安置房建设等项目。

【信贷管理】 2012年，农发行上海市分行信贷管理工作进一步强化，管控能力进一步提升。一是夯实信贷基础管理，为业务有效发展打下基础。二是做好CM2006系统升级（二期）版本上线运行，提升电子化管理水平。三是进一步加大信贷条线管理力度，调动员工主观能动性和工作积极性。四是进一步加强信贷调查、审查、审议审批工作。在重点项目上实行预审制度，积极做好审查工作的及时介入和衔接配合工作，强化信贷流程的服务意识，使合规性、风险性审查工作前移，从源头上把握风险防控的底线，解决“政策不清、要求不明、资料不全”等问题，切实提高了办贷效率。分行在发展信贷业务的同时，注重加强信贷管理的全流程风险监控，及时掌握借款企业还本付息及风险评价情况，对信贷风险突发事项建立应急预案机制。在管理上紧紧盯住贷后各个环节，在到期收回贷款的政策上不松口、不松劲、不懈怠，全年无欠息欠贷和还贷计划延期情况发生，按时足额收贷收息，通过现金清收实现了全年不良贷款清零目标。

【队伍建设】 2012年，农发行上海市分行注重实践培养和锻炼，加大竞争性选拔干部和员工岗位培训的工作力度。年内分行加大了干部的流动范围，提拔交流5名青年干部充实到基层行担任支行“一把手”，有8名青年干部提拔为支行副行长或兼管理职能的高级业务副经理，跨条线交流处级干部3人次，让具备上进心、有本事、能干事的年轻干部脱颖而出。在分行机关处室选人用人上建立了公开、竞争、择优的选拔机制，从全日制本科以上学历、在基层工作3年以上人员中，通过公开竞聘选拔了4名工作业绩突出的青年员工，充实到机关处室的关键职能岗位。通过这一系列措施进一步完善了分行从干部到员工的竞争性选拔机制，逐步探索出一条适合科级干部培养交流的新途径。

【企业文化建设】 2012年，农发行上海市分行以职代会制度建设为抓手，以职工思想形势分析会为沟通纽带，全面推进了专业文化、制度文化、廉政文化与和谐文化建设。对职工反映的业务发展、队伍建设和生活福利等方面的意见建议，分行能解决的及时进行了落实办理，对暂时无法实施或超出分行职能范围的则耐心向职工作解释说明，同时积极向有关部门反馈。通过职代会和全行职工思想形势分析会，发挥了职工参政议政、创建和谐企业文化的积极性，也更好地推进了分行的民主管理和科学决策。

【经营指标】

单位：亿元

指标＼年份	2008	2009	2010	2011	2012
净利润	4.05	3.06	3.84	4.91	5.42
本外币资产总额	395.9	387.96	481.14	370.65	331.61
本外币各项存款余额(不含同业存款)	28.55	34.14	39.52	38.33	44.37
本外币各项贷款余额	513.37	353.89	476.81	365.94	316.61
个人消费贷款余额	0	0	0	0	0
住房按揭贷款余额	0	0	0	0	0
不良贷款率	2.78%	0.87%	0.63%	0.61%	0.67%

（陆　清）

2012 年 9 月 19 日，韩正市长出席中国农业发展银行支持上海城乡统筹发展合作项目签约仪式

4. 中国工商银行上海市分行

【概况】 业务增长再上新台阶。2012 年是中国工商银行上海市分行三年发展愿景收官之年，面对复杂多变的外部环境，全行按照总行和上海银监局的各项工作要求，紧扣转型发展主线，迎难而上，全力以赴，各项业务平稳发展，成效显著。以竞争发展为第一要务，以结构转型为中心工作，以晋位争先为抓手，掀起攻坚营销、百日营销、旺季营销一系列营销高潮。存款业务高位突破，扎实推进拓户增容工程，密切联动，有序衔接，同业领军优势进一步巩固。人民币储蓄存款增量、对公存款增量、外币存款增量均居同业第一。贷款业务面对有效需求乏力，主动调整结构，聚焦重点产业和优质市场，信贷投放平稳。人民币各项贷款增量同业第一，贷款不良率连续十五年保持下降。中间业务严格执行监管要求，认真做好收费管理，不断创新产品服务，多策并举挖潜增收，同比实现有效增长。

【经营创新】 结构调整取得新成效。坚持在发展中调整结构，四大行业贷款压降超额完成总行指标，现代服务业贷款占比持续提升。小企业贷款、国内贸易融资、个贷等业务快速发展。金融资产服务业务规模快速扩大，大力发展理财、托管、贵金属、现金管理等新兴业务，理财产品销售同业第一。成立信用卡收单中心，收单交易额同业第一。国际业务实施"全行抓、抓全行"，实现跨越增长，国际结算总量和增量同业双第一；国际贸易融资同比增幅同业第一。

深化改革激发新活力。投行业务实施准利润中心考核，债务融资工具承销发行额同业第一。成立机构业务二部，预算单位市场占比大幅提升。成立资产负债管理部，有效提升资金资本配置效率。柜面业务可分流率大幅压降，系统考核第一。挂牌成立世博支行，加快推进网点综合化，深化郊区发展战略，经营活力进一步激发。

【银行管理】 精细管理实现新提升。加强执行力建设，推进信息化支撑，精细管理水平有效提升。风险评价晋位争先初见成效，新增贷款 RAROC 水平系统领先。严控信贷资产劣变，积极压降潜在风险贷款，通过清收、处置和转化不良贷款，实现拨备回拨。加快运营改革，完善案防内控机制，操作风险控制水平不断提升，有效遏止各类案件发生。配合审计署上海特派办等机构审计检查，在总行两个责任制检查中获得好评。加强网点渠道建设，自助机具运行率率先突破 99%，客户投诉和网点排长队现象明显改善。

【企业文化】 文化建设展现新风貌。认真学习贯彻党的十八大精神，为全行转型发展注入强大动力。开展管理类、专业类、营销类人员培训，大力提升中年员工技能，总行比赛获团体优胜奖第一名。开展"打造卓越金融服务，建设客户满意银行"主题教育活动，举行"媒体看工行"服务体验，充分展示优质服务风采。着力转变工作作风，打造机关服务文化。成功举行第五届员工运动会，展现和谐发展、健康向上良好风貌。全力推进金融博物馆建设，举办银行博物馆赴台精品展，促进两岸金融文化合作交流。纪念干部离退休制度建立30周年，老干部工作成果丰硕。

【重大事件】 (1) 世博支行开业。3月21日，中国工商银行上海市分行举行世博支行开业仪式。

(2) 信用卡商户服务中心揭牌。9月27日，中国工商银行上海市分行举行信用卡商户服务中心揭牌仪式暨集团特约商户收单合作签约仪式。

(3) 强化文化产业金融支持。12月14日，中国工商银行上海市分行与上海市文化广播影视管理局举行合作签约仪式。沈立强行长、成善栋副行长出席并代表分行与市文广局签署合作协议。双方将积极探索新形势下金融资本与文化产业融合发展的新模式，构筑稳定、全面、系统的合作关系，协力推动上海文化金融产业发展。

【经营指标】

单位：万元

指标 \ 年份	2008	2009	2010	2011	2012
净利润	903 818.43	1 020 095.37	1 307 970.04	1 563 479.50	1 532 298.81
本外币资产总额	83 340 667.01	98 814 221.29	100 904 016.62	112 941 396.74	126 209 936.64
本外币各项存款余额(不含同业存款)	63 513 954.42	71 890 279.01	82 979 794.52	93 480 469.75	104 359 379.41
本外币各项贷款余额	30 680 806.81	36 947 370.43	41 078 322.08	44 140 988.50	49 375 473.46
个人消费贷款余额	4 261 545.90	5 643 910.28	7 181 736.68	8 103 947.77	8 395 376.81
住房按揭贷款余额	4 035 576.36	5 500 611.72	6 938 863.01	6 741 595.73	6 816 117.42
不良贷款率	1.33%	1.11%	0.85%	0.61%	0.59%

(沪工行)

中国工商银行上海市分行与文化广播影视管理局开展文化合

5. 中国农业银行上海市分行

【概况】 2012年，中国农业银行上海市分行秉持"双稳"方针，强化"双基"管理，全力推进主体业务指标稳步发展。实现了2010—2012年三年发展规划的圆满收官。截至2012年末，按同业可比口径，分行人民币各项存款余额5 811亿元，比年初增加428亿元，其中人民币储蓄存款余额一举突破3 000亿元大关，达到3 014亿元，比年初增加357亿元，市场份额提升0.37个百分点。人民币各项贷款余额2 911亿元，比年初增加126亿元，控制在总行下达的信贷计划内，其中人民币个人贷款余额年内连续刷新600亿元、700亿元的纪录，达到705亿元，比年初增加119亿元，市场份额提升1.13个百分点。共实现同业可比口径中间业务收入37.15亿元，同比增收1.43亿元，超额完成总行计划。

【经营利润】 深入推进转型，经营效益和价值创造能力迈上新台阶。2012年，全行实现拨备前利润121.03亿元、拨备后利润122.73亿元，增幅分别为11.66%和15.56%。分行拨备后利润增速高于贷款增速11.04个百分点，转型红利效应显著。实现经济增加值53.61亿元，比上年增加5.39亿元，经济资本净回报率38.5%，同比提高3.41个百分点。全行总资产净回报率1.28%，同比提高0.08个百分点。

【服务实体经济】 分行主动应对外部经济下行的不利影响，全力以赴服务上海实体经济发展，在重大产业、重大项目、小微企业和民生金融领域作出了不懈努力。分行客户基础也在服务实体经济过程中得以加强，全年人民币结算账户净增 26 807 户，法人优质贷款客户数及其贷款余额占比分别比年初增加 3.14 个和 3.47 个百分点。截至 2012 年末，全行累计新发放贷款 1 969 亿元，同比多发放 106 亿元；小微企业贷款余额 721 亿元，比年初增加 69 亿元，全面达成上海银监局“三个不低于”的目标，充分发挥了国有大行的金融主力军作用。分行服务上海实体经济的工作成效得到了市委、市政府主要领导的高度肯定，各大主流媒体纷纷进行专题报道。

【风险防控】 严守风险底线，风险防控能力进一步增强。分行广泛开展新资本协议和“六五”普法宣讲，加强重点领域、重点行业的风险管控和案件防控，强化员工行为动态排查，不良贷款余额和占比继续“双降”。截至 2012 年末，本外币不良贷款余额 33.3 亿元，较年初下降 3.24 亿元；不良贷款占比 1.08%，较年初下降 0.17 个百分点；贷款现金收回率达到 99.76%。

【基础管理】 加强“双基”管理，精细化管理水平不断提升。2012 年，分行现代运营体系建设取得新突破，在总行第四届柜台业务技术比赛中挺进团体八强，并且在全系统“三基本”考试中名列榜首，充分展现了多年来扎实开展岗位练兵活动的成效。建立信用审批优先办结机制，信贷审批效率进一步提高，“信贷精细化管理达标、创优”活动胜利收官，信贷基础管理持续加强。认真执行新版服务价格标准，全面落实规范经营要求。持续推进 IT 治理，全面启动 BoEing 系统一期推广上线。积极配合国审审计，内控基础进一步夯实。高度重视整改工作，整改率达到 100%。初步建立基层管理模式，4 家网点被评为中国银行业文明规范服务千佳示范单位，所有营业网点“三化三达标”平均得分达到优秀等级。

【金融文化】 发挥党建优势，人才队伍和企业文化建设全面加强。分行以高度的政治责任感做好党的十八大相关工作，迅速掀起学习贯彻党的十八大精神的热潮。规范开展各层级干部公开竞聘，平稳完成岗位落地和薪酬落地，全面实施“五狮”培训。分行深入践行五字精神，切实增强全员职业自觉、自励、自强、自信、自省，连续三年成功开展“读书月”活动，继 2010 年之后，再次荣获“中国 2012 年度企业文化建设优秀单位”称号。

【三年发展规划圆满收官】 2010—2012 年三年发展规划的成功实施，使分行业务经营和队伍建设取得长足进步，行业地位和社会形象得到有效提升。三年来，我行经营业绩屡创新高。截至 2012 年末，按总行考核口径，分行人民币各项存款余额 5 896 亿元，比 2009 年末增加 2 140 亿元，完成三年发展规划目标的 104.57%；人民币各项贷款余额 2 911 亿元，比 2009 年末增加 794 亿元，达成总行下达的信贷计划；累计实现中间业务收入 98.82 亿元，完成规划目标的 105.69%；累计实现拨备前利润 309.13 亿元，完成规划目标的 106.49%。经济增加值增长 1.08 倍，经济资本回报率同期大幅提升 16 个百分点，总资产净回报率同期提升 0.18 个百分点；本外币不良贷款余额同期下降 30.8 亿元，不良贷款占比同期下降 1.8 个百分点；贷款现金收回率同期提升 1.72 个百分点。

三年来，分行市场地位持续提升。2010—2012 年主体业务发展速度和市场份额提升幅度全面领先同业，人民币各项存款年均增长 15.65%，市场份额提升 2.4 个百分点；人民币各项贷款年均增长 11.19%，市场份额提升 0.55 个百分点，高于同期上海市 GDP 年均增幅 2.53 个百分点；中间业务收入年均增长 25.32%，市场份额提升 2.41 个百分点。拨备前和拨备后利润继 2011 年双超百亿元后，2012 年双双突破 120 亿元，拨备后利润市场排位实现两连跳。

精神文明建设硕果累累。在三年发展规划的实施过程中，分行坚持精神文明和物质文明建设双轮驱动，内聚人心，外树形象。分行员工在受人尊敬商业银行职业理想的引领下，积极支持上海经济转型发展，全力做好世博金融服务，争做国际金融中心建设的排头兵和促进派，扎实履行社会责任，充分展示了“高品质、高效率、负责任”的品牌形象。分行深植总行企业文化核心理念，在业务经营中取得了世博精神、五字精神、职业“五自”等企业文化建设的优秀成果，广大员工深刻认同、自觉践行，为转型发展注入了强大动力。获得“全国金融系统工人先锋号”、“全国金融五一劳动奖状”，以及城隍庙分理处被中共中央、国务院授予“上海世博会先进集体”等一系列荣誉，充分表明分行的社会形象得到了社会各界的广泛认同和高度肯定。

【经营指标】

单位:亿元

指标＼年份	2008	2009	2010	2011	2012
净利润	61.75	31.94	55.86	78.67	90.91
本外币资产总额	4 027.68	4 791.68	5 928.93	6 799.34	7 283.25
本外币各项存款余额(不含同业存款)	3 314.80	3 817.40	4 793.72	5 463.32	5 923.91
本外币各项贷款余额	1 975.81	2 224.72	2 623.92	2 925.19	3 093.49
个人消费贷款余额	240.75	340.07	431.24	539.18	643.9
住房按揭贷款余额	234.25	332.83	428.08	536.15	635.5
不良贷款率	3.76%	2.88%	1.49%	1.25%	1.08%

(沪农行)

6. 中国银行上海市分行

【概况】 2012 年,中国银行上海市分行围绕"以价值为导向,以客户为中心,构建差异化竞争优势"的战略转型方向,抢抓机遇,奋勇开拓,取得了良好的经营业绩。截至 2012 年底,全行拨备前利润同比增长 23%;中间业务净收入同比增长 13%,增速列四大行首位;本外币客户核心存款较年初新增 332 亿元,增幅达 9.79%,其中,人民币客户存款新增 225 亿元,增幅达 7.45%;人民币同业存款较年初新增 135.78 亿元,四大行市场份额较年初提升 5.44 个百分点,增幅居四大行之首。

【金融创新】 2012 年,中国银行上海市分行积极发挥集团多元化平台和海内外一体化优势,不断加大创新力度,成功为中国海运集团叙做全国首批、上海首单"跨国公司总部外汇资金集中运营管理"交易;为宝钢集团在港成功发行 29 亿元人民币点心债券;推出全国首笔期货保税标准仓单质押融资业务;推出一体化"航运行业综合金融服务方案"和"应收账款池融资方案";发行融合信用卡与消费金融贷款双重功能的"中银新易贷信用卡",推出具有国际先进智能卡技术的"长城 IC 卡";针对科技型中小企业推出的综合金融服务方案——"张江模式",荣获上海市金融创新一等奖,为银行业首次。

【社会责任】 中国银行上海市分行践行企业社会责任,积极支持保障性住房建设,牵头组建融资总额为 34 亿元的上海市首个限价商品房银团项目;大力支持文化创意产业发展,为盛大计算机(上海)有限公司设计整套内保外贷融资计划;大力支持助学贷款,截至 2012 年末累计发放国家助学贷款近 13 亿元,帮助近 10 万多名经济困难学生支付学费、住宿费和基本生活费;率先与警方合作开展打击假护照开户专项行动,排查外籍账户 20 432 个,发现可疑账户 278 个,配合警方抓获 5 名外籍作案嫌疑人;组织开展打击网络电讯诈骗工作,主动排查冻结涉嫌诈骗账户 47 个,堵截电信诈骗 107 起,避免客户损失 6 600 余万元。

【企业文化】 中国银行上海市分行以"百年行庆"为契机,精心策划开展了新年音乐会、年度先进表彰大会、青年公益行等活动;通过规范和完善各类荣誉奖励评选流程与机制、出台员工学习奖励办法、深入开展为民服务创先争优活动等举措,在全行营造出积极向上的良好氛围。2012 年,全行荣获全国级、市级以及总行级荣誉奖励达 27 个,较上年增长 59%。

【对公自助银行】 2012 年 6 月 18 日,国内首家对公自助银行成功落户上海港陆广场,标志着中国银行上海市分行公司金融服务模式及服务渠道进一步向智能化、电子化和多元化迈进。对公自助银行具备票据自助受理、公司账户现金自助存款、公司客户回单自助管理等多项功能,突破了传统银行对公服务在时间与空间上的局限,为客户提供便捷、高效的 7×24 小时公司金融服务新模式。

【张江模式】 2012 年 12 月 27 日,作为上海金融业规格最高的奖项,中国银行上海市分行"张江模式"科技型企业综合金融服务方案获得上海金融创新成果奖一等奖,这是 2012 年度银行同业唯一荣获一等奖的参评项目。自 2012 年 1 月投产以来,"张江模式"受到上海市委、市政府、委办局以及上海银监局的关心和指导,截至目前已受理 158 家融资申请,批复授信总量超 17 亿元,取得良好的经济和社会效益。"张江模式"运用中国银行"中银信贷工厂"的品牌优势和市场化运作模式,结合上海市场实际,以"便利化"金融服务、"批量化"行业导向和"多样化"融资产品为特色,以更广的客户范围、更高的授信额度、更快的审批通道和更灵活的担保方式为亮点，为园区内科技型中小企业提供专业、高效、满足全面需求的优质金融服务。目前，“张江模式”已实现张江高新区“一区十二园”园区、紫竹高新区以及11个行政区的全覆盖。

【经营指标】

单位：万元

年份 指标	2008	2009	2010	2011	2012
净利润	673 538.06	504 002.54	627 662.28	606 243.63	837 182.00
本外币资产总额	37 966 671.00	47 302 242.37	44 591 261.83	45 000 748.81	49 706 900.00
本外币各项存款(不含同业存款)	26 741 761	37 194 274	35 294 409	35 935 275	37 248 505
本外币各项贷款余额	17 888 013	25 556 369	25 601 375	26 953 300	27 788 900
个人消费贷款余额	6 058 345	7 773 847	7 369 481	7 407 455	9 469 172
住房按揭贷款余额	5 869 430	7 496 893	7 134 095	7 325 030	7 194 027
不良贷款率	1.24%	1.09%	0.61%	0.48%	0.51%

（沪中行）

7. 中国建设银行上海市分行

【概况】 2012年，中国建设银行上海市分行大力推进创新驱动、转型发展，各项业务保持了稳定持续健康发展，实现了效益增长、发展领先、份额提升、质量稳定、安全运营的目标。人均税前利润持续两年超百万元，本外币各项贷款新增、人民币企业存款新增、贷款定价水平同业领先，中间业务收入市场份额稳步提升。

【支持实体经济】 重点聚焦重大基础设施项目、保障性住房建设、战略性新兴产业、中小微企业发展和旧区改造，加快新农村贷款推广应用，贷款支持力度继续保持同业领先。与沪上11家银行一起与上海市政府签署了《信贷资金支持实体经济投资意向合作备忘录》，将连续三年滚动提供总额6 600亿元融资支持。在上海市51个有融资需求的重大建设项目中，对其中35个项目承贷超过300亿元。承诺意向性提供500亿元信贷资金支持区域经济发展。保障房贷款余额302亿元，新增160亿元，继续保持同业领先。推进小企业业务“零售化”、“小额化”转型，创新小企业集群贷款方案营销模式，推出“小微信用贷”、“网银循环贷”、“善融贷”，小微企业贷款新增70亿元，增幅29.9%。推进消费经营类贷款发展，推出“财富贷”高端客户信用贷款、“学易贷”个人留学贷款、“融易贷”优质存量企业主助业贷款、个人黄金质押贷款和小额信用贷。

【改善客户基础】 将抓户增存作为“一把手”工程，强化分层营销和联动营销，大力推进“百、千、万”户工程。加强与政府机构、财政、社保、军队武警、保险、医院、高校、文化行业和电子商务平台的合作，大力拓展第三方支付机构客户备付金存管业务、单用途商业预付卡资金存管业务。抓住国库单一账户改革机遇，大力营销本市各级财政预算单位零余额账户和公务卡业务。开启与主管部门的新一轮战略合作，继续保持商品住宅维修资金独家归集地位，独家承办住宅物业保修金配套服务，大力推广网银公积金新缴存方式，扩大公积金缴存面，住房金融存款新增91亿元。推进“大零售”业务联动营销，提升网点销售能力，加强个人客户数据分析平台建设，深化数据挖掘分析，强化个人目标客户的精准营销，取得显著成效。

【推进创新转型】 积极争取成为总行创新试点行，完善“创新直通车”机制，发挥上海产品创新实验室平台作用，努力打造系统的创新实验基地。创新推出非现金池现金管理、人民币资金境外放款、黄金租借、“双汇通”、“财富之星”、自动理财账户等新产品，创新“境外分行贷款、境内分行转贷”的飞机融资结构模式，积极拓展银团贷款、应收租赁款及定向保理、代理保险、资产托管业务，推广单位人民币结算卡、对公一户通、对公账户通存通兑等新型支付结算产品。拓展新型投行业务，新型投行收入占比达到88%，发挥建行品牌优势，营销了一批具有市场影响和社会关注度较高的重点工程和保障房项目。依托同业首款加载公交行业应用产品，成功争办多个区县车改卡业务。

【推进全面风险管理】 增强信贷风险管理的前瞻性、敏感性、主动性和针对性，落实重点行业、重点领域风险排查和监控，提前规避并有效控制和化解了风险。优化信贷管理流程，成立放款中心，实现了授信项下审批偏好统一、贷款条件落实统一、押品管理统一、合同文本填写统一、会计核算统一、档案管理统一。开展"合规从业、远离风险"案防教育学习季活动,坚持营业网点"内控案例每周一讲"教育制度,实施员工职业道德养成计划,引导员工形成"人人讲廉洁,事事讲合规"的操作习惯和文化。做好突发事件的应急处置,保持了生产系统的安全运行。落实案件防控工作责任制,前移案件防控关口,突出重点,多管齐下。加强对基层网点和员工的监督检查,开展了三次全员行为排查工作,重点关注员工涉足民间高息融资和信贷业务中的利益输送,有效遏制了案件和重大风险事件。

【完善客户服务】 落实"以客户为中心"的理念,努力提高窗口服务质量和客户满意度,提升客户体验,保护银行消费者权益。将客户满意度监测数据列入经营单位 KPI 考核,修订《分行窗口服务质量规范》,明确了分行所有客户服务渠道对外业务窗口的服务质量要求。在网点开展规范服务创先争优系列活动,推进星级网点建设,在网点配备无障碍通道、手语服务人员和便民服务设施。认真履行"讲诚信、保安全、促消费"倡议承诺,开展金融服务进社区活动,及时、准确公示服务价目表,强化网点价格管理员职责,认真履行收费事先告知义务,加强收费政策的沟通和解释,规范保险和理财产品销售,有效防范了不恰当营销产生的风险。同时,抓好客户投诉、信访接待,做好声誉风险管理,维护建行整体形象。

【推进渠道建设】 继续推进网点转型和网点对标管理,实现网点二代转型 128 家,总量达到 309 家,网均个人存款新增同业第一。加快网点建设,新设网点 18 家,其中小微企业专营支行 9 家。全年新增对外营业网点 22 家,实际营业网点总量达到 346 家。新增财富管理中心 3 家。以营业网点"三综合"建设试点工作为契机,推进前后台分离,完善营业网点营销服务体系,结合区域特点,调整网点功能定位和营销力量配备,实行对公、对私业务一体化经营。

【完善关爱员工机制】 组织全行员工开展"建功十二五、奉献在金融"劳动竞赛活动,大力加强职代会制度建设,切实推进民主管理。以关注、关心、关怀、关爱的"四关"工作为主线,完善关爱员工的机制,开展关爱职工活动,送小家以搭建职工交流平台,送文化以提升职工文化品位,送知识以提高职工学习能力,送快乐以丰富职工文化生活,送健康以增强职工身体素质,送关爱以解决职工实际问题,营造了良好和谐的企业氛围。

【经营指标】

单位:亿元

年份 指标	2008	2009	2010	2011	2012
净利润	69.79	64.72	70.15	86.59	90.07
本外币资产总额	5 210.35	6 675.78	6 774.74	7 887.09	8 746.61
本外币各项存款余额(不含同业存款)	4 295.18	5 057.21	5 662.61	6 436.54	7 107.36
本外币各项贷款余额	2 310.75	2 705.45	3 017.22	3 354.41	3 978.72
个人消费贷款余额	48.51	48.30	39.30	40.95	
住房按揭贷款余额	437.89	479.60	532.26	610.44	
不良贷款率	1.45%	1.23%	0.98%	0.82%	0.58%

(尤　飞)

2012 年 6 月 6 日,中国建设银行上海市分行黄金回购中心在黄浦斜桥支行隆重开业

8. 交通银行上海市分行

【概况】 2012 年,交通银行上海市分行坚持以科学发展观为统领,围绕总行"稳发展、促转型、控风险、抓改革、增效益"的总体工作方针,根据年初确定的发展目标和工作重点，各项工作迈上新台阶。一是主体业务稳步发展，人民币各项存款市场份额较年初提升 0.13 个百分点，其中对公存款提升 0.28 个百分点；储蓄提升 0.03 个百分点。人民币贷款实质性贷款增量是总贷款增量的 1.14 倍。资产质量保持稳定。二是各项业务基础夯实，制定公司条线十大专项业务指引，加大品牌推广和业务创新力度，不断提升服务客户能力，对公、对私客户群不断扩大。科学把握信贷投向，先进制造业、现代服务业、战略性新兴产业等行业的贷款余额不断增长，科技金融服务中心和创新试验基地正式启动，小企业贷款提速发展。三是转型业务步伐加快，着力增强“跨行业、跨市场、跨地域”服务能力，全年债务融资工具累计承销位列上海市场第二，成功获得证券金融公司转融通结算银行资格，国际结算市场排名继续上升。银行卡收单业务市场份额同业领先，IC 卡交易量列上海市场第一。四是渠道建设更趋完善。全年新增营业网点 10 家，新增离行式自助银行 30 个。8 月 22 日，交通银行上海崇明支行正式营业，实现了对上海各区县网点的全覆盖。加大电子银行创新力度，业内首创手机银行账单扫描等多项特色功能，自主研发了跨行代收付等产品系统。五是风险防范屏障牢筑，严控政府融资平台、钢贸行业等重点领域信用风险，完善营运风险全流程管理，多层次、全覆盖开展检查辅导，信用风险、操作风险得到有效防控。有序推进新库房配套工作，扎实开展案件防控工作，深入推进柜面业务案件风险排查、案件风险防控专项行动和反欺诈排查工作，着力消除案件风险隐患。六是“和谐交行”深入人心，通过完善职代会制度建设，全面学习宣传、贯彻落实党的十八大精神，民主建设和党建水平不断提高。构筑多层次员工发展和培训体系，健全创先争优长效机制，扎实开展“弘扬交行精神，全面提升核心竞争力”主题实践活动，企业凝聚力和向心力不断增强。

（沪交行）

9. 中国邮政储蓄银行上海分行

【概况】 2012 年，中国邮政储蓄银行上海分行，按照集团公司和总行的部署，牢牢把握“进中求稳”的总基调，围绕“加速发展步伐、加大能力建设、加强队伍培育、加快开拓创新、加深理解沟通”的工作要求，采取缩小差距式、追赶式、跨越式的发展方式，不断推进上海分行向现代商业银行转型，取得了上海分行跨越式发展的良好开局，圆满完成了年初提出的各项目标任务。

【业务发展】 坚持发展为先，各项业务快速增长。至年末，实现业务收入 25.22 亿元，同比增长 40.11%。按五级分类口径，不良贷款率 0.19%，拨备覆盖率 587.28%，保持了零案件态势。一是负债业务再创佳绩，各项存款规模达 1 269.99 亿元，其中个人存款 1 091.91 亿元，同比增长 18.8%；个人外币储蓄存款增长 62%；理财类业务取得快速发展，至年底，同比增长 26.84%；养老金发放服务在全市占比 37%，并在全市同业中率先实现社保资金异地代发，此类业务的占有率为 100%；公司业务存款时点余额 176.80 亿元，同比增长 35.98%，结算量同比增长 60.20 %。二是资产业务快速增长。2012 年，分行新增贷款 128.86 亿元，同比增长 141.3%；个人信用消费贷款获总行先行先试，至年底，总结余位列系统内前五；通过票据业务有效带动业务收入增长，参与上海地方债券招标承销并中标，成为 2012 年市政债券 18 家承销商之一。三是新兴业务蓬勃发展。公司外汇业务创新加快，开办了小企业客户的贸易融资与结算业务；托管业务成功引进券商定向资产托管，新增信托托管业务和私募基金资金托管业务；代理贵金属业务蓬勃发展，交易总额超 70 亿元；银行卡业务加快发展，针对上海“两会”代表成功策划了“打造智慧城市，科技服务民生”金融 IC 卡服务体验项目；电子银行业务步入全国前列，个人网银业务年度增长 120%。

【内控管理】 一是“以管增效”。全行制度针对性、可操作性得到提升，各项制度得到切实有效落实；组织开展了银行业不规范经营专项整治活动，建立了分行服务收费管理工作秩序，弥补了分行服务收费管理的空白。二是“以管强基”。会计稽核系统试点上线成功，进一步提升管理效能；公司账户集中审批模式进一步完善，连续两年获得人行支付清算先进单位的称号；会计处理平台成功上线，充分发挥会计监督分析职能。三是“以管促能”。积极拓宽风险监测范围，提高风险管理能力，完善全面风险管理组织体系建设，规范各级风险管理委员会运作，加强信贷资产五级分类，前移资产风险关口，夯实分行资产质量。四是“以管防险”。案件防控工作体系建立，案防措施和方法得到了监管部门及同行的肯定，在案防新规知识竞赛中，被上海监管机构评为19家最佳参与机构之一，并荣获团体组织三等奖。

【创新驱动】 一是强化理念创新，深化“以利润为中心”的经营理念，尝试集中核算管理模式，探索新的网点损益核算模式，建立符合网点实际的考核体系，建立起符合现代商业银行的长远可持续的盈利模式；二是强化产品创新，争取各项业务、产品在上海先行先试，使上海成为新业务的研发中心和试点中心，为业务快速发展奠定基础；三是强化市场创新，拓展高端市场客户，完善营销组织，加快建设“以客户为中心”的营销体系；四是强化发展创新，根据上海市行政区划，增设了浦东新区二级分行和五个一级支行，整合渠道优势，开展综合交叉营销，提高发展效率；五是强化管理创新，继续发展“自营＋代理”的运作模式，进一步加强与邮政公司的联络协调，不断探索合作模式，发展供应链金融业务，共同构建协调发展的和谐氛围。

【中小企业服务】 邮储银行上海分行积极承担社会责任，始终坚持“爱民、便民、利民、为民”的服务理念，为积极响应政府解决中小企业、小微企业融资难的问题，上海分行坚持发挥点多面广、贴近民众的优势，将中小企业服务提升至战略高度，成立了小企业金融部，进一步加大了中小企业、小微企业的信贷扶持力度。2012年，已累计为4 000户中小企业客户提供信贷支持约80亿元，致力于将中小企业金融服务深入到郊区县，延伸到镇村级园区。

【重大活动】 上海赛区“创富先锋——中国邮政储蓄银行创富大赛”于2012年10月9日启动，活动面向大众和小微企业，旨在为中小微企业搭建有效的业务交流、品牌展示和融资平台，为全国创富融资提供更多的经验和借鉴，为农户、商户、中小微企业实现创富理想提供有效的支持。比赛共设14个分赛区，共计1 000多名选手报名，既有来自装备制造、农业、批发和零售、服装等传统行业领域的项目，也不乏计算机、绿色环保、机器人等高科技产业和高附加值服务业项目。邮储银行上海分行以此次活动为契机，在助力中小微企业发展的同时，不断提升服务水平，积极履行社会责任。

【经营指标】

单位：亿元

指标＼年份	2008	2009	2010	2011	2012
净利润	0.09	0.28	0.49	－0.36	1.55
本外币资产总额	659.23	765.39	924.12	1 088.14	1 319.44
本外币各项存款余额(不含同业存款)	644.4	753.56	906.79	1 048.44	1 269.99
本外币各项贷款余额	1.06	18.68	47.95	95.25	167.34
个人消费贷款余额	0	11.65	28.52	33.85	36.17
住房按揭贷款余额	0	13.41	28.56	33.73	35.09
不良贷款率	0	0.14%	0.1%	0.14%	0.19%

（邮储银行）

邮储银行上海分行主办面向大众和小微企业为主的创富大

10. 上海浦东发展银行上海分行

【概况】 浦发银行上海分行前身为成立于1998年10月的原浦发银行上海地区总部，经监管部门批准，于2006年4月19日正式更名设立为浦发银行上海分行，进一步完善了上市股份制商业银行的公司治理结构，满足了“一级法人、授权经营”的经营管理要求，充分体现了“植根上海发展、服务区域经济”的初衷。依托总行所在地的强大地缘优势以及多年来的发展积累，上海分行始终在本地股份制商业银行中保持领先地位。2012年底，浦发银行上海分行共有130家经营机构，其中按照区域支行标准配置的经营机构31家，按照二级支行标准配置的经营机构99家。同时，布设离行式自助银行30家，散点自助服务点120个，各类自助服务设备超过1 100台。其中，由上海分行在全市重点涉外区域率先布设的外币自助兑换设备(XDM)，实现布放75台，在上海地区乃至全国处于绝对领先地位。

近年来，浦发银行上海分行紧密围绕总行科学发展规划，切实加快业务发展与战略转型，经营效益不断增长，截至2012年末，总资产规模达到历史新高3 851.70亿元，一般存款余额达到3 100.27亿元。

【产品创新】 上海分行积极探索产品创新，始终把握"以客户为中心"的设计理念，打造出众多便利的金融产品。

在个人银行产品方面，上海分行牢牢抓住移动金融的产品线。2012年，面向优质代发企业成功发行符合PBOC2.0标准的薪资卡，为个人客户提供更多符合个体需要的金融服务；分行于2012年6月正式发行了"轻松理财爱上海"金融IC卡，成为上海分行首张真正符合PBOC2.0标准的IC借记卡，积极贯彻落实了中国人民银行全面推进金融IC卡工作的精神；此外，分行还与中移动积极开发面向中移动客户的专属产品，全年共销售该产品13期，发售金额12.48亿元。

在公司金融领域，上海分行紧紧围绕上海"四个中心"建设，通过创新性产品服务企业。首先，积极发展绿色信贷。陆续推出了IFC(国际金融公司)能效贷款、AFD(法开署)绿色中间信贷、ADB(亚行)建筑节能贷款、世界银行建筑节能转贷款、合同能源管理未来收益权质押贷款、合同能源管理保理、碳交易(CDM)财务顾问、国际碳(CDM)保理、排污权抵押贷款、绿色PE和绿色固定收益产品等特色产品；其次，全力支持航运企业发展。努力尝试开辟批量化中小货代企业融资通道，完成首单"货代通"业务试点。而人民币FFA产品是全球首个以人民币计价的干散货远期运费协议。

【业务创新】 上海分行不断进行业务创新，全面提升客户感受。先后开展了针对个人客户的"月月优惠多活动"，内容涵盖电影、话剧、旅游、购物等方面；面向贵宾客户，提供爱车和健康服务礼遇、以票务特惠和"相约卓信，乐享人生"为代表的客户特色礼遇活动；此外，2012年底，上海分行已启动在所有网点部署浦发专属WLAN无线网络的相关工作。同时，上海分行形成了"三位一体"跨境金融服务体系：将香港分行平台、总行离岸业务平台、分行NRA人民币平台整合成为一体化的"走出去"企业的金融服务平台，通过境内外机构联动、离在岸机构联动，为"走出去"企业及其境内母公司提供包括存款、结算、融资、融信等多样化金融服务。

【中小企业服务】 面对中小企业日益增长的金融产品需求，分行从企业主和企业多角度出发，提供更丰富的选择方案。通过内部优化贷款全流程管理，加大对辖内机构资源倾斜及深入园区、开展"融资心超越——融资易系列宣传活动"等细致工作，有效帮助科技、批零、物流、餐饮、服务等行业近千家企业的经营者破解融资难题。同时，通过金融产品创新、服务模式优化、机制创新，深入园区，旨在更为贴近园区内小微企业，为其就近提供融资、结算、理财等一揽子服务。通过授用信流程更为扁平化管理，提升了小微企业授信审批效率。

【金融文化】 为庆祝浦发银行成立20周年，上海分行围绕"聚焦客户、关心员工、回报社会、提升品牌"的宗旨，组织开展了丰富多彩的行庆主题活动，包括20周年实物图片展、文学艺术作品征集活动、评选"平凡岗位成就奖"、拍摄行庆微电影、员工家属关怀慰问计划、排练歌舞剧《二十年后再相会》、举办运动会等。分行积极倡导以人为本的企业文化，组织开展各类关怀活动，如员工集体疗休养活动、员工EAP心理咨询服务、慰问高温作业员工等，受到广大员工的欢迎和好评。

【重点项目】 上海分行与上海移动、上海地铁合作开展"中国移动浦发银行借贷合一联名卡"上海地铁应用创新项目，目前该项目已启动开发。分行加强和中移动在贵宾客户活动方面的互动交流，2012年共在15场分行举办的贵宾客户论坛、客户体验及主题活动及卓信财富巡讲活动中邀请中移动贵宾客户参加。通过成功举办客户活动，为客户提供金融、通讯综合服务方面做了有益尝试。

【社会责任】 上海分行一直坚持积极开展志愿者日活动，每年1月9日组织员工走上街头，以爱心回馈社会，以实际行动践行"我奉献，我快乐"的浦发志愿者精神。上海分行积极响应上海银监局要求，全面推动“进小微、进郊区、进社区”的“三进”活动。深入企业、社区、郊区开展了1 400余场公益性理财和融资宣讲，向3 000余家科技型小微企业提供了融资咨询服务。2012年，上海分行持续推进西藏萨迦县吉定镇“上海浦东发展银行希望小学”的援建工作。先后在希望小学建起了崭新的校舍、露天操场改善师生学习环境，捐助书籍丰富图书馆藏书，赠送皮卡车方便师生生活等。

【经营指标】

单位：亿元

指标＼年份	2008	2009	2010	2011	2012
净利润	30.48	28.25	33.39	38.91	43.48
本外币资产总额	2 418.15	2 706.83	3 179.17	3 758.29	3 851.70
本外币各项存款（不含同业存款）	1 838.77	2 225.52	2 738.46	3 068.55	3 100.28
本外币各项贷款余额	1 098.05	1 219.77	1 385.37	1 485.75	1 670.24
个人消费贷款余额	182.84	255.58	265.18	266.65	293.88
住房按揭贷款余额	180.16	249.28	263.23	262.07	285.72
不良贷款率	1.31%	1.22%	0.75%	0.59%	0.50%

（浦发银行）

11. 中信银行上海分行

【概况】 2012年，中信银行上海分行紧紧围绕总行战略部署，认真贯彻落实监管要求，以发展为核心，以调整为主线，正确处理业务发展、效益提升和风险管控之间的关系，努力推进盈利模式和管理方式的全面转型，加快创新、稳步推进，保持了总体向上的良好态势。

【转型调整】 2012年，中信银行上海分行以现代商业银行经营管理理念为导向，启动全面转型。业务发展方面，调整客户定位、客户经营和产品营销策略，其中零售业务深化网点销售化转型，对公业务完善组织架构，加强产品创新，实行客户分层经营，强化存款业务；结构优化方面，对资产负债结构、收入结构、客户结构等进行了一系列调整；基础管理方面，强化合规经营，通过完善考核办法发挥资源配置导向作用，同时加强运营管理、队伍建设和品牌建设，取得了积极成效。

【产品和业务创新】 （1）对公业务方面，成功上线梅塞尔外币现金池，该项目入选总行经典案例汇编；推出梅特勒基于SWIFT的SAP直连解决方案，客户满意度极高；推出网上信用证标准流程。上述重点项目的上线，形成了特色外资企业公司电子金融解决方案，也带来了结算存款和沉淀资金。（2）零售业务方面，以基金专户形式推出“债券型分级产品”，主要投资于高收益债为主的债券产品，在有效管理风险前提下实现资产较优回报。该产品首次将私募债纳入银行代销的基金专户理财计划范围，为有一定风险承受能力的合格投资人提供了新的投资渠道。（3）投行业务方面，为丰田汽车金融（中国）有限公司设计的国内首笔SHIBOR计价招标型银团贷款项目揽获上海市政府“2012年度上海金融创新成果奖”、《解放日报》2012年上海金融服务总评榜“金融服务创新奖”和上海市银行同业公会“2012年度银团贷款创新项目奖”等多项大奖。本项目通过在银团贷款中引入了荷兰式招标的投标机制，为众多世界500强公司下属企业成功解决了资金量与低资金成本不能兼得的难题，获得高度关注和良好评价。

【中小企业服务】 2012年，中信银行上海分行围绕中国银监会关于小企业金融服务工作“六项机制”和“四单原则”的监管要求和“创新、调整、转型、发展”的年度工作目标，建立健全了打分表式风险定价机制、高效的授信审批机制和独立的核算机制，单独配置信贷资源、财务资源和人力资源，并建立专业化的人员培训激励约束机制。同时，加强小企业金融服务产品的创新，开发了“科贷通”、“共同风险基金＋循环担保”和“接力贷”三项产品和一项平台系统，即融资性担保公司担保额度管理系统，使小企业金融服务水平上升到一个新水平。全年有授信余额的小企业客户增加22%。授信余额增加26%。获上海市银监局“上海银行业小微企业金融服务优秀宣传单位”、上海市促进中小企业发展工作领导小组办公室“2012年度上海中小企业融资服务优秀合作伙伴”、上海市银行同业公会“上海银行业小微企业金融服务突出贡献奖”和上海小额贷款公司协会“2012年上海小贷行业最佳合作伙伴”等荣誉称号。

【理财业务】 针对上海地区居民理财意识强、个人金融资产“去储蓄化”趋势明显等特点，专门成立理财业务办公室，加强同业合作，开拓外部渠道，加紧产品研发，并成为总行票据理财业务主办行。截至年末，自主研发票据类、同存类和国内信用证类等理财产品达 423 亿元。同时，制定理财产品额度分配原则和理财产品销售计划，推动了理财销售快速增长。截至年末，销售理财类产品逾 510 亿，累计销量在系统内排名第三，网均销量排名第二。此外，全产品营销理念得到进一步强化，截至年末，除理财产品外，累计代销基金达 14.5 亿元，增幅达到 42%，代销保险规模保费 7 000 万，增速为 48%等。

【风险管控】 2012 年，中信银行上海分行积极调整授信政策，不断加大对实体经济支持力度，批发零售业、制造业、文化产业、信息技术等行业业务增幅明显。同时总量控制钢贸等高风险业务授信，对光伏、造船、有色金属、建筑施工和类金融等行业进行风险预警和提示，堵截风险隐患。在风险管理体系建设方面，按照总行"一横一竖一中心"的风险管理要求，推进专业审贷，实施差异化审贷模式和流程，对小企业贷款和零售贷款采取"嵌入式"审批，提升审批专业化水平。在风险管理基础工作方面，完善管理制度，不断提高审批效率；通过加强客户评级管理，在总行历次考评中，评级管理工作和评级人员个人考核均名列前三位。

【社会责任】 2012 年，中信银行上海分行继续以助推上海经济社会发展为己任，以支持在沪企业的成长壮大为己任，以满足人民群众日益增长的金融服务需求为己任，一方面依法纳税，尽企业公民的社会责任，全年纳税总额达 6 亿多元；另一方面积极为企业提供信贷支持，年末各项贷款余额达 679 亿元。另外，大力推广"信福年华卡"，提升老年金融服务水平，满足老年人的理财和各类金融需求，服务老年社会。

【重大活动】 (1) 中信银行上海分行与中储上海地区总部、中信新际成功举办"创新型仓单套保融资业务"签约仪式。2012 年 12 月 12 日，中信银行上海分行与中储发展股份有限公司上海地区总部及中信新际期货有限公司携手举行了"创新型仓单套保融资业务"的签约仪式。此次签约有助于加强三方合作、实现客户资源共享、利益共赢、风险共担，也为安全有效开发优质有色金属产业客户提供了良好平台。

(2) 上海分行成功启动首场敬老爱老公益活动。2012 年 9 月 26 日，中信银行上海分行"信为本，孝为先——中信银行敬老爱老公益计划"在青浦练塘镇敬老院正式拉开序幕。此举标志着中信银行敬老爱老公益计划正式落地上海。分行相关领导带队走进敬老院，看望慰问老人，并带去生活必需品和保健用品，与老人们共度难忘下午。青浦区民政局、青浦区练塘镇、街道等相关领导参加活动并对分行大力弘扬中华民族尊老敬老传统美德给予高度评价。

【经营指标】

单位：亿元

指标＼年份	2007	2008	2009	2010	2011	2012
净利润	5.40	8.21	6.91	11.28	15.20	11.64
本外币资产总额	864.95	865.45	1 205.10	1 237.37	1 894.41	1 838.81
本外币各项存款	442.49	567.06	770.63	1 043.97	1 085.56	1 040.38
本外币各项贷款	314.48	353.57	521.04	604.81	644.22	679.10
个人消费贷款	43.49	36.53	36.03	49.96	58.83	50.43
住房按揭贷款	31.89	29.06	30.96	43.19	55.60	49.63
不良贷款率	0.59%	0.88%	0.41%	0.31%	0.22%	2.96%

（中信银行）

中信银行上海分行与中储发展公司、
中信新际期货公司联手打造"创新型仓单套保融资业务"

12. 中国光大银行上海分行

【概况】 2012 年度，中国光大银行上海分行坚持市场化导向，推进结构转型，深化经营变革，强化风险管理,各项工作取得进步。

【业务发展】 (1)传统业务趋稳向好。一般存款平稳增长,贷款余额继续增加,利润总体水平稳步提升。(2)新兴业务发展较快。私人银行高端客户增幅显著,分行年末准私以上客户数近 1 500 户。电子银行发展迅猛,分行对私、对公电子渠道有效户数超额完成指标。拓展第三方支付公司合作,全年电子银行业务在光大银行系统内名列前茅。金融市场业务连续领先,全年积极运用创新产品,超额完成各项经营指标。信用卡业务持续向好,全年信用卡业务新增高端客户数、综合指标评价等居光大银行系统内第二位。

【结构转型】 对公信贷、投放、收益结构得到改善,全年分行贷款增长向贸易融资和中小企业倾斜,集中度最高的房地产、钢铁、交通、土储园区和公共管理 4 个行业贷款余额占比较年初下降 5.45 个百分点。年末一般贷款余额中利率基准和上浮占比较年初上升 2.5 个百分点。中小业务行业布局多点开花,分行在机械、电信、有色金属、一般批发零售等多个行业搭建"链式"融资模式平台,优化客户结构。贸金业务整体结构调整明显,全年累计发生收付汇 82.86 亿美元,调整商品融资结构,有效缓释授信风险。

【综合管理】 基础工作扎实推进。科技创新支持到位,完成业务产品及管理软件的开发,支持创新业务发展。资源配置动态调整,分行费用和绩效主要与存款规模及利润挂钩,结构加快调整,资源加大投入。激励考核制度完善,实行岗级工资调整,优化绩效考核制度,逐步建立人员市场化机制。内控管理不断强化,开展整治不规范经营活动,构建"四位一体"内控监督机制,完善问责机制体系,全面推进合规管理,推动合规文化建设。服务管理持续推进,全年分行阳光服务工作名列系统前茅。

【金融创新】 (1)"安心宝"。2012 年,光大银行创新推出多功能密码键盘——"安心宝",目前已在上海分行 48 家经营网点上线使用。"安心宝"整合了柜台客户端设备,将密码键盘、柜台对讲、柜员名牌及评价器、叫号器等多种设备合为一体,达到柜台设备整洁化。在交易流程上,实现了业务的双屏操作,向客户同步展示关键信息并由客户直接确认提交,使得信息交互图文化,柜面操作流程简易化。此外,"安心宝"还在交易信息交互的间歇循环播放宣传资料,帮助银行有效利用每一次客户与银行接触的机会进行一对一信息化宣传,实现营销精确化。

(2)跨境贸易综合金融服务。2012 年初,上海分行针对中小跨境贸易企业推出跨境贸易综合金融服务解决方案,为其提供政策咨询、结算服务、贸易融资、增值服务等一系列全方位金融服务。如:跨境结汇、即远期结售汇定制方案等,特别对中小企业从事跨境贸易结算提供了有效帮助。

(3)POS 快贷。2012 年 7 月推出,是向在光大银行办理收单清算,且为该行存量的小微客户发放的经营贷款业务。贷款额度为申请人在银行最近 6 个月 POS 收单清算金额的 70%,最高 50 万元;授信期限最长 2 年;担保方式为借款人信用担保。

(4)链式快贷。2012 年 6 月推出,是光大银行上海分行向核心企业推荐或提供担保的其上下游小微客户发放的用于经营的人民币贷款。单户贷款金额不超过 500 万元,期限最长不超过三年。担保模式包括核心企业连带责任保证、回购、代偿及应收账款质押及商业承兑汇票质押。

【经营指标】

单位:亿元

年份 指标	2007	2008	2009	2010	2011	2012
净利润	10.39	8.52	6.78	11.38	18.61	18.28
本外币资产总额	884.73	937.92	1 085.89	1 282.19	1 468.52	1 650.93
本外币各项存款余额(不含同业存款)	479.83	533.3	646.54	823.07	1 014.45	1 117.5
本外币各项贷款余额	358.4	407.02	507.93	579.8	634.55	660.62
个人消费贷款余额	98.06	107.81	158.22	193.28	202.88	190.22
住房按揭贷款余额	73.42	71.97	113	125.8	118.91	113.56
不良贷款率	1.62%	0.87%	0.63%	0.42%	0.34%	1.04%

(光大银行)

13. 华夏银行上海分行

【概况】 2012 年,华夏银行上海分行坚定发展信念,凝聚发展合力,新兴业务增长较快,结构调整初见成效,创新意识有所增强,经营管理出现了新的特点和变化。效益类:实现考核利润 6.3 亿元;其中,中间业务收入 1.74 亿元。质量类:不良贷款率 0.39%,拨备充足率和拨备覆盖率分别达到 100.49%和 285.88%。规模类:一般性存款余额 361.8 亿元,一般性存款日均 396.9 亿元,储蓄存款余额 45.8 亿元,储蓄存款日均 42.1 亿元。本外币纯贷款余额 312 亿元。

【转型发展】 坚持"双轮驱动",推动结构调整。(1) 依托电子化供应链金融平台推动中小企业金融服务商战略转型。宝钢钢贸、马克华菲、博士蛙、三井住友租赁公司等 20 个在线供应链融资系统上线运行,累计发放贷款金额 4.54 亿元;结算类项目累计代扣归集金额 1 660.46 万元。同时,实施中小企业成长计划,加强与张江高新科技园区合作,发放高新科技小企业贷款 3 350 万元。全年新增 500 万元以下小企业授信客户 105 户;全年单户授信总额 500 万元以下的小微型企业贷款较年初增幅达到 60.68%。

(2) 投行业务取得新突破,全年机构理财累计新增销售额 196.21 亿元;大力开发债务融资工具,首单新华传媒非公开定向私募成功发行;实现首单中国商飞与联合投资公司对接的单一资金信托资金监管业务;成功运作宁波通商银行同业理财池理财资金托管以及德邦证券资产计划专户托管业务,填补了业务的空白点。全年共实现投行类中间业务收入 5 397 万元。

(3) 个人客户规模和金融资产总量稳步增长,个人金融资产总量较年初增长 25.39%,净增个人贷款客户较年初增长 24.88%,新增代发工资客户较年初增长 152.65%,完成总行全年卓越指标。

(4) 国际业务继续较快发展,新开发达丰、展运、中远集装箱、海南泛洋、世纪前景等大型客户。全年实现国际结算量增幅 37.58%;结售汇增幅 33.33%;国际结算收入增幅 109.41%。

(5) 电子银行业务保持全系统领先优势,实现卓越目标。企业网银客户数净增 2 546 户,个人网银签约客户数净增 35 840 户;新增 POS 商户 277 户,累计布放机具 5 490 台,获得总行个人业务部颁发的 POS 机具交易量奖;TPOS 业务实现零的突破,商户达 297 户。

【创新驱动】 增强创新能力,助推业务发展。分行通过产品审议委员会加强产品和业务模式的创新力度,制定了商业承兑汇票保贴、船舶供应链金融、保税仓库仓单质押融资、票据池融资、双币存贷通等产品制度,办理了首笔优质商业承兑汇票质押融资业务,上报了 8 家国有骨干船舶制造企业认定核心客户并已获批核心客户交易额度,尝试开展股权融资业务合作,满足中小企业客户对金融服务的多样化需求,"宝时达现货交易小企业网络贷"获上海市"2012 金融服务创新奖"。同时,在营销组织和机制创新上,成立了专业营销部,集中分行资源进行行业客户的系统营销和深度开发;建立了六个供应链金融项目小组,行领导牵头,跨部门协同营销。

【资产质量】 加强信贷资产质量统筹管理。2012 年,分行加强对重点行业、核心客户和特色业务的联动营销,建立新授信项目的预审会议机制,风险管理人员提前介入客户营销。对房地产、钢贸市场、出口贸易、政府融资平台等重点关注领域开展统筹监控、风险排查,采用名单式管理,加强风险监控、排查与问题贷款清收处置。同时,开展对各业务条线贷后管理的制度、流程和要求落实情况的全面检查,组织对重点授信业务定期进行风险排查。

【基础管理】 优化资源配置,加强基础管理。2012 年,分行加强风险管理与内部控制委员会,负责统筹协调信用风险、市场风险、操作风险、全面风险管理与内控工作,以分类分级管理为重点强化会计运行,落实会计人员培训、全员强制休假和轮岗机制,突出检查监督重点,将关键环节管控措施落实到位。加强对新资本协议的学习和贯彻,强化资本约束和效益核心理念,努力向集约化业务发展模式转变,提高资产、资本使用效率。一方面提高资源配置的透明度,建立规模与收益相平衡的配置标杆,资源配置办法根据市场变化进行调整。另一方面加强财务管理,实施全面预算管理和集中采购管理,确保业务费用向符合战略转型方向的业务和项目倾斜,向一线倾斜。同时,完善服务管理工作,成立分行服务办公室,聘请专业机构开展了首批"标杆网点建设"导入式培训,努力提升窗口服务能级,在 2012 上海金融服务总评榜上,分行荣获"2012 最佳金融服务入围奖";分行营业部获颁中银协千佳服务网点称号。

【经营指标】

单位:亿元

指标\年份	2008	2009	2010	2011	2012
净利润	1.80	3.02	4.98	6.59	5.22
本外币资产总额	439.30	600.61	618.74	652.91	648.59
本外币各项存款余额(不含同业存款)	312.61	415.97	504.16	477.08	518.01
本外币各项贷款余额	197.70	280.07	327.23	351.15	317.62
个人消费贷款余额	13.48	24.34	14.80	18.27	20.57
住房按揭贷款余额	11.20	12.05	14.24	17.70	20.01
不良贷款率	0.65%	0.79%	1.18%	0.15%	0.40%

(华夏银行)

14. 中国民生银行上海分行

【概况】 2012年,中国民生银行上海分行紧紧围绕董事会的"三大战略"和打造全新概念商业银行的理念,按照总行"深化特色、突破难点、夯实基础、提升管理"的经营思路,不断探索"特色+效益"银行的经营目标,持续推进战略转型,突出区域特色,实施差异化经营,保持多样化的盈利模式,较好地完成了预定的各项工作任务目标,推动分行业务经营迈上新台阶。

【业务创新】 坚持改革、创新,促进业务规模稳步增长。(1) 以小微金融推动零售业务全面转型发展。2012年3月,上海分行成立了全国首家小微合作社——"民生银行·长宁区小微企业城市商业合作社"。小微城市商业合作社成为民生银行小微业务发展的重要平台和有力推手,得到政府部门的高度认可。

(2) 加快公司业务结构的优化调整。2012年,分行继续将民营企业作为对公业务发展重点,围绕公司业务向"融资+融智"模式转变,服务方式向专业化转变,业务结构向多元化转变,客户开发向批量化转变的要求,加快推动现金管理、投资银行、财务顾问等资本节约型公司金融产品的开发,努力实现公司条线客户基础更加扎实、核心能力更加显著、资本运转更加高效、盈利能力稳步提升的良好局面。全年新增对公贷款主要投放于民营企业,民营企业授信占分行对公业务份额继续保持提升。

【战略转型】 坚持走特色、效益的道路,致力于盈利能力的提高。2012年,分行发挥上海金融中心的区位特色和资源优势,利用资金、票据、负债和资产业务的互动作用,开拓新的利润增长点。分行紧跟金融市场的步伐,成立了上海交易中心,交易的客户类型几乎涵盖了银行间市场的各类金融机构,是本市交易最活跃的机构之一。与此同时,分行转变观念,找准定位,积极调整票据业务结构,紧盯票据市场走势,通过主动出击,加强营销,拓展客户群体,丰富业务品种等举措,实现了票据业务的快速发展。

【银行管理】 坚持经营风险理念,促进风险管理水平不断提升。分行牢固树立以人为本的管理思想,进一步加强内控管理机制建设,持续深化案件专项治理工作,不断强化员工日常动态管理,确保安全、稳健经营。

(1) 加强内控合规和风险管理。通过开展不规范经营治理、融资平台风险监管以及案件防控等工作,实现了操作风险检查与排查的全覆盖。2012年,分行未发生案件事故,继续保持2A的监管评级,是本市股份制银行中仅有的两家银行之一。

(2) 积极开展全范围各层次的案件防控和道德风险防范能力培训,通过落实风险防控岗位责任制,坚持员工异常行为月报制度和推进"员工家访"和"干群谈心"活动,进一步强化了干部员工廉洁从业意识。

(3) 全力提升分行有效应对突发事件的管理机制和模式,及时制订相关预案措施,层层落实健全各级管理责任制,有效保障了分行全辖网点的正常经营及员工人身财产安全,并以安全评估和平安支行建设为重点,强化了保卫队伍建设。目前分行已有平安支行28家。

【队伍建设】 2012年,分行紧紧围绕总行战略转型要求,加快了优秀人才的引进及员工的培养提升。通过加大考核、严格奖惩,增强了各级干部的工作主动性,提高了员工队伍的战斗力和执行力;通过竞聘选拔了一批德才兼备、业绩突出的年轻人,为管理团队注入了新鲜血液,目前35岁以下年轻干部已成为分行发展的重要力量。

【企业文化】 努力构建"民生家园"。将"以人为本"、"快乐工作"的理念贯穿企业文化建设始终,把员工的价值与企业的追求结合起来。通过开展员工技能培训和文化建设活动，增强员工的主人翁意识和归属感，最大限度地发挥员工的主观能动性。分行还在办公大楼增设了咖啡厅、面包房、医务室、电影院、餐饮茶歇等若干功能区，为员工营造舒适温馨的工作氛围与环境。

【重大事件】 2012 年 3 月 1 日，“中国民生银行上海分行—长宁区小微企业城市商业合作社”正式成立。这是上海市首个银政合作成立的小微企业联合性服务组织，同时也是全国范围内的首创。揭牌仪式上，民生银行上海分行与长宁区金融办签订了总额 5 亿元小微业务专项授信的战略合作协议，用于解决长宁区合作社会员的融资问题。通过“合作社”模式，民生银行将原先无序的小微商户归拢组成城市商业合作社，有效解决风险大、成本高的问题，小微商户则实现抱团发展。目前，民生银行上海分行小微业务通过小微企业城市商业合作社金融模式已覆盖了上海市 90%以上的区、县，涉及科技企业、家电、汽车、物流、文化创意、纺织、农副产品加工、医药、养殖等多个行业，有力支持了上海市小微企业的发展。中国民生银行上海分行“小微企业城市合作社”项目荣获上海市人民政府颁发的 2012 年度上海金融创新成果奖二等奖。

【经营指标】

单位:万元

年份 / 指标	2008	2009	2010	2011	2012
净利润	191 191.10	142 364.79	255 883.05	383 903.80	119 536.28
本外币资产总额	15 340 302.62	21 297 314.31	23 096 417.90	27 992 602.61	37 077 963.97
本外币各项存款余额(不含同业存款)	11 982 242.92	18 244 234.63	17 903 019.98	20 347 831.84	22 284 449.73
本外币各项贷款余额	7 386 968.10	9 669 783.73	11 667 379.74	12 478 911.91	12 328 500.00
个人消费贷款余额	1 555 387.36	1 555 387.36	1 606 956.52	1 327 913.66	1 167 613.10
住房按揭贷款余额	1 460 725.33	1 460 725.33	1 532 447.60	1 265 490.92	1 171 700.00
不良贷款率	0.77%	0.46%	0.75%	0.78%	1.08%

（民生银行）

民生银行上海分行和长宁区人民政府共同成立上海市长宁区小微企业城市商业合作社

15. 招商银行上海分行

【概况】 2012 年，招商银行上海分行积极“因势而变”，认真贯彻落实总行和监管部门的各项政策要求。从科学管理入手，靠创新驱动，不断优化流程、提高效能，大力促进各项业务发展，扎实推进二次转型，取得了较好的经营成果。主要体现在以下几方面：(1)资产负债规模平稳增长。年末人民币自营存款余额 2 246.07 亿元，新增 176.9 亿元。(2)盈利能力稳步提升。全年实现 FTP 利润 69.67 亿元，同比增长 2.21 亿元。(3)资产质量保持稳定。不良贷款率 0.63%，低于系统内和上海市同业平均水平。通过逐步压缩敞口、增加风险缓释等措施，较好地控制了风险。(4)各类案件率为零。全年没有发生违法犯罪案件和安全责任事故，实现了各项业务的良性运营。

【转型发展】 分行大力抓市场拓展。一是抓负债业务营销，夯实资金实力。借总行 25 周年行庆契机，适时推出了各类负债营销竞赛和推动会；继续加大考核和资源投入力度，增加负债指标考核权重，增设月末时点达标数考核项，引入倒扣分机制；积极开展公私联动，成功争取多笔大额联动存款。二是抓贷款投放有序性，加强贷款规模调控和结构调整，重点支持“两小”业务拓展。三是抓中间业务发展。2012 年，新兴业务收入在中收占比继续攀升，其中公司理财、租赁、现金管理、商务卡、养老金等表现尤为突出。截至 12 月末，上海分行对公理财实现中收

10 650.56 万元，系统排名第一；融资租赁业务实现中收 4 490.56 万元；现金管理业务实现中收 8 562.64 万元；商务卡实现中收 2 627.99 万元，发卡量和中收均居系统内第一名；养老金收入 482.48 万元，同比增长近 7 倍。

【人力资源】 2012 年，招商银行上海分行大力加强人力资源管理，组织了全员劳动竞赛，开展了员工运动会等一系列员工喜闻乐见的文体活动，着力鼓舞全行士气、增长员工干劲，努力营造健康、积极向上的企业文化氛围，涌现了一批先进集体和个人。通过成功举办招商银行成立 25 周年行庆系列活动，全行员工的凝聚力、招行品牌二次传播效果和社会影响力都得到较大提升。

【经营指标】

单位：万元

指标 \ 年份	2008	2009	2010	2011	2012
净利润	181 357	105 193	237 459	397 678	431 132
本外币资产总额	15 752 848	20 578 320	20 998 386	23 971 020	26 378 886
本外币各项存款余额（不含同业存款）	13 317 311	17 038 409	18 469 136	20 691 681	22 460 675
本外币贷款余额	7 879 548	10 060 891	10 891 366	11 423 461	12 041 378
个人消费贷款余额	57 328	103 844	396 089	595 598	443 153
住房按揭贷款余额	1 585 246	3 012 957	3 143 942	3 021 471	3 124 473
不良贷款率	0.61%	0.48%	0.45%	0.48%	0.63%

（招商银行）

16. 兴业银行上海分行

【概况】 2012 年，兴业银行上海分行坚持科学发展观，坚持深化改革，各项业务实现健康较快发展，综合实力稳固壮大，经营效益再创新高，有力地支持了当地实体经济的发展。截至年末，分行总资产达 2 424 亿元，增幅 21%；本外币各项存款余额 1 434.17 亿元，增幅 31.6%；本外币各项贷款（含贴现）余额 894.2 亿元，增幅 25.7%。全年累计实现账面利润 41 亿元，同比增长 16%；后三类不良率为 0.77%。

【业务创新】 企金改革推动业务发展，卓有成效。一是自 2012 年 4 月分行全面启动企金改革，激发各机构积极性，10 月，对公负债首次突破 1 000 亿元。二是分行推出海外代付、错币种进出口押汇、利率互换进口押汇等一系列新产品，国际业务突飞猛进。三是年内分行连中四次上海市财政投标，实现重大突破。四是小企业业务加速发展，荣获上海市经信委、市中小企办公室颁发的“2012 年度上海中小企业融资服务杰出合作伙伴”称号。五是投行业务实现突破，其中非公开定向工具，分行注册额度、发行额度、发行家数市场占比均列上海市场第一。六是通过与龙头企业建立合作、支持保障性住房建设、扶植实体经济等举措，推动资产业务转型，实现结构优化。七是以兴业文化吸引优秀团队和人员，加强队伍建设，全年引进了多个整体团队，并设立了汽车金融专营机构。

【零售服务】 零售深化改革稳固优势。一是以理财业务为龙头，带动本外币个人存款余额与存款日均均创历史新高。二是积极吸收接受过良好高等教育和具备专业再学习能力的新生力量，广泛开展岗位培训，精心打造一支适应现代金融消费市场需要的零售专业队伍。三是不断丰富理财产品结构，保持良好市场竞争力，满足客户多样化理财需求。四是持续推进“兴业通—商圈市场行”，以贷款融资为切入点，拓展百余家市场，经营贷、POS 机具、自助银行、代发工资、信用卡等业务均获长足进步。五是新辟私人银行业务，客户分层与服务更加细致。

【金融市场业务】 一是效益再创新高，分行金融市场业务利润同比增长 17%。二是分行拓展多类型负债客户，重点挖掘非银同业机构潜力，基金公司存款规模取得突破，年末余额较年初新增 75.38 亿，增长 1.3 倍。三是充分发挥金融市场平台优势，继续大力支持对公、对私业务的发展。四是加大产品创新。推出多款理财产品，进一步实现了我行理财产品期限、投资品种、客户群落的多元化。

【合规管理】 深化合规管理，提升内控能力，强化服务保障。一是高度重视合规管理，全面部署案件防控工作，强化风险控制与防范，加强钢贸行业信贷风险管控，持续推进政府融资平台贷款清理，落实银监局检查意见的后续整改工作。二是强化职能部门建设，增强服务意识。以“精细化管理”为目标，实现管理人员优化配置，积极推动部门树立主动为一线服务的理念。三是增强科技保障能力，组织开展多项系统研发改造工作，有力支持业务发展，电子银行业务保持良好增势。

【绿色金融】 兴业银行作为国内首家赤道银行，一直是绿色金融的倡导者和践行者。在绿色金融方面，2012 年上海分行呈现出客户群新增和融资工具多元化的特点，2012 年新增客户包括上海电力股份有限公司、上海水务资产经营发展有限公司、南方水泥有限公司、盛企(上海)光电系统科技有限公司等 18 家，涉及电力、水务、水泥制造等多个行业。该分行通过建立沙盘、创新产品、完善机制、强化资源保障等举措，截至年末，分行绿色金融融资余额新增 9.1 亿元，树立了良好的品牌形象。

【经营指标】

单位：亿元

指标＼年份	2008	2009	2010	2011	2012
净利润	18.57	22.02	29.42	35.37	41.06
本外币资产总额	1 540.16	1 970.18	2 474.72	2 003.31	2 424.00
本外币各项存款余额(不含同业存款)	663.36	864.68	954.59	1 089.79	1 434.17
本外币各项贷款余额	439.44	549.78	629.48	711.2	894.2
个人消费贷款余额	153.94	196.96	200.76	201.32	180.58
住房按揭贷款余额	151.31	195.61	198.59	191.64	171.75
不良贷款率	1.90%	1.29%	0.97%	0.76%	0.77%

数据说明：2008—2009 年个人消费贷款数据未区分，仅能提供个人贷款数据 2010—2012 为个人消费贷款(含境内外)。

(兴业银行)

17. 广发银行上海分行

【概况】 2012 年，广发银行上海分行隆重庆祝成立 15 周年，深入推进总行“建设中国最高效中小企业银行”的战略部署，立足加快发展，持续推进业务调整和转型，着力提升业务创新、管理创新，加强完善内控机制，弘扬提升企业文化，各项工作取得了较好成效。在加大市场开拓力度的基础上，加快小企业中心建设和发展。网点建设加快，新建桃浦支行、长寿支行、大宁支行、五角场支行、漕河泾支行，截至年底分行辖内总计有 29 家网点机构。

兴业银行上海分行

【转型发展】 2012 年，分行继续突出发展中小企业的核心战略，将中小企业金融业务作为重点发展方向，信贷资源向中小企业合理倾斜，积极支持中高端中小企业、高端个金客户以及金融市场业务。设立中小企业金融部，在分行层面对全行小微企业业务的发展提供全局性的指导和管理，提高小企业业务的管理建设和资源配置力度。网点建设方面，年内有 3 家小微专营支行获准开业。五角场支行获总行批准成为上海分行首家小企业中心。分行依托小企业金融中心和小微专营支行，充分发挥其政策、机制优势，立足当地区域，服务区域经济，为众多的中、小企业提供专业、快捷的定制金融产品和服务。截至 2012 年 12 月末，上海分行中小企业人民币一般贷款(不含贴现)在全行对公人民币一般贷款的新增投放占比 57.23%，标准化中小企业授信产品客户新增 74 户，较年初增长 321.74%，中小企业基本结算户新增 238 户，远超总行下达的全年中小企业基本结算户新增 50 户的指标。

【业务创新】 分行以产品创新带动业务创新，

提升发展层次。为需要购买乘用车的自雇或受雇人士推出的汽车消费贷款产品“车一贷”和个人经营性贷款产品“生意通”都广受市场欢迎。尤其是在创新、推广小企业金融服务模式方面，分行配备专业团队、专项产品、专业流程、专门系统、专项资源，积极推动小企业金融业务发展。为深度服务小微企业而推出的“市场贷”产品是以专业市场、行业协会、商会中的优质小企业为目标客户，对优质小企业客户批量授信。充分发挥电子银行渠道替代传统业务渠道的优势，大力发展电子银行业务，加强手机银行业务创新，面向全手机平台提供31种超过100项各类功能，全面覆盖资讯类、账户类、生活类以及理财类四大类金融服务。手机银行推出以来一直保持着每季一次更新、每月都优化的升级频率，注册客户规模迅速扩大，交易活跃度非常明显，为广大客户带来更加便捷、安全、舒适的服务体验。信用卡业务市场份额和影响力得到较好提升。广发日、美食季、甜蜜季、精彩季、悠享生活系列、shopping mall 商户活动、分期业务及积分促销活动、微博线下互动等取得了较好的市场影响和反馈，提升了信用卡在广大消费者间美誉度。

【风险管控】 分行开展了风险分类工作的检查。有效开展信贷业务风险分类工作，充分提高贷后管理质量和效率；进一步加强资产组合限额管理，持续优化信贷结构；多次开展重点领域贷款客户风险排查、专项检查，有效管控风险。健全合规和反腐防案长效机制，结合分行自身实际，积极探索具有自身特点的工作方法，形成了“抓基础、抓基层、抓载体”的案防工作基本思路，不断提升案防工作的主动性、前瞻性和有效性。出台了《广发银行上海分行关于案防工作责任制的补充规定》，进一步落实案件防控工作联席会议制度，探索建立基层案防工作标准台账，进一步开展员工家访工作，认真开展纪律教育学习月活动，有效保障了分行业务持续健康发展。

【文明规范服务】 做好基础性文明规范工作，推行全行服务质量评价体系，发挥优质服务示范效应，提升文明规范服务水平。在中国银行业协会举办的2012年度第三届中国银行业文明规范千家示范单位评选活动中，延安支行荣获“中国银行业文明规范千家示范单位”称号；在上海市银行同业公会举办的“2012年度上海银行业文明规范服务百佳示范单位”评选活动中，金山支行、普陀支行、松江支行、延安支行共4家支行荣获“上海银行业文明规范服务百佳示范单位”称号。

【经营指标】

单位：亿元

指标 \ 年份	2008	2009	2010	2011	2012
净利润	3.60	4.48	6.53	9.62	6.72
本外币资产总额	345.46	621.79	640.20	677.47	736.60
本外币各项存款余额	261	421.44	486.82	585.56	623.93
本外币各项贷款余额	175.86	274.99	308.06	335.02	331.06
个人消费贷款余额	—	—	—	—	11.33
住房按揭贷款余额	30.94	54.89	74.49	74.54	55.38
不良贷款率	3.99%	2.79%	0.27%	0.26%	1.12%

（广发银行）

18. 平安银行上海分行

【概况】 2012年，原深圳发展银行以吸收合并原平安银行的方式完成两行整合并更名为平安银行，标志着历时近三年的整合工作完美收官，正式以新平安银行的统一对外形象面向社会公众。成立至今25年有余的深圳发展银行曾是中国第一家面向社会公众公开发行股票并上市的商业银行。合并后的平安银行是总部设在深圳的全国性股份制商业银行，中国平安保险集团股份有限公司为平安银行的控股股东。目前新平安银行上海分行办公地点由原深圳发展银行上海分行注册所在地浦东新区浦东南路1351号搬迁至浦东新区陆家嘴环路1333号，其下拥有44家分支机构，网点和自助银行，自助设备遍布商业区域和较为繁华的周边区域，已初步建立起“立足上海、辐射周边”的金融服务网络，树立了充满朝气的新型银行形象。

【经营业绩】 截至2012年12月末，上海分行（不含汽融，下同）资产总额达1 551.13亿元，较年初增加79.41亿元，增加5.39%。实现所得税前利润超

20亿元。至年末,上海分行各项存款余额1 057.96亿元,较年初增加87.81亿元,增加9.05%;一般性贷款余额674.99亿元,较年初减少44.04亿元,下降6.12%。按五级分类口径,上海分行不良贷款余额合计2.29亿元,较年初减少0.8亿元;不良率0.39%,较年初减少0.1个百分点。

【公司业务】 公司业务多轮驱动,现金管理业务表现亮眼。2012年,公司条线主动调整策略,不断夯实负债、资产和定价管理,实施多轮驱动,通过开发现金管理产品、拓展存款新渠道、重点项目跟进督导、检视和强化风控等手段,努力达成各项经营任务。截至上年12月底,对公存款余额达830亿元,对公贷款余额(含贴现)420亿元,中间业务收入增幅扩大。其中,现金管理业务提前一个月完成全年KPI,客户升级工作预算完成率达115.19%。

【零售业务】 零售转型谋发展,积极打造"大零售"模式。2012年,零售条线积极调结构、促优化,创新"大零售"业务模式,充分挖掘潜在价值客户,提升一线销售效率,不断夯实基础客户群。截至上年12月底,零售存款余额基本与年初持平,达165.46亿元,同期非保本理财余额大幅增加,资产余额增至290.48亿,较年初增长65.64亿,增幅为29%;消费类新一贷累计放款11亿元,位列各家分行第2名;代发客户新增存款年日均9.15亿元,已远超时间进度,完成全年预算目标;高端价值客户数增长迅速,客户总资产达244亿元,比年初提升26%,为将来分行财富渠道的发展奠定了基础。

【同业业务】 同业创利继续领跑,成分行利润贡献大户。2012年,同业条线克服经济下行、宏观调控趋严、利差收窄等不利条件,妥善安排资产负债期限结构,进一步拓展客户网络,培养核心客户群,同时注重推进与公司、零售条线联动,取得了较好综合效益,对基础银行业务起到较好的带动作用。2012年全年同业部交易量逾5 000亿元,较上年度增长1 000亿元。在利润与规模迅速增长的情况下,继续保持信用、操作零风险,多项考核指标继续系统内领跑。

【贸易融资】 风控为先,创新驱动,贸融持续拓展供应链业务。2012年,分行贸易融资条线积极应对经济形势恶化与钢贸风险凸显等不利因素,坚持以风控为前提,持续收紧和退出高风险行业,缓解释放业务风险,同时,通过产品创新、夯实优质核心客户基础,来完善与提升供应链业务体系,优化行业结构,重点拓展汽车、有色、能源化工、航运等新行业,并取得了显著成效。截至2012年12月末,贸易融资规模达389.75亿元,月均余额407.58亿元,规模较同期增长35.57亿元,增幅10%。

【国际业务】 国际业务扩张迅速,各项业务增长稳健高效。分行重新调整了国际业务管理架构和发展模式,恢复成立国际业务部,并对业务管理、产品研发、营销推动、人员团队等进行了重建,全年业务规模扩张迅速,各项业务增长稳健高效。截至年末,国际结算量为166.66亿美元,同比增长56%;外币存款余额13.57亿美元,较年初增长236%。同期,离岸业务也保持强劲势头,完成离岸结算量92.43亿美元,同比增幅达58%。

【小微企业】 小微业务寻求突破,平稳渡过"整合"阵痛期。2012年,分行小微业务迎来整合后的快速扩张期,通过灵活的销售、审批和作业模式,快速建立品牌认知度和美誉度。小微业务自2012年5月开始有突破性进展,截至年底,累计放款31亿元,信贷投放额位列各家分行前列。目前分行已组建起11个支行小微专职团队。

【汽车融资】 汽融业务稳扎稳打,全力做好市场开拓工作。2012年,分行汽融各部在逐步理顺内部组织架构、业务营销模式的基础上,稳扎稳打,全力做好市场开拓工作,业务呈稳步增长趋势,截至年底,汽融存款余额达93.1亿元,贷款余额15.05亿元。

【综合金融】 对公、零售综拓"双线"并进,成利润增长"双极"。2012年,分行依托集团强大的综合金融平台优势,以渠道为依托,以利润为中心,深入剖析适合我行的业务品种及销售模式,不断充实壮大综拓渠道和创利能力,取得了良好业绩。截至年底,累计发放新一贷2.22亿元;"车牌贷"发放量突破千万关口,达1 119.61万元,较2011年增长833.3%;贵金属全年新增交易量290.85亿元,占全行交易量39.7%,排名第一。此外,代发、开卡、三方存管等业务也可圈可点。对公综拓表现同样抢眼:完成存款年日均16.8亿元,指标完成率109%;存款余额19亿元,累计指标完成率104%。

【合规文化】 营造良好的合规文化，全面提高员工案防合规意识与能力。在两行整合特殊时期，上海分行积极开展合规管理工作，保持案防的高压态势，不断强化员工案防责任意识，确保分行安全稳健运营。上海银监局给予分行内控评级二级 B，上海人行对分行反洗钱评级为良好，均在上海同业中位居前列，总行对分行合规考评 A 级、反洗钱 A 级，在系统内位居前列。

【机构建设】 加强网点机构建设，拓展服务半径：2012 年分行机构建设工作有序推进，全年先后新设松江钢贸城支行、金山支行、浦南支行，原 PAB 分行营业部改建为常熟路支行；原 SDB 的杨浦支行、外滩支行完成了更名和搬迁选址工作；2012 年 9 月 24 日，分行管理本部顺利迁址，完成两行机关的合署办公；分行网点换标工作也在计划期内顺利完成，原 SDB 网点以崭新的形象迎接公众客户。

【舆情管理】 有效管控负面舆情，客户投诉处理机制不断完善：2012 年，上海分行坚持“以客户为中心”，推进优质服务，狠抓客户投诉管理，全力做好金融消费者保护工作，有效控制负面舆情发生。两行整合期间，潜在舆情风险得到有效控制疏导，各类投诉量有所下降，重大舆情风险事故为零，为确保两行整合平稳过渡、各项业务顺利发展创建了有利的舆论环境。

【经营指标】

单位：万元

年份 指标	2008	2009	2010	2011	2012
净利润	41 419.01	89 052.31	191 434.42	188 323.29	198 829.82
本外币资产总额	8 001 141.15	11 752 173.99	13 798 117.72	15 932 792.17	17 482 214.69
本外币各项存款余额(不含同业存款)	5 556 974.24	8 717 902.06	10 716 192.18	10 460 077.94	10 987 852.60
本外币各项贷款余额	5 476 273.54	7 449 721.35	8 471 840.60	8 959 138.37	9 080 295.32
个人消费贷款余额	1 312 680.24	2 312 640.29	2 947 170.95	2 964 515.34	3 552 478.26
住房按揭贷款余额	61 503.93	117 435.84	1 283 367.00	1 187 140.80	1 037 380.51
不良贷款率	2.61%	0.56%	0.33%	0.38%	0.91%

（平安银行）

平安银行上海分行

19. 浙商银行上海分行

【概况】 2012 年，面对严峻的外部形势，浙商银行上海分行团结一致，克服困难，积极工作，取得良好经营业绩。年末分行各项存款余额 214.46 亿元，年日均存款 219.39 亿元，日均规模数增长较快、增量明显。贷款规模保持平稳增长，年末分行各项贷款余额 119.9 亿元，较年初增长 2.96%，各项贷款年日均增幅 13%。资产结构变化明显，结构趋于优化。

【特色业务】 小企业业务保持增长。年末单户授信总额 500 万元及以下小企业贷款余额 31.78 亿元，较年初增长 3.08 亿元，占分行各项贷款余额比重 26.51%，较年初提高 1.86 个百分点，于 5 月末成为系统内浙江省外首家单户 500 万元及以下小企业贷款余额突破 30 亿元的分行。

投行业务取得发展突破，全年投行业务实现营业增加值较上年大幅增长 106%。

【资产质量】 面对 2012 年上海地区爆发的钢贸行业系统性风险，分行成立重点授信风险防范与化解工作小组，沉着应对，全力化解，专项开展钢贸授信风险排查、处置、化解，取得良好成效。年末分行不良率0.13%，远低于上海同业平均水平。

【经营效益】 2012年分行取得经营效益的持续增长和收入结构优化。通过投行业务的发展突破以及加强存贷差资金和规模资源的运用，有效克服了央行不对称降息及负债结构变化导致存贷利差收窄的负面影响。2012年分行实现净利润4.71亿元，环比增幅超过资产增速12个百分点，营业增加值较上年增长22%。

【内控合规】 内控管理上，分行以年度内控工作方案为指引，夯实基础管理，全年无案件发生；以评价奖惩为抓手，促进内控循环提升；以稽核检查为手段，开展核保核签等重点稽核项目18个，获全行系统稽核工作质量评比第二名。

【内部运营】 会计管理以“防范风险、提升服务、保障运营”主线。重点是全面实行业务集中处理模式，有效精简了人员，为提高人均工作效能创造了条件；落实账户分类管控措施，年末低风险账户占比84%，较年初上升8个百分点；加大电子化产品推广应用，年末分行电子渠道替代率笔数占比88.7%，金额占比26.4%，均居总行系统前列。信息科技工作践行深化服务理念，扎实做好运营保障、内部管理和风险防范，连续两年获总行信息科技工作综合评比全行系统内第一名，并获人行上海总部组织的2012年上海市银行业科技工作竞赛二等奖。

【队伍建设】 2012年新设闸北支行，年末辖内支行达到8家。加强人力资源管理，加大辖内员工尤其是青年员工培养力度。全年分支行及支行间共交流35人次，为历年来最多。依托党工团平台，借力分行五周年行庆开展一系列行庆和宣传活动，丰富了分行企业文化内涵，增强了队伍凝聚力。荣获上海市金融工委主办的“2012上海金融服务精英赛”优秀组织奖、上海银监局主办的2012年度“三进”活动优秀单位及信息工作先进单位称号。

【经营指标】

单位：亿元

年份 指标	2008	2009	2010	2011	2012
净利润	0.28	0.94	2.32	3.36	4.71
本外币资产总额	68.14	170.07	202.68	284.64	365.43
本外币各项存款余额(不含同业存款)	65.27	125.69	154.49	217.09	214.46
本外币各项贷款余额	32.07	80.31	97.04	116.46	119.90
个人消费贷款余额	0.03	0.14	0.16	0.23	0.15
住房按揭贷款余额	0	0	0	0	0
不良贷款率	0	0	0	0	0.13%

（浙商银行）

20. 渤海银行上海分行

【概况】 渤海银行股份有限公司上海分行于2009年5月25日开业，2012年是上海分行第三个经营整年，面对经济下行所带来的信贷资产质量风险；降息通道和利率市场化带来的利润下降；资本约束带来的资源缺失等因素，上海分行在总行的坚持“审慎经营，稳健发展”的经营理念，围绕年初提出的“稳中求进，保持持续发展动力”的经营指导思想，以及“一个重点、两翼发展、三项成效”的工作目标，在全行干部、员工的共同努力下，各项工作取得了成效。截至2012年末，一般性存款余额117.13亿元，增幅23.49%；各项贷款(含贴现)余额71.81亿元，增幅24.57%；不良贷款率为0.12%。

【金融服务】 优质服务是一家银行的核心竞争力，是软实力的体现。为建立健全分行服务管理体系，有效提升分行整体服务水平，全面推动分行服务管理工作，充分体现“以客户为中心”的服务理念，强化全行上下服务意识，分行通过前期制度梳理、机制完善、检查改进和服务竞赛活动等工作的开展，相关职能部门、营业网点的服务态度、服务质量、服务水平都得到了明显的提升。

【业务转型】 分行信贷结构中，批发业务占比80%以上，批发业务的稳定持续发展关系到分行整体经营的稳定性。2012年，批发条线抓住经济平稳发展和重点领域结构调整的市场机遇，把握行业导向，积极支持实体经济发展，推动资源节约型业务创新发展，保持了存贷款规模的稳步增长。同时，分行有针对性地选择客户，逐步退出综合贡献低、信用评级低和潜在风险隐患突出的市场领域，高度重视小微企业贷款拓展，拓宽贸易融资业务领域，加强外汇政策管理，丰富投资银行业务产品。

【中小企业金融】 上海分行高度重视中小企业金融服务，建立了中小企业业务“前、中、后”一体化的经营体制，按照可批量复制、综合收益高以及风险可控的原则，制定统一的营销计划和产品方案，开展有针对性的深度营销。2012 年，分行完成上海银监局下达的中小微业务“三个不低于”的监管指标，小微授信业务达到 9.86 亿元，业务产品不断丰富，模式不断创新，为今后推动小微业务批量开发提供了重要的示范和实践效应。

【理财业务】 上海分行加大了理财业务的推动力度，加快了理财业务渠道的开发速度。通过票据池、信托、票据受益权、同业借款业务等方式，自行开发推出了多款理财产品。从已到期兑付的理财产品来看，分行产品设计结构合理，均达到当初产品设定的预期收益率；从各产品销售的情况来看，基本上都是在一周内销售完毕，得到客户的认可。

【风险管理】 2012 年，在经济下行，银行资产质量面临严峻挑战的形势下，上海分行采取了一系列有效措施，全面强化风险管理工作，重点防控大额不良风险和系统性风险，有效支持了业务转型发展，确保了资产质量持续稳定。截至 2012 年末，上海分行不良贷款率较上年末略有上升，低于上海市同业平均水平。在经济下行压力下，分行严守风险底线，主动实施逆周期风险管理，对重点行业、重点客户、重点产品和重点区域，采取有针对性的风险管控措施。针对上海地区钢贸行业风险，分行提前制定方案，在先前逐户排查的基础上，对各类担保项下的钢贸授信客户和余额均进行了压缩，并积极参与到银行同业公会牵头的市场类、担保公司类的钢贸授信风险集体会谈、化解工作中，取得了良好的成效，保障了分行资产质量的总体稳定。

【内控合规】 上海分行高度重视内控合规管理工作，以“零案件、零隐患、零重大差错”为工作目标，重视监管政策与总行制度的执行，采取有效措施，始终保持案防高压态势，促进内控合规管理的规范化和常态化，保持全年无案件、无重大操作风险事件，保障了全行各项业务持续稳健合规发展。2012 年，分行共组织完成了各类检查 47 项，通过持续不断的检查、发现、整改，纠正各类风险隐患和不规范操作，保障了全行各项业务持续稳健合规发展。

【企业文化】 为提高全行的执行力和工作效率，体现二线为一线服务、全行为客户服务的服务理念，分行组织开展了“发扬主人翁精神”主题活动，使全行上下充分认识“主人翁”精神的内在核心价值观。同时，宣传渤海银行的企业文化体系，把渤海文化植入每位员工心中，使之成为员工的行为准则。上海分行注重员工身体素质锻炼及人文素质培养。分行组织多次群众性文娱活动，棋牌赛、新年登高、素质拓展训练、摄影比赛、征文比赛、旅游以及送温暖活动，进一步增强员工的凝聚力和工作热情；深入开展“三进”（近园区、进社区、进校区）活动，向社会推介渤海银行业务产品，宣扬品牌和企业文化，以促进业务发展。

（渤海银行）

21. 北京银行上海分行

【概况】 2012 年是北京银行上海分行成立的第五年，也是业务发展和转型升级的关键年。分行积极开拓、奋力拼搏，各项业务取得长足发展。截至 2012 年末，分行总资产达到 822 亿元，比年初增加 166 亿元；各项存款余额达到 398 亿元，比年初增加 48 亿元，余额在 31 家在沪中资银行中位列第 18 位，同比增量位列第 15 位。各项贷款余额达到 376 亿元，比年初增加 53 亿元，余额位列在沪中资银行第 15 位，同比增量排名上升两位列第 9 位。实现考核利润 9.3 亿元、中间业务收入 2.13 亿元，分别达到上一年的 1.8 倍和 1.6 倍，全年规模、效益再上新台阶，进一步深化了北京银行上海分行在上海地区的品牌影响力。

【战略转型】 分行收入结构不断改善，中小企业贷款占公司贷款的比重达到 64%，比年初上升 18 个百分点；个人贷款占全部贷款比重达到 14%，上升 2 个百分点；基准与上浮利率贷款的比重达到 83%，上升 5 个百分点。考核利润构成中，公司业务收入占比 63.2%，零售业务占比 10.8%，国际业务占比 11.3%，投行与同业业务占比 14.7%。分行存贷款结构进一步优化，渠道性存款拓展力度加大，成功赢得财政存款招标，获 4 亿元社保基金存款；与中国银联、上交所、金交所、金融期交所的战略合作渐趋深入，融资平台贷款持续下降，日均余额较年初减少8.8亿元，日均存款余额反较年初增加8.6亿元，钢贸企业贷款余额24.08亿元，较年初大幅减少9.6亿元。中长期贷款比重比年初上升一个百分点，稳定在32%左右。国际业务迅速发展，实现中间业务收入6 143万元、考核利润8 000万元，盈利能力不断提升。国际结算量突破230亿美元，外汇存款余额达到12.89亿美元，在上海市场占有率分别达到3%和6%，综合实力位列在沪中资银行第八，同时，分行也是上海地区唯一一家连续四年获评国际收支统计一等奖的中资银行。同业和投行业务稳健发展。同业业务规模攀升，日均资产规模达到290亿元，同比增长140%。在33家中资银行中，同业存放余额列第14位，存放同业列第8位，票据买入返售列第9位。开拓投行业务新模式，成功承销包括首笔中期票据在内的29亿元债务融资工具，办理委托债权理财、结构性金融产品、信托受益权买入返售等表外融资产品62亿元，发起托管首支公募基金，成功发行首笔人民币跨境与理财结合产品、首笔第三方支付保本理财产品。

【业务创新】 分行坚持把业务转型和新产品的推广应用作为赢得客户的重要手段。正式启动“信贷工厂”操作平台，实现了小微业务从申请受理、评级到审批的一站式服务。大力发展第三方支付业务，开辟合作机构28户，收单交易金额246亿元，形成对公资金沉淀日均近3亿元，同时，带动零售中间业务实现中收6 652万元，为上一年的8.5倍。此外，以“东启卡”创新供应链融资新模式，以“迪堡项目”创新传统物理网点服务新模式，以“高校后勤多功能IC卡”创新银行卡公私联动新模式，通过加快产品创新和业务转型，进一步确立了分行在上海市场的品牌特色，经营发展的活力、内力和实力不断提升。

【精细管理】 分行不断提升风控水平。着力增强风险防控能力。分行立足快速稳健发展，高度重视资产质量问题，深入分析个别行业在实体经济下行期出现的风险，制定相应风险防控措施。成立不良贷款清收小组和管理委员会，落实专人专岗，加快风险资产处置进度，年内成功拍卖分行最大一笔不良贷款抵押物。加强信用风险研判，开展钢贸、房地产、票据池等业务调研和风险自查，防范潜在业务风险点。开展信贷资产风险大排查，强化对员工参与民间融资活动、异常行为等的风险排查，案防工作深入推进。优化完善考核办法体系。加强预算和财务管理，积极控制经营成本，为业务发展保驾护航。制定小微企业贷款、短贷宝、同业、投行专项考核办法，完善考核激励机制，引导资源向重点业务和重点领域倾斜。加强系统建设推动业务发展。成功上线POS清算系统，顺利投产支付结算综合业务系统一期项目，大大提高了账务处理效率。组织完成存量机构代码证的发放工作，有效推进基本账户年检工作，个人存量账户身份信息核查工作。稳步推进网点建设布局。紧密结合上海产业整体布局，深入推进网点布局，第11、12家网点——奉贤支行、杨浦支行顺利开业。

【金融文化】 北京银行上海分行以人为本，持续激发经营活力。加大人才引进和储备力度。2012年共引进各类员工117人，包括经营团队5个、营销人员72人，顺利完成首次校园招聘。淘汰不合格及离职员工38人，员工主动离职率仅为2.2%，在队伍稳定的基础上，保持队伍流动性与活力。高度重视人员培训和教育。出台在职教育管理办法，鼓励参加理财师等职业资格认证和学位教育，联合交通大学、复旦大学等开展中层干部、业务骨干的分层专题培训，参训人员118人，分行培训工作开始走上制度化、规范化轨道。多层级推进企业文化建设。结合全行“服务管理年”要求，持续开展“五抓五树”服务竞赛活动，全面打造标准化服务流程，积极提升服务水平。积极开展“三进三促”活动，送金融产品和服务进小微、进郊区、进社区。通过组织各类员工喜闻乐见的活动，不断丰富员工文化生活，营造快乐和谐的工作环境。

【重大活动】 (1) 2012年10月25日，“五载铸辉煌、同心谱华章”暨北京银行上海分行成立五周年庆典活动在上海国际会议中心隆重举行。上海市政府、上海市金融工委、国家外汇管理局上海市分局、上海银监局、北京银行等单位的领导以及近200名客户嘉宾出席庆典活动。共庆仪式上，北京银行还向上海交通大学捐赠人民币50万元，设立“京英计划”助学金项目，用以帮助家庭经济困难的学生顺利完成学业，鼓励其德智体等方面全面发展，成为经济和社会发展所需的优秀人才。通过该项目，北京银行每年资助20名品学兼优的贫困学生，并优先为受助学生提供实习、培训以及就业等多方面机会。

(2) 2012年10月25日，北京银行上海分行举行了“小微企业信贷工厂”启航仪式，在普陀支行成立了上海分行首家支行级“小微企业信贷工厂”，以全新的商务模式服务上海小微企业。“信贷工厂”最大的特点就是专业化，让客户经理专业化，让审查人员专业化，让整个流程快速运转起来。目前，该行小微企业贷款的低风险授信业务已经实现了“当天申报完成审批的高效率运作全流程业务”。敞口风险业务从申报、风险经理下户审查、风险官和签批人双签意见，实现3—5天出具批单的承诺。“信贷工厂”流水化的作业模式极大地提高了小微企业信贷申报及审批的工作效率，形成专业化、高效率的中后台集中处理体系。

【经营指标】

单位：万元

指标＼年份	2008	2009	2010	2011	2012
净利润	5 525.11	14 257.68	31 524.28	21 032.4	27 325.1
本外币资产总额	1 177 681.68	2 235 439.72	3 624 048.94	6 566 781.9	8 220 518.54
本外币各项存款余额(不含同业存款)	765 917.44	1 639 313.38	2 732 001.14	3 497 738.97	3 984 002.79
本外币各项贷款余额	1 090 822.45	2 001 180.7	2 638 747.26	3 228 409.09	4 562 049.64
个人消费贷款余额	20 745.12	70 745.33	191 267.38	323 955.45	404 764.24
住房按揭贷款余额	16 440.77	61 897.67	180 161.35	317 794.84	396 462.16
不良贷款率	0	0	0	0.3%	1.0%

（北京银行）

北京银行上海分行成立五周年庆典

22. 天津银行上海分行

【概况】 2012年，天津银行上海分行认真贯彻落实全行发展战略和年度工作目标，坚持服务上海地方社会经济发展的经营宗旨，始终围绕“转变发展思路、规范经营管理、调整业务结构、稳定员工队伍”，坚持合规经营，强化队伍建设，构建和谐文化，实现了各项业务健康稳定发展。截至年底，分行各项存款余额130.07亿元，比年初增加12.55亿元；全年日均存款113.64亿元，比上年增加12.63亿元；各项贷款余额93.60亿元，比年初增加25.38亿元；实现账面利润2.04亿元。全年无案件及重大责任事故。

【业务发展】 2012年，分行认真分析市场形势变化，坚持积极审慎经营原则，结合本地区经济和产业发展特点，研究分行现代业务布局和授信投向，主动对分行业务及客户结构进行了较大范围的调整：

（1）加强属地业务营销，加大对上海本土上市公司、行业龙头企业及其附属公司、区域百强企业、拟IPO企业的营销力度。截至2012年年末，分行对公客户1 400户，优质客户占比约为20%，其中授信客户占四分之一，80%为属地化客户，贷款仍以上海本地市场客户为主。

（2）加强行业结构调整，针对上海钢贸行业的风险预警信息，分行自2011年9月开始果断及时的调整钢贸授信政策，成功的退出大部分高风险业务。截至2012年12月末，已经压缩到5 519万元，净敞口减少了7亿元，较年初压缩50%，合作的钢贸背景担保公司从14家下降到4家。

（3）加强行业引导。分行在认真调研的基础上，根据不同时期市场特点，制定并下发《2012年分行信贷投向策略》，拓宽了信贷业务开展的新思路，明确定位分行阶段性信贷工作的基调，做好相关行业风险预警工作。分行通过持续压缩政府融资平台贷款，以及钢贸业、建筑业占比来优化业务结构，年末“名单内”政府融资平台贷款余额7.2亿元，较年初减少1.7亿元，且为全覆盖和基本覆盖。

【中小企业服务】 分行始终坚持“服务地方经济、服务中小企业、服务城市居民”的市场定位，2012年正式成立小微企业经营中心，首家小微企业专属卢湾支行也于2012年11月正式对外营业，并以此为契机建立单独的小企业客户经理队伍，以确保“专业专注”；对小企业业务单列信贷计划、单独资源配置、单独客户认定与信贷评审、单独会计核算、单独考核。截至年末，小微型企业贷款余额（含个人经营性贷款）余额17.44亿元，较年初增长8.49亿元，增长率94.82%，单户授信总额500万元（含）以下的小微型企业贷款（含同口径个人经营性贷款）余额7.1亿元，较年初增长率为85.65%，超额完成银监“三个不低于”指标，较好地支持了上海本土中小企业的持续发展。

【发展中间业务】 分行积极跟踪上海地区的国际结算新动向，大力拓展外汇结算和跨境人民币结算业务。全年办理跨境人民币结算3.5亿元，占全年国际结算量的20%以上。积极开展国际同业合作，全年通过同业市场筹措外汇资金1亿美元，用于配套分放外汇贷款，全年累计发放外汇贷款超过1.2亿美元。分行充分利用上半年资金市场中外汇与人民币汇率/利率差的机遇，开展人民币质押外汇贷款业务，在确保收益的前提下，吸收了4.5亿元人民币的质押存款。同时，分行还择机吸收了7 000万美元的外汇存款，不仅对分行外汇负债业务发展形成了有力支撑，也为总、分行的外汇资金平衡做出了贡献。

【风险管理】 2012年，分行积极倡导“内控优先、制度先行”监管要求，突出对关键业务环节内控管理要求，于2012年分别下发了《天津银行上海分行案件防控管理暂行办法》、《天津银行上海分行操作风险管理报告实施细则（试行）》、《天津银行上海分行合规诚信举报管理实施细则》、《天津银行上海分行管理人员经济责任审计实施细则》，以及《天津银行上海分行员工强制休假审计暂行办法》等管理办法，通过内控梳理、完善架构、建章建制、培育合规文化等一系列扎实有效的工作，建立起长效管理机制，形成严格的内部控制责任追究机制。

【队伍建设】 一是凭借严谨科学的考核机制吸引人才，通过正向激励和创建良好的经营氛围留住人才，通过开展各类业务培训、上岗考试、新员工带教活动培养人才，建立主管、经理级管理岗位的竞聘机制，为员工搭建“有为就有位”的公开、透明的竞争舞台；二是不断完善客户经理精细化管理，对客户经理的准入、退出、绩效评价、培训、考核、团队管理等都提出了清晰具体的细则方案，确保营销人员不断获得充实，逐渐形成了一支初具团队凝聚力和战斗力的客户经理队伍；三是分行始终把坚持“以人为本”的思路贯彻在文化建设的全过程，进一步落实了“关爱员工”行动，最大限度地调动员工积极性。

【经营指标】

指标＼年份	2009	2010	2011	2012
净利润（万元）	−782.76	10 838.49	19 840.55	20 371.94
本外币资产总额（亿元）	16.59	89.72	160.76	211.82
本外币各项存款余额（不含同业存款）（亿元）	13.35	87.51	117.52	130.07
本外币各项贷款余额（亿元）	5.13	48.46	68.22	93.60
个人消费贷款余额（万元）	5 267.90	67 133.24	164 846.58	120 625.98
住房按揭贷款余额（万元）	5 172.90	29 195.07	49 131.34	50 904.32
不良贷款率	—	—	—	—

注：(1) 上海分行于2009年11月开业。
(2) 个人消费贷款余额包括一手房、二手房、住房授信、质押。

（天津银行）

天津银行上海分行

23. 江苏银行上海分行

【概况】 2012年，江苏银行上海分行以机构拓展、队伍建设为抓手，以产品创新、服务效率为突破，以严格管理、安全运营为保障，积极稳妥地推进各项经营管理工作有效开展。截至年末，实现本外币各项存款余额315.52亿元，较年初新增112.57亿元，增长55.5%。其中，人民币存款余额285.65亿元，比年初新增85.07亿元，增长42%。实现本外币各项贷款余额166.60亿元，较年初新增43.02亿元，增长34.8%。其中，人民币贷款余额为155.96亿元，较年初增加36.22亿元，增幅30.3%。不良贷款率0.1%。

【经营特点】 存款市场占有率有所提升。2012年以来，分行存款业务取得良好进展，存款呈逐月稳步上升态势，市场占有率也得到进一步提升，截至年末，各项存款、人民币存款余额市场份额在沪上城商行中均位列第二。各项存款余额比年初增幅达55.5%，增速列沪上所有31家中资银行第七位。中间业务收入总占比进一步提升。2012年分行通过贸易融资大力推动国际结算业务发展、积极拓展国内信用证、保函等表外业务，同时不断探索投行业务和大力推进银团贷款业务，多方位地拉动了中收快速增长，中收结构得到持续优化，全年中收在营业净收入的占比为22.65%。

【业务创新】 在上海金融产品先行先试的大背景，上海分行作为江苏银行系统内首家跨区域经营的异地分行在成立初期即十分重视创新工作，专门成立创新工作小组，引领分行创新工作，在国际业务、外汇业务、资金票据等方面的业务创新品种多次获得总行认可。2012年，分行成功创造出多个全辖"首笔"业务，如全辖首笔短期出口信用保险项下应收账款池融资业务、首笔境外结汇增值业务、首笔国际信用证项下的福费廷业务、首笔电子商业承兑汇票贴现业务、首笔"财质通"理财产品质押业务、国内信保融资业务等。

【小企业服务】 2012年，上海分行在小企业业务经营模式、经营机制等方面做出积极探索，取得了阶段性成果。一是通过加强组织架构建设、完善制度流程，稳步实现操作的专业化和标准化，3月正式成立分行级小企业信贷服务中心，4月顺利实现小企业业务审批流程上线。二是积极搭建合作平台，发挥江苏银行上海江苏商会会长单位优势，为多家小型苏商企业提供了金融服务。三是积极支持小微企业专营支行的业务开展，在业务推进、渠道开发、流程操作、授信方案优化、风险控制等方面积极支持专营支行的业务发展。

【授信风险管理】 分行推进授信评审流程再造，提升授信准入审批质效。在公司准入阶段试点平行尽职，切实将授信风险关口前移。自行研发并成功上线"公司授信准入审批系统"，实现授信准入审批全流程管理、监督，促进效率提升。在贷后管理上，建立月度贷后管理例会机制，每月对风险分类、行业风险变化等重要事项进行审议。

【案件防控】 不断加强培训与警示教育，强化案防实效。成立风险排查工作领导小组，上半年和下半年各开展一次民间融资风险排查，并同步开展员工行为专项警示教育活动。组织员工对操作风险"新三十禁"、"十三条"、"十个联动"、"六个重点"和"十严禁"进行抽查考试，考试合格率达100%；组织全员参加上海银监局组织的"案件防控知识竞赛活动"，并取得团体组织奖三等奖。

【社会责任】 江苏银行上海分行长期以来以宣传普及金融知识为己任，积极履行银行业金融机构社会责任，2012年年内先后开展了"反假币、反洗钱、防诈骗"社区宣传、"聚宝财富"系列理财知识讲座等活动。此外，鉴于在小微企业金融服务方面的卓越表现，分行荣获了由上海市银行同业公会评选的2012年度"上海银行业小微企业金融服务突出贡献奖"，成为沪上160家同业会员单位中唯一一家获此殊荣的城商行。

【经营指标】

单位：亿元

指标＼年份	2008	2009	2010	2011	2012
净利润	—	0.58	0.91	1.92	2.95
本外币资产总额	—	97.52	155.12	238.69	400.56
本外币各项存款余额(不含同业存款)	—	62.19	125.07	202.94	285.9
本外币各项贷款余额	—	60.01	92.87	123.59	166.6
个人消费贷款余额	—		1.96	2.32	4.09
住房按揭贷款余额	—		1.68	2.26	3.8
不良贷款率	—	0	0	0.03%	0.1%

注：江苏银行上海分行于2008年12月8日开业。

（江苏银行）

24. 南京银行上海分行

【概况】 2012年，南京银行上海分行按照总行工作部署，认真贯彻“稳中求进、进中求新、又好又快”的发展战略，积极践行“五个坚持”的转型要求，分行上下努力奋斗，各项工作取得了较好的发展成效。截至年末，上海分行正式员工351人，比上年增加42人；静安支行年内开业，分行拥有9家对外营业机构，张江、北外滩、闸北3家支行即将开业，嘉定支行获准筹建。分行本外币存款总额206.46亿元，各项贷款余额117.27亿元。

【科技、小微金融特色初显】 积极贯彻总行“五个坚持”要求，在上海市场积极塑造科技、小微金融特色，大力开拓创新，着力打造品牌。一是坚持批量开发，推进名单制营销。陆续出台了相关行业营销规划，围绕“民生行业”批量开发集群商户；通过加强与市金融服务办、科委、各区县科委的沟通合作，持续推进名单制营销。二是创新渠道建设，扩大合作领域。组织上海知名PE、VC公司座谈，投贷联动取得实质性进展。三是聚焦科技金融，塑造小微特色。作为上海市首批科技金融试点七家银行之一，受益政策扶持，财政存款再次中标，新增2亿元定期存款；小微企业和科技型企业风险补偿已获市金融办、财政局批准；推动总行成为上海股权托管交易中心会员，有利于优质中小企业挂牌交易。

【国际业务继续领先】 分行积极试点本外币一体化经营，国际业务在系统内保持领先，各项指标均超额完成。全年国际结算量22.46亿美元。具体来看，一是特色产品营销取得突破。灵活运用跨境人民币、国内人民币代付等特色产品，拉动负债业务增长。二是战略客户营销取得突破。成功与部分大型客户合作，取得较好综合收益。

【创利水平不断提升】 继续加快各类同业业务产品创新力度，发布债务融资工具、票据管家、中小企业集合票据营销指引，积极推进短期融资券、中期票据、非公开定向工具(私募)的营销，拉动分行负债业务增长。截至2012年末，分行同业资产余额96.62亿元，同业负债余额96.29亿元，实现资产、负债规模金额、期限全面覆盖。

【打造贸易融资优势】 成立贸易融资部，规范和梳理业务流程。贸易融资业务工作重心逐步转向有追索权保理业务的推动和实地核查，关注授信客户日常结算及回笼，推动保理业务开展。同时，对石材、食品行业以存货质押类授信业务的可行性进行了市场调研，积极探索新的业务领域，打造分行核心竞争力。

【个人业务均衡发展】 抓住利率市场化机遇，积极营销中高端客户，挖潜拓新，中长期储蓄存款增长迅猛，年末达25.82亿元；发放各类个人贷款合计4.63亿元；中高端客户及理财业务快速发展；个人理财产品销售72.9亿元，创历史新高；在发展业务的同时，立足网点推动文明优质服务，通过开展巡回网点服务检查、规范网点晨会、“赢在大堂”系列培训等，有力提升了网点服务质量。

【内控内审保驾护航】 一是加强重点行业授信管控，着力调整信贷资产结构。分行全年未介入“两高一剩”行业企业授信，未新增平台贷款及房地产贷款，对平台到期贷款进行期限重组，调整相关行业授信担保政策，控制大额授信风险。二是加大清收处置力度，全力化解钢贸授信风险。三是持续推进风险平行作业制度，提升风险精细化管理水平和运行效率。四是推动违规积分挂钩绩效考核，组织开展员工诚信自评及道德风险、廉政风险点排查，增强全员合规意识。

【经营指标】

单位：亿元

指标＼年份	2008	2009	2010	2011	2012
净利润	0.02	0.98	1.98	2.82	1.08
本外币资产总额	45.69	104.07	204.16	264.72	336.65
本外币各项存款余额(不含同业存款)	42.57	101.20	144.71	170.29	204.12
本外币各项贷款余额	35.52	77.15	89.81	108.29	117.39
个人消费贷款余额	0.51	3.54	2.48	0.86	0.44
住房按揭贷款余额	0.15	4.90	8.62	8.20	7.30
不良贷款率	0.70%	0.43%	0.39%	0.15%	0.75%

（南京银行）

25. 宁波银行上海分行

【概况】 作为上海的地区首家异地城商行，宁波银行上海分行自2007年开业以来，始终秉承“以客户为中心、以市场为导向”的经营理念，不断融入区域经济，在支持地方经济和广大客户发展的同时，自身经营能力不断提升，逐步探索形成了商业银行差异化经营的发展特色。截至2012年底，上海分行拥有营业部、徐汇、松江、闵行、静安、浦东、嘉定、长宁、普陀、黄浦支行等10家营业机构，服务半径覆盖上海重点经济区域。

【中小企业服务】 大力支持中小企业发展一直是宁波银行上海分行不变的宗旨，2012年以来，宁波银行上海分行更是进一步加大了小微企业的支持力度，并从制度保障、产品创新、流程优化、批量营销等四个方面着手，全面提高小微企业金融服务。一是提供制度保障，为进一步改善小微企业的金融服务，特别是提升对单户授信500万元(含)以下客户，不仅通过“闸门控制”的引导原则，在出账额度方面予以优先放款的支持，还专门拨款用于奖励对小微企业客户金融服务突出的客户经理；二是创新产品，针对科技型小微企业在成长过程中的金融服务需求，在金色池塘“10个融”产品的基础上，宁波银行上海分行还创新设计推出“科贷融”一揽子科技金融服务方案，针对企业所处的不同发展阶段，分别给予200万元至1 000万元不等的信用贷款支持，为科技型企业盘活资金链、获得项目资金、谋求最佳资本发展路径给出了前瞻性的路径指引；三是优化流程，针对小微企业资金需求“短、小、频、急”的特点，推出“贷款打分卡”自动审批的全新模式；四是坚持批量营销，为批量满足小微企业客户的金融服务需求，要求辖内11家支行与所在区域的金融办、中小办、区科委等单位进行对接，消除小微企业客户由于信息不对称而无法得到优质金融服务的情况。

【服务创新】 宁波银行上海分行针对小微企业资金需求“短、小、频、急”的特点，推出“贷款打分卡”自动审批的全新模式，该模式有别于传统的人工审批模式，“贷款打分卡”将小微企业信贷部分审批指标标准化，减少了人工干预，目前已可实现单笔500万元以下抵押类贷款系统自动审批，这一“小微信贷批量化”的审批新形式大幅提高了小微企业贷款效率，在资料齐全的情况下最快当天就可批准贷款，通过“小微宣传月”的活动，越来越多的小微业主主动向银行客户经理咨询相关产品。在产品推出4个月不到的时间里，已有12%的客户享受到了自动审批带来的好处，资金周转更为快速顺畅。

【社会责任】 2012年10月，宁波银行上海分行整体迁入陆家嘴核心金融区，本着务实原则，上海分行取消了乔迁庆典仪式，以慈善感恩的方式庆祝乔迁之喜，并推出“三个一”的金融特色慈善“组合拳”，一是携手上海市慈善基金会成立专项基金，首批55万元善款来自简化庆典节省费用及员工“一日捐”自愿捐款，后续新开支行也将精简开业庆典费用以不断扩充该项爱心基金；二是建立信用卡积分捐赠平台，并成为首批与上海市慈善基金会携手推出信用卡积分换捐活动的银行，捐赠平台正式开通后，信用卡用户每捐赠400积分，宁波银行即会向上海市慈善基金会捐赠1元善款；三是组建慈善义工队，为发挥金融机构在慈善活动中的特殊优势，正式成立由员工自发组建的“宁波银行上海分行慈善义工队”，计划在金融知识推广普及以及针对中老年和行动不便群体的个性化金融服务方面付诸行动。

【经营指标】

单位：万元

指标＼年份	2008	2009	2010	2011	2012
净利润	3 458.94	3 516.46	10 723.58	17 647.26	23 415.06
本外币资产总额	1 175 133.51	1 486 887.56	2 203 558.11	2 750 912.29	3 243 205.03
本外币各项存款余额(不含同业存款)	683 194.04	1 325 868.94	1 902 393.65	2 240 255.84	2 209 059.74
本外币各项贷款余额	345 531.15	770 194.27	997 573.46	1 152 357.45	1 423 501.62
个人消费贷款余额	7 240.66	184 579.74	161 116.74	193 570.43	232 582.68
住房按揭贷款余额	1 805.55	2 199.22	13 470.98	18 611.36	17 740.65
不良贷款率	0.08%	0.03%	0.06%	0.05%	0.16%

（宁波银行）

位于人民广场区域的宁波银行上海黄浦支行

26. 杭州银行上海分行

【概况】 2012年，杭州银行上海分行按照"稳固基础，形成特色，持续推进转型发展"的年度总体工作要求，进一步优化资源配置、完善基础管理、深化结构调整、努力形成特色，扎扎实实落实总行战略要求与各项经营管理目标，取得了较好的成绩。截至年末，上海分行总资产余额为293.04亿元，比年初增加64.53亿元，增幅28%；各项存款余额为166.85亿元，比年初增加25.47亿元，增幅18%；各项贷款余额为114.57亿元，比年初增加33.72亿元，增幅42%。在贷款总量较快增长的同时，贷款结构进一步优化，并使得整体收益率水平得到了提升。上海分行全年实现经济利润3.445亿元(税前利润)，全面完成总行下达的预算计划目标，是分行成立五年来效益最好的一年。

【公司业务】 公司业务基础进一步夯实，不断为客户提供高效专业化的金融服务解决方案，努力成为中型企业和公共服务行业单位的紧密合作伙伴。(1)通过培育基础客户群体、推动产品综合配套营销不断推动业务规模的扩大，加大了供应链金融领域的产品研究，形成了多元化的发展布局。全年新增公司客户百余户，科技金融和供应链业务等特色业务取得良好发展，推进了上海地区科技金融产业发展。(2)借助加大条线、产品交叉销售，增强与中型客户的银企合作深度及粘度，锁定上海各行业龙头企业、"三大"计划("星火计划"、"起飞计划"、"卓越计划")和科技金融等总分行战略客户，积极开拓新客户，不断提高综合收益。

【小企业业务】 致力于为小企业提供专业、便捷、可信赖的金融服务，成为小企业的成长伙伴、小企业金融服务的标杆以及分行价值提升的重要推动力量。(1)转变过度依赖市场推荐客户的业务拓展模式，积极拓展电子消费类、医药、医疗器械、养老、教育等行业。通过原有的药商贷、连锁贷、超前贷等已经在分行有成功案例的产品进行对行业的营销。(2)在风险管控前提下，紧跟市场，创新思路、创新产品、创新业务模式，多元化、多形式地发展小企业业务。通过创新担保模式，开展互保金业务、小企业集合票据等业务，使得小企业业务战略定位进一步凸显，小企业模式营销蓬勃发展，有力地支持了本地小微企业的发展。

【零售业务】 零售业务坚持"发展基础客户，培育核心客户，差异化经营中高端客户"的客户战略，积极做好社区营销和产品营销，遵从"二八法则"，大力发展零售资产业务，不断提高队伍素质和综合战斗力。通过创新运用产品和渠道开展综合营销，不断开拓特色业务，积累核心客户，保持零售业务持续创新发展并领先同行。上海分行2012年组织销售248期个人理财产品，社区营销阵地从传统小区扩展到市场、社团、企业、楼宇等，在推进业务发展的同时提升了分行的品牌知名度。

【国际业务】 国际业务紧盯市场，持续创新，屡创佳绩。国际业务联动营销成效显著，通过积极开发付利宝、跨境保等创新业务和产品推动经营机构存款业务的增长。上海分行根据2012年人民币兑美元走势的变化，及时调整产品操作策略，成功完成"DF业务在创新"远期结汇业务，全年实现的国际结算量不仅超额完成总行计划，而且在上海同类型银行及总行排名中均名列前茅。

【资金业务】 在2012年市场环境变化较大的情况下，上海分行资金业务盈利能力进一步提高，通过积极创新产品推进资金业务发展，其中包括在总行系统内率先推出并成功办理首笔同业借款资产转让业务、首笔理财产品受益权转让业务及首笔人民币再保理业务。上海分行资金票据中心长期致力于打造团队诚信、服务专业、经营稳健、业绩优良的资金业务平台，为财富管理业务和资产负债定价提供技能支持。

【风险管理】 上海分行将风险管理工作作为全行工作的"重中之重"，做实做细，尽最大努力管控好风险。主要体现为加强尽职管理管控好信贷风险，强化员工行为规范管理管控好操作风险，确保安全合规经营。通过各条线、各机构之间紧密配合、齐抓共管，上海分行的风险管控工作取得较好成效，全年实现了“零案件”、无违规违纪事件的安全经营目标。

【主要奖项】 (1)杭州银行上海分行荣获“2012年度上海银行业监管统计工作一等奖”。(2)杭州银行上海分行荣获中国人民银行上海分行颁发的“2012年度上海市信贷市场企业信用评级工作先进集体”称号。(3)杭州银行上海分行荣获上海银行业“夯实统计信息基础，提升银行业数据质量”竞赛活动突出贡献集体和个人。(4)杭州银行上海分行荣获“2012年人行个人征信系统工作考评‘A’等的荣誉”。(5)杭州银行上海分行荣获“2012年上海地区银联卡业务优秀奖”。

（陈 晗）

27. 温州银行上海分行

【概况】 温州银行成立于1998年12月17日，经过多年努力，已初步发展成为一家公司治理规范、市场定位清晰、资产质量上乘、业务特色鲜明、经营效益良好的区域性股份制商业银行。自2007年实施跨区域经营以来，先后在衢州、宁波、杭州、上海、丽水等城市设立分行，全行资产总额832亿元，辖属分支机构78家，员工2 400余人。温州银行上海分行作为温州银行首家跨省经营的分行，于2010年5月17日正式对外营业，初步实现了温州银行“立足温州、布局浙江、进军长三角”的战略目标。分行成立两年多来，始终坚持“立足中小、贴近市民、服务温商、融入上海”的市场定位，始终坚持依法合规经营，各项业务迅速发展。2012年主体业务继续保持增长，队伍建设不断加强，机制体制不断完善，基础管理持续增强，先后设立宝山、浦东、徐汇、虹莘、嘉定等分支机构。截至年末，分行资产总规模达到143亿元，各项存款余额87.48亿元，其中储蓄存款10.39亿元；外汇存款6 601万美元。各项贷款余额42.65亿元，国际结算量3.26亿美元。

【发展思路】 根据总行改革发展总体目标和上海经济社会发展状况，结合自身发展实际，研究制定了温州银行上海分行近几年发展规划。明确提出要以科学发展观为指导，以“稳增长、调结构、控风险、强队伍、增效益”为目标，积极适应上海经济转型发展的要求，努力实现“规模、质量、效益”的均衡发展，巩固扩大跨区域发展的经营成果。

【渠道建设】 2012年温州银行上海分行网点建设取得了跨越式的发展。在上海银监局及总行大力支持下，宝山、浦东、徐汇、嘉定支行先后开业，系统内第一家小微企业专营支行虹莘支行也于10月揭牌，改变了上海分行只有一家营业网点的历史，有效弥补了同业竞争的短板，为上海分行健康、快速发展奠定了坚实基础。同时加快自助设备投放。在商贸繁华区已有五个离行式ATM投放使用。努力做好批量开卡及网银、手机银行的延伸服务，以电银业务有效拓展服务功能。多项电子银行业务指标在系统内后来居上，排名首位。

【中小企业服务】 坚持明确的市场定位，认真落实客户发展战略。全年新增公司类授信客户比上年增长66.27%。年末中小企业贷款占比达86.25%。成立小企业金融部，加强专业市场渠道建设开发，重点发展小型企业尤其是单户授信500万元以下微小企业，出台相关优惠政策，配置专项规模，优化业务审批流程，组织开展“激情亮剑、争锋2012”小微企业业务竞赛和小微企业金融服务宣传月活动。年末，小微型企业(含个人经营性)贷款增幅196.05%；单户授信总额500万元以下的小微型企业(含同口径个人经营性)贷款增幅128.35%，全面完成银监“三个不低于”指标。

【银行管理】 始终坚持合规经营，提高风险防范意识。牢固树立“规模、质量、效益”均衡发展的经营管理思路，贯彻落实监管精神，认真开展专项治理活动。组织开展全面风险排查工作，加强全行员工合规教育和法制教育，有效防范各类风险。一是制定实施2012年度信贷资产结构调整计划，适时调整和优化分行授信结构。二是加大运营条线检查力度，实行运营经理委派制度，提高运营管理效率和风险防控能力。三是加强贷后管理，完善风险贷款责任评议制度，及时对风险贷款实行预警管理。四是组织开展主题教育系列活动，加强职业道德教育、警示教育及员工日常行为管理，以正确的人生观、价值观引导全行干部员工凝心聚力、干事创业。2012年，温州银行上海分行先后获得“2012年度上海地区银联卡业务推广奖”、“上海市银行业科技工作竞赛2012年度先进集体”、“黄浦区综合治理先进单位”、“总行主题教育活动先进单位”等荣誉。

【经营指标】

单位:亿元

年份 指标	2010	2011	2012
净利润	−0.27	−0.06	0.75
本外币资产总额	33.33	75.04	143.83
本外币各项存款余额	31.44	52.53	87.48
本外币各项贷款余额	8.43	18.69	42.65
个人消费贷款余额	0	0	—
住房按揭贷款余额	0	0	—
不良贷款率	0	0	1.09%

(宋卫平)

28. 浙江泰隆商业银行上海分行

【概况】 截至2012年12月末,浙江泰隆商业银行上海分行开业近三年,各项存款余额58.95亿元,开户数达107 007户,户均存款仅5.5万元,2012年月均开户数量达到5 087户;各项贷款余额32.62亿元,自开业以来累计发放贷款超过130亿元,户均贷款61.94亿元;抵押贷款只占8%,不良资产率仅为0.12%。500万元以下贷款余额占比86%,户数占比99%,其中100万元以下余额占比48%,户数占比88%。2012年,泰隆商业银行上海青浦、南汇、奉贤、杨浦、曹安、宝山等6家支行相继开业,进一步完善上海分行服务沪上小微企业的网点布局。

【重点服务】 第一,针对小微企业贷款需求"短、频、快"的特征,分行坚持对500万元以下的信贷业务实行"三三制"的服务承诺:老客户三小时办结业务,新客户三天内给予能否办理的答复。为保障灵活高效的金融服务,分行一方面不断优化业务流程,实现业务操作的规范化、标准化及流程化,进一步为小微企业提供快捷、高效的金融服务;另一方面实行充分授权,根据被授权人的从业年限、风险把控能力等因素,授予业务部门负责人及支行行长相当的审批权限,使得大部分信贷业务在支行层面即可完成审批。

第二,为解决小企业主的结算时间与银行营业时间无法对接的难题,分行适当地延长了柜面营业时间,从早上八时一刻至晚五时三刻,以超常的服务时间配合小微企业和个体工商户的营业作息需求。除此之外,分行每个网点均配备十余个柜面,极大地减少了小企业主的等待时间,提升了服务质量。

第三,分行还积极推动电子银行业务发展,日前电子银行渠道已成为全行重要的业务交易渠道。2012年12月,荣获2012年度上海地区银联卡业务优秀奖。

【小微企业服务】 社区化经营是分行商业模式在市场拓展与经营方面的核心组成部分。其精髓在于"小客户成片做"这种展业模式以及风控手段。"小客户成片做"的社区化经营包含三个方面的内容:第一是坚持分行小微企业的客户定位;第二是为保证服务效率需控制服务半径,首先选择有集中性、有潜力的社区去经营,客户覆盖率必须达到一定标准;第三是为社区客户持续提供高水平的服务,保证分行产品的落地率。

"社区化经营"可以非常有效的解决成本高、信息不对称这两大难题。首先可以通过社区内的口碑相传,一定程度达到批量开发客户的效果,大大降低社区内客户关系维护与贷后检查的成本;同时,通过在社区内长时间深入基层,客户经理在维护、开发客户的同时可以积累大量真实信息,有效解决信息不对称问题、实现风险的可控。

泰隆银行上海分行坚持社区化经营。在考核上,强化对有效社区数量、开户数的考核,高度重视基础客户的积累和客户关系管理。截至2012年底,共开发有效社区165个,社区内开户数量37 090户,占分行客户总数的34.66%;社区内存款余额22.35亿元;社区内贷款余额15亿元。通过社区化经营,使泰隆银行上海分行有效发挥了社区的规模效应,降低了成本。

【风险管理】 泰隆银行上海分行严格按照银监会的新监管标准,建立了全面风险管控体系,设立了"纵向到底、横向到边"的前台、中台、后台三道防线机制。在具体执行上,高度重视三大风险:一是操作风险。以风险经理队伍建为抓手,不断完善操作风险防控体系建设,加强自查、抽查和交叉检查,重点防控操作风险。二是道德风险。道德风险是银行风险的重要源头。在内控管理中,以客户和员工"两个人的管理"为抓手,通过强化泰隆特色的"双十禁令"、"三九条令",严格防范道德风险。三是声誉风险。强化舆情管理,加强了非现场检测体系建设,并重新梳理信息报告机制，着力提高风险发现和快速响应能力。

【金融文化】 泰隆银行高度重视人才培训。2010年成立了泰隆学院，专注于小微企业金融服务人才的培训。依托泰隆学院创新培训方式，推出泰隆特色的"三教、三讲"培训标准，建立涵盖帮带责任制、回炉培训机制、管理者提升培训机制在内的多层次、全覆盖的立体培训体系，实现新员工培训和在职培训的两翼齐飞。此外，上海分行还通过"百家讲坛"、"市场面对面"、"跟班点对点"等活动，搭建了良好的沟通平台，让各业务部门互通有无，相互交流经验心得，从身边的人、身边的事开始学习，逐渐提炼出各部门在风控、营销等方面的优秀做法，提升信贷人员的业务素质以及专业能力。

【经营指标】

单位：万元

年份 指标	2010	2011	2012
净利润	248.67	508.89	1 644.15
本外币资产总额	236 318.59	389 363.80	618 008.06
本外币各项存款余额	225 421.14	375 945.93	592 800.49
本外币各项贷款余额	94 291.99	176 422.05	326 241.11
个人消费贷款余额	679.93	1 238.44	2 815.55
住房按揭贷款余额	0.00	0.00	0
不良贷款率		0.03%	0.09%

（泰隆银行）

泰隆银行上海南汇支行开业庆典

29. 浙江民泰商业银行上海分行

【概况】 浙江民泰商业银行上海分行是浙江民泰商业银行在省外设立的第二家分行，于2010年12月30日正式挂牌开业。开业以来，浙江民泰商业银行上海分行始终坚持小微企业金融服务的市场定位，充分利用上海国际金融中心建设的有利时机，各项工作协调推进，业务发展持续稳健。截至2012年12月31日，各项存款余额21.17亿元，存款日均13.78亿元；各项贷款余额13.39亿元，其中，单户授信500万元以下小微企业贷款余额12.07亿元，占全部贷款余额的90%，单户授信500万元以下小微企业贷款户数1 929户，占全部贷款户数的99%。

【小微特色】 浙江民泰商业银行上海分行坚持"大市场、小商户"的经营模式，不断优化小微企业金融服务品牌。将客户经理队伍划分成十一个部门，着力打造一支小微企业金融服务专业化团队。设立专营化的小额贷款部，主要发放单户贷款总额不超过50万元，户均贷款不超过30万元的小额贷款，完善小微企业金融服务组织架构；严格设定考核指标，将上海银监局小微企业金融服务"两个80%"和"三个不低于"的监管要求纳入年度发展目标，在绩效考核中设定户均贷款、小企业贷款占比、小企业贷款增幅等考核指标，强化小微企业金融服务考核管理。并将有限的信贷资源尽可能多地向小微企业倾斜，对于小微企业中那些财务制度不健全、信贷需求额度小的企业或经营性个人，通过"商惠通"贷款满足其信贷需求，截至年末，已发放商惠通卡2 300张左右，对外授信总额达3.6亿元左右，平均垫款总额达到2.49亿元，卡额度使用率超过68%。

【风险管理】 浙江民泰商业银行上海分行以监管部门风险政策为导向，主要从信用风险和操作风险等方面着手，逐步搭建风险识别、风险计量、风险监测和风险控制等全覆盖的风险管理体系。在信用风险层面，定期披露行业变化情况、重大风险情况及同业风险案例，及时制定和发布授信指引，并不定期开展各类风险排查和实地走访；在操作风险管理层面，梳理操作风险规制和流程，完善操作风险管理组织架构，加大检辅工作力度，为业务良性稳健发展奠定了扎实的基础。

在案防工作上，制定完善了案件防控规章制度，保证各项工作有章可循，有据可依；落实了案防责任，逐级签订了案件防控责任书；开展了员工行为排查工作，包括员工异常行为排查、员工以个人名义参与民间借贷行为排查等；开展案件防控教育活动，根据案件防控相关要求，组织全体员工观看案件防控警示教育片。定期举行案防知识、合规知识、法律知识培训等专题培训，丰富员工的相关法律知识。

【金融文化】 2012年，浙江民泰商业银行上海分行不断加强对人才的培养和塑造。建立了人力资源部归口管理、各部门分工协作的培训组织架构，通过课程试听及评价选拔了一批业务骨干组建了内训师队伍；设置了五类阶梯式课程，将培训结果与员工考核和晋级相结合，确保培训为人才发展战略服务。全年共组织各层次员工培训50余次，培训人次3 000余人；采取"师带徒"的形式加大对新入行业务营销人员的培养力度。制定了后备人才库建设计划，通过合理有效的后备人才甄选，发现和挖掘后备人才队伍，储备和充实骨干力量。

在行风建设上，围绕民主评议行风活动开展了行长当一天大堂经理、选聘行风监督员、行长进村入企等一系列活动，实现了行风建设水平与金融服务水平的双提升；开展了文明优质服务提升暨"四个五"工程活动，加强仪容仪表建设、环境卫生建设、客户服务建设、劳动纪律建设和规章制度建设，结合总行标杆网点建设要求，建设了全行首家贵宾休息室，有效提升了服务水平和服务质量。

【社会责任】 2012年，浙江民泰商业银行上海分行积极响应上海银监局银行业青年"三进"活动安排，开展"进小微、进社区、进郊区"活动，为广大小微商户、社区居民和郊区农民等送去金融知识和金融服务，共在嘉定、杨浦、闸北等区域举办"三进"活动23场次，发放宣传资料3 000余份。积极参加"2012年上海中小企业金融洽谈会"，除开展金融知识普及活动外，还选派业务骨干现场答疑解惑，满足小微企业个性化的金融服务需求。

【经营指标】

单位：万元

年份 指标	2011	2012
净利润	−982.27	247.45
本外币资产总额	146 381.59	211 115.29
本外币各项存款余额(不含同业存款)	10 983.1	13 129.73
本外币各项贷款余额	42 420.96	133 901.49
个人消费贷款余额	47	382
住房按揭贷款余额	0	0
不良贷款率	0	0.14%

(续表)

（民泰银行）

浙江民泰商业银行上海分行

(三) 营 运 中 心

1. 中国工商银行票据营业部

【概况】 2012年，中国工商银行票据营业部按照总行"推进票据业务转型发展，实现盈利能力可持续增长"的工作要求，紧紧围绕利润中心建设和经营转型发展，取得了良好的经营业绩。全年实现拨备后利润突破17.6亿元，人均创利突破600万元，累计票据交易量自利润中心建设以来首次突破万亿元大关，实现中间业务收入2 880多万元，同比增加54%以上，全年假票收进率、不良资产率、资金损失率和经济发案率继续保持为零。

【资源优化】 2012年，工商银行票据营业部扎实推进效能管理，精耕细作优化配置，树立精细化管理、集约化运作的理念，进一步完善经营管理目标考核机制，引导所辖分部提升盈利能力和资产收益水平，引导所辖部门提升专业管理能力与服务水平。将票据收益率、资产利润率和EVA等重要经营指标与规模配置相挂钩，加大规模资源配置与经营水平、盈利能力的挂钩力度，强化资金规模的动态监测，进一步完善规模管理机制，提高规模的日常管理能力和运作效率，积极完成总行规模调控要求。实时监测库存票据配置资金成本、SHIBOR走势和总行内部资金定价波动变化，加强库存票据结构管理，提高利率走势预判能力，进一步优化资产结构和资金配置结构，促进了规模高效化配置管理，资本回报水平进一步提高。通过实施系统内票据交易分类定价和让利机制，加强了与分行的业务联动合作，与系统内分行办理了联动贴现超过15亿元，较好地支持了分行业务发展和个性化服务需求。

【市场开拓】 2012年，工商银行票据营业部进一步健全营销体系，提升市场竞争能力。扎实推进客户营销，内外兼修拓展市场，实现了业务新发展。着重从“系统内”和“系统外”两个市场入手，推进业务持续发展，成功办理了低风险承兑业务、非结算用途存放同业业务，大力推广了“票赢家”综合服务产品，促进了盈利模式的进一步优化。一方面，把加强与系统内分行联动，扩大业务合作作为落实总行集团内协同发展战略的重要举措，在关键时点统一调度，服从全行大局，有力支持分行票据买卖和规模调控需求。全年累计买入系统内分行移存票据近3 000亿元。另一方面，利用上海地区、“长三角”和全国商业银行联席会议平台，增进同业信息交流，促进业务合作。通过举办票据业务同业交流会、总行级高端客户票据业务研讨会、外资银行产品推介会等活动，加强了系统外同业客户的重点营销，取得了良好的营销效果，全年交易客户总数近千户，新增客户300余户，新增客户交易量近1 900亿元，核心客户交易量近4 500亿元，占全部交易总量的40%以上。

【风险防控】 2012年，工商银行票据营业部扎实推进稳健经营，加强制度梳理，积极加强风险防控，实现了全年安全稳健运行。一方面，持续强化全面风险管理，明确全面风险监测指标体系，规范法律审查制度，构建总分部两级法律事务管理机制，建立票据风险信息搜集发布常态机制，有针对性地强化风险防控的动态指导，继续把好存管风险监测关和业务经营审核关，研究设计了票据业务准风险事件监测模型，形成了防范风险的有力屏障。及时制定业务管理策略，突出有进有退、重点把控的原则，有效引导和支持业务拓展。针对当前票据市场出现的新情况、新问题，多维度、多层面地组织开展了票据业务现场调研，加强对票据业务风险管理的深入分析与思考。另一方面，着重从各项制度、流程的管理基础抓起，对内外部制度和流程文件进行系统性的梳理和优化，进一步提升运行效率。通过开展内部审计、合规性业务监管检查和参加监管联动会议等方式，进一步加强了与监管机构的沟通与互动，促进了依法合规经营。持续推进流程银行建设，通过了ISO9001质量管理体系年度后续审核。同时，从实战出发实施了应急演练，提高了应对突发事件的实战能力，建立了信息系统运行环境建设标准，部署开展了安全管理达标评比活动，进一步落实安保责任，健全预警机制，基础管理工作进一步夯实，确保了总分部的安全平稳运行。

【创新驱动】 2012年，工商银行票据营业部扎实推进经营转型，多措并举加快创新，开拓了发展新领域。将票据托管中心建设作为重点项目，明确时间节点，落实工作责任，从制度流程、系统建设、法律论证、机构设置等层面，加快了项目实施进度。积极推进票据电子化交易平台建设，受到了上海市政府的高度重视，有关市领导还专程到该部听取相关工作汇报，充分肯定了项目进展情况。积极推进票据远期交易产品，深入调研系统内外票据资产服务的创新需求，研究“票据资产受托管理”的业务模式，尝试与系统内分行和同业机构的合作途径，进一步扩展发展空间。

【队伍建设】 2012年，工商银行票据营业部积极落实员工工作，进一步提升队伍整体素质。首次在全行范围内开展了所辖分部负责人招聘，开展了新任管理人员集体谈话，持续推动廉政和案防联席会议制度，深入开展反腐倡廉教育活动，推进内控案防工作深入开展，两个责任制进一步落实。通过健全干部管理机制，加强干部交流培养，进一步选优配强了所辖分部领导班子和总部部门管理干部，进一步提升员工培训质量和效果，组织参加工商银行各序列专业资格考试，深化员工岗位晋升和职业发展，队伍建设呈现新面貌。

【文化引领】 2012年，工商银行票据营业部扎实推进文化建设，以人为本提升价值，激发了员工新活力。开展了员工行为规范教育、道德领域突出问题专项教育和治理活动，按照总行员工工作要求，强化队伍建设，优化干部结构，加大人才培养，促进员工价值与机构价值同提升、共发展。以总部成立十二周年为契机，组织了“同一个票营，不同的精彩”为主题的文化活动，大力开展了“职工之家”建设，丰富了员工文化生活，以舆论引导、思想疏导和文化传导为重要手段，激发了员工比学赶超的热情，涌现出一批先进典型，打造了和谐共进的“票据家园”。

（工行票据部）

2. 中国工商银行私人银行部

【概况】 自2008年3月成立以来，中国工商银行私人银行业务围绕“生财、理财、传财、护财”基本职能，为金融资产在800万元人民币以上的高净值个人客户提供以资产管理为核心、顾问咨询服务为重点的差异化金融服务，为私人银行客户提供更贴合需求的增值服务。2012年在北京、上海、广州、深圳、太原、南京、杭州、济南、郑州与成都等地10家私人银行分部基础上，在天津、河北等地相继设立26家私人银行中心，与已建的10家分部形成全面覆盖全国高端客户市场的业务布局。同时积极延伸海外业务，在巴黎成功组建私人银行中心（欧洲），联动已有的私人银行中心（香港），持续完善境内外资产管理与服务体系。

【经营业绩】 成立三年来，工行私人银行业务市场份额快速提高、服务能力持续增强，品牌影响不断扩大。截至2012年末，全行金融资产800万元以上高净值客户达到2.6万户，管理资产4 732亿元。2012年蝉联《欧洲货币》、《亚洲金融》“中国最佳私人银行”大奖，荣获《财资》杂志“2012中国地区最佳财富管理机构”奖项。

【服务创新】 工行私人银行部充分依托工商银行整体优势，秉承工行稳健、进取的一贯风格，坚持“诚信相守、稳健相传”的经营理念和“想所未想、创所未创”的服务理念，充分整合服务资源，积极创建具有中国特色、工行特征的经营模式和服务体系，实现了快速健康发展。

工行私人银行部实施“核心—卫星”战略，核心投资以全权资产委托为代表，卫星投资以专享理财产品服务为特征，不断加大专享产品的投放规模，集中社会最优质资源搭建第三方服务平台，逐步形成资产管理、另类投资、全权委托、顾问咨询、财务管理、跨境金融服务、财富传承服务和私人增值服务等八大类产品与服务。在服务过程中以客户需求为导向，坚持“先了解、后建议，先策略、后投资”的原则，实现从“销售产品”向“提供方案”转变，已成为客户财富管理与投融资一体化的“解决方案提供者”，提供跨机构、跨市场、跨产品的整合性、专业性、创新性金融服务。同时积极拓展健康医疗、税务咨询、艺术品收藏、慈善公益、子女教育等非金融服务领域，为私人银行客户提供更贴合需求的增值服务。

（工行私人银行部）

3. 中国农业银行票据营业部

【概况】 面对票据市场规模与资金整体双宽松局面，2012年农业银行票据营业部灵活调整经营策略，以量补价，扩面挖潜，业务和客户拓展计划实施良好，交易量和资产规模创近三年新高，全年累计完成交易2 646亿元，比上年增长42%，实现收入42.34亿元，实现拨备后利润10.16亿元，人均创利超1 500万元。同时，继续保持了不良资产率、资金损失率、案件发生率为零的安全运营记录。

【产品创新】 为适应票据转贴现市场客户需求多元化的趋势，经过一年多的深入研究和产品开发，农行票据营业部于2012年10月在上海国际会议中心举行新产品发布会，正式推出国内首个规范化票据转贴现组合交易产品——“票远通”。该产品作为一款符合票据市场发展新趋势和监管部门合规要求的金融新品，在对传统票据业务种类进行重新组合的基础上，辅以金融远期交易的崭新元素，在国内票据市场首创规范的组合交易、远期交易模式，为国内票据市场的长远发展注入了新的驱动力。

【业务拓展】 农行票据营业部根据宏观调控和市场竞争形势的变化，加大同业业务拓展力度。有计划恢复前几年因信贷规模紧张而萎缩的同业客户资源，实现买断交易量稳定增长；加大同业逆回购客户营销的广度和深度，拓展15家新客户，交易量比上年大幅增长近50%，进一步巩固了市场地位；利用同业融资利率较高的时机再度开展存放同业业务，并积极进行客户储备，力促盈利来源多元化。

【对外交流】 农行票据营业部通过多层次、多渠道的外部交流活动扩大作为专营机构的市场话语权和同业影响力，成功承办上海银监局风险与合规会议，与监管机构和各在沪营运中心深入探讨市场发展动向，并提出相关监管建议；成功申报上海金融服务办"上海金融人才奖"并获得相应优惠政策；首次申报上海市金融学会重点课题，完成《推进服务实体经济的规范化融资性票据市场建设》课题研究，并获得金融实务类三等奖。

【风险管理】 农业银行票据营业部根据票据市场发展趋势并结合业务经营现状，制定年度风险政策，明确稳健的风险基调；继续推进票据业务风险量化研究，完善风险监测与报告体系，明确信用及市场风险监测指标与报告路径；深化内控合规管理，开展业务档案和会计档案专项检查、全面案件风险排查、整治不规范经营自查、保密工作自查等活动；强化与属地监管机构的沟通，积极落实监管整改、配合调研座谈、开展信用风险压力测试等。

【企业文化】 农业银行票据营业部致力于员工队伍专业化建设和社会责任意识培养，努力实现员工个人提升与社会发展和经营业绩有机结合。继续开展内部课题研究及交流活动，将其作为学习型、研究型组织建设的重要抓手，完成多项针对市场前沿和业务问题的研究课题，充分挖掘员工智慧，推动业务拓展；加强培训管理，建立内部业务知识培训的质量和效果反馈机制，全年共在部内组织4次专题培训和讲座；组织员工参与中央国家机关工委"根在基层　走进一线"大型青年调研实践活动，并以此为中心进行全员宣讲教育，激励员工关心基层、走进基层、携手基层，以实际行动落实"走转改"。

（农行票据部）

4. 中国农业银行私人银行部

【概况】 中国农业银行成立私人银行部是打造大型优秀上市银行、实行多元化经营的一个战略举措，是为改革开放三十多年做出贡献而富裕起来的民营企业家、私营业主、各类专业成功人士等高净值客户进一步提供专业服务的重要决策。中国农业银行客户资源丰富，私人银行应运而生。农业银行私人银行以专业经营为主，全方位推进个人高端客户维护服务工作，加快推进科技系统建设，努力拓展客户市场，提升客户服务水平，不断增强综合金融服务能力，展现良好品牌形象。目前，私人银行客户数量大幅增加，资产规模快速增长，资产配置更加合理。

【经营业绩】 自2010年9月29日成立以来，农行私人银行部以全行零售业务转型为契机，深化对高端客户"一个客户经理，一个理财顾问，一个专属方案"的维护服务。整合资源打造多元化产品平台，以专享理财产品、投资产品、定制产品等满足客户财富管理需求。至2012年末，全行私人银行客户3.5万户，管理资产3 960亿元。荣获《欧洲货币》"中国最佳私人银行"奖。农行私人银行部总经理周宏亮先生被评选为2012"沪上十大金融行业领袖"。

【机构布局】 2012年，根据私人银行总体发展战略，在北京、天津、上海、江苏、浙江、山东、湖北、广东、四川、青岛、宁波、厦门、深圳、苏州等14家分行设立私人银行部的基础上，增设河北、吉林、黑龙江、河南、云南5家分行私人银行部，有效覆盖了全国重要经济区域，私人银行对高端客户的服务半径得到进一步延伸。

【顾问服务】 连续三年联合独立专业机构发布财富配置报告，为客户量身定制个性化服务方案；与BMO、澳联邦银行深入合作开展跨境金融服务，帮助客户实现移民、留学、跨境投资等服务需求；举办中加青年才俊训练营，开启高端客户子女财富传承通道；上市公司股东综合金融服务方案不断完善，覆盖全国十个省市；与国际知名律师事务所、税务师事务所合作提供法律、税务咨询；专享信贷、客服专线等服务体系不断完善，市场知名度和客户认可度持续提升。

【产品创新】 私人银行部产品创新以整合行内外产品服务资源、丰富私人银行产品供应、增强私人银行客户市场竞争力为己任，依托行内部门及行外第三方机构资源，建立协作机制，疏通产品资源获取、研发、审批、引入、销售和服务流程，打造多元化产品服务平台，为私人银行客户提供优质产品服务。实现私人银行客户专享银行理财产品常规化、滚动化，提供理财产品定制服务，积极开展基金专户理财、券商资产管理、信托计划、股权投资、高端保险产品定制、另类投资等服务，满足客户保值、增值需求。

【增值服务】 继续完善健康养生、人文教育、生活休闲和商务社交等四大类增值服务，不断充实尊享服务体系，推出了健康养生、生活休闲、商务社交、人文教育四大类特色增值服务，拓展艺术品金融、高端商旅、钻石定制等个性化增值服务体系。充分发挥外滩办公大楼的平台作用，广泛开展各类主题突出、特色鲜明的客户活动。

（农行私人银行部）

5. 兴业银行资金营运中心

【概况】 2012年，在兴业银行开展金融市场条线改革并成立了金融市场总部的大环境下，资金营运中心高效将体制改革和业务发展有机结合，年末管理的资产总额超过人民币4 000亿元，创造营业收入40亿元，各项业务继续保持协调发展的态势。一方面，构建了低风险、高流动性资产组合，始终坚持把票息收入作为考虑要点，主动加强了信用主体的研究，加大与各承销机构的投行、销售部门的联系，拓展资产获得渠道，年末债券收益率较2011年同比提高106 bp；另一方面，继续保持人民币外汇即期、远期、掉期市场、利率互换市场、贵金属市场最活跃的做市商地位，其中，银行间外汇交易总量达4 638亿美元、市场排名第八，利率互换占市场成交总量的13%，代理上海黄金交易所黄金、白银业务的市场份额在同业中排名中依然保持第二。此外，研究分析方面的市场影响力进一步扩大，对宏观经济研究分析的准确度继续提高，据测评，资金营运中心综合预测水平在国内排名第三、CPI预测水平国内排名第一。

【市场荣誉】 仅2012年，资金营运中心获得"全国银行间本币市场优秀交易成员奖"、"银行间外汇市场优秀会员"、"全国银行间债券市场优秀结算成员"、"上海黄金交易所优秀金融类会员"、"上海清算所优秀清算会员"、"上海清算所优秀结算成员"、"中国人民银行上海金融市场业务统计监测工作优秀机构"、"财政部记账式国债承销进步奖"等十多项荣誉称号。

【金融创新】 资金营运中心始终坚持以产品创新和业务创新为第一要务，努力推陈出新，积极引导分行加大对国家支持的重点行业、重点企业和绿色环保企业的业务拓展力度，通过发挥系统内服务窗口的作用，促进了本行对实体经济的金融支持力度。2012年，一是开展对客人民币外汇期权业务，更好地满足市场主体的避险保值需求，稳步推进国内外汇期权市场发展；二是开展黄金租借业务，加大黄金进口力度，在市场需求旺盛的情况下，保证国内货源的补给，满足企业生产中的用金需求，落实"藏金于民"的国家政策；三是成为上海黄金交易所银行间市场黄金询价业务第一批参与者，并获取即期、远期交易资格；四是推出市场前景良好的兴业债券优化指数；五是对福满金业务进行产品升级和系统重建，推出24小时连续交易的人民币报价账户金、账户银业务。

【风险控制】 在继续保持前、中、后台相互独立、相互制衡、有机结合、高效衔接的操作模式下，进一步整合强化自身风险管理和内控职能，整体提升对市场风险、信用风险、操作风险和法律合规风险的管理水平，建立全面风险防控机制。同时，积极配合监管部门开展合规性检查，细化落实案件防控及安全防范的工作要求，开展案件风险排查、银行业从业人员专项风险排查等工作。继续保持了资金营运中心不良资产率、资金损失率、案件发生率为零的安全运营记录。

【专业研判】 资金营运中心内设的研究力量有效推动了宏观研究分析和投研能力的持续提升，全年重要时点、关键政策研判正确，外部影响力持续扩大。资金营运中心研究处专家多次应邀参加国务院、商务部、全国人大财经委、上海市政府等举办的专家咨询会和经济形势分析会并发表演讲，在业内树立了良好的品牌效应。

（兴业资金中心）

6. 平安银行信用卡中心

【概况】 2012年，平安银行以与原深圳发展银行合并为契机，平安信用卡业务也得到了长足发展，迄今已拥有超千万持卡客户。平安信用卡以"安全、好用、实惠"三大特色深受消费者喜爱。

【业务特色】 (1) 安全：随卡附赠特色保险保障全方位保障持卡人工作和生活；挂失前72小时失卡保障，最大限度保护持卡人的权益；实时短信提醒，消费信息安心掌握；明星保障产品"平安守护"，即买即享意外免还款。

(2) 好用：荣获"全球最佳呼叫中心"的精英客服团队，为持卡人提供全年365天，全年24小时的优质服务；灵活便捷的信用额度调整机制、简便全面的还款渠道，让持卡人畅享用卡自由；账单分期、现金分期等多种分期计划轻松办理，帮助持卡人轻松规划消费生活。

（3）实惠：电影、加油、超市、商旅，各类“平安专利”优惠到家；28个城市，近7 000家特约优惠商户，实惠生活触手可及。

【还款服务】 平安信用卡支持自动还款、网上还款（包含平安网银、银联在线、支付宝、财付通、快钱、其他银行网银等多种网络还款通道）、银行网点还款、便利网点还款、电话还款等多渠道还款方式，还款方便快捷。

平安银行一直都积极推进用科技手段改善用户体验，平安信用卡始终致力于为持卡人创造不一样的体验，更美好的生活！

（陈 婷）

（四）村 镇 银 行

1. 上海崇明沪农商村镇银行

【概况】 2012年度，上海崇明沪农商村镇银行坚持科学发展，坚持服务“三农”、小微企业，稳中求进，积极应对经济形势、市场环境和监管政策变化，顺利完成了各项经营管理任务。截至2012年末，各项存款余额为13.06亿元，较年初增加1.28亿元，增幅为11%；实现利润总额4 375万元，资产利润率为2.33%，资本利润率为21.35%。

【业务发展】 （1）千方百计，迎难而上，全力营销，对公存款取得新突破。2012年，组织存款工作面临两大困难：一是由于部分老客户经营资金需求支出较大、2011年年末临时性划入资金的汇出，致使年初对公存款净减少2亿多元；二是财政部门单一账户的实施，使得原有预算单位近1亿元存款资金可能划出。面对困难和压力，克服重重困难，想方设法、主动出击，通过全行上下的艰苦努力，对公存款工作取得了新的突破。

（2）积极贯彻执行监管部门要求，大力宣传支持“三农”和小微企业的经营宗旨，继续全力支持小微型企业和涉农信贷需求。2012年度除通过发放宣传单、手机短信、新闻媒体、电子广告屏等方式宣传支农产品特色外，还利用县政府部门组织的各类会议开展现场宣传，不断提升对外形象、扩大影响力。同时，加强与当地农委、农业保险部门的联系，大力提高支持农民专业合作社的信贷力度。12月末，按人行统计口径计算的涉农类贷款余额7.46亿元，比年初增加1.34亿元，占贷款总额99%。单户授信500万元以下小微企业（含同口径个人经营性贷款、涉农贷款）的余额和户数均超过监管部门占比80%以上的要求。农民专业合作社贷款户数35户、余额9 135万元，其中：今年新增户数19户、新增贷款4 065万元，与上年同期相比增幅达87%。

（3）积极主动与本县专业担保公司开展业务合作，全力支持本县小微企业的经营发展，扩大低风险贷款的总量，弥补全年提前还贷对贷款规模的影响。

【风险管理】 （1）根据监管部门、控股行的指导意见和内部制约机制的要求，经一届七次董事会决议通过，于6月份成立了风险管理部，对信贷业务实行集中统一管理，不断完善风险管理体制，有效防范信贷案件风险的发生。

（2）严格执行贷款新规，确保走款比例符合监管要求。至12月底累计新发放贷款实际受托支付金额与累计新发放贷款金额的比例：流动资金贷款为98.73%；个人贷款为96.61%；合计为98.31%。累计新发放贷款实际受托支付金额与累计新发放贷款按贷款新规要求应受托支付金额的比例：流动资金贷款为100%；个人贷款为100%；合计为100%。

（3）严格控制信用贷款规模，适度发放保证担保贷款，大力发展房屋抵押贷款业务。2012年，继续坚持以产权房作为担保物的抵押贷款为贷款业务的主要发展对象，信用贷款以安信农保小额信贷保证保险的农民专业合作社贷款业务为主，保证贷款以融资担保中心担保贷款和县属国有公司为主。

（4）严格执行监管部门要求，控制单一行业贷款占比，防范行业风险带来的贷款风险隐患。至年末，贷款行业投向除制造业超过20%占比外，其余各行业占比均在20%以内。超过5%占比的贷款投向情况如下：制造业31.23%、批发和零售业19.81%（其中：批发业10.67%）、农林牧渔业17.92%、建筑业15.79%。

（5）提高了贷款五级分类的准确性，贷款质量得到了真实反映。2012年根据银监部门和审计部门现场检查的情况和要求，高度重视贷款五级分类工作，确保贷款五级分类的准确性，并如实、及时反映了信贷资产的现状，为防范和化解贷款风险起到了一定的作用。

【更名事项】 2012 年,根据控股行上海农商银行的要求,为统一上海农商银行(集团)控股村镇银行的名称,进一步优化村镇银行品牌形象,促进村镇银行业务发展,行名由上海崇明长江村镇银行变更为上海崇明沪农商村镇银行,进一步树立品牌形象,融入控股行。

【企业文化】 (1)在宣传方面,赞助环岛自行车赛、森林旅游节,在崇明电视台、轮渡上播放宣传片,联合崇明县总工会主办了"崇明长江村镇银行杯"乒乓球赛。(2)组织了工会的"爱心一日捐"活动,组织参加了机关党工委组织的"蓝天下的至爱——好心人帮好心人"万名志愿者募捐活动。(3)被评为"2012 年度崇明县工会目标考核工作优秀单位"、"治安保卫先进集体"。

(沪农商村镇银行)

2. 上海奉贤浦发村镇银行

【概况】 2012 年,上海奉贤浦发村镇银行完成增资扩股工作,注册资本从 5 000 万元增加到 15 000 万元,由上海浦东发展银行股份有限公司、上海奉贤建设投资有限公司、长江经济联合发展(集团)股份有限公司、上海新发展房地产开发有限公司、上海华昌企业(集团)有限公司等 5 家企业法人共同发起设立,其中上海浦东发展银行持股 51%。

上海奉贤浦发村镇银行目前有员工人数 47 人,设有董事会、监事会,董事长为黄建强,监事长为万晓枫,银行在行长室的领导下内部设有:办公室、业务发展管理部、"三农"金融服务中心、小微金融服务中心、社区金融服务中心、法律合规部、风险管理部、资金财务部、营业部,共"五部一室三中心"。上海奉贤浦发村镇银行行长刘胜,副行长黄璧耀、倪李军。

上海奉贤浦发村镇银行经营范围是:吸收公众存款;发放短期、中期和长期贷款;办理国内结算;办理票据承兑与贴现;从事同业拆借;从事银行卡业务;代理发行、代理兑付、承销政府债券;代理收付款项及代理保险业务;经银行业监督管理机构批准的其他业务。

上海奉贤浦发村镇银行地址:上海奉贤区面桥镇环城东路 692 号;邮编:201400;电话:61820800。

目前上海奉贤浦发村镇银行营业场所有两处,下设一家小微专营支行——奉城支行。

【主要数据】 截至 2012 年末,上海奉贤浦发村镇银行实现总资产 157 101.89 万元,较年初增长 49 557.94 万元,增长 46.08%。各项存款余额 123 245.23 万元,较年初增长 28 048 万元,增长 29.46%。各项贷款余额 93 953.49 万元,较年初增长 35 126.12 万元,增长 59.71%。实现账面利润 3 764.31 万元,实现拨备前利润 5 170.55 万元。至年末,上海奉贤浦发村镇银行资本充足率为21.84%,年初为 8.97%,核心资本充足率为 19.98%,年初为 7.6%,风险管理得到加强。按五级分类口径,年末后三类不良贷款余额为 0;不良贷款率为 0;拨贷比增提至 2.5%,达到年初董事会制定的目标。

【服务三农】 以"农合社"为突破口,坚持服务"三农"不动摇。随着农民生产销售组织化程度的不断提高,农民专业合作社在全国迅速发展,成为带动农民致富、推动新农村建设的重要力量。在服务"三农"、小微企业的方向上,上海奉贤浦发村镇银行将向农民专业合作社提供金融服务作为服务"三农"的重点和突破口。采取积极的农合社服务的创新,形成村镇银行的经营业务特色。秉承一心为"三农"的服务宗旨,在原有的"客户经理包村模式"、"风险评估模式上"、"免抵押的信用保证方式"等创新业务模式的基础上,创新"惠农贷"综合服务模式。

【产品创新】 创新上海奉贤浦发村镇银行的业务产品"惠农贷","惠农贷"最大的特点是搭建与当地农联会的合作平台,整合当地政府各类扶持"三农"优惠政策,突出"支农先知农"的服务特色,满足当地农民专业合作社实现产业化升级和专业化发展中的综合金融需求。"惠农贷"对推动上海奉贤浦发村镇银行的"三农"服务,并保持服务"三农"方面的领先起到重要的作用。该创新产品 2012 年度作为创新业务产品上报上海金融办、上海市银行业同业公会评比,受到专家的好评。

(奉贤浦发)

3. 上海浦东江南村镇银行

【概况】 上海浦东江南村镇银行由总部位于江苏常州的江南农村商业银行发起设立的新型地方性金融机构,于 2010 年 5 月 21 日正式对外营业。地址位于上海浦东新区周浦镇沪南路 3439 弄(万达广场 F 座)。2012 年度各项业务稳健发展,年末存款余额28 002.82万元，贷款余额18 429.90万元，都达到了历史最高水平，存贷款比率达65.81%，全年实现计提拨备前税前利润总额1 495.37万元，实现净利润945.41万元。

【风险管理】 加强合规管理，确保全年安全无事故。2012年，江南村镇银行始终绷紧风险这根弦，加强了客户准入贷前调查的力度，严把准入关，新增信贷投放主要以园区知名企业为主，同时加强了贷款过程中各环节操作的控制，严防操作风险的发生。加大贷后跟踪调查的力度，对全部信贷客户进行了实地回访，了解小微企业的实际经营情况。依托南汇工业园区和康桥工业园区的平台，将新增信贷资源投入当地，积极拓展园区优质实体客户群体，在支持实体经济发展的同时，有效控制的信贷风险，提升江南村镇银行在当地的知名度，为进一步拓展市场，扩大客户规模，奠定了基础。

【合规建设】 加强合规管理，确保全年安全无事故。一是抓好制度的落实，规范业务的发展。2012年度，江南村镇银行继续加强内部管理，强化内控建设，重点抓好了各项制度的学习和落实。针对柜面员工从业年限短，业务知识不全面的现状，充分利用晨会和每周学习的机会，系统地从票据法、担保法等基础的法律法规入手，系统的强化员工的基础知识，同时，对内部岗位进行了细化，明确各岗位的职责，以《上海银行业机构防范操作风险三十禁(修订版)》的要求，设置操作环节的高压线，严格禁止相关操作。同时全行还加大了对柜员行为的监督，运行监管员通过审核传票，录像回访，突击盘库等措施加强了对柜员日常行为的监督，并加强考核，确保各项业务按照规章要求运行，严控操作风险的发生。

二是规范业务与员工行为，构建案件防控长效机制建设。为规范全行从业人员职业操守，提高从业人员职业道德和业务素质，维护银行业信誉，制定了《上海浦东江南村镇银行员工行为守则》并进行了集体学习，通过制度的学习、案例的宣讲进一步提升了员工合规意识，规范了员工的操作行为。同时，进一步提高内控和案防制度执行力，扎实推进案防工作有效开展，促进各项业务活动安全稳健运行，根据2012年度案防工作要点和监管部门的部署，开展了从业人员的行为排查、负债业务合规性自查、票据业务自查等多项专项排查。从排查的结果看，未发现违章、违规、违纪、违法现象。通过排查案件风险工作，进一步提高了广大员工的政治、业务素质、道德素养和遵纪守法、防范案件发生的自觉性。

【中小企业服务】 优化流程，提高小企业贷款审批效率。为建立一条既适应小企业贷款"短、频、急"的特点，又能有效管控风险的小企业贷款业务发展道路，江南村镇银行充分发挥独立法人的优势，完善小企业贷款授权管理体系，简化小企业贷款审批手续。在小企业信贷业务权限上，坚持实行审贷分离、分级审批制度，并且按照既要提高决策效率，又要有效控制信贷风险的原则，完善了小企业贷款审批管理体制，实行小企业贷款"严授信、宽用信"，客户在审批通过后的授信总额中的贷款，客户可以随时提出申请，客户经理重点审核客户目前经营情况与授信时有无变化，用信是否符合授信时的条件等，就可以快速审批通过，为满足小企业信贷需求特点，推出了快捷信贷产品，具有"一次授信、总量控制、循环使用、适时调整"的特点。真正做到了客户随贷随用，节约客户的财务成本。截至2012年末，全行发放的贷款中全部为支持上海浦东当地中小企业及中小企业主的个人经营性贷款。

【经营指标】

单位：万元

指标＼年份	2010	2011	2012
净利润	234.94	1 418.51	945.41
本外币资产总额	149 809.15	52 508.65	125 949.32
本外币各项存款总额	15 432.21	20 124.77	28 007.82
本外币各项贷款余额	8 618.95	12 390.86	18 429.9
个人消费贷款余额	0	0	0
住房按揭贷款余额	0	0	0
不良贷款率	0	0	1.35%

(江南村镇银行)

4. 上海浦东建信村镇银行

【概况】 上海浦东建信村镇银行有限责任公司于2010年12月开业，注册资本15 000万元，由中国建设银行股份有限公司作为发起人，投资占比60%；其余股东单位分别为上海城投资产经营有限公司、上海新华发行集团有限公司、上海东方惠金文化产业创业投资有限公司、上海建工集团股份有限公司、上海江东土地房地产开发有限公司,投资占比均为8%。作为一家定位服务于中小企业和"三农"的新型金融机构,秉承"诚实守信,快捷高效"的经营方针,充分体现独立法人机构的服务优势,立足浦东,及时响应客户需求,全力为"三农"和中小企业提供金融服务,为区域经济社会发展服务。截至2012年末,存款余额64 667万元,较上年新增2.28亿元,其中个人存款余额较上年增长593.23%;各类贷款余额41 984万元,较上年新增1.14亿元;存量贷款五级分类均为正常类;实现拨备前利润2 202万元。

【三农信贷】 上海浦东建信村镇银行加强与浦东新区农业产业化领导小组办公室、农业委员会等政府对口农业管理部门的拜访沟通,及时掌握了解政府关于"三农"政策的最新动态,加大涉农贷款信贷投放力度。同时,加强与安信农业保险股份有限公司等有资信、有实力的第三方的业务合作,进一步丰富支农手段。截至2012年末,涉农贷款余额37 684万元,其中农村企业32 890万元,农村各类组织贷款余额1 800万元,农户贷款余额2 994万元。涉农贷款较年初增长73.57%,占贷款总额的89.76%。

【中小企业信贷】 上海浦东建信村镇银行大力拓展区域内中小企业客户群,积极参与各类推介会,例如上海市中小企业金融推介会、浦东新区金融洽谈会等。成功与上海浦东新区就业促进中心签订战略合作协议,并配套推出"浦东新区市民创业贷款"信贷业务。上海浦东建信村镇银行的"支农支小"服务特点得到新闻媒体的关注与报道,如《浦东日报》大幅版面刊登介绍上海浦东建信村镇银行服务特色,在区域内知名度和市场影响力不断扩大。截至2012年末,小微企业贷款余额35 180万元,占贷款总额的83.79%,贷款客户数54户,占总公司类贷款户数的96.43%。

【风险管理】 上海浦东建信村镇银行始终秉承稳健经营理念,不断加强风险管控。针对农民和农村小企业的风险特征,以客户质量和综合贡献度为基础,通过规范各经营管理环节的风险管控基本流程,有效识别和管理潜在风险,促进业务健康发展。一是制订了《上海浦东建信村镇银行工作人员违规失职行为处理办法(试行)》,实行"违规积分登记簿"制度。通过登记轻微违规积分和经济处罚相结合的手段,对员工工作中出现的轻微违规行为进行惩戒。二是严格执行监督检查制度,监督检查涵盖授信业务、综合管理、风险管理、存款和柜台业务、会计等各条线和岗位的操作流程。目前已形成互查、抽查和全面检查的监督检查机制。三是根据《关于开展村镇银行"查风险　保运营　促发展"活动的通知》精神,对操作风险、信贷风险、流动性风险等方面逐一排查,进一步提升风险管控水平。

【工作亮点】 在发展业务的同时,严格执行相关监管要求,主要监管指标均控制在监管范围内;加强监管报表管理,获得人民银行颁发的中资法人银行报表统计工作三等奖;严格执行上海银监局关于"两个不低于"监管要求,多次得到上海银监局的通报表扬,并因此可以享受上海银监局针对小微企业专营银行推出的系列差异化监管政策;为增强市场竞争力,拓展存款产品和结算工具,2012年向监管部门申请开办理财和银行卡业务,并于年内获得了人行和银联的发卡批复。

(浦东建信)

二、外资银行

(一) 外资法人银行

1. 三菱东京日联银行(中国)有限公司

【概况】 三菱东京日联银行(中国)有限公司是一家由日本三菱东京日联银行股份有限公司全资设立的外商独资法人银行。2007 年 7 月 2 日正式开业,资本金 80 亿元。目前已有深圳、上海、大连、北京、天津、无锡、广州、成都、青岛、武汉、沈阳 11 家分行以及天津滨海、大连经济技术开发区、广州南沙、上海虹桥、北京经济技术开发区 5 家支行。2012 年度,三菱东京日联银行(中国)通过进一步发展创新、加强内部管理、扩充营业网点等措施积极解决发展中遇到的问题,取得了良好的业绩,以高效、优质的金融服务获得了客户的满意和市场的青睐,并被上海银行业协会授予上海银行业银团贷款最佳机构奖一等奖。

【业务发展】 在中间业务相关产品方面,三菱东京日联银行(中国)密切注视政策变化、倾听客户声音、注重业务的推陈出新。2012 年贸易结算服务(TSU)和银企直联服务(GPH)相继上线,使贸易结算手续更为高效、便捷。在同业市场方面表现突出,截至 2012 年末,三菱东京日联银行(中国)已具备的银行间市场业务资格有人民币利率掉期业务资格(外资银行首家)、银行间外汇市场即期做市商资格(外资银行首批)、银行间外汇市场远期掉期做市商资格(外资银行首批)、CFETS 系统外币买卖做市商资格。在债券业务方面,根据中央国债登记结算有限责任公司的统计数据,三菱东京日联银行(中国)债券交割量(现货)月度全国总排名由 2011 年 6 月的第 252 名攀升至 2012 年 12 月的第 19 名,在外资银行中位列第一。另外,三菱东京日联银行(中国)于 2012 年 1 月作为财务顾问协助客户成功发行了短期融资债券,成为日资企业在中国国内市场首次发行的人民币债券。

【风险管理】 三菱东京日联银行(中国)非常重视对风险的管理和控制,2012 年主要实施的风险管理措施包括:强化信用风险管理部门职能;加强预警管理机制;推进全行事务流程标准化、新商品以及新网点开设管理;导入了对分行的操作风险自我评估体系(分行 CSA),加强了对分行的风险管理等。通过这些举措,三菱东京日联银行(中国)对信用风险、操作风险、市场风险、流动性风险、声誉风险等风险实施全面而有效的管理和控制,不但保证了银行的有序运营,也提升了客户对该银行的信心。

【加强系统建设】 以客户信息系统(CMD)整备、信息数据仓库(DWH)构筑、交易采号系统(ART)构筑为中心的"信息系统基盘整备"计划于 2009 年 11 月正式立项以来顺利进展中,继以实现客户信息一元化管理为目的的顾客信息系统(CMD)于 2010 年 11 月上线以后,DWH 系统也于 2012 年 12 月 24 日起上线试运营。该项目不仅提升了统计工作的质量,同时也有利于事务、管理、营业等方面工作效率的提高。

【人才培养及企业文化】 2012 年度,三菱东京日联银行(中国)继续推进"员工本地化"进程。截至年底,有正式员工约 2 400 人,其中本地员工约占员工总数的 90%。其中,在中坚力量的配备上,本地员工中担任高级经理及以上职务的人数相比 2011 年增长了约 20%。这部分员工作为不可或缺的核心和骨干力量,活跃在业务及管理的诸多重要岗位上。同时为了进一步充实人才储备,营造良好的工作氛围,三菱东京日联银行(中国)采取了多项措施,如进一步完善轮岗体制,通过在不同岗位工作的锻炼,以培养提高行员的全面知识技能;构建全面完善的培训体制,在思想意识、专业技能、沟通管理能力等方面为员工创造学习和自我提高的平台。

【社会责任】 作为一家设立在中国的外资法人

银行，三菱东京日联银行(中国)一直以来秉承“积少成多”，“来源社会，回馈社会”的理念，通过多种形式履行企业的社会责任。三菱东京日联银行(中国)的各家分行积极投入到当地的公益活动和志愿者项目中。例如，为外来务工人员子女学校和福利院捐赠物资、组织员工和员工家属参加植树造林活动、参加公益图书馆项目并捐款、通过单车骑行活动宣传环保理念等。

(李雅颖)

2. 三井住友银行(中国)有限公司

【概况】 三井住友银行(中国)有限公司是一家由日本三井住友银行股份有限公司全资设立的外资法人银行，注册资本为70亿元人民币，总行设于上海，目前已有天津、广州、苏州、杭州、北京、沈阳、深圳、重庆8家分行以及天津滨海、苏州工业园区、常熟、上海浦西4家支行。自2009年4月27日正式开业以来，三井住友银行(中国)有限公司一直秉承“为顾客提供更有价值的服务，与顾客共同发展”等经营理念，不断拓展在华业务。

【金融服务】 2012年，三井住友银行(中国)有限公司各项业务稳健发展。现金管理方面，在亚洲货币杂志 *Asia Money* 的银行现金管理能力评比排名中，2011年及2012年三井住友银行(中国)有限公司在大、中、小各类型企业客户中的满意度均列于在华外资银行前五强。随着中国市场在各个领域的全球化及企业运作的多元化，三井住友银行(中国)有限公司也在金融服务方面积极创新，满足企业客户的各种新需求。

银团贷款方面，在银团贷款专业杂志 *Basis Point* 的2012年在华簿记行排名中，三井住友银行(中国)有限公司位列在华外资银行第二名。三井住友银行(中国)有限公司以提高在中国地区的影响力为目标，继续致力于银团贷款业务。

中长期外债方面，为促进金融领域对外开放，发挥外资银行在“引进来”、“走出去”中的积极作用，推动国民经济发展，2012年国家发展和改革委员会选取6家外资银行进行了试点。作为当选首批试点的外资银行，三井住友银行(中国)有限公司为中外资企业客户的合理资金需求提供了有力的支持。

【同业合作】 2012年3月，三井住友银行(中国)有限公司与中国银行共同举办了“跨境人民币业务研讨会”，与会人数150人左右。由三井住友银行(中国)有限公司介绍了“跨境人民币相关政策的缓和”，并邀请了中国银行总行国际结算部、中国银行(香港)有限公司及中银国际证券有限公司的各位代表，就“跨境人民币结算的利弊，人民币结算的现状”、“香港地区的跨境人民币结算的现状及汇率走势”及“点心债券”三大话题展开了介绍。此次研讨会既加强了同行业间的信息交流，又对客户进行了跨境人民币的宣传，达到了良好的双赢效果。

【交流活动】 2012年2月，三井住友银行(中国)有限公司母行在中国人民银行研究生部发表了关于“日本金融体系和主要金融集团特点”的主题演讲，中国人民银行研究生部的领导、师生、中国银行间市场交易商协会以及日本、韩国央行人员参加了研讨会。三井住友银行(中国)有限公司母行介绍了日本金融体系整体情况和主要金融集团的特点以及在不同的经济时期日本政府进行的一系列金融制度改革等，并总结了从中获得的经验和教训。7月，三井住友银行(中国)有限公司与国家发展和改革委员会经济研究所共同举办了“中小企业融资和发展”专题研讨会，政府主管部门、金融监管机构以及中资金融机构共计50余位出席。三井住友银行(中国)有限公司母行法人市场部发表了关于“三井住友银行对中小企业扶持体制”的主题演讲，介绍了日本中小企业的发展、中小企业在日本经济发展中的作用以及三井住友银行在日本面向中小企业开展业务的情况。中国人民银行研究局的领导表示三井住友银行在日本支持中小企业发展方面的做法，为目前国内中小企业融资和发展提供了非常有价值的经验。

【社会责任】 三井住友银行(中国)有限公司的经营理念是为客户提供更有价值的服务，与顾客共同发展；通过发展中国地区事业，努力为中国社会做出更大贡献的同时，力求扩大三井住友金融集团在中国的影响力并确立其品牌效应；在推进本土化的同时，创建重视交流，能让勤奋好学的员工充分发挥自身能力，且公平公正，并能感受到工作价值的工作环境。

2012年，三井住友银行(中国)有限公司继续推进奖学金项目，共有五十多名来自各专业的优秀大学生获得了三井住友银行(中国)有限公司冠名高校奖学金。三井住友银行(中国)有限公司通过不断深化与全国知名高校的奖学金合作，在吸引更多优秀大学生人才的同时，体现与实践在华扎根发展企业的社会责任与价值。

（三井住友银行）

3. 东亚银行（中国）有限公司

【概况】 东亚（中国）是在中国内地拥有最庞大分支机构网络的外资法人银行之一。截至2012年12月31日，东亚（中国）员工总数达4 331人，在内地共设立114个网点，其中包括上海总部、25间分行和88间支行，另设有9间24小时自助银行中心。

2012年5月，东亚（中国）成功于香港完成发行总额为10亿元的人民币债券，这是东亚（中国）第二次在香港发行人民币债券；9月，全面发行银联标准人民币芯片信用卡，并推出“定活一本通”产品，实现了本外币、定活期一本通，包含4个子账户，一本存折即可满足客户各种资金存储需求；11月，正式推出人民币福费廷业务，进一步丰富了跨境人民币结算与融资系列产品。同时，“新一代零售贷款业务管理系统”上线，提升了流程的自动化。

2012年，东亚（中国）获得的主要奖项包括：上海民政局第二届上海慈善奖“爱心捐赠企业”称号；“设备通”产品荣获银监会“小微企业金融服务特色产品”称号；个人网上银行荣获中国网上银行促进联盟、中国计算机用户协会颁发的“最佳客户体验奖”；《环球企业家》杂志“最佳跨境人民币业务银行（外资）奖”；《财资中国》“2012最佳外资现金管理奖”；2012年度上海市银行同业公会授予的“上海银行同业年度机构贡献奖”、“上海银行业最佳客服中心奖”等。

【社会责任】 2012年，东亚（中国）继续积极履行企业社会责任，努力为内地社会的和谐发展做出积极贡献。2012年4月，发布《2011东亚中国企业社会责任报告》；2012年6月，荣获中国银行业协会颁发的“2011年度最佳社会责任实践案例奖”。

（1）公益基金方面：为关爱和帮助贫困地区青少年的教育成长，东亚（中国）携手上海宋庆龄基金会于2009年成立了“上海宋庆龄基金会—东亚银行公益基金”（下称“东亚银行公益基金”），并于2012年续签了三年的合作协议。截至2012年底，东亚银行公益基金已成功募集善款近人民币2 800万元，并于2012年成功组织举办了一系列公益活动，其中包括“萤火虫计划”、“东亚银行大学生助学金计划”。

（2）环境保护方面：2012年3月植树节，东亚（中国）在上海、广州、长沙、杭州、哈尔滨、石家庄、沈阳和西安组织员工开展“植下一片绿，美化地球村”活动，共计植树约400棵，参与活动志愿者218人，贡献志愿者时间853.5小时。2012年3月31日，东亚（中国）亦积极参与由世界自然基金会发起的“地球一小时”活动，全行熄灭银行门招并倡议全体员工届时在家中熄灯1小时。

（3）教育方面：东亚—交大人才合作培养及奖学金项目。2012年9月19日，首届“东亚银行奖学金”颁奖仪式在上海交通大学颁发，这是东亚（中国）履行双方人才合作培养协议，鼓励年轻学子奋发学习的重要举措。同时，为交大2011届金融硕士生安排了为期10个月的实习，择优录用了其中部分学生。

【重大活动】 （1）2012年12月12日，由东亚银行（中国）有限公司携手上海宋庆龄基金会打造的“爱启航，心飞翔——2012萤火虫慈善之夜”在上海花园饭店精彩上演。

为筹备这场慈善拍卖晚宴，主办方上海宋庆龄基金会及东亚中国，捐赠、筹集数件珍品作为慈善拍品。最终，晚宴的慈善拍品由八件升至十二件，其中东亚银行8个8幸运卡号信用卡等重量级拍品的加入，无疑为这场慈善晚宴再添亮点。据统计，本次晚宴近230位宾客出席活动，共计筹得善款人民币763万元，并悉数捐给公益基金。

（2）2012年9月10日，东亚（中国）有限公司在上海宣布全面发行银联标准（PBOC2.0）人民币芯片（IC卡）信用卡。从9月3日开始，东亚（中国）自助取款设备（ATM）已然全面受理银联标准芯片卡，其他银行发行的银联芯片卡均可跨行使用。这在内地外资法人银行中相关领域再创先举。相对于传统的磁条卡，芯片卡除了具备传统磁条卡所拥有的消费、取款、存款、预授权等金融功能外，还能做脱机支付、快速支付、积分消费等特色交易。东亚中国自助取款设备（ATM）全面受理银联芯片卡，无论是服务范围，抑或是ATM机数量，都是内地外资法人银行中受理银联标准芯片卡最大的一家。

【主要获奖】 2012年4月，东亚（中国）“设备通”获中国银监会“2011年度全国银行业金融机构小微企业金融服务特色产品”称号。东亚（中国）“设备通”产品针对中、小、微型企业的特点和需求量身定做。与一般银行固定资产贷款相比，其贷款比例较高(最高可达设备购买价格的80%),贷款期限较长(最长可达4年),接收多行业的多种设备品牌(如海德堡、高宝、力劲、震雄等超过30家品牌设备可供选择),还款压力较小(每月等额本息还款),大大减轻借款企业的还款压力。

(东亚银行)

东亚银行(中国)携手上海宋庆龄基金会举行
“2012萤火虫慈善之夜”拍卖晚会

4. 恒生银行(中国)有限公司

【概况】 恒生银行(中国)有限公司于2007年5月成立,是香港恒生银行在内地的全资附属公司。

恒生(中国)总部设上海,以长三角、珠三角和环渤海区域为业务拓展重点,秉承母行审慎经营原则,稳健发展内地业务。2012年3月,恒生(中国)在海西经济区设立的第二家分行——厦门分行开业,其后又在广东、北京、天津等地开设6家支行。截至2012年年底,恒生(中国)在内地17个城市共有46家分支行。

【业务发展】 2012年,恒生(中国)在存款吸收、贷款业务和客户基础上均有令人满意的表现:以港币计算,存款总额同比增加12.7%,贷款总额同比增加15.5%;在客户基础方面,优越理财客户数同比增加15.5%,总客户数同比增加12.6%。对公业务方面,2012年恒生(中国)利用跨境贸易人民币结算试点地区扩大的契机,加强与母行联动,产品及服务内容更为丰富。在《首席财务官》杂志“2012年度中国CFO最信赖的银行评选”中,恒生(中国)凭借优质服务,摘得“最佳跨境贸易结算奖”。恒生中国亦重视对中小企业的服务,积极响应国家扶持中小企业政策。

对私业务方面,恒生(中国)秉持“以客为尊”的服务理念,提供恒生原创设计、多元化的理财产品和专属贴心的理财服务,满足不同客户群体的需求,传递稳健的理财理念。在《每日经济新闻》“2012第三届金鼎奖评选”中,恒生(中国)获得“年度最佳外资理财服务银行”奖项。恒生(中国)亦摘得《理财周报》“2012[第五届]中国最受尊敬银行暨最佳零售银行评选”之“2012年中国最受尊敬外资银行”奖项,部分保本投资产品“步步稳”获评“中国十大最佳银行理财产品”。

【社会责任】 2012年,恒生(中国)积极响应中国银行业协会的相关要求,开展了“普及金融知识万里行”系列活动,并筹备各分支网点的活动开展。同时,恒生(中国)继续拓展两项分别以音乐教育及阅读教育为主线的“开拓音乐新世界”及“悦读行”系列公益项目。在中国教育新闻网主办的“2012中国教育年度影响力榜单”评选中,“悦读行”项目获评“2012中国教育年度影响力公益品牌”。而“开拓音乐新世界”项目在2012年于上海为四所外来务工子弟学校的160名学生提供了敲击乐入门培训,并为17名在2011年项目中表现优异的学生提供专业音乐机构的进阶培训。同时亦招募培训志愿者教师,通过授人以渔的方式使更多学生受益。该项目在第二届中国公益节中获“2012年度公益项目奖”,恒生(中国)亦获“2012中国公益奖——集体奖”。

恒生(中国)支持多项慈善捐赠并积极投入社会公益,例如借2012年广州、上海国际马拉松赛之际,组织“恒生慈善跑”,为完成马拉松项目的员工向慈善机构捐款,并将款项用于重症儿童治疗补助,以及康健院孤残儿童的生活改善。

恒生(中国)重视人才的培养和保留。2012年,恒生(中国)为员工提供系统的培训,涵盖合规、产品、系统、销售技能、领导力与管理等各类网络及课堂培训课程。同时在加强销售人员建立基础知识储备的前提下,根据不同业务条线及岗位职责,通过专项课程、工作坊等形式进一步提升其专业能力。恒生中国2012年亦在薪酬福利方面推出长期激励计划,鼓励员工与银行共同成长。

(恒生银行)

恒生(中国)"开拓音乐新世界
敲击乐教育公益行"上海站汇演活动

5. 大华银行(中国)有限公司

【概况】 2012年,大华银行(中国)继续坚持"稳中求进"的发展战略,取得了稳健的业绩表现。与2011年相比,营业利润增长了115.6%,达2.8亿元人民币;税后净利润为2.1亿元人民币,较上年增长了127.1%。此外,保持了健康的财务收支状况,并实现了资金来源的多元化,与客户间的联系也不断加深。客户贷款达到151亿元人民币,年增长12.7%,而存款总量则达到239亿元,年增长13.3%。受益于此,存贷比由64.9%下降至64.3%。

【金融网络服务】 2012年,大华银行(中国)在业务网络扩展以及产品服务优化方面取得了长足的进步。4月,杭州分行的成立进一步扩大了在长江三角洲的业务覆盖能力,完善了全行服务于高端客户群以及国有、民营企业的网络。此外,为了向本地客户提供更完善便捷的金融服务体验,还对北京、天津和广州分行进行了设施升级,深圳分行进行了搬迁扩容。除了物理网点的优化,这一年中,大华银行(中国)通过开设个人网上银行进一步完善了电子服务渠道。同时,也对自动存取款机进行了升级换代,增加了兼容银联IC卡的功能;并新增了银行承兑汇票贴现和贵金属交易等系统平台。大华银行(中国)牵头在2012年初成立了"中国业务平台",通过集团独一无二的区域金融经验和整合的业务网络,支持中国企业开拓海外市场。

【企业银行业务】 2012年,大华银行(中国)加强了现金管理功能,为客户提供更多个性化的方案,来有效管理客户公司间的现金流量,并且最终提升汇款和收款的效益。推出了更多贸易融资产品,并为本地企业客户推介了新的大宗产品衍生产品,来有效应对大宗产品价格的浮动。2012年,大华银行(中国)积极参与在国内的银团贷款项目,借此来支持客户的扩展计划。为了更好地支持在海外拓展业务的客户,年初成立了专署团队,凭借集团在区域和环球的平台,专为客户提供无缝式的跨区域支援和融资方案。

【商业银行业务】 通过与业务伙伴部门环球金融与投资管理部及交易银行部通力合作,不断提升专业服务技能,为客户提供更广泛的产品及服务,包括资金运营、贸易融资以及现金管理等。同时,利用大华银行的集团网络为国内外企业提供"一站式"的跨境咨询服务和融资方案,特别是成功协助一批中国企业在新加坡建立了业务网络,并以新加坡为门户在东南亚地区实现了进一步扩张。

【交易银行业务】 大华银行(中国)始终致力于向客户提供全方位的、完整的、量身订制的现金管理和贸易融资解决方案以满足客户业务需求。目前的现金管理方案覆盖了收付款和流动性管理服务,客户可通过分行网点及企业网上银行平台办理。在贸易融资方面,提供完整的贸易结算及融资服务,其中包括贸易咨询、结构性贸易融资和风险规避方案。

环球金融与投资管理部则针对客户需求,开发设计了一系列外汇、利率、大宗商品以及理财等相关的新产品,从而为中国国内大中型企业和高净值个人客户提供了一整套完善、全方位、多样化的产品和服务平台。2012年第三季度,大华银行(中国)成功获得上海黄金交易所授予的银行间黄金询价业务资格,并于2012年12月初启动银行间黄金询价交易。

【个人金融服务】 2012年,为满足国内持续增长的高端客户的金融需求,在原有五家"尊享理财"中心的基础上,大华银行(中国)在北京、天津和杭州又增设了三家"尊享理财"中心。伴随着中国投资者对投资理念的愈趋成熟,为了更好地提供全方面的投资理财服务,大华银行(中国)代客境外理财计划——环球基金系列在2012年10月全面推出。该系列通过股票、债券等各类投资工具,帮助客户把握遍布在成熟市场与新兴市场中的优质投资机会。2012年另一个标志性的里程碑是大华银行(中国)

“个人网上银行系统”的启动，这可以让客户在不受时间限制的情况下，在任何地方通过互联网进行基本的金融交易，为客户提供了快捷和便利的服务。2012 年，大华银行（中国）的抵押贷款业务在持续紧缩的房地产市场环境下，取得了稳步的增长。房贷业务继续在上海、北京、成都、沈阳等市场需求依旧活跃的城市全面深入地展开。

【管理业务运营后台和信息化】 根据母行以及中国银行业监管机构的要求完善与健全了内控制度流程和标准。通过与业务部门的通力合作，成功推出了一系列重要产品，包括个人网上银行、个人投资理财、金融 IC 卡受理、银行承兑汇票贴现和贵金属交易等系统平台，并推出了尊享理财贵宾和企业客户服务热线，为客户提供了更便捷优质的服务。

（大华银行）

6. 南洋商业银行（中国）有限公司

【概况】 南洋商业银行（中国）有限公司于 2007 年 12 月 14 日正式注册成立，是中国银行（香港）有限公司通过其全资附属机构南洋商业银行有限公司全资拥有的外商独资银行。2012 年，南商（中国）以“价值创造”为主线，以机制建设为抓手，不断深化业务联动，强化自主营销，扩大业务规模；不断加大产品开发力度，调整业务结构，提高盈利能力；持续推进渠道建设，加强精细化管理，夯实发展根基，取得了良好的经营业绩。

【主要业绩】 2012 年，南商（中国）业务规模持续增长。年末，总资产逾 734 亿元；存款余额为 509 亿元，比年初增加 71 亿元，增长 16.2%；贷款余额为 358 亿元，比年初增加 51 亿元，增长 16.6%，高于内地主要外资法人银行存贷款余额 6.65%、6.92%的平均增长水平；日均贷存比控制在 73%以内，达到监管要求；不良贷款比率为 0.45%，风险可控。经审计全年实现账面经营收入 12.41 亿元，增长25.3%；实现账面税后盈利 18 274 万元，增长18.9%；年度内非利息收入占比提高，月度化 NIM 水平持续攀升，成本收入比下降，贷款拨备则较去年同期增长 40 个 BP。

【业务亮点】 企业金融业务。充分利用中长债等指标的限额管理模式，吸纳非授信客户的结算和存款；大力发展银行承兑汇票、信用证和保函等表外业务，带动保证金存款的增长；严格落实结算“相对比”要求，提高授信户存款及收益贡献；制订实施储备项目管理机制，及时掌握分行营销中、准入中、审批中以及已批未用等各个环节的项目进展情况，提高重点项目落地率。

个人金融业务。通过加强“南商理财”品牌建设，推出“借记卡”、“网银”、“纪念南商进入内地 30 周年”献礼三部曲等营销推广及客户增值活动，个人存款余额达 181.78 亿元，较年初增长 35.74 亿元，占全行存款总量的 35.7%；境内客户存款余额占比 23%，较年初提升 4 个百分点。同时，通过制定个人贷款定价配比模型及非按揭发展策略，“个人经营性贷款”及“小额、批量、标准化”的特性化产品占比逐渐上升，个贷业务结构不断优化。截至 2012 年 12 月底，全行个贷余额 50.87 亿元，比年初增加 14.12 亿元，完成全年计划的 103.3%。

资金业务。通过将理财产品挂钩海外市场的汇率、利率、黄金、大宗商品价格等标的，形成完整的“益达”产品序列；推出首款以债券和货币市场为投资方向的表外理财产品“益享”，创新中间业务收入来源；逐步下调理财产品定价水平，优化理财业务期限结构。此外，通过推出人民币掉期产品，以及人民币存款与掉期产品的组合产品，并通过组合套利交易、背对背匹配交易和债券投资等形式，积极开展银行盘项下资金运作。截至 2012 年 12 月末，资金业务收益达 20 448 万元，超额完成全年目标。

中小企业务。推出“供应链管理公司”、“融资租赁公司”等近十种中小企批量业务模式；完善“SME”商贸赢系列产品品牌，新增机器设备融资、科技赢、供应链产品等 10 多种适合中小企客户的产品标准化准入条件，打造南商（中国）中小企业客户专属品牌；与全球网等 3 家客户推荐渠道及 3 家担保公司正式签署总对总合作协议，拓展第三方合作。

【服务亮点】 “渠道共享”与网上银行并进，服务效果不断显现。南商（中国）自 2011 年推出与中国银行柜台、ATM 及 POS 的“渠道共享”以来，交易月均增幅近 20%，交易总量已接近银联跨行交易，有效提升银行卡活跃度。持续优化网银功能，开展积分推广、网上汇款优惠活动，丰富网上产品，网银渗透率、替代率明显提升。企业网银开户渗透率达 46.61%，替代率近 20%；封闭式理财产品网上销售替代率突破 50%。

增设与挖潜并重，支行网点效能不断提升。

2012年，南商（中国）新增上海黄浦支行、广州佛山支行、广州越秀支行、深圳东莞支行、深圳嘉宾支行、成都创业路支行、青岛秦岭路支行和杭州城中支行8家营业网点，并完成深圳、北京、杭州分行和陆家嘴支行搬迁，服务网络日趋丰富，营业环境进一步改善；同时，积极推进新设机构达标工程，加强存量网点经营成果分析评价，提升网点效能。

【精细管理】 优化风险管理机制。设立专职审核人，开展风险经理派驻制，针对大、中、小型客户及低风险授信业务，设置不同的授信审批通道，推出风险经理与客户经理平行作业模式，在前移风险关口控制的同时，大幅提升了审批效率，平均工作周期已从3.8天降为2.62天，降幅达31.1%。

优化业务流程。推进“简明高效、提速100”流程优化活动，梳理19个优化专项，不断提升客户体验。

开展制度重检。建立“建言献策”平台，收集全行对规章制度修订的意见和建议；制订制度重检方案，区分新旧制度分别采取不同的策略，在本地化基础上，着力提高制度的合规性、有效性。

提升科技水平。全行IT建设有效支持业务转型发展及网点建设进度要求，年内启动整合转型项目并纳入中总行蓝图整体规划，2012年度在沪中、外资法人银行信息科技综合评级中名列前茅。

【企业文化】 人才建设。多渠道选拔聘用人才，保证重点岗位人员到位率；启动“南商（中国）青年智库”工作，为业务发展储备人才。扩展培训渠道，有针对性设置培训课程，采用灵活多样的培训方式，开展员工培训，提高员工队伍素质。

企文活动。举办“迎百年行庆、南商入驻30周年演讲比赛”，发行“南商进驻内地三十周年特刊”，鼓舞员工士气。开展“推动创新，全面提升客户体验年度企文主题”活动，举办“企文推广及员工沟通会议”，传导企业文化主题，开展精神奖励评选工作，鼓励先进，表彰模范，举办新春晚会、春游、兴趣讲座及健身等康乐活动，倡导“以人为本、团结协作、讲求绩效、进取创新、恪守诚信”的核心价值观。

品牌建设。结合业务发展特点及产品推广需要，在全国主流媒体上刊登南商（中国）业务动态、新闻资讯及管理层专访等新闻100余篇，提高在新华网、国际金融报、经济参考报、金融时报等主流媒体刊登频率，品牌形象明显提升。

【重大活动】 （1）南商（中国）信用卡首发仪式在沪成功举行。2012年11月26日，南商（中国）喜获中国银监会批复，具备了在内地发行信用卡的资质，成为首批在中国内地独立发行信用卡的外资银行之一。随后，信用卡首发仪式在上海和平饭店成功举行。南商（中国）此次首发是芯片信用卡，包括银联品牌的个人白金卡、商务/公司信用卡以及国际卡组织品牌的商务信用卡，主要面向具有跨境银行服务需求的中高端个人及企业客户。

（2）南商（中国）增资24亿元。南商（中国）向监管机构提交的增资申请已获批准，自2012年6月7日起，注册资本从等值41亿元人民币增加至等值65亿元人民币。

为配合该行内地业务的稳步发展，满足客户尤其是具跨境金融服务需求客户的发展，经董事会决议通过及股东批准，南商（中国）正式向中国银监会申请增加24亿元人民币注册资本，并获批。本次增资将有效提高该行的资本充足率，提升该行在未来业务发展中的抗风险能力。

根据跨境人民币业务的相关规定，境外投资者可以采用跨境人民币形式履行出资义务。经比较分析南商（中国）的现有资产负债结构和未来发展战略，为支持人民币业务的发展，其母行南洋商业银行有限公司拟通过境外人民币的形式进行本次增资。在2012年6月获中国人民银行批准后，南商（香港）用自有外币资金在香港离岸人民币市场（CNH）进行兑换而获得24亿元人民币资金后，向南商（中国）增资。在收到资本金款项后，该行在及时审核资金信息、委托会计事务所完成验资工作后已办理入账手续。

（南商银行）

2012年11月26日，南商（中国）信用卡首发仪式

7. 苏格兰皇家银行(中国)有限公司

【概况】 苏格兰皇家银行(中国)有限公司前身为荷兰银行(中国)有限公司,2010年5月获中国银行业监督管理委员会批准更名。2012年,苏皇(中国)注册资本金为45亿元人民币;设立的部门有金融市场部、国际银行部、环球资金及贸易服务部、运营操作部、信息技术部、集团服务部、变革部、信用风险部、市场风险部、操作风险部、合规部、财务部、人力资源部、法务部、市场传讯部、内部审计部、零售及中小企业收尾工作部、安全事务部。

截至2012年底,苏皇(中国)在境内拥有5家分行,即上海分行、北京分行、深圳分行、成都分行及重庆分行。随着零售和中小企业退出进程的推进,苏皇(中国)已于2012年陆续关闭了位于上海的4家支行(即浦西支行、新世界支行、古北支行和港汇支行),位于北京的3家支行(即嘉里中心支行、中关村支行和东方广场支行),以及位于深圳的2家支行(即中信大厦支行和海岸城支行)。此外,全行2012年不销售任何新产品,服务重点是向所有剩余的愿意留在苏皇(中国)的客户(大部分持有未到期的投资理财产品)继续提供高品质的售后服务,直至其产品到期或者客户主动提出终止与银行的账户关系。

【金融服务】 2012年整年,苏皇(中国)各项业务发展主要描述如下:(1)金融机构业务方面在2012年继续加大和中资银行以及外资银行的合作,把工作重点放在主要客户上以强化和拓展与主要客户的关系。对金融机构客户的产品服务仍然得到延续和发展。继续涵盖清算,海外代付,福费廷,保函,外汇(即期和远期)交易,人民币利率掉期交易,同业存款、同业拆借、回购等。

(2)公司银行业务根据地理区域及业务性质划分为华南、华东、西南、华北及中资/外资企业等多个团队,服务的客户数量亦超过600个,该业务客户群体主要集中在大型中资企业和三资企业领域。

【制度建设】 苏皇(中国)一贯强调公司治理工作的重要性,银行公司组织架构得到进一步改进和完善。银行管理层次清晰,权责分工明确:苏皇(中国)董事会下设专业委员会:关联交易控制委员会、内部审计委员会及风险管理委员会,各委员会向董事会汇报。法人银行高级管理层向董事会及其下设委员会和中国区执行总裁汇报。分行直接向总行报告。分行业务部门在垂直报告的同时向分行行长报告。2012年度,苏皇(中国)对现有的内部控制制度和流程进行了进一步的全面梳理,并根据监管机构的要求进行审议和更新,明确各制度流程的负责人,以进一步加强内部管控。

合规建设方面,苏皇(中国)合规管理涉及各业务条线和各管理部门,合规管理职责边界较为清晰,合规管理体系运作较为顺畅。合规部门与法务部门、内部审计部门、风险管理部门、操作部门等均有着紧密的协作,共同构建起层次分明,纵横交错的合规风险管理体系。

职责划分方面,苏皇(中国)对相关部门之间、岗位之间、上下级机构之间的职责都有明确划分,建立了职责分离、横向与纵向相互监督制约的机制。对于不同的工作岗位,赋予其相应的职责和权限,并明确其报告关系。强调交易授权和限额管理,对关键岗位实行定期或不定期的人员轮换和强制休假制度。

【银行管理】 在风险管理方面,苏皇(中国)实施全面风险管理,构筑符合自身特点的有效风险管理框架,对于各分支行、各业务条线的信用风险、操作风险及市场风险等,均采取总行风险管理部各相关职能集中管理的方式。苏皇(中国)的风险管理体系由三道防线组成。业务和职能部门为第一道防线,在日常经营活动合规操作,降低风险;风险管理部门(包括信贷风险、市场风险、操作风险等)组成第二道防线,运用各种风险管理的工具和方法对各种不同类型的风险加以识别和控制;内部审计部门形成第三道防线,通过独立的风险评估等方式提高风险管理有效性。2012年,苏皇(中国)继续执行全面覆盖各业务部门,内外结合的风险管理机制。通过搭建全面风险管理体系、梳理业务流程、创新和改进管理工具和方法等措施,进一步加强了对信用风险、市场风险、操作风险及流动性风险等各类风险的管理,以满足各项业务需要。

在业务管理方面,苏皇(中国)对各项业务均制定有全面、系统、成文的政策、制度和程序,对已制定的政策、制度和程序要求部门主管定期进行审核,以适应组织结构、业务量、工作程序、操作系统和法规等的变化,保证其合理和有效。对于银行设立新机构或开办新业务,事先均需制定有关的政策、制度和程序，对潜在的风险进行计量和评估，提出并制定风险防范及监控措施。

（苏皇银行）

苏格兰皇家银行（中国）的志愿者帮助
上海蓝天学校组织学生参加运动会并捐衣物

8. 渣打银行（中国）有限公司

【概况】 2007 年 4 月，渣打银行（中国）有限公司成为第一批本地法人银行之一。2012 年，渣打（中国）总体发展态势良好，截至年底，已开设 23 家分行，75 家支行和 1 家村镇银行，是极少能深入重庆、成都及西安等内陆都市的国际银行之一。2012 年，渣打在中国大陆收入增长 21%，并首次超过 10 亿美元。企业银行和个人银行收入均实现大幅增长，个人信贷业务质量在渣打全球市场及国内外资行业均保持领先，中小企业部业绩在渣打全球市场表现优异，风险收益良好。

【支持企业走出去】 为中国企业提供无缝式的跨境金融服务是渣打企业银行的重要业务之一。渣打在亚洲、非洲、中东等新兴市场拥有广泛的网络和深厚的资源，凭借这个优势，2012 年渣打在帮助中国企业“走出去”方面成功完成了一系列重大交易，不仅提供金融服务，更为它们提供了范围涉及外汇监管、账户结构、当地清算系统等多方面的咨询服务，帮助拓展海外业务。另外，渣打实行“全球客户经理制”，这样的机制可以确保一贯、持续、无缝式的服务体系。2012 年 7 月，渣打还在北京召开了非洲董事长年会，并邀请他们参加了在“中非合作论坛”期间举办的“第四届中非企业家大会”，从而进一步增强了非洲董事长们对中国经济发展的了解。

【加快网点布局】 2 月，针对昆山外向型经济及民营企业特别是台资企业众多的特点，渣打在昆山开设了第一家异地支行。同月，渣打在中国的第二十家分行——佛山分行也正式开业。6 月，随着济南分行的开业，渣打进一步完善了“环渤海经济区”的网络布局，积极响应“蓝黄经济区”的国家区域发展战略，全面支持当地的经济发展。8 月，长沙分行开业，致力于为包括湖南在内的更多的中部企业提供服务，支持中部经济崛起。12 月，渣打在福建省的第二家分行——福州分行开业，以创新和高质量的金融产品和服务，为海西经济区的建设贡献力量。

【获得多项殊荣】 2012 年以来，渣打（中国）赢得中国领先行业机构和权威媒体颁发的众多奖项和荣誉，其中包括中国银行业协会颁发的“社会责任最佳公益慈善贡献奖”和“最佳社会责任实践案例奖”、中国银行业协会外资银行工作委员会颁发的“卓越贡献奖”、Universum“2012 中国大学生职业倾向——商科理想雇主榜单 TOP 20”、中国网上银行促进联盟授予渣打电子银行逸账户的“2012 年电子银行创新奖之最佳客户体验奖”、《理财周报》授予的“2012 中国十大最佳零售银行”和“2012 中国十大最佳银行财富管理品牌”、《中国经营报》颁发的“卓越竞争力中小企业服务银行奖”、《经济观察报》颁发的“卓越外资现金管理银行”、《首席财务官》杂志颁发的“最佳供应链金融品牌奖”、“最佳跨境贸易结算奖”和“最佳企业网银奖”、《21 世纪经济报道》颁发的“2011—2012 年度最佳资产管理品牌金贝奖”、《经理人》杂志授予渣打银行现贷派的“2012 中国最具创新力金融服务品牌”等。

（渣打银行）

9. 华美银行（中国）有限公司

【概况】 华美银行（中国）有限公司总部位于上海，目前在汕头设有分行，在北京、广州及深圳设有代表处。华美银行（中国）有限公司为美国华美银行集团全资控股。于 2010 年至 2012 年，连续 3 年被福布斯评为全美 100 家最佳银行的前 10 位。分行遍及全美主要华裔集中社区，为美国服务华裔社区规模最大银行。

华美银行(中国)有限公司作为连贯中美两地金融桥梁,凭借对中美文化和市场的了解,协助两地客户达成“走出去”的战略目标。在集团前瞻性与策略性的带领下,华美中国稳健经营,致力实现搭建东西方卓越金融桥梁的宏伟愿景。

【战略重点】 华美(中国)的业务战略重点是利用母行在美国的网络优势和客户基础,借助中美企业之间贸易和投资活动的日益增强,全力支持中资企业“走出去”战略,同时也协助美国当地的客户进入中国市场;大力支持高科技、环保、服务业、生命科学、农业以及符合国家产业政策导向的制造业等行业的企业发展,为客户提供差异化和更具特色的桥梁金融服务;进一步开发及推广跨境业务产品和符合客户特色的本地产品以满足中美两地企业客户的金融需求。

华美(中国)本着“以人为本”和“追求卓越”的服务宗旨,继续为新老客户提供优质的服务。

(华美银行)

10. 华 一 银 行

【概况】 华一银行于 1997 年 1 月获批准成立,同年 6 月正式对外营业,位于上海浦东陆家嘴金融中心,是中国第一家由海峡两岸合资的华人银行。华一银行以“华人精粹,一流服务”为服务宗旨。一直以来,积极拓展市场,开发新业务品种,增设营业网点,并与美国、中国台湾、香港等地的金融机构建立了策略联盟合作关系,形成两岸四地的“环太平洋”业务架构,为投资中国大陆的台资、港资及其他外资企业以及政府基础设施提供高品质、国际化的银行金融服务。截至 2012 年年底,华一银行资产规模达 447.02 亿元人民币,较 2011 年增长 10.17%;存款总额达 409.32 亿元人民币,较 2011 年增长 17.23%;贷款总额达 273.86 亿元人民币,较 2011 年增长 15.82%;实现税后净利润 3.88 亿元人民币,较 2011 年增长 24.36%。在业务快速发展的同时,华一银行继续维持良好的信贷资产质量,不良资产率为 0.28%,拨备覆盖率更高达 563.4%;资本充足率、资产负债比例、流动性指标等均符合监管要求;资产利润率、净值报酬率在大陆外资银行中继续名列前茅。

【网点布局】 华一银行网点发展战略目标以台商聚集的东南沿海为基,响应国家开发中西部/东北部号召为辅,形成东西南北、四足鼎立、辐射全国的网络服务格局。近年来,华一银行营业网点的战略分布已日趋完善。华一银行除在上海浦东陆家嘴设立总行外,在上海地区还设有虹桥支行、徐汇支行、嘉定支行、松江支行、闵行支行、青浦支行、新天地支行、静安支行;随着深圳分行、深圳宝安支行、天津分行、天津滨海支行的成立,华一银行华南、华北、华东的全国架构基本形成。华一银行苏州分行于 2011 年 7 月 5 日经批准对外营业,对华一银行在长三角的品牌形象提升起到举足轻重的作用。

【转型发展】 2012 年,华一银行经营层秉持稳健经营的理念,转方式、调结构、重创新、强管理、抓服务,业务发展继续保持健康平稳的良好态势,盈利增长更加注重依靠转型、创新和管理驱动,积极有效的全面风险管理体系建设稳步推进。通过进一步优化资产负债结构、提升资金营运水平等措施,全行信贷业务更加注重有效服务实体经济和增强可持续发展能力;积极适应经济结构调整大趋势,适应强化资本约束的监管要求,加快推进信贷结构调整,信贷资源更多地投向了符合产业政策导向、资本占用较低、风险与收益匹配的领域;竞争发展更加注重业务创新推动,积极贴近客户需求,充分发挥自身科技、渠道、品牌等优势,进一步巩固了在大陆台资银行中的领先地位。

(华一银行)

华一银行

11. 正信银行

【概况】 2012年，正信银行紧紧围绕年初提出的"稳中求进、调整结构、创新服务、加强管理"指导思想，进一步稳步推进业务发展、夯实各项管理和基础工作，在银行开业的第三年取得了稳定发展的业绩。

【经营情况】 2012年，正信银行根据存贷比的监管要求，主动以存制贷、压缩信贷规模，提高资金同业营运的比例结构。按照董事会批准的经营计划，截至2012年年末，全行主要经营情况及其指标如下：总资产全年平均余额为2.96亿美元，比年初减少了0.75亿美元，降幅为20%；其中：各项贷款全年平均余额为0.92亿美元，比上年减少了0.7亿美元、降幅为44%；同业存放/拆借全年平均余额为1.89亿美元，比年初增加1.11亿美元、增幅为142.31%。各项存款平均余额为1.35亿美元，比上年增加了0.4亿美元，增幅为43%。全年实现收入总额1 365万美元，比上年实际增加了2%。全年实现净利润416万美元，比计划和上年实际均增加了10%。

2012年末，全行资本充足率为136.92%，高于监管标准的8%；五级清分后三项不良贷款比例继续保持为零，贷款拨备率为2.54%，高于监管标准的2.5%；单一集团客户授信集中度为9.39%，控制在监管标准15%以内；单一客户贷款集中度为6.26%，控制在监管标准10%以内；流动性比例为192.97%，高于25%的监管下限，流动性覆盖率为104.64%，高于100%的监管下限，净稳定资金比例为376.85%，高于100%的监管下限；时点存贷比为71%，1—12月月度日均存贷比均控制在75%以下，符合监管要求。2012年资产利润率为1.36%，资本利润率为2.69%。年内，全面超额完成了董事会提出的各项经营指标要求。

【推进公司治理与股权优化】 2012年，正信银行按季召开了董事会、监事会会议，审议并通过了董事会决议7项、各专业委员会决议3项。根据监管部门的要求，继续深入推进股权优化工作，得到了监管部门的及时指导和帮助。同时，参照银监会关于人民币业务准入要求及验收标准，着手从客户储备、产品开发、业务准入、营运准备、系统支持、人员配备和制度完善等各方面，为开展人民币业务作全面准备。

【完善全面风险管理】 为进一步推进全面风险管理，正信银行制定并下发了《2012年风险管理工作要点》，进一步优化信用风险管理，推进市场风险管理，突出操作风险管理，实施流动性风险管理。2012年，分别对涉及流动性风险、信用风险、市场风险、操作风险、内控风险、声誉风险等共计214个管理制度进行全面梳理与完善；全行还重点开展了信贷业务、案件风险、信息科技风险、案件防控情况、员工管理情况、临柜业务、财务管理等方面的风险排查和自查自纠，对于发现的问题及时落实整改。全年共计开展压力测试四次，包括信用风险压力测试、流动性风险压力测试和市场风险压力测试，通过压力测试，提出了进一步增强风险意识，坚持审慎经营，强化内部控制，构建预警机制，建立完善的全面风险管理体系的要求。2012年全行各项风险控制指标执行情况良好，未形成操作风险、市场风险、敞口风险、流动性风险等，存贷比指标全面达标，风险拨备较为充足。

【深化合规管理】 一是根据法律法规、监管要求的变化，针对各业务条线的实际，对现有制度进行了调整、修订或补充，涵盖了业务管理的各个方面。2012年，全行在全面梳理风险管理制度的基础上，制定及修订了各类规章制度45项。二是进一步健全独立的、风险导向的内部审计机制，独立、客观、有效地对全行关键业务、关键流程、关键部门、关键岗位进行内部审计，从而进一步推动了内部控制体系的建设和完善，深化了对风险的防控能力，提高了管理和营运水平。

【推进业务发展】 2012年，紧紧围绕"稳中求进"的主旨，通过增存款、调结构、拓中收，稳步推进全行业务发展，2012年全行净利润比2011年和董事会计划均增长了10%。在负债业务方面，继续把存款工作放在首要位置，在合规的前提下，大力组织和吸收存款。在资产业务方面，在合规和防范风险的前提下，加大优质市场拓展力度，进一步调整并优化信贷投放结构，向产品有市场、经营稳定的中小和小微企业及现代农业倾斜。在中间业务方面，通过进一步便捷流程和优化服务，促进了全行贸易融资和国际结算业务的更快更好发展。加大了对信用证、结售汇业务等各类结算业务的开拓力度，进一步拓展了咨询顾问类业务和保函业务，并通过与同业合作叙做对外担保业务，为中间业务收入的拓展开辟了新的渠道，使中间业务成为了利润增长的重要来源。

【积极有效运作资金】 2012年，面对市场利率走低、资金业务运作难度加大的现状，结合外汇利率市场化的特点，正信银行着力提升议价能力，提高资金运作的收益，在安全性、流动性、收益性的三原则下积极开拓新的渠道，努力保持稳定的资金回报。根据全行资金计划和资金调度要求，着力做好资金拆放和清算、代客结售汇、同业授信、代理行关系建立等工作，其中，叙做代客结售汇交易量比上年增长了105%，叙做代客结售汇实现收入比上年增长了64.7%。获得了工、农、中、建、交五大国有银行以及若干家中外资商业银行的同业授信额度，共与69家国际银行建立了代理行关系。

【注重绩效考核管理】 正信银行建立了以岗位价值为核心的行员职级体系和基于EVA(经济附加值)考核、绩效考核和年度综合考评三位一体的综合考核激励体系。通过对员工定性定量相结合，上级、同级、下级互评分的形式，定期对全员进行绩效考核和综合考评，考评结果作为员工晋升、岗位聘用、薪酬调整、劳动合同管理等工作的重要依据，实现了员工薪酬水平与其岗位价值和实际业绩相挂钩，也为员工晋升和职业成长提供了公平、透明和良好的平台。

【着力发挥科技作用】 按照正信银行"十二五"信息化建设规划的总体部署，2012年，有序启动了新老核心业务系统的开发建设并实现新老并轨运行；实现了总行新中心机房升级建设和稳健投入使用；还先后组织实施了新信贷管理系统升级开发、新国际收支申报系统开发和上线、资本项目开发和顺利验收等信息科技建设工作，科技支持全行经营管理的能力进一步增强。与此同时，注重加强信息科技风险管理，立足于防患于未然，使信息科技工作与全行经营发展、业务开展紧密相联，为保障全行稳健运营发挥了重要作用。

【加强员工管理】 2012年，正信银行积极贯彻落实中国银监会对于案件防控和加强员工管理的总体要求，进一步深化对全行员工的行为管理，开展了案防教育活动和员工行为风险排查工作，使案件防控和员工行为管理渗透到银行经营管理和业务操作的方方面面。在员工培养方面，推行了师徒带教模式，通过内部签订师徒协议的形式，使青年员工传承光大尊师重道、认真学习的企业文化和专业管理经验；同时，积极为优秀的年轻员工创造良好的职业发展平台，使部分业务骨干脱颖而出，走上了管理岗位，为实现全行对人才的阶梯化管理迈出了一步。

（正信银行）

(二) 外资银行分行

1. 日本三井住友信托银行股份有限公司上海分行

【概况】 日本三井住友信托银行股份有限公司上海分行前身为日本住友信托银行股份有限公司上海分行。2012年4月1日，其总部日本住友信托银行与中央三井信托银行、中央三井资产信托银行合并，银行名称变更为日本三井住友信托银行，为目前日本国内最大的信托银行。截至2012年底，上海分行总资产余额为165.78亿元人民币，同比增长8.67%；贷款余额从2011年末的114.27亿元人民币增长到2012年末的119.61亿元人民币，同比增长4.67%，其中人民币存款余额从2011年末的5.86亿元人民币增长到2012年末的7.42亿元人民币，同比增长26.62%。同时上海分行2012年末净利润达到了7 596.52万元人民币，同比增长69.92%。

【业务发展】 2012年，上海分行的业务继续保持了稳健的发展势头，在各类资产平稳增长的同时，新办理了衍生产品的业务资格和银行间债券市场的准入备案。8月，获得银行间同业拆借中心批准，正式加入全国银行间债券交易系统；同月，正式成为中国外汇交易中心银行间人民币外汇远掉期市场会员。目前，全行主要服务于在华的日资外商投资企业，以机械制造、电子产品制造企业为主。提供的业务品种主要是贷款业务，并辅以贷款项下的贸易结算和外汇兑换。

住友信托银行、中央三井信托银行、中央三井资产信托银行合并后，超过七成的日本上市公司成为日本三井住友信托银行的客户，确立了更加广泛的客户基础，上海分行的客户也会得到进一步充实。

【风险控制】 为了应对持续扩大的业务规模和不断扩展的业务范围，分行于2012年10月新任命了一位副行长，主要分管营业部门、总务部门、IT部门、会计及市场风险控制部门的管理工作，以期进一步强化内部控制，优化公司治理。

【社会责任】 在企业文化建设方面，日本三井住友信托银行上海分行将社会责任融入日常的工作环节，建立了企业社会责任评价、报告、披露机制，同时上海分行延续总行惯例，每年开展企业社会责任活动，2012年以“汶川地震的持续支持”为主题，展开全行的CSR公益演讲活动，为员工将公益活动融入生活打开渠道。

（三井住友信托银行）

2. 韩国产业银行上海分行

【概况】 韩国产业银行成立于1954年，系由韩国政府100%出资的政策性金融机构，总部位于韩国首都首尔。截至2012年末，在中国大陆共有三家分行、一家代表处。其中，设立于1996年的韩国产业银行上海分行是历史最悠久的一家分支机构，同时也是中国境内分行的管理行。

【业务发展】 韩国产业银行上海分行的各项业务在2012年得到持续的稳步发展。在传统优势项目——批发性融资业务中，努力维持原有优质客户并积极开发资信良好的新客户，不断调整和优化信贷资产结构；将贷款、咨询业务、贸易融资业务紧密联结起来，加强交叉业务推进；积极参与国内上市公司、政策性金融机构等优秀客户群的银团贷款，加强与中外资金融机构的交流，提升知名度。发展资产业务的同时，亦致力于开拓资金来源渠道，与多家境内外金融机构建立合作关系，并发展多种同业资金合作形式；从主要依赖于总行的资金筹集模式向多元化、本地化的资金筹措模式转变，与优良金融机构联手、加强长期低利率境内资金筹措能力；强化客户关系管理，通过与贷款业务建立关联，加强存款的吸收能力，降低资金成本。

【合规建设】 2012年，韩国产业银行上海分行保持每月定期进行全行范围合规培训的优良传统，内容紧扣监管部门的最新文件精神和近期业内的重要合规事件等，使得全行职员提高合规意识和防范能力。同时，在制度建设层面上，指派业务骨干进行更新和完善各类内部规定和操作手册的工作，并制定工作人员的积分管理制度和积分标准，令内部规章制度的修订与业务发展相适应。

【内控管理】 韩国产业银行上海分行一贯重视银行各类风险的识别、评估和监控，每月定期举行风险管理会议，紧跟国际国内金融市场形势和监管当局的监管重点，对信用风险、流动性风险、利率风险、汇率风险、操作风险等进行管控。在内部组织架构上，韩国产业银行上海分行继续推进贷款前中后台业务的明确分工，指定专门团队负责信贷风险的测评、监控和反馈工作，增强该项内控管理的独立性和专业性，以提高风险管理水平。

【员工培训】 韩国产业银行上海分行非常重视对员工的各类培训工作，不定期举行业务研讨会，由各业务部门轮流主持，重点介绍银行当前开展的新业务的相关知识和政策法规。例如，在中国银监会出台了根据新资本管理办法而设计的资本充足率相关报表后，韩国产业银行上海分行及时组织业务骨干举办内部培训，向各相关部门的员工讲解该套报表，使得员工对资本管理办法的理解进一步加深。

（韩国产业银行）

韩国产业银行上海分行开展登山活动

3. 韩亚银行（中国）有限公司上海分行

【概况】 韩亚银行（中国）有限公司成立于2007年12月14日，是韩国韩亚银行股份有限公司在华的独资子公司，注册资本为20亿元等值人民币，总部设在北京金融街，目前拥有包括总行营业部在内的北京、上海、青岛、沈阳、烟台、长春、哈尔滨、广州、南京等共19家营业网点，向各类客户提供全面人民币业务和外汇业务。韩亚银行把握三大战略思想：以分行、支行为中心不断创新的金融产品及人力资源、银行系统的本土化；保持韩亚金融集团的良好企业文化，即以客户为中心实现差异化竞争；通过与韩亚金融集团的协同、跟其他银行的合作达到效益的最大化。现在北京、上海、广州、青岛、烟台、东北三省等地的韩亚银行分行、支行已经在中国构成了较为完整的一个金融网络体系，为客户提供优质的金融服务。同时，韩亚银行也努力在中国开展一系列公益活动，为中国社会的发展履行了一份责任。

【业务发展】 (1)2012年10月，韩亚银行(中国)有限公司上海虹泉路支行正式开业，凭借着身处韩国人聚居区这一优越的地理优势，加之其为客户提供的优秀服务，上海虹泉路支行迅速得到了韩国侨胞以及中国客户的青睐与信任。为了报答客户给予的无限关爱，韩亚银行为客户提供更高级的金融服务，率先在上海地区的韩资银行中实行了周六营业，让客户与韩亚的亲密度更近了一步。上海虹泉路支行的报告称，虹泉路支行周六的业务量比平时多了两倍，并且，客户们对此也给予了积极地评价。(2)韩亚银行推出了在中韩两国都可以享受服务的钻石卡。持卡人可以享受到该行提供的24小时紧急救援服务，超过400多家的特惠商户服务，以及国内的医疗服务，机票预订服务，道路救援服务，机场贵宾服务，以及韩国的酒店服务，接机服务，体检服务，spa，租车，高尔夫等多样化服务。通过钻石卡的发行，对吸收中国的高端客户有很大帮助。(3)韩亚银行留学生卡诞生。此借记卡可为赴韩留学人员，以及一般有赴韩旅行计划的中国人和在国内居住的韩国留学生服务。如在韩国境内留学及旅行时急需现金，可在韩亚银行ATM机上直接提取现金，并且享受50%的手续费优惠，同时，针对韩国人较多的地区，通过开发特惠商户，在中国居住的韩国留学生可享受多种折扣，客户还可以参加韩亚进行的多样化公益活动及文化探访活动。

(韩亚银行)

韩亚银行(中国)上海虹泉路支行开业

4. 友利银行(中国)有限公司上海分行

【概况】 友利银行于2007年11月12日转制为友利银行(中国)有限公司，是中国首家具备法人资格的韩资银行，总部设在北京。截至2012年末，友利(中国)在上海、北京、苏州、深圳、天津、大连和成都共设有15家分支机构。可经营对各类客户的外汇业务和全面的人民币业务。友利银行(中国)有限公司上海分行前身韩国友利银行上海分行是韩国友利银行1995年在中国设立的第一家分行。目前，上海设有浦西支行、锦绣江南支行和吴中路支行共3家支行。友利银行(中国)有限公司承蒙国内外客户一如既往的支持与信赖，以及社会各界的关心与厚爱，各项经营指标均有提高，2012年资产总规模突破28亿美元，同比提升12%，总体呈现稳定增长趋势。其中，上海分行总资产已达到38亿元人民币。

【特色产品】 (1)具有多项优惠措施的借记卡。发行的借记卡分为"友利尊卡(VIP)"和"友利智卡"(普通卡)。具有以下特色：借记卡可在境内外有"银联"标志的ATM机和韩国友利银行所有ATM机办理取现；免年费；中国境内ATM机(包括跨行)取现手续费全免费；享受境内外"银联"特约商户刷卡消费折扣优惠，刷卡消费产生的积分可用于兑换商品和旅行商品券。(2)1年期大额外币"步步高升"定期存款 。"步步高升"定期存款是专为大额存款客户开发的一种1年期定期存款产品，允许客户在到期前一次性提前支取，在兼顾收益性的同时，也满足了客户的流动性需求。

【网上银行】　具有转账和各种查询功能的网上银行，转账汇款手续费较个别国有银行低50%，仅管理小额汇款手续高于个别韩资银行，但200万元以上汇款封顶，对企业大额汇款仍具有绝对竞争力。基于韩国友利银行世界级领先的网上银行技术，友利银行可随时随地为客户提供方便、快捷及安全的网上银行服务，名副其实的扮演"数字金融伙伴"的角色，可以全天(7×24小时)发起支付及划账业务，业务发起后可以及时在线获知业务处理结果。网上银行可以提供存贷款账户明细、到期日、利率、汇率等多种信息查询，还可以查询汇款、兑换、进出口相关业务。

【理财业务】　2012年10月起，开办了个人(公司)理财业务。主要为保本浮动收益型理财产品，投资对象为中国国债或中国人民银行发行的中央银行票据、同业拆借(同业存放)、存放中央银行存款准备金。具有资金周转周期短，运用灵活，风险低的特点。收益率一般在3%—3.7 %左右，可以满足客户对短期闲置资金进行理财的需要。

【外汇业务】　2011年3月23日上海分行已获准办理远期结售汇业务，2012年2月21日上海地区分支行也得到总行开办人民币与外币掉期业务的授权。

【现金管理业务】　现金管理业务是指友利银行各级机构依托CMS(Cash Management System)系统，以对公客户为对象，以流动性管理为核心，以多种产品组合为内容，将账户管理、收付款管理、资金归集、定活互转、国际业务、中间业务、客户服务等进行有机组合，为客户提供全面的人民币收付款服务、账户信息服务、资金管理等，以协助客户提高资金收益和资金使用效率、降低财务成本、加强风险控制。

【信贷业务】　2012年，友利上海严格执行监管当局出台的"三个办法一个指引"的要求，信贷业务总体运行情况平稳，信贷结构不断优化，存货比率达到监管要求。友利上海信贷业务客户仍以韩资企业为主，同时，积极谋求与一些信用较好的中资企业合作，不断丰富友利银行的客户群体，促进信贷客户结构的多元化，以实现本土化经营的战略目标。友利银行(中国)有限公司上海分行奉行合规经营，把顾客利益放在首位，与客户一起成长，与中国一起发展。

(友利银行)

友利银行上海分行

5. 外换银行(中国)有限公司上海分行

【概况】　2003年韩国外换银行在上海成立分行，2010年5月14日在天津成立外换银行(中国)有限公司，注册资本22亿元人民币，正式专制为法人机构，韩国外换银行上海分行更名为外换银行(中国)有限公司上海分行。法人机构成立的同时，外换银行(中国)有限公司调整发展战略，上海分行的战略也随之改变。分行的客户结构发生了重大改变，从过去的完全以韩资企业为服务对象转变为以韩资为中心逐步扩大中资客户比例，积极开拓新的客户领域及业务领域，防止系统性风险。除客户结构以外，内部人员结构也发生了较大变化，从以前的完全以外籍人员为负责人的人员结构转变为提拔多名中方职员为负责人，韩中方负责人并存的人员结构。截至2012年6月，外换银行上海分行共32名职员，其中韩方负责人为4名、中方负责人为5名、中方副经理为6名、其余为中方职员。增加中方职员有利于上下级之间的沟通，减少由于文化差异而带来的矛盾。

【内部管理】　2012年外换银行(中国)有限公司上海分行仍以增加存款、降低存贷比、加强内控为目标，不仅重视业绩更重视内部控制。通过改变客户结构、灵活业务、差异化服务等增加银行存款及贷款并增加中间收入，存贷比保持在合规范围之内，继续保持资产质量，截至2012年末分行无贷款坏账，全部为正常类贷款。2012年使内审、合规完全独立于其他业务条线,通过培训、检查等加强银行内控管理,防范重大案件发生。

【业务亮点】 外换银行(中国)有限公司上海分行的主要业务有对各类客户的外汇业务和除中国境内公民以外客户的人民币业务。

(1) 存款业务。一是外币存款,包括美元的活期、定期、通知存款、美元13个月存款。二是人民币存款,包括人民币的活期存款、定期存款、通知存款、协议存款。

(2) 国际结算。国际结算业务一直是整个外换银行的强项。由于有海外分支机构众多、外汇业务历史长、外汇业务经验丰富等的优势,在韩资企业中外换银行是进行国际结算业务时的首选。

(3) 信贷业务。外换银行上海分行开展各种信贷业务,包括企业本外币贷款,外籍人员的本外币贷款。2012年度外换银行上海分行的信贷业务严格遵守监管当局监管要求,严格执行"七不准、四公司"、《三个办法、一个指引》等要求,严格放款操作,逐笔确认资金用途。

在大力发展业务的同时,外换银行上海分行继续按照各类监管当局的要求加强内控建设,不断规范业务操作流程,加强合规风险管理,保证内控水平与业务发展水平相一致。

(田吉花)

6. 印度国家银行上海分行

【概况】 印度国家银行上海分行自2006年4月正式对外营业以来,积累了良好的客户基础,资产规模稳步增长,信贷资产质量良好,不良贷款率为零,经营利润达到预期水平,建立了较为完善的组织架构、内部控制体系和风险管理机制。印度国家银行上海分行已经成为中印金融媒介的重要桥梁,促进并增加了双边贸易和印度对华投资,也积极地参与各类官方的或非官方的论坛,促进并加强中印双边经济联系,尤其是中印间的贸易和其他服务。

【人民币业务】 上海分行于2010年3月15日正式对外经营人民币业务。在近三年的经营过程中,上海分行人民币业务取得了快速增长,客户人民币需求量不断增加。除存贷款业务外,上海分行还加入了中国人民银行同城票据清算系统,向客户提供支票业务等票据业务服务。

【贸易融资和普通贷款】 上海分行贸易融资主要客户为来华投资企业及中印贸易相关企业。此外,分行还为企业进口原材料及境外用汇提供资金支持。

【中间业务】 与国际贸易结算相关的中间业务,如托收业务、信用证通知、信用证修改、信用证转让、信用证开证和出具银行保函等业务是上海分行中间业务收入的重要来源;随着中印两国交流合作日趋紧密,为外商投资企业、离岸企业的招标投标项目提供外币银行保函业务已成为上海分行中间业务收入的另一主要来源。

【汇款业务】 印度国家银行在全球32个国家设立超过150家分支机构;拥有超过18 000家国内分支机构;与全球121个国家的大约500家银行建立了代理关系,并建立约1 100个SWIFT BKE互换协议,这些优势为便利贸易、快速汇款提供了坚实的保证。

【资金业务】 2012年,上海分行继续扩大与国内各银行的资金拆借业务,资金拆借业务总量持续增加,并与各大银行建立了良好的合作关系,为印度国家银行在华快速发展奠定了基础;上海分行的另一项资金业务是为个人和居民企业提供外汇资金结汇、人民币资金购汇以及外汇买卖业务,便利企业和个人境内外的资金需求。

(印度国家银行)

7. 马来西亚马来亚银行有限公司上海分行

【概况】 马来西亚马来亚银行有限公司是马来西亚最大的本地银行,截至2012年底在中国大陆地区有上海和北京两家分行,其中马来亚银行上海分行于2000年5月8日批准成立,为马来亚银行在中国大陆地区的主报告行。2009年,经中国银监会批准增资后,上海分行注册资本金为等值人民币4亿元。2012年,经中国银监会批准,上海分行可以吸收中国境内公民每笔不少于100万元人民币的定期存款。马来亚银行上海分行现任行长由马来西亚籍人士担任,另有副行长2名。截至年底,马来亚银行上海分行共有员工43人,其中6位是外籍人员。马来亚银行上海分行主要设立部门包括:营运部、企业银行与客户部、信贷管理部、环球金融市场部、合规部、风险管理部、信息科技部及人事行政部,以上各部门紧密合作共同推动中国地区的各类业务发展。

【主要产品】 马来亚银行上海分行在经批准的经营范围内，积极向境内外客户开展本外币贷款和存款、提供信用证服务及担保、提供贸易融资、办理国内外结算、跨境人民币业务、办理结售汇及从事同业拆借等各项业务。在2012年新推出了国内信用证业务，丰富了结算业务种类，进一步满足客户的需求。在实际业务中，全行以“用心服务”为出发点，了解客户的需求，最大程度地整合行内资源，努力为客户提供个性化的服务，较好地诠释了“以客户为中心”的理念，培养客户的忠诚度。

【主要业绩】 马来亚银行上海分行继续秉承稳健发展的作风，业务实现了稳定的增长。截至2012年底，分行本外币资产总额达到人民币逾35亿元，净利润达人民币5 091万元。2012年马来亚银行上海分行继续响应中国监管机构的稳健的信贷政策导向，本外币贷款均实现了一定的增长，源于分行坚持积极发展贷款客户、为客户提供不同期限以及不同种类的贷款。在贸易融资方面，马来亚银行上海分行继续为经营情况良好的新老客户提供多元化的贸易融资，重点支持化工、纺织、材料等制造型重点行业和电子企业，整体业务保持了健康、良性、可持续发展态势。

【新业务】 马来亚银行上海分行获中国人民银行批准，于2012年10月22日正式加入大额支付系统，10月23日正式加入小额支付系统，为客户人民币结算和银行间资金清算提供更便捷、更快速的服务，亦为马来亚银行上海分行的业务发展奠定了基础。马来亚银行上海分行推出了国内信用证业务，丰富了贸易融资业务的品种，满足国内结算的需求。

【金融文化】 马来亚银行上海分行秉承集团一贯的核心价值理念——TIGER(团队合作，诚信，成长，效率，良好关系)，认真贯彻监管部门风险防控的精神，切实加强合规文化建设，结合各部门、各岗位实际情况落实案件防控职责，进一步深化员工行为管理，通过案件风险滚动排查和风险预警，排除分类风险隐患，做好案件防控工作。加强风险管理条线建设，充实信贷风险、市场风险、操作风险各条线的管理人员，全面保障马来亚银行上海分行的健康发展。在信贷资产质量管理方面，保持信贷适度、均衡增长，同时密切跟踪国家经济金融形势、政策调控变化情况，加强对房地产、热点行业的风险监测，将有限的信贷资源投向符合国家宏观经济政策且经营规范、具有良好市场前景的客户，支持实体经济的发展，扶持中小企业；严格执行贷款新规，不断提高贷款“三查”水平，确保信贷资产质量稳定。

【社会责任】 马来亚银行上海分行在2012年共举办了两次企业社会责任活动，为社区老人带去温暖。9月22日，在主题为“关爱老人”社会责任日活动中，36名马来亚银行上海分行员工志愿者来到上海市虹口区民建大铭敬老院，为敬老院的老人们送去了生活用品以及中秋月饼，表达了关心和慰问，气氛温暖又融洽。随后志愿者们和老人们一起举办了一场小小联欢会，志愿者为老人们表演了小提琴演奏、沪剧演唱、马来西亚歌曲演唱等，敬老院的院长也情不自禁地为大家演唱了《常回家看看》。告别之际，敬老院为分行志愿者们赠送了奖状，上面写着：“尊老敬老，爱心奉献，赠马来西亚马来亚银行有限公司上海分行全体员工”。12月13日，上海分行员工志愿者代表分行全体员工再次探望了上海市虹口区民建大铭敬老院的老人们，送去了新年的礼物和祝福，院长为上海分行送上了“无私的奉献，温暖的真情”的奖杯以表谢意。

（马来亚银行）

“关爱老人”社会责任日活动中的马来亚银行上海分行志愿

8. 澳大利亚西太平洋银行有限公司上海分行

【概况】 澳大利亚西太平洋银行有限公司是澳大利亚十大上市公司之一。截至2012年9月30

日，西太平洋银行的市值为765亿澳元，总资产达6 750亿澳元。西太平洋银行总行位于澳大利亚悉尼，业务遍及亚洲、新西兰、英国、美国及太平洋岛屿等世界各地。西太平洋银行是第一家在中国大陆设立分支机构的澳大利亚银行，西太平洋银行北京代表处于1982年设立。截至2012年12月，西太平洋银行在中国大陆拥有两家分行，上海分行于2008年1月正式对外营业，北京分行于2011年7月正式对外营业。

【目标客户】 上海分行有明确的目标客户，主要为在中国发展业务或者寻求在中国发展的澳大利亚和新西兰等国的企业、同澳大利亚和新西兰等国进行贸易往来或者投资的中资企业、和西太平洋银行保持着全球合作关系的跨国企业提供服务。

【人民币业务】 上海分行于2011年获得人民币业务经营资格，开展对除中国境内公民以外客户的人民币业务。2012年上海分行进一步拓展人民币信贷业务，通过提供多方位、高质量的金融产品及银行服务确保西太平洋银行在中国的竞争力。

【社会责任】 上海分行将"可持续发展"作为银行发展的重要组成部分，并将此概念充分地融入银行的战略，价值观，企业文化和工作流程。2012年，西太平洋银行的中国团队一如既往地履行社会责任。

（西太平洋银行）

9. 比利时联合银行股份有限公司上海分行

【概况】 比利时联合银行股份有限公司上海分行成立于1997年，是比利时联合银行股份有限公司在中国的唯一分行。主要产品有：本外币的短期和中长期贷款；贸易融资——进出口信用证结算、人民币票据贴现、保函；资金交易——即期、远期外汇交易、结售汇；银行账户服务——本地货币收付；国内外收付款；银团贷款。上海分行目前具有全面外汇业务资格和除中国境内居民外的人民币业务资格，并可以办理中国境内居民每笔不少于100万元人民币的定期存款资格。比利时联合银行股份有限公司上海分行的服务对象以制造型中小企业为主，分行主要依托母行在欧洲的网络优势，致力于为集团网络客户在中国的分支机构提供良好的金融服务，并帮助其在中国市场的发展。此外，分行也重视对中国市场的开拓，通过提供个性化的优质服务，分行已经与许多本土企业发展了长期稳定的合作关系。

【增加营运资金】 为了更好地满足在华业务发展及流动性管理的需要，经中国银监会批准，比利时联合银行股份有限公司上海分行于2012年6月完成增加本外币营运资金共计4亿元人民币，增资完成后的营运资金达到8亿元人民币，其中外汇业务营运资金为4亿元人民币等值的美元，人民币业务营运资金为4亿元人民币。增资完成为比利时联合银行股份有限公司上海分行注入了充足的流动性，提高了资本充足率，增强了抵御风险的能力，为比利时联合银行股份有限公司在中国的持续、稳健经营提供进一步的资金保障。

【风险管理】 比利时联合银行股份有限公司始终认真贯彻最新巴塞尔协议的各项内容，并按照其相关要求，制定一系列的风险控制标准，以此有效规避各类风险。上海分行更是秉承合规经营的理念，特别重视风险管理方面的工作，始终根据监管当局的要求，认真贯彻落实各项政策、法规，努力加强内控制度建设，并且形成了自下而上主动合规的企业文化。在2012年里比利时联合银行股份有限公司上海分行积极落实上海银监局的各项政策法规，在规范经营、稳健经营、案件防控和风险防范等方面取得了良好的效果。并且在信息披露、调研反馈和提供专业支持以及提供交流培训等方面表现优异而获得上海银监局的通报表扬。

（比联银行）

10. 德意志银行(中国)有限公司上海分行

【概况】 德意志银行最早于1872年来到中国，在上海设立了其第一家海外办事处。2008年1月成立的德意志银行(中国)有限公司是德意志银行在华子行，目前在北京、上海、广州、天津和重庆等5地设有分行。德意志银行在北京和上海都设有证券业务代表处。2012年6月，德意志银行(中国)上海分行搬进了56层高的上海国际金融中心二期办公楼，该中心位于上海浦东新区重要的金融贸易区域陆家嘴。德意志银行(中国)和其他相关银行业务的总部位于北京。德银在2008年搬入朝阳区华贸中心的德意志银行大厦，标志着德意志银行为促进业务增长及人才培养的持续投入。德意志银行与山西证券共同出资设立的合资证券公司——中德证券，在华从事投资银行业务；德意志银行战略投资于中国领先的投资管理机构嘉实基金管理公司，在华从事资产管理业务。

【主要业务】 德意志银行为客户提供一系列的金融服务，包括外汇业务、人民币存贷业务、买卖国债和金融债券以及衍生品交易等。2010 年 9 月，德意志银行在北京成功进行了首笔跨境人民币汇款业务，在上海开出首笔跨境贸易人民币信用证，表明德意志银行在人民币跨境结算方面处于领先地位。此外，德意志银行在许多领域拥有完善的销售、交易及研究平台，如宏观经济、固定收益、信贷、外汇、股票以及衍生产品等领域。

在企业融资咨询方面，德意志银行是多项重要交易的战略顾问。德意志银行通过在资本市场融资、咨询服务、交易操作便捷化、外汇、对冲及其他全球企业银行业务方面的强大能力帮助中国公司进行海外扩张。除与诸多国内最知名中国公司合作外，德意志银行还协助许多跨国企业在中国实现他们的首次跨境并购交易。

（德意志银行）

11. 德国北德意志州银行上海分行

【概况】 北德意志州银行是德国十大银行之一，总部位于德国北部城市汉诺威。北德意志州银行根据德国公法设立，其股东包括德国北部的两个联邦州及三个州的储蓄银行协会。作为一家综合性银行，为私人客户、公司客户、机构和政府提供全方位的银行服务，主要经营业务包括船舶飞机融资，商业房地产和农业金融服务，新能源融资等。德国北德意志州银行上海分行于 2004 年 3 月由中国银行业监督管理委员会批准成立，在下列范围内经营对各类客户的外汇业务以及对除中国境内公民以外客户的人民币业务：吸收公众存款；发放短期、中期和长期贷款；办理票据承兑与贴现；买卖政府债券、金融债券，买卖股票以外的其他外币有价证券；提供信用证服务及担保；办理国内外结算；买卖、代理买卖外汇；从事同业拆借；提供保险箱服务；提供资信调查和咨询服务；经中国银行业监督管理委员会批准的其他业务。吸收中国境内公民每笔不少于 100 万元人民币的定期存款（涉及行政许可的凭许可证经营）。

【主要业绩】 上海分行专注于公司及贸易融资业务，未开办零售业务和理财业务。其各主要业务的经营情况如下：(1) 贷款。2012 年度，由于年内新发放贷款的金额较少，并且部分中长期贷款到期结束或分期还本，因此上海分行的贷款余额有所减少。贷款客户对象包括上市公司及其子公司、具有德国背景的中小型外商投资企业等。上海分行有关贷款人和担保人的资信及项目的可行性均经上海分行、新加坡地区总部及德国总行有关部门详细分析后才给予授信承诺。

(2) 贸易融资。2012 年度，贸易融资业务继续为上海分行的一项核心业务。北德意志州银行专业、高效的服务深受客户好评。上海分行已经在国内贸易融资市场上名列前茅。

(3) 资金业务。上海分行已于 2004 年取得金融衍生产品交易资格，2005 年取得远期结售汇业务许可，目前可以为各类客户提供全面资金业务。

（蒋　晨）

德国北德意志州银行上海分行

12. 荷兰安智银行股份有限公司上海分行

【概况】 荷兰安智银行上海分行成立于 1996 年，注册资本现为人民币 8 亿元，可以经营所有的外汇业务和除中国境内公民以外其他客户的人民币业务，荷兰安智银行股份有限公司上海分行是荷兰安智银行在中国银行业务的中心，2006年12月由荷兰商业银行股份有限公司上海分行更名。目前荷兰安智银行股份有限公司在中国只有上海分行一个营业性分支机构，在北京为代表处。

荷兰安智银行上海分行一直积极地为客户提供金融顾问服务，包括存贷款业务，信用证服务，担保，国内外结算，买卖外汇，买卖债券，同业拆借等。在贷款和贸易结算方面，提供包括各种短中长期贷款、信用证开证、信托收据融资、出口押汇和汇款业务，并擅长提供结构性的专门融资安排，如项目融资、银团联贷、大宗商品融资和福费廷等业务。在资金业务方面，提供包括同业拆借、外汇交易、外汇远期和期权、利率远期、期权和结构性存款在内的全面金融产品服务。

【主要业绩】 在2012年度，荷兰安智银行上海分行各项业务均取得了较大的发展，各项资产总值折合人民币128.59亿元。截至年底，上海分行共实现营业利润1.49亿元，营业利润略比2011年增长7%。贷款业务积极开展，贷款仍为资产中的主要组成部分和银行主要收入来源。贷款业务主要包括短期融资，中长期项目融资和银团贷款。同时，金融市场同业业务得到进一步加强，大宗商品贸易融资业务进一步扩大，投资业务发展迅速。

【主要业务】 上海分行大力发展人民币业务。2012年，对外资企业和中资企业人民币贷款业务为企业融资部门主要收入来源。自2012年7月央行放宽贷款利率下调幅度后，贷款利差有所收窄，但全年盈利还是达到了预期，并较2011年有小幅增长。大宗商品贸易融资方面，2012年是严峻的一年，欧债危机反复恶化，全球经济增长明显放缓，但是在严格的管理制度以及各方面的努力下，不仅超额完成了既定指标，较上年有了25%的增长，并且所有发放的贷款未发生逾期还款，在整个大宗商品行业内也取得了很好的口碑。

金融市场业务方面，2012年度的业务指标都顺利完成。分行成功开展第一笔逆回购以及人民币美元的货币掉期交易，衍生品交易对手也从2011年的32家扩大到47家。信用额度方面，上海分行在2012年里为6大行申请20年的结算前额度，为长期限交易做准备。跨境人民币业务稳步有序开展，2012年继续与在分行开户的境外参加银行保持良好的合作关系。

【社会责任】 为了持续推进"孩子们的希望"在中国的发扬光大；为了让更多贫困地区的儿童有接受教育、继续受教育的机会。2012年1月7日，上海分行举行了主题为"水晶梦"慈善筹款活动，活动以拍卖的形式募集资金人民币，所得善款用于我行目前正在进行的支持贫困山区儿童教育的改善计划。2012年暑假，荷兰安智银行与贵州鱼寨小学进行暑期夏令营活动，邀请鱼寨小学师生来沪参观，并且为品学兼优、家庭困难的学生颁发奖学金。随后，荷兰安智银行上海分行汇同大中国区香港分行、台北分行派员工赴鱼寨小学进行帮教活动。

（安智银行）

13. 瑞典北欧斯安银行有限公司上海分行

【概况】 瑞典北欧斯安银行有限公司于1983年在北京设立了代表处，2005年在上海设立了分行。瑞典北欧斯安银行有限公司上海分行是其总行在中国各项银行业务服务中心，为200多家公司客户提供包括本外币在内的全方位的银行服务。上海分行的业务范围包括账户开立和支付、企业贷款、现金管理、贸易融资、项目融资、资金交易等。上海分行交易室还为客户提供即期货币兑换，以及外汇敞口的远期套期保值。

【金融服务】 上海分行于2009年4月正式获得中国银行业监督管理委员会批准对除中国境内公民以外的客户开展人民币业务。2011年上海分行逐步向企业客户提供包括存款、贷款、人民币账户服务在内的各项往来结算服务。分行在2011年进一步深化人民币业务能力，构建更为显著的信贷资产规模，继续为企业客户特别是北欧在华的中小微型企业提供贷款票据贴现、贸易融资、现金池业务等服务并开展与之相关联的电子银行方案等多元化的产品和服务。同时，分行于2011年底增加2亿元人民币作为补充人民币业务营运资金，用以支持人民币业务的发展需求。为了支持在华进一步发展的战略目标，上海分行于2012年底再次向中国银监会申请增加人民币营运资金2亿元人民币，外币营运资金2亿元人民币等值的美元。此外，随着跨境人民币国际化的进一步深入开展，分行也积极地加入和推广此项业务，于2011年正式成为了人民币跨境贸易结算银行，并于2012年继续深入发展此项业务。

【重点项目】 上海分行自成立之初至今，已获得了全部外汇业务及人民币业务的经营资格，主要包括即期结售汇业务资格、衍生产品交易业务资格、对客户远期结售汇业务资格以及对客户人民币与外币掉期业务资格、人民币现金管理以及贷款业务。至此，上海分行的经营范围扩展至对各类客户的全面外汇业务以及对除中国境内公民以外客户的人民币业务。上海分行于2012年开展结构性存款和人民币现金池等新产品和新业务，为客户提供更为优质、全面的金融服务。

2012年，上海分行继续发展外汇买卖、结售汇等交易相关的中间业务，在服务原有客户的基础上，拓展目标客户群，增强外汇衍生产品营销力度，加深与国内大中型金融机构的资金往来业务，扩大银行自身在国内市场上的知名度。

（北欧斯安银行）

14. 瑞典商业银行公共有限公司上海分行

【概况】 2005年瑞典商业银行成为了第一家在中国取得营业资格的北欧银行，2008年末，瑞典商业银行成为第一家获得人民币营业资格的北欧银行，这对于瑞典商业银行在华发展具有深远的意义和影响。2012年上海分行各项业务发展势头良好，人民币业务有了较大规模的拓展，发展了一批新客户，较好地完成了既定的盈利目标。

为了适应新的竞争环境，进一步拓展瑞典商业银行上海分行在中国的人民币业务，瑞典商业银行上海分行向中国银监会提交增资申请并于2012年6月获银监会批准，增资后，瑞典商业银行上海分行的人民币资本充足率得以提升，此次增资对在华业务发展有极大推动作用，使瑞典商业银行上海分行得以进一步支持广大客户的业务发展需求，并对具有发展潜力的成长型小微企业予以重点支持。

在大力发展业务的同时，上海分行管理层秉承一贯的稳健的原则，不断加强风险管理体系的建设，及时更新业务操作规程，组织员工学习最新的监管法律法规。新制定了内部举报和可疑事件的报告制度，报告面向所有员工，举报受理小组由行长、人事部和合规部的主管负责。此外，更新了客户投诉处理流程和金融消费权益保护制度，在程序上细化了分工和责任，客户投诉电话和邮箱公布于银行公共网页和营业场所。

随着中国经济的高速发展，上海分行继续为客户提供高效及优质服务，并积极与中外金融机构开展更为广泛的合作，同时积极地向监管机构要求的风险管理为核心、合规经营为基调的方向发展。

（瑞典商业银行）

15. 西班牙桑坦德银行有限公司上海分行

【概况】 桑坦德银行是一家多元化的全球金融服务集团，是欧元区最大的银行。1857年3月21日，桑坦德银行在西班牙北部小镇桑坦德城成立。至今，桑坦德银行已分别在四家西班牙证券交易所及米兰、纽约、里斯本、布宜诺斯艾利斯、伦敦和墨西哥证券交易所上市。桑坦德银行在2012年产生的净利润为22.05亿欧元，比上年同期下滑59%。2012年桑坦德银行的拨备前利润为235.59亿欧元，比上年同期增长2%。归功于其稳健的盈利能力，桑坦德银行的拨备金达到了188亿欧元，比2011年增加了66亿欧元。

西班牙桑坦德银行有限公司上海分行于2008年8月25日经中国银行业监督管理委员会批准成立，注册及营业地址为上海市浦东新区世纪大道88号金茂大厦2001室，现任负责人为欧安和先生(Ortiz Calle Angel)。截至2012年底，上海分行共有员工26人，其中外方人员(包括港澳台人员)3人，中方人员23人。中国银监会于2012年4月9日正式批准分行经营对除中国境内公民以外客户的人民币业务，并批准桑坦德总行向上海分行增拨人民币营运资金4亿元人民币等值的自由兑换货币。增资后，分行的营运资金为8亿元人民币，其中外汇营运资金4亿元人民币等值的美元，人民币营运资金4亿元人民币。

【主要业务】 上海分行在下列范围内经营对各类客户的外汇业务以及对除中国境内公民以外客户的人民币业务：吸收公众存款；发放短期、中期和长期贷款；办理票据承兑与贴现；买卖政府债券、金融债券，买卖股票以外的其他外币有价证券；提供信用证服务及担保；办理国内外结算；买卖、代理买卖外汇；代理保险；从事同业拆借；提供保管箱服务；提供资信调查和咨询服务;经中国银行业监督管理委员会批准的其他业务;吸收中国境内公民每笔不少于100万元人民币的定期存款。

中国是拉丁美洲最重要的亚洲贸易伙伴。桑坦德银行把中国看作是它亚洲战略成功的关键市场,致力于发展国际贸易融资业务。受益于全球经济复苏,特别是中国进出口贸易的强劲增长,上海分行从2009年度至今连续盈利,截至年底,总资产为4.02亿美元,比上年增长5.45%,净利润比上年增长26.24%。

(周　韵)

16. 意大利联合圣保罗银行股份有限公司上海分行

【概况】 意大利联合圣保罗银行股份有限公司上海分行(由原意大利联合银行股份有限公司上海分行和原意大利圣保罗意米银行股份有限公司上海分行合并而成)成立于1997年9月9日,1997年11月开始从事外汇银行业务。并于2002年取得人民币业务经营许可,开始向客户提供人民币金融服务。2007年和2010年,上海分行获得中国银监会批准,两次增加营运资金。增资后营运资金达到等值8亿元人民币。

【主要业务】 上海分行主要业务为人民币及外币信贷,以及各种贸易融资。主要服务客户为意大利等欧洲集团公司在中国设立的外商投资企业。目前为超过400家企业提供服务,其中包括众多意大利著名品牌企业。

【特色服务】 联合圣保罗银行在中意两国贸易及投资领域交流中起到了极其重要的作用。2012年开始,在上海分行的配合下,其总行在意大利帕多瓦、贝加莫、科莫等地组织了多场以中国业务发展为主题的推介会,由集团管理层及上海分行行长介绍中国经济环境,鼓励意大利企业向中国投资,并提供相应金融服务。每场推介会邀请百多名意大利企业代表参加,有力地推动了意大利企业在华投资。在帮助中资企业走出去方面,总行在意大利设立了"外资企业服务部",通过分行的协调,专门为包括中资企业在内的外资企业在意大利以及欧洲的业务发展提供金融服务。借助专门的中资企业服务团队和上海分行的通力协作,多家著名中资企业在意大利的业务得到了快速的发展和壮大。

(何新海)

17. 意大利裕信银行股份有限公司上海分行

【概况】 意大利裕信银行上海分行原名联合信贷罗马银行上海分行,于1996年5月13日正式对外营业。2012年是上海分行完成的第16个完整的财政年度。从2004年起,分行正式经营人民币业务。2006年年底,分行获准经营全面外汇业务。2007年9月,分行获准扩大人民币业务服务对象范围,经营对除中国境内公民以外客户的人民币业务以及吸收中国境内公民每笔不少于100万元人民币的定期存款。2009年11月,中国银监会批准意大利联合信贷罗马银行股份有限公司上海分行名称变更为意大利裕信银行股份有限公司上海分行。意大利裕信银行广州分行于2012年2月15日开始对外营业,意大利裕信银行上海分行作为中国境内的管理行。上海分行的主要任务在于为意大利裕信银行集团重点发展的市场(意大利、德国和其他中、东欧国家)的企业来中国投资提供帮助,同时也为中国经济的和谐及长期可持续发展做出贡献。

【主要业务】 2012年,上海分行整体业务综合如下:外币存款主要来源于与分行有业务往来的、有意大利背景的三资企业的资本金和结算账户,以及来自于私人或外商代表处开立的用于接受国外汇款以支付当地费用的外汇往来账户中的存款;人民币存款主要来源于与分行有业务往来的、有意大利背景的三资企业的基本账户和一般账户。

就目前而言,上海分行的外币信贷组合除以贷款的形式投向在本地注册的外商投资企业,还包括意大利金融机构发行的债券。人民币信贷组合主要是贷款。分行所有的借款人都经过严格挑选,反映了银行仔细评估贷款风险质量的政策。为此,分行每年都会定期对仍在贷款有效期内的借款人的经营状况进行审查,以此来合理监控信贷风险。根据通常的做法,分行采用中国银行业监督管理委员会的贷款风险分类指引对所有贷款进行了评级。2012年12月末分行所有的客户贷款均为正常贷款。

除了信贷业务之外,上海分行还从事汇款、结算、支付和外汇买卖等其他业务,以此产生分行另外的收费收入。另外,分行也为当地的企业做一些出口结算业务。将此作为扩大客户基础的良好机会和更全面的服务客户。

（林越育）

18. 英国巴克莱银行有限公司上海分行

【概况】 英国巴克莱银行有限公司是一家在英国成立并在英格兰和威尔士登记的公司，注册地址为伦敦，受英国金融服务监管局（FSA）的监管。作为一家国际性的金融业务集团，巴克莱银行主要为客户提供零售银行、信用卡、企业银行、投资银行、财富管理和投资管理等业务，业务遍及欧洲、美洲、非洲和亚洲。就市场资本值而言，巴克莱银行是英国最大的金融业务集团之一，同时在世界上其他许多国家开展业务，向跨国中心提供全球协调业务服务。巴克莱银行集团的投资银行部-巴克莱资本，致力于向公司、机构和政府客户提供针对其融资和风险需要的解决方案，在欧美及亚洲等地区建立了广泛的分销网络，以满足处于各地客户的需要。

巴克莱银行有限公司于2005年12月6日经工商登记在上海设立了分行，目前营业地址为上海市浦东新区陆家嘴环路1233号汇亚大厦。自成立以来，上海分行本着为中国境内客户提供优质金融服务的宗旨，不断提高分行营运能力，扩大产品和服务范围，主要为机构客户提供衍生产品、外汇买卖、信贷等金融服务，并在上海黄金交易所开展黄金交易。

2009年7月10日，获中国银行业监督管理委员会批准，上海分行取得了对除中国境内公民以外客户的人民币业务资格。至此，上海分行的经营范围扩大至对各类客户的外汇业务以及对除中国境内公民以外客户的人民币业务。另外，经外汇管理局批准，上海分行于2012年获得开展人民币对外汇期权和人民币外汇货币掉期的业务资格，这使得上海分行具备了为客户提供更多金融避险工具的能力。

（巴克莱银行）

19. 加拿大丰业银行有限公司上海分行

【概况】 加拿大丰业银行于1832年始创于加拿大哈利法克斯，是北美主要金融机构之一，被誉为加拿大最国际化且最安全的银行。丰业银行在中国的历史源于1982年在北京开设首家代表处，在华经营已有31年的历史。目前，丰业银行在中国境内设有上海、广州、重庆3家分行和北京代表处，并对西安银行参股投资。丰业银行于2004年11月在上海成立上海代表处，并于2006年9月升格为上海分行。上海分行在2007年至2010年间分别获得结售汇业务经营许可、中国外汇交易中心会员资格、衍生产品经营许可及人民币业务经营资格。

加拿大丰业银行有限公司上海分行2012年度的主要业务包括公司存贷款、同业拆借、贸易融资（含进口代付、福费廷等）和结售汇业务等。2012年上海分行各项业务稳步发展并取得了较好的成绩，完成了总行既定的业务盈利目标。

【主要荣誉】 上海分行的管理层秉承总行一贯的安全稳健逐步发展的作风及原则，对各项经营风险予以充分考量与评估，以期达到风险和收益相统一的经营结果。本着谨慎严紧的工作风格，上海分行稳步发展和巩固传统银行产品，并努力寻找和关注与优质的跨国合资企业和主要/龙头的中资企业建立各类业务往来。加拿大丰业银行有限公司上海分行荣获中国外汇交易中心颁发的“2012年度银行间外汇市场最大进步会员奖”。

（陆蓉晖）

加拿大丰业银行上海分行

20. 美国银行有限公司上海分行

【概况】 美国银行有限公司在中国大陆地区共设有上海、北京和广州三家分行。成立于1991

年的上海分行为美国银行中国区分行的主报告行及管理行。美国银行有限公司上海分行下设环球财资产品部、企业及投资银行部、环球金融市场部、客户发展服务部、运营部、人事部、财务部及合规部等主要部门，截至2012年年末，上海分行共有正式员工215人，较2011年增长6%。美国银行有限公司上海分行业务经营范围为《中华人民共和国外资银行管理条例》第三十一条规定业务范围内的全部外汇业务以及除中国境内居民以外的人民币业务。

【主要业绩】 美国银行有限公司上海分行一贯秉承以客户为中心的服务方针，在中国银监会批准的业务范围内，利用美国银行全球产品和网络优势，加强同中资金融机构进行合作，为银行的全球跨国公司客户以及优秀的中资企业提供优质的产品和服务。目前上海分行在中国主要服务于欧美和亚洲的大型跨国公司，为其在中国的发展提供金融服务，此外也继续积极开展与优质的中资企业的业务与合作，特别是为有计划向海外拓展、进行国际化经营的优秀中资企业提供更为专业和便利的服务。2012年，美国银行有限公司上海分行各项业务继续稳步发展，均达到或超过预期目标。分行的贷款客户群相对集中在制造业，对大多数跨国公司客户实行母公司分配额度贷款，贷款由其母公司全额担保，总行根据母公司的财务状况进行贷款审批评级和后续风险管理；对极少数跨国公司客户的信用贷款，是建立在严格筛选，严格审查和有相应的财务制约或财产抵押的基础上。对中资企业贷款主要通过银团贷款，并结合出口信贷等方式进行，每笔贷款必须经过银行内部严格审批并要求通过所有政府部门的合法审批手续。总体而言，上海分行的信贷资产质量较好且风险较小。

（美国银行）

21. 厦门国际银行上海分行

【概况】 厦门国际银行成立于1985年，总行位于中国第一批经济特区福建省厦门市，是中国首家中外合资银行。该行在香港、澳门分别拥有全资附属机构——厦门国际投资有限公司（香港）和澳门国际银行股份有限公司（下辖11家分行），在北京、上海、福州、珠海、厦门、泉州等地区设有16家营业性机构和1家代表处，形成了覆盖长三角、环渤海、珠三角、海西经济区等四大沿海发达经济区的网点布局，同时与遍布60多个国家和地区的620家银行建立了代理行关系，全球化服务网络日益扩大和完善。截至2012年末，该行资产总额达2 066亿元，税后利润达10.02亿元，分别较上年增长近100%和69.76%；不良贷款率为0.42%，各项主要指标位列境内银行先进水平。

厦门国际银行上海分行成立于2005年，位于浦东陆家嘴金融贸易区，分行按照立足上海、辐射长三角的区域市场定位，相继开设了徐汇、静安、长宁、黄浦四家支行，杨浦支行已获批筹建。上海分行认真贯彻“争创促新”的年度工作方针，深入落实“变思变法变量，敢战善战胜战”的工作思路，制度建设、组织建设和文化建设等工作取得积极成效。

【主要业绩】 2012年，厦门国际银行上海分行在各项业务指标上均有不俗表现。截至2012年12月31日，分行资产总额达人民币441.24亿元，各项存款余额人民币194.71亿元，各项贷款余额人民币113.97亿元，累计实现税前利润人民币2.69亿元，增长幅度位居上海地区中小银行前列。分行充分利用上海作为金融中心的优势，加大同业机构间业务往来，有效拓展资金来源渠道，各项业务取得了良好业绩。

在保持稳健、快速的增长同时，上海分行坚持依法合规经营，强化风险排查和防控工作，特别是加强了信用风险和操作风险的管理，不良贷款与不良资产余额和比例实现了“双降”目标，其中2012年末不良贷款率降至0.38%，资产质量优良。

【特色产品及服务】 上海分行立足于“拾遗补缺”的市场战略，重点服务中小工商企业，以创新驱动业务增长，推出工贸通、直转通、小微企业再贴现等业务品种，利用海外附属机构的特殊优势开展两地联动、海外代付等业务，满足客户的多元化金融服务需要。针对不同客户群体，分行坚持提供个性化、差异化的服务，通过专业化的业务人员团队，高效率的反应机制提高客户满意度，有效保证了金融服务质量及品质。加强客户联系，为重点客户提供政策咨询和培训等一系列增值服务，通过各种联谊活动促进银企关系的进一步加深和融洽。

【金融文化】 2012年，上海分行在原有组织架构基础上，强化处级团队职能，一大批杰出中青年员工走上管理岗位，管理结构进一步扁平化、有效化。为强化人力资源优势，在人才引进和培养方面不遗余力，深化绩效考核，实施有竞争力的人才招聘与梯度建设、培训及职业生涯规划、薪酬福利和劳动关系政策。2012年共引进各类人才七十多人，进一步深化了人力资源资本的累积。分行重视各项培训工作，采用内、外训结合的方式开展多次业务宣导、读书交流及技能培训，对培训效果进行有效评估。

2012年，上海分行成立文化建设委员会，与党总支、银行工会共同组织开展了一系列精彩丰富的文化活动。积极参与上海市侨外资运动会并蝉联冠军，响应总行千亿庆典举办了分行的庆典仪式等，进一步提升企业凝聚力。

（厦门国际银行）

厦门国际银行资产突破千亿庆典

三、其他金融机构

1. 中国银联上海分公司

【概况】 2012年，中国银联上海分公司业务发展良好，跨行交易大幅增长，银联卡占比明显提升，银联卡受理市场实现突破，线上交易突破千亿元。分公司通过开展受理市场规范工作，加大违规商户的处罚力度，维护受理市场的公平、健康，坚持规模与质量并重的发展思路。年内，全市共有注册直联商户15.92万家，直联POS终端56.33万台；互联网交易量达1 451亿元，占交易总额的比例超过10%；新增手机用户22.7万户，支付交易量达到13亿元。

【主要业绩】 引领产业发展，服务金融中心建设。传统市场方面，银行卡在社会商品零售等方面的使用范围不断扩大，银行卡渗透率超过71%，高出全国平均水平近20个百分点，为全市GDP增长贡献了0.3个百分点。同时，分公司与商业银行、购物商城、社区及公司开展合作，推出了“上海购物卡”“陆家嘴智慧社区炫卡”“兰湖社区卡”“华为园区卡”等产品，提升了银行卡服务水平。互联网支付方面，推进银联在线支付在主流电商平台，主流在线旅游网站，以及基金、保险等金融类平台的应用。至年底，共发展互联网商户951户、“银联在线支付”用户近150万户。移动支付方面，与中国移动通信集团公司、中国邮政储蓄银行、中国农业银行、招商银行、民生银行、光大银行、中信银行等10多家机构开展合作，并签署相关协议，推动基于NFC模式的手机支付产品、手机商圈及手机支付软件的发展。

【重点项目】 金融IC卡升级服务完成。年内，全市所有直联POS机具均可受理IC卡，覆盖大型百货、连锁超市、快餐、便利店等多个商业形态的支付领域，以及自动售卖机、停车场、菜市场等传统银行卡无法使用的领域。分公司还联合产业链的合作企业拓展社保、出租车多领域的IC卡试点应用；开展收银员大赛，加强受理端培训，优化金融IC卡的受理环境，完善银行卡风险联防体系，让持卡人体验“一挥即付”的便捷应用。同时，银联IC卡产品也得到丰富。年内，全市新增银联IC卡达150万张，累计超过315万张，并发行了国内首张由多家银行同步发行的购物类主题信用卡——上海购物卡。各行发行的加载门禁、停车等功能的金融IC卡，以芯片形式发行的新版白金卡、公务卡、上海旅游卡，以及各种异形IC卡、手机支付产品等，逐步构建了一个丰富的银联IC卡产品体系。

2012年上海市银联卡交易情况

项　目	单位	数值	同比增长
跨行交易量	亿笔	8.49	—
跨行交易金额	万亿元	1.2	—
POS刷卡交易额	亿元	9 648	54.1
银联标准卡交易额	亿元	8 014	56.1
银联标准卡交易额市场占比	%	66.4	增加4.3个百分点
银联信用卡交易额	亿元	1 209	—
银联信用卡交易额市场占比	%	30.6	增加10.6个百分点
新增银联标准卡	万张	1 650	—
借记卡	万张	1 330	—
信用卡	万张	320	—
PBOC标准芯片卡	万张	310	—

（沪银联）

2. 城市商业银行资金清算中心

【概况】 2012年，城市商业银行资金清算中心围绕“发展业务、加强管理、拓展功能、推动营销、严防风险、提高效益”的目标任务，在上年度取得突破性发展的基础上，再次取得资金清算总量和营业收入双双创出历史佳绩的较好成果。年内，资金清算中心各自建系统得到进一步的升级和完善，规模效应逐渐显现，业务量继续保持上升趋势；同时，资金清算中心坚持创新业务，在2012年开发完成手机银行（城诚通贴膜卡）功能，顺利通过业务测试及安全评估，具备了上线运行的条件，为下年度推广移动支付服务奠定了坚实的基础。截至2012年年末，新增成员行26家（其中村镇银行22家），资金清算中心参与行共计203家，其中会员行90家、成员行113家；支付清算系统、网上银行运营服务平台、电子商业汇票运营服务平台运行稳定、接入行稳步增加，汇兑、通存通兑、密码汇款、网银业务、门户网站、网银互联、电票业务各项指标逐月递增；全年资金清算总量达到2 006亿元、同比增长20.26%，各项收入12 932万元、同比增长99.11%，实现税前利润5 575万元、同比增长2 675.23%，达到历史最高水平，总资产达110亿元。

【清算总量稳中有升】 （1）支付清算系统覆盖范围扩大，带动业务量显著增长。系统运行平稳，接入行稳步增加，业务量逐月增长。现有接入行67家、比上年新增7家，业务通汇网点达2 852个、比上年新增635个，年内处理资金业务39万笔、清算资金达1 567亿元，同比增长分别为34.14%、32.03%。其中电子汇兑和通存通兑发展迅速，全年处理汇兑业务16万笔、金额645亿元，同比增长分别为93.53%、78.12%；通存通兑业务23万笔、金额922亿元，同比增长分别为10.36%、11.80%；处理信息类业务22万笔，同比增长15.36%。（2）网银平台功能得到优化增强，服务领域进一步扩大。加大开发力度和投入，年内完成了集团现金管理、银企直连、银企对账、纸黄金交易、个人理财等十多项功能的开发与改造，满足了托管行的个性化要求。现有60家托管行、比上年新增22家，至年末开户总数达26万个、同比增长99.37%，交易总量达623万笔、同比增长204.99%，交易金额共计14 147亿元、同比增长159.66%；门户网站现有26家托管行，比上年新增11家。（3）银行汇票和电子商业票据业务稳定发展。城市商业银行汇票处理系统和电子商业汇票系统运营服务平台运行平稳。业务参与行数量为：汇票系统124家，电票平台52家，截至年末，汇票系统累计签发笔数达3.6万笔、金额达439亿元，累计兑付笔数达2.4万笔、金额达298亿元。

【系统得到优化拓展】 （1）配合人行二代支付系统建设，确保系统融合延续。根据人总行二代支付清算系统建设的总体规划，资金清算中心结合实际情况，以更好地为会员行、成员行提供服务为目标，统筹规划了资金清算中心支付清算系统接入人总行二代系统的配套建设，既满足了资金清算中心各系统原有功能业务的融合延续，又兼顾了现有的业务经营范围及授权。目前，支付清算系统顺利参与了人总行的联调测试，并取得了较好的效果，已经具备了下一阶段模拟运行的准入条件。（2）实现系统功能的优化升级，提升系统整体服务水平。年内陆续对已运行系统进行了功能拓展和程序优化。一是完成了城商行汇票处理系统和城商行清算中心支付清算系统的整合，实现了将汇票处理系统嵌入支付清算系统的改造；二是实现了转账贷记业务的退汇功能；三是优化银行卡的通兑业务处理，增加开放存折的通兑业务，实现了卡、折的柜面通；四是实现接入行清算资金划回电子化。（3）坚持发展创新的理念，开发完成移动支付新品。为提供更多的有助于参与提升市场竞争力、增加营销手段的服务支撑，同时结合科技新趋势，资金清算中心以移动支付为主线开发完成了“城诚通”手机银行卡，并顺利通过了联调测试、第三方测试和权威机构的安全评估，具备了上线运行的条件。同时，资金清算中心移动网银平台的多项功能经过前期论证，基本完成了功能开发方案，现阶段正在推进开发过程中。手机银行和移动网银的顺利上线，必将推动资金清算中心业务的进一步发展。

【风险控制不断加强】 （1）完成异地灾备机房的建设，成功组织灾备演练。为了更好地服务接入行，保证系统的安全和不间断运行，资金清算中心于2012年4月26日完成了北京应用级灾备中心建设工作。7月28日再次组织了各系统上线行进行京沪机房灾备切换和回切演练。演练结果表明，京沪灾备系统数据复制工作正常，可保证支付清算、电票、网银三大系统数据的一致性和完整性，相关技术指标（RPO≤10分钟，RTO<2小时）完全达标。主机房和灾备机房的建设投产和正常运行，不仅加强了系统的容灾能力，而且在技术上保障了所有接入行业务的连续性。（2）配套完善运维管理机制，保障业务运行持续稳定。资金清算中心在2012年逐步建立了较完整的运维管理机制。一是不断完善7*24小时统一监控平台；二是每日执行重要设备及系

统的巡检;三是每月实行设备及系统全面的体检;四是优化调整应急预案;五是加强二线运维值班;六是建立 ITIL 服务体系。系统运维工作还荣获了人行上海总部金融服务一部"2012 年上海市支付清算系统运维维护工作先进单位"的表彰与肯定。

【异地应用级灾备建设】 为提升信息科技系统风险防范的能力,建立全方位的各类故障和灾难的防御机制,提升业务系统的连续运行能力,资金清算中心于 2012 年 4 月 26 日按 5 级标准完成了北京应用级灾备建设工作,并于 5 月 26 日实现了京沪数据中心网银 Web 双活访问的目标,从而形成了上海(数讯)生产中心、北京(金电)灾备及测试中心两地数据中心的格局,大大提升了资金清算中心应对突发事件的恢复能力和对外持续稳定运行的服务能力。灾备系统采用了比较先进的 CDP 连续数据保护技术,实现了在京沪 30M 带宽条件下支付清算系统、电票系统、网银系统等关键业务系统数据 0≤RPO(恢复点目标)≤10 分钟,在网络条件就绪的情况下,实现 RTO(恢复时间目标)≤2 小时的目标。

(资金清算中心)

3. 中国华融资产管理股份有限公司上海市分公司

【概况】 2012 年 10 月,中国华融成功实现股份制改革。改制的第一年,上海分公司坚决贯彻公司党委的工作部署,围绕"抓改制、夯基础、控总量、调结构、保重点、促发展"的中心任务,按照创建"五有"现代金融企业的要求,牢牢把握"稳中求进促发展,紧中求新提质量"的主基调,创新发展思路,转变增长方式,坚定不移抓利润,千方百计防风险。2012 年分公司实现商业化业务净收入较上年增长 49.76%,完成公司下达收入计划的 106.41%,实现考核利润较上年增长 61.91%,完成公司下达利润计划的 114.95%。

【业务发展】 2012 年,上海分公司紧紧围绕全年利润计划和零风险管控目标,统一思想,坚定信心,真抓实干,全面落实公司工作会议精神,不断扩大与各类银行金融机构的业务合作,探索资产业务合作创新模式,努力把公司的牌照优势和综合服务转化为分公司业务的竞争优势,保持各项业务持续稳定发展。认真分析公司改制以后的发展形势,按照银监会"关于金融资产管理公司业务定位的指导意见",抓住当前宏观经济政策变化的相对有利的形势,结合上海建设国际金融中心的经济特点,多角度提供不良资产管理延伸服务,巩固和拓展资产管理主业,切实做稳、做实、做好以资产主业为核心的各项业务。公司年中工作会议以后,分公司抓住对"不良内涵"、"资产类型"、"管理手段"的扩展机遇,调整业务增长方式,整合创新业务模式,紧紧围绕不良资产主业开展"百日营销"活动,努力扩展金融机构风险资产和债务重组整合业务,实现资产收购重组业务从"贷款管理"方式到"资产管理"方式的转变。

【风险管控】 2012 年,通过搭建"两线三台"立体风险控制体系,制订完善了业务运行流程和风险管控办法,加强了分公司项目预审委员会、业务审查委员会和内控决策委员会的职责,明确了分管总经理、风险总监两条线和前台调查、中台审查和后台检查的职责,强化业务各个阶段的管理责任和风险管控的措施,全面提升分公司风险识别、分析、控制和化解的能力。一年来,分公司认真落实项目尽职调查、风险独立审查监测和项目后续管理的责任,加强项目动态分析管控,认真分析项目方案实施过程中的情况变化,高度重视可能出现的流动性风险,督促债务企业依法履行合同义务,确保到期债务和收益不发生资金损失。

【企业文化】 分公司深入开展"创先争优"和创建"五有"现代金融企业活动,加强企业文化建设,通过调整工作组合,各负其责、各尽所能,全面提高员工的岗位履职和动手能力,努力提升全体员工队伍的战斗力和创造性。通过"治庸、治贪、治懒、治散"活动,认真开展职业操守和道德风险教育,以党性、良心和责任为核心,不断提升领导班子和全体员工的凝聚力和战斗力,积极营造团结进取、求实创新、健康和谐的工作氛围,为"想干事、能干事、会干事、干成事、不出事"的员工提供机会,确保不发一案,不倒一人。按照"谁分管,谁负责"和"谁负责,谁担责"的要求,不断增强班子成员的政治觉悟和业务素养,练好内功、敢于担当,坚持"以业绩论英雄、以风险论成败、以质量论高低"的原则,按照"干活干出活、做事做成事"的原则,进一步加强队伍建设,为会干事者搭建舞台,为干成事者腾出位子,努力把上海分公司建成管理规范、管控有力、业绩优良的现代金融企业。

(华融资产)

4. 中国长城资产管理公司上海办事处

【概况】 2012年，中国长城资产管理公司上海办事处坚持以“努力成为创先的标兵、创利的大户和创新的中心”为目标，落实“增效益、稳发展，拓业务、显特色，保退出、促股改，严管理、控风险，强班子，壮队伍”的总体要求，坚持强化措施、稳扎稳打、统筹推进、务求实效，全面提升办事处业务核心竞争力，超额完成了全年任务目标，荣获了“全国金融五一劳动奖状”和总公司“十佳创效单位”，连续第12年荣获总公司“先进办事处”称号，各项工作均取得了积极进展。

【商业化转型】 坚持稳健与创新并重，全力确保商业化经营实现健康发展。办事处积极面对商业化转型，全员拓展业务，取得了显著的成效。年内对相关金融机构不良资产规模、出售意愿进行了摸底调查，努力开发客户潜在的市场需求和合作意向。重点提升主业竞争力和打造“专业的资产管理服务商”品牌，加大主业创新拓展力度，实现了对不良资产业务新模式的有效探索与突破。同时，深入贯彻精细化运作方针和项目分类管理与处置，扩大挖掘业务可回收资源，提升效益能级，资产主业的经营处置效益进一步得到提高。在坚持做大做强不良资产经营业务的同时，加强新金融产品的探索与拓展，在企业财务顾问、融资租赁、不良金融资产代理处置等业务领域进行了深入积极的推进，精细化运作能力进一步提升。年内进一步加强政策性债转股和剩余不良资产管理。按照总公司授权，认真审核三会议案，切实履行股东权利和义务，促进完善公司法人治理机制，支持国有企业改革发展、维护长城公司权益。

【风险管控】 业务依法合规与风险管控水平进一步强化。办事处积极落实总公司体系文件，完善内控机制，确保业务经营和内部管理合规合法开展。加强资产处置审核和商业化收购审核，探索创新业务操作。紧密围绕收购、处置金融不良资产的规则要求，加强内部审核和流程控制；认真开展质量/风险管理体系内部审核工作，全面审核各部门质量与风险管理体系文件的执行情况，不断提高内部管理质量水平；切实做好评估审核管理工作，为资产收购和经营处置提供科学的参考依据和技术保障；加强法律合规和风险管理，严格贯彻银监会、财政部相关规章制度，认真开展风险排查，细致审核经营项目协议、合同等重要工作文本；组织实施了全年审计计划和具体审计方案，进一步把监管部门的监管要求落实到日常经营管理中，消除了风险隐患，有效遏制了各类案件的发生。

【内部管理】 切实推进内部管理改革，为商业化发展注入新的活力和动力。办事处进一步完善管理体系，提高管理能力。人力资源管理不断完善，在认真开展薪酬系统、人员信息管理系统的日常维护和管理的基础上，科学合理地开展绩效评分及配套奖惩措施；通过实施年度员工培训计划，积极引进社会人才，促进了队伍的专业化和业务技能的更新和提升。资金财务管理水平稳步提高，认真分析和分解落实预算及经营责任目标，深入研究分析经营、费用预算、考核、考评等有关内容和总公司具体要求，坚持财务规章制度，严格成本控制，确保了年度经营计划的有效均衡完成。

（长城资产）

5. 中国东方资产管理公司上海办事处

【概况】 2012年，东方资产管理公司上海办事处在公司的领导和大力支持下，外拓市场，内抓管理，把握“发展业务与控制风险”两大工作主题，积极探索，努力拼搏，创造了历史性的好成绩，超额完成公司下达的利润目标。

【市场开拓】 2012年初上海办事处面对国际国内经济形势复杂多变的大环境，提出“四个一点”的工作目标，即“想的早一点，动手快一点，盯的紧一点，沟通多一点”，提早谋划，大力开展渠道建设，依托但不局限于本地市场，加强与银行及其他非银金融机构的走访联系，多次组织东方资产在沪各平台公司交流会，发挥集团战略协同效应，通过建立切实有效的区域性金融营销网络，扩大办事处业务来源渠道，实现资源共享、优势互补。

在此基础上，办事处一方面坚持以不良资产管理为主业，积极推进原有的不良资产处置业务，实现了数个大项目不同程度的突破性进展，同时高度关注周期性行业不良贷款的显现和发生，发挥资产管理公司的优势，在充分控制风险的前提下通过不良资产的收购及相关的业务创新，盘活不良资产，确保实体经济安全；另一方面，继续探索商业化业务发展模式，从交易对手选择、项目本身质地、保障措施落实等方面入手，做好项目筛选，加大创新力度，明确与其他金融机构差异化的服务内容，深入挖掘客户需求，有针对性地设计金融产品，努力提高自身综合金融服务能力及市场竞争力。

【风险控制】 2012年上海办事处获得了总公司商业化业务一级授权后，将关注重点放在商业风险及操作风险方面。为提高风险管理水平，办事处组织人力，参照总部质量管理体系要求、风险管理部编制的《风险管理》学习材料及有关风险方面的文件，结合办事处的实际情况，制定了上海办事处全过程风险管理体系材料，包括《上海办事处商业化收购不良资产的操作指引》和《上海办事处增信业务实施操作指引》，以完善制度和建立长效机制为核心，强化了办事处的内控体系建设，为转型过程中如何建立标准化业务操作和审批流程做出积极探索。同时，关于商业化新业务方面，办事处严格执行10个工作日向监管部门报备的制度，高度重视项目后期管理，严格做好项目监管及走访工作，按季向总部上报评级情况，确保预警措施及时有效，做到实施全过程风险可控。此外，办事处坚持学习监管机构下发的案件通报文件，定期组织员工观看教育警示片，将风险控制与案件防范意识牢固树立在每位员工的心中，确保员工在商业谈判中，坚持原则，守住底线，严格遵守职业操守，防范各类道德风险。

【队伍建设】 2012年，为增强干部队伍的领导力、执行力和凝聚力，办事处一是要求领导干部加强政治理论学习，深入贯彻落实科学发展观，认真学习党的十八大会议精神，做到学以致用，理论联系实际，确保各项工作扎实有效，稳步推进。二是坚持用人唯贤，以人为本，根据业务发展需要和干部管理规范，以市场化的眼光选人用人，共提拔了5名业绩出众的优秀干部。三是始终坚持民主集中制原则，在办事处的决策机制上，坚持充分酝酿，统一认识，会议决定，分工执行，协同配合，各负其责，有序推进各项工作顺利开展。同时，办事处用文化激发活力，在员工中培育市场竞争理念和团结、进取、积极向上的文化氛围。还根据公司业务发展趋势，举办各类培训活动，2012年共组织41场培训，全体员工均达到公司要求的40小时以上培训时间，提高了员工的专业能力。

【重大活动】 2012年11月15日，办事处与上海市虹口区人民政府举办战略合作协议签约仪式，办事处总经理陈小佺与虹口区副区长杜炯代表双方在协议上签字，虹口区区委副书记、区长吴清，东方公司总裁张子艾出席了仪式，双方在平台建设、金融服务、咨询服务、资产委托处置等方面达成合作共识。

（东方资产）

东方资产管理公司上海办事处与虹口区人民政府举行"战略合作协议"签约仪式

6. 中国信达资产管理股份有限公司上海市分公司

【概况】 2012年中国信达上海分公司坚持"举大旗、拓市场、增效益、防风险"的工作方针，以市场为导向，积极拓展新业务。圆满完成了全年的各项任务，实现了人均利润686万元的良好业绩。

【开拓市场】 分公司贯彻全员营销理念，齐心协力，挖掘市场潜力，拓展业务，取得了显著的成效：(1)与新华社上海分社建立了战略合作关系，在品牌宣传和客户推介方面进行深入合作。(2)在宣传载体、宣传内容下功夫，通过户外广告、宣传册宣传信达品牌，通过宣传折页普及金融知识，扩大知名度，通过手机短信加强点对点宣传，从而将信达概况、业务模式、文化生活全面、立体地向客户进行展示。(3)通过参加2012上海中小企业金融洽谈会，2012北外滩财富与文化论坛，在上海市委党校培训班手机党校板块所用的Ipad中植入信达广告，在《上海金融年鉴(2012)》中发布信达形象宣传信息，协助市委宣传部开办“宣传贯彻党的十八大精神大型图片展”等方式，扩大信达品牌以及上海分公司在上海本地的知名度和影响力。

【金融服务】 金融服务作为信达的发展重点，分公司要求将与客户的战略合作落到实处，与符合要求的客户签订《综合金融服务框架协议》，真正提供金融服务。分公司正稳步推进以“泸州陈年窖”为代表的一批综合金融服务项目，并以资产收购为切入点开展了实质性金融服务，帮助企业拓宽融资渠道，走向快速发展道路。此外，分公司客户服务中心于2012年3月正式开门迎客，成为分公司面向市场、面向客户的一个重要窗口，同时也是宣传信达品牌，服务社会各界的一个平台。通过一年的运作，客服中心初现规模，成为信达产品的销售窗口，推广的舞台，也让客户深入了解信达的业务全貌。

【规范经营】 随着分公司业务模式日趋成熟，项目操作日趋熟练，资产规模不断做大，规范经营是必不可少的一个环节。分公司根据市场化业务开展过程中逐步总结的经验教训，制订了分公司《商业化不良资产收购业务风险管理办法》，以“源头把关、过程管控、责任到人、奖惩结合”为基本原则，建立了以管理责任人制度、风控联系人制度以及风控保证金制度等为主体的全面风险管理体系，在经营合规的基础上，重点保障业务风险可控。年内分公司还接受了BSI、CQC、ISCCC组成的联合检查小组对于分公司贯彻ISO9001质量管理体系运行要求情况的全面审核，总部对分公司进行内部控制评价现场测试、财务会计工作现场检查等，通过检查发现疏漏，落实整改，进一步落实规范经营，同时增强合规经营意识，提高自查自纠能力。分公司的内审工作得到了监管机构的高度评价，并在“在沪政策性银行、邮储银行和资产管理公司提高内审工作有效性工作会议”上作了专题交流。

【集团协同】 2012年，分公司继续发挥上海地区业务总监职能，贯彻《信达公司驻沪机构业务联动暂行办法》，履行地区业务总监职责，深化业务协同，强化文化协同。由分公司主办，各驻沪平台机构协办的《上海信达》期刊顺利创刊，并发行了4期季刊，这份期刊已经成为信达集团驻沪平台机构员工们共同的精神家园，员工们可以通过这份杂志充分展示其所思、所想、所悟；同时，它也成为客户了解信达企业文化的载体。分公司还举办了“记录上海、光影信达”喜迎十八大摄影作品比赛，给驻沪平台机构员工一个展示生活风采、摄影技能的机会，得到了市金融工委领导的肯定。

【文化建设】 分公司在“积极向上、简单清新、团结协作”的企业文化理念倡导下，充分发挥工会、青年团组织的作用，通过《上海信达》杂志征稿，举办“记录上海、光影信达”摄影比赛，“业务创新模式”及“最美广告创意”双项设计比赛，组织员工考察等丰富职工业余文化生活；开展五四青年节主题活动，团结青年员工，凝聚青年员工力量，培养团结协作的精神。

【公司荣誉】 2012年分公司获得了“上海金融系统学习型党组织创建先进单位”、“银监会系统纪检监察先进集体”、“A类纳税信用证书”，并涌现了公司系统劳动竞赛“岗位能手”等一批先进典型。在业务全面上台阶的同时，分公司品牌形象得到了全社会的普遍认可。

（信达资产）

7. 上海国际信托有限公司

2012年，上海国际信托有限公司审时度势，积极应对，深入推进业务转型，全力发展信托主业，不断完善内控管理，持续优化运营流程，准确捕捉业务机遇，全年实现了信托业务的跨越式增长。同时公司上下奋力拼搏，稳中求进，呈现出良好的精神面貌和积极进取的发展态势，取得了优异的成绩。公司业务收入、业务利润和信托存续规模均大幅增长，为信托公司的转型发展奠定了坚实的基础。

【转型发展】 抓住战略先机，主动创新推动信托业务转型。(1)公司通过对市场的前瞻性判断和业务机遇的准确把握，牢牢把握住市场主动性，抓住基础设施、房地产等业务重点，实现信托收入和规模的快速增长。(2)继续探索业务模式和产品的创新，优化升级系列产品。资金池业务方面，设计了红宝石安心稳健系列信托产品、日汇盈产品，探索项目和资金适时匹配的解决方案；资产证券化方面，与上海汽车集团财务有限公司合作，通过银行间市场公开发行“2012上元一期个人汽车抵押贷款支持证券”，成功募集资金10亿元；同时启用由融资方、信托公司、质押股票托管券商和第三方存管银行“四方合作监管”的风控模式，最大程度保证资金安全。此外，2012年公司在健康医疗产业投资进行了探索，成立了上信新虹桥健康产业股权投资集合信托计划，试水产业基金和权益性投资。(3)顺应市场需求导向，积极布局海外和另类投资市场。公司联手光大资产香港、中债信用增进公司和上海浦东发展银行推出信托行业第一单受托境外理财集合资金信托计划，募集规模10亿元人民币，刷新信托行业QDII业务的规模、形式、结构等多项纪录；在另类投资方面，公司于2012年上半年发行了中国字画艺术品投资集合资金信托计划，同时，公司加强了对另类投资项目的运营管理工作，进一步完善了此类项目的操作流程，降低运营管理风险。

【市场营销与形象】 深化市场营销服务，提升公司市场形象。(1)公司通过深入开拓市场，发掘潜在客户，直销规模和直销能力处于行业领先地位，全年实现直销规模149.3亿元。(2)为客户提供差异化的信托体验和服务，公司除本部财富中心外，在陆家嘴、新天地、古北三个目标区域布局财富中心，提高销售能力和服务质量，为客户提供便利，增强客户体验。(3)公司财富中心荣获由中共上海市金融工作委员会、上海市金融服务办公室授予的上海金融系统五星级“优质服务网点”的称号，成为唯一获此殊荣的信托财富中心。(4)成功承办中国会计学会信托分会第五届会员大会，公司董事长被推选为中国会计学会信托分会第五届理事会会长，提升公司在行业内外的影响力。(5)重视企业文化建设，承担企业社会责任。利用红色之旅、工会活动、员工休息区的宣传窗口、OA门户等方式和途径，达成公司品牌内部导入，增进前中后台员工交流沟通和团队意识；冠名赞助“上海信托悦享年度顶级盛音德累斯顿国家管弦乐团上海音乐会”；向上海青基会捐款援建云南少数民族自治县希望小学，组织双结对等爱心帮扶工作，积极履行企业社会责任。(6)公司继2009年度后再次荣获全国银行业金融机构最高监管评级2A，成为全行业获此殊荣的两家公司之一；公司参评并获得上海证券报社主办的第六届“诚信托—卓越公司奖”、“诚信托—价值信托产品奖”，《21世纪经济报道》主办的第五届中国资产管理“金贝奖”“2011—2012年度最受信赖信托公司奖”，证券时报社主办的第五届“中国优秀信托公司奖”、“年度优秀理财管理团队奖”、“最佳房地产投资信托计划奖”、“最佳另类投资信托计划奖”，东方财富网主办的2012东方财富风云榜“2012年度最佳信托公司奖”，《理财周报》主办的2012中国金融品牌“金象奖”“2012中国金融品牌年度十大营销事件奖”。“新一代信托业务系统建设项目”荣获上海市政府2012年度上海金融创新成果奖三等奖；连续三届高票当选中国信托业协会理事和副会长单位。

【优化调整】 公司根据对资本市场的总体预判，优化调整投资策略和资产配置方向：(1)调整投资方向和配置策略，优化固有资产结构，战略性收缩股票资产配置，通过结构性换股和操作，牢牢把握住了市场机会，取得了不俗的业绩。(2)做强固定收益投资，细化产品布局，通过和银行等金融机构的合作，在交易所和银行间两个市场提高投资运作和资产配置效率，打通同业拆借渠道，提升固定收益业务的专业化和精细化水平。(3)组合直接和间接投资，提高主动管理能力。在保持既定策略的条件下，公司主动采用基金投资、银行理财和券商资管等专业机构委托投资方式，分散直接投资于个股和个券的特定风险，提高公司主动管理能力。

【风险防范】 公司以“适应监管、防范风险、落实战略”为出发点，落实内控建设规划，完善风控制度建设：(1)制定业务准入指引，动态控制实质性风险。公司根据市场融资需求及业务拓展的需要，提前开始相关风险点和控制措施的探索，适时推出了各类业务准入指引，对展业区域、交易对手、风控措施等予以明确，提高业务拓展效率；(2)完善内控制度，提升风险防范能力。公司依据现行法律法规和监管精神，对公司业务管理制度进行逐项检查，确保公司内控制度的实时性和有效性；(3)加强业务风险预审，提高决策风险管理能力。公司制定了预审操作规程，对公司项目风险预审工作进行了规范和强调，明确了工作原则、范围、流程和工作要求，同时按照金融产品投资类、融资类、创新类业务划分，明确各种风险预审要点；(4)认真落实日常审计和专项审计，合理保证内控有效性。公司按照审计工作程序，对公司的集合资金信托项目进行了审计，并对自营证券业务进行了专项审计调查，对公司新一代信息系统进行评估，建立案件防控承诺，有效促进了风险管理和内控建设。

【经营管理】 公司进一步强化经营管理配套措施，全面提升公司市场开拓能力：(1)打造专业化业务管理团队，通过外部招聘和以老带新的自主培养，公司业务团队迅速壮大，队伍年轻化、专业化、结构合理化，大大提升了业务开拓能力；(2)推进全资资产管理子公司业务稳步开展。公司对子公司的日常运营、业务审批流程、财务管理制度等方面给予全面支持，使其逐步完善；(3)完善财务绩效考核体系。公司进一步推动财务预算与业务预算的结合，增强财务预算与内部经营业绩考核的结合，清晰、准确和公正地反映考核对象业务经营和管理成果，形成客观的经济效益评价结论，建立起以预算为目标、控制为手段、以激励促进为目的的财务绩效考核体系。

（叶朱演）

2012 年 8 月 1 日，上海国际信托公司举行国金财富中心开业典礼

8. 华澳国际信托有限公司

【概况】 2012 年，华澳国际信托有限公司按照年初确定的发展思路，坚持规模与效率并进，各项业务稳步增长，经营效益显著提升，业务特色逐步显现，风险管控有力有效，基础建设稳固扎实，较好地完成了董事会下达的年度工作任务。截至 2012 年末，公司管理资产总规模约 186 亿元，单一信托业务规模 71 亿元；集合信托业务规模 115 亿元；新开展固有资金贷款总金额 3 亿元，实现税前利润 1.7 亿元。

【内控机制】 公司从组织架构调整、制度梳理和完善、自我风险评估体系建立、IT 系统优化等方面加强内部控制管理，具体内部控制措施主要包括：进一步调整和优化组织架构体系，梳理、调整岗位职责；持续梳理、完善制度；完善自我风险评估体系，增强自我识别、自我控制风险的能力；梳理业务流程和管理流程，编制流程图；不断加强 IT 系统建设；强化内部监督制约机制、完善责任追究制度体系；完善内部控制报告制度等。

【风险管理】 公司风险管理的控制政策：严格按照国家法律法规和公司各项规章制度的要求开展经营管理活动；根据行业、公司特点，不断完善包括内控制度和风险管理制度在内的公司规章制度体系；在对公司各项业务的盈利模式和流程深入把握的基础上，对业务流程的风险点进行全面全程的监控、分析、评估、预警，做出决策并采取相应措施，以实现对风险的有效控制和管理。

【金融创新】 (1)业务创新。2012 年，公司一方面不断丰富项目行业领域，降低传统行业集中度。另一方面，在资产证券化、农业基金、房地产基金、中小企业融资、矿业基金、PE 合作、与券商、基金、租赁、银行以及各类交易所开展合作等方向进行了业务创新研究。(2)风控创新。2012 年，公司提出将风险管理部定位为全面风险管理部门。自 5 月起风险管理部牵头对项目风险管理进行了全面梳理，从项目风险审核评审环节、存续项目管理环节、制度建设、风控机制建设、团队建设等方面切实加强了项目的风险管理和控制。2012 年公司建立起信托项目全过程风险管理体系和风险管理月度报告机制，风控措施覆盖项目立项、尽职调查、评审审批、发行、存续、清算等全过程。(3)人员培养培训创新。2012 年公司人力资源工作在加强系统运用上走出了坚实一步，分别建设启用了 e-HR 系统和 e-Learning 系统。e-HR 系统作为人力资源管理的基础，也有助于对人事基础数据的管理，对盘点人力资源存量，加强流程管理具有重要意义。e-HR 系统包括了基础模块、假期管理模块、招聘模块、培训模块、薪酬模块和内部门户模块。该系统建成使用后显著提高了人力资源基础管理的效能，并有效加强了员工管理与服务的效果。e-Learning 系统采用目前较为流行的 SARS 模式，与 e-HR 自己运营系统不同，SARS 模式是以租用外部供应商服务为主的模式，这使得公司可以将更多注意力投入到培训课件的采购和制作，专注于培训内容的高质，而非系统维护。运用该系统，公司于 12 月组织举办两次岗位资格认证的考试，收到良好效果。

【社会责任】 公司不断完善公司治理机制，全面深化改革，推进新体制、新机制的有效运行，通过创造卓越的价值创造回报社会，承担社会责任、关怀社会民生、关注社会发展。公司在开展业务的过程中，向国家政策支持的绿色产业、生态农业、节能环保、保障房、中小企业等领域靠拢，以实际行动支持社会可持续发展。开展公益基金项目，也是公司的重要发展目标。2012 年，公司从信托业务收入中提取资金，发起设立"华澳信托公益基金"。华澳信托公益基金关注贫困地区青少年成长，发展青少年文化教育事业，关怀社会贫困弱势群体，参与本地社区建设。9 月，华澳信托向全国二十余所贫困地区小学捐赠月饼，为广大留守儿童营造轻松快乐的中秋佳节；12 月，华澳信托向云南省巍山县永建镇永和小学捐建了"华澳信托爱心图书室"，为全校五百多名师生提供了一座知识宝库。

【重大活动】 2012 年 5 月 25 日，华澳信托在上海丽思卡尔顿酒店举办了主题为"千年儒学与现代管理及人文关怀"的研讨会，众多来自金融同业的领导、知名企业家以及华澳信托的高端个人客户莅临盛会。11 月 5 日，华澳信托作为天津矿业交易所指定的 6 家首批矿业权信托融资试点单位之一，参加了在天津梅江会展中心举行的天津国际矿业金融改革示范基地揭牌仪式，并与天津矿业交易所签署了合作备忘录。

（华澳信托）

012 年 5 月 25 日，华澳信托举办主题为"千年儒学与现代管理及人文关怀"的研讨会

9. 华宝信托有限责任公司

【概况】 华宝信托有限责任公司成立于 1998 年，是宝钢集团有限公司旗下的金融板块成员公司，宝钢集团有限公司持股 98%，浙江省舟山市财政局持股 2%。华宝信托旗下控股华宝兴业基金管理有限公司（中法合资）。2011 年 1 月，华宝信托注册资本金增加至 20 亿元（含 1 500 万美元）。华宝信托始终以"受益人利益最大化"为经营理念，以专业化和差异化发展为基本战略，重点以资产管理与信托服务为两大主业，立足资本市场，不断强化能力建设、渠道建设和品牌建设。公司投研团队阵容整齐、资管实力强大、业绩持续良好，在信托行业中处于领先地位。2012 年首推国内信托产品评级；2012 年申请到第一个以信托计划名义设立的股指期货套保交易编码和套利交易编码。此外，公司 2012 年获得受托境外理财业务资格。

2006 年起，华宝信托进入快速发展阶段，2006—2012 年累计清算信托项目 601 个，成功兑付率 100%。公司为投资者创造了良好收益，1998—2012 年累计为客户实现收益 315 亿元。截至 2012 年底，华宝信托管理的信托资产规模已超 2 100 亿元（含年金），稳居行业前列。华宝信托也为股东创造了良好收益，自 1998 年成立以来，华宝信托连续 15 年都实现盈利。

2012 年，华宝信托从宝钢大厦迁入上海第一高楼——环球金融中心，掀开一页新的历史。公司业务以上海为中心，向长三角、珠三角、北京及周边等地区辐射。

【经营情况】 2012 年，华宝信托新增信托项目 253 个，所管理的信托资产规模达到 2 125 亿元，同比增长 15%。公司在资产管理、结构化证券投资和私募基金托管、企业年金及员工福利计划、银信合作、项目投融资等业务上取得了规模化发展。同时，在推进公司内部控制体系的不断完善、合规管理的日趋规范等方面做了大量工作，在超额完成公司年度经营目标的同时，推动公司持续稳定健康的发展。

按照合并报表口径，截至 2012 年底华宝信托固有资产 58.81 亿元，少数股东权益 4.33 亿元，所有者权益（扣除少数股东权益）38.39 亿元。公司资本充足，整体资产质量较好。2012 年公司各项盈利指标均出现上升。报告期内公司共实现收入合计14.90亿元，利润总额8.56亿元，净利润6.42亿元，同比增长28%；2012年总资产利润率15.80%，资本利润率15.70%，主营业务收益率44.18%。

【业务创新】 2012年华宝信托在保持核心竞争力的同时，对旗下信托产品进行横向拓广、纵向加深，在证券投资、股指期货、产融结合、投融资领域推出多个创新产品，设计的信托产品利用多种结构和工具，覆盖了资本市场、货币市场、实体经济。在合法合规的基础上，华宝信托充分考虑投资者需求，采取多种风险控制手段，充分发挥主动管理能力和创新能力，全面推进信托产品向更广更深的层次发展。在股指期货领域，继2011年在信托行业首家获得股指期货交易资格后，华宝信托又在2012年成功取得信托计划首个套保交易编码和套利交易编码；公司在2012年发行了第一个房地产投资基金；公司也在2012年获得受托境外理财业务（QDII）资格，获得国家外汇管理局批准的境外理财业务额度5亿美元，并成立了2个QDII产品。

【公司荣誉】 近年来，华宝信托在各类专业行业评选中多次荣获优秀公司、知名品牌、最佳创新、最佳经理、最佳产品等各类奖项。其中2012年，公司荣获《上海证券报》第六届“诚信托”评选卓越公司奖、《证券时报》第五届中国优秀信托公司评选“中国优秀信托公司”奖及“年度优秀理财管理团队”奖。2012年12月，华宝信托当选中国信托业协会第三届理事会副会长单位。

【重大活动】 2012年12月4日，“资本市场变局与城市中国构想——2012华宝金融论坛（第二届）”在上海举行。作为华宝信托的年度学术盛会，本次论坛主题聚焦资本市场和城市化，并邀请到政府部门领导、城投公司、房地产企业、私募代表、经济学家等逾50人参会交流，共同探讨中国资本市场的发展趋势及新时期的中国城市化发展之路。

（华宝信托）

10. 中海信托股份有限公司

2012年，中海信托股份有限公司紧紧抓住行业大发展的机遇，围绕“诚信稳健、忠人所托”的经营理念，坚持合规运营，推进业务转型，不断完善体制机制，大力提升品牌建设，取得了较好的成效。

【主要业绩】 截至2012年底，中海信托股份有限公司总资产40亿元，净资产38亿元，公司资产继续保持较高质量；公司全年实现营业收入11.08亿元，利润总额9.85亿元，净利润8.07亿元，净资产收益率19.90%，公司盈利能力良好；公司人均净利润达到733.89万元，继续保持行业领先水平。

面对不确定的外部市场环境，公司主动控制业务发展节奏，合理压缩规模，确保业务发展风险可控。2012年，公司管理信托资产规模1 258.47亿元，全年累计管理信托资产规模2 914.94亿元，各项业务稳健发展，未发生任何信托项目不能按期兑付、损害投资人利益的情况，连续九年保持新增不良资产为零，公司保持了健康、稳健、可持续的发展态势。

【业务创新】 中海信托股份有限公司视创新为发展的动力，坚持以市场为导向，以客户为中心，充分利用跨市场配置的信托制度优势进行产品和业务创新。多年来，公司始终坚持在风险可控的前提下开展业务创新，通过创新手段推进发展模式转变，提升主动管理能力，完善资产管理产品线，开辟市场蓝海。一方面，公司继续发挥在实业类信托业务积累的专业和客户、渠道优势，支持实体经济发展。积极探索同能源、交通和基础设施等行业的客户合作领域和模式，主动为其提供组合融资方案，传统信托业务优势不断巩固。另一方面，公司持续推动业务转型，大力开展创新类、投资类主动管理业务，提升盈利能力。2012年，公司在保证稳健发展、风险可控的前提下审慎开展创新业务。为积极响应监管机构关于信贷资产证券化创新业务的开展，由公司担任受托人和发行人的“交银2012年第一期信贷资产支持证券”于2012年11月完成发行。该项目规模30亿，分为优先A-1档、优先A-2档、优先B档、次级档证券，占比分别为28.02%、53.07%、10.22%、8.69%，由海通证券、国泰君安证券等担任联席主承销商。该单业务的成功发行标志着公司资产管理能力再上一个新的台阶。

【风险管理】 中海信托股份有限公司始终坚持“只有风险可控的发展才是真正的可持续发展”的风险控制理念，不断完善风险控制体系，确保各项业务发展风险可控。2012年，结合业务发展实际，公司组织开展了第十版内控制度的修订工作，实现了制度流程的全覆盖。目前，制度完善工作已取得明显的成效，公司各项业务合规稳健发展，有效保障了公司的良性运营。

【社会责任】 中海信托股份有限公司始终坚持把企业社会责任建设与公司企业文化融会贯通，统一思想、凝心聚力、落实任务，积极履行国有金融企业的社会责任。一方面，公司在实现高效、高速发展的同时，始终把维护委托人的利益放在首位，不断优化风险控制体系，为投资者提供安全可靠的金融理财产品，切实承担起国有金融企业维护金融稳定的社会责任。2004 年以来，公司累计管理信托资产规模达到 18 000 亿元，累计为投资人创造信托利润超过 360 亿元。公司连续九年未发生任何一笔信托不能到期兑付、损害委托人、受益人利益的情况，未新增任何不良资产，得到了委托人和市场的高度认可，成为委托人信得过的信托理财平台。另一方面，公司坚持服务社会、奉献社会、回报社会，做负责任的企业公民，支持公益事业和贫困地区发展，扶助弱势群体，塑造了一个具有高度社会责任感的金融企业形象。2012 年，援建上海市崇明县建设镇的卫生所项目按时竣工，公司充分发挥了金融企业在资金等方面的优势资源，从源头“造血”，确保结对帮扶工作能够长远发展。同时，公司组织开展了冬日暖阳爱心捐衣活动，组织全体员工为西藏边远山区捐赠过冬衣物及学生学习用品等，在公司内营造了和谐向上的企业文化氛围，弘扬了扶贫济困、乐善好施的传统美德。

【获奖情况】 2012 年 2 月，在上海市黄浦区政府组织开展的 2011 年度经济发展突出贡献 100 强企业评选中，公司荣膺“2011 年度上海市黄浦区经济发展突出贡献 100 强企业第 18 位”荣誉称号，排名位居金融企业前三甲。此次评选是原黄浦区、卢湾区两区合并后组织的首次评选。6 月，在《上海证券报》主办的第六届“诚信托”评选活动中，公司荣获 2011 年度“诚信托——卓越公司奖”。9 月，公司荣获《证券时报》社、《新财富》杂志联合主办的“开启财富管理新思维——财富管理论坛暨第五届中国优秀信托公司评选”“中国最具成长性信托公司”奖。

（李　峰）

11. 中泰信托有限责任公司

【概况】 中泰信托有限责任公司前身是中国农业银行厦门信托投资公司，成立于 1988 年。1997 年改制为厦门联合信托投资有限责任公司。2002 年 2 月 9 日，经中国人民银行总行批准，公司进行重新登记，更名为中泰信托投资有限责任公司，注册地址由厦门市迁往上海市，注册资本为人民币 51 660 万元，人民日报所属中国华闻投资控股有限公司是公司第一大股东。2008 年 6 月 26 日，中国人民保险集团公司通过全资子公司人保投资控股有限公司完成对中国华闻投资控股有限公司的股权重组，持有中国华控 55%股权。2009 年 4 月 3 日，经中国银监会批准，公司获准变更公司名称和业务范围，注册名称变更为“中泰信托有限责任公司”，并领取了新的金融许可证。2012 年 4 月 25 日后，北京国际信托有限公司(德瑞股权投资基金集合资金信托计划)陆续受让公司股东中国华控 100%股权和广联投资 54.21%股权。目前，中泰信托有限责任公司主要股东构成为：中国华闻投资控股有限公司持有 31.57%；上海新黄浦置业股份有限公司持有 29.97%；广联(南宁)投资股份有限公司持有 20%。

【主要业绩】 2012 年，中泰信托有限公司稳健发展业务规模，培育挖掘成熟业务模式，加强风险控制，拓展业务渠道，公司自主管理和业务创新能力显著提高，为业务转型和持续发展奠定了良好的基础。2012 年 12 月末，公司固有资产总额为 207 097.93 万元，较年初的 177 315.95 万元增加 29 781.98 万元，增长 16.79%；净资产 191 607.78 万元，比年初 163 126.23 万元增加 28 481.55 万元，增长 14.86%；全年实现营业收入 32 006.69 万元，较 2011 年的 30 909.80 万元增长 3.55%；其中，信托收入 11 999.59 万元，较 2011 年的 11 861.87 万元增长 1.16%；实现投资收益 17 354.92 万元，年末管理的信托资产规模 316.21 亿元，比上年末 108.49 亿元增长 191.46%；全年共实现净利润 23 798.84 万元，净资产收益率 13.42%。

【创新研究】 面对利率市场化提速和金融监管放松，资产管理行业的竞争加剧，信托公司面临创新与转型的挑战。自 2010 年起在中国银监会鼓励信托公司培养自主投资能力，支持真实投资型信托业务发展的背景下，中泰信托有限责任公司即加大产品创新研究力度和投入，推动基金化和主动管理型信托业务的开展。公司不断探索与银行、资产管理公司等金融同业合作的广度与深度，致力于在单一类和结构化集合信托等方面，在基础设施、矿产资源、证券投资等多领域寻求创新发展。

2012 年,公司调整研究发展中心的功能定位,贴近公司业务开展研究,以研发为载体,打通业务、风控、营销、创新的通路,整合资源促进部门联动,构建起一个贴近公司发展需要的产品研发体系。为有效推动研发工作开展,公司成立了以总裁为组长的产品研发领导小组,经研究发展中心与业务、风控部门反复协商,组建了《现金管理类信托产品研究》、《信托夹层基金产品研究》、《房地产并购信托基金产品研究》和《伞形证券投资信托研究》四个产品研发小组。目前四个产品都处于不同程度的研发和实施阶段。

【风险管理】 2012 年,中泰信托有限责任公司整个风控体系承受了业务量剧增和业务模式转变的考验,公司在文本规范、制订修订、流程优化及后续管理等方面不断加强和完善,获得监管机构的好评。

首先,持续优化综合业务管理信息系统,为业务管理和风险控制搭建可靠的硬件基础。2012 年,公司信息化建设的重点在于汇集各业务部门、风控部门、财富中心所提的个性化需求,不断完善优化后,及时测试上线,为更高层次的风险管理实现在线处理奠定基础。其次,根据业务开展情况,加强文本规范,优化流程管理,提高效率。年度内,草拟并发布了《信托业务月度管理报告模板》等规范文本,优化信托项目资金调拨流程和开户流程。严格按公司既有组织体系保证业务开展,用体系结构约束业务次生风险点的发生;同时加强中介机构管理,严格中介机构准入、考评,利用外部资源提高风险控制能力。再次,加强存续业务管理,强化定岗定责,加强风险排查力度,增强风险化解能力。2012 年针对房地产行业趋紧的特殊情况,重点关注地产项目风险监控,加强与项目合作方的日常沟通,及时了解融资方的经营情况及财务状况,提前做好到期兑付的资金安排,以保证信托计划到期时点偿付的刚性需求。最后,加强重大项目专项审计,及时提出稽核建议。

【品牌形象】 随着泛资产管理时代的来临,中泰信托有限责任公司把品牌形象塑造放在了一个更为重要的位置。2012 年,中泰信托有限责任公司继续加强财富中心建设,培养可持续的综合自主营销能力,致力于打造一个公开透明的营销管理平台和客户服务平台,并逐步形成中泰资产管理品牌。经过近两年的建设,财富中心在团队发展、制度架构、硬件设施、营销理念等方面都取得了预期的成果。2012 年 8 月,中泰信托有限责任公司在《证券时报》社、《新财富》杂志联合主办的"开启财富管理新思维——财富管理论坛暨第五届中国优秀信托公司评选"中被评为"中国最具成长性信托公司"。这是中泰信托在活动中连续两年获得这一奖项。2012 年 11 月,"信托零距离——中国信托企业走访活动"走进中泰信托有限责任公司,中国信托业协会领导、东方财富网相关代表及部分投资者一同与中泰信托的高管展开了深度交流,对公司品牌传播产生了良好影响。

(中泰信托)

12. 上海爱建信托有限责任公司

【概况】 2012 年,上海爱建信托有限责任公司完成了重新登记,注册资本金增至 30 亿元,经营业绩显著增长,内部管理持续改进,整体发展水平呈现良好发展态势,监管评级提升至 3 级。2012 年,公司实现营业收入 42 406.16 万元,比上年末增长 125.90%,其中信托业务收入 29 640.05 万元,比上年末增长 126.62%。全年实现净利润 22 982.03 万元,比上年末增长 90.41%。

【重点工作】 完成换牌增资,资本实力大增。2012 年,公司顺利完成重新登记工作。3 月 16 日,公司收到《中国银行业监督管理委员会关于上海爱建信托投资有限责任公司变更公司名称等有关事项的批复》;4 月 28 日,换领了由上海银监局颁发的新金融许可证;5 月 9 日,经上海市工商行政管理局核准,换领了新营业执照;6 月 6 日,公司获得上海银监局批复,同意公司增资 20 亿元;6 月 18 日,公司完成注册资本金变更的工商登记手续,注册资本金增至 30 亿元。

【业务发展】 业务拓展初见成效,全面超额完成年度目标。(1)信托业务调结构、抓重点、促发展。2012 年,公司在拓展业务类型、调整业务结构方面花了大量的精力,在政信合作业务方面重点突破,信托业务的结构比上年明显改善。产品结构中房地产业务增速下降明显,信政业务增长非常快速,产品结构趋于优化,信托业务类型开始向多元化发展。在信托结构优化的同时,信托业务规模也大幅增长。2012 年,公司新增信托项目 61 个,规模 153.95 亿元,其中新增单一信托项目 25 个,规模 43.20 亿元;

新增集合信托项目36个，规模110.75亿元。(2)固有业务早布局、讲策略、增效益。2012年上半年，公司固有业务早作准备，在6月份增资资金到位后的两周时间内，顺利完成了8个项目贷款业务，先后发放贷款15笔，业务量较2011年增加了近3倍，为完成全年的目标任务打下了坚实的基础。截止到2012年12月31日，公司贷款业务实现收入10 095.69万元，较上年增加了7 608.45万元。

2012年，公司新设固定收益总部，并于增资资金到位后启动投资运作，资金主要投向为货币市场和债券市场。年内公司在货币市场投资共148笔，交易金额120.04亿元；债券投资风格以稳健为主，跑赢了中债指数。

【营销架构】 营销架构基本建立，营销能力大幅提升。重新登记完成后，公司制定了以强化直销能力、建立多渠道销售模式、提高客户满意度为主的营销体系建设主要目标，并于年内初步构建了营销架构，建立了有效的激励考核机制，自主销售能力获得了较大幅度的提升。为更好地服务目标客户，根据客户的天然属性、规模潜力，公司将市场营销总部拆分为私人财富总部和渠道管理总部，细分经营个人客户及机构、同业客户。在信托计划的销售策略上，两个部分互为补充，按照不同目标客户进行主次区分，逐渐形成灵活、高效率的销售团队。

【风险管理】 树立全面风险管理理念，提高风险管理水平。2012年，公司坚持“风险控制强调制度先行、运营管理强化事中监督、系统建设提供风控技术保障”的方针，通过修订、完善原有规章制度、操作指引以及制定新制度加强对不动产业务的风险控制，规范信政合作业务操作管理，实时监控股票质押融资业务严控固定收益投资风险；成立运营管理总部，负责交易实施、流程管理、运营监控、抵/质押物管理、文档管理、项目协调推进等工作，加强前中后台协调配合，提高业务效率，加强对业务部门的专业服务与支持，使得业务部门更专注于市场及客户的开拓；信托业务综合管理平台第一期基本完成，已上线试运行基本建立起了完整的、公司业务全覆盖的业务处理系统，初步实现了信托项目全生命周期风险监控体系的建设，同时启动了系统第二期的建设。

公司进一步完善内部控制体系，强化内控检查整改，确保问题整改到位，发挥事后监督职能，促使公司经营活动中风险管理能力和控制能力不断提高，各项制度不断完善，制度执行力不断加强。

（爱建信托）

爱建信托参展第十届上海理财博览会

13. 安信信托投资股份有限公司

【概况】 2012年，信托业面临着依然复杂的经营环境和更为严格的监管要求。安信信托投资公司结合实际，在2012年初制订了“适度放缓、稳中求进”的指导原则，继续坚持“专业化、差异化”的经营策略，落实各项监管要求，明确展业方向，稳健运营，在加强风险识别、防范和管控能力的同时，全面努力提升自主管理能力。2012年，公司努力优化业务结构，加大现有公益性、类基金型及其他私人信托产品的研发力度，巩固公司核心竞争力，稳固公司经营绩效。公司2012年度共实现主营业务收入40 607万元，归属于母公司的净利润10 768万元，归属于母公司的所有者权益为63 057万元。

【公司治理】 严格按照《公司法》、《证券法》、《信托法》及中国银监会、中国证监会有关法律法规的要求，不断完善公司法人治理结构、规范公司运作。2012年制定并公告了《安信信托投资股份有限公司内控规范实施工作方案》及《安信信托投资股份有限公司内部控制制度》，进一步健全公司内部控制的治理机制。严格按照《公司章程》规定的程序召集、召开股东大会、董事会、监事会。按照“公平、公正、公开”的原则严格履行信息披露义务，保证了信息披露的真实、及时、准确、完整，增强信息披露的透明度，确保全体股东有平等的机会获取信息，并在报告期内完成了董事会、监事会换届工作。

【业务创新】 落实各项监管要求，提高业务创新能力，推进中长期信用服务。2012年，公司继续加大类公益型、类基金型等既符合国家政策导向又能体现信托公司资产管理能力的产品研发力度。2012年公司关爱系列产品“阳光2号·银发颐养信托产品”获准设立发行，该产品在研发、设立和发行过程中，得到了监管部门、民政部门的认可，同时与上海市商务委员会、上海市老年基金会分别开展项目投资合作及公益事业合作，为公司开展基金型、资产管理型业务起到积极的推进作用，夯实具有安信特色的资产管理业务，树立良好的市场形象和社会公信力。

【风险控制和管理】 (1)加强项目合规和风险控制管理。为防范操作风险，对所有集合类信托项目以及固有贷款项目，风控中心派专人协同主办部门到抵押物所在地办理抵押登记；以面签、面取的方式从抵押机关获取他项权利证明。风控中心持续跟踪项目管理，对重点项目进行风险管控。对信托业务、固有业务存续项目坚持贷后检查，并将检查工作延伸至现场；对可能存在的市场风险、信用风险和流动性风险保持动态监测，并及时下发风险提示函，提前进行风险警示。(2)努力做好制度建设，及时优化流程管理。风控小组及时编写存续集合类信托项目的风险审核报告模版和尽职调查报告模版。为规范项目报送、评审流程和可研报告编制格式，风控中心重新梳理了报送流程和可研报告提纲，对风控管理工作进一步地规范化、系统化。

【投资者服务】 着力培育合格投资者，提升公司为投资者服务的专业素质和形象。2012年，公司在客户拓展和客户维护方面取得较好成绩。公司非常注重了解投资者各类风险偏好，帮助客户寻找适合的金融产品，满足客户投资理财需求，以现代营销理念建立起全面系统的营销体系，致力于培育一支高效的营销团队。

【社会责任】 2012年，公司继续推进以“关爱社会，服务民生”为核心的类公益信托产品的研发创新工作，在切实履行社会责任，回报服务社会方面取得了阶段性的成果。(1)2012年5月18日，在“首届中国国际养老服务业博览会”上，公司成功举办“情系银发老人，架设关爱桥梁——金融为养老事业服务的责任和使命”的主题论坛。在论坛举办期间，“安信信托·关爱阳光2号银发颐养信托计划”首次亮相。(2)2012年8月10日，公司与上海市商务委员会签署《战略合作协议》。安信信托本着金融机构和上市公司的社会责任，为更好地配合上海市商务委员会“关于主副食品发展指导意见”的有效实施，在坚持“政府主导、市场调节、企业运作、优势互补”原则的基础上，以政府指导搭建平台、企业参与具体项目运作的合作方式，共同推进上海市食品流通供应、食品安全等领域的不断进步和发展。(3)公司携手上海市老年基金会成立“安信信托关爱老年基金”，用于上海市“敬老爱老助老”的公益事业，帮助老年人群解决生活困难和丰富精神文化生活，积极开展助困，助医，助学，助乐及维护老年人权益的公益活动。该基金已于2012年10月15日举行了揭牌暨捐赠仪式。

(周亚玲)

2012年10月15日，“安信信托关爱老年基金”举行揭牌暨捐赠仪式

14. 宝钢集团财务有限责任公司

【概况】 2012年，宝钢集团财务有限责任公司围绕服务与创新，聚焦市场与客户，以服务带动创新、以创新提升服务，在票据结算、供应链融资等领域不断拓展服务的广度和深度；努力提升团队投资能力，从市场上赢得效益；积极创新金融服务手段，为客户提供优质服务；大力开发新一代信息系统，提升风险管控能力和自动化程度。当年实现利润总额2.28亿元，净资产收益率11.4%，自营资产规模112

亿元，监管指标全部符合银监会考核标准。

【信贷业务】 提供优惠利率支持成员单位实体经济发展，贷款利率普遍下浮10%，存款利率上浮10%，票据贴现利率优于市场平均水平；在贷款风险可控的前提下，优先支持小微企业融资；加强信用风险管理，优化信贷结构，确保信贷资金安全；积极争取人民银行上海总部的再贴现政策，引入低成本资金，激发符合条件的成员单位向上游客户开票结算，提升财务公司的供应链票据融资服务能力。

【结算和资金集中管理服务】 作为集团的结算主渠道，发挥"万向节"式电子化结算平台快捷、高效、低成本的优势，年结算流量2.81万亿元、业务量37万笔，年内相继推出电子回单清单、一键式收付款、工行批量支付等服务，进一步提高结算自动化程度；资金集中管理平台覆盖158家成员单位，内部调剂资金日均规模78亿元，有效地协助集团提高了资金的整体使用效率。

【电子商业汇票和纸质票据托管服务】 为成员单位打造一条高效率、低成本、低风险的"电子票据快线"，截至2012年底，累计交易量2 264亿元，业务量15 023笔。纸质票据托管服务聚焦专业化、标准化、电子化，开发票据托管系统，进一步优化流程、提升效率、实现信息自动抛账。2012年，累计托管票据9 677张，金额217亿元。

【资金运作】 模拟市场化基金的管理方式，努力提升固定收益投资能力和流动性管理水平，内部成立了宝财通盈利倍增基金、宝财通低风险投资基金和宝财通流动性管理基金，借鉴基金公司的配置理念、研究方法和风险控制措施，进行专业化运营和市场化配置，2012年三个基金的收益率分别达到11.16%、3.91%和2.49%，超过市场上同类基金平均盈利水平。与金融同业建立良好的合作关系，投融资渠道畅通，交易能力提升，当年同业往来交易量超过3 000亿元。

【委托理财及财务顾问】 发挥银行间市场会员优势，为成员单位提供代理回购业务，协助企业提高短期资金运作效率；在集团企业短融、中票发行过程中提供财务顾问服务，2012年为宝钢工程中票发行选择了较好的发行时点，降低了融资成本；定期将《货币市场日报》、《债券周报》等投研报告发送客户，受到普遍欢迎。

【供应链融资服务】 发挥贴近客户、风控严格、融资成本低的优势，围绕宝钢产业链客户开展票据贴现、买方付息贴现等业务，服务客户资金融通，促进集团企业以开票或背书转让方式结算。当年累计发放票据贴现16.58亿元，其中供应链票据贴现6.23亿元。

（宝钢财务）

15. 上海汽车集团财务有限责任公司

【概况】 上海汽车集团财务有限责任公司是1994年5月经中国人民银行批准成立的非银行金融机构，注册资本金人民币30亿元（含1 000万美元），由上海汽车集团股份有限公司和上海汽车工业销售有限公司分别投资98.592%及1.408%组建。2012年末，公司资产总额达772.45亿元，当年实现营业收入32.64亿元，净利润15.43亿元，同比增长27%，再创历史新高，已连续3年盈利保持两位数增长。公司共设19个部门，实行董事会领导下的总经理负责制。

【汽车金融板块】 截至2012年12月末，公司批发业务贷款余额同比增长30%，零售合同同比增长42%，业务增速在业内主要汽车金融公司中继续保持第一。在业务高速增长的同时，批发业务始终保持零损失，零售业务的逾期率远低于行业平均水平。2012年，公司与上海大众、上汽乘用车继续深化战略合作关系，携手整车厂、各分销中心及经销商，在全国范围内推出300余个促销活动，进一步提升了车贷品牌影响力，并开发了"无忧无率"、"驾梦者"、"易享贷"、"五三二"等消费信贷新品，满足不同客户群的个性化需求。另外，公司还定制研发了与汽车金融系统高度整合的影像系统，并于2012年9月份正式上线，使个人汽车消费信贷从申请至审批的平均时间比2011年提高了46%。

【公司金融板块】 （1）公司金融业务。2012年，公司全年日均存款再臻高峰，同比增长24%。面对严峻的宏观经济形势，公司双管齐下，一方面以推进电票业务为契机，继续深化银企合作；另一方面密切跟踪集团内重点企业动向，主动为上海通用、上海大众等公司的重大项目提供优质服务，赢得客户好评。（2）国际业务。面对激烈的国际业务市场竞争，公司一方面全面推进远期结售汇、远期外汇买卖等新业务的营销，以新业务拓展市场；另一方面，通过本外币联动，争取集团内企业的传统结售汇项目，并根据结售汇市场情况，及时调整交易价格，最大幅度让利于集团企业，促进集团整体效益的提升。

【投融资板块】 (1)投资。在国家大力推进利率市场化的环境下，公司紧跟央行调控思路，加大各类固定收益类产品配置力度，既满足了资金流动性的要求，又创造了丰厚的收益，有效提高了资产收益率，收益率比肩同行先进水平。(2)融资。2012 年 11 月 27 日，公司正式发行了业内首单资产证券化产品——“2012 上元一期个人汽车抵押贷款资产支持证券”，再创财务公司行业先河。这一融资渠道的有效拓展，为公司汽车金融业务的持续、高速发展提供了有力的资金保障。

【风险管理】 2012 年，公司自主研发的 RFID 合格证程监控系统，共获得 4 项国家专利，利用该技术实现了对车辆合格证的全天候远程监控；同时公司在总结原有驻点管理经验的基础上，积极推进经销商驻点外包管理。以上举措取得了显著成效，在 2012 年下半年，多家经销商出现紧急风险事项，公司凭借有效的风控措施，信贷资产丝毫无损。2012 年，公司在人民银行上海分行货币信贷政策导向效果综合评估中获得 AAA 等级的最高评价，在集团“企业内部审计环境调研”及内控体系测评中双获最高分。

【人本管理】 2012 年末，公司在册员工达 392 人，比上年同期增加 63 人。为了更有效地推进人本管理，公司颁布了《员工职业发展管理办法》，构建全新的职业发展体系，为员工提供更加明确的职业发展路径，努力做到人尽其才。同时，公司建立了从员工到高管的多层次、形式丰富的培训体系，并运用多媒体课件丰富公司网络培训课程资源，有效提升了各级员工的专业素质和管理水平。公司还继续组织“十佳员工”评选，激发全体员工奋发进取。

【企业文化】 2012 年，公司成立企业文化建设领导小组，由总经理亲自挂帅，全面推进与深植企业文化建设。在企业品牌建设方面，公司借助网络互动平台，全新建立了上汽财务“My Point”积分网站和上汽财务微博，有效加强了与社会公众的良性互动；公司还在全国范围内举行了首届融资经理精英挑战赛，共吸引 1 200 位来自全国各地的融资经理精英同台竞技，有力推广了企业的知名度和美誉度。

在凝聚力建设方面，公司举行了各类活动，如年会“一战到底”擂台赛、A 级员工“创新铿锵行”、第二届职工运动会、外勤团队家庭日活动等；公司还开设了员工新食堂，新建了员工活动室，进一步提升了员工的幸福感和归属感。

【公司荣誉】 2012 年 12 月 5 日，在金融时报社主办、中国社会科学院金融研究所联合举办的“2012 中国金融机构金牌榜‘金龙奖’”评选活动中，上汽财务公司再度荣获三家“年度最佳财务公司”之一。至此，其已连续两届蝉联该项荣誉，企业品牌影响力和美誉度进一步延伸至全国。

(上汽财务)

上汽集团财务公司发行“2012 上元一期个人汽车抵押贷款资产支持证券”在路演

16. 上海浦东发展集团财务有限责任公司

【概况】 2012 年，浦发财务公司按照集团下达的经营目标和董事会确定的工作重点，稳步有序地推进各项工作。截至 2012 年末，公司总资产 82.93 亿元，所有者权益 19.83 亿元，实现业务收入 3.53 亿元，完成预算的 111.36%；实现净利润 1.73 亿元，完成预算的 122.41%；净资产收益率 8.73%，完成预算的 120.41%。

【信贷业务】 2012 年，公司牵头完成了罗山路银团项目的签约工作，启动了申江路和中环线银团的组建，并引入了社保资金参与中环线项目。同时，公司还利用利率浮动新政，积极为集团和成员企业提供金融服务，累计发放各类贷款 47.82 亿元；办理委托贷款 17.55 亿元；办理各类保函 1.89 亿元；日均存贷款分别为 57.82 亿元和 19.93 亿元；实现资金归集率为91%。

【资金业务】 通过完善资金备付体系，加大对资金的调度和周转，提高资金的使用效率；通过跟踪资金市场，加强对资金运用和配置的研究，提高资金的收益率；开拓银行间客户市场，并与20余家法人银行建立同业往来关系，为公司流动性管理提供有力保障和支持。

【投资业务】 在深入挖掘固定收益产品投资盈利模式的前提下，通过学习券商、基金公司等同行的投资思路和风控方法，加之对股票市场实践的参与及研判，在提振投资团队士气的同时，实现投资业务的新突破。

【业务创新】 为配合业务推进、防范业务风险，公司开展了《财务公司流动性管理体系研究》等7项课题研究。同时，为缓解集团成员企业的资金压力，公司成功设计了“银行理财＋券商资管”、“信托股权融资”等创新融资模式。

【风险管理和内部控制】 2012年，公司实施了将风险管理与内控优化相结合的《内部控制手册》编制项目，并启动自成立以来最大规模的制度修订工程——新增、修订了50余项制度、办法和流程，有力提升了公司经营决策、日常管理和业务操作的水平。同时，通过构建全员、全面、全程的风险管理体系，编制各类非现场监管材料和风险评估报告，开展常规稽核检查和外部专项审计等活动，确保日常经营符合监管要求。

【财务结算】 公司坚持以客户为中心，在提供个性化金融服务和开展结算业务的同时，完成了旨在提高对账效率和降低附加成本在内的电子印章开发项目，以期通过该项目上线和网银功能的联动，实现成员企业自主打印对账单功能。

【信息化建设】 2012年，公司围绕提升信息服务能级、提高信息管理水平，推进年度信息化建设的开展。一是在做好IT系统日常运维的基础上，完成对OA系统进行升级改造，达到提高办公效率和优化处理流程的初衷。二是网上报销系统的上线运行，加强预算管理且规范报销流程。三是在坚持信息数据异地备份的同时，着手开展同城灾备调研，着力夯实IT基础安全。四是开发并完成了资金集中管理系统，满足成员企业对下属公司资金实施统一管理、收支两条线和利息清算等需求。五是根据外部事务所对公司IT现状的评估报告，逐项完善和落实，规范并提高了公司IT管理水平。

【企业文化建设】 2012年，公司完成了上海市文明单位的创建工作。同时，为配合学习型企业文化的建设，公司深入开展了读书活动、公文写作培训和金融信息交流会等活动；在做实做深《信息参考》的基础上，适时推出《金融信息周报》，并辅以各类课题研究的开展，凸显知识型团队的企业文化。公司开展的《人民币国际化背景下的人民币国际债券市场建设》课题研究成果，荣获上海市金融学会2012年度青年研究课题一等奖。

【社会责任】 为响应节能环保号召，公司积极将环保理念贯彻落实于日常工作和生活之中；通过“一个鸡蛋的暴走”、“蓝天下的至爱”和向公益基金会捐款等公益活动，为创建和谐社会作出应有贡献；公司同共建社区和共建部队开展了各类社区服务、部队慰问等活动，积极践行驻区单位的社会责任。

（浦发财务）

浦发集团财务公司开展“蓝天下的至爱”——“好心人帮好心人”万人募捐行动

17. 锦江国际集团财务有限责任公司

【经营概况】 2012年是锦江国际集团财务有限责任公司成立二十五周年，面对变化多端的内外部市场环境，在锦江国际集团的领导下，公司领导班子带领员工围绕集团整体战略，进一步增强服务意识，提高了服务能力。2012年，公司实现营业收入1.2亿元，同比增幅7.43%；净利润近4 300万元，同比减幅2.76%。截至2012年底，公司资产总额49.1亿元，负债总额42.9亿元，注册资本5亿元，所有者权益6.2亿元，公司吸收存款18.8亿元，自营贷款10.3亿元，委托贷款23.9亿元，信贷资产质量继续保持无后三类贷款水平。

【完善组织架构和队伍建设】 2012年，公司不断完善组织架构，引进专业人才，现有员工平均年龄呈下降趋势，员工队伍建设逐年改善。同时，公司采用多方位绩效考核对部门经理及员工进行考核，并根据对考核的反馈情况，调整且细化了对业务部门的考核指标，使考核工作更具操作性和有效性。2012年，公司共组织培训学习48次，包括监管部门文件学习、各财务公司经典案例学习等共计57项内容，全面提高了员工的综合素质。同时，公司业务部门加强与兄弟财务公司在结算、1104编报、新业务开展等方面的交流，提高了员工的视野。

【公司金融】 (1)积极开展业务营销，提高资金集中度。2012年，公司通过多项举措增加存款，将企业的基本账户进行挂接，实现了从收入账户到支出账户的内循环，酒店事业部所属企业资金集中度达85%以上。(2)充分让利于企业，做好金融增值服务。2012年，公司大力配合国际集团完成了中期票据、私募票据的发行工作，落实了企业贷款重组工作，保障了集团战略发展的资金需求。在存款方面，公司将企业所有期限的存款都按央行基准存款利率上浮10%，达市场最高水平，累计让利金额达200多万元。在贷款方面，贷款利率优惠力度也高于市场水平，累计让利金额达650万元。此外，公司利用与银行、评级公司等的长期合作关系，积极为成员企业提供各项专业增值服务，包括:取得B股分红购汇优惠价；完成贷款卡年检和贷款企业的资信评级推荐工作，为企业节约评估费用；协助企业落实银行优惠贷款利率的资金需求，降低企业的财务费用；为成员企业统一办理结售汇业务，节约汇兑费用和汇款手续费。以上累计为成员企业减少各项费用支出约1 000万元。

【业务创新】 2012年，公司与工行签订了国际业务合作协议，为成员企业提供优惠的结售汇汇率、外币融资利率及手续费率，丰富了财务公司的金融服务产品，改变以往以人民币业务服务为主的局面，逐渐向外汇业务服务延伸，配合集团国际化战略的实施，提升财务公司的服务能力。公司还在控制风险的前提下，借鉴银行出口发票融资的模式，通过贷款发放及贷后跟踪各环节的创新和设计，为非控股企业制定了个性化贷款操作方案，共计发放了800多万美元信用贷款，提高了公司外汇资金的收益，并且为公司开展非控股企业的融资业务做了探索。

【资金业务】 2012年，公司完善资金变动预报体系，提前对资金的变动做出预测，设计周资金计划安排表，并细化到每日，做好每天资金的配置工作，在保证企业正常支付的前提下，提高资金收益率，同业资金收益创历史新高。

【投资业务】 2012年，公司认真开展投资业务准备工作。为开展短期融资券投资业务，公司向上海清算所申请开立了短期融资券结算账户，并安装了结算系统，完成了调试工作。公司认真开展投资研究工作，撰写了多篇市场研究报告，共完成金融市场日报和银行间利率市场日报各200多篇、金融市场每周动态50多篇以及多篇专题报告。为更好地跟踪市场，提高投资交易能力，公司一方面配合集团做好市值管理工作，一方面建立了新股、权益类和债券投资模拟组合，并持续完善。

【风险管理和内部控制】 2012年，公司制定和修订了20项制度，使公司的管理制度更加完善。在制度框架下，公司进一步细化了部门、岗位业务操作流程指引和新业务操作流程设计。公司不断强化管理会计、税务、内控、监管等基础工作，并取得了财政颁布的“财务会计信用等级A类企业”证书及税务颁布的“纳税信用等级A类企业”证书。公司不断提高风险监测标准以及建立合规检查差错库，实施按日监测存贷比，采取各种措施，将存贷比控制在人行、银监会允许的75%限度内。

【信息化建设】 (1)2012年，公司对信息系统软硬件进行了全面规划建设和维护。为保障系统安全平稳运行，公司按照人行、中国银监会要求，完成了业务系统灾备体系建设的全部工作，制定了灾备实施方案，实现了灾备系统跟生产系统的实时模拟对接，并完成了UPS设备和业务系统的灾备预演，搭建了防病毒服务器和补丁服务器。此外，公司还梳理和完善了IT系统一期开发功能，在此基础上，公司完成了IT系统二期开发招标工作，并稳步推进项目实施。二期系统作为一期系统的有效提升，提高了公司工作效率和报表准确性，此外，公司还将拥有该套系统的源代码，有利于保护系统安全。(2)2012年，公司实现了中行现金池的上线，完成了企业的中行账户挂接，以及完成了部分企业 ERP 系统和公司业务系统的对接。公司不断优化网银系统，目前已有工行、中行等多家银行支持公司网银系统，大大减少了纸质票据交换量，既节省了人力、物力，又提高了工作效率和资金管理水平，为集团企业提供高效、便捷、安全、及时、准确的金融服务，公司不但使自身业务管理上台阶，而且能更好地为整个集团和成员企业提供资金结算、资金监控以及资金与银行网银接口等服务，为集团和公司在资金管理、预算管理、业务管理等信息化管理方面打下坚实基础。

（韩　丽）

2012 年 10 月，锦江国际集团财务公司开展“积孝敬老”送温暖活动

18. 中国电力财务有限公司华东分公司

【概况】 2012 年，中国电力财务有限公司华东分公司积极应对复杂多变的外部环境，坚决贯彻落实公司各项工作任务，不断深化区域内经营单位协同工作机制，不断加大与区域内各网省公司和商业银行之间的沟通力度，积极吸取借鉴兄弟单位先进经验，多措并举化解内部经营压力，确保了经营任务的完成。一是不断深化与网省电力公司资金信息协调反馈机制，加强经营计划动态管理。积极推进银财协同机制，畅通资金调度渠道，加强利率实时管理和动态分析，全面提升资金运作管理水平。二是加强客户需求调研和存款变动原因分析，积极开辟存款渠道。争取吸收国网融资资金，做好定期存款续存，稳定活期存款。组织电网直购电厂座谈会，争取存款延迟支付，缓解备付压力。三是开展银团贷款、流动资金循环贷款，拓展贷款渠道。将融资服务向农村电网延伸，拓宽融资服务范围。四是研究开展电子商业票据和保函业务，探索信贷资产买入业务，做好财务顾问工作，推进与上海环境能源交易所战略合作，拓展中间业务收入。五是加强经营指标变动趋势预测，实时监控年预算执行情况。

【重点项目】 2012 年，华东分公司围绕国家电网公司财务集约化深化应用工作重心，以中国电力财务有限公司体制机制建设为契机，坚持工作方式创新，不断夯实管理基础，为完成全年重点工作打下了扎实基础。一是深化体制变革，省级分支机构合法地位被认可。2012 年，经中国银监会批准，中国电力财务有限公司所属江苏、浙江、福建三家省级业务部改制为省级分公司。改制工作中，华东分公司根据中国电力财务有限公司对省级分公司筹建工作的要求，秉持“大局为重、责任为先，防范风险”的工作思路，加强内部组织协同，及时和当地监管单位协调沟通，积极开展筹建方案和申报材料准备，认真部署实施专业条线的制度及实务培训，认真落实好业务划转实施方案、验资专户开立和营运资金拨付，按时完成运营系统切换和省级分公司党组织关系、工会关系属地化工作，如期顺利完成转制工作。二是创新工作方式，财务集约化深化应用水平再提升。区域内各经营单位积极落实国家电网公司资金安全管理要求，强化资金安全管控交流机制，与上海市电力公司共同创建资金安全管理体系，创新了资金安全管理模式。开通客户结算账户短信服务，搭建“营业风险在线监控”平台，改变了传统业务办理方式，创新了业务管理模式。扩大账户体系覆盖面，巩固和深化集团账户体系建设。完成“三集五大”新成立及改制单位的账户挂接工作，进一步拓展资金归集范围。按照“统筹协调、按需引导、动态调整、合规介入”工作原则，将费用管理从静态核算、监督环节，提前到动态决策、执行环节，创新设计“联签审核”制度，全面提升费用预算管理主动性。三是全面夯实管理基础。积极配合完成依法治企综合专项检查和银监会现场检查，及时整改，继续落实“严肃财经纪律、强化和规范财务管理”和“小金库”等专项治理工作要求，严格大额接待费用报销，强化监督检查与考核，控制和降低公务用车费用支出，杜绝变相列支会议费用，杜绝挤占成本发放职工福利和无政策依据的福利项目，杜绝预算外开支事项发生。完成档案整改任务，夯实管理基础。积极开展票据业务风险研究。全面完成闽发证券破产清算进程。深化资金结算系统应用，强化网络和日常信息安全和维护。

【特色服务】 2012 年，华东分公司以“营业结算优质服务”创建工作为推手，加强与区域内重要客户单位座谈资金管理、结算服务工作，坚持客户拜访，完善客户服务联席会议制度，加大客户服务体系建设研究，开展“优质服务先进集体和服务明星”评比，以多样化的活动形式，进一步密切银企财关系，优质服务水平持续提高。一是建立客户拜访与信息反馈常态机制，为客户取得较好的综合效益作出突出贡献，得到上市公司集团的充分认可。二是密切关注省内县级供电企业体制改革进程，研究制定县级供电企业服务方案，客户服务满意度继续保持 100%。三是主动了解省内县公司融资需求，积极谋划统一融资方案，为控股县公司自营贷款办理提供快捷通道。四是积极配合省内县级供电公司的产权关系、管理模式调整和融资需求，及时为全资县公司提供一揽子融资服务方案，融资服务覆盖面达到 60%。

【金融文化】 2012 年，华东分公司严格执行“三重一大”制度规定，规范决策行为，提高决策水平，防范决策风险。结合省级分公司转制工作实际，不断优化管理职能，完善组织架构，明确工作职责，深化绩效考核管理机制。坚持以人为本的理念，实施一线岗位培养锻炼机制，完善后备干部培养机制，深化多层次、立体化的教育培训体系建设，积极参与人才选拔和专业调考，加强用工政策研究和日常管理，规范劳务派遣用工。根据分公司青年员工多、教育学历高、海归人员多的队伍特点，结合“我与公司共精彩”系列活动，深化分公司领导与青年员工沟通交流机制，吸纳更多员工关注和积极参与“团聚力量，共同精彩”品牌创建活动和响应政府倡导的各项公益活动，推动了企业文化建设向纵深化方向发展。2012 年华东分公司再次被中国电力财务有限公司授予先进单位称号，一批集体和个人被授予中国电力财务有限公司先进集体和先进工作者的光荣称号。同时，分别被上海市人民政府和黄浦区人民政府命名为“文明单位”。

（中电财务）

19. 中国石化财务有限责任公司上海分公司

【概况】 中国石化财务有限责任公司上海分公司是中国石化财务有限责任公司驻沪分支机构，1992 年 11 月 11 日经中国人民银行批准成立上海代表处；1994 年 11 月 29 日经中国人民银行批准成立上海办事处；2007 年 4 月经中国银监会批准，7 月 19 日正式挂牌更名为上海分公司，注册营运资金 1 亿元。

目前，上海分公司内设五个部门，分别为综合部、信贷部、财会部、结算部、内控稽核部。共有员工 32 人，平均年龄 33 岁，其中博士研究生 1 人，硕士研究生 3 人，大学本科 25 人，其余均为大专以上学历；拥有教授级高级会计师 1 人，高级会计师 2 人，高级经济师 1 人，中级职称 14 人。公司地址：上海市张杨路 500 号华润时代广场 25 楼。

【业务范围】 上海分公司业务范围：吸收成员单位的存款；对成员单位办理贷款及融资租赁；办理成员单位之间的内部转账结算；对成员单位办理票据承兑与贴现；办理成员单位之间的委托贷款及委托投资；协助成员单位实现交易款项的收付；对成员单位办理财务和融资顾问、信用鉴证及相关的咨询、代理业务；经批准的保险代理业务；经公司批准的属于财务公司经营范围内的其他业务。

【服务范围】 上海分公司根据当地银监局的核准和总部的授权，主要从事的业务包括内部转账结算、吸收存款、发放贷款、票据贴现及转贴现等。按总部业务区域划分，为上海、浙江、福建三地中石化集团持股 20%以上的各石化成员企业提供金融服务，共有开户企业 138 家，业务涵盖石油化工行业上、中、下游各类企业。各项业务的开展接受人民银行上海分行及上海银监局的领导、监督、检查、管理及指导。

【主要业绩】 2012 年，上海分公司资产规模为 86.14 亿元，资金总流量达 4.35 万亿元；累计实现营业收入 6.07 亿元；当年实现利润 2.69 亿元；全年累计上缴各项税费 1.03 亿元。全年累计发放贷款 379.10 亿元，日均贷款 58.36 亿元；累计办理票据贴现 102.72 亿元，日均存款 16.66 亿元。以上各项指标均实现了历史突破，位居中国石化财务公司各分公司之首，创造了上海分公司业务发展历史新高峰。2012 年 6 月，上海分公司被中共中国石油化工集团公司党组授予“创先争优群众满意窗口”荣誉称号。

【金融文化】 作为中国石油化工集团公司内部金融机构,“集团利益最大化”是财务公司发展的永恒主题,以“立足石化、服务主业”为己任,从服务中求效益、求发展,落实科学发展观,充分利用信息技术手段,推行现代管理模式,提高自身核心竞争力,形成立足上海辐射浙江、福建的业务网络,按照财务公司总部的统一部署,牢固树立大局和服务意识、风险防范和管理意识,以提升服务能力为中心,以强化管理为基础,以提高员工素质为突破口,开拓创新,积极进取,以百倍的努力和优质的服务来拓展各项业务。

【主题年活动】 2012年度,上海分公司积极响应财务公司总部要求,开展了“创新、创优、创一流”主题活动(简称“三创”活动),以一抓金牌团队、二抓两个小组、三抓票据及后督、四抓作风和状态为工作重点,以树立和践行现代化金融服务理念,提高工作标准、水平及效率,力争做优做强为活动目标,大力推动“六大创新”(理念创新、机制创新、管理创新、技术创新、业务创新、服务创新),持续推进“四学四赶”(严细管理学炼化、精神作风学油田、优质服务学银行、开拓市场学销售),努力打造“四个创优”(管理优、作风优、服务优、能力优),建立完善创新、创优长效工作机制,为加快实现公司做强做优、提升品牌、创建一流提供了重要途径。

(吴睿佳)

20. 上汽通用汽车金融有限责任公司

【概况】 上汽通用汽车金融有限责任公司成立于2004年8月,是中国首家专业汽车金融公司,也是中国最大的汽车金融公司。注册资本15亿元人民币,由上汽集团财务有限公司、美国通用汽车金融公司(现更名为Ally Financial Inc.)和上海通用汽车有限公司三方出资组建。2012年12月,零售贷款客户总量突破100万人,成为公司发展史上的一座里程碑。

【特色产品】 2012年,我国二手车累计交易量达480万辆,较2011年增长10.6%。二手车交易市场的繁荣,势必催生出大量对二手车信贷的需求。2012年9月,上汽通用汽车金融率先推出二手车信贷服务,满足二手车客户不断增长的金融需求。

【特色服务】 AA计划:又称“优越客户”1小时贷款快速审批计划。申请上汽通用汽车金融公司车贷产品的客户,凡是符合“优越客户”资质的,将进入快速审批的“绿色通道”,最快可以实现1小时批复。此计划的特点是:等待时间少、处理速度快。

【获奖情况】 2012年11月,在“2012中国汽车金引擎奖”评选中,上汽通用汽车金融公司连续第三年蝉联“最佳汽车金融公司”称号。同期,在《第一财经日报》举办的“2012年中国金融价值榜”评选中,获得“最佳创新汽车金融服务商”称号。此外还获得了由中国汽车流通协会颁发的“汽车金融服务创新奖”。

(上汽金融)

21. 上海国利货币经纪有限公司

【公司概况】 上海国利货币经纪有限公司成立于2005年12月,是中国首家货币经纪公司。注册资本4 000万元人民币,由上海国际信托有限公司和德利万邦(欧洲)有限公司合资组建。公司的成立,标志着中国金融行业中一个全新的子行业的诞生,标志着中国金融市场的创新迈出了实质性的一步,使中国金融市场结构得到了进一步完善,也是上海国际金融中心建设又一标志性的成果。公司主要从事以下交易的经纪业务:境内外外汇市场交易;境内外货币市场交易;境内外债券市场交易;境内外衍生产品交易;经中国银行业监督管理委员会批准的其他业务。

【业务发展】 2012年公司业务平稳增长,并以明显的优势继续保持和巩固了货币经纪行业领袖的地位。2012年10月,在中国银监会领导的倡导下,经公司积极协调推进,中国银行业协会货币经纪专业委员会在京成立。公司当选为第一届主任单位,公司董事郭箭先生担任第一届货币经纪专业委员会主任,公司董事、总经理蔡广龙先生担任常务副主任。中国银行业协会货币经纪专业委员会的成立对提升货币经纪业务专业水平、推动行业健康持续发展具有重要意义。

【队伍建设】 公司致力于打造一支优秀的核心骨干团队,2012年9月公司举行了以“分享与交流”为主题的交流活动,公司领导与各部门业务骨干集思广益、畅所欲言,交流了对公司管理和发展的意见和建议。此外,公司还组织了员工年度户外拓展培训活动,以此激励员工士气,增强团队的凝聚力。青年员工是公司发展的生力军,28周岁以下的青年员工78人,占公司总人数的66%。为了加强组织和领导，共青团上海国利货币经纪有限公司团总支部于2012年8月正式成立，并选举产生了第一届共青团上海国利货币经纪有限公司团总支委员会委员。

（上海国利）

22. 招银金融租赁有限公司

【概况】 招银金融租赁有限公司自2008年成立以来，遵循公司董事会确定的创业宗旨和经营目标，秉承招商银行因势而变的经营理念，拼搏创业，大胆实践，努力发展业务，积极创新开拓，不断建立健全风险管理和内控机制，取得了快速稳健发展的优良业绩。2012年，公司在宏观货币政策紧缩和经济结构调整的双重挑战之下，取得了效益、质量、规模、结构均衡发展的优良成绩。公司业务继续稳健快速增长，租赁业务新增投放比上年增长50%，税前利润同比增长120%，ROA、ROE均位于同业前列。

【业务发展】 2012年，公司租赁资产余额比上年增长52%，资产质量领先同业。各业务板块中，服务中小企业的供应商租赁业务持续巩固先发优势，年末资产余额同比增长54%，累计服务中小、小微企业超过万户；航运租赁方面，在保障其稳步发展的同时，着眼于创新开拓，加紧探索方便旗船舶、海工设备及工程船租赁项目，完成国内第一笔外币方便旗船舶经营性租赁项目的交船运营；飞机租赁业务突破新领域，成功组建了涵盖运输类、通用类和公务机的多类型机队，飞机租赁资产余额同比增长63.9%。

【金融创新】 继2011年有三项创新产品入选上海银监局发布的《上海银行业创新报告》之后，公司继续加快创新步伐，各项成果得到业界认可，荣获中国金融论坛评选颁发的“2012最佳融资租赁创新奖”和“2012最佳中小企业金融服务奖”。全年共推出7项创新成果，并在融资渠道上多路并进，巩固传统融资渠道，开拓外币融资渠道。

【风险管理】 一是建立风险监测常态化机制，加强风险管理前瞻性；二是完善经销商管理体系，完成承租人新评分表系统上线，优化供应商租赁业务风险管理技术和工具；三是夯实公司法律事务基础建设，推进合同文本制订标准化和系统化；四是建立租赁资产风险预警台账，实现从预警、跟踪到落实的全流程管理；五是细化规范业务管理制度，修订租后管理等制度办法；六是合理安排对等授信、市场化融资比例，缩短融资期限，有效把控利率风险和流动性风险。

【内部管理】 一是加强战略管理工作，在专业咨询公司协助下，制定了中长期发展战略规划，明确公司战略定位、发展目标和业务步骤；二是按照招商银行“二次转型”的要求，提升经济资本管理意识，研究基于内评法下投放项目监测评价指标方案；三是加强专业人才队伍建设，完善培养激励与考核约束并重的人力资源管理机制，注重干部员工的培养和培训，先后组织项目经理专业资格认证培训、任职干部管理研讨等培训项目，不断提升员工的专业能力和管理素质。

【系统建设】 在招商银行总行的大力支持下，自主研发的“招银金融租赁有限公司租赁业务系统”于2008年10月成功投产运行，这是国内银行系金融租赁公司首家自主开发的业务信息系统，公司借此实现了租赁业务全流程作业操作的系统化运行和授权监控管理，有效提高了业务系统的数据质量和业务运营效率。2009—2012年，公司又先后成功研发了“供应商租赁系统(一至四期)”，升级投产了“租赁业务系统(二至四期)”。2012年，公司完善了租赁业务系统，实现“大单业务租金代扣功能”等14项新功能投产，获得人民银行年度银行科技发展奖，达到国内同类系统领先水平，有力支持公司业务快速发展；开发招银租赁管理信息系统(MIS)，提升数据化管理水平；上线运行协同办公系统(OA)，开发费用报销、公文签报等15项主要功能，大幅提高了办公系统化程度和办公效率；推进档案电子化工作，实现电子档案系统成功上线。

【品牌形象】 公司在发展成长中逐步形成了自己的特点和特色，获得了各方认可，先后获得“中国融资租赁十佳企业年度大奖”、“中国CFO最信赖的融资租赁服务机构”、“上海市金融创新成果三等奖”和国际权威机构颁发的“亚太区年度交易大奖”等国内外奖项。2012年，公司获上海市“税收收入百强企业”称号。

（谢秉强）

23. 中银消费金融有限公司

【概况】 设立在上海的中银消费金融有限公司，成立于2010年6月12日，公司注册资金5亿元，由中国银行、百联集团、上海陆家嘴金融发展有限公司合资组建，中国银行控股。作为中银集团附属机构，中银消费金融公司秉承“信用开启美好生活”的理念，致力于提供持久、细致的亲友式消费融资服务，以单笔授信额度小、审批速度快、无需抵押担保、还款方式灵活、贷款期限长等独特优势，为消费者提供与传统银行不同的差异化融资服务。

【服务对象及产品】 公司的目标客户群是未充分享受到传统商业银行个人信贷金融服务的消费群体，主要为“小新”和“大新”为主，即处于大学毕业初期、初入职场需要用钱的社会新人和工作若干年、处于结婚生子阶段又有资金需求的“新人”。公司针对两种消费者群体的需要，设计了多样化的产品，主要分为两大类：一类以直营为主的新易贷信用产品：包括贷款额度在30万元以内的“新易贷信用贷款”，以及与中国银行联名发行的国内首款信用卡与消费金融贷款联动的“中银新易贷信用卡”；另一类是与商户联营为主的“新易贷商户专享贷”：包括教育培训贷款、汽车衍生贷款、3C电子产品贷款、旅游贷款、装修贷款、房租贷款。两管齐头并进，在中国的消费金融领域里形成了特有的“便捷、专业、灵活的消费融资及服务”模式。

【主要业绩】 截至2012年年底，公司贷款余额超19亿元，税前利润较上年增长200％，核心运营能力指标提升了5倍，业务规模实现翻倍增长，经营效益2倍增长。据统计，在试点的消费金融公司中，公司贷款余额的市场份额约50％。在教育培训贷款领域(上海地区)的联盟商户业务中，市场份额超过45％(包括消费金融贷款及银行卡分期付款)，排名第一。在汽车衍生贷款领域(上海地区)市场份额超过90％，排名第一。

【业务创新】 2012年8月，公司推出的信用卡消费载体与消费金融贷款服务结合的复合消费金融工具“中银新易贷信用卡”，此卡结合了中银消费金融的“新易贷消费金融贷款”与中国银行信用卡两大功能，客户的信用卡透支消费可在免息还款期满后自动转化为消费金融贷款，直接享受“新易贷”相对信用卡透支利率更低的贷款利率与最低还款要求。这是国内第一个银行卡与消费金额贷款相结合的行业联动项目，也是行业内的标杆项目，不仅是以客户服务为中心的实践与试点，更是国内信用卡转型的首次尝试，获得了良好的市场效应。

针对上海车牌日益昂贵的现状，公司从解决民生问题出发，开发了以上海地区车牌购置为主要消费目的的汽车衍生消费贷款模式，拓展相关渠道网络。目前上海主要汽车销售4S店均已与公司开展业务合作。

【风险管理】 公司自成立以来，不断探索符合消费金融特点的运营风险管理模式。2012年，公司以信贷工厂模式建立实时类贷款的自动化处理平台，将实时类贷款的审批周期控制在15—30分钟以内，自动化审批率提高到70％以上；公司整合了商机登记、商机跟进、在线申请、自动授信决策，建立了高效的业务处理平台。

【公司荣誉】 2012年4月，公司被金融业权威杂志《亚洲银行家》评为“中国最佳消费金融业务”。11月，公司荣获第一财经金融价值榜“年度消费金融公司”奖。

【社会责任】 中银消费金融公司努力探索社会公益事业发展之路，其中尤为注重青年学生的成长与发展。2012年4月，中银消费金融公司从“健体、树人、回馈、感恩”为目的，与雷励中国青少年发展组织合作了“2012新易贷·新青年远征”活动，与来自全国各地的青年学生们一同在贵州贞丰县为当地的小学、社区做援助建设，加强关注绿色环保及贫困地区发展。此外，公司还冠名赞助了上海五所高校的图书漂流活动，捐赠贫困学生。

(中银消费金融)

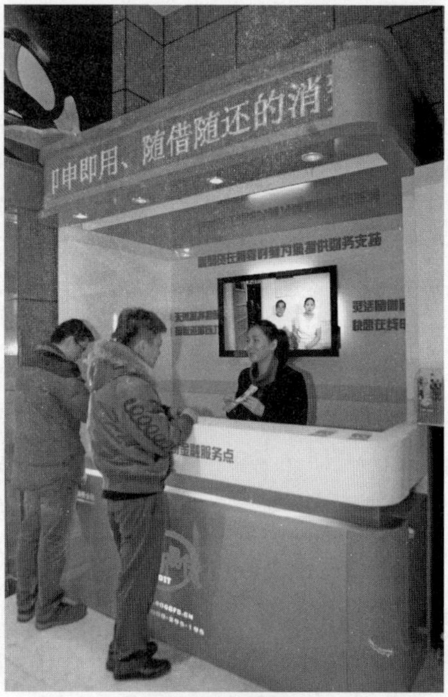

中银消费金融服务点

四、金融服务公司

1. 上海远东资信评估有限公司

【概况】 2012年，上海远东资信评估有限公司股权结构发生变更，中国开发性金融促进会收购了原控股股东东方资产管理有限公司所持的83.33%股权，公司实际控制人由东方资产变更为促进会。中国开发性金融促进会是由国家开发银行原董事长陈元任首任会长，中国社会科学院副院长李扬任副会长，以开发性金融方法促进市场建设、信用建设、文化建设和制度建设的机构。2012年，远东资信在大股东的支持和开发性金融理念的指引下，继续巩固上海信贷企业评级市场的领先地位，保持信贷、集团评级等评级主业稳步增长的同时，实现了咨询服务的不断创新，此外，远东资信在技术研究、支持中小企业等方面也取得了一定进步，有效提升了金融机构服务能力和水平，拓展了业务领域与市场影响力。

【评级业务】 2012年，远东资信传统信贷企业评级、集团企业评级和担保机构评级等评级业务实现稳步增长。借款企业评级工作在中国人民银行上海总部的大力推动下，评级覆盖面和评级品种逐渐扩大，参评企业的数量不断扩大，2012年借款企业信用评级业务较上年增加13.76%。近年来远东资信在外地的借款企业评级中也取得了良好的发展，其中在江西省开展的借款企业评级尤为典型，2012年经远东资信参评企业占到江西省借款企业评级全部市场份额的98%以上。2012年，远东资信承担的人行上海总部集团评级和各地担保机构评级也保持了上年的增长态势。在业务量增长的同时，远东资信谨慎把握信用级别，在经济增速亦放缓，部分行业风险凸显的情况下，对钢贸、房地产等高风险行业和企业进行了特别关注，注意在信用评级报告中充分揭示其经营风险，起到了揭示和防范风险的作用。

【咨询服务】 2012年，远东资信在金融机构风险咨询和财务顾问咨询服务方面继续开拓。围绕金融机构风险管理咨询的需求，参与某银行总行集团客户授信管理项目外部咨询竞标；针对金融机构贷后、投后的项目风险监管方面，远东资信为某金融机构位于浙江平湖的某信托项目提供了投后资金监管服务，为项目风险的持续监管提供了高质量的专业服务。2012年，在服务金融机构的战略咨询方面，远东资信承担完成了某金融机构《第三方理财业务发展战略咨询》委托课题研究。2012年，针对服务金融机构的供应链融资风险监控平台方面，远东资信携手上海市海关进出口信息与供应链平台系统提供商上海美华系统有限公司，共同积极推动商业银行探索供应链融资平台建设，在推进上海市中小企业贸易服务的政府示范服务平台搭建、电子口岸数据征信平台建设等方面开展了合作互动。

【理论研究】 2012年，远东资信继续加强各项信用评级基础研究工作，进一步加大了信用评级行业发展、国内外信用评级发展问题、信用评级与经济热点相结合等方面的理论研究和研发力度。完成了《征信市场发展以及征信文化建设调研报告》、《信用评级监管的国际比较与最新趋势》、《关于信用评级是否存在顺周期特性的国际实证研究》、《关于信用评级是否存在顺周期特性的国内实证研究》、《钢贸企业特点及风险传导机制研究》、《信用评级在中小微型企业融资中的应用及作用》等一系列课题研究，其中，《中小企业私募债发行中需要关注的几个核心问题》已在2012年5月的《中国债券》杂志发表。

【金融支持实体经济】 远东资信积极响应国家扶持中小企业发展的政策，站在独立的第三方信用评估机构角度，从理论的研究、融资和业务发展咨询、风险控制等方面对接，多方面为解决中小微企业评价难、融资难问题贡献力量。

2012年，公司针对上海市社会诚信体系建设专项资金项目《适应中小企业融资特点的信用评价体系、解决方案和软件化研究》，积极研发中小微企业信用评价体系和解决方案，研究成果得到了专家的肯定，为解决当前热点的小微企业评价难、融资难的问题提供了具有操作性的解决方案。此外，公司与上海市中小企业发展服务中心、上海市中小企业合作交流服务联盟保持沟通，多次参与其组织的中小企业与金融机构的对接活动，与上海市科委、科创中心沟通，积极参与了上海市科委科技型企业信用体系建设方案的设计研发。

同时，远东资信继续为中小企业提供财务顾问、融资对接、信用风险管理、信用培训在内的全方位服务，普及信用评级和融资知识，促进企业加强自身信用管理，控制信用风险，提高获得外部融资的可能性。2012 年，远东资信为上海永链数据服务有限公司、索肯和平(上海)电气有限公司、上海格鲁布信息科技有限公司等一批中小型、科技型中小企业提供了融资咨询与对接服务，为解决企业融资问题提供了具体思路和路径。

(远东资信)

2012 年远东资信评估公司树立长远发展目标

2. 上海新世纪资信评估投资服务有限公司

【概况】 新世纪公司成立于 1992 年 7 月，是一家专业从事债券评级、企业资信评估等信用服务业务的全国性信用评级机构，是我国信用评级行业第一家取得包括中国人民银行、证监会、发改委、保监会等全部评级资质的评级机构。

2012 年是新世纪公司成立二十周年，也是公司继续大发展的一年，公司在业务规模、理论研究、方法研究、国际交流等方面均取得重大突破。2012 年，公司第八次被评为上海市信誉咨询企业(机构)，第二次荣登上海名牌服务企业榜，也是此次唯一当选的信用评级领域的品牌企业。

【评级业务规模快速增长】 近几年，国内信用债券市场规模快速增加，国内信用评级市场也随之快速发展，新世纪公司业务规模明显上升，债券评级业务数量较去年同期有较大幅度增加。2012 年，公司全年营业收入比 2011 年增长 35%，债券评级市场占有率稳步提升，信贷评级业务全市排名第一，征信业务也创新高。公司人员规模继续增加，人员近 170 人；办公场所继续扩大，面积近 2 000 平方米，办公条件大幅改善。从地域方面看，公司在大幅拓展外地业务的同时，在上海地区债券评级市场份额高于 60%，继续呈现出较强的区域竞争优势。

【继续加强评级技术研究】 信用评级技术研究方面，新世纪公司持续对原有的评级模型和评级报告进行优化，继续推进行业研究深度和广度，并针对某些特殊评级产品展开了评级技术的专项研究。2012 年，公司在 2011 年的基础上，对二十五个行业进行了研究，发布了九个行业的信用分析报告以及两份宏观经济报告，并修订了八个行业的评级方法论，发布了两份特别评论及信用评级方法总论。公司继续针对金融机构评级、地方融资平台、中小企业集合票据、资产证券化产品等特殊评级产品进行了专项技术研究，形成了相应的成果。

2012 年 12 月 3 日，新世纪公司在上海举行了"评级方法总论发布暨行业应用研讨会"，《新世纪评级方法总论》是公司二十年信用评级实践、研究和探索的结晶，反映了公司在新的国际金融、经济和信用评级环境下对信用评级的再认识及信用评级实践和研究的深化。

【实现与标准普尔的全面战略合作】 2012 年，新世纪公司与国际知名评级机构标准普尔实现全面战略合作，公司继续通过与标准普尔的技术交流提升评级技术实力，公司先后派员参加了标准普尔举办的"聚焦中国——地方政府信用状况"研讨会以及"中国 100 大银行和 100 大公司信用状况"研讨会，派员参加了标准普尔"保险公司评级培训项目"。这些活动对公司以国际评级方法体系为基础，结合中国评级业务实践，进一步完善自身的评级方法论具有很高的现实意义。

2012年11月，新世纪公司承办了亚洲资信评估协会（Association of Credit Rating Agencies in Asia，ACRAA）的最佳实践对话（Best Practice Dialogue）暨协会年度会议，来自亚洲13个国家21个机构的成员参加了本次会议，主题是“追求国内债券市场和亚洲市场的发展”。此次会议是亚洲资信评估协会第一次在中国主办的国际会议，通过对话和交流，增强了公司的国际影响力。

【重大活动】 2012年7月30日和8月8日，新世纪公司二十周年庆典活动分别在上海和北京举行，公司总裁朱荣恩出席答谢会并致答谢词，感谢社会各界对新世纪公司的支持。在庆典活动上还举行了捐赠仪式和《新世纪信用评级研究与探索》新书首发仪式，由朱荣恩主编，全国人大财经委副主任委员吴晓灵作序。该书凝聚了公司成立二十年来，特别是进入新世纪以来在理论研究和评级实务中积累的理论和技术研究成果。

公司特别推出了《新世纪公司二十周年纪念册》和《奋发二十年　铸就新世纪》的纪录片，全面展示了公司的风采面貌和发展历程，《金融时报》和《中国证券报》等媒体也分别对公司作了题为《新世纪　新征程　新探索》的专题报道。

庆典活动圆满落幕后，新世纪公司二十周年大事记正式发布，大事记讲述了公司自1992年成立以来的70余件重要历史事件，同时公司还专门制作了《庆典活动纪实宣传册》和《庆典活动专刊》，将二十周年庆典系列活动汇编成册，作为纪念。

新世纪公司20周年庆典活动上海现场

3. 华杰资信评级有限责任公司

【概况】 华杰资信评级有限责任公司成立于1999年4月，现注册资本金人民币6 235万元，是以企业资信评级业务为基础的综合性、全国性的经济服务机构。经营范围涵盖企业信用评级、金融产品评级、企业综合评价、资金监理、财务顾问、投融资咨询、商业调查、商账催收等。华杰资信以诚信、专业、稳健、创新的理念，勤勉尽职的敬业态度，为金融机构、政府机构、企事业单位提供资信评级、信用管理、信息资讯、投融资咨询等相关金融服务，为客户规避风险，创造价值。

【主要业绩】 2012年，华杰资信评级公司评级业务继续稳步增长。2012年各类评级业务较2011年增长22.5%。(1)公司勇于开拓新领域新业务：新增私募房地产基金评级产品，并完成首个房产基金优先级投资份额的评级。(2)加强评级系统的开发与建设。独立开发和完善的贷款市场评级信息查询系统一期工程，并得到上海市经信委充分肯定；目前正在集中各项优势，开发评级信息查询系统二期项目。(3)公司监理业务适时创新扩展。将银行信贷的资金监管业务延伸至信托公司，试行信托资金监管业务，包括土地整治信托产品、流动资金信托产品等的资金监管。华杰资信紧跟经济形势和市场发展求新求变。(4)公司投行业务不断获得发展。2012年承接各类投行业务100多项，实现收入较上年提升近10个百分点。

【内部管理】 2012年华杰资信在内部管理方面坚持标准化、数字化管理。进一步改进内部质量控制体系。如根据实践结果完善修订评级报告模版23项，根据行业特征撰写评级指南21篇，在形式上规范评级报告，在内容上提示行业特点行业风险，以切实提高报告质量。进一步明晰报告审核流程，明确职责，责任到人。进一步强化公司网站和各部门工作网站的建设，所有的业务流程、人员管理和培训教程等等均实施数字化，标准化管理，业务操作留痕，管理审批留痕。启用微信现代通信工具，达到即时联络，传播正能量，加强互动，联络感情之效。

【专题研究】 2012年华杰公司就评级工作进行了一系列的深入的专题研究。专题研究紧扣当前的融资方向与融资需求，有构建区域和行业信用风险评价体系的探索，有涉及债券和小微企业评级的研究，也有针对行业评级结果的行业趋势分析，研究课题总数达到30多个，为进一步做好评级工作打下了坚实的基础。公司注重行业分析，利用公司数据库常年对各主要行业，对房地产细分行业作出及时的分析，刊登在公司网站供公众浏览，或免费服务于相关银行或企业，体现了华杰资信服务于公众服务于社会的良好的社会责任感。

【人才培养】 华杰资信公司非常注重复合型人才的培养。进行一年的员工就有机会在评级、监管甚至投行等各类业务平台上实习与工作。员工培训一是采取面授的系统培训，二是学员可随时上网查阅培训教程，三是专业导师一对一的带教，四是金融专家的点评与指教。公司还鼓励员工参加各种专业资质证书考试和学历考试，并给予相应的奖励。2012年公司9名员工参加人行评级分析师资质考试，通过率100%，高于全市62.9%的通过率。同年11名员工获得证券从业资格、CFA等各项资质。

【金融文化】 公司不仅注重对员工的专业培训，同时注重员工的全面发展，有意识地提高员工的情商。2012年公司党团支部组织举办了系列文化讲座。聘请专家开办了“钱币讲座”、“黄金与钻石”、“波斯挂毯”等讲座，增长鉴赏投资知识。公司租借长年性的体育活动场所供员工们打球锻炼，积极参与上海市马拉松等全市性比赛，定期观摩电影、话剧，组织旅游、聚餐、公司年会等。公司注重各种社会公益活动和社会活动。例如华杰青年每年都主动报名积极参与无偿献血活动；参加上海市中小企业洽谈会倾听中小企业融资需求；参与地方金融工作会议并推动地方金融发展；深入社区看望和资助街道贫困老人等。

（华杰资信）

4. 上海资信有限公司

【个人信用联合征信】 2012年，上海资信有限公司在个人征信业务中一方面继续推进原有个人信用联合征信数据库业务，另一方面在非银行非金融机构的数据采集及业务合作中取得了一定的突破。

（1）系统建设。截至2012年底，个人信用联合征信系统数据库共纳入1 170万人；个人信用报告累计查询1 494万份，累计提供956万份。其中，2012年度本年信用报告查询请求14余万笔，信用报告查得12余万笔。另一方面，个人联合征信数据采集已由原先的银行信贷信息继续向电信、电力、交通违章等其他社会相关环节延伸，个人联合征信业务范围继续向保险、担保、典当、融资租赁、汽车金融等非银行金融机构辐射。目前，上海市个人信用联合征信系统已成为上海市社会信用体系的基础平台，并在营造上海良好的金融生态环境，发挥社会化管理职能，从而在进一步提升上海的城市综合竞争力方面做出了积极的贡献。

（2）业务开展。目前，上海资信有限公司个人征信业务的服务群体主要有个人客户、银行客户及非银行金融机构，在全市活跃的查询点共计216个，其中在2012年中增设查询点4个。

随着业务的不断转型，努力拓展非银行征信市场已成为上海资信非常明确的努力方向。自2012年以来，上海资信先后走访了北京的宜信、人人贷；上海的拍拍贷、信而富、正大、诺诺镑客、畅贷网等15家P2P公司，基本覆盖了目前行业内具有一定规模、具备一定影响力的P2P机构。并根据调研情况整理了民间借贷机构的具体需求、出现的问题及尝试解决的一些途径，得到了相关领导的高度重视，并给予了相应具体的支持措施。与此同时，上海资信也将P2P项目推进作为工作重点，在熟悉了30多家P2P机构的基础上，参加了首届P2P小额信贷信息咨询服务机构峰会，探讨业务细节，制定合作流程，召开业务座谈会，讨论数据接口与服务产品，最终形成了业务需求方案，为非传统金融服务机构征信系统的建设做好了准备。而对于上海资信而言，为了进一步加强上海市个人信用联合征信系统的建设，计划分为两个部分来推进：一是加快非银行融资机构的数据归集，逐步推进非银行融资机构的阳光化、透明化、合规化；二是帮助非银行融资机构建立信息共享机制，促进非银行融资机构信用环境的良性循环。

另一方面，自2012年初以来，经过与静安区商委通力合作，公司和上海市静安区商业联合会（即静安区商委对外签署合同的主体单位）于2012年4月6日就“静安区商业诚信体系建设诚信评级项目”合作事宜达成协议。完成《消费者满意度调查咨询报告》。通过线上和线下相结合的方式，对于静安南京路商圈和50家企业，进行消费者满意度调查。迄今为止，在梅龙镇伊势丹广场、吴江路休闲街，现场完成几千份有效调查问卷；线上完成万余份有效调查问卷。完成50份企业信用评估报告、8份诚信监测月度咨询报告和1份消费者满意度调查咨询报告，并结合市经信委对该项目的审计要求，配合静安区商委做好项目验收工作，提供1份项目总结报告。得到了静安区商委的认可与好评。

在机房运维制度建设方面，上海资信根据征信中心的要求编制中心机房的各项规章制度、操作流程，对机房的出入制度，值班制度、工作内容、巡检方式等做出详细而明确的规定，确保机房的各项操作规范符合中心对机房运维的要求。同时，按照中心要求定期出具中心机房运维周报和月报并及时上报给中心运维部。在人员上岗培训方面，对所有参与机房值班的员工进行了相关运维方面的培训，使各值班人员明确运维要求和职责，保障了中心备份机房运维的安全性。每天安排员工对机房进行7×24小时巡检值班，确保责任到人，值班人员直接在监控室工作，随时处理各种紧急情况。

【企业信用征信】 随着央行入股，上海资信有限公司的企业征信业务在原有多元化格局的基础上，重新梳理与整合，继续重点推进借款企业资信等级评估和海关监管企业评估业务。

(1) 系统建设。数据库方面，截至2012年底，系统已入库企业总数超过140万家，数据来源于工商、技监、国资委、税务、法院、海关、统计局等机构，目前主要的产品：一是基本信用报告，主要是对企业基本信息的甄别与核实；二是商业信用报告，是在基本信用报告的基础上增加企业历史沿革、财务、银行信用等多维度信息；三是信用分析报告，是基于企业详实信息给予第三方专业评估视点、辅助交易或投资决策。

(2) 业务开拓。近年来借款企业评级业务规模取得较大增长，与2011年相比，2012年借款企业评级项目的评估企业数量和收入均有明显增长。2012年，贷款评级业务实际收费数量较上年增长22%；出具评级报告较上年增长22%；在人民银行规定的项目截止时间之内，完成全部报告上会、定级工作，合计召开专家评审会16次。

2012年的集团企业评级市场份额为4家。针对2012年的集团企业评级，上海资信通过组织业务骨干、技术人员，完善了评级思路、增强了报告分析深度，在规定时间内，保质保量地完成了集团企业评级工作。

上海资信还承担了中国人民银行借款企业评级项目2个指定课题和6个行业科研课题的撰写任务，2个指定课题分别为“行业评级指标体系研究”和“区域评级指标体系研究”，6个行业科研课题是从17个备选的课题中自行选出。公司根据相关课题任务具体要求，已于6月10日之前完成了指定课题的研发并将研发报告提交给了人民银行。目前6个行业科研课题研发也均已完成定稿工作。

而对于海关业务来说，2012年，上海资信组织了多次深入细致的客户调研和市场分析，最终成立了专门的海关评估小组，配备专业人员对客户进行专业化的市场开拓与评级服务。2012年海关评级项目的业务量和业务收入均创造了历史新高，截至2012年末，已与40家企业签署评估合同。上海资信在承担海关评级业务的基础上，还承接了上海海关稽查处“完善海关验证稽查标准体系建设”的研究课题。

【申融网平台上线】 以地方社会诚信体系建设为契机，开展各类政府专项评估项目，加大信用产品及服务与政府监管职能的融合。由上海资信承建的“申融网”——上海市中小企业信用服务平台现已完成了融资平台和信用报告定制两个功能模块的开发，该平台于2012年11月正式上线试运行，并申报了市经信委2012年上海市重点技术改造专项资金项目。通过“申融网”这个平台，将资金需求方与资金提供方的信息实现对接，同时嵌入上海资信提供的企业信用信息报告，从而解决中小企业在融资过程中的信息不对称问题，提高中小企业融资成功率，降低中小企业融资成本。为了全面推广该平台，在新浪开通了上海资信微博，打破传统思路，用更新、更快的网络化手段开拓市场相关领域。

（上海资信）

5. 上海天诚企业征信有限公司

【概况】 上海天诚企业征信有限公司在2012年中开展的业务主要有贷款企业信用评级业务、企业信用报告服务、资金监管项目、“申融网”二期升级及非银行信息采集业务拓宽。

上海天诚企业征信有限公司于2004年获得中

国人民银行上海分行的批准后，成为上海市资信评级机构总经理联席会议成员，开展贷款企业信用评级业务。2012 年中，继续以《上海市贷款企业资信等级评估执业指南》为工作指引，始终秉持严谨的态度，力求保证评估的客观、公正性，并致力于提示贷款企业在经营中存在的风险，在不断提高评估报告的质量的同时也因此积累了丰富的评估经验。

【信用报告】 企业信用报告是基于上海市企业联合征信系统和上海天诚自行采集的企业信息，经过整合、提炼、分析之后形成的信用报告，为企业的交易、授信、赊销、投资等活动提供决策支持。信用报告依照披露信息程度和分析深度的不同，分为基本信用报告、商业信用报告和深度信用报告。

基本信用报告简单扼要地展现了企业的辨识信息、关联方信息、公众记录等方面的情况。据以核实企业的基本信息，描述企业的经营状态、披露企业是否在政府部门留有不良信用历史记录等。

商业信用报告是在基本信用报告的基础上，增加了关于企业主要经营者、经营状况、财务状况以及外部评价的概要信息。

深度信用报告是在商业信用报告的基础上，通过资深调查员的实地调查、访谈、函证，并结合行业分析、专家预测等，对企业的整体情况包括发展前景加以分析。

2012 年，上海天诚企业征信有限公司共计提供各类报告 400 余份。通过长期的市场历练，已能形成一套从数据多渠道收集—整合—加工—应用的成熟商业模式。所提供的各类企业征信服务已经在金融、商业、贸易、建筑等行业广泛应用，在企业规避信用风险，提高信用管理能力，优化信用管理流程等方面取得了一定的成绩。

【信用服务】 2012 年，上海天诚企业征信有限公司作为上海资信有限公司的全资子公司，负责筹建的上海市中小企业信用服务平台——“申融网”也开始进入到二期升级阶段。

通过一期试点，“申融网”初步实现了借贷双方的信息互通，拓宽了中小企业的快速融资通道；但在满足中小企业融资中的个性化需求、用户交互及标准化服务等方面还存有一定的不足。因此，在 2012 年开始进行二期升级，主要内容是细化用户访问流程、优化客户体验、模块化、智能化、标准化的线上服务平台，为切实缓解中小企业融资难问题贡献力量。

与此同时，在“申融网”二期升级的带动下，上海天诚企业征信有限公司也积极拓宽信息采集渠道，为更加完整的勾画出社会主体的全貌打好基础，使失信者无处遁形，为营造良好的社会诚信环境而努力。近年来，随着消费信贷的快速发展，融资渠道也呈现多样化的趋势，非银行融资机构也成为一条不可忽视的小额融资渠道。而由于无统一的信息共享平台，也造成了一定的风险隐患。上海天诚正积极在有关方面的配合下，搭建非银行网络信贷信息平台，希望既能有效的充实征信业务数据内涵，又可在一定程度上帮助相关行业的风险控制，进而为大金融环境的安全与健康发展添砖加瓦。

（天诚公司）

6. 上海中誉企业信用咨询有限公司

【概况】 上海中誉企业信用咨询有限公司（以下简称“中誉公司”）成立于 2002 年，是一家从事企业信用评估和企业征信服务的专业机构。中誉公司的控股股东是上海资信有限公司。中誉公司以市场为导向，对外独立营运，公司下设评级一部、评级二部、产品研发部、综合部等四个部门。

评级一部、二部系主要业务部门，专业承接、开展各类企业信用评级业务，所涉及的业务类型主要包括借款企业信用评级、集团评级、担保机构评级、票据贴现评级、招投标评估、小企业评级以及各类政府专项评估。

产品研发部根据公司的发展战略，研究、开发各类适应市场需求的信用评级产品，完成个案产品设计、方案设计等过程；综合应用统计学、计量经济学等分析工具对行业经济的运行状况、产品生产、销售、消费、技术、行业竞争力、市场竞争格局、行业政策等行业要素进行深入的分析，从而发现行业运行的内在经济规律，进而进一步预测未来行业发展的趋势；拟定和编制各类评级产品的标准、流程和规范；维护并确定公司总体产品策略，控制信用评级质量，树立中誉公司品牌形象。

综合部主要负责公司市场开拓、对外联络，以及日常各类行政事务、人事管理、财务核算、后勤服务及安全保卫工作。

【评级业务】 中誉公司在人行上海总部征信管理处和上海市借款企业资信评级机构总经理联席会

的指导下开展借款企业评级项目。

（1）借款企业评级。与上年相比，中誉公司的2012年借款企业评级项目的评估企业数量、收入和收费率均有明显增长。2012年中誉公司实际评估企业800家，在规定的项目截止时间之内，完成100%的报告上会、定级工作。

（2）集团企业评级。2012年，中誉公司通过组织业务骨干、技术人员，完善了评级思路、增强了报告分析深度，在规定时间内，完成了数家集团企业的评级工作。中誉公司作为独立的第三方信用评级机构，以其丰富的行业数据资源及评级经验，针对集团的产业、营运特征由特定的行业专家组成项目小组进驻集团，针对集团的关联关系、信贷规模、财务实力、管理水平、经营状况等进行全方位分析，对其信用风险提供客观评价，揭示集团真实经营状况，为报告使用者做出决策提供一定的帮助。

（3）招投标评级。在招投标过程中，投标人的信用等级是重要的信用资质。信用等级越高，其风险越小，偿债和履行有关承诺的能力和意愿越高。只有具备一定信用等级的企业，其中标后履约的风险才能得到适当控制，才能保障项目的顺利建设。2012年中誉公司配合政府相关部门在建筑施工领域的招投标环节中推行建筑施工企业的资信评级，并取得初步成果。

【其他业务】 历经多年的行业积累，中誉公司不但拥有一支较为稳定的高素质的评级队伍，而且形成了自己的研发部门和营销团队。

（1）专项评估项目。由中誉公司作为主要的第三方中介机构所参与的专项评估项目在上海市的社会诚信体系建设推进过程中发挥着试验性、开创性的作用。中誉公司历年所开展的专项评估项目有海关监管企业专项评估、见习基地以及实训基地评估、航运企业诚信评估等，均为运行三年以上的成熟业务。这些项目的评估指标体系大多由中誉公司的业务骨干主导设计，与项目委托方的合作关系良好，业务质量和市场份额都较为稳定。

（2）静安区商业诚信体系建设诚信评级项目。2012年静安区商务委、区商联会与公司共同推进静安区商业企业诚信建设工作。静安区商业企业诚信评估的主要内容包括政府职能部门的评价和管理信息、商业企业经营绩效指标、消费者对商业企业服务的满意度情况，以及行业、区域环境对企业成长等的影响和支持等，并最终给予企业信用级别。

（3）建设工程企业资信评级。作为2012年上海市社会信用体系建设工作要点，上海市建交委围绕建设工程招投标环节，深入推进建筑市场信用体系建设试点，加强信用信息记录与应用。在上海市建交委的业务指导下，为深入推进建设市场领域信用体系建设，公司牵头组织完成了信用信息记录、评价和应用环节的制度设计，建立了上海市建筑市场信用评级的运行体系。

（4）小额贷款行业研究。2012年中誉公司对多家小额贷款公司进行了评级，并针对新行业、新企业，中誉公司抽调业务骨干组成研发团队，探索研究合理、有效的评级方法，最终形成科学、公正、审慎的评级思路和评级方法，以充分体现企业的真实的偿债能力，揭示企业的实际的经营能力。中誉公司率先在行业内提出在小额贷款行业评级指标体系中引入资本充足率、风险拨备、坏账损失程度、信贷资产周转、贷款形式等与信贷业务及风险控制直接相关的财务指标，对小额贷款公司进行综合评级。

【信用评级技术改进和数据库建设】 中誉公司将信用评级技术改进列入日常化管理工作范畴。2012年初，根据业务发展需要公司组织人员对各项评级业务流程进行优化，以进一步提高工作效率；在评级业务开展过程中，中誉公司根据2012年经济环境和评级过程中掌握的行业信息，对特殊风险行业制定企业内部评级标准，并进行了上会流程的改革；中誉公司组织评级人员和信息系统开发人员结合数据库深度开发，研发新报告版本，以提高公司评级报告质量和评级业务专业化程度。

（1）加强项目流程控制，不断提高质量管理水平。2012年初，中誉公司根据业务开展的实际情况，制订了《评级人员执业规范》、《信用评级规程细则》、《信用评级执业规程》、《信用评级制度》、《信用评级质量控制规程》等各类内控制度，并严格执行，以此作为考量评级人员业务水平的首要准则。

（2）结合数据库深度开发，研发新报告版本和报告撰写指引。2012年，中誉公司根据人行征信管理处要求进行了资信评估系统数据采集。通过此次数据采集工作，结合数据库深度开发，开展了新报告版本的研发。一方面，对公司现有信用评级方法和技术标准进行梳理和改进，以进一步提高报告质量、完善质量审核流程，同时也为后续业务拓展奠定了基础；另一方面，通过数据库的开发制定了统一的评级报告格式，使得报告内容更加详实、严谨，论证充分。

（中誉公司）

7. 上海金国咨询服务有限公司

【概况】 作为上海及长三角地区的知名金融中介服务机构，上海金国咨询服务有限公司2012年的主营业务规模首次突破亿元（全年税前营收总额达11 341万元），同比增加31%。同时，按照稳中求进的工作方针，公司围绕既有的三大主营业务模块（金融人力资源外包服务、金融咨询服务及中国金币特许零售服务），优化资源配置，提升管理水平，经营质量获得较大提高。上海金国2012年完成了再次增资扩股工作，企业的现金流状况和经营抗风险能力进一步提高。在此基础上，公司股东大会完成了决策层的改选工作，选举产生了新一届董事会和监事会，并对高管团队进行了部分调整。随着公司的发展，上海金国的员工队伍也在扩大。

【特许零售服务】 为应对国际黄金价格的高位盘整，降低贵金属纪念币特别是投资币的库存风险，上海金国一方面认真分析市场趋势和库存商品结构，在此基础上大幅降低库存规模；另一方面，积极参与中国金币总公司就熊猫投资金币研发的保证金销售模式，引入市场多空平衡机制，最大程度降低采购成本波动带来的经营风险。2012年，上海金国还加大了贵金属纪念币反假宣传力度，组织员工下部队、上海岛、走农村、进社区，以生动丰富的各类形式宣传贵金属纪念币知识，大力弘扬中国金币文化。为交流零售管理经验，公司黄金业务部门还组织一线员工赴中国金币不同地区的优秀特许零售商，开展交流取经活动。

【金融人力资源外包服务】 2012年，上海金国从事金融人力资源派遣业务的工作团队、制度体系、工作流程已经建立，并与本地区就业促进部门、涉外用工部门、社保中心及人才服务中心等机构建立了正常化的对接流程。通过半年试运转公司派遣业务实现营业收入数百万元。在培训服务中，公司通过与上海市银行同业公会的合作，全年完成“银行四级柜员职业鉴定考试培训”共4期，培训学员3 334人；完成“银行外汇业务系列培训”共5期，培训学员2 411人；完成上海市注册税务师认证报名5 276人。公司逐步建立起比较系统、比较专业的金融培训师资数据库，为进一步规范管理、提高教学质量及培训效果奠定了基础。此外，上海金国还走出上海，先后举办了温州银行客户经理营销培训班和贵州农村信用社营销服务培训班。

【服务特色】 “全球视野，本土服务”是上海金国公司的服务特色。2012年公司被接受为中国金融教育发展基金会的理事单位，并成为国际注册信贷分析师职业资质中国地区标准委员会指定的上海地区独家鉴定培训机构。注册信贷分析师（简称CCRA）证书是全球银行信贷领域的专业资格认证体系，被称为银行信贷风险领域的首席证书。CCRA中国标委会由中国人民银行中国金融培训中心与ISOFP（国际金融专业人士协会）联合设立，分别向合格学员颁发CCRA的中文和英文证书。

（上海金国）

8. 上海普兰金融服务有限公司

【概况】 上海普兰金融服务有限公司是国内首家具有票据中介业务资质的创新型金融服务公司，注册于上海市浦东新区张江高科技园区，注册资本1亿元，成立于2012年5月。普兰秉承着服务于中国票据市场的规范健康发展，在票据市场上扮演着规范运营基础上的发现价格和快速撮配的经纪人角色。普兰金融的前身是上海普兰投资有限公司，成立于2002年。经过11年的发展和沉淀，公司已经步入快速发展期。目前公司拥有员工逾800人，在全国范围内29个城市设有分支机构，有10个分公司和29个办事处，服务企业客户22 000家，银行客户近1 000家。2012年完成票据经纪量逾6万亿元，是一家行业领先的创新型金融服务公司。

【合作客户】 普兰的客户群体定位于中小企业和中小银行，帮助企业客户进入货币市场，拓宽融资渠道，降低财务成本，提高其获得金融服务的可得性；帮助中小银行在防范风险的基础上进入货币市场，提升其金融运营的能力。

【经纪业务】 “票据经纪”是普兰最优特色、影响力最广、经纪规模最大的货币经纪产品，提供票据市场信息数据的收集整理、票据交易双方的业务撮合和票据资源的开发与应用。普兰遵守的经纪准则为"规范诚信、防控风险、发现价格、提升效率"。除了票据经纪外，普兰还在积极探索债券、资金、资产、外汇等货币市场其他相关产品的经纪。

【咨询业务】 普兰现为中小企业提供《货币市场工具盈利模式的设计与运营》、《新利润区模型设计》、《基于资金运营的中小企业财务筹划》、《集团企业财务报表整合》等方面的咨询服务，为中小企业则提供《中小银行经营决策辅助分析系统设计》、《行长经营决策辅助分析系统》等方面的咨询服务。

【软件业务】 普兰为中小银行设计了基于风险运营的票据交易管理软件《普兰票据交易管理系统》，为中小企业设计了基于风险预估的信用测评软件《普兰信用风险测评系统》，同时为货币市场各参与者开发了在线报价在线撮合的电子系统《普兰电子经纪平台》。

【培训业务】 普兰的培训业务内容已拓展至票据业务、债券业务、资金业务和财务业务等四个方面——其中，约70%的培训集中在银行客户上。为企业客户提供的培训有：资金运营培训、票券业务培训、财务筹划培训、报表整合培训以及经理人素质培训；为银行客户提供的培训有：货币交易培训、票据交易培训、债券交易培训、资金交易培训、金融IT培训以及经纪人素质培训。

（普兰金融）

五、银行自律组织

上海市银行同业公会

【金融服务】 服务实体经济，促进行业健康发展。(1) 关注小微企业，深化金融服务。一是畅通信息交流渠道。通过走访相关政府机构、行业协会、商会，召开“2012 年银行服务实体经济”座谈会及“服务科技型小微企业”专场交流会等形式，积极搭建平台，就小微企业融资难、融资贵等问题广泛听取意见，促进会员单位与小微企业沟通交流、加强合作。二是创建“上海银行业小微企业信贷产品信息查询平台”。为畅通小企业金融产品信息传递渠道，解决银企信息不对称问题，在上海银监局的指导下，公会设计开发了信息查询平台。作为首个由行业组织推出、立足于服务本市小微企业的公益性平台，其上线运行有利于增进银企信息互通、降低小企业信息获取成本和沟通成本，有效促进银行服务实体经济。通过两批产品信息收集，该平台已收集 60 家银行共计 341 款产品，平台使用人数已逾 4 万人次。

(2) 协调缓释钢贸行业信贷风险。一是组织分工、建立工作机制。公会秘书处成立了钢贸风险专项工作组，并在风险管理专委会下成立了钢贸企业信贷风险工作组及其核心小组，拟定工作目标和工作机制，建立钢贸市场名单制管理及牵头行等制度。二是搭建平台、多方沟通信息。根据钢贸风险处置进度，主动加强与各方的沟通，多次召开钢贸信贷风险处置会议。先后向上海银监局报送 8 篇专报、5 期《钢贸工作信息报告》；主动拜访天津、华夏、农商、光大、民生、兴业等银行，了解需求、探讨风险处置方法；参加市政府相关会议，并向相关部门争取政策支持；与宁德商会、周宁商会开展线上线下交流。三是多措并举、务实化解信贷风险。做好钢贸分类调研统计工作，细分市场、担保公司、散单进行分类统计并加强风险预判。召开钢贸信贷风险缓释专题座谈会，尝试为钢贸商及相关债权银行提供直接交流平台，切实落实牵头行制度，实现“有保有控、区别对待”的工作要求；该风险处置模式有效地鼓舞了银企双方信心，稳住了形势，取得了阶段性成效。

(3) 完善银团贷款系统，促进银团市场发展。一是完善银团贷款信息发布与统计系统并完成数据补录。完成系统二次开发，为银行业搭建了银团贷款一级分销和二级转让的信息平台。二是开展上海市贷款二级市场调研。联合多家银行共同组建专题调研小组，开展专题调研并撰写调研报告。从银行从业者的视角对上海地区贷款二级市场的发展现状与制约因素进行分析，并提出相应的建议措施。

【行业自律】 加强行业自律，维护行业良好秩序。(1) 推出四项公约、一项指引及一项实施细则。公会通过自律公约及相关细则的制定和落实加强行业自律，促进市场的健康发展。推出四项公约、一项指引及一项实施细则，分别为《上海银行业银团贷款合作公约》、《上海银行业服务收费自律公约》、《上海市商业银行营业网点信息发布规范公约》、《上海银行业金融消费者权益保护公约》、《上海银行业违规积分管理操作指引》、《上海市银行卡 POS 专业化服务管理实施细则》。

(2) 落实新制定公约的培训、互查、评价机制。为督促各会员单位认真执行公约，公会通过现场检查、访谈了解、查阅资料等多种形式，组织对履行公约及承诺情况的明查暗访，并进行情况通报。还就《上海银行业银团贷款合作公约》、《上海银行业违规积分操作指引》开展专题培训，进行内容解读、现场交流。

(3) 配合开展整治银行业不规范经营活动。公会邀请上海物价局物价检查所专家对 40 多家中资会员单位开展银行服务收费专题培训，并将相关文件汇编发送全体会员单位；积极配合中银协对上海银行业进行服务收费抽查并督促整改。

【社会责任】 履行社会责任，树立行业正面形象。(1) 加强金融消费者权益保护工作。一是开展“和谐金融、诚信服务——上海银行业保护金融消费者权益宣传月”专题活动。与《新民晚报》合作开展专栏宣传,普及金融知识;组织各会员单位集中开展活动,“3·15”活动日当天,共组织上海100个银行网点设摊宣传、1 000个银行网点参与金融知识普及宣传,并开展为期1个月的主题活动。二是重视客户投诉,创建和谐金融环境。修订完善了《上海银行业投诉案例库》,为上海银行业提高信访投诉处理能力提供有益借鉴;完善公会信访投诉机制,明确工作职责、工作流程、处理时限等具体要求;持续开展银行客服热线监测,分析行业优势及薄弱环节,指导会员单位提高服务质量,提升客户满意度。三是编撰《百姓金融知识小百科》。为加强金融消费者知识普及,公会组织开展了《百姓金融知识小百科》编撰工作,内容涵盖各类常用金融知识。

(2) 编写《上海银行业社会责任在行动》报告。公会成立了《上海银行业社会责任在行动》报告编写工作组,在较短的时间内,完成了包括发挥核心功能推动经济平稳转型、提升服务品质致力提高客户满意等6大专题的报告,向社会公众介绍了上海银行业积极履行社会责任的总体情况,进一步提升上海银行业良好社会形象。

(3) 开展文明规范服务评选。为展示上海银行业文明服务新形象、新亮点,公会按照中银协要求,认真组织开展“2012年度上海银行业文明规范服务百佳示范单位暨2012年度中国银行业文明规范服务千佳示范单位评选”工作。通过评选部署、规范评选流程、严格推荐、组织检查,优中选优,评选出99家网点为上海百佳文明服务示范单位,并向中银协推荐了千佳文明服务示范单位候选名单。

【服务会员】 贴近会员需求,多方位服务会员单位。(1) 重视会员诉求,积极协调解决。优化会员单位分组,通过分组会议机制,就会员单位反映的行业共性问题,及时向金融管理部门反映和咨询,并将回复意见通过网上网下及时反馈给会员单位。同时,通过走访相关政府机构,以积极姿态主动反映会员单位呼声,切实有效地解决会员单位的实际需求。就“影响上海银行业转型发展的体制性障碍”及“银行营业网点客户卫生设施情况”形成调研报告报送银监局,建言献策,为银行业发展营造良好政策环境。

(2) 持续开展常规培训及专题培训,创立“上海银行同业·大讲堂”。一是常规培训与专题培训有机结合。2012年,外汇及柜员的常规培训共开展11期,培训人数逾6 800人次,完成的培训人数较去年全年增加20%。同时,根据会员需求及监管要求,举办《商业银行资本管理办法》、《小企业会计准则》、私人银行和财富管理等各类专题培训、讲座。二是创立了“上海银行同业·大讲堂”品牌,并以此为平台,就会员单位关注的市场热点及行业动态,有针对性地邀请国内外专家学者进行政策解读、信息交流及经验分享。全年共举办了七期“大讲堂”,取得良好反响。

(3) 举办年度性专业会议。一是打造“银行家峰会”高端品牌。8月31日,“2012上海银行家峰会”成功举行,围绕“危机后全球银行体系与结构变革”这一主题深入交流,深入理解近期政策和导向,打造前瞻性、权威性的交流平台,得到了会员单位的较高评价。二是举办第八届银行业合规年会。会议以“合规、创新、服务”为主题,围绕“跨境业务洗钱风险防范”及“银行业务创新与服务定价”两个专题,邀请金融管理部门专家、相关学者及商业银行代表等开展互动讨论。三是举办“第四届上海银行业人力资源管理年会”。发布了“上海银行业员工绩效管理最佳实践”和“上海银行业教练辅导最佳实践”两个调研报告,为各银行运用教练辅导方法进行员工发展和人才培训、绩效管理提供有价值的参考数据和实践经验。四是召开“2012年沪港银行卡风险管理研讨会”。会议围绕“银行卡犯罪及风险防范”展开专题研讨,同时设立“银行卡创新业务”和“监管当局对银行卡的新管理要求”两个分论坛展开专场讨论,形式有创新,内容更务实。五是组织参加第六届上海中小企业金融洽谈会。组织了29家会员单位参展,公会借此机会,通过布置展台、发放折页等方式对小微企业信贷产品信息查询平台进行了广泛宣传和推广。

(4) 扩大对外交流、互访与合作。一是主动与其他专业机构加强沟通交流,积极寻找合作机会。分别与香港银行学会、台湾金融研训院、亚洲银行家、上海金融报社签订合作备忘录,还与国际金融协会、财新传媒等机构开展了不同形式的合作。各类合作机构在不同领域的优势,可以使公会借助外力,利用多方资源更好地服务会员单位。二是加强协会间交流互访。先后接待北京、江苏、大连、广东银行业协会来访，拜访四川、重庆、湖北、深圳银行业协会，组织召开2012年华东片区银行业协会工作交流会，通过“走出去、请进来”，学习兄弟协会的工作经验。三是组织境内外学习考察。公会组织会员单位赴境内外交流考察，如：外资专委会先后赴深圳前海及浙江衢州交流考察；以“中小企业业务”和“人力资源管理”为主题分两批赴台培训考察；赴新加坡、香港考察学习现金流通安全保卫管理模式、个人理财业务等。

（5）加强新闻宣传和舆情应对。为树立上海银行业正面形象，公会通过多项举措积极应对、正面引导舆情，如：针对沪上媒体有关银行停办存折的负面报道，主动了解核实详情，向相关媒体给予书面回复，澄清事实，消除社会公众的误解；明确了新闻发言人制度，先后召开“和谐金融、诚信服务——上海银行业保护金融消费者权益宣传月”、“上海银行业小微企业信贷产品信息查询平台”及“上海市银行同业公会成立二十周年暨2012上海银行业社会责任情况报告发布”新闻通气会，全年累计统发新闻稿共34篇；先后在《上海金融报》刊登了“上海银行业积极主动保护金融消费者权益，全面展现上海银行业金融服务风采”及“上海银行业大力践行社会责任”的整版专题报道，在《解放日报》刊登头版头条“小微企业从求贷无门到货比三家——上海银行业推出小微信贷产品信息查询平台可搜索可比较”。

【自身建设】 着眼长远发展，不断完善自身建设。（1）强化专委会建设。一是调整完善专委会架构。新增设外资银行专委会和银团贷款专委会，将服务规范专委会更名成立金融消费者权益保护专委会，并对部分专委会下设的专业小组进行了调整。二是加强专委会激励约束机制建设。修订了原有的《上海市银行同业公会专业委员会工作条例》，建立专委会和专业小组激励考核机制，设立“会长奖励基金”。结合年度奖项评比制度，增设“年度机构贡献奖”和“年度个人贡献奖”，充分调动各专委会委员的工作积极性。三是完善日常工作机制。建立专委会、专业小组与上海银监局相关处室和风险、产品小组的对接协作机制，帮助会员单位了解监管动向，领会政策意图；通过召开季度工作会议及开展形式多样的活动，搭建沟通平台、交流工作信息，就会员单位的业务需求和共性问题提出解决方案和建议意见。四是进一步丰富议事平台。建立在沪总行级信用卡中心联席会议机制并召开第一次会议，通过新平台的搭建使公会服务会员单位的手段更加丰富。

（2）加强秘书处内部建设。一是建队伍、塑文化。公会积极向会员单位争取支持，公会十个专委会共向秘书处派驻了九名年轻的业务骨干，秘书处专职员工人数达到25名，充实了秘书处专职力量，也加强了专委会与秘书处的日常联系。同时，推出“务实（Pragmatic）、高效（Proficient）、专业（Professional）、进取（Proactive）”的八字职场文化，以形成良好的公会文化氛围，引导员工不断提高综合素质。二是定制度、强基础。补充、修订和完善了内部管理的各项制度，使各项内部管理有章可循。如在考勤休假、绩效考核、培训操作规程等方面出台了相关制度，进一步规范了秘书处的运作，提高了工作效率，夯实了基础管理。

（3）提升信息服务建设。公会新版网站已于8月24日全新改版上线，通过改版进一步完善了网站的服务功能，提高会员单位使用网站的积极性和便捷性，为会员单位重要信息发布及沟通交流提供平台。此外，公会对原有的《上海市银行同业公会通讯》进行改版，新版期刊更名为《上海银行同业》，由原上海市市长徐匡迪题名。新版期刊采用纸质版和电子版的形式，自9月起按月发行，免费提供给全体会员单位及相关部门，及时反映上海银行同业工作动态，解读监管政策法规，深度报道银行业热点问题。

（4）扩大会员单位覆盖面。为提高公会代表性，助推国际金融中心建设，公会积极协调，争取更多不同类型机构入会。一年来，包括驻沪总行信用卡中心、私人银行部等专营机构在内的23家机构加入公会。截至2012年12月末，公会已有160家会员单位，其中正式会员137家。

（5）设立公会年度品牌奖项。为引导推动上海银行业科学发展，展现上海银行业在管理、服务和创新领域最新成果，鼓励会员单位积极履行社会责任，表彰会员单位在业务发展中的突出成绩及对公会工作的支持，公会设立了“上海银行同业·年度奖项”，共计发展类、服务类、创新类及贡献类四大类十五个奖项，制定、完善了各子奖项评选规则，并据此开展了年度品牌奖项评选活动。

(6) 开展二十周年系列活动，扩大宣传、提升影响力。公会以成立二十周年为契机，以“相伴共赢、融创未来”为主题持续全年开展系列活动，全面提升公会影响力。通过推出“上海银行同业·大讲堂”品牌系列讲座、改版刊发公会期刊《上海银行同业》、开展“喜迎十八大暨庆祝上海市银行同业公会成立二十周年”书画摄影作品征集活动、编撰《上海市银行同业公会成立二十周年纪念册》等系列活动，以及举行主题庆典活动作为庆祝公会成立二十周年系列活动的高潮，积极打造公会职业化、专业化、国际化的行业组织品牌形象。

（上海市银行公会）

第三篇　证　　券

证券期货业概述

【证券公司】 截至2012年底，上海共有证券公司20家，占全国114家的17.5%；证券营业部484家，其中本地20家证券公司在沪营业部200家，异地75家证券公司在沪营业部284家；证券公司分公司54家；证券公司所属直接投资公司6家；证券投资咨询公司19家、分公司6家；证券资信评级机构2家。

【证券公司运行特点】 一是经营业绩维持稳健，收入结构逐步改善。2012年，上海券商连续第7年实现整体盈利，总计营业收入259亿元、净利润83亿元，净利润行业前三的公司中上海券商占据2席；实现年度综合收益91亿元，比2011年同期增加69%。各项业务份额行业排名保持一定优势，业务收入结构有所改善，其中资产管理、融资融券业务收入连续三年位居全国之首，比2011年同期分别增加9.2%、78.4%，占营业收入的比例从2010年的1.2%、0.5%提升至2012年的2.7%和6.3%；而传统经纪业务、投行业务收入占比则相对下降，占营业收入的比例从2010年的60.0%、12.1%下降到2012年的37.6%、11.3%。

二是功能定位逐步明晰，创新业务有效开拓。2012年，各公司围绕"五项基础功能"的回归，以服务实体经济为目标，以客户需求为核心，积极探索产品、业务、服务模式创新，取得了多项行业第一，例如：3家公司获首批转融资试点，4家公司参与首批中小企业私募债试点，2家公司进入首批分级资产管理产品试点；2家公司首批获得私募托管资格；3家公司首批取得柜台市场资格；4家公司首批取得保险资金资产管理资格；国泰君安"综合理财服务方案"与光大证券"客户资金消费支付方案"开启了证券公司综合账户管理和支付功能的先河；光大证券"多空低倍杠杆资产管理计划"为首批挂钩沪深指数的多空结构化产品。5家公司设立了香港子公司，2012年实现营业收入22亿港元。4家证券公司荣获2012年上海市金融创新奖。

三是合规管理彰显实效，风险管理探索前行。2012年，各公司内生性约束机制持续完善，重点强化合规管理有效性评估和合规问责实效，并开展了以制度健全与执行为核心的投行业务内控机制建设专项工作，进一步完善了信息隔离墙的运行。2012年，各公司总计通过信息隔离墙阻挡了涉及利益冲突行为1 500余次，开展合规问责穿行测试120余次。2012年末，上海券商净资本与净资产的比例为72%、净资本与各项风险资本准备之和的比例为923%，远高于监管指标(分别为40%、100%)，净资本覆盖风险的能力持续保持在较高水平。同时，各公司积极探索在创新转型背景下，如何有效强化风险管理，引进国外先进理念、风险限额分配方法、量化技术以及管理系统，尝试搭建全面风险管理体系。2012年分类评价中，5家公司被评为A类AA级，占全部AA级公司的三分之一，位于行业首位。

【基金公司】 截至2012年底，上海共有基金公司37家，约占全国77家的48%；基金公司分支机构26家；基金评价机构3家，独立基金销售机构5家；基金第三方支付机构4家。上海基金公司共管理基金522只，管理基金总份额9 108亿份，占全国的31.8%，继续居全国首位。

【基金公司运行特点】 一是业绩与规模同步增长，非公募业务发展迅速。2012年，上海基金公司共新成立基金110只，募集规模579亿份。有3家基金公司管理资产总规模超过1 000亿元。从绝对收益来看，除货币基金外，2012年上海公司其他各类型公募基金整体平均收益均优于全国平均水平。

表 2012年全国及上海辖区公募基金平均收益对比

类 型	普通股票型	指数型	混合型	债券型	货币型	保本型	QDII
全国平均	5.6%	6.08%	3.97%	7.06%	3.95%	3.92%	9.96%
上海平均	6.54%	8.33%	4.09%	7.41%	3.89%	4.33%	10.71%

2012年，上海基金公司非公募业务继续保持较

快的发展速度。截至2012年底，有31家基金公司开展专户业务，4家开展社保基金管理业务，3家开展企业年金管理业务，共管理非公募资产净值1 556亿元，是上年底(735.3元)的约2.1倍，其中，管理规模超过100亿元的有4家。非公募资产规模占基金公司管理资产总规模(包括公募、非公募)的比重由上年底的9.7%提高到14.6%。

二是合规内控机制进一步健全，公司治理逐步完善。各基金公司在投资决策流程等重要业务环节加大内控合规建设，完善内部管理流程，不断提高合规运作水平。逐步建立健全自我查缺、自我补漏、自我监控、自我保护的长效机制。加大对涉嫌触犯“三条底线”行为的事后问责力度，基金公司及从业人员规范执业的意识进一步增强。公司治理也逐步完善，公司不断加强信息披露，督促董、监事勤勉尽责，积极探索创新治理机制和激励机制，治理结构各主体积极履行角色责任，公司治理效能进一步发挥。3家基金公司顺利完成股权变更，8家公司顺利实现管理层变更。

三是创新业务逐步推出，对外开放继续推进。新增20家公司获批专户理财业务资格；7家公司获中国保监会批准，受托管理保险资金。积极开展跨市场ETF产品开发，华泰柏瑞沪深300ETF产品募集329亿元，创基金发行以来第二大发行规模。5家公司获批独立销售机构资格，占全国的57%。6家基金公司荣获2012年上海市金融创新奖。共有6家基金公司在香港设立了资产管理业务子公司。华安、海富通、汇添富首批3只RQFII基金成功发行，总规模约16亿元人民币。上投摩根新获RQFII业务资格，具有RQFII业务资格的公司增加至4家。

【期货公司】　截至2012年底，上海共有期货公司30家，占全国163家的18.4%；期货营业部115家。其中，本地期货公司在沪营业部36家，异地期货公司在沪营业部79家。

【期货公司运行特点】　一是资产规模稳步增长，股指期货份额领先全国。截至2012年末，上海期货公司注册资本总额为67.63亿元，客户权益447.12亿元，扣除代理交易会员结算保证金后为438.45亿元，同比分别增长8.11%、25.26%和24.52%。期货公司代理交易额共计79.16万亿元，约占全国期货市场的23.17%，同比增长31.46%。其中，股指期货代理交易额为42.31万亿元，商品期货代理交易额为36.85万亿元，同比分别增长了57.72%和10.37%。股指代理交易额占全国市场的27.89%，继续居全国领先地位。2012年末，115家期货营业部客户权益总额为213.38亿元，同比增长22.2%。

二是公司盈利状况良好，经营能力稳步提升。2012年度，上海期货公司共实现手续费收入24.24亿元，同比增长34.39%；共实现净利润6.93亿元，净利润总额增加了2.7亿元，增幅达63.96%。其中26家公司盈利，共计7.10亿元；4家公司亏损，共计0.17亿元。

三是业务创新稳步推进，多家公司获批新业务。7家公司首批获准资产管理业务资格，占全国的39%。通过参与第三届期货机构投资者年会，不断提升对产业客户和机构投资者的服务能力；共同参与编写了市场首部《期货行业信息技术普及读本》。8家期货公司技术创新项目荣获上海市金融创新奖。

四是内控管理逐步完善，分类评价再创佳绩。上海期货公司有效落实净资本管理和保证金安全存管。不断完善公司治理，重点解决决议不规范、高管缺位等治理问题。逐步健全首席风险官工作制度，提高首席风险官履职能力。有效落实中国证监会完善账户管理的总体部署，按时完成账户规范工作，共对5 400余个账户进行统一冻结处理。配合全国综合监管信息系统建设，及时跟进数据填报，反馈解决测试问题，顺利完成测试任务，为进一步整合行业信息、推进监管信息化发展奠定了基础。2012年，7家期货公司被评为A类，占全国38.9%，居全国首位。

(上海证监局)

一、证券期货公司

1. 海通证券股份有限公司

【概况】 2012年，中国股票市场持续低迷，证券行业传统经营模式遇到较大挑战。海通证券公司开拓创新，努力拼搏，成功发行H股，国际化战略向纵深推进；成立了资产管理公司、创新证券投资公司和创意资本管理公司，公司集团化战略取得重大进展；积极开展创新业务，首批取得多项创新业务资格，创新转型初见成效，创新业务收入占比逐年提高，同时，公司不断加强内部管理，增收节支，取得了较好的经营业绩，各项财务指标优良。2012年，公司总资产、净资产、营业收入和净利润均位居行业前列。

【资产管理业务】 资产管理子公司抓住创新机遇，首批取得保险资金管理资格，积极开发现金赢家系列和债券分级资产管理计划等创新型产品。海富通基金管理公司公募基金管理规模340.5亿元，列行业第26位；富国基金管理公司公募基金管理总规模755亿元，市场排名第13位。各产业投资基金管理规模89亿元；海通创意资本及其管理的上海文化产业基金设立完成，首批募集资金17亿元，目前已正式开始运作。

【投资银行业务】 投资银行业务由以股权融资为主向股债业务并重转型，债券承销收入大幅增长，有效平滑了股权融资市场低迷的不利影响。股权融资业务全年完成5个IPO项目，3个增发项目；债券业务取得重大突破，全年完成主承销项目38个。公司还成功取得短期融资券、中期票据和中小企业私募债承销资格，为债券业务进一步发展奠定了基础；并购融资全年完成5个并购项目。

【证券经纪业务】 证券经纪业务创新转型初见成效，总交易金额的市场份额达到5.45%，比上年提升0.88个百分点，位居行业第二名，比上年提升两名。机构业务服务体系初步建立，公司加强对基金、保险等专业投资机构的服务力度和企业及高净值客户服务力度，行业排名第二；公司狠抓国际机构客户开拓，全年新增开户数市场份额达9.4%；公司加强研究团队建设，研究服务市场影响力显著提升。期货业务盈利能力进一步提升，截至2012年底，营业部总数达到28家。海通期货位居行业第三。

【创新业务】 2012年是证券行业创新之年，公司将创新作为推动战略转型的关键驱动力，取得了显著成效。创新业务保持行业领先地位，收入占比显著提高。截至2012年底，公司融资融券余额70.49亿元，排名行业第一。约定购回式证券交易业务规模14.7亿元，排名行业第一。融资融券、约定购回和期现套利等创新业务收入占比持续上升，有效抵御了传统业务收入下滑带来的不利影响。首批获得柜台交易(OTC)业务试点资格；首批取得保险资产管理、转融通、合伙企业独立托管、期货资产管理、RQFLP、中资券商QFII和QFLP等创新业务资格；获得短期融资券、中期票据和中小企业私募债主承销资格；成功发行了首只现金管理产品，发行规模位居行业前列。

【内部管理】 公司建立了稳健的公司治理和有效的风险管理和内部监控体系，以降低公司于证券市场所承担的各种风险。公司是中国境内20世纪80年代成立的证券公司中唯一一家至今仍在营运并且未更名、未被政府注资且未被收购重组过的大型证券公司。公司已拥有一个完备的风险监管制度，有效管理市场风险、信用风险、流动资金风险和营运风险。公司亦已为各业务之间建立了有效的中国墙和适当的预防机制处理潜在利益冲突。此外，公司还建立了独立和集中化的内部审计及合规体系，用以有效监察各项营运和交易。

【社会责任】 作为沪港两地上市的国际化公司，海通证券建立了科学规范的法人治理结构与授权体系，保证了公司规范创新发展。公司在香港上市后，根据沪、港两地的监管规则，依法合规地进行信息披露；强化风险管理和内控建设；持续回报股东的红利政策；建立科学的客户服务和维权体系，提供增值服务；关爱员工，维护利益相关者的合法权益；加快公司集团化、国际化发展，努力承担更大的社会责任。

【重大活动】 海通证券股份有限公司H股于2012年4月27日在香港联交所主板成功上市交易。此次全球发售共计13.569亿股H股，募集资金港币143.83亿元，成为香港历史上最大的一宗证券公司上市项目。公司作为一家植根于上海的大型券商，此次发行的成功，也表明了国际投资者对于上海国际金融中心发展前景的充分看好。发行的圆满成功有利于海通证券加快做强做大，提升综合竞争力，从而更好地发挥资本市场中介作用，服务实体经济转型发展以及上海国际金融中心建设。

【获奖情况】 为应对证券经纪业务转型、创新业务发展、客户适当性管理等提出的新要求，公司开展了《基于数据挖掘算法的证券客户行为特征分析技术及其应用》项目，荣获2012年度上海金融创新成果奖二等奖。该研究项目在模型建立、业务指标选择、历史数据处理、特征数据分析等方面进行了大量的试验与实践，通过对100多万样本客户、半年交易记录的海量信息分析，建立了客户分类、客户产品偏好、客户流失概率、客户业务关联性等分析模型，为海通400多万位客户打上了行为偏好的标签，从而为精细化客户服务、产品准确/适当营销、业务推广提供技术支持。

（海通证券）

海通证券H股在香港联合交易所上市

2. 东方证券股份有限公司

【概况】 东方证券股份有限公司2012年积极投身行业创新浪潮，有效应对市场严峻形势，深入推进改革发展转型，基本保持健康稳定的发展态势，呈现出“传统业务积极转型、创新业务战略布局、优势业务持续增长”的局面，全年取得了较好的经营业绩。2012年，东方证券实现营业收入24.27亿元，完成利润总额7.58亿元，取得净利润7.10亿元；年末总资产487.32亿元，净资产147.50亿元，净资本84.77亿元(母公司口径)；每股收益0.17元，每股净资产3.44元。

【获奖成果】 东方证券接连获得三大创新奖：东证期货开发的“东证机构致胜宝”机构交易软件，获评我国证券期货业2011年度科学技术奖三等奖；汇添富基金公司开展的“货币基金关联信用卡还款”项目，荣获2011年度上海市金融创新成果奖一等奖；公司积极推进“全天候第三方存管服务”，不断加强结算、托管、支付方面的功能，获得2012年度上海市金融创新成果奖三等奖。另外，“证券研究报告业务链管理体系”项目通过证券业协会自主申请专业评价的评审，获得分类评价加分。

【主要业务】 东方证券业务拓展稳中有进。经纪业务推进升级转型，推进总部—营业部联动式的“全方位立体营销”模式，加强产品销售，实现证券交易总额同比增长20%，市场占有率同比增长0.2个百分点，营业部总数增至68家。融资融券业务高速发展，融资融券余额较2011年激增1.6倍，获得约定购回式证券业务资格和转融通业务资格。机构业务初见成效，设立种子基金，组建产品中心，组织销售金融产品5.34亿元。固定收益业务取得历史性突破，债券投资收入同比增长2.2倍；首次被国开行选为其2012年两期定向超长债和2012年度次级债的联席主承销商，首批获得证券公司参与非金融企业债务融资工具主承销业务资格，试点利率互换业务。证券投资业务稳健发展，以QDII产品形式试水香港、美国等市场，构建大自营发展战略。金融衍生品业务取得较大进步，探索构建相对稳定的套利收益模型。证券研究业务进一步提升，在主要大型基金公司的研究排名保持在前十位，在多个卖方分析师评选中摘取奖项；获得保险机构券商交易席位资格，签约 2 家保险机构。

【子公司状况】 东方证券已全资拥有或参股多家子公司。东方证券资产管理公司获得保险资金委托理财资格，新发 5 个集合理财产品，管理各类投资组合 70 个，产品数量和规模均创新高。东证期货公司获评 A 类 A 级并获得期货资产管理业务资格，实现营业收入 2.23 亿元，较 2011 年增幅显著；机构业务开发工作成效显著，基金公司和基金产品开户数在同行中排名第一。东证资本公司完成三个投资项目，储备了一批具有成长潜力的优秀企业。东方红海外成长基金业绩在彭博全球千只基金排名中进入前 10%。东方花旗证券公司完成 IPO 和定向增发项目各 1 个，公司债发行项目 5 个，财务顾问项目 2 个，新三板业务在券商中排名第 7 位。汇添富基金公司综合实力迈进全国同业前十名，与巴西交易所签订《合作备忘录》，在行业内首发短期理财基金和场内 T+0 货币基金，引领行业创新发展潮流，专户总规模及社保业务管理规模均突破 80 亿元。新设上海东方证券创新投资有限公司，开展低风险资本中介业务。

【综合管理】 东方证券基础管理有效提升。启动"人才梯队建设工程"，完成"人才队伍分类盘点计划"，持续深化市场化薪酬改革，积极探索创新工作激励机制。组织开展销售交易总部总经理助理内部竞聘，为实现干部竞争性选拔做出有益尝试。持续强化资产负债配置、全面预算管理、财务预测以及财务分析等手段对公司业务发展的支持作用，顺利完成 20 亿规模的短期融资券发行工作。完成新型营业部云平台一期工程，账户无纸化体系技术准备就绪，自主研发量化交易后验平台，启动财富管理体系、柜台交易系统和大自营交易系统的开发。建立涵盖全公司应用系统的权限管理体系，建设结算质量控制平台，提高结算业务的风险控制与工作效率。积极推进员工执业行为管理、信息隔离墙、反洗钱等重点工作，改进压力测试方法，提升风险管理效果。同步跟进业务发展与转型，全年完成 117 个稽核项目，纪检监察工作坚持防范、监督、惩治相结合。新设创新工作领导小组、创新发展委员会和创新推动部，加大公司创新工作的领导、决策和协调推进力度。汇总创新项目 66 个，按照轻重缓急进行分类排序和选择推动。

【全天候第三方存管服务体系】 东方证券在业内首家实现的全天候第三方存管服务体系，是以客户需求为导向，以提升投资者服务为出发点，以适应创新发展为契合点，在原第三方存管服务的基础上，通过业务和技术改造，打开时间窗口、突破区域限制，为投资者实现全天候的第三方存管系列服务。全天候服务主要包括延长资金转账时间、增加交易日的日间资金处理机制、延长第三方存管签约时间、实现第三方存管协议电子化签约、优化客户信息修改模式等五个方面的功能。全天候服务实施一年以来，以 2012 年 9 月为例，非交易时间的转账笔数与转账金额占比同比上升了 300%，客户对全天候的业务模式满意度超过 96%。

（东方证券）

3. 中银国际证券有限责任公司

【概况】 中银国际证券有限责任公司于 2002 年 2 月 28 日在上海正式成立，注册资本 15 亿元人民币。中银国际证券由中银国际控股有限公司联合中国石油天然气集团公司、北京联想科技投资有限公司、云南省投资控股集团有限公司、中国通用技术（集团）控股有限责任公司共同投资。中银国际证券的经营范围包括：证券经纪、证券投资咨询与证券交易、证券投资活动有关的财务顾问、证券承销与保荐、证券自营、证券资产管理、证券投资基金代销、融资融券。中银国际证券还通过全资子公司中银国际期货有限责任公司和中银国际投资有限责任公司分别从事期货业务和直接投资业务。

中银国际证券注册地在上海，目前在全国 28 个城市设有分支机构。中银国际证券积极发挥"深厚中行背景、跨境金融服务"业务优势，迅速成长为具备较强市场竞争力的投资银行。公司在投资银行和固定收益业务领域保持了行业优势地位，经纪业务部均收入排名行业前列。

【资产管理业务】 2012 年，公司制定并完善了资产管理产品分类营销与推进机制，进一步加大产品研发创新力度，重点开发适销对路产品，做大做强资产管理业务。全年，公司受托资产管理本金达 304 亿元，比 2011 年同期增长 474%，超额完成公司三年规划中资产管理规模 2012 年年底 100 亿元之目标。2012 年，公司"中国红"系列集合理财产品取得三项业绩冠军。根据 Wind 数据显示，中国红 1 号在三年期券商股票型和混合型产品中排名第一，中国红基金宝在三年期券商 FOF 型产品中排名第一，中国红货币宝在两年期券商货币型产品中排名第一。

【投资银行业务】 2012 年，中银国际证券在 A 股首发、H 股回归 A 股、并购重组、借壳上市、企业债、公司债、次级债及中小企业私募债等领域皆有建树。其中，公司作为项目牵头机构参与的“中国交建”回归 A 股方案，是中国资本市场上交易结构最为复杂的创新方案，在项目执行上创造了多项第一：不仅是首家吸收合并旗下 A 股上市公司并向社会公众股东募集资金的 H 股上市公司回归 A 股案例，也是 2007 年暂停战略配售以来，除农业银行、光大银行以外首家非金融类企业 IPO 采用战略配售机制的案例；公司担任独家保荐人及主承销商的“华贸物流”，是新股发行体制改革后的第一单主板项目，受到市场的热烈追捧；公司成功完成的华数传媒借壳嘉瑞新材项目是重组新规后第一例借壳重组项目且取得国务院三年经营业绩豁免的案例，进一步强化了公司在并购重组领域的行业地位和在文化传媒行业资本运作的优势。在债券承销方面，公司主承销的 2012 年兖州煤业公司债券（第一期）发行利率低于其前后发行的中石油、中石化同期限债券的票面利率，为发行人树立了良好的市场形象；自沪深两地交易所推出中小企业私募债业务后，中银国际证券第一时间申请了中小企业私募债业务资格，并成功发行了国内首批中小企业私募债项目“12 巨龙债”。以上项目均因其首创、标志性意义或独特性，成为年度资本市场上的经典案例。

【证券经纪业务】 2012 年，一方面，公司加强与中行系统性联动，以中高端客户作为主要目标客户，组织开展各类中高端客户营销竞赛活动，特别是下半年以来，公司中高端客户增速明显，客户质量不断上升。另一方面，公司积极开展业务转型创新，加快推进营业部向财富管理和综合营销渠道的转型，重点推进了融资融券业务、非现场开户业务筹备、约定购回证券交易业务等一系列创新业务的开展，公司经纪业务市场占有率由去年底的 9.66‰上升至 9.85‰，公司手续费及佣金净收入由去年底的第 23 位上升至第 20 位；代理买卖证券业务净收入在全市场排名列第 32 位；总资金户户数与总股东户户数分列全市场第 17 位和第 29 位；托管证券市值仍保持全行业第二名，保证金余额由上年末的第 25 位上升至第 22 位，提升 3 位。

【重大活动】 2012 年 5 月 29 日，由中银国际证券担任独家保荐人及主承销商的港中旅华贸国际物流股份有限公司在上海证券交易所主板成功挂牌上市。作为新股发行制度改革后的第一单主板项目，“华贸物流”受到市场的热烈追捧，网下最终配售比例为 1.167 031 36％，创 2011 年来 IPO 网下配售比例的新低。上市当天，“华贸物流”股票首日涨幅为 20.87％，整体发行上市工作获得圆满成功。

【获奖情况】 2012 年中银国际证券公司所获主要荣誉如下：获中国证券业协会“年度证券公司投资者教育与服务优秀单位”，获中国证券投资者保护基金组织“年度保护基金投资者调查年终考评优秀证券公司”，获“亚洲货币（Asiamoney）最佳分析师”集体奖项评比“中国最佳券商”第三名、“进步最快研究机构”第二名、“最具独立性研究机构”第三名，获《21 世纪经济报道》年度“中国最佳投行证券公司”奖，获《证券时报》年度“中国最佳零售客户服务商”、“中国最佳机构客户服务商”、“中国最佳特色证券经纪商”、中国最佳固收资管产品”（中银国际证券中国红货币宝）等奖项。

（中银国际）

中银国际证券担任独家保荐人及主承销商的
“华贸物流”在上海证券交易所主板挂牌上市

4. 东方花旗证券有限公司

【概况】 东方花旗证券有限公司是一家由东方证券与花旗环球金融（亚洲）有限公司基于战略投资合作关系共同投资组建的中外合资证券公司，东方证券持有 66.7％股权，花旗环球金融（亚洲）持有 33.3％股权。成立于 2012 年 6 月，8 月 6 日正式开业运营。

东方花旗证券总部位于上海，并于北京、深圳、新疆等地设立办公机构。

东方花旗注册资本为8亿元人民币，员工人数约250名。公司根系本土市场，致力于为政府和企业提供优质的投资银行服务。公司同时积极开拓海外市场，旨在成为连接国内外资本市场的桥梁。

业务范围：证券承销与保荐。

股权融资：首次公开发行并上市、上市公司公开/非公开发行、配股、可转债、可分离交易可转债的发行等。

债券融资：公司债、企业债发行等。

兼并收购：企业重组、兼并收购等顾问业务。

官方网址：www.citiorient.com。

（东方花旗）

东方花旗证券公司开业典礼揭牌仪式

二、基金管理公司

1. 汇添富基金管理有限公司

【概况】 汇添富基金管理有限公司成立于2004年10月,目前资产管理总额约1 000亿元,在上海基金同业中排名前三。汇添富基金是中国最早一批获得QDII业务资格、最早一批开展专户业务、最早在香港设立海外子公司并首批获得RQFII资格的基金公司之一,同时是全国社会保障基金投资管理人。汇添富目前旗下有29只基金,涵盖股票、指数、ETF、QDII、债券、理财基金、货币市场基金等不同风险收益特征的产品。汇添富基金由东方证券股份有限公司、文汇新民联合报业集团、东航集团三家实力雄厚、声誉卓著的集团联合发起设立,注册资金1亿元。公司注册地在上海,总部设在上海陆家嘴金融贸易区,在北京、广州、上海、成都设有分支机构,并于2010年2月在香港成立汇添富资产管理(香港)有限公司。公司经营范围包括:基金管理业务,发起设立基金,经中国证监会批准的其他业务(涉及许可的凭许可证经营)。

【业务发展】 (1)公募业务稳步增长。2012年,公司公募基金资产管理规模达610亿元,位居全行业78家基金公司中第15位,在上海地区30多家基金公司中居第3位。同时,产品线进一步完善。年内,公司发行公募基金8只,包括逆向投资基金、理财30天、理财60天、理财14天、季季红基金、多元收益基金、理财28天以及添富收益快线基金。公司已经形成了覆盖高、中、低各类风险收益特征、较为完善有效的产品线。(2)投资业绩表现优秀。旗下价值、民营、医药三只基金业绩在全部274只股票基金中分别排名第11位、15位和26位,优势、货币、亚澳QDII基金位列同类基金前十名,信用债、增收、上证等均位列同类基金前四分之一。面对持续震荡下跌的市场,公司是少数几家全部基金均取得正收益的基金公司之一,整体投资实力和投资业绩在所有基金公司中排名前列。(3)专户业务确保行业领先优势。产品创新能力较强,与东航期货共同推出行业首个投资商品期货的专户产品。业绩表现较好,在市场大幅震荡的背景下,四只产品收益率超过40%,二十多只产品收益率超过5%。产品类型丰富,开发出债券杠杆分级、大宗交易、股指期货对冲、QDII专户、目标分红等新产品。专户业务获得"2012中国金鼎奖"专户"最佳口碑基金公司"、"最佳口碑产品"、"最佳创新产品"三项大奖。(4)国际业务取得新的突破。年内,公司在行业内第一家发行了RQFII人民币基金,业绩保持行业前列,积极开拓国际业务,先后与多家机构签订了合作协议。大力筹备RQFII ETF基金的发行与运作,积极引进投资、ETF等多位优秀人才。

【社会责任】 2012年,公司发布《2011年度社会责任报告》,成为基金行业中唯一一家连续三年公布社会责任报告的公司,组织全国优秀乡村教师在上海培训。邀请客户、员工及家属开展的"红色希望之旅"活动,开办"梦想课堂",捐赠图书和设备。2012年,"河流·孩子"公益助学计划荣获共青团上海市委员会颁发的"2011—2012年度上海青年志愿者优秀项目奖"。凭借在慈善公益事业上的长期坚持和突出贡献,在第二届上海慈善表彰大会上,公司荣获"上海慈善奖爱心捐赠企业"奖,成为唯一获奖的基金管理公司。

【投资者服务】 2012年,公司在业内率先开展"投顾式"服务转型,从产品为导向的传统基金营销方式,转变为利用自身专业优势,为投资者提供具有个性化、标准化、流程化的投资顾问式服务转型,全年组织全国巡讲活动数百场,并积极开展"投资者见面会"、"添富之约"客户沙龙、投资者"走进汇添富"和"走进上市公司"等客户活动。

【获奖情况】 2012年,公司获《证券时报》颁发的"十大明星基金公司",旗下价值基金获得"三年持续回报股票型明星基金奖";民营基金获得"2012年度股票型明星基金奖”；优势精选基金获得“2012 年度积极混合型明星基金奖”。2012 年，公司获得《中国证券报》颁发的多项大奖，旗下价值基金获得“三年期股票型金牛基金奖”；民营基金获得“2012 年度股票型金牛基金奖”；优势基金获得“2012 年度混合型金牛基金奖”。2012 年，公司获得《上海证券报》颁发的“金基金卓越公司奖”，以及《理财周报》颁发的“2012 中国最佳社会责任基金公司”和“2012 中国最受尊敬基金公司”等多项大奖。

（汇添富基金）

2. 华宝兴业基金管理有限公司

【概况】 华宝兴业基金管理有限公司是中法合资的基金管理公司，于 2003 年获准开业，是国内首批成立的中外合资基金管理公司之一。公司中外方股东的母公司分别是宝钢集团和法国兴业银行集团，品牌卓越，实力雄厚。中方股东华宝信托是宝钢集团金融发展的战略核心，注册资本 10 亿元，投资业绩、资产质量在国内同业名列前茅。外方股东领先资产管理公司是法国兴业银行集团的全资子公司，系全球创新性资产管理解决方案的主要提供者之一，其业务主要集中于指数跟踪(ETF)投资、量化及结构性投资和另类投资等三大类快速发展的资产管理业务领域，为华宝兴业在量化、对冲、QDII 等领域的产品开发和管理提供了有力支持。2012 年，华宝兴业基金发行了 4 只公募基金和 7 只专户产品，其中涵盖了多只在行业内具备重大创新意义的产品。截至 2012 年底，公司共管理 25 只开放式基金，管理公募基金资产的总规模达 376.61 亿元，涵盖各主要产品线；公司运作中的专户共计 12 个，包括 4 个“一对一”专户和 8 个“一对多”专户。

【管理业绩】 截至 2012 年 12 月 31 日的银河证券基金研究数据显示：2012 年，华宝兴业海外中国成长基金净值增长 25.97%，在所有 QDII 中列第一，在全部 988 只开放式基金中排名第五；华宝兴业新兴产业股票基金净值增长 20.09%，在 274 只标准股票基金中排名第八；华宝兴业上证 180 价值 ETF 的净值增长率在 82 只同类产品中列第六，该基金 2012 年下半年的净值增长率在 96 只同类产品中列第二；华宝兴业上证 180 价值 ETF 联接基金的净值增长率在 32 只同类产品中列第四，该基金 2012 年下半年的净值增长率在 34 只同类产品中列第一。

此外，华宝兴业多只基金长期业绩突出。截至 2012 年底，华宝兴业收益增长混合基金成立以来的年化平均净值增长率达 17.7%，获得海通证券三年期五星评级、招商证券三年期五星评级；华宝兴业宝康消费品基金成立以来累计实现净值增长率 345.62%，年化净值增长率为 17.09%，为银河证券一、二、四、五、六、七年期五星基金。

【产品布局】 华宝兴业基金始终致力于成为“行业基金管理专家”及“创新量化投资专家”，在行业基金和量化产品领域潜心钻研、积极布局。行业基金方面，截至 2012 年底，华宝兴业旗下共有 6 只行业主题基金，分别是：华宝兴业宝康消费品基金，该基金于 2003 年成立，是国内第一只行业基金，成立以来四度获得“金牛基金”殊荣；把握趋势、精选行业的华宝兴业行业精选股票基金；华宝兴业新兴产业股票基金，该基金是业内首只明确投资新兴产业的主题基金；华宝兴业标普石油天然气上游股票指数基金，这是业内首只专注油气上游领域的基金，于 2012 年 6 月 8 日正式登陆深圳证券交易所上市交易；分享医药行业“黄金十年”的华宝兴业医药生物股票型基金；重点投资稀缺自然资源的华宝兴业资源优选股票型基金。

量化产品方面，截至 2012 年底，华宝兴业旗下共有 8 只公募量化基金，包括：中证 100 指数基金、国内首只风格 ETF——上证 180 价值 ETF 及其联接基金、上证 180 成长 ETF 及其联接基金、华宝兴业标普石油天然气上游股票指数基金、华宝兴业中证短融 50 指数债券基金、华宝兴业现金添益交易型货币市场基金。其中，华宝添益交易型货币基金于 2012 年 12 月 27 日成立，该基金是国内第一只交易型货币基金，是华宝兴业联合上海证券交易所推出的重大创新，开启了保证金投资新纪元。

在专户领域，华宝兴业也先后发行了多只量化产品，包括量化对冲 1 号、量化对冲 2 号、量化对冲 3 号、元盛一号等等。其中，2012 年 8 月华宝兴业成功发行的华宝兴业管理期货“元盛一号”资产管理计划，是国内基金公司首度联合海外 CTA 巨头联合开发的 CTA 专户产品，主要运用元盛资产(Winton Capital)开发的中国多元化投资策略，进行期货的量化趋势投资，分散投资于国内四大期货市场上流动性较强的约 20 个期货品种，同时辅以一定的现金管理。

【公司治理】 华宝兴业基金管理公司拥有稳定的核心管理团队，成立至今董事长及总经理均未发生过变动，且董事长、总经理、督察长三位高管的任职时间均超过9年，这为华宝兴业经营理念、经营风格、业务发展的稳定性和延续性奠定了基础。

华宝兴业是国内基金业内第一家实行“核心员工持基激励计划”的基金公司，公司的基金经理（含基金经理助理）、核心研究员、大部副总监以上员工等核心员工均纳入持基计划范畴，基金经理（含基金经理助理）必须参与其管理的基金，核心研究员必须参与相应的基金，华宝兴业根据核心员工申购金额按1∶1比例以公司固有资金申购旗下基金，其投资收益则归“持基”员工所有，核心员工持基份额锁定期为18个月。

（华宝兴业基金）

中法合资的华宝兴业基金管理有限公司

3. 中欧基金管理有限公司

【概况】 中欧基金管理有限公司（简称中欧基金）正式成立于2006年7月19日，现注册资本为人民币18 800万元，总部位于上海陆家嘴金融贸易区，并在北京设有分公司、深圳设有办事处。中欧基金为一家合资基金公司，中外股东方分别为意大利意联银行股份合作公司（出资额6 580万元，占比35%）、国都证券有限责任公司（出资额5 640万元，占比30%）、北京百骏投资有限公司（出资额5 640万元，占比30%）以及万盛基业投资有限责任公司（出资额940万元，占比5%）。

【基金管理】 中欧基金坚持追求业绩和服务双轮驱动。截至2012年末，旗下共有12只基金，分别为中欧新趋势股票型证券投资基金（LOF）、中欧新蓝筹灵活配置混合型证券投资基金、中欧稳健收益债券型证券投资基金、中欧价值发现股票型证券投资基金、中欧中小盘股票型证券投资基金（LOF）、中欧沪深300指数增强型证券投资基金（LOF）、中欧增强回报债券型证券投资基金（LOF）、中欧新动力股票型证券投资基金（LOF）、中欧鼎利分级债券型证券投资基金（LOF）、中欧盛世成长分级股票型证券投资基金、中欧信用增利分级债券型证券投资基金以及中欧货币市场基金，已建成一条拥有货币基金、债券基金、混合基金、股票基金、指数基金等较为完备的产品线。同时，中欧基金于2011年末取得了专户管理的资格，并发行成立多只专户产品。

中欧基金旗下产品业绩持续整体稳步提升。据银河证券基金研究中心发布的《2012年基金管理公司股票投资主动管理能力综合评价报告（算术平均口径）》显示，中欧基金股票投资主动管理能力在64家基金公司中排名第1位。

借2012年靓丽的业绩表现，中欧基金包揽了三大报2012年成长公司类奖项——分别荣获2012年度“金牛进取公司奖”、“明星基金公司成长奖”以及“金基金・成长公司奖”，显示了其投研实力整体性优势。同时，旗下基金产品也荣获殊荣——中欧价值发现股票基金获得“三年期明星基金奖”以及“三年期股票型金牛奖”；中欧新蓝筹灵活配置混合基金获得“三年持续回报积极混合型明星基金奖”；中欧中小盘股票基金获得“2012年度股票型金牛奖”。

【投资者教育】 在公司各项投资业务全面展开的同时，中欧基金也高度重视投资者服务和投资者教育工作，充分利用电视、网络、广播、刊物等媒体渠道开展多样化的投资者教育工作，为客户、渠道提供细致完善的后续服务，中欧基金旗下现有“欧家学堂”、“欧家定投”、“欧家俱乐部”等投资者教育品牌，“欧家学堂”设立全面的课程体系和完善的日常资讯体系，为投资者提供持续的基金理财知识等讲座活动，并结合专业的投资咨询服务，帮助投资者了解基金产品，树立正确的理财观念，客户活动不断推陈出新，持续为客户提供个性化的专业理财服务。

【业务发展】 中欧基金2012年发行并成立了3只基金产品 中欧盛世成长分级股票型证券投资基金、中欧信用增利分级债券型证券投资基金以及中欧货币市场基金，进一步完善了公司的产品线布局。同时，在取得专户资格后，2012年发行并成立了5只专户产品。在管理规模方面，2012年中欧基金继续稳健发展。截至2012年末，中欧基金AUM为85.67亿元，从变化率来看，较2011年末增加了64.40％，该变化率在全行业中排名第14位；基金份额为93.38亿份，排名第52/70位，较2011年末上升2位。从变化率来看，份额较2011年末增加51.05％，该变化率在全行业中排名第12位。

伴随着产品业绩持续领先以及整体性优势，2012年包括中欧价值发现、中欧新蓝筹、中欧新动力、中欧新趋势等多只绩优基金出现份额净申购。其中，在2012年偏股型基金份额持续净赎回的背景下，中欧价值发现实现连续四个季度份额增长，份额较2011年末增长226.6％。据统计，目前中欧价值发现分别获得海通、银河、济安等基金评价机构的三年期五星评级，并荣获2012年度“三年期明星基金奖”(《证券时报》)以及“三年期股票型金牛奖”(《中国证券报》)。

（中欧基金）

中意合资的中欧基金管理有限公司

三、证券自律组织

1. 上海市证券同业公会

【概况】 2012年，上海市证券同业公会共有单位会员584家，召开四届三次会长工作会议，通过了关于设立两个专业委员会、推进上海市地方标准《证券经纪业务服务规范》、推动网络“整非”等几项重点工作。召开四届四次、五次常务理事会，审议通过对违反自律要求的机构进行纪律处分事项。还召开二次理事会和一次监事会，出台《上海地区证券营销人员信息备案系统诚信信息管理办法(试行)》等。

【自律管理】 维护行业有序竞争。根据《证券交易佣金收取标准报备工作注意事项》中佣金报备工作要求，对481家营业部报备的佣金收取标准材料进行了逐一审核，向173家存在各类问题的营业部发出整改及重新申报的通知，并整改完毕。同时，在受理工作中严格把关，耐心辅导，体现“同类客户同类收费，同等服务同等收费”的原则。共受理了331件佣金报备的更新材料。

【现场检查】 为落实自律要求，对50家证券营业部进行了现场检查，并及时将情况上报上海证监局，将检查结果提交合规自律与监察专业委员会。同时，落实上海证监局证券从业人员阳光执业要求，在现场检查中，重点检查与核实了各营业部在维护上海地区“证券营销人员信息平台”和“投资顾问人员信息平台”的工作情况。根据专业委员会相关会议决议，对16家违反自律要求的营业部分别进行谈话和书面提醒；对其中2家涉及纪律处分建议的，经常务理事会表决后，分别进行约谈并给予书面警告处分。

【企业诚信创建】 “诚信企业创建”活动在业内已形成良好风气，向社会展示企业诚信风采。一是做到法人证券公司全面覆盖，在全市参与行业中处于领先地位；二是推动已参评公司的升级评审工作，今年共有5家证券公司升级为四星诚信企业、5家证券公司为三星诚信企业、1家证券公司为二星诚信企业、3家证券公司为一星诚信企业。

【信息平台】 为提高自律管理的工作效率，年内完成上海地区营业部数据分析系统升级。新系统从原先的以交易量排名为重点，转向了以效益、合规为导向，更贴近市场实际需求。还完成营销人员信息备案系统的数据分析系统升级，增加本异地流动人数及在职人员情况的统计功能。新开“上海地区证券投资顾问人员信息备案系统”。公会新版网站于8月正式运行，重点突出投资者保护宣传和诚信建设，获得了使用者的好评。新增了服务窗口、职业道德与诚信建设专栏、友情链接等栏目。改进了上证报特供和投资者教育专栏，“机构信息公示”等栏目，全年的浏览量逾60万人次。

【深化服务】 落实中证协为整治利用网络等媒体开展非法证券活动的要求，更好为会员服务，共创平稳有序的市场环境，通过大量调研，以价格优惠的团购形式为会员提供网络“整非”服务。继续做好保电团体服务，与合作方洽谈保持低年费不变，年内参加营业部数量为360家，共有52家会员接受了发电服务。为近百家会员单位联系免费安装人民日报电子阅报栏。

【各类培训】 增进证券营销人员的职业操守和自律诚信建设，防范内幕交易及欺诈行为，提升为投资者服务水平，年内开展了10期上海地区证券营销人员“职业道德与合规经营”培训，共有41家公司、340家营业部6 600余人参加了培训。还组织二期共33人赴台参加财富管理培训。

【推进窗口行业服务规范】 上海市地方标准《证券窗口业服务质量规范》，经上海市质量技术监督局通过并正式发布与2013年7月1日起实施。组织会员单位参加“2012上海金融服务精英赛”暨“理财之星”、“融资服务之星”评选活动，努力打造“优质高效、诚信满意”的行业服务品牌。经过多层评选，上海证券的“白玉兰理财中心”和东方证券的

“闪耀东方”荣获第九届上海十佳理财之星；海通证券和申银万国荣获第九届上海十佳理财团队。

【交流活动】 组织会员单位共21人赴川考察，与当地证券业协会、同行共同交流和探讨自律、业务创新、投资者服务与教育等工作。同时，分别接待5个地区的证券业协会组团来沪考察交流。还组织10人赴欧财富管理及投资顾问业务考察活动。

【投资者保护宣传教育】 组织辖区内券商踊跃参与上、下半年两期的投资者保护宣传教育专项活动。上海地区证券经营机构及上市公司电子地图公会网站上正式推出，向投资者和会员单位展示上海地区各证券营业网点的地址分布情况。一是向社会公示了合法的证券经营机构，二是方便了投资者查询。完成《证券市场投资入门须知》征订工作，会员单位征订量高达335 920本，还发放了投资者教育手册3 700本。配合制作《谈股论道》系列动画片，以生动案例设计制作了4个卡通宣传片，在公会网站和各证券经营机构网站上组织播放。

【调研工作】 一是积极开展座谈会，二是组织会员参与各类交流活动，三是开展问卷调查。按时向中证协报送上海地区营业网点饱和地区名单；完成地方协会佣金自律管理工作情况、《中证协证券纠纷调解工作实施细则》、《证券投资顾问业务实施细则》(试行)、《证券公司客户账户开户业务规范(征意见稿)》、《证券业从业人员培训纲要》(修订稿)等的调研。

(上海市证券公会)

2. 上海市期货同业公会

【概况】 2012年，上海市期货公会结合上海国际金融中心建设进程、促进各类期货公司做特做优，引导服务产业，培育合格机构投资者的要求，在上海证监局的指导下，在广大会员以及社会各界的大力支持下，充分发挥服务功能，各项工作取得了积极成效。公会年度新增19家会员单位，截至2012年12月底公会共有148家会员单位。

【行业自律】 提升诚信自律管理水平，加强诚信文化建设。(1)加强公众诚信监督，建设网络诚信平台。(2)组织开展了上海地区“五好营业部”的创建活动，2012年度有53家营业部会员单位获得了称号。(3)组织24家期货公司完成社会责任报告发布工作。(4)积极配合组织开展“诚信从我做起”主题征文活动，在最终入围的全国37家单位中，上海地区有5家获奖。

【市场创新】 抓住市场创新机遇，提升地区市场影响力。(1)开展与各交易所的课题研究合作，组织对国内各交易所品种的原产地、加工地、生产企业进行实地调研。(2)6月12日首发《期货行业信息技术普及读本》，成为全行业首本技术普及读本。(3)组织召开首届期货市场信息技术大会，开创行业同类同规模的先河。(4)编写并印制《上海期货行业投资者保护活动宣传材料》，开展相关投资者保护宣传工作，开展“‘学雷锋’社会志愿服务活动”、“315消费者权益日”、“123法治教育日”。(5)以“服务创新”为主题盛大举办“第三届期货机构投资者年会”，吸引银证保基期、实业企业等各类机构投资者近千余人参会。

【会员服务】 注重实务需求，发挥公会职能。(1)年度举行三次IT负责人联席会。(2)组织赴CBOE进行期权培训学习团，并开展行业全体培训。(3)举行“上海金融人才专场面试会”，开展后备人才培养计划。(4)积极组织会员参加上海市金融工作委员会举办的“首届金融理财精英大赛”，共有1 500余人参加，最终有5名个人和5个团队获得了“期货专业服务明星赛”优秀个人和优秀团队的称号。同时分别有3名个人和3个团队进入了市精英赛的决赛范围并取得了优异的成绩。(5)加强与上海金融业联合会合作，积极组织会员参加“第六届(2012)中小企业金融洽谈会”。

【日常工作】 提升公会工作水平，做好日常组织管理工作。一是发挥理事作用，履行会长职责。二是明确了岗位职责，健全工作制度，优化工作流程。三是网站信息及时发布跟踪行业发展动态，提升了上海期货行业的影响力。四是出版《上海期货》会刊。五是丰富行业业余生活，积极组织会员参与2012年上海金融职工运动会、“上海期货行业趣味运动会”。

(许弘弢)

3. 上海市基金同业公会

【概况】 上海市基金同业公会成立于2010年10月18日，是由上海基金行业相关业务单位发起并自愿组成的行业性的非营利性社会团体法人，公会的登记机关为上海市社会团体管理局，业务主管单位为中国证监会上海监管局，接受上海市社会团体管理局和上海证监局的监督管理和业务指导。截至2012年年末，公会共有会员单位65家，包括36家上海地区基金公司，25家异地公司在沪分支机构以及4家独立基金销售机构。年内新增8家会员单位，包括2家新成立基金公司，4家独立基金销售机构及2家异地公司在沪分支机构。

【行业自律】 2011年，公会理事会相继成立了合规风控、公司治理、人才战略与培训、业务发展与创新、信息技术5个专业委员会，各专业委员会均由公会会长、副会长单位牵头，有明确的工作目标和任务。2012年，面对基金行业日新月异的发展，5个专业委员会各司其职，结合各自领域特点和专长，根据年度工作计划与方案，针对发展改革创新中遇到的问题与挑战，通过联席会议、相关行业专家培训、课题研究等形式，积极探寻新的发展路径，成功地为上海基金业发挥了“智库”作用。

与此同时，公会通过营造轻松和谐的氛围，将上海地区的基金公司总经理汇聚一堂，分享经验，交流创新，共同探讨行业的问题及未来，成功打造了总经理沙龙这一上海基金业固定交流的高层次平台。2012年举行的两次总经理沙龙活动中，中国证监会姚刚副主席、张育军主席助理与中国证监会基金部、上海证监局、中国基金业协会主要领导莅临参加沙龙讨论，分享经验，交流创新，共同探讨行业的发展之路。通过以专业委员会和总经理沙龙两项工作作为抓手，公会有效发挥了行业自律规范作用，促进了上海基金公司整体运作水平的提高，为推动上海基金业向现代财富管理行业转型发挥了积极作用。

【促进创新发展】 针对基金公司所承担的重要市场功能和社会责任，公会始终以推进行业创新发展为工作重点。在服务会员的同时，不断致力于国内外交流，积极为会员创造发展机会，提升行业影响力。

2012年公会不断加强与其他金融行业自律组织、政府部门、中介机构以及媒体的交流与合作，通过举办论坛、研讨会、专业培训、座谈会等方式，为会员搭建起更多学习、交流、提升、发展的平台，推动会员在组织、技术、制度和业务等各方面的创新发展。3月，公会联合上海上市公司协会举办了“上市公司治理与基金公司创新发展研讨会”，为基金公司与上市公司跨业交流搭建平台，为行业发展寻求更广阔的空间。独立基金销售机构获中国证监会许可之后，公会第一时间组织召开独立销售机构、基金公司及其他相关机构业务对接专题会，研究推进基金销售业务和机构创新发展，搭建起了相互交流沟通的平台，促进行业整体质量和专业水平的提升。4月，公会作为特别支持单位，连续第二年参加了由上海证券报社主办的“上证·第二届全球基金峰会”。11月，公会再次联合上海市期货、证券、银行、保险、上市公司五大行业自律组织，共同主办了期货机构投资者年会。12月，公会女基金经理俱乐部温馨成立。

随着公会社会影响力的不断提升，年内，公会先后参与了上海金融系统窗口职业技能鉴定工作、上海金融生态环境建设状况课题专家评审、上海金融景气指数等一系列课题的研究、论证、推进工作，有效提升了基金行业的话语权和影响力，为行业发展营造更好的外部环境。

2012年，卢森堡大公国驻沪领事官员、卢森堡金融推广署、加拿大证券银行学会、香港基金公会等国际机构和组织多次主动与公会接洽，这不仅说明稳步发展的上海基金业的国际影响力正日益显现，也为上海基金业未来国际交流计划的实施和更进一步走向国际市场奠定了坚实的基础。

【群星计划】 组织行业培训，推进人才建设。2011年，在上海证监局支持下，公会推出了旨在培育德才兼备的基金业中高端人才的“群星计划”。2012年内开展的3期培训班，覆盖面超过400名投研人员，真正实现了“不出国门学习先进投资知识，花钱最少达到最佳培训效果”。培训班在紧紧把握行业发展脉络的前提下，通过系统化、专业化、国际化的培训模式，走出了一条具有上海特色的人才战略发展之路。此外，公会理事会人才战略与培训专业委员会通过举办PDP系统实践运用和EAP实务技能认证等专业培训，以国际化视野推动本土人才战略的积极探索。

2012年初，公会还从培训书面测试答卷中精选了近300名从业人员对于职业道德的认知和感悟，汇编成“心得·心语·心声”，编写了《上海基金从业人员职业道德手册》，巩固和扩大职业道德培训成果，进一步加强从业人员对职业道德的认识。

【履行社会责任】 2012 年，公会开展了“理性投资、长期投资”和“积极回报投资者”两轮大型投资者教育活动；独立策划、撰稿、设计并制作了《投基有道》5 集系列投资者教育动漫，有力地推动了上海基金业社会责任工作的深入开展，在保护基金持有人利益的过程中发挥了应有的作用。随着行业创新步伐的加快和基金品种的日益丰富，年内，公会对具有代表性的几类创新产品进行了系统梳理，汇聚相关专业权威资料，进一步制作了“基金学院创新产品篇”和“创新产品拾级”，让投资者了解创新，走近创新。

【信息化建设】 做好信息工作，完善网站建设。针对各会员单位每月上报的《上海市基金同业公会会员数据统计表》，公会秘书处坚持每月进行统计，形成月度、季度、半年度报告。同时，从行业角度，定期汇集行业数据，发布月度、季度、年度行业排名观察报告。通过信息服务工作，不仅为行业的发展提供了扎实的数据资料，也为领导决策、开展工作奠定了基础。与此同时，公会积极跟踪行业发展，汇集、整理行业和市场有关信息，开展各项学习研究，提升工作的指导性和前瞻性。从 2012 年 8 月开始，公会秘书处针对行业发展情况，从各个角度进行学习研究，不定期发布《行业动态》，为行业发展提供科学的判断和正确的指引，年内共发布了 5 期。

作为公会对外形象的窗口，2012 年年内，公会继续坚持认真做好网站各类信息发布工作，全年在网站上发布各类信息共计 427 条，同比增加129.57%。9 篇公会要闻得到了“上海社会组织网”转载，其中 2 篇还得到了“中国上海”政府门户网站的转载。同时，中国证监会网站也 4 次刊载了公会的工作动态。上海市社团局 2012 年第七期《行业协会动态》也刊载了公会开展投资者保护宣传教育活动的信息。

公会还鼓励会员单位积极利用公会网站平台，及时、准确、有效地传达公司各方面动态。年内共收到会员单位来稿 251 篇，同比增加 175.82%。所有来稿经过秘书处认真细致的审核编辑，网站“会员动态”及其他相关栏目刊载了其中的 220 篇。此外，网站全年还发布了 42 条新基金发售广告，同比增加 61.54%。

（上海市基金公会）

上海基金业投资者保护产品发布会

第四篇　保　　险

保险业概述

【保险公司】 2012 年，上海市共有 122 家保险公司和 6 家保险资产管理公司。其中，财产保险公司 57 家，人寿保险公司 48 家，养老保险公司 7 家，健康保险公司 5 家，再保险公司 4 家，保险集团 1 家。总公司 49 家，分公司 79 家。

【保险资产】 2012 年上海各家保险分支机构资产(不含再保)合计 3 441 亿元，比上年同期增长了 19.77%；其中财产保险公司资产合计 263.63 亿元，寿险公司资产合计 3 027.63 亿元。中资保险公司资产合计 2 466.8 亿元，外资保险公司资产合计 1 007.57 亿元。再保险公司资产合计为 183.10 亿元，同比增长 41.91%。

【保险收入】 2012 年，上海市原保险保费收入累计 820.64 亿元，同比增长 8.97%。其中，产险公司原保险保费收入 271.72 亿元，同比增长 11.10%；寿险公司原保险保费收入 548.92 亿元，同比增长 7.94%。产、寿险公司原保险保费收入比例为 33∶67。中、外资保险公司原保险保费收入比例为 87∶13。

【保险赔付】 2012 年，上海市保险赔付支出累计 255.79 亿元，同比增长－1.89%。其中，产险赔款支出 138.63 亿元，同比增长 32.88%；寿险给付 87.99 亿元，同比增长－4.44%；健康险赔款给付 25.14 亿元，同比增长－58.58%；意外险赔款支出 4.04 亿元，同比增长 11.29%。

【保险中介】 (1) 专业保险中介机构。截至 2012 年底，经批准设立的专业保险中介法人机构 219 家，较年初净增加 7 家，其中代理公司 115 家，经纪公司 62 家，公估公司 42 家；非法人分支机构(含分公司和营业部)105 家，其中代理、经纪、公估的分支机构分别为 35 家、45 家和 25 家。2012 年，上海共有 10 家机构退出市场，其中法人机构 7 家，分支机构 3 家。

(2) 保险兼业代理机构。截至 2012 年底，上海共有 4 636 家保险兼业代理机构，其中主要是银邮类和车商类兼业代理机构，数量占比分别达到 57.61% 和 21.94%。

(3) 保险营销员。截至 2012 年底，上海共有保险营销员 40 511 人，与 2011 年大致持平，持证率 100%。

【保险代理机构】 2012 年，上海保险代理法人机构(含其全国分支机构)累计代理保费收入 28.17 亿元，同比增长 46.95%。其中，代理财产险保费收入 15.15 亿元，同比增长 11.23%；代理人身险保费收入 13.02 亿元，同比增长 134.59%。

2012 年，上海保险代理法人机构(含其全国分支机构)累计实现代理业务手续费收入 9.98 亿元，同比增长 158.55%。其中代理财产险业务手续费收入为 2.30 亿元，代理人身险业务手续费收入为 7.68 亿元，代理人身险业务手续费收入和财产险业务手续费收入的比例为 3.34。保险代理平均手续费率为 35.43%，其中财产险和人身险的平均手续费率分别为 15.18%和 58.99%。2012 年末，上海保险代理法人机构(含其全国分支机构)资产总额达到 6.00 亿元，净亏损为 2 239.54 万元。在 115 家保险代理公司中，有 48 家报表显示盈利，盈利面为 41.74%，同比上升了 0.51 个百分点。

【保险经纪机构】 2012 年，上海保险经纪法人机构(含其全国分支机构)实现经纪保费收入 76.46 亿元，同比增长 7.13%，其中财产险经纪保费 63.08 亿元，人身险经纪保费 4.50 亿元，再保险经纪保费 0.57 亿元，分别占全部经纪保费收入的 82.50%、5.89%和 0.75%。

2012 年，上海保险经纪法人机构(含其全国分支机构)共实现业务收入 108 076.40 万元，同比增长 17.45%。其中经纪佣金收入 88 613.48 万元，包括财产险经纪佣金收入 74 508.32 万元，占 68.94%；人身险经纪佣金收入 12 993.45 万元，占 12.02%；咨询业务收入 19 462.92 万元，占 18.01%；再保险经纪佣金收入 398.06 万元，占 0.37%。经纪业务的平均佣金率为 14.13%，其中，财产险和人身险的平均佣金率分别为 11.81%和 28.87%。2012 年，上海保险经纪法人机构(含其全国分支机构)资产总额达到15.36亿元;净利润1.10亿元,同比增长10.64%。在62家机构中,有31家机构的报表显示盈利,净利润总计达到13 199.43万元;30家机构亏损,亏损额为2 200.40万元。

【保险公估机构】 2012年,上海保险公估法人机构(含其全国分支机构)累计实现营业收入(含公估服务费收入和其他收入)32 188.30万元,同比增长15.66%,其中理赔公估服务费收入为30 314.42万元,承保公估服务费收入535.62万元,其他收入1 338.26万元。

2012年,上海保险公估法人机构(含其全国分支机构)资产总额达到2.77亿元,净利润为1 894.99万元。盈利机构30家,净利润总计达2 392.37万元;亏损机构11家,亏损额达497.41万元。

(上海保监局)

一、人寿保险公司

1. 中国人寿保险股份有限公司上海市分公司

【概况】 2012年，中国人寿保险股份有限公司上海市分公司坚持“攻坚克难、稳中求进、奋力拓展”的总基调，积极进取，真抓实干，创新发展，完成年初制定的任务目标，公司各项工作取得新进展。

【业务发展新突破】 2012年，分公司实现新口径下股份总保费75.4亿元，同比增长4.9%，其中续期保费32.2亿元，同比增长42.8%。个险渠道实现期交保费7亿元，同比增长3%；其中十年期及以上期交保费2.6亿元，同比增长5.9%。团险渠道实现短险保费6.6亿元，同比增长7.5%；其中意外险保费3.4亿元，同比增长16.5%。银保渠道实现长险保费28.3亿元，其中期交保费6.1亿元，同比增长15.3%；长险首年和首年期交的市场份额位居上海市场第一位。

【队伍建设新提升】 进一步增强员工的凝聚力和战斗力，形成正面、积极、健康的价值观；以销售管理队伍为重点，加强人才梯队建设；完善干部选拔培养机制，为青年后备人才提供发展平台。

【运营管理新优化】 加快服务响应速度，提高运营效能；优化理赔流程、提高理赔水平；推进客户服务体系建设，提升服务品质；构建项目合作化培训，创新培训模式。

【风险管控新成效】 进一步完善经营管理和风险预警指标监测体系建设，做好综合治理销售误导工作，扎实推进“诚信我为先”活动。

【企业文化新成果】 举办首届职工运动会和“国寿好声音”活动，开展女职工系列活动及员工摄影展，掀起群众性职工文化活动新高潮，丰富员工的业余生活。

【公益事业新进展】 2012年举办“中国人寿杯”少年儿童绘画大赛，所有获奖作品在展出后进行义卖和拍卖，募集善款近38 000元，并全部捐给上海市慈善基金会中国人寿基金；继续做好突发事件救助、帮扶共建以及慈善捐助等社会公益活动，连续第10年为上海援滇干部赠送总保额756万元的保险；继续开展与浦东惠南镇明光村、豫园街道等单位的共建帮扶工作；积极参与市民政局、市红十字会、上海慈善基金会等单位和组织发起的“送温暖、献爱心”活动。

（中国人寿）

中国人寿上海市分公司与嘉定区人民政府签约嘉定区民生综合保险工程

2. 中国平安人寿保险股份有限公司上海分公司

【概况】 中国平安人寿保险股份有限公司上海分公司成立于1994年5月4日。至2012年底，累计有效契约量412万件，客户总量462万人，全市设有营业网点36个，外勤销售团队13 575人，内勤团队近千人。2012年，平安人寿上海分公司坚持“以人为本，共创未来”的发展理念，严格内部管理，狠抓业务品质，大力推动分公司销售模式和发展模式的转型。全年实现总保费收入97.2亿元，市场占比

17.9%;其中个险保费收入86.8亿元,市场占比42.5%;银行代理业务保费收入10亿元,市场占比3.9%。全年净增契约量约4万件,新契约规模保费收入(含银保)24.9亿元,支付各类给(赔)付金额合计36.96亿元。

【保险基础服务】 以“P-STAR”(主动-Proactive、简单-Simple、及时-Timely、方便-Accessible、可靠-Reliable)五星服务文化为指引,不断完善对客户的服务。2012年平安人寿上海分公司响应总部号召,对理赔时效提出更高要求,主动公开承诺:一般理赔案件,材料齐全,3个工作日结案。2012年全年,共结案理赔案件近5.2万件,理赔金给付3.5亿元,标准案件3日结案率99.9%,理赔处理平均时效0.9天。在提升理赔时效的同时,继续信守合约,为客户寻找理赔的理由,秉承“拒赔更审慎”原则,为客户提供简易、便捷的理赔服务。

2012年,平安人寿上海分公司对内外勤的P-STAR服务进行了深入推广,其中包括:(1)有效规划及推动P-STAR系列活动:策划员工技能达人挑战赛,开展相关培训10余场,组织服务体检征集和分享活动,征集服务体验34篇;有效规划并推动金点子、服务创意征集活动,共征集金点子317条,服务创意101条,并甄选出优秀创意52条上报东区。(2)组织“专业创造价值”系列活动:围绕专业提升、服务提升、创新推动和经验交流组织活动,共征集文章56篇,晨会宣讲3次,系列报道5篇。(3)开拓后援内勤服务明星评选:每季度评选服务明星,新增优秀服务新人奖,全年表彰82人,开展4批游学活动。(4)制定并推动P-STAR外勤推广方案:业务队伍宣导普及率100%,知晓率80%,评选优秀服务标兵120位。

【附加价值服务】 2012年,上海寿险面向所有客户举办“平安有约 健康同行”第十七届客户服务节,组织各类主题活动:观摩多媒体杂技及热门电影、少儿家庭才艺赛、知心文化系列活动、专家巡讲、40场社区运动会、讲座及义诊、希望小学夏令营等活动,吸引十余万客户热情参与。此外,贯穿全年的平安VIP俱乐部会员服务是平安人寿附加值服务的又一大特色,服务内容涵盖财富盛宴、健康关怀、商旅服务、驾车关爱、尊贵礼遇、平安援助6大项,包含21个小项服务,尊贵全面的服务充分体现平安人寿对客户的悉心关爱。同时,平安人寿上海分公司还在每季度针对高端客户策划开展VIP会员活动——文化之旅美术馆参观活动、创意艺术手工亲子专场、孟京辉话剧专场以及贺岁系列电影观摩活动迎合客户需求,深得客户喜爱。2012年,平安人寿上海分公司荣获“联动平安”全国VIP会员活动三等奖、平安人寿加值服务活动优秀团体奖两大奖项,为上海寿险加值服务圆满收官。

【E化平台创新】 E化平台工程在2012年持续推进。E化工程是平安人寿全力打造的另一个领先行业的服务和管理平台,包括面向客户的网络、电话自助服务平台和面向业务员的移动展业平台(MIT)、移动保全作业平台及电子化寿险行销支持系统(SSS)。E化工程的推动,不仅大大提高了客户服务的时效,也提升了业务队伍的销售效率和管理水平,同时,还节省了大量纸张使用,以行动践行低碳环保。全年E化平台使用率维持在较高水平,业务员MIT使用率从年初的85.6%提升到98.1%;SSS网站登录使用率从年初的71.0%提升到81.4%。

【获奖情况】 在2012年5月第七届上海保险论坛上,平安人寿上海分公司荣膺“最佳专业服务奖”,平安“吉星盈瑞”年金险获“最佳产品奖”。同年11月,由于在服务水平和企业公民责任方面表现突出,平安人寿获得“2012年度十大最佳保险公司”称号。主办方还为平安人寿颁发了“最佳理赔保险公司”和“最佳服务保险公司”奖。平安逸享人生养老年金保险(万能型)获颁“最佳养老险”。

(平安人寿)

3. 泰康人寿保险股份有限公司上海分公司

【概况】 泰康人寿保险股份有限公司上海分公司成立于2000年4月26日。2012年,泰康人寿实现总规模保费754亿元,总资产超4 100亿元,净资产近210亿元,新单价值实现正增长5%,位居大型保险公司前列,偿付能力充足。

经过五年的探索创新,泰康人寿首创的保险衔接养老社区新商业模式正式落地,成功延长了保险产业链,实现了保险资金运用的延伸,保险产品的延伸和服务的延伸,满足人们的终极保障需求,体现保险的终极人文关怀。

泰康人寿始终奉行“专业化、规范化、国际化”的发展战略，构建起以人寿保险为核心，涵盖企业年金、资产管理、养老社区和健康保险等全产业链寿险业务体系，实现了完整的寿险产业链。

（泰康人寿）

4. 新华人寿保险股份有限公司上海分公司

【概况】 新华人寿保险股份有限公司上海分公司成立于2001年3月，作为新华保险的重点战略机构，始终坚持规模结构双轨提升的内涵式发展路线，以稳健的姿态高速发展。截至2012年，共计实现规模保费逾370亿元，累计客户数突破50万。2008年至2012年，连续五年稳居上海寿险市场第三。

【业务开拓】 分公司坚持以客户为中心，不断提升业务价值，打造长期核心竞争力。目前，已经形成覆盖全市的营销网络布局，下设有静安、虹口、金山、普陀、徐汇、崇明、宝山、黄浦、长宁、松江10家营销支公司，以及闵行和嘉定2个营销服务部。有工商银行、农业银行、中国银行、建设银行、光大银行，以及邮储等多家渠道合作单位，法人客户900余家，内勤员工400多人，各业务渠道外勤作业人力达3 000余人，综合实力平稳增长。

【社会责任】 分公司始终不忘企业公民的社会责任，充分发挥保险经济补偿和社会管理机制积极参与社会和谐建设。先后与上海市血液中心、上海市老龄委以及上海市志愿者协会合作，共同开发出无偿献血“爱心卡”、“银发无忧”老年人综合保障方案，以及志愿者保险等公益性险种，得到社会各界的认可，口碑良好。公司诚信尽责的经营赢得了社会的认可，先后被评为“上海市诚信服务单位”、“上海市诚信在线企业”、“上海消费者最信赖的保险公司”、“上海保险论坛年度优秀服务保险公司服务创新奖”、“《解放日报・保险周刊》客户服务规范奖”、“《新闻晨报》最佳产品设计奖”、《理财周刊》2012年度品牌价值卓越成长年度大奖等荣誉称号。

【服务创新】 围绕着“客户至上”的服务理念，上海分公司不断进行服务创新，着力打造全方位多层级的金融保险服务。2011年，在业内首创的星际理赔服务评定中，上海分公司通过层层考核被评定为四星级理赔服务，为本次认证中的最高星级。2012年，在总公司各项考核认定中，又以卓越的服务举措，蝉联这一荣誉。公司进一步优化理赔服务，利用最新科技手段，搭建3G移动理赔服务平台，通过智能手机及通信技术与核保核赔业务对接，进一步延伸理赔服务内容，提高理赔效率。

（新华人寿）

5. 合众人寿保险股份有限公司上海分公司

【概况】 合众人寿保险股份有限公司上海分公司成立于2005年5月10日。截至2012年底，公司共有员工224名，保险营销员1 783名，营销服务部11个。2012年，合众人寿上海分公司在管理结构、组织形式、产品体系、机制策略等方面进行了创新和变革，全年实现总保费收入6.23亿元，累计新单保额332.1亿元，累计新增承保629 299人次，累计赔付支出12 689.6万元，保险覆盖度和保障水平稳步提升。

【新系统】 由合众人寿与第三方认证中心联合开发的外网电子投保(E化保单)系统正式上线。客户可以在公司外网登录注册后，在营销员的指导下网上填写并提交投保单，提交的投保数据时时导入核心业务系统进行规则自动校验、核保，客户可以选择POS刷卡、在线支付、转账等方式交费，承保后客户可直接登录公司外网下载电子保单并登录第三方认证中心网站进行保单有效性验证。客户从投保至拿到保险合同，最快数十分钟内即可实现，大大缩短了传统投保模式中客户较长的等待时间。“E化保单”不仅节省了时间成本，而且符合绿色、低碳的工作方式。

【新产品】 为庆祝公司规模保费过百亿、献礼司庆7周年，合众人寿2012年推出新产品“合众财富年年年金保险(分红型)”。该产品是一款具有实现资产保值、增值、超值以及在一定程度上解决未来养老金问题的创新型寿险产品，以下两方面具有重大优势:生存金累积生息年利率不低于同期中国人民银行一年定期存款利率加1%，且日复利滚存;率行业之先提出额外生存金，交费期内每年生存，次年起将按每年期交保费的8%给付额外生存金，且复利滚存，抵御通胀。2012年底，该产品荣获《理财周报》评选的“2012年度最佳养老险产品”奖，在中国百万中产家庭首选保险品牌榜上，荣获“2012年度最佳养老险产品”。

【风险管理】 2012年合众人寿积极贯彻落实

中国保监会关于重点解决人身保险销售误导问题的工作指导思想，将治理销售误导工作纳入公司全面管理体系，制定了与各渠道业务种类、规模以及性质相适应的治理销售误导的管理政策，切实有效地保护消费者的合法权益，并且维护公司业务持续稳定健康发展；同时，为有效防范和化解公司退保风险和满期给付风险，公司在全系统围绕产品设计、销售渠道、销售策略、客户群体、销售人员及保单收益等内容开展退保风险和满期给付风险排查工作，为公司持续稳定健康发展奠定坚实的基础。

【社会责任】 合众人寿秉承"和合各方利益，实现多赢共好"的企业价值理念，积极参加各种公益活动，关注社会，奉献爱心。2012 年，上海合众公益"爱心俱乐部"以"悦公益・悦生活"为活动主题，倡导"享受生活、快乐公益"的健康生活理念，先后组织爱心人士对贫困学生进行助学慰问，组织开展以"关爱孤寡老人及残障人士"为主题的端午佳节敬老、助残活动，为 200 多位养老院老人与残疾人送出了爱心礼物和生活用品。

（合众人寿）

合众人寿保险公司爱心俱乐部助老活动

6. 友邦保险有限公司上海分公司

【概况】 友邦保险有限公司上海分公司（以下简称公司）成立于 1992 年 9 月，是改革开放后首家进入中国大陆营业的外商独资人寿保险企业，公司注册营运资本金人民币 7.098 58 亿元。公司总部位于上海中山东一路 17 号友邦大厦 3—8 楼，现任总经理洪志强。截至 2012 年底，公司总资产为 229.98 亿元，同比增长 15.84%；全年保费收入 22.85 亿元，同比增长 2.94%；各项赔款和给付支出 4.02 亿元。公司共有员工 706 名，保险营销员 2 571 名，营销服务部达 12 个，基本遍及上海各区县。

【20 周年庆】 2012 年，公司成立 20 周年。公司以周全保障和优质服务，20 年如一日守护上海 200 万客户和家庭。值此 20 周年之际，为配合公司"服务客户・回馈社会"的主旨，公司先后开展了特别客户奖活动、百万家庭保障计划系列活动、客户免费保单年检活动、优质老客户回馈活动、尊贵客户加保活动和"心怀感恩，守护幸福"爱心保单活动等。11 月 17 日，公司举办友邦 20 周年庆典日活动，活动当天举办员工慈善义卖活动，当天慈善义卖所得款项全部捐赠友邦爱心基金。

【新产品开发】 2012 年，公司根据市场需求继续开发新产品，年内先后推出了《友邦金福尊享两全保险计划》、《友邦全佑一生"七合一"保障计划》、《友邦全福灵活组合团体员工保险计划》、《友邦双盈人生 II 终身寿险（投资连结型）》、《友邦安盈人生保险计划》等新产品，产品结构进一步丰富与合理。

2012 年，公司采取多项举措推动业务发展。2 月，公司实施"老朋友新伙伴"（CTP）计划；3 月，调整保险营销员奖金津贴及考核晋级制度；11 月，举办"i 腾飞，爱未来"业务启动大会；12 月，启动《新引擎创业平台计划》。

【客户服务】 2012 年，公司进一步提升客户服务质量。3 月，公司在现有年金"直接领取"的处理方式外，新增"储存于公司"和"抵付保险费"两种处理方式；4 月，公司各类保险款项和退费均通过银行转账进行给付，节省了客户往返公司的时间，同时规避了现金领款存在的风险；7 月，公司启用全新新单回访自动化处理系统；8 月，公司客户服务热线开通电话服务密码功能，客户通过密码验证身份后可获得更为高效的自助查询和人工服务；12 月，公司启用新版《保险金给付申请书》，简化客户理赔手续。

【社会责任】 2012 年，公司继续关注和支持慈善和公益活动。5 月，积极参与外滩社区（街道）党工委和黄浦区团区委联合举办的青年公益活动，协助拍摄"我在外滩、我爱外滩"为主题的微电影；6 月，友邦志愿者协助青聪泉儿童智能训练中心（自闭症儿童)举办"小小六一运动会";9 月,举办友邦上海"幸福家庭梦想"绘画大赛四川南路小学颁奖仪式;2012 年扶助"根与芽"配对学校全年有机农场项目开展。

(友邦保险)

7. 天安人寿保险股份有限公司上海分公司

【概况】 天安人寿保险股份有限公司成立于 2000 年 11 月,是一家全国性保险公司,公司注册资本 25 亿元人民币。天安人寿保险股份有限公司上海分公司于 2011 年 11 月开业,是天安人寿开设的第一家分公司。2012 年是天安人寿上海分公司的业务成长年、市场突破年,公司当年规模保费突破 14 亿元,同比增长 100%,总规模排名达到市场第 11 位,市场份额突破 2%。

【业务拓展】 2012 年,上海分公司不仅实现了规模保费的快速增长,更在银代渠道拓展、个险机构铺设、团险业务扩宽、保费新拓探索等方面实现了大幅度成长,体现了公司的综合经营实力。在 2012 年上海保险行业年度大奖评选(第三届)中,天安人寿上海分公司凭借快速提升的市场地位及良好的品牌形象荣获"最具社会责任中资寿险公司年度大奖";天安人寿产品天保利 1 号两全保险(万能型)凭借产品创新与优良服务荣获"万能理财类保险计划年度大奖"。

【社会责任】 在发展业务的同时,天安人寿上海分公司内外双线并举,形成了外树品牌、内建文化的品牌建设局面。一方面在内部形成了清晰、统一的"三共"文化共识;另一方面初步树立起天安人寿公益、高端、亲民、担当的品牌形象,并以高度的社会责任感积极参与公益活动,回报社会。2012 年,公司携手第一财经全球华商精英俱乐部在上海大剧院为中国观众倾情献演了世界著名音乐剧《猫》,传达了天安人寿"天人合一,共享品质生活"的企业使命。天安人寿杯少儿音乐大赛在全国五大赛区同时开赛,为青少年架起了通往音乐梦想的桥梁,彰显了公司关注青少年素质教育的爱心文化以及作为企业公民的责任感。此外,天安人寿赞助并冠名了上海市第七届教工运动会"天安杯"游泳比赛,表达了公司对上海教育事业发展的祝愿与支持。

(天安人寿)

二、财产保险公司

1. 中国人民财产保险股份有限公司上海市分公司

【概况】 2012 年，中国人民财产保险股份有限公司上海市分公司在沪共有 25 个下属单位，40 多个承保网点，100 多个理赔、服务和营业网点。中国人保财险上海市分公司保费收入 41.55 亿元，同比增长 8.59%，其中非车险业务保持全面盈利，船舶险市场份额和盈利水平继续保持市场第一，财产险、船货险、意外健康险业务增速均高于市场平均水平。

【转型发展】 实施进取性市场策略和差异化资源配置手段，促进公司业务全面转型。(1)车险业务针对目标客户与目标车型实施差异化的销售费用配置政策，有效提升优质业务占比；搭建分散型业务续保和车队业务续保管理平台，加强续保监控，汽车商业险续保率不断提高。(2)非车险出台推进业务进取性发展的 14 项举措，有效提高优质存量业务的续保率，财产险、船舶险、货运险、旅责险、医责险等业务进一步增长；加大电话、网络销售渠道的宣传投入和增值服务，促进新渠道业务快速发展。

【创新业务】 (1)针对国内运动员失能后收入损失缺乏相应保障的现状，与经纪公司联合开发了篮球运动员失能保险，并完成了首笔赔付，引发业内业外广泛关注；(2)针对市民最为关注的食品安全问题，开发了食品安全责任险，来保障食品制造、销售产业链上相关的责任风险；(3)针对车辆维修过程中争议纠纷多的情况，在市场上推出了车辆维修企业责任保险，帮助车辆修理企业转嫁过失风险；(4)针对机动车辆延长保修的广泛需求，公司推出了机动车机械部件延长保修责任保险，对被保险人约定期限内首次提出的质保索赔进行补偿，以延长机动车质量保修时限。

【特色理赔服务】 建立并完善理赔理算核赔集中平台，提高理赔效率，丰富客服体验。(1)升级完善了移动查勘定损系统，推广车险“极速理赔”服务，在事故现场即可同步完成查勘、定损、核损和支付赔款等一整套流程，大大提升车险理赔效率；(2)在业内率先推出“掌上人保”电子查勘员、电子理赔员服务，通过下载、应用手机软件，车主可通过上传事故照片、理赔单证的方式自助完成车险理赔流程，该项服务已逐渐被广大车险认同，用户使用量正在稳步增长；(3)强化车险人伤案件全流程跟踪服务机制和协商调解机制，提升人伤案件处理效率，人伤案件案均赔款下降 8.33%；(4)针对电话销售客户提供专有的七项理赔服务，包括全国范围内故障车辆免费救援服务、电子查勘员服务、推荐4S店修理服务、速递理赔服务、万元以下案件 1 小时通知赔付服务、人伤案件无忧服务、万家网点四海通行服务。

【风险管理】 强化一岗双责，落实合规举措，建设监督约束长效机制。完善党风廉政建设责任体系，加强廉洁自律和风险管控；开展数据真实性检查、中介业务管理和虚列业务费用自查整改等工作；开展依法合规经营专题活动，履行行业自律；集中梳理业务、财务、理赔、中介管理等内控制度和管理政策方面的缺陷，组织全面落实整改；组建理赔稽核制度，加强虚假赔案稽查和理赔漏损管理，建立红、黄、蓝牌处罚制度和连带责任体系，当年通过反欺诈追回损失 1 574 万元。

【技术平台】 坚持服务导向，优化操作流程，提高财务共享服务中心和出单中心的运营质量和效率；加强对出单速度关键指标的监控，进行全方位治理；费用报销系统和新总账 SAP 系统上线运营，优化中心内部运营和外部对接流程，强化全面预算管理，推进费用资源差异化配置，切实加强应收保费管理。

(人保财险)

财险上海市分公司积极参展第六届上海中小企业金融洽谈会

2. 中国太平洋财产保险股份有限公司上海分公司

【概况】 2012年是中国太平洋财产保险股份有限公司上海分公司发展历程中富有挑战性的一年。广大干部员工以科学发展观为引领，认真贯彻落实集团“聚集发展、奋发有为”的工作要求，全面实施“以客户需求为导向”的战略转型，经过大家的共同努力，业务持续健康发展。

2012年全年，公司实现保费收入48.2亿元，同比增长16.28%。在业务快速发展的同时，公司积极履行保险保障职能，借助3G视频查勘系统运用覆盖面的不断提高，着力解决理赔慢、理赔难等问题，积极维护消费者合法权益，提高服务水平。2012年全年累计接到客户索赔案件742 345件，结案626 755件，注销137 731件，累计赔款支出235 847万元，为保障上海的经济社会持续、稳定、健康发展作出了不懈努力。

【转型发展】 2012年太保产险上海分公司面对激烈的市场竞争，迎难而上，寻求创新，转型发展。在车险业务拓展上积极开拓渠道业务，努力实现车商代理、电话销售、网络销售、交叉销售以及银保合作相结合的多层次、全方位的销售模式，实现了车险业务的快速发展。而在非车险业务的拓展上强化产品创新。公司着重与国内前20家经纪公司进行了重点的战略合作，先后承保了迪士尼二期工程险、F1赛车公众责任险、航班延误险、会计师职业责任险等，并通过与裕利安怡的战略合作，开出国内短期贸易信用保险第一单，实现了信用保险零的突破。

【社会责任】 在业务快速发展的同时，太保产险上海分公司还积极履行社会职责，努力做一家“负责任”的保险公司。2012年，公司凭借长期积累的轨道交通承保理赔经验和专业风险管理技术，承担了上海轨交网络运营安全的第三方评估。在连续7个月的评估过程中，公司组织众多国内外知名专家，借鉴国际先进的轨交风险管理技术，对上海轨交网络运营风险进行全面排查，开展运营安全评估，研究制订运营安全应对策略，有效提高了上海轨交应对突发事件的能力。

【创新服务】 在客户服务上太保产险上海分公司下工夫、花力气，力求打造“在你身边”的保险公司。公司在车险人伤处理中一改原先的理赔模式，推出了人伤无忧、全流程“一对一”服务模式，通过延伸主动理赔模式，使客户真正体会到了太平洋保险随时在你身边的感觉，在提升客户满意度的同时，也缩短了理赔周期近10天，当年出险当年结案比例达到近90%。此外，公司将3G快速理赔系统的全面上线作为解决车险理赔难的重要抓手，使原先2天完成的定损核损时效提高到18分钟，日均处理赔案1 500余件，审核900余件。2012年，公司3G快速定损中心被上海保监局推荐为上海保险行业十大优质服务窗口。在《解放日报·保险周刊》主办的“第七届上海优秀服务保险公司评选”中，公司再次荣获“上海优秀保险服务公司”。

（太平洋财险）

3. 中国平安财产保险股份有限公司上海分公司

【概况】 2012年，中国平安财产保险股份有限公司上海分公司实现稳步增长，保费全年突破60亿元，同比增长12.9%，居上海财产保险市场首位。

【重点工作】 2012年平安产险上海分公司全年重点工作：(1)开展客服节活动。公司坚持“专业让生活更简单”的服务理念，车险理赔在第九届客服节上推出“快、易、免”服务方程式，兑现“万元以下，报案到赔款，3天到账”承诺，持续刷新行业赔付记录，车险万元承诺达成率99.94%；财产险“一证快赔”服务稳步推行，一系列人性化服务举措提升客户满意度，服务质量不断提高。(2)成立专属道路救援车队。公司联合上海汽车工业销售有限公司共同建立了保险业内首支统一救援车型、统一车辆外观、统一救援设备、统一人员着装的平安专属道路救援车队。(3)高效处理突发事件。8月，台风“海葵”直接影响上海，公司各机构、各条线上下联动，在最短的时间内迅速完成出险案件的联系和查勘工作，绝大部分案件在当月完成结案处理，得到监管部门以及社会各方的认可。(4)大项目方面成果显著。公司独家中标全市中小学校方责任险统保项目与63所高校校方综合责任保险统保项目；此外，还中标了上海市2013年度国家机关、事业单位、社会团体公务车保险定点采购项目。同时，平安产险上海分公司还获得《理财周刊》“最受客户信赖财险公司”等奖项，车险快易免服务获得“创新车险服务”年度大奖。

（平安财险）

4. 大众保险股份有限公司

【概况】 2012年，大众保险继续坚持“效益为先、稳健经营、协调发展”的经营理念，按照“创新驱动、转型发展”的要求，强化渠道建设，推进产品开发，探索业务转型，加强保险服务，着力推进业务发展。2012年，公司实现保费收入15.88亿元，其中：车险业务保费12.17亿元，非车险业务保费3.71亿元，承保利润为－8 645万元，净利润3 890万元。

【销售体制改革】 第一，大力推进车险电网销项目，着力发挥电网销平台在创新发展中的积极作用。第二，创新合作机制，拓展优质业务渠道。第三，成立销售服务公司，推进销售模式转型。第四，完善销售基本管理办法，提升公司专业化销售能力。

【产品创新】 为了更好地贴近市场需求，公司加大了新产品研发力度。全年报备25个主险产品，106个附加险产品。产品涉及意外险、健康险、责任险、水险等领域，如针对中小企业开发了“众商通”《中小企业综合保险》，研发和完善了商业综合责任保险条款、出口产品责任险条款；创新地推出官网直销的航班延误险和“见义勇为”保障计划等，取得了积极的社会效应。

【客户服务】 第一，加强理赔服务。按照保监会《关于加强和改进财产保险理赔服务质量的意见》要求，制定和公布服务承诺，细化理赔投诉处理流程，建立理赔疑难重大投诉包案制度，推广车险小额任务自动核损和自动核赔操作方式，开展了车险理赔查勘移动定损系统开发工作。第二，以提高客户体验为要求，做好保险服务。如推出航班延误险产品无纸化理赔服务，注重客户体验。第三，发挥客户服务功能。加强呼叫管理，完善接通率、呼出呼入、调度及时、回访有效等考核管理指标，提高服务水平；研究推出“赔案调度双通知”的服务举措，对提高服务和客户满意度发挥了积极作用。第四，维护客户权益。公司制定了“大众保险投诉处理办法”，进一步完善了网上受理投诉系统建设。

【合规建设】 2012年，公司制定了《法律事务管理办法》，从组织架构、人员构成、工作职能、流程建设、法律纠纷管理等重大法律问题入手，对公司整个法律管理进行了行为规范。同时，根据业务发展，及时修订有关制度，进一步推进了公司集中采购工作。

【破解发展瓶颈】 公司就涉及制约公司发展的问题，先后通过调研、座谈会了解情况，责成计财部、人力资源部、市场销售部等部门负责人组成工作小组，专题研究、解决制约公司发展的难点和瓶颈问题。经过总公司相关部门的共同努力，逐步解决和化解了有关销售支付、机构销售队伍建设、业务人员薪酬管理等问题，还就跨险种承保的“一揽子保险业务”明确了核保送审及审批流程，建立了利润中心内部核保技术审计制度等。2012年，公司成功新保的重大项目有上海长江隧桥、昆山地铁11号线延伸段、上海证券交易所等。

【投资管理】 第一，继续按照稳健的投资策略，做好资金运用工作。公司资金收益率达5.32%，再次高于产险行业平均收益率。第二，加强资金、税收管理。第三，积极推进外汇结汇工作。

【信息系统建设】 针对公司现有信息技术老化等现状，根据公司实际，逐步、有序地推进信息建设工作。公司重组了信息技术委员会，统筹、协调、推进信息技术建设各项工作。公司先后开展了车险电网销项目建设、车险代位求偿项目建设、反洗钱项目开发建设等多个项目，完成了易联系统与核心系统实时对接，积极推进容灾咨询项目评估工作。

【队伍建设】 2012年，公司先后制订了《新设机构筹备期人力资源工作指导意见》、《省级分公司筹备期间培训指导意见》等管理制度，进一步规范了人力资源管理工作。同时，积极拓宽培训渠道，多角度提高培训质量。

（大众保险）

5. 大众保险股份有限公司上海分公司

【概况】 大众保险股份有限公司上海分公司作为大众保险的主要分公司之一，有着多年积累的本土优势、社会资源以及优秀的综合服务能力。2012年，在“新要求、新发展、新形势”的大背景下，大众保险上海分公司紧紧围绕总公司“效益为先、稳健经营、协调发展”的经营理念，审时度势、与时俱进，坚持以市场为导向，以重点领域为突破，同时积极顺应公司改革，集中资源，开拓创新，大力培育和提升核心竞争力，全年实现保费收入23 431.15万元。

【创新业务】 大众保险上海分公司进一步转变发展观念和经营理念，力求“稳中求变、变中求进”，在优化业务结构、提高人均产能、强化客户服务等方面取得了可嘉的成绩。2012年，分公司进一步加大了对意外健康险的险种开发和市场开拓力度，建立起了一支从销售到服务的意康险专属团队。同时，从社会需求的角度出发，上海分公司全面打造了“为客户量身定制”的人性化意康险产品，陆续推出了各类贴近生活、贴近市场的创新产品，如与春秋航空合作的国内首个航空公司网站直销航班延误险；赔付明确、性价比高的“众悦人生产品系列”等，使国内老百姓的日常生活、出行旅游等得到了全面保障，为切实保障和改善民生，促进人民生活和谐幸福发挥了积极作用。

【特色服务】 2012年，大众保险上海分公司以“加强能力建设、加快理赔节奏、突出服务品质”为标准，站在客户的角度，从实处着手，推出了一系列如“快赔”、上门服务、一站式绿色通道等新举措，既缩短了周期，又提高了效率，更让客户感受到了关怀式的贴心服务。2012年，上海分公司在理赔服务测评及暗访测评中成绩均名列前茅，并再度荣获由《解放日报·保险周刊》主办，由读者评选的上海优秀服务保险公司之“最佳专业服务奖”。同时，上海分公司理赔部查勘员以分公司理赔人员专业的职业素养与高超的岗位技能在上海市首届保险理赔员职业技能竞赛中获得了个人实车决赛三等奖，同时被评选为上海保险业双十佳“优秀服务标兵”，并作为上海市仅两位“双十佳”代表之一参选全国“双十佳”。大众保险上海分公司以一贯的经营理念和服务品质，充分保障消费者权益，重视客户服务体验，进一步推动了行业健康发展，为构建社会主义和谐社会贡献自己的力量。

【金融文化】 上海分公司一贯致力于加强企业文化建设，营造企业和谐氛围。2012年，分公司组织开展了形式多样、内容丰富的多项企业文化活动：“三个一”主题实践活动、“读书荐书评书活动”、“摄影采风及作品评选活动”、“企业文化征文活动”、“一日捐款献爱心活动”、“红星村帮困活动”等，极大地丰富了员工的精神文化生活。同时，围绕公司主营业务，分公司开展了各类趣味知识竞赛、技能竞赛等，不断丰富员工的专业知识、提升他们的岗位能力，激发了广大员工的学习热情，增强了公司的凝聚力和向心力。

（大众保险）

6. 华泰财产保险有限公司上海分公司

【概况】 华泰财产保险有限公司上海分公司的经营业务范围涵盖财产损失、责任、水险、意外伤害、健康五大类保险业务。1998年11月华泰财险上海分公司开业以来，凭借不断成长的市场拓展能力、优质的承保能力、领先的产品与渠道创新能力、全面的风险管控能力、高效的客户服务水平以及“以人为本”的企业文化和社会责任，认真践行“守信、担当、服务、规范”等保险理念开展经营活动，在上海保险业界形成了良好的企业形象和品牌影响力。

2012年，华泰财险上海分公司秉承“开拓、创新、诚信、求实”的企业精神，坚持“集约化管理、专业化经营、差异化竞争、质量效益型发展”的经营理念，始终保持稳健向上的发展态势，完成保费收入53 480万元、营业利润6 286万元，继续实现了又好又快的发展。

【创新业务】 2012年，华泰财险上海分公司坚持“改革、创新、内涵及专业化发展”，在上海保险市场率先引入国际专属代理人(EA)的经营模式，首批8家EA社区保险门店顺利开业，拉开了华泰专属代理营销新模式进入社区的创新帷幕，便民利民面对面，为客户提供更加便捷的保险服务。截至当年底，8家EA门店累计实现保费收入2 530万元，显示了华泰EA新渠道经营模式强劲的市场活力。华泰财险上海市松江支公司2012年正式开业，将华泰保险的业务与服务引领到了上海更为深远的远郊腹地。

2012 年，华泰财险上海分公司成为海通证券 D&O 项目的首席承保人，为总资产及净资产位居国内证券业第 2 位的海通证券提供 D&O 保障，显示了华泰保险在服务金融业客户上领先的承保经验和市场地位。

【特色服务】 2012 年，华泰财险上海分公司在首届上海保险业"双十佳"评选活动中受到了上海保监局的发文表彰，公司商险理赔部和优秀员工徐锦盈分获上海保险业"产险优质服务窗口"和"产险优秀服务标兵"十佳荣誉称号。华泰财险上海分公司根据全面落实商险/EA/电子商务等主渠道战略、打造差异化竞争优势、成为细分市场领导者的公司发展要求，从上海市场实际出发，加强渠道建设、推进创新变革、打造业务板块及渠道优势、实现专业化、高品质、更上一层楼的持续健康发展。

（华泰财险）

7. 中国大地财产保险股份有限公司上海分公司

【概况】 2012 年，中国大地财产保险上海分公司认真落实总公司加快发展，提高效益的经营要求，以"围绕一个核心，把握三个度，打造五种特征"为统揽，真抓实干，积极作为，各项工作取得较好成绩。分公司全年实现保费收入 8.28 亿元，保费同比增长 20.5%，分公司全险种精算赔付率为 57.6%，综合成本率约 97.1%，实现考核利润约 1 600 万元，保证了有效益的发展。

【业务发展】 车险业务重点项目取得新进展，成功中标上海政府机关公务车招标项目以及广汇和进口大众大额车辆保险项目。非车险业务方面，在积极参与招投标项目积累经验的同时，成功参与振华远洋船队共保，中标上海造币厂、界龙集团等项目，使业务有了新的拓展。人身险业务方面，健康险业务依托重点渠道支撑发展势头良好，意外险业务通过项目化推动也取得进展，成功新增了东航旅意险业务和东吴经纪的渠道业务。

【经营效益】 承保控制上，车险进行了超赔合同安排，加强引擎管控，严控高风险业务的同时加大对目标业务政策鼓励。非车险细化了费用台账，加强进度掌控和分析预判；灵活运用核保政策，加强会商沟通，有针对性进行再保安排和承保条件设置。人身险重点加强了对高端健康险的管理，有针对性地强化了续保前理赔分析，及时调整承保方案。理赔管控上，严格查勘定损要求，加快未决案件清理节奏，并加大案件的打假减损力度，全年成功挽回经济损失近 700 万元。

【风险控制】 分公司深入贯彻保监会的 39 号文精神，及时传达和认真落实监管规定和总公司的各项要求，确保了合规经营。

制度逐步完善。扎实推进制度体系建设，全面完成了制度梳理工作，已整理、修订完善现行制度性文件 114 项，新编制度细则 7 项。制定了信访投诉管理办法，确立了信访工作总经理负责制和总经理室定期审阅制度。

费用严格管控。制定了费用管控实施细则，要求机构将人力成本、预算内管理费用、销售费用严格控制在核定额度内，严禁赤字经营。加强过程化管控，确保各项费用及时列支、合理列支，真实反映经营情况。

管理不断加强。积极配合了税务检查、第三次数据真实性检查、电销和中介业务检查等外部检查，加强了银行账务转化、单证管理、小金库治理、反洗钱、反商业贿赂等各项内部自查自纠。应收方面，在还原应收数据真实性的基础上加大了清理力度，确保达到考核要求。

【能力提升】 改革稳妥落地。组织架构调整方面，顺利完成了组织架构优化和人岗匹配工作，进一步明确了前、中、后台的职责定位，逐步推动部门职能转变，为促进渠道专业化经营能力的提升初步奠定了平台基础。全预算方面，在努力摸清家底、分析形势、对比市场、剖析对手的基础上，认真做好各类数据的测算和行动计划的制定，按时按质完成全预算的编制。通过此次全预算，无论是对自身的全面审视，还是对资源的精细配置、成本的划分管控、对经营策略的准确制定，都有了更深刻的认识，有效促进了经营管理方式的变革。

销售能力建设扎实推进。稳妥推动销售基本法上线运行，强化了正向激励。加强销售人员管理，大力推进销售团队标准化建设，深入开展日常管理达标活动。银行和新华渠道建设取得新进展，银保渠道保费同比增长 23.7%。

客户服务能力得到提升。以综合治理"理赔难"为契机，坚决兑现各项理赔服务承诺。顺利完成定损中心的整合并入工作，有效提升了分公司理赔服务的完整性。积极参加了车险理赔地方标准编制工作，在上海同业公会与上海保监局联合举办的“车损定损职业技能竞赛”活动中，获得“竞赛团体奖”与“优秀组织奖”。

队伍活力得到激发。加强人才引进，加大网络外部招聘的同时制定了“伯乐奖”制度，鼓励内部举荐。优化队伍结构，大胆提拔启用了一批年轻干部，适当充实了前台人员配备。稳步提高了员工薪资待遇，完善了员工综合保险等福利，进一步强化激励。加大培训力度，全年共有2 970人次参加了192项各类培训。创新培训方式，组织卡园学习、4S店现场培训，加大网络学习平台的推广运用。

【企业文化】 企业知名度得到提升。加大广告投入力度，投放了地铁播音、公交车身、4S店和加油站的灯箱及看板广告，取得良好效应。积极推动CBA宣传活动，联合电销中心加强地空联动，提高公众关注度。提升企业形象，推出诚信宣言，公开服务承诺，积极参加上海市中小企业金融洽谈会，冠名并参加“大地保险杯”2012(首届)上海市防灾减灾科普知识大奖赛及系列科普活动，受到社会各界和主流媒体的关注。

(大地保险)

8. 三星财产保险(中国)有限公司

【概况】 三星财产保险(中国)有限公司是韩国三星火灾海上保险公司在中国设立的具有法人资格的独资财产保险公司，前身为三星火灾海上保险上海分公司。2010年为进一步配合公司战略发展，强化三星保险品牌，公司正式更名为“三星财产保险(中国)有限公司”。三星财产保险不断发扬“以客户为中心，挑战世界，创造未来”的三星精神，更好地贯彻本地化经营方针，及时应对中国保险市场变化。公司于2012年连续第五年荣获美国标准普尔财务实力A评级，2012年在中国财产险公司竞争力综合排名中，三星财产保险位列TOP10，并且连续两年被《金融时报》评选为“年度最佳外资财险公司”。2012年底公司在中国境内已拥有北京、深圳、苏州、青岛、天津五家分公司，为建立全国性的服务网络打下了良好的基础。三星财产保险(中国)秉承着“三星车险真诚地为中国汽车消费者提供满意服务”的理念，树立了三星车险的服务特色，暨快速、方便、信赖，并提出来专属的紧急救援服务和增值服务，如酒后代驾、代办年检、机场接送等，在上海地区的车险理赔服务评估中排名第一。

【业绩情况】 三星财产保险(中国)有限公司始终严格执行保监会各项规定，依法合规经营。公司坚持“遵守法律和原理，保持廉洁的组织文化，尊重顾客、股东、员工，重视环境、安全、健康，履行国际企业的社会责任”的五大经营原则，不断提高公司服务水平。2012年，三星财产保险(中国)有限公司实现保费收入共计5.55亿元人民币，较上年增长13.5%，其中上海总部保费收入共计5 828万元，业务范围涵盖货运险、企业财产险、机动车辆商业保险、责任险、保证保险和其他经营范围内许可的险种，保费收入主要集中于企财险和货运险。2012年该公司赔款支出金额累计2.53亿元，其中上海总部赔款支出金额计5 238万元，偿付能力充足率达到2 660%，为公司的持续稳定经营提供了充足的保证。

【社会公益】 三星财产保险始终致力于社会活动和公益事业，积极履行企业公民应尽的职责。该公司坚持每季度开展一次“一心一村”活动，支援中国农村发展，贯彻公司“共存经营”的社会贡献理念。2012年三星财产保险赞助举行了第17届“三星财产杯”围棋大师赛活动，促进各国棋手交流切磋向中国棋院捐赠了710万韩元，用于作为中国围棋棋苗的奖学基金。继2010年9月三星财产保险(中国)有限公司与中国残疾人福利基金会签订捐赠协议后，2012年向中国残疾人基金会捐赠21.5万元人民币，用于改善因车祸致残的贫困残疾人家庭生活环境，并资助他们的子女接受教育。

【整体战略】 三星财产保险致力于企业财产保险服务，在于韩资客户维持良好的合作关系的同时着力于进一步开拓本地市场以及国际客户提供专业的保险服务，也为进一步壮大以及发展车险事业打下基础。此外，通过最佳的风险管理方案帮助客户确保资产的安全，通过投资研发不断提供更加优质的风险管理技术，提高客户满意度以及业务质量，服务于社会。

(黄依睿)

9. 劳合社保险(中国)有限公司

【概况】 劳合社保险(中国)有限公司是劳合社

经中国保监会批准在中国设立的全资子公司，于2007年3月15日成立，获准经营非寿险再保险业务。2010年5月18日，中国保监会批准劳合社（中国）增加经营非寿险直接保险业务。公司于2011年下半年正式开展直接保险业务。劳合社（中国）是在中国境内少数几家享受国际评级机构高信用评级的财产保险公司。国际评级机构给予劳合社中国的信用评级分别为：标准普尔（A+），惠誉（A+），A. M. Best（A）。

【业务发展】　劳合社（中国）在2012年仍以分入再保险业务为主要业务。分入再保险业务实现毛分保费收入人民币23 245万元，其中，分保费收入居前三位的险种为农业保险、货物运输保险和其他财产保险，其分保费收入分别占公司分保费收入总额的40.4%、16.2%和9.44%。公司直接保险业务仍处于起步阶段，2012年推出了两个新的直接保险产品，货运险的开口保单业务以及珠宝商财产综合保险业务。这两个直保产品当年实现毛保费收入人民币44.3万元。

【新产品】　公司在2012年开发并推出了专门针对珠宝商风险保障的"珠宝商财产综合保险"。该产品的保障范围包括珠宝商的存货、现钞以及相关办公经营用具在遭遇自然灾害或者人为偷窃等情况下所造成的损失。公司通过与相关合作机构的配合，详细了解珠宝商的风险情况并且为其提供合适的保障范围。同时，也在产品的条款中设定了促进珠宝商采纳合理安保措施的条款，以帮助其更好地进行风险预防。

【内部管理】　公司一直注重内控制度建设，按照法律、法规、部门规章、行业自律等各方面的要求建立了涵盖公司各部门、各业务环节及各项相关管理活动的较为健全的内部控制制度。在此基础之上，公司还建立了由董事会负责制定战略，董事会下属的风险控制与审计委员会具体负责监督，公司副总经理具体负责实施，全员参与的内部风险评价与控制体系，制定并实施了关于风险识别、风险规避和风险管理的流程，将识别、评估和管理业务、运营、财务、合规及其他主要风险的流程融合在公司日常工作之中，实时监控，定期审视，确保风险得到适当的识别、评估、管理和规避，符合中国市场监管环境和公司业务发展阶段对应的期望风险水平。

【合规经营】　公司的董事会致力于实现合规经营的目标，以确保公司遵守所有相关法律、法规和监管规定，从而防范违规风险；同时确保公司在自我约束下谨慎经营。2012年，劳合社（中国）的合规工作重点在于完善、落实新的核心业务流程，确保了公司符合有关经营直接保险业务的各项合规要求。此外，通过落实保险公司内部控制准则的各项要求，增强了合规职能。

（劳合社保险）

三、保险集团公司

中国太平洋保险(集团)股份有限公司

【概况】 2012年,太平洋保险(集团)股份有限公司积极应对市场挑战,全面推进以客户需求为导向的战略转型,在逆势中实现业务持续稳定发展。保险业务收入1 632.28亿元,同比增长5.3%;净资产961.77亿元,较上年末增长25.2%;偿付能力312%,较上年末提升28个百分点。

【寿险业务】 一年新业务价值为70.6亿元,同比增长5.2%,全年实现寿险业务收入934.61亿元,同比增长0.3%;新业务边际利润率为17.8%,同比提升4.2个百分点;营销人均新保保费达到3 573元,同比增长11.7%。2012年,公司继续坚定不移地实施"聚焦营销、聚焦期缴"的寿险发展策略,全年实现营销渠道新保保费收入117.5亿元,同比增长8.6%;新保期缴保费收入占比为38.9%,同比提升5.8个百分点;银保新型期缴快速发展,保费收入为10.1亿元,同比增加204.8%;续期保费收入为561.3亿元,同比增长21.3%,占比达60.1%。公司成功推出"神行太保"移动展业平台,保费覆盖面已达90%,率先在业内推出电子签名保单,实现无纸化投保。

【产险业务】 全年实现产险保费收入695.5亿元,同比增长12.9%。其中,车险保费增速达14.6%,高于行业平均0.32个百分点。产险综合成本率95.8%,按同业可比口径,低于行业平均1.53个百分点。在经营策略上,一是大力拓展新渠道业务。全年实现电销、网销和交叉销售保费收入129.6亿元,同比增加75.9%。二是着力提升客户黏度。商业车险续保率达61.9%,比年初提升4.6个百分点,续期保费增长率达到26.2%;5万元以上保费企财险续保率达到83.4%,较年初提升10.5个百分点。三是进一步提高重大客户销售和服务能力。实现重大客户保费收入35.3亿元,同比增加28.6%。500强客户数达450家,同比增加116家。

【资产管理业务】 面对资本市场的持续低迷,实现投资收益185.2亿元,投资收益率为3.2%,高于上市同业平均水平。净值增长率为5.5%,同比大幅提升4.3 pt。净投资收益率为5.1%,同比增加0.4个百分点。在经营策略上,一方面持续提升固定收益类资产投资贡献。全年新增定息资产配置1 109亿元,到期收益率为5.37%,定息投资利息收入达到246.5亿元,较上年同期增长57.4亿元,增幅为30.4%;另一方面抓住市场机遇,有效化解权益资产浮亏,权益资产净浮亏从2011年末的133亿元降至2012年末的21.7亿元,浮亏率从2012年初的31%下降至年末的5%。

【提升服务能力】 全面推广3G快速理赔系统,实现所有分支机构和查勘人员的双覆盖,查勘定损时效从平均6.8天缩短到平均18分钟,车险理赔难问题明显改善。综合治理寿险销售误导规范投诉处理流程,明确责任体系,寿险投诉及时结案率为99%,同比提升5.77个百分点。加强合规与风险管理,产寿险每千家机构受处罚比率同比分别下降28.2%和35%,全年未发生大案要案。

(太保集团)

四、保险自律组织

上海市保险同业公会

【概况】 2012 年，上海市保险同业公会以科学发展观为指导，在政府部门和公会章程规定的职责范围内，以上海保险业更好更快发展为中心，以会员单位的共同愿望和要求为目标，以遵守有关法律法规和相关制度为前提，以提供快捷高效优质服务为宗旨，牢固树立保护保险消费者权益的意识，努力开创公会发展新局面。

【工作思路】 公会以"服务为中心"，充分发挥全体员工的能动作用，把综合治理车险理赔难和寿险销售误导、维护消费者权益、切实规范保险市场秩序、加强行业文化建设作为全年工作重点，围绕"服务"求提升、围绕"创新"求突破、围绕"作风"促提高。

【自律工作】 开展"自律"是公会的职能之一，特别在产、寿险自律规范问题上，凡是对重要举措的出台，公会都做好调研，统筹兼顾会员各方的反映，注重把握推出时机，切实协调好各方利益；同时紧扣行业自律文件的执行检查与监督，对违规问题按条例督促整改。

【服务标准】 服务标准是实施行业管理的一项重要措施，是提高行业服务水平的重要抓手。2012 年，在公会组织、行业及相关部门配合下，完成了《人身保险业窗口服务质量规范》、《机动车辆保险理赔（物损）服务质量规范》、《保险行业车损（钣金、油漆）定损指引》、《上海地区寿险营销员星级达标管理暂行办法》的制定工作。

【服务内容】 公会积极挖掘潜力，深化服务工作。通过创新车险理赔服务测评模式、创新建立理赔服务中心星级服务评定机制、创新编印、拍摄营销员行为规范培训视频教材、创新建立投诉调解接待中心等举措，不断提高保险业的服务水平来努力改善保险行业在消费者心中的形象。2012 年 4 月 20 日，国务院副总理王岐山在沪视察了理赔服务中心运行及公会信息平台相关系统演示后，对理赔服务中心的社会作用和管理模式及信息平台在服务百姓、服务政府、服务行业中所起的作用作了充分的肯定。

【信息建设】 公会信息平台的建设在确保安全、完善功能、提升服务、促进发展等方面做了大量的工作，充分发挥了平台数据对保险经营、管理和决策的支撑作用。截至年底，共有 32 家财产保险公司与信息平台实现专线连接，查询量累计超过 5 351.95 万次、收集各类信息 20.56 亿条，新增功能的程序开发达 43 项。理赔信息服务和平台数据分析两个系统取得了科技成果登记证书。

【行业培训】 公会高度重视行业的技能提高和人才培养工作，各项培训工作始终坚持为保险业持续健康发展这一中心工作服务，培训内容紧跟形势，针对性及实效性强。2012 年组织的保险理赔员（车损定损）职业技能竞赛，切切实实将学、练、赛融为一体，得到了行业的热烈响应，达到了"以赛促学、以赛促练"，内强素质、外树形象的目的。

2012 年 9 月 4 日，召开上海市保险同业公会人民调解委员会八周年总结大会

【协作机制】 继续加强与政府及各方的沟通，促进政府及相关层面对保险行业的认知与关注。除继续巩固与市经侦总队的情报交流会商机制、与二中院的诉调对接机制、与消协的交流会商机制外，建立并完善了与各委办局之间的联络机制。

【自身建设】 公会注重干部队伍建设，在实践中逐步完善各类内部管理制度，强化执行力，促进各项工作的规范化和程序化。2012 年公会获得各项殊荣，包括“保险管理科学创新奖”二等奖、“标准化工作先进集体”、“信息宣传优秀单位”、“上海市金融创新服务推进奖（保险理赔员（车损定损）职业技能项目）”、“上海市金融创新推进奖提名奖（联动化解保险纠纷工作机制）”等。

（上海市保险公会）

第五篇　市　　场

一、交易所(中心)

1. 中国外汇交易中心暨全国银行间同业拆借中心

【概况】 2012年,中国外汇交易中心暨全国银行间同业拆借中心(以下简称“交易中心”)在确保系统运行稳定、市场一线监测、货币政策传导的基础上,从系统建设、产品研发、市场服务等方面入手,有效推进银行间市场建设,支持利率市场化和汇率形成机制改革,支持人民币国际化进程,巩固和加强了交易中心的市场地位和国际影响力。2012年,全国银行间市场运行平稳,成交量继续增长,利率和汇率更加富有弹性,交易进一步活跃。截至2012年底,银行间市场累计成交305万亿元,本币市场成员5 404家,外汇市场会员359家,“中国票据”网成员2 120家。

【扩大人民币兑美元汇率交易价浮动幅度】 2012年4月16日起,银行间外汇市场人民币对美元即期汇率波幅由5‰扩大至1%,交易中心做好系统参数修改和市场运行监测工作,保证了调整工作的顺利到位,此后,汇率波动显著增强。人民币兑美元汇率交易价浮动幅度放宽,顺应了市场发展要求,增强了人民币汇率双向浮动弹性,有利于完善人民币汇率形成机制。

【开展人民币对日元直接交易】 2012年6月1日起,银行间外汇市场推出人民币对日元的直接交易,根据直接交易做市商报价形成人民币对日元汇率中间价。人民币对日元直接交易推出以来,系统运行平稳,现货和衍生品市场报价顺畅,形成了较为完整的市场价格曲线。机构参与积极,交易和报价活跃,6至12月即期市场日均成交量为前五个月日均成交量的43倍。随着即期市场流动性增强,部分机构开始尝试在远、掉期市场上双边报价。

【推出无本金交割的人民币外汇货币掉期产品】 2012年6月11日起,进一步简化了货币掉期市场入市流程,境内机构在银行间市场开展人民币外汇货币掉期业务时,除了原有的本金交换形式外,新增了不实际交换本金的产品,丰富了货币掉期产品交割手段,活跃了市场交易。

【合作开展银行间黄金询价业务】 2012年12月3日,与上海黄金交易所联合上线试运行银行间市场黄金询价交易,满足市场会员多样化交易需求,进一步丰富市场交易模式,深化市场功能。

【人民币期货项目研发】 2012年3月底,与上海清算所联合成立项目组,开展人民币汇率、利率期货研发,形成人民币期货业务方案,开展内部仿真交易,完成电子系统升级评估,做好推出人民币汇率、利率期货仿真交易的准备。

【在外币对市场推出单银行平台】 2012年1月6日,外币对市场单银行平台正式上线运行,这是优化外币对市场结构和交易机制的一次成功尝试。截至12月31日,获准进入该平台交易的会员共有18家,系统运行平稳,市场交易活跃。

【推出利率互换电子化交易确认与冲销业务】 截至2012年12月31日,共有63家机构签署承诺函,确认使用利率互换电子化交易确认功能,目前电子化确认的利率互换交易占系统总成交99%以上。30家机构签署冲销承诺函,2012年共进行5轮冲销,提前终止利率互换合约8 437笔、名义本金4 769.6亿元人民币。这两项服务有利于降低金融机构在市场交易中的相关风险,提高交易效率,是利率衍生品市场基础设施建设的重要举措。

【Shibor利率基准性进一步增强】 2012年,Shibor利率的建设培育工作取得新的重要进展,Shibor报价行成员由16个增加至18个,Shibor利率互换定(收)盘曲线正式发布,利率互换报价的可交易性不断提高,Shibor作为货币市场基准利率的地位进一步巩固。另外,交易中心2月新增发布外汇远期曲线,加上已发布的掉期曲线、美元隐含利率曲线和期权隐含波动率曲线,形成了基本完整的汇率衍生品基准曲线序列。

【银行间债券市场扩大对外开放】 2012年3月，首批基金管理公司、证券公司等人民币合格境外机构投资者获准进入银行间债券市场。此后，世界银行、境外保险公司等也获准投资银行间债券市场。至此，银行间债券市场境外机构成员已涵盖银行、保险公司、证券公司、基金管理公司等多种类型的机构。截至12月31日，银行间债券市场共有境外金融机构成员77家，其中，三类机构框架下的商业机构57家、人民币合格境外机构投资者20家。境外机构在债券市场交易比较活跃，交易涵盖国债、政策性金融债、央行票据、中期票据、企业债等多个券种。

（交易中心）

2. 中 国 银 联

【概况】 2012年，中国银联以公司成立十周年为新起点，继续贯彻落实国家加快银行卡产业发展的有关要求，在中国人民银行的指导下，在各家商业银行以及产业各方的大力支持、配合下，深化转型、加快布局、完善运营、改进服务、提升管理、应对挑战，各项工作都取得了新进展、新成效。全年银行卡跨行交易成功率达到99%。实现银行卡跨行交易21.8万亿元、125亿笔，同比分别增长36.6%、20.3%。

【银联标准卡境内市场份额持续提升】 新增银联标准卡6.4亿张，累计30亿张。其中银联标准信用卡新增5 600万张，累计2.3亿张，新增占比73%，存量占比56%。银标信用卡交易金额和月均活卡占比分别为36.6%、44.4%，同比提升5.5个和6.2个百分点。推出了中国旅游卡、商务卡，银联卡产品体系进一步丰富。

表1　2005年以来银联标准卡发卡量增长情况

年　份	银联标准卡（万张）		银联标准借记卡（万张）		银联标准信用卡（万张）	
	新增	年末	新增	年末	新增	年末
2005	7 523	8 550	7 494	8 521		29
2006	14 668	23 218	14 354	22 875	314	343
2007	30 563	53 781	29 346	52 221	1 307	1 650
2008	35 579	89 360	32 777	84 998	2 802	4 452
2009	40 000	129 360	36 400	121 398	3 600	8 052
2010	50 000	179 360	44 000	165 398	4 210	12 262
2011	56 926	236 286	52 000	217 398	4 926	17 188
2012	63 957	305 152	58 333	282 351	5 624	22 801

【受理市场向纵深发展】 一是受理市场规模持续扩大。特别是二级地市受理市场呈现快速发展势头，全国二级地市新增直联商户44.8万户、直联POS终端62.7万台，同比分别增长81.4%、81.2%。银联便民支付网点达36万个，覆盖300多个城市和地区。二是行业合作取得新成果。铁路车站实现POS机具百分百覆盖，石化、交通、旅游、航空等行业合作取得新进展，速递物流行业解决方案上线推广。推动跨农信体系银行卡交易上送银联处理，实现与农信银系统的"总对总"对接。三是增值业务体系建设快速推进。设立银联智惠和银联智策控股子公司，加强了对银行卡增值业务产业链的布局。成立业务运营中心，启动持卡人服务平台建设。水电煤缴费平台建设取得一定进展，推动广发银行与多渠道平台实现了"总对总"一点接入。四是受理市场规范力度加大。完善排名前100位的大商户交易监控和通报机制，建立1.9万户重点商户数据库。核查整改违规套用商户类别码的商户约1.5万户，维护了受理市场秩序的基本稳定。

表2　2005年以来联网商户、POS、ATM增长情况

年　份	联网商户（万户）		联网POS（万台）		联网ATM（万台）	
	新增	年末	新增	年末	新增	年末
2005	8.8	54.2	15.8	75.7	1.4	8.6
2006	12.7	66.9	21	96.7	1.6	10.2
2007	21.8	88.7	36.3	133	2.5	12.7
2008	35.3	124	52.5	185.5	3.5	16.2
2009	39	163	58	243.5	3.9	20.1
2010	62	225	91	334.5	6.2	26.3
2011	93	318	138.5	473	8.7	35
2012	165.3	483.3	229.1	711.8	9.2	44.1

【重大业务布局全面推进】 一是奠定了金融IC卡规模化发展基础。新增发卡1.1亿张，累计发卡突破1.3亿张。金融IC卡受理终端改造基本完成，受理环境建设稳步推进，贵州、四川、安徽、广东等地在交通领域"一卡多应用"取得较大进展。推出具有自主知识产权的金融IC卡互联网应用终端——"银联迷你付"。二是"网上银联"建设加快推进。"银联在线支付"产品得到优化，支付通道建设及银行合作取得进展，商户拓展逐步覆盖重点商户和重要行业，运营水平不断提高。"银联在线支付"实现交易

1 120 亿元,新增用户 1 700 万户,是上年的 13.2 倍。三是"移动银联"战略布局取得新进展。推动出台以银联企业标准为基础的移动支付行业标准和国家标准,推进基于"银联标准、银行账户"的移动支付业务合作,与中国移动实现可信服务管理(TSM)平台对接。全年实现移动支付交易 168 亿元,同比增长 620%;新增用户 482 万个,同比增长近 100%。

【银联国际化迈出新的步伐】 一是境外受理网络覆盖面不断扩大,服务能力得到提升。银联境外受理网络延伸到 141 个国家和地区,开通商户受理、ATM 受理的市场分别达 101 个和 120 个。港澳、东南亚、美国、英国等市场基本实现 ATM 全覆盖,蒙古、韩国等市场商户受理面达到百分之百,银联卡境外使用的便利性不断提高。新增 5 个国家和地区发行银联卡,新增发卡 473 万张,外卡交易突破 1 000 亿元。二是境外创新业务增长较快。加快推进互联网支付、移动支付等创新业务,实现跨境创新业务交易 8.1 亿元,同比增长 8.4 倍。多个市场发行了 PBOC 标准金融 IC 卡。三是境外用卡服务体系不断完善,营销和业务联动模式有所创新,境内外市场联动进一步增强。四是实现国际业务机制创新。成立银联国际,在公司制基础上引入会员制,建立更加国际化、市场化的运营机制,打造国际业务发展的新平台。

表 3　2005 年以来银联境外市场拓展情况

年　份	境外联网商户(万户)	境外联网 POS(万台)	境外联网 ATM(万台)
2005	2.9	4.5	6.2
2006	5.5	8.1	29.8
2007	12.5	17.4	36.6
2008	43	54	58
2009	55.7	69.8	71.9
2010	85.4	88.3	80
2011	151.6	168.1	91.7
2012	237.9	281.1	104.1

【系统运营保持较高水平】 持续完善和优化系统技术架构,落实各项高可用管理机制、值班管理和应急处置制度,确保了全年特别是党的十八大以及台风"海葵"期间全网络系统的稳定运行。推进一体化运营管理,进一步提升了总分联动、内外联动运营能力。系统交易成功率 99.5%。境内发卡交易承兑率达 92.2%,创历史最高水平。

【银联品牌影响力和公信力得到增强】 一是品牌推广成效较好。推出了"支付随心、我选银联"广告,赞助了上海网球大师赛,开展国美电器促销、银联卡友节等总分联动、线上线下联动营销。成功举办公司成立十周年庆祝及营销活动,凝聚了力量,弘扬了品牌,扩大了影响。银联品牌认知度从 40%提高到 46%,95516 客户满意率达 96%。二是完善以市场为导向的业务规则体系。推动境内 244 家成员机构完成业务类型规划系统改造,195 家成员机构支持跨行转账、柜面通、助农取款等特色业务,为发展全场景、全渠道综合支付业务奠定了基础。协助国家有关部门制定刷卡手续费调整方案,稳妥推进相关准备工作。三是积极参与支付技术标准研制,初步建成国内首个金融芯片安全检测认证体系,稳步推进加入 EMVco 工作。云计算、电子票据等国家级项目扎实推进,银联成为金融行业首家获得国家认证的技术创新型企业。四是风险管理和服务能力有效提升。修订和出台了多项创新支付风险管理规则及办法,成立风险监控服务中心。商户风险案件结案率 99.1%,国内银行卡欺诈率和信用卡欺诈损失率维持较低水平。

(李　凡)

3. 上海证券交易所

【概况】 2012 年,上交所新一届党委和班子,紧紧抓住科学发展这个主题和加快转变经济发展方式这条主线不动摇,牢牢把握资本市场服务实体经济这一坚实基础,深刻领会、准确把握证监会的改革思路,全面贯彻落实相关改革举措,按照稳中求进、创新发展的总体工作思路,团结务实、锐意进取,主要任务完成良好。

【安全运行】 圆满完成十八大安全维稳工作,确保全年安全运行。维护市场安全稳定运行,始终是上交所最基本的工作,也是安身立命之本。

(1) 持续深化安全运行技术保障。2012 年,各核心交易系统和各周边系统连续安全运行,没有发生影响交易的安全事故;全所业务和办公场所实现安全运行,各类监管、上市工作实现零风险。

(2) 不断提升技术基础设施性能。完成综合业务平台大宗交易上线。进一步优化整合现有系统和平台,推进综合监控系统、运维自动化、操作整合项目建设。开展后台主机“多备一”备份方案的多轮独立测试，应对双点故障。

【蓝筹股市场建设】 市场服务机制进一步完善，多层级蓝筹股市场建设取得新进展。多层级蓝筹股市场是上交所市场的核心，要提升这个核心市场的吸引力和影响力，既要抓改革、抓规模，也要抓回报、抓服务。

（1）从“增量”和“存量”两方面扩大市场规模。“增量”上，实现全年26家企业在本所IPO并上市，募集资金333.57亿元。“存量”上，全年共有102家上市公司股权再融资，筹集资金2 556.67亿元，151家上市公司完成公司债融资1 988.20亿元；同时，上交所加大服务并购重组力度，推动了36家上市公司完成重大资产重组，涉及交易金额1 903亿元。

（2）促进市场回报。起草了《上市公司现金分红指引》并公开征求意见，通过投资者理性投资宣传和条文中的倡导措施，积极推动上市公司分红，强化分红监管。全年，共有577家上市公司分红，累计分红3 950.25亿元，比上年同期增加22.32%，总分红额为历年最多。两次调整本所收费标准，大幅降低投资者交易成本，提高交易效率。同时，进一步改善上市公司治理，提高蓝筹股市场质量。

（3）大力发展机构投资者队伍。制定发展机构投资者计划，建立注册机构投资者服务制度，启动机构投资者服务平台建设。

【债券市场建设】 债券市场建设扎实推进，基础设施有效提升。（1）力抓债券市场“上规模”。2012年，债券市场挂牌量、托管量和交易量均创历史新高，超额完成了挂牌100只、托管量1万亿元的全年既定目标。截至12月31日，债券挂牌数达1 021只，比上年末增加386只，增幅60.79%；托管量10 662.62亿元，比上年末增加3 278.40亿元，增幅44.40%；交易量37.98万亿元，比去年全年增加16.91万亿，增幅80%，是股票交易量的2.3倍，占银行间市场交易量比重提高到17%。

（2）成功推出中小企业私募债。2012年，共受理备案120家，接受备案100家，涉及11个行业，其中民企66家，占比66%；备案金额126.51亿元，发行利率5.5%—11.2%，已挂牌45只，采用指定对手方报价、协议转让和意向报价等多种转让方式，发生转让266笔，实现转让金额约40亿元。

（3）加大产品创新力度，丰富债券交易品种。大力推介公司债市场，新增公司债和企业债369只，新增公司债托管量1 773亿元，跨市场转托管企业债净转入1 065亿元，国债净转入118亿元，合计净转入1 183亿元。实现可转债成功计入回购质押库，目前，共有534亿元可转债提交进入质押库，有效促进了回购市场的扩大。设计了国债预发行、交易所发行金融债等业务方案，加大了国债预发行的推进力度。

（4）切实落实投资者适当性管理。发布《债券市场投资者适当性管理暂行办法》。目前，本所债券市场专业投资者账户已达到3 162个，信托、保险产品入市障碍已经消除，债券市场投资者适当性管理实现流程化、常态化、规范化。

（5）完善债券市场基础设施。组织发布债券收益率曲线和估值数据，建立健全估值体系。持续推进系统整合，逐步完善交易结算机制。设计本所债市风险监控指标体系初步方案，加强实时监控。建立逐日盯市机制，强化市场风险控制。

【业务创新】 自主创新取得突破，支持行业创新取得进展。2012年，上交所积极落实郭树清主席在证券公司创新发展研讨会上的讲话精神，以ETF为核心，力图构建一个“一市连百业、一所跨全球”的资产管理市场。同时，积极引领、激发、支持和推动行业创新发展，大力支持和服务于市场主体的创新工作。在传统业务受市场影响交易下滑的情况下，新业务取得了较大增长。

（1）推动基金市场在关键产品创新上取得了较大突破。跨市场、跨境ETF成功挂牌上市，特别是沪深300ETF首募规模近330亿元，创下指数基金首发规模历史之最。截至12月底，ETF的家数29只，市值694亿元，分别比上一年度增加26%、49%。同时，上交所推动了债券、黄金ETF和场内货币基金取得实质性突破，完成上证LOF业务方案并启动技术实施，实现基金产品开发授权透明化和市场化。

（2）完善创新工作机制，为证券行业创新发展提供配套服务支持。继续积极推进报价回购和约定购回证券交易业务试点，推进“两融”常规管理和转融通试点，推动优化大宗交易机制、ETF日内回转交易及回购、ETF流动性服务商制度、分级资产管理计划等其他交易机制和产品创新。目前，分别有37家和54家证券公司开展报价回购和约定购回证券交易业务,全年成交金额分别为 2.5 万亿元和 87.26 亿元。

(3) 推进个股期权模拟交易。完成“六个一工程”,从方案、规则、技术等方面做好期权产品创新准备,推进个股期权模拟交易上线运行,取得了阶段性成果。

【市场监管】 自律监管和制度建设稳步推进,自律监管公开化、法制化水平有效提升。2012 年,上交所主动适应市场发展新的变化和内在需求,在做好日常常规性监管工作的基础上,围绕信息披露直通车建设、上市公司分类监管、盲目炒新监管、会员创新业务监管、投资者适当性管理、诚信制度建设和监管阳光化,继续推进了全所市场监管工作。

(1) 完善退市制度,启动“信息披露直通车”试运行。按照中国证监会部署,积极稳妥推进退市制度改革,重构上市公司退市制度安排,积极推进退市股份转让系统建设,平稳实施新退市制度。启动“信息披露直通车”试运行,推进公告传递、审核的电子化,强化差异化监管,完善上市公司信息披露监管模式。全面清理并公开发布本所信息披露监管规范性文件。

(2) 紧扣“炒新”监管,强化市场监察。及时发布两个《通知》,加大了盲目炒新监管力度,有效遏制了盲目炒新氛围。新股发行平均市盈率为 23 倍,较前期下降 40%;新股上市首日平均振幅 11%,下降近 1.1 个百分点。加大对内幕交易和市场操纵行为的监察力度,提升案件线索准确性。提高预研预判能力,研究加强对阳光私募等特殊投资主体交易行为的监管。

(3) 推动会员提升合规管理水平和创新发展。围绕客户管理和技术风险防范,推动会员依法合规开展业务。加强会员创新业务监管。针对客户违规交易行为,强化会员协同监管。

(4) 推进市场诚信建设,提升自律监管法制化和公开化水平。进一步加强市场诚信建设基础工作,发挥诚信信息在监管中的作用。加强业务规则管理工作,全面修订《业务规则制定办法》,积极参与资本市场重大立法。从规则制定、监管标准、监管程序、监管成果四个方面,增强市场监管工作的公开化、透明化。成功举办上证法治论坛和公司治理论坛,促进了市场监管法制环境的优化。

(5) 探索产品分级与投资者分类管理。《投资者适当性管理暂行办法》(草案)制定完成待择机发布,完成网络学院分级认证功能开发。开展“引导理性投资”专项宣传、IPO 模拟询价等主题活动,推进理性投资文化建设。推动互动平台建设,强化上市公司投资者关系管理监督机制。

(上交所)

4. 上海黄金交易所

【概况】 2012 年是实施“十二五”规划承上启下的重要一年,国内外社会经济形势复杂严峻,黄金市场波动较大,上海黄金交易所迎难而上,开拓创新,稳定中求发展,不断完善交易系统,不断健全风险控制,不断丰富市场品种,不断提高内部管理,圆满完成了全年既定交易量,有力保障了我国黄金市场的健康平稳发展。

【系统建设】 一是稳步实施 2.5 代交易系统改造升级。二是深圳异地灾备系统等级提升工作进展顺利,经组织专家论证,前期设计规划方案和技术方案已上报总行科技司批准。三是交易所与外汇交易中心合作开发的外汇黄金询价交易系统,经过反复测试、联调,于 12 月 3 日正式上线,系统运行良好。四是于 9 月底正式上线的离线查询系统新增了 94 项功能需求,大大提高了业务查询及数据分析工作效率。五是加强系统实时监测,强化值班制度,加强与系统、网络服务供应商的联系,提高服务级别,实施应急演练,确保了党的十八大前后各项系统安全无事故。

【金融创新】 2012 年,针对日益激烈的市场竞争和不利的市场情况,交易所不断加强市场研究和产品研发,完善业务制度和流程,不断推进跨市场合作等创新工作,主要表现在:大力加强业务和市场研究;继续完善业务制度体系;积极创新业务品种和交易模式;不断深化外部合作。

【市场规范】 积极配合全国各地中支、公安、工商等行政机关清理整顿各类交易市场、打击场外非法交易,参与 18 起涉嫌违规事件的调查和取证工作,保护投资者权益,不断规范市场秩序;与深圳市国家税务局积极协调,协助深圳地区会员解决了旧金回收业务涉及的会计处理及税收等问题;推进国际和国内实物标准的统一,严抓质量管理,满足会员用金需求,全年交易实物质量稳定可靠,未出现质量纠纷，协助工商银行澄清黄金掺假不实报道；按两个指引要求组织完成了对农业银行和建设银行的上线审批，并已开始内部试运行，积极推进中国银行的上线准备工作；积极探索会员退出机制，试点会员资格租赁，不断优化会员结构；继续实行会员扶持计划，切实促进会员健康发展，全年对13家综合类会员实际扶持(一定额度内的手续费减免)约1 387.59万元，对12家金融类会员实际扶持2 749.72万元；加强市场推广和投资者教育，全年共培训交易员14 158人，交易员总数达25 916人，市场参与者专业化程度不断提升。截至12月末，法人客户增至9 230户，比上年末新增544户；个人客户增至335.39万户，比上年末新增43.10万户。

【跟踪评估】 2012年9月，中国人民银行巡视三组对交易所进行了跟踪评估工作，检查评估交易所落实2010年中国人民银行巡视二组巡视整改意见情况。交易所党委高度重视此项工作，于3月、9月对整改落实完成情况进行了两次自查。同时，要求各部门以此为契机，切实加强各项制度建设及执行，规范业务流程，狠抓风险防范，不断完善内部管理。

【获奖情况】 上海黄金交易所研发并推出的黄金租借业务获得2012年度上海金融创新成果奖二等奖。交易所成立以来，我国黄金市场取得高速发展，市场规模逐年扩大，交易方式和业务品种逐步完善，交易价格与国际市场紧密接轨，随着国内外黄金价格波动加剧和经济发展不确定性增加，国内黄金市场参与者为满足实物黄金投融资管理、套期保值等现实需要，对市场上推出创新性黄金业务品种的要求更加迫切。为满足市场需求、丰富我国黄金市场业务品种、拓展交易所市场服务功能、支持上海国际金融中心建设，黄金交易所根据市场发展需求，结合国际惯例与国内实际，先后完成市场调研论证、规章制度修订、业务流程设计、系统平台建设、市场推广等各项工作后，顺利向市场推出黄金租借业务。

黄金租借是指黄金市场中的一方(出租方)以租赁的方式按一定期限向另一方(承租方)出租实物黄金，到期后收回等量实物黄金，并收取约定租借费的业务模式。黄金租借业务不仅有效促进了我国黄金市场发展，拓展了市场的服务功能，还在服务黄金行业实体经济和丰富商业银行黄金业务以及支持上海国际金融中心建设等方面起到非常积极的作用，经济效益与社会效益显著。

（上海金交所）

上海黄金交易所第二届理事会第十七次会议在北京召开

5. 上海期货交易所

【风控管理】 2012年，上海期货交易所切实抓好风控管理，确保市场平稳运行。(1) 注重行情预研预判。一是积极推进业务前端风险的动态监控与分析，重点跟踪交易、结算、交割等环节的数据变化和指标动态，紧盯市场主要运行和风险指标，及时发现市场风险隐患。二是坚持每周召开市场动态分析例会，针对风险苗头迹象制定应对预案。分品种落实专人逐日盯盘，加强对重点会员及客户的监测监控，撰写每日市场风险报告193份、每周市场风险报告周报50份。三是围绕市场运行、交易运作、技术系统、保密规范等环节进行全面排查，重点对所内核心部门部位开展维稳检查，对工作中部分环节不够严实或较为薄弱的方面进行整改。

(2) 加强日常风险防控。一是积极推进风险动态管理，适时调整涨跌停板幅度、保证金比例及出金比例，严格控制市场行情波动期间会员的资金流向，确保会员结算资金充足，切实控制好市场风险。2012年7月，根据全市场维稳要求上调多数品种的保证金比例，期间铜、锌、铅、天胶、燃料油等品种的保证金比例均列同期国内商品期货品种前位。二是围绕交易、结算、交割等重点环节，强化日常压力测试。做好每日盘中、盘后资金压力测试,模拟连续停板等极端行情,测试会员风险承受能力,对资金可能不足的会员进行重点监控。三是全面推进单边市下市场风控措施的落实,综合考虑品种特性、历史交割情况、库存实际水平及国际同类品种限仓规模等因素,在科学测算限仓参数的基础上,确定各品种限仓规模。四是围绕长假节点,综合评估市场风险走势并进行科学测算,合理制定保证金和涨跌停板调整方案。五是通过举办风险警示视频会议、加强现场合规检查督导、发放宣传手册等多种方式,强化风险警示,帮助投资者提前防范化解市场潜在风险,共进行盘中提醒 138 次,涉及产业客户 60 余家。六是完成账户清理规范工作,加强对"一户多码"的清理。截至 12 月底,全所"已休眠账户"77 万余户、"已规范账户"22 万余户,因还未规范而限制开仓的账户 2 万多户。

(3) 保障技术系统运行安全。一是完成信息安全等级保护年度测评,符合率较 2011 年提高 2%—3%。开展基于黑盒安全性的渗透测试并及时实施安全加固。全面开展信息安全专项检查,主要包括机房、网络、系统、管理和应急演练五个方面涉及 519 个检查点。组织 12 次内网安全扫描检查和 4 次终端电脑保密安全检查,强制更换所内 280 余台电脑终端及 300 多个电子邮箱的口令,进一步前移风险管理关口。二是优化网络监测及应用性能分析系统,集设备管理、故障管理、性能管理、配置管理、健康巡检、拓扑展示和会员接入展示等功能模块于一体,明显提升保障速度。对期货大厦和张江数据中心的供电线路和设备进行安全排查,采取双井道供电路由改造,确保机房运行安全。三是通过中国信息安全测评认证中心的 ISO20000 管理体系年度现场审核,推进 ISO27001 信息安全管理体系建设。四是坚持常态化开展应急演练,全年组织常规技术演练 14 次,顺利完成了证监会组织的行业信息安全联合应急演练。

(4) 强化舆情信息监测。一是完善人工与技术手段相结合的监测平台,每天重点跟踪 30 多家主流媒体,不定期跟踪近 200 家境内外媒体。二是做好白银等新品种上市的舆论宣传引导。配合原油期货上市,分阶段展开正面宣传。结合风控措施推出及市场关注热点,有针对性地做好答疑释惑工作。三是针对舆情监测发现的市场风险点、可疑点,及时进行排查,全年共处理 40 起负面报道和不良舆情。四是举办媒体恳谈会和媒体培训调研活动,编撰《期货热点知识问答》,组织 25 家媒体深入走访现货企业,增进媒体对期货市场的认识和理解。

【科学监管】 创新理念优化手段,切实加强科学监管。(1) 落实各项指引要求。一是全面落实证监会"8 号指引",研究出台《上海期货交易所异常交易监控暂行规定(修订稿)》,豁免由套保交易产生的合理交易行为,在规范异常交易行为认定和处理程序的同时,进一步降低交易成本。二是探索运用定量化分析的科学方法,加强对实际控制关系账户的识别。全年共认定实际控制关系账户组 1 772 组,比 2011 年增加 309 组。三是深入贯彻证监会"16 号指引",修订完善监控室工作管理办法,落实监控人员的手机管理、网络隔断和移动存储介质管理,以及进出监控室人员管理。四是研究制定《无限仓标准近月合约的监管流程(试行)》,从制度上避免因近月合约上客户投机持仓无限制标准给市场带来潜在的交易和交割风险。

(2) 推进监查系统建设。一是针对近年来大户报告数量居高不下、"大户"身份相对弱化等问题,完善大户报告制度,配套上线电子平台系统,实现业务流程的无纸化和电子化,减轻投资者重复申报负担。二是完善现有监控系统的功能,整合各监控模块、报警指标,并新增报警子系统,完善异常交易行为监控模块,初步建成包含历史查询、实际控制关系账户识别、程序化交易识别、模拟计算结算价和交割结算价,以及涉嫌市场操纵分析等五大主要模块的历史数据分析系统。研究论证国际监管机构及交易所广泛采用的 SMARTS 系统,完成相应的研究论证及阶段性试用工作。三是围绕原油期货上市、连续交易制度等重大业务创新,完成相关监控系统功能准备。

(3) 加强协同监管。一是着力推动"五位一体"监管协作,及时发现并移交方琛团伙期货盗码交易案及螺纹钢 RB1107 期货合约市场操纵案 2 起案件,获得中国证监会通报,起到了良好的市场警示作用。二是加强跨境监管合作研究,围绕调查取证、日常监管、会员检查和资金追偿等 4 个方面设计完善了 20 个跨境监管流程,为今后加强跨境监管合作、实现对境外投资者的有效监管夯实了基础。

【金融服务】 拓宽思路多措并举,着力推进功能发挥。(1) 做深做精现有品种。一是按照"13 号指引”要求，采用问卷调查和现场调研等多种形式，完成铜、铝、铅、锌品种的评估报告及多项专题研究报告，提出活跃燃料油市场的应对方案。二是依据新版阴极铜国家标准的颁布执行，修改了铜标准合约及相关条款；积极推进铅期货合约规则的修订和完善；推进贵金属和螺纹钢期货规则修订与完善；进一步完善品种限仓制度、套期保值管理办法和降低手续费收取标准。

(2) 优化交割运行机制。一是持续开展交割仓库年度检查与现场检查。重点对全国有色金属交割仓库进行联合检查；在钢贸行业风险多发的大环境下，严格确保了钢材期货交割业务的平稳运行。二是优化有色金属交割仓库的全国布局。在浙江、江苏设置铜交割仓库，迈出铜交割仓库走出上海的战略性步伐。三是围绕国际期货市场交割仓库的设置和布局等课题，积极开展前瞻性研究。

(3) 深化投资者教育。一是办好“期货大讲堂”，先后走进 10 余个机关、党校、高校，向领导干部、企业高管、在校学生等广泛传达期货市场理念和知识。二是支持会员单位举办投资者教育和市场推广活动 179 场次，覆盖企业总数约 9 500 家。利用网络视频方式控制办会质量，对会员申请支持的市场活动进行点对点远程监控 75 场次。三是组织编写各品种投资者教育手册，向会员单位分发宣传资料 20.2 万余册。四是完成张江中心网络视频演播室工程建设，全年举办 6 场“网络视频演播室”直播活动。五是有色金属产业培训基地试点取得成功。

(4) 提升市场服务质量。一是由所领导带队，分片包干，与各片区会员和投资者代表面对面座谈，倾听意见和建议。二是开展高管人员培训和分析师培训。20 位期货公司高管参加现代管理培训。先后举办 5 期交易员和结算交割员培训班，489 人接受培训，393 人通过考核。举办“白银期货分析师培训及原油期货方案调研”会议，组织开展“2011 年度优秀分析师颁奖及专项培训”。三是适应原油期货上市、连续交易等业务创新，扶持会员进行相应技术改造，积极开展会员托管服务转型，年内完成 59 套系统转自运维工作。

【创新驱动】 坚持稳中求进，全力深化开拓创新。(1) 积极推动原油期货研发等重大品种和业务创新。一是全力以赴推动原油期货研发，完成了中质含硫原油为标的的合约设计，选取了胜利原油等 8 种第一批可交割原油及其升贴水方案，完成了 480 万立方米第一批交割油库的选择，与发改委等国家部委保持密切沟通协调。完成了交易所层面的交易、交割、结算细则等相关规则体系初稿，改造完成交易所端、会员端、银行端的 IT 系统。二是在顺利推出白银期货的基础上，年底获得沥青期货立项，上期有色金属价格指数对外正式发布。稳步推进成品油、天然气、铁矿石金融衍生品、热轧卷板、价差合约期货研究。三是完成连续交易制度上线前的市场调研、模式设计、方案论证、配套措施修订完善、所内技术系统调整等系列工作。四是深入推进保税交割业务。2012 年 4 月实现保税仓单银行质押突破，7 月实现首次自然交割，全年交割 700 吨。期货保税交割项目获得上海市金融创新成果奖一等奖。

(2) 保持行业技术系统领先。一是加快建设更新一代交易系统，建立了精确到微秒的时间测量机制，上线后交易系统平均响应时间为 400 微秒，比过去 35 毫秒缩短了 98.8%；报单处理性能稳定在每秒 24 000 笔，比之前的每秒 12 000 笔提高了 100%，基本达到国际一流水平。二是启动网络规划咨询项目，对网络通信平台进行统一规划，目前已完成系统评估及国外先进交易所网络现状调研等工作。

(3) 持续推进规则制度完善。一是完成《期货法》立法课题研究及《上期所期货立法建议稿》，完成美国《商品交易法》和《多德—弗兰克华尔街改革与消费者保护法》两部重要国际法律文献约 100 万字翻译工作。二是系统修订合约规则。其中白银、阴极铜合约修订 2 项，《套期保值管理办法》等业务规则、实施细则修订 15 个，条文数为 132 条。三是审理违规案件 30 起，处理自然人客户 61 个，法人客户 9 个。四是提供各类法律意见 1 300 余条，合同审核 281 份，提供司法协助 42 件。五是开展各类法规、规则培训与宣传 30 余次，发放规则、法规研究报告 2 000 余本。

(4) 创新期货研究模式。一是探索建立新型研究机制，成立上海期货与衍生品研究院。二是围绕期货基础理论及期货实践中重要问题，拟定 12 个定向合作课题和 3 个内部立项课题。配合中央党校等开展座谈和实地调研，完成多份调研报告。三是针对各类交易所清理整顿、结算体系建设、原油汇率风险对冲工具、流动性指数等课题进行专题研究，完成多份专题报告。其中“期货市场流动性指数”项目获

2012年上海市金融创新奖三等奖。四是办好研究刊物,全年编辑36期《宏观经济形势报告》、19期《上期所参考》、6期《期货与金融衍生品》。

(5) 探索国际化道路。一是正式加入世界交易所联合会(WFE),与芝加哥商业交易所续签合作备忘录,邀请10位国际衍生品界资深人士组建国际顾问委员会。二是成功举办"第九届上海衍生品市场论坛",创办分会"国际杰出者讲坛"。与智利铜与矿业研究中心(CESCO)合作共同主办"亚洲铜周会",与国际期货行业英文权威学术期刊JFM合作举办"2012期货及衍生品市场国际会议"。三是密切跟踪香港交易所收购伦敦金属交易所的进程,探索交易所国际合作模式。

【转型发展】 制定新五年战略规划,推进精益管理。(1) 确立发展目标。对"一五"规划进行细致评估并全面总结经验,在充分征询各方意见的基础上,形成了"二五"战略规划,并经理事会审议通过,12月26日对外正式发布。明确了未来五年的发展目标——"建设成为亚太时区领先、具有全球重要影响力的商品期货、期权及其他衍生品的交易所"。

(2) 优化人力资源配置。一是加大选拔引进海外中高层次紧缺人才和青年后备人才的力度。选定8名具有海外金融行业相关工作经验的中高层次管理人才。通过公开招聘,录用了33名新员工。二是完成了绩效优化及测评体系和多元化激励体系两个咨询项目,对全所总监助理层级干部进行了全面能力测评。三是加强国际化金融人才培养。通过推进英文规则修订、开设学习专栏、编写期货英语读本、举办口语培训班等形式,推动所内形成学习专业英语的气氛。全年共举办9期境外培训,累计44人次,海外招收博士后2名(含外籍1名)。四是按照中国证监会统一部署,认真做好高层管理人员的公开选聘工作。五是优化职能部门设置,成立了推进衍生品创新工作办公室,积极推进衍生产品创新。单独设立纪律检查办公室,进一步加强纪检工作。设立理事会办公室,适应"三会一层"治理架构的需要。

(3) 探索内部治理优化。一是探索建立责权明确、运转高效、相互制衡的"三会一层"治理结构,明晰了党委会、所领导办公会、总经理办公会等重要会议的议事规则和程序。二是全面梳理并相应修订完善19项内部管理规章制度。全年未发生一起失泄密事件和重大信息安全事件,被评为上海市机关档案工作达标单位(市二级)。三是稳妥推进交易所体制改革研究,就改制中涉及的资产界定、公司治理结构、改革推进步骤等具体问题形成了专题报告。

(4) 打造文化建设品牌。一是通过多种方式、多个层面加大对交易所核心价值观的宣传力度,并将其融入和渗透到管理氛围、制度规范、品牌形象、物化环境中去,为交易所各项业务的开展提供了文化和思想动力。二是办好《家园》杂志,从季刊改为双月刊,内容更为丰富,发行量从1 500份增至4 500份,发放至整个中国证监会系统,影响力进一步扩大,成为交易所企业文化的重要输出渠道。三是打造和建设反映交易所员工精神文明风貌的"文化家园网",成为员工交流沟通的平台。

(上海期交所)

上海期货与衍生品研究院揭牌仪式在上海期货交易所举行

6. 中国金融期货交易所

【概况】 2012年,中国金融期货交易所按照年初确定的工作部署,以科学发展为主题,团结一心,稳中求进,继续保持股指期货安全平稳运行,市场功能逐步发挥,市场运行效率不断提高,新产品上市取得明显进展,员工队伍建设及交易所各项事业发展呈现崭新局面。

【平稳运行】 继续保持股指期货安全平稳运行,市场功能不断发挥。2012年,受实体经济增速放缓,宏观经济不确定性增加等因素影响,股市出现一定波动,市场避险需求明显上升,加之机构投资者的逐步深入参与,股指期货交易量持续放大。为确保市场安全,中金所始终守住不发生系统性风险的底线,把稳定运行放在首位。一是加强交易运维管理。完善运维制度,优化运维流程,确保"交易不断、数据不乱”。加强交易行为监控，对市场行情变化及时组织分析研判，提前做好风险防范预案。二是强化结算风险控制。对会员资金采取实时监控，进行盘中风险提示，引导会员化解风险。严格落实盘后资金压力测试，及时预判市场及会员资金风险敞口，确保风险可测、可控、可承受。加强对重点客户持仓与盈亏情况的跟踪分析，把握市场风险状况。科学评估与调整结算担保金水平，强化交易所整体抗风险能力。加强代理结算业务管理，确保全市场代理结算业务安全稳定。三是强化技术稳定。不断强化技术运维管理，夯实技术基础，完善应急流程，加强应急演练。四是支持、引导机构投资者有序参与，夯实市场稳健发展的基础。截至2012年末，共有64家证券公司、33家基金公司、5家信托公司参与股指期货交易。证券公司等机构投资者通过运用股指期货有效对冲风险，助推业务创新，加快转型发展。股指期货对资本市场的积极作用正逐步显现。

【创新驱动】 国债期货上市准备进展顺利，新产品研究有序跟进。积极推进国债期货上市准备工作，一是完成国债期货合约与规则设计。根据国债期货上市整体规划，完成上市国债期货的立项和预审。二是将国债期货仿真交易推向全市场。以全市场仿真交易为抓手，进一步深入论证产品规则，梳理交易交割流程，检验技术系统，开展投资者教育。截至2012年末，共计149家期货公司、47家证券公司、25家商业银行、8家保险公司及1.1万个客户，参与国债期货仿真交易。三是深入研究国债期货对金融市场稳定性影响等重大问题，夯实政策依据与决策基础，国债期货上市条件全面落实。

在全力做好国债期货上市筹备工作的同时，不断深化沪深300股指期权、第二指数期货及外汇期货等产品的研究开发与上市准备。一是积极推进沪深300股指期权的研究与开发。完成境外市场股指期权产品设计和交易结算制度的比较研究。完善沪深300指数期权合约与规则设计。推进股指期权技术系统的功能改造与完善，实现交易所技术系统对期权业务的支持。推动会员做好股指期权业务与技术的准备，实现其会员系统与交易所期权技术系统的业务对接。二是推进第二指数期货等其他指数期货产品的研究与开发。积极研究分市场指数、行业指数等其他指数期货产品。三是积极开展外汇期货与期权的研究。紧密跟踪行业动态，关注境内人民币外汇市场发展，主动跟踪境外人民币期货市场趋势。剖析外汇期货市场建设的外部环境，规划外汇期货市场建设路径。

【系统建设】 加强信息系统建设，提升安全运行保障。中金所高度重视技术安全工作，将其视为交易所安身立命之本。2012年，通过不断夯实信息技术基础，提升安全运行保障水平，保持全年系统安全运行零事故。一是加强技术系统优化改造。顺利完成国债期货仿真及生产系统的改造。完成保证金差异化收取、套期保值与套利交易管理、特殊单位客户统一开户、监控中心实时数据报送、休眠账户限制交易等功能的系统优化。二是完成技术主中心由上期大厦数据中心向外高桥数据中心切换，高标准实现了同城双中心热备，双中心之间技术切换时间大幅缩短。三是构建了技术系统分级保障体系。对全所信息系统进行分级，明确保障标准与流程，进一步提升运维管理水平。四是推动新一代系统建设。召开70余场技术研讨会，梳理完成多项顶层业务目标，形成未来交易所新一代系统业务目标，完成系统建设组织与推进方案。五是行情发布平稳有序。股指期货行情已覆盖全部会员及64家证券公司的4 200个营业部，实现了行情传输不断，数据不乱。

【投资者教育】 深入开展投资者教育，市场舆论环境不断优化。2012年，中金所深入开展投资者教育，为市场安全平稳运行营造了良好环境。一是持续深入开展多层次全方位投资者宣传教育。继续办好国债期货、股指期权、境外金融期货研修、金融期货高级管理课程、专家培训、会员合作培训及交易结算与风控业务培训等七大系列培训。开展多场股指期货套期保值研修班、国债期货培训班和股指期权培训班。与会员开展联合培训461场，累计培训9.2万人。二是加强媒体金融期货专业培训。举办10期媒体培训班，努力提升媒体金融期货专业化水平。

【市场监管】 加强法制与监管，促进市场合规运行。一年来，中金所通过加强法制建设，严格一线监管，促进市场合规运行。一是认真贯彻证监会各项工作指引，及时修订交易所配套通知，提升监管针对性。完成监查报备系统开发与上线，实现实际控制关系账户与程序化交易常态化监管。二是严格落实投资者适当性制度，不断完善指标与流程。继续深化投资者适当性制度的现场检查，充实内容，丰富方式,根据实施情况与调研反馈,不断优化投资者适当性制度指标与流程。三是加强风险实时监控,及时遏制违规苗头。加强对特殊法人交易行为的监测监控,防止价格操纵行为。依托信息传闻监控系统,建立"人机结合"的信息传闻监控机制,防范信息型操纵。加强对交割量较大的套期保值客户的监控,防范到期日操纵风险。加大套利交易行为的监控,防范其对市场造成冲击。四是深化跨市场监管协作机制,确保跨市场监管协作信息互换及时,协作联动紧密,异动排查高效。

【市场服务】 拓展市场服务,促进市场功能发挥和运行效率提升。一年来,中金所着眼于发挥市场功能、降低市场成本、提升市场效率,拓展市场服务,完善有利于市场稳定和功能发挥的基础性制度建设。一是推动机构投资者参与政策的出台与完善。与国家金融监管部门密切沟通配合,落实信托、QFII、保险等机构参与股指期货交易的政策细节。推动证券自营参与股指期货交易及证券公司净资本扣减方法的优化。二是完善交易所规则体系。修订出台《中国金融期货交易所套期保值与套利交易管理办法》,推出套利业务,从申请材料、额度审批等方面简化套期保值审批流程。修订完善《特殊法人机构交易编码管理业务指南》,为机构投资者参与提供便利。三是贴近市场一线,听取市场意见。走访各类市场机构,展开面对面交流,听取其对改善市场服务的意见和建议。四是坚持市场化发展方向,采取一系列措施,降低交易成本,提升市场运行效率。在风险可控的前提下,将股指期货远、近月合约保证金标准统一下调至12%,全市场资金使用率由此提高25%;下调手续费,降低交易成本;调整优化监管指标,将股指期货持仓限额由100手调整为300手,满足市场合理交易需求。通过以上措施,市场持仓稳步增长,市场功能逐步发挥。

【获奖情况】 2012年12月27日,中国金融期货交易所"金融期货仿真平台"项目荣获2012年度上海金融创新成果奖一等奖。金融期货仿真平台是中金所自主开发和运行,专门为股指期货、国债期货、外汇期货、金融期权等金融市场重大创新而创建的,面向交易所、中介机构和广大投资者等市场各方提供服务,具备产品研发、系统开发测试、规则检验、投资者教育、市场准入以及宣传引导等复合功能的大型综合平台。金融期货仿真平台是一项协同各方力量、汇集各方智慧的系统工程,主要通过完全模拟真实市场的仿真交易,来检验相关金融创新的各个环节,是产品研发的重要基础,系统开发测试的关键手段,完善交易规则的理想途径,投资者教育的重要基地,也是加强市场各方业务协作的重要纽带。这种高度仿真、并且对市场全面开放的系统,目前在国际主要交易所中也是仅有的。该平台创建运行为股指期货在2010年成功上市打下了坚实的基础,也为今后上市国债期货、外汇期货和金融期权等新品种提供了条件。实践证明,在重大金融创新推出前先进行仿真,是测试和大幅降低创新风险,确保创新获得成功的重要举措。

（中金所）

7. 上海清算所

【概况】 2012年,银行间市场清算所股份有限公司(简称上海清算所)在人民银行领导下,大力推进中央对手清算业务创新,持续拓展登记托管结算业务规模,有效保证业务平稳运行,各项工作取得明显成绩。

2012年,上海清算所创新金融产品登记托管结算业务稳步发展,新增4个产品,包括信贷资产支持证券(ABS)、非金融企业资产支持票据(ABN)、证券公司短期融资券(证券公司CP)、金融资产管理公司债。与传统信用融资方式主要依托发行体本身的信用水平获得融资不同,ABN凭借支持资产的未来收入能力获得融资,支持资产本身的偿付能力与发行主体的信用水平分离,从而拓宽了自身信用水平不高的企业融资渠道。12月,上海清算所自主创新、独立研发的人民币远期运费协议中央对手清算业务试运行。至此,上海清算所可为外汇即期竞价交易提供集中清算服务,为现券交易以及人民币远期运费协议提供中央对手清算服务,初步建立了多产品、跨市场的中央对手清算业务体系。

2012年5月13日,上海清算所"创新金融产品集中托管与清算"项目荣获2011年度上海金融创新成果一等奖。12月19日,上海清算所"银行间债券市场现券交易净额清算"项目荣获2012年度上海金融创新成果三等奖。

【清算业务】 (1)外汇即期竞价交易集中清算业务。截至2012年12月31日,外汇即期竞价集中清算业务参与者共259家，其中人民币对外币业务参与者251家，外币对业务参与者98家，汇丰银行、渣打银行、花旗银行等世界知名金融机构持续积极参与外汇即期竞价集中清算业务，交易量同比增加53%。

（2）现券交易中央对手清算业务。2012年是现券交易中央对手清算业务运行的第一个完整年度，全年共处理业务8 860笔，面额17 236.8亿元，占上海清算所集中清算业务（全额、净额）的21.79%，资金轧差率达到94.19%。中央对手清算业务渗透率（即实际纳入中央对手清算业务的交易面额占可纳入中央对手清算业务的交易面额）逐月上升，目前已经稳定在60%以上，现券交易中央对手清算业务已得到市场认可。

（3）人民币远期运费协议清算业务，是指以上海清算所为中央对手方，对市场参与者达成的远期运费协议交易进行集中的风险管理，保证交易双方履行交易达成时约定的权利和义务，并最终以人民币进行资金结算。该业务是我国首个以人民币计价清算的全球化场外衍生产品，标志着我国在主要的全球化衍生产品上实现了以人民币计价清算零的突破。人民币远期运费协议中央对手清算业务的清算产品，包括CTC（海岬型船平均期租远期运费协议）、PTC（巴拿马型船平均期租远期运费协议）与STC（超灵便型船平均期租远期运费协议）等3个品种。

【登记托管结算业务】 上海清算所登记托管业务品种和规模稳步扩大。2012年5月15日托管第一只证券公司短期融资券，8月8日托管第一只非金融企业资产支持票据（ABN），9月12日托管第一只信贷资产支持证券（ABS），10月29日托管第一只金融资产管理公司债。

2012年，上海清算所共发行登记债券1 248只、18 934.54亿元，在全国债券市场占比为23.58%，登记托管业务规模稳步增加。其中，公司债18 080.92亿元，市场占比48.52%；金融债853.62亿元，市场占比1.93%。

2012年，上海清算所共兑付付息债券281只、6 053.7亿元，其中，公司债274只、5 787.7亿元，金融债7只、266亿元。

2012年底，上海清算所托管债券1 225只、17 047.53亿元。其中，公司债1 194只、16 459.91亿元；金融债31只、587.62亿元。托管CRMW 1只，名义本金1.3亿元。

2012年，上海清算所共办理债券全额逐笔清算结算110 752笔、108 726.66亿元。其中，现券85 819笔、61 879.77亿元；回购18 492笔、41 220.06亿元；其他交易方式6 441笔、5 626.83亿元。

【风控体系和业务规则】 2012年，上海清算所持续优化风险管理制度，为创新金融产品稳健发展搭建重要的制度平台；建立风险管理委员会，聘任首批外部专家委员10名，并持续完善和有效发挥其风险管理决策职能。同时，结合业务发展，上海清算所不断完善业务规则体系。为明确新增登记托管产品的业务制度及办理流程，上海清算所先后对外发布了《关于证券公司短期融资券登记托管、清算结算业务的公告》、《关于信贷资产支持证券登记托管、清算结算业务的公告》、《关于非金融企业资产支持票据登记托管、清算结算业务的公告》。为履行银行间债券市场指定信息披露人的职责，规范信息披露相关行为，确保信息披露工作有序开展，上海清算所发布了《银行间市场清算所股份有限公司非金融企业债务融资工具信息披露操作规程》。为便于投资者在上海清算所办理持有人账户开户手续，上海清算所遵照中国人民银行发布的有关制度、规定和要求，并结合业务开展以来实际操作情况及市场成员的意见和建议，对《持有人账户业务操作指南（试行）》进行了修订完善，发布《持有人账户开户指南》。

【市场服务对象】 上海清算所服务对象主要是银行间市场机构投资者，根据参与清算、登记托管结算服务的不同，可分别成为清算会员或结算成员。截至2012年12月，上海清算所普通清算会员共32家，产品类清算会员，包括现券净额清算会员和外汇竞价清算会员，分别为53家、259家。2012年底，上海清算所共有3 340家结算成员。其中，政策性银行1家，商业银行216家，证券公司96家，保险公司68家，信用社103家，非银行金融机构73家，非金融机构法人32家，人民银行批准的境外机构37家，非法人机构2 714家。

（上海清算所）

二、金融市场运行

1. 上海市信贷政策与信贷市场

【概况】 2012年以来，上海金融管理部门和全市金融机构一起，认真贯彻稳健货币政策，创新落实各项信贷政策，大力调整优化信贷结构，支持实体经济健康发展，取得明显成效。2012年以来，上海市信贷运行总体平稳，贷款保持适度增长态势，各项贷款总量突破4万亿，信贷结构不断优化，较好地支持了实体经济发展。2012年末，上海市本外币各项贷款余额40 982亿元，同比增长10.2%，增速较上年末下降0.1个百分点。新增本外币贷款3 818.3亿元，同比多增163.9亿元；其中12月份增加202.6亿元，同比少增31.9亿元。

【主要货币信贷政策举措】 2012年以来，上海金融管理部门与有关各方共同努力，重点做了以下几项工作：

一是推动财政政策、信贷政策和产业政策的协调。发布《2012年上海市信贷投向指引》(上海银发〔2012〕59号)，加强信贷政策和产业政策的对接。同时，为鼓励经济转型发展，2011年9月以来，与财政部门联合启动了五个10亿元和一个60亿元的财政、信贷和产业政策专项对接计划：

第一个10亿元用于投资参股商业性科技担保机构。参股方为国盛集团、科投公司和上海国际集团等市级国有投资公司。参股对象为"管理规范、信用良好、风控完善"的商业性融资担保机构。通过严谨的注资意向洽谈和书面承诺，已有联合担保、创业接力、市再担保公司、东方惠金等7家机构获得10.4亿元的资本金注入。

第二个10亿元用于科技信贷风险补偿。补偿对象以"张江"、"紫竹"、"杨浦"三个国家级科技园区企业为主。补偿条件是银行实施尽职调查，不良率3%以内部分商业银行自主承担，3%—4%部分的50%由财政资金代偿。值得肯定的是，补偿的具体机制得到不断改进，原来按50%补充，现在只要3%—4%之间的不良贷款百分之百予以补偿，原来按企业补偿，现在改为按项目补偿。

第三个10亿元用于建立投贷保联动机制。由上海国际集团出面设立创业投资有限公司，与市再担保有限公司、浦发银行、上海农商银行联合推出标准化的"投贷宝"产品。其核心的创新点为，坚持"一并联、二独立、三共享"的原则，通过并联实现一体化、流程化运作，各方独立决策、独立掌握风控标准，但可共享企业客户、项目信息及风控资源，股权投资和银行贷款比例可自由配置。其精巧设计保证了对科技企业的投、贷、保标准，项目审批流程，贷款利率以及担保费率均优于市场通行水平。

第四个10亿元用于对金融机构的正向奖励和扩大科技信贷风险补偿资金规模。目前，已经完成2012年度上海中小企业融资服务最佳合作伙伴评选，评出"最佳合作伙伴"、"杰出合作伙伴"、"优秀合作伙伴"25家。同时，对于银行规模在1亿元以上的小微企业贷款，按一定比例奖励到商业银行信贷人员，直接奖励到人头，共有26家银行获得约7 700万元奖励资金。

第五个10亿元用于扩大商业性科技担保机构投资参股资金规模。主要是注资支持区县一级的商业融资担保公司。

同时，还开展首期60亿元的财政现金管理行招标活动。中标的中国银行上海分行等10家银行承诺2012年累计新增发放小微企业贷款170亿元，且全部为市场急需的"无抵押、无质押、无保证"的信用类贷款。财政资金的放大效果可以达到1∶3左右。

以上110亿元的对接计划，主要着眼于财政与金融互动机制的创新，针对融资环境中的薄弱环节，在存款招标、参股、补偿、奖励、评优、投资等领域进行大胆探索，有效改善了科技企业融资环境，取得了阶段性成果。

二是深入推进政策导向效果评估。印发《上海市银行业金融机构货币信贷政策导向效果综合评估办法》(上海银发〔2012〕45号),进一步完善评估制度;对全市180多家机构完成了首次年度评估,召开座谈会总结工作经验,并作一对一通报;针对金融运行中存在的一些普遍性问题,对部分有代表性的机构开展现场评估;根据评估结果适时调整部分机构的差别准备金政策参数,支持符合政策导向的信贷投放。大力推进银政对接工作。

同时,联合相关部门召开"金融支持实体产业经济发展大会",明确了金融支持的重点产业和领域;联合开展"上海市服务贸易和服务外包企业最佳伙伴银行"评选活动,对首批入选银行进行表彰授牌。

三是进一步做好房地产信贷调控。印发《关于进一步健全房地产金融监测报告制度的通知》(上海银发〔2012〕60号),加强房地产信贷风险和行业内各类风险事件的监测。召开上海市房地产信贷工作座谈会和房地产金融联席会议,传达房地产信贷政策精神,要求各金融机构落实好差别化住房信贷政策;实地走访有代表性的企业和楼盘,深入了解房地产调控效果和当前房地产金融面临的风险。配合国务院督察组来沪做好各项检查工作,督察组充分肯定了上海市差别化住房信贷政策的落实情况。

四是利用再贷款工具对先导产业实施定向支持。制订《中小金融机构再贷款实施办法》和《支农再贷款实施办法》,建立再贷款授信审批制度。与金融机构签订再贷款总体框架协议,并由金融机构再配套一部分资金,共同组成资金池重点支持文化产业和战略性新兴产业,通过杠杆化运作最大程度发挥再贷款工具对实体经济的定向支持作用。

五是继续贯彻落实稳健货币政策,为信贷运行创造合理适度的货币条件。印发《关于贯彻落实差别准备金动态调整政策有关事项的通知》(上海银发〔2012〕42号),对实践证明成熟有效的调控做法进行规范化和制度化,着重明确定向支持的条件和程序,建立差别化的定期报告制度。继续做好对地方法人金融机构的调控工作,按照总行逆周期预调微调要求,支持资本充足率较高、资产质量较好、法人治理结构完善、信贷政策执行有力的金融机构适度增加信贷投放,并根据实际需要灵活调整投放进度,取得了积极效果。

六是建立利率管理工作长效机制。变单纯转发文件为主动指导管理,召开上海市首次利率工作联席会议,指导金融机构切实提高利率定价能力和风险管理水平,主动适应利率市场化改革。上线运行新利率监测管理系统,建立存款利率浮动情况监测制度,改进对金融机构利率政策执行情况的监测和指导。开展小微企业贷款利率定点监测,组织12家小微企业贷款业务较多的银行组成报价团,按月上报小微企业贷款利率,并最终形成价格指数。

【贷款市场运行特征】 2012年初,受经济增长放缓、宏观调控力度加大等因素影响,上海信贷有效需求明显萎缩,信贷增速一度下滑。面对严峻的形势,上海市金融系统认真落实中央和人总行稳增长的各项政策措施,围绕强化金融支持上海经济转型发展这一主题,不断增强各项政策的针对性、有效性和前瞻性。随着各项政策的实施和经济金融形势的转变,从2012年下半年开始,上海市信贷运行开始出现积极变化,信贷有效需求回升。全年信贷市场运行呈现以下特征:

一是从信贷总量上看,增速先抑后扬。2012年,全市中外资金融机构本外币各项贷款增加3 818.3亿元,同比多增163.9亿元。其中,前5个月贷款增长率逐步下降,随后贷款增长率开始企稳回升,到2012年末,全市本外币各项贷款同比增长10.2%,较5月末回升1.3个百分点。2012年末,上海市本外币贷款余额在全国中的比重为6.1%,比上年末下降0.3个百分点,但贷款占比仍远高于生产总值占全国3.9%的比重。

二是从信贷结构上看,短期贷款、外汇贷款和房地产贷款同样呈现前低后高走势。2012年,全市中外资金融机构短期贷款增加1 792.5亿元,同比多增357.8亿元,四个季度的累计同比增长率分别为13.9%、10.3%、11.1%和15.3%。全年外汇贷款增加109亿美元,同比多增33.4亿美元,四个季度的增量分别为19.6亿、−13.0亿、42.6亿和59.8亿美元。全年房地产贷款增加623.9亿元,四个季度末余额同比增长率分别为4.4%、5.7%、6.6%和7.1%。

三是从信贷主体上看,外资银行信贷逐渐止跌回升。由于受国际国内环境变化、监管指标约束以及经营战略调整影响,2012年前7个月,外资银行信贷一度出现明显收缩迹象。1—7月,上海外资银行本外币贷款累计减少162.6亿元。但从8月开始,随着外资企业经营情况好转、外资银行贷存比压力趋于缓解,信贷投放能力有所增强。外资银行贷款逐步回升，下半年共增加了近 60 亿元。

四是从信贷投向看，信贷支持经济结构调整和改善民生的作用增强。2012 年，全市新增的本外币企业贷款(不含票据融资)中，投向第二产业的贷款增加 972.4 亿元，其中制造业贷款增加 550 亿元；投向第三产业的贷款增加 1 570.1 亿元，占全部境内企业贷款(不含票据融资)增量的 61.2%，其中批发零售业、交运仓储邮政业和租赁商务业的贷款分别增加 619.8 亿元、411.7 亿元和 272.1 亿元。全年本市新增本外币房地产开发贷款 411.1 亿元，其中政府土地储备贷款和保障性住房开发贷款分别增加 165.9 亿元和 204.3 亿元。

2012 年，上海市各银行继续加大对中小型企业的信贷倾斜力度。上海市中外资银行投放大、中、小和微型企业本外币贷款分别增加 396.8 亿元、929.9 亿元、266.6 亿元和 54.4 亿元。其中大型制造企业和交运仓储邮政业贷款分别增加 140.8 亿元和 108.5 亿元；中型企业贷款主要投向批发零售业、制造业、租赁商务业和房地产业等，分别增加 295.6 亿元、218.4 亿元、171.4 亿元和 135.3 亿元；小型和微型批发零售企业贷款分别增加 118.1 亿元和 76.6 亿元。年末中小微企业贷款余额占比由年初的 63.3%上升至 64.1%。

(林春山)

2. 全国银行间市场

【人民币外汇即期市场】 2012 年，银行间人民币外汇即期市场成交小幅下降，交易量同比减少 5.6%。银行间人民币外汇即期市场货币对共 10 个，分别是美元对人民币、港元对人民币、日元对人民币、欧元对人民币、英镑对人民币、澳元对人民币、加元对人民币和人民币对林吉特、人民币对卢布、人民币对泰铢。其中，美元对人民币即期交易量同比下降 9.2%；非美货币中，除人民币对卢布交易量同比小幅下降 4.3%外，其他货币即期交易均呈现不同幅度增长。

人民币汇率随实体经济阶段性波动。2012 年，银行间人民币对美元即期汇率随实体经济呈现阶段性波动特征。前 4 个月国际经济环境有所改善，国内经济总体趋稳，扩大汇率波幅、负头寸等一系列的改革举措相继实施，汇率走势没有明显的方向性，基本在 6.29—6.32 区间上下波动。5—7 月，欧元区债务危机继续恶化，避险情绪上升，国际市场美元大幅上扬，美元指数升至 7 月底的 84 点，涨幅高达 6%，同期国内外汇存款也进一步快速增长，同比增速高达 60%左右。人民币汇率在此期间总体走弱，中间价在此期间走弱至 6.342 9 低点，交易汇率走弱至 6.392 3 低点。8 月以后，发达经济体新一轮货币宽松开启，美国 QE3、欧洲以及日本的国债和其他资产购买计划实施，国际市场美元汇率指数过山车般大幅下挫，跌幅超过 6%；国内经济企稳，出口增速有所回升，市场情绪转换，人民币汇率逆转走强，中间价在此期间最高至 6.285 2，交易汇率最高至 6.221 8。全年人民币对美元汇率中间价升值 0.2%，交易汇率升值 1.2%。

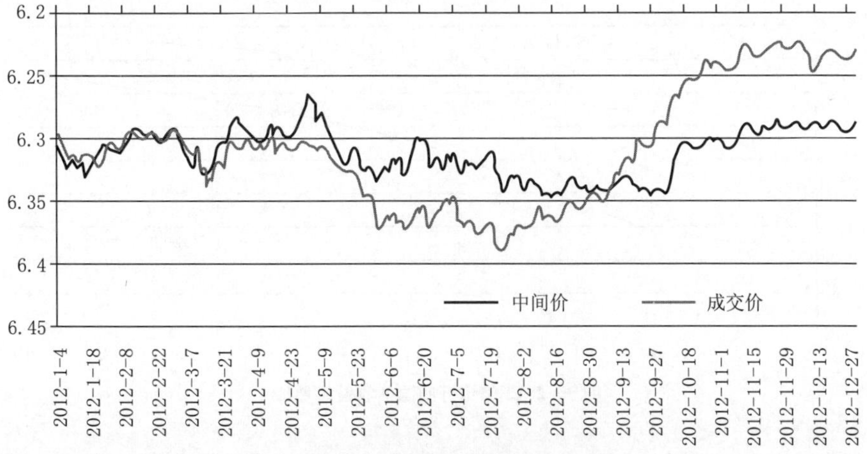

图 1　2012 年人民币对美元即期汇率走势

【外币对即期市场交易规模回落】 2012年，银行间外币对即期市场成交金额折合622亿美元，同比下降27.4%。银行间外币对即期市场共有货币对9个，分别是澳元/美元、欧元/日元、欧元/美元、英镑/美元、美元/加元、美元/瑞士法郎、美元/港元、美元/日元和美元/新加坡元。其中，美元/港元、欧元/美元分别成交276亿美元和172亿美元，同比分别下降27.6%和46.5%，澳元/美元成交131亿美元，同比增长51.1%，三个货币对合计占到9个货币对即期交易总量的93.0%。

【货币市场】 2012年，银行间货币市场成交188.4万亿元，同比增长41.8%。2012年基础货币投放方式发生改变，对银行间市场资金面格局产生重要影响。一方面，作为基础货币投放重要来源的央行外汇占款增长缓慢，有几个月份甚至呈现负增长，银行间市场流动性趋紧。另一方面，央行在公开市场上通过逆回购操作投放基础货币渐成常态，有效补充并平滑了市场流动性。在上述因素共同作用下，银行间货币市场流动性长期保持紧平衡格局。

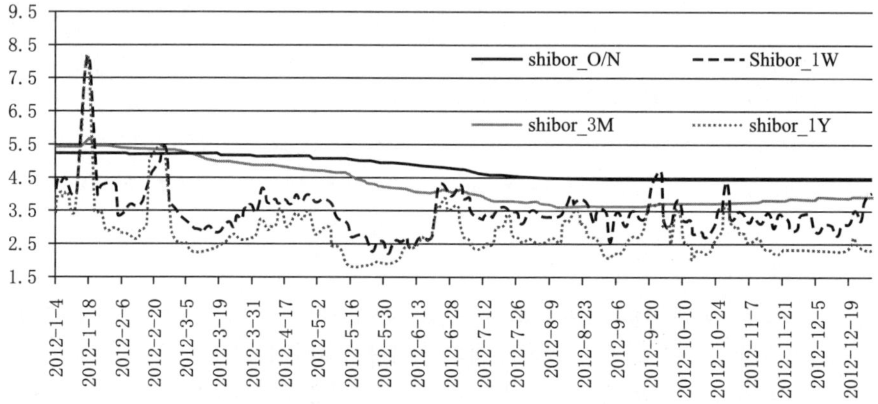

图2　2012年货币市场利率走势

【债券市场】 2012年，银行间债市交投活跃，成交量创历史新高，全年共成交75.2万亿元，同比增长18.2%，结束了2011年债市成交缓慢下滑的局面。政策性金融债、中期票据和国债的总成交量分列市场前三位，市场占比分别为28.9%、18.5%和12.3%。此外，企业债的井喷式发行使得该券种的成交量占比达到12.0%，接近国债水平。受信贷资产证券化业务重启的影响，资产支持证券全年共成交56.2亿元，与2011年相比增长明显。

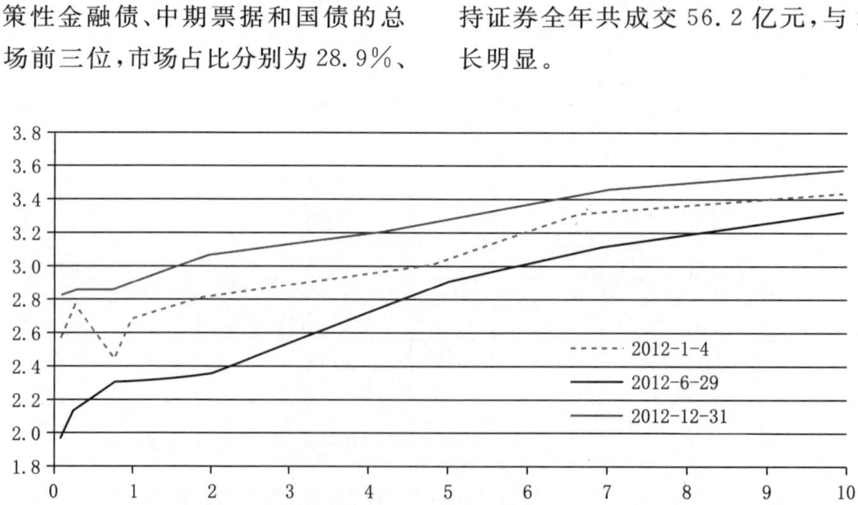

图3　2012年银行间国债收益率曲线

【衍生品市场】 2012年，银行间人民币外汇衍生品交易2.6万亿美元，同比增长31.6%。衍生品在整个人民币外汇市场上的比重进一步提高，从2011年的35.9%提升至2012年的43.8%，较2006

年大幅提高36个百分点。11月汇率衍生品市场成交水平还一度超过即期市场。

利率衍生品交易活跃度趋缓。受到货币市场利率波动降低、市场预期趋同等因素的影响，2012年利率衍生品市场活跃度较上年趋缓，利率互换交易量小幅增长8.4%至2.9万亿元，增幅较上年明显降低；债券远期和远期利率协议成交量进一步大幅萎缩；整个利率衍生品市场成交同比增长5.0%。

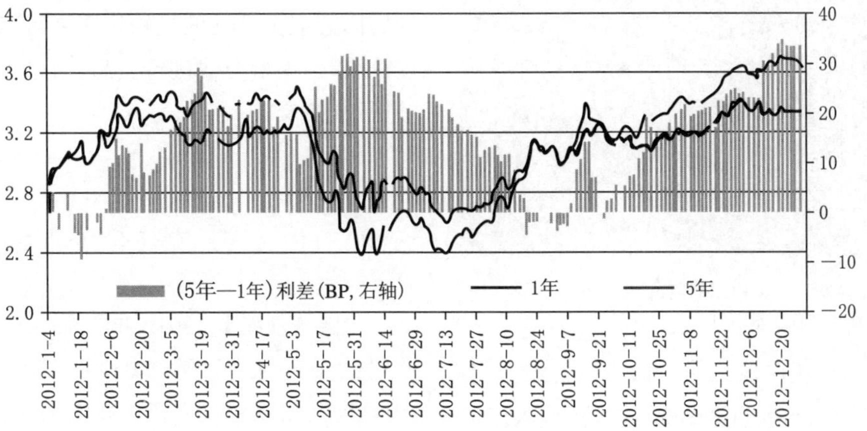

图4 2012年FR007_IRS价格走势

（上海外汇交易中心）

3. 上海黄金市场

【概况】 2012年，受国际社会经济形势影响，全球市场黄金交易量都出现了不同程度下降，上海黄金交易所也不例外。但在市场各方的共同努力下，全年上海黄金交易所市场总体保持平稳运行，资金清算稳定，实物出库量略有增加。同时，随着银行间黄金询价业务正式上线运行，上海黄金市场功能不断完善，交易呈现多元化发展态势。

全年黄金累计成交6 350.20吨，同比减少1 088.26吨，降幅14.63%，日均成交量26.13吨。白银全年共成交20.89万吨，同比减少3.81万吨，降幅15.42%，日均交易量859.88吨。铂金全年累计成交63.91吨，同比减少1.72%，日均成交量263公斤。全年交易所累计成交额为3.53万亿元，同比减少0.91亿元，降幅20.52%。12月3日，交易所与外汇交易中心合作的银行间黄金询价交易上线运行，截至年底共17家银行参与交易，累计成交黄金14.31吨，成交金额48.81亿元，市场交投平稳。

【金银价格】 2012年，黄金、白银价格总体表现为横盘震荡。年初国内黄金开盘价①为326.8元/克，2月底最高达到362.5元/克，年底收于334.34元/克，全年累计涨幅4.55%。白银价格年初以6 215元/千克开盘，最高在3月初达到7 630元/千克，年末收于6 271元/千克，全年累计涨幅9.21%。

黄金国内外差价与2011年相比变化不大，全年243个交易日中，217个交易日国内金价高于国际金价，平均幅度为1.86元/克，25个交易日国内金价低于国际金价，平均幅度为1.02元/克，1个交易日国内金价与国际金价持平。

【资金清算】 全年资金清算量为11 279亿元，同比增加1 852亿元，增长19.65%，其中：会员自营7 002亿元，增长10.93%；代理4 277亿元，增长37.3%。资金清算的笔数和会员保证金存量也呈逐渐增加的趋势，日均分别为1 100笔和200亿元，开具结算发票15万张，金额8 152亿元，同比增加21.78%。

【仓库管理】 仓库管理系统运行良好，会员存取、调拨出入库手续操作正常，共使用仓库49个，涉及34个地区，指定仓库使用率71.01%。全年黄金入库量1 212吨，同比增加94.05吨，增长8.41%；出

---

① 黄金价格为Au9995合约价格，白银价格为Ag(T+D)价格。

上海黄金交易所与中国外汇交易中心举行银行间黄金询价业务联合上线仪式

库量1 138.96吨，同比增加95.93吨，增长9.2%。白银入库量364.62吨，出库量392.01吨。铂金入库量32.01吨，出库量31.95吨。

【市场主体】 为进一步深化市场功能，丰富市场交易模式，促进形成多层次的市场体系，上海黄金交易所与中国外汇交易中心于2012年12月3日上午举行了银行间黄金询价业务联合上线仪式。此次上线的银行间黄金询价业务是由上海黄金交易所与中国外汇交易中心合作推出。中国外汇交易中心接受上海黄金交易所委托在外汇交易系统CFETS FX2009上挂牌交易所指定的黄金等交易品种，经双方核准的机构投资者可通过外汇交易系统以双边询价方式进行交易，通过上海黄金交易所进行清算交割。

（上海金交所）

4. 上海保险市场

【保费规模】 2012年上海原保险保费收入共完成820.64亿元，同比增长8.97%，列全国第6位。财产险公司保费收入全国排名第7位，增长率低于全国平均水平近5个百分点；人身险公司保费收入排名列全国第6位，增长率高于全国平均水平近4个百分点。

表1　主要省市原保险保费收入比较　　单位:亿元

	地　区	保费收入		财产险公司			寿险公司		
		保费	同比	名次	保费	同比	名次	保费	同比
1	江　苏	1 301.28	8.44%	1	457.79	15.93%	2	843.49	4.76%
2	广　东	1 290.86	5.89%	2	434.66	13.76%	1	856.19	2.30%
3	山　东	967.75	8.70%	4	325.85	15.52%	4	641.90	5.53%
4	北　京	923.09	12.45%	6	275.16	15.51%	3	647.93	11.20%
5	河　南	841.13	0.16%	9	199.67	20.10%	5	641.46	−4.77%
6	上　海	820.64	8.97%	7	271.72	11.10%	6	548.92	7.94%
7	浙　江	819.88	12.21%	3	367.80	15.52%	9	452.07	9.65%
8	四　川	819.53	5.24%	5	285.24	20.46%	7	534.28	−1.41%
9	河　北	766.16	4.54%	8	264.28	16.34%	8	501.88	−0.76%
10	湖　北	533.31	6.28%	14	142.37	18.38%	10	390.94	2.46%
—	全国合计	15 487.93	8.01%	—	5 529.88	15.71%	—	9 957.89	4.16%

财产险公司原保险保费收入271.72亿元，同比增长11.10%；寿险公司原保险保费收入548.92亿元，同比增长7.94%。产、寿险公司原保险保费收入比例为33∶67。

表2　各险类原保险保费收入　　单位:万元

指标项目	保险公司		财产险公司		寿险公司	
	本年累计	同比	本年累计	同比	本年累计	同比
原保险保费收入	8 206 368.07	8.97%	2 717 196.32	11.10%	5 489 171.75	7.94%
财产险	2 563 782.44	9.85%	2 563 782.44	9.85%	—	—
人寿保险	4 824 489.28	6.30%	—	—	4 824 489.28	6.30%
健康保险	574 795.57	23.59%	55 689.24	39.52%	519 106.34	22.10%
意外伤害保险	243 300.77	25.85%	97 724.64	36.04%	145 576.13	19.83%

【业务支出】 (1) 2012年上海市场手续费及佣金支出合计68.24亿元,增速14.45%,其中产险公司增长14.19%,寿险公司增长14.60%;业务及管理费合计109.63亿元,增速16.15%,其中产险公司增长17.98%,寿险公司增长15.09%。

表3 手续费、佣金、业务管理费情况 单位:亿元

科 目	保险公司		财产险公司		寿险公司	
	金额	增长	金额	增长	金额	增长
手续费及佣金支出	68.24	14.45%	25.18	14.19%	43.06	14.60%
业务及管理费	109.63	16.15%	42.28	17.98%	66.17	15.09%

(2) 2012年上海保险市场赔付支出合计255.79亿元,同比减少1.89%;其中,产险公司的赔付支出比去年同期增加32.96%,寿险公司赔付支出比去年减少26.54%。

表4 上海市各险种赔付支出情况 单位:万元

指标项目	保险公司		财产险公司		寿险公司	
	本年累计	同比	本年累计	同比	本年累计	同比
赔付支出	2 557 860.08	−1.89%	1 436 355.35	32.96%	1 121 504.73	−26.54%
财产险	1 386 282.33	32.88%	1 386 282.33	32.88%	—	—
人寿保险	879 865.07	−4.44%	—	—	879 865.07	−4.44%
健康保险	251 356.17	−58.58%	28 883.79	51.46%	222 472.38	−62.15%
意外伤害保险	40 356.51	11.29%	21 189.23	17.78%	19 167.28	4.90%

【中外资市场结构】 2012年中资公司保费收入710.53亿元。外资公司保费收入110.11亿元。中、外资保险公司原保险保费收入比例为87∶13。外资保险公司占市场比为13.42%,占比微有回升。其中外资财产险业务占市场比2.26%,外资人身险业务占市场比11.15%。

表5 中外资原保险保费收入占比

	占 比		占 比		占 比
中资产险	30.85%	中资保费收入	100.00%	寿险保费收入	100.00%
中资寿险	55.73%	其中:产险	35.63%	其中:中资	83.32%
中资合计	86.58%	寿险	64.37%	外资	16.68%
外资产险	2.26%	外资保费收入	100.00%	产险保费收入	100.00%
外资寿险	11.15%	其中:产险	16.87%	其中:中资	93.17%
外资合计	13.42%	寿险	83.13%	外资	6.83%

【产险公司业务结构】 2012年上海财产险公司业务同比增幅为11.10%,占全国比4.91%,保费规模主要来源航运相关保险的聚集和责任保险、意外险和健康保险等的快速增长。机动车辆保险同比增长13.76%,车险在财产险中比重为56.39%,仍低于72.43%的全国平均水平;船舶险原保险保费为22.62亿元,同比增长8.51%,占全国船舶险的比重达40.63%。企财险同比增长0.46%;意外险同比增长36.04%,占全国意外险的7.72%;货运险同比减少−1.56%,占全国货运险的13.16%;健康险、保证保险和特殊风险保险同比高速增长,增速分别高达39.52%、44.55%和35.22%。农业保险同比扭负为正,同比增长30.87%。

表 6 产险公司主要险种情况

单位:万元

	本年累计	同比增长	占财产险比	占全国比
机动车辆保险	1 532 182.74	13.76%	56.39%	3.83%
船舶保险	226 245.00	8.51%	8.33%	40.63%
企业财产保险	259 391.90	0.46%	9.55%	7.20%
责任保险	167 478.69	15.84%	6.16%	9.11%
货运险	133 861.25	−1.56%	4.93%	13.16%
意外伤害保险	97 724.64	36.04%	3.60%	7.72%
健康险	55 689.24	39.52%	2.05%	7.69%
信用保险	58 797.98	−32.49%	2.16%	3.66%
工程保险	47 197.28	−4.56%	1.74%	7.58%
保证保险	52 305.45	44.55%	1.92%	5.60%
特殊风险保险	36 219.02	35.22%	1.33%	9.82%
家庭财产保险	11 741.16	15.77%	0.43%	4.12%
农业保险	36 473.47	30.87%	1.34%	1.52%

上海市场承保车辆558.73万辆次,完成保费153.22亿元,赔款97.19亿元,赔款和保费比为63.44%,中资完成152.77亿元,占中资产险保费比63.51%,外资完成0.65亿元,占外资产险保费比为36.88%。

按新会计准则,被计入原保险保费收入的投连和万能产品很少,2012年累计保费分别为0.82亿元和3.31亿元,合计占寿险市场比仅为0.86%。分红险增长放缓,同比增加7.21%,其市场份额占到整体寿险市场的87.59%;普通寿险规模累计完成55.74亿元,规模与上年基本一致。

表 7 寿险公司各险类保费收入情况表

单位:亿元

	普通型产品			分红型产品			投连产品			万能产品		
	累计	同比	占比	累计	同比	占比	累计	同比	占比	累计	同比	占比
中资	35.00	−3.22%	7.26%	371.46	5.77%	77.00%	0.71	−4.58%	0.15%	3.23	0.83%	0.67%
外资	20.73	6.78%	4.30%	51.12	19.00%	10.60%	0.11	0.24%	0.02%	0.07	0.85%	0.02%
合计	55.73	0.28%	11.56%	422.58	7.21%	87.60%	0.82	−3.96%	0.17%	3.30	0.83%	0.69%

【寿险公司业务结构】 2012年寿险公司业务中,个人业务累计原保险保费收入491.03亿元,同比增长5.13%,占比89.45%;团体业务累计原保险保费收入57.89亿元,同比增长39.65%。

表 8 寿险公司按销售对象保费情况

单位:万元

	个人业务			团体业务		
	本年累计	同比增长	占比	本年累计	同比增长	占比
中资	407.73	3.33%	74.28%	49.65	41.02%	9.04%
外资	83.30	14.93%	15.17%	8.24	31.93%	1.50%
合计	491.03	5.13%	89.45%	57.89	39.65%	10.55%

2012年寿险公司寿险共完成482.45亿元,其中新单保费共完成256.91亿元,同比减少6.42%,续期保费完成225.54亿元,同比增长25.76%。其中个人业务新单完成231.99亿元,同比减少10.73%,团体业务新单完成24.51亿元,同比增长71.29%。

2012年上海寿险市场银保市场完成保费258.35亿元。中资保险公司银保业务占整体银保市场的88.83%,占中资寿险公司总保费规模的50.18%;外资保险公司银保业务占整体银保市场仅为11.17%,占外资寿险公司总规模的31.53%。

表 9　寿险公司新单保费按险种类别情况

单位:万元

项　目		本年累计	上年同期	同比%
原保险保费收入		5 489 171.75	5 085 357.07	7.94%
1. 寿险小计		4 824 489.28	4 538 718.25	6.30%
(1) 个人业务	新单保费	2 319 898.80	2 598 660.23	−10.73%
	其中:新单趸交	1 644 211.25	1 924 016.14	−14.54%
	续期保费	2 245 162.45	1 780 655.91	26.09%
(2) 团体业务	新单保费	249 207.03	146 653.87	69.93%
	其中:新单趸交	245 125.04	143 101.63	71.29%
	续期保费	10 220.99	12 748.24	−19.82%
2. 意外伤害险小计		145 576.13	121 482.32	19.83%
3. 健康险小计		519 106.34	425 156.51	22.10%

（上海保监局）

5. 上海商品期货市场

【概况】 2012 年,面对复杂多变的市场形势,上海期货交易所把维护市场稳定作为基本要求,采取一系列组合措施,守住不发生系统性风险的底线,为期货市场稳健运行、稳步发展奠定了坚实基础。一年来上海商品期货市场运行呈现出如下特点:

【市场态势】 市场运行规范有序,交易规模整体平稳。2012 年上海商品期货市场有序运行,交易规模整体平稳。截至年末,上海商品期货市场总成交金额为 44.60 万亿元(以下数据均按单边计算),同比增长 2.63%,占全国总成交金额的 26.06%;总成交量为 3.65 亿手,同比增长 18.52%,占全国总成交量的 25.19%。交易规模整体平稳主要得益于三个因素:一是国家货币政策微调,多次下调存款准备金率和基准利率,使得市场资金紧张状况有所缓解,大宗商品的供应量和需求量呈现企稳迹象,投资者参与商品期货交易的积极性有所回升。二是在中国证监会的统一部署下,期交所多次下调交易手续费,降低了投资者的交易成本,促进了交易量平稳增长。三是受到国际金融危机和国际期货市场的波动传导影响,期交所上市品种价格波动明显增大,投资者利用期货工具管理风险的意愿增强。

【套保交易】 套保总量不断增加,投资者结构逐步完善。2012 年,参与市场交易的客户数 35.8 万个,同比增长 7.8%,其中法人客户数 6 829 户。参与交易的客户数排名前三的品种是螺纹钢、天胶、铜,同比增减幅分别为 24.2%、−6.3%、−0.3%。商品期货市场受到广大机构投资者的关注,平安银行、光大银行等金融类非期货公司会员通过期交所入会审核;鸿瑞 4 号期货套利资产管理计划等 14 家特殊单位客户入市参与期交所交易,投资者结构进一步优化和完善。同时,期交所大力推进套保服务的精细化管理,年初结合品种发展实际,对所有上市品种的套保管理办法进行了统一,并配套上线电子化管理系统,进一步优化套保头寸申请流程,提高审批效率,得到会员和产业客户广泛认同,参与套保交易的积极性不断提高。全年有 237 户法人客户申请获批 1 742.11 万手套保交易头寸,同比分别增长 2.16%和 124.52%,参与套期保值交易 473.07 万手,同比上升 70.21%。此外,期交所继续从优化交易机制入手,综合考虑企业套保需求和市场风控要求,拟全面修订套保交易管理办法和制定套利管理办法,采取宽进严管的思路,引入套保与非套保的总体交易模式,套保额度的审批前移至资格认定,大大方便产业客户入市交易。

【价格走势】 品种走势宽幅震荡,价格发现功能日益发挥。2012 年,各品种价格呈现宽幅震荡,上半年在欧债危机升级、全球经济增速放缓等因素的影响下震荡走低,下半年则受到美国 QE3 推出和经济好转迹象增强、欧债危机缓和、中国经济出现触底拐点迹象等因素影响而探底反弹。截至 12 月 31 日,期交所铜、铝、锌、铅、黄金、天胶、螺纹钢、燃料油的涨跌幅分别为 4.48%、−3.02%、4.91%、−0.16%、6.37%、9.93%、−5.34%、−0.16%,白银 5—12 月的涨幅为 4.67%。同期,国际市场相关品种铜、铝、锌、铅、黄金、白银、天胶、原油的涨跌幅分别为 3.78%、2.13%、11.25%、10.66%、5.77%、2.9%、14.54%、−8.13%。相比之下,上海市场各品种价格波动幅度总体小于国际市场,合理反映了国内外市场的基本情况。一是铜、铝、锌、黄金、白银、天然橡胶等国际化程度较高的品种内外价格联动性不断增强,内外市场传导效率逐步提高。二是经过市场多年培育,投资者理性参与交易的意识不断提升,期货价格能够合理反映国内外市场的基本情况。三是人民币兑美元升值持续,导致国内以人民币报价的商品价格走势总体弱于国际上以美元报价的商品走势。

2012 年 5 月 10 日白银期货在上海期货交易所上市交易

【白银期货】 白银期货成功上市，服务产业效果初显。白银期货自 2012 年 5 月 10 日成功上市后，受到了白银生产、贸易和消费企业以及期货业界的高度关注。运行 7 个月以来，白银期货价格与国内外市场基本保持一致，整体成交活跃，运行平稳，功能初步显现。9 月底，AG1209 合约到期交割 147.96 吨，标志着白银期货合约顺利完成了从挂牌上市至到期交割的全过程，白银期货的市场运行取得了阶段性成果。截至 12 月 31 日，总计成交合约 2 126.5 万手，成交金额 2.07 万亿元，参与交易的会员 165 家，客户 12.3 万个，其中法人客户占比 1.39%，累计完成了 419.7 吨实物交割，交割率为 0.18%，初步实现了稳健运行、稳步发展的预期目标。

（上海期交所）

6. 沪深 300 股指期货市场

【概况】 2012 年，沪深 300 股指期货市场运行平稳，交易活跃，期现拟合良好，持仓量稳步上升，风险管理功能进一步增强。(1) 交易适度活跃。2012 年沪深 300 股指期货共 243 个交易日，到年底累计开户 12.7 万户，累计参与交易客户 11.3 万个。按单边统计，总成交 1.1 亿手，总成交金额 75.8 万亿元，比上年分别增长 108.4%和 73.3%，成交金额占全国 4 家期货交易所的 44.3%。日均成交 43 万手，日均成交金额 3 121 亿元，日均持仓 7.7 万手，分别比上年增长 109.3%、74%和 94.5%。近月合约为主力合约，交易最为活跃，占市场总成交的 90%以上，符合成熟市场一般规律，市场整体流动性进一步增强。

表 1　2012 年沪深 300 股指期货月度交易情况

月　度	成交量(万手)	环比增幅(%)	成交金额(亿元)	环比增幅(%)	月末持仓量(万手)	环比增幅(%)
一　月	554.16	−12.68	40 230.35	−14.41	5.24	8.26
二　月	793.66	51.05	60 768.49	43.22	5.95	13.55
三　月	699.89	−9.76	54 838.26	−11.81	6.41	7.73
四　月	606.25	−14.76	46 742.59	−13.38	6.23	−2.81
五　月	720.74	21.61	56 844.05	18.88	6.37	2.25
六　月	713.91	−4.46	54 311.21	−0.95	7.27	14.13
七　月	888.89	19.10	64 685.87	24.51	8.94	22.97
八　月	802.81	−13.27	56 102.81	−9.68	9.27	3.69
九　月	1 101.38	33.49	74 890.6	37.19	8.05	−13.16
十　月	957.26	−11.51	66 271.51	−13.09	9.40	16.77
十一月	1 181.94	18.73	78 685.41	23.47	9.78	4.04
十二月	1 485.29	32.22	104 035.6	25.67	11.04	12.88
总　计	10 506.18	108.4%	758 406.78	73.3%	11.04	/

(2) 开户平稳增长，参与者结构改善。开户数平稳均衡增长，市场参与面继续扩大。截至 2012 年末，全市场账户总数达到 12.7 万户。89%的开户客户参与过股指期货交易，累计参与客户 11.4 万户。2012 年交易者账户数量环比增加 40.6%。证券、基金、信托、QFII、保险等机构参与股指期货的政策均

已明确，截至2012年末，已有64家证券公司、33家基金公司、5家信托公司参与股指期货交易。

(3) 持仓稳步增长。2012年，股指期货持仓量稳步上升，由年初的5万多手增加至年末的11万手，全年日均持仓量7.7万手，环比增长94.4%；日均名义持仓金额为551.3亿元，环比增长60.1%。成交持仓比持续下降，2012年末至5.7倍，接近境外成熟市场水平。

(4) 期现货价格拟合度良好，期现货基差率较小。沪深300股指期货与现货指数保持高度相关性，2012年主力合约与沪深300指数收益率相关系数达96.6%。基差率维持较低水平，大体在±1%以内波动，以正基差为主，即期货价格高于现货指数价格，正基差天数达到77.7%。市场成熟度较高，套利空间较少，为机构套保业务的顺利开展以及市场功能的稳定发挥奠定了坚实基础。

(5) 交割量较低。2012年，沪深300股指期货共交割12个合约，交割总量2.3万手，平均交割量为1 950手。从期、现货的收敛情况看，合约价格始终围绕交割结算价微幅波动，走势平稳，收敛性良好，未出现“到期日效应”，市场没有出现对到期合约的过度炒作。

表2 2012年沪深300股指期货月度交割情况

月 度	交割量(万手)	交割金额(亿元)
一 月	508	3.81
二 月	838	6.38
三 月	1 896	14.78
四 月	1 078	8.48
五 月	1 920	14.84
六 月	1 352	10.37
七 月	3 042	21.93
八 月	3 115	21.53
九 月	1 871	12.37
十 月	1 949	13.65
十一月	3 696	24.05
十二月	2 140	15.27
总 计	23 405	167.46

【市场运行主要特点】 (1) 市场成熟度不断提高。一是期现货价格拟合度好。2012年股指期货主力合约与沪深300指数价格相关性达99.8%，收益率相关系数达96.6%，期现货基差在±1%以内的交易日占到94.3%。二是持仓规模放大，成交持仓比渐趋合理。合约持仓量由上市初期的不足1万手增加至2012年末11万手。成交持仓比持续下降，由初期的最高约27倍降至2012年年底的5.7倍左右，降幅超过70%，逐步向境外成熟市场水平靠拢。三是交割平稳顺畅，期现货市场未出现“到期日效应”。

(2) 市场功能逐步显现，服务实体经济的能力不断增强。一是风险管理作用发挥明显。沪深300股指期货上市后的近三年时间里，投资者运用股指期货有效对冲现货市场风险，保值避险效果良好，帮助降低了现货市场的损失。二是股市波动更加平滑。股指期货上市前后同期比较，股市大幅波动天数明显减少，沪深300指数涨、跌超过2%的天数分别下降了54%和66%。股指期货相对于现货指数高开和高收的交易日分别达到85.9%和77.7%，说明股指期货在股市下跌通道中形成了对股市“开盘上引”和“收盘上拉”的平衡力量。三是促进了机构稳定持股。股指期货上市后，沪深300指数成份股换手率降幅超过全部A股平均水平近13个百分点，提升了投资者对大盘蓝筹股的持有偏好。四是促进机构深入参与，助推机构金融创新。截至2012年末，共有64家证券公司、33家基金公司、5家信托公司参与股指期货交易，保险等机构入市步伐明显加快。借助股指期货，ETF等相关市场和品种进一步活跃，机构加快了产品创新与转型发展。

(中金所)

7. 上海产权市场

【概况】 2012年，上海产权市场紧扣“市场化”服务主线，延伸服务链条，提升服务能级，深化服务内涵，拓展服务领域，在为国资国企改革发展提供综合服务、为中小企业提供多元化增资融资服务，以及金融资产交易创新服务、中国产权交易报价网联动服务、专业平台集团化互动服务等多方面取得新的进展。2012年，上海联合产权交易所(含下属专业机构)与合作平台全年共完成各类交易22万余宗，交易涉及金额为11 764亿元。上海产权市场交易规模和运行质量继续处于全国领先地位，全国产权交易中心市场的地位和作用进一步提升。

【为国资国企兼并重组服务】 2012年，上海联合产权交易所及时把握国资国企调整重点和方向，加大服务力度，创新服务模式，促进了各类企业国有产权交易。上海产权市场全年完成三级以下企业国有产权转让宗数占比达到82.41%，成交金额占总量28.42%。全年企业国有产权转让交易金额同比增长39.31%，涉及央企集团超过90家。同时，参与收购各类企业产权的国有资本占到总的并购金额的79.1%，同比增长72.67%，特别是中央企业积极参与到各类企业并购交易中，全年参与收购的企业产权宗数同比增长27.48%，收购金额同比增加10.17倍。此举表明，上海产权市场已经不单纯是国有企业退出的通道，而且是国有企业通过战略性重组改造提升传统产业、提升产业层级、优化产业结构、发展战略性新兴产业、加快产业转型升级的市场化平台，通过各类企业的产权交易，有效地推动国有资本向优势行业、产业、企业集中，增强了企业的自主创新能力。

2012年，央企集团通过上海产权市场实现纵向并购交易宗数占比26.58%，横向并购占比51.90%，混合并购占比21.52%，国有企业集团正从主要侧重横向、纵向并购向包括混合并购在内的多种并购形式转变。全年还有21.46%的非国有项目被国有资本收购，如中国石油天然气股份有限公司成功收购了一批民营加油站。此外，上海国资通过产权交易注入到国资控股上市公司的项目涉及金额达96.31亿元，此举有效地提升了上海国资的证券化率，进一步优化了国资流动机制和资本运营体制。

【各类金融企业产权交易服务】 上海产权市场积极为各类金融企业提供资产处置、金融不良债权、债转股等产权交易服务，并为各级金融机构并购贷款、信贷资产转让、信托资产转让、委托债权投资、基金份额再转让、金融额度优化配置交易等业务提供市场平台服务。上海产权市场已经成为各类金融资产规范流转、金融品种创新交易、金融资源优化配置的全国中心市场平台，金融资产交易和金融品种创新交易总量处于全国领先地位。

2012年上海产权市场金融新产品有新的扩展，为私募股权转让提供有效服务，为企业债权和企业投资权益的集中处置提供有效渠道。例如“深圳蓝海华腾等五个标的企业股权打包整体转让”项目，涉及《公司法》以及《基金法》中关于私募股权的特别规定，最终项目以1.1亿元价格成功交易。又比如“佛山市银发投资实业有限公司等412户债权资产包”转让项目，该项目的出让方是中国信达资产管理股份有限公司深圳市分公司，其将412户企业的债权资产打包出售，最终被深圳一家私营的担保有限公司收购，成交价格高达1.76亿元；国投资产管理公司将“湛江棉纺厂等22个企业投资权益”以2.31万元价格转让给一家私营的贸易有限公司。

【拓宽中小企业融资和并购业务渠道】 上海产权市场通过集聚信息、政策、企业和机构各方资源，为各类有意发展壮大的中小企业提供股权融资、质押融资、政府融资等多种融资服务，在破解中小企业融资难方面取得了可喜的进展和成效。2012年，上海产权市场为中小企业融资服务978宗，涉及中小企业2 360家，实现企业融资金额达326.83亿元。其中，技术合同认定登记和技术服务171项，交易金额同比增长29.56%；知识产权和股权质押融资同比增长38.62%。上海联合产权交易所通过与广东省中小企业局合作，全力支持当地中小企业发展，全年完成融资项目676宗，其中完成融资担保190宗，中小企业小贷338宗。

2012年，上海产权市场VC/PE等机构投资者参与收购的企业产权交易金额265.45亿元，同比增长5.92%；而出让的企业产权交易金额248.79亿元，同比下跌24.41%。全年机构投资者成交金额净流入资金16.66亿元。上海产权市场为VC、PE参与各类企业并购重组及适时退出提供了有效的渠道，已经成为我国VC/PE最活跃的市场平台之一。2012年，上海产权市场通过对接PE/VC等机构投资者，共完成各类增资宗数同比增长55.56%。目前，利用产权市场实现PE、VC退出的机制和模式正日趋成熟。

【产权资源跨区域优化配置平台】 上海产权市场以“中国产权交易报价网”为合作平台，不断创新与异地交易机构间“信息互通、优势互补、资源互享、机构互助”的信息化合作联动机制，有效地促进了产权资源跨区域的优化配置，加速了资本在异地间的流动，推动了异地并购交易的开展。2012年，上海产权市场异地并购金额同比增长41.13%，占并购总量的比例达到28.77%。其中：上海资本对异地企业的并购金额同比增长115.79%；异地资本对上海企业的并购金额同比增长4.54%。上海资本最青睐的异地企业主要集中在东部地区，其并购宗数和金额同比分别增长5.56%和6.59倍，上海资本对长三角地区的企业并购宗数和金额同比则分别下跌8.7%和39.31%。对上海企业的并购则主要集中在长三角和东部地区，该两个地区资本对上海企业的并购金额同比分别增长123.98%和123.21%。

2012年，全国共有27家产权交易机构通过“中国产权交易报价网”发布项目信息超过2 000条，有20家机构总计1 164宗项目通过该网独立竞价或联合竞价，成交金额267.69亿元。其中，最高增值率为3 207.73%，最高报价次数达到393轮，单个项目最多报价人数高达50人。上海产权市场“发现买主、发现价格”的市场功能不断增强，其中，2012年国有竞价成交增值率达到57.43%，同比增长21.06%。2012年，上海产权市场各类项目覆盖区域遍及26个省、自治区、直辖市及14个国家和地区，上海产权市场实现了在更大范围、更宽领域、更深层次的企业兼并重组。

【专业领域市场建设成效】 南南全球技术产权交易所利用其在37个国家建立的40家工作站的优势，积极为央企对外投资、境外资产处置等提供服务，全年成交宗数同比增长54.44%，累计成交金额突破1 000亿元。2012年，该所被联合国大会主席授予“气候变化及可持续发展杰出贡献奖”。

环境能源交易方面，2012年7月上海出台了国内首个区域碳交易试点的政府文件，指定上海环境能源交易所为上海碳排放交易平台。2012年该所完成交易宗数同比增长22.09%，成交金额同比增长5.70%。

上海文化产权交易所作为全国唯一同时获得地方和中央文化类企业国有资产交易资格的文化产权交易所，积极发挥重点文化产权交易所的示范引导作用，在市场开拓和业务创新等方面取得突破，全年挂牌金额超过1 000亿元，完成交易金额同比增长35.10%。

同时，2012年上海联合知识产权交易中心、上海农村产权交易所、上海联合钢铁交易所、上海联合矿权交易所等各个专业平台规范建设到位，市场交易活跃、整体运行良好。

（上海联交所）

2012年5月24日，中国企业国有产权交易项目信息统一发布系统正式开通

第六篇　统　　计

一、金融综合统计

2012 年上海市中资金融机构统计口径

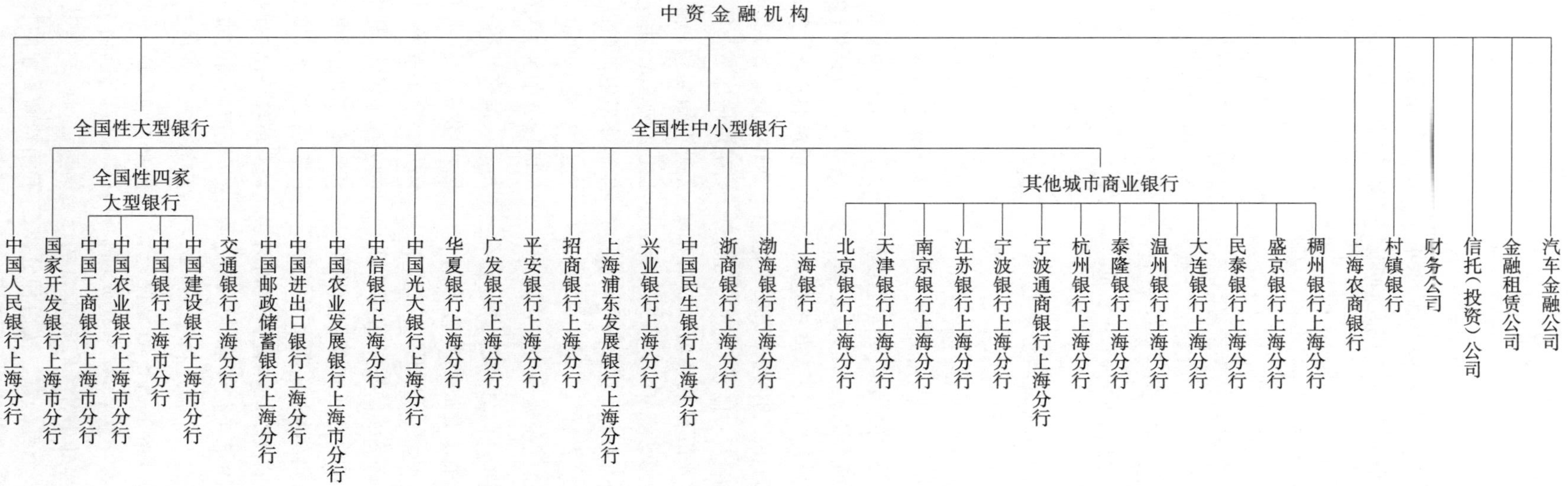

注：(1) 全国性大型银行是指本外币资产总量超过 2 万亿元的银行；全国性中小型银行是指本外币资产总量小于 2 万亿元且跨省经营的银行。首次分组以 2008 年末各金融机构本外币资产总额作为参考标准。

(2) 自 2012 年 9 月起，深圳发展银行与平安银行两行合并，更名为平安银行；新增宁波通商银行上海分行。

数字提要

2012年，上海市货币信贷运行总体平稳，存贷款保持适度增长态势，本外币各项存款和各项贷款总量分别突破6万亿元和4万亿元，信贷结构不断优化，较好地支持了本市实体经济发展。2012年末，上海市本外币各项存款余额63 555亿元，同比增长9.2%，增速较上年末下降3.1个百分点。新增本外币存款5 379.2亿元，同比少增988.9亿元；其中12月份增加1 206.7亿元，同比少增66.5亿元。2012年末，上海市本外币各项贷款余额40 982亿元，同比增长10.2%，增速较上年末下降0.1个百分点。新增本外币贷款3 818.3亿元，同比多增163.9亿元；其中12月份增加202.6亿元，同比少增31.9亿元。

一、各项存款增长平缓，季末冲高特征明显

2012年，上海市存款变化主要有以下三个特点：一是存款增长平缓，季末存款大幅冲高。2012年，全市新增人民币存款4 630.1亿元，同比少增1 176.3亿元；新增外汇存款120.3亿美元，同比多增13亿美元。从存款增长节奏看，1—4季度全市本外币存款分别增加1 110.1亿元、2 430.7亿元、990.6亿元和847.8亿元，同比分别少增979.8亿元、多增1 029.8亿元、少增47.6亿元和991.3亿元。其中，各季末的月度本外币存款共增6 563.5亿元，占全年存款增量的122%。同比分别多增2 191.7亿元和提高53.4个百分点。二是单位存款增长乏力，定期化趋势明显。2012年，全市本外币单位存款增加2 539亿元，同比少增1 231.6亿元；其中第4季度新增894.5亿元，同比少增1 286.6亿元。按币种分，全年人民币单位存款增加1 951.2亿元，同比少增1 302.9亿元；外汇单位存款增加94.3亿美元，同比多增0.3亿美元。按单位存款种类分，全年本外币单位定期存款和通知存款分别增加1 818.1亿元和225.2亿元，同比分别多增53.6亿元和376.5亿元；单位活期存款、结构性存款和保证金存款分别增加83亿元、252.7亿元和207.2亿元，同比分别少增75.6亿元、205亿元和299.1亿元。三是个人存款增加较多，增量占比明显提升。2012年，全市新增本外币个人存款2 587.3亿元，同比多增303.4亿元，占全市本外币各项存款增量的48.1%，占比同比上升12.2个百分点。按币种分，全市新增人民币个人存款2 526.8亿元，同比多增289.9亿元；新增外汇个人存款9.9亿美元，同比少增2.9亿美元。按个人存款种类分，全年新增本外币储蓄存款2 289亿元，同比多增767.7亿元；其中各季末的月度储蓄存款共增2 522亿元，占全年储蓄存款增量的110.2%。全年本外币个人结构性存款增加286.4亿元，不足2011年增量的4成。

二、贷款总量增长平稳，信贷结构进一步优化

2012年，上海市信贷运行的主要特点有：一是人民币贷款投放节奏稳中趋缓，外汇贷款增长较快。2012年，全市新增人民币贷款3 142.8亿元，同比少增206.9亿元。从贷款投放节奏看，下半年新增人民币贷款1 111.8亿元，较上半年少增919.3亿元，同比少增172.2亿元，其中第4季度贷款增加457.5亿元，环比和同比分别少增196.8亿元和138.9亿元。全年新增外汇贷款109亿美元，同比多增33.4亿美元，其中第4季度在短期贸易融资的带动下，新增外汇贷款59.8亿美元，较前3季度多增10.6亿美元，同比多增79.5亿美元。二是贷款期限呈短期化趋势，中长期贷款少增明显。2012年，全市新增本外币短期贷款1 792.5亿元，同比多增357.8亿元，其中单位贷款增加361.8亿元，同比少增562亿元；贸易融资增加1 231.6亿元，同比多增955.2亿元，主要是外汇短期贸易融资增加139.9亿美元，同比多增124.2亿美元，占全部外汇贷款增量的128.4%。全年本外币中长期贷款增加757.8亿元，仅为上年增量的4成；其中单位固定资产贷款、银团贷款和个人贷款同比分别少增461.5亿元、221.3亿元和216.2亿元。从投放节奏看，第4季度中长期贷款仅增91.7亿元，仅为前3季度平均增量的4成，同比少增157亿元。全年本外币票据融资增加517亿元，同比多增474.1亿元，其中直贴增加235.5亿元，同比多增177.8亿元。全年融资租赁贷款增加636.9亿元，同比多增268.1亿元。三是贷款投向进一步优化，信贷支持经济结构调整和改善民生的作用增强。2012年，全市新增的本外币企业贷款（不含票据融资）中，投向第二产业的贷款增加972.4亿元，其中制造业贷款增加550亿元；投向第三产业的贷款增加1 570.1亿元，占全部境内企业贷款（不含票据融资）增量的61.2%，其中批发零售业、交运仓储邮政业和租赁商务业的贷款分别增加619.8亿元、411.7亿元和272.1亿元。全年本市新增本外币房地产开发贷款 411.1 亿元，其中政府土地储备贷款和保障性住房开发贷款分别增加 165.9 亿元和 204.3 亿元。2012 年，本市各银行继续加大对中小微型企业的信贷支持力度。上海市中外资银行全年新增的境内企业贷款中，中小微型企业贷款占 76%，年末中小微型企业贷款余额占比由年初的 63.3%上升至 64.1%。四是个人住房贷款投放先抑后扬。2012 年，全市新增本外币个人消费贷款 432.9 亿元，同比少增 142.5 亿元，其中个人住房贷款增加 177.6 亿元，同比少增 62 亿元。受楼市成交量波动和购房刚性需求释放等因素影响，全年个人住房贷款投放先抑后扬，下半年个人住房贷款投放迅猛。1—4 季度分别增加－10.5 亿元、11.1 亿元、90.6 亿元和 86.4 亿元，其中下半年个人住房贷款同比多增 126 亿元。全市个人汽车消费贷款和其他消费贷款分别增加 158.9 亿元和 96.9 亿元，同比分别少增 32 亿元和 48.5 亿元。

（2012 年 12 月份汇率 6.285 5）

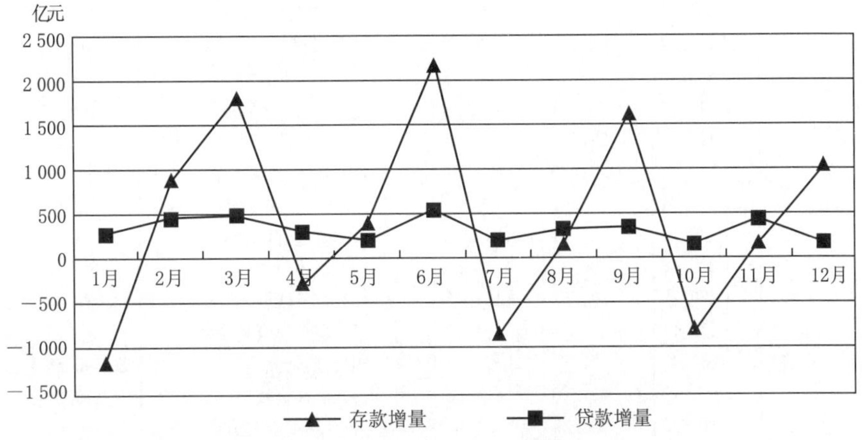

上海市中资金融机构本外币存贷款增量变动图

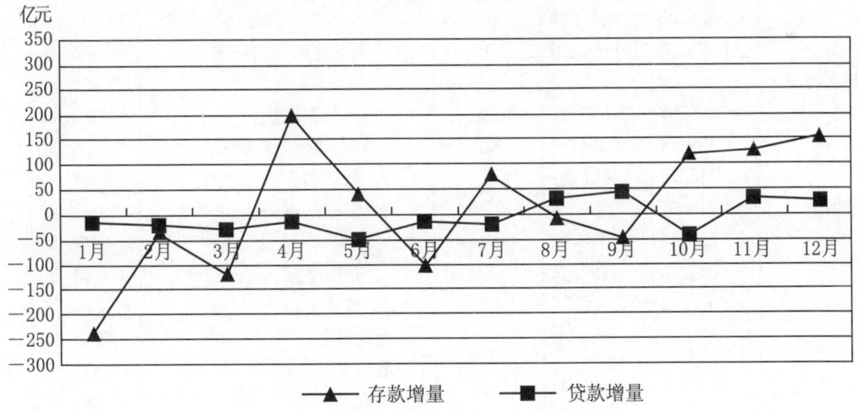

上海市外资金融机构本外币存贷款增量变动图

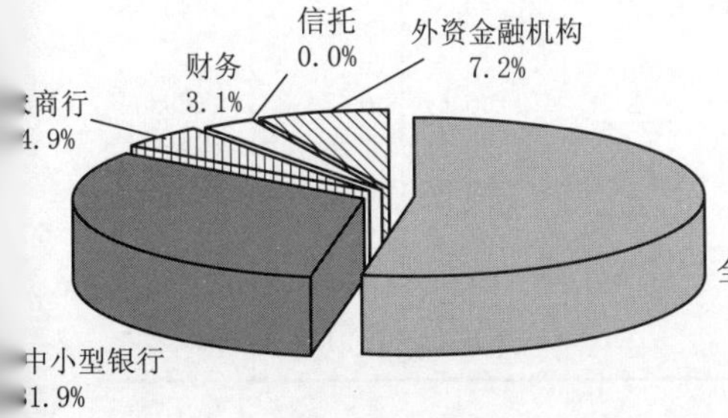

上海市中外资金融机构人民币存款余额占比图

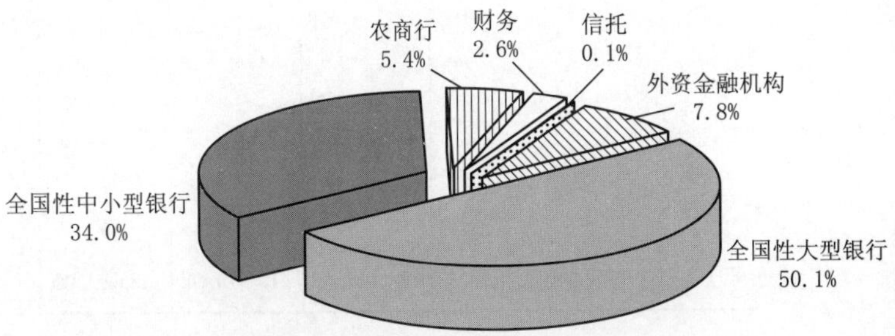

上海市中外资金融机构人民币贷款余额占比图

(一) 本外币信贷收支统计

1. 上海市中外资金融机构本外币信贷收支表

汇率:6.285 5　　　　2012-12-31　　　　单位:亿元

栏目 来源项目名称	本 期	比年初增减数		栏目 运用项目名称	本 期	比年初增减数	
		今 年	上 年			今 年	上 年
一、各项存款	63 555.25	5 379.24	6 368.11	一、各项贷款	40 982.48	3 818.26	3 654.34
1. 单位存款	37 555.71	2 539.04	3 770.59	(一) 境内贷款	40 253.70	3 739.22	3 662.69
其中:活期存款	12 187.32	83.01	158.63	1. 短期贷款	12 990.02	1 792.47	1 434.68
定期存款	11 823.18	1 818.14	1 764.58	(1) 个人贷款及透支	833.22	198.29	240.24
通知存款	2 847.09	225.17	−151.28	其中:个人消费贷款	218.81	61.48	20.01
保证金存款	2 426.74	207.20	506.34	(2) 单位普通贷款及透支	9 619.78	361.84	923.81
2. 个人存款	21 512.01	2 587.29	2 283.91	其中:经营贷款	9 399.68	381.36	961.81
储蓄存款	20 247.24	2 289.02	1 521.36	固定资产贷款	202.04	−26.83	−37.31
保证金存款	36.11	11.91	10.52	(3) 普通并购贷款	1.30	0.21	−17.41
结构性存款	1 228.66	286.35	752.03	(4) 银团贷款	35.73	0.54	11.68
3. 财政性存款	1 629.76	−204.62	−151.45	(5) 贸易融资	2 499.98	1 231.59	276.36
4. 临时性存款	112.11	25.53	−54.46	(6) 境外筹资转贷款			
5. 委托存款	288.47	30.80	−93.83	2. 中长期贷款	23 595.68	757.76	1 814.68
6. 其他存款	2 457.19	401.20	613.35	(1) 个人贷款	6 439.25	413.47	629.68
二、金融债券	222.09	60.29	51.80	其中:个人消费贷款	5 940.59	368.21	547.71
三、中长期借款	115.87	68.20	10.08	(2) 单位普通贷款	13 435.41	−109.23	446.32
四、应付及暂收款	1 948.56	240.07	361.79	其中:经营贷款	2 251.82	−577.20	−482.72
其中:应付利息	825.05	257.49	164.08	固定资产贷款	11 183.59	467.97	929.46
五、同业往来(来源方)	7 076.90	1 085.02	−619.22	(3) 普通并购贷款	168.76	28.53	72.07
六、系统内资金往来(来源方)				(4) 银团贷款	3 303.94	416.32	637.66
七、外汇买卖(来源方)	12 295.91	10 475.57	5 389.19	(5) 贸易融资	213.06	4.58	33.79
其中:结售汇	9 128.26	7 394.73	3 829.98	(6) 境外筹资转贷款	35.26	4.09	−4.84
八、各项准备	748.15	95.31	192.51	3. 融资租赁	1 576.03	636.90	368.81
其中:贷款损失准备金	716.51	96.83	189.27	4. 票据融资	2 045.71	517.03	42.90
九、所有者权益	2 857.43	538.64	335.72	其中:贴现	2 043.02	519.04	38.31
其中:实收资本	1 024.55	197.95	51.63	5. 各项垫款	46.26	35.05	1.63
十、其他	−7 071.49	−2 022.36	1 492.02	(二) 境外贷款	728.78	79.04	−8.35
				二、有价证券	2 927.81	70.77	439.99
				三、股权及其他投资	1 891.96	1 014.56	351.48
				四、应收及预付款	931.53	−140.67	328.21
				其中:应收利息	247.17	33.73	56.51
				五、同业往来(运用方)	759.26	−95.36	224.87
				六、系统内资金往来(运用方)	21 299.34	746.23	3 140.35
				七、金银占款			
				八、外汇买卖(运用方)	12 290.67	10 470.85	5 389.05
				其中:结售汇	9 126.79	7 394.10	3 830.08
				九、固定资产	469.45	22.54	42.16
				十、库存现金	193.60	13.24	12.57
				十一、投资性房地产	2.58	−0.43	−1.01
资金来源总计	81 748.68	15 919.98	13 582.00	资金运用总计	81 748.68	15 919.98	13 582.00

2. 上海市中资金融机构本外币信贷收支表

汇率:6.285 5　　2012-12-31　　单位:亿元

来源项目名称	本 期	比年初增减数 今 年	比年初增减数 上 年	运用项目名称	本 期	比年初增减数 今 年	比年初增减数 上 年
一、各项存款	58 287.02	5 208.36	5 342.22	一、各项贷款	36 784.99	3 900.89	3 498.33
1. 单位存款	33 107.43	2 401.81	2 905.18	(一) 境内贷款	36 445.22	3 821.05	3 513.83
其中:活期存款	10 289.76	−97.45	53.48	1. 短期贷款	11 006.14	1 866.42	1 400.99
定期存款	9 272.46	1 861.37	1 004.31	(1) 个人贷款及透支	832.67	198.08	240.26
通知存款	2 847.09	225.17	−151.28	其中:个人消费贷款	218.26	61.27	20.03
保证金存款	2 426.74	207.20	506.34	(2) 单位普通贷款及透支	7 666.42	408.45	915.75
2. 个人存款	20 694.06	2 553.64	2 125.44	其中:经营贷款	7 446.32	427.97	953.75
储蓄存款	19 429.29	2 255.37	1 362.89	固定资产贷款	202.04	−26.83	−37.31
保证金存款	36.11	11.91	10.52	(3) 普通并购贷款	1.30	0.21	−17.41
结构性存款	1 228.66	286.35	752.03	(4) 银团贷款	35.73	0.54	11.68
3. 财政性存款	1 629.76	−204.62	−151.45	(5) 贸易融资	2 470.02	1 259.14	250.71
4. 临时性存款	112.11	25.53	−54.46	(6) 境外筹资转贷款			
5. 委托存款	288.47	30.80	−93.83	2. 中长期贷款	22 173.26	789.39	1 745.13
6. 其他存款	2 455.19	401.20	611.35	(1) 个人贷款	6 249.56	403.11	621.63
二、金融债券	222.09	60.29	51.80	其中:个人消费贷款	5 750.91	357.85	539.67
三、中长期借款	115.87	68.20	10.08	(2) 单位普通贷款	12 202.68	−67.24	384.82
四、应付及暂收款	1 487.24	262.02	336.14	其中:经营贷款	2 251.82	−577.20	−482.72
其中:应付利息	767.05	251.14	139.15	固定资产贷款	9 950.86	509.96	867.95
五、同业往来(来源方)	5 863.96	1 282.64	−830.58	(3) 普通并购贷款	168.76	28.53	72.07
六、系统内资金往来(来源方)				(4) 银团贷款	3 303.94	416.32	637.66
七、外汇买卖(来源方)	12 295.91	10 475.57	5 389.19	(5) 贸易融资	213.06	4.58	33.79
其中:结售汇	9 128.26	7 394.73	3 829.98	(6) 境外筹资转贷款	35.26	4.09	−4.84
八、各项准备	693.15	87.24	198.10	3. 融资租赁	1 576.03	636.90	368.81
其中:贷款损失准备金	667.62	90.03	195.94	4. 票据融资	1 643.54	493.29	−2.73
九、所有者权益	1 991.23	346.28	237.77	其中:贴现	1 640.84	495.30	−7.31
其中:实收资本	506.09	77.43	48.92	5. 各项垫款	46.26	35.05	1.63
十、其他	−5 306.41	−2 269.30	2 139.66	(二) 境外贷款	339.76	79.83	−15.50
				二、有价证券	2 595.93	250.51	180.69
				三、股权及其他投资	1 621.45	807.36	403.71
				四、应收及预付款	618.16	−177.45	350.84
				其中:应收利息	191.24	33.24	32.71
				五、同业往来(运用方)	334.24	−193.21	90.19
				六、系统内资金往来(运用方)	20 763.56	428.05	2 910.26
				七、金银占款			
				八、外汇买卖(运用方)	12 290.67	10 470.85	5 389.05
				其中:结售汇	9 126.79	7 394.10	3 830.08
				九、固定资产	448.97	21.29	39.54
				十、库存现金	189.52	13.43	12.77
				十一、投资性房地产	2.58	−0.43	−1.01
资金来源总计	75 650.07	15 521.29	12 874.37	资金运用总计	75 650.07	15 521.29	12 874.37

3. 上海市外资金融机构本外币信贷收支表

汇率:6.285 5　　2012-12-31　　单位:亿元

来源项目名称	本月余额	比年初增减数 今年	比年初增减数 上年	运用项目名称	本月余额	比年初增减数 今年	比年初增减数 上年
一、各项存款	5 268.23	170.88	1 025.89	一、各项贷款	4 197.49	−82.63	156.01
1. 单位存款	4 448.28	137.23	865.42	(一) 境内贷款	3 808.47	−81.84	148.86
其中:活期存款	1 897.55	180.46	105.15	1. 短期贷款	1 983.88	−73.95	33.69
定期存款	2 550.72	−43.23	760.27	(1) 个人贷款及透支	0.55	0.21	−0.02
通知存款				其中:个人消费贷款	0.55	0.21	−0.02
保证金存款				(2) 单位普通贷款及透支	1 953.36	−46.61	8.06
2. 个人存款	817.95	33.65	158.47	其中:经营贷款	1 953.36	−46.61	8.06
储蓄存款	817.95	33.65	158.47	固定资产贷款			
保证金存款				(3) 普通并购贷款			
结构性存款				(4) 银团贷款			
3. 临时性存款				(5) 贸易融资	29.97	−27.55	25.65
4. 其他存款	2.00	0.00	2.00	(6) 境外筹资转贷款			
二、代理财政性存款				2. 中长期贷款	1 422.42	−31.63	69.55
三、金融债券				(1) 个人贷款	189.68	10.36	8.05
其中:境外发行				其中:个人消费贷款	189.68	10.36	8.05
四、中长期借款				(2) 单位普通贷款	1 232.73	−41.99	61.50
其中:境外借款				其中:经营贷款			
五、应付及暂收款	461.32	−21.94	25.66	固定资产贷款	1 232.73	−41.99	61.50
其中:应付利息	58.01	6.35	24.92	(3) 普通并购贷款			
六、卖出回购资产	53.56	−104.96	138.27	(4) 银团贷款			
七、向中央银行借款	1.65	1.65		(5) 贸易融资			
八、同业往来(来源方)	2 861.46	443.97	219.05	(6) 境外筹资转贷款			
1. 同业存放	1 509.29	442.65	437.67	3. 融资租赁			
其中:境外同业存放	439.72	−173.94	349.15	4. 票据融资	402.18	23.74	45.62
2. 同业拆借	1 352.17	1.32	−218.62	其中:贴现	402.18	23.74	45.62
其中:境外同业拆借	773.22	−23.67	−137.79	5. 各项垫款			
九、境外联行往来(来源方)	548.37	−72.63	85.92	(二) 境外贷款	389.02	−0.80	7.15
十、外汇买卖(来源方)				二、有价证券	768.77	−253.28	494.99
其中:结售汇				三、股权及其他投资	270.51	207.20	−52.24
十一、委托存款及委托投资基金(净)				四、应收及预付款	313.37	36.78	−22.64
1. 委托存款及委托投资基金				其中:应收利息	55.93	0.48	23.80
2. 减:委托贷款及委托投资				五、买入返售资产	184.52	−132.66	177.31
十二、代理金融机构委托贷款基金				六、存放中央准备金存款	1 131.88	−70.43	366.77
其中:中央银行委托贷款基金				七、存放中央银行特种存款			
十三、各项准备	55.01	8.07	−5.60	八、缴存中央银行财政性存款			
其中:贷款损失准备金	28.49	3.80	−5.49	九、同业往来	2 590.59	530.19	408.74
十四、所有者权益	866.20	192.35	97.96	1. 存放同业	1 259.41	482.05	273.60
其中:实收资本	518.46	120.52	2.71	其中:存放境外同业	225.38	78.46	82.45
十五、其他	−617.31	−377.06	−54.99	2. 拆放同业	1 331.17	48.14	135.14
				其中:拆放境外同业	199.64	19.38	52.90
				十、境外联行往来(运用方)	37.27	5.34	3.40
				十一、代理金融机构贷款			
				其中:代理人行专项贷款			
				十二、库存现金	4.08	−0.18	−0.20
				十三、外汇买卖(运用方)			
				其中:结售汇			
				十四、投资性房地产			
资金来源总计	9 498.47	240.33	1 532.16	资金运用总计	9 498.47	240.33	1 532.16

(二) 人民币信贷收支统计

1. 上海市中外资金融机构人民币信贷收支表

2012-12-31　　单位:亿元

栏目 来源项目名称	本　期	比年初增减数		栏目 运用项目名称	本　期	比年初增减数	
		今　年	上　年			今　年	上　年
一、各项存款	59 892.75	4 630.12	5 806.39	一、各项贷款	36 485.90	3 142.79	3 349.68
1. 单位存款	34 889.67	1 951.24	3 254.17	(一) 境内贷款	36 282.29	3 139.00	3 358.57
其中:活期存款	11 022.68	−6.95	107.36	1. 短期贷款	10 322.90	1 194.38	1 196.32
定期存款	10 916.02	1 499.16	1 569.12	(1) 个人贷款及透支	832.49	198.30	239.96
通知存款	2 811.15	218.72	−163.95	其中:个人消费贷款	218.08	61.49	19.74
保证金存款	1 912.19	−39.09	357.81	(2) 单位普通贷款及透支	8 466.55	640.19	758.41
2. 个人存款	20 711.26	2 526.75	2 236.84	其中:经营贷款	8 247.73	643.28	791.53
储蓄存款	19 506.70	2 218.24	1 504.19	固定资产贷款	200.76	−10.39	−32.43
保证金存款	34.45	11.48	10.37	(3) 普通并购贷款	1.30	0.21	−17.41
结构性存款	1 170.10	297.03	722.28	(4) 银团贷款	35.70	2.02	10.32
3. 财政性存款	1 629.76	−204.62	−151.45	(5) 贸易融资	986.86	353.67	205.04
4. 临时性存款	72.96	20.04	−68.24	(6) 境外筹资转贷款			
5. 委托存款	279.60	36.23	−87.71	2. 中长期贷款	22 299.47	754.60	1 751.58
6. 其他存款	2 309.51	300.48	622.79	(1) 个人贷款	6 427.93	406.18	628.35
二、金融债券	222.09	60.29	51.80	其中:个人消费贷款	5 929.28	360.90	546.41
三、中长期借款	83.94	61.95	3.49	(2) 单位普通贷款	12 349.53	−81.53	374.30
四、应付及暂收款	1 815.94	223.58	447.88	其中:经营贷款	1 949.82	−517.16	−520.70
其中:应付利息	794.00	241.17	161.04	固定资产贷款	10 399.70	435.63	895.41
五、同业往来(来源方)	5 965.24	953.33	−495.64	(3) 普通并购贷款	148.84	17.25	74.36
六、系统内资金往来(来源方)				(4) 银团贷款	3 210.46	409.52	666.08
七、外汇买卖(来源方)	4 611.13	3 714.30	2 088.15	(5) 贸易融资	162.53	3.00	8.50
其中:结售汇	4 589.79	3 696.22	2 093.92	(6) 境外筹资转贷款	0.18	0.18	
八、各项准备	677.14	78.19	182.47	3. 融资租赁	1 569.99	633.75	365.92
其中:贷款损失准备金	654.43	83.19	180.14	4. 票据融资	2 044.94	520.65	43.15
九、所有者权益	2 413.38	452.31	315.21	其中:贴现	2 042.25	522.44	38.67
其中:实收资本	716.49	122.94	62.11	5. 各项垫款	44.99	35.61	1.58
十、其他	−6 907.22	−2 044.26	1 425.66	(二) 境外贷款	203.61	3.79	−8.89
				二、有价证券	2 925.49	74.48	444.08
				三、股权及其他投资	1 873.33	1 078.23	328.24
				四、应收及预付款	698.42	−88.76	373.65
				其中:应收利息	217.54	26.98	49.76
				五、同业往来(运用方)	319.33	−192.55	91.95
				六、系统内资金往来(运用方)	21 142.82	289.41	3 083.71
				七、金银占款			
				八、外汇买卖(运用方)	4 699.71	3 792.44	2 100.08
				其中:结售汇	4 574.31	3 670.99	2 098.53
				九、固定资产	458.09	23.94	40.87
				十、库存现金	168.72	10.27	14.16
				十一、投资性房地产	2.58	−0.43	−1.01
资金来源总计	68 774.40	8 129.81	9 825.41	资金运用总计	68 774.40	8 129.81	9 825.41

2. 上海市中资金融机构人民币信贷收支表

2012-12-31　　单位:亿元

栏目 来源项目名称	本 期	比年初增减数		栏目 运用项目名称	本 期	比年初增减数	
		今 年	上 年			今 年	上 年
一、各项存款	55 732.05	4 427.46	5 017.06	一、各项贷款	33 814.10	3 149.28	3 233.33
1. 单位存款	31 331.72	1 788.17	2 601.21	(一) 境内贷款	33 648.77	3 142.03	3 243.34
其中:活期存款	9 672.72	−160.37	19.82	1. 短期贷款	9 037.27	1 176.32	1 175.71
定期存款	8 708.03	1 489.51	1 003.71	(1) 个人贷款及透支	831.93	198.01	240.05
通知存款	2 811.15	218.72	−163.95	其中:个人消费贷款	217.52	61.20	19.82
保证金存款	1 912.19	−39.09	357.81	(2) 单位普通贷款及透支	7 183.10	622.67	737.18
2. 个人存款	20 110.51	2 487.16	2 102.46	其中:经营贷款	6 964.28	625.76	770.29
储蓄存款	18 905.95	2 178.65	1 369.81	固定资产贷款	200.76	−10.39	−32.43
保证金存款	34.45	11.48	10.37	(3) 普通并购贷款	1.30	0.21	−17.41
结构性存款	1 170.10	297.03	722.28	(4) 银团贷款	35.70	2.02	10.32
3. 财政性存款	1 629.76	−204.62	−151.45	(5) 贸易融资	985.25	353.41	205.57
4. 临时性存款	72.96	20.04	−68.24	(6) 境外筹资转贷款			
5. 委托存款	279.60	36.23	−87.71	2. 中长期贷款	21 353.29	802.90	1 702.24
6. 其他存款	2 307.51	300.48	620.79	(1) 个人贷款	6 249.52	403.11	621.63
二、金融债券	222.09	60.29	51.80	其中:个人消费贷款	5 750.87	357.84	539.68
三、中长期借款	83.94	61.95	3.49	(2) 单位普通贷款	11 581.75	−30.16	331.68
四、应付及暂收款	1 367.59	268.78	311.10	其中:经营贷款	1 949.82	−517.16	−520.70
其中:应付利息	743.82	234.10	138.63	固定资产贷款	9 631.93	487.00	852.79
五、同业往来(来源方)	5 539.43	1 132.25	−854.43	(3) 普通并购贷款	148.84	17.25	74.36
六、系统内资金往来(来源方)				(4) 银团贷款	3 210.46	409.52	666.08
七、外汇买卖(来源方)	4 611.13	3 714.30	2 088.15	(5) 贸易融资	162.53	3.00	8.50
其中:结售汇	4 589.79	3 696.22	2 093.92	(6) 境外筹资转贷款	0.18	0.18	
八、各项准备	645.92	73.68	187.46	3. 融资租赁	1 569.99	633.75	365.92
其中:贷款损失准备金	625.94	79.39	185.63	4. 票据融资	1 643.23	493.44	−2.12
九、所有者权益	1 973.39	357.05	240.70	其中:贴现	1 640.54	495.23	−6.60
其中:实收资本	495.47	77.07	48.73	5. 各项垫款	44.99	35.61	1.58
十、其他	−5 334.04	−2 146.73	2 158.03	(二) 境外贷款	165.33	7.25	−10.01
				二、有价证券	2 594.69	254.23	184.66
				三、股权及其他投资	1 608.07	867.59	335.90
				四、应收及预付款	529.29	−151.74	317.22
				其中:应收利息	175.28	28.19	29.20
				五、同业往来(运用方)	319.33	−188.95	88.55
				六、系统内资金往来(运用方)	20 658.08	192.60	2 893.16
				七、金银占款			
				八、外汇买卖(运用方)	4 699.71	3 792.44	2 100.08
				其中:结售汇	4 574.31	3 670.99	2 098.53
				九、固定资产	448.73	23.64	37.28
				十、库存现金	166.94	10.36	14.18
				十一、投资性房地产	2.58	−0.43	−1.01
资金来源总计	64 841.51	7 949.03	9 203.35	资金运用总计	64 841.51	7 949.03	9 203.35

3. 上海市外资金融机构人民币信贷收支表

2012-12-31　　　　单位:亿元

来源项目名称 \ 栏目	本月余额	比年初增减数		运用项目名称 \ 栏目	本月余额	比年初增减数	
		今　年	上　年			今　年	上　年
一、各项存款	4 160.70	202.66	789.34	一、各项贷款	2 671.80	−6.49	116.35
1. 单位存款	3 557.95	163.07	652.96	（一）境内贷款	2 633.52	−3.02	115.23
其中:活期存款	1 349.96	153.42	87.54	1. 短期贷款	1 285.63	18.07	20.62
定期存款	2 207.99	9.65	565.41	(1) 个人贷款及透支	0.55	0.29	−0.09
通知存款				其中:个人消费贷款	0.55	0.29	−0.09
保证金存款				(2) 单位普通贷款及透支	1 283.46	17.53	21.24
2. 个人存款	600.75	39.59	134.38	其中:经营贷款	1 283.46	17.53	21.24
储蓄存款	600.75	39.59	134.38	固定资产贷款			
保证金存款				(3) 普通并购贷款			
结构性存款				(4) 银团贷款			
3. 临时性存款				(5) 贸易融资	1.62	0.25	−0.53
4. 其他存款	2.00	0.00	2.00	(6) 境外筹资转贷款			
二、代理财政性存款				2. 中长期贷款	946.18	−48.31	49.34
三、金融债券				(1) 个人贷款	178.41	3.06	6.73
其中:境外发行				其中:个人消费贷款	178.41	3.06	6.73
四、中长期借款				(2) 单位普通贷款	767.77	−51.37	42.62
其中:境外借款				其中:经营贷款			
五、应付及暂收款	448.35	−45.20	136.78	固定资产贷款	767.77	−51.37	42.62
其中:应付利息	50.18	7.07	22.41	(3) 普通并购贷款			
六、卖出回购资产	53.56	−104.96	138.27	(4) 银团贷款			
七、向中央银行借款	1.65	1.65		(5) 贸易融资			
八、同业往来(来源方)	1 343.93	184.46	468.90	(6) 境外筹资转贷款			
1. 同业存放	1 087.93	146.02	437.60	3. 融资租赁			
其中:境外同业存放	416.28	−185.42	355.77	4. 票据融资	401.71	27.21	45.27
2. 同业拆借	256.00	38.44	31.30	其中:贴现	401.71	27.21	45.27
其中:境外同业拆借	9.53	6.50	3.03	5. 各项垫款			
九、境外联行往来(来源方)	20.34	−0.20	20.13	（二）境外贷款	38.28	−3.47	1.12
十、外汇买卖(来源方)				二、有价证券	767.68	−249.66	496.28
其中:结售汇				三、股权及其他投资	265.27	210.64	−7.66
十一、委托存款及委托投资基金(净)				四、应收及预付款	169.13	62.98	56.42
1. 委托存款及委托投资基金				其中:应收利息	42.26	−1.21	20.56
2. 减:委托贷款及委托投资				五、买入返售资产	184.52	−132.66	177.31
十二、代理金融机构委托贷款基金				六、存放中央准备金存款	1 083.05	−74.38	351.76
其中:中央银行委托贷款基金				七、存放中央银行特种存款			
十三、各项准备	31.22	4.52	−4.99	八、缴存中央银行财政性存款			
其中:贷款损失准备金	28.49	3.80	−5.49	九、同业往来	1 425.97	431.38	338.20
十四、所有者权益	439.99	95.26	74.51	1. 存放同业	649.76	346.98	163.76
其中:实收资本	221.02	45.87	13.38	其中:存放境外同业			
十五、其他	69.45	−96.45	−94.29	2. 拆放同业	776.20	84.40	174.44
				其中:拆放境外同业		−3.60	3.40
				十、境外联行往来(运用方)			
				十一、代理金融机构贷款			
				其中:代理人行专项贷款			
				十二、库存现金	1.78	−0.10	−0.01
				十三、外汇买卖(运用方)			
				其中:结售汇			
				十四、投资性房地产			
资金来源总计	6 569.19	241.72	1 528.65	资金运用总计	6 569.19	241.72	1 528.65

4. 上海市中资全国性大型银行人民币信贷收支表

2012-12-31

单位:亿元

栏目 来源项目名称	本月余额	比年初增减数		栏目 运用项目名称	本月余额	比年初增减数	
		今 年	上 年			今 年	上 年
一、各项存款	30 589.89	2 582.17	2 866.04	一、各项贷款	17 176.29	1 412.69	1 453.27
1. 单位存款	15 596.70	856.93	1 537.73	(一) 境内贷款	17 085.08	1 414.46	1 464.49
其中:活期存款	5 087.70	126.55	−313.25	1. 短期贷款	3 443.70	515.29	228.33
定期存款	3 816.59	510.91	450.04	(1) 个人贷款及透支	240.88	113.96	67.56
通知存款	1 150.98	117.04	10.87	其中:个人消费贷款	72.04	44.73	8.36
保证金存款	506.63	−83.56	27.22	(2) 单位普通贷款及透支	2 471.65	172.12	7.17
2. 个人存款	14 119.65	1 559.07	1 260.59	其中:经营贷款	2 396.16	150.95	73.98
储蓄存款	13 388.70	1 414.02	746.81	固定资产贷款	68.29	13.98	−64.65
保证金存款	1.34	0.63	0.54	(3) 普通并购贷款	0.30	0.30	−7.50
结构性存款	729.61	144.41	513.23	(4) 银团贷款	31.64	4.78	7.75
3. 临时性存款	20.94	−0.67	−7.95	(5) 贸易融资	699.23	224.14	153.35
4. 其他存款	852.60	166.85	75.68	(6) 境外筹资转贷款			
二、代理财政性存款	926.96	−46.15	74.49	2. 中长期贷款	13 090.70	669.28	1 291.33
三、金融债券	0.01	0.00		(1) 个人贷款	3 367.14	314.45	362.51
其中:境外发行				其中:个人消费贷款	3 216.60	286.40	347.22
四、中长期借款				(2) 单位普通贷款	7 448.85	5.01	469.04
其中:境外借款				其中:经营贷款	978.11	−186.58	−199.67
五、应付及暂收款	664.84	104.99	59.72	固定资产贷款	6 470.74	191.59	668.71
其中:应付利息	410.29	126.04	64.86	(3) 普通并购贷款	94.25	34.76	17.46
六、卖出回购资产	55.45	46.84	−3.45	(4) 银团贷款	2 177.08	311.76	442.32
七、向中央银行借款	1.24	1.24		(5) 贸易融资	3.38	3.29	
八、同业往来(来源方)	5 221.80	465.96	390.39	(6) 境外筹资转贷款			
1. 同业存放	5 116.43	360.60	464.36	3. 融资租赁			
其中:境外同业存放	251.00	101.33	74.48	4. 票据融资	548.31	229.63	−56.32
2. 同业拆借	105.36	105.36	−73.97	其中:贴现	548.31	229.63	−56.32
其中:境外同业拆借	45.35	45.35	−73.97	5. 各项垫款	2.37	0.26	1.15
九、境外联行往来(来源方)	195.12	163.29	17.40	(二) 境外贷款	91.21	−1.77	−11.22
十、外汇买卖(来源方)	3 164.96	3 162.54	1 883.20	二、有价证券	1 113.33	190.45	−149.52
其中:结售汇	3 164.96	3 162.54	1 890.78	三、股权及其他投资	620.67	164.09	456.14
十一、委托存款及委托投资基金(净)	6.68	−129.40	26.47	四、应收及预付款	214.18	7.05	19.72
1. 委托存款及委托投资基金	1 300.42	−196.99	394.97	其中:应收利息	81.44	−1.13	3.04
2. 减:委托贷款及委托投资	1 293.74	−67.59	368.50	五、买入返售资产	543.91	222.82	100.89
十二、代理金融机构委托贷款基金	6.56	−7.01	−0.27	六、存放中央准备金存款	132.55	−43.23	6.90
其中:中央银行委托贷款基金				七、存放中央银行特种存款			
十三、各项准备	279.94	13.62	130.82	八、缴存中央银行财政性存款	1 003.37	−32.41	90.73
其中:贷款损失准备金	277.09	15.52	128.98	九、同业往来	1 393.90	405.11	548.50
十四、所有者权益	378.74	67.70	1.97	1. 存放同业	869.28	334.87	284.22
其中:实收资本				其中:存放境外同业			
十五、其他	−15 910.60	−822.47	−1 032.80	2. 拆放同业	524.62	70.24	264.29
				其中:拆放境外同业			
				十、境外联行往来(运用方)			
				十一、代理金融机构贷款	6.56	−7.01	−0.27
				其中:代理人行专项贷款			
				十二、库存现金	100.62	8.92	7.12
				十三、外汇买卖(运用方)	3 276.19	3 274.83	1 880.50
				其中:结售汇	3 172.52	3 171.99	1 880.86
				十四、投资性房地产			
资金来源总计	25 581.57	5 603.31	4 413.99	资金运用总计	25 581.57	5 603.31	4 413.99

5. 上海市中资全国性中小型银行人民币信贷收支表

2012-12-31　　　　单位:亿元

来源项目名称	本月余额	比年初增减数		运用项目名称	本月余额	比年初增减数	
		今　年	上　年			今　年	上　年
一、各项存款	18 462.08	1 259.75	1 883.91	一、各项贷款	11 707.47	659.22	838.89
1. 单位存款	12 336.51	570.65	701.80	(一) 境内贷款	11 634.55	650.16	837.66
其中:活期存款	3 230.88	−106.69	143.62	1. 短期贷款	4 355.14	446.64	694.81
定期存款	3 677.61	434.89	496.62	(1) 个人贷款及透支	544.40	66.91	159.85
通知存款	1 256.92	47.34	−156.91	其中:个人消费贷款	115.75	2.69	4.25
保证金存款	1 294.31	22.77	299.73	(2) 单位普通贷款及透支	3 520.46	253.56	488.98
2. 个人存款	4 545.19	676.74	666.84	其中:经营贷款	3 397.83	283.02	446.39
储蓄存款	4 079.70	517.07	447.99	固定资产贷款	112.10	−29.30	41.13
保证金存款	33.05	10.80	9.81	(3) 普通并购贷款	1.00	−0.09	−9.91
结构性存款	432.44	148.86	209.05	(4) 银团贷款	4.06	−2.77	3.74
3. 临时性存款	36.07	13.03	−25.95	(5) 贸易融资	285.22	129.02	52.14
4. 其他存款	1 544.31	−0.67	541.21	(6) 境外筹资转贷款			
二、代理财政性存款	30.40	9.19	−1.11	2. 中长期贷款	6 539.04	24.14	175.69
三、金融债券	122.19	20.22	51.76	(1) 个人贷款	2 170.24	4.26	100.51
其中:境外发行				其中:个人消费贷款	1 864.93	−4.67	39.31
四、中长期借款				(2) 单位普通贷款	3 217.46	−52.81	−190.21
其中:境外借款				其中:经营贷款	819.19	−296.30	−293.13
五、应付及暂收款	422.57	40.98	186.72	固定资产贷款	2 398.27	243.50	103.33
其中:应付利息	251.49	79.17	61.68	(3) 普通并购贷款	54.58	−17.51	56.90
六、卖出回购资产	390.95	−12.68	−90.45	(4) 银团贷款	937.42	90.31	200.00
七、向中央银行借款	11.94	3.57	6.10	(5) 贸易融资	159.16	−0.29	8.50
八、同业往来(来源方)	6 715.07	1 357.28	2 051.34	(6) 境外筹资转贷款	0.18	0.18	
1. 同业存放	6 454.51	1 453.52	1 841.55	3. 融资租赁			
其中:境外同业存放	46.99	43.12	2.36	4. 票据融资	699.40	145.25	−33.42
2. 同业拆借	260.55	−96.24	209.79	其中:贴现	699.40	145.25	−33.42
其中:境外同业拆借	7.73	7.73		5. 各项垫款	40.97	34.13	0.58
九、境外联行往来(来源方)	0.10	0.10		(二) 境外贷款	72.92	9.06	1.23
十、外汇买卖(来源方)	549.84	68.25	41.43	二、有价证券	1 813.09	194.28	71.34
其中:结售汇	549.13	67.67	41.67	三、股权及其他投资	814.38	658.49	−147.23
十一、委托存款及委托投资基金(净)	272.92	166.53	−120.21	四、应收及预付款	186.07	−141.59	252.31
1. 委托存款及委托投资基金	3 142.97	920.90	525.08	其中:应收利息	58.26	18.82	17.60
2. 减:委托贷款及委托投资	2 870.06	754.37	645.29	五、买入返售资产	2 403.37	1 346.98	−819.22
十二、代理金融机构委托贷款基金				六、存放中央准备金存款	1 231.03	45.27	99.43
其中:中央银行委托贷款基金				七、存放中央银行特种存款			
十三、各项准备	250.34	34.30	24.40	八、缴存中央银行财政性存款	3.87	0.69	−1.70
其中:贷款损失准备金	238.66	32.77	25.73	九、同业往来	3 543.97	562.31	2 059.71
十四、所有者权益	640.05	96.62	120.69	1. 存放同业	2 994.72	692.96	1 668.79
其中:实收资本	42.34			其中:存放境外同业			
十五、其他	−5 587.36	319.31	−1 741.62	2. 拆放同业	549.26	−130.66	390.92
				其中:拆放境外同业			
				十、境外联行往来(运用方)			
				十一、代理金融机构贷款		−0.26	0.26
				其中:代理人行专项贷款			
				十二、库存现金	50.11	4.76	4.07
				十三、外汇买卖(运用方)	525.15	33.06	55.14
				其中:结售汇	523.57	31.96	55.19
				十四、投资性房地产	2.57	0.21	−0.05
资金来源总计	22 281.09	3 363.42	2 412.95	资金运用总计	22 281.09	3 363.42	2 412.95

6. 上海市其他城市商业银行人民币信贷收支表

2012-12-31

单位:亿元

来源项目名称	本月余额	比年初增减数 今年	比年初增减数 上年	运用项目名称	本月余额	比年初增减数 今年	比年初增减数 上年
一、各项存款	1 635.04	347.32	312.96	一、各项贷款	1 101.09	228.76	218.60
1. 单位存款	1 330.17	242.58	240.25	(一) 境内贷款	1 100.40	228.20	218.57
其中:活期存款	280.43	22.50	46.98	1. 短期贷款	688.25	156.43	198.86
定期存款	461.63	136.76	63.64	(1) 个人贷款及透支	89.98	31.31	28.12
通知存款	96.16	10.68	−18.64	其中:个人消费贷款	29.94	8.79	4.35
保证金存款	307.38	59.06	111.24	(2) 单位普通贷款及透支	570.12	104.08	168.88
2. 个人存款	194.96	66.03	57.80	其中:经营贷款	554.74	98.82	165.48
储蓄存款	182.23	60.45	56.65	固定资产贷款	15.38	5.27	3.39
保证金存款	0.03	−3.01	−0.06	(3) 普通并购贷款			
结构性存款	12.69	8.59	1.21	(4) 银团贷款	1.70	0.20	−0.70
3. 临时性存款	14.66	13.75	0.60	(5) 贸易融资	26.44	20.83	2.57
4. 其他存款	95.25	24.95	14.30	(6) 境外筹资转贷款			
二、代理财政性存款				2. 中长期贷款	350.14	51.18	6.67
三、金融债券				(1) 个人贷款	89.51	17.41	25.12
其中:境外发行				其中:个人消费贷款	73.97	9.38	22.01
四、中长期借款				(2) 单位普通贷款	231.82	24.47	−23.76
其中:境外借款				其中:经营贷款	88.56	12.39	−8.24
五、应付及暂收款	28.54	12.31	9.17	固定资产贷款	143.26	12.08	−15.52
其中:应付利息	20.52	7.72	7.88	(3) 普通并购贷款	5.71	0.29	−0.19
六、卖出回购资产	57.54	32.27	−15.14	(4) 银团贷款	22.10	8.66	4.82
七、向中央银行借款	10.99	4.76	6.23	(5) 贸易融资	1.01	0.34	0.67
八、同业往来(来源方)	904.64	456.41	274.51	(6) 境外筹资转贷款			
1. 同业存放	885.28	437.05	274.51	3. 融资租赁			
其中:境外同业存放				4. 票据融资	59.45	18.25	12.82
2. 同业拆借	19.36	19.36		其中:贴现	59.45	18.25	12.82
其中:境外同业拆借	0.15	0.15		5. 各项垫款	2.56	2.34	0.22
九、境外联行往来(来源方)				(二) 境外贷款	0.69	0.57	0.03
十、外汇买卖(来源方)	11.66	7.93	3.65	二、有价证券	128.17	105.54	12.92
其中:结售汇	11.62	7.89	3.71	三、股权及其他投资	83.17	81.42	1.75
十一、委托存款及委托投资基金(净)	0.12	−2.34	2.24	四、应收及预付款	7.51	0.69	−1.44
1. 委托存款及委托投资基金	112.28	41.67	31.54	其中:应收利息	5.69	0.91	3.33
2. 减:委托贷款及委托投资	112.16	44.01	29.30	五、买入返售资产	426.49	332.59	−164.29
十二、代理金融机构委托贷款基金				六、存放中央准备金存款	95.69	31.76	6.66
其中:中央银行委托贷款基金				七、存放中央银行特种存款			
十三、各项准备	13.93	6.07	2.97	八、缴存中央银行财政性存款			
其中:贷款损失准备金	13.53	5.67	2.97	九、同业往来	344.62	−31.08	294.35
十四、所有者权益	19.88	12.49	5.08	1. 存放同业	225.41	−89.90	244.10
其中:实收资本				其中:存放境外同业			
十五、其他	−481.44	−118.78	−229.00	2. 拆放同业	119.22	58.82	50.25
				其中:拆放境外同业			
				十、境外联行往来(运用方)			
				十一、代理金融机构贷款			
				其中:代理人行专项贷款			
				十二、库存现金	2.52	0.85	0.48
				十三、外汇买卖(运用方)	11.64	7.90	3.65
				其中:结售汇	11.63	7.90	3.71
				十四、投资性房地产			
资金来源总计	2 200.91	758.43	372.67	资金运用总计	2 200.91	758.43	372.67

7. 上海市村镇银行人民币信贷收支表

2012-12-31　　　　单位:亿元

来源项目名称 \ 栏目	本月余额	比年初增减数		运用项目名称 \ 栏目	本月余额	比年初增减数	
		今　年	上　年			今　年	上　年
一、各项存款	99.36	24.45	33.18	一、各项贷款	65.23	19.17	21.77
1. 单位存款	90.78	21.92	30.06	(一)境内贷款	65.23	19.17	21.77
其中:活期存款	44.56	11.06	6.52	1. 短期贷款	58.04	18.03	17.37
定期存款	32.61	10.50	15.27	(1)个人贷款及透支	8.34	1.97	1.90
通知存款	3.85	−0.31	3.27	其中:个人消费贷款	0.05	0.03	−0.07
保证金存款	6.01	1.11	3.08	(2)单位普通贷款及透支	49.70	16.06	15.47
2. 个人存款	8.55	2.52	3.16	其中:经营贷款	49.70	16.06	15.47
储蓄存款	8.49	2.48	3.14	固定资产贷款			
保证金存款	0.06	0.05	0.02	(3)普通并购贷款			
结构性存款				(4)银团贷款			
3. 临时性存款	0.02	0.01	−0.04	(5)贸易融资			
4. 其他存款				(6)境外筹资转贷款			
二、代理财政性存款				2. 中长期贷款	4.65	2.47	0.67
三、金融债券				(1)个人贷款	1.36	0.23	0.15
其中:境外发行				其中:个人消费贷款	0.58	0.09	0.04
四、中长期借款				(2)单位普通贷款	3.29	2.25	0.52
其中:境外借款				其中:经营贷款	2.68	2.15	0.06
五、应付及暂收款	1.21	0.44	0.17	固定资产贷款	0.61	0.10	0.46
其中:应付利息	0.60	0.15	0.36	(3)普通并购贷款			
六、卖出回购资产				(4)银团贷款			
七、向中央银行借款			−0.01	(5)贸易融资			
八、同业往来(来源方)	13.51	11.00	−9.90	(6)境外筹资转贷款			
1. 同业存放	13.51	11.00	−9.90	3. 融资租赁			
其中:境外同业存放				4. 票据融资	2.54	−1.34	3.73
2. 同业拆借				其中:贴现	2.54	−1.34	3.73
其中:境外同业拆借				5. 各项垫款			
九、境外联行往来(来源方)				(二)境外贷款			
十、外汇买卖(来源方)				二、有价证券	0.62	0.00	−0.41
其中:结售汇				三、股权及其他投资	20.85	18.05	−5.70
十一、委托存款及委托投资基金(净)				四、应收及预付款	0.61	0.41	−0.24
1. 委托存款及委托投资基金	3.73	1.43	2.30	其中:应收利息	0.19	0.05	0.10
2. 减:委托贷款及委托投资	3.73	1.43	2.30	五、买入返售资产			
十二、代理金融机构委托贷款基金				六、存放中央准备金存款	18.72	5.71	7.06
其中:中央银行委托贷款基金				七、存放中央银行特种存款			
十三、各项准备	1.51	0.93	0.34	八、缴存中央银行财政性存款			
其中:贷款损失准备金	1.51	0.93	0.34	九、同业往来	28.46	−0.57	9.11
十四、所有者权益	20.09	6.78	7.99	1. 存放同业	28.46	−0.57	9.11
其中:实收资本	15.05	4.00	6.05	其中:存放境外同业			
十五、其他	−1.07	−0.81	−0.12	2. 拆放同业			
				其中:拆放境外同业			
				十、境外联行往来(运用方)			
				十一、代理金融机构贷款			
				其中:代理人行专项贷款			
				十二、库存现金	0.11	0.03	0.06
				十三、外汇买卖(运用方)			
				其中:结售汇			
				十四、投资性房地产			
资金来源总计	134.60	42.79	31.65	资金运用总计	134.60	42.79	31.65

8. 上海市信托投资公司人民币信贷收支表

2012-12-31　　　　单位：亿元

栏目 来源项目名称	本月余额	比年初增减数		栏目 运用项目名称	本月余额	比年初增减数	
		今 年	上 年			今 年	上 年
一、各项存款				一、各项贷款	35.71	18.14	11.72
1. 单位存款				（一）境内贷款	35.71	18.14	11.72
其中：活期存款				1. 短期贷款	11.36	5.95	1.79
定期存款				(1) 个人贷款及透支			
通知存款				其中：个人消费贷款			
保证金存款				(2) 单位普通贷款及透支	11.36	5.95	2.79
2. 个人存款				其中：经营贷款	11.36	5.95	2.79
储蓄存款				固定资产贷款			
保证金存款				(3) 普通并购贷款			
结构性存款				(4) 银团贷款			−1.00
3. 临时性存款				(5) 贸易融资			
4. 其他存款				(6) 境外筹资转贷款			
二、代理财政性存款			−2.36	2. 中长期贷款	21.66	14.17	5.29
三、金融债券				(1) 个人贷款			
其中：境外发行				其中：个人消费贷款			
四、中长期借款				(2) 单位普通贷款	21.66	15.16	4.30
其中：境外借款				其中：经营贷款	21.66	15.16	4.30
五、应付及暂收款	25.24	5.32	4.52	固定资产贷款			
其中：应付利息				(3) 普通并购贷款			
六、卖出回购资产				(4) 银团贷款		−0.99	0.99
七、向中央银行借款				(5) 贸易融资			
八、同业往来（来源方）				(6) 境外筹资转贷款			
1. 同业存放				3. 融资租赁			
其中：境外同业存放				4. 票据融资	2.69	−1.98	4.67
2. 同业拆借				其中：贴现		−0.19	0.19
其中：境外同业拆借				5. 各项垫款			−0.04
九、境外联行往来（来源方）				（二）境外贷款			
十、外汇买卖（来源方）		−0.06	−0.03	二、有价证券	87.49	18.57	7.92
其中：结售汇		−0.06	−0.03	三、股权及其他投资	40.10	−1.24	2.03
十一、委托存款及委托投资基金（净）			2.37	四、应收及预付款	7.92	2.40	0.87
1. 委托存款及委托投资基金	21.13	1.40	−1.99	其中：应收利息	0.24	0.12	0.08
2. 减：委托贷款及委托投资	21.13	1.40	−4.36	五、买入返售资产	8.62	7.93	−6.01
十二、代理金融机构委托贷款基金	0.01			六、存放中央准备金存款			
其中：中央银行委托贷款基金				七、存放中央银行特种存款			
十三、各项准备	4.84	0.23	−0.06	八、缴存中央银行财政性存款			
其中：贷款损失准备金	3.20	−0.12	−0.03	九、同业往来	22.23	−13.92	24.61
十四、所有者权益	184.71	31.85	36.33	1. 存放同业	22.23	−13.92	24.61
其中：实收资本	109.66	20.01	26.00	其中：存放境外同业			
十五、其他	−12.51	−5.62	−0.63	2. 拆放同业			
				其中：拆放境外同业			
				十、境外联行往来（运用方）			
				十一、代理金融机构贷款	0.01		0.01
				其中：代理人行专项贷款			
				十二、库存现金	0.00	0.00	0.00
				十三、外汇买卖（运用方）	0.17	0.48	−0.05
				其中：结售汇	0.49	0.49	
				十四、投资性房地产	0.01	−0.64	−0.96
资金来源总计	202.28	31.72	40.13	资金运用总计	202.28	31.72	40.13

9. 上海市财务公司人民币信贷收支表

2012-12-31

单位:亿元

来源项目名称	本月余额	比年初增减数		运用项目名称	本月余额	比年初增减数	
		今年	上年			今年	上年
一、各项存款	1 805.80	192.96	112.78	一、各项贷款	882.60	56.95	178.63
1. 单位存款	1 805.80	192.96	112.78	(一)境内贷款	882.60	56.95	178.63
其中:活期存款	288.34	−195.59	56.95	1. 短期贷款	412.66	62.27	71.60
定期存款	828.13	406.88	−22.08	(1)个人贷款及透支	11.00	0.04	7.05
通知存款	371.41	55.87	−23.74	其中:个人消费贷款	10.99	0.03	7.05
保证金存款	26.79	18.33	1.33	(2)单位普通贷款及透支	401.67	62.24	64.72
2. 个人存款				其中:经营贷款	381.30	57.31	73.62
储蓄存款				固定资产贷款	20.37	4.93	−8.91
保证金存款				(3)普通并购贷款			
结构性存款				(4)银团贷款			−0.17
3. 临时性存款				(5)贸易融资			
4. 其他存款				(6)境外筹资转贷款			
二、代理财政性存款				2. 中长期贷款	309.73	33.75	58.73
三、金融债券		−10.00		(1)个人贷款	128.16	45.87	48.14
其中:境外发行				其中:个人消费贷款	127.93	45.64	48.14
四、中长期借款				(2)单位普通贷款	129.68	−14.25	8.54
其中:境外借款				其中:经营贷款	40.55	3.66	11.64
五、应付及暂收款	18.32	−1.62	11.63	固定资产贷款	89.14	−17.91	−3.11
其中:应付利息	9.35	4.77	0.99	(3)普通并购贷款			
六、卖出回购资产		−11.95	−3.65	(4)银团贷款	51.89	2.13	2.05
七、向中央银行借款	7.15	7.15		(5)贸易融资			
八、同业往来(来源方)	39.37	−15.34	9.28	(6)境外筹资转贷款			
1. 同业存放	23.37	1.66	0.58	3. 融资租赁	85.24	−29.78	3.54
其中:境外同业存放				4. 票据融资	74.96	−9.29	44.76
2. 同业拆借	16.00	−17.00	8.70	其中:贴现	74.96	−9.29	44.76
其中:境外同业拆借				5. 各项垫款			
九、境外联行往来(来源方)				(二)境外贷款			
十、外汇买卖(来源方)				二、有价证券	297.10	45.38	−31.13
其中:结售汇				三、股权及其他投资	97.91	32.46	31.45
十一、委托存款及委托投资基金(净)	0.00	−0.90	0.67	四、应收及预付款	6.56	−0.07	−12.64
1. 委托存款及委托投资基金	696.94	286.72	49.74	其中:应收利息	5.38	2.21	−0.35
2. 减:委托贷款及委托投资	696.94	287.61	49.07	五、买入返售资产			−35.02
十二、代理金融机构委托贷款基金				六、存放中央准备金存款	254.22	27.35	39.48
其中:中央银行委托贷款基金				七、存放中央银行特种存款			
十三、各项准备	15.57	2.35	4.60	八、缴存中央银行财政性存款			
其中:贷款损失准备金	15.57	4.30	4.67	九、同业往来	651.21	108.42	12.72
十四、所有者权益	209.33	35.74	23.43	1. 存放同业	651.21	108.42	12.92
其中:实收资本	111.01	6.06	11.68	其中:存放境外同业			
十五、其他	93.81	72.12	24.72	2. 拆放同业			−0.20
				其中:拆放境外同业			
				十、境外联行往来(运用方)			
				十一、代理金融机构贷款			
				其中:代理人行专项贷款			
				十二、库存现金	0.00	0.00	0.00
				十三、外汇买卖(运用方)	−0.25	0.00	−0.04
				其中:结售汇	−0.04	0.00	0.00
				十四、投资性房地产			
资金来源总计	2 189.36	270.51	183.45	资金运用总计	2 189.36	270.51	183.45

10. 上海市金融租赁公司人民币信贷收支表

2012-12-31　　单位:亿元

来源项目名称	本月余额	比年初增减数 今年	比年初增减数 上年	运用项目名称	本月余额	比年初增减数 今年	比年初增减数 上年
一、各项存款	29.94	−7.47	13.26	一、各项贷款	1 481.03	664.38	360.60
1. 单位存款	29.94	−7.47	13.26	(一) 境内贷款	1 481.03	664.38	360.60
其中:活期存款				1. 短期贷款			
定期存款				(1) 个人贷款及透支			
通知存款				其中:个人消费贷款			
保证金存款	29.94	−7.47	13.26	(2) 单位普通贷款及透支			
2. 个人存款				其中:经营贷款			
储蓄存款				固定资产贷款			
保证金存款				(3) 普通并购贷款			
结构性存款				(4) 银团贷款			
3. 临时性存款				(5) 贸易融资			
4. 其他存款				(6) 境外筹资转贷款			
二、代理财政性存款				2. 中长期贷款			
三、金融债券	20.00			(1) 个人贷款			
其中:境外发行				其中:个人消费贷款			
四、中长期借款	59.61	56.12	−4.51	(2) 单位普通贷款			
其中:境外借款				其中:经营贷款			
五、应付及暂收款	126.23	86.87	29.16	固定资产贷款			
其中:应付利息	9.71	3.56	4.30	(3) 普通并购贷款			
六、卖出回购资产	2.00	−28.00	30.00	(4) 银团贷款			
七、向中央银行借款				(5) 贸易融资			
八、同业往来(来源方)	1 211.35	486.11	323.85	(6) 境外筹资转贷款			
1. 同业存放				3. 融资租赁	1 481.03	664.38	360.60
其中:境外同业存放				4. 票据融资			
2. 同业拆借	1 211.35	486.11	323.85	其中:贴现			
其中:境外同业拆借				5. 各项垫款			
九、境外联行往来(来源方)				(二) 境外贷款			
十、外汇买卖(来源方)				二、有价证券			
其中:结售汇				三、股权及其他投资			
十一、委托存款及委托投资基金(净)				四、应收及预付款	91.72	−23.53	51.18
1. 委托存款及委托投资基金				其中:应收利息	13.00	5.60	3.72
2. 减:委托贷款及委托投资				五、买入返售资产		−4.34	4.34
十二、代理金融机构委托贷款基金				六、存放中央准备金存款			
其中:中央银行委托贷款基金				七、存放中央银行特种存款			
十三、各项准备	23.20	12.12	5.41	八、缴存中央银行财政性存款			
其中:贷款损失准备金	23.20	12.20	5.34	九、同业往来	33.77	3.97	−0.62
十四、所有者权益	166.89	67.77	10.67	1. 存放同业	29.77	1.17	−1.82
其中:实收资本	127.00	47.00		其中:存放境外同业			
十五、其他	−32.69	−33.03	7.67	2. 拆放同业	4.00	2.80	1.20
				其中:拆放境外同业			
				十、境外联行往来(运用方)			
				十一、代理金融机构贷款			
				其中:代理人行专项贷款			
				十二、库存现金	0.00	0.00	0.00
				十三、外汇买卖(运用方)			
				其中:结售汇			
				十四、投资性房地产			
资金来源总计	1 606.53	640.48	415.50	资金运用总计	1 606.53	640.48	415.50

11. 上海市汽车金融公司人民币信贷收支表

2012-12-31　　单位:亿元

栏目 来源项目名称	本月余额	比年初增减数		栏目 运用项目名称	本月余额	比年初增减数	
		今年	上年			今年	上年
一、各项存款	96.16	42.84	32.30	一、各项贷款	610.33	98.19	143.70
1. 单位存款	96.16	42.84	32.30	(一) 境内贷款	610.33	98.19	143.70
其中:活期存款				1. 短期贷款	179.29	61.90	43.51
定期存款	70.00	36.00	26.40	(1) 个人贷款及透支	11.61	9.76	−0.51
通知存款				其中:个人消费贷款	11.61	9.76	−0.51
保证金存款	26.16	6.84	5.90	(2) 单位普通贷款及透支	167.68	52.14	44.01
2. 个人存款				其中:经营贷款	167.68	52.14	44.01
储蓄存款				固定资产贷款			
保证金存款				(3) 普通并购贷款			
结构性存款				(4) 银团贷款			
3. 临时性存款				(5) 贸易融资			
4. 其他存款				(6) 境外筹资转贷款			
二、代理财政性存款				2. 中长期贷款	427.32	37.13	98.40
三、金融债券	14.89	0.06	0.04	(1) 个人贷款	426.96	37.59	98.65
其中:境外发行				其中:个人消费贷款	417.22	27.85	98.65
四、中长期借款	24.33	5.83	8.00	(2) 单位普通贷款	0.36	−0.46	−0.25
其中:境外借款				其中:经营贷款	0.30	−0.53	−0.25
五、应付及暂收款	25.25	2.65	10.98	固定资产贷款	0.06	0.06	
其中:应付利息	4.33	0.81	1.18	(3) 普通并购贷款			
六、卖出回购资产		−0.06	−3.26	(4) 银团贷款			
七、向中央银行借款				(5) 贸易融资			
八、同业往来(来源方)	414.72	14.99	96.95	(6) 境外筹资转贷款			
1. 同业存放	75.74	−21.11	−6.84	3. 融资租赁	3.72	−0.84	1.79
其中:境外同业存放				4. 票据融资			
2. 同业拆借	338.98	36.10	103.79	其中:贴现			
其中:境外同业拆借				5. 各项垫款			
九、境外联行往来(来源方)				(二) 境外贷款			
十、外汇买卖(来源方)				二、有价证券			
其中:结售汇				三、股权及其他投资			
十一、委托存款及委托投资基金(净)				四、应收及预付款	3.40	−0.33	1.31
1. 委托存款及委托投资基金				其中:应收利息	3.09	−0.27	1.40
2. 减:委托贷款及委托投资				五、买入返售资产			
十二、代理金融机构委托贷款基金				六、存放中央准备金存款	11.28	5.34	4.94
其中:中央银行委托贷款基金				七、存放中央银行特种存款			
十三、各项准备	6.50	2.77	0.93	八、缴存中央银行财政性存款			
其中:贷款损失准备金	5.36	2.12	0.44	九、同业往来	46.05	−15.97	14.95
十四、所有者权益	91.11	18.99	19.73	1. 存放同业	46.05	−15.97	14.95
其中:实收资本	40.40		5.00	其中:存放境外同业			
十五、其他	−1.92	−0.84	−0.76	2. 拆放同业			
				其中:拆放境外同业			
				十、境外联行往来(运用方)			
				十一、代理金融机构贷款			
				其中:代理人行专项贷款			
				十二、库存现金	0.00	0.00	0.00
				十三、外汇买卖(运用方)			
				其中:结售汇			
				十四、投资性房地产			
资金来源总计	671.05	87.23	164.90	资金运用总计	671.05	87.23	164.90

(三)外汇信贷收支统计

1. 上海市中外资金融机构外汇信贷收支表

2012-12-31

单位:亿美元

栏目 来源项目名称	本期	比年初增减数		栏目 运用项目名称	本期	比年初增减数	
		今　年	上　年			今　年	上　年
一、各项存款	582.69	120.32	107.28	一、各项贷款	715.39	108.95	75.59
1. 单位存款	424.16	94.33	94.00	(一)境内贷款	631.84	96.80	72.04
其中:活期存款	185.29	14.73	16.03	1. 短期贷款	424.33	95.96	52.07
定期存款	144.33	50.98	34.05	(1)个人贷款及透支	0.12	0.00	0.05
通知存款	5.72	1.04	2.14	其中:个人消费贷款	0.12	0.00	0.05
保证金存款	81.86	39.29	24.50	(2)单位普通贷款及透支	183.47	−43.73	36.05
2. 个人存款	127.40	9.92	12.82	其中:经营贷款	183.27	−41.12	36.65
储蓄存款	117.82	11.52	7.76	固定资产贷款	0.20	−2.61	−0.60
保证金存款	0.26	0.07	0.03	(3)普通并购贷款			
结构性存款	9.32	−1.67	5.03	(4)银团贷款	0.01	−0.23	0.22
3. 财政性存款				(5)贸易融资	240.73	139.92	15.75
4. 临时性存款	6.23	0.89	2.34	(6)境外筹资转贷款			
5. 委托存款	1.41	−0.86	−0.81	2. 中长期贷款	206.22	1.01	19.50
6. 其他存款	23.50	16.04	−1.06	(1)个人贷款	1.80	1.16	0.23
二、金融债券				其中:个人消费贷款	1.80	1.16	0.23
三、中长期借款	5.08	1.00	1.19	(2)单位普通贷款	172.76	−3.97	19.46
四、应付及暂收款	21.10	2.67	−12.12	其中:经营贷款	48.05	−9.41	8.53
其中:应付利息	4.94	2.60	0.57	固定资产贷款	124.71	5.44	10.94
五、同业往来(来源方)	176.86	21.33	−11.10	(3)普通并购贷款	3.17	1.80	−0.28
六、系统内资金往来(来源方)		−47.66	−7.59	(4)银团贷款	14.87	1.12	−3.62
七、外汇买卖(来源方)	1 222.62	1 076.05	539.64	(5)贸易融资	8.04	0.27	4.19
其中:结售汇	722.05	588.74	289.56	(6)境外筹资转贷款	5.58	0.63	−0.49
八、各项准备	11.30	2.74	1.93	3. 融资租赁	0.96	0.50	0.46
其中:贷款损失准备金	9.88	2.19	1.75	4. 票据融资	0.12	−0.57	0.00
九、所有者权益	70.65	13.87	5.97	其中:贴现	0.12	−0.54	−0.02
其中:实收资本	48.95	11.96	0.16	5. 各项垫款	0.20	−0.09	0.02
十、其他	−26.13	3.41	9.96	(二)境外贷款	83.55	12.15	3.55
				二、有价证券	0.37	−0.59	−0.57
				三、股权及其他投资	2.96	−10.10	4.14
				四、应收及预付款	37.09	−8.15	−4.66
				其中:应收利息	4.71	1.08	1.20
				五、同业往来(运用方)	69.99	15.60	22.71
				六、系统内资金往来(运用方)	24.90	24.90	
				七、金银占款			
				八、外汇买卖(运用方)	1 207.69	1 062.87	537.74
				其中:结售汇	724.28	592.65	288.80
				九、固定资产	1.81	−0.22	0.29
				十、库存现金	3.96	0.48	−0.07
				十一、投资性房地产			
资金来源总计	2 064.16	1 193.74	635.17	资金运用总计	2 064.16	1 193.74	635.17

2. 上海市中资金融机构外汇信贷收支表

2012-12-31 单位:亿美元

来源项目名称	本期	比年初增减数		运用项目名称	本期	比年初增减数	
		今年	上年			今年	上年
一、各项存款	406.49	124.93	62.78	一、各项贷款	472.66	120.44	57.13
1. 单位存款	282.51	98.08	54.86	(一)境内贷款	444.91	108.85	57.17
其中:活期存款	98.17	10.23	9.36	1. 短期贷款	313.24	110.29	43.88
定期存款	89.80	59.24	1.58	(1)个人贷款及透支	0.12	0.01	0.04
通知存款	5.72	1.04	2.14	其中:个人消费贷款	0.12	0.01	0.04
保证金存款	81.86	39.29	24.50	(2)单位普通贷款及透支	76.90	−33.81	32.34
2. 个人存款	92.84	10.78	7.46	其中:经营贷款	76.69	−31.20	32.94
储蓄存款	83.26	12.38	2.40	固定资产贷款	0.20	−2.61	−0.60
保证金存款	0.26	0.07	0.03	(3)普通并购贷款			
结构性存款	9.32	−1.67	5.03	(4)银团贷款	0.01	−0.23	0.22
3. 财政性存款				(5)贸易融资	236.22	144.32	11.28
4. 临时性存款	6.23	0.89	2.34	(6)境外筹资转贷款			
5. 委托存款	1.41	−0.86	−0.81	2. 中长期贷款	130.45	−1.83	12.90
6. 其他存款	23.50	16.04	−1.06	(1)个人贷款	0.01	0.00	0.00
二、金融债券				其中:个人消费贷款	0.01	0.00	0.00
三、中长期借款	5.08	1.00	1.19	(2)单位普通贷款	98.79	−5.64	13.10
四、应付及暂收款	19.04	−1.03	4.75	其中:经营贷款	48.05	−9.41	8.53
其中:应付利息	3.70	2.71	0.13	固定资产贷款	50.74	3.77	4.57
五、同业往来(来源方)	51.63	23.99	4.94	(3)普通并购贷款	3.17	1.80	−0.28
六、系统内资金往来(来源方)		−20.63	−1.68	(4)银团贷款	14.87	1.12	−3.62
七、外汇买卖(来源方)	1 222.62	1 076.05	539.64	(5)贸易融资	8.04	0.27	4.19
其中:结售汇	722.05	588.74	289.56	(6)境外筹资转贷款	5.58	0.63	−0.49
八、各项准备	7.51	2.17	1.87	3. 融资租赁	0.96	0.50	0.46
其中:贷款损失准备金	6.63	1.71	1.80	4. 票据融资	0.05	−0.02	−0.09
九、所有者权益	2.84	−1.70	−0.13	其中:贴现	0.05	0.01	−0.11
其中:实收资本	1.63		0.05	5. 各项垫款	0.20	−0.09	0.02
十、其他	4.40	−19.44	−1.62	(二)境外贷款	27.75	11.59	−0.04
				二、有价证券	0.20	−0.59	−0.56
				三、股权及其他投资	2.13	−9.55	10.81
				四、应收及预付款	14.14	−4.05	5.96
				其中:应收利息	2.54	0.81	0.61
				五、同业往来(运用方)	2.37	−0.67	0.40
				六、系统内资金往来(运用方)	16.78	16.78	
				七、金银占款			
				八、外汇买卖(运用方)	1 207.69	1 062.87	537.74
				其中:结售汇	724.28	592.65	288.80
				九、固定资产	0.04	−0.37	0.36
				十、库存现金	3.59	0.50	−0.06
				十一、投资性房地产			
资金来源总计	1 719.60	1 185.35	611.76	资金运用总计	1 719.60	1 185.35	611.76

3. 上海市外资金融机构外汇信贷收支表

2012-12-31 单位:亿美元

栏目 来源项目名称	本月余额	比年初增减数		栏目 运用项目名称	本月余额	比年初增减数	
		今 年	上 年			今 年	上 年
一、各项存款	176.20	−4.61	44.50	一、各项贷款	242.73	−11.49	18.46
1. 单位存款	141.65	−3.75	39.15	(一)境内贷款	186.93	−12.05	14.87
其中:活期存款	87.12	4.50	6.67	1. 短期贷款	111.09	−14.33	8.19
定期存款	54.53	−8.26	32.47	(1) 个人贷款及透支	0.00	−0.01	0.01
通知存款				其中:个人消费贷款	0.00	−0.01	0.01
保证金存款				(2) 单位普通贷款及透支	106.58	−9.92	3.71
2. 个人存款	34.56	−0.86	5.36	其中:经营贷款	106.58	−9.92	3.71
储蓄存款	34.56	−0.86	5.36	固定资产贷款			
保证金存款				(3) 普通并购贷款			
结构性存款				(4) 银团贷款			
3. 临时性存款				(5) 贸易融资	4.51	−4.40	4.47
4. 其他存款				(6) 境外筹资转贷款			
二、代理财政性存款				2. 中长期贷款	75.77	2.83	6.59
三、金融债券				(1) 个人贷款	1.79	1.16	0.23
其中:境外发行				其中:个人消费贷款	1.79	1.16	0.23
四、中长期借款				(2) 单位普通贷款	73.97	1.67	6.36
其中:境外借款				其中:经营贷款			
五、应付及暂收款	2.06	3.70	−16.87	固定资产贷款	73.97	1.67	6.36
其中:应付利息	1.25	−0.11	0.45	(3) 普通并购贷款			
六、卖出回购资产				(4) 银团贷款			
七、向中央银行借款				(5) 贸易融资			
八、同业往来(来源方)	241.43	41.78	−28.03	(6) 境外筹资转贷款			
1. 同业存放	67.04	47.24	0.97	3. 融资租赁			
其中:境外同业存放	3.73	1.83	−0.91	4. 票据融资	0.07	−0.55	0.08
2. 同业拆借	174.40	−5.47	−29.00	其中:贴现	0.07	−0.55	0.08
其中:境外同业拆借	121.50	−4.49	−15.14	5. 各项垫款			
九、境外联行往来(来源方)	84.01	−11.29	14.56	(二)境外贷款	55.80	0.56	3.59
十、外汇买卖(来源方)				二、有价证券	0.17	−0.57	−0.16
其中:结售汇				三、股权及其他投资	0.83	−0.54	−6.66
十一、委托存款及委托投资基金(净)				四、应收及预付款	22.95	−4.10	−10.62
1. 委托存款及委托投资基金				其中:应收利息	2.17	0.27	0.58
2. 减:委托贷款及委托投资				五、买入返售资产		0.00	
十二、代理金融机构委托贷款基金				六、存放中央准备金存款	7.77	0.65	2.61
其中:中央银行委托贷款基金				七、存放中央银行特种存款			
十三、各项准备	3.78	0.57	0.06	八、缴存中央银行财政性存款			
其中:贷款损失准备金				九、同业往来	185.29	16.13	18.75
十四、所有者权益	67.81	15.57	6.10	1. 存放同业	96.99	21.67	20.25
其中:实收资本	47.32	11.96	0.11	其中:存放境外同业	35.86	12.54	13.58
十五、其他	−109.26	−44.80	2.80	2. 拆放同业	88.29	−5.54	−1.50
				其中:拆放境外同业	31.76	3.72	8.84
				十、境外联行往来(运用方)	5.93	0.86	0.76
				十一、代理金融机构贷款			
				其中:代理人行专项贷款			
				十二、库存现金	0.37	−0.01	−0.01
				十三、外汇买卖(运用方)			
				其中:结售汇			
				十四、投资性房地产			
资金来源总计	466.04	0.92	23.13	资金运用总计	466.04	0.92	23.13

4. 上海市中资全国性大型银行外汇信贷收支表

2012-12-31

单位:亿美元

来源项目名称	本月余额	比年初增减数 今年	比年初增减数 上年	运用项目名称	本月余额	比年初增减数 今年	比年初增减数 上年
一、各项存款	230.83	60.97	32.96	一、各项贷款	329.98	48.36	40.01
1. 单位存款	138.08	41.05	28.58	(一)境内贷款	305.88	39.34	40.32
其中:活期存款	60.22	3.36	7.31	1. 短期贷款	212.65	49.86	31.84
定期存款	42.20	25.49	4.11	(1)个人贷款及透支	0.04	0.01	0.02
通知存款	5.08	1.83	1.53	其中:个人消费贷款	0.04	0.01	0.02
保证金存款	27.83	17.38	5.88	(2)单位普通贷款及透支	48.13	−36.51	24.69
2. 个人存款	72.79	7.88	4.18	其中:经营贷款	47.93	−33.91	25.31
储蓄存款	68.59	8.01	2.35	固定资产贷款	0.20	−2.60	−0.61
保证金存款	0.21	0.06	−0.01	(3)普通并购贷款			
结构性存款	3.99	−0.19	1.83	(4)银团贷款		−0.22	0.22
3. 临时性存款	4.66	0.92	1.84	(5)贸易融资	164.49	86.58	6.91
4. 其他存款	15.29	11.12	−1.64	(6)境外筹资转贷款			
二、代理财政性存款				2. 中长期贷款	93.02	−10.51	8.46
三、金融债券				(1)个人贷款	0.00	0.00	0.00
其中:境外发行				其中:个人消费贷款	0.00	0.00	0.00
四、中长期借款	3.54	0.88	−0.22	(2)单位普通贷款	70.84	−14.21	10.62
其中:境外借款	3.54	0.88	−0.22	其中:经营贷款	20.82	−17.87	5.92
五、应付及暂收款	17.05	−0.69	3.41	固定资产贷款	50.02	3.66	4.70
其中:应付利息	2.12	1.68	−0.14	(3)普通并购贷款	2.75	1.94	−0.09
六、卖出回购资产				(4)银团贷款	11.80	0.66	−2.85
七、向中央银行借款				(5)贸易融资	2.05	0.46	1.27
八、同业往来(来源方)	111.38	33.54	16.77	(6)境外筹资转贷款	5.58	0.63	−0.49
1. 同业存放	108.87	37.04	11.81	3. 融资租赁			
其中:境外同业存放	7.79	−1.73	0.90	4. 票据融资	0.05	0.01	0.00
2. 同业拆借	2.51	−3.49	4.96	其中:贴现	0.05	0.01	0.00
其中:境外同业拆借	1.61	−4.19	4.76	5. 各项垫款	0.15	−0.02	0.02
九、境外联行往来(来源方)	27.08	27.08	−7.61	(二)境外贷款	24.10	9.02	−0.31
十、外汇买卖(来源方)	986.07	985.12	521.83	二、有价证券	0.11	0.01	0.10
其中:结售汇	506.62	506.53	276.49	三、股权及其他投资	1.72	−9.55	10.81
十一、委托存款及委托投资基金(净)	0.00	0.00	−0.13	四、应收及预付款	11.13	−5.41	4.71
1. 委托存款及委托投资基金	74.91	35.39	17.65	其中:应收利息	1.75	0.36	0.46
2. 减:委托贷款及委托投资	74.91	35.39	17.78	五、买入返售资产			
十二、代理金融机构委托贷款基金				六、存放中央准备金存款			
其中:中央银行委托贷款基金				七、存放中央银行特种存款			
十三、各项准备	5.64	1.58	1.52	八、缴存中央银行财政性存款			
其中:贷款损失准备金	4.76	1.12	1.44	九、同业往来	47.99	33.59	6.29
十四、所有者权益	0.88	−0.45	0.23	1. 存放同业	35.37	21.86	6.00
其中:实收资本				其中:存放境外同业	0.44	0.19	−0.25
十五、其他	−21.16	−74.13	14.86	2. 拆放同业	12.63	11.73	0.30
				其中:拆放境外同业			0.00
				十、境外联行往来(运用方)	0.11	−0.08	−0.40
				十一、代理金融机构贷款			
				其中:代理人行专项贷款			
				十二、库存现金	2.67	0.52	−0.15
				十三、外汇买卖(运用方)	967.58	966.47	522.24
				其中:结售汇	505.15	504.89	278.00
				十四、投资性房地产			
资金来源总计	1 361.30	1 033.90	583.61	资金运用总计	1 361.30	1 033.90	583.61

5. 上海市中资全国性中小型银行外汇信贷收支表

2012-12-31 单位:亿美元

来源项目名称	本月余额	比年初增减数		运用项目名称	本月余额	比年初增减数	
		今 年	上 年			今 年	上 年
一、各项存款	165.65	59.38	29.32	一、各项贷款	138.34	70.64	15.16
1. 单位存款	135.88	51.60	24.96	(一)境内贷款	134.69	68.08	14.90
其中:活期存款	31.36	2.45	1.46	1. 短期贷款	97.42	59.61	10.56
定期存款	46.00	33.08	-3.30	(1)个人贷款及透支	0.08	0.01	0.02
通知存款	0.64	-0.79	0.61	其中:个人消费贷款	0.08	0.01	0.02
保证金存款	53.69	21.57	18.65	(2)单位普通贷款及透支	27.30	2.59	6.97
2. 个人存款	20.00	2.89	3.28	其中:经营贷款	27.30	2.60	6.96
储蓄存款	14.62	4.36	0.04	固定资产贷款	0.00	-0.01	0.01
保证金存款	0.05	0.01	0.04	(3)普通并购贷款			
结构性存款	5.33	-1.49	3.20	(4)银团贷款	0.01	-0.02	0.00
3. 临时性存款	1.57	-0.03	0.50	(5)贸易融资	70.04	57.03	3.57
4. 其他存款	8.20	4.92	0.58	(6)境外筹资转贷款			
二、代理财政性存款				2. 中长期贷款	37.22	8.57	4.44
三、金融债券				(1)个人贷款	0.00	0.00	0.00
其中:境外发行				其中:个人消费贷款	0.00	0.00	
四、中长期借款				(2)单位普通贷款	27.74	8.44	2.47
其中:境外借款				其中:经营贷款	27.02	8.34	2.60
五、应付及暂收款	1.64	-0.05	1.03	固定资产贷款	0.72	0.10	-0.13
其中:应付利息	1.53	1.01	0.25	(3)普通并购贷款	0.42	-0.14	-0.19
六、卖出回购资产				(4)银团贷款	3.07	0.45	-0.77
七、向中央银行借款				(5)贸易融资	5.99	-0.18	2.92
八、同业往来(来源方)	74.03	66.48	-8.64	(6)境外筹资转贷款			
1. 同业存放	37.68	31.39	-8.43	3. 融资租赁			
其中:境外同业存放	0.00	0.00		4. 票据融资	0.00	-0.04	-0.09
2. 同业拆借	36.35	35.09	-0.21	其中:贴现	0.00	0.00	-0.11
其中:境外同业拆借	20.77	20.25	-0.29	5. 各项垫款	0.05	-0.07	
九、境外联行往来(来源方)				(二)境外贷款	3.66	2.56	0.26
十、外汇买卖(来源方)	100.13	14.44	-5.77	二、有价证券	0.08	-0.60	-0.66
其中:结售汇	82.26	8.49	-10.19	三、股权及其他投资			
十一、委托存款及委托投资基金(净)	1.41	-0.86	-0.68	四、应收及预付款	2.99	1.54	1.07
1. 委托存款及委托投资基金	3.84	-0.67	-0.72	其中:应收利息	0.77	0.44	0.15
2. 减:委托贷款及委托投资	2.42	0.19	-0.04	五、买入返售资产			
十二、代理金融机构委托贷款基金				六、存放中央准备金存款	1.29	0.85	0.21
其中:中央银行委托贷款基金				七、存放中央银行特种存款			
十三、各项准备	1.86	0.58	0.36	八、缴存中央银行财政性存款			
其中:贷款损失准备金	1.86	0.58	0.36	九、同业往来	19.68	-2.16	4.45
十四、所有者权益	-0.21	-1.35	-0.61	1. 存放同业	14.66	-1.31	1.44
其中:实收资本				其中:存放境外同业	0.96	-1.14	0.73
十五、其他	-77.19	-48.32	-2.63	2. 拆放同业	5.02	-0.86	3.01
				其中:拆放境外同业	0.05		
				十、境外联行往来(运用方)			
				十一、代理金融机构贷款			
				其中:代理人行专项贷款			
				十二、库存现金	0.84	-0.02	0.05
				十三、外汇买卖(运用方)	104.10	20.07	-7.92
				其中:结售汇	86.37	14.21	-12.32
				十四、投资性房地产			
资金来源总计	267.33	90.31	12.37	资金运用总计	267.33	90.31	12.37

6. 上海市其他城市商业银行外汇信贷收支表

2012-12-31　　　　单位:亿美元

栏目 来源项目名称	本月余额	比年初增减数		栏目 运用项目名称	本月余额	比年初增减数	
		今　年	上　年			今　年	上　年
一、各项存款	30.39	6.92	15.26	一、各项贷款	27.85	21.85	0.72
1. 单位存款	28.91	6.04	14.93	(一)境内贷款	27.84	21.83	0.72
其中:活期存款	2.38	0.89	−0.92	1. 短期贷款	27.84	21.83	0.72
定期存款	6.87	6.29	0.46	(1)个人贷款及透支			
通知存款	0.31	0.31	−0.17	其中:个人消费贷款			
保证金存款	15.60	3.71	6.82	(2)单位普通贷款及透支	6.69	3.42	−0.75
2. 个人存款	1.34	0.74	0.33	其中:经营贷款	6.69	3.43	−0.76
储蓄存款	1.30	0.73	0.31	固定资产贷款		−0.01	0.01
保证金存款				(3)普通并购贷款			
结构性存款	0.03	0.01	0.02	(4)银团贷款			
3. 临时性存款	0.14	0.13	0.01	(5)贸易融资	21.16	18.41	1.47
4. 其他存款				(6)境外筹资转贷款			
二、代理财政性存款				2. 中长期贷款			
三、金融债券				(1)个人贷款			
其中:境外发行				其中:个人消费贷款			
四、中长期借款				(2)单位普通贷款			
其中:境外借款				其中:经营贷款			
五、应付及暂收款	0.27	0.16	0.07	固定资产贷款			
其中:应付利息	0.25	0.15	0.10	(3)普通并购贷款			
六、卖出回购资产				(4)银团贷款			
七、向中央银行借款				(5)贸易融资			
八、同业往来(来源方)	15.03	14.88		(6)境外筹资转贷款			
1. 同业存放	0.28	0.13		3. 融资租赁			
其中:境外同业存放	0.00	0.00		4. 票据融资			
2. 同业拆借	14.75	14.75		其中:贴现			
其中:境外同业拆借	12.63	12.63		5. 各项垫款			
九、境外联行往来(来源方)				(二)境外贷款	0.01	0.01	
十、外汇买卖(来源方)	1.84	1.26	0.58	二、有价证券			
其中:结售汇	1.84	1.25	0.58	三、股权及其他投资			
十一、委托存款及委托投资基金(净)				四、应收及预付款	2.24	2.21	−0.11
1. 委托存款及委托投资基金	0.56	−0.07	−0.04	其中:应收利息	0.09	0.06	0.01
2. 减:委托贷款及委托投资	0.56	−0.07	−0.04	五、买入返售资产			
十二、代理金融机构委托贷款基金				六、存放中央准备金存款			
其中:中央银行委托贷款基金				七、存放中央银行特种存款			
十三、各项准备	0.18	0.15	0.00	八、缴存中央银行财政性存款			
其中:贷款损失准备金	0.18	0.15	0.00	九、同业往来	0.92	−3.87	4.44
十四、所有者权益	−0.23	−0.20	−0.04	1. 存放同业	0.92	−3.87	4.44
其中:实收资本				其中:存放境外同业			
十五、其他	−14.60	−1.70	−10.24	2. 拆放同业			
				其中:拆放境外同业			
				十、境外联行往来(运用方)			
				十一、代理金融机构贷款			
				其中:代理人行专项贷款			
				十二、库存现金	0.03	0.01	0.00
				十三、外汇买卖(运用方)	1.84	1.26	0.58
				其中:结售汇	1.83	1.25	0.58
				十四、投资性房地产			
资金来源总计	32.88	21.46	5.64	资金运用总计	32.88	21.46	5.64

7. 上海市信托投资公司外汇信贷收支表

2012-12-31　　单位:万美元

来源项目名称	本月余额	比年初增减数 今年	比年初增减数 上年	运用项目名称	本月余额	比年初增减数 今年	比年初增减数 上年
一、各项存款				一、各项贷款			−4
1. 单位存款				(一)境内贷款			−4
其中:活期存款				1. 短期贷款			
定期存款				(1)个人贷款及透支			
通知存款				其中:个人消费贷款			
保证金存款				(2)单位普通贷款及透支			
2. 个人存款				其中:经营贷款			
储蓄存款				固定资产贷款			
保证金存款				(3)普通并购贷款			
结构性存款				(4)银团贷款			
3. 临时性存款				(5)贸易融资			
4. 其他存款				(6)境外筹资转贷款			
二、代理财政性存款				2. 中长期贷款			−4
三、金融债券				(1)个人贷款			−4
其中:境外发行				其中:个人消费贷款			−4
四、中长期借款				(2)单位普通贷款			
其中:境外借款				其中:经营贷款			
五、应付及暂收款	187	−1 062	466	固定资产贷款			
其中:应付利息				(3)普通并购贷款			
六、卖出回购资产				(4)银团贷款			
七、向中央银行借款				(5)贸易融资			
八、同业往来(来源方)				(6)境外筹资转贷款			
1. 同业存放				3. 融资租赁			
其中:境外同业存放				4. 票据融资			
2. 同业拆借				其中:贴现			
其中:境外同业拆借				5. 各项垫款			
九、境外联行往来(来源方)				(二)境外贷款			
十、外汇买卖(来源方)	772	772		二、有价证券	1 114	−762	1 800
其中:结售汇	772	772		三、股权及其他投资	4 055	9	5
十一、委托存款及委托投资基金(净)				四、应收及预付款	19	−1 797	1 768
1. 委托存款及委托投资基金				其中:应收利息	19	−10	22
2. 减:委托贷款及委托投资				五、买入返售资产			
十二、代理金融机构委托贷款基金				六、存放中央准备金存款			
其中:中央银行委托贷款基金				七、存放中央银行特种存款			
十三、各项准备			−138	八、缴存中央银行财政性存款			
其中:贷款损失准备金			−5	九、同业往来	5 571	2 151	−2 079
十四、所有者权益	9 821	−203	1 120	1. 存放同业	5 571	2 151	−2 079
其中:实收资本	8 500			其中:存放境外同业			
十五、其他				2. 拆放同业			0
				其中:拆放境外同业			
				十、境外联行往来(运用方)			
				十一、代理金融机构贷款			
				其中:代理人行专项贷款			
				十二、库存现金	1	0	0
				十三、外汇买卖(运用方)	19	−95	−42
				其中:结售汇		−95	−42
				十四、投资性房地产			
资金来源总计	10 780	−493	1 448	资金运用总计	10 780	−493	1 448

8. 上海市财务公司外汇信贷收支表

2012-12-31　　　　单位:万美元

栏目 来源项目名称	本月余额	比年初增减数		栏目 运用项目名称	本月余额	比年初增减数	
		今年	上年			今年	上年
一、各项存款	70 139	46 440	11 562	一、各项贷款	6 214	574	398
1. 单位存款	70 139	46 440	11 562	(一) 境内贷款	6 214	574	398
其中:活期存款	54 286	36 875	6 867	1. 短期贷款	5 450	330	654
定期存款	15 853	9 565	4 695	(1) 个人贷款及透支			
通知存款				其中:个人消费贷款			
保证金存款				(2) 单位普通贷款及透支	5 450	330	654
2. 个人存款				其中:经营贷款	5 450	330	654
储蓄存款				固定资产贷款			
保证金存款				(3) 普通并购贷款			
结构性存款				(4) 银团贷款			
3. 临时性存款				(5) 贸易融资			
4. 其他存款				(6) 境外筹资转贷款			
二、代理财政性存款				2. 中长期贷款	764	244	−256
三、金融债券				(1) 个人贷款			
其中:境外发行				其中:个人消费贷款			
四、中长期借款				(2) 单位普通贷款	764	244	−256
其中:境外借款				其中:经营贷款	764	244	−256
五、应付及暂收款	1 464	188	129	固定资产贷款			
其中:应付利息	47	40	−7	(3) 普通并购贷款			
六、卖出回购资产				(4) 银团贷款			
七、向中央银行借款				(5) 贸易融资			
八、同业往来(来源方)				(6) 境外筹资转贷款			
1. 同业存放				3. 融资租赁			
其中:境外同业存放				4. 票据融资			
2. 同业拆借				其中:贴现			
其中:境外同业拆借				5. 各项垫款			
九、境外联行往来(来源方)				(二) 境外贷款			
十、外汇买卖(来源方)				二、有价证券			
其中:结售汇				三、股权及其他投资			
十一、委托存款及委托投资基金(净)				四、应收及预付款	42	−24	36
1. 委托存款及委托投资基金	13 000	13 000		其中:应收利息	41	−24	36
2. 减:委托贷款及委托投资	13 000	13 000		五、买入返售资产			
十二、代理金融机构委托贷款基金				六、存放中央准备金存款	1 818	776	222
其中:中央银行委托贷款基金				七、存放中央银行特种存款			
十三、各项准备	30	−40	−90	八、缴存中央银行财政性存款			
其中:贷款损失准备金	30	−40	−90	九、同业往来	73 336	44 873	11 718
十四、所有者权益	9 961	88	784	1. 存放同业	73 336	44 873	11 868
其中:实收资本	7 781		500	其中:存放境外同业			
十五、其他	−115	−478	−4	2. 拆放同业			−150
				其中:拆放境外同业			
				十、境外联行往来(运用方)			
				十一、代理金融机构贷款			
				其中:代理人行专项贷款			
				十二、库存现金			
				十三、外汇买卖(运用方)	70	0	8
				其中:结售汇	70	0	8
				十四、投资性房地产			
资金来源总计	81 479	46 198	12 381	资金运用总计	81 479	46 198	12 381

(四) 利 率

1. 中国人民银行对金融机构存贷款基准利率调整表

(2012 年)

单位:年利率,%

项 目	利 率
一、中国人民银行对金融机构存款利率	
(一) 法定准备金	1.62
(二) 超额准备金	0.72
二、中国人民银行对金融机构贷款利率	
(一) 流动性再贷款(不含农信社)	
二十天	3.25
三个月	3.55
六个月	3.75
一年	3.85
(二) 再贴现	2.25
(三) 农信社再贷款	
二十天	2.8
三个月	3.05
六个月	3.25
一年	3.35
(四) 专项政策性再贷款(超限额及新发放部分)	4.27
(五) 金融稳定再贷款(延期期间)	4.27

注:本表从 2010 年 12 月 26 日起执行。

2. 金融机构人民币存款基准利率调整表

（2012年）　　单位：年利率，%

项　　目	利　　率		
	2012年6月8日前	6月8日至7月5日	7月6日后
一、活期存款	0.5	0.4	0.35
二、定期存款			
（一）整存整取			
3个月	3.1	2.85	2.6
半年	3.3	3.05	2.8
1年	3.5	3.25	3
2年	4.4	4.1	3.75
3年	5	4.65	4.25
5年	5.5	5.1	4.75
（二）零存整取、整存零取、存本取息			
1年	3.1	2.85	2.6
3年	3.3	3.05	2.8
5年	3.5	3.25	3
（三）定活两便	按一年以内定期整存整取同档次利率打六折执行		
三、协定存款	1.31	1.21	1.15
四、通知存款			
一天	0.95	0.85	0.8
七天	1.49	1.39	1.35

3. 金融机构人民币贷款基准利率调整表

（2012年）　　单位：年利率，%

项　　目	利　　率		
	2012年6月8日前	6月8日至7月5日	7月6日后
一、短期贷款			
6个月以内（含6个月）	6.1	5.85	5.6
6个月至1年（含1年）	6.5	6.31	6
二、中长期贷款			
1至3年（含3年）	6.65	6.4	6.15
3至5年（含5年）	6.9	6.65	6.4
5年以上	7.05	6.8	6.55
三、贴现	以再贴现利率为下限加点确定		
四、个人住房公积金贷款			
5年以下（含5年）	4.45	4.2	4
5年以上	4.9	4.7	4.5
五、罚息水平			
（一）逾期贷款	在合同利率水平上加收30%—50%		
（二）挤占挪用贷款	在合同利率水平上加收50%—100%		

4. 全国同业折借市场利率水平表

(2012 年)

单位:年利率,%

	IBO001	IBO007	IBO014	IBO021	IBO01M	IBO02M	IBO03M	IBO04M	IBO06M	IBO09M	IBO01Y
1 月	4.208	4.549	5.645	6.008	6.042	6.076	5.760	—	5.814	—	—
2 月	3.222	4.064	4.382	4.671	5.031	5.135	5.317	5.400	5.087	—	—
3 月	2.470	3.199	3.700	4.076	4.214	4.292	4.920	4.200	4.749	4.691	4.946
4 月	3.176	3.855	3.887	4.069	4.050	4.298	5.698	5.345	4.667	—	4.665
5 月	2.131	2.976	3.154	3.340	3.579	3.997	4.466	3.270	4.052	4.200	4.674
6 月	2.653	3.259	3.139	3.355	3.146	3.900	4.765	4.212	3.682	4.700	4.445
7 月	2.683	3.524	3.758	3.581	3.933	3.207	4.194	3.200	3.504	3.600	3.946
8 月	2.722	3.543	3.790	3.783	3.639	3.668	3.841	—	3.777	—	4.243
9 月	2.786	3.543	3.667	3.482	4.025	4.109	4.102	4.500	4.469	4.400	4.353
10 月	2.727	3.171	3.595	3.760	3.880	3.706	3.784	—	4.125	—	4.600
11 月	2.409	3.260	3.405	3.699	3.769	3.768	4.068	4.367	4.459	4.800	5.000
12 月	2.359	3.499	3.773	3.987	4.085	4.268	4.617	4.200	4.482	4.250	5.081

注:本利率水平为月度加权平均利率。

5. 小额外币存款利率表

(2012 年)

单位:年利率,%

项　目	美　元	欧　元	日　元	港　元
活　期	1.1500	0.1000	0.0001	1.0000
七天通知	1.3750	0.3750	0.0005	1.2500
一个月	2.2500	0.7500	0.0100	1.8750
三个月	2.7500	1.0000	0.0100	2.3750
六个月	2.8750	1.1250	0.0100	2.5000
一　年	3.0000	1.2500	0.0100	2.6250

注:本表从 2005 年 12 月 28 日起执行。

二、金融机构业务统计

(一) 人民币信贷收支统计

1. 国家开发银行上海市分行人民币信贷收支表

2012-12-31　　单位:亿元

来源项目名称	本月余额	比年初增减数		运用项目名称	本月余额	比年初增减数	
		今年	上年			今年	上年
一、各项存款	113.59	−31.65	3.85	一、各项贷款	1 542.93	109.40	117.68
1. 单位存款	113.59	−31.65	3.85	(一) 境内贷款	1 540.38	111.96	119.41
其中:活期存款	44.56	0.98	13.73	1. 短期贷款	85.52	8.44	−69.61
定期存款	23.71	2.91	−6.08	(1) 个人贷款及透支			
通知存款	12.06	−22.43	10.49	其中:个人消费贷款			
保证金存款	0.00	−0.08	−2.36	(2) 单位普通贷款及透支	85.52	8.44	−69.61
2. 个人存款				其中:经营贷款	63.53	4.30	−9.63
储蓄存款				固定资产贷款	21.99	4.14	−59.97
保证金存款				(3) 普通并购贷款			
结构性存款				(4) 银团贷款			
3. 临时性存款				(5) 贸易融资			
4. 其他存款	0.00	0.00		(6) 境外筹资转贷款			
二、代理财政性存款				2. 中长期贷款	1 454.70	104.03	188.53
三、金融债券				(1) 个人贷款			
其中:境外发行				其中:个人消费贷款			
四、中长期借款				(2) 单位普通贷款	1 084.24	−11.09	92.56
其中:境外借款				其中:经营贷款	7.45	2.15	3.80
五、应付及暂收款	2.23	0.24	0.39	固定资产贷款	1 076.79	−13.24	88.76
其中:应付利息	0.51	0.18	0.00	(3) 普通并购贷款	5.41	5.41	
六、卖出回购资产				(4) 银团贷款	365.05	109.71	95.97
七、向中央银行借款				(5) 贸易融资			
八、同业往来(来源方)	0.00	0.00	−1.95	(6) 境外筹资转贷款			
1. 同业存放	0.00	0.00	−1.95	3. 融资租赁			
其中:境外同业存放				4. 票据融资		−0.50	0.50
2. 同业拆借				其中:贴现		−0.50	0.50
其中:境外同业拆借				5. 各项垫款	0.16		−0.01
九、境外联行往来(来源方)				(二) 境外贷款	2.55	−2.56	−1.73
十、外汇买卖(来源方)	0.84	0.03	−0.08	二、有价证券	14.00	−2.00	−2.00
其中:结售汇	0.84	0.03	−0.08	三、股权及其他投资			
十一、委托存款及委托投资基金(净)				四、应收及预付款	5.39	1.12	1.83
1. 委托存款及委托投资基金			−0.30	其中:应收利息	5.32	1.17	1.81
2. 减:委托贷款及委托投资			−0.30	五、买入返售资产			
十二、代理金融机构委托贷款基金				六、存放中央准备金存款	3.65	−0.74	−17.58
其中:中央银行委托贷款基金				七、存放中央银行特种存款			
十三、各项准备	46.91	−0.65	47.56	八、缴存中央银行财政性存款			
其中:贷款损失准备金	46.91	1.49	45.42	九、同业往来	100.09	49.61	28.22
十四、所有者权益	28.63	22.98	−16.78	1. 存放同业	0.09	−0.39	−21.78
其中:实收资本				其中:存放境外同业			
十五、其他	1 474.71	166.48	95.07	2. 拆放同业	100.00	50.00	50.00
				其中:拆放境外同业			
				十、境外联行往来(运用方)			
				十一、代理金融机构贷款			
				其中:代理人行专项贷款			
				十二、库存现金			
				十三、外汇买卖(运用方)	0.86	0.03	−0.07
				其中:结售汇			
				十四、投资性房地产			
资金来源总计	1 666.92	157.43	128.07	资金运用总计	1 666.92	157.43	128.07

2. 中国进出口银行上海分行人民币信贷收支表

2012-12-31　　单位:亿元

来源项目名称	本月余额	比年初增减数 今年	比年初增减数 上年	运用项目名称	本月余额	比年初增减数 今年	比年初增减数 上年
一、各项存款	15.04	−15.90	2.65	一、各项贷款	377.86	90.56	57.71
1. 单位存款	15.04	−15.90	2.65	(一) 境内贷款	373.48	90.92	54.17
其中:活期存款	10.18	1.28	0.53	1. 短期贷款	85.30	34.63	12.88
定期存款	0.99	−3.98	−9.88	(1) 个人贷款及透支			
通知存款	1.30	−12.79	13.84	其中:个人消费贷款			
保证金存款	2.57	−0.41	−1.85	(2) 单位普通贷款及透支	41.00	17.54	10.14
2. 个人存款				其中:经营贷款	41.00	17.54	10.14
储蓄存款				固定资产贷款			
保证金存款				(3) 普通并购贷款			
结构性存款				(4) 银团贷款			
3. 临时性存款				(5) 贸易融资	44.30	17.09	2.74
4. 其他存款				(6) 境外筹资转贷款			
二、代理财政性存款				2. 中长期贷款	288.17	56.29	41.30
三、金融债券				(1) 个人贷款			
其中:境外发行				其中:个人消费贷款			
四、中长期借款				(2) 单位普通贷款	121.93	47.17	21.71
其中:境外借款				其中:经营贷款	121.93	47.17	21.71
五、应付及暂收款	0.82	−0.20	−2.99	固定资产贷款			
其中:应付利息	0.43	0.09	−3.37	(3) 普通并购贷款			
六、卖出回购资产				(4) 银团贷款	26.01	19.95	6.06
七、向中央银行借款				(5) 贸易融资	140.06	−11.00	13.52
八、同业往来(来源方)	0.00			(6) 境外筹资转贷款	0.18	0.18	
1. 同业存放	0.00			3. 融资租赁			
其中:境外同业存放				4. 票据融资			
2. 同业拆借				其中:贴现			
其中:境外同业拆借				5. 各项垫款			
九、境外联行往来(来源方)				(二) 境外贷款	4.38	−0.36	3.53
十、外汇买卖(来源方)				二、有价证券			
其中:结售汇				三、股权及其他投资	7.23		7.23
十一、委托存款及委托投资基金(净)				四、应收及预付款	0.81	0.03	0.37
1. 委托存款及委托投资基金				其中:应收利息	0.64	0.02	0.25
2. 减:委托贷款及委托投资				五、买入返售资产			
十二、代理金融机构委托贷款基金				六、存放中央准备金存款	2.67	0.24	1.58
其中:中央银行委托贷款基金				七、存放中央银行特种存款			
十三、各项准备	6.17	1.45	4.72	八、缴存中央银行财政性存款			
其中:贷款损失准备金	6.10	1.43	4.67	九、同业往来	0.07	0.07	0.00
十四、所有者权益	4.21	4.21	4.43	1. 存放同业	0.07	0.07	0.00
其中:实收资本				其中:存放境外同业			
十五、其他	362.40	101.33	58.09	2. 拆放同业			
				其中:拆放境外同业			
				十、境外联行往来(运用方)			
				十一、代理金融机构贷款			
				其中:代理人行专项贷款			
				十二、库存现金	0.00	0.00	0.00
				十三、外汇买卖(运用方)			
				其中:结售汇			
				十四、投资性房地产			
资金来源总计	388.64	90.89	66.89	资金运用总计	388.64	90.89	66.89

3. 中国农业发展银行上海市分行人民币信贷收支表

2012-12-31　　单位:亿元

来源项目名称	本月余额	比年初增减数 今年	比年初增减数 上年	运用项目名称	本月余额	比年初增减数 今年	比年初增减数 上年
一、各项存款	28.02	5.56	−6.40	一、各项贷款	316.61	−49.34	−110.87
1. 单位存款	28.01	5.54	−6.40	(一)境内贷款	316.61	−49.34	−110.87
其中:活期存款	22.80	1.04	−6.30	1. 短期贷款	101.52	10.80	5.83
定期存款	0.66	0.43	−0.27	(1)个人贷款及透支			
通知存款	4.26	4.06	0.12	其中:个人消费贷款			
保证金存款	0.28	0.01	0.04	(2)单位普通贷款及透支	101.52	10.80	5.83
2. 个人存款				其中:经营贷款	101.52	10.80	5.83
储蓄存款				固定资产贷款			
保证金存款				(3)普通并购贷款			
结构性存款				(4)银团贷款			
3. 临时性存款	0.01	0.01		(5)贸易融资			
4. 其他存款				(6)境外筹资转贷款			
二、代理财政性存款	16.34	0.48	5.21	2. 中长期贷款	148.53	46.81	46.00
三、金融债券				(1)个人贷款			
其中:境外发行				其中:个人消费贷款			
四、中长期借款				(2)单位普通贷款	114.45	31.03	27.70
其中:境外借款				其中:经营贷款	0.60	0.60	
五、应付及暂收款	0.33	0.06	0.07	固定资产贷款	113.85	30.43	27.70
其中:应付利息	0.00	0.00	0.00	(3)普通并购贷款			
六、卖出回购资产				(4)银团贷款	34.08	15.78	18.30
七、向中央银行借款				(5)贸易融资			
八、同业往来(来源方)	1.00	1.00		(6)境外筹资转贷款			
1. 同业存放	1.00	1.00		3. 融资租赁			
其中:境外同业存放				4. 票据融资	66.56	−106.94	−162.70
2. 同业拆借				其中:贴现	66.56	−106.94	−162.70
其中:境外同业拆借				5. 各项垫款			
九、境外联行往来(来源方)				(二)境外贷款			
十、外汇买卖(来源方)				二、有价证券			
其中:结售汇				三、股权及其他投资			
十一、委托存款及委托投资基金(净)				四、应收及预付款	0.16	−0.22	0.32
1. 委托存款及委托投资基金				其中:应收利息	0.13	−0.25	0.32
2. 减:委托贷款及委托投资				五、买入返售资产			
十二、代理金融机构委托贷款基金				六、存放中央准备金存款	2.34	0.42	−0.07
其中:中央银行委托贷款基金				七、存放中央银行特种存款			
十三、各项准备				八、缴存中央银行财政性存款			
其中:贷款损失准备金				九、同业往来	10.73	10.19	0.01
十四、所有者权益	5.42	0.51	1.07	1. 存放同业	10.73	10.19	0.01
其中:实收资本				其中:存放境外同业			
十五、其他	278.75	−46.54	−110.56	2. 拆放同业			
				其中:拆放境外同业			
				十、境外联行往来(运用方)			
				十一、代理金融机构贷款			
				其中:代理人行专项贷款			
				十二、库存现金	0.03	0.01	0.00
				十三、外汇买卖(运用方)			
				其中:结售汇			
				十四、投资性房地产			
资金来源总计	329.87	−38.94	−110.61	资金运用总计	329.87	−38.94	−110.61

4. 中国工商银行上海市分行人民币信贷收支表

2012-12-31 单位:亿元

栏目 来源项目名称	本月余额	比年初增减数		栏目 运用项目名称	本月余额	比年初增减数	
		今 年	上 年			今 年	上 年
一、各项存款	10 041.74	942.40	997.19	一、各项贷款	4 551.14	351.42	346.72
1. 单位存款	4 899.62	405.55	556.30	(一)境内贷款	4 523.56	351.54	348.18
其中:活期存款	1 831.85	87.96	133.34	1. 短期贷款	975.97	187.38	165.50
定期存款	1 285.14	199.33	270.09	(1)个人贷款及透支	93.82	52.32	37.02
通知存款	366.48	111.35	87.56	其中:个人消费贷款	1.53	0.63	−0.37
保证金存款	44.19	8.32	−8.74	(2)单位普通贷款及透支	561.93	95.65	31.20
2. 个人存款	4 996.10	495.77	472.39	其中:经营贷款	554.98	95.30	54.01
储蓄存款	4 768.11	371.03	369.14	固定资产贷款	6.95	0.35	−22.81
保证金存款	0.54	0.49	0.05	(3)普通并购贷款			
结构性存款	227.45	124.26	103.19	(4)银团贷款			
3. 临时性存款	1.56	0.47	−0.67	(5)贸易融资	320.22	39.40	97.29
4. 其他存款	144.46	40.60	−30.82	(6)境外筹资转贷款			
二、代理财政性存款	342.98	−106.22	16.47	2. 中长期贷款	3 327.57	4.55	179.82
三、金融债券	0.00			(1)个人贷款	861.16	51.77	102.43
其中:境外发行				其中:个人消费贷款	811.92	29.22	94.08
四、中长期借款				(2)单位普通贷款	2 055.21	3.81	84.07
其中:境外借款				其中:经营贷款	136.44	−41.03	39.52
五、应付及暂收款	246.34	119.12	−30.67	固定资产贷款	1 918.77	44.84	44.55
其中:应付利息	121.19	43.06	17.88	(3)普通并购贷款	21.37	16.92	3.55
六、卖出回购资产		−1.89	−10.17	(4)银团贷款	389.83	−67.96	−10.22
七、向中央银行借款	1.24	1.24		(5)贸易融资			
八、同业往来(来源方)	1 512.64	145.65	111.67	(6)境外筹资转贷款			
1. 同业存放	1 510.54	143.55	185.64	3. 融资租赁			
其中:境外同业存放	1.50	−1.17	−3.67	4. 票据融资	220.03	159.62	2.85
2. 同业拆借	2.10	2.10	−73.97	其中:贴现	220.03	159.62	2.85
其中:境外同业拆借	2.10	2.10	−73.97	5. 各项垫款			
九、境外联行往来(来源方)				(二)境外贷款	27.58	−0.12	−1.46
十、外汇买卖(来源方)	2 857.71	2 856.20	1 883.43	二、有价证券	933.00	93.50	−157.18
其中:结售汇	2 857.71	2 856.20	1 891.00	三、股权及其他投资			
十一、委托存款及委托投资基金(净)				四、应收及预付款	79.92	41.30	5.84
1. 委托存款及委托投资基金	193.59	60.81	59.51	其中:应收利息	25.32	1.77	2.84
2. 减:委托贷款及委托投资	193.59	60.81	59.51	五、买入返售资产	45.87	20.05	12.91
十二、代理金融机构委托贷款基金		−3.50	3.50	六、存放中央准备金存款	28.76	−4.42	14.31
其中:中央银行委托贷款基金				七、存放中央银行特种存款			
十三、各项准备	85.67	1.45	58.38	八、缴存中央银行财政性存款	304.76	13.17	0.76
其中:贷款损失准备金	85.61	1.46	58.38	九、同业往来	46.45	−72.24	53.86
十四、所有者权益	142.76	−10.57	26.50	1. 存放同业	2.00	1.96	−12.49
其中:实收资本				其中:存放境外同业			
十五、其他	−6 351.06	−638.11	−888.38	2. 拆放同业	44.45	−74.20	66.36
				其中:拆放境外同业			
				十、境外联行往来(运用方)			
				十一、代理金融机构贷款		−3.50	3.50
				其中:代理人行专项贷款			
				十二、库存现金	23.06	−0.60	1.77
				十三、外汇买卖(运用方)	2 867.07	2 867.07	1 885.44
				其中:结售汇	2 867.07	2 867.07	1 885.44
				十四、投资性房地产			
资金来源总计	8 880.04	3 305.76	2 167.92	资金运用总计	8 880.04	3 305.76	2 167.92

5. 中国农业银行上海市分行人民币信贷收支表

2012-12-31 单位:亿元

来源项目名称	本月余额	比年初增减数 今年	比年初增减数 上年	运用项目名称	本月余额	比年初增减数 今年	比年初增减数 上年
一、各项存款	5 810.60	427.54	656.84	一、各项贷款	2 911.37	126.42	287.28
1. 单位存款	2 638.67	14.52	206.86	(一) 境内贷款	2 905.46	126.55	287.22
其中:活期存款	1 074.83	24.39	−757.81	1. 短期贷款	598.12	5.93	38.23
定期存款	493.87	41.12	30.24	(1) 个人贷款及透支	44.84	16.81	8.20
通知存款	111.83	1.58	12.96	其中:个人消费贷款	26.56	10.58	7.00
保证金存款	60.11	−39.70	22.55	(2) 单位普通贷款及透支	476.25	−72.19	17.36
2. 个人存款	3 013.66	357.22	363.06	其中:经营贷款	460.50	−59.96	−5.67
储蓄存款	2 933.38	427.72	212.28	固定资产贷款	13.07	−14.90	25.03
保证金存款				(3) 普通并购贷款	0.30	0.30	
结构性存款	80.28	−70.50	150.78	(4) 银团贷款	14.43	0.48	11.58
3. 临时性存款	0.18	0.12	−0.02	(5) 贸易融资	62.30	60.53	1.09
4. 其他存款	158.09	55.68	86.94	(6) 境外筹资转贷款			
二、代理财政性存款	570.61	63.01	51.97	2. 中长期贷款	2 238.06	120.98	275.11
三、金融债券				(1) 个人贷款	654.65	102.13	111.73
其中:境外发行				其中:个人消费贷款	634.08	101.44	108.52
四、中长期借款				(2) 单位普通贷款	1 029.66	−127.55	47.99
其中:境外借款				其中:经营贷款	132.83	−39.72	27.77
五、应付及暂收款	111.76	27.67	7.99	固定资产贷款	896.84	−87.83	20.22
其中:应付利息	79.78	24.00	9.03	(3) 普通并购贷款	21.83	1.30	2.14
六、卖出回购资产				(4) 银团贷款	531.92	145.10	113.25
七、向中央银行借款				(5) 贸易融资			
八、同业往来(来源方)	329.05	−177.67	86.91	(6) 境外筹资转贷款			
1. 同业存款	288.01	−218.71	86.91	3. 融资租赁			
其中:境外同业存放	32.19	−3.22	15.29	4. 票据融资	69.28	−0.36	−26.12
2. 同业拆借	41.04	41.04		其中:贴现	69.28	−0.36	−26.12
其中:境外同业拆借	41.04	41.04		5. 各项垫款			
九、境外联行往来(来源方)				(二) 境外贷款	5.91	−0.13	0.06
十、外汇买卖(来源方)	306.30	306.30	−0.01	二、有价证券	64.88	17.55	25.48
其中:结售汇	306.30	306.30	−0.01	三、股权及其他投资			
十一、委托存款及委托投资基金(净)	−0.01	−0.01		四、应收及预付款	7.65	1.39	0.90
1. 委托存款及委托投资基金	304.14	57.12	39.46	其中:应收利息	6.89	1.12	1.15
2. 减:委托贷款及委托投资	304.15	57.13	39.46	五、买入返售资产		−8.08	8.08
十二、代理金融机构委托贷款基金	6.56	−3.51	−3.77	六、存放中央准备金存款	8.74	−5.43	6.14
其中:中央银行委托贷款基金				七、存放中央银行特种存款			
十三、各项准备	60.51	−4.73	1.43	八、缴存中央银行财政性存款	688.36	−38.94	87.79
其中:贷款损失准备金	59.87	−5.18	1.60	九、同业往来	240.60	75.01	66.24
十四、所有者权益	120.86	14.44	31.72	1. 存放同业	104.10	24.95	28.85
其中:实收资本				其中:存放境外同业			
十五、其他	−3 053.46	−179.93	−351.14	2. 拆放同业	136.50	50.06	37.39
				其中:拆放境外同业			
				十、境外联行往来(运用方)			
				十一、代理金融机构贷款	6.56	−3.51	−3.77
				其中:代理人行专项贷款			
				十二、库存现金	29.16	3.78	3.27
				十三、外汇买卖(运用方)	305.46	304.92	0.53
				其中:结售汇	305.46	304.92	0.53
				十四、投资性房地产			
资金来源总计	4 262.78	473.11	481.94	资金运用总计	4 262.78	473.11	481.94

6. 中国银行上海市分行人民币信贷收支表

2012-12-31

单位:亿元

栏目 来源项目名称	本月余额	比年初增减数		栏目 运用项目名称	本月余额	比年初增减数	
		今 年	上 年			今 年	上 年
一、各项存款	3 316.60	119.98	33.97	一、各项贷款	2 395.75	294.36	193.23
1. 单位存款	1 761.94	−54.06	114.05	(一) 境内贷款	2 358.48	295.01	201.32
其中:活期存款	470.54	−65.60	179.71	1. 短期贷款	494.24	133.95	41.23
定期存款	510.68	27.90	−68.97	(1) 个人贷款及透支	59.97	39.26	14.08
通知存款	134.10	−75.28	−30.91	其中:个人消费贷款	43.15	33.69	4.41
保证金存款	102.98	−5.25	−20.96	(2) 单位普通贷款及透支	306.20	53.14	−5.63
2. 个人存款	1 446.62	172.54	−110.59	其中:经营贷款	300.68	49.12	−7.13
储蓄存款	1 446.41	172.45	−110.61	固定资产贷款	5.52	4.02	1.50
保证金存款	0.21	0.10	0.02	(3) 普通并购贷款			
结构性存款				(4) 银团贷款	5.43	0.35	0.37
3. 临时性存款	16.11	−2.85	−5.53	(5) 贸易融资	122.64	41.19	32.40
4. 其他存款	91.93	4.34	36.05	(6) 境外筹资转贷款			
二、代理财政性存款	0.09	−2.42	1.83	2. 中长期贷款	1 811.36	148.29	169.84
三、金融债券				(1) 个人贷款	799.56	43.69	45.08
其中:境外发行				其中:个人消费贷款	773.40	42.13	45.24
四、中长期借款				(2) 单位普通贷款	557.15	45.72	14.63
其中:境外借款				其中:经营贷款	57.00	−15.68	10.96
五、应付及暂收款	71.71	−1.85	14.61	固定资产贷款	500.15	61.40	3.67
其中:应付利息	50.01	17.82	4.44	(3) 普通并购贷款	13.83	3.61	3.34
六、卖出回购资产	55.45	55.45		(4) 银团贷款	437.45	51.98	106.79
七、向中央银行借款				(5) 贸易融资	3.38	3.29	
八、同业往来(来源方)	831.02	301.83	17.52	(6) 境外筹资转贷款			
1. 同业存放	771.01	241.82	17.52	3. 融资租赁			
其中:境外同业存放	203.58	141.05	34.06	4. 票据融资	52.38	12.37	−9.75
2. 同业拆借	60.01	60.01		其中:贴现	52.38	12.37	−9.75
其中:境外同业拆借				5. 各项垫款	0.49	0.40	
九、境外联行往来(来源方)	163.49	144.81	4.24	(二) 境外贷款	37.27	−0.65	−8.08
十、外汇买卖(来源方)		0.00	0.00	二、有价证券	98.13	85.80	−15.17
其中:结售汇		0.00	0.00	三、股权及其他投资			
十一、委托存款及委托投资基金(净)				四、应收及预付款	15.81	0.88	−24.66
1. 委托存款及委托投资基金	162.93	−7.80	27.41	其中:应收利息	11.26	4.44	−22.90
2. 减:委托贷款及委托投资	162.93	−7.80	27.41	五、买入返售资产	107.14	107.14	
十二、代理金融机构委托贷款基金				六、存放中央准备金存款	57.42	−31.35	10.91
其中:中央银行委托贷款基金				七、存放中央银行特种存款			
十三、各项准备	54.25	7.54	19.12	八、缴存中央银行财政性存款	3.28	−3.17	−1.65
其中:贷款损失准备金	52.91	7.67	19.48	九、同业往来	378.42	175.87	16.54
十四、所有者权益	27.99	27.99	−36.55	1. 存放同业	275.15	220.11	−47.32
其中:实收资本				其中:存放境外同业			
十五、其他	−1 347.71	82.15	119.07	2. 拆放同业	103.27	−44.24	63.86
				其中:拆放境外同业			
				十、境外联行往来(运用方)			
				十一、代理金融机构贷款			
				其中:代理人行专项贷款			
				十二、库存现金	14.15	3.16	−0.01
				十三、外汇买卖(运用方)	102.80	102.80	−5.39
				其中:结售汇		0.00	−5.10
				十四、投资性房地产			
资金来源总计	3 172.89	735.48	173.81	资金运用总计	3 172.89	735.48	173.81

7. 中国建设银行上海市分行人民币信贷收支表

2012-12-31

单位:亿元

栏目 来源项目名称	本月余额	比年初增减数		栏目 运用项目名称	本月余额	比年初增减数	
		今 年	上 年			今 年	上 年
一、各项存款	6 829.25	619.73	687.22	一、各项贷款	3 424.89	294.49	293.16
1. 单位存款	3 985.13	316.78	338.91	(一) 境内贷款	3 410.26	293.12	293.27
其中:活期存款	1 117.42	70.20	−34.35	1. 短期贷款	592.23	−1.21	22.65
定期存款	939.90	179.72	133.27	(1) 个人贷款及透支	30.91	4.37	3.49
通知存款	228.76	8.62	−28.05	其中:个人消费贷款	0.68	0.08	−2.46
保证金存款	88.05	−63.32	−32.78	(2) 单位普通贷款及透支	499.10	−14.22	6.60
2. 个人存款	2 636.45	248.96	332.84	其中:经营贷款	478.34	−34.57	15.17
储蓄存款	2 341.65	198.99	88.02	固定资产贷款	20.76	20.37	−8.40
保证金存款	0.02	0.00	0.00	(3) 普通并购贷款			
结构性存款	294.79	49.97	244.82	(4) 银团贷款			
3. 临时性存款	2.38	1.27	−1.42	(5) 贸易融资	62.23	8.64	12.56
4. 其他存款	205.29	52.72	16.89	(6) 境外筹资转贷款			
二、代理财政性存款	13.09	−0.61	10.64	2. 中长期贷款	2 670.51	240.50	293.97
三、金融债券	0.00	0.00		(1) 个人贷款	706.05	94.39	76.42
其中:境外发行				其中:个人消费贷款	671.93	93.39	76.95
四、中长期借款				(2) 单位普通贷款	1 951.77	142.09	208.87
其中:境外借款				其中:经营贷款	466.43	−10.36	−132.47
五、应付及暂收款	118.66	28.05	21.47	固定资产贷款	1 485.34	152.45	341.34
其中:应付利息	95.30	25.19	18.56	(3) 普通并购贷款	12.69	4.02	8.67
六、卖出回购资产				(4) 银团贷款			
七、向中央银行借款				(5) 贸易融资			
八、同业往来(来源方)	1 249.49	63.13	274.84	(6) 境外筹资转贷款			
1. 同业存放	1 249.49	63.13	274.84	3. 融资租赁			
其中:境外同业存放	4.94	−6.71	11.65	4. 票据融资	145.79	53.98	−24.52
2. 同业拆借				其中:贴现	145.79	53.98	−24.52
其中:境外同业拆借				5. 各项垫款	1.72	−0.15	1.17
九、境外联行往来(来源方)				(二) 境外贷款	14.63	1.37	−0.10
十、外汇买卖(来源方)	0.09	0.00	−0.14	二、有价证券	3.30	−4.40	−0.65
其中:结售汇	0.09	0.00	−0.14	三、股权及其他投资	620.47	164.09	456.18
十一、委托存款及委托投资基金(净)	0.01	0.01	−0.12	四、应收及预付款	26.23	−0.27	7.53
1. 委托存款及委托投资基金	410.78	−152.61	128.89	其中:应收利息	21.21	1.00	9.18
2. 减:委托贷款及委托投资	410.77	−152.62	129.01	五、买入返售资产	84.50	50.23	−22.44
十二、代理金融机构委托贷款基金				六、存放中央准备金存款	7.39	−1.52	5.11
其中:中央银行委托贷款基金				七、存放中央银行特种存款			
十三、各项准备	0.81	−0.07	0.22	八、缴存中央银行财政性存款	6.80	−2.47	5.60
其中:贷款损失准备金				九、同业往来	331.52	93.53	234.09
十四、所有者权益	18.64	3.76	0.22	1. 存放同业	191.12	3.13	187.41
其中:实收资本				其中:存放境外同业			
十五、其他	−3 704.07	−118.87	−14.38	2. 拆放同业	140.40	90.40	46.68
				其中:拆放境外同业			
				十、境外联行往来(运用方)			
				十一、代理金融机构贷款			
				其中:代理人行专项贷款			
				十二、库存现金	20.86	1.45	1.37
				十三、外汇买卖(运用方)			
				其中:结售汇			
				十四、投资性房地产			
资金来源总计	4 525.98	595.13	979.97	资金运用总计	4 525.98	595.13	979.97

8. 交通银行上海市分行人民币信贷收支表

2012-12-31 单位:亿元

栏目 来源项目名称	本月余额	比年初增减数		栏目 运用项目名称	本月余额	比年初增减数	
		今 年	上 年			今 年	上 年
一、各项存款	3 212.29	286.31	345.93	一、各项贷款	2 183.05	164.49	189.08
1. 单位存款	2 025.06	161.12	293.43	(一) 境内贷款	2 179.77	164.16	188.98
其中:活期存款	483.97	−4.19	149.02	1. 短期贷款	646.77	158.31	6.51
定期存款	459.13	29.21	71.97	(1) 个人贷款及透支	2.70	−2.72	4.05
通知存款	294.45	92.45	−42.61	其中:个人消费贷款	0.10	−0.25	−0.19
保证金存款	210.64	16.07	69.22	(2) 单位普通贷款及透支	500.45	82.69	4.15
2. 个人存款	934.89	111.83	86.92	其中:经营贷款	495.91	78.15	4.15
储蓄存款	807.23	71.11	72.02	固定资产贷款			
保证金存款	0.57	0.04	0.47	(3) 普通并购贷款			−7.50
结构性存款	127.09	40.68	14.44	(4) 银团贷款	11.78	3.96	−4.21
3. 临时性存款	0.71	0.31	−0.30	(5) 贸易融资	131.84	74.38	10.02
4. 其他存款	251.63	13.05	−34.12	(6) 境外筹资转贷款			
二、代理财政性存款	0.19	0.09	−6.42	2. 中长期贷款	1 503.90	29.18	176.83
三、金融债券				(1) 个人贷款	302.20	19.35	20.38
其中:境外发行				其中:个人消费贷款	289.51	18.21	17.24
四、中长期借款				(2) 单位普通贷款	729.74	−66.61	20.16
其中:境外借款				其中:经营贷款	172.88	−87.03	−149.25
五、应付及暂收款	83.18	−79.22	31.16	固定资产贷款	556.86	20.42	169.41
其中:应付利息	37.71	5.50	1.63	(3) 普通并购贷款	19.13	3.50	−0.24
六、卖出回购资产				(4) 银团贷款	452.84	72.94	136.53
七、向中央银行借款				(5) 贸易融资			
八、同业往来(来源方)	1 296.76	130.92	−99.28	(6) 境外筹资转贷款			
1. 同业存放	1 294.55	128.70	−99.28	3. 融资租赁			
其中:境外同业存放	8.79	−28.62	17.16	4. 票据融资	29.10	−23.32	5.63
2. 同业拆借	2.22	2.22		其中:贴现	29.10	−23.32	5.63
其中:境外同业拆借	2.22	2.22		5. 各项垫款			
九、境外联行往来(来源方)	31.63	18.48	13.15	(二) 境外贷款	3.28	0.32	0.10
十、外汇买卖(来源方)	0.01	0.01	0.00	二、有价证券	0.00	0.00	
其中:结售汇	0.01	0.01	0.00	三、股权及其他投资	0.20		−0.04
十一、委托存款及委托投资基金(净)	6.68	−129.41	26.59	四、应收及预付款	65.77	−44.15	22.00
1. 委托存款及委托投资基金	203.43	−168.12	131.28	其中:应收利息	2.12	−13.69	4.80
2. 减:委托贷款及委托投资	196.75	−38.71	104.69	五、买入返售资产	162.57	−30.37	59.10
十二、代理金融机构委托贷款基金				六、存放中央准备金存款	24.39	−1.17	−8.15
其中:中央银行委托贷款基金				七、存放中央银行特种存款			
十三、各项准备	29.89	9.38	3.04	八、缴存中央银行财政性存款	0.16	−1.00	−1.78
其中:贷款损失准备金	29.89	9.38	3.04	九、同业往来	296.25	82.94	150.12
十四、所有者权益	38.27	7.01	−2.62	1. 存放同业	296.25	84.72	150.12
其中:实收资本				其中:存放境外同业			
十五、其他	−1 958.76	−71.58	98.56	2. 拆放同业		−1.78	
				其中:拆放境外同业			
				十、境外联行往来(运用方)			
				十一、代理金融机构贷款			
				其中:代理人行专项贷款			
				十二、库存现金	7.75	1.25	−0.24
				十三、外汇买卖(运用方)	0.01	0.01	0.00
				其中:结售汇			
				十四、投资性房地产			
资金来源总计	2 740.14	171.99	410.10	资金运用总计	2 740.14	171.99	410.10

9. 中国邮政储蓄银行上海分行人民币信贷收支表

2012-12-31　　　　单位:亿元

来源项目名称	本月余额	比年初增减数		运用项目名称	本月余额	比年初增减数	
		今年	上年			今年	上年
一、各项存款	1 265.81	217.87	141.04	一、各项贷款	167.17	72.10	26.13
1. 单位存款	172.69	44.67	24.33	(一) 境内贷款	167.17	72.10	26.13
其中:活期存款	64.55	12.81	3.11	1. 短期贷款	50.84	22.51	23.82
定期存款	104.16	30.71	19.52	(1) 个人贷款及透支	8.64	3.91	0.72
通知存款	3.31	0.76	1.43	其中:个人消费贷款	0.02	0.01	−0.04
保证金存款	0.67	0.39	0.28	(2) 单位普通贷款及透支	42.20	18.60	23.10
2. 个人存款	1 091.92	172.74	115.97	其中:经营贷款	42.20	18.60	23.10
储蓄存款	1 091.92	172.74	115.97	固定资产贷款			
保证金存款				(3) 普通并购贷款			
结构性存款				(4) 银团贷款			
3. 临时性存款				(5) 贸易融资			
4. 其他存款	1.20	0.46	0.74	(6) 境外筹资转贷款			
二、代理财政性存款				2. 中长期贷款	84.59	21.76	7.22
三、金融债券				(1) 个人贷款	43.52	3.12	6.46
其中:境外发行				其中:个人消费贷款	35.76	2.00	5.19
四、中长期借款				(2) 单位普通贷款	41.08	18.64	0.76
其中:境外借款				其中:经营贷款	5.09	5.09	
五、应付及暂收款	30.95	10.98	14.77	固定资产贷款	35.99	13.55	0.76
其中:应付利息	25.79	10.28	13.31	(3) 普通并购贷款			
六、卖出回购资产		−6.72	6.72	(4) 银团贷款			
七、向中央银行借款				(5) 贸易融资			
八、同业往来(来源方)	2.84	2.12	0.69	(6) 境外筹资转贷款			
1. 同业存放	2.84	2.12	0.69	3. 融资租赁			
其中:境外同业存放				4. 票据融资	31.73	27.83	−4.91
2. 同业拆借				其中:贴现	31.73	27.83	−4.91
其中:境外同业拆借				5. 各项垫款			
九、境外联行往来(来源方)				(二) 境外贷款			
十、外汇买卖(来源方)				二、有价证券			
其中:结售汇				三、股权及其他投资			
十一、委托存款及委托投资基金(净)				四、应收及预付款	13.40	6.79	6.27
1. 委托存款及委托投资基金	25.54	13.59	8.71	其中:应收利息	9.32	3.06	6.16
2. 减:委托贷款及委托投资	25.54	13.59	8.71	五、买入返售资产	143.83	83.85	43.25
十二、代理金融机构委托贷款基金				六、存放中央准备金存款	2.20	1.40	−3.85
其中:中央银行委托贷款基金				七、存放中央银行特种存款			
十三、各项准备	1.90	0.70	1.07	八、缴存中央银行财政性存款	0.00	0.00	0.00
其中:贷款损失准备金	1.90	0.70	1.07	九、同业往来	0.58	0.39	−0.57
十四、所有者权益	1.59	2.09	−0.52	1. 存放同业	0.58	0.39	−0.57
其中:实收资本				其中:存放境外同业			
十五、其他	−970.25	−62.62	−91.60	2. 拆放同业			
				其中:拆放境外同业			
				十、境外联行往来(运用方)			
				十一、代理金融机构贷款			
				其中:代理人行专项贷款			
				十二、库存现金	5.65	−0.13	0.96
				十三、外汇买卖(运用方)			
				其中:结售汇			
				十四、投资性房地产			
资金来源总计	332.84	164.40	72.18	资金运用总计	332.84	164.40	72.18

10. 上海浦东发展银行上海分行人民币信贷收支表

2012-12-31　　　　单位:亿元

来源项目	2012年末余额	运用项目	2012年末余额
一、各项存款	2 983.33	一、各项贷款	1 605.88
1. 单位存款	1 993.80	(一)境内贷款	1 595.70
其中:活期存款	419.92	1. 短期贷款	403.37
定期存款	512.81	(1)个人贷款及透支	31.46
通知存款	385.60	其中:个人消费贷款	7.75
保证金存款	34.93	(2)单位普通贷款及透支	338.96
2. 个人存款	788.46	其中:经营贷款	299.81
储蓄存款	708.22	固定资产贷款	39.05
保证金存款	0.68	(3)普通并购贷款	
结构性存款	79.57	(4)银团贷款	
3. 临时性存款	0.60	(5)贸易融资	32.94
4. 其他存款	200.47	(6)境外筹资转贷款	
二、代理财政性存款	8.71	2. 中长期贷款	1 158.89
三、金融债券		(1)个人贷款	338.93
其中:境外发行		其中:个人消费贷款	276.79
四、中长期借款		(2)单位普通贷款	457.65
其中:境外借款		其中:经营贷款	82.11
五、应付及暂收款	104.81	固定资产贷款	375.54
其中:应付利息	45.80	(3)普通并购贷款	21.92
六、卖出回购资产		(4)银团贷款	340.39
七、向中央银行借款		(5)贸易融资	
八、同业往来(来源方)	603.50	(6)境外筹资转贷款	
1. 同业存放	603.50	3. 融资租赁	
其中:境外同业存放	43.69	4. 票据融资	33.42
2. 同业拆借		其中:贴现	33.42
其中:境外同业拆借		5. 各项垫款	0.02
九、境外联行往来(来源方)		(二)境外贷款	10.18
十、外汇买卖(来源方)	0.01	二、有价证券	2.66
其中:结售汇	0.01	三、股权及其他投资	
十一、委托存款及委托投资基金(净)	3.26	四、应收及预付款	54.89
1. 委托存款及委托投资基金	963.05	其中:应收利息	4.57
2. 减:委托贷款及委托投资	959.79	五、买入返售资产	69.60
十二、代理金融机构委托贷款基金		六、存放中央准备金存款	0.71
其中:中央银行委托贷款基金		七、存放中央银行特种存款	
十三、各项准备	31.77	八、缴存中央银行财政性存款	
其中:贷款损失准备金	25.46	九、同业往来	478.71
十四、所有者权益	55.30	1. 存放同业	449.52
其中:实收资本		其中:存放境外同业	
十五、其他	−1 571.30	2. 拆放同业	29.18
		其中:拆放境外同业	
		十、境外联行往来(运用方)	
		十一、代理金融机构贷款	
		其中:代理人行专项贷款	
		十二、库存现金	6.57
		十三、外汇买卖(运用方)	0.37
		其中:结售汇	
		十四、投资性房地产	
资金来源总计	2 219.39	资金运用总计	2 219.39

11. 上海银行人民币信贷收支表

2012-12-31　　　　单位:万元

资金来源项目＼栏目	本月余额	比年初增减数		资金运用项目＼栏目	本月余额	比年初增减数	
		今年	上年			今年	上年
一、各项存款	53 042 524	6 909 348	5 511 874	一、各项贷款	37 457 889	4 422 072	3 586 329
1. 单位存款	35 559 857	5 806 108	2 806 545	(一)境内贷款	37 356 747	4 431 268	3 593 203
其中:活期存款	10 062 263	−27 961	1 241 820	1. 短期贷款	13 059 921	1 191 546	2 062 890
定期存款	12 497 582	3 266 408	2 110 717	(1)个人贷款及透支	1 114 486	313 759	282 308
通知存款	1 370 287	157 717	−275 791	其中:个人消费贷款	636 808	−102 362	239 482
保证金存款	2 615 104	495 329	548 967	(2)单位普通贷款及透支	11 886 117	904 504	1 720 673
2. 个人存款	14 710 368	1 872 546	2 282 645	其中:经营贷款	11 496 077	919 786	1 626 845
储蓄存款	12 506 468	1 217 031	734 260	固定资产贷款	261 372	27 560	31 843
保证金存款	729	729	0	(3)普通并购贷款	0	0	0
结构性存款	2 203 171	654 786	1 548 385	(4)银团贷款	52 066	−29 300	58 316
3. 临时性存款	171 923	60 001	−68 259	(5)贸易融资	7 252	2 583	1 593
4. 其他存款	2 600 376	−829 307	490 943	(6)境外筹资转贷款	0	0	0
二、代理财政性存款	14 759	4 886	8 817	2. 中长期贷款	18 331 771	−289 232	793 178
三、金融债券	1 221 916	202 229	517 597	(1)个人贷款	3 835 997	−413 801	268 991
其中:境外发行	0	0	0	其中:个人消费贷款	3 580 090	−416 920	256 433
四、中长期借款	0	0	0	(2)单位普通贷款	11 726 541	−448 193	−1 816
其中:境外借款	0	0	0	其中:经营贷款	1 477 786	−854 688	−750 377
五、应付及暂收款	1 118 179	369 277	100 651	固定资产贷款	10 248 755	406 495	748 561
其中:应付利息	737 955	294 820	90 602	(3)普通并购贷款	44 603	20 700	−1 000
六、卖出回购资产	3 019 520	117 998	113 022	(4)银团贷款	2 724 630	552 062	527 003
七、向中央银行借款	4 000	4 000	0	(5)贸易融资	0	0	0
八、同业往来(来源方)	16 687 838	6 643 185	1 630 228	(6)境外筹资转贷款	0	0	0
1. 同业存放	15 891 744	6 982 091	1 515 228	3. 融资租赁	0	0	0
其中:境外同业存放	61 264	58 787	−4 447	4. 票据融资	5 886 714	3 538 326	728 255
2. 同业拆借	796 094	−338 906	115 000	其中:贴现	5 886 714	3 538 326	728 255
其中:境外同业拆借	4 053	4 053	0	5. 各项垫款	78 341	−9 372	8 880
九、境外联行往来(来源方)	0	0	0	(二)境外贷款	101 142	−9 196	−6 874
十、外汇买卖(来源方)	7 177 263	1 826 111	1 548 259	二、有价证券	12 152 537	−503 165	472 456
其中:结售汇	7 177 263	1 827 128	1 550 237	其中:境外有价证券	0	0	0
十一、委托存款及委托投资基金(净)	0	−4 291	4 290	三、股权及其他投资	2 908 183	2 311 560	−1 334 078
1. 委托存款及委托投资基金	6 141 281	2 820 330	3 189 242	四、应收及预付款	544 978	310 523	27 525
2. 减:委托贷款及委托投资	6 141 281	2 824 621	3 184 952	其中:应收利息	37 912	35 656	42
十二、代理金融机构委托贷款基金	0	0	0	五、买入返售资产	835 200	−164 950	−1 201 024
其中:中央银行委托贷款基金	0	0	0	六、存放中央准备金存款	10 299 466	−178 904	1 342 172
十三、各项准备	903 330	21 827	51 812	七、存放中央银行特种存款	0	0	0
其中:贷款损失准备金	896 473	21 604	71 301	八、缴存中央银行财政性存款	8 022	5 331	181
十四、所有者权益	4 217 622	884 766	566 044	九、同业往来(运用方)	15 375 179	9 162 643	5 441 705
其中:实收资本	423 400	0	0	1. 存放同业	14 143 148	10 558 612	3 533 705
十五、其他	−728 755	−148 130	−14 264	2. 拆放同业	1 232 031	−1 395 969	1 908 000
				十、境外联行往来(运用方)	0	0	0
				十一、代理金融机构贷款	0	0	0
				十二、库存现金	153 368	−15 786	22 208
				十三、外汇买卖(运用方)	6 927 507	1 479 815	1 681 338
				其中:结售汇	6 923 358	1 475 666	1 681 338
				十四、投资性房地产	15 867	2 067	−482
资金来源总计	86 678 196	16 831 206	10 038 330	资金运用总计	86 678 196	16 831 206	10 038 330

12. 上海农商银行人民币信贷收支表

2012-12-31　　单位:亿元

来源项目名称	本月余额	比年初增减数 今年	比年初增减数 上年	运用项目名称	本月余额	比年初增减数 今年	比年初增减数 上年
一、各项存款	2 856.19	397.46	318.24	一、各项贷款	1 903.65	250.77	242.75
1. 企业存款	1 397.74	132.28	180.38	1. 短期贷款	601.70	79.47	129.82
(1) 活期存款	1 032.43	11.00	130.47	(1) 个人贷款及透支	18.02	7.59	4.39
(2) 定期存款	365.31	121.28	49.91	(2) 单位普通贷款及透支	582.48	71.61	124.96
2. 财政存款	0.64	0.57	−0.70	(3) 普通并购贷款			
3. 机关团体存款				(4) 银团贷款			
4. 储蓄存款	1 441.79	256.85	172.83	(5) 贸易融资	1.20	0.27	0.47
(1) 活期储蓄	213.03	46.58	13.49	2. 中长期贷款	981.57	37.34	76.75
(2) 定期储蓄	1 228.76	210.27	159.34	(1) 个人贷款及透支	159.88	2.81	12.41
5. 农业存款				(2) 单位普通贷款及透支	777.62	28.23	43.63
6. 信托存款				(3) 普通并购贷款			
7. 委托存款				(4) 银团贷款	44.07	6.30	20.71
8. 其他存款	16.02	7.26	−34.27	(5) 贸易融资			
二、金融债券	65.00	50.00	15.00	3. 票据融资	318.64	132.64	36.30
三、应付及暂收款	84.13	29.28	8.28	4. 各项垫款	1.74	1.32	−0.12
其中:应付及预收利息	58.14	19.67	5.26	二、有价证券及投资	640.89	120.17	31.34
四、同业往来	179.50	3.02	163.61	三、应收及预付款	18.83	3.93	5.18
五、行内资金往来				其中:应收利息	13.70	2.78	3.62
六、各项准备	64.02	7.36	21.03	四、同业往来	140.22	−30.08	119.41
其中:贷款损失准备金	61.36	11.67	20.17	五、系统内资金往来			
七、所有者权益	283.16	32.22	19.97	六、金银占款			
其中:实收资本	50.00			七、外汇占款	2.10	0.49	0.98
当年结益	41.04	9.47		八、固定资产	33.33	3.70	1.72
八、其他	96.61	−49.13	51.73	九、库存现金	16.14	−3.30	2.97
				十、存放央行存款	572.51	72.63	78.64
				十一、买入返售证券	191.30	−0.24	92.05
				十二、其他	109.64	51.14	22.82
资金来源总计	3 628.61	470.21	597.86	资金运用总计	3 628.61	470.21	597.86

13. 中信银行上海分行人民币信贷收支表

2012-12-31　　　　单位:亿元

来源项目名称	本月余额	比年初增减数 今年	比年初增减数 上年
一、各项存款	884.83	−111.18	53.40
1. 单位存款	545.64	−194.89	13.08
其中:活期存款	73.77	−10.54	−29.00
定期存款	151.57	−93.81	34.93
通知存款	54.19	1.54	−25.03
保证金存款	162.92	−2.83	35.97
2. 个人存款	172.99	27.12	23.77
储蓄存款	129.36	0.93	25.18
保证金存款	8.66	3.60	4.33
结构性存款	34.97	22.60	−5.73
3. 临时性存款	0.42	−6.14	−18.40
4. 其他存款	165.78	62.73	34.95
二、代理财政性存款	0.14	−1.17	0.64
三、金融债券			
其中:境外发行			
四、中长期借款			
其中:境外借款			
五、应付及暂收款	24.43	4.09	7.73
其中:应付利息	13.39	2.99	4.87
六、卖出回购资产			
七、向中央银行借款			
八、同业往来(来源方)	597.08	−159.47	622.42
1. 同业存放	596.89	−159.66	622.42
其中:境外同业存放	1.20	−0.69	1.06
2. 同业拆借	0.19	0.19	
其中:境外同业拆借			
九、境外联行往来(来源方)			
十、外汇买卖(来源方)	13.27	2.25	−85.42
其中:结售汇	12.62	1.60	−85.42
十一、委托存款及委托投资基金(净)	221.16	167.35	−42.20
1. 委托存款及委托投资基金	251.74	156.20	−42.36
2. 减:委托贷款及委托投资	30.58	−11.16	−0.16
十二、代理金融机构委托贷款基金			
其中:中央银行委托贷款基金			
十三、各项准备	13.52	5.46	0.72
其中:贷款损失准备金	12.94	5.22	0.72
十四、所有者权益	13.64	−0.91	3.56
其中:实收资本			
十五、其他	−604.85	−11.58	−328.09
资金来源总计	1 163.22	−105.16	232.75

运用项目名称	本月余额	比年初增减数 今年	比年初增减数 上年
一、各项贷款	626.92	26.57	22.71
(一) 境内贷款	625.43	27.12	22.71
1. 短期贷款	360.20	46.24	47.00
(1) 个人贷款及透支	37.90	17.05	16.83
其中:个人消费贷款	0.53	0.12	−0.14
(2) 单位普通贷款及透支	309.19	17.48	30.95
其中:经营贷款	298.64	22.83	21.13
固定资产贷款	10.00	−5.00	9.06
(3) 普通并购贷款	0.70	−0.15	−0.15
(4) 银团贷款			
(5) 贸易融资	12.41	11.86	−0.63
(6) 境外筹资转贷款			
2. 中长期贷款	237.34	−13.16	−33.50
(1) 个人贷款	55.27	−5.60	11.54
其中:个人消费贷款	49.90	−6.46	9.02
(2) 单位普通贷款	164.96	−2.39	−45.06
其中:经营贷款	59.94	−30.58	−22.36
固定资产贷款	105.02	28.19	−22.70
(3) 普通并购贷款		−0.55	0.55
(4) 银团贷款	17.10	−4.62	−0.54
(5) 贸易融资			
(6) 境外筹资转贷款			
3. 融资租赁			
4. 票据融资	21.73	−11.92	9.27
其中:贴现	21.73	−11.92	9.27
5. 各项垫款	6.16	5.97	−0.06
(二) 境外贷款	1.50	−0.56	
二、有价证券	10.11	−4.53	−0.88
三、股权及其他投资			
四、应收及预付款	4.61	−1.91	4.02
其中:应收利息	3.92	−1.87	4.02
五、买入返售资产	99.84	78.34	−115.62
六、存放中央准备金存款	8.14	−2.94	−2.08
七、存放中央银行特种存款			
八、缴存中央银行财政性存款	0.88	0.45	0.01
九、同业往来	398.15	−201.80	408.49
1. 存放同业	366.83	−40.87	267.44
其中:存放境外同业			
2. 拆放同业	31.32	−160.92	141.05
其中:拆放境外同业			
十、境外联行往来(运用方)			
十一、代理金融机构贷款			
其中:代理人行专项贷款			
十二、库存现金	2.13	−0.29	1.04
十三、外汇买卖(运用方)	12.43	0.95	−84.94
其中:结售汇	11.66	0.24	−84.95
十四、投资性房地产			
资金运用总计	1 163.22	−105.16	232.75

14. 中国光大银行上海分行人民币信贷收支表

2012-12-31

单位:亿元

来源项目名称	本月余额	比年初增减数 今年	比年初增减数 上年	运用项目名称	本月余额	比年初增减数 今年	比年初增减数 上年
一、各项存款	1 025.16	63.22	175.78	一、各项贷款	613.93	−4.14	49.77
1. 单位存款	658.46	−61.96	88.14	(一) 境内贷款	611.84	−4.42	49.05
其中:活期存款	96.93	−42.24	44.48	1. 短期贷款	195.04	20.12	29.89
定期存款	198.06	−0.09	−21.27	(1) 个人贷款及透支	6.37	−4.70	1.61
通知存款	83.66	3.07	16.34	其中:个人消费贷款	1.11	−1.92	0.82
保证金存款	101.80	−16.36	38.59	(2) 单位普通贷款及透支	79.08	3.35	−2.84
2. 个人存款	241.79	50.25	72.99	其中:经营贷款	76.78	1.18	−2.97
储蓄存款	164.11	25.20	41.28	固定资产贷款			
保证金存款	3.77	3.41	0.21	(3) 普通并购贷款			
结构性存款	73.91	21.65	31.51	(4) 银团贷款			
3. 临时性存款	0.28	−0.30	−0.28	(5) 贸易融资	109.59	21.47	31.12
4. 其他存款	124.62	75.23	14.92	(6) 境外筹资转贷款			
二、代理财政性存款	3.67	3.19	0.43	2. 中长期贷款	397.65	−28.88	12.58
三、金融债券				(1) 个人贷款	180.20	−8.26	5.72
其中:境外发行				其中:个人消费贷款	123.60	−1.23	−5.61
四、中长期借款				(2) 单位普通贷款	172.44	−10.62	−8.18
其中:境外借款				其中:经营贷款	139.52	−0.87	9.38
五、应付及暂收款	16.68	0.94	6.31	固定资产贷款	32.91	−9.75	−17.57
其中:应付利息	11.09	2.72	3.32	(3) 普通并购贷款			
六、卖出回购资产	1.20	−33.89	35.09	(4) 银团贷款	43.15	−5.10	15.82
七、向中央银行借款				(5) 贸易融资	1.86	−4.91	−0.78
八、同业往来(来源方)	462.91	108.23	52.96	(6) 境外筹资转贷款			
1. 同业存放	462.91	108.23	52.96	3. 融资租赁			
其中:境外同业存放				4. 票据融资	11.88	−2.88	6.64
2. 同业拆借				其中:贴现	11.88	−2.88	6.64
其中:境外同业拆借				5. 各项垫款	7.27	7.22	−0.06
九、境外联行往来(来源方)				(二) 境外贷款	2.09	0.28	0.72
十、外汇买卖(来源方)				二、有价证券	0.32	−0.31	−8.33
其中:结售汇				三、股权及其他投资	243.14	243.14	
十一、委托存款及委托投资基金(净)	31.18	0.95	−67.20	四、应收及预付款	6.09	3.59	0.87
1. 委托存款及委托投资基金	70.16	−4.91	−50.22	其中:应收利息	5.70	3.90	0.52
2. 减:委托贷款及委托投资	38.98	−5.85	16.98	五、买入返售资产	61.55	−164.83	84.18
十二、代理金融机构委托贷款基金				六、存放中央准备金存款	17.13	2.21	−7.89
其中:中央银行委托贷款基金				七、存放中央银行特种存款			
十三、各项准备	17.11	3.81	1.56	八、缴存中央银行财政性存款	0.49	−0.39	0.52
其中:贷款损失准备金	17.08	3.81	1.56	九、同业往来	118.89	−19.23	80.36
十四、所有者权益	16.76	−0.55	6.76	1. 存放同业	2.26	−99.36	67.36
其中:实收资本				其中:存放境外同业			
十五、其他	−506.21	−83.15	−12.01	2. 拆放同业	116.63	80.13	13.00
				其中:拆放境外同业			
				十、境外联行往来(运用方)			
				十一、代理金融机构贷款			
				其中:代理人行专项贷款			
				十二、库存现金	5.89	2.68	0.19
				十三、外汇买卖(运用方)	0.05	0.00	0.00
				其中:结售汇	0.05	0.00	0.00
				十四、投资性房地产	0.99		0.00
资金来源总计	1 068.47	62.73	199.67	资金运用总计	1 068.47	62.73	199.67

15. 华夏银行上海分行人民币信贷收支表

2012-12-31　　　　单位:亿元

栏目 来源项目名称	本月余额	比年初增减数		栏目 运用项目名称	本月余额	比年初增减数	
		今　年	上　年			今　年	上　年
一、各项存款	500.07	55.12	−14.15	一、各项贷款	282.28	−46.67	18.70
1. 单位存款	284.38	−6.60	−56.86	(一)境内贷款	281.57	−46.78	18.10
其中:活期存款	65.96	−1.15	−117.29	1. 短期贷款	142.11	−5.45	12.75
定期存款	98.38	3.25	76.52	(1) 个人贷款及透支	3.20	−7.37	1.39
通知存款	34.34	−6.24	−18.80	其中:个人消费贷款	0.19	−0.20	−0.49
保证金存款	22.92	0.02	0.43	(2) 单位普通贷款及透支	138.16	1.37	21.22
2. 个人存款	45.59	−4.35	9.74	其中:经营贷款	136.00	−0.79	21.22
储蓄存款	45.59	−4.35	9.79	固定资产贷款	2.16	2.16	
保证金存款				(3) 普通并购贷款			−10.00
结构性存款			−0.05	(4) 银团贷款			
3. 临时性存款	0.11	0.07	−0.07	(5) 贸易融资	0.75	0.55	0.14
4. 其他存款	170.00	66.00	33.04	(6) 境外筹资转贷款			
二、代理财政性存款	0.00	−0.02	0.02	2. 中长期贷款	133.42	−41.33	−0.23
三、金融债券				(1) 个人贷款	22.47	2.50	2.84
其中:境外发行				其中:个人消费贷款	19.67	2.28	3.13
四、中长期借款				(2) 单位普通贷款	98.77	−22.88	−20.64
其中:境外借款				其中:经营贷款	27.88	−9.56	−20.42
五、应付及暂收款	18.61	2.83	2.79	固定资产贷款	70.89	−13.32	−0.22
其中:应付利息	8.11	3.93	0.86	(3) 普通并购贷款		−10.00	10.00
六、卖出回购资产				(4) 银团贷款	12.18	−10.95	7.58
七、向中央银行借款				(5) 贸易融资			
八、同业往来(来源方)	96.43	−61.42	57.50	(6) 境外筹资转贷款			
1. 同业存放	95.74	−62.11	57.50	3. 融资租赁			
其中:境外同业存放		0.00	0.00	4. 票据融资	5.62	−0.41	5.58
2. 同业拆借	0.69	0.69		其中:贴现	5.62	−0.41	5.58
其中:境外同业拆借				5. 各项垫款	0.42	0.42	
九、境外联行往来(来源方)				(二)境外贷款	0.71	0.11	0.60
十、外汇买卖(来源方)	0.00	−40.03	22.30	二、有价证券	0.75	−0.22	−0.21
其中:结售汇	0.00	−40.01	22.29	三、股权及其他投资			
十一、委托存款及委托投资基金(净)			−0.26	四、应收及预付款	10.34	−0.33	0.42
1. 委托存款及委托投资基金	43.71	3.26	0.00	其中:应收利息	0.07	0.06	0.00
2. 减:委托贷款及委托投资	43.71	3.26	0.26	五、买入返售资产	65.78	55.95	−131.27
十二、代理金融机构委托贷款基金				六、存放中央准备金存款	8.70	0.10	−2.17
其中:中央银行委托贷款基金				七、存放中央银行特种存款			
十三、各项准备	3.35	−0.74	−0.46	八、缴存中央银行财政性存款	0.09	0.00	0.05
其中:贷款损失准备金	3.27	−0.30	−0.45	九、同业往来	0.38	−71.99	66.79
十四、所有者权益	5.53	−1.34	1.58	1. 存放同业	0.38	−71.99	66.79
其中:实收资本				其中:存放境外同业			
十五、其他	−254.62	−57.26	−94.66	2. 拆放同业			
				其中:拆放境外同业			
				十、境外联行往来(运用方)			
				十一、代理金融机构贷款			
				其中:代理人行专项贷款			
				十二、库存现金	1.03	0.32	0.04
				十三、外汇买卖(运用方)	0.03	−40.02	22.31
				其中:结售汇		−40.01	22.29
				十四、投资性房地产			
资金来源总计	369.38	−102.86	−25.34	资金运用总计	369.38	−102.86	−25.34

16. 中国民生银行上海分行人民币信贷收支表

2012-12-31 单位:亿元

来源项目名称	本月余额	比年初增减数 今年	比年初增减数 上年	运用项目名称	本月余额	比年初增减数 今年	比年初增减数 上年
一、各项存款	2 064.31	84.64	215.88	一、各项贷款			81.15
1. 企业存款	1 394.62	−127.87	80.51	1. 短期贷款	641.16		78.69
(1) 活期存款	606.16	−108.78	16.60	(1) 工业贷款			61.80
(2) 定期存款	788.46	−19.09	166.85	(2) 商业贷款			88.70
2. 机关团体存款	300.70	148.65	61.26	(3) 建筑业贷款			
3. 储蓄存款	368.12	66.23	52.56	(4) 农业贷款			
(1) 活期储蓄	100.40	49.21	−3.12	(5) 乡镇企业贷款			
(2) 定期储蓄	267.72	17.02	60.15	(6) 三资企业贷款			13.26
4. 农业存款				(7) 私营企业及个体贷款			−34.06
5. 其他存款	0.87	−144.19	79.26	(8) 其他短期贷款			244.98
二、代理财政性存款				其中:个人短期贷款			60.11
三、金融债券				2. 中长期贷款			78.42
其中:政策性金融债券				(1) 基本建设贷款			−70.73
四、应付及暂收款	45.33	20.01	8.01	(2) 技术改造贷款			−0.13
其中:应付及预收利息	45.33	27.26	7.95	(3) 其他中长期贷款			149.28
五、卖出回购资产	19.26	17.81	−43.47	其中:个人中长期贷款			−20.41
六、向中央银行借款				3. 票据融资	5.24		10.85
七、同业往来	1 513.19	826.43	264.77	其中:贴现	5.24		10.85
1. 同业存放	1 470.19	854.53	193.67	4. 各项垫款	4.06		0.45
2. 同业拆借	43.00	−28.10	71.10	二、有价证券及投资	129.96		28.82
八、行内资金往来				三、应收及预付款	10.54		2.72
九、委托存款及委托投资基金(净)			−0.01	其中:应收利息	7.87		2.23
1. 委托存款及委托投资基金	204.84	46.28	12.93	四、买入返售资产	560.44		−258.94
2. 减:委托贷款及委托投资	204.84	46.28	12.93	五、存放中央银行准备金存款	44.91		−17.01
十、代理金融机构委托贷款基金				六、存放中央银行特种存款			
其中:中央银行委托贷款基金				七、缴存中央银行财政性存款	0.02		0.46
十一、各项准备	32.47	9.87	3.04	八、同业往来	519.31		306.15
其中:贷款损失准备金	32.47	9.87	3.04	1. 存放同业	519.31		306.15
十二、所有者权益	11.75	−26.81	13.31	2. 拆放同业			
其中:实收资本				九、行内资金往来			
十三、其他			−317.93	十、代理金融机构贷款			
				其中:代理人行专项贷款			
				十一、库存现金	5.71		0.25
				十二、外汇占款	14.59		
资金来源总计	2 518.42	661.30	143.61	资金运用总计	2 518.42	661.30	143.61

17. 招商银行上海分行人民币信贷收支表

2012-12-31

单位:亿元

来源项目名称	本月余额	比年初增减数 今年	比年初增减数 上年	运用项目名称	本月余额	比年初增减数 今年	比年初增减数 上年
一、各项存款	2 163.35	171.28	215.73	一、各项贷款	1 150.54	49.68	45.04
1. 单位存款	1 159.11	6.95	114.80	(一) 境内贷款	1 131.95	50.03	44.77
其中:活期存款	320.42	0.31	114.92	1. 短期贷款	371.62	46.18	−2.98
定期存款	239.85	24.48	−42.31	(1) 个人贷款及透支	28.84	11.05	3.97
通知存款	155.72	5.76	31.47	其中:个人消费贷款	2.94	−4.07	1.04
保证金存款	49.08	−33.61	10.72	(2) 单位普通贷款及透支	312.99	17.17	−14.03
2. 个人存款	934.50	125.68	90.79	其中:经营贷款	310.16	21.82	−2.92
储蓄存款	934.50	125.68	90.79	固定资产贷款	2.83	−4.65	−11.11
保证金存款				(3) 普通并购贷款			
结构性存款				(4) 银团贷款	0.20	−0.50	−0.18
3. 临时性存款	0.65	−0.39	0.41	(5) 贸易融资	29.59	18.46	7.26
4. 其他存款	69.09	39.03	9.73	(6) 境外筹资转贷款			
二、代理财政性存款	0.05	−0.74	−0.52	2. 中长期贷款	737.20	−1.27	55.83
三、金融债券				(1) 个人贷款	387.90	15.61	15.08
其中:境外发行				其中:个人消费贷款	338.54	−3.25	4.74
四、中长期借款				(2) 单位普通贷款	241.77	−35.41	13.80
其中:境外借款				其中:经营贷款	30.53	−31.69	4.55
五、应付及暂收款	29.15	8.11	4.84	固定资产贷款	211.25	−3.72	9.25
其中:应付利息	17.31	5.83	2.93	(3) 普通并购贷款	4.65	−1.21	3.66
六、卖出回购资产				(4) 银团贷款	86.65	4.47	28.22
七、向中央银行借款	0.54	−1.51	1.11	(5) 贸易融资	16.22	15.28	−4.92
八、同业往来(来源方)	287.51	28.00	57.73	(6) 境外筹资转贷款			
1. 同业存放	287.51	28.29	57.44	3. 融资租赁			
其中:境外同业存放	1.81	0.07	1.74	4. 票据融资	22.98	5.01	−7.95
2. 同业拆借		−0.29	0.29	其中:贴现	22.98	5.01	−7.95
其中:境外同业拆借				5. 各项垫款	0.14	0.10	−0.14
九、境外联行往来(来源方)				(二) 境外贷款	18.59	−0.35	0.27
十、外汇买卖(来源方)		0.00	0.00	二、有价证券			
其中:结售汇				三、股权及其他投资			
十一、委托存款及委托投资基金(净)				四、应收及预付款	4.10	0.08	1.11
1. 委托存款及委托投资基金	212.64	−1.14	−17.97	其中:应收利息	3.28	−0.10	1.04
2. 减:委托贷款及委托投资	212.64	−1.14	−17.97	五、买入返售资产			−35.25
十二、代理金融机构委托贷款基金				六、存放中央准备金存款	15.11	0.71	−7.01
其中:中央银行委托贷款基金				七、存放中央银行特种存款			
十三、各项准备	23.78	1.91	1.83	八、缴存中央银行财政性存款	1.54	0.51	−2.73
其中:贷款损失准备金	22.26	1.90	1.77	九、同业往来	196.04	141.06	8.99
十四、所有者权益	41.03	3.09	16.37	1. 存放同业	180.29	148.04	15.71
其中:实收资本				其中:存放境外同业			
十五、其他	−1 170.29	−16.71	−286.88	2. 拆放同业	15.75	−6.98	−6.72
				其中:拆放境外同业			
				十、境外联行往来(运用方)			
				十一、代理金融机构贷款			
				其中:代理人行专项贷款			
				十二、库存现金	7.79	1.39	0.06
				十三、外汇买卖(运用方)	0.00	0.00	0.00
				其中:结售汇			
				十四、投资性房地产			
资金来源总计	1 375.13	193.42	10.21	资金运用总计	1 375.13	193.42	10.21

18. 兴业银行上海分行人民币信贷收支表

2012-12-31 单位:万元

	本期余额	比上年增减
资金来源合计	21 689 830.65	1 904 496.33
一、各项存款	12 254 241.21	1 594 499.96
1. 企业存款	7 978 915.50	1 307 144.91
其中:单位定期存款	4 540 240.26	936 113.09
2. 个人存款	2 065 694.25	317 720.12
其中:储蓄定期存款	1 277 740.90	234 308.93
3. 其他存款	2 209 631.45	−30 365.07
其中:其他定期存款	2 110 484.34	−48 336.21
二、委托存款	171 893.60	171 893.30
委托存款	171 893.60	171 893.30
三、各项代理业务	363.86	−1 622.00
1. 代理发行、兑付证券	350.45	−4.44
2. 代理财政性存款	0.04	−1 617.56
3. 其他代理业务	13.38	0.00
四、金融机构往来	8 436 057.09	332 132.04
1. 向人行短期借款	0.00	0.00
2. 同业存放款	8 105 412.30	1 177 074.30
3. 同业往来款(轧差)	6 973.19	3 596.14
4. 同业拆入	71 250.00	−928 750.00
5. 卖出回购资产	252 421.60	80 211.60
(1) 卖出回购证券	109 956.00	−62 254.00
(2) 卖出回购票据	142 465.60	142 465.60
(3) 卖出回购贷款	0.00	0.00
五、内部往来(轧差)	50 000.00	−2 010.00
1. 系统内资金往来	0.00	−2 010.00
2. 拨入营运资金	50 000.00	0.00
六、股本	0.00	0.00
七、公积金	5 850.24	13 004.94
1. 资本公积	5 850.24	13 004.94
2. 盈余公积	0.00	0.00
八、一般准备金	0.00	0.00
九、应付福利费	0.00	0.00
十、衍生工具(来源)	0.00	0.00
十一、结益	439 653.59	82 867.66
十二、应付债券	0.00	0.00
十三、其他(来源)	331 771.05	−286 269.57
1. 外汇买卖及结售汇资金	0.00	0.00
2. 应付利息	169 455.11	63 306.65
3. 应付股利	0.00	0.00
4. 应付款项	161 782.19	89 132.15
5. 其他	533.75	−438 708.37
资金运用合计	21 689 830.65	1 904 496.33
一、各项贷款	7 063 339.38	92 878.14
(一) 中长期贷款	4 975 494.48	−269 705.16
1. 普通中长期贷款	1 901 354.37	8 196.26
2. 住房开发中长期贷款	264 768.07	−183 232.72
3. 商用房开发中长期贷款	34 000.00	0.00
4. 单位按揭中长期贷款	0.00	0.00
5. 个体工商户及个人经营性中长期贷款	35 482.65	9 675.24
6. 由我行出资银团贷款	728 209.31	94 828.88
7. 个人中长期消费贷款	1 905 310.78	−190 346.86
8. 其他中长期贷款	106 369.31	−8 825.97

（续表）

	本期余额	比上年增减
（二）短期贷款	1 951 529.48	245 361.63
1. 普通短期贷款	1 480 761.74	178 978.00
2. 住房开发短期贷款	0.00	0.00
3. 商用房开发短期贷款	0.00	0.00
4. 个体工商户及个人经营性短期贷款	360 204.88	78 565.52
5. 个人短期消费贷款	68 220.60	−24 381.40
6. 其他短期贷款	42 342.25	12 199.52
（三）票据贴现	0.00	−7 746.33
（四）各项垫款	26 569.93	23 997.76
1. 承兑垫款	26 569.93	23 997.76
2. 担保垫款	0.00	0.00
（五）其他贷款	109 745.49	100 970.23
减:贷款损失准备金	104 040.03	6 962.69
二、委托贷款	0.00	0.00
三、代理银团贷款	0.00	0.00
四、各项投资	2 689 092.12	93 015.49
（1）交易类金融资产	217 155.54	144 714.19
（2）持有到期的投资	600 652.02	249 125.03
（3）可供出售的金融资产	1 395 910.92	871 389.78
（4）应收款项类投资	475 088.63	−1 172 213.51
（5）长期股权投资	285.00	0.00
减:应收款项金融资产减值准备	37.87	−308.67
五、现金	19 704.19	−2 658.22
六、代理发行和兑付证券	196.70	−24.83
七、金融机构往来	7 288 576.24	1 728 835.71
1. 在央行存款	70 799.13	−27 108.14
2. 存放同业款	176 652.58	−62 800.77
3. 同业往来(轧差)	101 062.76	33 479.45
4. 同业拆借	849 813.98	73 931.88
5. 买入返售资产	6 090 247.78	1 711 333.28
（1）买入返售证券	98 000.00	−241 396.69
（2）买入返售票据	4 653 404.70	4 653 404.70
（3）买入返售贷款	110 000.00	−1 140 000.00
（4）回售其他资产	1 228 843.08	−1 560 674.74
八、内部往来(轧差)	4 348 909.32	−219 125.22
1. 系统内资金往来	4 348 909.32	−219 125.22
2. 系统内借出款项	0.00	0.00
九、衍生工具(运用)	0.00	0.00
十、固定资产	73 213.90	2 028.50
减:累计折旧	30 947.31	2 867.23
十一、在建工程	81 016.66	80 091.07
十二、无形资产	28.00	28.00
减:无形资产累计摊销	0.47	0.47
十三、其他	280 292.35	144 789.69
1. 外汇买卖及结售汇资金(轧差)	0.00	0.00
2. 应收利息	113 795.51	56 581.95
3. 应收股利	0.00	0.00
4. 应收款项	110 434.60	77 682.23
5. 其他	56 062.25	10 525.51
减:坏账准备	3 504.25	14.42
减:抵债资产减值准备	16 008.29	5 825.86

19. 广发银行上海分行人民币信贷收支表

2012-12-31 单位:亿元

项目名称	本月余额	本期比年初		项目名称	本月余额	本期比年初	
		增减	增减%			增减	增减%
资金来源总计	467.36	53.62	12.96	资金运用总计	467.36	53.62	12.96
一、各项存款	602.85	30.48	5.32	一、各项贷款	314.65	−12.54	−3.83
1. 单位存款	388.09	23.61	6.48	(一)境内贷款	314.65	−12.54	−3.83
其中:活期存款	75.45	−0.79	−1.03	1. 短期贷款	138.81	32.19	30.19
定期存款	111.36	12.10	12.19	(1) 个人贷款及透支	3.74	0.73	24.28
通知存款	43.05	1.51	3.65	其中:个人消费贷款	0.00	0.00	2 900.00
保证金存款	40.62	−4.53	−10.03	(2) 单位普通贷款及透支	131.85	32.81	33.13
2. 个人存款	55.53	−0.57	−1.01	其中:经营贷款	131.85	32.93	33.28
储蓄存款	44.53	−11.37	−20.34	固定资产贷款		−0.12	−100.00
保证金存款	0.14	0.10	269.47	(3) 普通并购贷款			
结构性存款	10.86	10.70	6 832.12	(4) 银团贷款			
3. 临时性存款	2.02	0.59	41.26	(5) 贸易融资	3.23	−1.35	−29.51
4. 其他存款	157.22	6.84	4.55	(6) 境外筹资转贷款			
二、代理财政性存款		−0.00	−100.00	2. 中长期贷款	162.64	−52.94	−24.56
三、金融债券				(1) 个人贷款	64.12	−7.40	−10.35
其中:境外发行				其中:个人消费贷款	56.53	−7.54	−11.77
四、中长期借款				(2) 单位普通贷款	71.79	−43.28	−37.61
其中:境外借款				其中:经营贷款	9.05	−29.06	−76.26
五、应付及暂收款	12.26	1.51	14.04	固定资产贷款	62.74	−14.22	−18.48
其中:应付利息	11.06	1.84	19.88	(3) 普通并购贷款			
六、卖出回购资产				(4) 银团贷款	26.73	−2.26	−7.79
七、向中央银行借款		−0.08	−100.00	(5) 贸易融资			
八、同业往来	76.70	18.15	31.00	(6) 境外筹资转贷款			
1. 同业存放	74.51	15.96	27.25	3. 融资租赁			
其中:境外同业存放				4. 票据融资	2.93	−1.99	−40.43
2. 同业拆借	2.19	2.19		其中:贴现及买断式转贴现	2.93	−1.99	−40.43
其中:境外同业拆借				5. 各项垫款	10.27	10.20	14 673.24
九、境外联行往来				(二)境外贷款			
十、外汇买卖	0.00	−0.05	−99.81	二、有价证券及投资	0.49	−0.18	−26.62
其中:结售汇		−0.05	−100.00	三、股权及其他投资			
十一、委托存款及委托投资基金		−0.26	−100.00	四、应收及预付款	1.43	0.31	27.04
1. 委托存款及委托投资基金	22.30	3.56	19.00	其中:应收利息	1.00	0.19	23.29
2. 减:委托贷款及委托投资	22.30	3.82	20.67	五、买入返售资产	93.43	69.77	294.84
十二、代理金融机构委托贷款基金				六、存放中央银行准备金存款	8.56	−4.00	−31.83
其中:中央银行委托贷款基金				七、存放中央银行特种存款			
十三、各项准备	3.77	2.56	211.42	八、缴存中央银行财政性存款	0.03	0.03	
其中:贷款损失准备金	3.75	2.54	211.56	九、同业往来	47.01	−0.34	−0.71
十四、其他	−228.22	1.32	−0.58	1. 存放同业	12.01	−18.54	−60.68
				2. 拆放同业	35.00	18.20	108.33
				十、境外联行往来			
				十一、代理金融机构贷款		−0.26	−100.00
				十二、库存现金	1.03	0.11	11.78
				十三、外汇买卖	0.72	0.72	40 172.22
				其中:结售汇	0.72	0.72	
				十四、投资性房地产			

20. 平安银行上海分行人民币信贷收支表

2012-12-31　　　　单位:亿元

栏目 来源项目名称	本月余额	比年初增减数		栏目 运用项目名称	本月余额	比年初增减数	
		今　年	上　年			今　年	上　年
一、各项存款	1 051.31	35.29	−13.94	一、各项贷款	886.32	10.86	41.69
1. 单位存款	787.09	31.89	−46.98	(一)境内贷款	882.48	12.75	42.61
其中:活期存款	158.29	6.43	−24.05	1. 短期贷款	414.72	−7.43	30.62
定期存款	168.98	−29.34	8.35	(1)个人贷款及透支	40.17	7.07	−10.22
通知存款	53.05	12.91	−23.44	其中:个人消费贷款	17.81	−7.54	−15.81
保证金存款	290.25	29.33	20.70	(2)单位普通贷款及透支	360.26	−25.27	42.04
2. 个人存款	124.98	3.37	14.37	其中:经营贷款	356.66	−26.67	46.64
储蓄存款	114.65	−1.00	12.08	固定资产贷款	3.60	1.40	−4.60
保证金存款	10.33	5.22	1.67	(3)普通并购贷款			
结构性存款		−0.85	0.63	(4)银团贷款			
3. 临时性存款	0.44	−1.57	−1.22	(5)贸易融资	14.28	10.77	−1.20
4. 其他存款	138.81	1.60	19.89	(6)境外筹资转贷款			
二、代理财政性存款	0.01	0.01	−0.01	2. 中长期贷款	457.89	29.60	11.50
三、金融债券				(1)个人贷款	386.76	57.38	40.16
其中:境外发行				其中:个人消费贷款	337.42	66.49	24.33
四、中长期借款				(2)单位普通贷款	59.92	−26.57	−34.65
其中:境外借款				其中:经营贷款	32.89	−26.84	−5.26
五、应付及暂收款	15.72	−82.46	81.67	固定资产贷款	27.03	0.27	−28.97
其中:应付利息	12.36	−2.17	4.77	(3)普通并购贷款	3.77	−1.12	4.89
六、卖出回购资产			−19.35	(4)银团贷款	7.44	−0.09	1.10
七、向中央银行借款			−1.33	(5)贸易融资			
八、同业往来(来源方)	620.63	176.19	185.10	(6)境外筹资转贷款			
1. 同业存放	527.23	154.68	123.20	3. 融资租赁			
其中:境外同业存放				4. 票据融资	4.67	−13.73	−0.06
2. 同业拆借	93.41	21.51	61.90	其中:贴现	4.67	−13.73	−0.06
其中:境外同业拆借	7.58	7.58		5. 各项垫款	5.20	4.30	0.55
九、境外联行往来(来源方)				(二)境外贷款	3.84	−1.88	−0.92
十、外汇买卖(来源方)			0.00	二、有价证券			
其中:结售汇			0.00	三、股权及其他投资	205.10	123.08	−28.00
十一、委托存款及委托投资基金(净)	0.00	0.00		四、应收及预付款	10.40	−215.85	214.46
1. 委托存款及委托投资基金	21.97	−0.20	11.92	其中:应收利息	8.39	1.30	3.40
2. 减:委托贷款及委托投资	21.97	−0.20	11.92	五、买入返售资产	287.13	278.33	−157.28
十二、代理金融机构委托贷款基金				六、存放中央准备金存款	18.06	−2.64	−2.45
其中:中央银行委托贷款基金				七、存放中央银行特种存款			
十三、各项准备	11.03	2.62	6.12	八、缴存中央银行财政性存款	0.01	0.01	
其中:贷款损失准备金	11.01	2.60	6.11	九、同业往来	87.91	61.60	−11.68
十四、所有者权益	19.73	7.10	6.29	1. 存放同业	74.67	65.91	−1.23
其中:实收资本				其中:存放境外同业			
十五、其他	−221.50	117.29	−187.42	2. 拆放同业	13.24	−4.31	−10.45
				其中:拆放境外同业			
				十、境外联行往来(运用方)			
				十一、代理金融机构贷款			
				其中:代理人行专项贷款			
				十二、库存现金	2.01	0.65	0.38
				十三、外汇买卖(运用方)			
				其中:结售汇			
				十四、投资性房地产			
资金来源总计	1 496.93	256.03	57.11	资金运用总计	1 496.93	256.03	57.11

21. 北京银行上海分行人民币信贷收支表

2012-12-31

单位:亿元

来源项目名称	本月余额	比年初增减数 今年	比年初增减数 上年	运用项目名称	本月余额	比年初增减数 今年	比年初增减数 上年
一、各项存款	317.11	42.04	37.85	一、各项贷款	339.61	35.94	59.21
1. 单位存款	269.85	34.68	30.21	(一) 境内贷款	339.06	35.38	59.21
其中:活期存款	50.05	−13.99	−0.34	1. 短期贷款	192.02	15.36	68.17
定期存款	114.24	40.80	21.30	(1) 个人贷款及透支	8.26	1.00	6.34
通知存款	16.09	−4.14	−9.64	其中:个人消费贷款	0.40	0.18	−0.16
保证金存款	33.20	−4.42	13.92	(2) 单位普通贷款及透支	177.69	11.88	61.28
2. 个人存款	31.08	7.36	7.53	其中:经营贷款	177.68	13.39	61.24
储蓄存款	21.58	1.96	6.32	固定资产贷款	0.01	−1.51	0.04
保证金存款	0.02	0.02		(3) 普通并购贷款			
结构性存款	9.49	5.38	1.21	(4) 银团贷款			
3. 临时性存款	0.17	0.00	0.11	(5) 贸易融资	6.07	2.48	0.55
4. 其他存款	16.00	0.00	0.00	(6) 境外筹资转贷款			
二、代理财政性存款				2. 中长期贷款	131.13	19.34	−13.48
三、金融债券				(1) 个人贷款	43.38	8.73	14.36
其中:境外发行				其中:个人消费贷款	40.08	7.62	12.64
四、中长期借款				(2) 单位普通贷款	71.95	5.23	−28.89
其中:境外借款				其中:经营贷款	2.00	−8.70	−14.46
五、应付及暂收款	5.56	1.65	1.99	固定资产贷款	69.95	13.93	−14.43
其中:应付利息	4.86	1.35	1.88	(3) 普通并购贷款	5.71	0.29	−0.19
六、卖出回购资产				(4) 银团贷款	10.06	5.06	1.23
七、向中央银行借款				(5) 贸易融资	0.04	0.04	
八、同业往来(来源方)	297.50	111.15	123.53	(6) 境外筹资转贷款			
1. 同业存放	297.35	111.00	123.53	3. 融资租赁			
其中:境外同业存放				4. 票据融资	15.91	0.67	4.52
2. 同业拆借	0.15	0.15		其中:贴现	15.91	0.67	4.52
其中:境外同业拆借	0.15	0.15		5. 各项垫款			
九、境外联行往来(来源方)				(二) 境外贷款	0.56	0.56	
十、外汇买卖(来源方)				二、有价证券	29.00	29.00	
其中:结售汇				三、股权及其他投资			
十一、委托存款及委托投资基金(净)				四、应收及预付款	2.43	0.15	1.89
1. 委托存款及委托投资基金	9.38	2.64	−2.78	其中:应收利息	2.38	0.10	1.89
2. 减:委托贷款及委托投资	9.38	2.64	−2.78	五、买入返售资产	113.02	113.02	−45.18
十二、代理金融机构委托贷款基金				六、存放中央准备金存款	45.39	25.24	2.56
其中:中央银行委托贷款基金				七、存放中央银行特种存款			
十三、各项准备	6.86	2.68	1.51	八、缴存中央银行财政性存款			
其中:贷款损失准备金	6.45	2.27	1.51	九、同业往来	160.24	−107.82	238.52
十四、所有者权益	3.63	0.93	−0.45	1. 存放同业	105.11	−146.69	222.42
其中:实收资本				其中:存放境外同业			
十五、其他	59.30	−62.88	92.58	2. 拆放同业	55.13	38.88	16.10
				其中:拆放境外同业			
				十、境外联行往来(运用方)			
				十一、代理金融机构贷款			
				其中:代理人行专项贷款			
				十二、库存现金	0.26	0.03	0.01
				十三、外汇买卖(运用方)			
				其中:结售汇			
				十四、投资性房地产			
资金来源总计	689.96	95.56	257.00	资金运用总计	689.96	95.56	257.00

22. 江苏银行上海分行人民币信贷收支表

2012-12-31

单位:亿元

栏目 来源项目名称	本月余额	比年初增减数		栏目 运用项目名称	本月余额	比年初增减数	
		今　年	上　年			今　年	上　年
一、各项存款	285.65	85.07	75.35	一、各项贷款	155.96	36.22	31.89
1. 单位存款	230.65	46.12	63.43	(一) 境内贷款	155.96	36.22	31.89
其中:活期存款	32.54	5.44	5.77	1. 短期贷款	104.58	27.21	23.05
定期存款	45.97	28.27	−21.68	(1) 个人贷款及透支	0.32	0.21	0.07
通知存款	17.15	5.65	4.98	其中:个人消费贷款	0.16	0.14	−0.01
保证金存款	103.62	14.95	59.67	(2) 单位普通贷款及透支	92.52	15.26	23.68
2. 个人存款	14.60	−1.43	11.89	其中:经营贷款	80.09	9.12	21.49
储蓄存款	14.60	−1.43	11.89	固定资产贷款	12.43	6.14	2.19
保证金存款				(3) 普通并购贷款			
结构性存款				(4) 银团贷款			−0.70
3. 临时性存款	13.56	13.53	0.03	(5) 贸易融资	11.73	11.73	
4. 其他存款	26.85	26.85		(6) 境外筹资转贷款			
二、代理财政性存款				2. 中长期贷款	40.61	9.60	7.22
三、金融债券				(1) 个人贷款	7.57	3.10	0.88
其中:境外发行				其中:个人消费贷款	4.33	1.43	0.50
四、中长期借款				(2) 单位普通贷款	25.67	5.62	1.79
其中:境外借款				其中:经营贷款	17.20	7.34	3.54
五、应付及暂收款	4.08	1.27	1.46	固定资产贷款	8.47	−1.72	−1.75
其中:应付利息	2.85	0.76	1.07	(3) 普通并购贷款			
六、卖出回购资产				(4) 银团贷款	7.37	0.87	4.56
七、向中央银行借款	6.73	2.61	4.12	(5) 贸易融资			
八、同业往来(来源方)	69.30	46.30	6.93	(6) 境外筹资转贷款			
1. 同业存放	58.37	35.36	6.93	3. 融资租赁			
其中:境外同业存放				4. 票据融资	10.53	−0.82	1.62
2. 同业拆借	10.93	10.93		其中:贴现	10.53	−0.82	1.62
其中:境外同业拆借				5. 各项垫款	0.24	0.24	
九、境外联行往来(来源方)				(二) 境外贷款			
十、外汇买卖(来源方)	0.01	0.01	0.00	二、有价证券			
其中:结售汇	0.01	0.01	0.00	三、股权及其他投资			
十一、委托存款及委托投资基金(净)	0.12	−2.34	2.24	四、应收及预付款	0.60	−1.58	−4.55
1. 委托存款及委托投资基金	31.12	9.74	21.16	其中:应收利息	0.48	−0.20	0.32
2. 减:委托贷款及委托投资	31.00	12.08	18.92	五、买入返售资产	61.88	52.91	−21.13
十二、代理金融机构委托贷款基金				六、存放中央准备金存款	4.25	1.52	0.66
其中:中央银行委托贷款基金				七、存放中央银行特种存款			
十三、各项准备	1.79	1.63	0.15	八、缴存中央银行财政性存款			
其中:贷款损失准备金	1.79	1.63	0.15	九、同业往来	29.99	−11.25	20.15
十四、所有者权益	2.78	2.78	1.87	1. 存放同业	7.74	−23.77	10.43
其中:实收资本				其中:存放境外同业			
十五、其他	−117.57	−59.37	−65.07	2. 拆放同业	22.25	12.53	9.73
				其中:拆放境外同业			
				十、境外联行往来(运用方)			
				十一、代理金融机构贷款			
				其中:代理人行专项贷款			
				十二、库存现金	0.20	0.11	0.03
				十三、外汇买卖(运用方)	0.01	0.01	0.00
				其中:结售汇	0.01	0.01	0.00
				十四、投资性房地产			
资金来源总计	252.88	77.95	27.05	资金运用总计	252.88	77.95	27.05

23. 南京银行上海分行人民币信贷收支表

2012-12-31

单位:亿元

来源项目名称 \ 栏目	本月余额	比年初增减数		运用项目名称 \ 栏目	本月余额	比年初增减数	
		今 年	上 年			今 年	上 年
一、各项存款	183.93	18.91	21.3	一、各项贷款	101.48	−3.97	18.31
1. 企业存款	136.46	7.56	19.39	1. 短期贷款	59.76	8.14	16.97
(1) 活期存款	45.51	−17.59	8.15	(1) 工业贷款	7.57	0.1	2.41
(2) 定期存款	90.95	25.15	11.24	(2) 商业贷款	34.78	8.41	10.34
2. 机关团体存款	1.59	0.72	0.23	(3) 建筑业贷款	2.73	−2.66	0.57
3. 储蓄存款	25.78	16.09	3.54	(4) 农业贷款	0	0	0
(1) 活期储蓄	5.17	1.34	0.83	(5) 乡镇企业贷款	0	0	0
(2) 定期储蓄	20.61	14.75	2.71	(6) 三资企业贷款	0	0	0.00
4. 农业存款	0	0	0	(7) 私营企业及个体贷款	2.76	−2.98	1.81
5. 其他存款	20.1	−5.46	−1.86	(8) 其他短期贷款	11.92	5.27	1.84
二、代理财政性存款	4.1	4.1	0	其中:个人短期贷款	2.86	−0.93	1.33
三、金融债券	0	0	0	2. 中长期贷款	31.39	−13.18	−7.46
其中:政策性金融债券	0	0	0	(1) 基本建设贷款	10.54	−16.84	−1.09
四、应付及暂收款	3.48	1.41	0.91	(2) 技术改造贷款	0.58	−0.49	1.07
其中:应付及预提利息	3.47	1.5	1.13	(3) 其他中长期贷款	20.27	4.15	−7.44
五、卖出回购资产	7.68	−19.69	27.37	其中:个人中长期贷款	8.72	0.12	−0.14
六、向中央银行借款	4.27	4.27	0	3. 票据融资	9.01	−0.25	8.8
七、同业往来	101.77	40.95	5.54	其中:贴现	6.59	−2.67	8.8
1. 同业存放	101.34	40.52	5.54	4. 各项垫款	1.32	1.32	0
2. 同业拆借	0.43	0.43	0	二、有价证券及投资	0	0	0
八、行内资金往来	0	0	0	三、应收及预付款	0.88	−0.71	0.87
九、委托存款及委托投资基金(净)	0	0	0	其中:应收利息	0.65	−0.81	0.83
1. 委托存款及委托投资基金	12.21	−2.51	5.15	四、买入及返售资产	96	21.11	0.64
2. 减:委托贷款及委托投资	12.21	−2.51	5.15	五、存放中央银行准备金存款	2.88	1.97	−0.67
十、代理金融机构委托贷款基金	0	0	0	六、存放中央银行特种存款	0	0	0
其中:中央银行委托贷款基金	0	0	0	七、缴存中央银行财政性存款	0	0	0
十一、各项准备	0.13	−0.05	−0.03	八、同业往来	5.67	0.48	0.07
其中:贷款损失准备金	0.13	−0.05	−0.03	1. 存放同业	0.13	−0.06	0.07
十二、所有者权益	1.32	−1.42	0.84	2. 拆放同业	5.54	0.54	0
其中:实收资本	0	0	0	九、行内资金往来	99.38	29.35	37.24
当年结益	1.32	−1.42	0.84	十、代理金融机构贷款	0	0	0
十三、其他	−0.2	−0.2	0.57	其中:代理人行专项贷款	0	0	0
		0	0	十一、库存现金	0.19	0.05	0.04
		0	0	十二、外汇占款	0	0	0
资金来源总计	306.48	48.28	56.5	资金运用总计	306.48	48.28	56.5

24. 宁波银行上海分行人民币信贷收支表

2012-12-31

单位:亿元

来源项目名称	本月余额	比年初增减数 今年	比年初增减数 上年	运用项目名称	本月余额	比年初增减数 今年	比年初增减数 上年
一、各项存款	220.12	35.86	28.31	一、各项贷款	141.27	26.03	19.46
1. 企业存款	179.62	21.51	16.28	1. 短期贷款	63.93	8.80	16.88
(1) 活期存款	46.03	5.68	−27.94	其中:信用卡及账户透支	0.00	−0.01	0.01
(2) 定期存款	133.58	15.82	44.22	个人贷款	16.81	2.56	0.78
2. 机关团体存款	16.55	5.89	10.66	单位普通贷款	47.11	6.24	16.09
3. 储蓄存款	23.71	8.30	1.37	银团贷款	0.00	0.00	0.00
(1) 活期储蓄	4.68	−0.92	0.85	贸易融资	0.01	0.01	0.00
(2) 定期储蓄	19.03	9.22	0.52	2. 中长期贷款	70.59	13.62	2.66
4. 农业存款	0.00	0.00	0.00	其中:个人贷款	8.22	1.20	2.99
5. 其他存款	0.24	0.16	0.00	单位普通贷款	60.71	12.02	−0.19
二、代理财政性存款	0.00	0.00	0.00	银团贷款	1.66	0.40	−0.14
三、金融债券	0.00	0.00	0.00	贸易融资	0.00	0.00	0.00
其中:政策性金融债券	0.00	0.00	0.00	3. 票据融资	6.75	3.61	−0.08
四、应付及暂收款	3.49	1.25	0.93	其中:贴现	6.75	3.61	−0.08
其中:应付及预提信息	1.85	0.89	0.50	4. 各项垫款	0.00	0.00	0.00
五、卖出回购资产	49.86	49.86	−20.85	二、有价证券及投资	0.00	0.00	0.00
六、向中央银行借款	0.00	0.00	0.00	三、应收及预付款	0.79	0.68	0.01
七、同业往来	34.69	11.68	−3.00	其中:应收利息	0.01	0.01	0.00
1. 同业存放	34.69	11.68	−3.00	四、买入及返售资产	51.56	51.56	−20.90
2. 同业拆借	0.00	0.00	0.00	五、存放中央银行准备金存款	4.93	−2.85	−0.63
八、联行往来	110.73	35.34	51.90	六、存放中央银行特种存款	0.00	0.00	0.00
九、委托存款及委托投资基金	38.91	19.11	1.60	七、缴存中央银行财政性存款	0.00	0.00	0.00
十、代理金融机构委托贷款基金	0.00	0.00	0.00	八、同业往来	0.08	0.04	0.01
其中:中央银行委托贷款基金	0.00	0.00	0.00	1. 存放同业	0.08	0.04	0.01
十一、各项准备	2.41	0.83	0.38	2. 拆放同业	0.00	0.00	0.00
其中:贷款损失准备金	2.41	0.83	0.38	九、委托贷款及委托投资	38.91	19.11	1.60
十二、所有者权益	2.48	1.00	0.47	十、联行往来	226.10	61.01	60.17
其中:实收资本	0.00	0.00	0.00	十一、代理金融机构贷款	0.00	0.00	0.00
当年结益	3.51	1.45	0.69	其中:代理人行专项贷款	0.00	0.00	0.00
十三、其他	3.06	0.66	−0.02	十二、库存现金	0.35	−0.02	−0.02
	0.00	0.00	0.00	十三、外汇占款	0.00	0.00	0.00
	0.00	0.00	0.00	十四、其他资产	1.77	0.04	0.03
资金来源总计	465.76	155.60	59.72	资金运用总计	465.76	155.60	59.72

25. 温州银行上海分行人民币信贷收支表

2012-12-31

单位:亿元

栏目 来源项目名称	本月余额	比年初增减数		栏目 运用项目名称	本月余额	比年初增减数	
		今 年	上 年			今 年	上 年
一、各项存款	83.33	31.21	20.91	一、各项贷款	40.63	22.13	11.65
1. 单位存款	53.63	21.96	6.71	(一) 境内贷款	40.63	22.13	11.65
其中:活期存款	11.43	4.25	−1.10	1. 短期贷款	37.67	21.26	9.55
定期存款	15.65	7.10	−1.47	(1) 个人贷款及透支	2.17	1.23	0.22
通知存款	6.88	4.63	−2.31	其中:个人消费贷款			
保证金存款	11.86	2.13	8.94	(2) 单位普通贷款及透支	35.50	20.04	9.33
2. 个人存款	10.39	4.31	−0.18	其中:经营贷款	35.50	20.04	9.33
储蓄存款	10.39	4.31	−0.18	固定资产贷款			
保证金存款				(3) 普通并购贷款			
结构性存款				(4) 银团贷款			
3. 临时性存款	0.02	−0.06	0.07	(5) 贸易融资			
4. 其他存款	19.30	5.00	14.30	(6) 境外筹资转贷款			
二、代理财政性存款				2. 中长期贷款	2.06	1.35	0.71
三、金融债券				(1) 个人贷款	0.07	0.07	
其中:境外发行				其中:个人消费贷款			
四、中长期借款				(2) 单位普通贷款	2.00	1.29	0.71
其中:境外借款				其中:经营贷款	2.00	1.29	0.71
五、应付及暂收款	4.45	3.38	0.90	固定资产贷款			
其中:应付利息	1.62	0.68	0.87	(3) 普通并购贷款			
六、卖出回购资产				(4) 银团贷款			
七、向中央银行借款				(5) 贸易融资			
八、同业往来(来源方)	48.50	28.00	20.50	(6) 境外筹资转贷款			
1. 同业存放	48.50	28.00	20.50	3. 融资租赁			
其中:境外同业存放				4. 票据融资	0.43	−0.73	1.16
2. 同业拆借				其中:贴现	0.43	−0.73	1.16
其中:境外同业拆借				5. 各项垫款	0.47	0.25	0.22
九、境外联行往来(来源方)				(二) 境外贷款			
十、外汇买卖(来源方)				二、有价证券	2.30	2.30	
其中:结售汇				三、股权及其他投资	42.51	40.76	1.75
十一、委托存款及委托投资基金(净)				四、应收及预付款	0.62	0.31	0.29
1. 委托存款及委托投资基金	0.86	−1.70	2.46	其中:应收利息	0.57	0.28	0.29
2. 减:委托贷款及委托投资	0.86	−1.70	2.46	五、买入返售资产			
十二、代理金融机构委托贷款基金				六、存放中央准备金存款	12.86	6.76	−4.36
其中:中央银行委托贷款基金				七、存放中央银行特种存款			
十三、各项准备				八、缴存中央银行财政性存款			
其中:贷款损失准备金				九、同业往来	39.82	19.43	20.34
十四、所有者权益	0.88	0.88	−0.04	1. 存放同业	19.52	19.05	0.42
其中:实收资本				其中:存放境外同业			
十五、其他	1.69	28.31	−12.64	2. 拆放同业	20.30	0.38	19.92
				其中:拆放境外同业			
				十、境外联行往来(运用方)			
				十一、代理金融机构贷款			
				其中:代理人行专项贷款			
				十二、库存现金	0.13	0.10	−0.05
				十三、外汇买卖(运用方)			
				其中:结售汇			
				十四、投资性房地产			
资金来源总计	138.86	91.79	29.63	资金运用总计	138.86	91.79	29.63

26. 浙江民泰商业银行上海分行人民币信贷收支表

2012-12-31　　　　单位:亿元

来源项目名称（栏目）	本月余额	比年初增减数		运用项目名称（栏目）	本月余额	比年初增减数	
		今　年	上　年			今　年	上　年
一、各项存款	21.17	10.58	10.59	一、各项贷款	13.39	9.15	4.24
1. 单位存款	9.41	3.67	5.74	(一) 境内贷款	13.39	9.15	4.24
其中:活期存款	3.48	−0.25	3.73	1. 短期贷款	13.37	9.13	4.24
定期存款	3.75	1.98	1.77	(1) 个人贷款及透支	10.47	7.70	2.78
通知存款	0.32	0.32		其中:个人消费贷款	2.54	2.42	0.12
保证金存款	1.86	1.62	0.25	(2) 单位普通贷款及透支	2.90	1.43	1.47
2. 个人存款	9.75	4.91	4.84	其中:经营贷款	2.90	1.43	1.47
储蓄存款	9.75	4.91	4.84	固定资产贷款			
保证金存款				(3) 普通并购贷款			
结构性存款				(4) 银团贷款			
3. 临时性存款	0.00	0.00	0.00	(5) 贸易融资			
4. 其他存款	2.00	2.00		(6) 境外筹资转贷款			
二、代理财政性存款				2. 中长期贷款			
三、金融债券				(1) 个人贷款			
其中:境外发行				其中:个人消费贷款			
四、中长期借款				(2) 单位普通贷款			
其中:境外借款				其中:经营贷款			
五、应付及暂收款	0.26	0.21	0.05	固定资产贷款			
其中:应付利息	0.19	0.15	0.04	(3) 普通并购贷款			
六、卖出回购资产				(4) 银团贷款			
七、向中央银行借款				(5) 贸易融资			
八、同业往来(来源方)		−3.00	3.00	(6) 境外筹资转贷款			
1. 同业存放		−3.00	3.00	3. 融资租赁			
其中:境外同业存放				4. 票据融资			
2. 同业拆借				其中:贴现			
其中:境外同业拆借				5. 各项垫款	0.02	0.02	
九、境外联行往来(来源方)				(二) 境外贷款			
十、外汇买卖(来源方)	0.65	0.65		二、有价证券			
其中:结售汇	0.65	0.65		三、股权及其他投资			
十一、委托存款及委托投资基金(净)				四、应收及预付款	0.17	0.11	0.06
1. 委托存款及委托投资基金	0.36	0.31	0.05	其中:应收利息	0.07	0.05	0.02
2. 减:委托贷款及委托投资	0.36	0.31	0.05	五、买入返售资产			
十二、代理金融机构委托贷款基金				六、存放中央准备金存款	1.23	0.64	0.58
其中:中央银行委托贷款基金				七、存放中央银行特种存款			
十三、各项准备				八、缴存中央银行财政性存款			
其中:贷款损失准备金				九、同业往来	0.09	−0.43	0.52
十四、所有者权益	0.03	0.03	−0.10	1. 存放同业	0.09	−0.43	0.52
其中:实收资本				其中:存放境外同业			
十五、其他	−6.48	1.71	−8.09	2. 拆放同业			
				其中:拆放境外同业			
				十、境外联行往来(运用方)			
				十一、代理金融机构贷款			
				其中:代理人行专项贷款			
				十二、库存现金	0.10	0.05	0.05
				十三、外汇买卖(运用方)	0.65	0.65	
				其中:结售汇	0.65	0.65	
				十四、投资性房地产			
资金来源总计	15.62	10.17	5.45	资金运用总计	15.62	10.17	5.45

(二) 外汇信贷收支统计

1. 国家开发银行上海市分行外汇信贷收支表

2012-12-31

单位:万美元

来源项目名称	本月余额	比年初增减数 今年	比年初增减数 上年	运用项目名称	本月余额	比年初增减数 今年	比年初增减数 上年
一、各项存款	1 939	703	−2 972	一、各项贷款	716 203	−128 529	367 592
1. 单位存款	1 939	703	−2 972	(一)境内贷款	562 705	−195 296	380 881
其中:活期存款	1 939	703	−2 971	1. 短期贷款	159 400	−337 316	283 497
定期存款				(1)个人贷款及透支			
通知存款				其中:个人消费贷款			
保证金存款	0	0	0	(2)单位普通贷款及透支	159 400	−337 316	283 497
2. 个人存款				其中:经营贷款	159 400	−312 255	288 724
储蓄存款				固定资产贷款		−25 060	−5 227
保证金存款				(3)普通并购贷款			
结构性存款				(4)银团贷款			
3. 临时性存款				(5)贸易融资			
4. 其他存款				(6)境外筹资转贷款			
二、代理财政性存款				2. 中长期贷款	403 305	142 019	97 384
三、金融债券				(1)个人贷款			
其中:境外发行				其中:个人消费贷款			
四、中长期借款				(2)单位普通贷款	344 572	91 374	98 396
其中:境外借款				其中:经营贷款	166 400	31 300	89 100
五、应付及暂收款	391	−142	529	固定资产贷款	178 172	60 074	9 296
其中:应付利息	0	0	0	(3)普通并购贷款	26 007	19 586	−732
六、卖出回购资产				(4)银团贷款	31 090	31 090	
七、向中央银行借款				(5)贸易融资			
八、同业往来(来源方)				(6)境外筹资转贷款	1 637	−30	−280
1. 同业存放				3. 融资租赁			
其中:境外同业存放				4. 票据融资			
2. 同业拆借				其中:贴现			
其中:境外同业拆借				5. 各项垫款			
九、境外联行往来(来源方)				(二)境外贷款	153 498	66 768	−13 289
十、外汇买卖(来源方)	31	0	13	二、有价证券	1 119	123	997
其中:结售汇	31	0	13	三、股权及其他投资	2 525	122	2 403
十一、委托存款及委托投资基金(净)				四、应收及预付款	1 312	65	598
1. 委托存款及委托投资基金				其中:应收利息	1 308	63	596
2. 减:委托贷款及委托投资				五、买入返售资产			
十二、代理金融机构委托贷款基金				六、存放中央准备金存款			
其中:中央银行委托贷款基金				七、存放中央银行特种存款			
十三、各项准备	25 896	25 896		八、缴存中央银行财政性存款			
其中:贷款损失准备金	22 251	22 251		九、同业往来			
十四、所有者权益	−15 379	−23 264	3 221	1. 存放同业			
其中:实收资本				其中:存放境外同业			
十五、其他	708 282	−131 412	370 799	2. 拆放同业			
				其中:拆放境外同业			
				十、境外联行往来(运用方)			
				十一、代理金融机构贷款			
				其中:代理人行专项贷款			
				十二、库存现金			
				十三、外汇买卖(运用方)			
				其中:结售汇			
				十四、投资性房地产			
资金来源总计	721 160	−128 219	371 590	资金运用总计	721 160	−128 219	371 590

2. 中国进出口银行上海分行外汇信贷收支表

2012-12-31

单位:万美元

来源项目名称	本月余额	比年初增减数		运用项目名称	本月余额	比年初增减数	
		今年	上年			今年	上年
一、各项存款	15 527	12	10 502	一、各项贷款	274 847	31 709	60 773
1. 单位存款	15 527	12	10 502	(一)境内贷款	253 750	20 361	57 792
其中:活期存款	12 152	−3 197	10 473	1. 短期贷款	53 880	12 818	15 325
定期存款	3 227	3 226	0	(1) 个人贷款及透支			
通知存款				其中:个人消费贷款			
保证金存款	149	−17	29	(2) 单位普通贷款及透支	50 000	10 844	15 770
2. 个人存款				其中:经营贷款	50 000	10 844	15 770
储蓄存款				固定资产贷款			
保证金存款				(3) 普通并购贷款			
结构性存款				(4) 银团贷款			
3. 临时性存款				(5) 贸易融资	3 880	1 975	−444
4. 其他存款				(6) 境外筹资转贷款			
二、代理财政性存款				2. 中长期贷款	199 870	7 542	42 467
三、金融债券				(1) 个人贷款			
其中:境外发行				其中:个人消费贷款			
四、中长期借款				(2) 单位普通贷款	133 656	2 908	13 417
其中:境外借款				其中:经营贷款	133 656	2 908	13 417
五、应付及暂收款	180	−40	71	固定资产贷款			
其中:应付利息	180	−30	61	(3) 普通并购贷款			
六、卖出回购资产				(4) 银团贷款	6 478	6 478	
七、向中央银行借款				(5) 贸易融资	59 736	−1 843	29 050
八、同业往来(来源方)	1 500	1 500		(6) 境外筹资转贷款			
1. 同业存放	1 500	1 500		3. 融资租赁			
其中:境外同业存放				4. 票据融资			
2. 同业拆借				其中:贴现			
其中:境外同业拆借				5. 各项垫款			
九、境外联行往来(来源方)				(二)境外贷款	21 097	11 348	2 981
十、外汇买卖(来源方)				二、有价证券			
其中:结售汇				三、股权及其他投资			
十一、委托存款及委托投资基金(净)				四、应收及预付款	443	150	107
1. 委托存款及委托投资基金				其中:应收利息	443	149	107
2. 减:委托贷款及委托投资				五、买入返售资产			
十二、代理金融机构委托贷款基金				六、存放中央准备金存款			
其中:中央银行委托贷款基金				七、存放中央银行特种存款			
十三、各项准备	1 924	220	1 704	八、缴存中央银行财政性存款			
其中:贷款损失准备金	1 924	220	1 704	九、同业往来	116	−30	112
十四、所有者权益	1 823	1 823	−34	1. 存放同业	116	−30	112
其中:实收资本				其中:存放境外同业			
十五、其他	254 452	28 313	48 749	2. 拆放同业			
				其中:拆放境外同业			
				十、境外联行往来(运用方)			
				十一、代理金融机构贷款			
				其中:代理人行专项贷款			
				十二、库存现金			
				十三、外汇买卖(运用方)			
				其中:结售汇			
				十四、投资性房地产			
资金来源总计	275 405	31 828	60 992	资金运用总计	275 405	31 828	60 992

3. 中国工商银行上海市分行外汇信贷收支表

2012-12-31

单位:亿美元

来源项目名称（栏目）	本月余额	比年初增减数	
		今 年	上 年
一、各项存款	63.24	23.77	8.49
1. 单位存款	39.03	21.41	4.74
其中:活期存款	11.35	−1.67	3.13
定期存款	21.98	18.10	1.16
通知存款			
保证金存款	5.70	5.01	0.42
2. 个人存款	23.31	1.79	5.32
储蓄存款	23.28	2.27	4.81
保证金存款	0.03	0.03	
结构性存款		−0.52	0.51
3. 临时性存款	0.01	0.00	0.00
4. 其他存款	0.90	0.57	−1.56
二、代理财政性存款			
三、金融债券			
其中:境外发行			
四、中长期借款	0.01	0.00	−0.01
其中:境外借款	0.01	0.00	−0.01
五、应付及暂收款	1.58	0.33	0.73
其中:应付利息	0.80	0.71	0.02
六、卖出回购资产			
七、向中央银行借款			
八、同业往来(来源方)	25.76	14.76	−3.08
1. 同业存放	25.76	14.96	−3.28
其中:境外同业存放			
2. 同业拆借		−0.20	0.20
其中:境外同业拆借			
九、境外联行往来(来源方)			
十、外汇买卖(来源方)	920.54	919.68	522.55
其中:结售汇	458.10	458.10	277.17
十一、委托存款及委托投资基金(净)			
1. 委托存款及委托投资基金	59.19	24.59	20.65
2. 减:委托贷款及委托投资	59.19	24.59	20.65
十二、代理金融机构委托贷款基金			
其中:中央银行委托贷款基金			
十三、各项准备	1.14	0.13	0.49
其中:贷款损失准备金	1.14	0.13	0.49
十四、所有者权益	0.91	0.81	−1.09
其中:实收资本			
十五、其他	−30.40	−12.86	−10.58
资金来源总计	982.78	946.60	517.51

运用项目名称（栏目）	本月余额	比年初增减数	
		今 年	上 年
一、各项贷款	61.99	27.97	−4.45
(一)境内贷款	56.89	28.80	−5.09
1. 短期贷款	47.76	30.12	−6.13
(1)个人贷款及透支			
其中:个人消费贷款			
(2)单位普通贷款及透支	3.10	2.19	−4.71
其中:经营贷款	2.90	2.28	−4.62
固定资产贷款	0.20	−0.09	−0.09
(3)普通并购贷款			
(4)银团贷款			
(5)贸易融资	44.66	27.93	−1.42
(6)境外筹资转贷款			
2. 中长期贷款	9.00	−1.45	1.07
(1)个人贷款			
其中:个人消费贷款			
(2)单位普通贷款	7.19	−0.81	2.40
其中:经营贷款		−0.15	−0.50
固定资产贷款	7.19	−0.65	2.90
(3)普通并购贷款	0.15	−0.02	−0.02
(4)银团贷款	1.65	−0.62	−1.31
(5)贸易融资			
(6)境外筹资转贷款	0.01	0.00	−0.01
3. 融资租赁			
4. 票据融资	0.00	0.00	0.00
其中:贴现			
5. 各项垫款	0.13	0.13	−0.03
(二)境外贷款	5.10	−0.84	0.63
二、有价证券			
三、股权及其他投资			
四、应收及预付款	0.22	0.17	−0.01
其中:应收利息	0.16	0.10	−0.01
五、买入返售资产			
六、存放中央准备金存款			
七、存放中央银行特种存款			
八、缴存中央银行财政性存款			
九、同业往来	0.44	0.19	−0.24
1. 存放同业	0.44	0.19	−0.24
其中:存放境外同业	0.44	0.19	−0.20
2. 拆放同业			
其中:拆放境外同业			
十、境外联行往来(运用方)	0.10	0.05	0.01
十一、代理金融机构贷款			
其中:代理人行专项贷款			
十二、库存现金	0.99	0.28	−0.04
十三、外汇买卖(运用方)	919.04	917.94	522.26
其中:结售汇	456.60	456.36	278.02
十四、投资性房地产			
资金运用总计	982.78	946.60	517.51

4. 中国农业银行上海市分行外汇信贷收支表

2012-12-31

单位:亿美元

来源项目名称	本月余额	比年初增减数		运用项目名称	本月余额	比年初增减数	
		今年	上年			今年	上年
一、各项存款	18.03	5.29	1.42	一、各项贷款	28.98	6.72	3.20
1. 单位存款	15.55	5.07	1.63	(一) 境内贷款	28.98	6.72	3.20
其中:活期存款	4.35	−1.16	0.58	1. 短期贷款	24.74	7.99	3.22
定期存款	2.73	−1.83	1.52	(1) 个人贷款及透支	0.04	0.01	0.02
通知存款		−0.03	−0.07	其中:个人消费贷款	0.04	0.01	0.02
保证金存款	8.47	8.09	−0.40	(2) 单位普通贷款及透支	0.91	0.28	−2.29
2. 个人存款	2.35	0.24	0.03	其中:经营贷款	0.92	0.28	−2.29
储蓄存款	2.35	0.24	0.03	固定资产贷款			
保证金存款				(3) 普通并购贷款			
结构性存款				(4) 银团贷款			
3. 临时性存款	0.02	0.01	−0.01	(5) 贸易融资	23.79	7.70	5.49
4. 其他存款	0.11	−0.03	−0.23	(6) 境外筹资转贷款			
二、代理财政性存款				2. 中长期贷款	4.24	−1.16	−0.02
三、金融债券				(1) 个人贷款			
其中:境外发行				其中:个人消费贷款			
四、中长期借款				(2) 单位普通贷款	3.02	−1.33	−0.12
其中:境外借款				其中:经营贷款	1.10	−1.00	
五、应付及暂收款	0.64	0.42	−0.16	固定资产贷款	1.92	−0.33	−0.12
其中:应付利息	0.53	0.47	−0.06	(3) 普通并购贷款			
六、卖出回购资产				(4) 银团贷款	0.45	−0.36	−0.15
七、向中央银行借款				(5) 贸易融资	0.77	0.53	0.25
八、同业往来(来源方)	11.23	−3.56	5.08	(6) 境外筹资转贷款			
1. 同业存放	10.43	−4.36	5.08	3. 融资租赁			
其中:境外同业存放				4. 票据融资			
2. 同业拆借	0.80	0.80		其中:贴现			
其中:境外同业拆借	0.80	0.80		5. 各项垫款		−0.11	
九、境外联行往来(来源方)				(二) 境外贷款			
十、外汇买卖(来源方)	48.52	48.43	0.08	二、有价证券			
其中:结售汇	48.52	48.43	0.08	三、股权及其他投资			
十一、委托存款及委托投资基金(净)				四、应收及预付款	0.51	0.14	0.16
1. 委托存款及委托投资基金	0.94	0.73	−0.28	其中:应收利息	0.19	0.07	0.08
2. 减:委托贷款及委托投资	0.94	0.73	−0.28	五、买入返售资产			
十二、代理金融机构委托贷款基金				六、存放中央准备金存款			
其中:中央银行委托贷款基金				七、存放中央银行特种存款			
十三、各项准备	0.35	0.10	0.08	八、缴存中央银行财政性存款			
其中:贷款损失准备金				九、同业往来	9.72	9.60	0.05
十四、所有者权益	−0.04	0.03	0.04	1. 存放同业	0.86	0.74	0.05
其中:实收资本				其中:存放境外同业			
十五、其他	9.30	14.31	−3.12	2. 拆放同业	8.86	8.86	
				其中:拆放境外同业			
				十、境外联行往来(运用方)			
				十一、代理金融机构贷款			
				其中:代理人行专项贷款			
				十二、库存现金	0.28	0.03	0.01
				十三、外汇买卖(运用方)	48.54	48.53	
				其中:结售汇	48.54	48.53	
				十四、投资性房地产			
资金来源总计	88.03	65.02	3.42	资金运用总计	88.03	65.02	3.42

5. 中国银行上海市分行外汇信贷收支表

2012-12-31 单位:美元

指 标	金 额	指 标	金 额
外币资金运用总计	8 465 792 036.67	外币资金来源总计	8 465 792 036.67
一、各项贷款	6 095 629 149.51	一、各项存款	7 895 425 880.65
(一)境内贷款	5 735 786 377.26	1. 单位存款	4 085 299 523.15
1. 短期贷款	3 133 990 215.60	其中:活期存款	2 893 173 260.31
(1)个人贷款及透支	0.00	定期存款	933 084 267.55
其中:个人消费贷款	0.00	通知存款	165 296 675.68
(2)单位普通贷款及透支	612 853 144.96	保证金存款	93 745 319.61
其中:经营贷款	612 853 144.96	2. 个人存款	3 331 077 872.91
固定资产贷款	0.00	储蓄存款	3 324 183 013.27
(3)普通并购贷款	0.00	保证金存款	6 894 859.64
(4)银团贷款	0.00	结构性存款	0.00
(5)贸易融资	2 521 137 070.64	3. 临时性存款	355 935 456.72
(6)境外筹资转贷款	0.00	4. 其他存款	123 113 027.87
2. 中长期贷款	2 595 395 123.67	二、代理财政性存款	0.00
(1)个人贷款	112 470.44	三、金融债券	0.00
其中:个人消费贷款	112 470.44	其中:境外发行	0.00
(2)单位普通贷款	1 933 143 715.76	四、中长期借款	0.00
其中:经营贷款	206 240 000.00	其中:境外借款	0.00
固定资产贷款	1 726 903 715.76	五、应付及暂收款	37 388 741.80
(3)普通并购贷款	0.00	其中:应付利息	20 104 264.96
(4)银团贷款	497 715 099.37	六、卖出回购资产	0.00
(5)贸易融资	15 498 785.44	七、向中央银行借款	0.00
(6)境外筹资转贷款	148 925 052.66	八、同业往来(来源方)	3 680 561 189.40
3. 融资租赁	0.00	1. 同业存放	3 613 549 818.53
4. 票据融资	4 827 743.53	其中:境外同业存放	774 416 935.34
其中:贴现	4 827 743.53	2. 同业拆借	67 011 370.87
5. 各项垫款	1 573 294.46	其中:境外同业拆借	67 011 370.87
(二)境外贷款	359 842 772.25	九、境外联行往来(来源方)	2 309 549 406.56
二、有价证券	0.00	十、外汇买卖(来源方)	1 700 938 926.53
三、股权及其他投资	44 152 088.92	其中:结售汇	0.00
四、应收及预付款	53 256 413.18	十一、委托存款及委托投资基金(净)	0.00
其中:应收利息	42 749 785.34	1. 委托存款及委托投资基金	1 306 411 259.25
五、买入返售资产	0.00	2. 减:委托贷款及委托投资	1 306 411 259.25
六、存放中央银行准备金存款	0.00	十二、代理金融机构委托贷款基金	0.00
七、存放中央银行特种存款	0.00	其中:中央银行委托贷款基金	0.00
八、缴存中央银行财政性存款	0.00	十三、各项准备	163 245 684.18
九、同业往来(运用方)	2 187 889 257.20	其中:贷款损失准备金	146 359 016.58
1. 存放同业	1 811 340 397.74	十四、所有者权益	206 974 982.24
其中:存放境外同业	0.00	其中:实收资本	0.00
2. 拆放同业	376 548 859.46	十五、其他	−7 528 292 774.69
其中:拆放境外同业	0.00		
十、境外联行往来(运用方)	0.00		
十一、代理金融机构贷款	0.00		
其中:代理人行专项贷款	0.00		
十二、库存现金	84 865 127.86		
十三、外汇买卖(运用方)	0.00		
其中:结售汇	0.00		
十四、投资性房地产	0.00		

6. 中国建设银行上海市分行外汇信贷收支表

2012-12-31　　　　单位:亿美元

来源项目名称	本月余额	比年初增减数		运用项目名称	本月余额	比年初增减数	
		今年	上年			今年	上年
一、各项存款	44.64	8.58	13.73	一、各项贷款	88.91	54.71	6.88
1. 单位存款	25.89	−3.02	14.09	(一)境内贷款	88.86	54.73	6.89
其中:活期存款	9.42	0.06	0.86	1. 短期贷款	79.92	54.85	9.50
定期存款	5.31	3.20	−1.93	(1)个人贷款及透支	0.00		
通知存款	3.03	0.96	1.27	其中:个人消费贷款	0.00		
保证金存款	5.38	−0.27	4.18	(2)单位普通贷款及透支	19.40	1.79	5.69
2. 个人存款	5.31	0.08	0.07	其中:经营贷款	19.40	1.79	5.69
储蓄存款	4.79	0.42	−0.77	固定资产贷款			
保证金存款	0.00	0.00	0.00	(3)普通并购贷款			
结构性存款	0.51	−0.33	0.85	(4)银团贷款			
3. 临时性存款	0.89	0.33	0.02	(5)贸易融资	60.51	53.06	3.81
4. 其他存款	12.56	11.19	−0.46	(6)境外筹资转贷款			
二、代理财政性存款				2. 中长期贷款	8.93	−0.08	−2.66
三、金融债券				(1)个人贷款	0.00	0.00	0.00
其中:境外发行				其中:个人消费贷款	0.00	0.00	0.00
四、中长期借款	3.53	0.88	−0.21	(2)单位普通贷款	4.32	−0.77	−3.48
其中:境外借款	3.53	0.88	−0.21	其中:经营贷款	0.93	−1.08	−2.45
五、应付及暂收款	0.58	0.41	−0.43	固定资产贷款	3.39	0.31	−1.03
其中:应付利息	0.42	0.32	0.06	(3)普通并购贷款			
六、卖出回购资产				(4)银团贷款			
七、向中央银行借款				(5)贸易融资	1.12	−0.19	1.02
八、同业往来(来源方)	29.12	10.16	7.47	(6)境外筹资转贷款	3.49	0.88	−0.21
1. 同业存放	29.12	10.16	7.47	3. 融资租赁			
其中:境外同业存放	0.04	0.04	0.00	4. 票据融资	0.00	0.00	0.00
2. 同业拆借				其中:贴现			
其中:境外同业拆借				5. 各项垫款	0.01	−0.04	0.05
九、境外联行往来(来源方)				(二)境外贷款	0.05	−0.01	−0.01
十、外汇买卖(来源方)		0.00		二、有价证券			
其中:结售汇				三、股权及其他投资	1.00	−9.57	10.57
十一、委托存款及委托投资基金(净)				四、应收及预付款	1.93	1.37	0.42
1. 委托存款及委托投资基金	0.00	0.00		其中:应收利息	0.77	0.43	0.23
2. 减:委托贷款及委托投资	0.00	0.00		五、买入返售资产			
十二、代理金融机构委托贷款基金				六、存放中央准备金存款			
其中:中央银行委托贷款基金				七、存放中央银行特种存款			
十三、各项准备	0.00	0.00	0.00	八、缴存中央银行财政性存款			
其中:贷款损失准备金				九、同业往来	15.18	15.18	−0.19
十四、所有者权益	−0.45	−0.72	0.17	1. 存放同业	15.18	15.18	−0.19
其中:实收资本				其中:存放境外同业			
十五、其他	29.92	42.39	−3.08	2. 拆放同业			
				其中:拆放境外同业			
				十、境外联行往来(运用方)			
				十一、代理金融机构贷款			
				其中:代理人行专项贷款			
				十二、库存现金	0.31	0.01	−0.01
				十三、外汇买卖(运用方)	0.02		−0.02
				其中:结售汇	0.02		−0.02
				十四、投资性房地产			
资金来源总计	107.34	61.70	17.65	资金运用总计	107.34	61.70	17.65

7. 交通银行上海市分行外汇信贷收支表

2012-12-31 单位:亿美元

栏目 来源项目名称	本月余额	比年初增减数		栏目 运用项目名称	本月余额	比年初增减数	
		今 年	上 年			今 年	上 年
一、各项存款	24.87	6.48	2.99	一、各项贷款	17.53	5.12	1.81
1. 单位存款	15.80	5.41	2.80	(一)境内贷款	17.53	5.12	1.81
其中:活期存款	5.27	0.54	0.45	1. 短期贷款	12.95	5.96	2.85
定期存款	2.79	−0.26	1.80	(1)个人贷款及透支			
通知存款	0.40	−0.12	0.23	其中:个人消费贷款			
保证金存款	7.34	5.25	0.33	(2)单位普通贷款及透支	2.64	2.07	0.29
2. 个人存款	8.39	1.05	0.34	其中:经营贷款	2.64	2.07	0.29
储蓄存款	4.80	0.37	−0.12	固定资产贷款			
保证金存款	0.11	0.01	−0.01	(3)普通并购贷款			
结构性存款	3.48	0.66	0.48	(4)银团贷款			
3. 临时性存款	0.18	−0.03	−0.18	(5)贸易融资	10.32	3.89	2.56
4. 其他存款	0.50	0.06	0.03	(6)境外筹资转贷款			
二、代理财政性存款				2. 中长期贷款	4.57	−0.84	−1.03
三、金融债券				(1)个人贷款			
其中:境外发行				其中:个人消费贷款			
四、中长期借款				(2)单位普通贷款	2.52	0.02	−0.46
其中:境外借款				其中:经营贷款	0.09	0.09	−0.20
五、应付及暂收款	13.83	−1.89	4.48	固定资产贷款	2.44	−0.07	−0.26
其中:应付利息	0.16	0.12	0.02	(3)普通并购贷款			
六、卖出回购资产				(4)银团贷款	1.62	−0.83	−0.53
七、向中央银行借款				(5)贸易融资			
八、同业往来(来源方)	8.40	7.38	−0.70	(6)境外筹资转贷款	0.43	−0.04	−0.04
1. 同业存放	7.36	6.34	−0.70	3. 融资租赁			
其中:境外同业存放	0.01	−0.01	0.00	4. 票据融资	0.00	0.00	0.00
2. 同业拆借	1.04	1.04		其中:贴现			
其中:境外同业拆借	0.14	0.14		5. 各项垫款			
九、境外联行往来(来源方)	3.98	3.98		(二)境外贷款			
十、外汇买卖(来源方)	0.00	0.00	0.00	二、有价证券			
其中:结售汇				三、股权及其他投资	0.03		
十一、委托存款及委托投资基金(净)	0.00	0.00	−0.13	四、应收及预付款	7.79	−6.87	3.96
1. 委托存款及委托投资基金	1.72	0.00	1.47	其中:应收利息	0.07	−0.05	0.10
2. 减:委托贷款及委托投资	1.72		1.60	五、买入返售资产			
十二、代理金融机构委托贷款基金				六、存放中央准备金存款			
其中:中央银行委托贷款基金				七、存放中央银行特种存款			
十三、各项准备	−0.07	−0.19	−0.06	八、缴存中央银行财政性存款			
其中:贷款损失准备金	−0.07	−0.19	−0.06	九、同业往来	0.78	0.04	−0.93
十四、所有者权益	−0.07	−0.31	0.15	1. 存放同业	0.78	0.04	−0.93
其中:实收资本				其中:存放境外同业			
十五、其他	−24.59	−17.28	−2.05	2. 拆放同业			
				其中:拆放境外同业			
				十、境外联行往来(运用方)	0.01	−0.13	−0.14
				十一、代理金融机构贷款			
				其中:代理人行专项贷款			
				十二、库存现金	0.23	0.01	−0.02
				十三、外汇买卖(运用方)	0.00	0.00	0.00
				其中:结售汇	0.00	0.00	0.00
				十四、投资性房地产			
资金来源总计	26.36	−1.82	4.68	资金运用总计	26.36	−1.82	4.68

8. 上海浦东发展银行上海分行外汇信贷收支表

2012-12-31 单位:亿美元

来源项目	2012年末余额	运用项目	2012年末余额
一、各项存款	18.77	一、各项贷款	10.33
1. 单位存款	15.96	(一) 境内贷款	10.33
其中:活期存款	8.37	1. 短期贷款	7.56
定期存款	2.47	(1) 个人贷款及透支	
通知存款	0.05	其中:个人消费贷款	
保证金存款	5.08	(2) 单位普通贷款及透支	0.87
2. 个人存款	1.92	其中:经营贷款	0.87
储蓄存款	1.92	固定资产贷款	
保证金存款		(3) 普通并购贷款	
结构性存款		(4) 银团贷款	
3. 临时性存款	0.50	(5) 贸易融资	6.70
4. 其他存款	0.39	(6) 境外筹资转贷款	
二、代理财政性存款		2. 中长期贷款	2.77
三、金融债券		(1) 个人贷款	
其中:境外发行		其中:个人消费贷款	
四、中长期借款		(2) 单位普通贷款	0.90
其中:境外借款		其中:经营贷款	0.53
五、应付及暂收款	0.17	固定资产贷款	0.37
其中:应付利息	0.11	(3) 普通并购贷款	0.42
六、卖出回购资产		(4) 银团贷款	1.45
七、向中央银行借款		(5) 贸易融资	
八、同业往来(来源方)	3.77	(6) 境外筹资转贷款	
1. 同业存放	2.56	3. 融资租赁	
其中:境外同业存放		4. 票据融资	0.00
2. 同业拆借	1.21	其中:贴现	0.00
其中:境外同业拆借	1.21	5. 各项垫款	
九、境外联行往来(来源方)		(二) 境外贷款	
十、外汇买卖(来源方)	0.19	二、有价证券	
其中:结售汇	0.00	三、股权及其他投资	
十一、委托存款及委托投资基金(净)	0.00	四、应收及预付款	0.14
1. 委托存款及委托投资基金	0.01	其中:应收利息	0.12
2. 减:委托贷款及委托投资	0.01	五、买入返售资产	
十二、代理金融机构委托贷款基金		六、存放中央准备金存款	
其中:中央银行委托贷款基金		七、存放中央银行特种存款	
十三、各项准备		八、缴存中央银行财政性存款	
其中:贷款损失准备金		九、同业往来	0.17
十四、所有者权益	0.43	1. 存放同业	0.17
其中:实收资本		其中:存放境外同业	
十五、其他	−12.37	2. 拆放同业	
		其中:拆放境外同业	
		十、境外联行往来(运用方)	
		十一、代理金融机构贷款	
		其中:代理人行专项贷款	
		十二、库存现金	0.19
		十三、外汇买卖(运用方)	0.13
		其中:结售汇	0.00
		十四、投资性房地产	
资金来源总计	10.96	资金运用总计	10.96

9. 上海银行外汇信贷收支表

2012-12-31

单位:万美元

资金来源项目	本月余额	比年初增减额		资金运用项目	本月余额	比年初增减额	
		今 年	上 年			今 年	上 年
一、各项存款	212 010	132 637	29 157	一、各项贷款	254 573	186 795	8 148
1. 单位存款	197 363	132 036	27 762	(一) 境内贷款	254 499	186 825	8 356
其中:活期存款	33 602	2 704	−2 335	1. 短期贷款	245 281	184 745	9 018
定期存款	81 692	67 546	11 131	(1) 个人贷款及透支	799	50	189
通知存款	2 828	2 128	300	其中:个人消费贷款	799	50	189
保证金存款	79 241	59 658	18 666	(2) 单位普通贷款及透支	165 774	124 390	−324
2. 个人存款	12 495	1 024	249	其中:经营贷款	165 765	124 415	238
储蓄存款	12 424	5 704	−362	固定资产贷款	9	−25	34
保证金存款	0	0	0	(3) 普通并购贷款	0	0	0
结构性存款	71	−4 680	611	(4) 银团贷款	50	0	−250
3. 临时性存款	1 860	−392	1 103	(5) 贸易融资	78 658	60 305	9 403
4. 其他存款	292	−31	43	(6) 境外筹资转贷款	0	0	0
二、代理财政性存款	0	0	0	2. 中长期贷款	9 218	2 080	431
三、金融债券	0	0	0	(1) 个人贷款	0	0	0
其中:境外发行	0	0	0	(2) 单位普通贷款	6 372	2 227	2 704
四、中长期借款	0	0	0	其中:经营贷款	5 312	2 301	2 979
其中:境外借款	0	0	0	固定资产贷款	1 060	−74	−275
五、应付及暂收款	806	290	−35	(3) 普通并购贷款	0	0	0
其中:应付利息	629	540	2	(4) 银团贷款	2 846	−147	−2 273
六、卖出回购资产	0	0	0	(5) 贸易融资	0	0	0
七、向中央银行借款	0	0	0	(6) 境外筹资转贷款	0	0	0
八、同业往来(来源方)	138 136	112 738	−6 113	3. 融资租赁	0	0	0
1. 同业存放	22 415	9 403	−8 949	4. 票据融资	0	0	−1 093
其中:境外同业存放	0	0	0	其中:贴现	0	0	−1 093
2. 同业拆借	115 721	103 335	2 836	5. 各项垫款	0	0	0
其中:境外同业拆借	50 331	45 331	2 000	(二) 境外贷款	74	−30	−208
九、境外联行往来(来源方)	0	0	0	二、有价证券	789	−6 018	−6 605
十、外汇买卖(来源方)	1 287 918	291 856	362 976	三、股权及其他投资	0	0	0
其中:结售汇	1 135 477	254 180	327 849	四、应收及预付款	1 233	385	429
十一、委托存款及委托投资基金(净)	0	0	0	其中:应收利息	0	0	−18
1. 委托存款及委托投资基金	0	0	0	五、买入返售资产	0	0	0
2. 减:委托贷款及委托投资	0	0	0	六、存放中央准备金存款	13 912	9 010	2 157
十二、代理金融机构委托贷款基金	0	0	0	七、存放中央银行特种存款	0	0	0
其中:中央银行委托贷款基金	0	0	0	八、缴存中央银行财政性存款	0	0	0
十三、各项准备	5 546	360	402	九、同业往来(运用方)	64 544	−6 583	33 615
其中:贷款损失准备金	5 546	360	402	1. 存放同业	17 964	2 626	3 561
十四、所有者权益	2 485	−2 877	−6 272	其中:存放境外同业	8 368	−2 899	3 177
其中:实收资本	0	0	0	2. 拆放同业	46 580	−9 209	30 054
十五、其他	17 437	−4 537	−156	其中:拆放境外同业	500	0	0
				十、境外联行往来(运用方)	0	0	0
				十一、代理金融机构贷款	0	0	0
				十二、库存现金	1 272	−414	108
				十三、外汇买卖(运用方)	1 328 015	347 292	342 107
				其中:结售汇	1 176 239	310 441	307 273
				十四、投资性房地产	0	0	0
资金来源总计	1 664 338	530 467	379 959	资金运用总计	1 664 338	530 467	379 959

10. 上海农商银行外汇信贷收支表

2012-12-31　　单位:亿美元

来源项目名称	本月余额	比年初增减数		运用项目名称	本月余额	比年初增减数	
		今年	上年			今年	上年
一、各项存款	1.57	0.78	0.17	一、各项贷款	2.75	0.88	1.46
1. 单位活期存款	1.16	0.41	0.21	1. 短期贷款	1.62	0.79	0.60
其中:中资企业存款	1.16	0.41	0.21	(1) 境内短期贷款	1.62	0.79	0.60
外商投资企业存款				其中:中资企业贷款			
2. 单位定期存款	0.36	0.36		外商投资企业贷款			
其中:中资企业存款	0.36	0.36		(2) 境外短期贷款			
外商投资企业存款				2. 中长期贷款	0.13	0.09	0.04
3. 储蓄存款	0.05	0.01		(1) 境内中长期贷款	0.13	0.09	0.04
其中:定期存款	0.04	0.04		其中:中资企业贷款			
4. 信托存款				外商投资贷款			
5. 委托存款				(2) 境外中长期贷款			
6. 其他类存款			−0.04	3. 进出口贸易融资	1.00		0.82
7. 境外存款				4. 票据融资			
二、境外筹资				其中:贴现			
三、同业存放				5. 融资租赁			
其中:境外同业存放				6. 信托贷款			
四、应付及暂收款	0.05	0.01	−0.08	7. 委托贷款			
其中:应付及预提利息				8. 各项垫款			
五、同业拆入	1.21	0.19	1.02	9. 境外筹资转贷款			
其中:境外同业拆入	0.28	0.25	0.03	二、有价证券及投资			
六、外汇买卖	0.33	0.07	0.16	三、应收及预付款			−0.01
其中:结售汇				其中:应收及预付利息			
七、境内联行存放				四、存放同业	0.92	0.27	−0.07
八、证券业务款项				其中:存放境外同业	0.68	0.14	0.08
九、各项准备				五、拆放同业	0.40	0.30	−0.03
其中:贷款损失准备金				其中:拆放境外同业			
十、所有者权益	0.10	0.05	0.04	六、存放境外联行			
其中:实收资本				七、证券业务占款			
当年结益	0.03			八、库存现金	0.08		0.03
十一、其他	0.98	0.40	−0.02	九、存放央行	0.09	0.05	−0.10
资金来源总计	4.24	1.50	1.29	资金运用总计	4.24	1.50	1.29

11. 中信银行上海分行外汇信贷收支表

2012-12-31

单位:万美元

栏目 资金来源项目	本月余额	比上月增减额 今 年	比年初增减额 今 年	栏目 资金运用项目	本月余额	比上月增减额 今 年	比年初增减额 今 年
一、各项存款	247 471.67	−116 956.21	105 342.33	一、各项贷款	83 017.82	−1 028.04	13 395.25
1. 单位存款	197 102.21	−113 749.41	97 237.62	(一) 境内贷款	83 017.82	−1 028.04	13 395.25
其中:活期存款	13 648.76	2 578.73	−2 632.20	1. 短期贷款	70 842.70	−1 028.04	9 590.54
定期存款	147 480.35	−79 258.22	128 165.52	(1) 个人贷款及透支	0.00	0.00	0.00
通知存款	0.00	0.00	−120.23	其中:个人消费贷款	0.00	0.00	0.00
保证金存款	31 522.26	−35 713.37	−32 626.31	(2) 单位普通贷款及透支	35 693.19	2 511.16	−16 030.39
2. 个人存款	38 194.56	−1 205.11	−2 727.20	其中:经营贷款	35 693.19	2 511.16	−16 030.39
储蓄存款	14 994.96	1 059.59	7 399.86	固定资产贷款	0.00	0.00	0.00
保证金存款	0.00	0.00	0.00	(3) 普通并购贷款	0.00	0.00	0.00
结构性存款	23 199.60	−2 264.70	−10 127.06	(4) 银团贷款	0.00	0.00	0.00
3. 临时性存款	934.74	145.17	524.54	(5) 贸易融资	35 149.51	−3 539.20	25 620.92
4. 其他存款	11 240.16	−2 146.86	10 307.37	(6) 境外筹资转贷款	0.00	0.00	0.00
二、代理财政性存款	0.00	0.00	0.00	2. 中长期贷款	11 818.48	0.00	3 818.48
三、金融债券	0.00	0.00	0.00	(1) 个人贷款	0.00	0.00	0.00
其中:境外发行	0.00	0.00	0.00	其中:个人消费贷款	0.00	0.00	0.00
四、中长期借款	0.00	0.00	0.00	(2) 单位普通贷款	11 818.48	0.00	3 818.48
其中:境外借款	0.00	0.00	0.00	其中:经营贷款	11 818.48	0.00	3 818.48
五、应付及暂收款	3 246.86	40.35	1 974.40	固定资产贷款	0.00	0.00	0.00
其中:应付利息	3 237.61	40.71	2 248.34	(3) 普通并购贷款	0.00	0.00	0.00
六、卖出回购资产	0.00	0.00	0.00	(4) 银团贷款	0.00	0.00	0.00
七、向中央银行借款	0.00	0.00	0.00	(5) 贸易融资	0.00	0.00	0.00
八、同业往来(来源方)	250 350.70	11 329.86	236 652.18	(6) 境外筹资转贷款	0.00	0.00	0.00
1. 同业存放	250 350.70	11 329.86	236 652.18	3. 融资租赁	0.00	0.00	0.00
其中:境外同业存放	0.00	0.00	0.00	4. 票据融资	0.00	0.00	0.00
2. 同业拆借	0.00	0.00	0.00	其中:贴现	0.00	0.00	0.00
其中:境外同业拆借	0.00	0.00	0.00	5. 各项垫款	356.63	0.00	−13.77
九、联行往来(来源方)	149 151.25	97 953.40	45 034.67	(二) 境外贷款	0.00	0.00	0.00
十、外汇买卖(来源方)	24 280.47	−1 350.07	20 700.32	二、有价证券	0.00	0.00	0.00
其中:结售汇	60.64	−736.54	−1 039.62	三、股权及其他投资	0.00	0.00	0.00
十一、委托存款及委托投资基金(净)	12 675.42	0.00	−3.45	四、应收及预付款	630.93	−41.19	−415.99
1. 委托存款及委托投资基金	12 838.81	0.00	159.93	其中:应收利息	630.33	−41.78	−416.26
2. 减:委托贷款及委托投资	163.39	0.00	163.39	五、买入返售资产	0.00	0.00	0.00

（续表）

栏目 资金来源项目	本月余额	比上月增减额	比年初增减额	栏目 资金运用项目	本月余额	比上月增减额	比年初增减额
		今　年	今　年			今　年	今　年
十二、代理金融机构委托贷款基金	0.00	0.00	0.00	六、存放中央准备金存款	0.00	0.00	0.00
其中:中央银行委托贷款基金	0.00	0.00	0.00	七、存放中央银行特种存款	0.00	0.00	0.00
十三、各项准备	1 281.47	−150.38	−2.02	八、缴存中央银行财政性存款	0.00	0.00	0.00
其中:贷款损失准备金	1 281.47	−150.38	−2.02	九、同业往来(运用方)	83 445.74	71 848.48	3 884.60
十四、所有者权益	−3 187.98	−543.72	−4 229.84	1. 存放同业	81 445.74	69 848.48	4 884.60
其中:实收资本	0.00	0.00	0.00	其中:存放境外同业	199.29	−357.02	−7 949.61
十五、其他	4 265.32	−8.91	27.43	2. 拆放同业	2 000.00	2 000.00	−1 000.00
		0.00	0.00	十、联行往来(运用方)	496 176.67	−80 848.74	366 207.07
		0.00	0.00	十一、代理金融机构贷款	0.00	0.00	0.00
		0.00	0.00	十二、库存现金	642.38	17.21	−330.43
		0.00	0.00	十三、外汇买卖(运用方)	25 621.63	366.60	22 755.51
		0.00	0.00	其中:结售汇	1 584.44	992.17	1 112.63
		0.00	0.00	十四、投资性房地产	0.00	0.00	0.00
资金来源总计	689 535.18	−9 685.68	405 496.02	资金运用总计	689 535.18	−9 685.68	405 496.02

12. 中国光大银行上海分行外汇信贷收支表

2012-12-31

单位:万美元

栏目 来源项目名称	本月余额	比年初增减数		栏目 运用项目名称	本月余额	比年初增减数	
		今 年	上 年			今 年	上 年
一、各项存款	148 232	65 235	26 437	一、各项贷款	74 946	48 762	8 740
1. 单位存款	73 584	37 371	−550	(一) 境内贷款	74 946	48 762	8 740
其中:活期存款	42 955	31 989	976	1. 短期贷款	32 308	19 736	6 040
定期存款	29 382	4 335	−1 592	(1) 个人贷款及透支			
通知存款	1 150	1 140		其中:个人消费贷款			
保证金存款	97	−93	66	(2) 单位普通贷款及透支		−2 404	1 548
2. 个人存款	42 153	9 443	15 470	其中:经营贷款		−2 404	1 548
储蓄存款	12 068	7 374	−1 211	固定资产贷款			
保证金存款	490	96	394	(3) 普通并购贷款			
结构性存款	29 595	1 973	16 287	(4) 银团贷款			−20
3. 临时性存款	3	−4		(5) 贸易融资	32 308	22 140	4 512
4. 其他存款	32 492	18 425	11 517	(6) 境外筹资转贷款			
二、代理财政性存款				2. 中长期贷款	42 638	29 026	2 700
三、金融债券				(1) 个人贷款			
其中:境外发行				其中:个人消费贷款			
四、中长期借款				(2) 单位普通贷款	38 427	25 069	2 529
其中:境外借款				其中:经营贷款	38 427	25 069	2 529
五、应付及暂收款	2 043	725	492	固定资产贷款			
其中:应付利息	2 043	725	492	(3) 普通并购贷款			
六、卖出回购资产				(4) 银团贷款	4 040	3 957	
七、向中央银行借款				(5) 贸易融资	171		171
八、同业往来(来源方)	1 861	−163	−44 758	(6) 境外筹资转贷款			
1. 同业存放	234	−1 583	−39 813	3. 融资租赁			
其中:境外同业存放				4. 票据融资			
2. 同业拆借	1 627	1 420	−4 945	其中:贴现			
其中:境外同业拆借	1 627	1 420	−4 945	5. 各项垫款			
九、境外联行往来(来源方)				(二) 境外贷款			
十、外汇买卖(来源方)	79	1	−2	二、有价证券			
其中:结售汇	79	1	−2	三、股权及其他投资			
十一、委托存款及委托投资基金(净)	1 442	−3 184	−4 504	四、应收及预付款	630	345	240
1. 委托存款及委托投资基金	1 709	−9 184	−4 504	其中:应收利息	630	345	240
2. 减:委托贷款及委托投资	267	−6 000		五、买入返售资产			
十二、代理金融机构委托贷款基金				六、存放中央准备金存款			
其中:中央银行委托贷款基金				七、存放中央银行特种存款			
十三、各项准备	1 590	1 087	168	八、缴存中央银行财政性存款			
其中:贷款损失准备金	1 590	1 087	168	九、同业往来	4 105	−4 018	3 096
十四、所有者权益	−2 432	−796	−394	1. 存放同业	4 105	−4 018	3 096
其中:实收资本				其中:存放境外同业	1 005	−524	−822
十五、其他	−72 187	−17 581	34 653	2. 拆放同业			
				其中:拆放境外同业			
				十、境外联行往来(运用方)			
				十一、代理金融机构贷款			
				其中:代理人行专项贷款			
				十二、库存现金	947	235	16
				十三、外汇买卖(运用方)			
				其中:结售汇			
				十四、投资性房地产			
资金来源总计	80 628	45 324	12 092	资金运用总计	80 628	45 324	12 092

13. 华夏银行上海分行外汇信贷收支表

2012-12-31 单位:万美元

来源项目名称	本月余额	比年初增减数 今年	比年初增减数 上年	运用项目名称	本月余额	比年初增减数 今年	比年初增减数 上年
一、各项存款	28 786	−22 254	−17 328	一、各项贷款	56 739	21 462	9 501
1. 单位存款	27 748	−21 279	−18 014	(一) 境内贷款	56 739	21 462	9 501
其中:活期存款	2 123	−277	−183	1. 短期贷款	51 154	17 200	10 386
定期存款	600	−745	−62 768	(1) 个人贷款及透支			
通知存款				其中:个人消费贷款			
保证金存款	25 025	−20 257	44 937	(2) 单位普通贷款及透支	12 139	−14 596	9 182
2. 个人存款	410	29	−413	其中:经营贷款	12 139	−14 596	9 182
储蓄存款	410	29	−413	固定资产贷款			
保证金存款				(3) 普通并购贷款			
结构性存款				(4) 银团贷款		−174	174
3. 临时性存款	628	−403	529	(5) 贸易融资	39 014	31 970	1 030
4. 其他存款		−600	570	(6) 境外筹资转贷款			
二、代理财政性存款				2. 中长期贷款	5 586	4 910	−885
三、金融债券				(1) 个人贷款			
其中:境外发行				其中:个人消费贷款			
四、中长期借款				(2) 单位普通贷款	5 000	4 960	40
其中:境外借款				其中:经营贷款	5 000	5 000	
五、应付及暂收款	82	−279	86	固定资产贷款		−40	40
其中:应付利息	49	−259	33	(3) 普通并购贷款			
六、卖出回购资产				(4) 银团贷款	586	−50	−925
七、向中央银行借款				(5) 贸易融资			
八、同业往来(来源方)	25 111	23 403	1 394	(6) 境外筹资转贷款			
1. 同业存放	1 376	−332	1 394	3. 融资租赁			
其中:境外同业存放				4. 票据融资			
2. 同业拆借	23 736	23 736		其中:贴现			
其中:境外同业拆借				5. 各项垫款		−648	
九、境外联行往来(来源方)				(二) 境外贷款			
十、外汇买卖(来源方)	48	−39 379	37 558	二、有价证券			
其中:结售汇		−39 361	37 522	三、股权及其他投资			
十一、委托存款及委托投资基金(净)				四、应收及预付款	124	−221	−79
1. 委托存款及委托投资基金				其中:应收利息			
2. 减:委托贷款及委托投资				五、买入返售资产			
十二、代理金融机构委托贷款基金				六、存放中央准备金存款			
其中:中央银行委托贷款基金				七、存放中央银行特种存款			
十三、各项准备	582	−103	108	八、缴存中央银行财政性存款			
其中:贷款损失准备金	567	−103	95	九、同业往来	1 711	1 664	−1
十四、所有者权益	−499	−56	25	1. 存放同业	45	13	−1
其中:实收资本				其中:存放境外同业			
十五、其他	4 621	22 192	25 132	2. 拆放同业	1 666	1 651	
				其中:拆放境外同业			
				十、境外联行往来(运用方)			
				十一、代理金融机构贷款			
				其中:代理人行专项贷款			
				十二、库存现金	158	13	3
				十三、外汇买卖(运用方)		−39 393	37 552
				其中:结售汇		−39 361	37 522
				十四、投资性房地产			
资金来源总计	58 732	−16 475	46 975	资金运用总计	58 732	−16 475	46 975

14. 中国民生银行上海分行外汇信贷收支表

2012-12-31

单位:万美元

来源项目名称 \ 栏目	本月余额	比年初增减数		运用项目名称 \ 栏目	本月余额	比年初增减数	
		今　年	上　年			今　年	上　年
一、各项存款	62 795.92	−29 550.08	47 681.00	一、各项贷款			
1. 企业存款	50 192.38	−24 984.05	50 038.00	1. 短期贷款			
(1) 活期存款	17 091.17	−14 996.33	18 353.00	(1) 工业贷款			
(2) 定期存款	33 101.21	−9 987.72	31 685.00	(2) 商业贷款			
2. 机关团体存款				(3) 建筑业贷款			
3. 储蓄存款	11 947.07	2 062.07	−979.00	(4) 农业贷款			
(1) 活期储蓄	2 872.75	−1 671.12	3 627.87	(5) 乡镇企业贷款			
(2) 定期储蓄	9 074.32	3 733.19	−4 606.87	(6) 三资企业贷款			
4. 农业存款				(7) 私营企业及个体贷款			
5. 其他存款	656.47	−6 628.10	−1 378.00	(8) 其他短期贷款			
二、代理财政性存款				其中:个人短期贷款			
三、金融债券				2. 中长期贷款			
其中:政策性金融债券				(1) 基本建设贷款			
四、应付及暂收款		−251.00	128.00	(2) 技术改造贷款			
其中:应付及预收利息		−246.00	124.00	(3) 其他中长期贷款			
五、卖出回购资产				其中:个人中长期贷款			
六、向中央银行借款				3. 票据融资			
七、同业往来	5 634.74	5 634.74	−64.00	其中:贴现			
1. 同业存放	5 634.74	4 749.74	−64.00	4. 各项垫款			
2. 同业拆借				二、有价证券及投资			
八、行内资金往来				三、应收及预付款	56.52	−51.48	45.00
九、委托存款及委托投资基金(净)				其中:应收利息	0.20	0.20	
1. 委托存款及委托投资基金				四、买入返售资产			
2. 减:委托贷款及委托投资				五、存放中央银行准备金存款			
十、代理金融机构委托贷款基金				六、存放中央银行特种存款			
其中:中央银行委托贷款基金				七、缴存中央银行财政性存款			
十一、各项准备				八、同业往来	1 019.04	−330.96	420.00
其中:贷款损失准备金				1. 存放同业	1 019.04	−330.96	420.00
十二、所有者权益	−671.38	−409.38	219.00	2. 拆放同业			
其中:实收资本				九、行内资金往来			
十三、其他		96 299.00	−34 320.00	十、代理金融机构贷款			
				其中:代理人行专项贷款			
				十一、库存现金	944.71	78.71	1 112.00
				十二、外汇占款			
资金来源总计	30 850.00	5 706.00	1 578.00	资金运用总计	30 850.00	5 706.00	1 578.00

15. 招商银行上海分行外汇信贷收支表

2012-12-31 单位:万美元

栏目 来源项目名称	本月余额	比年初增减数		栏目 运用项目名称	本月余额	比年初增减数	
		今 年	上 年			今 年	上 年
一、各项存款	132 771	10 268	12 915	一、各项贷款	86 029	20 115	15 359
1. 单位存款	68 765	117	16 357	(一) 境内贷款	86 029	20 115	15 359
其中:活期存款	62 219	4 006	9 731	1. 短期贷款	33 683	−11 568	15 878
定期存款	4 978	−372	2 159	(1) 个人贷款及透支			
通知存款				其中:个人消费贷款			
保证金存款	1 568	−3 517	4 467	(2) 单位普通贷款及透支	2 971	2 260	−30
2. 个人存款	54 310	8 485	1 117	其中:经营贷款	2 971	2 272	−30
储蓄存款	54 310	8 485	1 117	固定资产贷款		−12	
保证金存款				(3) 普通并购贷款			
结构性存款				(4) 银团贷款			
3. 临时性存款	5 026	−348	272	(5) 贸易融资	30 712	−13 828	15 908
4. 其他存款	4 670	2 014	−4 831	(6) 境外筹资转贷款			
二、代理财政性存款				2. 中长期贷款	52 203	32 037	−717
三、金融债券				(1) 个人贷款			
其中:境外发行				其中:个人消费贷款			
四、中长期借款				(2) 单位普通贷款	50 008	35 375	−500
其中:境外借款				其中:经营贷款	47 500	33 625	
五、应付及暂收款	846	623	−6	固定资产贷款	2 508	1 750	−500
其中:应付利息	806	655	−3	(3) 普通并购贷款			
六、卖出回购资产				(4) 银团贷款	2 195	−3 338	−217
七、向中央银行借款				(5) 贸易融资			
八、同业往来(来源方)	50 374	43 032	−3 499	(6) 境外筹资转贷款			
1. 同业存放	50 374	43 032	−3 499	3. 融资租赁			
其中:境外同业存放				4. 票据融资		−354	198
2. 同业拆借				其中:贴现			
其中:境外同业拆借				5. 各项垫款	143		
九、境外联行往来(来源方)				(二) 境外贷款			
十、外汇买卖(来源方)	92	47	−63	二、有价证券			
其中:结售汇				三、股权及其他投资			
十一、委托存款及委托投资基金(净)				四、应收及预付款	121	−32	77
1. 委托存款及委托投资基金	18 139	8 384	10	其中:应收利息	121	−32	77
2. 减:委托贷款及委托投资	18 139	8 384	10	五、买入返售资产			
十二、代理金融机构委托贷款基金				六、存放中央准备金存款			
其中:中央银行委托贷款基金				七、存放中央银行特种存款			
十三、各项准备	2 283	156	443	八、缴存中央银行财政性存款			
其中:贷款损失准备金	2 283	156	443	九、同业往来	3 616	−2 138	1 546
十四、所有者权益	3 344	437	−395	1. 存放同业	3 616	−2 138	1 546
其中:实收资本				其中:存放境外同业			
十五、其他	−98 421	−36 371	7 719	2. 拆放同业			
				其中:拆放境外同业			
				十、境外联行往来(运用方)			
				十一、代理金融机构贷款			
				其中:代理人行专项贷款			
				十二、库存现金	1 431	201	193
				十三、外汇买卖(运用方)	92	46	−61
				其中:结售汇			
				十四、投资性房地产			
资金来源总计	91 289	18 192	17 114	资金运用总计	91 289	18 192	17 114

16. 兴业银行上海分行外汇信贷收支表

2012-12-31

单位:万美元

	本期余额	比上年增减		本期余额	比上年增减
资金来源合计	405 700.35	366 006.94	资金运用合计	405 700.35	366 006.94
一、各项存款	332 082.42	293 925.89	一、各项贷款	299 128.58	276 620.24
1. 企业存款	94 838.94	87 303.94	(一) 中长期贷款	16 800.52	14 099.02
其中:单位定期存款	86 704.59	86 151.02	1. 普通中长期贷款	15 500.00	14 305.01
2. 个人存款	5 217.31	1 521.97	2. 住房开发中长期贷款	0.00	0.00
其中:储蓄定期存款	1 908.89	384.55	3. 商用房开发中长期贷款	0.00	0.00
3. 其他存款	232 026.16	205 099.98	4. 单位按揭中长期贷款	0.00	0.00
其中:其他定期存款	231 505.35	204 837.58	5. 个体工商户及个人经营性中长期贷款	0.00	0.00
二、委托存款	0.00	0.00	6. 由我行出资银团贷款	1 300.52	−205.98
委托存款	0.00	0.00	7. 个人中长期消费贷款	0.00	0.00
三、各项代理业务	0.00	0.00	8. 其他中长期贷款	0.00	0.00
1. 代理发行、兑付证券	0.00	0.00	(二) 短期贷款	56 650.15	38 546.99
2. 代理财政性存款	0.00	0.00	1. 普通短期贷款	56 650.15	38 546.99
3. 其他代理业务	0.00	0.00	2. 住房开发短期贷款	0.00	0.00
四、金融机构往来	75 202.47	73 469.38	3. 商用房开发短期贷款	0.00	0.00
1. 向人行短期借款	0.00	0.00	4. 个体工商户及个人经营性短期贷款	0.00	0.00
2. 同业存放款	4 934.06	3 200.98	5. 个人短期消费贷款	0.00	0.00
3. 同业往来款(轧差)	0.00	0.00	6. 其他短期贷款	0.00	0.00
4. 同业拆入	70 268.41	70 268.41	(三) 票据贴现	0.00	0.00
5. 卖出回购资产	0.00	0.00	(四) 各项垫款	0.00	0.00
(1) 卖出回购证券	0.00	0.00	1. 承兑垫款	0.00	0.00
(2) 卖出回购票据	0.00	0.00	2. 担保垫款	0.00	0.00
(3) 卖出回购贷款	0.00	0.00	3. 信用证垫款	0.00	0.00
五、内部往来(轧差)	0.00	0.00	4. 代付垫款	0.00	0.00
1. 系统内资金往来	0.00	0.00	(五) 其他贷款	225 677.90	223 974.23
2. 拨入营运资金	0.00	0.00	减:贷款损失准备金	3 108.86	2 565.62
六、股本	0.00	0.00	二、委托贷款	0.00	0.00
七、公积金	0.00	0.00	三、代理银团贷款	0.00	0.00
1. 资本公积	0.00	0.00	四、各项投资	0.00	0.00
2. 盈余公积	0.00	0.00	(1) 交易类金融资产	0.00	0.00
八、一般准备金	0.00	0.00	(2) 持有到期的投资	0.00	0.00
九、应付福利费	0.00	0.00	(3) 可供出售的金融资产	0.00	0.00
十、衍生工具(来源)	0.00	0.00	(4) 应收款项类投资	0.00	0.00
十一、结益	−4 624.86	−4 133.21	(5) 长期股权投资	0.00	0.00
十二、应付债券	0.00	0.00	减:持有至到期投资减值准备	0.00	0.00
十三、其他(来源)	3 040.32	2 744.88	减:应收款项金融资产减值准备	0.00	0.00
1. 外汇买卖及结售汇资金	0.00	0.00	减:长期股权投资减值准备	0.00	0.00
2. 应付利息	3 033.38	2 745.44	(6) 其他投资	0.00	0.00
3. 应付股利	0.00	0.00	五、现金	431.50	12.31
4. 应付款项	6.95	−0.56	六、代理发行和兑付证券	0.00	0.00
5. 其他	0.00	0.00	七、金融机构往来	500.14	13.46
			1. 在央行存款	0.00	0.00
			2. 存放同业款	500.14	13.46
			3. 同业往来(轧差)	0.00	0.00
			4. 同业拆借	0.00	0.00
			5. 买入返售资产	0.00	0.00
			(1) 买入返售证券	0.00	0.00
			(2) 买入返售票据	0.00	0.00
			(3) 买入返售贷款	0.00	0.00
			(4) 回售其他资产	0.00	0.00
			八、内部往来(轧差)	106 519.66	89 909.23
			1. 系统内资金往来	106 519.66	89 909.23
			2. 系统内借出款项	0.00	0.00
			3. 拨付营运资金	0.00	0.00
			九、衍生工具(运用)	0.00	0.00
			十、固定资产	0.00	0.00
			减:累计折旧	0.00	0.00
			减:固定资产减值准备	0.00	0.00
			十一、在建工程	0.00	0.00
			减:在建工程减值准备	0.00	0.00
			十二、无形资产	0.00	0.00
			减:无形资产累计摊销	0.00	0.00
			减:无形资产减值准备	0.00	0.00
			十三、其他	2 229.33	2 017.31
			1. 外汇买卖及结售汇资金(轧差)	0.00	0.00
			2. 应收利息	2 229.33	2 017.31
			3. 应收股利	0.00	0.00
			4. 应收款项	0.00	0.00
			5. 其他	0.00	0.00
			减:坏账准备	0.00	0.00
			减:抵债资产减值准备	0.00	0.00

17. 广发银行上海分行外汇信贷收支表

2012-12-31 单位:万美元

项目	本月余额	比年初		项目	本月余额	比年初	
		增减额	增减%			增减额	增减%
资金来源总计	30 242	7 516	33.07	资金运用总计	30 242	7 516	33.07
一、各项存款	33 540	12 643	60.50	一、各项贷款	26 102	13 686	110.23
1. 单位存款	26 048	7 341	39.24	(一) 境内贷款	26 102	13 686	110.23
其中:活期存款	6 722	−133	−1.94	1. 短期贷款	26 102	13 686	110.23
定期存款	17 505	15 558	799.08	(1) 个人贷款及透支			
通知存款		−1 700	−100.00	其中:个人消费贷款			
保证金存款	1 821	−6 384	−77.81	(2) 单位普通贷款及透支	13 111	1 225	10.31
2. 个人存款	1 070	97	9.97	其中:经营贷款	13 111	1 225	10.31
储蓄存款	1 049	76	7.81	固定资产贷款			
保证金存款	21	21		(3) 普通并购贷款			
结构性存款				(4) 银团贷款			
3. 临时性存款	3	−32	−91.43	(5) 贸易融资	12 991	12 461	2 351.13
4. 其他存款	6 419	5 237	443.06	(6) 境外筹资转贷款			
二、代理财政性存款				2. 中长期贷款			
三、金融债券				(1) 个人贷款			
其中:境外发行				其中:个人消费贷款			
四、中长期借款				(2) 单位普通贷款			
其中:境外借款				其中:经营贷款			
五、应付及暂收款	214	−9 526	−97.80	固定资产贷款			
其中:应付利息	212	91	75.21	(3) 普通并购贷款			
六、卖出回购资产				(4) 银团贷款			
七、向中央银行借款				(5) 贸易融资			
八、同业往来	23 036	15 599	209.75	(6) 境外筹资转贷款			
1. 同业存放	10 814	3 377	45.41	3. 融资租赁			
其中:境外同业存放				4. 票据融资			
2. 同业拆借	12 222	12 222		其中:贴现及买断式转贴现			
其中:境外同业拆借	37	37		5. 各项垫款			
九、境外联行往来				(二) 境外贷款			
十、外汇买卖	1 153	1 153		二、有价证券及投资			
其中:结售汇	1 153	1 153		三、股权及其他投资			
十一、委托存款及委托投资基金				四、应收及预付款	206	−9 484	−97.87
1. 委托存款及委托投资基金				其中:应收利息	206	137	198.55
2. 减:委托贷款及委托投资				五、存放中央银行准备金存款			
其中:中央银行委托贷款基金				六、存放中央银行特种存款			
十二、各项准备				七、缴存中央银行财政性存款			
其中:贷款损失准备金				八、同业往来	3 645	3 340	1 095.08
十三、其他	−27 701	−12 353	80.49	1. 存放同业	3 645	3 340	1 095.08
				2. 拆放同业			
				九、境外联行往来			
				十、代理金融机构贷款			
				十一、库存现金	289	54	22.98
				十二、外汇买卖		−80	−100.00
				其中:结售汇		−80	−100.00
				十三、投资性房地产			

18. 平安银行上海分行外汇信贷收支表

2012-12-31

单位:万美元

来源项目名称	本月余额	比年初增减数 今 年	比年初增减数 上 年
一、各项存款	76 207	60 350	15 857
1. 单位存款	64 506	51 138	13 368
其中:活期存款	14 984	4 402	10 582
定期存款	35 578	33 333	2 244
通知存款			
保证金存款	13 945	13 402	542
2. 个人存款	1 889	21	1 868
储蓄存款	1 889	21	1 868
保证金存款			
结构性存款			
3. 临时性存款	458	−150	607
4. 其他存款	9 354	9 341	13
二、代理财政性存款			
三、金融债券			
其中:境外发行			
四、中长期借款			
其中:境外借款			
五、应付及暂收款	1 200	289	912
其中:应付利息	1 178	1 152	27
六、卖出回购资产			
七、向中央银行借款			
八、同业往来(来源方)	1 056	−5 194	6 250
1. 同业存放	797	−5 453	6 250
其中:境外同业存放			
2. 同业拆借	258	258	
其中:境外同业拆借			
九、境外联行往来(来源方)			
十、外汇买卖(来源方)			
其中:结售汇			
十一、委托存款及委托投资基金(净)			
1. 委托存款及委托投资基金			
2. 减:委托贷款及委托投资			
十二、代理金融机构委托贷款基金			
其中:中央银行委托贷款基金			
十三、各项准备	345	−10	355
其中:贷款损失准备金	345	−10	355
十四、所有者权益	251	21	308
其中:实收资本			
十五、其他	−17 376	−30 856	13 402
资金来源总计	61 683	24 599	37 084

运用项目名称	本月余额	比年初增减数 今 年	比年初增减数 上 年
一、各项贷款	34 848	2 350	32 498
(一) 境内贷款	34 038	2 598	31 440
1. 短期贷款	24 008	1 527	22 481
(1) 个人贷款及透支			
其中:个人消费贷款			
(2) 单位普通贷款及透支	23 691	2 365	21 326
其中:经营贷款	23 691	2 365	21 326
固定资产贷款			
(3) 普通并购贷款			
(4) 银团贷款			
(5) 贸易融资	317	−838	1 155
(6) 境外筹资转贷款			
2. 中长期贷款	10 030	1 071	8 959
(1) 个人贷款	30	−4	34
其中:个人消费贷款	30	30	
(2) 单位普通贷款	10 000	1 132	8 868
其中:经营贷款	10 000	1 132	8 868
固定资产贷款			
(3) 普通并购贷款			
(4) 银团贷款		−57	57
(5) 贸易融资			
(6) 境外筹资转贷款			
3. 融资租赁			
4. 票据融资			
其中:贴现			
5. 各项垫款			
(二) 境外贷款	810	−248	1 058
二、有价证券			
三、股权及其他投资			
四、应收及预付款	1 199	231	968
其中:应收利息	1 199	731	468
五、买入返售资产			
六、存放中央准备金存款			
七、存放中央银行特种存款			
八、缴存中央银行财政性存款			
九、同业往来	25 367	21 994	3 373
1. 存放同业	25 367	21 994	3 373
其中:存放境外同业			
2. 拆放同业			
其中:拆放境外同业			
十、境外联行往来(运用方)			
十一、代理金融机构贷款			
其中:代理人行专项贷款			
十二、库存现金	269	24	245
十三、外汇买卖(运用方)			
其中:结售汇			
十四、投资性房地产			
资金运用总计	61 683	24 599	37 084

19. 北京银行上海分行外汇信贷收支表

2012-12-31 单位:万美元

来源项目名称	本月余额	比年初增减数 今年	比年初增减数 上年	运用项目名称	本月余额	比年初增减数 今年	比年初增减数 上年
一、各项存款	129 720	11 052	64 083	一、各项贷款	186 647	157 266	422
1. 单位存款	128 941	11 111	63 931	(一) 境内贷款	186 647	157 266	422
其中:活期存款	2 188	1 380	−1 401	1. 短期贷款	186 647	157 266	422
定期存款	1 186	−3 794	4 980	(1) 个人贷款及透支			
通知存款			−1 680	其中:个人消费贷款			
保证金存款	125 568	13 525	62 032	(2) 单位普通贷款及透支	30 562	21 062	−10 021
2. 个人存款	779	−59	152	其中:经营贷款	30 562	21 062	−10 021
储蓄存款	439	−145	−46	固定资产贷款			
保证金存款				(3) 普通并购贷款			
结构性存款	340	86	198	(4) 银团贷款			
3. 临时性存款				(5) 贸易融资	156 086	136 204	10 443
4. 其他存款				(6) 境外筹资转贷款			
二、代理财政性存款				2. 中长期贷款			
三、金融债券				(1) 个人贷款			
其中:境外发行				其中:个人消费贷款			
四、中长期借款				(2) 单位普通贷款			
其中:境外借款				其中:经营贷款			
五、应付及暂收款	599	−242	796	固定资产贷款			
其中:应付利息	498	−318	805	(3) 普通并购贷款			
六、卖出回购资产				(4) 银团贷款			
七、向中央银行借款				(5) 贸易融资			
八、同业往来(来源方)	126 086	126 086		(6) 境外筹资转贷款			
1. 同业存放				3. 融资租赁			
其中:境外同业存放				4. 票据融资			
2. 同业拆借	126 086	126 086		其中:贴现			
其中:境外同业拆借	106 086	106 086		5. 各项垫款			
九、境外联行往来(来源方)				(二) 境外贷款			
十、外汇买卖(来源方)				二、有价证券			
其中:结售汇				三、股权及其他投资			
十一、委托存款及委托投资基金(净)				四、应收及预付款	261	98	127
1. 委托存款及委托投资基金				其中:应收利息	261	98	127
2. 减:委托贷款及委托投资				五、买入返售资产			
十二、代理金融机构委托贷款基金				六、存放中央准备金存款			
其中:中央银行委托贷款基金				七、存放中央银行特种存款			
十三、各项准备	1 799	1 455	2	八、缴存中央银行财政性存款			
其中:贷款损失准备金	1 794	1 450	2	九、同业往来	1 679	−43 904	44 067
十四、所有者权益	−1 441	−486	−955	1. 存放同业	1 679	−43 904	44 067
其中:实收资本				其中:存放境外同业			
十五、其他	−68 079	−24 382	−19 287	2. 拆放同业			
				其中:拆放境外同业			
				十、境外联行往来(运用方)			
				十一、代理金融机构贷款			
				其中:代理人行专项贷款			
				十二、库存现金	96	23	23
				十三、外汇买卖(运用方)			
				其中:结售汇			
				十四、投资性房地产			
资金来源总计	188 684	113 483	44 639	资金运用总计	188 684	113 483	44 639

20. 江苏银行上海分行外汇信贷收支表

2012-12-31

单位:万美元

栏目 / 来源项目名称	本月余额	比年初增减数		栏目 / 运用项目名称	本月余额	比年初增减数	
		今 年	上 年			今 年	上 年
一、各项存款	47 930	44 189	2 030	一、各项贷款	17 089	10 971	−1 506
1. 单位存款	47 605	43 884	2 029	(一) 境内贷款	17 089	10 971	−1 506
其中:活期存款	2 754	1 566	544	1. 短期贷款	17 089	10 971	−1 506
定期存款	32 769	32 441	−174	(1) 个人贷款及透支			
通知存款	3 095	3 095		其中:个人消费贷款			
保证金存款	8 987	6 782	1 659	(2) 单位普通贷款及透支	5 433	4 780	−4 083
2. 个人存款	325	305	1	其中:经营贷款	5 433	4 862	−4 165
储蓄存款	325	305	1	固定资产贷款		−82	82
保证金存款				(3) 普通并购贷款			
结构性存款				(4) 银团贷款			
3. 临时性存款				(5) 贸易融资	11 656	6 191	2 577
4. 其他存款				(6) 境外筹资转贷款			
二、代理财政性存款				2. 中长期贷款			
三、金融债券				(1) 个人贷款			
其中:境外发行				其中:个人消费贷款			
四、中长期借款				(2) 单位普通贷款			
其中:境外借款				其中:经营贷款			
五、应付及暂收款	932	919	−178	固定资产贷款			
其中:应付利息	932	919	12	(3) 普通并购贷款			
六、卖出回购资产				(4) 银团贷款			
七、向中央银行借款				(5) 贸易融资			
八、同业往来(来源方)	124	124		(6) 境外筹资转贷款			
1. 同业存放				3. 融资租赁			
其中:境外同业存放				4. 票据融资			
2. 同业拆借	124	124		其中:贴现			
其中:境外同业拆借				5. 各项垫款			
九、境外联行往来(来源方)				(二) 境外贷款			
十、外汇买卖(来源方)	29	28	1	二、有价证券			
其中:结售汇	29	28	1	三、股权及其他投资			
十一、委托存款及委托投资基金(净)				四、应收及预付款	22 047	21 963	−44
1. 委托存款及委托投资基金				其中:应收利息	566	482	−44
2. 减:委托贷款及委托投资				五、买入返售资产			
十二、代理金融机构委托贷款基金				六、存放中央准备金存款			
其中:中央银行委托贷款基金				七、存放中央银行特种存款			
十三、各项准备				八、缴存中央银行财政性存款			
其中:贷款损失准备金				九、同业往来	36	−7	−27
十四、所有者权益	−142	−142	83	1. 存放同业	36	−7	−27
其中:实收资本				其中:存放境外同业			
十五、其他	−9 660	−12 160	−3 516	2. 拆放同业			
				其中:拆放境外同业			
				十、境外联行往来(运用方)			
				十一、代理金融机构贷款			
				其中:代理人行专项贷款			
				十二、库存现金	12	3	−4
				十三、外汇买卖(运用方)	29	28	1
				其中:结售汇	29	28	1
				十四、投资性房地产			
资金来源总计	39 213	32 958	−1 580	资金运用总计	39 213	32 958	−1 580

21. 南京银行上海分行外汇信贷收支表

2012-12-31

单位:万美元

来源项目名称	本月余额	比年初增减数 今年	比年初增减数 上年	运用项目名称	本月余额	比年初增减数 今年	比年初增减数 上年
一、各项存款	25 574	17 219	6 864	一、各项贷款	25 291	20 798	459
1. 单位活期存款	916	−747	1 114	1. 短期贷款	1 921	−1 657	−262
其中:中资企业存款	916	−747	1 114	(1) 境内短期贷款	1 921	−1 657	−262
外商投资企业存款	0	0	0	其中:中资企业贷款	1 921	−1 657	−262
2. 单位定期存款	23 960	17 501	5 619	外商投资企业贷款	0	0	0
其中:中资企业存款	23 960	17 501	5 619	(2) 境外短期贷款	0	0	0
外商投资企业存款	0	0	0	2. 中长期贷款	0	0	0
3. 储蓄存款	79	3	37	(1) 境内中长期贷款	0	0	0
其中:定期存款	50	12	21	其中:中资企业贷款	0	0	0
4. 其他类存款	619	462	94	外商投资企业贷款	0	0	0
5. 境外存款	0	0	0	(2) 境外中长期贷款	0	0	0
二、境内中长期筹资	0	0	0	3. 进出口贸易融资	23 370	22 455	721
三、卖出回购资产	0	0	0	4. 票据融资	0	0	0
四、境外筹资	0	0	0	其中:贴现	0	0	0
五、向中央银行借款	0	0	0	5. 各项垫款	0	0	0
六、中央银行存款	0	0	0	6. 境外筹资转贷款	0	0	0
七、应付及暂收款	118	97	−8	二、投资	0	0	0
其中:应付及预提利息	112	91	18	1. 购买有价证券	0	0	0
八、同业存放	0	0	0	其中:购买境外有价证券	0	0	0
(1) 境内同业存放	0	0	0	2. 其他投资	0	0	0
(2) 境外同业存放	0	0	0	其中:投资境外	0	0	0
九、同业拆入	20 300	20 300	0	三、应收及预付款	14	6	4
(1) 境内同业拆入	518	518	0	其中:应收及预付利息	14	6	4
(2) 境外同业拆入	19 782	19 782	0	四、买入返售资产	0	0	0
十、委托基金存款(净)	0	0	0	五、存放中央银行	0	0	0
十一、外汇买卖	0	0	0	其中:缴存准备金	0	0	0
其中:结售汇	0	0	0	六、存放同业	482	382	−129
十二、境内联行存放	0	0	−2 632	(1) 存放境内同业	482	382	−129
十三、境外联行存放	0	0	0	(2) 存放境外同业	0	0	0
十四、各项准备	0	0	0	七、拆放同业	0	0	0
其中:贷款损失准备金	0	0	0	(1) 拆放境内同业	0	0	0
十五、所有者权益	−375	−502	11	(2) 拆放境外同业	0	0	0
其中:实收资本	0	0	0	八、存放境内联行	19 821	15 915	3 906
当年结益	−375	−502	11	九、存放境外联行	0	0	0
十六、其他	9	−1	1	十、库存现金	18	12	−4
资金来源总计	45 626	37 113	4 236	资金运用总计	45 626	37 113	4 236

22. 宁波银行上海分行外汇信贷收支表

2012-12-31　　　　单位：万美元

来源项目名称	本月余额	比年初增减数 今年	比年初增减数 上年	运用项目名称	本月余额	比年初增减数 今年	比年初增减数 上年
一、各项存款	21 305	−78 386	78 018	一、各项贷款	1 740	−12 025	7 727
1. 企业存款	17 529	−79 463	76 323	1. 短期贷款	1 740	−12 025	7 727
(1) 活期存款	3 895	−5 753	−9 921	其中:信用卡及账户透支	0	0	0
(2) 定期存款	13 634	−73 710	86 244	个人贷款	0	0	0
2. 机关团体存款	0	0	0	单位普通贷款	240	−13 525	7 727
3. 储蓄存款	3 776	1 077	1 695	银团贷款	0	0	0
(1) 活期储蓄	70	−6	−126	贸易融资	1 500	1 500	0
(2) 定期储蓄	3 706	1 083	1 821	2. 中长期贷款	0	0	0
4. 农业存款	0	0	0	其中:个人贷款	0	0	0
5. 其他存款	0	0	0	单位普通贷款	0	0	0
二、代理财政性存款	0	0	0	银团贷款	0	0	0
三、金融债券	0	0	0	贸易融资	0	0	0
其中:政策性金融债券	0	0	0	3. 票据融资	0	0	0
四、应付及暂收款	219	46	169	其中:贴现	0	0	0
其中:应付及预提利息	219	47	168	4. 各项垫款	0	0	0
五、卖出回购资产	0	0	0	二、有价证券及投资	0	0	0
六、向中央银行借款	0	0	0	三、应收及预付款	0	0	0
七、同业往来	0	0	0	其中:应收利息	0	0	0
1. 同业存放	0	0	0	四、买入及返售资产	0	0	0
2. 同业拆借	0	0	0	五、存放中央银行准备金存款	0	0	0
八、联行往来	15 924	−64 380	77 105	六、存放中央银行特种存款	0	0	0
九、委托存款及委托投资基金	2 525	−3 760	−445	七、缴存中央银行财政性存款	0	0	0
十、代理金融机构委托贷款基金	0	0	0	八、同业往来	365	−862	617
其中:中央银行委托贷款基金	0	0	0	1. 存放同业	365	−862	617
十一、各项准备	0	0	0	2. 拆放同业	0	0	0
其中:贷款损失准备金	0	0	0	九、委托贷款及委托投资	2 525	−3 760	−445
十二、所有者权益	−299	−746	357	十、联行往来	35 011	−130 564	147 310
其中:实收资本	0	0	0	十一、代理金融机构贷款		0	0
当年结益	0	−447	357	其中:代理人行专项贷款		0	0
十三、其他	0	0	0	十二、库存现金	32	−15	−6
		0	0	十三、外汇占款		0	0
		0	0	十四、其他资产	1	0	1
资金来源总计	39 674	−147 226	155 204	资金运用总计	39 674	−147 226	155 204

23. 温州银行上海分行外汇信贷收支表

2012-12-31　　　　单位:万美元

来源项目名称	本月余额	比年初增减数		运用项目名称	本月余额	比年初增减数	
		今年	上年			今年	上年
一、各项存款	6 601	5 954	312	一、各项贷款	3 206	2 906	−2 078
1. 单位存款	6 594	5 949	329	(一) 境内贷款	3 206	2 906	−2 078
其中:活期存款	574	−70	328	1. 短期贷款	3 206	2 906	−2 078
定期存款	6 020	6 020		(1) 个人贷款及透支			
通知存款				其中:个人消费贷款			
保证金存款		−1	1	(2) 单位普通贷款及透支	3 206	2 906	−2 078
2. 个人存款	7	5	−17	其中:经营贷款	3 206	2 906	−2 078
储蓄存款	7	5	−17	固定资产贷款			
保证金存款				(3) 普通并购贷款			
结构性存款				(4) 银团贷款			
3. 临时性存款				(5) 贸易融资			
4. 其他存款				(6) 境外筹资转贷款			
二、代理财政性存款				2. 中长期贷款			
三、金融债券				(1) 个人贷款			
其中:境外发行				其中:个人消费贷款			
四、中长期借款				(2) 单位普通贷款			
其中:境外借款				其中:经营贷款			
五、应付及暂收款	148	145	−4	固定资产贷款			
其中:应付利息	91	91	−7	(3) 普通并购贷款			
六、卖出回购资产				(4) 银团贷款			
七、向中央银行借款				(5) 贸易融资			
八、同业往来(来源方)			−1 500	(6) 境外筹资转贷款			
1. 同业存放			−1 500	3. 融资租赁			
其中:境外同业存放				4. 票据融资			
2. 同业拆借				其中:贴现			
其中:境外同业拆借				5. 各项垫款			
九、境外联行往来(来源方)				(二) 境外贷款			
十、外汇买卖(来源方)				二、有价证券			
其中:结售汇				三、股权及其他投资			
十一、委托存款及委托投资基金(净)				四、应收及预付款	23	22	−7
1. 委托存款及委托投资基金				其中:应收利息	23	22	−7
2. 减:委托贷款及委托投资				五、买入返售资产			
十二、代理金融机构委托贷款基金				六、存放中央准备金存款			
其中:中央银行委托贷款基金				七、存放中央银行特种存款			
十三、各项准备				八、缴存中央银行财政性存款			
其中:贷款损失准备金				九、同业往来	180	161	−305
十四、所有者权益	−18	−18	−33	1. 存放同业	180	161	−305
其中:实收资本				其中:存放境外同业			
十五、其他	−3 304	−2 990	−1 160	2. 拆放同业			
				其中:拆放境外同业			
				十、境外联行往来(运用方)			
				十一、代理金融机构贷款			
				其中:代理人行专项贷款			
				十二、库存现金	18	2	5
				十三、外汇买卖(运用方)			
				其中:结售汇			
				十四、投资性房地产			
资金来源总计	3 427	3 091	−2 385	资金运用总计	3 427	3 091	−2 385

(三) 资产负债项目统计

1. 交通银行资产负债表

2012-12-31 单位:百万元(本外币合计)

项 目	年末余额	年初余额	项 目	年末余额	年初余额
资产:			负债:		
现金及存放中央银行款项	816 846	736 999	向中央银行借款	150	—
存放同业款项	172 322	96 605	同业及其他金融机构存放款项	709 082	662 707
拆出资金	153 787	148 726	拆入资金	204 197	164 178
以公允价值计量且其变动计入当期损益的金融资产	45 683	42 837	以公允价值计量且其变动计入当期损益的金融负债	15 410	12 928
衍生金融资产	6 478	5 585	衍生金融负债	7 650	5 993
买入返售金融资产	194 854	197 909	卖出回购金融资产款	29 560	27 614
应收利息	24 225	19 773	客户存款	3 728 412	3 283 232
发放贷款和垫款	2 879 628	2 505 385	应付职工薪酬	6 899	6 920
可供出售金融资产	203 752	183 336	应交税费	10 728	7 366
持有至到期投资	598 615	544 761	应付利息	50 757	39 053
应收款项类投资	30 395	28 256	预计负债	481	710
长期股权投资	1 158	1 054	应付债券	79 572	81 803
投资性房地产	182	196	递延所得税负债	5	21
固定资产	37 822	30 156	其他负债	49 029	45 864
在建工程	7 714	6 861	负债合计	4 891 932	4 338 389
无形资产	1 363	1 165	股东权益:		
递延所得税资产	12 501	7 926	股本	74 263	61 886
其他资产	86 054	53 647	资本公积	112 408	68 818
			盈余公积	82 947	67 273
			一般风险准备	34 309	29 299
			未分配利润	77 867	46 367
			外币报表折算差额	(1 876)	(1 841)
			归属于母公司股东权益合计	379 918	271 802
			少数股东权益	1 529	986
			股东权益合计	381 447	272 788
资产总计	5 273 379	4 611 177	负债及股东权益总计	5 273 379	4 611 177

2. 国家开发银行上海市分行资产负债表

2012-12-31

单位:元(本外币合计)

项　　目	行次	2012 年 12 月 31 日	2011 年 12 月 31 日	项　　目	行次	2012 年 12 月 31 日	2011 年 12 月 31 日
资产:				负债:			
现金	1	—	—	向中央银行借款	29	—	—
银行存款	2	7 797 989.32	8 782 329.04	联行存放款项	30	201 249 501 336.35	198 675 264 373.00
存放中央银行款项	3	364 514 024.78	438 905 358.17	向政府和其他金融机构借款	31	—	—
贵金属	4	—	—	同业及其他金融机构存放款项	32	5 534 141.80	476 967.18
存放联行款项	5	9 330 384 369.30	15 113 101 341.30	拆入资金	33	—	—
存放同业款项	6	8 568 523.11	47 380 319.05	交易性金融负债	34	—	—
拆出资金	7	10 000 000 000.00	5 000 000 000.00	衍生金融负债	35	—	—
交易性金融资产	8	—	—	卖出回购金融资产款	36	—	—
衍生金融资产	9	—	432 743.41	吸收存款	37	11 475 721 590.93	14 602 354 112.67
买入返售金融资产	10	—	—	应付职工薪酬	38	4 286 267.38	11 891 825.84
应收款项类投资	11	—	—	应交税费	39	167 071 036.15	153 853 678.29
应收利息	12	614 519 018.05	493 476 593.11	应付利息	40	50 544 733.73	32 310 185.28
其他应收款	13	7 275 713.70	11 942 258.40	其他应付款	41	975 616.36	1 102 156.96
发放贷款和垫款	14	193 220 462 317.47	192 036 963 998.89	预计负债	42	—	—
可供出售金融资产	15	—	—	应付债券	43	—	—
持有至到期投资	16	1 400 000 000.00	1 600 000 000.00	递延所得税负债	44	—	—
长期股权投资	17	—	—	其他负债	45	124 749 216.59	233 551 032.32
投资性房地产	18	—	—	负债合计	46	213 078 383 939.29	213 710 804 331.54
固定资产	19	15 172 965.72	12 786 240.93	所有者权益			
在建工程	20	—	—	实收资本(或股本)	47	—	—
固定资产清理	21	—	—	国家资本	48	—	—
无形资产	22	11 947.58	20 918.05	集体资本	49	—	—
商誉	23	—	—	法人资本	50	—	—
长期待摊费用	24	5 565 276.71	8 347 915.07	其中:国有法人资本	51	—	—
抵债资产	25	—	—	个人资本	52	—	—
递延所得税资产	26	—	—	外商资本	53	—	—
其他资产	27	—	222 120.00	资本公积	54	—	—
				减:库存股	55	—	—
				盈余公积	56	—	—
				一般风险准备	57	—	—
				未分配利润	58	1 895 888 206.45	1 061 557 803.88
				外币报表折算差额	59	—	—
				归属于母公司所有者权益合计	60	1 895 888 206.45	1 061 557 803.88
				少数股东权益	61	—	—
				所有者权益合计	62	1 895 888 206.45	1 061 557 803.88
资产总计	28	214 974 272 145.74	214 772 362 135.42	负债及所有者权益总计	63	214 974 272 145.74	214 772 362 135.42

3. 中国进出口银行上海分行资产负债表

2012-12-31

单位:元(本外币合计)

项　　目	行次	期初数	期末数	项　　目	行次	期初数	期末数
资产：				负债：			
现金及银行存款	1	14 325 742.27	8 843 661.76	向中央银行借款	28		
存放中央银行款项	2	243 051 719.30	266 687 451.07	联行存放款项	29	40 691 699 651.07	51 963 758 214.90
贵金属	3			同业及其他金融机构存放款项	30	0.02	94 282 499.92
存放联行款项	4	0.00	0.00	拆入资金	31	0.00	0.00
存放同业款项	5	9 530 639.27	14 390 257.50	交易性金融负债	32		
拆出资金	6			衍生金融负债	33	0.00	0.00
交易性金融资产	7			卖出回购金融资产款	34		
衍生金融资产	8	0.00	0.00	吸收存款	35	4 072 040 279.43	2 480 147 231.24
买入返售金融资产	9			应付职工薪酬	36		
应收款项类金融资产	10	559 670 904.00	0.00	应交税费	37	28 642 709.77	33 259 047.38
应收利息	11	80 955 515.01	92 038 311.58	应付利息	38	47 096 061.23	53 940 980.88
其他应收款	12	11 573 628.58	10 436 486.32	其他应付款	39	40 751 960.71	6 470 008.50
发放贷款和垫款	13	43 475 518 245.75	54 330 340 729.71	预计负债	40	69 437 847.97	59 487 985.87
可供出售金融资产	14			应付债券	41		
持有至到期投资	15			递延所得税负债	42		
长期股权投资	16	722 888 000.00	722 888 000.00	其他负债	43	240 535 175.67	293 835 933.60
投资性房地产	17	0.00	0.00	负债合计	44	45 190 203 685.87	54 985 181 902.29
固定资产	18	72 449 284.78	74 742 583.28	所有者权益(或股东权益)：			
在建工程	19			实收资本(或股本)	45	0.00	0.00
固定资产清理	20	0.00	0.00	其中：国有资本	46	0.00	0.00
无形资产	21	21 888.92	93 446.66	外商资本	47		
商誉	22			资本公积	48	0.00	0.00
长期待摊费用	23			减：库存股	49		
抵债资产	24	0.00	0.00	盈余公积	50		
递延所得税资产	25			一般风险准备	51		
其他资产	26	218 118.00	294 391.87	未分配利润	52	0.00	535 573 417.45
				外币报表折算差额	53		
				归属于母公司所有者权益合计	54	0.00	535 573 417.45
				少数股东权益	55		
				所有者权益(或股东权益)合计	56	0.00	535 573 417.45
资产总计	27	45 190 203 685.88	55 520 755 319.75	负债和所有者权益(或股东权益)总计	57	45 190 203 685.87	55 520 755 319.74

4. 中国农业发展银行上海市分行资产负债表

2012-12-31

单位:元(本外币合计)

资　　产	行次	期初数	期末数	负债及所有者权益	行次	期初数	期末数
流动资产:	1			流动负债:	56		
现金及银行存款	2	2 422 450. 02	3 147 929. 47	短期存款	57	3 004 499 484. 74	4 405 935 606. 87
贵金属	3			短期储蓄存款	58		
存放中央银行款项	4	191 962 594. 13	233 785 464. 50	向中央银行借款	59		
存放联行款项	5			联行存放款项	60	32 522 915 256. 14	27 358 071 542. 63
存放同业款项	6	53 490 862. 33	1 072 705 663. 84	票据融资	61		
拆放同业	7			同业存放款项	62		100 000 000. 00
贴现	8	17 350 377 961. 96	6 656 391 377. 87	同业拆入	63		
短期贷款	9	9 065 037 160. 28	10 151 876 160. 15	卖出回购证券款项	64		
贸易融资	10			汇出汇款	65		170 000. 00
应收利息	11	38 324 768. 24	13 168 881. 09	应解汇款	66		1 200 000. 00
应收股利	12			存入短期保证金	67	27 135 066. 51	28 471 269. 30
其他应收款	13	43 550. 39	3 033 453. 06	应付利息	68	7 455. 56	51 455. 56
减:坏账准备	14			应付职工工资	69	9 557 971. 19	9 742 610. 70
短期投资	15			应交税金及附加	71	16 287 643. 93	22 454 249. 82
减:短期投资跌价准备	16			应付股利(利润)	72		
买入返售资产	17			其他应付款	73	3 114 731. 00	2 613 989. 43
待摊费用	18			预提费用	74		
一年内到期的长期投资	19			发行短期债券	75		
其他流动资产	20			预计负债	76		
流动资产合计	22	26 701 559 348. 15	18 134 108 929. 97	一年内到期长期负债	77		1 000 000. 00
长期资产:	23			递延收益	78		
中长期贷款	24	10 171 817 653. 22	14 852 647 300. 00	其他流动负债	79		
非应计贷款(逾期贷款)	25	7 253 271. 00		流动负债合计	80	36 383 497 609. 87	32 429 710 704. 31
减:贷款损失准备	26			长期负债:	81		
减:呆账准备	27			长期存款	82	1 000 000. 00	
长期投资:	28			长期储蓄存款	83		
长期股权投资	29			存入长期保证金	84		
长期债权投资	30			长期借款	85		
减:长期投资减值准备	31			发行长期债券	86		
合并价差	21			长期应付款	87		
长期投资合计	32			其他长期负债	88	189 123 548. 92	189 123 548. 92
减:不良资产处置损失专项准备	33			长期负债合计	89	190 123 548. 92	189 123 548. 92
固定资产原价	34	268 726 548. 96	286 170 444. 02	递延税项:	90		
减:累计折旧	35	101 484 093. 56	112 121 563. 09	递延税款贷项	91		
固定资产净值	36	167 242 455. 40	174 048 880. 93	负债合计	92	36 573 621 158. 79	32 618 834 253. 23
减:固定资产减值准备	37			少数股东权益	93		
固定资产净额	38	167 242 455. 40	174 048 880. 93	所有者权益(或股东)权益:	94		
固定资产清理	39			实收资本	95		
在建工程	40	17 030 871. 95		国家资本	96		
减:在建工程减值准备	41			集体资本	97		
长期资产合计	42	10 363 344 251. 57	16 026 696 180. 93	法人资本	98		
无形资产及其他资产:	43			其中:国有法人资本	99		
无形资产	44	30 640. 59	6 667. 40	个人资本	100		
减:无形资产减值准备	45			外商资本	101		
长期待摊费用	46			资本公积	102		
抵债资产	47			盈余公积	103		
减:抵债资产减值准备	48			一般准备	105		
其他长期资产	49			本年利润	106		
无形资产及其他资产合计	50	30 640. 59	6 667. 40	未分配利润	107	491 313 081. 52	541 977 525. 13
递延税项:	51			外币报表折算差额	108		
递延税款借项	52			所有者权益(或股东)权益合计	109	491 313 081. 52	541 977 525. 13
资产总计	55	37 064 934 240. 31	33 160 811 778. 30	负债和所有者(或股东)权益合计	110	37 064 934 240. 31	33 160 811 778. 36

5. 中国工商银行上海市分行资产负债表

2012-12-31　　　　单位:万元

	项　　目	A 人民币	B 外币折人民币	C 本外币合计
1	Ⅰ. 资产			
2	1. 现金	230 585.86	61 700.21	292 286.07
3	2. 贵金属	3 196.76	256 354.97	259 551.73
4	3. 存放中央银行款项	287 609.59	0.00	287 609.59
5	4. 存放同业款项	20 001.50	27 376.15	47 377.65
6	4.1 境内同业	20 001.50	0.00	20 001.50
7	4.2 境外同业	0.00	27 376.15	27 376.15
8	70. 存放系统内款项	63 160 885.70	1 817 834.87	64 978 720.56
9	71. 拨付营运资金	0.00	0.00	0.00
10	5. 应收利息	253 179.55	9 846.84	263 026.39
11	6. 贷款	40 108 923.34	1 079 954.46	41 188 877.80
12	7. 贸易融资	3 202 234.95	2 784 031.19	5 986 266.14
13	8. 贴现及买断式转贴现	2 200 278.67	50.84	2 200 329.52
14	9. 其他贷款			
15	10. 拆放同业	444 500.00	0.00	444 500.00
16	11. 其他应收款	554 896.39	4 088.23	558 984.62
17	12. 投资	9 330 037.07	0.00	9 330 037.07
18	12.1 债券	9 330 037.07	0.00	9 330 037.07
19	12.2 股票	0.00	0.00	0.00
20	12.3 其他	0.00	0.00	0.00
21	12.3.1 其中:长期股权投资	0.00	0.00	0.00
22	13. 买入返售资产	458 677.50	0.00	458 677.50
23	13.1 境内外金融机构	458 677.50	0.00	458 677.50
24	13.2 境内外非金融机构	0.00	0.00	0.00
25	14. 长期待摊费用	19 638.90	0.00	19 638.90
26	15. 固定资产原价	943 643.56	0.00	943 643.56
27	16. 减:累计折旧	287 678.24	0.00	287 678.24
28	17. 固定资产净值	655 965.32	0.00	655 965.32
29	18. 固定资产清理	−2 615.10	0.00	−2 615.10
30	19. 在建工程	96 732.60	0.00	96 732.60
31	20. 无形资产	86 035.01	0.00	86 035.01
32	21. 抵债资产	3 458.51	342.55	3 801.06
33	22. 递延所得税资产	−22 862.97	0.00	−22 862.97
34	23. 其他资产	98 487.82	23.93	4 871.64
35	23.1 投资性房地产	0.00	0.00	0.00
36	23.2 衍生金融资产	3 411.93	23.93	3 435.86
37	23.3 商誉	0.00	0.00	0.00
38	24. 减:各项资产减值损失准备	856 731.77	71 142.61	927 874.38
39	25. 资产总计	120 333 115.18	5 970 461.64	126 209 936.71
40	Ⅱ. 负债及所有者权益			
41	26. 单位存款	49 998 941.96	2 133 068.69	52 132 010.65

（续表）

	项　　目	A	B	C
		人民币	外币折人民币	本外币合计
42	27. 储蓄存款	49 955 586.54	1 451 176.01	51 406 762.55
43	28. 向中央银行借款	0.00	0.00	0.00
44	29. 同业存放款项	15 105 360.42	1 605 731.07	16 711 091.49
45	29.1 境内同业	15 090 347.91	1 605 731.07	16 696 078.99
46	29.2 境外同业	15 012.50	0.00	15 012.50
47	72. 系统内存放款项	0.00	0.00	0.00
48	30. 同业拆入	21 000.36	0.00	21 000.36
49	31. 卖出回购款项	12 357.00	0.00	12 357.00
50	31.1 境内外金融机构	12 357.00	0.00	12 357.00
51	31.2 境内外非金融机构	0.00	0.00	0.00
52	32. 汇出汇款	13 803.32	407.24	14 210.56
53	33. 应解汇款	1 810.11	0.62	1 810.73
54	34. 存入保证金	447 290.93	357 293.99	804 584.93
55	35. 其他存款			
56	36. 应付利息	1 211 930.89	50 049.58	1 261 980.47
57	37. 应交税费	527 736.32	－0.38	527 735.94
58	38. 应付职工薪酬	120 632.73	0.00	120 632.73
59	40. 应付股利	0.00	0.00	0.00
60	41. 其他应付款	609 634.97	48 562.69	658 197.66
61	43. 递延收益	26 100.44	1 657.21	27 757.65
62	44. 预计负债	14 100.34	0.00	14 100.34
63	46. 应付债券	31.97	0.00	31.97
64	47. 其他负债	386 671.35	199 795.70	492 826.93
65	47.1 衍生金融负债	4 401.56	0.00	4 401.56
66	48. 递延所得税负债	0.00	0.00	0.00
67	49. 负债合计	118 452 989.65	5 847 742.42	124 207 091.96
68	50. 少数股东权益			
69	51. 所有者权益			
70	52. 实收资本	452 516.97	66 078.31	518 595.28
71	53. 资本公积	－48 049.35	0.00	－48 049.35
72	53.1 其中:重估储备	0.00	0.00	0.00
73	54. 盈余公积	0.00	0.00	0.00
74	55. 一般风险准备	0.00	0.00	0.00
75	56. 信托赔偿准备	0.00	0.00	0.00
76	57. 未分配利润	1 475 657.90	56 640.91	1 532 298.81
77	57.1 其中:本年利润	1 475 657.90	56 640.91	1 532 298.81
78	58. 外币报表折算差额	0.00	0.00	0.00
79	59. 所有者权益合计	1 880 125.53	122 719.22	2 002 844.75
80	60. 负债及所有者权益总计	120 333 115.18	5 970 461.64	126 209 936.71
81	附注项目			
82	61. 各项存款	100 417 432.86	3 941 946.55	104 359 379.41
83	62. 各项贷款	45 511 436.96	3 864 036.50	49 375 473.46

6. 中国农业银行上海市分行资产负债表

2012-12-31 单位:元(本外币合计)

	期初金额	期末金额		期初金额	期末金额
资产			负债		
现金及存放中央银行款项	76 845 952 073.18	72 804 419 528.55	向中央银行借款		
存放同业款项净额	7 991 083 821.25	10 948 889 902.81	同业及其他金融机构存放款项	59 816 983 590.23	39 617 158 898.62
贵金属	170 520.00	170 520.00	联行存放款项	4 979 841 014.63	21 194 956 154.53
存放联行款项	281 953 796 827.04	304 545 214 053.27	拆入资金	0.00	955 497 730.36
拆出资金净额	8 643 798 000.00	19 179 332 315.45	以公允价值计量且其变动计入当期损益的金融负债	26 404 553 487.99	6 212 779 178.09
以公允价值计量且其变动计入当期损益的金融资产	4 020 250 536.53	6 213 713 253.43	衍生金融负债	240 530 116.68	67 073 629.53
衍生金融资产	305 526 812.99	57 467 936.34	卖出回购金融资产款		
买入返售金融资产净额	807 500 000.00	0.00	客户存款	569 191 382 921.49	636 211 407 087.54
应收利息	655 638 935.32	810 036 501.50	应付职工薪酬	1 200 103 817.51	1 535 760 880.63
发放贷款及垫款净额	286 037 492 981.35	303 383 700 219.80	应交税费	288 917 168.03	299 123 939.19
可供出售金融资产净额			应付利息	5 619 885 234.15	8 313 978 698.13
持有至到期投资净额			预计负债	0.00	2 619 165.00
应收款项类投资净额	713 324 533.30	0.00	应付债券及发行存款证		
长期股权投资净额			递延所得税负债		
固定资产净值	11 291 144 376.39	9 660 986 787.83	其他负债	1 648 301 515.35	1 833 445 159.99
无形资产净值	501 638 958.54	476 502 926.15	负债合计	669 390 498 866.06	716 243 800 521.61
投资性房地产净值			所有者权益		
递延所得税资产			实收资本		
其他资产	166 274 362.68	244 299 352.82	资本公积		
			盈余公积		
			一般风险准备		
			未分配利润/(累计亏损)	10 543 093 872.51	12 080 932 776.34
			外币报表折算差额		
			归属于母公司所有者权益合计	10 543 093 872.51	12 080 932 776.34
			少数股东权益		
			所有者权益合计	10 543 093 872.51	12 080 932 776.34
资产总计	679 933 592 738.57	728 324 733 297.95	负债及所有者权益总计	679 933 592 738.57	728 324 733 297.95

7. 中国银行上海市分行资产负债表

2012-12-31 单位:万元

	项目	A	B	C
		人民币	外币折人民币	本外币合计
1	Ⅰ. 资产			
2	1. 现金	141 479.70	53 341.74	194 821.44
3	2. 贵金属	18 868.47	14 080.22	32 948.69
4	3. 存放中央银行款项	573 917.60	0.00	573 917.60
5	4. 存放同业款项	2 741 449.21	1 138 518.01	3 879 967.22
6	4.1 境内同业	2 741 449.21	1 138 518.01	3 879 967.22
7	4.2 境外同业	0.00	0.00	0.00
8	70. 存放系统内款项	13 821 222.74	2 181 112.46	16 002 335.20
9	71. 拨付营运资金	0.00	0.00	0.00
10	5. 应收利息	95 463.32	26 870.38	122 333.70
11	6. 贷款	22 168 554.11	2 232 981.58	24 401 535.69
12	7. 贸易融资	1 260 136.67	1 594 402.47	2 854 539.13
13	8. 贴现及买断式转贴现	523 849.74	3 034.48	526 884.22
14	9. 其他贷款			
15	10. 拆放同业	942 685.00	236 679.79	1 179 364.79
16	11. 其他应收款	44 405.67	6 603.94	51 009.61
17	12. 投资	54 217.26	27 819.79	82 037.05
18	12.1 债券	54 217.26	0.00	54 217.26
19	12.2 股票	0.00	0.00	0.00
20	12.3 其他	0.00	27 819.79	27 819.79
21	12.3.1 其中:长期股权投资	0.00	27 819.79	27 819.79
22	13. 买入返售资产	0.00	0.00	0.00
23	13.1 境内外金融机构	0.00	0.00	0.00
24	13.2 境内外非金融机构	0.00	0.00	0.00
25	14. 长期待摊费用	9 456.98	0.00	9 456.98
26	15. 固定资产原价	460 101.01	0.00	460 101.01
27	16. 减:累计折旧	182 211.77	0.00	182 211.77
28	17. 固定资产净值	277 889.24	0.00	277 889.24
29	18. 固定资产清理	862.86	0.00	862.86
30	19. 在建工程	53 920.89	0.00	53 920.89
31	20. 无形资产	38 495.53	0.00	38 495.53
32	21. 抵债资产	18 920.94	16 450.80	35 371.74
33	22. 递延所得税资产	0.00	0.00	0.00
34	23. 其他资产	33 314.29	988.89	34 303.19
35	23.1 投资性房地产	0.00	0.00	0.00
36	23.2 衍生金融资产	0.00	0.00	0.00
37	23.3 商誉	0.00	0.00	0.00
38	24. 减:各项资产减值损失准备	542 460.35	102 608.07	645 068.42
39	25. 资产总计	42 276 649.88	7 430 276.47	49 706 926.35
40	Ⅱ. 负债及所有者权益			
41	26. 单位存款	17 646 224.65	2 586 273.20	20 232 497.84

（续表）

项目		A	B	C
		人民币	外币折人民币	本外币合计
42	27. 储蓄存款	14 464 132.15	2 089 413.26	16 553 545.40
43	28. 向中央银行借款	0.00	0.00	0.00
44	29. 同业存放款项	7 710 123.26	2 271 295.22	9 981 418.47
45	29.1 境内同业	5 674 368.14	1 784 536.32	7 458 904.46
46	29.2 境外同业	2 035 755.12	486 758.89	2 522 514.01
47	72. 系统内存放款项	0.00	0.00	0.00
48	30. 同业拆入	0.00	42 120.00	42 120.00
49	31. 卖出回购款项	0.00	0.00	0.00
50	31.1 境内外金融机构	0.00	0.00	0.00
51	31.2 境内外非金融机构	0.00	0.00	0.00
52	32. 汇出汇款	1 820.67	107 887.72	109 708.39
53	33. 应解汇款	22 351.40	115 835.34	138 186.74
54	34. 存入保证金	1 031 854.95	63 257.34	1 095 112.30
55	35. 其他存款			
56	36. 应付利息	497 735.24	12 628.43	510 363.67
57	37. 应交税费	23 389.49	0.00	23 389.49
58	38. 应付职工薪酬	89 472.20	0.00	89 472.20
59	40. 应付股利	0.00	0.00	0.00
60	41. 其他应付款	94 638.87	10 736.07	105 374.94
61	43. 递延收益	13 190.25	128.04	13 318.30
62	44. 预计负债	2 037.14	0.00	2 037.14
63	46. 应付债券	0.00	0.00	0.00
64	47. 其他负债	0.00	0.00	0.00
65	47.1 衍生金融负债	0.00	0.00	0.00
66	48. 递延所得税负债	0.00	0.00	0.00
67	49. 负债合计	41 596 970.27	7 299 574.62	48 896 544.89
68	50. 少数股东权益			
69	51. 所有者权益			
70	52. 实收资本	501 749.35	0.00	501 749.35
71	53. 资本公积	0.00	0.00	0.00
72	53.1 其中:重估储备	0.00	0.00	0.00
73	54. 盈余公积	0.00	0.00	0.00
74	55. 一般风险准备	0.00	0.00	0.00
75	56. 信托赔偿准备	0.00	0.00	0.00
76	57. 未分配利润	177 930.26	130 701.86	308 632.11
77	57.1 其中:本年利润	177 930.26	130 701.86	308 632.11
78	58. 外币报表折算差额	0.00	0.00	0.00
79	59. 所有者权益合计	679 679.61	130 701.86	810 381.46
80	60. 负债及所有者权益总计	42 276 649.88	7 430 276.47	49 706 926.35
81	附注项目			
82	61. 各项存款	33 166 025.66	4 962 669.94	38 128 695.60
83	62. 各项贷款	23 957 463.62	3 831 407.35	27 788 870.96

8. 中国建设银行上海市分行资产负债表

2012-12-31 单位:人民币亿元(本外币合计)

资　　产	行次	期末余额	年初余额	负债和股东权益	行次	期末余额	年初余额
资产:	1			负债:	27		
现金及存放中央银行款项	2	37.01	39.54	向中央银行借款	28		
存放同业款项	3	851.69	187.99	同业及其他金融机构存放款项	29	1 430.89	1 305.71
贵金属	4	0.76	0.03	拆入资金	30		
拆出资金	5	140.40	50.00	交易性金融负债	31	0.00	0.03
交易性金融资产	6	60.81	522.698 191 6	衍生金融负债	32	2.78	2.39
衍生金融资产	7	8.49	2.67	卖出回购金融资产款	33		
买入返售金融资产	8	84.50	34.27	吸收存款	34	7 142.43	6 466.81
发放贷款和垫款	9	3 976.75	3 343.00	应付利息	35	97.41	70.68
应收利息	10	21.07	16.42	应付职工薪酬	36	8.49	6.72
可供出售金融资产	11	0.01	0.17	应交税费	37	5.16	4.72
应收款项投资	12			预计负债	38	0.27	0.30
持有至到期投资	13	2.97	7.70	应付债券	39	0.00	0.00
长期股权投资	14			递延所得税负债	40		
资产支持证券	15			其他负债	41	43.32	13.11
投资性房地产	16			负债合计	42	8 730.75	7 870.46
固定资产	17	33.20	31.60	股东权益:	43		
在建工程	18	3.71	7.44	股本	44		
无形资产	19	13.17	13.55	资本公积	45		
商誉	20			减:库存股	46		
递延所得税资产	21			盈余公积	47		
其他资产	22	3 512.07	3 630.02	一般风险准备	48		
	23			未分配利润	49	15.86	16.63
	24			外币报表折算差额	50		
	25			股东权益合计	51	15.86	16.63
资产总计	26	8 746.61	7 887.09	负债和股东权益总计	52	8 746.61	7 887.09

9. 交通银行上海市分行资产负债表

2012-12-31　　单位:元(本外币合计)

项目名称	期末余额	去年同期	项目名称	期末余额	去年同期
流动资产:		0.00	流动负债		0.00
现金及银行存款	918 504 111.59	785 503 259.47	短期存款	174 682 286 212.37	162 917 006 194.74
其中:现金	917 753 519.98	784 755 914.07	短期储蓄存款	69 992 016 070.03	65 953 623 044.80
贵金属	48 849 776.52	26 786 253.86	财政性存款	17 872 109.06	8 826 007.14
存中央银行款项	2 454 986 919.68	2 671 618 264.45	向中央银行借款		0.00
其中:准备金存款		0.00	同业存放款项	134 842 346 529.92	117 942 685 688.38
其中:备付金存款	2 438 741 919.68	2 555 601 264.45	联行存放款项		0.00
存放同业款项	30 112 138 709.49	21 613 390 115.19	拆入资金	872 301 658.37	0.00
存放联行款项	205 871 453 357.96	191 924 482 227.40	应解汇款	140 905 384.21	150 660 089.89
拆出资金		0.00	汇出汇款	45 131 501.51	24 925 397.66
短期贷款	52 385 000 740.07	43 119 589 213.82	委托存款	62 281 241.04	137 325 686.07
应收进出口押汇	16 934 670 718.12	8 803 600 716.04	应付代理证券款项		0.00
应收账款	258 656 653.16	1 656 195 748.55	卖出回购证券款		0.00
其他应收款	556 187 503.08	366 531 482.55	应付账款	3 871 256 821.51	3 246 961 104.64
贴现	21 899 590 860.69	25 524 742 750.18	其他应付款	2 132 743 272.31	4 296 076 431.54
短期投资		−13 471 964 000.00	存入短期保证金	22 517 794 314.18	18 847 592 023.69
委托贷款及委托投资		0.00	应付工资	419 378 474.45	402 430 896.12
自营证券		0.00	应付福利费		0.00
代理证券		0.00	应交税金	198 960 938.67	184 789 121.79
买入返售证券		0.00	应付利润		0.00
待处理流动资产净损失		0.00	预提费用		0.00
其他流动资产	1 136 104.09	1 161 747.94	发行短期债券		0.00
一年内到期的长期投资	434 553.26	0.00	其他流动负债	2 911 187 903.96	2 013 549 228.56
流动资产合计	331 441 610 007.71	283 021 637 779.45	一年内到期的长期负债	6 068 461 882.21	10 456 801 459.56
长期资产:		0.00	流动负债合计	418 774 924 313.80	386 583 252 374.58
中长期贷款	153 252 853 464.68	150 820 353 506.30	长期负债:		0.00
逾期贷款	1 105 435 390.54	878 158 175.83	长期存款	30 303 605 106.04	24 704 150 445.20
减:呆账准备	2 944 943 317.42	2 124 100 387.79	长期储蓄存款	14 601 090 820.95	7 961 969 710.82
应收租赁款		0.00	存入长期保证金	17 482 791 559.14	12 262 808 686.58
减:未收租赁收益		0.00	应付转租赁租金		0.00
应收转租赁款		0.00	发行长期债券		0.00
租赁资产		0.00	长期借款		0.00
减:待转租赁资产		0.00	长期应付款		0.00
经营租赁资产		0.00	其他长期负债		0.00
减:经营租赁资产折旧		0.00	长期负债合计	62 387 487 486.13	44 928 928 842.60
长期投资	38 567 260.00	38 613 152.00	所有者权益		0.00
固定资产原值	2 842 629 854.42	2 842 229 461.90	实收资本		0.00
减:累计折旧	1 327 915 389.51	1 206 211 097.69	资本公积		0.00
减:固定资产减值准备		0.00	盈余公积		0.00
固定资产净值	1 514 714 464.91	1 636 018 364.21	一般准备		0.00
固定资产清理		0.00	未分配利润	3 783 175 233.46	3 277 564 216.24
在建工程	262 402 044.23	213 622 477.92	其中:本年利润	3 783 175 233.45	3 277 564 216.20
待处理固定资产净损失		0.00	所有者权益合计	3 783 175 233.46	3 277 564 216.24
长期资产合计	153 229 029 306.94	151 462 665 288.47			0.00
无形、递延及其他资产		0.00			0.00
无形资产	27 622 320.10	13 900 555.99			0.00
递延资产	63 464 956.25	57 067 636.69			0.00
其他长期资产	183 860 442.39	234 474 172.82			0.00
其他资产合计	274 947 718.74	305 442 365.50			0.00
资产总计	484 945 587 033.39	434 789 745 433.42	负债及所有者权益总计	484 945 587 033.39	434 789 745 433.42

10. 中国邮政储蓄银行上海分行资产负债表

2012-12-31

单位:元(本外币合计)

项目	行次	年初数	年末数	项目	行次	年初数	年末数
资产:	1	—	—	负债:	33	—	—
现金及银行存款	2	579 569 366.70	567 017 267.42	向中央银行借款	34		
存放中央银行款项	3	80 530 346.21	220 593 765.70	联行存放款项	35		
贵金属	4			同业及其他金融机构存放款项	36	185 274 694.44	462 532 765.36
存放联行款项	5	90 594 241 950.69	96 184 171 089.13	拆入资金	37		
存放同业款项	6	19 476 427.75	58 778 845.88	交易性金融负债	38		
拆出资金	7			衍生金融负债	39		
交易性金融资产	8			卖出回购金融资产款	40	672 075 953.33	
衍生金融资产	9			吸收存款	41	104 749 611 654.69	126 999 515 400.42
买入返售金融资产	10	5 997 991 087.08	14 383 237 902.27	应付职工薪酬	42	2 298 459.95	11 479 997.30
应收款项类金融资产	11			应交税费	43	10 877 444.53	19 969 733.86
应收利息	12	77 260 803.83	168 828 441.32	应付利息	44	1 276 470 050.48	2 141 639 449.51
其他应收款	13	10 254 072.43	415 876 843.01	其他应付款	45	46 967 822.99	24 862 399.64
发放贷款和垫款	14	9 395 597 330.87	16 544 358 761.23	预计负债	46		
可供出售金融资产	15			应付债券	47		
持有至到期投资	16			递延所得税负债	48		
长期股权投资	17			其他负债	49	1 906 982 471.02	2 283 616 608.62
投资性房地产	18			负债合计	50	108 850 558 551.43	131 943 616 354.71
固定资产	19	1 579 519 166.10	1 599 308 055.22	所有者权益(或股东权益):	51	—	—
在建工程	20	60 544 842.26	73 540 529.55	实收资本(或股本)	52		
固定资产清理	21			其中:国有资本	53		
无形资产	22	2 345 782.36	3 336 404.49	外商资本	54		
商誉	23			资本公积	55		
长期待摊费用	24	85 607 343.22	81 951 343.05	减:库存股	56		
抵债资产	25			盈余公积	57		
递延所得税资产	26			一般风险准备	58		
其他资产	27	367 620 031.93	1 642 617 106.44	未分配利润	59		
	28			外币报表折算差额	60		
	29			归属于母公司所有者权益合计	61		
	30			少数股东权益	62		
	31			所有者权益(或股东权益)合计	63		
资产总计	32	108 850 558 551.43	131 943 616 354.71	负债和所有者权益(或股东权益)总计	64	108 850 558 551.43	131 943 616 354.71

11. 上海浦东发展银行上海分行资产负债表

2012-12-31

单位:元(人民币汇总)

资　　产	期初数	期末数	负债及所有者权益	期初数	期末数
现金	778 516 795.44	777 414 492.40	向中央银行借款	0.00	0.00
存放中央银行款项	162 061 994.01	70 683 913.93	同业存放款项	58 481 748 137.89	61 944 664 758.31
存放同业	42 054 948 831.19	45 056 179 869.75	拆入资金	0.00	755 757 991.43
贵金属	0.00	0.00	衍生金融负债	0.00	0.00
拆出资金	280 497 000.00	2 918 212 474.89	卖出回购金融资产款	0.00	0.00
交易性金融资产	0.00	0.00	短期存款	174 562 460 622.88	184 731 620 141.97
加或减:交易性金融资产公允价值调整	0.00	0.00	短期储蓄存款	57 001 920 540.32	65 206 792 932.99
衍生金融资产	0.00	0.00	存入短期保证金	1 739 911 257.21	1 493 408 452.63
买入返售金融资产	5 511 710 853.47	6 960 434 829.29	长期存款	60 127 200 379.50	37 298 991 061.49
应收利息	181 532 002.60	525 628 769.40	长期储蓄存款	9 191 077 024.49	14 765 072 566.06
短期贷款	33 561 329 418.36	40 928 104 384.25	存入长期保证金	3 468 464 044.77	5 229 425 429.61
贴现	379 594 505.33	3 715 440 642.32	应解汇款及临时存款	382 017 586.20	351 073 125.42
进出口押汇	412 443 347.62	2 909 697 189.59	汇出汇款	13 379 564.69	20 246 505.09
中期贷款	50 121 598 599.70	47 794 890 821.40	资产托管存款	502 705 882.56	1 042 252 291.33
长期贷款	63 547 515 315.82	70 967 094 450.36	应付职工薪酬	0.00	4 219 068.81
逾期贷款	552 191 005.28	708 392 858.56	应交税费	138 191 605.04	155 358 671.40
减:贷款呆账准备	2 416 085 869.68	2 545 933 543.42	应付利息	3 615 416 716.31	4 645 010 622.66
可供出售金融资产	124 962 757.79	124 989 365.39	发行长期债券	0.00	0.00
加或减:可供出售金融资产公允价值调整	0.00	0.00	递延所得税负债	0.00	0.00
减:可供出售金融资产减值准备	0.00	0.00	委托资金	0.00	0.00
持有至到期投资	0.00	0.00	财政性存款	28 275 682.62	759 555 032.02
减:持有至到期投资减值准备	0.00	0.00	其他应付款	1 324 436 420.76	871 936 826.30
分为贷款和应收款的金融资产	325 500 404.39	140 591 344.75	应付利润	0.00	0.00
长期股权投资	0.00	0.00	预提费用	0.00	0.00
减:长期股权投资减值准备	0.00	0.00	其他流动负债	63 294 144.53	98 136 678.83
固定资产	1 378 357 050.29	1 402 071 997.25	其他长期负债	0.00	0.00
减:累计折旧	521 831 702.21	572 167 583.79			
减:固定资产减值准备	0.00	0.00			
固定资产清理	0.00	0.00			
在建工程	0.00	17 971 969.35	负债合计	370 640 499 609.77	379 373 522 156.35
减:在建工程减值准备	0.00	0.00			
无形资产	140 922 887.64	149 367 447.64			
减:无形资产累计摊销	74 848 409.61	84 235 530.48	实收资本	0.00	0.00
减:无形资产减值准备	0.00	0.00	资本公积	0.00	0.00
递延所得税资产	0.00	0.00	盈余公积	0.00	0.00
其他应收款	156 800 543.11	227 461 373.09	一般风险准备	0.00	0.00
减:坏账准备	49 657 388.26	50 568 868.89	未分配利润	5 188 133 771.55	5 796 960 209.41
其他流动资产	172 234 391 616.21	150 808 494 736.93			
长期待摊费用	74 264 557.88	82 741 317.76	所有者权益合计	5 188 133 771.55	5 796 960 209.41
待处理抵债资产	718 512 549.75	783 326 975.31			
减:抵债资产跌价准备	511 127 924.40	580 113 331.31			
其他长期资产	6 704 532 639.60	11 934 310 000.00			
减:其他非贷款资产减值准备	0.00	0.00			
资产合计	375 828 633 381.32	385 170 482 365.76	负债和所有者权益合计	375 828 633 381.32	385 170 482 365.76

12. 上海银行资产负债表

2012-12-31

单位:元

项目	行次	年初数	年末数	项目	行次	年初数	年末数
资产:				负债:			
现金及银行存款	1	106 927 028 000.00	105 554 343 000.00	向中央银行借款	28		40 000 000.00
存放中央银行款项	2			联行存放款项	29		
贵金属	3			同业及其他金融机构存放款项	30	89 918 884 000.00	160 784 961 000.00
存放联行款项	4			拆入资金	31	16 497 163 000.00	15 169 187 000.00
存放同业款项	5	36 810 826 000.00	142 115 743 000.00	交易性金融负债	32		
拆出资金	6	29 791 338 000.00	15 215 911 000.00	衍生金融负债	33	37 649 000.00	196 619 000.00
交易性金融资产	7	6 306 915 000.00	4 848 658 000.00	卖出回购金融资产款	34	29 015 220 000.00	30 195 200 000.00
衍生金融资产	8	47 195 000.00	182 500 000.00	吸收存款	35	466 324 338 000.00	543 160 183 000.00
买入返售金融资产	9	9 997 055 000.00	8 323 974 000.00	应付职工薪酬	36	785 887 000.00	1 162 607 000.00
应收款项类金融资产	10	6 330 185 000.00	17 031 316 000.00	应交税费	37	713 047 000.00	1 117 163 000.00
应收利息	11	2 680 360 000.00	4 815 062 000.00	应付利息	38	4 890 460 000.00	7 418 793 000.00
其他应收款	12			其他应付款	39		
发放贷款和垫款	13	325 059 468 000.00	380 098 506 000.00	预计负债	40		
可供出售金融资产	14	46 689 673 000.00	61 539 880 000.00	应付债券	41	10 000 000 000.00	12 219 161 000.00
持有至到期投资	15	73 610 725 000.00	67 415 436 000.00	递延所得税负债	42		
长期股权投资	16	153 000 000.00	321 300 000.00	其他负债	43	2 115 145 000.00	2 058 792 000.00
投资性房地产	17			负债合计	44	620 297 793 000.00	773 522 666 000.00
固定资产	18	2 850 065 000.00	2 952 418 000.00	所有者权益(或股东权益):			
在建工程	19	697 152 000.00	817 786 000.00	实收资本(或股本)	45	4 234 000 000.00	4 234 000 000.00
固定资产清理	20			国家资本	46	377 746 000.00	288 189 000.00
无形资产	21	298 147 000.00	321 367 000.00	集体资本	47		
商誉	22			法人资本	48	2 474 176 000.00	2 561 649 000.00
长期待摊费用	23			其中:国有法人资本	49	1 917 001 000.00	2 005 296 000.00
抵债资产	24			个人资本	50	916 338 000.00	918 422 000.00
递延所得税资产	25	1 492 598 000.00	1 748 972 000.00	外商资本	51	465 740 000.00	465 740 000.00
其他资产	26	5 684 656 000.00	2 164 172 000.00	资本公积	52	4 003 062 000.00	3 369 549 000.00
				减:库存股	53		
				盈余公积	54	8 227 657 000.00	9 969 375 000.00
				一般风险准备	55	5 930 000 000.00	7 230 000 000.00
				未分配利润	56	12 733 874 000.00	16 541 754 000.00
				外币报表折算差额	57		
				归属于母公司所有者权益合计	58	35 128 593 000.00	41 944 678 000.00
				少数股东权益	59		
				所有者权益(或股东权益)合计	60	35 128 593 000.00	41 944 678 000.00
资产总计	27	655 426 386 000.00	815 467 344 000.00	负债和所有者权益(或股东权益)总计	61	655 426 386 000.00	815 467 344 000.00

13. 上海农商银行资产负债表

2012-12-31 单位:亿元

资 产	年初数	期末数	负 债	年初数	期末数
流动资产	1 625.05	1 914.63	流动负债	1 570.15	1 636.27
一、现金及银行存款	19.96	16.68	一、短期存款	1 024.18	1 039.77
二、存放中央银行	499.16	573.14	二、短期储蓄存款	166.50	213.11
三、存放同业	135.24	138.54	三、财政性存款	0.08	0.65
四、存放联行款项	0.00	0.00	四、向中央银行借款		
五、拆放同业	40.63	12.51	五、同业存放	102.39	125.92
六、短期贷款	719.80	936.85	六、联行存放		
其中:贴现	186.01	318.65	七、同业拆入	80.52	63.64
七、应收账款	14.33	16.35	八、票据融资		
其中:应收利息	10.92	13.72	九、应解汇款及临时存款	7.53	12.24
八、短期投资	4.39	29.26	十、汇出汇款	0.73	3.78
九、委托贷款及投资			十一、委托存款		
十、买入返售证券	191.54	191.30	十二、卖出回购证券	104.04	64.70
十一、待处理流动资产损失			十三、应付及预提款项	64.00	84.48
十二、其他流动资产			十四、存放短期保证金	20.18	27.98
长期资产	1 441.98	1 589.49	十五、发行短期债券		
十三、中长期贷款	944.90	984.14	十六、其他流动负债		
十四、减:贷款损失准备	49.69	61.36	长期负债	1 292.26	1 665.42
十五、长期投资	516.33	611.64	十七、长期存款	225.82	339.62
十六、固定资产净值	29.63	33.33	十八、长期储蓄存款	1 018.69	1 229.04
固定资产	41.83	48.91	十九、存放长期保证金		
减:累计折旧	12.20	15.58	二十、发行长期债券	15.00	65.00
十七、固定资产清理	0.00	0.00	二十一、其他长期负债	32.75	31.76
十八、在建工程	7.78	24.40	所有者权益	251.25	283.83
十九、待处理固定资产损失	0.00	0.00	二十二、实收资本	50.00	50.00
二十、减:其他资产减值准备	6.97	2.66	二十三、资本公积	74.85	74.60
无形递延及其他资产	46.63	81.40	二十四、公积金	42.60	50.99
法人机构拨付分行营运资金			二十五、公益金		
			二十六、未分配利润	57.54	81.98
			其中:本年利润	31.77	40.41
			二十七、一般准备	26.26	26.26
资产总计	3 113.66	3 585.52	负债及所有者权益总计	3 113.66	3 585.52

14. 中信银行上海分行资产负债表

2012-12-31

单位：元（本外币合计）

资　　产	期初值	期末值	负　　债	期初值	期末值
现金及存放中央银行款项	1 155 561 151. 37	1 394 049 815. 63	同业及其他金融机构存放款项	75 425 095 932. 90	57 700 256 647. 79
存放同业款项	41 801 851 622. 39	6 929 781 317. 19	联行存放	877 802. 38	97 816 631. 10
存放联行	58 948 610 211. 85	69 074 182 700. 54	拆入资金	18 721 574. 89	0. 00
拆出资金	3 257 962 781. 12	3 444 111 891. 12	吸收存款	104 137 283 913. 86	102 062 392 407. 31
买入返售金融资产	9 982 492 932. 13	12 077 012 416. 06	应付职工薪酬	537 172 788. 01	391 875 332. 72
应收利息	377 801 525. 08	553 283 829. 29	应交税费	405 062 043. 63	57 778 554. 71
发放贷款和垫款	66 469 846 414. 06	67 285 383 375. 66	应付利息	1 542 935 313. 09	1 552 893 059. 53
可供出售金融资产	173 835 744. 44	70 158 744. 44	其他负债	108 420 856. 24	103 414 929. 11
持有至到期投资	837 440 388. 84	506 538 213. 56	负债合计：	182 175 570 225. 00	161 966 427 562. 27
固定资产	337 609 277. 57	332 537 810. 20	未分配利润	1 163 502 984. 13	－151 034 904. 97
无形资产	4 720 267. 90	4 651 730. 49	拨入营运资金	541 585 647. 17	539 729 607. 88
递延所得税资产	284 615 924. 25	421 850 013. 20	股东权益合计：	1 705 088 631. 30	388 694 702. 91
其他资产	248 310 615. 30	261 580 407. 80			
				0. 00	0. 00
资产合计：	183 880 658 856. 30	162 355 122 265. 18	负债合计：	183 880 658 856. 30	162 355 122 265. 18

15. 中国光大银行上海分行资产负债表

2012-12-31

单位：元(人民币汇总)

编号	资　产	期初数	期末数	编号	负债及所有者权益	期初数	期末数
1	资产：			5	负债：		
110	现金及银行存款	365 115 699.47	648 406 281.91	510	对公存款	80 102 850 277.39	83 485 346 229.59
120	贵金属	0.00	0.00	520	储蓄存款	21 444 646 069.14	26 804 982 094.22
130	存放中央银行款项	1 580 077 782.43	1 762 063 788.49	530	财政性存款	48 456 121.40	367 325 082.59
140	存放同业款项	10 672 049 307.93	482 057 610.49	540	向中央银行借款	0.00	0.00
150	存放联行款项	44 148 673 033.56	53 819 466 146.27	550	同业存放款项	35 581 853 510.82	46 305 804 172.57
160	拆出资金	3 650 000 000.00	11 662 957 130.72	560	联行存放款项	0.00	0.00
170	买入返售金融资产	22 342 052 222.04	6 093 110 726.43	570	同业拆入款项	12 896 000.55	101 384 245.79
180	发放贷款和垫款	58 199 500 150.78	58 913 171 319.79	580	卖出回购金融资产款	3 461 830 922.77	119 187 011.25
190	贸易融资	3 713 028 528.84	5 906 731 833.68	590	应解汇款	66 523 714.78	1 455 616 683.65
200	贴现	1 437 604 615.71	1 162 272 393.01	600	汇出汇款	3 435 836.90	3 714 431.46
210	信贷资产减值准备	1 358 104 197.82	1 806 996 097.02	610	应付利息	919 933 019.77	1 236 514 768.76
220	应收利息	197 785 399.15	609 497 350.73	620	其他应付款	39 058 492.58	46 064 088.27
230	其他应收款	18 240 876.26	34 722 924.45	630	交易性金融负债	0.00	0.00
240	交易性金融资产	0.00	0.00	640	衍生金融负债	0.00	0.00
250	衍生金融资产	2 720 216.86	740 750.51	650	应付债券	0.00	0.00
260	可供出售金融资产	0.00	0.00	660	长期借款	0.00	0.00
270	持有至到期投资	69 337 124.67	15 529 475 556.23	670			
280	长期股权投资	0.00	0.00	700	应付职工薪酬	170 203 730.51	225 603 502.67
290	应收类投资	0.00	8 818 900 000.00	710	应交税费	113 930 603.62	139 647 107.01
300				720	应付股利	0.00	0.00
320	固定资产原值	1 568 126 861.13	1 580 041 781.19	730	预计负债	0.00	0.00
330	减：累计折旧	237 970 588.65	308 888 286.57	740	递延所得税负债	0.00	0.00
340	固定资产净值	1 330 156 272.48	1 271 153 494.62	750	其他负债	3 209 861 580.80	3 276 551 755.98
350	投资性房地产	83 744 270.83	80 670 028.91	7	负债合计	145 175 479 881.03	163 567 741 173.81
360	固定资产清理	170 965.17	324 564.05	8	股东权益：		
370	在建工程	0.00	0.00	810	股本	0.00	0.00
380	无形资产	53 600 382.18	49 933 864.04	820	资本公积	0.00	0.00
390	商誉	0.00	0.00	830	盈余公积	0.00	0.00
400	长期待摊费用	43 656 369.86	36 088 675.51	840	一般风险准备	0.00	0.00
410	抵债资产	0.00	0.00	850	未分配利润	1 629 147 917.94	1 525 348 494.10
420	递延所得税资产	0.00	0.00	860	其中：本年利润	0.00	0.00
430	其他资产	255 218 778.57	18 341 325.09	9	股东权益合计	1 629 147 917.94	1 525 348 494.10
4	资产总计	146 804 627 798.97	165 093 089 667.91	10	负债和股东权益总计	146 804 627 798.97	165 093 089 667.91

16. 华夏银行上海分行资产负债表

2012-12-31

单位:元(本外币合计)

资　　产	期末余额	年初余额	负债和所有者权益(或股东权益)	期末余额	年初余额
资产:			负债:		
现金及存放中央银行款项	991 985 102. 50	960 722 547. 69	向中央银行借款	0. 00	0. 00
存放同业款项	40 720 440. 50	7 240 476 858. 44	同业及其他金融机构存放款项	9 659 220 280. 40	15 895 872 458. 24
贵金属	0. 00	0. 00	拆入资金	1 547 753 618. 30	0. 00
拆出资金	102 822 368. 03	−8 376. 85	交易性金融负债	0. 00	0. 00
交易性金融资产	0. 00	0. 00	衍生金融负债	0. 00	0. 00
衍生金融资产	0. 00	0. 00	卖出回购金融资产	0. 00	0. 00
买入返售金融资产	6 577 501 962. 15	982 481 978. 00	吸收存款	51 798 345 163. 59	47 646 890 788. 96
应收利息	145 993 022. 13	116 837 750. 15	应付职工薪酬	72 878 613. 05	37 890 641. 03
发放贷款及垫款	31 400 391 137. 99	34 716 487 573. 09	应交税费	41 680 423. 27	42 946 382. 35
可供出售金融资产	0. 00	0. 00	应付利息	838 716 265. 70	534 812 332. 04
应收款项类投资	0. 00	0. 00	预计负债	0. 00	0. 00
持有至到期投资	74 853 628. 80	97 204 562. 09	应付债券	0. 00	0. 00
长期股权投资	0. 00	0. 00	递延所得税负债	0. 00	0. 00
投资性房地产	0. 00	0. 00	其他负债	378 643 356. 30	476 428 372. 86
固定资产	339 504 709. 06	348 303 195. 04	—		
无形资产	0. 00	0. 00	负债合计	64 337 237 720. 61	64 634 840 975. 48
递延所得税资产	0. 00	0. 00	所有者权益:		
其他资产	25 185 333 128. 74	20 831 140 115. 70	股本	0. 00	0. 00
—			资本公积	0. 00	0. 00
—			减:库存股	0. 00	0. 00
—			盈余公积	0. 00	0. 00
—			一般风险准备	0. 00	0. 00
—			未分配利润	521 867 779. 29	658 805 227. 87
—			所有者权益合计	521 867 779. 29	658 805 227. 87
资产合计	64 859 105 499. 90	65 293 646 203. 35	负债与所有者权益合计	64 859 105 499. 90	65 293 646 203. 35

17. 中国民生银行上海分行资产负债表

2012-12-31

单位:亿元

资 产	年初数	期末数	负 债	年初数	期末数
流动资产			流动负债		
一、现金及银行存款	5.14	6.24	一、短期存款	1 241.56	1 283.68
二、存放中央银行	19.73	44.93	二、短期储蓄存款	279.06	325.93
三、存放同业	506.62	519.95	三、财政性存款	134.45	120.03
四、存放联行款项	0.00	0.00	四、向中央银行借款	0.00	0.00
五、拆放同业	0.00	0.00	五、同业存放	616.22	1 473.73
六、短期贷款	606.49	650.00	六、联行存放	0.00	0.00
其中:贴现	13.00	5.24	七、同业拆入	71.10	43.00
七、应收账款	7.04	10.57	八、票据融资	0.00	0.00
其中:应收利息	5.87	7.87	九、应解汇款及临时存款	1.02	0.92
八、短期投资	0.00	0.00	十、汇出汇款	0.08	0.36
九、委托贷款及投资	158.56	204.84	十一、委托存款	158.46	204.84
十、买入返售证券	266.04	102.58	十二、卖出回购证券	0.00	0.00
十一、待处理流动资产损失	0.00	0.00	十三、应付及预提款项	23.76	45.65
十二、其他流动资产	0.37	0.00	十四、存放短期保证金	178.60	187.42
长期资产			十五、发行短期债券	0.00	0.00
十三、中长期贷款	624.46	582.48	十六、其他流动负债	0.00	0.00
十四、减:贷款损失准备	22.60	32.51	长期负债		
十五、长期投资	22.80	19.50	十七、长期存款	168.85	264.02
十六、固定资产净值	5.47	5.44	十八、长期储蓄存款	29.12	49.70
固定资产	8.51	8.70	十九、存放长期保证金	1.97	5.67
减:累计折旧	3.04	3.25	二十、发行长期债券	0.00	0.00
十七、固定资产清理	0.00	0.00	二十一、其他长期负债	2.84	33.29
十八、在建工程	0.07	0.07	所有者权益		
十九、待处理固定资产损失	0.00	0.00	二十二、实收资本	9.50	12.50
二十、减:其他资产减值准备	0.00	0.00	二十三、资本公积	0.00	−0.14
无形递延及其他资产	0.40	0.80	二十四、公积金	0.00	0.00
法人机构拨付分行营运资金	0.00	0.00	二十五、公益金	0.00	0.00
			二十六、未分配利润	38.39	11.47
			其中:本年利润	38.39	11.47
资产总计	2 798.72	3 707.80	负债总计	2 798.72	3 707.80

18. 招商银行上海分行资产负债表

2012-12-31　　　　单位:元

项目名称	年初余额	期末余额	项目名称	年初余额	期末余额
流动资产:			流动负债:		
现金及银行存款	730 283 924.76	875 820 471.96	短期存款	111 319 312 661.83	118 686 963 610.73
贵金属	0.00	0.00	短期储蓄存款	77 070 576 865.17	85 831 194 676.27
存放中央银行款项	1 542 989 572.39	1 665 193 040.67	财政性存款	1 108 136 960.62	1 363 877 360.73
存放同业款项	3 587 875 261.15	18 254 608 438.41	向中央银行借款	0.00	0.00
存放联行款项	118 719 811 637.54	122 645 084 933.35	票据融资	204 722 470.49	54 189 837.49
拆放同业	1 822 731 713.07	874 892 402.69	同业存放款项	26 384 625 363.55	31 889 918 324.54
拆放金融性公司	450 000 000.00	700 000 000.00	联行存放款项	0.00	0.00
短期贷款	32 478 287 968.85	38 824 895 380.19	同业拆入	29 100 000.00	0.00
应收进出口押汇	2 289 088 390.66	1 474 387 010.12	金融性公司拆入	0.00	0.00
应收账款	348 099 646.33	335 941 639.41	应解汇款	407 200 409.50	435 566 354.31
坏账准备	−2 938 385.14	−4 530 176.42	汇出汇款	130 917 339.45	54 164 014.77
其他应收款	60 612 633.94	79 222 014.32	委托存款	0.00	0.00
贴现	1 753 345 282.15	2 252 169 679.41	应付代理证券款项	0.00	0.00
短期投资	0.00	0.00	卖出回购证券款	0.00	0.00
持有至到期投资减值准备	0.00	0.00	卖出回购贷款	0.00	0.00
委托贷款及委托投资	0.00	0.00	应付账款	1 158 349 762.49	1 781 727 243.22
自营证券	0.00	0.00	存入短期保证金	8 335 173 467.55	4 704 946 500.14
代理证券	0.00	0.00	其他应付款	310 031 174.52	386 608 132.91
买入返售款项	0.00	0.00	应付工资	82 537 233.30	291 976 211.55
待处理流动资产损失	0.00	0.00	应付福利费	0.00	0.00
一年内到期的长期投资	0.00	0.00	应付税金	521 556 805.41	453 648 352.06
待摊费用	31 708 877.91	37 479 835.73	应付股利	0.00	0.00
流动资产合计	163 811 896 523.61	188 015 164 669.84	预提费用	2 480 370.49	7 982 353.79
长期资产:			发行短期债券	0.00	0.00
中期贷款	25 305 964 822.17	24 386 408 080.17	一年内到期的长期负债	0.00	0.00
长期贷款	51 977 153 667.02	52 849 576 733.33	流动负债合计	227 064 720 884.37	245 942 762 972.51
逾期贷款	387 122 880.59	580 161 347.54	长期负债:		
呆账准备	−2 170 341 152.57	−2 368 719 219.55	长期存款	1 771 479 732.00	2 393 982 334.24
应收租赁款	0.00	0.00	长期储蓄存款	6 694 725 116.97	10 951 401 300.95
未收租赁收益	0.00	0.00	保证金	158 180 155.11	189 401 544.78
租赁资产	0.00	0.00	应付转租赁租金	0.00	0.00
待转租赁资产	0.00	0.00	发行长期债券	0.00	0.00
经营租赁资产	0.00	0.00	长期借款	0.00	0.00
经营租赁资产折旧	0.00	0.00	长期次级债	0.00	0.00
长期投资	0.00	0.00	长期应付款	0.00	0.00
可供出售金融资产减值准备	0.00	0.00	交易性金融负债	0.00	0.00
固定资产原值	785 274 122.63	803 496 344.35	长期负债合计	8 624 385 004.08	13 534 785 179.97
累计折旧	−523 119 280.31	−565 042 055.62	其他负债:		
固定资产净值	262 154 842.32	238 454 288.73	其他负债	−0.05	−0.01
固定资产减值准备	−1 428 700.00	−1 428 700.00	其他负债合计	−0.05	−0.01
固定资产净额	260 726 142.32	237 025 588.73	递延税项:		
投资性房地产	0.00	0.00	递延税款贷项	0.00	0.00
减:投资性房地产累计折旧	0.00	0.00	负债合计	235 689 105 888.40	259 477 548 152.47
减:投资性房地产减值准备	0.00	0.00	所有者权益:		
投资性房地产净额	0.00	0.00	实收资本	0.00	0.00
固定资产清理	1 151 867.08	1 135 070.83	资本公积	0.00	0.00
在建工程	1 428 700.00	1 428 700.00	盈余公积	0.00	0.00
在建工程减值准备	0.00	0.00	其中:法定公益金额	0.00	0.00
待处理固定资产净损失	0.00	0.00	一般准备	0.00	0.00
长期资产合计	75 763 206 926.61	75 687 016 301.05	未分配利润	0.00	0.00
无形、递延及其他资产			本年利润	3 976 783 246.33	4 311 316 571.06
无形资产	1 428 849.35	1 522 146.05	所有者权益合计:	3 976 783 246.33	4 311 316 571.06
无形资产减值准备	0.00	0.00			
长期待摊费用	57 660 892.98	53 844 468.55			
其他资产	178 431 242.18	177 052 438.04			
其他资产减值准备	−146 735 300.00	−145 735 300.00			
无形、递延及其他资产合计	90 785 684.51	86 683 752.64			
递延税项:					
递延税项借项	0.00	0.00			
资产总计	239 665 889 134.73	263 788 864 723.53	负债及所有者权益合计	239 665 889 134.73	263 788 864 723.53

19. 兴业银行上海分行资产负债表

2012-12-31　　单位:元(本外币合计)

项　目　名　称	上期余额	本期余额
现金及存放中央银行款项	1 228 801 866.29	932 102 461.37
存放同业款项	2 424 253 960.64	1 797 866 584.40
贵金属	0.00	0.00
拆出资金	7 758 821 015.88	8 498 139 841.00
交易性金融资产	724 413 480.00	2 171 555 379.50
衍生金融资产	0.00	0.00
买入返售金融资产	43 789 145 078.32	60 902 477 839.18
其中:买入企事业单位回售证券	0.00	0.00
应收利息	585 442 640.19	1 277 765 773.08
发放贷款及垫款	70 108 956 769.78	88 184 198 557.09
可供出售金融资产	5 245 211 407.70	13 959 109 225.34
持有至到期投资	3 515 269 892.41	6 006 520 208.90
长期股权投资	2 850 000.00	2 850 000.00
投资性房地产	0.00	0.00
固定资产	431 053 188.55	422 665 876.07
无形资产	0.00	275 333.34
递延所得税资产	0.00	0.00
其他资产	64 516 573 945.47	58 244 690 313.98
资产总计	200 330 793 245.23	242 400 217 393.25
向中央银行借款	0.00	0.00
同业及其他金融机构存放款项	69 392 593 901.63	81 364 241 270.97
拆入资金	10 000 000 000.00	5 129 566 943.44
交易性金融负债	0.00	0.00
衍生金融负债	0.00	0.00
卖出回购金融资产款	1 722 100 000.00	2 524 216 026.08
吸收存款	108 994 968 993.15	143 416 664 548.19
应付职工薪酬	388 592 734.59	473 238 795.53
应交税费	33 099 092.36	108 515 707.96
应付利息	1 078 849 780.77	1 885 296 817.86
预计负债	0.00	0.00
应付债券	0.00	0.00
递延所得税负债	0.00	0.00
其他负债	5 255 255 169.45	3 334 134 793.91
负债合计	196 865 459 671.95	238 235 874 903.94
所有者权益(或股东权益):	0.00	0.00
股本	0.00	0.00
资本公积	−71 547 007.66	58 502 405.08
盈余公积	0.00	0.00
一般风险准备	0.00	0.00
未分配利润	3 536 880 580.94	4 105 840 084.23
减:库存股	0.00	0.00
所有者权益(或股东权益)	3 465 333 573.28	4 164 342 489.31
负债及所有者权益总计	200 330 793 245.23	242 400 217 393.25

20. 广发银行上海分行资产负债表

2012-12-13 单位：亿元（人民币汇总）

资　　产	年初数	期末数	负债及所有者权益	年初数	期末数
资产：			负债：		
现金及存放中央银行款项	13.53	9.72	向中央银行借款		
存放同业款项	30.55	12.01	同业及其他金融机构存放款项	78.55	74.51
贵金属			拆入资金		2.19
拆出资金	16.80	35.00	交易性金融负债		
交易性金融资产			衍生金融负债	0.35	0.29
衍生金融资产	0.42	0.35	卖出回购金融资产款	0.08	
买入返售金融资产	23.66	93.43	吸收存款	552.37	602.85
应收利息	0.81	1.00	应付职工薪酬	0.71	0.55
发放贷款和垫款	325.80	310.09	应交税费	0.30	0.31
应收款项投资	0.66	0.49	应付利息	9.23	11.06
可供出售金融资产			预计负债		
持有至到期投资			应付债券		
长期股权投资			递延所得税负债		
固定资产	0.39	0.43	其他负债	3.97	3.70
在建工程			负债合计	645.57	695.47
无形资产	0.01	0.02	所有者权益（或股东权益）：		
递延所得税资产			实收资本（或股本）		
其他资产	240.74	238.31	资本公积		
			减：库存股		
			盈余公积		
			一般风险准备		
			未分配利润	7.80	5.37
			外币报表折算差额		
			所有者权益（或股东权益）合计	7.80	5.37
资产总计	653.38	700.84	负债和所有者权益（或股东权益）总计	653.38	700.84

21. 平安银行上海分行资产负债表

2012-12-31 单位:元(本外币合计)

指标名称	行号	年初数	期末数
现金及存放中央银行款项	1	2 226 092 153.01	1 911 973 009.03
贵金属	2		
存放同业款项	3	1 087 816 701.45	9 046 729 707.89
拆出资金	4	1 755 000 000.00	1 324 150 060.00
存放联行款项	5		
交易性金融资产	6		
衍生金融资产	7		
买入返售金融资产	8	880 000 000.00	28 712 589 936.01
应收利息	9	743 265 321.14	903 198 903.44
发放贷款和垫款	10	88 755 165 130.78	89 706 454 252.41
应收款项类投资	11	8 202 100 000.00	20 510 000 000.00
可供出售金融资产	12		
持有至到期投资	13		
长期股权投资	14		
商誉	15		
固定资产	16	78 513 715.53	81 751 973.95
投资性房地产	17		
无形资产	18	2 354 009.37	1 597 962.50
递延所得税资产	19		
其他资产	20	56 036 931 384.61	24 611 999 222.53
资产总计	21	159 767 238 415.89	176 810 445 027.76
	22		
	23		
向中央银行借款	24		
同业及其他金融机构存放款项	25	37 647 834 292.09	52 772 184 735.45
拆入资金	26	7 190 000 000.00	9 356 640 263.82
联行存放款项	27		
交易性金融负债	28		
衍生金融负债	29		
卖出回购金融资产款	30		
吸收存款	31	102 600 794 878.34	109 879 302 423.40
应付职工薪酬	32	218 802 873.58	152 002 666.84
应交税费	33	115 285 936.72	109 156 414.65
应付利息	34	1 454 856 815.12	1 309 431 683.99
预计负债	35		24 300.00
应付债券	36		
递延所得税负债	37		
其他负债	38	8 656 430 655.35	1 243 404 364.11
负债合计	39	157 884 005 451.20	174 822 146 852.26
股东权益	40		
股本	41		
资本公积	42		
盈余公积	43		
一般风险准备	44		
未分配利润	45	1 883 232 964.69	1 988 298 175.50
归属于母公司股东权益合计	46	1 883 232 964.69	1 988 298 175.50
少数股东权益	47		
股东权益	48	1 883 232 964.69	1 988 298 175.50
负债和股东权益总计	49	159 767 238 415.89	176 810 445 027.76

22. 浙商银行上海分行资产负债表

2012-12-31

单位:元(本外币合计)

资　　产	行次	期初数	期末数	负债及所有者权益	行次	期初数	期末数
现金及存放中央银行款项	1	727 913 430.70	791 176 119.15	向中央银行借款	22		
贵金属	2			同业及其他金融机构存放款项	23	5 857 993 288.39	12 582 589 601.12
存放同业及其他金融机构款项	3	10 969 558 969.59	12 769 208 158.73	拆入资金	24	158 014 450.15	343 565 053.95
拆出资金	4	574 021 000.00	232 600 000.00	交易性金融负债	25		
交易性金融资产	5			衍生金融负债	26		
衍生金融资产	6	3 670 511.70	721 611.46	贴现负债	27		
买入返售金融资产	7	3 784 080 328.43	9 366 167 078.80	吸收存款	28	21 709 181 434.57	21 445 770 032.20
应收利息	8	60 602 146.02	115 885 421.47	其中:各项存款	29	21 705 004 686.57	21 445 660 032.20
发放贷款和垫款	9	11 638 858 508.75	11 988 658 566.27	财政预算存款	30		
其中:贷款	10	11 232 712 223.87	11 921 714 716.30	汇出汇款	31	4 176 748.00	110 000.00
票据贴现	11	406 146 284.88	66 943 849.97	卖出回购金融资产款	32		
减值准备	12			预计负债	33		
可供出售金融资产	13			应付职工薪酬	34	15 382 335.00	509 388.76
持有至到期投资	14			应交税费	35	12 516 084.33	15 725 141.56
贷款和应收款项类投资	15	527 848 131.51	1 104 444 657.52	应付利息	36	29 954 062.01	42 961 618.67
长期股权投资	16			应付债券	37		
固定资产	17	139 611 502.79	136 119 169.82	递延所得税负债	38		
无形资产	18			其他负债	39	345 163 346.40	1 641 638 730.72
递延所得税资产	19			负债合计	40	28 128 205 000.85	36 072 759 566.98
其他资产	20	37 950 635.41	38 425 259.13				
				实收资本(或股本)	41		
				资本公积	42		
				其中:股本溢价	43		
				可供出售金融资产公允价值变动	44		
				盈余公积	45		
				一般风险准备	46		
				未分配利润	47	335 910 164.05	470 646 475.37
				所有者权益合计	48	335 910 164.05	470 646 475.37
资产总计	21	28 464 115 164.90	36 543 406 042.35	负债和所有者权益总计	49	28 464 115 164.90	36 543 406 042.35

23. 北京银行上海分行资产负债表

2012-12-31

单位:元(本外币合计)

资　产	期末余额	期初余额	负债和所有者权益(或股东权益)	期末余额	期初余额
资产:			负债:		
现金及存放中央银行款项	4 571 427 973. 97	2 043 320 201. 99	向中央银行借款	0. 00	0. 00
存放同业款项	10 616 011 053. 03	28 050 224 742. 68	同业及其他金融机构存放款项	29 686 946 942. 06	18 634 767 010. 69
贵金属	0. 00	0. 00	拆入资金	7 870 896 834. 50	0. 00
拆出资金	5 512 706 694. 60	1 610 000 000. 00	交易性金融负债	0. 00	0. 00
交易性金融资产	0. 00	0. 00	衍生金融负债	0. 00	0. 00
衍生金融资产	0. 00	0. 00	卖出回购金融资产款	0. 00	0. 00
买入返售金融资产	11 302 384 419. 11	0. 00	吸收存款	39 841 527 912. 19	34 977 389 646. 35
应收利息	254 341 124. 65	238 061 577. 39	应付职工薪酬	0. 00	0. 00
发放贷款和垫款	44 792 836 837. 20	31 792 824 873. 04	应交税费	46 223 294. 51	36 988 761. 90
可供出售金融资产	0. 00	0. 00	应付利息	517 069 311. 09	402 447 381. 74
持有至到期投资	0. 00	0. 00	预计负债	0. 00	0. 00
应收投资款项	2 900 000 000. 00	0. 00	应付债券	0. 00	0. 00
长期股权	0. 00	0. 00	递延所得税负债	0. 00	0. 00
投资性房地产	0. 00	0. 00	其他负债	3 969 270 044. 67	11 405 902 203. 97
固定资产	421 443 840. 70	20 493 586. 22	负债合计	81 931 934 339. 02	65 457 495 004. 65
无形资产	0. 00	0. 00			
递延所得税资产	0. 00	0. 00	所有者权益(或股东权益):		
其他资产	1 834 033 440. 13	1 912 893 976. 14	实收资本(或股本)	0. 00	0. 00
			资本公积	0. 00	0. 00
			减:库存股	0. 00	0. 00
			盈余公积	0. 00	0. 00
			一般风险准备	0. 00	0. 00
			未分配利润	273 251 044. 37	210 323 952. 81
			所有者权益(或股东权益)合计	273 251 044. 37	210 323 952. 81
资产总计	82 205 185 383. 39	65 667 818 957. 46	负债和所有者权益(或股东权益)总计	82 205 185 383. 39	65 667 818 957. 46

24. 江苏银行上海分行资产负债表

2012-12-31

单位:元(人民币汇总)

资　　产	行次	期初数	期末数	负债及所有者权益	行次	期初数	期末数
各项资产:	001	43 395 107 643.28	39 786 941 713.79	各项负债:	021	43 155 653 002.71	39 736 941 713.79
现金及存放中央银行款项	002	292 276 725.74	445 581 530.82	向中央银行借款	022	0.00	0.00
存放同业款项	003	796 888 951.94	776 046 821.83	同业及其他金融机构存放款项	023	9 099 002 818.25	5 836 502 834.23
存放联行款项	004	32 703 332.09	103 497.00	联行存放款项	024	0.00	0.00
贵金属	005	0.00	0.00	拆入资金	025	1 047 364 000.00	1 101 127 479.48
拆出资金	006	1 629 680 000.00	2 225 190 000.00	交易性金融负债	026	0.00	0.00
交易性金融资产	007	0.00	0.00	衍生金融负债	027	0.00	0.00
衍生金融资产	008	0.00	0.00	卖出回购金融资产款	028	575 317 493.94	638 789 497.33
买入返售金融资产	009	5 322 979 682.38	6 140 752 965.21	吸收存款	029	31 810 741 070.82	31 551 513 211.06
应收利息	010	189 392 891.91	1 422 057 474.97	应付职工薪酬	030	66 282 778.85	102 064 268.08
发放贷款和垫款	011	17 720 366 609.62	16 467 908 546.40	应交税费	031	13 569 987.52	18 528 707.24
可供出售金融资产	012	0.00	0.00	应付利息	032	416 783 339.09	343 158 818.33
持有至到期投资	013	0.00	0.00	应付债券	033	0.00	0.00
长期股权投资	014	0.00	0.00	预计负债	034	0.00	0.00
投资性房地产	015	0.00	0.00	递延所得税负债	035	0.00	0.00
固定资产	016	43 089 885.71	45 542 486.69	其他负债	036	126 591 514.24	135 256 898.04
无形资产	017	27 833.29	27 499.95	负债总计	037	43 155 653 002.71	39 736 941 713.79
递延所得税资产	018	−325 000.00	−325 000.00	所有者权益	038	239 454 640.57	0.00
其他资产	019	17 368 026 730.60	12 264 055 890.92	股本	039	0.00	0.00
		0.00	0.00	资本公积	040	0.00	0.00
		0.00	0.00	减:库存股	041	0.00	0.00
		0.00	0.00	盈余公积	042	0.00	0.00
		0.00	0.00	一般风险准备	043	0.00	0.00
		0.00	0.00	未分配利润	044	239 454 640.57	0.00
		0.00	0.00	所有者权益合计	045	239 454 640.57	0.00
资产总计	020	43 395 107 643.28	39 786 941 713.79	负债及所有者权益总计	046	43 395 107 643.28	39 736 941 713.79

25. 南京银行上海分行资产负债表

2012-12-31　　　　单位:元

项　目	年初余额	期末余额
现金及存放中央银行款项	105 942 163.21	308 165 695.67
存放同业存款	24 874 826.38	43 729 194.19
贵金属		
拆出资金	500 000 000.00	553 907 113.80
交易性金融资产		
衍生金融资产		
买入返售金融资产	7 488 568 397.00	9 600 420 858.81
应收利息	146 045 971.25	197 798 522.37
发放贷款及垫款	10 777 342 860.44	11 738 849 226.13
可供出售金融资产		
持有至到期投资		
应收投资款项		
长期股权投资		
投资性房地产		
固定资产	120 765 428.90	116 562 624.43
无形资产	759 685.99	623 666.93
递延所得税资产		
其他资产	7 307 422 564.38	11 105 348 688.36
资产总计	26 471 721 897.55	33 665 405 590.69
向中央银行借款		426 839 617.72
同业存放款项	6 081 566 638.72	10 134 613 455.76
拆入资金		42 560 000.00
交易性金融负债		
衍生金融负债		
卖出回购金融资产款	2 736 915 093.93	767 607 973.08
吸收存款	17 028 332 962.24	20 411 644 964.43
应付职工薪酬	24 808 921.30	24 077 633.91
应交税费	9 328 787.03	10 910 745.88
应付利息	198 681 391.18	347 237 957.63
预计负债		
应付债券		
递延所得税负债		
其他负债	110 315 276.89	1 368 035 006.87
负债合计	26 189 949 071.29	33 533 527 355.28
股东权益:		
股本		
资本公积		
盈余公积		
一般风险准备		
未分配利润	281 772 826.26	131 878 235.41
减:库存股		
股东权益合计	281 772 826.26	131 878 235.41
负债和股东权益总计	26 471 721 897.55	33 665 405 590.69

26. 宁波银行上海分行资产负债表

2012-12-31　　　　单位:元(本外币合计)

资　　产	期初余额	本期余额	负债及所有者权益	期初余额	本期余额
流动资产	0.00	0.00	流动负债	0.00	0.00
现金及银行存款	40 186 409.47	37 459 943.45	短期存款	20 683 993 357.53	19 268 901 503.65
其中:现金	40 186 409.47	37 459 943.45	短期储蓄存款	1 587 313 297.97	1 591 886 152.44
贵金属	0.00	0.00	财政性存款	0.00	0.00
存放中央银行款项	777 806 894.82	492 837 972.08	向中央银行借款	0.00	0.00
其中:备付金存款	777 806 894.82	492 837 972.08	同业存放款项	2 300 000 000.00	2 358 759 686.44
存放同业款项	81 377 711.67	30 581 027.68	联行存放款项	0.00	0.00
存放联行款项	0.00	0.00	同业拆入	0.00	4 925 447 796.33
拆放同业	0.00	0.00	应解汇款	8 688 167.79	24 365 486.29
短期贷款	8 043 097 793.61	7 067 425 945.76	汇出汇款	530.00	530.00
应收进出口押汇	0.00	93 464 386.80	委托存款	0.00	0.00
应收账款	23 034.32	1 268 978.52	应付代理证券款项	0.00	0.00
减:坏账准备	0.00	0.00	卖出回购证券款	0.00	0.00
其他应收款	12 128 041.71	17 529 935.05	应付账款	106 470 350.42	205 391 058.02
贴现	309 946 724.74	660 278 969.75	其他应付款	9 047 569.24	10 004 699.75
短期投资	0.00	0.00	存入短期保证金	1 791 972 411.51	1 053 875 878.03
委托贷款及委托投资	0.00	0.00	应付工资	68 013 122.94	57 243 825.21
自营证券	0.00	0.00	应付福利费	0.00	0.00
代理证券	0.00	0.00	应交税金	46 560 913.20	75 405 180.73
买入返售证券	0.00	5 091 401 696.18	应付利润	0.00	0.00
待处理流动资产净损失	0.00	0.00	预提费用	0.00	0.00
其他流动资产	14 340 167 078.09	12 748 622 489.93	发行短期债券	0.00	0.00
一年内到期的长期投资	0.00	0.00	其他流动负债	100 671 165.31	121 203 424.10
	0.00	0.00		0.00	0.00
	0.00	0.00		0.00	0.00
流动资产合计	23 604 733 688.43	26 240 871 345.20	流动负债合计	26 702 730 885.91	29 692 485 220.99
长期资产	0.00	0.00	长期负债	0.00	0.00
中长期贷款	4 025 511 620.17	6 364 860 999.01	长期存款	506 850 000.00	1 495 650 000.00
逾期贷款	6 330 082.30	33 482 399.35	长期储蓄存款	123 069 424.09	1 014 326 335.34
减:贷款损失准备	157 788 162.14	241 097 263.73	存入长期保证金	0.00	0.00
应收租赁款	0.00	0.00	应付转租赁租金	0.00	0.00
减:未收租赁款	0.00	0.00	发行长期债券	0.00	0.00
应收转租赁款	0.00	0.00	长期借款	0.00	0.00
租赁资产	0.00	0.00	长期应付款	0.00	0.00
减:待转租赁资产	0.00	0.00	其他长期负债	0.00	0.00
经营租赁资产	0.00	0.00		0.00	0.00
减:经营租赁资产折旧	0.00	0.00	长期负债合计	629 919 424.09	2 509 976 335.34
长期投资	0.00	0.00	递延所得税负债	0.00	0.00
减:资产减值准备	0.00	0.00		0.00	0.00
固定资产原值	14 575 274.31	20 310 870.23		0.00	0.00
减:累计折旧	5 979 650.14	7 985 306.68		0.00	0.00
固定资产净值	8 595 624.17	12 325 563.55	所有者权益	0.00	0.00
固定资产清理	0.00	0.00	实收资本	0.00	0.00
在建工程	0.00	0.00	资本公积	0.00	0.00
待处理固定资产净损失	0.00	0.00	盈余公积	0.00	0.00
长期资产合计	3 882 649 164.50	6 169 571 698.18	一般准备	0.00	0.00
无形、递延及其他资产	0.00	0.00	未分配利润	176 472 588.51	229 588 696.83
无形资产	0.00	0.00	其中:本年利润	176 472 588.51	234 150 649.39
递延资产	21 740 045.58	21 607 209.78	外币资本折算差额	0.00	0.00
其他长期资产	0.00	0.00	所有者权益合计	176 472 588.51	229 588 696.83
其他资产合计	21 740 045.58	21 607 209.78		0.00	0.00
递延所得税资产	0.00	0.00		0.00	0.00
资产总计	27 509 122 898.51	32 432 050 253.16	负债及所有者权益总计	27 509 122 898.51	32 432 050 253.16

27. 杭州银行上海分行资产负债表

2012-12-31

单位：元(本外币合计)

资　产	行次	期初数	期末数	负债及所有者权益	行次	期初数	期末数
资产：				负债：			
现金及存放中央银行款项	1	525 050 894.92	508 513 125.51	向中央银行借款	20		
存放同业款项	2	63 184 871.50	173 939 752.59	同业和其他金融机构存放款	21	8 312 659 565.38	11 077 391 687.82
贵金属	3			拆入资金	22		757 767 612.22
拆出资金	4			交易性金融负债	23		
交易性金融资产	5			衍生金融负债	24		
衍生金融资产	6			卖出回购金融资产款	25		
买入返售金融资产	7		3 965 241 521.16	吸收存款	26	14 138 074 323.00	16 685 030 107.49
应收利息	8	1 255 100.53	27 923 482.32	应付职工薪酬	27	1 535 323.21	26 055 658.07
发放贷款和垫款	9	7 964 993 069.70	11 282 009 743.91	应交税费	28	10 167 181.28	12 231 583.87
可供出售金融资产	10			应付利息	29	251 867 938.44	288 088 754.39
持有至到期金融资产	11			预计负债	30		
应收款项类投资	12		1 419 261 926.37	应付债券	31		
长期股权投资	13			递延所得税负债	32		
投资性房地产	14			其他负债	33	114 286 296.21	112 789 344.02
固定资产	15	6 678 356.14	5 019 640.45	负债合计	34	22 828 590 627.52	28 959 354 747.88
无形资产	16			股东权益：			
递延所得税资产	17			股本	35		
其他资产	18	14 297 939 591.76	11 921 943 015.32	资本公积	36		
				减:库存股	37		
				盈余公积	38		
				一般风险准备	39		
				未分配利润	40	30 511 257.03	344 497 459.75
				股东权益合计	41	30 511 257.03	344 497 459.75
资产总计	19	22 859 101 884.55	29 303 852 207.63	股东权益及负债总计	42	22 859 101 884.55	29 303 852 207.63

28. 温州银行上海分行资产负债表

2012-12-31　　单位:万元

	项　　目	A	B	C
		人民币	外币折人民币	本外币合计
1	Ⅰ. 资产			
2	1. 现金	1 251.75	114.63	1 366.38
3	2. 贵金属	0.00	0.00	0.00
4	3. 存放中央银行款项	128 601.31	0.00	128 601.31
5	4. 存放同业款项	195 170.82	1 133.28	196 304.10
6	4.1 境内同业	195 170.82	1 133.28	196 304.10
7	4.2 境外同业	0.00	0.00	0.00
8	70. 存放系统内款项	0.00	20 765.71	0.00
9	71. 拨付营运资金	0.00	0.00	0.00
10	5. 应收利息	5 733.70	142.54	5 876.24
11	6. 贷款	401 973.85	20 149.43	422 123.28
12	7. 贸易融资	0.00	0.00	0.00
13	8. 贴现及买断式转贴现	4 327.29	0.00	4 327.29
14	9. 其他贷款			
15	10. 拆放同业	203 000.00	0.00	203 000.00
16	11. 其他应收款	449.48	0.00	449.48
17	12. 投资	448 093.12	0.00	448 093.12
18	12.1 债券	23 000.00	0.00	23 000.00
19	12.2 股票	0.00	0.00	0.00
20	12.3 其他	425 093.12	0.00	425 093.12
21	12.3.1 其中:长期股权投资	0.00	0.00	0.00
22	13. 买入返售资产	0.00	0.00	0.00
23	13.1 境内外金融机构	0.00	0.00	0.00
24	13.2 境内外非金融机构	0.00	0.00	0.00
25	14. 长期待摊费用	1 224.44	0.00	1 224.44
26	15. 固定资产原价	284.40	0.00	284.40
27	16. 减:累计折旧	36.19	0.00	36.19
28	17. 固定资产净值	248.21	0.00	248.21
29	18. 固定资产清理	0.00	0.00	0.00
30	19. 在建工程	1 320.52	0.00	1 320.52
31	20. 无形资产	0.00	0.00	0.00
32	21. 抵债资产	0.00	0.00	0.00
33	22. 递延所得税资产	0.00	0.00	0.00
34	23. 其他资产	26 653.76	0.00	26 653.76
35	23.1 投资性房地产	0.00	0.00	0.00
36	23.2 衍生金融资产	0.00	0.00	0.00
37	23.3 商誉	0.00	0.00	0.00
38	24. 减:各项资产减值损失准备	1 239.51	0.00	1 239.51
39	25. 资产总计	1 416 808.74	42 305.59	1 438 348.62
40	Ⅱ. 负债及所有者权益			
41	26. 单位存款	610 743.80	41 446.10	652 189.90

（续表）

	项 目	A	B	C
		人民币	外币折人民币	本外币合计
42	27. 储蓄存款	103 858.07	45.07	103 903.14
43	28. 向中央银行借款	0.00	0.00	0.00
44	29. 同业存放款项	485 000.54	0.00	485 000.54
45	29.1 境内同业	485 000.54	0.00	485 000.54
46	29.2 境外同业	0.00	0.00	0.00
47	72. 系统内存放款项	36 275.26	0.00	15 509.55
48	30. 同业拆入	0.00	0.00	0.00
49	31. 卖出回购款项	0.00	0.00	0.00
50	31.1 境内外金融机构	0.00	0.00	0.00
51	31.2 境内外非金融机构	0.00	0.00	0.00
52	32. 汇出汇款	0.00	0.00	0.00
53	33. 应解汇款	150.01	0.00	150.01
54	34. 存入保证金	118 587.89	0.00	118 587.89
55	35. 其他存款			
56	36. 应付利息	16 233.95	569.81	16 803.76
57	37. 应交税费	455.06	0.00	455.06
58	38. 应付职工薪酬	1 044.30	0.00	1 044.30
59	40. 应付股利	0.00	0.00	0.00
60	41. 其他应付款	26 815.81	359.82	27 175.63
61	43. 递延收益	97.85	0.00	97.85
62	44. 预计负债	0.00	0.00	0.00
63	46. 应付债券	0.00	0.00	0.00
64	47. 其他负债	0.00	0.00	0.00
65	47.1 衍生金融负债	0.00	0.00	0.00
66	48. 递延所得税负债	0.00	0.00	0.00
67	49. 负债合计	1 399 262.54	42 420.80	1 420 917.63
68	50. 少数股东权益			
69	51. 所有者权益			
70	52. 实收资本	10 000.00	0.00	10 000.00
71	53. 资本公积	0.00	0.00	0.00
72	53.1 其中:重估储备	0.00	0.00	0.00
73	54. 盈余公积	0.00	0.00	0.00
74	55. 一般风险准备	0.00	0.00	0.00
75	56. 信托赔偿准备	0.00	0.00	0.00
76	57. 未分配利润	7 546.20	−115.21	7 430.99
77	57.1 其中:本年利润	7 590.43	−115.21	7 475.22
78	58. 外币报表折算差额	0.00	0.00	0.00
79	59. 所有者权益合计	17 546.20	−115.21	17 430.99
80	60. 负债及所有者权益总计	1 416 808.74	42 305.59	1 438 348.62
81	附注项目			
82	61. 各项存款	833 339.77	41 491.17	874 830.94
83	62. 各项贷款	406 301.14	20 149.43	426 450.57

29. 浙江泰隆商业银行上海分行资产负债表

2012-12-31

单位:元(本外币合计)

资　　产	行次	期初数	期末数	负债及股东权益	行次	期初数	期末数
资产:				负债:			
现金及存放中央银行款项	1	103 730 205.06	184 481 050.84	向中央银行借款	24	0.00	0.00
存放同业款项	2	51 749 093.67	21 029 439.92	同业及其他金融机构存放款项	25	13 938 346.80	99 164 251.61
贵金属	3	0.00	0.00	拆入资金	26	0.00	0.00
拆出资金	4	0.00	0.00	交易性金融负债	27	0.00	0.00
交易性金融资产	5	0.00	0.00	衍生金融负债	28		
衍生金融资产	6	0.00	0.00	卖出回购金融资产款	29	0.00	0.00
买入返售金融资产	7	0.00	0.00	存入保证金	30	180 928 525.70	394 987 637.89
应收利息	8	5 292 691.82	10 613 518.97	吸收存款	31	3 578 530 805.23	5 533 017 264.86
其他应收款	9	3 618 575.14	5 163 156.57	应付职工薪酬	32	0.00	0.00
发放贷款和垫款	10	1 761 220 456.92	3 253 411 045.14	应交税费	33	4 094 139.56	6 055 004.97
可供出售金融资产	11	0.00	0.00	其他应付款	34	4 194 879.23	6 214 812.33
持有至到期投资	13	0.00	0.00	应付利息	35	6 870 411.43	21 370 091.75
长期股权投资	14	0.00	0.00	预计负债	36		
投资性房地产	15	0.00	0.00	应付债券	37		
固定资产	16	12 707 732.13	19 290 876.20	递延所得税负债	38	0.00	0.00
无形资产	17	84 583.27	64 416.60	其他负债	40	0.00	2 830 000.00
在建工程	18	1 218 603.00	7 272 497.06	负债合计	41	3 788 557 107.95	6 063 639 063.41
长期待摊费用	19	47 948 108.05	67 873 741.13				
抵债资产	20	0.00	0.00				
拨出营运资金	21	0.00	0.00				
其他资产	22	1 906 067 998.34	2 610 880 821.99	股东权益:			
递延所得税资产	23	0.00	0.00	股本	42	0.00	0.00
				拨入营运资金	43	100 000 000.00	100 000 000.00
				资本公积	44	0.00	0.00
				减:库存股	45		
				盈余公积	46	0.00	0.00
				一般风险准备	47	0.00	0.00
				未分配利润	48	5 080 939.45	15 441 501.01
				股东权益合计	49	105 080 939.45	115 441 501.01
资产总计		3 893 638 047.40	6 180 080 564.42	负债及股东权益总计		3 893 638 047.40	6 180 080 564.42

30. 浙江民泰商业银行上海分行资产负债表

2012-12-31 单位:万元

	项 目	A	B	C
		人民币	外币折人民币	本外币合计
1	Ⅰ. 资产			
2	1. 现金	1 026.85	9.40	1 036.25
3	2. 贵金属		0.00	0.00
4	3. 存放中央银行款项	12 253.95	0.00	12 253.95
5	4. 存放同业款项	875.78	112.78	988.56
6	4.1 境内同业	875.78	112.78	988.56
7	4.2 境外同业		0.00	0.00
8	70. 存放系统内款项	73 510.37	330.07	73 840.44
9	71. 拨付营运资金		0.00	0.00
10	5. 应收利息	652.35	0.00	652.35
11	6. 贷款	133 901.49	0.00	133 901.49
12	7. 贸易融资		0.00	0.00
13	8. 贴现及买断式转贴现		0.00	0.00
14	9. 其他贷款			
15	10. 拆放同业		0.00	0.00
16	11. 其他应收款	999.94	0.00	999.94
17	12. 投资	0.00	0.00	0.00
18	12.1 债券		0.00	0.00
19	12.2 股票		0.00	0.00
20	12.3 其他		0.00	0.00
21	12.3.1 其中:长期股权投资		0.00	0.00
22	13. 买入返售资产	0.00	0.00	0.00
23	13.1 境内外金融机构		0.00	0.00
24	13.2 境内外非金融机构		0.00	0.00
25	14. 长期待摊费用	1 163.42	0.00	1 163.42
26	15. 固定资产原价	723.25	0.00	723.25
27	16. 减:累计折旧	201.24	0.00	201.24
28	17. 固定资产净值	522.01	0.00	522.01
29	18. 固定资产清理		0.00	0.00
30	19. 在建工程		0.00	0.00
31	20. 无形资产		0.00	0.00
32	21. 抵债资产		0.00	0.00
33	22. 递延所得税资产		0.00	0.00
34	23. 其他资产	20.60	0.00	20.60
35	23.1 投资性房地产		0.00	0.00
36	23.2 衍生金融资产		0.00	0.00
37	23.3 商誉		0.00	0.00
38	24. 减:各项资产减值损失准备	1 392.25	0.00	1 392.25
39	25. 资产总计	223 534.51	452.25	223 986.76
40	Ⅱ. 负债及所有者权益			
41	26. 单位存款	95 457.52	35.80	95 493.32

（续表）

	项　　目	A	B	C
		人民币	外币折人民币	本外币合计
42	27. 储蓄存款	97 537.51	423.36	97 960.87
43	28. 向中央银行借款		0.00	0.00
44	29. 同业存放款项	0.00	0.00	0.00
45	29.1 境内同业		0.00	0.00
46	29.2 境外同业		0.00	0.00
47	72. 系统内存放款项	0.00	0.00	0.00
48	30. 同业拆入		0.00	0.00
49	31. 卖出回购款项	0.00	0.00	0.00
50	31.1 境内外金融机构		0.00	0.00
51	31.2 境内外非金融机构		0.00	0.00
52	32. 汇出汇款		0.00	0.00
53	33. 应解汇款	31.66	0.00	31.66
54	34. 存入保证金	18 631.35	0.00	18 631.35
55	35. 其他存款			
56	36. 应付利息	1 949.23	0.02	1 949.25
57	37. 应交税费	321.26	0.00	321.26
58	38. 应付职工薪酬	2.45	0.00	2.45
59	40. 应付股利		0.00	0.00
60	41. 其他应付款	314.04	0.00	314.04
61	43. 递延收益		0.00	0.00
62	44. 预计负债		0.00	0.00
63	46. 应付债券		0.00	0.00
64	47. 其他负债	0.00	0.00	0.00
65	47.1 衍生金融负债		0.00	0.00
66	48. 递延所得税负债		0.00	0.00
67	49. 负债合计	214 245.02	459.18	214 704.20
68	50. 少数股东权益			
69	51. 所有者权益			
70	52. 实收资本	10 000.00	0.00	10 000.00
71	53. 资本公积		0.00	0.00
72	53.1 其中:重估储备		0.00	0.00
73	54. 盈余公积		0.00	0.00
74	55. 一般风险准备		0.00	0.00
75	56. 信托赔偿准备		0.00	0.00
76	57. 未分配利润	−710.51	−6.93	−717.44
77	57.1 其中:本年利润	−710.51	−6.93	−717.44
78	58. 外币报表折算差额		0.00	0.00
79	59. 所有者权益合计	9 289.49	−6.93	9 282.56
80	60. 负债及所有者权益总计	223 534.51	452.25	223 986.76
81	附注项目			
82	61. 各项存款	211 658.04	459.16	212 117.20
83	62. 各项贷款	133 901.49	0.00	133 901.49

31. 上海奉贤浦发村镇银行资产负债表

2012-12-31 单位:元

项目	行次	期末余额	期初余额
现金	1	2 067 095.00	661 532.27
存放中央银行款项	2	275 465 182.67	217 500 680.95
存放同业	3	374 376 796.69	277 142 449.96
贵金属	4		
拆出资金	5		
交易性金融资产	6		
加或减:交易性金融资产公允价值调整	7		
衍生金融资产	8		
买入返售金融资产	9		
应收利息	10	173 348.45	301 664.83
短期贷款	11	872 400 000.00	550 550 000.00
贴现	12	2 900 000.00	4 800 000.00
进出口押汇	13		
中期贷款	14	30 931 432.24	7 099 263.00
长期贷款	15	33 303 480.01	25 824 411.94
逾期贷款	16		
减:贷款呆账准备	17	−25 715 481.19	−11 653 066.84
可供出售金融资产	18		
加或减:可供出售金融资产公允价值调整	19		
减:可供出售金融资产减值准备	20		
持有至到期投资	21		
减:持有至到期投资减值准备	22		
分为贷款和应收款的金融资产	23		
长期股权投资	24		
减:长期股权投资减值准备	25		
固定资产	26	2 557 719.00	1 662 607.00
减:累计折旧	27	−1 020 087.29	−581 055.68
减:固定资产减值准备	28		
固定资产清理	29		
在建工程	30		
减:在建工程减值准备	31		
无形资产	32		
减:无形资产累计摊销	33		
减:无形资产减值准备	34		
递延所得税资产	35		
其他应收款	36	28 160.00	190 000.00
减:坏账准备	37		
其他流动资产	38	197 070.25	188 377.50
长期待摊费用	39	3 354 145.58	1 752 617.07

（续表）

项　　目	行次	期末余额	期初余额
待处理抵债资产	40		
减：抵债资产跌价准备	41		
其他长期资产	42		
减：其他非贷款资产减值准备	43		
资产合计	44	1 571 018 861.41	1 075 439 482.00
向中央银行借款	45		
同业存放款项	46	50 805 757.50	50 435 554.59
拆入资金	47		
衍生金融负债	48		
卖出回购金融资产款	49		
短期存款	50	738 505 605.78	601 611 373.94
短期储蓄存款	51	66 755 776.65	106 543 235.45
委托资金	52		
存入短期保证金	53	415 065 125.99	900 587.50
长期存款	54		
长期储蓄存款	55	8 396 152.93	6 056 036.53
存入长期保证金	56	2 159 600.00	236 561 094.19
应解汇款及临时存款	57	1 570 000.00	300 000.00
资产托管存款	58		
应付工资	59	2 778 694.46	2 115 283.86
应付福利费	60		
应交税费	61	6 393 186.17	3 834 667.02
应付利息	62	2 090 202.21	3 913 074.07
发行长期债券	63		
递延所得税负债	64		
财政性存款	65		
汇出汇款	66		
其他应付款	67	2 479 233.29	726 478.91
应付利润	68		
预提费用	69		
其他流动负债	70	47 260.11	55 416.99
其他长期负债	71		
负债合计	72	1 297 046 595.09	1 013 052 803.05
实收资本	73	150 000 000.00	50 000 000.00
资本公积	74	86 000 000.00	—
盈余公积	75	1 238 667.90	—
一般风险准备	76		
未分配利润	77	36 733 598.42	12 386 678.95
所有者权益合计	78	273 972 266.32	62 386 678.95
负债和所有者权益合计	79	1 571 018 861.41	1 075 439 482.00

三、金融机构人员统计

1. 中资金融机构人员结构表

单位名称	总人数	男	女	年龄				学历				职称			
				30岁以下	31—40岁	41—50岁	51岁以上	博士	硕士	本科	大专以下	高级	中级	初级	其他
中国人民银行上海总部	602	333	269	75	238	207	82	71	218	235	78	/	/	/	/
交通银行	94 475	43 410	51 065	48 816	24 462	16 549	4 648	174	6 369	58 141	29 791	634	16 837	18 571	58 433
上海银行	9 362	3 993	5 369	4 366	2 834	1 341	821	15	774	5 278	3 295	84	1 374	1 841	6 063
上海农商银行	5 693	2 825	2 868	2 087	1 359	1 728	519	20	354	3 027	2 292	32	799	2 020	2 842
中国外汇交易中心	334	204	130	187	83	47	17	23	152	129	30	20	150	31	133
中国银联	3 119	2 050	1 069	1 369	1 244	416	90	52	1 003	1 761	303	/	/	/	/
上海黄金交易所	81	54	27	18	38	18	7	1	39	34	7	6	28	9	/
中国金融期货交易所	333	258	75	149	144	35	5	51	182	100	/	12	19	5	297
上海清算所	107	63	44	52	35	16	4	8	81	17	1	10	20	6	/
国家开发银行上海市分行	133	80	53	57	45	24	7	2	73	57	1	27	47	43	16
中国进出口银行上海分行	66	33	33	23	25	13	5	1	25	39	1	6	25	7	/
中国农业发展银行上海市分行	298	141	157	85	47	108	58	/	23	175	100	10	90	92	106
中国工商银行上海市分行	14 358	5 485	8 873	6 523	2 861	4 371	603	23	545	8 439	5 351	179	1 646	5 896	6 637
中国农业银行上海市分行	8 666	3 795	4 871	2 365	1 220	4 070	1 011	14	442	3 746	4 464	106	2 000	5 051	1 509
中国银行上海市分行	8 048	3 322	4 726	4 545	1 790	1 338	375	5	440	5 812	1 791	52	1 437	1 934	/
中国建设银行上海市分行	9 245	3 810	5 435	4 005	2 428	2 066	746	13	378	6 207	2 647	107	3 319	3 639	2 180
交通银行上海市分行	5 105	2 297	2 808	2 743	1 239	761	362	9	371	3 469	1 256	25	1 442	1 318	2 320
中国邮政储蓄银行上海分行	3 063	1 323	1 740	1 489	682	564	328	1	74	1 158	1 830	15	99	181	2 768
上海浦东发展银行上海分行	3 447	1 585	1 862	1 335	1 236	608	268	6	258	1 965	1 218	15	582	601	/
中信银行上海分行	1 193	496	697	645	376	135	37	7	161	812	213	24	264	82	823
中国光大银行上海分行	1 633	787	846	897	418	237	81	4	128	1 174	327	17	253	145	/
华夏银行上海分行	840	356	484	366	258	168	48	1	52	578	209	11	208	85	536
中国民生银行上海分行	2 548	1 051	1 497	1 454	748	299	47	6	284	1 699	559	16	153	71	2 308
招商银行上海分行	2 730	1 140	1 590	1 654	811	207	58	14	248	1 963	505	13	301	295	2 121
兴业银行上海分行	1 314	577	737	607	474	207	26	4	103	857	350	2	254	145	/
广发银行上海分行	1 058	472	586	529	327	159	43	4	85	660	309	17	163	119	759
平安银行上海分行	2 017	892	1 125	1 218	544	208	47	6	230	1 271	510	/	/	/	/

（续表）

单位名称	总人数	男	女	年龄				学历				职称			
				30岁以下	31—40岁	41—50岁	51岁以上	博士	硕士	本科	大专以下	高级	中级	初级	其他
浙商银行上海分行	371	181	190	180	141	50	/	2	45	227	97	/	/	/	/
渤海银行上海分行	252	132	120	105	87	45	15	1	30	141	80	4	49	28	/
北京银行上海分行	526	270	256	241	187	85	13	2	53	298	173	5	69	36	416
天津银行上海分行	286	164	122	88	179	19	/	1	34	109	142	5	20	7	/
江苏银行上海分行	397	185	212	239	108	48	2	1	46	277	73	3	78	18	/
南京银行上海分行	351	159	192	195	121	33	2	1	41	235	74	2	24	8	/
宁波银行上海分行	485	225	260	298	136	51	/	1	51	349	84	3	29	51	/
杭州银行上海分行	372	181	191	227	109	31	5	1	21	243	107	2	49	41	280
温州银行上海分行	218	103	115	114	79	22	3	/	32	152	34	7	39	14	/
浙江泰隆商业银行上海分行	836	355	481	773	54	9	/	/	62	565	209	/	21	16	/
浙江民泰商业银行上海分行	275	144	131	231	35	6	3	/	30	157	88	2	7	7	/
上海崇明沪农商村镇银行	21	10	11	8	5	6	2	/	/	9	12	/	2	3	16
上海奉贤浦发村镇银行	47	21	26	30	8	6	3	/	3	38	6	2	5	10	/
上海浦东江南村镇银行	17	10	7	8	4	5	/	/	2	8	7	1	3	4	/
上海浦东建信村镇银行	20	13	7	11	5	3	1	/	2	12	6	/	/	/	/
中国工商银行票据营业部	272	127	145	99	83	82	8	2	62	191	17	26	96	49	101
中国农业银行票据营业部	65	29	36	11	30	21	3	1	25	33	6	4	40	7	14
中国银联上海分公司	39	23	16	6	20	11	2	/	14	20	5	1	12	7	19
城市商业银行资金清算中心	41	25	16	14	13	8	6	/	1	29	11	2	10	5	24
中国华融资产管理有限公司上海分公司	40	25	15	5	10	12	13	1	6	24	9	9	18	9	4
中国长城资产管理公司上海办事处	37	28	9	13	9	8	7	/	17	17	3	5	11	7	/
中国信达资产管理有限公司上海市分公司	35	24	11	12	2	13	8	/	13	18	4	2	19	2	/
中国东方资产管理公司上海办事处	40	19	21	13	8	12	7	1	24	8	7	4	10	7	19
上海国际信托有限公司	192	105	87	80	63	49	/	8	100	66	18	/	/	/	/
华澳国际信托有限公司	126	83	43	45	63	17	1	1	49	73	3	/	/	/	/
华宝信托有限责任公司	236	109	127	107	98	22	9	6	103	117	10	4	63	6	163
中海信托股份有限公司	113	67	46	44	55	10	4	3	72	31	7	4	19	3	87
中泰信托有限责任公司	99	54	45	33	35	26	5	3	35	38	23	7	19	5	/
上海爱建信托有限责任公司	105	66	39	42	39	17	7	4	43	50	8	2	25	7	71
安信信托投资股份有限公司	101	61	40	45	29	20	7	3	28	53	17	4	8	/	/
宝钢集团财务有限责任公司	49	25	24	13	12	20	4	1	23	21	4	6	28	6	9
上海浦东发展集团财务有限责任公司	47	28	19	13	21	10	3	2	21	20	4	1	26	3	17
锦江国际集团财务有限责任公司	24	18	6	6	9	4	5	/	3	13	8	1	6	3	14
中国电力财务有限公司华东分公司	108	60	48	39	41	21	7	1	40	56	11	18	53	7	30
上海远东资信评估有限公司上海总部	68	28	40	35	22	7	4	3	22	33	10	1	7	14	/
上海新世纪资信评估投资服务有限公司	167	84	83	96	43	17	11	3	72	68	24	3	10	1	153
华杰资信评级有限责任公司	92	43	49	41	27	5	19	2	16	36	38	11	20	5	56
上海金国咨询服务有限公司	54	36	18	18	9	3	24	/	4	46	4	8	15	10	/

2. 外资金融机构人员结构表

单位名称	总人数	男	女	年龄				学历				职称			
				30岁以下	31—40岁	41—50岁	51岁以上	博士	硕士	本科	大专以下	高级	中级	初级	其他
三菱东京日联银行(中国)有限公司	2 240	557	1 683	1 258	834	119	29	2	344	1 621	273	/	/	/	/
大华银行(中国)有限公司	978	288	690	604	320	46	8	/	183	666	129	/	/	/	/
南洋商业银行(中国)有限公司	1 309	535	774	665	412	199	33	3	198	855	253	/	/	/	/
华美银行(中国)有限公司	87	33	54	19	55	9	4	/	23	44	20	1	6	1	/
东亚银行(中国)有限公司	4 331	1 653	2 678	2 340	1 603	340	48	6	797	2 897	631	/	/	/	/
苏格兰皇家银行(中国)有限公司	221	76	145	84	110	26	1	/	50	171	/	/	/	/	/
华一银行	587	249	338	317	181	66	23	2	87	388	110	2	37	23	/
日本三井住友银行(中国)有限公司上海总行	607	190	417	372	184	48	3	2	81	443	81	/	/	/	/
日本三井住友信托银行股份有限公司	103	27	76	58	31	14	/	1	11	79	12	/	/	/	/
荷兰安智银行股份有限公司上海分行	48	18	30	7	30	11	/	/	18	26	4	/	/	/	/
瑞典北欧斯安银行有限公司上海分行	39	14	25	17	16	6	/	/	9	29	1	/	/	/	/
瑞典商业银行公共有限公司上海分行	33	8	25	19	10	3	1	/	5	25	3	/	/	/	/
意大利联合圣保罗银行股份有限公司上海分行	26	12	14	4	14	5	3	1	5	16	4	/	/	/	/
意大利裕信银行股份有限公司上海分行	36	16	20	19	12	3	2	/	10	23	3	/	/	/	/
英国巴克莱银行有限公司上海分行	23	10	13	6	15	1	1	/	5	18	/	/	/	/	/
加拿大丰业银行有限公司上海分行	23	5	18	10	7	5	1	/	8	12	3	/	3	1	/
美国银行有限公司上海分行	215	76	139	75	109	30	1	/	74	116	25	/	/	/	/
厦门国际银行上海分行	218	131	87	174	39	5	/	/	32	158	28	/	7	2	209
德意志银行(中国)有限公司上海分行	321	106	215	133	153	31	4	2	131	165	23	/	/	/	/
韩国产业银行上海分行	51	16	35	33	10	6	2	/	12	34	5	/	/	9	/
韩国外换银行(中国)有限公司上海分行	32	8	24	20	7	5	/	/	1	31	/	/	/	/	/
友利银行(中国)有限公司上海分行	87	15	72	67	9	10	1	/	7	74	6	/	3	/	84
印度国家银行上海分行	37	16	21	17	17	/	3	/	4	24	9	/	/	/	/
马来西亚马来亚银行有限公司上海分行	43	16	27	18	19	4	2	/	8	34	1	/	/	/	/
比利时联合银行上海分行	50	20	30	17	23	7	3	/	12	36	2	/	/	/	/
西班牙桑坦德银行有限公司上海分行	26	10	16	10	14	2	/	/	3	23	/	/	/	/	/

四、证券统计

1. 上海证券市场总貌

	2012 年	2011 年	2010 年
交易天数	243	244	242
上市公司总数	954	931	894
新上市公司数	26	39	28
上市证券总数	2 098	1 691	1 500
股票	998	975	938
A 股	944	921	884
B 股	54	54	54
债券	1 059	680	536
政府债	191	213	199
公司债	830	417	284
债券回购	38	50	53
基金	41	36	25
封闭式	12	13	13
ETF	29	23	12
权证	0	0	1
发行数量			
股票(亿股)	24 617.62	23 466.65	21 939.51
基金(亿份)	849.92	795.54	763.63
集资总额(亿元)			
A 股	2 890.31	3 199.69	5 532.14
B 股	0.00(USD)	0.00(USD)	0.00(USD)
股票流通数量(亿股)	19 521.33	17 993.80	16 031.30
股票市价总值(亿元)	158 698.44	148 376.22	179 007.24
股票流通市值(亿元)	134 294.45	122 851.36	142 337.44
解禁的存量限售股份(亿股)	8 698.45	7 837.35	6 841.82
年度解禁限售股份(亿股)	1 138.66	1 239.30	3 270.67
卖出的已解禁限售股份(亿股)	277.55	243.78	829.27
成交金额(亿元)	547 535.22	454 651.56	398 395.73
股票	164 545.01	237 560.45	304 312.01
A 股	164 047.38	236 809.12	303 215.93
B 股	413.48	746.19	1 096.08
债券	379 818.85	210 714.87	74 914.43
政府债	905.56	1 243.11	1 590.04
公司债	7 537.43	4 850.47	3 306.79
债券回购	371 375.86	204 621.29	70 017.60

（续表）

	2012 年	2011 年	2010 年
基金	3 171.36	2 901.41	4 771.71
封闭式	144.53	202.28	569.89
ETF	3 026.59	2 699.13	4 201.81
权证	0.00	3 474.82	14 397.58
平均市盈率 P/E	12.30	13.40	21.61
A 股	12.29	13.41	21.60
B 股	13.18	12.28	23.91
股价指数			
上证综合指数	2 269.13	2 199.42	2 808.08
上证 50 指数	1 857.68	1 617.61	1 977.37
上证 180 指数	5 550.09	5 009.29	6 517.60
上证 380 指数	2 944.82	2 978.89	4 256.27
会员公司数	112	112	106
营业部数	5 263	4 996	4 573
交易单元数	8 311	7 454	6 600
投资者(万)	8 996.40	8 705.02	8 154.23
A 股总户数(万)	8 841.56	8 550.85	8 001.44
B 股总户数(万)	154.84	154.17	152.78
信用交易开户数(万)	32.41	15.45	2.11
WFE 排名			
总市值排名	7	6	6
总筹资额排名	3	6	4
总成交金额排名	6	6	3

注:限售股减持采用新算法。

2. 上证综合指数历年数据

年　份	开　盘	最　高	日　期	最　低	日　期	收　盘
1995	637.72	926.41	05/22	524.43	02/07	555.29
1996	550.26	1 258.69	12/11	512.83	01/19	917.02
1997	914.06	1 510.18	05/12	870.18	02/20	1 194.10
1998	1 200.95	1 422.98	06/04	1 043.02	08/18	1 146.70
1999	1 144.89	1 756.18	06/30	1 047.83	05/17	1 366.58
2000	1 368.69	2 125.72	11/23	1 361.21	01/04	2 073.48
2001	2 077.08	2 245.44	06/14	1 514.86	10/22	1 645.97
2002	1 643.49	1 748.89	06/25	1 339.20	01/29	1 357.65
2003	1 347.43	1 649.60	04/16	1 307.40	11/13	1 497.04
2004	1 492.72	1 783.01	04/07	1 259.43	09/13	1 266.50
2005	1 260.78	1 328.53	02/25	998.23	06/06	1 161.06
2006	1 163.88	2 698.90	12/29	1 161.91	01/04	2 675.47
2007	2 728.19	6 124.04	10/16	2 541.53	02/06	5 261.56
2008	5 265.00	5 522.78	01/14	1 664.93	10/28	1 820.81
2009	1 849.02	3 478.01	08/04	1 844.09	01/05	3 277.14
2010	3 289.75	3 306.75	01/11	2 319.74	07/02	2 808.08
2011	2 825.33	3 067.46	04/18	2 134.02	12/28	2 199.42
2012	2 212.00	2 478.38	02/27	1 949.46	12/04	2 269.13

3. 股票市场概貌

股票市场交易	2012年	2011年	增减(%)
交易天数	243	244	−0.41
上市股票数	998	975	2.36
A股	944	921	2.50
B股	54	54	0.00
新上市股票数	26	39	−33.33
股票市价总值(亿元)	158 698.44	148 376.22	6.96
A股	157 912.65	147 692.76	6.92
B股	785.79	683.47	14.97
股票非限售市值(亿元)	134 294.45	122 851.36	9.31
A股	133 508.66	122 167.89	9.28
B股	785.79	683.47	14.97
总成交金额(亿元)	164 545.01	237 560.45	−30.74
A股	164 047.38	236 809.12	−30.73
B股	413.48	746.19	−44.59
日均成交金额(亿元)	677.14	973.61	−30.45
A股	675.09	970.53	−30.44
B股	1.70	3.06	−44.44
总成交量(亿股)	18 948.94	21 193.87	−10.59
A股	18 850.54	21 078.72	−10.57
B股	77.89	114.19	−31.79
日均成交量(亿股)	77.98	86.86	−10.22
A股	77.57	86.39	−10.21
B股	0.32	0.47	−31.91
总成交笔数(百万)	925.55	1 273.28	−27.31
A股	921.75	1 267.39	−27.27
B股	3.80	5.89	−35.48
日均成交笔数(百万)	3.81	5.22	−27.01
A股	3.79	5.19	−26.98
B股	0.02	0.02	0.00
大宗交易成交			
总成交金额(亿元)	565.50	676.76	−16.44
总成交量(亿股)	72.51	82.96	−12.60
总成交笔数(笔)	1 842.00	2 024.00	−8.99
股票换手率	101.60	124.80	−18.59
A股	101.92	125.09	−18.52
B股	57.52	86.80	−33.73
股票平均价格(元)	6.45	6.32	2.06
A股	6.45	6.33	1.90
B股	5.47	5.09	7.47
股票市盈率P/E	12.30	13.40	−8.21
A股	12.29	13.41	−8.35
B股	13.18	12.28	7.33

4. 债券市场概貌

债券市场交易	2012年	2011年	增减(%)
交易天数	243	244	−0.41
上市债券数	1 059	680	55.74
政府债	191	213	−10.33
公司债	830	417	99.04
债券回购	38	50	−24.00
新上市债券数	470	184	155.43
总成交金额(亿元)	379 818.85	210 750.46	80.22
政府债	905.56	1 276.51	−29.06
公司债	7 537.43	4 852.67	55.33

（续表）

债券市场交易	2012 年	2011 年	增减(%)
债券回购	371 375.86	204 621.29	81.49
日均成交金额(百万元)	156 304.05	86 373.14	80.96
政府债	372.66	523.16	−28.77
公司债	3 101.82	1 988.80	55.96
债券回购	152 829.57	83 861.18	82.24
总成交量(百万手)	379 756.23	210 722.57	80.22
政府债	895.22	1 280.64	−30.10
公司债	7 482.66	4 820.63	55.22
债券回购	371 378.34	204 621.31	81.50
日均成交量(百万手)	1 562.78	863.62	80.96
政府债	3.68	5.25	−29.90
公司债	30.79	19.76	55.82
债券回购	1 528.31	838.61	82.24
总成交笔数(百万)	4 888.80	2 154.10	126.95
政府债	10.25	14.64	−29.99
公司债	245.26	186.43	31.56
债券回购	4 633.30	1 953.02	137.24
日均成交笔数(万)	20.12	8.83	127.86
政府债	0.04	0.06	−33.33
公司债	1.01	0.76	32.89
债券回购	19.07	8.00	138.38
债券发行(亿元)	70 777.99	56 655.20	24.93
政府债	55 726.10	48 693.10	14.44
公司债	15 051.89	7 962.10	89.04
大宗交易成交			
总成交金额(亿元)	836.81	661.02	26.59
总成交量(百万)	845.17	680.18	24.26
总成交笔数(笔)	2 881.00	1 970.00	46.24

5. 基金市场概貌

基金市场交易	2012 年	2011 年	增减(%)
交易天数	243	244	−0.41
上市基金数	41	36	13.89
封闭式基金	12	13	−7.69
ETFs	29	23	26.09
新上市基金数	6	11	−45.45
发行额(亿份)	897.3	863.75	3.88
封闭式基金	343.40	383.80	−10.53
ETFs	553.90	479.95	15.41
总成交金额(亿元)	3 171.36	2 901.41	9.30
封闭式基金	144.53	202.28	−28.55
ETFs	3 026.59	2 699.13	12.13
日均成交金额(亿元)	13.05	11.89	9.76
封闭式基金	0.59	0.83	−28.92
ETFs	12.46	11.06	12.66
总成交量(亿份)	2 541.17	2 370.84	7.18
封闭式基金	177.55	194.30	−8.62
ETFs	2 363.18	2 176.54	8.58
日均成交量(百万份)	1 045.75	971.66	7.63
封闭式基金	73.07	79.63	−8.24
ETFs	972.50	892.02	9.02
总成交笔数(万)	565.22	588.32	−3.93
封闭式基金	129.21	152.13	−15.07
ETFs	436.01	436.19	−0.04
日均成交笔数(万)	2.33	2.41	−3.32
封闭式基金	0.53	0.62	−14.52
ETFs	1.79	1.79	0.00
大宗交易成交			
总成交金额(亿元)	6.64	13.03	−49.04
总成交量(亿份)	3.62	9.69	−62.64
总成交笔数(笔)	24.00	197.00	−87.82

6. 基金基本信息

基金代码	基金简称	发行时间	上市日	发行方式	发行价格(元)	基金管理人	托管人	总份额(亿份)	流通量(亿份)
500001	基金金泰	1998.03.23	1998.04.07	上网发行	1.010	国泰基金管理有限公司	中国工商银行	20.00	19.70
500002	基金泰和	1999.04.02	1999.04.20	上网发行	1.010	嘉实基金管理有限公司	中国建设银行	20.00	19.70
500003	基金安信	1998.06.16	1998.06.26	上网发行	1.010	华安基金管理有限公司	中国工商银行	20.00	19.70
500005	基金汉盛	1999.04.30	1999.05.18	上网发行	1.010	富国基金管理有限公司	中国农业银行	20.00	19.70
500006	基金裕阳	1998.07.17	1998.07.30	上网发行	1.010	博时基金管理有限公司	中国农业银行	20.00	19.70
500008	基金兴华	1998.04.22	1998.05.08	上网发行	1.010	华夏基金管理有限公司	中国建设银行	20.00	19.70
500009	基金安顺	1999.06.09	1999.06.22	上网发行	1.010	华安基金管理有限公司	交通银行	30.00	29.85
500011	基金金鑫	1999.10.15	1999.11.26	上网发行	1.010	国泰基金管理有限公司	中国建设银行	30.00	29.85
500015	基金汉兴	1999.12.24	2000.01.10	上网发行	1.010	富国基金管理有限公司	交通银行	30.00	29.85
500018	基金兴和	1999.07.08	1999.07.30	上网发行	1.010	华夏基金管理有限公司	中国建设银行	30.00	29.85
500038	基金通乾	2001.08.23	2001.09.21	上网发行	1.010	融通基金管理有限公司	中国建设银行	20.00	19.90
500056	基金科瑞	2002.02.28	2002.03.20	上网发行	1.010	易方达基金管理有限公司	交通银行	30.00	29.85
500058	基金银丰	2002.08.08	2002.09.10	上网发行	1.010	银河基金管理有限公司	中国建设银行	30.00	29.85
510010	治理 ETF	2009.09.18	2009.12.15	上网发行	1.000	交银施罗德基金管理有限公司	中国农业银行	44.50	44.50
510020	超大 ETF	2009.12.23	2010.03.19	上网发行	1.000	博时基金管理有限公司	中国建设银行	5.85	5.85
510030	价值 ETF	2010.04.14	2010.05.28	上网发行	1.000	华宝兴业基金管理有限公司	中国工商银行	4.84	4.84
510050	50ETF	2004.12.24	2005.02.23	上网发行	1.000	华夏基金管理有限公司	中国工商银行	111.35	111.35
510060	央企 ETF	2009.08.20	2009.10.27	上网发行	1.000	工银瑞信基金管理有限公司	招商银行	6.08	6.08
510070	民企 ETF	2010.07.27	2010.10.29	上网发行	1.000	鹏华基金管理有限公司	中国工商银行	3.29	3.29
510090	责任 ETF	2010.05.19	2010.08.09	上网发行	1.000	建信基金管理有限公司	中国工商银行	4.56	4.56
510110	周期 ETF	2010.09.08	2010.11.15	上网发行	1.000	海富通基金管理有限公司	中国工商银行	1.39	1.39
510120	非周 ETF	2011.04.13	2011.06.08	上网发行	1.000	海富通基金管理有限公司	中国工商银行	1.71	1.71
510130	中盘 ETF	2010.03.17	2010.06.23	上网发行	1.000	易方达基金管理有限公司	中国工商银行	4.69	4.69
510150	消费 ETF	2010.11.30	2011.02.25	上网发行	1.000	招商基金管理有限公司	中国工商银行	5.54	5.54
510160	小康 ETF	2010.08.18	2010.11.01	上网发行	1.000	南方基金管理有限公司	中国工商银行	8.66	8.66
510170	商品 ETF	2010.11.17	2011.01.25	上网发行	1.000	国联安基金管理有限公司	中国银行	5.39	5.39
510180	180ETF	2006.03.09	2006.05.18	上网发行	1.000	华安基金管理有限公司	中国建设银行	172.22	172.22
510190	龙头 ETF	2010.11.10	2011.01.10	上网发行	1.000	华安基金管理有限公司	中国工商银行	3.41	3.41
510210	综指 ETF	2011.01.20	2011.03.25	上网发行	1.000	富国基金管理有限公司	中国工商银行	1.79	1.79
510220	中小 ETF	2011.01.14	2011.03.28	上网发行	1.000	华泰柏瑞基金管理有限公司	中国银行	0.43	0.43
510230	金融 ETF	2011.03.23	2011.05.23	上网发行	1.000	国泰基金管理有限公司	中国银行	2.69	2.69
510260	新兴 ETF	2011.03.28	2011.06.08	上网发行	1.000	诺安基金管理有限公司	中国工商银行	8.76	8.76
510270	国企 ETF	2011.06.08	2011.08.18	上网发行	1.000	中银基金管理有限公司	招商银行	1.55	1.55
510280	成长 ETF	2011.07.27	2011.10.18	上网发行	1.000	华宝兴业基金管理有限公司	中国银行	3.90	3.90
510290	380ETF	2011.09.07	2011.11.08	上网发行	1.000	南方基金管理有限公司	中国建设银行	2.08	2.08
510300	300ETF	2012.04.24	2012.05.28	上网发行	1.000	华泰柏瑞基金管理有限公司	中国工商银行	89.10	89.10
510410	资源 ETF	2012.03.28	2012.05.11	上网发行	1.000	博时基金管理有限公司	中国建设银行	4.04	4.04
510420	180EWETF	2012.06.04	2012.07.09	上网发行	1.000	景顺长城基金管理有限公司	中国银行	6.19	6.19
510430	50 等权	2012.08.15	2012.09.24	上网发行	1.000	银华基金管理有限公司	中国建设银行	11.80	11.80
510440	500 沪市	2012.08.15	2012.10.08	上网发行	1.000	大成基金管理有限公司	中国银行	5.41	5.41
510880	红利 ETF	2006.11.08	2007.01.18	上网发行	1.000	华泰柏瑞基金管理有限公司	招商银行	8.53	8.53
510900	H 股 ETF	2012.08.01	2012.10.22	上网发行	1.000	易方达基金管理有限公司	交通银行	20.16	20.16

7. 市场筹资

证券类型	筹资方式	筹资额(亿元)	
		2012 年	2011 年
A 股	首次发行	333.57	1 014.01
	再次发行	2 556.74	2 185.68
	A 股其他	0.00	0.00
	A 股筹资合计	2 890.31	3 199.69
B 股	首次发行	0.00	0.00
	再次发行	0.00	0.00
	B 股其他	0.00	0.00
	B 股筹资小计	0.00	0.00
股票筹资合计		2 890.31	5 532.14
债券	公司债	1 974.20	2 293.80
市场筹资合计		4 864.51	7 585.14

注:A 股再次发行包括:增发(向公众增发、定向增发)、配股、权证行权、可转债转股。自 2012 年 6 月起,公司债筹资包括:可转债、可分离债、证监会审批的公司债、私募债。

8. 股票投资者历年新开户数

年份	新开户总数			A 股新开户数		B 股新开户数		信用交易新开户数		
	总 数	自然人	机 构	自然人	机 构	自然人	机 构	总 数	自然人	机 构
1994	151.4	150.7	0.7	149.9	0.6	0.7	0.2	—	—	—
1995	110.3	109.8	0.6	109.0	0.5	0.8	0.1	—	—	—
1996	522.7	521.8	0.9	520.0	0.8	1.8	0.1	—	—	—
1997	502.8	501.4	2.2	499.6	2.0	1.8	0.1	—	—	—
1998	286.1	285.1	1.0	283.9	1.0	1.2	0.2	—	—	—
1999	281.7	279.7	2.1	278.6	2.0	1.0	0.1	—	—	—
2000	676.7	672.1	4.6	666.5	4.6	5.6	0.1	—	—	—
2001	462.0	458.2	3.8	379.9	3.8	78.3	0.1	—	—	—
2002	136.1	133.8	2.3	130.4	2.2	3.5	0.0	—	—	—
2003	76.1	75.2	0.9	73.6	0.9	1.6	0.0	—	—	—
2004	71.0	70.3	0.7	69.1	0.6	1.2	0.1	—	—	—
2005	44.8	44.2	0.6	43.8	0.5	0.4	0.1	—	—	—
2006	153.6	152.1	1.5	150.5	1.4	1.6	0.1	—	—	—
2007	1 915.5	1 909.5	6.0	1 867.4	5.9	42.1	0.1	—	—	—
2008	725.6	722.7	2.9	719.5	2.8	3.2	0.1	—	—	—
2009	862.8	859.3	3.4	856.2	3.4	3.1	0.1	—	—	—
2010	748.9	746.2	2.7	743.9	2.6	2.3	0.1	2.1	2.1	0.0
2011	550.8	548.5	2.3	547.2	2.2	1.3	0.1	15.5	15.4	0.1
2012	291.4	290.0	1.4	289.4	1.3	0.6	0.1	32.4	32.3	0.1

注:开户单位为万户。

9. 股票投资者历年开户累计

年份	开户总数			A股开户总数		B股开户总数		信用交易开户总数		
	总　数	自然人	机　构	自然人	机　构	自然人	机　构	总　数	自然人	机　构
1994	574.9	572.6	2.3	571.0	2.0	1.6	0.3	—	—	—
1995	685.2	682.3	2.9	680.0	2.5	2.3	0.4	—	—	—
1996	1 207.9	1 204.1	3.8	1 200.0	3.3	4.1	0.5	—	—	—
1997	1 713.3	1 708.1	5.2	1 702.2	4.6	5.9	0.6	—	—	—
1998	1 999.4	1 993.1	6.3	1 986.1	5.6	7.1	0.7	—	—	—
1999	2 281.1	2 272.8	8.3	2 264.7	7.6	8.1	0.8	—	—	—
2000	2 957.8	2 944.9	13.0	2 931.2	12.1	13.7	0.8	—	—	—
2001	3 419.8	3 403.1	16.8	3 311.1	15.9	92.0	0.9	—	—	—
2002	3 556.0	3 536.9	19.1	3 441.4	18.1	95.5	1.0	—	—	—
2003	3 632.1	3 612.1	20.0	3 515.1	19.0	97.1	1.0	—	—	—
2004	3 703.1	3 682.4	20.7	3 584.2	19.5	98.2	1.1	—	—	—
2005	3 747.9	3 726.6	21.3	3 628.0	20.1	98.6	1.2	—	—	—
2006	3 901.5	3 878.8	22.8	3 778.5	21.4	100.3	1.3	—	—	—
2007	5 817.0	5 788.2	28.8	5 645.9	27.3	142.4	1.5	—	—	—
2008	6 542.6	6 510.9	31.7	6 365.4	30.1	145.5	1.6	—	—	—
2009	7 405.4	7 370.3	35.1	7 221.6	33.4	148.6	1.7	—	—	—
2010	8 154.2	8 116.5	37.8	7 965.5	36.0	151.0	1.8	2.1	2.1	0.0
2011	8 705.0	8 664.9	40.1	8 512.7	38.1	152.2	2.0	17.6	17.5	0.1
2012	8 996.4	8 954.9	41.5	8 802.1	39.5	152.8	2.1	50.0	49.8	0.2

单位：万户。

10. 上海证券交易所会员公司概貌

会员公司	2012年	2011年	增减(%)
会员公司数量	112	112	0.00
席位数量	7 928	7 091	12.00
A股	7 737	6 901	12.00
B股	191	190	1.00
B股证券商	102	102	0.00
境内	62	62	0.00
境外	40	40	0.00
会员公司交易金额(亿元)			
合计	1 095 289.76	906 589.79	21.00
股票	328 921.74	475 110.61	−31.00
A股	328 094.76	473 618.24	−31.00
B股	826.98	1 492.37	−45.00
基金	6 342.23	5 802.82	9.00
政府债	1 811.14	2 553.42	−29.00
公司债现货	14 291.91	8 805.33	62.00
债券回购	692 721.47	399 162.99	74.00
权证	0.00	6 949.65	−100.00

五、保险统计

1. 上海市保险业务情况综合表(2012年)

全部保费	保费收入(百万元)	85 379.02
	同比增长(%)	10.97
财产保险业务(不包括意外险、健康险业务)	保费收入(百万元)	27 195.32
	同比增长(%)	10.40
人身保险业务(包括产险中意外险、健康险业务)	保费收入(百万元)	58 183.70
	同比增长(%)	11.24
保险密度(元)	全部业务	5 983.41
	财产保险	1 905.87
	人身保险	4 077.54
保险深度(%)	全部业务	4.25
	财产保险	1.36
	人身保险	2.89

2. 上海市再保险公司业务情况表(2012年)

单位:人民币百万元

项目	汉诺威再保险股份公司上海分公司				德国通用再保险股份公司上海分公司				中国人寿再保险股份有限公司上海分公司				中国财产再保险股份有限公司上海分公司			
	财产再保险业务		人寿再保险业务		财产再保险业务		人寿再保险业务		财产再保险业务		人寿再保险业务		财产再保险业务		人寿再保险业务	
	2011年	2012年	2011年	2012年	2011年	2012年	2011年	2012年	2011年	2012年	2011年	2012年	2011年	2012年	2011年	2012年
分保费收入	1 445.82	1 751.19	1 615.18	2 354.58	32.19	24.13	257.23	300.40	—	—	2 119.19	4 384.79	5 324.57	5 428.20	—	—
摊回分保赔偿	0.23	3.15	0.04	10.89	—	—	—	—	—	—	—	—	2.92	1.50	—	—
利息收入	31.54	58.26	78.15	115.70	0.21	0.18	1.70	2.22	—	—	3.34	3.32	0.12	0.06	—	—
投资收入	—	—	—	—	2.74	1.98	21.90	24.71	—	—	0	0	0	0	—	—
其他收入	−27.12	0.05	−78.28	2.87	0.09	0.03	0.69	0.33	—	—	0.01	0.01	8.73	0.39	—	—
转回未决赔款准备金	—	—	—	—	—	—	—	—	—	—	—	—	−13.88	−1.26	—	—
转回长期责任准备金	—	—	—	—	—	—	—	—	—	—	—	—	—	—	—	—
分保费支出	32.14	48.38	402.01	394.57	—	—	—	—	—	—	—	—	3.10	4.49	—	—
分保赔款支出	238.33	702.79	356.66	490.47	44.99	5.36	77.89	102.51	—	—	386.67	394.88	2 480.63	2 942.01	—	—
分保费用支出	670.71	601.24	939.19	467.68	0.19	0.17	65.87	57.16	—	—	598.41	754.65	2 652.80	2 169.86	—	—
利息支出	—	—	—	—	—	—	—	—	—	—	—	—	—	—	—	—
营业费用	25.95	28.97	28.93	35.24	12.17	15.64	20.40	30.90	—	—	12.36	15.65	6.36	6.65	—	—
其他支出	—	—	—	—	0.07	0.01	0.54	0.06	—	—	391.47	255.96	118.18	123.49	—	—
提存未决赔款准备金	535.57	391.05	161.48	−102.75	−4.72	13.58	2.98	14.51	—	—	86.35	23.40	399.39	−102.25	—	—
提存长期责任准备金	—	—	−218.50	1 082.31	−2.71	1.83	77.71	98.29	—	—	666.60	3 177.21	—	—	—	—
损益	−52.23	40.22	−54.68	116.52	−14.76	−10.27	36.13	24.23	—	—	−19.32	−233.63	−337.57	−285.03	—	—

3. 上海市人寿保险公司

序号	保险机构	保费收入															
		合计	个人业务							团体业务							其中新单保费
			人寿保险					意外伤害险	健康险	人寿保险					意外伤害险	健康险	
			小计	普通寿险	分红寿险	投资连接保险	万能保险			小计	普通寿险	分红寿险	投资连接保险	万能保险			
1	中国人寿保险股份有限公司上海市分公司	7 535.39	6 718.33	455.34	6 262.99	—	—	164.25	213.76	52.18	52.18	—	—	—	109.30	277.57	4 311.65
2	中国太平洋人寿保险股份有限公司上海分公司	4 672.56	2 383.46	195.14	2 185.79	—	2.53	84.68	59.22	2 045.03	13.98	2 031.05	—	—	24.73	75.44	3 446.63
3	中国平安人寿保险股份有限公司上海分公司	9 726.20	8 616.28	1 487.11	6 757.88	69.15	302.14	54.87	1 009.11	45.79	45.79	—	—	—	0.02	0.13	2 454.34
4	泰康人寿保险股份有限公司上海分公司	3 912.95	3 674.41	11.40	3 661.10	0.05	1.86	2.82	21.64	4.50	4.49	—	—	0.01	145.32	64.26	2 754.27
5	新华人寿保险股份有限公司上海分公司	6 073.27	5 800.15	11.57	5 781.80	—	6.78	0.29	58.85	3.62	3.62	—	—	—	67.61	142.75	3 494.89
6	太平人寿保险有限公司上海分公司	660.74	586.22	28.05	558.15	0.02	—	4.71	42.16	0.13	0.63	−0.50	—	—	0.19	27.33	242.91
7	生命人寿保险股份有限公司上海分公司	1 748.17	1 700.00	3.62	1 695.73	0.04	0.61	0.21	6.60	2.30	2.28	—	—	0.02	9.58	29.48	1 253.06
8	民生人寿保险股份有限公司上海分公司	158.12	152.48	0.11	152.37	—	—	0.06	5.17	—	—	—	—	—	0.40	0.01	91.28
9	合众人寿保险股份有限公司上海分公司	559.49	530.17	1.32	526.52	—	2.33	0.88	13.08	0.97	0.97	—	—	—	2.95	11.44	276.08
10	中国人民健康保险股份有限公司上海分公司	377.91	256.39	0.09	244.21	—	12.09	—	0.16	—	—	—	—	—	13.74	107.62	325.43
11	和谐健康保险股份有限公司上海分公司	2.40	0.14	—	—	—	0.14	0.07	0.49	—	—	—	—	—	0.33	1.37	1.70
12	汇丰人寿保险有限公司	440.29	427.87	2.00	425.84	0.03	—	—	8.19	1.09	1.09	—	—	—	0.26	2.88	176.27
13	平安健康保险股份有限公司上海分公司	78.51	—	—	—	—	—	—	1.65	—	—	—	—	—	0.48	76.38	78.15
14	友邦保险有限公司上海分公司	2 284.84	1 683.19	987.20	690.84	1.11	4.04	91.89	418.70	10.55	10.55	—	—	—	19.83	60.68	512.29
15	中宏人寿保险有限公司上海分公司	1 311.00	1 124.27	69.16	1 052.27	2.84	—	14.99	155.74	1.00	1.00	—	—	—	5.19	9.81	271.39

业务统计表(2012 年)

单位:人民币百万元

有效保单件数(万件)	赔款支出									退保
	合计	个人业务				团体业务				
		赔款支出	死伤医疗给付	满期给付	年金给付	赔款支出	死伤医疗给付	满期给付	年金给付	
224.21	1 311.16	78.37	84.67	732.79	121.11	267.61	26.61	—	—	934.51
937.20	333.45	10.00	38.15	35.09	141.43	50.63	6.23	33.65	18.27	425.82
414.00	3 696.68	75.16	240.34	2 437.35	815.98	−0.46	1.66	0.02	126.63	502.11
41.32	203.61	0.76	31.37	51.81	64.34	47.74	0.67	—	6.92	727.41
86.72	498.85	3.18	54.62	298.08	67.16	62.55	1.96	—	11.30	1 539.27
17.65	328.98	2.01	8.49	257.92	28.75	29.60	2.06	0.01	0.14	125.39
13.69	130.92	0.07	5.65	104.78	—	20.42	—	—	—	204.44
2.51	36.59	0.06	1.26	31.91	3.36	—	—	—	—	27.14
9.22	126.16	0.23	3.54	88.66	26.45	7.24	0.04	—	—	84.98
0.91	81.00	2.61	—	—	—	78.39	—	—	—	—
0.69	1.13	0.05	0.06	0.05	—	—	0.89	0.08	—	1.54
0.77	10.78	−0.04	0.66	—	7.55	2.41	0.20	—	—	9.65
0.07	41.60	0.03	0.28	—	—	41.29	—	—	—	0.06
129.61	401.70	75.16	64.88	36.16	190.05	32.88	2.57	—	—	189.01
32.81	116.39	19.76	23.77	8.25	59.79	4.70	0.12	—	—	42.51

序号	保险机构	保费收入															
		合计	个人业务							团体业务							其中新单保费
			人寿保险					意外伤害险	健康险	人寿保险					意外伤害险	健康险	
			小计	普通寿险	分红寿险	投资连接保险	万能保险			小计	普通寿险	分红寿险	投资连接保险	万能保险			
16	建信人寿保险有限公司	2 242.24	2 023.06	367.20	1 650.28	1.69	3.89	27.74	153.89	1.32	1.32	—	—	—	13.38	22.85	1 562.73
17	中德安联人寿保险有限公司上海分公司	472.03	423.73	65.47	356.30	0.24	1.72	6.43	28.97	1.43	1.43	—	—	—	2.17	9.30	233.83
18	工银安盛人寿保险有限公司	934.53	767.19	28.54	735.35	3.30	—	8.64	54.21	8.05	8.05	—	—	—	13.69	82.75	752.17
19	交银康联人寿保险有限公司	384.58	350.96	28.69	322.04	—	0.23	2.29	27.05	0.06	0.06	—	—	—	3.95	0.27	293.15
20	天安人寿保险股份有限公司上海分公司	1 125.76	1 079.40	12.65	1 066.43	—	0.32	16.46	6.61	0.40	0.40	—	—	—	3.79	19.10	1 077.29
21	北大方正人寿保险有限公司	150.65	121.44	11.81	109.22	0.05	0.36	1.77	18.30	0.80	0.80	—	—	—	0.62	7.72	30.77
22	海康人寿保险有限公司	278.12	261.07	42.33	218.43	0.01	0.30	6.32	8.58	0.14	0.14	—	—	—	0.21	1.80	154.38
23	长生人寿保险有限公司	160.45	59.31	0.85	58.16	0.01	0.29	0.55	5.18	4.88	4.88	—	—	—	7.27	83.26	138.93
24	华夏人寿保险股份有限公司上海分公司	197.74	172.44	1.41	4.01	—	167.02	0.04	0.87	21.16	0.05	21.11	—	—	0.50	2.73	197.74
25	正德人寿保险股份有限公司上海分公司	1 708.90	1 708.85	0.01	11.04	—	1 697.80	—	0.05	—	—	—	—	—	—	—	1 697.95
26	信诚人寿保险有限公司上海分公司	181.14	162.95	9.45	152.06	1.16	0.28	1.24	11.32	0.38	0.38	—	—	—	1.41	3.84	65.96
27	中美联泰大都会人寿保险有限公司	826.97	739.54	530.16	208.95	0.41	0.02	22.15	64.00	0.01	0.01	—	—	—	0.33	0.94	183.95
28	中意人寿保险有限公司上海分公司	289.13	48.26	1.28	46.54	0.42	0.02	0.41	1.94	20.75	20.75	—	—	—	23.62	194.15	251.66
29	瑞泰人寿保险有限公司上海分公司	1.16	1.04	0.02	—	1.02	—	—	0.12	—	—	—	—	—	—	—	—
30	招商信诺人寿保险有限公司上海分公司	551.35	278.93	235.69	42.54	0.70	—	51.72	140.62	0.63	0.63	—	—	—	—	79.45	198.22

（续表）

有效保单件数（万件）	赔款支出									退保
	合计	个人业务				团体业务				
		赔款支出	死伤医疗给付	满期给付	年金给付	赔款支出	死伤医疗给付	满期给付	年金给付	
39.00	153.78	10.49	26.96	6.21	91.50	18.62	—	—	—	42.68
7.52	33.97	2.79	4.39	15.05	6.14	5.40	0.20	—	—	33.30
11.40	211.43	29.62	4.30	51.87	37.97	84.38	3.29	—	—	35.63
5.00	234.67	0.36	4.35	229.19	0.76	0.01	—	—	—	75.00
7.88	264.11	1.30	3.43	243.29	5.70	10.33	0.06	—	—	264.40
2.51	21.41	0.63	2.34	10.09	5.36	2.99	—	—	—	14.07
5.26	11.77	1.39	1.21	0.44	7.38	1.35	—	—	—	12.10
2.01	60.61	0.30	0.90	0.02	1.90	55.30	2.19	—	—	17.14
0.24	0.06	—	—	—	—	0.05	—	—	0.01	0.31
2.20	1.88	1.70	0.07	0.11	—	—	—	—	—	757.67
3.20	9.78	0.49	1.33	5.28	0.03	2.65	—	—	—	17.83
20.82	17.30	1.05	14.44	—	1.81	—	—	—	—	43.34
1.09	144.74	0.01	0.64	—	2.91	136.59	4.59	—	—	46.22
—	0.12	0.02	0.10	—	—	—	—	—	—	0.14
45.03	83.31	25.26	4.83	—	0.10	53.12	—	—	—	25.49

序号	保险机构	保费收入															
		合计	个人业务							团体业务							其中新单保费
			人寿保险					意外伤害险	健康险	人寿保险					意外伤害险	健康险	
			小计	普通寿险	分红寿险	投资连接保险	万能保险			小计	普通寿险	分红寿险	投资连接保险	万能保险			
31	中国人民人寿保险股份有限公司上海市分公司	977.22	607.03	1.55	521.06	—	84.42	9.02	2.55	340.78	0.48	339.55	—	0.75	2.13	15.71	930.07
32	国华人寿保险股份有限公司上海分公司	618.60	608.12	12.29	595.57	—	0.26	0.10	1.78	0.65	0.65	—	—	—	4.62	3.33	600.94
33	平安养老保险股份有限公司上海分公司	951.40	—	—	—	—	—	—	—	30.24	30.24	—	—	—	310.39	610.77	951.39
34	英大泰和人寿保险股份有限公司上海分公司	242.38	223.95	0.02	223.82	—	0.11	0.05	0.56	0.08	0.08	—	—	—	5.66	12.08	189.90
35	华泰人寿保险股份有限公司上海分公司	659.87	651.42	6.80	644.58	—	0.04	—	—	0.71	0.71	—	—	—	3.53	4.21	423.04
36	光大永明人寿保险有限公司上海分公司	208.47	174.95	4.36	170.58	—	0.01	—	0.42	3.34	2.57	—	—	0.77	4.76	25.00	148.82
37	太平养老保险股份有限公司上海分公司	387.15	—	—	—	—	—	—	—	83.68	16.13	67.55	—	—	35.60	267.87	300.31
38	幸福人寿保险股份有限公司上海分公司	784.31	763.63	0.01	763.46	—	0.16	1.35	0.71	0.30	0.30	—	—	—	9.68	8.64	587.63
39	泰康养老保险股份有限公司上海分公司	244.40	—	—	—	—	—	—	—	94.30	—	91.60	—	2.70	48.50	101.60	73.00
40	昆仑健康保险股份有限公司上海分公司	243.69	—	—	—	—	—	2.77	214.06	—	—	—	—	—	4.86	22.00	241.27
41	阳光人寿保险股份有限公司上海分公司	1 353.81	1 344.38	20.19	1 324.19	—	—	—	4.58	—	—	—	—	—	1.80	3.05	1 267.34
42	安邦人寿保险股份有限公司上海分公司	211.58	211.51	0.02	211.49	—	—	—	0.01	—	—	—	—	—	0.04	0.02	211.56
43	中融人寿保险股份有限公司上海分公司	503.03	498.79	—	498.79	—	—	—	—	—	—	—	—	—	0.63	3.61	503.03
44	信泰人寿保险股份有限公司上海分公司	10.65	10.15	9.10	1.05	—	—	0.26	0.01	—	—	—	—	—	0.23	—	10.64
45	国泰人寿保险有限责任公司上海营运部	141.59	57.38	9.54	47.83	0.01	—	6.14	10.00	—	—	—	—	—	13.30	54.77	91.44
	总计	56 584.74	47 002.84	4 651.55	39 979.26	82.26	2 289.77	585.17	2 770.91	2 781.25	226.64	2 550.36	—	4.25	916.60	2 527.97	33 059.45

（续表）

有效保单件数（万件）	赔款支出									退保
	合计	个人业务				团体业务				
		赔款支出	死伤医疗给付	满期给付	年金给付	赔款支出	死伤医疗给付	满期给付	年金给付	
131.59	293.00	2.11	2.66	2.60	—	5.01	0.06	280.56	—	148.00
21.38	9.15	0.13	3.83	—	2.32	2.46	0.41	—	—	919.05
3.58	530.45	—	—	—	—	524.73	0.15	—	5.57	6.11
4.72	16.85	0.05	1.32	—	3.48	11.67	0.33	—	—	26.82
10.59	12.33	0.04	3.36	—	5.91	2.92	0.10	—	—	217.19
4.29	34.72	—	2.67	0.05	9.84	21.21	0.95	—	—	295.60
0.27	110.32	—	—	—	—	110.32	—	—	—	—
3.58	35.83	0.18	0.51	—	18.51	16.58	0.05	—	—	72.58
0.20	—	—	—	—	—	—	—	—	—	—
1.36	19.58	0.47	−0.38	—	—	19.47	0.02	—	—	0.83
4.91	8.71	1.87	—	—	6.71	0.12	0.01	—	—	142.14
0.87	—	—	—	—	—	—	—	—	—	1.68
3.28	10.70	—	1.64	—	—	—	9.06	—	—	64.73
0.53	0.09	—	—	—	—	0.09	—	—	—	—
6.55	85.09	0.08	0.90	51.10	4.41	26.96	1.64	—	—	6.55
2 262.24	9 734.76	347.75	643.54	4 698.15	1 738.71	1 757.33	66.12	314.32	168.84	8 100.44

4. 上海市财产保险公司

公司序号	保险机构	保费收入										
		合计	企业财产保险	机动车辆保险	货物运输保险	责任保险	工程保险	信用及保证保险	农业保险	短期健康保险	意外伤害保险	其他
1	中国人民财产保险股份有限公司上海市分公司	4 355.40	414.47	2 691.29	154.54	267.77	54.76	16.72	—	24.15	47.05	684.65
2	中国太平洋财产保险股份有限公司上海分公司	4 821.66	463.75	3 717.11	0.19	253.46	68.75	16.82	—	35.52	134.21	131.85
3	中国平安财产保险股份有限公司上海分公司	6 551.58	525.00	4 616.00	117.50	295.00	98.47	552.17	—	41.22	129.94	176.28
4	天安财产保险股份有限公司上海分公司	209.45	9.88	180.79	1.93	7.18	1.46	—	—	2.69	3.53	1.99
5	大众保险股份有限公司上海分公司	234.31	43.06	141.18	19.83	6.75	3.43	−0.10	—	0.06	22.78	−2.68
6	华泰财产保险有限公司上海分公司	534.80	63.60	191.46	109.29	50.68	9.53	4.76	—	9.01	89.31	7.16
7	太平财产保险有限公司上海分公司	508.55	59.96	365.06	16.73	13.94	5.65	0.33	—	25.60	17.81	3.47
8	中华联合财产保险股份有限公司上海分公司	570.55	57.94	421.69	8.31	22.75	3.19	−3.72	—	35.33	19.55	5.51
9	华安财产保险股份有限公司上海分公司	303.40	4.35	121.43	0.62	1.19	0.40	—	—	31.46	138.91	5.04
10	中国大地财产保险股份有限公司上海分公司	824.87	54.17	464.05	12.75	13.96	5.78	32.12	—	180.35	17.16	44.53
11	中国大地财产保险股份有限公司营业部	313.40	45.17	31.77	15.84	46.45	34.70	31.67	6.44	42.09	3.82	55.45
12	安信农业保险股份有限公司	626.81	53.96	58.81	1.01	23.32	81.11	2.04	355.82	8.20	16.19	26.35
13	安邦财产保险股份有限公司上海分公司	94.74	3.77	67.44	—	21.70	1.76	0.02	—	—	0.04	0.01
14	天平汽车保险股份有限公司上海分公司	357.30	—	321.14	—	—	—	—	—	—	36.16	—
15	永诚财产保险股份有限公司上海分公司	473.04	57.73	303.37	3.97	6.27	5.81	—	—	42.26	38.41	15.22
16	阳光财产保险股份有限公司上海市分公司	297.12	17.54	222.46	24.37	6.78	0.29	0.69	—	—	14.24	10.75
17	都邦财产保险股份有限公司上海分公司	43.53	4.36	36.17	0.25	0.12	0.79	—	—	—	1.84	—
18	美亚财产保险有限公司上海分公司	606.34	87.69	—	118.93	196.99	7.71	21.18	—	19.91	147.42	6.51
19	东京海上日动火灾保险(中国)有限公司上海分公司	271.13	80.89	2.15	113.31	61.74	4.27	5.31	—	—	1.83	1.63
20	丰泰保险(亚洲)有限公司上海分公司	340.25	130.60	—	90.35	57.33	28.59	1.45	—	16.92	11.24	3.77
21	太阳联合保险(中国)有限公司	160.57	47.24	—	32.42	46.80	15.76	1.52	—	0.11	14.69	2.03
22	丘博保险(中国)有限公司	180.65	4.91	—	26.10	94.93	—	—	—	47.94	6.72	0.05
23	三星财产保险(中国)有限公司	58.28	28.83	2.28	11.00	6.59	3.68	0.22	—	—	5.23	0.45
24	三井住友海上火灾保险(中国)有限公司	717.43	130.73	441.75	74.11	35.68	19.13	5.94	—	0.55	2.37	7.17

业务统计表(2012 年)

单位:人民币百万元

保户储金及投资款	赔款支出											赔案件数(万件)	未决赔款
	合计	企业财产保险	机动车辆保险	货物运输保险	责任保险	工程保险	信用保证保险	农业保险	短期健康保险	意外伤害保险	其他		
47.50	2 465.52	221.82	1 833.72	53.40	113.18	16.80	3.13	—	12.59	7.18	203.70	28.99	2 582.12
—	2 871.49	218.55	2 362.02	29.83	105.07	24.19	1.74	—	18.94	39.24	71.91	65.40	1 077.98
1.13	3 440.17	226.39	2 795.97	62.07	136.90	10.89	63.54	—	24.45	26.22	93.74	85.68	1 823.17
—	146.59	7.84	133.94	−0.41	1.09	1.01	—	—	1.54	1.58	—	0.54	62.88
—	160.20	17.20	121.43	7.22	4.71	2.45	—	—	—	6.30	0.89	2.60	122.65
—	186.79	44.11	101.57	22.23	8.21	0.32	0.04	—	0.57	8.67	1.07	3.64	89.98
—	196.86	8.68	165.09	3.00	1.33	1.40	—	—	−1.25	1.65	16.96	4.31	122.29
—	448.57	46.12	343.26	4.93	12.13	0.58	0.52	—	25.95	11.24	3.84	0.19	29.89
—	90.55	0.72	61.35	0.18	0.24	1.01	—	—	2.28	19.49	5.28	1.94	46.68
—	354.70	51.43	280.59	2.50	5.46	7.74	6.98	—	—	—	—	8.20	15.40
—	109.42	13.17	13.83	1.88	11.85	13.39	0.12	3.28	22.18	2.99	26.73	1.33	86.47
—	403.04	23.71	50.12	0.11	4.63	8.13	−0.47	292.44	7.26	4.84	12.27	2.27	58.17
—	15.72	0.41	15.07	—	—	—	—	—	—	—	0.24	0.71	20.60
—	188.65	—	188.63	—	—	—	—	—	—	0.02	—	4.85	84.36
—	289.61	14.53	208.43	0.59	3.05	6.10	—	—	26.90	26.52	3.49	11.51	5 880.39
—	155.40	7.96	122.02	15.94	1.75	0.01	0.54	—	—	6.21	0.97	6.20	69.66
—	21.69	—	21.69	—	—	—	—	—	—	—	—	0.38	10.52
—	220.72	43.93	—	66.72	44.58	11.34	13.10	—	9.41	31.46	0.18	2.75	103.23
—	155.56	26.48	55.68	53.17	17.38	0.62	1.46	—	—	0.70	0.07	0.39	111.48
—	55.97	22.52	—	18.51	4.07	0.21	0.31	—	9.46	0.83	0.06	0.63	302.56
—	43.50	13.32	—	10.74	5.11	13.11	0.10	—	0.06	0.74	0.32	0.15	53.94
—	50.57	0.17	—	8.43	20.44	—	—	—	11.14	10.39	—	2.86	309.15
—	43.20	28.04	0.45	11.90	1.83	—	—	—	—	0.98	—	0.14	65.95
—	316.53	45.00	198.93	58.77	5.80	5.30	0.07	—	0.55	0.89	1.22	0.27	57.24

公司序号	保险机构	保费收入										
		合计	企业财产保险	机动车辆保险	货物运输保险	责任保险	工程保险	信用及保证保险	农业保险	短期健康保险	意外伤害保险	其他
25	中国出口信用保险公司上海分公司	383.10	—	—	—	—	—	383.10	—	—	—	—
26	民安财产保险有限公司上海分公司	32.74	9.75	11.69	1.07	5.11	1.34	0.97	—	1.16	0.31	1.34
27	渤海财产保险股份有限公司上海分公司	6.03	1.05	4.92	—	—	0.02	—	—	—	0.04	—
28	日本财产保险(中国)有限公司上海分公司	309.83	183.50	0.51	72.70	30.45	13.44	0.45	—	3.53	5.28	−0.03
29	中银保险有限公司上海分公司	124.97	14.17	20.80	1.15	5.47	4.24	56.14	—	3.83	12.81	6.36
30	安诚财产保险股份有限公司上海分公司	91.71	5.15	78.60	0.38	0.99	2.05	—	—	0.70	3.64	0.20
31	国泰财产保险有限责任公司	104.02	30.22	42.69	7.67	17.61	3.04	0.51	—	—	0.35	1.93
32	中国人寿财产保险股份有限公司上海市分公司	821.01	74.98	647.82	15.85	24.26	15.17	—	—	—	16.04	26.89
33	华泰财产保险有限公司营业部	136.29	24.84	—	29.17	35.27	17.06	0.64	—	—	24.90	4.41
34	英大泰和财产保险股份有限公司上海分公司	325.18	111.68	166.19	9.20	17.45	1.98	1.08	2.48	—	14.53	0.59
35	紫金财产保险股份有限公司上海分公司	75.53	5.23	59.61	2.55	1.40	0.70	0.40	—	0.80	1.41	3.43
36	中意财产保险有限公司上海分公司	24.55	6.77	—	5.10	6.44	2.33	0.01	—	—	1.21	2.69
37	中国人民财产保险股份有限公司航运保险运营中心	1 445.63	—	—	—	—	—	—	—	—	—	1 445.63
38	中国太平洋财产保险股份有限公司航运保险事业营运中心	660.33	—	—	282.58	—	—	—	—	—	—	377.75
39	信达财产保险股份有限公司上海分公司	162.58	14.48	122.94	0.61	6.02	11.16	1.96	—	0.20	5.21	—
40	鼎和财产保险股份有限公司上海分公司	65.49	2.07	59.49	0.21	1.10	0.35	—	—	—	2.25	0.02
41	长安责任保险股份有限公司上海市分公司	34.32	2.05	31.18	0.27	0.51	0.05	—	—	0.14	0.11	0.01
42	浙商财产保险股份有限公司上海分公司	118.11	4.43	109.02	0.42	0.19	0.23	—	—	—	3.12	0.70
43	劳合社保险(中国)有限公司	232.89	21.80	—	37.65	21.24	16.32	—	93.08	—	2.10	40.70
44	信利保险(中国)有限公司	43.60	7.62	—	—	35.98	—	—	—	—	—	—
45	中国平安财产保险股份有限公司航运保险运营中心	76.43	—	—	30.50	—	—	—	—	—	—	45.93
46	安联财产保险(中国)有限公司上海分公司	42.43	0.91	—	0.05	13.92	2.30	2.80	—	10.83	0.12	11.50
47	永安财产保险股份有限公司上海分公司	22.35	1.85	14.13	0.61	0.74	0.09	0.05	—	—	0.52	4.36
	总计	28 794.28	2 912.15	15 766.99	1 451.09	1 761.53	546.89	1 137.25	457.82	584.56	1 014.40	3 161.60

（续表）

保户储金及投资款	赔款支出											赔案件数（万件）	未决赔款
	合计	企业财产保险	机动车辆保险	货物运输保险	责任保险	工程保险	信用保证保险	农业保险	短期健康保险	意外伤害保险	其他		
—	33.64	—	—	—	—	—	33.64	—	—	—	—	0.01	11.48
—	22.21	3.41	14.15	0.51	0.10	2.94	0.43	—	0.16	0.11	0.40	0.26	15.08
—	3.67	—	3.67	—	—	—	—	—	—	—	—	0.02	0.99
—	95.57	67.03	—	16.27	1.91	6.18	0.03	—	0.08	4.07	—	0.12	16.35
—	36.63	4.52	15.50	1.27	0.95	4.99	6.91	—	0.73	0.55	1.21	0.73	7.05
—	78.83	0.19	72.87	0.02	0.16	0.13	—	—	0.57	0.29	4.60	0.11	27.91
—	40.76	10.75	15.21	8.34	4.55	1.42	0.11	—	—	—	0.38	0.33	16.03
—	391.97	24.05	348.99	3.82	7.44	0.90	0.61	—	—	2.25	3.91	7.79	32.08
—	29.52	8.73	—	6.65	5.06	5.39	0.04	—	—	2.36	1.29	0.03	112.70
—	120.08	44.87	52.53	4.89	13.43	0.36	—	1.26	—	2.63	0.11	2.76	11.77
—	63.36	2.70	57.05	0.30	0.54	0.19	—	—	0.52	0.46	1.60	0.98	31.73
—	2.02	0.64	—	0.94	0.30	0.11	—	—	—	0.01	0.02	0.03	12.59
—	426.63	—	—	—	—	—	—	—	—	—	426.63	0.07	144.78
—	322.04	—	—	161.94	—	—	—	—	—	—	160.10	0.31	253.92
—	102.29	3.20	93.14	0.65	0.07	0.02	—	—	0.03	1.11	4.07	2.00	5.69
—	21.39	0.71	19.47	0.05	0.13	0.05	—	—	—	0.81	0.17	0.97	4.77
—	17.31	0.69	15.26	0.15	0.25	—	—	—	0.06	—	0.90	0.46	18.70
—	50.96	0.71	46.77	0.15	0.26	0.06	—	—	—	0.44	2.57	2.03	46.56
—	138.15	3.63	—	2.66	1.01	7.33	—	114.83	—	0.02	8.67	0.03	215.38
—	0.71	0.03	—	—	0.68	—	—	—	—	—	—	—	0.98
—	1.18	—	—	0.84	—	—	—	—	—	—	0.34	0.02	9.45
—	2.85	0.11	—	0.07	0.01	—	—	—	2.65	0.01	—	0.07	0.32
—	1.24	0.11	1.07	—	0.06	—	—	—	—	—	—	0.01	
48.63	14 434.03	1 258.18	9 829.47	641.23	545.72	154.67	132.95	411.81	176.83	223.26	1 059.91	255.07	14 183.07

5. 上海市人寿保险公司保费收入市场份额表(2012 年)

单位:人民币百万元

序号	单位名称	保费收入	占市场比例(%)
1	中国人寿保险股份有限公司上海市分公司	7 535.39	13.32
2	中国太平洋人寿保险股份有限公司上海分公司	4 672.56	8.26
3	中国平安人寿保险股份有限公司上海分公司	9 726.20	17.19
4	泰康人寿保险股份有限公司上海分公司	3 912.95	6.92
5	新华人寿保险股份有限公司上海分公司	6 073.27	10.73
6	太平人寿保险有限公司上海分公司	660.74	1.17
7	生命人寿保险股份有限公司上海分公司	1 748.17	3.09
8	民生人寿保险股份有限公司上海分公司	158.12	0.28
9	合众人寿保险股份有限公司上海分公司	559.49	0.99
10	中国人民健康保险股份有限公司上海分公司	377.91	0.67
11	和谐健康保险股份有限公司上海分公司	2.40	—
12	汇丰人寿保险有限公司	440.29	0.78
13	平安健康保险股份有限公司上海分公司	78.51	0.14
14	友邦保险有限公司上海分公司	2 284.84	4.04
15	中宏人寿保险有限公司上海分公司	1 311.00	2.32
16	建信人寿保险有限公司	2 242.24	3.96
17	中德安联人寿保险有限公司上海分公司	472.03	0.83
18	工银安盛人寿保险有限公司	934.53	1.65
19	交银康联人寿保险有限公司	384.58	0.68
20	天安人寿保险股份有限公司上海分公司	1 125.76	1.99
21	北大方正人寿保险有限公司	150.65	0.27
22	海康人寿保险有限公司	278.12	0.49
23	长生人寿保险有限公司	160.45	0.28
24	华夏人寿保险股份有限公司上海分公司	197.74	0.35
25	正德人寿保险股份有限公司上海分公司	1 708.90	3.02
26	信诚人寿保险有限公司上海分公司	181.14	0.32
27	中美联泰大都会人寿保险有限公司	826.97	1.46
28	中意人寿保险有限公司上海分公司	289.13	0.51
29	瑞泰人寿保险有限公司上海分公司	1.16	—
30	招商信诺人寿保险有限公司上海分公司	551.35	0.97
31	中国人民人寿保险股份有限公司上海市分公司	977.22	1.73
32	国华人寿保险股份有限公司上海分公司	618.60	1.09
33	平安养老保险股份有限公司上海分公司	951.40	1.68
34	英大泰和人寿保险股份有限公司上海分公司	242.38	0.43
35	华泰人寿保险股份有限公司上海分公司	659.87	1.17
36	光大永明人寿保险有限公司上海分公司	208.47	0.37
37	太平养老保险股份有限公司上海分公司	387.15	0.68
38	幸福人寿保险股份有限公司上海分公司	784.31	1.39
39	泰康养老保险股份有限公司上海分公司	244.40	0.43
40	昆仑健康保险股份有限公司上海分公司	243.69	0.43
41	阳光人寿保险股份有限公司上海分公司	1 353.81	2.39
42	安邦人寿保险股份有限公司上海分公司	211.58	0.37
43	中融人寿保险股份有限公司上海分公司	503.03	0.89
44	信泰人寿保险股份有限公司上海分公司	10.65	0.02
45	国泰人寿保险有限责任公司上海营运部	141.59	0.25
	总计	56 584.74	100.00

6. 上海市财产保险公司保费收入市场份额表(2012年)

单位:人民币百万元

序号	单 位 名 称	保费收入	占市场比例(%)
1	中国人民财产保险股份有限公司上海市分公司	4 355.40	15.13
2	中国太平洋财产保险股份有限公司上海分公司	4 821.66	16.75
3	中国平安财产保险股份有限公司上海分公司	6 551.58	22.75
4	天安财产保险股份有限公司上海分公司	209.45	0.73
5	大众保险股份有限公司上海分公司	234.31	0.81
6	华泰财产保险有限公司上海分公司	534.80	1.86
7	太平财产保险有限公司上海分公司	508.55	1.77
8	中华联合财产保险股份有限公司上海分公司	570.55	1.98
9	华安财产保险股份有限公司上海分公司	303.40	1.05
10	中国大地财产保险股份有限公司上海分公司	824.87	2.86
11	中国大地财产保险股份有限公司营业部	313.40	1.09
12	安信农业保险股份有限公司	626.81	2.18
13	安邦财产保险股份有限公司上海分公司	94.74	0.33
14	天平汽车保险股份有限公司上海分公司	357.30	1.24
15	永诚财产保险股份有限公司上海分公司	473.04	1.64
16	阳光财产保险股份有限公司上海市分公司	297.12	1.03
17	都邦财产保险股份有限公司上海分公司	43.53	0.15
18	美亚财产保险有限公司上海分公司	606.34	2.11
19	东京海上日动火灾保险(中国)有限公司上海分公司	271.13	0.94
20	丰泰保险(亚洲)有限公司上海分公司	340.25	1.18
21	太阳联合保险(中国)有限公司	160.57	0.56
22	丘博保险(中国)有限公司	180.65	0.63
23	三星财产保险(中国)有限公司	58.28	0.20
24	三井住友海上火灾保险(中国)有限公司	717.43	2.49
25	中国出口信用保险公司上海分公司	383.10	1.33
26	民安财产保险有限公司上海分公司	32.74	0.11
27	渤海财产保险股份有限公司上海分公司	6.03	0.02
28	日本财产保险(中国)有限公司上海分公司	309.83	1.08
29	中银保险有限公司上海分公司	124.97	0.43
30	安诚财产保险股份有限公司上海分公司	91.71	0.32
31	国泰财产保险有限责任公司	104.02	0.36
32	中国人寿财产保险股份有限公司上海市分公司	821.01	2.85
33	华泰财产保险有限公司营业部	136.29	0.47
34	英大泰和财产保险股份有限公司上海分公司	325.18	1.13
35	紫金财产保险股份有限公司上海分公司	75.53	0.26
36	中意财产保险有限公司上海分公司	24.55	0.09
37	中国人民财产保险股份有限公司航运保险运营中心	1 445.63	5.02
38	中国太平洋财产保险股份有限公司航运保险事业营运中心	660.33	2.29
39	信达财产保险股份有限公司上海分公司	162.58	0.56
40	鼎和财产保险股份有限公司上海分公司	65.49	0.23
41	长安责任保险股份有限公司上海市分公司	34.32	0.12
42	浙商财产保险股份有限公司上海分公司	118.11	0.41
43	劳合社保险(中国)有限公司	232.89	0.81
44	信利保险(中国)有限公司	43.60	0.15
45	中国平安财产保险股份有限公司航运保险运营中心	76.43	0.27
46	安联财产保险(中国)有限公司上海分公司	42.43	0.15
47	永安财产保险股份有限公司上海分公司	22.35	0.08
	合计	28 794.28	100.00

7. 上海市部分保险中介

序号	中介公司名称	成立时间	总部所在地	注册资金（百万元）	股东单位数（个）	员工人数（个）	法人代表
1	上海东方保险代理有限公司	2003年8月	上海	5	8	23	包莉莉
2	上海文定保险代理有限公司	2005年12月	上海	2	2	9	沈国文
3	上海国彰保险代理有限公司	2006年11月	上海	2	3	73	李艳波
4	上海宜安保保险代理有限公司	2007年7月	上海	10	1	130	陆　健
5	上海尚诚保险代理有限公司	2008年6月	上海	2	2	7	秦　铁
6	上海鑫舟保险代理有限公司	2009年5月	上海	2	2	28	XIA WENQING
7	上海龙旗保险代理有限公司	2010年9月	上海	10	2	18	潘以江
8	上海诚锐保险代理有限公司	2011年1月	上海	2	5	20	沈德君
9	上海东大保险经纪有限责任公司	2000年7月	上海	20	2	24	王荣桃
10	中怡保险经纪有限责任公司	2003年11月	上海	30	2	401	邬小蕙
11	上海环亚保险经纪有限公司	2004年3月	上海	20	2	71	鲍荣清
12	上海安国保险经纪有限公司	2005年5月	上海	10	2	20	柳镇源
13	上海中盈保险经纪有限公司	2005年4月	上海	12	4	50	俞侃敏
14	上海天合保险经纪有限公司	2012年9月	上海	10	6	13	陈愚石
15	上海银盾保险经纪有限公司	2012年9月	上海	10	6	5	周国勋
16	上海锦正保险公估有限公司	2008年3月	上海	2	—	123	朱　青

机构情况表(2012年)

单位:人民币百万元

资产	负债	所有者权益	保险业务收入	营业收入	营业支出	营业利润	利润总额	净利润
7.24	4.93	2.31	2.32	2.32	2.51	−0.19	−0.19	−0.24
3.17	0.04	3.13	4.41	4.41	4.04	0.37	0.43	0.32
0.18	0.03	0.15	1.31	1.31	1.36	−0.05	−0.05	−0.05
12.43	2.97	9.46	13.04	13.04	8.15	4.89	−0.54	−0.54
1.87	4.94	−3.07	0.02	—	0.10	−0.10	−1.34	−1.34
1.07	0.04	1.03	0.28	0.28	0.30	−0.02	−0.30	−0.30
10.47	0.26	10.21	2.66	2.66	2.08	0.58	0.02	0.02
2.46	0.37	2.09	4.19	4.19	0.23	3.96	0.01	0.01
20.67	0.30	20.37	—	33.28	33.23	0.05	0.28	0.10
293.61	139.14	154.47	338.76	339.00	246.91	92.09	93.50	69.34
40.74	2.76	37.98	48.59	48.59	42.46	6.13	6.13	4.55
10.58	0.12	10.46	7.31	7.48	6.96	0.52	0.61	0.43
23.41	7.68	15.73	13.85	15.70	11.66	4.04	4.05	3.03
9.79	0.06	9.73	0.13	0.25	0.52	−0.27	−0.27	−0.27
10.00	1.56	8.44	—	—	—	—	—	—
2.96	0.53	2.43	—	17.81	17.60	0.21	0.20	0.15

第七篇　法　　规

一、中国人民银行等金融管理部门的规定

1. 中国人民银行关于明确外商直接投资人民币结算业务操作细则的通知

银发〔2012〕165号　2012年6月14日

中国人民银行上海总部，各分行、营业管理部，省会（首府）城市中心支行、副省级城市中心支行，国家开发银行、各政策性银行、国有商业银行、股份制商业银行，中国邮政储蓄银行：

为贯彻落实《外商直接投资人民币结算业务管理办法》（中国人民银行公告〔2011〕第23号公布），便利境外投资者以人民币来华投资，规范银行业金融机构（以下简称银行）办理外商直接投资人民币结算业务，现就有关事项通知如下：

一、境外投资者应当根据《人民币银行结算账户管理办法》（中国人民银行令〔2003〕第5号发布）、《境外机构人民币银行结算账户管理办法》（银发〔2010〕249号文印发）等银行结算账户管理规定，开立境外机构人民币基本存款账户、专用存款账户及一般存款账户。

二、一个境外投资者在境内只能开立一个人民币前期费用专用存款账户，账户名称为存款人名称加“前期费用”字样。

境外投资者如为境外自然人，可以按照《人民币银行结算账户管理办法》等银行结算账户管理规定申请开立个人人民币银行结算账户，专门用于存放前期费用。该账户的使用应当参照境外机构人民币前期费用专用存款账户进行管理。银行将境外投资者开立的用于前期费用的个人银行结算账户向人民币跨境收付信息管理系统报备时，应当在“备注”最前面注明“前期费用”字样。

银行在为境外投资者开立人民币前期费用专用存款账户时，应当登录人民币跨境收付信息管理系统查询该境外投资者是否已开立前期费用账户，已经开立的，不得再为其开立。

三、境外投资者开立人民币再投资专用存款账户，账户名称为存款人名称加“再投资”字样。

境外投资者为境外自然人的，可以按照《人民币银行结算账户管理办法》等银行结算账户管理规定申请开立个人人民币银行结算账户，专门用于存放再投资资金。该账户的使用应当参照境外机构人民币再投资专用存款账户进行管理。

四、境外投资者的人民币前期费用专用存款账户、人民币再投资专用存款账户的收支范围按照中国人民银行有关规定执行。

境外投资者人民币前期费用专用存款账户内的资金不得用于土地招拍挂或购买房产。

五、开展人民币直接投资业务活动的外商投资企业应当选择一家结算银行作为主报告银行通过人民币跨境收付信息管理系统向其注册地中国人民银行分支机构办理企业信息登记、报送变更信息。外商投资企业注册地中国人民银行分支机构应当对主报告银行报送的信息进行核查，发现疑问的，有权要求外商投资企业和主报告银行进行说明并提交有关文件材料。

在办理企业信息登记、报送变更信息时，外商投资企业应当向其主报告银行提交外商投资企业批准证书复印件、营业执照副本和组织机构代码证等文件。其中外商投资合伙企业在办理企业信息登记、报送变更信息时，应当提供营业执照副本、组织机构代码证和工商行政管理部门出具的包括合伙企业全部登记事项在内的加盖登记机关查询章的企业基本信息单或网络查询结果打印单。主报告银行应当留存外商投资企业提供的有关文件复印件备查。

以人民币设立的外商投资合伙企业在境内投资的，还应当遵守国家有关部门的管理规定。

六、新设立外商投资企业凭商务主管部门颁发的企业设立批准文件在其注册地的银行开立人民币

资本金专用存款账户。同一批准文件只能开立一个人民币资本金专用存款账户，账户名称为存款人名称加“资本金”字样。

已设立外商投资企业增加注册资本金的，外商投资企业凭商务主管部门颁发的注册资本变更批准文件在其注册地的银行开立人民币资本金专用存款账户。同一批准文件只能开立一个人民币资本金专用存款账户，账户名称为存款人名称加“资本金”字样。

外商投资企业人民币资本金专用存款账户的累计贷方发生额不得超过国家有关部门批准或备案文件标注的金额。

七、外商投资合伙企业凭工商行政管理部门出具的加盖登记机构查询章的记载有合伙企业合伙人认缴或者实际缴付出资额等登记事项在内的企业基本信息单或网络查询结果打印单，参照第六条规定开立人民币资本金专用存款账户。

八、境外投资者以人民币并购境内企业设立外商投资企业的，被并购境内企业的各中方股东凭商务主管部门颁发的外商投资企业设立批准文件开立人民币并购专用存款账户。每一中方股东凭同一批准文件只能开立一个人民币并购专用存款账户，账户名称为存款人名称加“并购”字样。

境外投资者以人民币向境内外商投资企业的中方股东支付股权转让对价款的，各中方股东凭商务主管部门颁发的股权变更批准文件开立人民币股权转让专用存款账户。每一中方股东凭同一批准文件只能开立一个人民币股权转让专用存款账户，账户名称为存款人名称加“股权转让”字样。

在并购和股权转让行为完成后，上述人民币并购专用存款账户和人民币股权转让专用存款账户存放的资金可依法使用，账户的境内使用信息无需报人民币跨境收付信息管理系统。

九、境外投资者以人民币资金并购境内企业设立外商投资企业或收购外商投资企业中方股权，中方股东为境内自然人的，中方股东可以按照《人民币银行结算账户管理办法》等银行结算账户管理规定申请开立个人人民币银行结算账户，专门用于存放境外投资者汇入的人民币并购款或股权转让款，该账户的使用应当参照人民币并购专用存款账户或人民币股权转让专用存款账户进行管理。

银行将中方股东开立的用于并购或股权转让的个人银行结算账户向人民币跨境收付信息管理系统报备时，应在“备注”最前面注明“并购”或“股权转让”字样。

十、自本通知下发之日起三个月内，境外投资者、外商投资企业和中方股东应按照本通知的有关规定对在本通知下发前根据《外商直接投资人民币结算业务管理办法》开立的各类人民币专用存款账户进行清理核实，补充提供有关开户证明文件和办理账户名称变更业务；对于开立两个(含)以上前期费用专用存款账户，以及凭同一证明文件开立两个(含)以上资本金专用存款账户、并购专用存款账户、股权转让专用存款账户的，应当确定其中一个继续使用，并向开户银行出具书面确认函、补充提供有关开户证明文件和办理账户名称变更业务，同时办理其他银行结算账户销户手续。

十一、外商投资企业注册资本金按期足额到位后，方可自境外借用人民币资金。外商投资企业境外人民币借款利率由借贷双方按照商业原则在合理范围内自主确定。外商投资房地产企业不得自境外借用人民币资金。

外商投资企业一笔境外人民币借款只能开立一个人民币一般存款账户办理资金收付。境外借款人民币一般存款账户原则上应当在外商投资企业注册地的银行开立，对确有实际需要的，外商投资企业可选择在异地开立人民币一般存款账户，并报其注册地中国人民银行分支机构备案。原则上，外商投资企业境外人民币借款应当通过原借款结算银行还本付息。

十二、外商投资企业向其境外股东、集团内关联企业和境外金融机构的人民币借款和外汇借款合并计算总规模。国家有关部门的批准或备案文件以外币计价的，人民币与外币的折算汇率为借款合同生效日当日中国人民银行授权公布的人民币汇率中间价。

外商投资企业境外人民币借款按照发生额计算总规模。外商投资企业境外人民币借款如有展期的，首次展期不计入外商投资企业境外借款总规模，此后的展期计入境外借款总规模。对于以外商投资企业为受益人的境外机构和个人对境内银行提供担保，已实际履约的人民币金额计入境外借款总规模。外商投资企业境外人民币借款转增资本的，相应的借款不再计入外商投资企业境外借款总规模。

十三、除外商投资性公司和外商投资融资租赁公司等特殊类型外商投资企业外，外商投资企业本外币借款总规模不得超过国家有关部门批准的投资总额与注册资本的差额。

外商投资性公司的境外人民币与外币借款总规模按照商务主管部门关于外商投资举办投资性公司的有关规定执行。外商投资融资租赁公司境外人民币借款全部计为风险资产。外商投资融资租赁公司的风险资产按照商务主管部门有关规定进行管理。

十四、外商投资企业办理境外人民币借款结算业务时应当向其境内结算银行提交以下材料，境内结算银行应当进行认真审核。

（一）外商投资企业批准证书；

（二）最近一期验资报告；

（三）人民币借款合同；

（四）截至申请日境外人民币借款、外币借款和以本企业为受益人的境外担保的人民币实际履约等情况说明。

境内结算银行应当在为外商投资企业办理境外人民币借款结算业务后5个工作日内向人民币跨境收付信息管理系统报送该外商投资企业的基本信息和人民币借款情况，并留存外商投资企业提供的有关文件复印件备查。外商投资企业注册地中国人民银行分支机构应当对结算银行报送的信息进行核查，发现疑问的，有权要求外商投资企业和结算银行进行说明并提交有关文件材料。

十五、按照《人民币银行结算账户管理办法》和《境外机构人民币银行结算账户管理办法》等规定，境外投资者人民币前期费用专用存款账户和人民币再投资专用存款账户，外商投资企业人民币资本金专用存款账户和人民币境外借款一般存款账户，外商投资企业的中方股东人民币并购专用存款账户以及被并购境内企业中方股东人民币股权转让专用存款账户，均为活期存款账户，存款利率按中国人民银行公布的活期存款利率执行。

十六、外商投资企业的人民币资本金专用存款账户、人民币境外借款一般存款账户存放的人民币资金应当在符合国家有关部门批准的经营范围内使用，不得用于投资有价证券和金融衍生品，不得用于委托贷款，不得购买理财产品、非自用房产；对于非投资类外商投资企业，不得用于境内再投资。外商投资企业资本金专用存款账户的人民币资金可以转存为一年期以内（含一年）的存款，外商投资企业的人民币境外借款一般存款账户存放的人民币资金不得转存。

十七、外商投资企业人民币资本金专用存款账户和人民币境外借款一般存款账户的人民币资金可以偿还国内外贷款。

十八、除支付工资以及企业用作差旅费、零星采购、零星开支等用途的备用金等以外，外商投资企业人民币资本金专用存款账户和人民币境外借款一般存款账户资金不可划转至境内同名人民币存款账户。

十九、银行在办理各类外商直接投资人民币结算业务后5个工作日内，应当按照《外商直接投资人民币结算业务管理办法》第二十一条的规定及时、准确、完整地向人民币跨境收付信息管理系统报送有关人民币资金收付信息。中国人民银行和国家外汇管理局建立外商直接投资相关业务信息共享机制。

《外商直接投资人民币结算业务管理办法》施行前，境外投资者以人民币来华投资的，结算银行应当在2012年7月31日前按照《外商直接投资人民币结算业务管理办法》和本通知向人民币跨境收付信息管理系统补报有关信息。

二十、境外企业可按照《境外机构人民币银行结算账户管理办法》等银行结算账户管理规定开立境外机构人民币银行结算账户，以人民币来华从事合作开采、开发、勘探资源，承包境内工程等生产经营活动，相应的人民币结算业务参照《外商直接投资人民币结算业务管理办法》和本通知进行管理。

请中国人民银行上海总部，各分行、营业管理部，各省会（首府）城市中心支行，各副省级城市中心支行将本通知转发至辖区内银行。

执行中遇到的问题，请及时报告中国人民银行。

2. 支付机构预付卡业务管理办法

中国人民银行公告〔2012〕第12号

2012年9月27日

第一章　总　　则

第一条　为规范支付机构预付卡业务管理，防范支付风险，维护持卡人合法权益，根据《中华人民共和国中国人民银行法》、《非金融机构支付服务管理办法》(中国人民银行令〔2010〕第 2 号公布),制定本办法。

第二条 支付机构在中华人民共和国境内从事预付卡业务,适用本办法。

本办法所称支付机构,是指取得《支付业务许可证》,获准办理“预付卡发行与受理”业务的发卡机构和获准办理“预付卡受理”业务的受理机构。

本办法所称预付卡,是指发卡机构以特定载体和形式发行的、可在发卡机构之外购买商品或服务的预付价值。

第三条 支付机构应当依法维护相关当事人的合法权益,保障信息安全和交易安全。

第四条 支付机构应当严格按照《支付业务许可证》核准的业务类型和业务覆盖范围从事预付卡业务,不得在未设立省级分支机构的省(自治区、直辖市、计划单列市)从事预付卡业务。

第五条 支付机构应当严格执行中国人民银行关于支付机构客户备付金管理等规定,履行反洗钱和反恐怖融资义务。

第二章 发 行

第六条 预付卡分为记名预付卡和不记名预付卡。

记名预付卡是指预付卡业务处理系统中记载持卡人身份信息的预付卡。

不记名预付卡是指预付卡业务处理系统中不记载持卡人身份信息的预付卡。

第七条 发卡机构发行的预付卡应当以人民币计价,单张记名预付卡资金限额不超过 5 000 元,单张不记名预付卡资金限额不超过 1 000 元。

中国人民银行可视情况调整预付卡资金限额。

第八条 记名预付卡应当可挂失,可赎回,不得设置有效期。

不记名预付卡不挂失,不赎回,本办法另有规定的除外。不记名预付卡有效期不得低于 3 年。

预付卡不得具有透支功能。

发卡机构发行销售预付卡时,应向持卡人告知预付卡的有效期及计算方法。超过有效期尚有资金余额的预付卡,发卡机构应当提供延期、激活、换卡等服务,保障持卡人继续使用。

第九条 预付卡卡面应当记载预付卡名称、发卡机构名称、是否记名、卡号、有效期限或有效期截止日、持卡人注意事项、客户服务电话等要素。

第十条 个人或单位购买记名预付卡或一次性购买不记名预付卡 1 万元以上的,应当使用实名并提供有效身份证件。

发卡机构应当识别购卡人、单位经办人的身份,核对有效身份证件,登记身份基本信息,并留存有效身份证件的复印件或影印件。代理他人购买预付卡的,发卡机构应当采取合理方式确认代理关系,核对代理人和被代理人的有效身份证件,登记代理人和被代理人的身份基本信息,并留存代理人和被代理人的有效身份证件的复印件或影印件。

第十一条 使用实名购买预付卡的,发卡机构应当登记购卡人姓名或单位名称、单位经办人姓名、有效身份证件名称和号码、联系方式、购卡数量、购卡日期、购卡总金额、预付卡卡号及金额等信息。

对于记名预付卡,发卡机构还应当在预付卡核心业务处理系统中记载持卡人的有效身份证件信息、预付卡卡号、金额等信息。

第十二条 单位一次性购买预付卡 5 000 元以上,个人一次性购买预付卡 5 万元以上的,应当通过银行转账等非现金结算方式购买,不得使用现金。

购卡人不得使用信用卡购买预付卡。

第十三条 采用银行转账等非现金结算方式购买预付卡的,付款人银行账户名称和购卡人名称应当一致。

发卡机构应当核对账户信息和身份信息的一致性,在预付卡核心业务处理系统中记载付款人银行账户名称和账号、收款人银行账户名称和账号、转账金额等信息。

第十四条 发卡机构应当向购卡人公示、提供预付卡章程或签订协议。

预付卡章程或协议应当包括但不限于以下内容:

(一) 预付卡的名称、种类和功能;

(二) 预付卡的有效期及计算方法;

(三) 预付卡购买、使用、赎回、挂失的条件和方法;

(四) 为持卡人提供的消费便利或优惠内容;

(五) 预付卡发行、延期、激活、换发、赎回、挂失等服务的收费项目和收费标准;

(六) 有关当事人的权利、义务和违约责任;

（七）交易、账务纠纷处理程序。

发卡机构变更预付卡章程或协议文本的，应当提前30日在其网点、网站显著位置进行公告。新章程或协议文本中涉及新增收费项目、提高收费标准、降低优惠条件等内容的，发卡机构在新章程或协议文本生效之日起180日内，对原有客户应当按照原章程或协议执行。

第十五条　发卡机构应当采取有效措施加强对购卡人和持卡人信息的保护，确保信息安全，防止信息泄露和滥用。未经购卡人和持卡人同意，不得用于与购卡人和持卡人的预付卡业务无关的目的。法律法规另有规定的除外。

第十六条　发卡机构应当按照实收人民币资金等值发行预付卡，严格按照《中华人民共和国发票管理办法》等有关规定开具发票。

第十七条　发卡机构应当通过实体网点发行销售预付卡。除单张资金限额200元以下的预付卡外，不得采取代理销售方式。

发卡机构委托销售合作机构代理销售的，应当建立代销风险控制机制。销售资金应当直接存入发卡机构备付金银行账户。发卡机构应当要求销售合作机构在购卡人达到本办法实名购卡要求时，参照相关规定销售预付卡。

发卡机构作为预付卡发行主体的所有责任和义务不因代理销售而转移。

第十八条　发卡机构应当在中华人民共和国境内拥有并自主运行独立、安全的预付卡核心业务处理系统，建立突发事件应急处置机制，确保预付卡业务处理的及时性、准确性和安全性。

预付卡核心业务处理系统包含但不限于发卡系统、账务主机系统、卡片管理系统及客户信息管理系统。

预付卡核心业务处理系统不得外包或变相外包。

第十九条　发卡机构不得发行或代理销售采用或变相采用银行卡清算机构分配的发卡机构标识代码的预付卡，卡面上不得使用银行卡清算机构品牌标识；不得与其他支付机构合作发行预付卡；不同的发卡机构不得采用具有统一识别性的品牌标识。

第三章　受　　理

第二十条　发卡机构应当为其发行的预付卡提供受理服务，其自行拓展、签约和管理的特约商户数不低于受理该预付卡全部特约商户数的70%。

第二十一条　受理机构只能受理发卡机构按照本办法规定发行的预付卡，受理范围不得超过发卡机构获准办理“预付卡发行与受理”的业务覆盖范围。

受理机构应当获得发卡机构的委托，并参照本办法第二十五条的规定，与发卡机构、特约商户签订三方合作协议。受理机构不得将发卡机构委托其开展的预付卡受理业务外包。

预付卡只能在本发卡机构参与签署合作协议的特约商户使用，卡面上不得使用发卡机构委托的受理机构的品牌标识。发卡机构对特约商户应承担的资金结算与风险管理责任不因受理机构参与预付卡受理而转移。

第二十二条　预付卡可与银行卡共用受理终端，但应当使用与银行卡不同的应用程序和受理网络，并采取安全隔离措施，与银行卡交易分别处理和管理。

第二十三条　发卡机构、受理机构不得发展非法设立、非法经营或无实体经营场所的特约商户。

发卡机构、受理机构拓展特约商户时应当严格审核特约商户营业执照、税务登记证、法定代表人或负责人的有效身份证件，留存相关证件的复印件或影印件，并对商户的经营场所进行现场核实、拍照留存。

第二十四条　发卡机构应当通过其客户备付金存管银行直接向特约商户划转结算资金，受理机构不得参与资金结算。

特约商户只能指定其一个单位银行结算账户进行收款。发卡机构应当核验特约商户指定的单位银行结算账户开户许可证或其开户银行出具的开户证明，留存加盖公章的复印件。

第二十五条　发卡机构应当与特约商户签订预付卡受理协议。受理协议应当包括但不限于以下内容：

（一）特约商户基本信息；

（二）收费项目和标准；

（三）持卡人用卡权益的保障要求；

（四）卡片信息、交易数据、受理终端、交易凭证的管理要求；

（五）特约商户收款账户名称、开户行、账号及资金结算周期；

（六）账务核对、差错处理和业务纠纷的处置要求；

（七）相关业务风险承担和违约责任的承担机制；

（八）协议终止条件、终止后的债权债务清偿方式。

第二十六条 发卡机构、受理机构应当在中华人民共和国境内拥有并自主运行独立、安全的预付卡受理系统，建立突发事件应急处置机制，确保预付卡业务处理的及时性、准确性和安全性。

发卡机构、受理机构应当分别建立特约商户信息管理系统及业务风险防控系统。受理机构不得以任何形式存储与受理业务无关的预付卡信息。

第二十七条 特约商户向持卡人办理退货，只能通过发卡机构将资金退回至原预付卡。无法退回的，发卡机构应当将资金退回至持卡人提供的同一发卡机构的同类预付卡。

预付卡接受退货后的卡内资金余额不得超过规定限额。

第二十八条 发卡机构、受理机构应当加强对特约商户的巡检和监控，要求特约商户在营业场所显著位置标明受理的预付卡名称和种类，按照预付卡受理协议的要求受理预付卡，履行相关义务。

特约商户不得以任何形式存储与商户结算、对账无关的预付卡信息。

特约商户出现损害当事人合法权益及其他严重违规违约操作的，发卡机构、受理机构应当立即终止其预付卡受理服务。

特约商户不得协助持卡人进行任何形式的预付卡套现。

第四章 使用、充值和赎回

第二十九条 预付卡不得用于或变相用于提取现金；不得用于购买、交换非本发卡机构发行的预付卡、单一行业卡及其他商业预付卡或向其充值；卡内资金不得向银行账户或向非本发卡机构开立的网络支付账户转移。

第三十条 预付卡不得用于网络支付渠道，下列情形除外：

（一）缴纳公共事业费；

（二）在本发卡机构合法拓展的实体特约商户的网络商店中使用；

（三）同时获准办理“互联网支付”业务的发卡机构，其发行的预付卡可向在本发卡机构开立的实名网络支付账户充值，但同一客户的所有网络支付账户的年累计充值金额合计不超过5 000元。

以上情形下的预付卡交易，均应当由发卡机构自主受理，不得由受理机构受理。

第三十一条 发卡机构办理记名预付卡或一次性金额1万元以上不记名预付卡充值业务的，应当参照本办法第十条、第十一条的规定办理。

第三十二条 预付卡只能通过现金、银行转账方式进行充值。同时获准办理“互联网支付”业务的发卡机构，还可通过持卡人在本发卡机构开立的实名网络支付账户进行充值。

不得使用信用卡为预付卡充值。

办理一次性金额5 000元以上预付卡充值业务的，不得使用现金。

单张预付卡充值后的资金余额不得超过规定限额。

第三十三条 预付卡现金充值应当通过发卡机构网点进行，但单张预付卡同日累计现金充值在200元以下的，可通过自助充值终端、销售合作机构代理等方式充值，收取的现金应当直接存入发卡机构备付金银行账户。

第三十四条 发卡机构应当向记名预付卡持卡人提供紧急挂失服务，并提供至少一种24小时免费紧急挂失渠道。正式挂失和补卡应当在约定时间内通过网点，以书面形式办理。以书面形式挂失的，发卡机构应当要求持卡人出示有效身份证件，并按协议约定办理挂失手续。

发卡机构应当免费向持卡人提供特约商户名录、卡内资金余额及一年以内的交易明细查询服务，并提供至少一种24小时免费查询渠道。

第三十五条 记名预付卡可在购卡3个月后办理赎回，赎回时，持卡人应当出示预付卡及持卡人和购卡人的有效身份证件。由他人代理赎回的，应当同时出示代理人和被代理人的有效身份证件。单位购买的记名预付卡，只能由单位办理赎回。发卡机构应当参照本办法第十条、第十一条的规定，识别、核对赎回人及代理人的身份信息，确保与购卡时登记的持卡人和购卡人身份信息一致，并保存赎回记录。

第三十六条 发行可在公共交通领域使用的预付卡发卡机构，其在公共交通领域实现的当年累计预付卡交易总额不得低于同期发卡总金额的70%；其发行的不记名预付卡，单张卡片余额在100元以下的，可按约定赎回。

第三十七条 发卡机构按照规定终止预付卡业务的，应当向持卡人免费赎回所发行的全部记名、不记名预付卡。

赎回不记名预付卡的，发卡机构应当核实和登记持卡人的身份信息，采用密码验证方式的预付卡还应当核验密码，并保存赎回记录。

第三十八条 发卡机构办理赎回业务的网点数应当不低于办理发行销售业务网点数的70%。预付卡赎回业务营业时间应当不短于发行销售业务的营业时间。

第三十九条 预付卡赎回应当使用银行转账方式，由发卡机构将赎回资金退至原购卡银行账户。用现金购买或原购卡银行账户已撤销的，赎回资金应当退至持卡人提供的与购卡人同名的单位或个人银行账户。

单张预付卡赎回金额在100元以下的，可使用现金。

第五章 监督管理

第四十条 中国人民银行及其分支机构依法对支付机构的预付卡业务活动、内部控制及风险状况等进行非现场监管及现场检查。

支付机构应当按照中国人民银行及其分支机构的相关规定履行报告义务。

第四十一条 支付机构应当加入中国支付清算协会。中国支付清算协会应当组织制定预付卡行业自律规范，并按照中国人民银行有关要求，对支付机构执行中国人民银行规定和行业自律规范的情况进行检查。

第四十二条 支付机构不得为任何单位或个人查询、冻结、扣划预付卡内资金，国家法律法规另有规定或得到持卡人授权的除外。

第四十三条 支付机构办理预付卡发行业务活动获得和产生的相关信息，应当保存至该预付卡实收人民币资金全部结算后5年以上；办理预付卡受理、使用、充值和赎回等业务活动获得和产生的相关信息，应当保存至该业务活动终止后5年以上。

第四十四条 支付机构不得以股权合作、业务合作及其他任何形式，出租、出借、转让或变相出租、出借、转让预付卡业务资质。

第四十五条 支付机构及其分支机构违反本办法的，中国人民银行可依据《非金融机构支付服务管理办法》等法律法规规章的规定，给予警告、限期改正、罚款、暂停部分或全部业务等处罚；情节严重的，依法注销其《支付业务许可证》。

支付机构违反本办法规定，涉嫌犯罪的，依法移送公安机关处理。

第四十六条 特约商户有下列情形之一的，中国人民银行及其分支机构责令支付机构取消其特约商户资格，其他支付机构不得再将其发展为特约商户；涉嫌犯罪的，依法移送公安机关处理。

（一）为持卡人进行洗钱、赌博等犯罪活动提供协助的；

（二）使用虚假材料申请受理终端后进行欺诈活动，或转卖、提供机具给他人使用的；

（三）违规存储、泄露、转卖预付卡信息或交易信息的；

（四）以虚构交易、虚开价格、现金退货等方式为持卡人提供预付卡套现的；

（五）在持卡人不知情的情况下，编造虚假交易或重复刷卡盗取资金的；

（六）具有其他危害持卡人权益、市场秩序或社会稳定行为的。

第四十七条 任何单位和个人不得私自设立预付卡交易场所；不得以牟利为目的倒卖预付卡，不得伪造、变造预付卡，不得使用明知是伪造、变造的预付卡。涉嫌犯罪的，依法移送公安机关处理。

第六章 附 则

第四十八条 本办法所称中国人民银行分支机构，是指中国人民银行上海总部，各分行、营业管理部、省会（首府）城市中心支行、副省级城市中心支行。

第四十九条 本办法所称个人有效身份证件包括居民身份证件、军人身份证件、武警身份证件、港澳台居民通行证、外国公民护照等；单位有效身份证件包括营业执照、有关政府部门的批文、登记证书或其他能证实其合法真实身份的证明等。

第五十条 本办法所称"以上"、"以下"、"不超过"、"不低于"均包含本数。

第五十一条 本办法由中国人民银行负责

解释。

第五十二条 本办法自2012年11月1日起施行。

3. 期货公司资产管理业务试点办法

中国证券监督管理委员会令〔2012〕第81号

2012年7月31日

第一章 总 则

第一条 为有序开展期货公司资产管理业务（以下简称资产管理业务）试点工作，规范试点期间资产管理业务活动，保护投资者合法权益，根据《期货交易管理条例》相关规定，制定本办法。

第二条 资产管理业务是指期货公司接受单一客户或者特定多个客户的书面委托，根据本办法规定和合同约定，运用客户委托资产进行投资，并按照合同约定收取费用或者报酬的业务活动。

第三条 期货公司从事资产管理业务，应当遵循公平、公正、诚信、规范的原则，恪守职责、谨慎勤勉，保护客户合法权益，公平对待所有客户，防范利益冲突，禁止各种形式的利益输送，维护期货市场的正常秩序。

客户应当独立承担投资风险，不得损害国家利益、社会公共利益和他人合法权益。

第四条 中国证监会及其派出机构依法对资产管理业务实施监督管理。

第五条 中国期货业协会（以下简称中期协）根据自身职责依法对资产管理业务及有关高级管理人员、业务人员实施自律管理。

期货交易所根据自身职责依法对资产管理业务实施自律管理。

中国期货保证金监控中心公司（以下简称监控中心）依法对资产管理业务实施监测监控。

第二章 业务试点资格

第六条 期货公司具备下列条件的，可以申请资产管理业务试点资格：

（一）净资本不低于人民币5亿元；

（二）申请日前6个月的风险监管指标持续符合监管要求；

（三）最近两次期货公司分类监管评级均不低于B类B级；

（四）近3年未因违法违规经营受到行政、刑事处罚，且不存在因涉嫌违法违规经营正在被有权机关调查的情形；

（五）近1年不存在被监管机构采取《期货交易管理条例》第五十九条第二款、第六十条规定的监管措施的情形；

（六）具有可行的资产管理业务实施方案；

（七）具有5年以上期货、证券或者基金从业经历，并取得期货投资咨询业务从业资格或者证券投资咨询、证券投资基金等证券从业资格的高级管理人员不少于1人；具有3年以上期货从业经历或者3年以上证券、基金等投资管理经历，并取得期货投资咨询业务从业资格的业务人员不得少于5人；前述高级管理人员和业务人员最近3年无不良诚信记录，未受到行政、刑事处罚，且不存在因涉嫌违法违规正在被有权机关调查的情形；

（八）具有独立的经营场地和满足业务发展需要的设施；

（九）具有完备的资产管理业务管理制度；

（十）中国证监会根据审慎监管原则规定的其他条件。

第七条 期货公司申请资产管理业务试点资格，应当提交以下材料：

（一）资产管理业务试点申请书；

（二）资产管理业务实施方案，其内容应当包括目标市场和目标客户的定位、主要投资策略、业务发展规划、防范利益冲突的制度安排等；

（三）股东会关于期货公司申请从事资产管理业务试点资格的决议文件；

（四）加盖公司公章的《企业法人营业执照》复印件、《经营期货业务许可证》复印件；

（五）申请日前6个月的期货公司风险监管报表；

（六）最近3年的期货公司合规经营情况说明；

（七）资产管理业务管理制度文本，其内容应当包括业务管理、人员管理、业务操作、风险控制、交易监控、防范利益冲突、合规检查等；

（八）拟从事资产管理业务的高级管理人员和业务人员的名单、简历、相关任职资格和从业资格证明，以及公司出具的诚信合规证明材料；

（九）有关经营场地和设施的情况说明；

（十）经具有证券、期货相关业务资格的会计师事务所审计的前一年度财务报告；申请日在下半年的，还应当提供经审计的半年度财务报告；

（十一）律师事务所就期货公司是否符合本办法第六条第（四）项、第（七）项规定的条件，以及股东会决议是否合法所出具的法律意见书；

（十二）中国证监会规定的其他材料。

第八条 中国证监会自受理期货公司资产管理业务试点资格申请之日起 2 个月内，作出批准或者不予批准的决定。

未取得资产管理业务试点资格的期货公司，不得从事资产管理业务。

第三章 业务规范

第九条 资产管理业务的客户应当具有较强资金实力和风险承受能力。单一客户的起始委托资产不得低于 100 万元人民币。期货公司可以提高起始委托资产要求。

第十条 期货公司董事、监事、高级管理人员、从业人员及其配偶不得作为本公司资产管理业务的客户。

期货公司股东、实际控制人及其关联人以及期货公司董事、监事、高级管理人员、从业人员的父母、子女成为本公司资产管理业务客户的，应当自签订资产管理合同之日起 5 个工作日内，向住所地中国证监会派出机构备案，并在本公司网站上披露其关联关系或者亲属关系。

第十一条 期货公司应当与客户签订书面资产管理合同，按照合同约定对客户提供资产管理服务，承担资产管理受托责任。

期货公司应当勤勉、专业、合规地为客户制定和执行资产管理投资策略，按照合同约定管理委托资产，控制投资风险。

第十二条 资产管理业务的投资范围包括：

（一）期货、期权及其他金融衍生品；

（二）股票、债券、证券投资基金、集合资产管理计划、央行票据、短期融资券、资产支持证券等；

（三）中国证监会认可的其他投资品种。

资产管理业务的投资范围应当遵守合同约定，不得超出前款规定的范围，且应当与客户的风险认知与承受能力相匹配。

第十三条 期货公司应当保持客户委托资产与期货公司自有资产相互独立，对不同客户的委托资产独立建账、独立核算、分账管理。

资产管理业务投资期货类品种的，期货公司与客户应当按照期货保证金安全存管有关规定管理和存取委托资产。

期货公司与第三方发生债务纠纷、期货公司破产或者清算时，客户委托资产不得用于清偿期货公司债务，且不属于其破产财产或者清算财产。

第十四条 期货公司不得通过电视、报刊、广播等公开媒体向公众推广、宣传资产管理业务或者招揽客户。

期货公司不得公开宣传资产管理业务的预期收益，不得以夸大资产管理业绩等方式欺诈客户。

第十五条 客户应当以真实身份委托期货公司进行资产管理，委托资产的来源及用途应当符合法律法规规定，不得违反规定向公众集资。

客户应当对委托资产来源及用途的合法性进行书面承诺。

第十六条 期货公司应当向客户充分揭示资产管理业务的风险，说明和解释有关资产管理投资策略和合同条款，并将风险揭示书交客户当面签字或者盖章确认。

第十七条 客户应当对市场及产品风险具有适当的认识，主动了解资产管理投资策略的风险收益特征，结合自身风险承受能力进行自我评估。

期货公司应当对客户适当性进行审慎评估。

第十八条 资产管理合同应当明确约定，由客户自行独立承担投资风险。

期货公司不得向客户承诺或者担保委托资产的最低收益或者分担损失。

期货公司使用的客户承诺书、风险揭示书、资产管理合同文本应当包括中期协制定的合同必备条款，并及时报住所地中国证监会派出机构备案。

第十九条 资产管理业务投资期货类品种的，期货公司应当按照期货市场开户管理规定为客户开立或者撤销所管理的账户（以下简称期货资产管理账户），申请或者注销交易编码，对期货资产管理账户及其交易编码进行单独标识、单独管理。

资产管理业务投资非期货类品种的，期货公司应当遵守相关市场的开户规定，开立或者撤销用于资产管理的联名账户及其他账户。期货公司应当自开立账户之日起5个工作日内向监控中心备案。

开户备案前，期货公司不得开展资产管理交易活动。

第二十条 期货公司应当在资产管理合同中与客户明确约定委托期限、追加或者提取委托资产的方式和时间等。

第二十一条 期货公司应当每日向监控中心投资者查询系统提供客户委托资产的盈亏、净值信息。

期货公司和监控中心应当保障客户能够及时查询委托资产的盈亏、净值信息。

第二十二条 期货公司可以与客户约定收取一定比例的管理费，并可以约定基于资产管理业绩收取相应的报酬。

第二十三条 期货公司应当与客户明确约定风险提示机制，期货公司要根据委托资产的亏损情况及时向客户提示风险。

期货公司应当与客户明确约定，委托期间委托资产亏损达到起始委托资产一定比例时，期货公司应当按照合同约定的方式和时间及时告知客户，客户有权提前终止资产管理委托。

第二十四条 期货公司从事资产管理业务，发生变更投资经理等可能影响客户权益的重大事项时，期货公司应当按照合同约定的方式和时间及时告知客户，客户有权提前终止资产管理委托。

第二十五条 当客户委托资产发生权属变更等重大情形，可能影响资产管理业务正常进行的，期货公司有权按照合同约定提前终止资产管理委托。

第二十六条 期货公司应当与客户在资产管理合同中明确约定资产管理委托终止的具体事由、后续事宜处理、责任承担等相关事项。

资产管理委托终止的，期货公司应当按照合同约定办理下列手续：

（一）及时结清相关费用，将剩余委托资产返还给客户；

（二）及时撤销期货资产管理账户；

（三）及时撤销非期货类投资账户。

第四章　业务管理和风险控制制度

第二十七条 期货公司应当建立健全并有效执行资产管理业务管理制度，加强对资产管理业务的交易监控，防范业务风险，确保公平交易。

第二十八条 期货公司应当对资产管理业务进行集中管理，其人员、业务、场地应当与其他业务部门相互独立，并建立业务隔离墙制度。

第二十九条 期货公司应当有效执行资产管理业务人员管理和业务操作制度，采取有效措施强化内部监督制约和奖惩机制，强化投资经理及相关资产管理人员的职业操守，防范利益冲突和道德风险。

第三十条 资产管理业务投资经理、交易执行、风险控制等岗位必须相互独立，并配备专职业务人员，不得相互兼任。

期货公司应当将资产管理业务投资经理、交易执行和风险控制等岗位的业务人员及其变动情况，自人员到岗或者变动之日起5个工作日内向住所地中国证监会派出机构备案。

第三十一条 期货公司应当有效执行资产管理业务风险控制制度，对期货资产管理账户日常交易情况和非期货类投资账户进行风险识别、监测，及时执行风险控制措施。

第三十二条 期货公司应当有效执行资产管理业务交易监控制度，对期货资产管理账户之间、期货资产管理账户与期货经纪业务客户账户之间、非期货类投资账户之间进行的可疑交易或者不公平交易行为进行监控，对资产管理投资策略及其执行情况、持仓头寸及其比例进行监控，并于月度结束后5个工作日内向住所地中国证监会派出机构及监控中心报告。

第三十三条 期货公司及其资产管理人员不得以获取佣金、转移收益或者亏损等为目的，在同一或者不同账户之间进行不公平交易，损害客户合法权益。

第三十四条 期货公司应当对不同期货资产管理账户之间、期货资产管理账户与期货经纪业务客户账户之间、非期货类投资账户之间同日同向交易、临近交易日的同向交易和反向交易的交易时机和交易价差进行监控和分析，防止不公平交易和利益输送行为。

期货公司应当严格禁止不同期货资产管理账户之间、期货资产管理账户与期货经纪业务客户账户之间、非期货类投资账户之间可能导致不公平交易和利益输送的同日反向交易。

第三十五条 发生以下情形之一的，期货公司资产管理部门应当立即向公司总经理和首席风险官报告：

（一）资产管理业务被交易所调查或者采取风险控制措施，或者被有权机关调查；

（二）客户提前终止资产管理委托；

（三）其他可能影响资产管理业务开展和客户权益的情形。

第三十六条 期货公司首席风险官负责监督资产管理业务有关制度的制定和执行，对资产管理业务的合规性定期检查，并依法履行督促整改和报告义务。

期货公司首席风险官向住所地中国证监会派出机构报送的季度报告、年度报告中应当包括本公司资产管理业务的合规及其检查情况。

第三十七条 期货公司应当按照本办法和期货公司信息公示有关要求，在中期协网站上对资产管理业务试点资格、从业人员、主要投资策略、投资方向及其风险特征等基本情况进行公示。

第五章 账户监测监控

第三十八条 期货公司应当按照期货保证金安全存管规定向监控中心报送期货资产管理账户的数据信息。

期货公司应当每日向监控中心报送非期货类投资账户的盈亏、净值等数据信息。

第三十九条 期货公司期货资产管理账户应当遵守期货交易所风险控制管理规定等相关要求。

第四十条 期货交易所应当对期货公司的期货资产管理账户及其交易编码进行重点监控，发现期货资产管理账户违法违规交易的，应当按照职责及时处置并报告中国证监会。

第四十一条 监控中心应当对期货公司的期货资产管理账户及其交易编码进行重点监测监控，发现期货资产管理账户重大异常情况的，应当按照职责及时报告中国证监会及其派出机构。

第四十二条 中国证监会派出机构发现资产管理业务存在违法违规或者重大异常情况的，应当对期货公司进行核查或者采取相应监管措施，有关核查结果和监管措施应当及时报告中国证监会。

第六章 监督管理和法律责任

第四十三条 期货公司从事资产管理业务，其净资本应当持续符合中国证监会有关期货公司风险监管指标的规定和要求。

第四十四条 期货公司应当按照规定的内容与格式要求，于月度结束后 7 个工作日内向中国证监会及其派出机构报送资产管理业务月度报告。

期货公司应当于年度结束后 3 个月内向中国证监会及其派出机构提交上一年度资产管理业务年度报告。

本条第一款、第二款规定的定期报告应当由期货公司的资产管理业务负责人、首席风险官和总经理签字。

第四十五条 期货公司应当按照《期货公司管理办法》规定的年限和要求，妥善保存有关资产管理业务的实施方案、投资策略、客户承诺书、风险揭示书、合同、财务、交易记录、监控记录等业务材料和信息。

第四十六条 资产管理业务提前终止、被交易所调查或者采取风险控制措施，或者被有权机关调查的，期货公司应当立即报告中国证监会及其派出机构。

第四十七条 中国证监会及其派出机构可以对期货公司资产管理业务进行定期或者不定期检查。

第四十八条 期货公司及其业务人员开展资产管理业务不符合本办法规定，涉嫌违法违规或者存在风险隐患的，中国证监会及其派出机构应当依法责令其限期整改，同时可以采取监管谈话、责令更换有关责任人员等监管措施并记入诚信档案。

第四十九条 期货公司限期未能完成整改或者发生下列情形之一的，中国证监会可以暂停其开展新的资产管理业务：

（一）风险监管指标不符合规定；

（二）高级管理人员和业务人员不符合规定要求；

（三）超出本办法规定或者合同约定的投资范围从事资产管理业务；

（四）其他影响资产管理业务正常开展的情形。

前款规定情形消除并经检查验收后，期货公司可以继续开展新的资产管理业务。

第五十条 期货公司或者其业务人员开展资产管理业务有下列情形之一，情节严重的，中国证监会可以撤销其资产管理业务试点资格，并依照《期货交易管理条例》第七十条、第七十一条等有关规定作出行政处罚；涉嫌犯罪的，依法移送司法机关：

（一）在公开媒体上向公众推广、宣传资产管理业务或者招揽客户；

（二）以夸大资产管理业绩等方式欺诈客户；

（三）接受单一客户的起始委托资产低于本办法规定的最低限额；

（四）明知客户资金来自违规集资，仍接受其委托开展资产管理业务；

（五）接受未对资产来源及用途的合法性进行书面承诺的客户的委托开展资产管理业务；

（六）向客户承诺或者担保委托资产的最低收益或者分担损失；

（七）以获取佣金、转移收益或者亏损等为目的，在同一或者不同账户之间进行不公平交易；

（八）占用、挪用客户委托资产；

（九）以自有资产或者假借他人名义违规参与期货公司资产管理业务；

（十）报送或者提供虚假账户信息；

（十一）其他违反本办法规定的行为。

第七章 附 则

第五十一条 本办法第二条所称期货公司接受特定多个客户的委托从事资产管理业务的具体规定，由中国证监会另行制定。

第五十二条 期货公司开展资产管理业务，投资于本办法第十二条第一款第(二)项规定的非期货类品种的，应当遵守相应法律法规规定及有关监管要求。

第五十三条 本办法自2012年9月1日起施行。

4. 非上市公众公司监督管理办法

中国证券监督管理委员会令〔2012〕第85号

2012年9月28日

第一章 总 则

第一条 为了规范非上市公众公司股票转让和发行行为，保护投资者合法权益，维护社会公共利益，根据《证券法》、《公司法》及相关法律法规的规定，制定本办法。

第二条 本办法所称非上市公众公司(以下简称公众公司)是指有下列情形之一且其股票未在证券交易所上市交易的股份有限公司：

（一）股票向特定对象发行或者转让导致股东累计超过200人；

（二）股票以公开方式向社会公众公开转让。

第三条 公众公司应当按照法律、行政法规、本办法和公司章程的规定，做到股权明晰，合法规范经营，公司治理机制健全，履行信息披露义务。

第四条 公众公司股票应当在中国证券登记结算公司集中登记存管，公开转让应当在依法设立的证券交易场所进行。

第五条 为公司出具专项文件的证券公司、律师事务所、会计师事务所及其他证券服务机构，应当勤勉尽责、诚实守信，认真履行审慎核查义务，按照依法制定的业务规则、行业执业规范和职业道德准则发表专业意见，保证所出具文件的真实性、准确性和完整性，并接受中国证券监督管理委员会(以下简称中国证监会)的监管。

第二章 公司治理

第六条 公众公司应当依法制定公司章程。

中国证监会依法对公众公司章程必备条款作出具体规定，规范公司章程的制定和修改。

第七条 公众公司应当建立兼顾公司特点和公司治理机制基本要求的股东大会、董事会、监事会制度，明晰职责和议事规则。

第八条 公众公司的治理结构应当确保所有股东，特别是中小股东充分行使法律、行政法规和公司章程规定的合法权利。

股东对法律、行政法规和公司章程规定的公司重大事项，享有知情权和参与权。

公众公司应当建立健全投资者关系管理，保护投资者的合法权益。

第九条 公众公司股东大会、董事会、监事会的召集、提案审议、通知时间、召开程序、授权委托、表决和决议等应当符合法律、行政法规和公司章程的规定；会议记录应当完整并安全保存。

股东大会的提案审议应当符合程序，保障股东的知情权、参与权、质询权和表决权；董事会应当在职权范围和股东大会授权范围内对审议事项作出决议，不得代替股东大会对超出董事会职权范围和授权范围的事项进行决议。

第十条 公众公司董事会应当对公司的治理机制是否给所有的股东提供合适的保护和平等权利等情况进行充分讨论、评估。

第十一条 公众公司应当强化内部管理，按照相关规定建立会计核算体系、财务管理和风险控制等制度，确保公司财务报告真实可靠及行为合法合规。

第十二条 公众公司进行关联交易应当遵循平等、自愿、等价、有偿的原则，保证交易公平、公允，维护公司的合法权益，根据法律、行政法规、中国证监会的规定和公司章程，履行相应的审议程序。

第十三条 公众公司应当采取有效措施防止股东及其关联方以各种形式占用或者转移公司的资金、资产及其他资源。

第十四条 公众公司实施并购重组行为，应当按照法律、行政法规、中国证监会的规定和公司章程，履行相应的决策程序并聘请证券公司和相关证券服务机构出具专业意见。

任何单位和个人不得利用并购重组损害公众公司及其股东的合法权益。

第十五条 进行公众公司收购，收购人或者其实际控制人应当具有健全的公司治理机制和良好的诚信记录。收购人不得以任何形式从被收购公司获得财务资助，不得利用收购活动损害被收购公司及其股东的合法权益。

在公众公司收购中，收购人持有的被收购公司的股份，在收购完成后12个月内不得转让。

第十六条 公众公司实施重大资产重组，重组的相关资产应当权属清晰、定价公允，重组后的公众公司治理机制健全，不得损害公众公司和股东的合法权益。

第十七条 公众公司应当按照法律的规定，同时结合公司的实际情况在章程中约定建立表决权回避制度。

第十八条 公众公司应当在章程中约定纠纷解决机制。股东有权按照法律、行政法规和公司章程的规定，通过仲裁、民事诉讼或者其他法律手段保护其合法权益。

第三章 信息披露

第十九条 公司及其他信息披露义务人应当按照法律、行政法规和中国证监会的规定，真实、准确、完整、及时地披露信息，不得有虚假记载、误导性陈述或者重大遗漏。公司及其他信息披露义务人应当向所有投资者同时公开披露信息。

公司的董事、监事、高级管理人员应当忠实、勤勉地履行职责，保证公司披露信息的真实、准确、完整、及时。

第二十条 信息披露文件主要包括公开转让说明书、定向转让说明书、定向发行说明书、发行情况报告书、定期报告和临时报告等。具体的内容与格式、编制规则及披露要求，由中国证监会另行制定。

第二十一条 公开转让与定向发行的公众公司应当在每一会计年度的上半年结束之日起2个月内披露记载中国证监会规定内容的半年度报告，在每一会计年度结束之日起4个月内披露记载中国证监会规定内容的年度报告。年度报告中的财务会计报告应当经具有证券期货相关业务资格的会计师事务所审计。

股票向特定对象转让导致股东累计超过200人的公众公司，应当在每一会计年度结束之日起4个月内披露记载中国证监会规定内容的年度报告。年度报告中的财务会计报告应当经会计师事务所审计。

第二十二条 公众公司董事、高级管理人员应当对定期报告签署书面确认意见；对报告内容有异议的，应当单独陈述理由，并与定期报告同时披露。公众公司不得以董事、高级管理人员对定期报告内容有异议为由不按时披露定期报告。

公众公司监事会应当对董事会编制的定期报告进行审核并提出书面审核意见，说明董事会对定期报告的编制和审核程序是否符合法律、行政法规、中国证监会的规定和公司章程，报告的内容是否能够真实、准确、完整地反映公司实际情况。

第二十三条 证券公司、律师事务所、会计师事务所及其他证券服务机构出具的文件和其他有关的重要文件应当作为备查文件，予以披露。

第二十四条 发生可能对股票价格产生较大影响的重大事件，投资者尚未得知时，公众公司应当立即将有关该重大事件的情况报送临时报告，并予以公告，说明事件的起因、目前的状态和可能产生的后果。

第二十五条 公众公司实施并购重组的，相关信息披露义务人应当依法严格履行公告义务，并及时准确地向公众公司通报有关信息，配合公众公司及时、准确、完整地进行披露。

参与并购重组的相关单位和人员，在并购重组的信息依法披露前负有保密义务，禁止利用该信息进行内幕交易。

第二十六条 公众公司应当制定信息披露事务管理制度并指定具有相关专业知识的人员负责信息披露事务。

第二十七条 除监事会公告外，公众公司披露的信息应当以董事会公告的形式发布。董事、监事、高级管理人员非经董事会书面授权，不得对外发布未披露的信息。

第二十八条 公司及其他信息披露义务人依法披露的信息，应当在中国证监会指定的信息披露平台公布。公司及其他信息披露义务人可在公司网站或者其他公众媒体上刊登依本办法必须披露的信息，但披露的内容应当完全一致，且不得早于在中国证监会指定的信息披露平台披露的时间。

股票向特定对象转让导致股东累计超过 200 人的公众公司可以在公司章程中约定其他信息披露方式；在中国证监会指定的信息披露平台披露相关信息的，应当符合本条第一款的要求。

第二十九条 公司及其他信息披露义务人应当将信息披露公告文稿和相关备查文件置备于公司住所供社会公众查阅。

第三十条 公司应当配合为其提供服务的证券公司及律师事务所、会计师事务所等证券服务机构的工作，按要求提供所需资料，不得要求证券公司、证券服务机构出具与客观事实不符的文件或者阻碍其工作。

第四章 股票转让

第三十一条 股票向特定对象转让导致股东累计超过 200 人的股份有限公司，应当自上述行为发生之日起 3 个月内，按照中国证监会有关规定制作申请文件，申请文件应当包括但不限于：定向转让说明书、律师事务所出具的法律意见书、会计师事务所出具的审计报告。股份有限公司持申请文件向中国证监会申请核准。在提交申请文件前，股份有限公司应当将相关情况通知所有股东。

在 3 个月内股东人数降至 200 人以内的，可以不提出申请。

股票向特定对象转让应当以非公开方式协议转让。申请股票向社会公众公开转让的，按照本办法第三十二条、第三十三条的规定办理。

第三十二条 公司申请其股票向社会公众公开转让的，董事会应当依法就股票公开转让的具体方案作出决议，并提请股东大会批准，股东大会决议必须经出席会议的股东所持表决权的 2/3 以上通过。

董事会和股东大会决议中还应当包括以下内容：

（一）按照中国证监会的相关规定修改公司章程；

（二）按照法律、行政法规和公司章程的规定建立健全公司治理机制；

（三）履行信息披露义务，按照相关规定披露公开转让说明书、年度报告、半年度报告及其他信息披露内容。

第三十三条 申请其股票向社会公众公开转让的公司，应当按照中国证监会有关规定制作公开转让的申请文件，申请文件应当包括但不限于：公开转让说明书、律师事务所出具的法律意见书、具有证券期货相关业务资格的会计师事务所出具的审计报告、证券公司出具的推荐文件、证券交易场所的审查意见。公司持申请文件向中国证监会申请核准。

公开转让说明书应当在公开转让前披露。

第三十四条 中国证监会受理申请文件后，依法对公司治理和信息披露进行审核，作出是否核准的决定，并出具相关文件。

第三十五条 公司及其董事、监事、高级管理人员，应当对公开转让说明书、定向转让说明书签署书面确认意见，保证所披露的信息真实、准确、完整。

第五章 定向发行

第三十六条 本办法所称定向发行包括向特定对象发行股票导致股东累计超过 200 人，以及股东人数超过 200 人的公众公司向特定对象发行股票两种情形。

前款所称特定对象的范围包括下列机构或者自然人：

（一）公司股东；

（二）公司的董事、监事、高级管理人员、核心员工；

（三）符合投资者适当性管理规定的自然人投资者、法人投资者及其他经济组织。

公司确定发行对象时，符合本条第二款第（二）项、第（三）项规定的投资者合计不得超过 35 名。

核心员工的认定，应当由公司董事会提名，并向全体员工公示和征求意见，由监事会发表明确意见后，经股东大会审议批准。

投资者适当性管理规定由中国证监会另行制定。

第三十七条 公司应当对发行对象的身份进行确认，有充分理由确信发行对象符合本办法和公司的相关规定。

公司应当与发行对象签订包含风险揭示条款的认购协议。

第三十八条 公司董事会应当依法就本次股票发行的具体方案作出决议，并提请股东大会批准，股东大会决议必须经出席会议的股东所持表决权的2/3以上通过。

申请向特定对象发行股票导致股东累计超过200人的股份有限公司，董事会和股东大会决议中还应当包括以下内容：

（一）按照中国证监会的相关规定修改公司章程；

（二）按照法律、行政法规和公司章程的规定建立健全公司治理机制；

（三）履行信息披露义务，按照相关规定披露定向发行说明书、发行情况报告书、年度报告、半年度报告及其他信息披露内容。

第三十九条 公司应当按照中国证监会有关规定制作定向发行的申请文件，申请文件应当包括但不限于：定向发行说明书、律师事务所出具的法律意见书、具有证券期货相关业务资格的会计师事务所出具的审计报告、证券公司出具的推荐文件。公司持申请文件向中国证监会申请核准。

第四十条 中国证监会受理申请文件后，依法对公司治理和信息披露以及发行对象情况进行审核，作出是否核准的决定，并出具相关文件。

第四十一条 公司申请定向发行股票，可申请一次核准，分期发行。自中国证监会予以核准之日起，公司应当在3个月内首期发行，剩余数量应当在12个月内发行完毕。超过核准文件限定的有效期未发行的，须重新经中国证监会核准后方可发行。首期发行数量应当不少于总发行数量的50%，剩余各期发行的数量由公司自行确定，每期发行后5个工作日内将发行情况报中国证监会备案。

第四十二条 公众公司向特定对象发行股票后股东累计不超过200人的，或者公众公司在12个月内发行股票累计融资额低于公司净资产的20%的，豁免向中国证监会申请核准，但发行对象应当符合本办法第三十六条的规定，并在每次发行后5个工作日内将发行情况报中国证监会备案。

第四十三条 股票发行结束后，公众公司应当按照中国证监会的有关要求编制并披露发行情况报告书。申请分期发行的公众公司应在每期发行后按照中国证监会的有关要求进行披露，并在全部发行结束或者超过核准文件有效期后按照中国证监会的有关要求编制并披露发行情况报告书。

豁免向中国证监会申请核准定向发行的公众公司，应当在发行结束后按照中国证监会的有关要求编制并披露发行情况报告书。

第四十四条 公司及其董事、监事、高级管理人员，应当对定向发行说明书、发行情况报告书签署书面确认意见，保证所披露的信息真实、准确、完整。

第四十五条 公众公司定向发行股份购买资产的，按照本章有关规定办理。

第六章 监督管理

第四十六条 中国证监会会同国务院有关部门、地方人民政府，依照法律法规和国务院有关规定，各司其职，分工协作，对公众公司进行持续监管，防范风险，维护证券市场秩序。

第四十七条 中国证监会依法履行对公司股票转让、定向发行、信息披露的监管职责，有权对公司、证券公司、证券服务机构采取《证券法》第一百八十条规定的措施。

第四十八条 中国证券业协会应当发挥自律管理作用，对从事公司股票转让和定向发行业务的证券公司进行监督，督促其勤勉尽责地履行尽职调查和督导职责。发现证券公司有违反法律、行政法规和中国证监会相关规定的行为，应当向中国证监会报告，并采取自律管理措施。

第四十九条 中国证监会可以要求公司及其他信息披露义务人或者其董事、监事、高级管理人员对有关信息披露问题作出解释、说明或者提供相关资料，并要求公司提供证券公司或者证券服务机构的专业意见。

中国证监会对证券公司和证券服务机构出具文件的真实性、准确性、完整性有疑义的，可以要求相关机构作出解释、补充，并调阅其工作底稿。

第五十条　证券公司在从事股票转让、定向发行等业务活动中，应当按照中国证监会的有关规定勤勉尽责地进行尽职调查，规范履行内核程序，认真编制相关文件，并持续督导所推荐公司及时履行信息披露义务、完善公司治理。

第五十一条　证券服务机构为公司的股票转让、定向发行等活动出具审计报告、资产评估报告或者法律意见书等文件的，应当严格履行法定职责，遵循勤勉尽责和诚实信用原则，对公司的主体资格、股本情况、规范运作、财务状况、公司治理、信息披露等内容的真实性、准确性、完整性进行充分的核查和验证，并保证其出具的文件不存在虚假记载、误导性陈述或者重大遗漏。

第五十二条　中国证监会依法对公司进行监督检查或者调查，公司有义务提供相关文件资料。对于发现问题的公司，中国证监会可以采取责令改正、监管谈话、责令公开说明、出具警示函等监管措施，并记入诚信档案；涉嫌违法、犯罪的，应当立案调查或者移送司法机关。

第七章　法律责任

第五十三条　公司以欺骗手段骗取核准的，公司报送的报告有虚假记载、误导性陈述或者重大遗漏的，除依照《证券法》有关规定进行处罚外，中国证监会可以采取终止审查并自确认之日起在36个月内不受理公司的股票转让和定向发行申请的监管措施。

第五十四条　公司未按照本办法第三十一条、第三十三条、第三十九条规定，擅自转让或者发行股票的，按照《证券法》第一百八十八条的规定进行处罚。

第五十五条　证券公司、证券服务机构出具的文件有虚假记载、误导性陈述或者重大遗漏的，除依照《证券法》及相关法律法规的规定处罚外，中国证监会可视情节轻重，自确认之日起采取3个月至12个月内不接受该机构出具的相关专项文件，36个月内不接受相关签字人员出具的专项文件的监管措施。

第五十六条　公司及其他信息披露义务人未按照规定披露信息，或者所披露的信息有虚假记载、误导性陈述或者重大遗漏的，依照《证券法》第一百九十三条的规定进行处罚。

第五十七条　公司向不符合本办法规定条件的投资者发行股票的，中国证监会可以责令改正，并可以自确认之日起在36个月内不受理其申请。

第五十八条　信息披露义务人及其董事、监事、高级管理人员，公司控股股东、实际控制人，为信息披露义务人出具专项文件的证券公司、证券服务机构及其工作人员，违反《证券法》、行政法规和中国证监会相关规定的，中国证监会可以采取责令改正、监管谈话、出具警示函、认定为不适当人选等监管措施，并记入诚信档案；情节严重的，中国证监会可以对有关责任人员采取证券市场禁入的措施。

第五十九条　公众公司内幕信息知情人或非法获取内幕信息的人，在对公众公司股票价格有重大影响的信息公开前，泄露该信息、买卖或者建议他人买卖该股票的，依照《证券法》第二百零二条的规定进行处罚。

第八章　附　　则

第六十条　公众公司向不特定对象公开发行股票的，应当遵守《证券法》和中国证监会的相关规定。

公众公司申请在证券交易所上市的，应当遵守中国证监会和证券交易所的相关规定。

第六十一条　本办法施行前股东人数超过200人的股份有限公司，依照有关法律法规进行规范，并经中国证监会确认后，可以按照本办法的相关规定申请核准。

第六十二条　本办法所称股份有限公司是指首次申请股票转让或定向发行的股份有限公司；所称公司包括非上市公众公司和首次申请股票转让或定向发行的股份有限公司。

第六十三条　本办法自2013年1月1日起施行。

5. 保险公司控股股东管理办法

中国保险监督管理委员会令〔2012〕第1号

2012年7月25日

保险公司控股股东管理办法

第一章　总　　则

第一条　为了加强保险公司治理监管，规范保险公司控股股东行为，保护保险公司、投保人、被保险人和受益人的合法权益，根据《中华人民共和国保险法》、《中华人民共和国公司法》等法律、行政法规制定本办法。

第二条 本办法所称保险公司，是指经中国保险监督管理委员会(以下简称中国保监会)批准设立，并依法登记注册的商业保险公司。

第三条 本办法所称保险公司控股股东，是指其出资额占保险公司资本总额百分之五十以上或者其持有的股份占保险公司股本总额百分之五十以上的股东；出资额或者持有股份的比例虽然不足百分之五十，但依其出资额或者持有的股份所享有的表决权已足以对股东会、股东大会的决议产生重大影响的股东。

第四条 中国保监会根据法律、行政法规以及本办法的规定，对保险公司控股股东实施监督管理。

第二章 行为及义务

第一节 控制行为

第五条 保险公司控股股东应当善意行使对保险公司的控制权，依法对保险公司实施有效监督，防范保险公司经营风险，不得利用控制权损害保险公司、投保人、被保险人和受益人的合法权益。

第六条 保险公司控股股东应当审慎行使对保险公司董事、监事的提名权，提名人选应当符合中国保监会规定的条件。

保险公司控股股东应当依法加强对其提名的保险公司董事、监事的履职监督，对不能有效履职的人员应当按照法律和保险公司章程的规定及时进行调整。

第七条 保险公司控股股东应当对同时在控股股东和保险公司任职的人员进行有效管理，防范利益冲突。

保险公司控股股东的工作人员不得兼任保险公司的执行董事和高级管理人员。

保险公司控股股东的董事长不受本条第二款规定的限制。

第八条 保险公司控股股东应当支持保险公司建立独立、完善、健全的公司治理结构，维护保险公司的独立运作，不得对保险公司董事会、监事会和管理层行使职权进行不正当限制或者施加其他不正当影响。

第九条 保险公司控股股东不得指使保险公司董事、监事、高级管理人员以及其他在保险公司任职的人员作出损害保险公司、保险公司其他股东、投保人、被保险人和受益人合法权益的决策或者行为。

第十条 保险公司控股股东提名的保险公司董事，应当审慎提名保险公司高级管理人员，提名人选应当符合中国保监会规定的条件。

保险公司控股股东提名的保险公司董事，应当以维护保险公司整体利益最大化为原则进行独立、公正决策，对所作决策依法承担责任，不得因直接或者间接为控股股东谋取利益导致保险公司、投保人、被保险人和受益人的合法权益受到损害。

保险公司董事会决策违反法律、行政法规和中国保监会规定的，中国保监会将依法追究董事的法律责任，经证明在表决时曾表明异议并记载于会议记录的董事除外。

第十一条 保险公司控股股东应当维护保险公司财务和资产独立，不得对保险公司的财务核算、资金调动、资产管理和费用管理等进行非法干预，不得通过借款、担保等方式占用保险公司资金。

第二节 交易行为

第十二条 保险公司控股股东应当确保与保险公司进行交易的透明性和公允性，不得无偿或者以明显不公平的条件要求保险公司为其提供资金或者其他重大利益。

第十三条 保险公司控股股东与保险公司之间的关联交易应当严格遵守《保险公司关联交易管理暂行办法》等中国保监会的规定。

保险公司控股股东不得利用关联交易、利润分配、资产重组、对外投资等任何方式损害保险公司的合法权益。

第十四条 保险公司控股股东不得利用其对保险公司的控制地位，谋取属于保险公司的商业机会。

第十五条 保险公司控股股东不得向保险公司出售其非公开发行的债券。保险公司控股股东公开发行债券的，应当采取必要措施，确保保险公司购买的债券不得超过该次发行债券总额的百分之十。

第十六条 保险公司控股股东不得要求保险公司代其偿还债务，不得要求保险公司为其支付或者垫支工资、福利、保险、广告等费用。

第三节 资本协助

第十七条 保险公司控股股东应当恪守对保险

公司作出的资本协助承诺，不得擅自变更或者解除。

第十八条 保险公司控股股东应当保持财务状况良好稳定，具有较强的资本实力和持续的出资能力。

对偿付能力不足的保险公司，保监会依法责令其增加资本金时，保险公司控股股东应当积极协调保险公司其他股东或者采取其他有效措施，促使保险公司资本金达到保险监管的要求。

第十九条 保险公司控股股东应当根据保险公司的发展战略、业务发展计划以及风险状况，指导保险公司编制资本中期规划和长期规划，促进保险公司资本需求与资本补充能力相匹配。

第二十条 保险公司控股股东的财务状况、资本补充能力和信用状况发生重大不利变化的，应当依法及时向中国保监会报告。

第二十一条 保险公司控股股东不得接受其控制的保险公司以及该保险公司控制的子公司的投资入股。

第四节 信息披露和保密

第二十二条 保险公司控股股东应当严格按照国家有关规定履行信息披露义务，并保证披露信息的及时、真实、准确、完整，不得有虚假记载、误导性陈述或者重大遗漏。

第二十三条 保险公司控股股东应当建立信息披露管理制度，明确规定涉及保险公司重大信息的范围、保密措施、报告和披露等事项。

第二十四条 保险公司控股股东与保险公司之间进行重大关联交易，保险公司按照《保险公司信息披露管理办法》的要求，披露保险公司全体独立董事就该交易公允性出具的书面意见以及其他相关信息，保险公司控股股东应当积极配合。

第二十五条 保险公司控股股东应当恪守对保险公司的保密义务，不得违法使用保险公司的客户信息和其他信息。

第二十六条 公共传媒上出现与保险公司控股股东有关的、对保险公司可能产生重大影响的报道或者传闻，保险公司控股股东应当及时就有关报道或者传闻所涉及事项向保险公司通报。

第五节 监 管 配 合

第二十七条 保险公司控股股东应当及时了解中国保监会的相关规定、政策，根据中国保监会对保险公司的监管意见，督促保险公司依法合规经营。

保险公司控股股东认为必要时，可以向中国保监会反映保险公司的业务经营和风险管理等情况。

第二十八条 保险公司控股股东对保险公司的股权投资策略和发展战略作出重大调整的，应当及时向中国保监会报告。

第二十九条 保险公司控股股东应当积极配合中国保监会对保险公司进行风险处置，并按照中国保监会的要求提供有关信息资料或者采取其他措施。

第三十条 保险公司控股股东转让股权导致或者有可能导致保险公司控制权变更的，应当在转让期间与受让方和保险公司共同制定控制权交接计划，确保保险公司经营管理稳定，维护投保人、被保险人和受益人的合法权益。

控制权交接计划应当对转让过程中可能出现的违法违规或者违反承诺的行为约定处理措施。

第三章 监 督 管 理

第三十一条 中国保监会建立保险公司控股股东信息档案，记录和管理保险公司控股股东的相关信息。

第三十二条 因股权转让导致保险公司控制权变更的，保险公司在向中国保监会提交股权变更审批申请时，应当提交本办法第三十条规定的控制权交接计划并说明相关情况。

第三十三条 中国保监会有权要求保险公司控股股东在指定的期限内提供下列信息和资料：

（一）法定代表人或者主要负责人情况；

（二）股权控制关系结构图；

（三）经审计的财务报告；

（四）其他有关信息和资料。

保险公司控股股东股权控制关系结构图应当包括其持股百分之五以上股东的基本情况、持股目的和持股情况，并应当逐级披露至享有最终控制权的自然人、法人或者机构。

第三十四条 保险公司出现严重亏损、偿付能力不足、多次重大违规或者其他重大风险隐患的，中国保监会可以对保险公司控股股东的董事、监事和高级管理人员进行监管谈话。

第三十五条 保险公司控股股东利用关联交易严重损害保险公司利益，危及公司偿付能力的，由中国保监会责令改正。在按照要求改正前，中国保监会可以限制其享有的资产收益、参与重大决策和选择管理者等股东权利；拒不改正的，可以责令其在一定期限内转让所持的部分或者全部保险公司股权。

第三十六条 保险公司控股股东有其他违反本办法规定行为的，由中国保监会责令改正，并可以依法采取相应的监管措施。

第四章 附 则

第三十七条 保险集团公司控股股东参照适用本办法。

第三十八条 国务院财政部门、国务院授权投资机构以及《保险集团公司管理办法(试行)》规定的保险集团公司是保险公司控股股东的，不适用本办法。

第三十九条 外资保险公司控股股东不适用本办法第七条第二款的规定；中国保监会另有规定的，适用其规定。

第四十条 本办法由中国保监会负责解释。

第四十一条 本办法自2012年10月1日起施行。

二、上海市有关金融的文件

1. 上海市人民政府贯彻《国务院关于进一步支持小型微型企业健康发展的意见》的实施意见

沪府发〔2012〕98 号　2012 年 11 月 20 日

各区、县人民政府，市政府各委、办、局：

小型微型企业是国民经济和社会发展的重要力量，是上海实现创新驱动、转型发展的重要基础。进一步支持小型微型企业健康发展，是党中央、国务院的一项重要决策。为全面落实国家扶持小型微型企业发展的各项政策，切实改善小型微型企业发展环境，更好地促进小型微型企业健康发展，现就贯彻《国务院关于进一步支持小型微型企业健康发展的意见》（国发〔2012〕14 号）提出如下实施意见：

一、加大对小型微型企业的财税扶持力度

（一）继续落实国家及本市支持小型微型企业发展的税收优惠政策。在 2015 年年底前，对年所得额低于 6 万元（含 6 万元）的小型微利企业，减按 50%计算应纳税所得额。对符合规定减免条件的小型微型亏损企业，减免其城镇土地使用税。对符合产业导向的小型微型企业，因经营困难不能按时缴纳税款的，在向主管税务部门提交申请并按照相关规定审批通过后，可以在 3 个月内缓缴税款。（市地税局负责）

（二）适时设立上海市中小企业发展基金。在市中小企业发展专项资金中安排一定资金，适时设立上海市中小企业发展基金，主要用于引导社会资金，支持中小微型企业融资增信，参与小型微型企业集合信托计划发行等。鼓励向该基金捐赠资金，对企事业单位、社会团体和个人等向该基金捐赠资金的，企业在年度利润总额 12%以内的部分，个人在申报个人所得税应纳税所得额 30%以内的部分，准予在计算缴纳所得税税前扣除。（市经济信息化委、市财政局负责）

（三）鼓励区县加大对小型微型企业的资金扶持力度。各区县设立小型微型企业发展专项资金，加大对小型微型企业发展和中小企业服务体系建设的支持力度。区县设立的其他扶持企业的专项资金进一步向小型微型企业倾斜。（各区县政府负责）

（四）进一步减轻小型微型企业负担。落实中央和本市财政、物价部门已公布的取消行政事业性收费的规定，在 2014 年年底前，对本市小型微型企业免征 12 项行政事业性收费。严格执行收费公示制度，按照市财政局、市物价局公布的行政事业性收费目录所列项目、标准及范围收费。规范涉及行政许可和强制准入的经营服务性收费，按照政府信息公开的要求，进一步推进经营服务性收费信息公示工作。开展企业减负检查，重点检查不合理涉企收费，清理取消一批涉企行政事业性收费。（市财政局、市发展改革委负责）

二、加大对小型微型企业的金融支持力度

（五）扩大小型微型企业信贷规模。银行业金融机构对小型微型企业贷款在实现银监会提出的“两个不低于”的基础上，对单户授信总额 500 万元以下（含 500 万元）小型微型企业贷款的增速不低于全部贷款平均增速。支持商业银行发行专项用于小型微型企业贷款的金融债，扩大资产证券化试点。完善科技信贷风险补偿和小型微型企业信贷风险补偿机制，对商业银行向小型微型企业贷款按规定比例给予风险损失补偿。建立小型微型企业信贷业务奖励考核机制，对小型微型企业信贷工作成绩突出的商业银行实施专项奖励。推广使用“上海银行业小微企业信贷产品信息查询平台”，发挥市、区县中小企业服务中心和其他服务机构的作用，开展集中推荐信贷对象的工作，支持商业银行实施小型微型

企业信贷业务批量化操作。（上海银监局、市财政局、市经济信息化委、市金融办负责）

（六）加快发展小金融机构。深入推进差异化准入政策，实施小型微型企业专营支行批量准入，支持商业银行设立小型微型企业专营支行、科技特色支行。稳步推动小额贷款公司发展，对符合条件的小额贷款公司，其主发起人持股比例可在30%的基础上适度提高，探索有条件的小额贷款公司跨区县经营，支持符合条件的小额贷款公司根据有关规定改制为村镇银行。坚持小额贷款公司“小额、分散”的贷款原则，确保50万元以下的借款人所占比例达到50%以上。（上海银监局、市金融办负责）

（七）拓宽小型微型企业融资渠道。支持小型微型企业运用中小企业集合票据、中小企业集合债和中小企业私募债券等债务融资工具，发行债券类融资产品，对成功发行集合票据和集合债的小型微型企业给予中介费用补助。鼓励小型微型企业在各类交易市场挂牌，对改制培育阶段发生的中介费用予以一定补助。发挥创业投资引导基金、风险救助和税收优惠的作用，支持创投企业加大对小型微型企业的支持力度。组建政府、银行、创投企业、担保公司多方联动的“投贷”、“投担”运作平台，开展“投贷担”融资服务创新。运用货币信贷评估工具，支持开展知识产权质押贷款等担保创新类贷款业务。（市经济信息化委、市发展改革委、人民银行上海分行、市金融办、市知识产权局按照职责分工负责）

（八）加强对小型微型企业的担保服务。进一步完善中小企业融资担保机制，逐步扩大担保资金规模，提高专业化运作水平，提升政策性担保效率。完善商业性担保机构风险补偿制度，进一步扩大市级国有投资公司投资参股的总量和范围，鼓励和支持本市各类商业性融资担保机构进一步扩大资本规模，切实提升商业性担保机构为中小企业服务的能力。加大对小型微型企业担保业务的补助力度，将小型企业和微型企业担保业务的补助比例上限分别提高到2%和3%。鼓励银保合作，大力发展小型微型企业贷款保证保险，由银行和保险公司共同分担小型微型企业贷款风险。（市财政局、市经济信息化委、市金融办、市商务委、上海银监局、上海保监局按照职责分工负责）

（九）推进小型微型企业信用建设。推进人民银行融资租赁登记公示系统、应收账款质押登记公示系统和中小企业信用档案系统建设，探索以区县为单位发展中小企业信用体系实验区。加快推进法人信息共享与应用系统建设，建设上海市公共信用信息服务平台，进一步完善企业和个体工商户信用分类监管，发挥信用信息在小型微型企业融资中的作用。探索建立统一的动产抵押登记平台，营造更加良好的小型微型企业金融服务市场环境。推进小额贷款公司、融资性担保机构等接入人民银行征信系统，逐步扩大金融领域信用信息共享与应用范围。加强诚信教育，引导小型微型企业加强信用管理，使用信用产品与服务。（人民银行上海分行、市经济信息化委、市工商局、市金融办等按照职责分工负责）

三、鼓励小型微型企业创业创新

（十）鼓励创办小型微型企业。落实促进创业带动就业的相关政策举措，将小额贷款担保和贴息政策的适用范围从创业3年以内的小型微型企业扩大到所有小型微型企业。支持小企业创业基地、科技创业孵化器、创业苗圃、商贸企业集聚区、各类专业市场等载体建设，鼓励小型微型企业集聚发展。（市人力资源社会保障局、市经济信息化委、市科委、市商务委负责）

继续推进实施大学生创业注册资本“零首付”等政策。放宽小型微型企业经营场地限制。区县政府指定场地，允许从事工业设计、软件和信息服务、网络技术、翻译服务、电子商务、摄影摄像或设计、咨询等不扰民、不影响周边环境和公共安全的创新型、文化创意类小型微型企业集中登记。鼓励具备条件的个体工商户转型升级为小型微型企业，在名称登记上给予支持，允许沿用原前置许可办理登记。对符合条件的小型微型企业实行网上年检。（市工商局、各区县政府负责）

（十一）帮助小型微型企业稳定就业岗位。对初创期小型微型企业吸纳就业并稳定就业岗位的，按照规定给予经营场地房租补贴、社会保险费补贴等政策扶持。鼓励小型微型困难企业采取轮岗培训、岗位共享等措施，稳定职工队伍，依法调整和合理安排职工的工作与待遇，渡过经营难关。做好稳定岗位的政策储备，在严峻经济形势的条件下，研究出台给予小型微型困难企业岗位补贴或社会保险补贴等阶段性政策。对小型微型企业新招用高校毕业生并符合规定条件的，给予培训费补贴和社会保险

补贴。（市人力资源社会保障局、市财政局负责）

（十二）支持小型微型企业创新发展。加快构建技术创新服务体系，帮助小型微型企业落实企业研发费用税前加计扣除、高新技术成果转化等相关扶持政策，支持小型微型企业技术改造和技术创新活动。加强产学研合作，加快发展创新驿站、技术转移机构、技术经纪机构，组织开展形式多样的技术交流和对接活动，引导大专院校、科研机构向小型微型企业转移技术成果，提供技术创新服务。实施中小企业信息化应用推广工程，提高小型微型企业信息化水平。培育具有自主知识产权的优势小型微型企业，加大知识产权保护力度。（市科委、市地税局、市经济信息化委、市教委、市知识产权局按照职责分工负责）

（十三）支持小型微型企业开拓市场。深化实施电子商务“双推”工程，扶持小型微型企业依托第三方平台开展电子商务应用，发展网络营销。对小型微型企业参加境内外展会与合作交流等给予资金扶持。不断完善上海市“走出去”信息服务平台，发挥行业协会的组织作用，引导小型微型企业抱团“走出去”。加大专项资金的扶持力度，支持有关担保机构为中小微型外贸企业开拓国际市场提供融资担保服务。深化小型微型企业跨境贸易人民币结算和外汇资金管理方式改革，提高贸易结算便利度，规避汇率波动风险。鼓励保险公司为小型微型企业开拓市场提供商业信用保险和出口信用保险。加大政府采购支持小型微型企业发展的力度，各级政府年度采购项目预算预留不少于18%的比例给小型微型企业。积极开展小型微型企业政府采购融资担保试点，委托专业担保机构为政府采购项目中标小型微型企业向银行融资提供担保，进一步增强小型微型企业参与政府采购的能力。（市商务委、市财政局、市经济信息化委、人民银行上海分行、上海保监局按照职责分工负责）

（十四）帮助小型微型企业提高经营管理水平。支持小型微型企业管理创新，实施中小企业管理提升计划，加强对小型微型企业经营管理人员的培训。实施中小企业知识产权工作托管计划，提高小型微型企业知识产权管理水平。发挥上海市质量金奖的标杆引领作用，引导小型微型企业提升质量管理水平。帮助小型微型企业提高标准化水平，引导小型微型企业创建自主品牌和著名商标。加强对小型微型企业海外商标注册维权的指导，提升企业参与国际市场竞争的能力。加强小型微型企业人力资源开发，以小型微型企业为重点，开展知识更新继续教育。对小型微型企业职工通过职业技能等级考核的，按照规定予以培训费补贴。鼓励高技能人才培养基地积极为小型微型企业的技能人才开放培训资源，提供技能培训服务。（市经济信息化委、市知识产权局、市质量技监局、市工商局、市人力资源社会保障局按照职责分工负责）

四、加强对小型微型企业的公共服务

（十五）加强对促进小型微型企业发展工作的领导。进一步发挥市促进中小企业发展工作领导小组的统筹规划、组织领导和政策协调作用，明确部门分工和责任，加强监督检查和政策评估，将小型微型企业工作列入各区县、各有关部门的年度考核范围，由市促进中小企业发展工作领导小组办公室负责具体落实。市有关部门在各自职责范围内，加强对小型微型企业的指导和服务，制定、宣传、解读和落实有关政策措施。（市经济信息化委会同市促进中小企业发展工作领导小组各成员单位负责）

各区县政府建立相应的工作协调机制，加强对本区域小型微型企业工作的指导和服务。（各区县政府负责）

（十六）进一步完善中小企业服务体系。发挥市、区县中小企业服务中心的主渠道作用，为小型微型企业提供政策咨询、信息传递等公共服务。各区县将中小企业服务网络延伸至乡镇（街道）、产业园区，并给予一定的工作经费保障。（市经济信息化委、各区县政府负责）

推进中小企业公共服务平台建设。到2015年，培育300家中小企业公共服务平台，重点培育100家国家和市级中小企业公共服务示范平台，各示范平台单位要面向小型微型企业提供免费或低收费的优质服务。（市经济信息化委牵头，市发展改革委、市科委、市财政局、市人力资源社会保障局、市环保局、市质量技监局等部门参加）

（十七）优化对小型微型企业的行政服务。继续推进并联审批工作，不断优化并联审批流程，提高行政服务效率。进一步完善中小企业诉求处理机制，维护小型微型企业的合法权益。行政执法部门对小型微型企业加强指导，督促企业守法经营。（市

工商局、市经济信息化委、各行政执法部门按照职责分工负责）

（十八）加强对小型微型企业的统计监测。建立小型微型企业统计体系，加强小型微型企业统计分析。建立和完善全市小型微型企业库，重点选取一批具有行业、区域代表性的小型微型企业，建立统计调查、监测分析和定期发布制度。市、区县中小企业服务中心负责加强跟踪监测和服务协调，及时了解运行状况，研判发展趋势，加强预警，有针对性地采取相关举措。依托人民银行利率管理信息系统，加强对小型微型企业贷款规模、贷款利率的统计监测。加强对小额贷款公司利率和担保机构担保费率的监测。（市统计局牵头，市经济信息化委、市工商局、市地税局、人民银行上海分行、市金融办、市商务委等部门参加）

2. 中国人民银行上海分行关于印发《上海市支付机构支付服务监督管理暂行办法》和《上海市支付机构重大事项报告制度（试行）》的通知

上海银发〔2012〕217号　2012年9月27日

上海市各支付机构、各支付机构上海分公司：

根据《中华人民共和国中国人民银行法》、《非金融机构支付服务管理办法》（中国人民银行令〔2010〕第2号发布）等有关法律制度，我分行制定了《上海市支付机构支付服务监督管理暂行办法》和《上海市支付机构重大事项报告制度（试行）》。现印发给你们，请认真学习并贯彻执行。

特此通知。

附件一

上海市支付机构支付服务监督管理暂行办法

第一章　总　　则

第一条　为促进上海市支付服务市场健康发展，规范上海市支付机构支付服务行为，防范支付风险，保护当事人的合法权益，根据《中华人民共和国中国人民银行法》、《非金融机构支付服务管理办法》（中国人民银行令〔2010〕第2号发布）等法律规章，制定本办法。

第二条　本办法所称支付机构是指依法取得《支付业务许可证》且注册地在上海市的非金融机构（以下简称“法人支付机构”），及依法取得《支付业务许可证》的非金融机构在上海市开办支付业务的分公司（以下简称“支付机构分公司”）。

第三条　支付机构应当遵守中国人民银行制定的网络支付、预付卡发行与受理、银行卡收单、客户备付金存管等业务管理办法。

第四条　本办法所称支付业务监督管理包括支付机构的支付业务非现场管理与现场检查。

第五条　中国人民银行上海分行对支付机构监督管理，应当遵循合法、公开、公正和效率的原则。

第六条　本办法所称高级管理人员，包括总经理、副总经理、财务负责人、技术负责人或实际履行上述职责的人员。

第七条　本办法所称中国人民银行分支机构，是指中国人民银行副省级城市中心支行以上的分支机构。

第二章　法人支付机构非现场管理

第八条　中国人民银行上海分行依法对法人支付机构的公司治理、业务运营、内部控制、系统运行、风险管理等实施非现场管理。

第九条　法人支付机构变更下列事项之一的，应当在向公司登记机关申请变更登记前以正式公文形式逐级报经中国人民银行同意：

（一）变更公司名称、注册资本或组织形式；

（二）变更主要出资人；

（三）合并或分立；

（四）调整支付业务类型或改变支付业务覆盖范围；

（五）中国人民银行要求的其他事项。

第十条　法人支付机构变更下列事项之一前，应当以正式公文形式逐级报经中国人民银行或中国人民银行上海分行同意：

（一）申请续展《支付业务许可证》；

（二）终止支付业务；

（三）拟实施重大支付业务创新；

（四）拟变更正、副董事长，正、副监事长和高级管理人员；

（五）中国人民银行要求的其他事项。

第十一条 法人支付机构应当在下列事项发生前30日以正式公文形式向中国人民银行上海分行提交相应资料：

（一）拟在国内或境外发起设立独立法人机构或分支机构；

（二）拟开立、变更、撤销备付金专用存款账户；

（三）拟变更法人营业执照中的经营范围；

（四）中国人民银行上海分行要求的其他事项。

第十二条 法人支付机构应当在下列事项发生前15日以正式公文形式向中国人民银行上海分行提交相应资料：

（一）调整支付业务办法、客户权益保障措施；

（二）调整支付业务的收费项目或收费标准；

（三）调整支付服务协议格式条款；

（四）支付业务系统停运、升级换版；

（五）核心业务机房发生重要变更或搬迁；

（六）中国人民银行上海分行要求的其他事项。

第十三条 法人支付机构应当在下列事项发生后15日内以正式公文形式向中国人民银行上海分行提交相应资料：

（一）变更公司章程或财务管理制度；

（二）变更支付机构注册地址或经营地址；

（三）分公司完成向所在地中国人民银行分支机构备案；

（四）完成备付金专用存款账户的开立、变更、撤销；

（五）中国人民银行上海分行要求的其他事项。

第十四条 法人支付机构应当于每月初5个工作日内以电子和纸质方式提交下列资料：

（一）各备付金存款账户余额；

（二）各类支付业务的发生数量和金额；

（三）中国人民银行上海分行要求的其他资料。

第十五条 法人支付机构需按照要求及时提交以下重要信息资料：

（一）应当于每年1月31日前向中国人民银行上海分行提交上一年度支付业务风险排查评估报告，包括备付金管理、信息安全、消费者权益保护、应急处置、系统运行维护等方面，并同时报送《支付机构支付业务风险排查和防范明细表》（见附件1-4）；

（二）应当于每年4月30日前向中国人民银行上海分行提交上一年度经会计师事务所审计的财务会计报告；

（三）应当于每年4月30日前向中国人民银行上海分行提交上一年度自我评估报告及相关附表，包括但不限于公司基本情况、支付业务开展情况、财务稳健性分析、内部控制制度建设、报告期内重大事项。

第十六条 法人支付机构向中国人民银行上海分行提交的各项资料应由法定代表人或主要负责人签章并加盖单位公章。

第三章 支付机构分公司非现场管理

第十七条 为规范支付机构分公司支付业务行为，中国人民银行上海分行依法对支付机构分公司实施监督管理。

第十八条 支付机构分公司在开办支付业务前应完善公司治理结构，建立健全内部控制制度，配置符合要求的支付业务设施，建立各项反洗钱措施，按照中国人民银行的相关规定建立备付金管理和报告制度，并向中国人民银行上海分行提交备案报告。

第十九条 支付机构分公司应在开办支付业务前向中国人民银行上海分行提交以下文件、资料：

（一）公司法定代表人签署的书面报告，应包含支付机构的基本情况（法人支付机构名称、成立日期、注册地址、注册资金、股东情况、支付业务许可经营范围、组织机构设置情况、最近两年的业务量、行业影响度、盈利情况、主要出资人构成及资质、经营情况等）、支付机构分公司从事支付业务的类型、支付机构分公司内部机构设置情况等；

（二）《支付业务许可证》（副本）复印件；

（三）分公司营业执照（副本）复印件；

（四）分公司备付金管理情况，包括但不限于备付金存管协议、备付金账户信息；

（五）分公司支付业务可行性报告，包括支付业务处理流程、风险控制管理措施和业务发展规划等；

（六）分公司支付业务内部控制制度，包括支付、技术、反洗钱等方面；

（七）分公司客户权益保护措施；

（八）公司业务章程、与客户签订的格式条款协议、在沪支付业务各项收费项目和标准等；

（九）分公司高级管理人员履历；

（十）《支付业务备案登记表》、《分公司高级管理人员信息表》；

（十一）材料真实性声明，并由支付机构法定代表人签字并加盖法人支付机构公章和支付机构分公司公章；

（十二）中国人民银行上海分行要求的其他材料。

第二十条　支付机构分公司从事预付卡发行与受理业务的，还应在备案报告中披露发行的各类预付卡的卡样彩色复印件，分卡样说明各类预付卡的功能（含充值、缴费、消费、预授权等功能）、发行与销售方式（委托销售的，附业务合同）、受理方式（委托其他支付机构受理的，附业务合同）等。

支付机构分公司若存在代售其他支付机构发行的预付卡，或者受理其他支付机构发行的预付卡等情形的，还应提供有关发卡机构的基本情况、二者之间的合作情况（包括业务合同、合作起始时间、代销或受理的预付卡资金的结算方式和结算周期等）等说明。

第二十一条　中国人民银行上海分行在支付机构分公司业务开办前对其主要负责人进行约见谈话，了解其支付业务情况和内部控制制度建设情况，提出业务和风险管理指导意见。

第二十二条　中国人民银行上海分行对支付机构分公司的公司治理、内部控制、业务管理、技术环境、反洗钱工作进行评估，并根据核实情况出具意见：

（一）支付机构分公司在上述方面存在重大风险的，责令其整改。

（二）支付机构分公司符合相关规定要求的，由中国人民银行上海分行在《支付业务备案登记表》上加盖公章，完成备案手续。

第二十三条　支付机构分公司新增支付业务类型，应按照本办法第十九条、第二十条的规定另行向中国人民银行上海分行备案。

第二十四条　支付机构分公司应当在下列事项发生后15日内以正式公文形式向中国人民银行上海分行提交相应资料：

（一）变更《支付业务许可证》内容；

（二）变更分公司名称、地址；

（三）变更高级管理人员；

（四）业务变动情况，包括新业务品种开办、业务处理方式变化、收费项目和标准调整、服务协议的格式条款变更、特约商户数量异常变动等；

（五）制定和调整支付业务管理制度；

（六）在沪备付金银行账户的开立、变更、撤销；

（七）终止支付业务；

（八）中国人民银行上海分行要求的其他事项。

第二十五条　支付机构分公司应当于每月初5个工作日内以电子和纸质方式提交下列资料：

（一）在沪各备付金存款账户余额；

（二）各类支付业务的发生数量和金额。

（三）中国人民银行上海分行要求的其他资料。

第二十六条　支付机构分公司需按照要求及时提交以下重要信息资料：

（一）应于每年7月31日前及次年1月31日前向中国人民银行上海分行提交半年度及上年度支付业务运行情况，包括但不限于分公司基本情况、年度或半年度支付业务开展情况、业务发展规划、高级管理人员情况、存在的问题及建议等。

（二）应于每年1月31日前向中国人民银行上海分行提交分公司上一年度会计财务报表。

第二十七条　支付机构分公司向中国人民银行上海分行提交的各项资料应由主要负责人签章并加盖单位公章。

第四章　现场检查

第二十八条　中国人民银行上海分行依法在支付机构的经营管理场所，采取查阅、复制文件和业务资料、查看业务设施、谈话及询问等方式，对支付机构的业务活动及其风险情况进行现场检查。

第二十九条　支付机构应当配合中国人民银行上海分行现场检查工作，且对所提供材料的真实性、准确性、完整性负责。

第三十条　支付机构应当根据中国人民银行上海分行的要求，及时提供有关文件和业务资料，不得拒绝、阻挠、逃避检查，不得谎报、隐匿、销毁相关证据材料。

第三十一条　中国人民银行上海分行对支付机构支付业务开展情况的现场检查内容主要包括：

（一）客户备付金管理情况；

（二）支付机构从事的支付业务类型和支付业务覆盖范围；

（三）支付业务备案、信息公示等情况；

（四）支付机构的高级管理人员及相关业务人员的从业资质；

（五）支付机构的财务情况；

（六）组织机构设置及相应的岗位职责和内控措施；

（七）特约商户的管理情况；

（八）支付业务受理终端管理情况；

（九）预付卡发行管理情况；

（十）客户权益保障情况；

（十一）风险预警与防范情况；

（十二）应急处置情况；

（十三）支付业务系统运行维护情况；

（十四）反洗钱工作开展情况；

（十五）其他需要检查的内容。

第三十二条 中国人民银行上海分行可对有关文件、资料和情况进行查阅、复制、记录、录音、录像、照相，有关书证、物证、电子文件等证据应由支付机构经办人签字并加盖单位公章。

第五章 信息联络机制

第三十三条 支付机构应建立信息联络机制。信息联络员应为支付机构两名高级管理人员。

第三十四条 信息联络员的主要职责是：

（一）收集、整理、汇总并报送支付业务资料；

（二）按时参加信息联络员会议；

（三）向本支付机构传达中国人民银行上海分行有关要求；

（四）代表本支付机构向中国人民银行上海分行反映建议和意见。

中国人民银行上海分行对信息联络员实行备案管理。

第三十五条 信息联络员发生变更，支付机构应于变更后5日内向中国人民银行上海分行备案。

第三十六条 中国人民银行上海分行根据需要召开信息联络员会议，开展业务辅导培训，安排部署工作。

第六章 纪律与责任

第三十七条 支付机构存违反本办法规定情形的，中国人民银行上海分行可责令其限期整改，或予约见谈话、通报批评。存在违反《非金融机构支付服务管理办法》等规定情形的，中国人民银行上海分行依法予以处罚。

第三十八条 支付机构拒绝或阻碍相关检查监督的，由中国人民银行上海分行依据《非金融机构支付服务管理办法》第四十三条予以处罚。

第三十九条 支付机构涉嫌犯罪的，移送公安机关立案侦查；构成犯罪的，依法追究刑事责任。

第四十条 中国人民银行上海分行在监督管理中发现支付机构有其他违法行为，并且应当由其他部门查处的，依法移送有关部门处理。

第四十一条 中国人民银行上海分行依法实施现场检查，检查人员不得少于2人，并应当出示有关证件和检查通知书。

第四十二条 从事监督管理的工作人员应当对获取的国家秘密、商业秘密和个人隐私保密，法律法规另有规定的除外。

第七章 附 则

第四十三条 本办法由中国人民银行上海分行负责解释和修订。

第四十四条 本办法自发布之日起实施。

附件二

上海市支付机构重大事项报告制度(试行)

第一条 为促进上海市支付服务市场健康发展，强化上海市支付机构风险防范意识，及时发现、报告、处置各类风险隐患和事件，根据《中华人民共和国中国人民银行法》、《非金融机构支付服务管理办法》(中国人民银行令〔2010〕第2号发布)、《中国人民银行关于建立支付机构监管报告制度的通知》(银发〔2012〕176号)等法律规章，制定本制度。

第二条 本制度所称支付机构包括依法取得《支付业务许可证》且注册地在上海市的非金融机构，以及依法取得《支付业务许可证》的非金融机构在上海市开办支付业务的分公司。

第三条 本制度所称重大事项是指对支付机构经营发展可能产生或具有重大影响，以及可能危及区域或系统性金融稳定和社会稳定的事件(含重大突发性事件)和案件。

第四条 重大事项包括但不限于下列情况：

（一）支付机构的网络支付业务系统被恶意攻击并出现 10 户（含）以上客户损失；

（二）由于支付机构的原因导致客户或交易信息泄露等信息安全事件涉及客户数量在 20 户（含）以上；

（三）客户利用支付机构的支付业务进行洗钱、套现且涉嫌金额大、客户多或已移交司法机关的；

（四）突发事件导致支付机构支付业务中止超过 1 小时；

（五）支付机构发生预付卡卡片和交易信息泄露等信息安全事件，涉及预付卡卡片数量 50 张（含）以上；

（六）支付机构的特约商户利用欺诈交易，造成持卡人或发卡机构经济损失的；

（七）支付机构的特约商户因套现、盗刷等欺诈情况被公安部门立案侦查；

（八）支付机构在银行卡收单业务中，发生重大的银行卡账户信息或交易信息泄露等信息安全事件，一次性涉及发卡机构 3 家以上或涉及银行卡数量在 50 张以上的；

（九）特约商户或受理终端遭不法分子攻击，一次性涉及伪卡、丢失卡、偷窃卡等欺诈交易总计达 10 万元人民币以上，或涉及的欺诈交易在 10 笔以上的；

（十）因特约商户原因导致银行卡发卡机构调单、收单机构无法提供合规的交易凭证，涉及金额 10 万元以上的；

（十一）支付机构发生被诈骗、抢劫、盗窃等事件以及其他重大案件；

（十二）支付机构发生《支付业务许可证》（正本和副本）在有效期内非因不可抗力灭失、损毁的；

（十三）支付机构发生盗窃、出卖、泄漏或丢失涉密资料，造成支付秩序混乱的事件；

（十四）支付机构累计亏损超过其实缴货币资本的 30%；

（十五）支付机构发生影响正常经营秩序的利益相关人集体上访、静坐、游行、罢工等群体性事件；

（十六）支付机构发生司法纠纷或舆论风波可能影响声誉的；

（十七）支付机构对外提供重大担保（担保金额超过公司净资产的 30%）；

（十八）支付机构重要资产被查封、扣押、冻结或者被抵押、质押；

（十九）支付机构涉及重大诉讼、仲裁；

（二十）支付机构的高管人员发生变动；

（二十一）持有 5%以上支付机构股权的出资人或者实际控制人，其持有股份或者控制公司的情况发生较大变化；

（二十二）支付机构股东有无违规处分其出资行为（如抽逃或变相抽逃注册资本、以资金信托、股权托管、质押、秘密协议等方式私下转让出资）；

（二十三）支付机构股东有无被司法冻结或被采取其他强制司法措施；

（二十四）支付机构高级管理人员涉及刑事诉讼或受到刑事处罚；

（二十五）支付机构有无发生因违规经营行为受到其他行政机关行政处罚的情况；

支付机构应于重大事项发生后 48 小时内向中国人民银行上海分行报告。

第五条 支付机构应指定专人负责本支付机构的重大事项报告事宜。

第六条 支付机构对本制度第四条规定的重大事项应统一以《重大事项报告》（见附件）形式报送。若需实时报告重大事项的，可通过电话、传真或电子邮件形式先行快报，并在有关事件和案件发生后 48 小时内提交正式报告。

第七条 《重大事项报告》内容应要素齐全，包括但不限于事项的基本情况，事件或案件的起因、时间、地点、当前情况、涉及人数及财产、损失情况（含人员、财产等）、风险蔓延情况、已采取或拟采取的措施、事态发展预测、造成或可能造成的影响以及本身性质等。

第八条 《重大事项报告》应由支付机构法定代表人或主要负责人签章并加盖公章。通过电子邮件形式报送的视为已经支付机构法定代表人或主要负责人同意。

第九条 支付机构应在事项平息或结束后，及时对整个事件和案件的过程、原因、处置措施以及教训等进行总结，并形成重大事项风险处置报告，以正式公文形式上报中国人民银行上海分行。

第十条 支付机构应确保重大事项报告的及时、真实、准确、完整。

第十一条 本季度没有发生重大事项的支付机构，须在下个季度开始的 5 个工作日内以正式公文形式进行零报告。

第十二条 支付机构存在违反本制度规定情形的,中国人民银行上海分行可以区别情形和视情节轻重,依法采取下列监督管理措施:

(一)责令整改;

(二)约见谈话;

(三)通报批评。

第十三条 支付机构应建立重大事项报告专项档案,并进行跟踪管理。

第十四条 本制度由中国人民银行上海分行负责解释和修订。

第十五条 本制度自发布之日起实施。

第八篇　文　　化

一、学 术 团 体

1. 上海市金融学会

2012年,国际经济金融形势复杂多变,国内经济发展困难,经济运行中的总量和结构矛盾突出,金融宏观调控的复杂性和艰巨性加大。上海市金融学会紧紧围绕经济金融运行中出现的新情况、新变化,结合上海金融发展和上海国际金融中心建设的实际,组织上海金融业和社会金融研究力量,广泛深入地开展学术研讨和交流,继续加强重点课题和青年课题研究,逐步完善学术成果发布和评价机制,各项工作取得新的进展。

【组织协调】 一是组织协调学术交流,增强学会的凝聚力。学会年初召开秘书长工作会议和专业研究部工作会议,讨论全年学术活动安排、研究课题选题。发动各理事单位和会员,参加2012年重点课题和青年课题申报、第三届"青年金融论坛"征文和2012年学术年会征文,优秀活动组织奖评选,以及上海市第九届邓小平理论研究和宣传优秀成果、上海市第十一届哲学社会科学优秀成果评奖。

二是积极发展新会员,提高学会的生命力。学会一方面两年一次组织会员单位推荐优秀人才加入学会队伍,另一方面在学会网站上发布会员登记表和会员管理办法,随时欢迎热心金融研究、学有专长的青年人才主动申请成为学会会员,待召开理事会时集中讨论通过。

【学术活动】 一是发挥学会专业研究部和副会长单位、理事单位的作用,开展各种形式的学术讨论会。2012年先后举办了4次学术讨论会:学会国际金融专业研究部和上海财经大学现代金融研究中心、上海国际金融研究中心等单位于3月31日联合召开2012中国金融稳定发展的内生性与外生性因素研讨会。学会货币理论和货币政策专业研究部和华创证券研究所于4月22日联合举办"春季宏观形势交流会"。学会区域金融发展与合作专业研究部和中国浦东干部学院"完善地方政府金融管理体制"专题研究班(第2期)于9月25日联合召开"地方金融困局的破解与创新"学术讨论会,就金融管理体制、地方融资平台与地方政府债务、实体经济发展与中小企业融资、地方金融机构运作与地方金融风险防范等议题进行交流。学会金融市场专业研究部于10月30日召开"金融市场热点问题"学术讨论会,就黄金市场、欧债危机及其对中国经济的影响、货币市场及同业拆借市场走势、股票市场投资及展望等展开讨论。这些学术讨论会在培育学术功能、加强决策咨询、增进会员联系、提高会员研究水平方面发挥了较好的作用。

二是发挥青年专家学者的优势,举办青年金融论坛。在原有经验的基础上,学会于11月2日举办了第三届青年金融论坛。通过发动副会长单位和理事单位投稿,组织青年课题招标,本次论坛共收到征文81篇。经初审,编入论坛交流材料63篇,其中有6篇编入"金融市场热点问题"学术讨论会。围绕国际金融、中国经济金融形势、货币政策、金融监管、金融市场、中小企业融资、商业银行经营管理等主要议题,遴选出15篇论文参加论坛交流。邀请青年专家学者点评论文,并经专家学者和与会作者共同投票,从编入论坛交流材料的论文中最终评选出10篇优秀论文。青年金融论坛荣获上海市社会科学学会特色活动奖(2009—2011)。同时在上海市社联第六届学会学术活动月评选中,第三届青年金融论坛和学会长期举办的金融市场热点问题学术讨论会均荣获优秀组织奖。

三是利用学会的资源优势,合作召开大型学术会议。2012年,学会和浦东新区航运服务办公室、上海国际航运中心发展促进会、上海组合港管理委员会办公室于12月5—6日联合举办第四届航运金融服务会议,就航运金融政策环境、国际航运金融市场及国际贸易趋势、航运金融服务产品创新与发展等议题展开探讨。此次活动入选第十一届上海市社会科学普及活动周学会特色科普活动。

四是搭建学习平台，举办高层次的学术报告会。学会于6月29日在中国人民银行上海总部召开上海市金融学会2012年学术报告会，邀请中国人民银行行长周小川就金融热点问题作学术报告，为会员解读金融政策，有助于会员理解金融改革与发展现状，开拓视野，拓宽研究思路。学会和刘鸿儒金融教育基金会于1月18日联合召开2011年度"中国金融学科终身成就奖"颁奖典礼暨上海市金融学会学术年会，并围绕中国金融史学的发展主题展开讨论。上海市金融学会顾问、中国金融学会金融史专业委员会主任洪葭管荣获2011年度"中国金融学科终身成就奖"。

五是发挥专家学者的积极性和创造性，开展课题研究。根据学会课题招标管理办法，学会在2012年初组织各会员单位根据经济金融发展的实际提供研究选题，开展重点课题申报，从基本内容、研究方法和创新程度等多角度考察，确定"上海国际金融中心建设背景下的外汇市场深化改革"、"上海建设国际性财富管理与资产管理中心路径"、"跨国公司资金运作进一步便利化"、"中国市政债券市场建设"、"中国银行业体系优化"、"大宗商品金融化现象及对我国期货市场的影响"、"加强银行信贷支持小微企业发展"等24个中标课题，组织重点课题中期交流会，加强课题指导和协调，切实推动研究工作开展，提高研究质量。组织课题终期评审会，完善学术成果评价机制，使之更科学更合理，鼓励获奖单位对获奖课题组成员予以奖励。

【成果转化】 一是出版优秀金融研究成果，促进成果转化。为了展现研究成果，所有招标课题和会员论文均组织专家审稿，获奖论文统一由学会组织发表。2012年，学会围绕宏观经济金融形势、货币政策、金融监管、上海国际金融中心与国际航运中心建设、金融市场、商业银行等专题，从2011年获奖的重点研究课题、优秀青年课题和优秀征文中选出23篇文章，出版了《上海金融论丛2012》。

二是办好金融期刊，树立刊物品牌。2012年，《上海金融》再度荣获2012年度"中文核心期刊"及"CSSCI"来源期刊，且排名较上一期均有所提升，在清华大学《中国学术期刊影响因子年报》的排名也较上年提升了一位。

三是编好志书。在金融年鉴的编发方面，《2011上海金融年鉴》获第六届全国年鉴编校质量检查评比一等奖。《2012上海金融年鉴》新增了人物篇，全面、系统、准确、真实地反映上海金融业的改革、开放和发展的成绩。此外，2012年向上海通志馆共赠送《上海金融年鉴》、《上海金融服务指南》、《世博金融之旅》等247册，丰富了上海通志馆的馆藏，获得通志馆颁发的捐赠证书。在地方志的编纂方面，根据上海市金融办的编纂分工，综合卷(含金融市场等)由中国人民银行上海总部牵头，上海市金融办配合。人民银行上海总部指定上海市金融学会秘书处为负责该项工作的职能处室，并于11月6日召开《上海市志·金融分志·综合卷(1978—2010)》编纂工作启动大会，讨论《综合卷》编纂方案，正式启动《综合卷》编纂工作。

2012年上海市金融学会秘书处王海生被上海市社会科学界联合会评为"2009—2011年度上海市优秀社会科学学会工作者"。上海金融年鉴编辑部李安定获得上海市地方志办公室、上海市人力资源和社会保障局、上海市公务员局联合表彰的"上海市地方志系统先进工作者"荣誉。

(王海生)

2. 上海城市金融学会

2012年，上海城市金融学会深入开展金融理论和实践研究，重点推进重大课题调研、同业竞争力分析、情报分析和学术研讨活动，各项工作取得丰硕成果，在人总行和市人行各类评选中，共有近20篇论文获奖，其中5篇获总行一等奖，并获上海市社联三年一届的"学会特色活动奖"。

【学术研究】 重点课题调研取得诸多成果，为银行战略发展提供前瞻理论指导。2012年，学会深入开展课题调研，完成了100多个重点课题。在总行第十一届城市金融优秀论文和调研报告评选中，共9篇获奖，其中1篇获一等奖。在总行青年金融论坛评选中，获一等奖4篇、二等奖4篇、三等奖2篇。在人行课题评选中，获二等奖1篇，三等奖2篇。一是围绕工行新三年战略发展，总分行重点课题研究多次获奖。研究核心客户的行为模型和客户拓展策略，夯实可持续发展基础。研究新兴业务创新战略，探索转型发展新路。研究现代化管理工具和手段，以体制机制改革和精细管理促发展。二是围绕金融创新和商业银行经营创新，人行重点课题攻关获得监管机构和同业肯定。研究影子票据对货币政策实施效果的干扰影响，获人行重点课题评选二等奖。探索金融资产服务业务的创新方向，获人行重点课题评选三等奖。围绕金融支持实体经济和商业银行经营创新，组织完成了13个人行青年课题，其中1篇获三等奖。三是围绕基层经营重点难点，群众性课题调研活动形成丰富成果。精心挑选了11个重点课题选题，发动各行部完成了100多项基层调研课题。

【学术组织】 持续推进了论文评选和学会刊物出版工作，为优秀研究成果的应用和价值创造提供推广平台。优化评审办法，组织完成2011年度上海城市金融学会优秀论文评选工作。办好学会会刊。每月出版《上海城市金融》，积极刊登获奖论文。积极参加社联评优。"千辩万话论发展"青年辩论赛活动，获上海市社联三年一届的"学会特色活动奖"。

【学术活动】 举办了丰富的学术研讨活动，为经营攻坚克难汇聚专家智慧。成功组织完成总行集团资源共享体系建设课题调研活动。召集10家分行，成功组织完成同业竞争形势课题调研活动。

（上海城市金融学会）

3. 上海市农村金融学会

2012年上海市农村金融学会围绕农分行年内中心工作和任务，继续加强应用理论研究和课题调研工作，上海建设国际金融中心，为分行业务发展和转型提供智力支持和理论先行；认真做好信访维稳工作，为业务发展保驾护航，扎实推进各项工作的有序推进，圆满履行了部门职责，完成了领导交办的各项工作，为三年发展规划目标的实现作出了应有贡献。

【课题研究】 (1) 开展了"我为上海农行再创辉煌献计策"、"五位一体战略定位"、"全员传动　共铸辉煌"读书月课题征文活动。其中"五位一体战略定位"课题征文活动突出围绕分行刘桂平行长倡导的"深、实、强、精、好"五字要求，全面贯彻落实总行蒋超良董事长"2·8"重要讲话精神，得到了各行(部)高度重视，积极组织落实；广大干部员工尤其是青年业务骨干踊跃参与，理论联系实际，认真开展课题调研，取得了丰硕的调研成果。活动共收到征文109篇。大多数论文主题突出、逻辑清晰、注重创新，有较强的前瞻性和实践借鉴意义，在此基础上评出了一等奖一名，二等奖二名，三等奖三名，优胜奖五名，组织奖一名；"全员传动　共铸辉煌"读书月课题征文活动收到58篇应征论文、读书心得45篇，并组织开展了演讲比赛，决出了各类奖项，部分选手还在分行第三季度业务经营分析会上进行了汇报演讲。

(2) 完成了中国农村金融学会2012年度重点课题"国际金融中心建设背景下农行在上海的发展战略研究"、市金融学会2012年度重点课题、青年课题的申报、组织、落实、研究、上报工作，其中市金融学会2012年度重点课题获得了三等奖，青年课题获得了二等奖。

(3) 开展了以"金融业服务实体经济发展"为主题的第十三届"青年论坛"活动，收到论文48篇，评出一等奖一名，二等奖二名，三等奖三名，优秀奖十名。参与"青年讲堂"活动，就如何正确处理客户投诉、提高服务水平业务水平的问题与基础行干部员工进行交流。

(4) 完成了中国人民银行有关金融支持实体经济、支持保障房建设、2011年度货币信贷导向评估工作、房地产信贷监测、中小微企业服务、中小微企业债券融资、利率市场化等的专题调研工作18项。

(5) 全年组织召开了各类征文座谈会、总结表彰会、理论研讨会11次，推动了分支行金融研究、征文活动的有序开展；有效开展了总行学会2013年度重点课题的投标工作。

【会刊】 学会克服人手不够的实际困难，保质保量地完成了《上海农村金融》全年六期的组稿、编辑、校对、发行工作，有效宣传了上海农行的工作要求和业务动态，及时总结了分行业务经营中涌现出来的先进事迹和先进个人，为宣传业务发展中的正能量做出了不懈努为。《上海农村金融》始终保持了正确的政治方向和业务方向，首先，根据分行业务发展实际，不断调整有关栏目，强化功能，进一步提高办刊质量；其次，贴近业务实际，联合业务专业部门，结合经营管理和业务拓展实践，积极组织理论研究文章，指导分行业务经营；再次，加强通联员队伍建设，组织必要的培训、讲座，不断提高他们的业务水平，保证刊物质量。在做好《上海农村金融》的发行工作方面，确保每个网点、每个部室都能看得到刊物，最大程度发挥刊物的功能和作用。

【信访维稳】 2012年是党的十八大召开之年，信访维稳工作尤为特殊重要，进一步完善了信访维稳工作机制和应急预案，完善信访维稳工作流程，加强了同分行本部有关职能部门、有关支行的联系沟通和合作，加强信访督办的力度，加强与市信访办、市金融工委、同业公会、银监局等信访部门的联系，及时受理这些部门转来的信访事项，确保各类信访在规定的时限内完成流程。全年共受理各类信访投诉185件次，落实率100%；办结180件次，办结率97.3%。以高度的责任感做好信访接待（来访、来电、来信）工作，力争用规范、专业、简洁的语言文字答复有关诉求，展现农行大型上市商业银行的社会责任。深入信访第一线，与支行领导、信访干部共同探讨解决信访矛盾的途径和方法，开展工作协调，了解情况，沟通信息，拟定应对措施。完成上报总行、银监局、市金融工委、同业公会等各类信访工作贯彻落实情况汇报、信访类调研报告26份，参与同业公会信访案例库的修改补充工作。

【读书活动】 开展了第三届“读书月”活动，围绕“如何成为最受欢迎的员工”和“全员传动　共铸辉煌”这两个主题，按照分行总体要求，坚持每年确定一个新的主题；每年解决一个文化或思想认识方面的突出问题；每年开展“五个一”活动，即“推荐一批优秀读物、精读一本经典书籍、撰写一篇读书心得、召开一次读书会、举办一场征文演讲比赛”，分支行开展了各类“读书会”、“学习交流会”、“知识竞赛”、“征文比赛”、“演讲比赛”等活动，使读书月活动年年有收获，更加深入人心。经过两轮征文演讲选拔赛和总决赛，六名选手分别获得一、二、三等奖，五名选手获得优胜奖，两家单位获得优秀组织奖。农分行本部被上海市精神文明建设委员会办公室、上海市总工会、上海市振兴中华读书指导委员会授予“上海市振兴中华读书活动30周年十佳读书团队提名奖”称号，这是自上海市振兴中华读书活动开展30周年以来，上海市金融系统唯一一家获此殊荣的团队。

【精神文明建设】 有效申报了农分行本部参加市文明单位的考核；对普陀支行、静安支行、松江支行、青浦支行等四个经营单位的精神文明创建工作进行了检查与辅导，分别按照申报的要求，提出了整改意见和工作方向，使它们顺利实现创建目标。其中长宁、静安支行获得总行第二届“全国农行文明单位”称号，松江、黄浦、普陀、南汇、青浦支行获得总行第六届“全国农行精神文明建设工作先进单位”的称号。

【企业文化】 开展了企业文化的培训工作，参加了农总行宣传工作、品牌管理、企业文化培训，做了交流发言；组织全行企业文化在线考试；确立了分行“学习型银行示范点”。组织辅导各单位开展企业文化工作的自查、自评工作，在此基础上，对各单位企业文化工作、VI标准逐一进行了检查、核实工作，提出了改进意见，有力地推动了经营单位企业文化建设。在总行对分行企业文化工作检查中，受到总行好评。参加了第六届中国企业文化学术论坛和企业文化2012珠海峰会，学习了企业文化先进经验，交流了开展企业文化深植工作经验。在“珠海峰会”上，分行获中国“2012年度企业文化建设优秀单位”，这是我行继2010年获得全国企业文化建设优秀单位奖后第二次获此殊荣，“上海农行积极开创企业文化发展新方式”的经验材料入选中国企业文化研究会《2012年度企业文化优秀成果文集》。

【基础工作】 年内完成并通过了市社团局、市社联的年检工作；根据市社联的要求，梳理和完善了学会工作制度。加强了与市社联、市社团局的联系沟通，及时上报各类材料，确保学会网上年报数据准确完整，反映学会真实概貌，使学会合法有序地开展工作。市社联组织的达标创优活动是加强学会管理的有效抓手，因此，在开展学会工作的过程中认真落实达标的各项要求，使学会顺利达标。根据人民银行上海总部的统一部署，继续做好《上海年鉴》、《上海经济年鉴》、《上海金融年鉴》等的编纂工作，完成发行任务。做好农总行《农村金融研究》和人行《上海金融》等刊物的发行工作。

【取得成绩】 学会荣获“2011年度上海市达标学会”称号；张国平等人的论文在市金融学会重点课题中获得三等奖；陈伟华获得市委信访办、市府信访办、市文明办、市人保局、市公务员局联合授予的“2010—2011年度上海市信访系统先进工作者”荣誉，并被上海市社会科学界联合会评为“2009—2011年度上海市优秀社会科学学会工作者”。

（上海市农村金融学会）

4. 上海市投资学会

2012 年度，上海市投资学会深入贯彻落实科学发展观，积极开展关于改革开放和社会主义现代化建设重大理论和实践问题的学习交流。严格按照学会章程规定，积极探究投融资理论与实践的学术问题，充分发挥学术研讨的导向作用，努力构筑金融理论交流的平台。

【坚持举办特色科普讲座】 投资学会根据上海市社联关于举办第十一届社会科学普及活动的要求，为充分体现"让社会科学走向大众"宗旨，结合自身特点积极开展有影响力的科普活动，引导广大市民科学理财的观念以及对金融知识的需求，于 12 月 6 日举办"金融理财产品普及讲座"，邀请建行上海市分行投资理财专家给市民上一堂理财基础课，围绕大家所关心的金融理财产品及银行新业务热点问题，通过理论讲解与操作技巧的结合，使市民获得投资思路和理财方法。科普讲座营造了和谐舒畅的学术氛围，充分体现出学术性与科普性、趣味性与科学性的有机结合。

【组织开展专题学术研究】 投资学会作为有 27 年历史的市级学术性社团，一贯强调科学研究的重要性，提倡理论联系实际的研究方向，邀请社会一流专家学者、研究人员、政府官员做报告、开展研讨，吸引更多的理论研究人员和实务工作者参与到学会的学术交流活动中来，充分发挥学科研究的导向作用。关注有关理论研究的最新动向，充分发挥学会自身的学者、专家的智慧，形成有学会自身特色的研究团队，经常组织、策划一些高质量的专业课题，形成一批有理论水平的、对实际工作具有指导意义的调研成果。

投资学会党工组加强对学术工作领导，坚持用科学思想引领投融资理论研究跃上新台阶。注重学习和科研结合，理论与实际统一，始终坚持学会活动紧密结合党和政府的中心工作以及国内外经济金融发展变化和上海经济运行的总体特点，积极探索商业银行市场化运作，努力构筑金融合作交流平台。邀请社会各领域专家围绕当前国内外经济金融形势提出精辟观点，体现出学科研究对经济建设的参谋与服务作用，具有较强的学术性、实践性和覆盖性。

【完善学会组织机构建设】 投资学会严格按照社会团体管理要求，建立和健全领导机构和组织机构，保证学会各项工作的落实和各项学术活动的正常开展。充分发挥党组织对学会工作的引领作用，始终把完善组织建设，加强内部管理，弘扬团结精神，提高整体素质，营造和谐环境的重要理念放在首位。坚持用团队精神去凝聚员工，树立全局观念和整体意识，培养荣誉感和责任感。不断推进学会的改革创新，增强投资学会的发展后劲，使学会组织建设和内部管理更具科学性、规范性和系统性。

【服务会员】 做好新会员发展工作，加强学术研究力量，增加学会的凝聚力和活力。学会注意发现和吸收社会各界有志于投融资理论研究，具有一定的学术水平和研究能力的中青年学者、专业技术人员、业务骨干等研究人才，以优化会员知识结构和年龄层次，更好地体现人员素质的多元化，为改革发展和社会和谐服务，为学术繁荣和科技进步作出贡献，充分发挥学会作为市一级学术社团的职能。

通过投资学会这座桥梁将社会各界专家学者紧密联系起来，经常更新会员信息，核实会员情况，规范会籍管理，完善会员资料，体现以会员为本的思想。从形式上讲，学会是松散型的学术团体，会员来自不同的系统与单位。但是，学会力求做到形散而神不散，本着服务会员的宗旨，努力营造良好的学术氛围，把大家的精神凝聚在一起，把大家的智慧集中在一起，为广大会员提供良好服务。广大会员也把学会当作自己的学术之家，热情支持学会工作，从思想理论和学术水平上不断为学会贡献智力资源。通过学会上下的共同努力，投资学会各项工作更富生机和活力。

（吕　沂）

5. 上海市钱币学会

【学术研究】 继续把学术研究放在学会工作的首位。钱币学会作为学术性的群众团体，其性质决定了构筑学术研究学术交流公共平台是学会的重要职能。学会始终坚持以"学"为主，积极开展各项学术活动。

(1) 根据上海市社联第七届学会学术活动月安排，2012 年 10 月 30 日，学会与上海造币厂钱币研究会联合举办了“人民币源远流长——革命根据地与人民币研究”学术研讨会。本次研讨会共征集到论文20余篇，遴选5篇作为大会交流发言，分别是叶世昌先生的“人民币不规定含金量的意义”、傅为群先生的“参与第一套人民币印制的上海私企”、王允庭先生的“第一套人民币的趣味票”、方茂森先生的“上海造币与熊猫金币的源和缘”和王炜先生的“中国人民银行在金融业务工作中使用的号牌”。在上述五位先生中心发言后，与会代表20余人围绕人民货币方面的研究各抒己见，学术气氛十分浓厚，较好地反映了货币发展史和钱币学研究相互结合、共同发展的学术前景。上海市社联学会处领导应邀出席本次研讨会，对学会的学术研究活动给予了充分的肯定。

（2）继续办好《钱币博览》。2012年在提高刊物质量的同时，从2012年第3期开始试印彩版，受到广大会员读者的欢迎。《中国历代货币大系》第12卷已全部进入总体编排。

（3）根据中国钱币学会的要求，学会在调查研究听取意见的基础上，较好地完成了“对上海流通纪念币市场的现状调查及管理刍议”的调查报告和“关于学术课题管理办法”、“关于钱币学会会员流通纪念币发行兑换管理办法”的修改建议。此外，为配合中国钱币学会成立30周年纪念活动，编纂了“上海钱币研究活动综述(1983—2011)”及“坚持以学术研究为中心不断提高学术创新能力繁荣和弘扬中华货币文化”的专题材料报送北京。

【钱币文化】 继续开展钱币知识的传播普及工作。义务鉴定钱币和钱币讲习班这两项活动都是学会的品牌。2012年，进一步提升品牌效应，为广大会员和钱币爱好者收藏者提供更好的公共文化产品。每月一次会员活动也是学会坚持数年的一项工作，2012年共组织活动八次。分别有会员张文祥、虞钟浩、冯志苗、王金龙、顾贻达、沈逸林先生介绍有关人民币的冠字号与封签、流通纪念币和纸币的收藏、奥林匹克钱币精品、大铜章及当代金银币等内容，还进行了藏品观摩和交流活动。

继续办好钱币讲习班。全年仍然按春、秋两季招生和办好钱币班，并注意不断提高和改进授课形式与内容。

【学会建设】 提倡寓服务于管理，整体推进学会自身建设。为使学会的工作不断有所创新、有所提高，必须树立以会员为基、以学者为本、以学术为魂的理念，探索学会管理创新发展的新途径。认真做好“年检”、“年报”、“达标申报”和“两优一特一品”活动的材料组织、提交报审工作。根据上海市社团局、上海市社联规定，2012年3月底前按时完成了年检、年报工作，并通过社联的年度“达标学会”考核、评审。同时，学会积极参与社联组织开展的三年一度(2009—2011)的“评优”活动。按照上海市社联的有关规定和要求，认真负责地做好材料组织与申报工作。经初审、互评、终评，并经上海市社联党组批准，上海市钱币学会蝉联殊荣，于2012年再次获得2009—2011年度上海市优秀社会科学学会称号。与此同时，为纪念中国共产党成立90周年和辛亥革命百年，学会和上海银行博物馆联合举办的《红色金融忆往昔——中国革命根据地货币展》荣获“特色活动奖”。

上海市钱币学会从成立之初近30个会员，发展到现在拥有团体会员3个，个人会员600余人的规模，在钱币研究、钱币收藏、学术活动、学会管理等方面成绩斐然。2012年3月20日，学会召开了常务理事扩大会，专题研究讨论上海钱币学会成立30周年纪念活动事宜，经过广泛听取意见，形成了基本共识，通过系列纪念活动，从多个侧面反映学会三十年的历程和取得的成绩。

（沈鸣镝）

6. 上海市保险学会

2012年，上海市保险学会抓住保险理论研究这根主线，秉承优秀传统，遵循“贴近时代发展、贴近保险实践、贴近上海实际、贴近理论前沿”的原则，组织开展了多种形式的理论研讨和学术交流活动，较好地促进了上海保险理论的创新与发展。

【学术理论研究】 学会积极发挥精算、法律、信息技术及中青年学术四个专业委员会专业委员会的作用，整合行业资源，有针对性地开展各种保险专业技术和理论的研讨活动。2012年，举办了长三角精算研讨会，在建立跨地区学术交流平台方面做出了积极的探索；开展理论征文活动；召开保险学术报告会；首次开展学术研究课题申报立项工作，研究制定了《上海市保险学会研究课题管理办法》，并根据当前保险业市场热点和监管要求，拟定了《课题研究方向参考目录》。

【保险知识普及】 学会积极动员行业力量，和社会各方协作，以社区宣传、消费调查、咨询讲座、专题论坛等多种形式，宣传保险，提高市民的风险防范及理财意识，提高民众保险意识和维权意识，维护保护消费者的合法权益，营造良好的保险营销的社会氛围。学会与上海银行同业公会、证券同业公会合作出版系列科普读物，与复旦大学等高校举办“保险进校园”系列活动，和第一财经广播联合举办《保险大讲堂》节目，并组织编撰《保险大讲堂系列漫画》，向公众免费派发；利用“3·15”消费者权益保护日活动，组织全市保险公司开展保险宣传及咨询，推进“保险进社区”活动。

【专业刊物出版】 上海市保险学会是国内唯一拥有公开出版期刊的省(市)级保险学会。《上海保险》杂志是经国家新闻出版总署批准向国内外公开发行的、唯一一份由省级地方保险学会主办的专业性保险学术期刊。《上海保险》紧密围绕“贴近保险市场实际，服务上海保险市场，理论和实践相结合”的办刊方针，刊登来自保险公司、各地保险行业协会和保险监管机构的论文超过三分之二，初步形成了“关注保险实务研究，注重理论先行作用”的办刊特色。建立了广泛的、有效的联络渠道，组织了一支较稳定的通讯员队伍。

【学会自身建设】 学会坚持经费自筹、人员自聘、工作自主的办会方针，积极开展学会的各项工作。一是积极引导保险机构入会。至2012年年底，学会共有个人会员300余人，共有团体会员48家，其中，保险机构30余家，大专院校13家。二是利用保险公会、学会合署办公的有利条件，坚决贯彻落实中国保监会、上海保监局和上海市委、市政府各项决策部署，贯彻落实科学发展观教育，把好政治路线关，积极有效地开展各项工作。三是坚持严格的财务管理制度。长期以来，学会认真执行章程的有关规定，按要求向理事会或常务理事会报告和审议每年的预决算方案，做到收支平衡，略有结余。

(上海市保险学会)

二、报 刊 图 书

1.《上海金融》月刊

【概况】 2012年,《上海金融》编辑部克服非时政类期刊改革带来的不利影响,积极开展对外合作,先后加入了优先数字出版网和万方数据库。同时在编辑部的推动下,协办单位也由原先的6家扩展至8家,增强了资本实力。同年,编辑部加强了与发行单位的联系,取得了不错的效果,年内维持了原有的发行量。同时编辑部还申请加入了114查号系统,便于与读者及作者的联系。

【精心办刊】 2012年,《上海金融》期刊对栏目和版面进行了近几年来的最大调整,取消了部分无实际意义的栏目设置,加大"金融与经济"、"金融理论与改革"等栏目的分量,并将英文目录摘要统一排版,在格式中引入JEL分类号,进一步向国际学术期刊规范靠拢。

2012年,编辑部狠抓稿件质量。为此加入中国知网学术不端系统,对相似度超过20%的稿件一律不予采用。同时落实外审制,将本刊几个重要栏目的稿件全部由相关专家把关,真正做到专家治刊。严格控制人情稿/关系稿,同时,注重校对,增加了英文的校次,对三校的人选进行了调整。

【荣誉】 2012年,《上海金融》再度荣获2012年度中文核心期刊及CSSCI来源期刊,年内还首次入选人大复印报刊资料重要转载来源期刊。同时在清华大学《中国学术期刊影响因子年报》的排名也较上年提升了一位。

(姜天鹰)

2.《建行财富》月刊

【概况】 2012年,上海市投资学会继续扩大《建行财富》期刊在学术界和社会上的影响力,注重提高刊物的实用价值和出版质量,不断提高刊物的品位和定位。《建行财富》编辑部始终坚持正确的办刊方向,贯彻品质第一的办刊理念,提倡理论联系实际的学风,形成集学术性、前瞻性、专业性与实用性于一体的办刊特色。充分体现科学理论的解疑释惑作用,提供具有权威性、思想性和敏锐性的信息支持,使《建行财富》真正具有理论水平和参考价值。注重提高刊物的创新理念和实用价值,力求把学术性较强的专业理论刊物办成面向大众的经济适用性刊物,使刊物更具时代特征和社会价值。

(吕　沂)

3.《上海证券报》

【概况】 《上海证券报》是新华社直属重点报刊。近年来,上海证券报社围绕"实现战略转型"的总体目标,按照"一支队伍、一个流程、一个考核"的原则,以提升"全媒体影响力"为目标,强化财经报道专业性、影响力和拓展新闻信息报道多媒体发布渠道,以重大政经题材报道、重大财经事件报道、舆论监督报道和深度调研报道为主要抓手,精心组织,加强策划,不断提高财经报道的舆论引导能力。同时,突出市场化导向,构建适应市场竞争需要的全媒体采编业务及支撑体系,各项业务工作均取得新的进展。

【转型发展】 为迎接传统平面媒体的发展创新和挑战,《上海证券报》新媒体建设取得了全面拓展,2011年上海证券报社的全媒体生产指挥中心已全面启用,全媒体采编指挥中心是全媒体采编业务的核心工作平台,承担报社日常全媒体采编策划和生产任务,实行全媒体采编值班制度,发挥聚合信息、调度指挥、优先策划、无缝沟通的作用,指挥中心的建立对新兴媒体的生产、策划、指挥等各环节的协同互动得到了全面突破和提升,策划的时效和生产的能效得到了最优化体现，报社的全媒体生产管理平台获得了第五届“王选新闻科学技术奖”一等奖，此为国内传媒行业获得的最高大奖。

2012 年，《上海证券报》在推进新闻信息集成服务方面最重要的举措，是进一步强化了报社全媒体采编指挥中心的枢纽协调功能，在国内率先改变了传统报纸编辑部的布局，建立了最大限度协调新闻采编各环节的整合性新闻监控、策划、生产平台，组建了按照专业化分工的 7 条发稿专线，统领负责各自专业领域的所有类型产品的策划和生产，实行两班制、不间断的生产流程。这是一个从值班总编到条线编辑全部集中扁平到最前沿的最优化工作机制，同时，涵盖了报社各端口部门，包括网站资讯、资讯产品生产、数据库端口和监控、研发人员，保证重要资讯从策划、生产到多媒体端口发布和跟踪追进的“一条龙”流程的实现。这种整合式的生产传播模式的提升，极大地发挥了各专线的专业性，也发挥了策划指挥的“超级指挥台”作用和采编的高效协同作用，为专业化产品的集成生产服务奠定了坚实的基础。

【注重深度报道】 《上海证券报》在财经新闻报道方面不断强化以专业性权威性为先导，着力对中国资本市场的舆论引领和导向，在国内外有着较好的市场和品牌影响力。报社大量深度报道大力推进了中国证券市场的公司治理和法制环境的优化，也体现了《上海证券报》在上市公司舆论监管和正能量。报社相关的上市公司报道也引起了资本市场和各界的高度关注和反响，如金路集团董事长刘汉传被警方“控制”、上市公司万福生科造假、无锡尚德破产的报道等，这些都是市场关注的热点新闻和网转也很集中的报道，其中相关报道都是由《上海证券报》独家报道，引起了各界广泛关注和反响，报社财经报道也大量为国内各大网站所转载。

（上证报）

4.《上海金融报》

【概况】 2012 年，报业竞争激烈。上海金融报社在金融时报社党委的领导下，积极贯彻“抓管理、抓报纸、抓发展”的发展方针，与报社全体员工同心同德，扬长避短，变压力为动力，变挑战为机遇，以开拓进取的精神，积极做好每一项工作，较好地完成了 2012 年的各项工作任务，为持续发展打下了良好的基础。

【坚持正确的舆论导向】 一年来，上海金融报社始终把坚持正确的舆论导向、服从于、服务于上海四个中心建设大局、为上海经济金融发展创造良好的舆论环境，作为自己的政治使命。尽心竭力，不敢有丝毫懈怠。党的十八大召开前夕，《上海金融报》与中共上海市金融工作委员会共同主办了“上海金融业科学发展辉煌十年系列报道”，系统展现了十年来上海金融业的辉煌成就，为金融业迎接党的十八大召开创造舆论氛围。

【加强重点报道】 紧密与中国人民银行上海总部、上海市银监局、上海市保监局、上海市证监局等部门的工作联系，积极配合它们的工作重点，适时推出重点报道，体现报纸的权威性和影响力，是《上海金融报》2012 年报纸报道工作的一条主线。2012 年 4 月 13 日起，《上海金融报》与上海银监局等联合推出“上海银行业青年‘进小微、进郊区、进社区’活动”专栏系列报道，由记者采写有关机构和部门“三进”活动的最新动态和进展，对于银行业支持中小微企业的金融服务作了客观而又及时的报道。作为媒体协办单位，报社还继续参与了上海金融业联合会等主办的“第六届(2012)上海中小企业金融洽谈会”有关新闻报道和专题采访，并推出特刊，受到相关领导部门的好评，获得上海金融业联合会颁发的第六届上海中小企业金融洽谈会媒体宣传奖。

【举办上海金融报社社庆二十周年活动】 2012 年 7 月 1 日是上海金融报社成立二十周年的日子，办好社庆二十周年活动，是报社 2012 年的重要工作之一。在总社领导的关怀下，报社同仁分工协作，不计个人得失，为社庆工作的圆满完成尽心尽力。上海市委常委、副市长屠光绍同志发来贺信，中国人民银行上海总部、上海市银监局、上海市保监局、上海市证监局等领导发来贺词，报社成功举办了社庆招待会，出版了社庆特刊和文集，举办了征文活动，召开了报社新老员工参加的座谈会。社庆活动的圆满举办，进一步扩大了《上海金融报》在上海及长三角地区的影响，密切了与领导部门、管理部门和金融机构的联系，锻炼了队伍，取得社会效益、经济效益双丰收。

【新媒体建设】 2012 年是《上海金融报》舆情工作进一步深化的一年，开发的产品更加多样。目前，已经开发的品种有飞信、上午版、下午版、关注版等；舆情飞信发送的平台已经扩展到村镇银行与信托公司及其他政策性银行，《舆情参考》的覆盖面得到了拓展。同时，新增保险业舆情服务，为舆情工作的进一步市场开拓奠定了坚实基础。

按照总社的部署，上海金融报社继续加强网站建设，实现报网联动，使网站成为报纸对外窗口和信息延伸平台。《上海金融报》创刊二十周年专题和迎接十八大专题，都很好发挥了报网联动的作用。

【媒体营销】 面对比较艰难的经营环境，报社从年初即着手全年的经营工作，通过各种渠道，增加营销收入。出版的创刊二十周年特刊和小洽会专刊，实现了社会效益和经济效益“双丰收”。2012年，上海金融报社通过参与主办论坛、洽谈会、对外合作等形式，积极展开媒体营销活动。经过不懈努力，上海金融报社与中国东方航空公司成功签署合作协议，2013年起，《上海金融报》将作为东航客舱读物，在上海飞往北京、广州、深圳的航班配送。9月28日，上海金融报社与上海市银行同业公会签署了战略合作备忘录。报社承办《上海银行同业》杂志的编辑出版工作，该杂志读者涵盖市政府相关职能部门、银行金融机构等主要领导，不仅很好地宣传了《上海金融报》，也带来了一定的经济效益。通过积极的营销策划，确保了报社收入的稳步提高，经济实力进一步得到增强，持续发展的后劲更加夯实。

（上海金融报社）

5. 2012年上海版金融类图书目录

序号	书　　名	作　　者	出　版　社
1	2012年上海国际金融中心建设蓝皮书	储敏伟　吴大器　贺瑛主编	上海人民出版社
2	中国资本市场和上交所发展的思考与探索	张育军著	上海人民出版社
3	上海证券交易所联合研究报告2011——证券信息前沿技术专集	张育军　黄红元主编	上海人民出版社
4	金融史的魅力	洪葭管著	上海人民出版社
5	证券投资学(第二版)	宋建平著	上海人民出版社
6	近代中国——金融与证券研究	朱荫贵著	上海人民出版社
7	上海国际金融中心法治环境建设	本书编委会编	上海人民出版社
8	保险——为你插上隐形的翅膀	陈冬梅著	上海人民出版社
9	2012投资在上海	本书编写组编	上海人民出版社
10	2012中国理财市场报告	本书编写组编	上海人民出版社
11	市场微观结构与交易机制设计——高级指南	刘逖著	上海人民出版社
12	上海证券交易所研究中心研究报告2011	张育军主编	上海人民出版社
13	国别贸易投资环境报告2012	本书编写组编	上海人民出版社
14	消费者自我概念视角下的品牌个性研究	万莉著	上海人民出版社
15	经济学乱炖	李刚　张震著	上海人民出版社
16	了解一点西方经济学	刘社建著	上海人民出版社
17	转型期中国经济波动的福利效应研究——基于行为经济学的个体偏好视角	张耿著	上海人民出版社
18	经济学大师的诺贝尔奖之路(1991—2000)	张鑫著	上海人民出版社
19	信赖与安心的养老金改革	[日]高山宪之	上海人民出版社
20	为什么西方经济越来越乱	林行止著	上海人民出版社
21	开开经济学家的玩笑	林行止著	上海人民出版社

（续表）

序号	书　　名	作　　者	出版社
22	商业与联盟——贸易如何影响国内政治联盟	[美]罗纳德·罗戈夫斯基	上海人民出版社
23	产业转型与休闲消费经济研究——理论·策略·案例	李清娟著	上海人民出版社
24	市场的逻辑(增订版)	张维迎著	上海人民出版社
25	大城市城郊一体化发展问题研究——理论·策略·案例	李清娟等著	上海人民出版社
26	投资者行为与市场波动	朱伟骅　廖士光编	上海人民出版社
27	经典与时尚——当代国际奢侈品产业探析	朱桦　黄宇著	上海人民出版社
28	全球多边贸易体制的未来与中国	黄新奎主编	上海人民出版社
29	霸权之后——世界政治经济中的合作与纷争	[美]罗伯特·基欧汉	上海人民出版社
30	长江三角洲发展报告 2011—2012——转型发展与产业升级	当代上海研究所编	上海人民出版社
31	全球产业网络重构中的中国纺织产业转移	李廷　杨峻　顾庆良著	上海人民出版社
32	制造业升级路径研究——基于上海的自主创新的视角	章玉贵著	上海人民出版社
33	人力资本与上海近代化(1843—1949)	曾凡著	上海人民出版社
34	当代跨国风险研究	卢林著	上海人民出版社
35	泛长三角地区经济发展报告(2012)	王振主编	上海人民出版社
36	中国消费者研究——理论演进与方法变迁	戴丽娜著	上海人民出版社
37	创新与转型的社会基础	朱旭东著	上海人民出版社
38	中国经济运行风险指数 2012 年(第一至第四季度)	唐海燕　黄德奎等著	上海人民出版社
39	信用战:全球历史演进元规则	张捷著	上海人民出版社
40	帝国的兴衰	段鸣镝著	上海人民出版社
41	清单革命	[美]葛文德著	上海人民出版社
42	聚焦:决定你企业的未来	艾·里斯著	上海人民出版社
43	天使的投资	唐滔著	上海人民出版社
44	谁搅动了世界:未来 10 年,世界经济格局大派位	[英]乔治·马格努斯著	上海人民出版社
45	财富的脉搏——打开创业战略版图	《创业天下》杂志编	上海人民出版社
46	贵人只找对的——创业导师专业答疑	《创业天下》杂志编	上海人民出版社
47	下乡淘金风潮——新农村创业经验分享	《创业天下》杂志编	上海人民出版社
48	别辜负资金的热情——创业融资的良心建议	《创业天下》杂志编	上海人民出版社
49	追求成功不排队——创业"财"俊个性榜	《创业天下》杂志编	上海人民出版社
50	第一桶金——创业者最初的存在感	《创业天下》杂志编	上海人民出版社
51	中国人力资源服务业白皮书(2011)	萧鸣政　郭丽娟主编	上海人民出版社
52	去美国并购——中国公司如何通过并购成为跨国公司	郑华树著	上海财经大学出版社
53	证券投资分析(第二版)	王明涛著	上海财经大学出版社
54	金融财务基本技能实训	姜雅净　丁小云著	上海财经大学出版社
55	十五年的执着:嘉兴银行小微业务探索与创新	许洪明著	上海财经大学出版社
56	国际公司金融	徐晓萍著	上海财经大学出版社
57	国际结算	张炳达　武薇著	上海财经大学出版社
58	鲁莽濒危:野心、贪婪与私欲如何引致经济末日	[美]格莱金·摩根森、约书亚·罗斯纳著	上海财经大学出版社

（续表）

序号	书　　名	作　　者	出 版 社
59	交易大师之路——黄金、白银等贵金属交易战法	王和美　姚建敏　朱婧著	上海财经大学出版社
60	对冲基金全球市场盈利模式(引进版)	[美]塞恩·D.卡斯特拉恩著	上海财经大学出版社
61	硬通货:黄金投资秘诀(引进版)	[美]谢恩·麦圭尔著	上海财经大学出版社
62	解读石油价格——驱动当今石油市场价格波动因素分析(引进版)	[美]萨尔瓦托·卡罗拉著	上海财经大学出版社
63	使用铁秃鹰期权进行投机获利——双边证券市场的交易策略(引进版)	[美]迈克尔·哈纳尼·本克利法著	上海财经大学出版社
64	捕捉外汇趋势:如何在外汇市场大波段上进行趋势预测及交易(引进版)	[美]格雷格·米哈洛夫斯基著	上海财经大学出版社
65	保险公司经营管理(第四版)	魏巧琴著	上海财经大学出版社
66	五线开花(5)——K线其实不简单	上海操盘手著	上海财经大学出版社
67	外汇操作理论与实务	于研著	上海财经大学出版社
68	资源投资——如何规避风险,从巨大的潜力中获利(引进版)	[美]艾德里安·戴著	上海财经大学出版社
69	中国金融安全报告(2012)	东航金融·中国金融安全报告课题组编	上海财经大学出版社
70	境外证券交易所竞争中国上市资源及其金融安全研究	刘秀红著	上海财经大学出版社
71	金融统计学(第二版)	刘红梅　王克强著	上海财经大学出版社
72	东方商道——亚洲商界巨子的钱权博弈	董文海著	上海财经大学出版社
73	擒庄秘籍——威科夫股票技术分析方法导论(引进版)	[美]威科夫著	上海财经大学出版社
74	固定收益证券	龚仰树著	上海财经大学出版社
75	交易那些事儿	劳剑勇著	上海财经大学出版社
76	嘉利图形	[美]罗斯·L.贝克著	上海财经大学出版社
77	至臻掘金——金银铂钯趋势交易指南	[美]菲利普·戈特海尔福著	上海财经大学出版社
78	五线开花(4)——神奇的密码线	上海操盘手著	上海财经大学出版社
79	操盘大赢家(二)——选股就选黑马股	黄凤祁著	上海财经大学出版社
80	短线必杀技(Ⅲ)——股市指标操盘技法	宏凡著	上海财经大学出版社
81	矿业投资指南——深度剖析黄金和矿业股(引进版)	[英]迈克尔·库尔森著	上海财经大学出版社
82	交易大趋势——掌握市场主要运动的策略(引进版)	[美]海德利著	上海财经大学出版社
83	像欧奈尔信徒一样交易——我们如何在股市赚得18 000%的利润(引进版)	[美]莫拉雷斯等著	上海财经大学出版社
84	手把手教你学看盘	付刚著	上海财经大学出版社
85	手把手教你学炒股	付刚著	上海财经大学出版社
86	聪明投资者的修炼:75本金融好书连连看	张利著	上海财经大学出版社
87	操盘术(贰)——筹码跟庄术	宏凡著	上海财经大学出版社
88	大道至简——K线研判五步曲	于海洋著	上海财经大学出版社
89	操盘手(肆)——用均线抓到大行情	刘平著	上海财经大学出版社
90	稳赚不赔——炒股赚钱的28个细节	付刚著	上海财经大学出版社
91	大势锁定绩优股	刘平著	上海财经大学出版社
92	五线开花(3)——倚天剑与屠龙刀	上海操盘手著	上海财经大学出版社
93	操盘术(壹)——抄底术	黄俊杰著	上海财经大学出版社

(续表)

序号	书 名	作 者	出 版 社
94	旅游供应链柔性研究——面向旅游服务贸易竞争力的提升	王细芳著	上海财经大学出版社
95	机构投资者行为及政策引导研究——以证券投资基金为例的实证研究	黄佐钘著	上海财经大学出版社
96	私募是怎样炼成的——十年磨剑	石勇刚著	上海财经大学出版社
97	基金参谋:首席分析师的观点	代宏坤著	上海财经大学出版社
98	股市天天向上	崔隐尘著	上海财经大学出版社
99	信托投资学(第二版)	曹建元著	上海财经大学出版社
100	短线王国:炒股稳定获利法	短线王国编	上海财经大学出版社
101	2012 中国产业发展报告——中国能源产业发展研究	上海财经大学产业经济研究中心编	上海财经大学出版社
102	产业组织理论	廖进球著	上海财经大学出版社
103	2012 中国金融发展报告——经济动荡与寻求复苏的金融市场改革与发展	上海财经大学金融学院等编	上海财经大学出版社
104	2012 中国投资发展报告——不断提高证券分析师的胜任能力	上海财经大学投资研究所编	上海财经大学出版社
105	投资学	杨晔　杨大楷著	上海财经大学出版社
106	大博弈——中国之危与机(经济篇)	占豪著	上海财经大学出版社
107	商务谈判教程——理论·技巧·实务(第二版)	郭芳芳主编	上海财经大学出版社
108	国际贸易——理论·政策·案例(第三版)	陈宪　张鸿著	上海财经大学出版社
109	国际商务管理(第四版)	张海东著	上海财经大学出版社
110	大学生理财入门	邵作昌著	上海财经大学出版社
111	房地产经济学(第三版)	简德三　张学文著	上海财经大学出版社
112	经济法基础与实务	隋秀娟著	上海财经大学出版社
113	民营大企业转型的利益相关者研究:500 强企业研究报告之五	上海财经大学 500 强研究中心编	上海财经大学出版社
114	连锁经营管理实务	童宏祥著	上海财经大学出版社
115	产业发展与结构转型研究(第二卷):基于价值链重构	芮明杰　赵小芸等编	上海财经大学出版社
116	经贸基础知识	王芬著	上海财经大学出版社
117	装备制造产业集群发展研究:基于网络视角	赵志豪著	上海财经大学出版社
118	从平凡人到百万富翁(引进版)	[美]连恩,[美]施拉兹伯格著	上海财经大学出版社
119	国际不平等交换多变量影响模型及衍生效应	李真　马艳著	上海财经大学出版社
120	现代公司产权理论(第二版)	赵晓雷著	上海财经大学出版社
121	市场营销	陆克斌　沈洁著	上海财经大学出版社
122	上海农村集体经济组织产权制度改革实践	孙雷主编	上海财经大学出版社
123	科学发展观与中国经济改革和开放	程恩富著	上海财经大学出版社
124	2012 上海城市经济与管理发展报告	上海财经大学财经研究所编	上海财经大学出版社
125	2012 中国风险投资发展报告	谈毅著	上海交通大学出版社
126	制度变迁、盈余质量和债务契约	朱秀丽著	上海交通大学出版社
127	上海中小企业金融洽谈会(2012)	上海金融业联合会编	上海交通大学出版社
128	中国金融思想史(上、下)	姚遂著	上海交通大学出版社

（续表）

序号	书 名	作 者	出 版 社
129	金融学	周浩明等著	上海交通大学出版社
130	交易解码——外汇、黄金、大宗商品、股票投资技巧	姜立钧著	上海交通大学出版社
131	虚拟交易所实验教程	吴冲锋 陈工孟著	上海交通大学出版社
132	汇率期限结构理论及实证研究	冯芸 李小平 吴冲锋著	上海交通大学出版社
133	上海金融景气指数报告 2011 年上半年	上海金融业联合会编	上海交通大学出版社
134	金融网络中资金流动异常识别研究	刘璇 李嘉 张朋柱著	上海交通大学出版社
135	银行卡新生活——创新支付，引领未来	中国银联上海分公司编	上海交通大学出版社
136	强与完善上海金融司法环境研究	倪维尧著	上海交通大学出版社
137	风险投资的投融资管理及发展机制研究	刘建香著	上海交通大学出版社
138	A 股上市实战操作指引——飞越 IPO 审核雷区	《证券时报》编	上海交通大学出版社
139	证券投资理论与实务	傅学良著	上海交通大学出版社
140	期货战争——企业如何利用期货市场规避经营风险	黄玉 隆长军 楼晟著	上海交通大学出版社
141	金融工程实验教程	陈工孟 吴冲锋著	上海交通大学出版社
142	市场通实验教程	陈工孟 吴冲锋著	上海交通大学出版社
143	投资学实验教程	陈工孟 吴冲锋著	上海交通大学出版社
144	中国服务经济发展报告(2012)	陈宪 殷凤 程大中著	上海交通大学出版社
145	迎接财富管理时代——新华信托年度研究报告 2012	翁先定主编	上海远东出版社
146	谈判力——信托制度的形成与应用	汪其昌著	上海远东出版社
147	中国农村改革(2002—2012)——促进“三农”发展的制度创新	韩俊等著	上海远东出版社
148	中国“十二五”系列产业规划解读	交通银行金融研究中心编	上海远东出版社
149	股海拾贝	冯毅著	上海远东出版社
150	下一次浪潮——信息通讯技术驱动的社会与政治创新	[美]达雷尔·M. 韦斯特著	上海远东出版社
151	中国农地流转问题调查	张云华等著	上海远东出版社
152	从技术跟随到战略布局——新能源汽车技术革命与中国应对战略	王青著	上海远东出版社
153	中国新能源战略研究	北京洲通投资技术研究部编	上海远东出版社
154	产业转移升级与银行支持策略	交通银行金融研究中心编	上海远东出版社
155	科技创新与产业升级——2011 中国工博会论坛演讲文稿摘编	王元 朱金海主编	上海远东出版社
156	近代以来中国金融变迁的回顾与反思	吴景平 戴建兵主编	上海远东出版社
157	金融改革开放与中国国际收支再平衡	樊纲 贺力平著	上海远东出版社
158	老广告里的新文学版本	李勇军著	上海远东出版社
159	上海银行业与国民政府内债研究(1927—1937)	蒋立场著	上海远东出版社
160	南京国民政府中央银行研究(1928—1937)	石涛著	上海远东出版社
161	币信悖论——南京国民政府纸币发行准备政策研究	张秀莉著	上海远东出版社
162	中国结构性大战略	段培君著	上海远东出版社
163	通向发展转型之路——信息通信技术与经济社会长期发展演进	秦海著	上海远东出版社

（续表）

序号	书　　名	作　　者	出 版 社
164	楼市大变局　我们怎么办	李骁著	上海远东出版社
165	茅台酒里的智慧——跨文化管理的成功之路	[英]安德鲁·卡卡巴德斯等著	上海远东出版社
166	世纪博弈——中美贸易战真相与反思	詹军著	上海远东出版社
167	精算学——评估与研究风险的科学	尚汉冀　李荣敏　黄云敏主编	复旦大学出版社
168	辛亥革命前后的中国金融业	复旦大学中国金融史研究中心编	复旦大学出版社
169	保险公司内部控制精要——业绩和品牌价值提升的有效手段	本书编写组编	复旦大学出版社
170	财务报表分析行业案例	宋军主编	复旦大学出版社
171	商业银行内部控制评价	蒋建华编著	复旦大学出版社
172	全球股票指数编制及其汇率难题解析——全球股票50指数设计及应用方案	张宏鸣著	复旦大学出版社
173	期货市场的定价、行为模式和制度设计	宋军著	复旦大学出版社
174	日本泡沫经济与美国次贷危机的比较——基于金融体系视角的分析	郑秀君编著	复旦大学出版社
175	现代商业银行经营管理	薛誉华　郑晓玲主编	复旦大学出版社
176	国际收支与汇率	汪洋著	复旦大学出版社
177	世界经济研究报告·2011	华民主编	复旦大学出版社
178	行业重构进程中的证券公司股权优化研究	姚旭东著	复旦大学出版社
179	金融硕士(MF)冲刺	中国专业硕士命题研究中心 金程教育金融硕士教研组编	复旦大学出版社
180	新制度经济学	袁庆明著	复旦大学出版社
181	证券投资学(第二版)	贝政新　常巍　徐涛编著	复旦大学出版社
182	转型时期的外商直接投资技术外溢:企业层面的新视角	陈琳著	复旦大学出版社
183	公司金融	朱叶编著	复旦大学出版社
184	我国环境污染责任保险基础理论与发展策略研究	杜鹃著	复旦大学出版社
185	生产性服务业创新问题研究:基于产业链协同创新的视角	张琰著	复旦大学出版社
186	循环经济的合作模式与推进效果	孔令丞　谢家梅著	复旦大学出版社
187	中国风险投资创新与探索研究	张陆洋　沈仲祺著	复旦大学出版社
188	中国共产党金融思想研究	温美平著	复旦大学出版社
189	投资学——证券分析与投资管理	张宗新编著	复旦大学出版社
190	金融理论与政策——宏观经济分析视角	陈学彬主编	复旦大学出版社
191	金融危机"机遇"研究	李研著	复旦大学出版社
192	保险学(第3版)	姚海明　段昆编著	复旦大学出版社
193	你所不知道的华人首富家族:500年财富王朝的秘密(珍藏版)	[美]罗伯特·徐著	复旦大学出版社
194	上海推进农村集体经济组织产权制度改革集锦	上海市农村经营管理站编	复旦大学出版社
195	江南社会经济史研究入门	范金民著	复旦大学出版社
196	物质流分析:可持续发展的测量工具	吴开亚著	复旦大学出版社
197	土地租佃契约理论研究——对1949—2009年中国农业绩效的考察	罗翔著	复旦大学出版社
198	"股权溢价之谜"研究——对资产定价、风险偏好与效用函数的分析	朱旭强著	复旦大学出版社

（续表）

序号	书名	作者	出版社
199	中国实现和谐消费的理论与实证研究	张平著	复旦大学出版社
200	多重冲击下的中国与世界经济增长	陈诗一主编	复旦大学出版社
201	FDI的知识转移与溢出效应：基于产业集群视角的研究	赵增耀等著	复旦大学出版社
202	城乡一体化发展综合配套改革——苏州保险业的探索与创新	姚海明 贝政新主编	复旦大学出版社
203	世界竞争力报告(2010—2011)	谢识予 沃伟东主编	复旦大学出版社
204	城市生命体视角：现代城市和谐建设初探	刘玲著	复旦大学出版社
205	股权投资基金运作——PE价值创造的流程(第2版)	叶有明著	复旦大学出版社
206	贸易金融理论与案例研究	陈霜华等编著	复旦大学出版社
207	金融学	马正兵著	立信会计出版社
208	证券投资学(第三版)	葛正良著	立信会计出版社
209	保险总论	巴力著	立信会计出版社
210	金融法规与金融职业道	韦柳玲著	立信会计出版社
211	土地抵押融资的法律困	李凤章等著	立信会计出版社
212	中国上市公司审计失败研究	章立军著	立信会计出版社
213	国际金融	李朝民著	立信会计出版社
214	国际直接投资与跨国公司	王红岩著	立信会计出版社
215	国际营销学	张占东著	立信会计出版社
216	国际贸易结算	贾贵星著	立信会计出版社
217	国际贸易单证实务	李红丽著	立信会计出版社
218	国际贸易实务	马慧敏著	立信会计出版社
219	中国对外贸易概论	李朝民著	立信会计出版社
220	中国城乡二元经济结构转化：理论阐释与实证分析	高帆著	上海三联书店
221	二元金融结构调整中的挑战与应对——对温州市金融综合改革实验的若干思考	高松山著	上海三联书店
222	新兴市场：全球金融风暴下的弹性与增长	[美]M. 阿伊汉 · 高斯(M. Ayhan Kose)、埃斯瓦尔 · S. 普拉萨德(Eswar S. Prasad)著	上海三联书店
223	2011—2012世界服务业重行业发展动态	上海市经济和信息化委员会，上海科学技术情报研究所编著	上海科学技术文献出版社
224	2011—2012世界制造业重点行业发展动态	上海市经济和信息化委员会编著	上海科学技术文献出版社
225	2012上海产业和信息化发展报告——信息化	上海市社会科学界联合会编	上海科学技术文献出版社
226	2012上海国际经济贸易发展报告	上海市商务委员会编	上海科学技术文献出版社
227	2012上海商务发展十二五规划及研究报告	上海市商务委员会编	上海科学技术文献出版社
228	2012年上海典当业发展报告	韩汉君 吴贤达著	上海社会科学院出版社
229	信托公司治理法律问题研究	沈吉利著	上海社会科学院出版社
230	结构调整与经济发展方式转变	沈开艳主编	上海社会科学院出版社
231	沪港经济发展报告(2011—2012)	龙安山等著	上海社会科学院出版社
232	后金融危机时期：美国经济走势与中美经贸关系	浦东美国经济研究中心，武汉大学美国加拿大经济研究所编	上海社会科学院出版社

（韦 卫）

三、金融博物馆

1. 上海市银行博物馆

【概况】 上海市银行博物馆是中国工商银行创办的中国首家金融行业博物馆，于2000年4月正式开馆。博物馆展厅面积1 500平方米，包括历史馆、钱币馆和临展馆，收集银行史料文物藏品计30 000余件，陈列展品计3 000余件。

根据"努力建设一流行业博物馆"的指示，上海市银行博物馆2012年度按照科学发展观要求，积极做好工作，较好地完成了年初制定的各项任务。

【特别展览】 (1) 成功主办《汇通天下——从钱庄到现代银行》展览。《汇通天下》银行博物馆精品展于2012年11月3日在台北国父纪念馆隆重拉开帷幕，国民党荣誉主席连战主礼开箱仪式，中华文化总会会长刘兆玄为展览致辞，来自文化界、金融界、艺术界的知名人士到场祝贺并参观展览。此次，银行博物馆从3万余件藏品中遴选了最具代表性的550件精品赴台湾展览，其中不乏稀世孤品。这些文物珍品记录了中国银行业的百年沧桑巨变，成为守望和传承中国优秀金融文化的精神家园。沪上知名媒体如《新闻晨报》、《新民晚报》、《东方早报》、《上海金融报》、《城市金融报》及台湾媒体《中国时报》、《联合报》、《旺报》等纷纷对此次展览进行热烈报道。

此次展览作为银行博物馆首次赴台交流展，不仅搭建了两岸金融文化交流的平台，推动文化产业合作交流，更增进了两岸同胞的心灵沟通与情感交融，对促进两岸互通有无起到积极作用。为了配合此次展览，银行博物馆还精心编辑出版展览同名图录一册，图录荟萃了展览的全部精品。

(2) 积极协办《海上金融与会馆文化》展览、《近代上海风云际会——上海历史文化名城纪念特展》、《浦东核心金融区建设成就展》。为了做好几大展览的筹备工作，银行博物馆全方位参与展览大纲的撰写，从馆藏中精选最具代表性的展品和图片资料，搭建馆际合作与学术交流的平台，传承和弘扬金融文化。

【参观接待】 2012年，全年度对外开放260天，累计接待参观人数达23.6余万人次，较往年有了大幅增长。各类免费参观团体与个人占所有参观者的比例已超过90%，约21.2万人次。5月18日到6月18日，专门举行了为期一个月的免费开放活动，起到了良好的宣传效果。

年初，经市委宣传部与市教育委员会、共青团上海市委员会联合专家组的评估考核，银行博物馆被授予"上海市爱国主义教育基地"的称号。4月，银行博物馆参加了"上海公安文化惠警之旅"的启动仪式，并获赠荣誉奖杯。"上海公安文化惠警之旅"由上海市公安局政治部发起，旨在为广大公安系统人员提供免费参观上海公共文化场所的机会，银行博物馆是该项活动的合作单位之一。

4月20日，国务院王岐山副总理、上海市市长韩正等领导赴银行博物馆进行参观与考察，国务院常务副秘书长尤权、上海市副市长屠光绍等政府相关领导陪同。王岐山副总理指出，这些展览充分展示了金融文化的深厚底蕴，银行博物馆可谓为传承金融文化做了件功在千秋的大好事。

银行博物馆历来是各年龄段学生朋友们的实践基地。2012年度共接待中小学生7 000余名。《小主人》、《新闻晨报》学生记者团多次来访参观，将他们的感受写成文章，刊登于报纸上。永兴路第二小学、由由小学、上海东方试验学校等学校纷纷组织师生前来博物馆开展二期课改校外专题活动，通过与馆内讲解员积极的互动交流，上了一堂生动的爱国主义教育课程。此外，中福会幼儿园、复旦大学、同济大学、瑞士伯尔尼大学的学生也前来一睹银行博物馆的风采。

2012年6月，银行博物馆迎来了一批特殊的参观者——"渐冻人"。这一特殊人群活动能力丧失，难以走出家门。为了接待好这些特殊的观众，银行博物馆在各个环节做了精心的准备，力求为他们提供更人性化、更周到的服务。6月25日，上海市残疾人福利基金会送来感谢证书。

【研究宣传】 于2009年启动的《中国银行业机构人名大辞典》现已完成初稿的撰写工作，共收录银行业机构7 000条，人名1 000条，目前正在进行紧张的审校工作。另一部博物馆大型画册——《银行博物馆精品鉴赏集》收录150余组馆藏孤品、精品、罕品，力图反映中国银行业所走过的波澜壮阔的历史。除了以上两大工程，银行博物馆同往年一样，发表大量学术性研究文章，刊于《中国城市金融》、《上海城市金融》、《行家》等杂志上，并出版高质量的学术期刊《银行博物》，坚持对金融史、银行史的不懈探索。博物馆专家还在繁忙的工作之余经常深入基层普及收藏知识，举办了丰富多彩的讲座沙龙活动，收到了良好的效果。

宣传方面，银行博物馆网站已于2012年上半年正式上线，网站包括博物馆简介、虚拟博物馆、馆藏精品、史料浏览、学术研究、音像观赏、水墨金融、互动游戏等栏目，时时发布银行博物馆最新动态，搭建了博物馆与观众网上交流的新平台。

（袁 航）

2. 历道证券博物馆

【对外交流与接待】 2012年，历道证券博物馆积极传播证券文化，服务社会公众，取得优异的成绩。

（1）参加国家文物局举办的“处于变革世界中的博物馆：新挑战、新启示”国际博物馆馆日活动，与文博行业专家一起，积极探讨为应对社会变革和满足参观者的期望，博物馆怎样进行不断创新；参加上海市文物局及浦东新区文物保护管理所组织开展的博物馆日集中开放系列宣传活动。

（2）积极配合证券行业投资者教育工作，与证券公司密切合作，为投资者教育活动的开展提供独具特色及高端文化品位的载体，湘财“历道行”已成为投资者教育工作的一个特色品牌。

（3）与政府管理部门及理论研究机构保持联系，探索博物馆健康、持续发展的政策支持及道路方向。

（4）参加上海市及浦东新区政府部门组织的金融文化活动，历道证券博物馆作为主推金融服务项目之一，文化特色鲜明，在接待中，既注重历史文化的传承、知识的传播，也注重观众群体的感受和收获，以优质服务向国内外来宾展示了上海金融中心的文化内涵。6月1日，在由上海浦东金融局、教育局等部门举办的“陆家嘴金融城企业自建博物馆公益性开放仪式暨浦东新区青少年走进金融城活动”中，历道证券博物馆被授牌“陆家嘴金融城青少年金融知识教育基地”。

参加由陆家嘴金融贸易区管理委员会组织的“我爱金融城 我爱博物馆”活动，成为首批对公众开放的文化场馆之一，承诺定期开放，服务社会公众。

参加由浦东新区金融局、陆家嘴金融贸易区管理委员会主办的第六届陆家嘴金融文化节，因热心、细致、专业服务，荣获主办方颁布的“爱心奉献奖”。

（5）参加上海市及浦东新区文史学会活动，加强交流，提高学术研究能力。

（6）完成《上海金融年鉴》及《行业博物馆》、《浦东文博》、《陆家嘴金融年鉴》、东方网《博物馆里的秘密》供稿。历道证券博物馆入编上海市文物局发行的《文化上海·博物馆导览图》、上海陆家嘴金融贸易区管理委员会发行的《我爱金融城 我爱博物馆》、《金融城博物馆开放日》宣传册，在社会观众中广为发放，进一步提高了博物馆的社会影响力和公信力。

（7）与收藏界、文博界保持较密切的联系，参加证券藏品类拍卖会及学术交流会，了解证券文物收藏动向及价值趋势。

【内部建设】（1）完善历道博物馆管理制度，根据国家文物局、民政部的要求，规范运营，科学管理。按时做好报表报送工作，顺利完成年检工作。

（2）加强员工培训，提升专业素质和服务水平。

（3）加强博物馆的安全防范工作。积极贯彻国家文物局、公安部的系列文件精神和要求，认真加以落实和部署，切实有效地做好馆内的各项安全工作。参加市文物局组织的全市博物馆安全集训，做好日常维护，强调工作纪律。

（张冠琼）

四、上海金融景气指数

1. 上海金融景气指数整体分析①

【金融业整体景气】 2012年，上海金融业整体保持稳定增长，以2006年为基期，发展度指数达到2 838点，较2011年增长12%，表征景气度的增速基本与前两年持平，较2012年上半年有所回升，景气度指数达1 120点。

以2006年为基期（1 000点），通过综合上海金融业在金融市场、金融机构、金融人才、金融国际化、金融创新和金融生态环境的定量评价部分，从这六个方面测算金融业整体的发展状况和景气表现，2012年上海金融景气指数为2 838点。

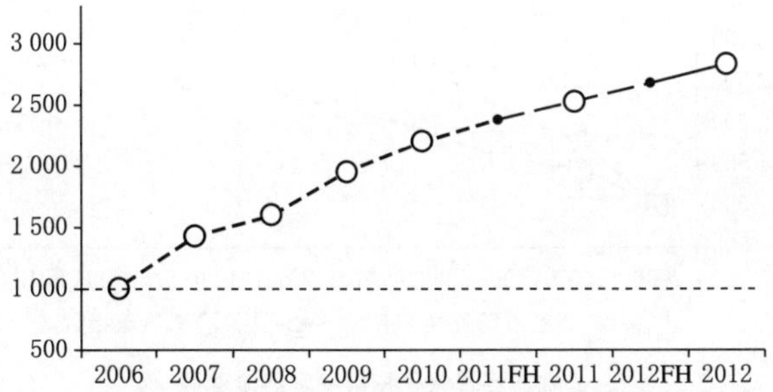

2006—2012年上海金融景气指数发展度曲线

年　份	以2006年为基期	以上年为基期
2006	1 000	1 000
2007	1 437	1 437
2008	1 608	1 119
2009	1 951	1 214
2010①	2 202	1 129
2011FH	2 378	1 080
2011	2 533	1 151
2012FH	2 682	1 059
2012	2 838	1 120

从发展角度看，以2006年为基期，发展度指数达到2 838点，较2011年上涨12%，六年累计增幅超过200%，年均复合增速达20.2%，高于同期上海GDP年均复合增速（11%）。

上海金融景气指数在2006—2012年间保持稳步增长态势，以2006年为基期，2012年发展度指数达到2 838点，六年年均复合增长率为20%，高于同期上海市GDP年均复合增速（11%）9个百分点。发展度指数较2011年增长305点，增幅为12%。

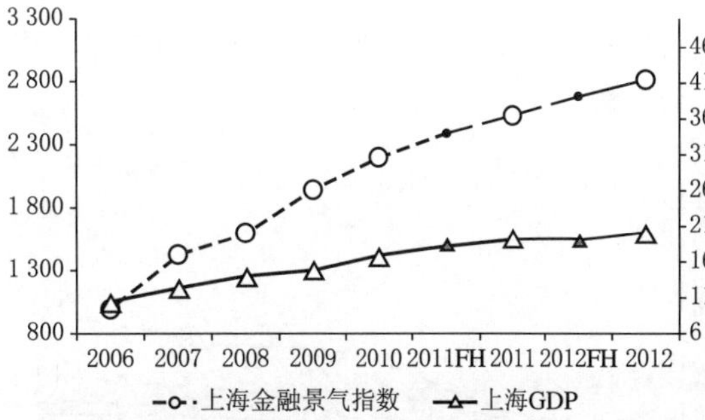

2006—2012年上海金融景气指数同上海GDP发展比较

从景气角度看，上海金融业在过去六年中的发展具有显著的波动性，其中2007—2008年波动最为剧烈，而近年来波动幅度逐步趋于稳定。2012年在金融创新、金融国际化等子指数快速增长的带动下，景气度指数达1 120点，与2011年基本持平，较2012年上半年有所回升。

从具体数据看，在中国金融期货交易所交易量大幅攀升的带动下，上海金融市场总交易量较2011年大幅增加，从406万亿元增至523万亿元；但上海直接投资额占全国融资总额比例维持2011年水平达24.2%。金融业增加值对GDP的贡献率为12.2%，较2011年增长4.5个百分点。

① 由于本次报告补缺了部分上期报告中缺失的2011年数据，并且对个别指标做了调整，故原2011年景气指数和增速指数略有调整。主要调整内容在于外汇、期货、银行及基金市场和机构部分数据。

2006—2012 年上海金融景气指数①—增速曲线

统观此次参与计算并被更新的数据的一级指标分项指数发展走势，金融创新的分项指数和金融市场的分项指数增长迅速，增幅超过整体指数，其中金融创新凸显了高速增长的景气态势，而金融市场主要在货币市场和基金市场快速发展的推动下，增速显著提升；金融国际化受人民币国际化发展速度回落影响，增幅有所回落，但整体依然呈现较高的发展水平；金融机构、金融人才和金融生态环境均保持稳健上升趋势。

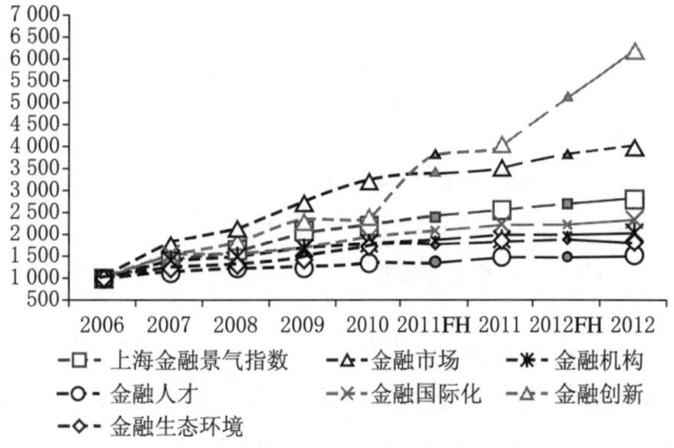

一级指标景气子指数—发展度曲线

【金融市场景气】 金融市场继续保持较高发展水平，发展度子指数达到 3 995 点，较 2011 年增长 14.4%，发展速度较 2011 年显著提升，发展程度在一级指标中处于领先位置。

金融市场既是上海金融业的核心竞争力，也是上海建设国际金融中心的重大突破口。2012 年金融市场持续稳定发展。从具体各子市场来看，货币市场、基金市场、期货市场和产权市场发展速度较快，增速均超过 20%，显著超过平均增速水平(13.5%)，景气度较高。其中，货币市场在各子市场中增速最快，发展水平最高，其子指数达 14 490 点，较 2011 年增长 32.5%；基金市场其次，子指数达 8 640 点，同比增长 24.5%；期货市场和产权市场子指数达 2 817 点和 2 835 点，分别较 2011 年增长 20.6%和 20.3%。在其他子市场中，外汇市场发展度水平较高，发展度子指数达 9 334 点，同比增长 13.4%，增速较 2011 年略有放缓；股票市场和债券市场稳步复苏，发展度子指数达到 2 757 点和 2 315 点，较 2011 年分别增长 12.5%和 5%；保险市场和信贷市场稳健发展，发展度子指数分别达到 1 442 点和 1 978 点，较 2011 年增长 5%左右。另一方面，受全球宏观经济影响，黄金市场遭遇 6 年来的首度负增长，发展度子指数跌至 7 836 点，较 2011 年下跌 6%。

就具体数据来看，2012 年信用拆借市场与回购市场交易量分别达 46.7 万亿元和 147.6 万亿元，分别较 2011 年增长 39.8%和 48.3%，推动货币市场高速发展；上海法人基金公司资产管理规模达 1.06 万亿元，较 2011 年增长 30.8%；上海商品期货市场和金融期货市场成交金额分别达 89.2 万亿元、151.7 万亿元②，较 2011 年增长 2.6%和 73.3%。而股票市场与黄金市场成交量则有不同程度的萎缩。

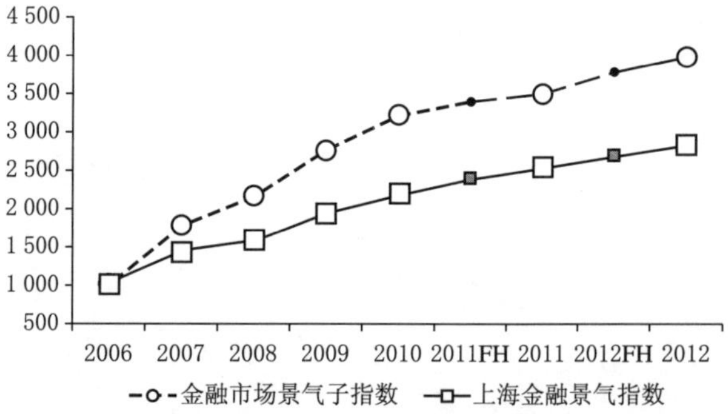

金融市场景气子指数—发展度曲线

【金融机构景气】 2012 年金融机构发展度子指数达到 2 056 点，较 2011 年增长 4.4%，增速较前两年有所放缓。新型中小金融机构在金融机构数量的增长上继续扮演重要角色，推动了金融机构数量稳健增长。其中上海村镇银行数量由 2011 年的 10 家增长至 16 家；同时其他类型金融机构数量也有显著提升，例如保险中介机构增加 14 所，律师事务所增加约 35 所，法人基金公司和期货公司各增加 2 家，法人证券公司增加 1 家。上海各类金融机构在 2012 年在机构实力以及业务地位方面也较上年有

① 以上年为基期，计算逐年的增速变化。
② 双边计算口径。

所提升，其中金融机构绝对实力提升幅度较大。

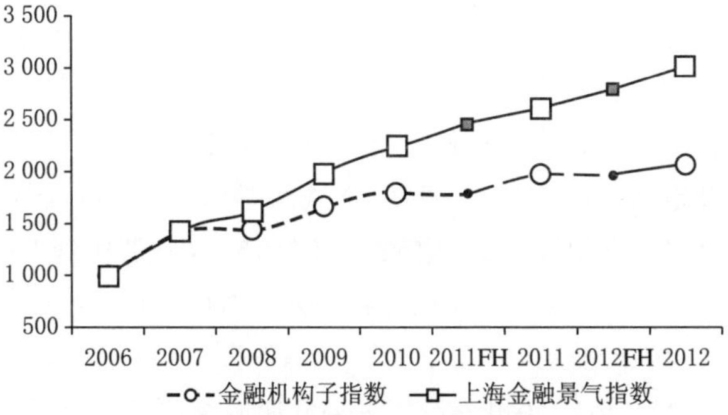

金融机构景气子指数—发展度曲线

【金融国际化景气】 上海金融国际化程度保持稳定发展，2012 年发展度子指数达到 2 351 点，较 2011 年增长 6.5%，增速较 2011 年以及 2012 年上半年均有所降低。由于 QFII 审批额度爆发式增长的推动，市场国际化增速有所提升，较 2011 年增长 9.2%；机构和人才国际化发展步伐平稳，较 2011 年分别增长 2.4%和 15.7%；而人民币国际化 2012 年发展速度显著放缓，仅较 2011 年增长 4.2%。

从具体数据上来看，2012 年国家外汇管理局累计批准 169 家 QFII 机构共计 374 亿美元的投资额度，较 2011 年同期大幅增长 74%，引入 QFII 步伐进一步加快；上海外汇存款占总存款比例较 2011 年增长 15%，增速高于 2011 年同期；中国留学回国人员总数稳步上升至 109 万人，较 2011 年同比增长 33.2%；上海跨境贸易人民币结算量规模进一步扩大，但增速较 2011 年同期有所下降。

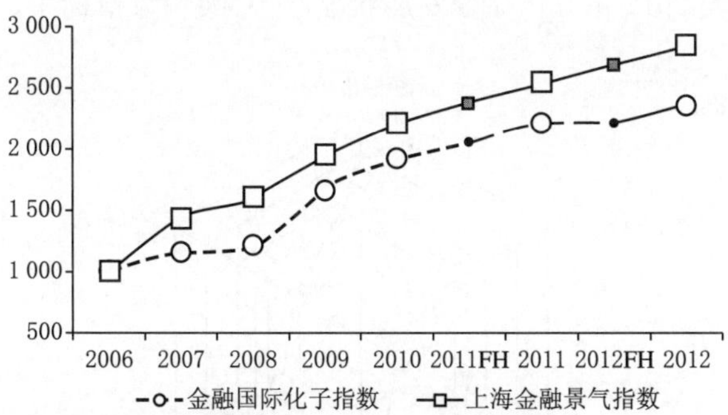

金融国际化景气子指数—发展度曲线

【金融创新景气】 金融创新继续保持高速发展，2012 年发展度子指数达 6 253 点，较 2011 年大幅度提升 54.5%，连续两年增幅超过 50%，较 2012 年上半年有较大提升，景气度仍保持较高水平。

新推型创新保持高速增长，创新业务及产品的成交量和规模进一步扩大。其中，2012 年上海证交所融资交易额达到 4 936 亿元，较 2011 年累计发生量增长 178%；融券交易量在 2012 年下半年飞速增长，全年共成交 255.6 亿股，是 2011 年成交量的 17 倍多。为满足市场持续增长的需求，沪市融资融券标的股票从试点期间的 50 只扩大至 180 只；2012 年超短期融资券发行量达到 5 822 亿元，约为 2011 年累积量的 2.6 倍。另一方面，渐进型创新在 2012 年增速略有放缓，总体仍旧保持持续稳定增长。其中，2012 年新发行结构性理财产品数为 1 680 个，较 2011 年增长 21%；商品期货交易品种增加了白银期货；上海法人基金公司新基金产品数与上海法人基金管理公司新发 ETF 只数均有不同幅度增长。

除以上定量数据的增长外，上海金融创新的内容涵盖面也有所扩展，遍及制度、产品、机构、服务等各个方面。例如，中国首个完整的场外市场业务规则制度体系——非上市股份有限公司股份转让制度体系推出，规范了非上市股份公司的经营和治理，填补了制度上的空白；沪深交易所分别联合嘉实、华泰柏瑞推出的沪深 300ETF，标识着历经 5 年多时间筹备的跨市场 ETF 正式起航；赛领资本管理有限公司揭牌暨赛领国际投资基金首募成功，标识着国内最大的人民币国际投贷基金启航；中国海运集团通过中国银行全球现金管理平台，成功完成国内首家跨国公司总部外汇资金集中运营管理试点的首笔交易；浦发硅谷银行落户上海，专注于服务科技创新行业（尤其是中小企业），为高科技企业提供具有针对性的金融服务；上海黄金交易所与中国外汇交易中心联合推出银行间黄金市场询价业务，进一步拓展我国黄金投资渠道；中国银行上海市分行成功推出"张江模式"中小企业综合金融服务方案，为张江高新区内科技型企业提供专业、高效、满足全面需求的

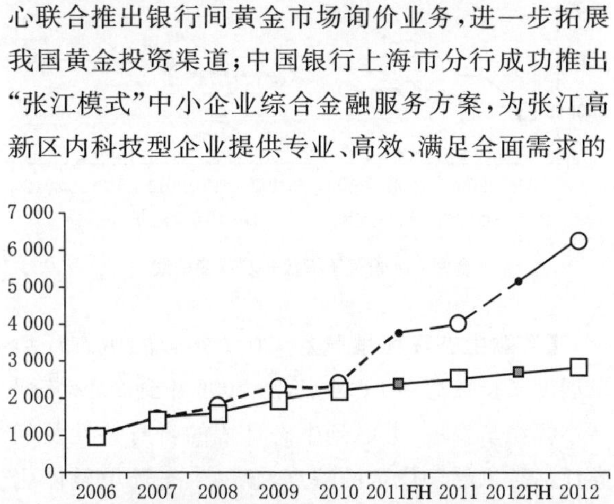

金融创新景气子指数—发展度曲线

特色金融服务；中国金融期货交易所建立“金融期货仿真平台”，为金融期货产品创新的测试提供虚拟交易系统。

【金融人才景气】 金融人才在政策支持下继续稳步发展。2012 年金融人才稳步发展，发展度子指数达 1 505 点，较 2011 年增长 3.1%，增速略低于 2011 年。2012 年，围绕发改委提出的《“十二五”规划》提出的增加国际化高端人才和新兴金融领域人才的目标，上海在金融人才引入、金融人才培训、金融人才综合服务等方面开展了一系列工作稳步推进人才政策。在金融人才引入方面，上海市人才工作协调小组、上海市引进海外高层次人才工作小组主办了“上海海外金融人才招聘信息发布会”，20 家在沪金融机构共推出 107 个招聘岗位，囊括各个金融行业，积极构建人才交流平台。在金融人才培训方面，上海市金融发展服务中心协同多家企业开办了一系列金融行业中高级管理人员培训班，并积极推动金融高技能人才培养基地建设工作。在金融人才综合服务方面，上海市金融发展服务中心形成了包括非上海生源毕业生户籍申办服务、金融高端人才医疗保障服务体系研究与探索、对外合作交流服务等项目在内的金融人才综合服务体系框架，并完成了金融人才服务网络工作平台——上海金融人才网基础服务功能模块的调整与优化，为全市 60 多家金融机构提供了金融人才公益服务。

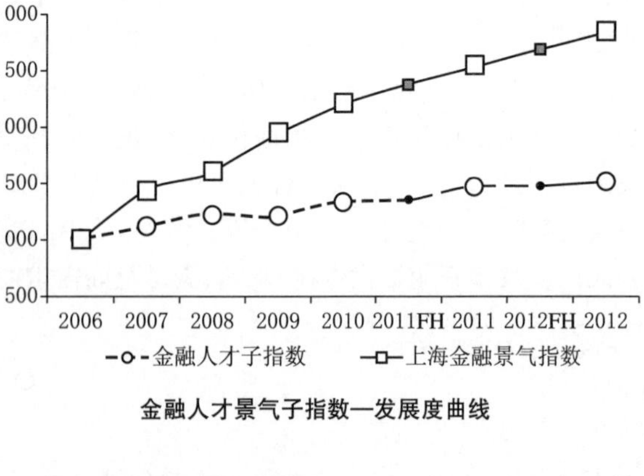

金融人才景气子指数—发展度曲线

【金融生态环境景气】 2012 年金融生态环境发展度子指数达到 1 824 点，从 2006 年到 2012 年保持小幅稳步发展，考虑到生态环境的自身特性及问卷评估结果趋于稳定的特点，金融生态环境整体仍处于稳定的发展通道中。金融生态环境中，基础设施发展处于较为领先的位置，2012 年发展度子指数达 1 736 点，较 2011 年增长 5.2%，其增长主要得益于金融基础设施及信息化建设的贡献。相较而言，宏观商业环境发展速度逐年放缓，发展度子指数达 1 728 点，较 2011 年增长 1.3%，其中，宏观经济与产业支持发展情况较好。从具体数据上看，金融基础设施方面，2012 年上海 ATM 机具数与 POS 机具数仍保持大幅度增长，增幅均超过 15%，分别达到 56 万台和 237 万台；宏观经济环境方面，2012 年中国国内生产总值达 51.9 万亿元，较 2011 年同期增长 7.5%；2012 年世界经济形势低迷振荡，全球贸易量的增长不到 2.5%，在这样的情况下中国的进出口贸易总量仍保持着 6.2% 的增长实属不易，在全球主要贸易体中表现出色。

相对而言，金融环境、生活成本、中介服务环境及金融政策环境仍然有待进一步改善。

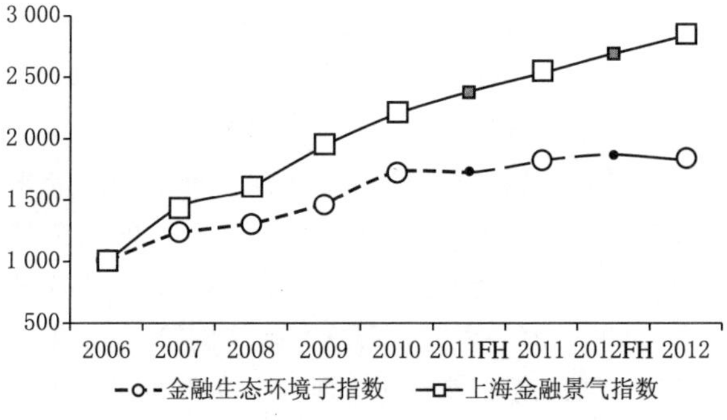

金融生态环境景气子指数—发展度曲线

【金融分项景气度】 在景气度方面，从 2006 年至 2012 年五年综合发展状况看，六大一级指标中，

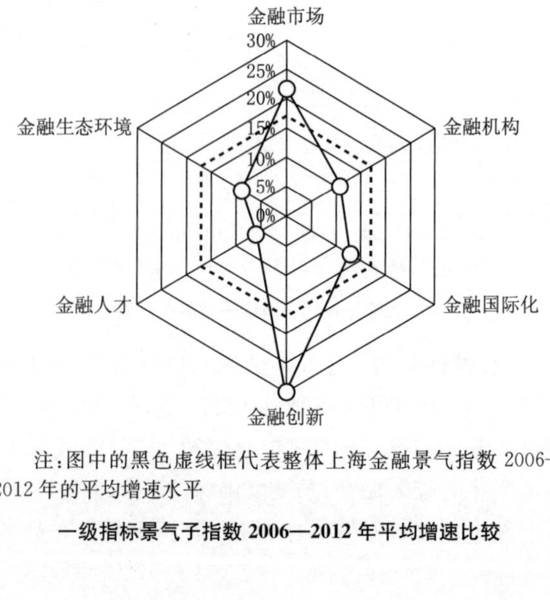

注：图中的黑色虚线框代表整体上海金融景气指数 2006—2012 年的平均增速水平

一级指标景气子指数 2006—2012 年平均增速比较

金融创新和金融市场的六年平均增速相对较高，景气度较高。

2012 年各一级指标较 2011 年均有不同程度的增长，但增速则较 2011 年同期水平有所回落。其中，金融创新增速依旧领跑各个指标，增速子指数达到 1 545 点，远高于 2012 年各一级指标平均增速水平(1 139 点)；金融市场增速有所提升，增速子指数达到 1 144 点；金融机构、金融国际化、金融人才及金融生态环境发展步伐均较 2011 年略有放缓，反映景气度的增速子指数分别为 1 044 点、1 065 点、1 031 点和 1 006 点。

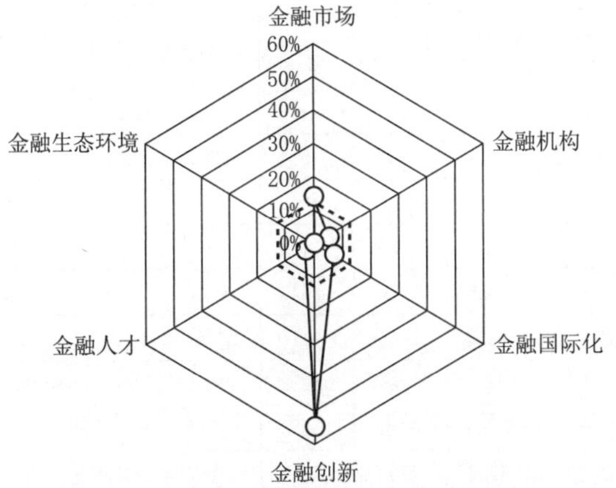

注：图中的黑色虚线框代表整体上海金融景气指数 2012 年的平均增速水平

一级指标景气子指数 2012 年增速比较

【景气指标灯号分析】 考虑到不同的一级指标因素不能完全相互比较，我们将最新一年的增速同各指标自身的历史增速比较，同时为了更为直观地分析并展示上海金融景气度和各分项指标的景气度，将上海金融景气指数以灯号图的形式予以呈现，可以分析每项指标当年的增长水平。依照当年增速水平与历史平均增速和历史最高增速的比例关系，将景气度状态分为如下六种情景①：

(1) 正常趋涨：当年该指数增速低于过去五年历史平均增速 1.5 倍、高于过去五年历史平均增速；

(2) 正常趋缓：当年该指数增速低于过去五年历史平均增速、高于过去五年历史平均增速 0.5 倍；

(3) 快速增长：当年该指数增速低于过去五年历史最高增速、高于过去五年历史平均增速 1.5 倍；

(4) 增长偏低：当年该指数增速为正，但低于过去五年历史平均增速 0.5 倍；

(5) 增长趋热：当年该指数增速高于过去五年历史最高增速；

(6) 不景气：当年该指数增速为负。

当上海金融景气度或各分项景气度为第 1、2 类情景时(呈现正常趋涨和正常趋缓状态)，认为该状态正常，以■标示；

当上海金融景气度或各分项景气度为第 3、4 类情景时(呈现快速增长和增长偏低状态)，认为需要对该状态予以关注，分析成因，以■标示；

当上海金融景气度或各分项景气度为第 5、6 类情景时(呈现增长趋热和不景气状态)，认为需要对该状态予以警戒，分析成因并迅速采取措施予以改善，以■标示。

基于以上定义，2012 年上海金融景气指数的灯号分析如下表所示：

2012 年上海金融景气指数灯号分析

	上海金融	金融市场	金融机构	金融人才	金融国际化	金融创新	金融生态
增长趋热	○	○	○	○	○	⊘	○
快速增长	○	○	○	○	○	⊘	○
正常趋涨	○	○	○	○	○	●	○
正常趋缓	●	●	○	○	○	○	○
增长偏低	○	○	●	●	●	○	●
不景气	○	○	○	○	○	○	○
灯号图	■	■	■	■	■	■	■

注：由于金融创新本身具有高速增长的特质，其增速高于过去五年历史平均增速，均属于正常趋涨水平。

其中，上海金融整体景气度处于正常趋缓状态，发展状态正常；金融市场处于正常趋缓状态，判定为正常；金融创新增速高于历史评价增速 1.5 倍，但由于金融创新本身具有快速发展的特点，故仍处于正常趋涨范围，状态判定为正常。金融机构、金融人才及金融国际化 2012 年增速低于历史平均增速的 0.5 倍，均处于增长偏低状态，需予以关注并进行进一步分析，找出问题所在，提前准备应对措施和相应的激励手段。

① 其中，金融创新景气度状态评判方法与其他一级指标不同，根据金融创新具有高增长的特点，当其增速高于过去五年历史平均增速时，均属于正常趋涨水平。

2. 上海金融景气指数指标体系及数据①

一级指标	二级指标	三级指标分类	三级指标	单位	2007年	2008年	2009年	2010年	2011年	2012年
金融市场	市场综合评价	金融市场整体交易规模	上海金融市场交易总量②	万亿元	129.0	163.7	253.8	433.6	406.1	523.0
		金融市场直接融资能力	上海直接融资额占全国融资总额比例	%	24.0	23.4	17.5	21.7	24.0	24.2
			上海非金融机构直接融资额占社会融资总量比例	%	12.5	11.9	11.0	11.3		
		市场发展质量	上海金融市场衍生品交易量占总交易量比例	%	22.2	21.8	31.43	48.2	43.6	46.6
	信贷市场	市场规模（绝对规模、市场份额）	上海中外金融机构本外币贷款余额	万亿元	2.2	2.4	3.0	3.4	3.7	4.1
			上海中外金融机构本外币贷款余额占全国比例	%	6.9	6.6	6.3	6.7	5.3	6.1
		市场发展质量	上海不良贷款率	%	2.7	1.6	1.2	0.8	0.6③	0.7
	货币市场	市场规模	信用拆借市场成交额	万亿元	10.7	15.1	19.4	27.9	33.4	46.7
			回购市场交易额	万亿元	48.2	62.4	76.2	101.4	99.5	147.6
			利率衍生品交易额	万亿元	0.5	0.9	1.1	1.8	2.8	2.9
		市场参与者	银行间本币市场成员数	家	1 456	1 857	2 446	3 063	3 984	5 603
	外汇市场	市场规模	外汇衍生品交易额	亿美元	3 379	4 577	8 116	13 162	19 866	26 375
			即期外汇交易额增速	%	93.0	8.0	19.3	3.5	17.6	−6.1
		市场参与者	银行间外币市场会员数	家	268	268	276	293	318	362
	债券市场	市场规模（绝对规模、相对规模、市场地位）	债券市场总市值	万亿元	12.3	16.1	18.0	20.3	21.6	24.0
			债券市场总发行额	万亿元	8.0	7.1	8.6	9.5	7.0	5.9
			债券市场总市值与全国GDP比率	%	47.6	53.4	52.5	51.0	45.9	46.3
			债券市场市值全球排名	排名	6	6	6	5	5	3
		市场发展质量（品种结构，持有结构，交易场所结构）	企业债券市值占比	%	6.5	8.2	13.7	17.2	19.3	23.7
			非银行机构债券持有额占比	%	38.3	33.6	28.0	23.7	24.0	24.7
			上海证交所现券交易额占比	%	0.4	1.5	0.9	1.2	1.3	1.6
		市场流动性	债券市场现券日均交易额	亿元	686	1 660	2 003	2 797	2 777	2 915
			债券市场换手率	%	129	233	266	318	294	313
		市场参与者	银行间债券市场投资者数	人	7 095	8 299	9 247	10 235	11 162	12 415
		市场自有指数	中债综合指数	点数	118	132	132	134	142	143
	股票市场	市场规模（绝对规模、相对规模、市场份额、市场地位）	上海股票市场月均市价总值④	万亿元	16.1	15.3	15.0	16.8	17.4	12.7
			上海股票市场筹资总额	亿元	6 616	2 238	3 343	5 532	3 120	2 586

① 数据来源：上海金融年鉴，上海金融发展报告，上海金融运行报告，中国人民银行，中国银监会，中国证监会，中国保监会，各交易所，上海统计年鉴，中国统计年鉴，统计公报，同业协会，WFE，Wind，CVSource 等。

② 包含股票市场、债券市场、期货市场、货币市场、黄金市场等，不含外汇市场。

③ 此处为2011年11月底数据。

④ 由于股票市场市值的高波动性，为更加准确地反映上海股票市场年度整体市值水平，故选取月均市价总值作为指标，即每月月底市值的平均。

（续表）

一级指标	二级指标	三级指标分类	三级指标	单位	2007年	2008年	2009年	2010年	2011年	2012年
金融市场	股票市场	市场规模（绝对规模、相对规模、市场份额、市场地位）	上海股票市场总市值占全国股票市场比例	%	82.5	80.1	75.7	67.4	69.1	68.8
			上海股票市场筹资总额占全国股票市场比例	%	85.7	93.3	91.5	61.8	42.6	40.3
			上海股票市场总市值与全国GDP比率	%	104.9	32.3	54.2	45.0	31.5	30.6
			上海股票市场交易额全球排名①	排名	6	6	2	2	3	3
		市场发展质量（持有结构，公司结构）	上海股票市场机构投资者持股市值占比例	%	33.7	26.2	17.0	15.9	15.6	17.4
			上海股票市场日间市场效率系数	点数	1.10	1.07	1.07	1.09		
			上海股票市场ST公司数量占上市公司数量比例	%	10.8	10.3	9.8	10.2	8.9	3.4
		市场流动性	上海股票市场日均交易额	亿元	1 262	733	1 420	1 257	974	677
			上海股票市场流通股换手率	%	927	393	504	189	125	101
		市场参与者	上海证券市场投资者数量	万户	5 817	6 543	7 405	8 154	8 705	10 970
		市场自有指数	上证综合指数	点数	4 471	1 546	3 277	2 808	2 199	2 269
	期货市场②	市场规模（绝对规模、市场份额、市场地位）	上海商品期货市场成交金额③	万亿元	23.1	28.9	73.8	123.5	86.9	89.2
			上海商品期货市场成交量	亿手	1.71	2.81	8.70	12.44	6.16	7.31
			上海金融期货市场成交金额	万亿元				82.1	87.5	151.7
			上海金融期货市场成交量	万手				9 179	10 082	21 012
			上海期货市场成交额占全国期货总成交额比例	%	56.8	40.1	56.5	66.5	63.4	70.4
			上海期货市场交易量全球排名	排名	27	16	10	11	14	14
		期货市场发展质量	金融期货成交额占股票交易额比例	%				270	369	461
			上海期货市场上市交易品种数④	个	6	6	8	9	9	10
		市场参与者	上海期货交易所会员数⑤	个	213	207	210	209	208	209
	基金市场	市场规模（公募基金、私募基金）	上海法人基金公司管理资产规模	亿元	9 910	6 170	8 814	8 144	8 121	10 619
			上海法人基金公司总基金只数	只	143	186	244	303	431	823
			上海PE/VC公司投资额	亿美元	14.8	15.4	15.8	21.0	47.2	42.3
		市场发展质量（投资者结构，ETF基金）	上海法人基金公司机构投资者持有基金份额占比	%	11.9	19.9	25.8	24.8	37.8	
			上交所ETF市值	亿元	149.1	188.0	409.7	480.7	424.7	741.2
			上交所ETF交易额	亿元	1 198	2 739	5 759	4 202	2 699	2 363

① 按交易所所在城市排名。

② 含商品期货和金融期货市场。由于金融期货没有2010年以前的数据，自2011年开始，将期货市场项下的商品期货和金融期货三级指标区分开。

③ 商品期货及金融期货成交金额及成交量均为双边计算。

④ 此处仅包括商品期货市场。

⑤ 此处仅包括商品期货交易所会员数。

（续表）

一级指标	二级指标	三级指标分类	三级指标	单位	2007年	2008年	2009年	2010年	2011年	2012年
金融市场	保险市场	市场规模和市场份额	上海市保费收入	亿元	483	600	665	695.7①	753	821
			上海市保险赔付	亿元	140	184	177	173.8②	261	256
			上海市保费收入占全国保费收入比例	%	6.9	6.1	6.0	4.8	5.3	5.3
		市场发展潜力	上海市保险深度	%	3.9	4.3	4.4	4.1	3.9	4.1
			上海市保险密度	元/人	2 598	3 178	3 461	3 022	3 208	3 565
	黄金市场	市场规模	上海黄金交易所黄金成交额	亿元	3 165	8 696	10 278	16 143	24 772	21 506
			上海黄金交易所总成交额	亿元	3 325	8 983	11 020	20 205	44 411	35 297
		市场参与者	上海黄金交易所会员数	家	156	162	162	163	166	166
	产权市场	市场规模（绝对规模、市场份额）	上海产权市场交易金额	亿元	957	1 074	1 396	2 454	5 545	11 764
			上海产权市场交易涉及行业数	个	65	66	71	79	82	84
		市场参与者	上海产权市场会员数	家	356	371	416	444	455	473
		市场自有指数	上海产权市场交易指数	点数	1 076	1 044	1 091	1 548	1 997	1 253
	其他市场	信托市场	上海信托公司受托资产规模	亿元	1 368	1 497	2 662	3 491	4 766	5 833
			上海信托公司信托资产规模占全国比例	%	39.1	12.1	12.6	11.5	9.9	7.8
			上海信托公司主动管理信托资产规模占比	%		39.9	35.7	40.4	34.3	
		银行卡市场	上海银行卡累计发卡量	万张	7 094	7 915	10 010	11 427	13 098	14 207
			上海人均借记卡发卡量	张/人	3	3	4	4	4	5
			上海人均信用卡发卡量	张/人	1	1	1	1	1	1
			上海银行跨行交易金额	亿元	3 920	3 926	5 763	6 418	8 267	12 061
			银行跨行交易转接系统处理交易量	亿笔	4.0	5.0	6.0	6.6	7.4	8.5
			上海受理的银行卡POS跨行交易金额	亿元	2 535	2 535	4 114	4 813	6 259	9 634
金融机构	机构整体	机构整体数量	上海金融机构总数	家	822	899	986	1 049	1 136	
		机构整体实力	上海金融资产总规模	亿元	5.7	6.6	8.2			
			上海金融业增加值对GDP贡献率	%	9.8	10.3	12.1	11.4	11.7	12.2
			上海金融业增加值占全国金融业增加值比例	%	9.7	9.7	10.3			
	银行业	银行业机构数量（法人机构、营业机构）	上海法人商业银行数	家	21	21	24	25	25	25
			上海银行业一级分行级机构数	家	78	90	98	107	111	112
			上海银行业总行营业部、专营机构数	家	8	11	14	16	17	20
			上海银行业营业网点数	家	3 058	3 167	3 355	3 358		3 284

①② 2011年保监会更改数据统计口径，为与2011年数据比较，此数据为2011年所披露数据反推结果。

（续表）

一级指标	二级指标	三级指标分类	三级指标	单位	2007年	2008年	2009年	2010年	2011年	2012年
金融机构	银行业	银行业机构实力（资产、主要业务、利润）	上海银行业金融机构资产总额	万亿元	4.8	5.2	6.3	7.0	8.1①	9.0
			上海银行业金融机构资产规模占全国比例	%	9.0	8.4	7.9	7.4		6.9
			上海银行业金融机构净利润	亿元	553	709	599	798	955	1 024
			上海银行业金融机构净利润占全国银行业金融机构净利润比例	%	12.4	12.1	9.0	8.9	9.2	8.3
	证券业	证券业机构数量（法人机构、营业机构）	上海法人证券公司数	家	15	15	14	14	15	16
			上海证券公司营业部数	家	459	451	459	476	484	487
		证券业机构实力（资产、主要业务、收入、利润）	上海法人证券公司净资本	亿元	871	813	981	1 010	1 361	
			上海法人证券公司净资本占全国证券公司净资本比例	%	29.5	27.7	25.8	23.3		
			上海法人证券公司经纪业务交易额	亿元	2 633	1 974	1 240	2 356	2 684	
			上海法人证券公司经纪业务交易额占所有证券公司经纪业务交易额比例	%	23.5	23.3	21.6	21.4	25.4	
			上海法人证券公司营业收入	亿元	633	285	421	342	277	
			上海法人证券公司营业收入占全国证券公司营业收入比例	%	22.2	22.8	20.5	17.9		
			上海法人证券公司净利润	亿元	312	126	212	152	101	
			上海法人证券公司净利润占全国证券公司净利润比例	%	23.6	26.1	22.7	19.5		
	期货业	期货业机构数量（法人机构、营业机构）	上海法人期货公司数	家	25	25	25	26	28	30
			上海期货公司营业部数	家	55	55	89	98	111	115
		期货业机构实力（保证金、收入、利润）	上海法人期货公司保证金规模	亿元	54	69	170	324	340	439
			上海法人期货公司保证金规模占全国期货公司保证金规模比例	%	14.3	15.8	16.9	20.2	22.9	24.8
			上海法人期货公司营业收入	亿元	41.7	32.2	26.3	43.3	47.3	65.2
			上海法人期货公司营业收入占全国期货公司营业收入比例	%	53.7	43.4	30.4	30.5	46.7	37.7
			上海法人期货公司净利润	亿元	1.1	0.4	2.4	3.8	4.9	6.9
			上海法人期货公司净利润占全国期货公司净利润比例	%	14.5	6.1	13.9	15.0	21.2	19.4
	基金业	基金业机构数量	上海法人基金管理公司数	家	29	30	30	31	34	36
			上海 PE/VC 企业数	家	1 388	1 523	1 647	1 725		
			上海法人基金管理公司管理资产规模占全国基金管理公司管理资产规模比例	%	30.4	31.9	32.7	31.9	37.1	37.1
			上海 PE/VC 公司投资规模占全国 PE/VC 公司投资规模比例	%	4.7	6.8	5.0	8.3	12.4	17.2

① 此处为2011年11月底数据。

（续表）

一级指标	二级指标	三级指标分类	三级指标	单位	2007年	2008年	2009年	2010年	2011年	2012年
金融机构	保险业	保险业机构数量	上海法人保险公司数	家	33	34	34	34		
			上海保险公司分公司数	家	96	101	105	115	115	122
		保险业机构实力	上海法人保险公司保费收入	亿元	1 267	1 551	1 758	2 482		
			上海法人保险公司保费收入占全国保险公司保费收入比例	%	18.0	15.9	15.8	17.1		
			上海保险公司资产规模	亿元	5 207	6 068	7 428			
			上海保险公司资产规模占全国保险公司资产规模	%	18.0	18.2	18.2			
			上海保险业受托资产规模	亿元	9 597	10 223	10 223			
	新型金融机构	信托业	上海信托公司数	家	5	7	7	7	8	7
			上海信托公司营业收入	亿元	35.3	27.3	26.1	30.9	37.6	
			上海信托公司营业收入占全国比例	%				10.9	8.6	
			上海信托公司净利润	亿元	23.7	17.7	17.7	21.1	23.4	
			上海信托公司净利润占全国比例	%				13.3	7.8	
		机构数量	上海村镇银行数	家		1	3	4	10	16
			上海小额贷款公司数	家		17	35	52	81	101
			上海金融租赁公司数	家	2	3	3	4	3	4
			上海汽车金融公司数	家	3	4	4	4	4	4
			上海货币经纪公司数	家	2	2	2	2	2	2
			上海发卡机构数	家	19	28	29	35	41	41
	金融中介服务机构	机构数量	上海证券投资咨询机构数	家		18	18	21	19	19
			上海保险中介机构数	家	244	283	292	302	310	324
			上海律师事务所数	家	827	936	1 043	1 064	1 116	1 153
			上海会计师事务所数	家			266	274	293	
金融人才	人才聚集	从业人数	上海金融业从业人员数	万人	21.6	23.2	22.1	24.1	28.4①	
		就业人口占比	上海金融业从业人员占上海在职职工比例	%	4.5	4.5	3.9	3.7	3.9	
	人才质量	高级人才比例	上海法人金融机构从业人员管理人员比例	%	14.1	15.0	10.9	11.2		
			上海金融业从业人员高等学历比例	%	42.0	46.7	48.8	58.7		
		人均贡献	上海金融业从业人员人均金融业增加值	万元/人	55.3	62.2	82.2	83.3	89.8	
	人才供给	行业薪酬水平	上海金融业从业人员平均工资水平	万元	9.5	11.7	11.3	15.4	16.7	
		高校毕业生供给	全国大学毕业生数	万人	479	546	568	614	651	699
			本地大学毕业生数	万人	11.9	12.2	12.7	13.4	17.5	17.8

① 该数据由2006年至2010年平均增速估算得出。

（续表）

一级指标	二级指标	三级指标分类	三级指标	单位	2007年	2008年	2009年	2010年	2011年	2012年
金融国际化	市场国际化	外汇存贷款	上海外汇存款占总存款比例	%	6.0	5.5	5.2	4.5	5.0	5.8
			上海外汇贷款占总贷款比例	%	14.3	12.1	11.8	10.5	10.3	11.0
		货币市场	外资金融机构同业拆借交易规模占比	%	13.9	17.2	9.7	8.1		
			外资金融机构回购市场交易规模占比	%	4.6	3.8	2.5	2.5		
			外资金融机构利率衍生品交易规模占比	%	24.3	18.4	19.7	38.4		
		外汇市场	外资金融机构在人民币外汇市场的市场份额占比	%	36.0	32.0	25.0	33.0		
		债券市场	外资金融机构现券买卖交易规模占比	%	11.5	10.4	9.0	10.5		
		黄金市场	外资金融机构黄金现货交易量占比	%		0.1	0.8	3.6	4.6	3.4
		产权市场	上海产权市场外资并购涉及国家和地区数	个	28	31	31	31	32	35
		境外投资开放度	累计批准 QFII 额度	亿美元	100	134	167	197	217	374
			累计批准 QDII 额度	亿美元	508	541	628	726	750	844
	机构国际化	外资金融机构总数	上海外资金融机构总数	家	357	395	402		394	
		外资银行数量和实力	上海法人外资银行数	家	14	17	20	21	21	22
			上海外资银行分行数	家	67	64	70	77	78	77
			上海外资银行资产规模占上海银行业资产规模比例	%	8.2	14.6	11.7	12.5	18.9	17.9
		合资证券公司数量和实力	上海合资证券公司数	家	4	4	4	5	5	6
			上海外资证券公司代表处数量	家	53	55	56	60	80	81
			上海合资证券公司净资本占上海法人证券公司净资本比例	%	5.1	5.5	3.9			
		合资基金公司数量和实力	上海合资基金管理公司数	家	16	19	19	21	21	21
			上海合资基金管理公司管理资产规模占上海基金管理公司管理资产规模比例	%	66.8	65.1	70.2	68.9	69.0	66
		外资保险公司数量和实力	上海外资保险公司数	家	15	17	18	19		34
			上海外资保险公司保费收入占上海保险公司保费收入比例	%	29.4	21.3	18.0	18.8	14.0	12.9
		海外发展质量	中国金融机构海外分支机构数	个		136	151	172		
			上海法人金融机构 QDII 额度占全国比例	%	23.4	26.0	26.7	25.5	27.0	26.8
	人才国际化	国际化人才供给	在沪外国常住人口数	万人	13.3	15.2	15.2	16.3	16.4	17.30
			中国留学回国人员总数	万人	32.0	38.9	49.7	63.2	81.8	109.00
	人民币国际化	国际结算	上海跨境贸易人民币结算量	亿元				746	3 312	
		国际储备	中国双边货币互换规模	亿元		1 800	6 800	8 335	12 442	

（续表）

一级指标	二级指标	三级指标分类	三级指标	单位	2007 年	2008 年	2009 年	2010 年	2011 年	2012 年
金融创新	创新整体评估	创新整体评价	上海金融创新奖的获奖作品数	个				37	59	46
			上海金融业重大先行先试创新试点	个				5	4	5
			金融创新景气度问卷评价	评分				3.1	3.3	
	渐进型创新	银行业	新发行结构性理财产品个数	个	777	587	597	647	1 387	1 680
			上海小企业贷款余额占比	%		12.3	12.4	13.5	13.4	16.9
			上海银行业金融机构中间业务收入	亿元	177	178	208	273	425	395
		证券业	券商集合理财规模	亿元	176	164	325	418	425	508
		期货业	上海新增商品期货交易品种数	个	1	1	2		1	1
		基金业	上海法人基金管理公司新基金产品数	个	24	57	76	83	140	154
		保险业	上海法人保险公司新保险产品数	个	34	47	15			
		其他	上海产权市场交易品种数	个	9	15	20	22	24	26
	新推型创新	新推型创新	上海证交所融资交易额	亿元				421	1 775	
			上海证交所融券交易量	万股				4 259	145 640	
			超短期融资券发行量	亿元				150	2 240	5 822
			信用风险缓释凭证名义本金金额	亿元				6.9	7.4	7.4
金融生态环境	宏观商业环境	宏观经济环境	中国国内生产总值	万亿元	26.6	31.4	34.1	39.8	47.2	51.9
			中国人均国内生产总值	万元	2.0	2.4	2.6	2.9	3.5	3.8
			上海地区生产总值占中国国内生产总值比例	%	4.74	4.68	4.41	4.24	4.07	3.87
			中国进出口贸易总量	亿美元	21 766	25 633	22 075	29 738	36 421	38 668
			中国外商直接投资额	亿美元	748	924	900	1 057	1 160	1 117
			中国全社会固定资产投资额	万亿元	13.7	17.3	22.5	27.8	31.1	
		产业支撑	中国工业增加值	万亿元	10.4	12.0	14.8	17.1	18.9	20.0
			中国工业增加值占中国 GDP 比例	%	43.0	43.3	39.7	40.2	40.0	38.5
		金融环境	中国经济金融化率	倍	2.37	2.31	2.59	2.64	2.57	
			中国经济证券化率	%	127.1	40.4	71.6	66.7	45.5	44.4
		税收环境	上海个人税赋水平①	%	11.2	12.1	13.0	13.9	14.0	
		生活成本	上海城市居民家庭人均可支配收入	万元	2.4	2.7	2.9	3.2	3.6	4.0
			上海居民消费价格指数	点数	103	106	100	103	105	103
			上海住宅租赁价格指数	点数	105	105	101	105	107	105
			上海城市生活成本指数	点数	92.1	98.3	95.2			
	基础设施环境	金融基础设施	上海 ATM 机具数	万台	0.65	0.93	1.08	1.23	1.34	1.56
			上海联网 POS 机具数	万台	11.9	16.3	22.8	32.3	46.0	56.33
			上海人均联网 POS 机具数	台/万人	64	87	119	140	196	237
			上海人均联网 ATM 机具数	台/万人	3.50	4.90	5.60	5.3	5.7	6.54
			上海银行卡现金渗透率	%	29.3	31.9	36.1	41.4	43.8	48.4
			全国个人征信系统收录信息数	亿人	5.9	6.4	6.7	7.8	8	8
			全国企业征信系统收录信息数	万户	1 331	1 447	1 576	1 700	1 800	1 800

① 根据当年上海金融从业人员平均工资水平来计算。

（续表）

一级指标	二级指标	三级指标分类	三级指标	单位	2007年	2008年	2009年	2010年	2011年	2012年
金融生态环境	基础设施环境	办公环境	上海办公楼出租面积	万平方米	344	353	426	516	516	
			上海办公楼租赁价格指数	点数	105	106	101	101	101	
		交通运输	上海港口货物吞吐量	亿吨	5.6	5.8	5.9	6.5	7.3	7.4
			上海机场进出港旅客人数	万人	5 157	5 111	5 708	7 170	7 456	7 871
			上海万人城市轨道交通	公里	263	264	355	453	454	468
			上海万人道路长度	公里	11.2	11.4	11.5	11.8		
			上海出租车数	万辆	4.9	4.8	4.9	5.0	5.0	5.1
		信息化建设	上海宽带接入用户数	万户	364	419	470	499	505	594
			上海信息通信管线长度	沟公里	3 131	4 007	5 354	5 821	6 258	6 900
		城市建设	上海万人执业医生数	人	26	27	27	22	22	23
			上海百万人影剧院数	个	9.4	9.1	8.8	5.9	6.1	
			上海万人公共图书藏量	万册	2 320	2 450	2 630	2 766	2 605	
			上海社区公共运动场数	个	176	220	261	316	406	
			上海旅游年接待游客数	亿人次	1.1	1.2	1.3	2.2	2.4	2.6
			上海城市绿化覆盖率	%	37.6	38.0	38.1	38.2	38.2	38.3
			上海人均公共绿地面积	平方米	12.0	12.5	12.8	13.2	13.4	13.7
			上海环境空气质量优良率	%	89.9	89.6	91.5	92.1	92.3	93.7

3. 国际金融中心对比指数指标数据①

一级指标	二级指标	三级指标	单位	伦敦	纽约	香港	新加坡	孟买	首尔	上海
金融市场	股票市场	股票市场总市值	十亿美元	3 396	18 668	2 832	765	1 263	1 179	2 547
		股票市场成交额	十亿美元	2 194	23 227	1 106	256	637	1 518	2 599
		股票市场筹资总额	十亿美元		148.1	39.4	4.8	13.0	1.1	48.2
		上市公司数字	家	2 767		1 547	776	6 856	1 784	954
	债券市场	债券市场余额②	十亿美元				117	616	1 197	3 635
		债券市场余额/GDP③	%				48	31	111	44
		公司债市场余额/GDP④	%						33	20
	基金市场	基金公司管理资产规模(全国)	十亿美元	986	13 045			114	268	437
		ETF数量	只	1 828	1 370	100	91	61	136	9
		ETF交易额	十亿美元	260	3 190	67	4	3	120	48
	保险市场	保费收入(全国)	十亿美元							
		保险密度(全国)	美元/人							
		保险深度(全国)	%							
	期货市场	场内衍生品交易量	百万手	228	3 067	120	81	2 254	1 836	470
金融生态环境	金融生态	国内生产总值	十亿美元	2 450	15 830	262	243	1 958	1 075	8 346
		国家进出口贸易总量	十亿美元							
		生活成本	指数							

（上海金融业联合会）

① 数据来源：WFE，ICI，World Bank，BIS，各国统计局，各城市统计机构等。

②③④ 此项皆为2012年9月数据。

第九篇　人　　物

一、先 进 劳 模

[陈文兰] 女，1967年12月出生，江苏吴县人。1986年7月参加工作，1994年7月进上海银行长宁支行。2007年7月被评为上海银行服务明星；2009年4月被评为上海金融系统五星级优质服务明星；2009年7月被评为上海市迎世博先进个人；2009年10月获得上海市五一劳动奖章；2010年12月被评为“践行世博—最佳实践者”优秀个人；2011年3月被评为上海市三八红旗手。有过硬的金融服务综合素质，刻苦用心记住网点2 000多户企业中80%左右的客户账号，只要客户站在面前，就能报出账号户名，不输给一台电脑，被誉为“终端1号”，为客户提供优质、周到的各种服务。成立“陈文兰”服务班组，倾心传帮带，让优质服务理念传递到每一位员工。2012年3月中华全国总工会授予全国五一劳动奖章。

[陈　光] 1958年11月生，经济学博士。现任银行间市场清算所股份有限公司(以下简称上海清算所)财务总监兼风险管理部总经理。历任法国里昂信贷银行厦门分行行长、法国东方汇理银行厦门分行行长。在上海清算所筹备期和开创期，克服困难，除分管财务工作外，发挥熟悉我国金融市场、了解国际金融市场的专业优势，具体负责债券中央对手清算业务研发、与德交所集团业务合作、参与跨境外汇中央对手清算业务等重大项目研发，为上海清算所产品业务创新和国际化经营，探索积累了宝贵经验。此外，具体负责产品估值、信息统计、清算会员体系建设、《会员通讯》刊物创建等多项工作，并结合上海清算所实际业务发展进行了有效创新。荣获2012年度全国金融五一劳动奖章。

[周　翔] 女，中共党员。现任交通银行总行风险管理部总经理。连续6年荣获总行考评一等奖，2009年其带领的团队荣获中央国家机关五一劳动奖状；2012年3月，被全国妇联授予“全国三八红旗手”和“全国妇女创先争优先进个人”荣誉称号。在处置违规贷款工作中，周翔秉承“爱岗敬业、追求卓越”精神，顶住种种压力，以百折不挠的精神，经过三年多艰辛努力，数十次坚苦谈判，上百次空中飞行，于2011年成功收回全部贷款本金及相应利息53亿元，确保国家资产不受损失，得到了中央领导和有关部门高度肯定。

[朱忠文] 1970年出生。中共党员。大学本科，助理会计师。1991年7月参加工作。现任上海农商银行南汇支行行长。他是一名成熟睿智的金融工作者，是一位管理着全区26个营业网点的年轻行长，他求真务实，开拓创新，始终严于律己，以身作则。在2011年短短的一年时间里，带领员工，攻坚克难，南汇支行各项业务取得了骄人的成绩。荣获2012年度上海市五一劳动奖章。

[王彩虹] 女，经济学硕士。2006年加入中金所，先后在交易部、监查部、法律部工作，从事股指期货产品规则设计、交易管理、市场监查、法务管理以及金融期权产品研发等工作，期货从业经验丰富、创新能力强，创新业务与监管工作业绩突出。曾获“证券期货监管系统岗位服务能手”称号。现任中国金融期货交易所交易部总监，同时牵头股权类期货期权产品研发工作。荣获2011—2012年度上海市“三八红旗手”称号。

上海市金融系统先进劳模简表(2012年)

姓　名	获 奖 称 号	工 作 单 位
陈文兰	全国五一劳动奖章	上海银行长宁支行
陈　光	全国金融五一劳动奖章	上海清算所
周　翔	全国三八红旗手、全国妇女创先争优先进个人	交通银行总行
朱忠文	上海市五一劳动奖章	上海农商银行南汇支行
王彩虹	上海市三八红旗手	中国金融期货交易所
杨颖群	上海市三八红旗手	上海保监局
邵建宏	全国银行业金融机构小微企业金融服务先进个人	浙商银行上海闵行支行
董欣慰	总行级巾帼建功标兵	中国建设银行上海市分行
蒋　敏	总行级巾帼建功标兵	中国建设银行上海市分行
徐春荣	上海市青年五四奖章	交通银行上海市分行
艾佳雯	十佳五星级“优质服务明星”	交通银行上海市分行

二、新闻人物

1. 2012 年“沪上金融家”

2012 年“沪上十大金融家”

姓　名	职　　　务
王立华	上海期货交易所党委副书记
刘　珺	中国光大银行副行长兼上海分行行长
许　臻	上海清算所董事长
邵亚良	上海国际集团总裁
李明山	海通证券股份有限公司总经理
黄红元	上海证券交易所总经理
潘岳汉	中国银行上海市分行行长
张慎峰	中国金融期货交易所总经理
颜祖旺	中国信达资产管理上海市分公司总经理
霍联宏	中国太平洋保险集团总裁

2012 年“沪上十大金融行业领袖”

姓　名	职　　　务
马　力	长江养老保险股份有限公司董事长
朱守中	中国出口信用保险上海分公司总经理
张　兴	大众保险股份有限公司董事长
张　页	上海航运交易所总裁
李　峰	汇丰银行(中国)有限公司零售银行及财富管理业务部总监
何晓斌	国泰君安期货有限公司董事长
周宏亮	中国农业银行私人银行部总经理
单俊葆	中国国际金融有限公司董事总经理
梁信军	复星集团副董事长、CEO
敬宗泉	中国邮政储蓄银行上海分行行长

2012 年“沪上十大金融创新人物”

姓　名	职　　　务
计葵生	平安陆金所董事长、平安集团副总经理兼首席创新官
李振刚	国家开发银行上海市分行副行长
沈根伟	上汽集团财务有限责任公司总经理
陈　敏	交银金融租赁董事长
张　莹	松江民生村镇银行董事长
周　晔	汇付天下有限公司总裁
骆航鲁	浙商银行上海分行行长
施道明	宁波银行上海分行行长
梁炜宁	华侨银行(中国)首席执行官
曾　山	益盟软件董事长、总经理

注:按姓氏笔画排序。

2. 中国金融学科终身成就奖

[洪葭管] 1921 年 1 月出生。浙江鄞县人。曾在四明商业储蓄银行供职,历任总行会计科长、稽核,分行副理。新中国成立后,先后任公私合营金融研究委员会副主任,中国人民银行上海市分行金融研究所副所长。并任上海市人民政府参事、上海市金融学会副会长、上海财经大学和交通大学管理学院兼职教授、交通大学咨询委员,中国人民银行研究生部指导教师。现任上海市金融学会顾问、中国金融学会金融史专业委员会主任、《上海金融年鉴》顾问、研究员。1994 年获“国家有突出贡献专家”称号,享受政府特殊津贴。长期致力于中国金融史研究,著作颇丰,主要有《在金融史园地里漫步》、《金融话旧》、《20 世纪的上海金融》、《中国金融通史》第四卷(1927—1949)、《中国金融史十六讲》、《金融史的魅力》,并主编《上海金融志》、《中国金融通史》、《中央银行史料》等多种。2011 年 12 月 23 日经刘鸿儒金融教育基金会批准,洪葭管荣获 2011 年度中国金融学科终身成就奖,于 2012 年 1 月 18 日在上海举行颁奖仪式。

三、商业金融机构负责人

［于振东］ 1975年3月出生。中共党员。金融学硕士。曾任平安人寿上海分公司营业区经理。2006年加盟合众人寿，历任合众人寿保险股份有限公司上海分公司个险分管负责人、合众人寿保险股份有限公司河北分公司总经理。现任合众人寿保险股份有限公司上海分公司总经理。

［王　波］ 武汉大学毕业，获上海财经大学经济学硕士学位。曾任宝钢财务公司宝林证券营业部上海证券交易所出市代表、交易主管，华宝信托公司投资管理部总经理助理，资产运营部副总经理，发展研究中心副总经理、总经理，公司总经理助理兼投资总监。现任华宝信托有限责任公司副总经理兼投资总监。

［王　喆］ 1960年8月出生。中共党员。研究生学历，工商管理硕士学位，经济师。现任上海黄金交易所党委书记、理事长、总经理（正司局级）。中国黄金协会副会长、第十二届上海市政协委员、上海金融业联合会副理事长。

［王开国］ 1958年11月16日出生。中共党员。经济学博士，高级经济师。曾任国家国有资产管理局科研所应用室副主任、政策法规司政法处处长、科研所副所长、海通证券有限公司副总经理、党委书记、董事长兼总经理等职。1998年5月起担任海通证券股份有限公司党委书记、董事长。兼任中国证券业协会副会长、上海证券交易所理事、上海市股份制研究会副会长、平安银行股份有限公司第八届董事会董事和上海氯碱化工股份有限公司第八届董事会独立董事等职。2012年在中国证券金紫荆奖评选活动中，荣膺“最具影响力领袖”称号。

［木谷泰夫］ 1962年7月出生。1986年3月毕业于大阪大学法学部，进入三菱东京日联银行前身之一的三和银行。2001年9月调任至纽约分行，经历了日联银行、三菱东京日联银行合并。2010年3月出任香港分行副行长。2011年7月起，调任至三菱东京日联银行（中国）有限公司。现任三菱东京日联银行（中国）有限公司副行长兼上海分行行长、董事。

［卢　伟］ 1970年10月出生。中共党员。本科学历、硕士学位，经济师。2001年1月至2005年3月在中国银行上海分行就职，历任上海浦东分行副行长、金桥支行副行长、金桥支行行长、公司业务处处长。2005年3月至2009年4月就职于中国银行总行，历任个人金融部住房信贷团队主管、个人金融总部住房贷款团队主管、个人金融总部助理总经理等。2010年6月至今任中银消费金融有限公司董事总经理。

［白　桦］ 蒙古族。1954年出生。中共党员。在职硕士研究生学历，新疆财经大学兼职教授。历任河北省政府办公厅综合处处长，国务院办公厅秘书一局处长，并作为中组部选派的第五批援疆干部任新疆乌昌党委常委、乌鲁木齐市市委常委、副市长，国家开发银行青岛分行党委书记、行长。现任国家开发银行行务委员、客户服务管理中心主任，中国开发性金融促进会副会长兼秘书长，兼任上海远东资信评估有限公司董事长。

［司胜华］ 1969年2月出生。中共党员。博士研究生学历，会计学专业。1990年7月参加工作。金融工作年限14年，历任中国银行上海市分行财会处科长、处长助理、副处级，民生银行上海分行计财部副总经理、总经理、票据中心总经理、东门支行行长。现任南京银行上海分行副行长。

［朱玉辰］ 1961年4月出生。辽宁省宽甸县人。满族。中共党员。经济学博士，高级经济师。第十、十一届全国人大代表。1992—1996年任中国国际期货经纪有限公司高级副总裁，上海中期期货经纪有限公司董事长、总裁。1996—2006年任大连商品交易所党委书记、总经理。2006年8月任中国金融期货交易所总经理。2010年荣获上海市金融人才奖。2011年荣获首届“沪上十大金融家”荣誉称号。2012年3月任中国金融期货交易所党委副

书记兼总经理。

［朱永荣］ 1962年10月出生。中共党员。硕士研究生，工商管理专业。1982年1月参加工作，金融工作年限30年，历任中国人民银行湖北荆州中心支行信贷员，工商银行湖北荆州中心支行调查信息科副科长、国际业务部副经理、汉口办事处经理、副总经理，阿拉木图分行副行长，香港工商东亚金融控股有限公司湖北代表，浦发银行上海地区总部营业部（外汇业务部）副总经理、浦发上海新虹桥支行副行长、行长，深圳发展银行上海分行零售银行部总经理。现任南京银行上海分行副行长。

［朱荣恩］ 中共党员。现任上海新世纪资信评估投资服务有限公司总裁、董事长。上海财经大学教授、博士生导师；中国注册会计师；财政部全国企业内部控制标准委员会委员；中国证券业协会资信评级专业委员会副主任委员；中国银行间市场交易商协会信用评级专业委员会副主任委员；上海市信用服务行业协会常务副会长。著有《资信评级》、《现代企业信用分析》、《企业信用管理》、《信用管理教程》、《企业内部控制规范与案例》、《新世纪信用评级研究与探索》等。

［刘　胜］ 1969年6月出生。辽宁沈阳人。中共党员。硕士学位，经济师、注册房地产估价师。历任浦发银行公司金融部产品推进科副科长，浦发银行闸北支行公司金融科科长、行长助理、副行长。现任上海奉贤浦发村镇银行股份有限公司行长。

［刘　珺］ 1972年1月出生。中共党员。博士研究生，高级经济师。先后任中国光大银行国际业务部筹资处副处长、处长、总经理助理兼代理行处处长，中国光大银行香港代表处首席代表，资金部副总经理（主持工作）、总经理，投行业务部总经理，中国光大银行行长助理。现任中国光大银行副行长、党委委员兼上海分行行长、党委书记。荣获2012"沪上十大金融家"称号。

［刘建平］ 1970年7月出生。中共党员。1997年毕业于北京大学，获法学硕士学位。1992年7月参加工作，具有16年证券及基金行业监管和管理经验，曾先后就职于北京大学、中国证券监督管理委员会基金监管部、上投摩根基金管理有限公司。现任中欧基金管理有限公司总经理。

［关达昌］ 54岁。工商管理硕士。1978年5月加入东亚银行有限公司（"东亚银行"），至今已在东亚银行服务30余年。改革开放初期就来到内地，并历任东亚银行深圳分行、上海分行和广州分行行长和东亚（中国）副行长。现任东亚银行（中国）有限公司执行董事兼行长。2011年在首届沪上金融家的评选中，荣获"沪上十大金融行业领袖"奖。他是中国人民政治协商会议上海市第十二届委员会委员、中国银行业协会外资银行工作委员会副主任、上海宋庆龄基金会第三届理事会理事、香港商会（上海分会）名誉会长、香港房地产协会副会长。

［许　臻］ 1957年6月出生。高级会计师。2000年12月—2003年10月，任中国人民银行支付结算管理办公室副主任（副司局级）。2003年10月—2009年1月，任中国人民银行支付结算司副司长。2009年1月—2010年3月，任中国人民银行支付结算司副司长（正司局级）、上海清算所筹备组组长。2009年11月—2010年9月，任银行间市场清算所股份有限公司（上海清算所）董事长兼总经理。2010年9月至今，任上海清算所党委书记、董事长。许臻长期在中央银行从事金融工作，他负责银行间市场清算所股份有限公司筹建工作，并在公司成立后着力推动场外金融市场中央对手清算机制建设，领导设计和建设包含本外币、现货与衍生品在内的综合性中央对手清算服务平台，在促进金融创新、防范金融风险、服务上海国际金融中心建设中发挥了重要作用。荣获2012"沪上十大金融家"称号。

［李明山］ 1952年11月出生。中共党员。经济学、管理学硕士，高级经济师。曾任上海申银证券公司副总裁、申银万国证券股份有限公司副总裁、上海证券交易所副总经理。2001年5月起担任海通证券股份有限公司总经理、党委副书记。兼任富国基金管理有限公司董事。荣获2012"沪上十大金融家"称号。

［李振刚］ 1960年4月出生。中共党员。硕士研究生，高级经济师。曾在建设银行沈阳市分行、投资银行沈阳市分行、国家开发银行沈阳分行、国家开发银行辽宁省分行等任职。2010年12月至今任国家开发银行上海市分行副行长。李振刚坚持开发性金融理念，积极探索和创新政府合作模式。支持以BT模式贷款用于浦东新区非收费公路等政府公益性项目，上海银监局认可并作为案例推广。通过为奉贤南桥新城贷款，促进了该区新城建设，同时缓解了政府存量债务资金压力，确保了平台公司按期还

款。通过向闸北区提供城建、科技、文化、援疆援藏、投资国开金融等全方位服务，提升与政府合作水平，受到闸北区政府领导的高度重视和支持。荣获2012“沪上十大金融创新人物”称号。

[吴小平] 1964年4月出生。中共党员。经济学博士，高级经济师。自1987年从事金融工作以来，历经对公业务、零售业务、金融市场业务等商业银行核心业务。现任中信银行上海分行党委书记、行长。

[肖 星] 1971年12月出生，江西省上饶市玉山县人。中共党员。在职博士研究生学历，社会学博士学位。2005年7月至2006年11月，在中国人寿上海市分公司任人力资源部总经理兼党委组织部部长。2006年11月至2007年12月，在中国人寿上海市分公司任浦东支公司总经理。2007年12月至2009年12月，在中国人寿海外公司（香港）任党委委员、纪委书记、监事长，兼任香港分公司副总经理。2009年12月至2011年10月，在中国人寿上海市分公司任党委副书记、副总经理（主持工作）。现任中国人寿上海市分公司党委书记、总经理。中国人民政治协商会议第十二届上海市委员会委员，上海市青企协副会长，上海市保险同业公会寿险主任。

[沈建峰] 1973年8月出生。中共党员。研究生学历。1997年在中国人民银行上海分行参加工作，曾任广发银行上海淮海支行行长。现任北京银行上海分行行长。

[沈觉文] 1956年4月出生。中国共产党党员。大专学历，高级经济师。1979年11月至1996年3月，历任中国人民保险公司上海市嘉定支公司财产险科副科长、科长、总经理助理、副总经理。1996年3月至2005年10月，历任中国人民财产保险股份有限公司上海市嘉定支公司副总经理、总经理。2005年10月至今任中国人民财产保险股份有限公司上海市分公司副总经理。

[沈根伟] 2002年12月担任上海汽车集团财务有限责任公司总经理。他以“创新引领发展”的理念带领公司不断开拓前行。公司从汽车金融领域的“后来者”一跃成为行业翘楚，批发、零售业务增速在业内主要汽车金融公司中保持第一，盈利能力在全国财务公司中名列第三，并斩获多项荣誉。例如：五次获得上汽集团年度业绩优异奖；2011年当选中国财务公司协会副会长单位；2011—2012年在“中国金融机构金牌榜”评选中两度当选全国三家“年度最佳财务公司”之一；2012年被大公国际、联合资信等权威评级机构评定为AAA最高主体信用评级；入榜“2012年度上海市税收收入百强企业”等等。沈根伟荣获2012“沪上十大金融创新人物”称号。

[沈富荣] 47岁。研究生。曾任德邦证券有限责任公司副总裁、上海国际信托投资有限责任公司副总经理、上海国盛典当有限公司副总经理。现任上海爱建信托投资有限责任公司副总经理。

[张 兴] 1963年出生。高级经济师。上海财经学院国际金融专业学士、中欧国际工商学院EMBA硕士、复旦大学国际金融专业博士、中国保险学会常务理事。1985年参加工作，长期从事金融监管，先后在中国人民银行上海分行、中国保监会国际部、上海保监局、江西保监局担任领导职务。2011年11月任大众保险股份有限公司党委书记、董事长。荣获2012“沪上十大金融行业领袖”称号。

[张世虎] 1953年5月出生。毕业于上海大学文学院秘书专业。曾任上海市计划委员会组织处副处长、处长，上海市综合经济党委干部处处长，上海市发展计划委员会组织处处长、党委秘书长，上海市综合工作党委副书记、纪工委书记。现任上海银行监事长。

[张伟国] 1957年10月出生。硕士研究生。毕业于上海财经大学货币银行学专业，经济师。曾任中国人民银行上海分行计划业务处处长，中国人民银行公开市场业务操作室副主任，招商银行上海分行副行长，中国光大集团有限公司（香港）财务部副总经理、总经理。现任上海银行副行长。

[张晓喆] 女。上海立信会计学院毕业，获澳大利亚南澳大学MBA专业学位。先后任宝钢集团计划财务部主办，上海宝钢国际经济贸易有限公司财务部主管，上海宝钢物资贸易有限公司财务总监，宝岛贸易有限公司财务总监。现任华宝信托有限责任公司副总经理。

[张慎峰] 1963年出生。管理学博士。历任中国证监会青岛证监局局长，山东证监局局长，稽查总队总队长，稽查局局长，中国证监会首席稽查。2012年9月至12月任中国金融期货交易所党委书记、总经理。荣获2012“沪上十大金融家”称号。

[陆应林] 1956年出生。中共党员。浙江大

学工学学士，高级工程师。历任兵器工业部和电子工业部高级工程师，中国投资银行高级工程师。1998年起进入国家开发银行工作，曾任总行纪委监察局监察室副主任，开发银行湖北省分行评审处处长、信贷处处长、分行纪委副书记，总行信贷管理局、客户管理中心处长。现任国家开发银行贷款委员会独立委员，客户服务管理中心方法制度处处长，上海远东资信评估有限公司总经理。

[范一飞] 1964年8月出生。毕业于中国人民大学和美国哥伦比亚大学，分获经济学博士和国际经济硕士学位，高级会计师。历任中国建设银行信托投资公司总经理助理兼计财部经理，中国建设银行资金计划部副主任、财务会计部主任（总经理）、计划财务部总经理，中国建设银行行长助理、副行长、党委委员。曾在三峡工程挂职锻炼一年，并曾先后兼任中国石油化工股份有限公司董事，中信国际金融控股有限公司董事，中国建设银行（亚洲）股份有限公司董事长。现任上海银行董事长，中国投资有限责任公司副总经理、党委委员。

[金　煜] 1965年2月出生。毕业于复旦大学金融学专业。博士研究生，高级经济师。曾任中国建设银行上海市分行营业部总经理助理、副总经理，上海市分行国际业务部副总经理、总经理，上海市分行营业部总经理，上海市分行副行长，中国建设银行新加坡分行总经理，中国建设银行国际业务部总经理。现任上海银行副董事长、行长、党委书记。

[周　炯] 1960年6月出生。中共党员。硕士学历，会计师。2002年至2008年7月，历任中海石油财务有限责任公司资金部经理、总会计师。2008年8月起任中海信托股份有限公司副总裁兼财务总监。2012年12月26日任中海信托股份有限公司党委副书记、纪委书记。

[周　磊] 34岁。硕士。曾任上海国际集团资产经营有限公司融资安排部项目经理、经理，上海国际集团资产管理有限公司融资安排总部总经理、项目开发副总监。现任上海爱建信托有限责任公司总经理。

[周竹平] 1963年3月出生。山东人。中共党员。高级会计师。现任宝钢集团有限公司副总经理、宝钢集团财务有限责任公司董事长。

[郑安国] 47岁。高级经济师。毕业于中南财经大学、复旦大学，获经济学硕士和经济学博士学位。历任深圳莱英达集团证券部证券分析师，南方证券深圳有限公司部门经理、南方证券上海分公司副总经理，南方证券研究所总经理级副所长，华宝信托投资有限责任公司副总经理、总经理。现任华宝投资有限公司总经理、华宝信托有限责任公司董事长、华宝兴业基金管理有限公司董事长。2011年荣获首届“沪上十大金融行业领袖”称号。2012年12月入选上海领军人才。

[郑明强] 1967年12月出生。中共党员。大学学历。1986年11月参加保险工作。1988年6月至2000年1月，中国人民保险公司上海市分公司人事处科员、副主任科员。2000年1月至2008年2月，中国人民财产保险股份有限公司上海市分公司人力资源部总经理助理、副总经理、总经理；2008年2月至2009年4月，中国人民财产保险股份有限公司上海市分公司总经理助理兼车险事业部总经理；2009年4月至12月，中国人民财产保险股份有限公司上海市分公司副总经理兼车险事业部总经理。2009年12月至今任中国人民财产保险股份有限公司上海市分公司副总经理。

[胡　冰] 女。1972年2月出生。上海财经大学会计系经济学学士。曾任意大利联合圣保罗银行股份有限公司上海分行财务总监，法国兴业银行股份有限公司上海分行和法国东方汇理银行股份有限公司上海分行财务经理，华夏银行上海分行国际业务部会计科长等。现任加拿大丰业银行有限公司上海分行副行长兼营运总监。

[胡　政] 1963年出生。工学博士。历任上海石油交易所总裁助理，上海商品交易所副总裁，上海期货交易所副总经理，2006年起任中国金融期货交易所副总经理。2012年12月任中国金融期货交易所党委副书记、副总经理。

[施道明] 宁波银行上海分行行长。荣获2012“沪上十大金融创新人物”称号。施道明自2011年1月担任宁波银行上海分行行长以来，分行各项业务均呈现较大增长，截至2012年末，分行本外币存款余额为245亿元，较2010年末增长29%；本外币贷款余额为142亿元，较2010年末增长43%；本外币利润总额2.34亿元，较2010年末增长118%，利润更是在两年的时间里实现90%的增长；资产、负债业务稳步发展，各项业绩在城商行中位列

前茅。在施道明的带领下，宁波银行上海分行的品牌形象也得到社会各界的广泛认可，2012 年度获得了“金融服务创新奖”、“最佳金融服务入围奖”和“社会责任奖”三项荣誉。

［骆航鲁］ 1964 年 11 月出生。中共党员。硕士研究生学历，高级经济师。历任中国建设银行浙江省分行国际业务部副科长、副总经理、总经理，建行衢州市分行行长，浙商银行总行资金部总经理、国际业务部总经理，2007 年 11 月起任浙商银行上海分行行长。荣获 2012“沪上十大金融创新人物”称号。在骆航鲁的带领下，浙商银行上海分行认真践行“一体两翼”(即以公司业务为主体，小企业银行和投资银行业务为两翼)市场和业务定位，取得规模、特色、质量、效益的协调较快发展。

［郭　濂］ 1958 年 12 月出生。中共党员。博士研究生，高级经济师。1983 年起就职于国家计划委员会经济预测中心、国家交通投资公司资金财务部。1994 年后，在国家开发银行信贷管理局、信息中心、综合计划局、合规办公室、研发中心、研究院、上海分行任职。现任国家开发银行上海市分行行长。2011 年荣获“首届沪上十大金融家”称号。

［黄建强］ 1954 年 12 月出生。中共党员。工商管理硕士学位，会计师。历任中国人民银行静安区办事处纪委副书记、党支部书记，工商银行静安区办事处党委副书记、纪委书记，工商银行徐汇区办事处党委副书记、纪委书记、副主任，浦东发展银行总行信托证券部总经理，东方证券有限公司总经理、党委副书记。现任浦发银行上海分行党委副书记、纪委书记。上海奉贤浦发村镇银行股份有限公司董事长。

［琼　斯］ Philip Jones。1959 年 9 月出生。拥有英国谢菲尔德大学经济、会计和财务管理学位。1998 年加入劳合社，2002 年任财务总监。在加入劳合社之前，曾任伦敦一家注册会计事务所的集团经理，专事金融服务机构审计。2008 年 10 月至今任劳合社保险(中国)有限公司董事、副总经理、董事会秘书。

［曾宽扬］ 1954 年 11 月出生。1989 年至 1994 年任花旗台湾副总裁兼管财务长。1995 年改任汇丰银行台湾信用卡中心负责人、副总裁。2004 年受花旗银行委派任浦东发展银行信用卡中心首席执行官。2010 年转任渣打银行台湾零售银行负责人。2011 年 4 月至今担任平安银行信用卡及消费金融事业部总裁。

［韩　光］ 1968 年 10 月出生。中共党员。大学本科学历。1996 年 10 月至 2000 年 7 月任职于平安人寿江苏分公司营销部。2000 年 7 月至 2002 年 8 月历任平安人寿江苏分公司营销部经理助理、培训部经理助理、无锡支公司经理。2002 年 8 月至 2003 年 3 月任职于集团董事长办公室。2003 年 3 月至 2012 年 9 月先后任平安人寿青岛分公司总经理助理、总经理。2012 年 9 月任平安人寿上海分公司总经理。

［敬宗泉］ 1963 年 4 月出生。中共党员。研究生学历，高级经济师。2011 年获得清华大学高级管理人员工商管理硕士学位。曾担任四川省邮政局副局长，四川省邮政公司副总经理，中国邮政储蓄银行四川省分行党委书记、行长。现任中国邮政储蓄银行上海分行党委书记、行长。荣获 2012“沪上十大金融行业领袖”称号。兼任四川大学锦城学院院长特别助理，四川省青联常委、金融中介组织界主任，西部企业家理事会理事，四川经济发展学会理事。

［程泽宇］ 1966 年 8 月出生。2008 年获华中科技大学高级管理人员工商管理硕士学位。历任中国银行苏州分行信贷业务处副处长，公司业务部副经理、经理。2000 年任中国银行苏州分行行长助理，2002 年任苏州分行副行长。2006 年任中国银行江苏省分行行长助理，2008 年任江苏省分行副行长兼信贷风险总监，2009 年调任苏州分行副行长。2012 年 7 月加入南洋商业银行(中国)有限公司，任执行董事兼行政总裁。

［谢泓源］ 中欧国际工商学院工商管理硕士。逾 30 年兆丰国际商业银行工作经验，曾在该行台北总行、纽约分行、东京分行和澳大利亚分行担任重要管理职务。后相继担任兆丰国际商业银行布里斯本分行总经理及澳大利亚地区 Country Head 兼悉尼分行总经理。现任华一银行执行长兼行长。

［裴缔齐］ Rosario Pedicini。意籍人士。有丰富的银行从业经验。工作岗位涵盖银行零售业务、会计、信贷审批、内审、衍生产品、公司业务等各个领域。历任意大利联合圣保罗银行股份有限公司伦敦分行衍生品主管、法兰克福分行副行长及阿姆斯特丹分行行长等职务。2012 年初被总行派遣至中国

担任上海分行行长。

［潘岳汉］ 1964年10月出生。浙江定海人。中共党员。中欧国际工商学院EMBA硕士，高级经济师。1984年毕业到中国银行浙江省舟山支行工作。1992年12月调任浙江省分行工作，历任综合计划处处长助理、存款处副处长、零售业务处主持工作的副处长。2001年5月任中国银行绍兴分行行长、党委书记，2004年任中国银行江苏省分行副行长兼财务总监。2009年4月任中国银行苏州分行行长、党委书记。2011年3月起任中国银行上海市分行行长、党委书记。2012年3月兼任中国银行上海人民币交易业务总部副总裁。同时担任的社会职务包括中国银行业协会理事、上海金融业联合会副会长、上海市银行同业公会第十届理事会会长、中银消费金融有限公司董事、中银大厦有限公司董事长。荣获2012"沪上十大金融家"称号。

第十篇　长三角金融

一、长三角金融概览

(一)上海市金融概览

【概况】 2012年,上海市经济运行总体平稳,全年地区生产总值同比增长7.5%。经济运行的主要特点:一是第三产业增加值占全市生产总值的比重首次达到60%。其中,金融业增加值2 450.36亿元,增长12.6%,批发和零售业增加值3 291.93亿元,增长11.5%,信息传输、计算机服务和软件业增加值918.83亿元,增长16.5%。二是工业生产形势趋稳,工业企业利润有所好转。全年规模以上工业增加值6 446.14亿元,增长2.9%;规模以上工业总产值31 548.41亿元,下降0.4%。全年战略性新兴产业总产出10 089.44亿元,下降1.4%。规模以上工业企业实现利润总额2 131.33亿元,下降2.8%;实现税金总额1 637.28亿元,增长6%。三是市场销售增速回落,固定资产投资小幅增长。全年商品销售总额53 795.1亿元,增长16.8%,社会消费品零售总额增长9%。全社会固定资产投资总额5 254.38亿元,增长3.7%。其中,城市基础设施投资1 038.61亿元,下降9.8%,房地产开发投资2 381.36亿元,增长9.7%。四是对外贸易基本持平,利用外资较快增长。全年进出口总额下降0.2%。其中,进口总额增长1%,出口总额下降1.4%。签订外商直接投资合同金额223.38亿美元,增长11.1%。外商直接投资实际到位金额151.85亿美元,增长20.5%。其中,第三产业实到外资126.79亿美元,增长21.6%。五是居民消费价格涨幅回落趋稳,工业生产者价格持续下降。全年居民消费价格上涨2.8%,其中服务项目价格上涨3%。工业生产者出厂价格下降1.6%,工业生产者购进价格下降5.3%。六是地方财政收入保持增长,居民收入增长继续快于经济增速。全年地方财政收入增长9.2%。地方财政支出增长6.9%。城市居民家庭人均可支配收入40 188元,增长10.9%,扣除价格因素后增长7.9%。农村居民家庭人均可支配收入17 401元,增长11.2%,扣除物价因素后增长8.2%。

【金融运行】 各项存款增长平缓。全年银行业金融机构(含外资金融机构)本外币各项存款增加5 379.24亿元,同比少增988.87亿元。本外币存款变化特点:(1)存款增速低位徘徊,季末存款冲高特征明显。全市新增人民币存款4 630.12亿元,同比少增1 176.27亿元,新增外汇存款120.32亿美元,同比多增13.04亿美元。从存款增长节奏看,全年1—4季度全市本外币存款分别增加1 110.1亿元、2 430.7亿元、990.6亿元和847.8亿元,下半年新增存款仅为上半年增量的51.9%。其中,各季末的月度本外币存款共增加6 563.5亿元,占全年存款增量的122%,同比分别多增2 191.7亿元和提高53.4个百分点。季末存款大幅冲高放大了存款的波动性,加大商业银行资产负债期限结构的匹配难度,一是与商业银行为应对存款时点考核,加大揽存力度,通过第三方存管和理财产品吸纳的存款资金在季末前后骤升骤降有关;二是季末一般是企业货款回笼和事业单位拨款资金集中到位高峰期,企事业单位存款增加明显,且季末贷款投放相应增加派生存款等。(2)单位存款增长乏力,定期化趋势明显。全市本外币单位存款增加2 539.04亿元,同比少增1 231.55亿元,其中第4季度新增894.5亿元,同比少增1 286.6亿元。单位存款增长乏力是各项存款同比少增的主要原因。本外币单位定期存款增加较多,年末定期存款余额占比有所上升,单位存款定期化趋势明显。全年本外币单位定期存款增加1 818.14亿元,同比多增53.56亿元;通知存款增加225.17亿元,同比多增376.45亿元,其中12月份增加421.07亿元,同比多增290.31亿元,主要与大量企业以转存通知存款来提高假期期间的资金收益有关。全年单位活期存款和保证金存款分别增加

83.01亿元和207.2亿元，同比分别少增75.62亿元和299.14亿元。单位存款少增和结构变化，一是部分企业效益不佳，留存银行结算资金和对银行担保业务需求减少，致使企业活期存款和保证金存款少增，二是市场收益率预期下调影响企业结构性存款少增，促使企业偏好收益稳定的定期存款。(3)个人存款增加较多，增量占比明显提升。全市新增本外币个人存款2 587.29亿元，同比多增303.38亿元，占全市本外币各项存款增量的48.1%，占比同比上升12.2个百分点。随着存款利率上浮、CPI预期下调波及理财产品收益率下行和个人投资风险意识的强化，个人储蓄存款增加较多，尤其是定期存款比重上升，个人结构性存款同比少增明显。全年新增本外币储蓄存款2 289.02亿元，同比多增767.66亿元，其中活期存款和定期存款分别增加718.7亿元和1 641亿元，同比分别多增289.7亿元和503.9亿元。储蓄存款对个人存款增长贡献率较大，但受商业银行季末揽存和股市资金回流等因素影响，储蓄存款季末冲高趋势未改，月间波动较大。各季末的月度储蓄存款共增加2 522亿元，占全年储蓄存款增量的110.2%。全年本外币个人结构性存款增加286.35亿元，同比少增465.68亿元。

各项贷款增长平稳。全年银行业金融机构(含外资金融机构)本外币各项贷款增加3 818.26亿元，同比多增163.92亿元。本外币贷款变化特点：(1)人民币贷款投放节奏稳中趋缓，外汇贷款增长较快。全市新增人民币贷款3 142.79亿元，同比少增206.89亿元。从贷款投放节奏看，下半年新增人民币贷款1 111.8亿元，较上半年少增919.3亿元，同比少增172.2亿元，其中第4季度贷款增加457.5亿元，环比和同比分别少增196.8亿元和138.9亿元，贷款投放节奏明显减缓。全年新增外汇贷款109亿美元，同比多增33.4亿美元，其中第4季度在短期贸易融资的带动下，全市新增外汇贷款59.8亿美元，较前3季度多增10.6亿美元，同比多增79.5亿美元。第4季度外汇贷款的快速增长态势维系了本外币贷款总量投放的均衡性。(2)贷款期限呈短期化趋势，中长期贷款少增明显。为平衡资金成本与收益，缓解存款定期化带来的盈利压力，金融机构加大短期类贷款，尤其是短期贸易融资的投放力度，提高贷款周转速度和收益率。全市新增本外币短期贷款1 792.47亿元，同比多增357.79亿元，其中单位贷款增加361.84亿元，同比少增561.97亿元，贸易融资增加1 231.59亿元，同比多增955.23亿元，主要是商业银行大力推动外汇短期贸易融资业务，全年新增外汇短期贸易融资139.9亿美元，同比多增124.2亿美元，占全部外汇贷款增量的128.4%。外汇贸易融资的扩张推高了外汇贷款增速，刺激了短期贷款的大幅增加。受投资放缓、融资平台贷款清理和房地产调控等因素影响，全年本外币中长期贷款增加757.76亿元，同比少增1 056.92亿元，其中单位固定资产贷款、银团贷款和个人贷款同比分别少增461.5亿元、221.3亿元和216.2亿元。从投放节奏看，第4季度中长期贷款增加91.7亿元，同比少增157亿元。全年本外币票据融资增加517.03亿元，同比多增474.13亿元。全年融资租赁贷款增加636.9亿元，同比多增268.09亿元。(3)贷款投向进一步优化，信贷支持经济结构调整和改善民生的作用增强。全市新增的本外币企业贷款(不含票据融资)中，投向第二产业的贷款增加972.4亿元，其中制造业贷款增加550亿元；投向第三产业的贷款增加1 570.1亿元，占全部境内企业贷款(不含票据融资)增量的61.2%，其中批发零售业、交运仓储邮政业和租赁商务业的贷款分别增加619.8亿元、411.7亿元和272.1亿元。全年全市新增本外币房地产开发贷款411.1亿元，其中政府土地储备贷款和保障性住房开发贷款分别增加165.9亿元和204.3亿元。全市各银行继续加大对中小微型企业的信贷支持力度，全年新增的境内企业贷款中，中小微型企业贷款占76%，年末中小微型企业贷款余额占比由年初的63.3%上升至64.1%。(4)个人住房贷款投放先抑后扬。全市新增本外币个人消费贷款432.9亿元，同比少增142.5亿元，其中个人住房贷款增加177.6亿元，同比少增62亿元。受楼市成交量波动和购房刚性需求释放等因素影响，全年个人住房贷款投放先抑后扬。1—4季度分别增加−10.5亿元、11.1亿元、90.6亿元和86.4亿元。全市个人汽车消费贷款和其他消费贷款分别增加158.9亿元和96.9亿元，同比分别少增32亿元和48.5亿元。

金融市场功能进一步增强。全年金融市场(不含外汇市场)交易额486.95万亿元，增长29.1%。(1)银行间市场。全国银行间货币和债券市场成交金额263.6万亿元，增长34.2%。银行间货币市场成交大幅增长，共成交188.4万亿元，增长41.8%，其中同业拆借累计成交46.7万亿元，增长39.8%，债券回购累计成交141.7万亿元，增长42.4%。银行间债券市场交投活跃，成交量创历史新高，全年共成交75.2万亿元，增长18.2%。全年上海清算所登记新发信用类债券1.9万亿元，增长223%。其中：短期融资券和超短期融资券累计发行1.4万亿元，增长187.6%；区域集优中小企业集合票据发行29.2亿元，增长109.9%；非公开定向债务融资工具发行3 813亿元，增长315%。全年上海清算所共发行非金融企业资产支持票据14只、金额57亿元。(2)外汇市场。银行间人民币外汇即期市场货币对共10个。4月16日起，银行间外汇市场人民币对美元即期汇率波幅由5‰扩大至1%，增强了人民币汇率双向浮动弹性。人民币对美元汇率中间价年末收于6.285 5，比上年末升值0.25%。(3)黄金市场。上海黄金交易所总成交金额3.53万亿元，下降20.5%。其中黄金成交6 350.2吨，合计21 506.3亿元，同比分别下降14.6%和13.2%；铂金成交210.4亿元，下降12.3%，白银成交13 580.5亿元，下降30%。(4)证券市场。全年通过上海证券市场发行新股筹资333.57亿元，下降67.1%；再次发行(增发、配股、权证行权和可转债转股筹资)2 556.74亿元，增长17%；发行公司债(包括可转债、可分离债、证监会审批的公司债、私募债)150只，筹资总额为1 974.2亿元，下降13.9%。截至年末，上海证券市场上市证券2 098只。其中，股票998只，增加23只。上海证券交易所各类有价证券成交金额54.75万亿元，增长20.4%。其中，股票成交金额16.45万亿元，下降30.7%。上海期货交易所各品种总成交金额89.2万亿元，增长2.6%。中国金融期货交易所总成交金额75.84万亿元，增长73.3%。(5)保险市场。全年原保险保费收入比上年增长9%。其中，财产险公司原保险保费收入271.72亿元，增长11.1%；寿险公司原保险保费收入548.92亿元，增长7.9%。全年保险赔付支出下降1.9%。

金融风险防范取得实效。按贷款“五级”分类口径统计，全市银行业金融机构不良贷款余额270.93亿元，不良贷款率0.66%。中资商业银行不良贷款率0.76%。外资法人银行不良贷款率0.34%，整体拨备覆盖率283.11%。推进政府融资平台贷款清理规范，分类制定化解风险方案，在确保全市重点市政项目建设的同时，实现全市平台贷款大小口径继续下降。推进房地产贷款风险防范。强化房地产信贷风险监测，加强对大额房地产贷款的风险监管，开展房地产信托项目风险防范和化解。截至年末，全市银行业房地产不良贷款余额41亿元，不良贷款率0.38%，贷款风险可控。加强理财业务监管。截至年末，全市商业银行理财产品余额3 590亿元。

【金融服务与创新】 一是金融产品和工具不断丰富。外汇交易中心启动人民币对日元直接交易。银行间黄金询价业务正式上线。白银期货在上海期货交易所成功上市，国债期货仿真交易正式启动。华泰柏瑞沪深300ETF、嘉实沪深300ETF等跨市场ETF产品推出，首只跨境ETF产品(易方达恒生中国企业ETF)公开发行并在上海证券交易所上市。中小企业私募债券业务试点推出，资产支持票据业务启动。上海清算所推出人民币远期运费协议(FFA)中央对手方清算业务。国内规模最大的人民币国际投贷基金——赛领国际投贷基金首募成功，首期基金规模120亿元。实施货物贸易外汇管理制度改革，正式启动跨国公司资金运作便利化试点。中国海运集团通过中国银行全球现金管理平台成功完成国内首家跨国公司总部外汇资金集中运营管理试点首笔交易。继续深化上海国际贸易结算中心试点，促进对外投资贸易便利化。经常项下跨境人民币结算业务快速发展，全年实现人民币跨境结算4 919亿元，同比增长48.5%。二是功能性金融机构进一步聚集。上海股权托管交易中心开业，首批19家企业挂牌，共募集资金1.8亿元，截至年末，挂牌企业48家。中国银行上海人民币交易业务总部、韩国银行上海代表处、银联国际有限公司、台湾银行上海分行、中国信托商业银行上海分行、浦发硅谷银行、韩国大邱银行上海分行、东方花期证券等在沪成立。异地法人中资商业银行在沪设立持牌专营机构总计六大类12家，包括信用卡中心4家，票据专营机构、资金交易中心和私人银行部各2家，贵金属专营机构、中小企业专营机构各1家。12家机构资产总额1.56万亿元，交易总额39.13万亿元，账面利润153亿元。全市有51家企业获得第三方支付牌照，位列全国首位。5家独立基金销售机构获批。三是创新服务模式，加大对实体经济的支持力度。人民银行上海总部与上海市经济信息化委、银监局、商务委等部门联合召开上海金融支持实体产业经济发展会议，确定12家银行于当年起连续三年为上海市实体产业滚动提供总额6 600亿元融资支持。市财政局、市金融办、市科委联合制定《上海市科技型中小企业信贷风险补偿暂行办法》，进一步鼓励商业银行为科技型中小企业提供贷款。工商银行、中国银行、交通银行、浦发银行、上海银行、南京银行、上海农商行7家商业银行的24家支行被金融监管部门列为科技金融服务专业特色行。“上海银行业小微企业信贷产品信息查询平台”正式上线运行。开展面向科技型小微企业和金融机构的“金融促进产业”系列培训。探索运用中小金融机构再融资工具，定向支持全市文化创意产业发展，一期融资规模10亿元。

（肖立伟）

1. 浦东新区

【概况】 2012年，浦东新区紧紧抓住国家金融改革开放的机遇，继续做强金融功能，提升资源配置能力，在金融机构集聚和发展、金融发展环境建设、金融产品创新、金融服务实体经济等方面深入探索和推进，促进了新区金融业继续保持快速健康发展。2012年全年浦东新区实现金融业增加值1 069亿元，同比增长11.9%，增幅同比提高1.1个百分点；占全市金融增加值的比重达43.6%，占新区生产总值的18%，占新区第三产业增加值的29.9%。

【金融环境建设】 金融发展硬环境方面。一是推进载体和空间容量突破。继续推进上海船厂、上海中心、上海国际金融中心、塘东总部基地等十大重点工程建设。至2012年年底，上海船厂项目已部分竣工，上海中心建至核心筒钢结构89层，上海国际金融中心完成所有桩基施工，世纪大都会项目完成基坑开挖。二是持续改善商业和交通配套。餐饮服务半径基本覆盖小陆家嘴全部楼宇；完成南滨江酒吧休闲街、成衣定制街、陆家嘴餐饮广场、北滨江文化长廊等约1.9万平方米商业配套建设；开通金融城2路、3路，实现小陆家嘴交通枢纽至主要楼宇“最后一公里”的全覆盖；部分建成并开放使用二层步行连廊。三是不断增强金融文化氛围。配合举办第五届陆家嘴论坛，成功举办第六届陆家嘴金融文化节；成功创刊《陆家嘴》杂志，《浦东时报》推出《金融城》专版，反响良好；实现金融城楼宇内历道证券博物馆、信息生活体验馆、交通银行博物馆等文化场馆预约公益性开放。

金融软环境建设方面。一是完善金融扶持政策。制定出台了“十二五”期间《浦东新区促进金融业发展财政扶持办法》，加强了金融核心功能区建设的政策保障。二是完善金融人才服务体系。开展高端金融教育培训，以市场化方式引进瑞士金融学院、哥伦比亚大学商学院、瑞士洛桑管理学院等境外金融教育资源，开展了三期高端金融培训，反响良好；推进金才系列工程，完善对高端、骨干金融人才的服务，着力解决其后顾之忧。三是加强金融法治建设。与金融仲裁院、金融法庭、金融犯罪公诉处加强定期互动，共同维护金融秩序稳定；成立浦东金融法治学术研究委员会，进一步促进上海国际金融中心法制环境的优化和完善。

【金融机构体系建设】 大力引进监管类金融机构。重点推动一批高能级金融机构集聚浦东，中国银行上海人民币交易业务总部、银联国际有限公司、复星保德信保险公司、中国平安航运保险运营中心、中国人寿上海数据中心、上海华谊集团财务公司落户浦东。至2012年年底，浦东监管类金融机构数量达到737家，较2011年增加45家。其中银行类机构230家，证券类机构290家，保险类机构217家。

加快发展非监管类金融机构。大力引进股权投资企业及其管理机构，诚盈、赛领资本、太平养老、中诚信托、嘉实基金等一批高能级股权投资企业相继落户。至2012年年底，股权投资企业及其管理机构数量已达到1 128家，比上年增加344家，管理资产1 875亿元，比上年增加523亿元。加快吸引融资租赁企业落户，至2012年年底，融资租赁企业增至90家，比上年增加50家，租赁合同余额约2 600亿元。

规范发展地方小型金融机构。出台《浦东新区开展商业保理试点工作业务指引》，有序开展商业保理试点工作。至2012年年底，浦东拥有小贷公司16家，比上年增加8家，数量首次居全市首位，其中13家已开业，贷款余额29.41亿元；融资担保机构13家，其中，商业性担保12家，政策性担保1家，注册资本36亿元，在保余额96.36亿元，数量和规模均居全市前列。

加快发展金融专业服务机构。引进标准普尔大中华区总部、惠誉评级上海分公司、汤森路透中国区总部、香港联合交易所子公司——维港金融信息公司落户浦东。至2012年年底，浦东拥有各类金融专业服务机构578家，比上年增加48家。

【金融创新先行先试】 要素类金融市场创新。积极推动上海股权托管交易中心实质性运作。2012年2月上海股权托管中心正式开市，截至2012年年底挂牌公司达48家，成交金额超过1亿元。

金融产品和业务创新。推进跨国公司资金运作便利化改革。2012年9月国家外汇管理总局批复原则性同意上海6家跨国公司参加资金运作便利化改革试点，其中3家在浦东。支持普兰金融服务公司规范发展。突破政策瓶颈，支持普兰公司成为上海市第一家以“票据中介”作为经营范围的公司。持续深化QFLP试点。截至2012年底，浦东共有11家企业获得试点资格。探索跨境人民币结算再保险业务。2012年9月开始，中国人寿再保险将承保的香港汇丰人寿和恒生保险的人民币再保险业务放在浦东进行结算，全年完成结算额8.6亿元人民币。

【金融支持中小企业】 持续推进企业上市。截至2012年年底，浦东新增7家上市公司，募集资金总额41亿元，其中A股上市公司5家，募集资金25亿元，A股上市公司数量及募集资金总额分别占上海市的56%和61%；海外上市公司2家，募集资金16亿元；“新三板”挂牌企业5家，上海股交中心挂牌企业15家。

着力破解中小企业融资难。深入推进新区与上海银行的银政合作项目。至2012年年底，上海银行银证合作项下浦东新区中小企业贷款存量为57.65亿元，服务企业420家，发放贷款811家。试点小微企业信用贷款工作。截至2012年年底，共受理420家小微企业的申请，推动8家合作银行为其中的103家企业设立信用贷款授信额度，总额2.96亿元。

【金融支持“三农”发展】 2012年7月，浦东第四届农博会举办，推动金融服务三农与民生改善，协调推动了新区10家金融机构与10家农企签订银企合作协议；推动小贷公司发放对三农企业和小企业的贷款，至2012年年底，新区小贷公司涉农贷款余额5.24亿元，占全部贷款的17.8%；非涉农小企业贷款余额17.8亿元，占全部贷款的60.5%。

（李雪静）

2. 黄 浦 区

【概况】 2012年，黄浦区金融业发展保持良好势头。股权投资类项目质量不断提高，特色专业PE纷纷落户，国药集团、复星集团、山东黄金集团等央企、国企、民企在黄浦区设立了包括医疗健康、商旅文、能源在内的专业主题基金和金融控股公司。融资租赁、融资担保、第三方支付、贵金属交易、对冲基金、另类投资等创新型金融机构加速集聚，有效推动新金融在广度与深度上的发展。外省市证券公司以设立分公司方式在黄浦区形成新型的集聚态势，国内长期停滞的券商合资工作取得突破。制定实施《2012年黄浦区金融发展工作计划》，53项重点任务基本完成。助推金融试点。在“2011年度上海金融创新奖”评比中，黄浦区金融机构获得5个金融创新成果奖一等奖中的3个。维梧股权投资、海通国际获批QFLP(合格境外有限合伙人)资格，海通国际成为国内首家获批RQFLP(合格境外人民币有限合伙人)资格的PE公司。制定颁布《黄浦区推进中小企业改制上市工作实施意见》。充实整合上市企业培育资源库至46家，资源库中的港中旅成功在主板上市，海通证券成功在香港联交所挂牌上市。积极开展区企战略合作，完成区政府与黄金交易所、上海银行等的战略合作协议签约。积极开展金融交流展示活动，“外滩金融家联谊会”正式成立，上海新金融研究院发布国内首部新金融研究报告，参展“2012年中小企业金融服务洽谈会”，推动“金融时代”品牌正式落户外滩源。

【中国银行回归创始地】 3月20日上午，中国银行成立旧址交接仪式在黄浦区汉口路50号举行。市委常委、副市长屠光绍，中国银行党委书记、董事长肖钢，中国银行副行长李早航，市政府副秘书长蒋卓庆，区委书记徐逸波，区委副书记、区长周伟，区人大常委会主任施兴忠，区政协主席张华，区委常委、副区长许锦国，副区长吴成出席仪式。交接仪式上，中国银行全资附属机构——中银集团投资有限公司，与汉口路50号项目产权持有单位——上海外滩投资开发(集团)有限公司签署项目使用权交付框架协议书，中国银行将根据上海市优秀历史建筑保护的有关规定，对该建筑进行修缮、维护和使用。据悉，1912年2月5日中国银行在汉口路50号诞生，至今已连续经营百年。

【召开全国融资租赁业增值税改革研讨会】 3月21日，由中国外商投资企业协会租赁业工作委员会和上海市黄浦区金融服务办公室主办、上海市租赁行业协会协办的“融资租赁业增值税改革研讨会”

在上海世茂皇家艾美酒店召开。全国 60 余家金融租赁和融资租赁公司高管参加了本次研讨会。

【区政府与上海金融业联合会签署合作协议】 4 月 26 日上午，区委副书记、区长周伟与上海金融业联合会第二届理事会理事长、交通银行行长牛锡明分别代表区政府和联合会签署合作协议，双方将利用在外滩源壹号的“金融家俱乐部”，为联合会搭建交流平台，同时还将共同推动在北京东路科技京城内开展“中小企业融资沙龙”活动等。

【三家金融机构获上海 2011 年度金融创新奖一等奖】 5 月 18 日，上海市政府正式发布 2011 年度上海金融创新奖获奖项目决定，在 5 个金融创新成果奖一等奖中，黄浦区获得 3 个，分别为银行间市场清算所股份有限公司的“创新金融产品集中托管与清算”项目、上海浦东发展银行的“商业银行股权基金综合金融服务”项目和汇添富基金管理有限公司的“货币基金关联信用卡还款”项目。

【区政府与建设银行上海分行签署战略合作协议】 5 月 23 日下午，黄浦区政府与中国建设银行上海市分行举行战略合作协议签约仪式。按照上海“创新驱动、转型发展”、加快实现“四个率先”、加快建设“四个中心”的要求，双方将发挥政府的组织管理优势和银行的金融资源优势，加大金融创新力度，支持重大项目工程建设、旧区改造等，提供配套资源和优质服务，共同推进黄浦区的建设和发展。

【区政府与上海黄金交易所签订战略合作协议】 5 月 30 日，黄浦区政府和上海黄金交易所举行了战略合作协议签约仪式。区委书记徐逸波，区委副书记、区长周伟，副区长吴成，上海黄金交易所理事长王喆，纪委书记付军徽，副总经理沈刚、阴明彦、宋钰勤等出席签约仪式。周伟与王喆分别代表双方签署了《上海市黄浦区人民政府和上海黄金交易所战略合作协议》。徐逸波和王喆致辞。

【上海外滩金融家联谊会举行成立仪式】 6 月 15 日，上海外滩金融家联谊会在外滩源壹号正式成立。联谊会第一届理事会理事长由上海国际集团董事长、上海浦东发展银行有限公司董事长吉晓辉担任。来自各类金融机构、专业服务机构、实体企业、商业品牌企业以及知名财经媒体等 80 多位行业领军人物加入联谊会并出席成立仪式。上海外滩金融家联谊会将通过召开年度大会、组织专题研讨和不定期主题活动等形式，为企业家会员提供交流平台，创造各种合作机会，促进产业融合和产业发展。

【上海新金融研究院举行周年庆典暨“金融改革新时期的新金融建设”研讨会】 8 月 18 日，上海新金融研究院举行周年庆典暨“金融改革新时期的新金融建设”研讨会，研究院学术顾问、市委常委、副市长屠光绍，研究院学术顾问、中国银监会主席助理阎庆民出席会议并分别发表主题演讲。研究院学术顾问、国家开发银行副行长袁力代表研究院顾问委员会主席、国家开发银行董事长陈元为研究院周年庆典致贺辞，研究院理事长、国泰君安证券股份有限公司董事长万建华就研究院年度工作致辞，研究院学术委员会主席、院长钱颖一主持会议。区委常委、副区长曹金喜，研究院顾问、理事、学术委员和中国金融 40 人论坛成员出席会议。在研究院课题报告会上，研究院学术委员、海通证券副总裁、首席经济学家李迅雷就研究院年度课题报告《我国新金融发展研究——背景、现状和政策》发表主题演讲，全文篇幅共计 11 章节，25.6 万字，350 页，是目前国内首部对新金融进行全景式研究的学术报告。

【黄浦“新金融·新模式”亮相 2012 年上海中小企业金融洽谈会】 “2012 年上海中小企业金融洽谈会”8 月 31 日—9 月 1 日在上海东亚展览馆举办。黄浦区金融办以“交叉合作、创新服务”为主题，集聚部分传统金融机构参展，这些机构互为交叉合作，形成针对中小企业金融服务的创新模式。同时参展的还有区域内金融租赁(融资租赁)、小额贷款、保险经纪等各类新型金融机构。经过两天的洽谈，黄浦展区内共计接受问询 600 余人次，达成再次洽谈意向 210 余家，涉及金额预估总计 4 200 万元，主要涉及从事批发零售、咨询服务、制造加工、医药、文教等行业。

【区政府与上海银行签订战略合作协议】 9 月 19 日下午，黄浦区和上海银行举行战略合作协议签约仪式。区长周伟，副区长曹金喜、吴成，上海银行行长金煜，副行长蒋洪、李建国出席仪式。吴成与蒋洪代表双方共同签署《上海市黄浦区人民政府和上海银行战略合作协议》。双方将以此次签约为契机，加强银证合作，促进共同发展；在巩固传统业务合作领域的同时，积极拓展新市场、新空间，在黄浦区现代服务业发展、中小企业融资体系建设、公共财政管理体系建设以及民生服务等方面开展业务合作。

【首届“产金沙龙”成功举行】 9 月 19 日下午，

黄浦区金融办、文创办联合举办首届黄浦区“产金沙龙”暨文化创意企业与金融企业对接互动活动。17家金融机构与14家知名文创企业代表参加。作为促进黄浦区产融对接的平台之一，“产金沙龙”将为探索产融业务合作提供更多可能。

【“金融时代”品牌正式落户外滩源】 10月10日下午，由上海金融业联合会、中国社会科学院、黄浦区人民政府三方共同发起的学术平台——“金融时代”品牌举行成立仪式。上海金融业联合会理事长牛锡明、中国社会科学院副院长李扬、区长周伟出席仪式并分别代表三方签署合作协议。市金融办主任方星海及上海金融业联合会理事单位有关人员出席仪式。仪式当天，“金融时代”首期沙龙活动和“金融家俱乐部”首期活动成功举行。“金融时代”是旨在加强业内信息交流、推动理论研究、促进金融创新、提供决策咨询的高端行业品牌和学术交流平台，采用全新的“国家队＋地方队＋俱乐部”组合形式，中国社会科学院发挥金融和经济理论研究与宏观政策研究的学术优势，上海金融业联合会发挥整合上海金融各业态的专业优势，黄浦区人民政府发挥金融集聚带的区位优势，形成支撑平台的三个支点，为建设上海国际金融中心提供学术保障。

【上海新金融研究院研讨会】 10月20日，上海新金融研究院联合研究院创始理事单位农银金融租赁有限公司共同主办第8期闭门研讨会，会议主题为“金融租赁的发展和风险控制”。黄浦区区长、研究院副理事长周伟出席研讨会。会上，上海银监局局长廖岷、央行上海总部副主任凌涛、上海新金融研究院副院长钟伟分别做了题为“中美两国融资租赁业的比较研究”、“我国金融租赁业风险管理研究”、“金融租赁发展对货币政策传导机制的影响研究”的主题演讲。本次论坛的研究课题涉及金融租赁的国际比较、风险监管和货币政策传导等诸多方面，在国内尚属首次，具有较强的实效性和前瞻性，是继上海新金融研究院年度课题报告《我国新金融发展研究——背景、现状和政策》后的又一重量级研究成果，对黄浦区集聚金融租赁和融资租赁企业具有重要引导意义。

【“2012上海国际股权投资论坛”成功举行】 11月23日，由黄浦区人民政府、上海市国际股权投资基金协会、中欧陆家嘴国际金融研究院共同举办的“外滩金融·2012上海国际股权投资论坛”举行。“上海国际股权投资论坛”已在黄浦区成功举办四届，是行业内最具影响力的高端专业论坛之一。本次论坛以“经济转型中的PE未来之路”为主题，共吸引了境内外股权投资领域专业人士、政府官员、企业高管、专家学者等逾300人。

【“中国保险资产管理之道”研讨会】 11月24日下午，上海新金融研究院在黄浦区举办“中国保险资产管理之道”研讨会。区长周伟出席会议并讲话。研究院学术委员、中国人寿资产管理有限公司董事长缪建民及泰康资产首席执行官段国圣先后发表了“中国保险资产管理及其发展”、“保险公司资产管理的专业化探索”的主题演讲。中国金融四十人论坛(CF40)和研究院学术顾问、全国人大财经委员会副主任委员吴晓灵，CF40学术顾问、中国投资有限责任公司副总经理谢平分别做了重要讲话。研究院学术顾问、市金融办主任方星海，研究院理事长、国泰君安证券董事长万建华，中国银监会上海银监局局长廖岷，中国人民银行上海总部外汇管理部主任郑杨等40余位嘉宾出席论坛。

（黄浦区金融办）

3. 静　安　区

【概况】 2012年，静安区紧紧围绕上海国际金融中心建设的历史机遇，根据上海市“十二五”创新驱动、转型发展的要求，按照“高起点、开放型、国际化”的整体发展思路，主动对接上海国际金融中心建设。结合静安“国际商务港”建设和金融产业链天然集聚的优势，坚持差异化发展战略，引导新型金融机构入驻，进一步提升产业发展能级，促进金融与高端现代服务业联动发展。静安金融机构覆盖了证券、期货、银行、保险、基金、典当、拍卖以及股权投资、小额贷款等主要领域。2012年，金融业实现全口径税收29.23亿元。其中，证券业实现全口径收入16.65亿元，占全区金融业税收贡献的57%；非证券金融业实现全口径税收12.58亿元，占全区金融业税收贡献的43%。非证券金融机构对全区金融产业的贡献进一步不断提高，服务区域经济发展的作用进一步显现。

【对接国际金融中心建设】 静安区坚持错位发展，结合区域金融产业链天然集聚的优势，在引导重点金融机构落地发展的同时，引导区域内新型金融机构的加快发展，成为服务区域经济发展的新生力量。2012年，台湾地区规模最大银行台湾银行上海分行正式入驻静安，成为两岸金融交流合作的又一亮点；上海首家券商另类投资公司，也是国内资产规模最大的券商另类投资公司入驻静安发展，引导券商进一步探索另类投资创新业务。同时，静安区积极参与上海外资股权投资企业试点（QFLP）工作，2012年，有两家落户静安的知名外资股权投资企业先后获得QFLP试点资格。区域内财务公司等金融机构业务进一步拓展，经营业绩成倍增长；小额贷款公司积极发挥"小额、分散、灵活"的优势，成为服务中小微企业的重要力量；股权投资企业占用楼宇资源少，行业带动性强，产业功能突出，成为提升区域产业能级和集聚度的重要载体，一些国内外著名的股权投资管理企业也先后落户我区。此外，静安区通过加强与上海证监局、上海证券交易所、上海股权投资交易所等行业机构的联系，引导区域内金融机构服务上海经济发展需要。

【服务金融机构发展需要】 静安区坚持创新手段，聚焦区域内金融企业发展需要，整合区域相关资源，服务区域内金融机构发展需要。2012年，静安区探索实施"首席联络员"制度，组建服务团队，加强对重点金融机构的联系和走访，了解掌握金融企业的发展特点、运行状况和实际需求。通过主动服务、帮助企业解决发展难题、妥善运用政策引导等措施，服务企业发展。聚焦产业联动，通过搭建企业交流平台，举办金融沙龙等活动，促进区内金融机构之间以及与其他产业间的发展，优化产业结构，释放金融发展潜能。推荐金融人才加入政协、人大、青联等人民团体和社会组织，引导金融机构更好地服务静安社会发展。

【引导金融支持中小微企业】 2012年，静安区积极服务和支持区内中小微企业发展，完善中小微企业的金融服务环境，缓解企业的融资难题。一是支持小额贷款公司在静安区稳步发展，解决中小微企业融资渠道狭窄的问题，截至年底，静安区小额贷款公司累计发放贷款516户722笔15.31亿元，贷款余额131户145笔3.82亿元。二是落实中小微企业贷款贴息工作，支持区内中小微企业发展，减轻企业融资负担。根据静财预〔2009〕326号文件，对符合本区产业发展导向的现代服务业、科技型等企业从本区小额贷款公司获得的贷款，给予一定的贷款贴息。全年向24家中小微企业发放贷款贴息80余万元。通过完善服务和扶持工作，静安区将继续支持小额贷款公司在区域的平稳发展，确保中小微企业融资畅通。三是鼓励各类股权投资基金的发展，支持中小微企业做大做强。聚焦发展各类私募股权基金，努力打造私募股权投资产业产业链系，支持私募投资基金、创业投资基金、产业投资基金等各类投资于非上市中小微企业的股权投资基金在我区设立与发展，同时引导各类股权投资基金投资于科技型、现代服务型等企业，为中小微企业提供增值服务，补充中小微企业发展资本。四是积极搭建服务中小微企业平台，畅通融资信息沟通渠道，向区内企业进一步宣传诸如中小企业私募债、股权托管交易等融资途径。2012年，通过组织区内银行、小额贷款、典当、期货等金融企业参展"2012上海市中小微企业金融服务洽谈会"，召开区内中小企业融资需求对接会等方式，搭建融资需求服务平台，同时，加强与区工商联、区中小办等相关部门协作，进一步服务中小微企业融资需求。

【推进地方金融监管工作】 截至2012年底，静安区共有三家小额贷款公司开业运营，注册资本共3亿元，总资产4.13亿元，均保持良好发展态势。为进一步加强区内小额贷款公司的监管，2012年度，静安区聘请外部专业中介机构，对区内小额贷款公司开展专项审计，促使小额贷款公司合规运作，防范区域金融风险。严格按照政策要求，开展小额贷款公司设立预审等相关工作。坚持择优推荐，严格审核把关，稳步推进融资性担保公司设立预审工作。根据股权投资企业备案政策情况，积极配合市级部门做好企业备案相关工作，对区域股权投资情况进行摸底，防止行业非法融资等事件的发生。树立准金融机构管理的风险责任意识，做好日常预防性监管工作，并进行不定期的风险警示。

【落实各项金融扶持政策】 静安区积极支持各类金融机构在区内集聚发展。对于新引进的各类金融机构，包括各类总部、股权投资基金、小额贷款公司、融资性担保公司、财务公司、金融租赁公司、保理公司、消费金融公司、财富管理机构、第三方支付机构等，给予相关的政策扶持。着力提高审批工作效率，指导金融机构加快完成注册登记各项流程。关注金融人才发展，提供人才培训、优秀人才重点培养等服务，推荐优秀金融人才参选"上海千人计划"，参评静安杰出人才、领军人才和优秀中青年人才，并给予一定的奖励。协助解决重点金融人才解决户籍、工作、生活等各方面的合理需求，强化“白领驿家”综合服务，满足区域内白领人士的物质文化生活需求。对区内小额贷款公司开办、融资和贷款进行补助或贴息，缓解企业的运营压力，扶持企业快速发展。

【营造金融和谐发展环境】 一是结合上海国际金融中心建设的现实需要，不断调整优化政府服务职能，强化法律法规意识，增强金融服务和管理能力，创新服务和管理方式，打造优质高效服务型政府；二是不断深化行政审批制度改革，提高各项行政审批事项的工作效率；三是强化信息沟通服务，加强产业联动，搭建交流平台，促进金融机构与区域内其他企业的交流与合作；四是引导金融服务实体经济，针对新兴行业、中小微企业的实际情况，通过多种方式，畅通融资渠道；五是加强对区域内金融产业发展的调研分析，定期分析金融产业发展情况，深入分析静安股权投资产业的发展现状，剖析存在的问题，并提出发展建议；六是加强对准金融机构的管理，防范金融风险，构建区域金融和谐发展环境。

（静安区金融办）

4. 闸　北　区

【概况】 闸北区充分发挥国家服务业综合改革试点区的政策优势，大力发展资产管理业、资金结算业、信息金融业、金融外包业，努力使闸北区成为上海国际金融中心的主要拓展区之一。经过多年的发展，闸北区金融工作已经取得长足发展。

金融服务机构数量显著增加。以银行、证券、保险为主体的传统金融机构进一步完善，安信农业保险股份公司、新湖期货有限公司等一批有影响力的企业先后设立或嵌入。截至2012年末，全区商业银行营业网点超过140个，保险公司分支机构和代理公司超过20家，证券、期货公司、分支机构及营业部超过20家。典当公司、小额贷款、融资租赁等新型金融机构稳步发展，机构数量位居中心城区前列，初步形成了层次分明、门类齐全的金融组织体系。

金融支持经济功能明显增强。国有资产证券化迈出实质性步伐，北方集团、市北高新先后借壳西藏城投、ST二纺机成功上市。推进中小企业上市工作取得一定成绩，易居中国、鼎捷软件等公司先后在境外、境内成功上市，另有多家企业已经完成股份制改造。积极搭建面向中小企业服务的融资服务平台，其中政策性担保业务担保余额突破5亿元，商业性担保达到4亿元，另有中小企业通过小额贷款、融资租赁以及商业银行信用贷款等方式累计获得资金支持超过20亿元。

金融发展整体环境持续改善。区金融服务办公室在区委、区府的领导下，逐步建立和完善了与驻区金融机构的协调沟通渠道以及对属地金融机构的日常监管机制，并针对金融产业发展和中小企业融资制定和完善了一系列政策，包括《闸北区金融服务业发展“十二五”规划》，并针对非银行、保险类法人金融机构、股权投资、融资租赁等出台了《闸北区促进金融服务业发展财政扶持政策》等政策。

【苏河湾金融商务区】 苏河湾地区位于闸北区的南部，东起罗浮路、武进路、河南北路，南为苏州河，西至长寿路桥，北至交通路、虬江路，以铁路为界，总用地面积3.19平方公里，拥有苏州河岸线约4.7公里。临水而兴、坐北朝南，分别与黄浦区、静安区、普陀区、虹口区接壤，距人民广场直线距离650米，距陆家嘴直线距离1 600米。苏河湾地区拥有得天独厚的区位条件和资源禀赋，是目前上海中心城区仅剩的可成片开发的黄金地块，是上海以延安路、世纪大道为主干的东西向发展轴及以黄浦江为主干的南北向发展轴的“十字形”交汇处，是上海人民广场、南京西路中央商务区的自然延伸部分。

苏河湾地区是上海民族工商业和民族金融业发源地之一，苏州河沿岸集聚了原农业银行、金城银行、兴业银行等一大批民族金融业仓库旧址，浓厚的历史积淀是闸北发展金融业独特的资源禀赋，将为金融服务业发展提供文化上的支撑力和吸引力。

“十二五”期间，苏河湾地区“一手抓开发建设、一手抓产业集聚”，积极引进法人金融机构以及银行、保险、证券等传统金融机构的地区经营总部、投资银行、消费金融等跨业经营总部，大力发展资产管理业、资金结算业，使苏河湾地区成为上海国际金融中心主要拓展区之一。

苏河湾地区(规划模型图)

【金融服务实体经济】 闸北区金融服务办公室按照上海市金融工作会议,关于金融服务实体经济的工作要求,围绕闸北区以现代服务业为主体的产业特点,聚焦科技型、贸易型、服务型和文化创意型等实体经济中的中小企业,积极探索和建立面向中小企业的服务体系。

支持商业银行设立科技特色支行和中小企业专营支行。交通银行市北支行获批上海市首批商业银行科技特色支行,另有中信银行、浦发银行多家银行设立中小企业专营支行。闸北区积极提供相关政策和服务,搭建有效的平台,鼓励商业银行开展面向中小企业,特别是科技型中小企业的信贷业务。

设立引导基金促进创业投资、股权投资行业的集聚发展。闸北区于2011年成立了闸北区创业投资引导基金,并成立了闸北区创业投资有限公司作为实体运作平台。引导基金参股、发起设立的上海市北科技创业投资有限公司已经于2011年12月成立,并获得了科技部中小企业创业投资引导基金2 000万的支持。目前,闸北区先后集聚了超过100家的创业投资、股权投资基金和基金管理公司,是上海市股权投资基金最为聚集的区县之一。

积极稳妥发展小额贷款、融资担保等新兴、新型金融业。闸北区先后设立了上海景业小额贷款股份有限公司、上海大宁担保有限公司等7家小额贷款公司和融资担保公司,并引进了上海国金租赁有限公司等多家融资租赁企业,这些机构累计为中小企业贷款、担保超过20亿元,对解决相当数量的中小企业融资难、担保难的问题发挥了十分积极的作用。

服务和支持中小企业通过企业上市等方式直接融资。区金融办、区商务委等相关部门,积极发掘有条件、有意愿推进上市工作的企业建立了闸北区首批拟上市企业信息资料库,出台了《闸北区加快推进企业上市工作的若干意见》鼓励有条件的企业尽早完成股份制改造。目前鼎捷软件有限公司上市申请已经获得证监会批准,另有多家企业完成股份制改造,初步形成了"股改几家、备案几家、上报几家"合力推进中小企业上市的工作格局。

(闸北区金融办)

5. 宝 山 区

2012年,宝山区主动对接上海国际金融中心建设,结合自身区域特点和发展实际,着力服务经济转型发展,着力提升服务中小企业融资能力,着力营造良好金融生态环境,在开展小额贷款公司试点、中小企业融资服务、金融发展规划研究、加强银政企沟通协调、引进新兴金融服务机构等方面,"先行先试",积极创新,不断拓宽工作领域,各项工作取得了长足的进步。

【金融服务】 完善服务体系,努力缓解中小企业融资难。一是探索搭建小微企业融资服务平台。2012年上半年区金融办召开小微企业信用贷的政策宣传和启动会,召集相关银行与街镇园区沟通对接,整合各方资源,积极建立以政府引导、市场化运作的小微企业融资服务平台。二是完善融资平台运行。完善庙行镇"重点成长型企业助保金融资平台"的运作流程,助推街镇(园区)优质企业成长。三是积极参与第六届上海金融洽谈会。宝山区作为唯一的郊区县参加了市中小企业金融洽谈会,以参展主题突出、内容丰富、成效显著等获得了好评。

2012年,区金融办(上市办)进一步加大了对区域金融机构的走访和调研力度,加强沟通联系,提供针对性服务。多次组织开展金融机构座谈会,了解金融机构的需求,并组织金融界人士参观宝山重大产业结构调整项目,引导金融资本积极参与宝山经济社会发展。2012年末,23家银行金融机构存款余额达2 210亿元,比年初增长11.3%;各项贷款余额1 072.9亿元,比年初增长11.7%。金融业增加值为66.5亿元,增长12.5%,占全区GDP总量的8.1%。

【金融创新】 注重金融行业发展，推荐改革创新。一是金融服务机构数量增长，类型多样化。全区共有23家银行分支机构，14家证券分支机构，7家保险公司及分支机构，9家典当行、9家小贷公司和6家融资性担保公司。股权投资公司的数量也在不断增多，其中注册资本3亿元以上的1家，外商股权投资基金1家；基金销售公司1家。二是注重存量机构合规、稳健发展。健全新型金融机构监管制度。起草完善小贷公司和担保公司监管办法，建立日常监管日志制度，跟踪并妥善排查化解近期钢贸信贷风险；不断建立并完善应急处理机制。对媒体虚假报道我区小贷公司高息揽存事件，快速应对并督促企业自查自纠，指导企业通过法律手段自我保护；积极引入中介，加强对融资担保公司、小额贷款公司的专项审计和风险排查工作。三是积极鼓励金融机构开展金融创新。协助相关部门推进邮轮服务业的金融衍生产品市场发展，积极支持小微企业合作社等创新方式，发行中小企业集合票据2.2亿元。

【转型发展】 探索基金发展模式，开展资本与产业对接会。一是加强调研和学习，探讨宝山区发展基金模式。先后去杨浦区、长宁区学习政府引导基金做法，就全市基金现状、政府参与程度、各区县优惠政策进行了调研梳理汇总。二是为资本与产业对接搭建服务平台。召开区内股权投资企业和股权投资管理企业座谈会，邀请区内企业参加建行市分行的拟上市企业培训会等，邀请上交所来为拟上市企业做辅导。三是编撰《2012宝山区金融服务手册》，将区内银行、小贷等金融机构的对外融资产品汇总发布。

【鼓励企业直接融资】 一是发掘、培育上市企业。请上交所、相关合作中介机构给企业上市作培训，不定期座谈会和走访调研，滚动更新“区内拟上市企业培育库登记表”、“重点上市企业跟踪表”，做到一家企业一张表。目前重点上市企业进展情况，4家已完成股份制改革，3家企业已向中国证监会报材料。二是召开各类协调会，推进企业上市。分别召开景峰制药、宝钢包装、相宜本草等企业上市专题协调会，就宝钢包装上市工作与企业、园区、街镇及相关职能部门多次协调沟通，就各项上市工作进行了协调落实。三是积极宣传上海股权托管交易中心交易政策。上海安防电子股份有限公司成为在上海股权托管交易中心首批挂牌的第一家企业（交易代码100002），为宝山区内企业开拓新的融资渠道开了一个好头。区金融办召开了“股权托管交易——新的融资渠道”论坛，邀请市股权托管交易中心及相关中介机构与区内企业进行了交流、培训。

【完善专项资金管理办法】 着眼于提升金融服务水平和鼓励金融创新，研究出台《宝山区金融业服务发展三年行动计划（2011—2013）》、《宝山区关于开展“重点成长型企业助保金融资平台”试点工作的实施意见》、《宝山区关于加快推进企业上市工作的实施意见》等政策文件，积极修订了《宝山区金融服务“调结构、促转型”专项资金使用管理办法》，逐渐构建起了宝山区加大金融工作力度，加快金融业发展的政策体系。

【举办2012年上海金融法治论坛】 11月20日下午，由上海市金融服务办公室和上海市法学会共同主办，宝山区发展和改革委员会（金融办）、上海市法学会金融法研究会承办，以“金融改革与创新的法律保障”为主题的2012年上海金融法治论坛在沪举行。市人大常委会副主任杨定华，市政府副秘书长蒋卓庆，中国法学会会员部主任梁毅，市委政法委副书记王教生，市法学会会长吴光裕、副会长李继斌，市金融办副主任马弘，宝山区区委常委、副区长夏雨等领导出席论坛。来自本市法学院校、司法实务部门、法律服务机构、金融机构的专家学者共300余人参加。

［宝山区发改委（金融办）］

（二）江苏省金融概览

【概况】 2012年，江苏省经济呈现出放缓趋稳的运行态势，全年GDP同比增长10.1%，比2011年下降0.9个百分点。

一是工业生产增速小幅回落，工业企业去库存接近尾声。全年全省实现规模以上工业增加值同比增长12.6%，增速比2011年下降1.2个百分点。同时始于2011年8月的工业企业去库存化至2012年12月底已接近尾声，期末库存同比增速从27.1%下降到3.5%。

二是投资增速稳中趋缓，不同领域增长差异较大。全年全省完成固定资产投资同比增长20.5%，比2011年下降1个百分点，年内各季增速稳中微降，一至四季度同比增速分别为22%、20.6%、20.6%、20.5%。分投向看，公共基础设施投资加速，全年全省完成基础设施建设投资同比增长20.5%，比2011年提高15个百分点。而房地产投资相对较弱。全年全省完成房地产投资同比增长11.5%，比2011年下降17.7个百分点。

三是实际消费增速有所加快，住房类消费增长相对较快。全年全省实现社会消费品零售总额剔除价格因素后实际增长12.4%，比2011年提高0.2个百分点。分项看，全年全省建筑及装潢材料、家具消费同比分别增长35.3%、34.1%，比2011年提高3.2个、2.6个百分点。

四是出口增速大幅下滑，进口呈现疲软态势。全年全省实现进出口总额同比增长1.5%，比2011年下降14.4个百分点。其中出口总额同比仅增长5.1%，比2011年下降10.5个百分点，也低于7.9%的全国平均增速。进口总额同比下降3.3%，全年跌幅虽有所收缩但仍比2011年下降19.6个百分点。

五是CPI涨幅逐季回落，PPI持续负增长。全年全省CPI涨幅为2.6%，较前三季度、上半年、一季度和2011年分别下降0.1个、0.5个、0.8个和2.7个百分点，呈逐季回落之势。一至四季度全省PPI同比分别下降1.8%、2.4%、2.9%、2.9%，降幅逐季加深，全年降幅比2011年同期扩大9.1个百分点。

六是财政收入增速明显回落，财政支出增速大幅放缓。全年全省完成地方一般财政预算收入同比增长13.8%，比2011年下降12.4个百分点。实现一般财政预算支出同比增长12.5%，比2011年下降6.4个百分点。

【金融运行】 全年全省金融运行总体平稳。社会融资规模扩大，融资结构持续调整；各项贷款增长有所加快，有力支撑经济增长；贷款结构持续改善，信贷投放进一步向制造业和小微企业倾斜；存款增长波动较大，定期存款比重呈现上升趋势；金融机构资金面较为充裕，融资利率稳步下行。

(1) 人民币存款增长波动较大，外汇存款逐季回落。2012年末，江苏省金融机构人民币存款余额为75 481.51亿元，同比增长14.85%，增速较2011年末提高3.42个百分点；比年初增加9 761.78亿元，同比多增3 031.01亿元。与此同时，存款“季末冲高、季初回落”特征明显，存款增长的稳定性依然较差。统计数据显示，3、6、9、12月份人民币存款大幅攀升，分别增加3 334.43亿元、3 591.81亿元、2 612.84亿元和1 887.07亿元；1、4、7、10月份大幅下滑，分别净减少545.97亿元、1 574.97亿元、1 206.39亿元和1 516.59亿元。银行存款“冲时点”主要受存贷比考核以及基于时点的银行信息披露产生的激励导向等多种因素影响。

分机构看，存款“冲时点”现象在不同机构之间差异明显，四大行、股份制银行等全国性银行大多跨区域经营，网点多，存款“冲时点”现象明显；分支机构数量较少的城商行和农村金融机构“冲时点”现象相对较弱。全年四大行人民币各项存款月度增量的标准差为1 380.60亿元，离散系数①为5.30，股份制银行人民币各项存款月度增量的标准差为547.37亿元，离散系数为2.29，而农村金融机构的标准差和离散系数仅为94.63亿元和0.96。

在利率市场化加快的背景下，受存款利率上浮、理财产品收益率走低以及经济主体投资意愿较弱等因素影响，存款期限结构倾向定期。截至年末，全省人民币单位定期存款余额为11 787.09亿元，比年初增加2 460.21亿元，同比多增983.79亿元，余额占单位存款余额的比例较2011年末提升2.96个百分点；人民币个人定期存款余额为19 261.99亿元，比年初增加3 021.2亿元，同比多增1 224.05亿元，余额占个人存款余额的比例较2011年末提升1.04个百分点。

外汇存款逐季回落。截至年末，全省外汇各项存款余额418.02亿美元，比年初增加114.07亿美元，同比多增53.46亿美元。分季度看，1—4季度全省外汇各项存款分别增加113.48亿美元、56.54亿美元、−6.42亿美元、−49.53亿美元。三、四季度外汇存款出现大幅减少，主要是8月份以后，受境外外汇贷款大量到期、境内外汇存款利率持续走低、企业持汇意愿减弱等因素影响。8—12月，外汇存款累计减少60.37亿美元，同比少增81亿美元。

(2) 各项贷款同比多增，有力支撑经济增长。截至年末，全省金融机构人民币各项贷款余额为

① 离散系数主要用于比较不同组别数据的波动程度，为标准差与均值之比。离散系数越大，说明该组数据波动越大，反之亦反。

54 412.30 亿元，比年初增加 6 550.69 亿元，同比多增 759.1 亿元。从全年贷款增长轨迹来看，增速由 1 月末的 13.2%逐步上行至 12 月末的 13.7%(9 月末贷款增速达 14.7%，创 2011 年 6 月份以来 15 个月的新高，四季度受基数效应等影响贷款增速逐月回落)。1—4 季度人民币新增贷款分别为 2 095.24 亿元、1 816.14 亿元、1 487.96 亿元、1 151.36 亿元，分别占全年新增贷款的 32.0%、27.7%、22.7%、17.6%。2012 年新增贷款的离散系数为 0.30，分别比 2010 年、2011 年下降 0.28 和 0.10。

截至年末，全省外汇各项贷款余额为 515.56 亿美元，比年初增加 132.24 亿美元，同比多增 59.86 亿美元。新增外汇贷款主要集中于贸易融资，全年增量为 119.72 亿美元，占新增外汇贷款总量的 90.5%。

(3) 贷款期限以短期为主，下半年中长期贷款有所加快。全年全省金融机构人民币短期贷款和票据融资分别新增 4 020.5 亿元和 456.9 亿元，两者合计占全部新增贷款的 68.4%，占比较 2011 年提高 2.6 个百分点。全省新增人民币中长期贷款 1 976.9 亿元，占全部新增贷款的 30.2%，占比由上半年的 26.4%提高到下半年的 35.8%，并呈现"一快一慢"特征。"快"是指受房地产市场回暖等因素影响，以个人住房贷款为主体的中长期消费贷款增长有所加快，全年全省中长期消费贷款新增 909.9 亿元，同比多增 125.2 亿元。"慢"是指在融资渠道更趋多元化的背景下，更多企业通过债券等非信贷融资方式来筹措中长期资金，对中长期贷款的需求相应减弱，导致中长期单位贷款有所少增。全年全省累计发行中长期企业债券 1 744.5 亿元，同比增加 988.9 亿元。中长期单位贷款新增 922.6 亿元，同比少增 20.8 亿元。

(4) 贷款结构持续改善，实体经济和民生领域的金融支持力度明显增大。实体经济领域的金融支持力度进一步增大。截至年末，全省本外币制造业贷款(不含票据融资)余额为 15 821.34 亿元，同比增长 18.5%，较同期全部贷款(不含票据融资)增速高出 3.63 个百分点；全省本外币制造业贷款新增 2 214.07 亿元，占全部新增贷款(不含票据融资)的 31.98%，位居各行业贷款增量首位。

民生领域的金融支持进一步夯实。截至年末，全省本外币涉农贷款(不含票据融资)余额为 20 780.79 亿元，同比增长 15.48%，较同期全部贷款(不含票据融资)增速高出 0.62 个百分点；比年初增加 3 195.91 亿元，同比多增 171.84 亿元。年末全省人民币中小微企业贷款余额为 29 303.83 亿元，同比增长 14.11%，较全部企业贷款增速高出 1.41 个百分点；中小微企业贷款余额占全部企业贷款余额的 76.75%，同比提升 0.95 个百分点。其中，中型、小微型企业贷款余额增速分别高出大型企业 8.16 个、3.25 个百分点。

【金融市场】 (1) 同业拆借市场交易量大幅增长，交易品种以短期为主。全年全省共有 35 家市场成员参与同业拆借交易，比 2011 年增加 9 家，累计拆入资金 19 180.19 亿元，同比增长 84.19%，拆出资金 3 264.01 亿元，同比增长 28.94%，净拆入额 15 916.18 亿元，同比增长 101%。全年 1—7 天(含)短期同业拆借交易占辖内市场成员同业拆借交易量的 97.32%，其中隔夜拆借比重超过 90%以上。

(2) 票据市场呈现良好发展态势。一是银行承兑汇票累计签发量和余额双增加。全年全省银行类金融机构累计签发银行承兑汇票 27 956.8 亿元，同比增长 22.14%。截至年末，全省银行承兑汇票余额为 12 276.8 亿元，同比增长 23.51%。二是票据贴现大幅增长，转贴现业务活跃。全年全省金融机构累计发生票据贴现 15 848.21 亿元，同比增长 93.09%，发生买断式转贴现 23 386.9 亿元，同比增长 59.59%，买入返售票据 15 108.32 亿元，同比增长 9.51%。截至年末，全省金融机构票据贴现余额为 1 757.43 亿元，同比增长 35.13%。三是贯彻稳健的货币政策，再贴现使用效率提高。全年中国人民银行南京分行继续实行再贴现限额动态调整，灵活运用回购式再贴现工具，全年全省累计办理再贴现 288.63 亿元，同比增长 12.70%。截至年末，再贴现余额为 96.14 亿元，同比增长 23.30%。四是贴现、转贴现利率稳步下降。全年票据贴现加权利率为 5.952 8%，同比下降 208.21 个基点，买断式转贴现加权利率为 5.449 4%，同比下降 106.83 个基点，买入返售票据加权利率为 4.869 9%，同比下降 87.05个基点。

(3) 外汇市场交易量快速增长，交易币种以美元为主。全年全省外汇市场即期询价交易成交 828.84 亿美元，同比增长 178%。交易量快速增长的原因是辖内南京银行在 2012 年一季度获得外汇市场做市商资格，交易量持续放大。四季度以美元结算的各类交易金额为 284.39 亿美元，同比增长 345.41%，占比为 97.01%。

（4）黄金市场交易活跃。一是自营业务和代理业务均以买盘为主，延期交收买入量有所增长。全年全省 9 家成员单位在上海金交所累计自营实盘买入黄金 7 458.18 千克，金额 25.67 亿元；自营实盘卖出黄金 112 千克，金额 0.39 亿元。累计代理实盘买入黄金 22 009.6 千克，金额 74.33 亿元；代理实盘卖出黄金 355.9 千克，金额 1.22 亿元。累计延期交收买入黄金 35 908 千克，金额 120.34 亿元，卖出黄金 11 573.6 千克，金额 41.24 亿元。二是商业银行黄金交易活跃。全年省内各商业银行累计售出纸黄金 52 692.73 千克，合计 179.92 亿元；返售纸黄金 49 684.47 千克，合计 173.39 亿元。累计售出实物黄金 22 282.08 千克，合计 77.74 亿元；返售实物黄金 4 092.09 千克，合计 14.18 亿元。商业银行黄金交易活跃的主要原因是黄金价格波动较大，带来了投资机会，同时在美国 QE3 政策的影响下，投资者对黄金升值的预期加大，纸黄金的售出量大于返售量。

（5）证券市场保持稳定健康发展态势。一是债券交易活跃。全年全省共 78 家市场成员参与质押式回购交易，累计成交 123 810.68 亿元，交易量同比增长 72.55%。18 家市场成员参与买断式回购交易，累计成交 5 398.93 亿元，成交量同比增长 52.17%。85 家市场成员参加现券交易，累计达成现券交易 56 683.90 亿元，同比增长 7.15%。二是银行间债务融资工具市场实现跨越式发展。全年辖内顺利实施“债务融资工具余额双速计划”（即债务融资工具余额增速双倍于同期人民币贷款余额增速），全年全省发行债务融资工具企业家数达到 132 家，发行金额 1 280.51 亿元，同比增长 1.65 倍和 1.96 倍，存续余额 1 745.81 亿元，同比增长 2.17 倍。三是直接融资规模位居全国前列。全年全省共有 22 家上市公司在证交所实现首发，首发直接融资额 135 亿元，分别占到全国总量的 14%和 13%，全年新增上市公司总数位列全国第三，首发募集资金额位列全国第四。

（6）保险市场稳健运行。全省累计实现保费收入 1 301.28 亿元，同比增长 8.44%，业务规模居全国 36 个省（市）首位。其中，财产险保费收入 440.92 亿元，同比增长 16.05%，人身险保费收入 860.36 亿元，同比增长 4.91%。累计支付各类赔款和给付 386.97 亿元，同比增长 19.29%。

【金融服务】 （1）加强业务创新，推进支付体系建设。一是全面推进农村地区银行卡助农取款服务，逐步实现从“全覆盖”向“强质量”转型。截至年末全省已布放助农取款服务终端 23 175 台，平均每个行政村 1.69 台，助农取款服务行政村覆盖率已达 100%。二是进一步规范支付服务市场管理，初步建立非金融支付机构监管体系。全年人民银行南京分行通过建立重大事项报备、支付业务报表报送、支付业务风险提示等管理机制，对非金融支付业务经营情况开展持续监管。三是进一步推进银行卡等非现金支付工具的应用，非现金支付工具业务量稳步增长。全年全省使用非现金支付工具办理支付业务 29.84 亿笔、金额 90.52 万亿元，同比分别增长 16.57%、4.2%；全年全省银行卡存量 2.79 亿张、同比增长 14.5%，银行卡消费金额 1.77 万亿元、同比增长 49%。

（2）加强科技服务保障，进一步提升金融信息化水平。一是稳步推进省级金融数据中心建设，完成虚拟化平台扩容和升级，推动应用系统整合及金融数据深度利用，开展数据中心机房、网络等信息化基础设施的建设与完善。二是加强金融业信息安全指导，积极推进银行业信息安全等级保护，开展金融机构信息安全执法检查，规范金融城域网接入和运行管理，完成江苏省金融业网络攻击事件应急演练。三是开展自主创新项目建设，加快消费者权益保护、账户电子化审批、人民币跨境收付、特约商户管理、岗位风险监督等 10 多个应用系统的开发和完善。四是规范银行卡与电子支付业务的技术管理，加快全省 ATM 和 POS 机具受理金融 IC 卡技术改造，推进金融 IC 卡多行业应用，南京 IC 卡便民支付、苏州“银医”、连云港和淮安健康卡等应用取得明显进展。

（3）做好现金供应，不断优化人民币流通环境。一是完成发行基金投放回笼任务。全年全省发行基金投放回笼总量继续保持快速增长，其中，投放同比增长 8.2%，回笼同比增长 10.8%，净投放与 2011 年持平。完成残损人民币回收任务，总量同比增长 94.7%。全年旺季净投放发行基金首次超过 2 000 亿元，连续 6 年全国第一。二是钞票处理任务超额完成。全年辖内扬州、苏州、淮安钞票处理（清分）中心清分残损人民币 92.20 万捆，清分联机销毁 67.83 万捆，同比增长 64.88%。全省单机单日清分联机销毁捆数达 140 捆；单机单日运行时间达到 7.6 小时。三是建立健全科学的假币纠纷举证机制，全面推广运行纸币冠字号码管理。截至年末，全省 35 355 台自动柜员机配款全部实现了冠字号码管理；87.57%的银行网点实现了柜面支付现金记录冠字号码，其中无锡、淮安、连云港实现了柜面支付记录冠字号码全覆盖；在 40 家银行业机构试点运行"江苏省人民币冠字号码管理信息系统"。四是全面推广纸币兑换硬币和硬币存款自助服务。全年新增纸币兑换硬币自助服务设备 150 台，全省累计保有量 202 台，累计兑换硬币 6 284 万枚、4 946 万元；在银行试点硬币兑换纸币自助服务，新增 16 台硬币存款自助服务设备，累计回笼硬币 64.6 万枚、46.7 万元；在 4 家苏果超市启动"硬币超市"兑换服务。

(4) 国库业务得到持续加强。开发了"财政与人民银行信息共享无纸化系统"，并在省级以及苏中、苏北地区的 8 个地市进行了推广。开发了基于财税库银横向联网系统的电子税票下载和分发程序，建立了电子税票数据信息库。持续推动国库直接支付业务向纵深发展。全年全省共有 9 个地市中心支库、28 个县(市)支库开展了国库直接支付，涉及工资补助、社会保障和就业等 11 个大类专项资金，累计支付 15.24 万笔、64.46 亿元，同比分别增长 26.79%、104.60%。开展了国库业务领域金融消费者权益保护工作，建立了国债业务权益保护工作联动机制。组织开展了国债收款单集中催兑工作，兑付份数和金额均为近七年来最多。加强了国债防伪反假工作，成功截获了 5 起利用伪造凭证式国债质押贷款案件，涉案金额均在 2 000 万元以上，最高的达 1 亿元。不断拓展国库代收代发业务，持续扩大国库代收代付项目和业务范围，将国库服务从预算收支延伸到社保基金、政府性基金、行政性收费和工会经费等预算外收支，全年全省国库代收代付 1 800 多万笔、金额 1 300 多亿元，业务量和金额同比均有大幅度的提高。探索开展了社保基金现金管理工作。组织苏州市探索开展了"以苏州市社保基金银行存款招投标为试点"的地方国库现金管理工作，促进了地方国库服务领域由库款收支管理向财政性资金增值管理拓展。全年共开展三期定期存款招投标现金管理，比同期定期存款利息收益净增 30% 以上。

(5) 创新工作机制，加强征信体系建设。一是扎实推进辖内机构信用代码推广应用。截至年末，全省共发放机构信用代码证 160.34 万个。二是推进中小企业和农村信用体系建设。截至年末，全省中小企业系统共收录企业 117 万户，采集企业信贷、纳税、社保等各类信息 2 792 万条，入库贷款余额 4.18 万亿元；全省已有 74 个县区开展了农户系统建设，共采集 100 万户农户和 1 668 户农村合作经济组织的信息，帮助 1.1 万户农户、642 户农村合作经济组织分别与金融机构达成 78 亿元、23 亿元的合作意向。三是不断推动动产融资业务的稳步开展。在全省组织开展动产融资推进月活动。截至年末，全省已有 540 家机构注册成为登记系统常用户，累计登记 9.48 万笔，查询 8.66 万笔。

(6) 多措并举，增加反洗钱工作合力。一是丰富监管手段，实施差别监管。全年共对 45 家风险评估得分较低的金融机构实施执法检查，并综合运用约见高管谈话、召开座谈会等多种手段及时传递监管要求、提升监管效能。探索实施风险评估和风险监管，参与总行《金融机构反洗钱 5C 评级定量和定性评价标准》的制定，并指导辖内扬州中支作为全国两家试点单位之一，具体开展了评估试点工作。二是有序开展反洗钱行政调查和协查。全辖全年共接收 150 起重点可疑交易报告，累计金额 5 339 647 万元。开展调查 27 起，向侦查机关报案 20 起，公安部门立案 5 起，已破获 1 起，由法院以洗钱罪宣判定罪 1 起。苏州太仓市吴某洗钱案以洗钱罪宣判，是全省破获的第三起以洗钱罪定罪的案例和首例以受贿罪为上游犯罪的洗钱罪案。此外，全年共协助开展各类调查 34 起，协助破获案件 9 起。三是强化与司法行政部门的反洗钱合作。全辖 13 家中支全部与当地联席会议成员单位签订双边或多边合作协议，反洗钱部门合作步入一个全新阶段。此外，在为期一年的禁毒反洗钱试点工作中，协助侦查机关累计侦破特大毒品案件 4 起，缴获毒品 32.12 公斤，抓获犯罪嫌疑人 39 名。在"破案会战"专项行动中，共协助公安机关破案 27 起，其中涉嫌洗钱犯罪案件 5 起，涉案金额达 5 亿余元。

(7) 全方位，多举措，全力防范核算风险。一是加大现场监督力度，拓展事后监督风险防控范围。通过加大现场监督频率，深化现场监督内容，对核算部门不能每日提交的登记簿、重要空白凭证等会计资料及实物使用管理情况以及非现场监督中发现的异常情况进行核查，尽可能延伸监督触角，消除监督盲区，确保核算安全。二是改进监督手段，提高风险防控信息化水平。2月下旬上线运行苏州中支开发的国库会计核算系统（TBS）日志查询系统。为防范国库会计核算风险提供了有力保障。

(8) 加强支付清算系统运行管理，确保系统安全稳定运行。全年大额支付系统处理业务 8 578 万笔、158 万亿元，小额支付系统处理业务 7 752 万笔、35 814 亿元，支票影像交换系统处理业务 51 万笔、340 亿元，电子商业汇票系统处理业务 4.6 万笔、2 413 亿元，网上支付跨行清算系统处理业务 292 万笔、438 亿元，各系统可用率均达 100%。

【金融资产质量】 2012 年，全省金融业运行总体稳健，截至年末，全省中资法人银行业金融机构资产总额共计 25 182.35 亿元。其中，城市商业银行资产总额 11 243.79 亿元；农村商业银行资产总额 11 995.51 亿元；农村信用社资产总额 663.53 亿元；村镇银行资产总额 664.54 亿元。不良贷款呈“双升”态势。全年全省 149 家银行机构（未包含外资银行）中有 132 家不良贷款余额上升，115 家不良贷款率出现反弹。截至年末，全省银行机构不良贷款余额比年初增加 156.27 亿元，不良贷款率 1.09%，比年初上升 0.15 个百分点。其中法人银行机构不良贷款余额比年初增加 68.49 亿元，不良贷款率 1.7%，比年初上升 0.34 个百分点。从贷款五级分类情况看，关注类和次级类贷款增幅较大，分别比年初增长 10.5%和 64.33%。从机构情况看，国有商业银行和农村合作金融机构不良贷款反弹显著，分别比年初增长 28.8%和 54%。盈利增速明显放缓。全年全省银行业金融机构累计实现净利润 1 419.5 亿元，同比增长 7.3%，增速较 2011 年同期下降 25.3 个百分点。

（张秋龙）

1. 南 京 市

【概况】 2012 年，南京市完成地区生产总值 7 201.57 亿元，增长 11.7%。其中，第一产业增加值 184.64 亿元，增长 4.9%；第二产业增加值 3 170.78 亿元，增长 11.9%，全部工业增加值 2 748.45 亿元，增长 11.0%；第三产业增加值 3 846.15 亿元，增长 11.8%。人均地区生产总值 88 525 元，按年均汇率折算 14 029 美元。三次产业增加值比例为 2.6∶44.0∶53.4。民营经济实现增加值 2 873.39 亿元，占地区生产总值的比重 39.9%。城市居民消费价格指数为 102.7，消费价格比上年上涨 2.7%。工业生产者出厂价格比上年下降 2.7%。规模以上工业企业实现工业总产值 11 405.12 亿元，比上年增长 11.8%。实现产品销售产值 11 214.52 亿元，比上年增长 11.3%，工业产品销售率为 98.33%。实现出口交货值 1 301.55 亿元，增长 12.9%。全社会固定资产投资完成 4 683.45 亿元，比上年增长 16.8%。其中民间投资 2 446.46 亿元，增长 25.0%，民间投资占全社会固定资产投资比重为 52.2%，比上年提高 3.4 个百分点。完成房地产开发投资 1 015.76 亿元，比上年增长 13.3%。实现社会消费品零售总额 3 080.58 亿元，比上年增长 15.4%。交易金额达 1 278.58 亿元，比上年增长 1.5%。进出口总额 552.35 亿美元，比上年下降 3.7%。其中，出口总额 319.01 亿美元，增长 3.4%。实现财政收入 1 427.25 亿元，比上年增长 9.9%。其中，公共财政预算收入 733.02 亿元，增长 15.4%。公共财政预算支出 769.81 亿元，比上年增长 15.6%。

【货币政策】 2012 年，中国人民银行南京分行营业管理部继续实施稳健货币政策，正确引导货币信贷合理适度增长，进一步促进信贷政策和产业政策的协调配合，引导优化信贷结构，强化小微企业、国家重点在建续建项目、科技、文化和“三农”等重点领域的信贷支持，倡导促进直接债务融资工具发展，社会融资规模显著扩大，全年金融运行呈现良好态势，金融服务实体经济水平稳步提升，有力支撑南京地区经济保持快速平稳发展。一是积极宣传贯彻落实稳健的货币政策。全年组织 10 次经济金融形势分析会，编发 5 期《南京区域货币政策执行情况分析研究概要》，开设“货币政策宣传专栏”，做好货币政策传导工作。引导金融机构积极向上级行反映南京的实际情况，争取信贷政策倾斜。严格落实差别存款准备金动态调整政策措施，促进地方法人金融机构信贷均衡合理投放，2012 年末，15 家法人金融机构人民币各项贷款余额 1 782.19 亿元，比年初增加 287.67 亿元，增长 19.25%。二是有效运用多种货币政策工具，促进金融市场健康稳定发展。规范存款准备金日常监测及管理，及时将江苏交通控股集团财务公司和六合九银等5家村镇银行纳入交存考核体系。贯彻落实有区别的存款准备金率政策，有效缓解溧水县农村信用合作联社改制后资金运用的困难。总行两次下调金融机构人民币存贷款基准利率0.25个百分点，营管部及时传导落实相关政策，加强窗口指导，建立利率调整适时报告制度。运用再贴现工具引导资金投向。再贴现余额12.78亿元，其中，中小企业再贴现余额12.70亿元，占再贴现总余额的99.39%，同比上升21.17个百分点。县域地区再贴现占比12.61%。三是大力推动直接债务融资工具发展，有效扩张社会融资总量。营管部积极推进直接债务融资工具余额“双速”计划，扩大直接债务融资工具发行规模，2012年末，南京35家企业累计发行各类直接债务融资工具552.71亿元，存续余额705.21亿元，余额增长了111.46%，远超“双速”目标。四是着力打造民生金融，加大民生支持。营管部积极组织实施“民生金融创新利民”工程，制定《2012南京“民生金融创新利民”工程实施方案》，建立“中小微企业专营机构建设”、“青年创业融资扶持”、“金融支持农业龙头企业”三大工程。深入开展“中小企业金融服务机制建设年”活动。全年新增中小微企业贷款占全部企业贷款增量的78.13%。新增涉农贷款占同期全部新增贷款(不含票据融资)的20.63%。2012年，建立农户信用档案45万余户，同比增加5万户，累计评定了示范户1 000余户。金融机构农户贷款余额约85亿元。五是加强金融生态环境建设，努力维护金融安全和稳定。大力推动“金融生态优秀县”、“金融生态达标县”创建工作，积极开展信用村镇、农村青年信用示范户、信用企业等信用建设。2012年溧水县被授予“江苏省金融生态优秀县”称号。建立健全南京地区银行业金融机构风险监测数据库，加大对非银行融资机构风险监测力度。

【金融运行】 2012年，南京地区金融运行总体呈现存贷款较快增长，信贷结构继续优化，社会融资规模显著扩大，贷款价格呈下降趋势，直接债务融资工具快速发展，融资难、融资贵得到有效缓解的特点。(1)存款增速上升，单月增量创历史新高。2012年末，南京地区本外币各项存款余额16 540.43亿元，同比增长16.14%。人民币各项存款余额16 131.41亿元，同比增长15.67%。外汇存款余额65.07亿美元，同比增长38.49%。其中3、6、9月单月存款增量依次为750.68亿元、746.53亿元、602.11亿元，处于历年最高水平。一是机构间存款增长差距缩小。各金融机构人民币存款普遍增长，大型商业银行存款增量占比下降，股份制和城商行存款增量占比上升。工、农、中、建、交新增存款806.17亿元，同比增长12.41%，占存款增量36.92%，占比下降12.8个百分点。股份制商业银行新增存款595.40亿元，同比增长13.80%。城市商业银行新增存款472.79亿元，同比增长27.88%。利率市场化改革，大行利率上浮幅度略低于其他银行，存款改变了向大行集中的态势。二是单位存款同比多增，金融机构付息成本上升。年末，人民币单位存款余额10 686.83亿元，同比增长16.48%，增速比上年末高0.81个百分点，比年初增加1 507.49亿元，同比多增875.41亿元。单位定期存款和协议存款逐月小幅增加，预期利率进入下行通道，资金倾向于锁定较高收益。单位保证金存款和协定存款“冲时点”现象明显，是推动3月份存款增长的主要因素。单位活期存款在第四季度集中增加，主要是受年底企业归集和调剂流动资金的影响。三是个人存款增长平稳，储蓄资金寻找高回报。年末个人存款余额4 583.88亿元，同比增长15.05%，增速比上年末高2.27个百分点，比年初增加599.56亿元，同比多增147.51亿元。存款利率下调导致个人存款定期化。个人活期存款和通知存款仍然存在“季末增加、季初回落”特征，不断与表外理财资金、证券投资资金等相互转化。(2)信贷增速较快，贷款结构继续改善。2012年末各项贷款余额13 079.32亿元，同比增长11.56%。一是人民币贷款增长较快，投放节奏相对均衡。从投放节奏看，各月贷款增量相对均衡。二季度以来，随政策有效预调微调，贷款持续5个月呈上升态势，并在10月末达到年内最高点。二是中长期贷款增加较多，票据融资先升后降。短期贷款余额4 288.05亿元，比年初增加537.82亿元。中长期贷款余额7 528.05亿元，比年初增加525.37亿元。主要是国家重点在续建项目进程加快，金融机构相继加大对地铁、保障房等项目的支持力度。9月份后，短期贷款投放开始出现较大幅度回升，一方面是因为随着年末企业采购储备、支付工资和奖金的高峰期临近，流动资金贷款需求旺盛。另一方面是因为部分银行信贷政策有所调整，逐步提高短期贷款比重，增强资金流动性。票据融资余额 345.46 亿元，比年初增加 77.63 亿元。三是城市商业银行、政策性银行市场份额有所上升。城市商业银行贷款余额 1 483.06 亿元，同比增长 17.52%，比年初增加 221.06 亿元。政策性银行贷款余额 2 104.10 亿元，同比增长 14.97%。四是信贷结构持续改善。中小微企业贷款余额 5 509.34 亿元，比年初增加 558.54 亿元。新增涉农贷款 228.87 亿元，占同期全部新增贷款 20.63%。创新、创意产业贷款快速增长。科技贷款余额 276.76 亿元，同比增长 34.57%，文化贷款余额 112.37 亿元，同比增长 82.52%，均大幅高出同期各项贷款增速。(3)社会融资规模显著扩大，实体经济融资成本有效降低。2012 年南京市社会融资规模 2 724.93 亿元，比上年多 733.09 亿元。从结构看，人民币贷款占 43.57%，同比低 15.19 个百分点。外汇贷款占比 6.37%，同比低 2.87 个百分点。委托贷款占比 10.26%，同比高 0.35 个百分点。信托贷款占比 1.24%，同比低 1.17 个百分点。银行承兑汇票占比 12.79%，同比高 16.91 个百分点。企业债券占比 19.4%，同比高 6.63 个百分点。非金融企业股票融资占比 2.53%，同比低 5.56 个百分点。贷款加权平均利率 1—5 月主要在 7.28%—7.27%之间波动，贷款加权平均利率逐步降至 6.5%—6.7%的区间，至年末为 6.555%。其中，个人住房贷款加权平均利率由年初的 7.362 2%逐月降至 11 月份 5.771 5%的年度低点，12 月小幅上升至 5.815 8%，但仍比年初低 154.64 个基点。(4)大力开展直接债务融资业务。南京 35 家企业累计发行各类直接债务融资工具 552.71 亿元，存续余额 705.21 亿元，余额增速 111.46%，远超“双速”目标。中国银行间交易商协会批准南京公用(控股)集团有限公司注册发行 10 亿元资产支持票据，该公司成为第一家资产支持票据业务的非金融企业。南京市城市建设控股集团有限公司成功注册发行 10 亿元的资产支持票据。南京市获得了注册发行保障房建设非定向融资工具 200 亿元的计划，成为国内第一个发行非定向债务融资工具省会试点城市。南京市设立 1 亿元中小企业直接债务融资发展基金，加入“区域集优”债务融资方案正式启动。

【金融市场】　(1)货币和债券市场运行情况总体平稳。一是同业拆借交易小幅下降，价格略有上升。2012 年累计成交 12 000 亿元，同比增长 20.57%。二是债券回购交易规模继续扩大，价格下降明显。累计成交 16 912.73 亿元，环比上升 9.26%；净回购金额 6 914.29 亿元，环比下降 14.41%。债券回购利率出现小幅回升，正回购、逆回购加权平均利率分别为 3.20%、3.23%，环比分别上升 34.77、48.82 个基点。(2)票据市场利率和交易量均出现较大变化。利率先降后升，交易量先升后降。1—6 月份票据市场加权平均利率持续降低，7.685 0%降至 4.618 5%，之后利率稳步企稳，年末略有回升，至年末达 5.229 5%，同比大幅下降 2.94 个百分点。全年贴现、转贴现交易总量 26 139.803 5 亿元，同比大幅提升 50.97%，单月发生额自 7 月份创出 4 677.36 亿元的新高后逐渐回落。至年末，各银行因需要利用票据调整规模，票据交易稍显活跃。(3)债券现券交易总量大幅提升。交易额 9 800 多亿元，同比增幅 148%。(4)国债柜台交易有所减少。南京地区的工商、农业、中国、建设、招商、民生、南京等七家商业银行具有国债柜台交易资格。第四季度，总成交金额为 193.68 万元，环比减少 43.43%。其中，新发行量为 20.85 万元，新兑付量 5.76 万元，二级市场买入、卖出量分别为 60.13 万、106.94 万元，买卖总量较上年季度减少 49.44%。(5)黄金市场价格上升，柜台交易减少。年末南京地区黄金市场价格有所上升，商业银行与成员单位交易分化，商业银行柜台交易规模大幅减少，成员市场交易规模大幅上升；外币金业务量价齐升。(6)保险市场。实现保费收入 236.50 亿元，比上年增长 21.9%。其中，人身险收入 154.44 亿元，

表 1　国债柜台交易量变化情况

单位：万元

	新发行量	新兑付量	二级市场买入量	二级市场卖出量
2011 年 1 季度	6.93	2.57	36.05	38.26
2011 年 2 季度	1.84	1 479.58	150.14	151.82
2011 年 3 季度	23.27	3 079.44	149.29	587.46
2011 年 4 季度	8.64	223.3	482.312 6	123.65
2012 年 1 季度	10.58	23.87	112.280 5	52.717 7
2012 年 2 季度	3.83	163.039 1	429.06	424.899 7
2012 年 3 季度	0.94	11.03	248.94	81.48
2012 年 4 季度	20.85	5.76	60.13	106.94

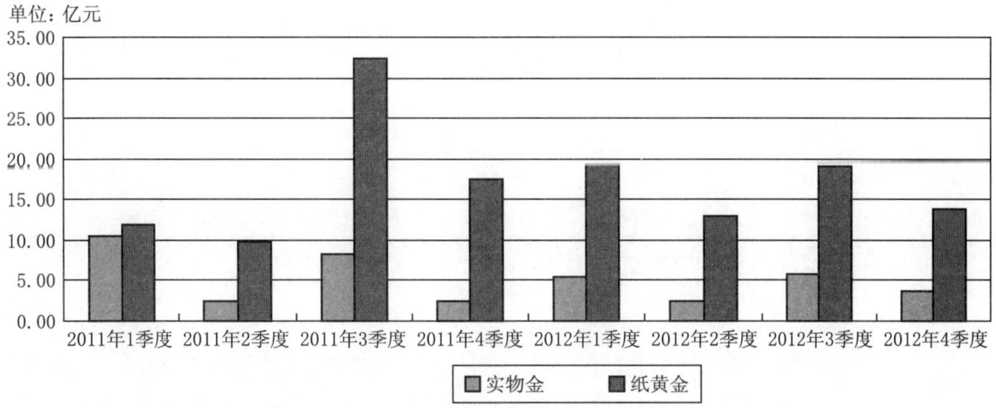

图1　南京地区金融机构黄金交易情况

增长27.6%；财产险收入82.07亿元，增长12.4%。全年累计赔付额68.45亿元，比上年增长21.3%。其中，人身险赔付21.78亿元，下降11.3%，财产险赔付46.67亿元，增长46.6%。(7)个人理财产品发行量上升，收益预期下降。受各银行年底发行理财产品揽存影响，南京地区四季度理财产品发行数量和募集金额较三季度持续上升；中短期产品热度不减，1个月内超短期产品放量增长；预期收益率整体有所下降。

（谈建军）

南京市主要经济金融统计

(2008—2012年)　　单位：亿元

项　目	2008年	2009年	2010年	2011年	2012年
国内生产总值	3 775	4 230.26	5 010.36	6 145.52	7 201.57
第一产业(增加值)	93	129.18	142.02	163.61	184.64
第二产业(增加值)	1 795	1 930.67	2 327.76	2 760.99	3 170.78
第三产业(增加值)	1 887	2 170.42	2 540.57	3 220.91	3 846.15
全社会固定资产投资	2 154.17	2 668.03	3 306.05	4 010.03	4 683.45
地方财政收入	386.56	434.51	1 075.25	1 298.77	1 427.25
地方财政支出	404.92	461.31	542.73	665.99	769.81
社会消费品零售总额	1 651.82	1 961.58	2 267.77	2 670.30	3 080.58
居民消费价格指数(以上年为100)	106.2	100.1	104.2	105.4	102.7
进出口总额(亿美元)	405.92	337.45	456.01	573.44	552.35
进　口(亿美元)	169.95	152.86	207.16	264.79	133.34
出　口(亿美元)	235.97	184.59	248.85	308.65	319.01
全部金融机构各项存款(余额)	8 562.27	11 088	12 887.43	14 241.99	16 540.43
企业存款	4 038.56	5 490.8	5 465.82	9 175	11 006.45
财政存款	169	172	180.76	251.20	297.54
城乡储蓄存款	2 565.83	3 125	3 572.07	3 968.03	4 532.02
全部金融机构各项贷款(余额)	7 483.10	9 444	10 915.34	11 723.52	13 079.32
短期贷款	2 599	3 089.65	3 230.36	4 023.46	4 664.63
中长期贷款	4 028	5 848.49	6 931.80	7 002.54	7 777.40
现金投放(+)回笼(-)	-49	—	24.66	-4.6	12

（续表）

项　　目	2008年	2009年	2010年	2011年	2012年
全部保险机构保费收入	124.6	145.98	191.30	194.08	236.50
全部保险机构保险赔款支出(含满期给付)	37.07	37.14	41.40	56.43	68.45
全部保险机构保险密度(元/人)	1 995.32	2 317	2 121	2 321	2 430
全部保险机构保险深度(%)	3.3	3.5	3.4	3.6	3.7

注：全部金融机构各项存款、贷款余额的七项数据为本外币并表统计数(含外资金融机构)。

2. 无　锡　市

【概况】 2012年，无锡市地区生产总值7 568.15亿元，按可比价格计算，比上年增长10.1%，其中第一产业增加值137.22亿元，比上年增长11.6%；第二产业增加值4 012.03亿元，比上年增长7.6%；第三产业增加值3 418.90亿元，比上年增长12.9%。三次产业比例调整为1.8∶53.0∶45.2。按常住人口计算人均生产总值达到11.74万元，按现行汇率折算达到1.87万美元，继续名列全省首位。2012年全市完成固定资产投资3 618.07亿元，同比增长16.1%。分产业投向：第一产业投资15.26亿元，比上年增长7.9%，第二产业投资1 423.59亿元，比上年增长13.7%，第三产业投资2 179.23亿元，比上年增长17.8%。分注册类型：国有经济投资761.19亿元，比上年增长10.9%，三资经济投资567.06亿元，比上年增长13.6%，其他经济投资2 289.82亿元，比上年增长18.7%。工业生产实现平稳增长。全市规模以上工业企业实现增加值3 056.90亿元，比上年增长7.1%，实现主营业务收入14 161.53亿元，产品销售率97.6%，工业企业实现利税1 183.31亿元，利润824.19亿元，工业经济综合效益指数达到238.61%。全市公共财政预算收入658.03亿元，比上年增长7.0%。财政支出结构继续调整。公共财政预算支出648.61亿元，比上年增长9.4%；社会保险基金支出175.11亿元，比上年增长17.9%。全年实现外贸进出口总额707.75亿美元，比上年下降2.3%。其中，进口总额294.61亿美元，比上年下降2.3%；出口总额413.14亿美元，比上年下降2.4%。出口结构持续优化，一般贸易出口比重上升，实现出口额205.15亿美元，总量占比达49.7%，同比提高0.1个百分点。全年新批外资项目442个，协议注册外资43.31亿美元，到位注册外资达到40.10亿美元，增长14.4%。全年实现社会消费品零售总额2 427.94亿元，比上年增长14.4%。其中，城镇零售额2 103.63亿元，比上年增长14.3%，乡村零售额324.31亿元，比上年增长14.6%。全年市区居民消费价格指数为102.5，比上年回落了2.6个百分点。其中服务项目价格指数为101.9，消费品价格指数为102.9，商品零售价格指数为101.8。城镇居民人均可支配收入35 663元，比上年增长12.7%。农民人均纯收入18 509元，比上年增长12.6%。城镇居民人均消费性支出23 000元，比上年增长16.3%。农村居民人均消费性支出12 795元，比上年增长13.8%。

【货币政策】 2012年，中国人民银行无锡市中心支行牢牢把握"稳中求进"总基调，将执行货币政策与促进无锡经济发展相结合，拓展多种渠道融资模式，加快金融产品创新步伐，通过合理有效配置金融资源，全力推进融资总量平稳增长。

一是提升调控效率，有效确保货币政策全面落实到位。强化货币政策内涵多层次宣导。积极推动非法人金融机构向上争取信贷政策和规模。做好地方法人金融机构日常信贷投放的监管，实现关键时点目标任务调控到位。

二是把握总量要求，推动实体经济资金满足率稳步提升。优化开展各类政银企对接活动，以推动传统产业升级、促进新兴产业发展为主题，召开2012年银企保授信签约大会。全市27家金融机构与3 283家(次)的企业、项目签订了2 018亿元的授信合作协议，银企授信家数和金额再创历年新高；全市23家金融机构与104家担保公司签订了606.88亿元的合作协议，签约担保机构的平均授信放大担保倍数达到4.75倍，银保签约授信面实现逐年提升。加大直接债务融资的工作力度，辖区全年通过直接债务融资工具募资金额171亿元；直接债务融资余额达到300.5亿元，比上年末增长69.30%。推动银行各类表外融资快速增长。截至12月末，全市银行累计通过创新金融产品、发展表外业务、金融租赁、引进外地资金等多渠道为企业融资780亿元,同比多增283.25亿元。

3月6日,无锡市政府召开2012年银企保授信签约大会

三是注重结构优化,不断增强经济转型发展支撑效应。引导全市金融机构增强对传感网、新能源、新材料、生物医药、软件和服务外包等战略新兴产业的信贷支持倾斜。引导金融机构在授信管理机制、利率定价机制、考核激励机制等方面给予中小企业创新支持,12月末,全市中小企业贷款余额4 995.07亿元,新增贷款占全部企业贷款比重由2009年末的68.11%提高到了74.86%,且三年来中小企业贷款增幅始终高于各项贷款增幅。全面推广青年创业示范户信贷扶持工作,至12月末,全市共建立15 706户农村青年信用档案,评定农村青年信用示范户1 252户,贷款余额10.54亿元,其中信用贷款2 600万元。

【金融运行】 2012年,全市各金融机构始终坚持金融服务实体经济的本质要求,将信贷投放增长乏力作为大力拓展融资渠道、有效调整信贷结构的重要契机,实现了全年社会融资规模同比多增。年末,全市金融机构本外币各项存款余额10 740.38亿元,同比增长10.47%;当年新增1 019.58亿元,同比多增107.66亿元,增幅10.49%。其中,个人存款余额3 843.63亿元,当年新增460.62亿元,同比多增189.24亿元,增幅13.62%;单位存款余额6 640.9亿元,当年新增491.92亿元,同比少增71.03亿元,增幅8.0%。全市各金融机构本外币各项贷款余额8 024.0亿元,当年新增744.9亿元,同比少增59.75亿元,年度增幅10.23%。2012年,全市各金融机构短期贷款与票据融资合计新增672.85亿元,增幅16.6%,高于各项贷款增幅6.37个百分点;中长期贷款当年新增63.47亿元,同比少增183.25亿元,年度增幅1.97%。全辖金融机构外汇贷款余额88.61亿美元,当年新增25.71亿美元,同比多增12.11亿美元,年度增幅40.86%;外汇存款余额71.11亿美元,当年新增15.61亿美元,同比多增2.83亿美元,增幅28.11%。全市金融机构2012年实现结益247.71亿元,同比增加13.33亿元,增幅5.7%。全市金融机构不良贷款余额103亿元,比年初增加46.96亿元;不良贷款率1.28%,比年初上升0.54个百分点。

【金融市场】 货币市场。同业拆借同比增加,债券回购呈资金净融入。2012年度,辖内法人金融机构同业拆借819.18亿元,同比增加719.58亿元。其中拆入756.48亿元,拆出62.7亿元。银行间债券市场债券回购11 101.59亿元,同比增加7 198.85亿元。其中正回购融入资金10 302.71亿元,逆回购融出资金798.88亿元,同比多融入资金7 099.29亿元。

黄金市场。黄金交易同比大幅下降。其中卖出纸黄金817.47千克,同比减少48.43千克,卖出实物黄金261.01千克,同比减少161.07千克;买入纸黄金105.60千克,同比减少195.80千克;买入实物黄金61.62千克,同比减少52.42千克。

证券市场。证券交易市场总体较冷。年末全市共有证券营业部38家。全市证券交易开户总数105.29万户。证券机构托管市值总额809.09亿元,比上年增长10.3%。全年股票、权证、基金成交金额9 852.37亿元,比上年下降19.3%。新增上市企业数8家,募集资金37.02亿元。

保险市场。保险业发展势头放缓。全年实现保费收入158.90亿元,比上年下降1.4%。其中财产险收入58.24亿元,比上年增长16.8%;人寿险收入100.66亿元,比上年下降9.6%。保险赔款支出34.75亿元,比上年增长33.6%。保险给付支出14.55亿元,比上年下降30.6%。

【金融创新】 创新政策工具引导作用模式。利用再贴现资金创新推出了“央行票据通”业务:明确支持重点为科技、涉农、中小企业;建立支持企业名录,并定期调整更新;建立成本询价制度,全市选取重点报价行,统计每月各旬直贴利率并在此基础上加权产生下月业务受理的贴现票据利率上限;控制名录内再贴现企业单笔贴现额度不超过1 000万元、单户余额不超过 3 000 万元，着力扩大中小企业受益面。全年累计办理“央行票据通”业务 896 笔，金额 27.4 亿元，各月贴现指导利率比当月市场直贴利率水平均低 1—2 个百分点。

持续推动创新各种“权利”质押融资产品。构建专利权、商标权信息定期发布机制，联合政府相关部门共同建立科技型企业融资信息交流机制，并组织开展专项对接。组织开展“中小企业应收账款融资服务月”活动，盘活企业未来收益权。挖掘企业权益资产，支持文化创意产业的首笔版权抵押贷款成功发放。年末，全市应收账款质押贷款余额 542.4 亿元，新增 129.3 亿元，增幅 31.3%，惠及企业 1 133 户，信贷规模列全省第一。全市金融机构累计发放专利权、商标权、股权、林权和版权等“权利”抵质押贷款 70.18 亿元，融资余额 60.09 亿元，比年初增加 15.32 亿元，增长 34.22%。

【利用社保基金支持保障房项目】 7 月 11 日，全国社保基金理事会与无锡市住房保障建设发展有限公司签订保障房项目合作协议。全国社保基金将向无锡市住房保障建设发展有限公司发放 10 亿元信托贷款，用于该公司建设的新街家园、东璟家园保障房项目。该笔信托贷款由交银信托发放，期限 3 年，并由浙商银行提供连带担保、无锡城市发展集团有限公司提供反担保。无锡成为全国地级市中首个成功利用社保基金支持保障房项目的城市。

7 月 11 日，全国社保基金理事会与无锡市住房保障建设发有限公司签订保障房项目合作协议

（张　应）

无锡市主要经济金融统计

（2008—2012 年）　　单位：亿元

项　目	2008 年	2009 年	2010 年	2011 年	2012 年
国内生产总值	4 419.5	4 992	5 758	6 880.15	7 568.15
第一产业(增加值)	63	93.92	104.94	122.98	137.22
第二产业(增加值)	2 546.57	2 836.38	3 208.79	3 728.12	4 012.03
第三产业(增加值)	1 809.93	2 061.7	2 444.27	3 029.05	3 418.9
全社会固定资产投资	1 877.02	2 387.56	2 985.65	3 169.18	3 618.07
地方财政收入	909.16	1 061.99	1 579.85	1 722.12	1 754.84
地方财政支出	512.51	659.67	1 059.13	1 167.75	1 140.99
社会消费品零售总额	1 391.48	1 651.37	1 809.08	2 122.72	2 427.94
居民消费价格指数(以上年为 100)	105.1	99.5	103.4	105.1	102.5
进出口总额(亿美元)	560.28	439.45	612.23	724.47	707.75
进　口(亿美元)	202.43	179.33	249.51	301.35	294.61
出　口(亿美元)	357.85	260.12	362.72	423.12	413.14
全部金融机构各项存款(余额)	5 483.85	7 405.68	8 827.2	9 722.44	10 740.38
企业存款	1 946.2	2 949.76	2 945.01	6 150.62	6 640.9
财政存款	47.06	53.34	42.05		
储蓄存款	2 285.12	2 733.12	3 109.44	3 340.09	3 763.82

（续表）

项　　目	2008 年	2009 年	2010 年	2011 年	2012 年
全部金融机构各项贷款(余额)	3 842.86	5 474.94	6 487.13	7 279.81	8 024
短期贷款	2 026.41	2 479.46	3 016.36	3 817.73	4 376.06
中长期贷款	1 325.07	2 361.31	2 970.32	3 220.67	3 282.36
全部保险机构保费收入	94.72	111.31	131.36	161.16	158.9
全部保险机构保险赔款支出(含满期给付)	39.99	18.84	18.55	26.02	49.3
全部保险机构保险密度(元/人)	2 041.38	2 390.42	2 813.7	3 071	3 258
全部保险机构保险深度(%)	2.15	2.23	2.28	2.1	2

注:全部金融机构各项存款、贷款余额的七项数据为本外币并表统计数(含外资金融机构)。2011 年、2012 年企业存款、财政存款统一为“单位存款”口径。

3. 常　州　市

【概况】 2012 年,常州市实现地区生产总值 3 969.8 亿元,按可比价格计算增长 11.5%。其中,第一产业增加值 126.3 亿元,增长 4.6%;第二产业增加值 2 100.8 亿元,增长 11.7%;第三产业增加值 1 742.7 亿元,增长 11.6%。三次产业结构由上年的3.1∶54.5∶42.4 调整为 3.2∶52.9∶43.9,服务业增加值在全市经济总量中所占比重比上年提高 1.5 个百分点。全市按常住人口计算的人均生产总值达 85 036 元,按平均汇率折算达 13 471 美元。在经济总量扩大、结构改善的同时,地方财力稳步增长。2012 年全市财政总收入 1 117.03 亿元,比上年增长 14.2%,其中公共财政预算收入 378.99 亿元,增长 8.0%;公共财政预算支出 384.12 亿元,比上年增长 6.2%。全年完成全社会固定资产投资 2 760.1 亿元,比上年增长 18.0%,其中工业投资完成 1 526.0 亿元,增长18.0%。全年实现农林牧渔业总产值 219.6 亿元,比上年增长 12.8%;完成规模以上工业总产值 9 031.3 亿元,比上年增长 12.1%。据海关统计,全年实现进出口贸易总额为 290.3 亿美元,比上年增长 1.4%,其中进口 90.7 亿美元,比上年下降 2.2%;出口 199.6 亿美元,比上年增长 3.1%。全市注册外资实际到账 33.6 亿美元,比上年增长 10.1%;全年新增工商登记注册外资 3 000 万美元以上项目 44 个,新增世界 500 强企业投资项目 6 个。全年实现社会消费品零售总额 1 404.5 亿元,比上年增长 14.7%,扣除价格因素,实际增长 12.8%,年成交额超百亿元商品交易市场达 7 家。2012 年全市物价水平温和上涨,居民消费价格指数(CPI)为 102.5,涨幅较 2011 年下降 2.5 个百分点;工业品出厂价格指数(PPI)为 96.3。2012 年末,全市户籍人口 364.8 万人,比上年末增长 0.5%;年末全市暂住人口 155.0 万人,比上年末增长 16.5%;全年新增就业 10.5 万人,年末城镇登记失业率为 2.37%。全年城镇居民人均可支配收入 33 587 元,比上年增长 12.6%;农民人均纯收入 16 737 元,比上年增长 12.8%。年末城乡居民储蓄存款余额为 2 489.97 亿元,当年新增 318.77 亿元。

【货币政策】 2012 年,中国人民银行常州市中心支行加强货币政策工具管理,畅通货币政策传导渠道,落实存款准备金率和利率调整政策,积极发挥再贴现政策作用,组织全市金融机构有效贯彻执行稳健的货币政策。(1)加强政策传导,深入落实稳健货币政策。一是夯实政策传导机制。协调组织召开全市金融工作会议、优化金融发展环境确保经济稳定增长工作会议、金融业服务“五大战役”座谈会,进一步巩固货币信贷政策执行联席会议、信贷运行分析会议等平台,明确“服务实体经济、防范金融风险”的工作要求,传导政策意图,构筑工作合力。二是灵活运用政策工具。加强日常存款准备金管理和利率报备工作,落实各项存款准备金率、存贷款利率政策调整,加强利率政策宣传,引导金融机构完善贷款定价机制。发挥再贴现工具引导效应,全年累计投入再贴现资金 45.64 亿元,优先支持商业承兑汇票和中小企业、涉农票据。强化法人机构调控,落实差别存款准备金政策,加强法人机构流动性风险监测和管理,适时稳妥安排法人机构调控,督促法人机构完善治理、均衡投放。三是完善政策导向评估。组织开展信贷政策导向效果评估工作，突出“五大产业”、先进制造业、现代服务业、中小企业、“三农”、民生工程等重点领域，系统评估金融机构执行各项信贷政策绩效。(2)加强窗口指导，促进金融服务实体经济。一是强化中小企业金融服务机制建设。认真组织“中小企业金融服务机制建设年”活动，开展“三支持、一防范”业务竞赛，推动金融机构优化金融服务。会同工商部门出台《重合同守信用企业融资服务实施意见》，突出支持小微企业加强政银企对接，推动金融服务向县域推进、向基层推进、向小微企业倾斜。二是积极促进科技金融融合。推动出台《促进科技金融结合加快科技型企业发展的若干意见》，构筑科技金融机制和平台。积极开展相关融资洽谈和银企对接活动，加大对战略新兴产业、“510”计划、“一核八园”企业的金融支持。会同财政、科技等部门，开展科技贷款风险补偿奖励、小企业贷款风险补偿资金申报工作，集合金融资源投向科技成果转化项目和科技创新企业。三是加大资源倾斜，加快民生金融发展。加大与市委组织部、团市委、妇联等部门的沟通协调，积极向金融机构推介各类创业群体的创业项目，努力提升青年、妇女、大学生“村官”等领域的民生金融服务水平。加强房地产市场和房地产信贷运行监测，落实差别化住房信贷政策，积极支持全市保障房建设。(3)加强监测调研，提高经济金融分析能力。一是密切关注货币政策实施效应。强化信贷资金分析例会制度，加强与经济综合部门、银行监管部门的信息交流机制，重点监测稳健货币政策的执行效果，及时反馈存款准备金率、存贷款利率调整政策实施效应。认真开展贷款投向结构、票据融资、商业银行资产质量等调查，加强金融市场运行监测。二是密切关注经济金融运行态势。围绕金融支持实体经济发展，开展金融支持林业、服务业、外包行业、保障房建设情况等调查。围绕辖区经济金融运行中存在的问题，重点监测分析有效信贷需求、存款增长波动等现象，围绕法人金融机构经营状况等开展专题调研。三是密切关注重点领域金融风险。定期开展房地产市场和房地产金融监测分析，调查掌握房地产市场、融资平台风险变化情况。关注担保公司、小贷公司等非正规金融机构经营和风险状况，及时发现风险苗头，为防范和化解金融风险提供调研信息支撑。

【金融运行】 2012年，常州市金融运行总体良好。全市金融机构认真贯彻执行稳健的货币政策，加大信贷投入，优化信贷结构，创新金融服务，金融支持实体经济发展的作用进一步增强。(1)存款运行情况。各项存款波动较大。2012年末，全市金融机构本外币各项存款余额为5 789.88亿元，比年初增加769.16亿元，增长15.32%，同比多增420.34亿元，增幅较上年同期上升7.85个百分点。存款增长时序分布较不均衡，1—4季度本外币各项存款分别新增422.12亿元、242.30亿元、59.56亿元和45.18亿元，分别占新增存款总量的54.88%、31.50%、7.74%和5.87%。外汇存款快速增长。2012年末，全市金融机构外汇存款余额为29.43亿美元，比年初增加10.59亿美元，同比多增11.22亿美元，增长56.21%。(2)贷款运行情况。各项贷款平稳较快增长。2012年全市各项贷款实现平稳较快增长，信贷投放节奏良好，2012年末，本外币各项贷款余额为4 018.21亿元，比年初增加512.41亿元，增长14.62%，同比多增113.86亿元，增幅比上年同期提高1.79个百分点。但下半年增长乏力，特别是第四季度，贷款增长整体趋缓。1—4季度分别新增贷款169.74亿元、146.75亿元、135.27亿元、60.65亿元，分别占贷款总增量的33.13%、28.64%、26.40%和11.84%。贷款短期化趋势明显。2012年末，全市本外币短期贷款余额为2 277.82亿元，比年初增加341.51亿元，增长17.64%，高出贷款平均增幅3.02个百分点，余额占各项贷款之比为56.69%，比上年同期提高1.46个百分点。全市中长期贷款增速快速下降，年末余额为1 620.92亿元，仅比年初新增135.32亿元，增长9.11%，增幅低于贷款平均增幅5.51个百分点，余额占各项贷款之比为40.34%，比上年同期下降2.04个百分点。同时，票据融资业务量有所回升，全市票据融资余额为112.79亿元，比年初增加29.87亿元，增长36.02%。信贷支持突出重点。2012年，全市金融机构进一步加大对中小企业、科技企业和县域地区等重点领域的信贷支持力度。一是中小企业贷款稳步增长。2012年末，全市中小企业贷款余额为2 514.96亿元，比年初增加406.35亿元，增长19.27%，高出各项贷款平均增幅4.65个百分点；其中，小微企业贷款余额2 077.14亿元，增长21.06%。二是科技创新信贷投入较多。2012年末，全市科技企业贷款余额516.4亿元，比年初增加58.43亿元，增长12.76%，高出上年同期5.76个百分点；全市重点科技项目贷款余额181.96亿元，增长26.11%，高出各项贷款平均增幅11.49个百分点。三是县域金融支持力度持续加大，2012年末，全市县域地区贷款余额为755.83亿元，比年初增加157.54亿元，增长26.31%，高出各项贷款平均增幅11.69个百分点。外汇贷款较快增长。2012年末，全市外汇贷款余额达29.50亿美元，增加13.71亿美元，增长86.83%，高出贷款平均增幅72.21个百分点。房地产贷款增速回升。2012年末，全市房地产各项贷款余额为863.95亿元，比年初增加118.89亿元，增长15.96%，较上年同期上升2.86个百分点；其中房地产开发贷款余额265.65亿元，比年初增加54.74亿元，增长25.95%，高于各项贷款平均增幅11.33个百分点。

【金融市场】 一是企业上市稳步推进。全年新增2家上市企业，其中裕兴股份登陆深圳创业板，募集资金8.4亿元；新城发展在香港联交所主板上市，募集资金16.5亿元。至2012年末，全市企业上市股票34只，共募集资金276.7亿元，比上年增长9.9%。二是证券市场交易持续低迷。至2012年末，全市证券营业机构达到24家，全年证券交易总额为3 493.8亿元，同比下降27.8%，其中债券成交额102.9亿元，比上年增加96.1亿元，股票、基金分别成交3 338.2亿元、52.7亿元，分别比上年下降30.2%和0.5%。2012年末，全市证券营业机构资金账户数62.6万户，增长17.0%，持有A股股票市值301.8亿元，增长3.0%。三是保险市场业务平稳增长。至2012年末，全市共有保险机构61家，其中寿险公司35家，产险公司26家。2012年保险机构保费总收入达到109.4亿元，比上年增长16.9%，其中寿险收入75.6亿元，增长18.3%；财产险收入33.8亿元，增长13.7%。2012年保险机构赔付支出30.0亿元，同比增长22.78%，其中寿险赔款支出2.2亿元，比上年增长8.7%，寿险给付支出8.8亿元，比上年增长1.9%，财产险赔款支出19.0亿元，比上年增长30.4%。

【金融创新与服务】 一是大力推进直接债务融资。积极落实江苏省债务融资工具“双速计划”，完善债务融资工具长效推进机制，开展债务融资工具承销金融机构评价工作，科学评价债务融资工具承销操作、风险管理、服务质量等情况。多次组织直接债务融资工作讨论会、座谈会，落实发行项目，加快短期融资券、中期票据、中小企业集合票据推广运用。2012年末，全市直接债务融资余额达到78.5亿元，是2011年末余额的6.8倍。二是持续推进“区域集优”试点。继续加强与政府部门、金融机构和发行企业的沟通联系机制，加强企业遴选和项目储备力度，积极推动试点工作扩面。第二批“区域集优”中小企业集合票据成功上线发行，东风农机等6家企业共获得融资4.4亿元，票面发行利率为5.65%，比上年下降0.5个百分点。三是加快推进金融产品创新。组织全市商票工作座谈会，加大商业承兑汇票推广力度，累计投入商票再贴现资金7.28亿元，撬动全市118家试点企业签发商票129.84亿元，其中125.99亿元获得商业银行贴现支持。支持金融机构综合运用融资租赁、信贷资产转让、集合信托等业务，多方拓展融资渠道，各类创新业务融资达176.34亿元，同比增加90.8亿元。

（朱坚强）

常州市主要经济金融统计

（2008—2012年）　　单位：亿元

项　目	2008年	2009年	2010年	2011年	2012年
国内生产总值	2 202.2	2 518.66	2 976.68	3 580.42	3 969.75
第一产业(增加值)	68.3	91.60	99.82	111.36	126.30
第二产业(增加值)	1 297.5	1 429.73	1 667.16	1 950.84	2 100.76
第三产业(增加值)	836.4	997.33	1 209.70	1 518.22	1 742.69
全社会固定资产投资	1 448.17	1 704.77	2 103.55	2 338.94	2 760.14
地方财政收入	185.19	215.89	286.18	350.88	378.99
地方财政支出	183.76	217.31	273.44	354.22	384.12
社会消费品零售总额	758.16	901.44	1 044.73	1 236.10	1 404.53
居民消费价格指数(以上年为100)	105.2	99.5	103.4	105.0	102.5

（续表）

项　目	2008年	2009年	2010年	2011年	2012年
进出口总额(亿美元)	176.29	150.79	222.78	286.35	290.28
进　口(亿美元)	43.85	42.13	67.20	92.74	90.68
出　口(亿美元)	132.44	108.66	155.58	193.61	199.60
全部金融机构各项存款(余额)	2 873.34	3 765.91	4 550.47	5 020.88	5 789.88
企业存款	814.12	1 168.08	1 286.02	1 991.19	2 203.56
财政存款	14.56	18.12	26.42	31.1	44.45
储蓄存款	1 445.09	1 756.24	2 009.24	2 171.20	2 489.97
全部金融机构各项贷款(余额)	1 876.85	2 513.97	3 011.67	3 505.80	4 018.21
短期贷款	986.76	1 237.16	1 521.36	1 936.28	2 277.82
中长期贷款	691.20	1 069.68	1 406.95	1 485.65	1 620.92
全部保险机构保费收入	61.65	72.57	86.53	93.56	109.41
全部保险机构保险赔款支出(含满期给付)	12.48	11.97	12.10	24.41	29.97
全部保险机构保险密度(元/人)	1 718.51	2 016.84	2 398.28	2 585.74	2 999.12
全部保险机构保险深度(%)	3.05	2.88	2.91	2.61	2.76

注：全部金融机构各项存款、贷款余额的七项数据为本外币并表统计数(含外资金融机构)。

4. 苏　州　市

【概况】 2012年，苏州市经济整体呈现筑底回稳的发展态势，当年完成地区生产总值12 012亿元，按可比价格计算比上年增长10.1%。三大需求中投资保持了稳定增长，消费需求整体平稳，而出口需求增速放缓态势较为明显。经济发展中面临着增长动力不足，企业经营面临诸多困难，金融资产质量下滑，财政收支矛盾加大等值得关注的问题，经济回升之路并不平坦。

全年苏州市完成工业总产值34 528亿元，增长3.5%。其中规模以上工业产值28 784亿元，增长5.2%，较上年同期大幅回落12.5个百分点。推动经济发展的三大需求中，投资需求继续发挥主要作用，出口增长仍然处于低位，消费增长较为平稳。2012年，全市累计完成固定资产投资5 266亿元，同比增长17%，增幅较上年回落7.4个百分点。从月度数据看，投资增长较为平稳有力，季节调整后的月度投资规模从1月份的373亿元逐步增加到12月份的469亿元，呈现持续增长态势。全市实现进出口总额3 057亿美元，比上年增长1.6%，增幅比上年回落8.2个百分点。其中出口1 747亿美元，比上年增长4.5%，增幅比上年回落4.7个百分点。全年苏州市实现社会消费品零售总额3 241亿元，增长14.5%。扣除物价因素后，当年消费实际增长11.8%，与上年同期下降0.9个百分点。

【金融运行】 2012年，苏州金融运行整体较为平稳，结构性改善特征明显。当年金融运行主要特点是：

(1) 贷款平稳增长，信贷结构进一步优化。2012年末，苏州市金融机构本外币贷款余额为14 877.84亿元，当年新增2 102.24亿元，同比多增161.32亿元，增量位居全省第一。贷款增长的结构特点是：

短期贷款较快增长，有力地支持实体经济流动资金需求。2012年，在基建和房地产投资低迷的背景下，各商业银行积极调整信贷期限结构，加大短期贷款投放力度，尽力满足实体经济流动资金需求。2012年，全市新增本外币短期贷款1 440.15亿元，占新增贷款总量的68.51%，较上年提高7.48个百分点。

制造业贷款持续增长，贷款行业结构继续优化。辖内商业银行围绕支持促进地方政府转变发展方式，调整、优化信贷资产结构，信贷结构进一步优化。2012年全市金融机构新增制造业贷款641亿元，到年末制造业贷款占比为28.8%，较上年末提高0.4个百分点。其中新兴产业贷款新增230亿元，增幅为25%，较各项贷款平均增速高出了8.4个百分点。

中小微企业贷款有所增加，贷款客户结构加快调整。2012年末全市中小微企业人民币贷款余额为 7 351 亿元，当年新增 1 061 亿元，年末中小微企业贷款余额占比为 79.9%，较年初提高了 2 个百分点。年内首次获贷的小微企业 5 000 户，同比增长 18%；小微企业信贷资金到位率达 85%以上。

（2）存款快速增长，波动幅度扩大。2012 年 12 月末，全市本外币存款余额为 18 796.06 亿元，比年初增加 2 792.67 亿元，同比多增 1 044.96 亿元；其中单位存款新增 1 753.07 亿元，同比多增 755.67 亿元。个人存款新增 800.73 亿元，同比多增 282.74 亿元。由于经济形势较为低迷，企业投资意愿下降，资金多以存款形式沉淀下来；此外在利率市场化背景下，各商业银行为吸收对公存款，竞相推出收益率较高的理财产品吸引了资金在体内留存。

（3）直接债务融资快速增长，多元化融资体系逐步形成。苏州市企业 2012 年共注册各类债务融资工具 219 亿元，发行直接债务融资工具 207 亿元，同比增加 112 亿元，增长 118%；年末各类债务融资工具余额共计 301 亿元，同比增加 186 亿元，增长 162%；年末直接债务融资业务约占全省的17.24%，同比提高 3 个百分点，规模居全省第二位。

多元化融资体系的建设进一步加快。一是融资租赁业务快速发展。2012 年苏州市新增融资租赁公司 19 家，累计达到 35 家，融资租赁金额 13.94 亿元。二是保险资金直接投资作用充分发挥。利用监管部门鼓励保险直投的机遇，2012 年引进大型保险机构直接投资 101 亿元，用于支持苏州轨道交通、市政建设和城乡一体化等基础设施建设项目。特别是中国人寿出资 60 亿元，与苏州市政府合作设立股权性质的苏州城市建设基金，这是保险资金首次以股权形式介入地方经济发展。三是私募基金成为企业融资渠道的有效补充。2012 年末，在发改委备案的私募基金达 95 家，注册资金 204 亿元，管理的资金达 650 亿元，投资企业 200 家，占全省比重的 50%。

【货币政策】 2012 年，中国人民银行苏州市中心支行认真执行稳健的货币政策，积极引导全市金融机构把握稳中求进的总基调，以支持实体经济为着力点，不断创新金融服务，努力优化金融资源配置，信贷投放实现稳步增长，为地方经济平稳发展提供了有力的支撑。

（1）全面贯彻稳健货币政策，加强货币信贷调控工作。一是加强出口指导，信贷投放实现稳步增长。人民银行加强对辖内商业银行窗口指导，引导全市各银行机构积极发掘有效信贷需求，着力加强资金组织和项目储备工作，努力满足实体经济的合理资金需求，全市货币信贷投放实现平稳增长。2012 年全市金融机构本外币贷款余额为 14 878 亿元，比年初增加 2 102 亿元，同比多增 161 亿元，占全省新增贷款总量 28.5%，为区域经济平稳发展提供了有力的支撑。

二是加强流动性管理，合理安排信贷投放。引导辖内各金融机构持续关注货币市场流动性的变化，加强对金融体系流动性的判断分析，对可能出现的流动性紧张情况，及时通过货币市场、资产结构调整以及各种金融工具进行化解。与此同时进一步强化信贷投放节奏，合理安排年度信贷投放计划，均衡控制信贷投放总量和进度，保持月度、季度间信贷平滑投放，实现支持经济发展和自身发展的双赢。

（2）灵活运用货币政策工具，促进信贷结构优化。一是灵活运用好差别存款准备金动态调整机制，有效监测苏州辖内系统性、重要性金融机构存贷款流量。

二是发挥好再贴现和支农再贷款工具引导资金投向、促进信贷结构调整的功能。通过票据选择和优先办理再贴现票据来引导全市金融机构重点支持涉农领域、县域企业、中小企业、战略新兴产业等融资领域。年内累计办理再贴现 49.6 亿元，90%以上用于支持中小企业发展，撬动银行信贷资金近 120 亿元。

三是进一步发挥小额担保贷款在推动创业、促进就业方面的积极作用，在江苏省内首推就业人员和劳动密集型小企业 2 次贷款机制，会同民政局等部门将福利企业和残疾人贷款纳入小额担保贷款优惠政策范围内，使其享受政策贴息。

四是进一步完善民贸和民品生产企业的贴息工作，全年全市 7 家民贸和民品定点生产企业，累计贴息 1 358 万元，同比增长 9.16%，贴息力度排名省内第一。

【金融创新】 一是切实深化科技与金融结合。积极推动辖内金融机构创新科技金融产品。中国人民银行会同科技局、财政局等部门，共同制定产品规划，建立风险补偿机制，开发了"科贷通"、"千人计划"集合信贷等科技金融服务产品 20 余种，健全支持"科贷通"的风险补偿资金池，规模达 2.5 亿元，合作银行扩大到 17 家，累计为 636 家科技型中小企业发放贷款 53.7 亿元。

二是全面提升中小企业服务水平。帮助、指导辖外银行机构参与中小微企业金融服务，辖内吴中区政府等四家单位与进出口银行江苏省分行搭建“统贷统还”中小企业服务平台，向苏州市文化产业和旅游行业中小企业发放贷款50亿元。与此同时，创新中小企业服务模式。积极开展“小微企业金融服务热线”宣传活动，开通融资专家12345热线电话，为广大小微企业提供银行机构金融顾问一对一的金融咨询服务。

三是积极推进城乡一体化建设。指导各银行机构研究城乡一体化综合配套改革政策，分析“三农”领域新的金融服务需求，针对先导区农民安置房及配套设施建设、农村村庄拆迁整理、现代农业示范园建设、农业观光游览区及其配套设施建设、小微企业进园等过程中形成的融资需求，及时推出了城乡一体化建设金融配套服务。

四是支付结算服务功能进一步增强。人民银行苏州市中心支行进一步加强县域支付结算服务，实现银行卡助农取款服务在苏州全市883个行政村的全覆盖，辖内昆山市成为全国首个ATM“村村通”的县级市。

五是持续推进各项外汇管理改革举措。地方外汇管理部门采取多项创新举措，积极推进苏州市加工贸易产业转型升级。包括开发“保税监管区域外汇监测服务系统”，会同政府有关部门拟定苏州市加工贸易企业外汇资金集中营运便利化实施方案等，上述项目得到国家外汇管理部门和地方政府的充分肯定，多个项目已进入试点申报阶段。

（徐定成）

苏州市主要经济金融统计

（2008—2012年）

单位：亿元

项目	2008年	2009年	2010年	2011年	2012年
国内生产总值	6 701.29	7 740.20	9 168.91	10 716.99	12 011.65
第一产业（增加值）	108.86	142.82	155.53	164.51	195.08
第二产业（增加值）	4 155.54	4 547.12	5 294.07	6 057.3	6 502.25
第三产业（增加值）	2 436.89	3 050.26	3 719.31	4 495.18	5 314.32
全社会固定资产投资	2 611.16	2 967.35	3 617.82	4 502.02	5 266.49
地方财政收入	1 856.58	2 040.24	2 869.16	3 492.38	3 333.17
地方财政支出	1 227.34	1 342.33	2 448.94	3 022.44	2 782.60
社会消费品零售总额	1 551.45	1 846.30	2 407.89	2 829.58	3 240.97
居民消费价格指数（以上年为100）	105.3	99.8	103.4	105.1	102.7
进出口总额（亿美元）	2 285.26	2 014.46	2 740.80	3 008.63	3 056.92
进　口（亿美元）	968.03	873.64	1 209.70	1 336.29	1 310.03
出　口（亿美元）	1 317.23	1 140.85	1 531.10	1 672.33	1 746.89
全部金融机构各项存款（余额）	8 800.23	11 450.54	14 225.49	16 004.16	18 796.06
企业存款	3 657.96	4 724.15	5 538.93	6 961.99	11 824.56
财政存款	74.73	117.17	121.89	142.31	197.25
城乡储蓄存款	3 382.65	4 004.87	4 701.31	5 126.89	5 845.91
全部金融机构各项贷款（余额）	6 580.73	9 032.28	10 831.62	12 776.25	14 877.84
短期贷款	2 720.47	3 193.59	3 830.62	5 411.53	6 843.28
中长期贷款	3 285.54	5 050.55	6 308.12	6 974.71	7 596.64
现金投放（＋）回笼（－）	379.85	347.39	390.03	519.29	565.8
全部保险机构保费收入	125.96	148.28	193.00	205.00	237.42
全部保险机构保险赔款支出（含满期给付）	55.44	49.14	43.00	55.00	71.64
全部保险机构保险密度（元/人）	1 954	2 338	3 026.69	3 192	3 665
全部保险机构保险深度（%）	1.84	1.92	2.10	2.1	1.98

注：全部金融机构各项存款、贷款余额的七项数据为本外币并表统计数（含外资金融机构）。

5. 南 通 市

【概况】 2012年,南通市生产总值4 558.7亿元,按可比价计算,比上年增长11.8%。其中,第一产业增加值319.1亿元,增长4.6%;第二产业增加值2 414.1亿元,增长12.4%;第三产业增加值1 825.5亿元,增长12.3%。人均地区生产总值62 506元,按当年平均汇率折算达9 902美元,按可比价计算,比上年增长11.7%。财政总收入占地区生产总值的比重达23.2%。产业结构持续优化,三次产业结构由上年的7.0∶54.5∶38.5调整为7.0∶53.0∶40.0。全年实现服务业增加值1 844.9亿元,增长12.3%,占GDP比重为40.5%,比上年提高1.6个百分点。全市农林牧渔业总产值548.9亿元,按可比价计算,增长4.7%,全市规模以上工业增加值2 273.2亿元,增长14.4%,规模以上工业总产值10 101.2亿元,增长14.1%。全市规模以上工业主营业务收入9 592.2亿元,增长14.3%;利税总额1 110.1亿元,增长14.4%;利润总额751.8亿元,增长13.8%。全市能源消费总量2 202.89万吨标准煤,万元地区生产总值能耗为0.507吨标准煤,比上年下降5.98%。

年末全市常住人口729.7万人,比上年增加0.8万人,户籍人口765.2万人,比上年增加0.3万人。全市城镇居民人均可支配收入28 292元,比上年增长12.7%,人均消费性支出17 858元,比上年增长14.4%。全年农村居民人均纯收入13 231元,比上年增长12.8%;人均生活消费支出9 839元,比上年增长15.6%。市区居民消费价格总指数102.5,即物价总水平比上年增长2.5%。全年社会消费品零售总额1 708.7亿元,增长15.5%。其中,城市消费品零售额1 233.1亿元,增长15.8%;农村消费品零售额475.6亿元,增长14.7%。

全年固定资产投资额2 886.5亿元,比上年增长21.4%,其中,民间投资2 144.8亿元,增长21.2%,占固定资产投资的比重达74.3%;工业投资1 710.0亿元,增长11.1%,占固定资产投资的比重达59.2%。固定资产投资中,第一产业投资4.3亿元、增长74.8%,第二产业投资1 710.0亿元、增长11.1%,第三产业投资1 172.1亿元、增长40.1%。全年基础设施投资484.9亿元,增长55.5%。

全年房地产开发投资481.7亿元,增长26.8%。全市商品房施工面积3 795.3万平方米,增长27.9%,其中,住宅施工面积3 076.5万平方米,增长31.1%。全市商品房竣工面积735.3万平方米,下降4.7%,其中,住宅竣工面积605.9万平方米,下降1.6%。商品房销售面积712.5万平方米,增长5.2%,其中住宅631.8万平方米,增长6.0%。

全年进出口总值263.0亿美元,增长2.0%。其中,出口总值187.9亿美元,增长4.3%;进口总值75.2亿美元,下降3.2%。全年新批外商投资项目349个,下降6.7%;新批协议注册外资45.6亿美元,增长0.4%;实际到账注册外资22.1亿美元,增长1.8%。完成对外承包劳务营业额16.8亿美元,增长15.5%;新派劳务人员1.0万人次,增长11.2%;年末在外劳务人员2.0万人,下降13.0%。

全年财政总收入1 055.9亿元,增长11.0%,其中,各项税收567.8亿元,增长10.7%。地方公共财政预算收入419.7亿元,增长12.3%,其中,营业税增长56.5%,增值税下降0.1%。全年财政总支出937.6亿元,增长23.0%,其中,地方公共财政预算支出513.0亿元,增长22.3%。地方公共财政预算支出中,用于社会保障与就业、科学技术、教育、医疗卫生、环境保护民生方面的财政投入达285.2亿元,增长23.6%。

【货币政策】 2012年,南通市银行业金融机构紧紧围绕市委、市政府关于"促转型、调结构、稳增长"的工作要求,引导金融机构加大创新力度,提高服务水平,为全市经济的快速和可持续发展提供了有力支撑。

加强稳健货币政策的宣传引导。中国人民银行南通市中支通过组织召开全市货币信贷工作会议、季度行长联席会议、信贷科长例会、房地产金融形势分析会,多途径加强货币政策传导,努力提高社会各界对稳健货币政策的认识,形成有利于货币政策执行的良好环境。

加强法人金融机构的监控督导。专门召开地方法人金融机构主要负责人会议,要求其合理定位,防范信贷风险。约见村镇银行高管谈话,提高其对贯彻落实信贷规划的认识。积极配合分行对如皋包商银行、海安盐海村镇银行实施差别准备金政策。对6家农村商业银行和村镇银行开展法定存款准备金执行情况检查。在编制旬报的基础上,每月下旬采取日报制度，要求地方法人金融机构每天报送贷款投放情况，并强化监测分析，及时提出督导意见。全年12家地方法人金融机构执行信贷规划情况良好。

加强信贷政策导向效果评估。实行市县联动，加强中小企业、房地产信贷政策和涉农信贷政策导向效果评估，提高了辖内金融机构执行货币信贷政策的积极性和有效性。根据实践经验，及时向上级行报送《完善基层人民银行信贷政策导向效果评估制度的建议》。

【金融运行】 截至年末，全市本外币各项贷款余额4 006.48亿元，较年初增加597.96亿元，增量位居全省第四，高出第5名常州近90亿元；全年贷款增幅17.54%，位列全省第三，高于平均水平近3个百分点；与上年同期相比，全年贷款增量多出150.83万元，增幅高出2.44个百分点。年内，人总行利率市场化改革步伐迈出，银行贷款利率下浮空间扩大。同时，金融办、财政等部门积极利用财政资金引导和鼓励银行降低企业融资成本。2012年，全市银行贷款平均利率为7.105 6%，较年初下降0.770 4个百分点，降幅近10%。截至2012年末，为中小金融机构、农村商业银行累计办理再贴现20笔、金额6.58亿元，比上年同期增加3.18亿元，再贴现余额5亿元，比年初增加2.54亿元。

【金融创新】 积极开展金融创新，缓解企业融资困境。为拓宽企业融资渠道，人民银行南通市中心支行推动"区域集优"工作开展，对辖内21家共计21.51亿元拟发"区域集优"债的企业进行了尽职调查；直接债务融资工具推广效果明显，年内共有8家企业成功发行直接债务融资工具65亿元；中国银行南通分行通过海外直贷为港口集团等4家企业获得4.85亿元境外融资。针对全市中小企业多，贷款需求"短、频、急"的特点，各金融机构创新推出多款特色金融产品，缓解了企业融资需求。如农业银行的"金科通"、建设银行的"信用贷"、浦发银行的"银链宝"等产品有效满足了企业的个性化融资需求；招商银行的"千鹰展翼"和江苏银行的"小快灵"则是专门为小微企业量身定制的金融产品。沿海开发方面，制定出台了《海上构(建)筑物抵押融资管理办法》，辖内如东县成功办理全国首例"资本金结汇支付海域使用权"业务，有力支持了全市沿海大开发。

加大改革创新力度，金融服务水平有效提升。人民银行南通市中心支行会同相关部门出台了《南通市企业金融顾问制度》，首批557家企业聘任了212名金融顾问，为下一步向企业提供个性化、精细化金融服务打下了基础。利用银企合作推进会，全市17家银行业金融机构提供了1 365亿元的授信意向，现场签约169.1亿元。中小企业金融超市的触角也通过创新开展的"连锁超市"、"网络超市"、"空中超市"等延伸至县域。外汇服务方面，利用外汇制度改革契机大量简政放权，全部93项外汇管理行政审批事项中，71项的审批时间由原来的12—20个工作日减少到1—5个工作日。各金融机构也积极开展服务创新，切实提升服务水平。如农商行推出"96008贷款预约热线"，各类业务3个工作日内限时办结，初步实现了办理贷款"足不出户"；江苏银行与民信担保公司合作，通过担保和反担保覆盖风险，有力支持小微企业融资，年内累计为近50家小微企业融资超过5 000万元；建行南通分行积极向上争取，被总行列为"创新直通车"试点行，许多金融创新产品直接服务本地企业。

充分开展机制创新，设立特色金融机构。中国人民银行南通市中心支行加强与市科技局、财政局的合作，推动成立多家科技支行、多个科技信贷部门。如江苏银行南通分行落实市区10家支行作为科技型小企业专营机构，南通农商行、农业银行南通分行分别成立了专门的科技支行。江苏银行南通分行向县域科技型小企业发放的"科技之星"贷款也取得较好进展，累计发放贷款60余笔、约1.5亿元。年内，民生银行南通分行家纺支行成立，该行是全国首个以行业命名的专业银行，专门服务于全市家纺城企业。

多措并举，切实加强对重点行业和重点企业的扶持力度。由于行业前景不明朗，产能机构性过剩等问题，作为南通市支柱性产业的船舶和光伏已被各商业银行总行列入关注类行业，贷款到期续贷难度增加，融资难问题突出。对此，人行南通市中心支行加大监测和协调力度，在有效防范企业资金风险的同时，对有市场、有效益、守信用、能按时还本付息的企业，力保其不因银行压贷、抽贷而造成资金链断裂，导致企业停产、破产。以船舶行业为例，截至2012年末，全市被省政府重点监测的中远船务、熔盛重工等5家船企贷款余额40.30亿元，同比增长14.91%。

创新手段支持企业发展，拓展外汇金融服务的广度和深度。会同南通市商务局制定《关于支持南通开放型经济发展指导意见》，简化和放宽外商直接投资管理，优化外资流入环境，改善外汇资本金结汇管理，促进境外投资开展，创新外汇投融资模式，加大对重点企业扶持力度。在全国率先办理资本金结汇支付海域使用权业务，已办理该项业务 2 笔、金额 125 万美元，结汇人民币 792 万元。对外汇电子政务平台全面改版升级，新开辟了服务大厅和在线交流板块。利用电子政务网站及时准确地发布外汇管理政策信息，积极加以引导，增强了宣传的主动性和敏感性。通过移动信息服务平台向辖内涉外企业负责人发送宣传短信 2 200 余条。

【金融市场】 2012 年全市 8 家企业成功发行直接债务融资工具 65 亿元，比上年增加 32.6 亿元，增长 100.62%。其中 5 家企业发行短期融资券 33.5 亿元，3 家企业发行中期票据 31.5 亿元，位居全省第五。此外，新型债务融资模式“区域集优”得到有效推进，南京银行承销的 3 家企业拟发债 2.1 亿元、江苏银行承销的 4 家企业拟发债 2.3 亿元已通过中债公司审核。

（杨　可）

南通市主要经济金融统计

（2008—2012 年）　　单位：亿元

项　　目	2008 年	2009 年	2010 年	2011 年	2012 年
国内生产总值	2 510.13	2 872.80	3 417.88	4 080.22	4 558.7
第一产业(增加值)	199.18	236.46	262.43	287.21	319.1
第二产业(增加值)	1 430.93	1 607.50	1 908.56	2 221.48	2 414.1
第三产业(增加值)	880.02	1 028.84	1 246.89	1 571.53	1 825.5
全社会固定资产投资	1 505.41	1 802.38	2 168.38	2 378.36	2 886.47
地方财政收入	248.24	329.06	521.14	723.73	827.62
地方财政支出	292.53	384.97	546.18	762.10	937.60
社会消费品零售总额	915.10	1 086.11	1 268.32	1 479.87	1 708.65
居民消费价格指数(以上年为 100)	104.80	98.70	103.70	105.00	102.5
进出口总额(亿美元)	166.88	162.59	210.96	258.44	263.01
进　口(亿美元)	49.36	50.79	69.89	78.14	75.15
出　口(亿美元)	117.52	111.80	141.07	180.30	187.86
全部金融机构各项存款(余额)	3 039.56	4 006.23	4 957.83	5 614.56	6 477.84
企业存款	735.76	1 114.47	1 206.41	2 427.12	2 680.25
财政存款	16.07	18.78	29.12	29.79	25.45
储蓄存款	1 890.68	2 285.89	2 693.99	3 068.10	3 605.65
全部金融机构各项贷款(余额)	1 750.60	2 431.98	2 964.58	3 408.62	4 006.48
短期贷款	1 034.91	1 234.48	1 510.04	1 884.35	2 304.14
中长期贷款	558.08	937.68	1 283.10	1 444.96	1 603.33
全部保险机构保费收入	78.09	96.26	134.45	151.88	127.13
全部保险机构保险赔款支出(含满期给付)	22.16	25.79	22.80	32.00	20.80
全部保险机构保险密度(元/人)	1 092.46	1 263.25	1 846.38	2 083.66	1 742.15
全部保险机构保险深度(%)	3.11	3.35	3.93	3.72	2.79

注：全部金融机构各项存款、贷款余额的七项数据为本外币并表统计数(含外资金融机构)。

6. 扬 州 市

【概况】 2012年扬州市实现地区生产总值2 933.2亿元，增长11.7%，连续10年保持两位数增长。其中，第一产业增加值203.86亿元，增长4.6%；第二产业增加值1 555.78亿元，增长12.2%；第三产业增加值1 173.56亿元，增长12.1%。人均GDP达65 692元，按美元汇率折算超过10 000美元。

农业稳步发展。2012年，全市粮食总产量308.3万吨，增产2.7万吨，连续9年实现丰收；农业总产值368.58亿元，增长11.6%。

工业低位运行。2012年，全市规模以上工业完成总产值7 342.4亿元，增长14.7%；实现主营业务收入6 980.7亿元，增长12.6%；实现利税总额815.1亿元，增长14.7%；实现利润总额471.9亿元，增长14.2%。

投资平稳增长。2012年，全市完成全社会固定资产投资1 783.65亿元，增长20.9%。从三大产业来看，第一产业完成投资17.91亿元，增长11.5%；第二产业完成投资1 064.19亿元，增长17.6%；第三产业完成投资701.55亿元，增长27.3%，其中房地产开发投资235.84亿元，增长19.3%。

消费持续繁荣。2012年，全市实现社会消费品零售总额967.87亿元，增长14.4%。按新的城乡标准划分，城镇消费品零售额902亿元，增长14.5%；乡村消费品零售额65.8亿元，增长13.5%。

外贸形势不容乐观。2012年，全市实际利用外资到账21.38亿美元，增长1.7%。全市进出口总额102.02亿美元，同比增长0.3%，其中出口81.72亿美元，增长11.6%；进口20.3亿美元，下降29.1%。

财政收支状况良好。2012年，全市财政总收入为554.51亿元，增长10.7%。公共财政预算收入225亿元，增长3.2%；公共财政预算支出268.48亿元，增长1.6%。

城乡居民收入稳定增长。2012年末，全市户籍总人口为458.42万人，比上年末减少1.63万人，下降0.35%。2012年，扬州市区居民人均可支配收入28 001元，增长13.0%；农村居民人均年纯收入12 686元，增长13.1%。城市居民人均住房建筑面积38.02平方米，农民人均住房面积49平方米。

【货币政策】 一是全面落实稳健的货币政策，保持信贷总量适度均衡增长。2012年，中国人民银行扬州市中心支行紧紧围绕稳健货币政策要求，结合扬州实际，加强窗口指导，认真执行差别存款准备金政策，灵活运用再贷款、再贴现工具，加强法人金融机构信贷管理，引导金融机构全面落实中央宏观调控精神，合理均衡投放信贷资金，满足实体经济发展的合理信贷需求。继续加强政策的解读和宣传工作，积极向地方党政部门和社会各界传导央行政策意图，合理引导公众预期。2012年末，全市银行业机构本外币存款余额为3 365.2亿元，比年初增加505亿元，余额同比增长17.6%，增速高于全省平均水平2.1个百分点；本外币贷款余额为2 043亿元，比年初增加291.5亿元，余额同比增长16.6%，增速高于全省平均水平2个百分点。

二是进一步优化信贷投向结构，改善中小微企业融资环境。2012年，人民银行扬州市中心支行围绕转变经济发展方式的要求，结合辖区实际，引导金融机构加大对优势产业、重点项目和新兴产业的信贷支持，重点解决中小微企业"融资难"、"融资贵"的问题。推动地方政府出台了《关于进一步改善当前小型微型企业融资环境的意见》，组织实施"金融顾问服务中小企业专项活动"，推动"扬州市小微企业贷款专项资金池"创建工作，积极搭建银企对接平台，银企合作签约金额达181亿元，履约率达75%。同时，为中小企业争取民贸民品贷款贴息、科技贷款补贴、小微企业贷款风险补贴等专项补贴800余万元。2012年末，全市中小企业贷款余额1 063.6亿元，比年初增加147.8亿元。

三是引导银行机构创新产品服务，扩大社会融资渠道。2012年，在人民银行扬州市中心支行的推动下，全市银行业机构相继推出了供应链融资、应收账款质押、无形资产质押等特色产品，仅商标质押贷款就比2011年末增长了4倍。同时着力拓宽社会融资渠道，积极推进债务融资工具应用，重点实施"商业承兑汇票提速计划"和"债务融资工具推介计划"，全市共有7家企业成功注册债务融资工具36.9亿元，已完成发行11.9亿元，同比增长98.3%。提请市政府设立1亿元中小企业直接债务融资发展基金，推动银企开展"区域集优"票据融资合作并取得阶段性成果。

四是着力强化薄弱环节的金融支持，促进民生金融普惠发展。2012年，人民银行扬州市中心支行积极推进民生金融建设，引导金融资源向弱势群体倾斜，丰富金融支持经济社会薄弱领域的方式及渠道。在江都区实施了"两权一中心"(林权、土地承包经营权和乡镇信用中心)融资模式试点,继续深化对城乡青年创业、农民专业合作组织经营、保障性住房建设的金融支持。全年累计推动发放下岗失业人员小额担保贷款 6 750 万元、大学生村官专项创业贷款 4 902 万元,城乡青年创业贷款 12 482 万元,均超额完成了年初预定目标。

【金融运行】 2012 年,全市金融运行平稳,社会融资规模大幅增加,融资渠道进一步拓宽,人民币贷款增长较快,信贷结构持续优化,金融支持实体经济的力度明显增强。其主要特点:

一是社会融资规模不断扩大,融资渠道进一步拓宽。2012 年,全市新增社会融资规模 738.9 亿元,同比多增 201.1 亿元。从结构来看,本外币贷款新增 291.5 亿元,同比多增 51.4 亿元,同时贷款以外的融资渠道也明显拓宽。银行非信贷融资大幅增加,委托贷款、银行承兑汇票合计增加 218.1 亿元,同比多增 116.6 亿元。直接融资渠道加快,扬农化工、华建集团以及弘盛建设工程集团共发行短期融资券 7 亿元,汇银家电发行中期票据 3.9 亿元,扬州工艺美术集团发行集合票据 1 亿元,共计 11.9 亿元;地方企业债券共计发行 45.2 亿元,同比多增25.2 亿元。

二是人民币贷款增长较快,投放节奏均衡合理。2012 年,全市银行业机构新增人民币贷款 288.5 亿元,较 2011 年多增 53.1 亿元,较 2010 年多增 15.2 亿元,处于历史次高位置,仅次于 2009 年的贷款增量;人民币贷款余额为 2 006.5 亿元,同比增长 16.8%。贷款增长主要有以下特点:一是贷款增速总体较高,2012 年末全市贷款增速高于 2011 年 0.9 个百分点,高于省均水平 3.1 个百分点,增速位于全省第 7 位,较 2011 年末提高 1 位,充分说明了金融对经济支持力度的增强。二是贷款投放节奏均衡合理。从贷款投放的季度分布看,一、二、三、四季度人民币新增贷款分别为 83.2 亿元、94.3 亿元、51.3 亿元和 59.8 亿元,体现了 3∶3∶2∶2 的贷款投放节奏要求,与企业的资金需求特点基本吻合。

三是短期贷款增长较快,中长期贷款占比有所下降,票据融资冲高回落。2012 年,全市短期贷款增加 228.6 亿元,同比多增 87.5 亿元,新增额占全部新增贷款的比重为 79.2%,同比提高 18.9 个百分点;中长期贷款全年仅新增 41.2 亿元,同比少增 48.2 亿元,新增额占全部新增贷款的比重为14.3%,同比下降 23.7 个百分点。短期贷款增长较快、中长期贷款占比下降,说明实体经济有效信贷需求仍显不足,企业投资意愿偏弱;同时也反映了银行对期限短、低风险的流动性贷款的偏好增强。从票据融资来看,二季度冲高后,三、四季度逐步回落,上半年票据融资净增加 28.9 亿元,下半年净下降 10.5 亿元,票据融资回落的原因在于,各家银行将同业代付从表外转到表内,纷纷压降票据融资腾出贷款规模。

四是信贷结构持续改善,制造业贷款较快增长,小微企业贷款增长加快。从贷款的行业分布看,制造业贷款增长较多,2012 年,全市新增人民币制造业贷款 77.2 亿元,占全部贷款新增量(不含票据融资)的 28.6%,居各行业之首。居行业贷款增长二、三位的分别是房地产业和建筑业,全年新增贷款 50.4 亿元和 46.5 亿元。房地产业贷款有所回升,全年同比多增 8.5 亿元;余额同比增长 11.5%,较 2011 年末提高 0.9 个百分点。其中,保障性住房支持力度明显加大,全年新增保障性住房开发贷款 11.7 亿元,占全部房地产开发贷款的 95%;在销售回暖背景下,个人住房贷款增长加快,一、二、三、四季度逐季递增,分别增加 4.7 亿元、5.2 亿元、13.2 亿元和 14.2 亿元。从企业规模看,小微企业贷款增长加快。2012 年,全市新增小微企业贷款 88.6 亿元,占新增企业贷款的 51.4%;小微企业贷款同比增长 21.1%,高于企业贷款增速 5.2 个百分点,高于各项贷款增速 4.3 个百分点。

五是存款同比大幅增长,不稳定性较高。受货币政策微调、贷款派生较多以及储蓄意愿上升等多方面因素影响,2012 年全市存款增长较多,全年新增人民币存款 493.0 亿元,同比多增 117.2 亿元,处于历史次高位置,仅低于 2009 年存款新增量;存款余额同比增长 17.5%,较 2011 年末提高 2.1 个百分点,高于省均水平 2.4 个百分点,位列全省第 2 位,较 2011 年提高 1 位。但与此同时,存款波动幅度明显上升,季节性冲高已成常态,全年单月存款新增额峰谷差达到 241.9 亿元,处于历史最高位置,高于 2011 年的历史次高峰谷差 55.3 亿元。

六是外汇存款同比多增,外汇贷款增势下滑。2012 年,全市新增外汇存款 1.9 亿美元,同比多增 1.5 亿美元;外汇存款余额为 8.7 亿美元,余额同比增长 28.8%,较 2011 年末提高 21.9 个百分点。外汇存款增加较多,主要是资本金到账尚未结汇所致。全年新增外汇贷款 0.5 亿美元,同比少增 0.5 亿美元;年末,全市外汇贷款余额为 5.8 亿美元,余额同比增长 9.3%,较 2011 年末下降 12.8 个百分点。

【金融市场】 证券市场持续低迷,股票交易额大幅减少。2012 年,全市 19 家证券营业部共开设资金账户 33 万户,同比增加 2.7 万户;全年股票交易额 1 727.8 亿元,同比减少 658.8 亿元;当年净流入股市资金 7 亿元,同比减少 4.5 亿元。年末,保证金余额 13.3 亿元,同比减少 2.3 亿元,余额同比下降 14.5%。

保险市场平稳发展,保险赔付大幅增加。2012 年,全市 24 家产险公司、29 家寿险公司累计完成保费收入 74.2 亿元,同比多增 1.2 亿元,保费收入同比增长 1.7%;累计赔付金额 14.3 亿元,同比多增 5.2 亿元,赔付金额同比增长 47.9%。

(周 懿)

扬州市主要经济金融统计

(2008—2012 年)

单位:亿元

项 目	2008 年	2009 年	2010 年	2011 年	2012 年
国内生产总值	1 573.29	1 856.39	2 207.99	2 630.30	2 933.2
第一产业(增加值)	117.47	144.88	159.25	184.54	203.86
第二产业(增加值)	897.71	1 042.03	1 229.34	1 427.87	1 555.78
第三产业(增加值)	558.11	669.48	819.4	1 017.89	1 173.56
全社会固定资产投资	950	1 063.9	1 331.85	1 476.18	1 783.65
地方财政收入	104.83	128.08	167.78	218.08	225.0
地方财政支出	123.08	151.48	193.94	248.98	268.48
社会消费品零售总额	521.3	619	719.5	846.04	967.87
居民消费价格指数(以上年为 100)	104.8	99.9	103.4	105.1	102.6
进出口总额(亿美元)	61.8	54.33	82.4	101.5	102.02
进 口(亿美元)	16.13	14.20	21.83	28.3	20.3
出 口(亿美元)	45.67	40.13	60.57	73.2	81.72
全部金融机构各项存款(余额)	1 583.03	2 101.21	2 471.96	2 860.65	3 365.22
企业存款	472.49	669.78	659.3	1 356.55	1 588.68
财政存款	14.33	23.76	17.87	18.18	21.15
城乡储蓄存款	906.62	1 103.88	1 259.73	1 435.27	1 705.76
全部金融机构各项贷款(余额)	902.26	1 236.17	1 514.88	1 751.50	2 042.98
短期贷款	455	562.64	702.62	865.72	1 098.2
中长期贷款	318.34	555.79	739.76	829.57	869.73
全部保险机构保费收入	43.65	54.08	65.99	72.97	74.2
全部保险机构保险赔款支出(含满期给付)	5.99	7.41	7.96	9.17	14.33
全部保险机构保险密度(元/人)	949.35	1 178.21	1 332.81	1 586.30	1 613.04
全部保险机构保险深度(%)	2.77	2.43	2.99	2.77	2.53

注:全部金融机构各项存款、贷款余额的七项数据(不含财政存款)为本外币并表统计数(含外资金融机构)。

7. 镇 江 市

【概况】 2012 年,针对复杂多变的经济形势,镇江市委、市政府坚持“稳中求进”的总基调,把稳增长放在突出位置,突出企业主体,深入企业开展“三解三促”活动,出台十大帮扶措施,及时帮助企业解决实际问题,有力促进了实体经济发展。全市企业亏损面 11.5%、为全省最低。全年实现地区生产总值 2 630.05 亿元,比上年增长 12.8%;公共财政预算收入 215.5 亿元,增长 18.5%;固定资产投资 1 500.67 亿元,增长 22%;社会消费品零售总额

761.7 亿元，增长 15.7%；利用外资 23 亿美元，增长 27%；进出口总额 114.14 亿美元，增长 13.3%。

民生支出方面，2012 年，九大类民生支出总额 155.6 亿元，同比增长 25.1%，高于公共财政预算支出增幅 9.7 个百分点。创业环境方面，镇江市成为全国首批创业先进城市，成功扶持创业 1.1 万人，城镇登记失业率 2.33%。居民收入方面，城镇居民人均可支配收入 30 640 元，农民人均纯收入 14 750 元，均增长 12.3%。社会保障方面，社会保障体系建设和社会救助工作走在全省前列，被评为"全国慈善七星级城市"。百姓安居方面，新建保障性安居工程 17 979 套、拆迁安置房 219 万平方米。惠民工程方面，推行公交惠民举措，公交票价全省最低；市区建成 10 个菜市场、5 个邻里之家、24 家平价商店；文化惠民活动丰富多彩，全民健身活动扎实开展。

【货币政策】 (1) 深刻领会货币政策内涵，积极提升政策传导成效。一是积极疏通货币政策传导渠道。中国人民银行镇江市中心支行利用专报件、金融分析会、新闻通气会等形式，向政府、经济部门、媒体等宣传金融形势和货币政策预调微调情况。二是认真做好法人机构调控工作。引导法人机构严格执行信贷调控政策，合理控制信贷投放节奏，在月度间合理摆布贷款投放量，力求均衡，对贷款投放不够均衡的机构及时提醒或警示。三是充分发挥政策工具引导作用。按照总分行的货币信贷工作的要求，综合运用差别化准备金、再贴现、再贷款等货币政策工具，引导金融机构主动将信贷行为调整到货币政策的要求上。

(2) 深入实施"民生金融"工程，积极完善重点领域和薄弱环节服务。贯彻落实分行工作部署，结合镇江经济社会发展实际，因地制宜，开展"特色农业金桥贷"工程，深入 8 个镇走访小微企业 586 户，开展 4 场活动，向 236 家中小企业发放贷款 56.35 亿元，有效缓解企业融资问题；开展"小微企业助力贷"工程，向 80 余户农业龙头企业、种植大户发放贷款近 7 亿元；开展"创新创业圆梦贷"工程，发放创业贷款 4.6 亿元。

(3) 着力完善科技金融服务体系，全力推动经济转型升级。2012 年，为突出科技在推动经济转型中的引领作用，提升金融机构对科技金融的重视程度，将科技金融作为年度"行长工程"，并围绕科技金融开展了大量卓有成效的工作。牵头成立由市科技局和市各金融机构分管行长组成的"科技金融创新工程"领导小组，制定《2012 年镇江市"科技金融创新工程"活动实施方案》，要求金融机构加强贷款模式、金融组织、产品和服务等方面创新，完善投资、担保、贷款的联动机制，力争帮助更多高新技术企业、科技型中小企业快速成长。

(4) 加强重点服务，着力保障重点企业发展。一是建立"四项机制"，服务重大项目建设。通过健全重大项目的融资监测、融资对接、金融服务、项目引资四项机制，从项目储备、资金对接、资金落实以及后续监测等环节，为重大项目建设提供坚实的资金保障。二是深入落实"企业服务月"活动，帮助企业解决融资和服务难题。三是深入调研，协调缓解融资困境。了解企业生产状况和项目建设情况，督促主办银行通过与上级行沟通，解决授信以及融资问题。

【金融运行】 (1) 银行融资总量平稳增长，融资方式更为多元化。12 月末，全市银行业金融机构融资总量为 3 038.41 亿元，比年初增加 438.27 亿元，增长 16.86%，其中：贷款增加 292.73 亿元，增长 15.95%；三项或有资产增加 117.39 亿元，增长 16.97%；委托贷款较年初增加 28.15 亿元，同比多增 16.92 亿元，增长 38.70%。

(2) 各项贷款加快增长、结构持续调整优化。全市金融机构牢牢把握"稳中求进"总基调，深入落实"稳增长"各项政策部署，努力扩大信贷投放，全年新增贷款同比多增 71.64 亿元。

(3) 存款增长渐趋乏力，定期化特征继续加深。新增本外币各项存款 429.03 亿元，增幅 17.34%。从季度走势看，存款增长渐趋乏力，一季度增加 272.36 亿元，二季度增加 91.57 亿元，三季度增加 28.86 亿元，四季度增加 36.25 亿元。从期限结构看，存款定期化特征明显，定期存款比年初增加 277.04 亿元，占全部新增存款的 64.57%，较三季度增加 7.8 个百分点。

(4) 金融机构流动性继续回升，资金利率水平总体回落。受存款准备金下调、存贷款基准利率下调以及贷款利率下浮区间扩大累积效应影响，加之央行在公开市场大量释放资金，金融机构贷款利率水平总体回落。一是普通贷款利率(除贴现、外汇与住房贷款外)明显回落。二是票据融资利率降中有升。三是房贷利率显著下降。但是四季度以来，房贷利率小幅走高。

【金融市场】 一是证券市场稳健发展。证券营业机构围绕客户加强合规管理、改进服务质量、提升服务水平、大力推进稳健经营。截至2012年末，镇江纳入中国人民银行统计范围的证券营业网点股票交易额为899.62亿元。

二是保险市场稳步发展。年末拥有保险公司49家，比上年增加2家，其中：财产险公司24家、人寿险公司25家。全年实现保费收入57.9亿元，比上年下降0.1%，其中：财产险14.7亿元，增长11.6%；人身险43.2亿元，下降3.5%。全年保险赔偿与给付支出13.6亿元，比上年增长14.5%，其中：财产险7.3亿元，增长19.7%；人身险6.3亿元，增长8.9%。

三是直接融资规模进一步扩大。传统的直接融资创历史新高，注册债务融资工具65.7亿元，发行企业债76亿元，通过信托和融资租赁融资89亿元。

【金融创新】 全面落实"区域集优"。2012年7月份，"区域集优"发行工作顺利启动。市政府、中国人民银行和中债信公司共同签订《镇江市区域集优直接债务融资合作框架协议》，并与民生银行镇江支行共同签订《中小企业直接债务融资发展基金监管协议》，设立1亿元发展基金，为"区域集优"工作提供机制和资金保障。全面发挥"项目与银行对接"模式效力，深化"金融服务日"活动平台，组织开展金融机构房地产发展对接会、新兴产业示范项目银企对接会等，重点推介符合国家产业政策的重点项目，引导信贷资金向新兴产业等领域有效集聚，以信贷结构调整促进经济转型升级。以直接融资倍增计划为契机，拓展重点企业融资渠道。金融机构积极创新直接融资服务模式，定向支持重点领域发展，华夏银行与新区管委会签订的城市发展基金正式启动，首期33亿元资金已募集到位。

【开展"刷卡无障碍示范街"推广宣传活动】 11月2日，中国人民银行句容市支行与当地农村金融机构在处于城乡结合部、小商品交易活跃的华阳镇农民街联合开展了"刷卡无障碍示范街"和银行卡助农服务支付结算业务现场宣传活动，向沿街商户、过往群众发放银行卡、电子商业汇票、网上跨行支付等方面的宣传资料，普及银行卡办理、使用和风险防范常识，现场讲解演示银行卡助农取款查询、取现等业务的操作流程，重点突出通过助农取款支取惠农补贴、外地务工汇款等资金的便利、优惠等优势。

（王卉茹）

镇江市主要经济金融统计

（2008—2012年）

单位：亿元

项　　目	2008年	2009年	2010年	2011年	2012年
国内生产总值	1 408.14	1 672.08	1 956.64	2 310.4	2 630.1
第一产业(增加值)	51.08	75.92	81.58	100.41	116.7
第二产业(增加值)	843.4	972.21	1 124.52	1 274.23	1 419.5
第三产业(增加值)	513.66	623.95	750.54	935.76	1 093.8
全社会固定资产投资	718.50	1 010.57	1 327.08	1 223.45	1 500.7
地方财政收入	233.20	296.35	381.5	531.27	530.86
地方财政支出	172.16	231.27	298.22	425.14	424.86
社会消费品零售总额	410.21	488.5	559.52	658.07	761.7
居民消费价格指数(以上年为100)	105.00	99.6	103.7	105	102.4
进出口总额(亿美元)	74.61	60.4	81.54	100.75	114.1
进　口(亿美元)	32.08	25	34.03	44.56	36.8
出　口(亿美元)	42.52	35.4	47.51	56.19	77.4
全部金融机构各项存款(余额)	1 285.72	1 814.16	2 242.89	2 474.45	2 903.48
企业存款	376.92	591.72	632.87	1 307.46	1 506.74
财政存款	5.70	7.77	13.29	13.97	16.82
城乡储蓄存款	693.35	855.39	1 002.51	1 115.64	1 308.93

（续表）

项　　目	2008年	2009年	2010年	2011年	2012年
全部金融机构各项贷款(余额)	965.66	1 348.25	1 617.07	1 835.5	2 128.23
短期贷款	513.20	665.34	807.33	993	1 256.13
中长期贷款	357.61	547.74	725.68	809.01	826.78
现金投放(＋)回笼(－)	96.16	110.20	141.61	—	—
全部保险机构保费收入	32.85	40.76	54.04	57.92	57.85
全部保险机构保险赔款支出(含满期给付)	9.25	10.52	9.6	11.86	13.58
全部保险机构保险密度(元/人)	1 216.52	1 455.6	1 930.5	2 130.3	1 839.43
全部保险机构保险深度(%)	2.31	2.58	3.42	2.5	2.2

注：全部金融机构各项存款、贷款余额的七项数据为本外币并表统计数(含外资金融机构)。

8. 泰　州　市

【概况】 2012年，泰州市实现地区生产总值2 701.67亿元，增长12.5%。其中，第一产业增加值191.75亿元，增长4.4%；第二产业增加值1 434.53亿元，增长13.1%；第三产业增加值1 075.39亿元，增长13%。全市完成规模以上工业总产值7 107.39亿元，增长19.8%；完成规模以上工业增加值1 737.58亿元，增长15.7%。全市规模以上工业实现主营业务收入、利税总额、利润总额分别为6 824.6亿元、858.14亿元和519.94亿元，分别增长19.1%、23.5%和21.4%。完成全社会固定资产投资1 454.59亿元，增长21.5%。全年实现财政总收入627.95亿元，增长0.8%；其中公共财政预算收入233.25亿元，增长7%。全年实现进出口总值103.7亿美元，下降6.5%。其中：出口总额为69.47亿美元，下降7.1%；进口总额34.23亿美元，下降5.2%。1—12月份，实际到账注册外资14.5亿美元，增长2.3%。全市完成社会消费品零售总额737.6亿元，增长14.3%。2012年，全市城镇居民人均可支配收入为26 574元，增长12.6%；农民人均现金收入12 493元，增长13.1%。

【货币政策】 强化窗口指导，实现货币政策落实与地方经济发展的有效结合。中国人民银行泰州市中心支行推动市政府出台《关于进一步改善中小微企业发展环境的实施意见》，切实解决小微企业资金周转难题。会同市财政局、审计局、科技局共同发布《泰州市科技贷款风险补偿专项资金管理办法》，加大对科技型中小企业的金融支持。会同市人社局、财政局出台《关于进一步明确小额担保贷款相关政策助推全民创业就业的通知》，强化劳动密集型小企业贷款激励机制。先后下发了《关于进一步深入推进中小企业“授信扩面”劳动竞赛活动的通知》、《关于印发“城乡居民创业金融服务计划”实施方案的通知》、《泰州市专利权质押贷款管理办法》等文件，引导各金融机构调优信贷工作机制，促进中小企业融资便利化，大力实施“城乡居民创业金融服务计划”、“直接债务融资翻番计划”等重点工作。

加强货币政策工具管理，认真贯彻落实稳健货币政策。一是用好差别准备金动态调整工具，引导信贷合理增长。针对辖区“三农”、小微企业贷款需求旺盛的现状，加大货币政策执行的针对性和灵活性，全年调增信贷规划16.4亿元。12月末，法人金融机构完成信贷规划的99.35%。姜堰农商行与兴化农商行涉农贷款新增占比分别为94%与96.85%，江苏长江商业银行小微企业贷款新增占比94.95%。二是用好再贷款、再贴现指标，推进商业承兑汇票。全年向金融机构发放再贷款3亿元，累计发放再贴现资金29.86亿元，同比增加7.21亿元，惠及中小企业230家。进一步加大商业承兑汇票推广力度，泰州辖内已有参与银行9家，签发企业数升至187家，累计签发商业承兑汇票499笔，金额为61.31亿元。三是夯实利率市场化微观基础。做好人总行两次调整人民币存贷款基准利率工作，引导农村法人金融机构加强利率市场化微观定价机制建设。在高港、姜堰举办业务培训，指导新设金融机构、小额贷款公司进一步加强利率监测。

加强金融市场管理，推进债务融资工具。一是加强法人金融机构同业拆借业务和债券业务的管理。根据《同业拆借管理办法》，做好辖内姜堰农商行同业拆借限额调整工作，向分行请示调增其最高拆入、拆出资金限额10.4亿元。二是“区域绩优”工作成效明显。制定了《泰州市“区域集优”企业直接债务融资方案》，形成专报信息上报市政府，得到市政府领导批示，推动落实直接债务融资偿债基金5 000万。三是直接债务融资发行量再上台阶。至12月末，全市在银行间市场直接债务融资的企业有6家，注册金额65亿元，发行余额43亿元。

【金融运行】　12月末，全市本外币各项贷款余额2 080.66亿元，比年初增加276.21亿元。其中，人民币各项贷款余额为2 007.97亿元，比年初增加282.63亿元；外汇贷款余额115 643万美元，比年初下降9 912万美元。

信贷市场格局转变，法人金融机构成为新增贷款主力。1—12月，法人金融机构新增贷款102.65亿元，占全市新增贷款总量的37.16%，同比提高6.89个百分点；国有商业银行新增贷款62.81亿元，占比22.74%，同比下降7.55个百分点；股份制商业银行新增贷款100.59亿元，占比36.42%，同比提高1.79个百分点。前三季度贷款增量构成中，地方法人金融机构占比45.57%，成为拉动贷款增长的主力。

中长期贷款增幅下降，票据融资冲高回落。1—12月，全市中长期贷款新增45.04亿元，同比少增52.45亿元，占新增贷款总额的16.31%，同比下降18.96个百分点。面对未来经营的不确定性以及经营成本的增加，企业对固定资产投资更趋谨慎。1—12月，票据融资增长35.33亿元，同比多增26.13亿元。受各家机构规模收紧及同业代付表外转表内等因素影响，12月当月票据融资大幅下降18.4亿元。

制造业、涉农贷款稳步增长。1—12月，制造业新增贷款(不含票据融资)98.82亿元，占新增贷款(不含票据融资)的41.02%。第四季度以来工业贷款投放速度加快，10、11月新增工业贷款占全年新增的32.7%，说明国家稳增长的政策效应在贷款层面有所显现。1—12月，涉农贷款新增166.8亿元，占新增贷款总量的60.39%。

小微企业贷款实现强劲增长。2012年通过开展中小企业信贷服务“225”工程，有效提升了中小企业的金融服务水平，实际体现了中小企业客户群的培育壮大。1—12月，全市新增小微企业贷款116.84亿元，增速20.91%，高出全部企业贷款增速4.83个百分点。新增小微企业贷款占全部企业贷款增量的59.14%，较上半年末高10.22个百分点。

房地产贷款低速增长。房地产开发延续了2011年以来的低位增长态势。1—12月，全市新增房地产贷款33.07亿元，同比少增21.08亿元，增幅9.18%，同比下降8.52个百分点。其中房产开发贷款较年初新增6.26亿元，同比多增0.73亿元。个人住房贷款较年初新增31.45亿元，同比少增11.31亿元。

【金融市场】　截至2012年末，全市资金账户数为253 439户，同比多增20 489户；其中：股票交易额1 102.3亿元，债券交易额5.2亿元；全市在银行间市场直接债务融资的企业有6家(新扬子造船、三福船舶、江山制药、口岸船舶、交通产业集团、华信药业)，注册金额65亿元，发行余额43亿元。

截至2012年底，全市共有保险公司51家，其中财产险公司23家，人身险公司28家。2012年，全市保险业累计实现保费69.88亿元，同比下降3.06%，其中：财产险保费收入18.14亿元，同比增长15.54%；人身险保费收入51.74亿元，同比下降8.25%。累计赔款及给付18.34亿元，同比增长8.20%，其中：财产险赔付8.96亿元，同比增长15.02%；人身险理赔及给付9.38亿元，同比增长2.40%。

【金融创新】　2012年，中国人民银行泰州市中支大力实施“民生金融创新利民”工程，支持经济薄弱环节。一是全面实施“城乡创业贷款”模式。联合市人社局、财政局在全市实施“城乡居民创业金融服务计划”，小额担保贷款在10月中旬实现累放额超10亿元，提前实现年底目标。创新推出以“商业化定价、财政贴息”为特点的“城乡创业贷款”模式，长江商业银行等累计发放“城乡创业贷款”5 100万元。二是深化大学生村官“金种子培育计划”。指导全市农商行建立“创业辅导＋金融知识普及＋信用示范创建＋信贷支持服务”模式，推广大学生村官农村金融服务站。12月末，大学生村官创业贷款余额480万元，成功帮助38名大学生村官创业、500多户农民就业。三是深化农民合作经济组织“融资通达工程”工作。继续发挥“融资通达工程”的平台作用，加大对各类农村合作组织的信贷投入。12月末，全市农民合作经济组织贷款余额7.36亿元，累计为258户农民合作经济组织和4 000多名组织内成员发放了19.8亿元贷款。

【医药高新区银企对接】 11月30日，中国人民银行泰州市中心支行联合泰州市经信委、医药高新区召开泰州市医药高新区银企对接暨签约仪式会。泰州中支联合金融机构与相关企业就信贷重点支持项目进行了洽谈对接，共涉及企业41家、需求资金51.7亿元，其中合同性贷款22.3亿元，意向性贷款29.4亿元。28家企业与15家银行进行现场签约，签约金额达20.46亿元，涉及电子信息、新材料、生物医药、光机电一体化、资源与环境等多个行业。

11月30日，泰州市举办医药高新区银企对接暨签约仪式大会

（周海静）

泰州市主要经济金融统计

（2008—2012年） 单位：亿元

项　目	2008年	2009年	2010年	2011年	2012年
国内生产总值	1 394.2	1 651.02	2 002.58	2 420	2 701.67
第一产业(增加值)	109	133.70	148.45	172	191.75
第二产业(增加值)	808.6	936.56	1 125.58	1 318	1 434.53
第三产业(增加值)	476.6	580.76	728.28	930	1 075.39
全社会固定资产投资	900.51	1 166.2	1 538.03	1 197.65	1 454.59
地方财政收入	262.31	343.84	456.37	623.3	627.95
地方财政支出	183.36	256.15	341.88	473.69	499.65
社会消费品零售总额	395.73	469.89	550.29	645.27	737.6
居民消费价格指数(以上年为100)	104.8	99.7	103.8	103.9	108.0
进出口总额(亿美元)	63.42	58.2	85.84	110.88	103.7
进　口(亿美元)	14.55	16.04	27.07	36.1	34.23
出　口(亿美元)	48.87	42.15	58.77	74.78	69.47
全部金融机构各项存款(余额)	1 417.88	1 916.3	2 359.79	2 632.69	3 076.17
企业存款	376.66	595.39	611.57	1 278.43	1 456.25
财政存款	10.3	13.50	12.74	6.59	8.52
城乡储蓄存款	828.35	1 001.9	1 164.18	1 311.6	1 550.76
全部金融机构各项贷款(余额)	803.05	1 204.99	1 531.07	1 804.45	2 080.66
短期贷款	475.84	630.79	819.58	1 034.68	1 229.65
中长期贷款	244.94	449.7	616.36	713.86	758.89
全部保险机构保费收入	40.24	49.21	66.7	72.09	69.88
全部保险机构保险赔款支出(含满期给付)	13.01	13.07	12.43	16.95	18.34
全部保险机构保险密度(元/人)	803.19	982.24	1 322	1 430	1 378
全部保险机构保险深度(%)	2.89	2.9	3.33	3	2.6

注：全部金融机构各项存款、贷款余额的七项数据为本外币并表统计数(含外资金融机构)。

(三) 浙江省金融概览

【概况】 2012年，浙江省生产总值34 606亿元，比上年增长8.0%。其中，第一产业增加值1 670亿元，第二产业增加值17 312亿元，第三产业增加值15 624亿元，分别增长2.0%、7.3%和9.3%。三次产业增加值结构调整为4.8∶50.0∶45.2，产业结构趋向合理。

工业经济增长趋稳，结构调整成效显著。全年规模以上工业增加值10 875亿元，比上年增长7.1%，轻、重工业增加值分别为4 705亿元和6 170亿元，分别增长8.0%和6.6%。其中，国有及国有控股工业企业增加值1 854亿元，增长2.6%。规模以上工业销售产值56 903亿元，增长5.9%。规模以上工业企业完成出口交货值11 064亿元，增长1.3%；出口交货值占销售产值的比重为19.4%，比上年下降0.9个百分点。规模以上工业新产品产值13 460亿元，比上年增长13.1%，高于工业总产值增幅6.5个百分点；新产品产值率23.0%，比上年提高1.3个百分点。制造业中，高新技术产业增加值2 626亿元，增长9.9%，占规模以上工业的比重为24.1%，比上年提高0.3个百分点。汽车产量为33.0万辆，增长7.7%，其中轿车产量为26.5万辆，下降2.3%。全年规模以上工业企业实现利润2 900亿元，比上年下降6.1%。其中，国有及国有控股企业453亿元，下降2.9%；股份制企业313亿元，下降17.7%；外商及港澳台投资企业834亿元，下降12.4%；私营企业1 060亿元，下降1.8%。工业企业产品销售率97.4%，比上年下降0.6个百分点。

投资增速基本稳定，消费结构持续优化。2012年，浙江省及时出台一系列稳增长、扩投资措施。固定资产投资增速稳步回升，同比增长21.4%，增幅高于全国水平0.8个百分点；制定并实施支持浙商创业创新政策，浙商回归引进项目1 426个，到位资金1 298亿元，同比增长43%。投资结构调整取得新进展；战略性新兴产业、高新技术产业和装备制造业占规模以上工业投资的比重均有所上升；民间投资同比增长22.5%，占全部固定资产投资的61.9%，比重较上年提高0.6个百分点，对固定资产投资的贡献率为66%。消费市场呈现平稳增长态势。2012年，全省社会消费品零售额实际增长11.4%。食品、衣着类消费快速增长，居住类、家用电器和音像器材、汽车消费增长有所趋缓。新兴业态零售快速增长，2012年全省网络零售额同比增长89.5%，占全国的16.2%，占比较上年上升3.2个百分点。

进出口增速明显回落，引进外资质量提高。2012年，受世界经济增长低迷，欧美日等主要出口市场需求疲软，贸易保护主义抬头等不利因素影响，全省进出口贸易增速大幅下滑。进出口总额3 122.4亿美元，同比增长0.9%。出口2 245.7亿美元，同比增长3.8%，增速较上年下降16.1个百分点；进口876.7亿美元，同比下降5.8%；贸易顺差1 369亿美元。2012年，全省新设外商投资企业1 597家，实际利用外商直接投资130.7亿美元，同比增长12.0%，增速较上年加快6个百分点。引进外资质量进一步提高，新批准世界500强企业投资项目28个，单个投资项目金额超过5 000万美元。投资结构持续优化，其中高技术行业新批项目数和实际利用外资分别占总数的10.3%和6.8%，现代服务业实际利用外资同比增长19.7%。

财政收支增速回落，支出结构继续优化。2012年，全省地方公共财政预算收入3 441.2亿元，同比增长9.2%，增速较上年回落11.6个百分点。从走势看，上半年地方公共财政预算收入同比增幅持续回落，6月份降至4.4%的全年最低点，下半年逐渐回升。营业税、增值税、企业所得税分别增长16.1%、9.9%和7.7%，对地方公共财政预算收入贡献率为80.2%，个人所得税同比下降3.6%。全省地方公共财政预算支出4 161.9亿元，同比增长8.3%，较上年回落11.5个百分点。教育、医疗卫生、社会保障与就业、住房保障等民生领域支出合计2 648.1亿元，占总支出的55.5%，较上年提高了1.1个百分点，支出结构进一步优化。

居民收入稳步增长，物价涨幅平稳回落。2012年，全省城镇居民人均可支配收入34 550元，连续12年居全国各省(区)第一，比全国平均水平高出40.6%。农村居民人均纯收入14 552元，连续28年居全国各省(区)第一,比全国平均水平高出近1倍。扣除价格因素,城镇居民和农村居民收入分别同比增长9.2%和8.8%,高于全省地区生产总值增速。衢州、丽水、舟山等欠发达地区和海岛地区加快发展,居民收入增速高于全省平均水平。居民消费价格涨幅回落。2012年,全省居民消费价格同比上涨2.2%,比上年降低3.2个百分点,年中连续11个月下降。八大类消费品及服务项目价格六涨二跌,其中食品类价格上涨5.3%,成为推动居民消费价格上升的首要因素,交通和通信、娱乐教育文化用品类价格分别下跌0.3%和0.6%。工业品价格有所回落。2012年,全省工业生产者出厂价格和购进价格同比分别下降2.7%和3.3%,而上年分别为上涨5.5%和8.3%。1—8月工业品价格降幅持续加大,受经济回暖影响,9月以后有所回升。

【金融运行】 2012年,浙江省金融运行平稳,融资结构持续改善,各项改革深入推进,金融对实体经济发展和转型升级的支持力度不断加大。

存款增长放缓,新增存款波动明显。2012年,年末全部金融机构本外币各项存款余额66 679亿元,比上年末增长9.5%,其中人民币存款余额增长8.6%。年末个人本外币储蓄存款余额26 902亿元,比上年末增长12.4%。全省累计新增本外币存款5 789.6亿元,同比少增717.6亿元;全年增速同比下滑2.5个百分点。从结构看,单位存款新增2 402.2亿元,同比少增574.5亿元;个人存款新增2 963.4亿元,同比少增295.9亿元;财政性存款新增79.9亿元,同比多增27.4亿元。与沿海六省市相比,浙江省全年存款增量与增速均居第5位,比上年同期分别下降1位和2位。

贷款增长合理适度,信贷投向重点突出。2012年,全省累计新增本外币贷款6 266.7亿元,同比少增214.8亿元。分结构看,信贷投向重点突出,对实体经济和中小企业支持力度进一步加大。一是实体经济成为信贷投放的重点领域。2012年,全省制造业本外币贷款新增2 083.9亿元,余额同比增长11.9%,高于同期贷款增速0.1个百分点;批发和零售业本外币贷款新增1 125.8亿元,余额同比增长23.6%,高于同期贷款增速11.8个百分点。用于企业流动资金的短期贷款增速较快。2012年末,全省短期贷款同比增长14%,增速高于中长期贷款8.9个百分点。二是中小企业贷款保持快速增长。2012年,全省中小微企业贷款新增3 466.9亿元,占全部企业贷款增量的81.9%,比重分别比一季度、二季度和三季度提高5.7、1.6和0.7个百分点;其中,新增小型和微型企业贷款分别达到1 356.2亿元和155.7亿元,合计占企业贷款增量的35.7%,比三季度提高0.1个百分点。三是合理控制房地产贷款。2012年,金融机构严格执行各项房贷政策,全省新增房地产开发贷款539.8亿元,余额同比增长7%,新增购房贷款359亿元,余额同比增长5.7%,分别低于全部贷款增速4.8和6.1个百分点。

贷款利率下行,民间借贷量缩价跌。全省一般性贷款加权平均利率逐季走低,四个季度利率分别为7.99%、7.89%、7.26%和7.16%。利率重心下移,利率上浮贷款占比为78.7%,较上年末下降4.3个百分点。由于部分企业经营效益下滑,投资品市场热度降低,市场主体借贷行为趋于谨慎,民间借贷逐步降温,监测的民间借贷量缩价跌,四季度利率较年初下降1.03个百分点。

【金融市场】 2012年,浙江资本市场、保险市场稳步发展。上市融资依然活跃但规模有所萎缩,证券期货业稳步发展;保险市场体系日益完善,规模和效益平稳增长,保障功能有效发挥。

资本市场。上市公司融资有所萎缩。2012年,全年新增境内上市公司20家,全省共有境内上市公司246家,居全国第二位,总市值为11 126.11亿元,累计融资2 786亿元。其中,中小板块上市公司119家,占全国中小板上市公司总数的17%,居全国第二位,总市值为5 189.31亿元;创业板上市公司36家,占全国创业板上市公司总数的10.1%,总市值为1 078.82亿元,居全国第四位。资本市场累计融资338.2亿元,较上年减少220.4亿元。其中,IPO融资142.2亿元,较上年减少206亿元。上市公司治理机制更趋完善。资本市场体系不断丰富,浙江省股权交易中心挂牌成立。2012年,全省证券经营机构代理交易额88 719.7亿元,实现手续费收入50.7亿元,利润总额16.3亿元。

证券期货业稳步发展。2012年末,全省法人证券公司3家,证券营业部385家,证券投资咨询机构4家。证券经营机构全年累计代理交易额8.9万亿元,实现利润16.3亿元。各法人证券公司继续推动证券经纪业务转型和产品创新。期货业发展总体平稳，期货经营机构代理交易额 39.2 万亿元，实现利润 8.0 亿元，同比增长 22.4%。

保险市场。市场体系日益完善。截至 2012 年末，全省共有各类保险机构 112 家，行业从业人员 18.7 万人，新增保险市场主体 3 家。保险机构、中介机构、行业社团共同发展的市场格局更趋成熟。

规模和效益平稳增长。2012 年，全省保险公司资产规模同比增长 15.5%，保费收入同比增长 12.0%。其中，财产险保费收入增长 14.8%，人身险保费收入增长 9.7%。保险业经营效益继续保持平稳较快增长，财产险公司利润总额 23.5 亿元，居全国第三位。法人机构偿付能力有所改善，投资收益情况良好。

保障功能有效发挥。政策性农业保险平稳推进，参保规模提升，新险种开发加快，全年共为 211 万户参保农户提供 319 亿元的农业自然灾害风险保障。政策性农房保险实现承保全覆盖，参保率 98.5%，1.9 万户农户获得赔款 6 735 万元。出口信用保险保障作用有效发挥，企业通过保险追偿、赔付挽回损失 1.9 亿美元。

（宋　玮）

1. 杭　州　市

【概况】 2012 年，杭州市实现地区生产总值(GDP)7 803.98 亿元，按可比价格计算，比上年增长 9.0%。其中：第一产业增加值 255.93 亿元，第二产业增加值 3 626.88 亿元，第三产业增加值 3 921.17 亿元，分别增长 2.5%、8.5%和 10.1%。按常住人口计算的人均 GDP 达到 88 985 元，增长 8.4%。按国家公布的 2012 年平均汇率折算，达到 14 097 美元。三次产业结构由上年的 3.3∶47.4∶49.3 调整为 3.3∶46.5∶50.2，三产占比首次超过 50%。

工业保持平稳增长。全市实现工业增加值 3 190.32 亿元，按可比价计算增长 9.1%。实现全部工业销售产值 15 359.27 亿元，其中规模以上工业销售产值 12 723.67 亿元，增长 7.2%。规模以上工业实现高新技术产业销售产值 3 454.85 亿元，增长 10.2%，实现新产品产值 3 175.29 亿元，增长 15.9%，新产品产值率由上年的 22.8%提高到 24.6%。

固定资产投资结构优化。全市完成固定资产投资 3 722.75 亿元，比上年增长 20.1%。从产业投向看，第一产业投资 4.27 亿元，下降 44.5%；第二产业投资 853.16 亿元，增长 14.0%，其中工业投资 851.87 亿元，增长 14.0%；第三产业投资 2 865.33 亿元，增长 22.3%。

对外贸易有所下降。全市完成外贸进出口总额 616.83 亿美元，比上年下降 3.6%。其中进口总额 204.22 亿美元，下降 9.0%；出口总额 412.62 亿美元，下降 0.6%(不含省属出口 348.05 亿美元，增长 1.1%)，其中，对欧盟市场出口下降 11.7%；对美国出口增长 2.6%；对东盟、拉美、非洲和俄罗斯等新兴及周边市场出口保持较快增长，共计出口总额 96.9 亿美元，增长 9.8%，占出口总额的比重由上年的 21.3%提高至 23.5%。

财政收支基本平衡。全年完成财政总收入 1 627.89 亿元，比上年增长 9.3%，其中地方财政一般预算收入 859.99 亿元，增长 9.5%。全年地方财政支出 786.28 亿元，比上年增长 5.2%。

居民收入持续增长。全年市区城镇居民人均总收入 41 842 元，剔除个人所得税、社会保障支出后的人均可支配收入 37 511 元，增长 10.1%，扣除价格上涨因素后，实际增长 7.4%。农村居民人均纯收入 17 017 元，比上年增长 11.6%，扣除价格因素，实际增长 8.9%。

物价涨幅持续收窄。市区居民消费价格总水平比上年上涨 2.5%，涨幅低于上年 2.3 个百分点，八大类商品和服务项目价格指数除交通和通讯之外均有所上升，但涨幅较低。

【金融运行】 2012 年，杭州市金融机构认真贯彻稳健的货币政策，继续扩大信贷规模，着力优化信贷结构，加大对经济社会重点领域和薄弱环节的支持力度，更好地服务于实体经济发展和产业转型升级，同时金融业保持快速发展的良好势头。金融服务业实现增加值 820 亿元，增长 10.1%。

存款保持较快增长。全市金融机构本外币各项存款余额 20 148.77 亿元，比年初增加 1 752.57 亿元，同比增长 9.52%。其中，单位存款余额 12 644.93 亿元，较年初新增 993.20 亿元，同比多增 305.24 亿元，余额同比增长 8.56%；个人存款余额 6 273.92 亿元，较年初增加 537.25 亿元，同比少增 193.82 亿元，余额同比增长 9.37%。个人存款同比少增与投资渠道增多有关，在存款实际负利率的背景下，理财产品的快速发展和大力营销，对个人存款具有较大的分流效应。此外，股市、贵金属市场、收藏品市场甚至民间借贷对个人存款都造成了一定的分流。

贷款增长稳中趋缓。全市本外币各项贷款余额18 090.90亿元，比年初增加1 512.42，余额同比增长9.15%，增速比上年同期下降2.02个百分点。其中，个人贷款(短期和中长期合计)余额为3 559.12亿元，较年初增加340.88亿元，同比增长7.13%；单位普通贷款(短期和中长期合计)余额为11 699.63亿元，较年初累计新增504.37亿元；受票据市场利率持续走低的影响，全市票据融资发展很快，票据融资余额达到449.25亿元，较年初新增192.66亿元，同比增长75.08%，较上年同期多增203.59亿元。贷款稳中趋缓的主要原因：一是外需下降明显、国内经济形势不明朗等因素导致企业投资意愿降低；二是直接融资和表外融资等渠道的拓展也相对减少了对银行贷款的需求。

信贷结构总体合理。从期限结构来看，截至2012年末，全市本外币短期贷款余额8 748.39亿元，较年初增加845.78亿元，余额同比增长10.07%；中长期贷款余额8 272.12亿元，较年初增加265.85亿元，余额同比增长3.96%。从投向结构来看，一是持续支持实体经济发展，制造业贷款新增234.72亿元，批发零售业贷款新增310.31亿元，二者占全部新增贷款的36%。二是不断加大中小微企业的支持力度。2012年，全市大型企业新增贷款184.77亿元，中型企业新增贷款350.70亿元，小型企业新增贷款156.29亿元，微型企业新增贷款40.62亿元，中小微型企业新增贷款占全部新增贷款的74.8%。三是合理控制房地产贷款。各金融机构严格执行各项房贷政策，房地产贷款增长平缓。2012年，全市房地产贷款余额3 591.63亿元，较年初新增310.24亿元，同比增长9.45%。其中，房地产开发贷款余额1 262.73亿元，较年初增加204.38亿元；购房贷款余额2 328.90亿元，较年初增加105.86亿元，其中个人购房贷款新增86.55亿元。

【金融市场】 2012年杭州市资本市场、保险市场发展势头良好，上市融资和二级市场交易活跃；保险业保费收入稳步增长，保险保障范围不断拓宽。

金融机构不断增加。截至2012年末，金融机构达到310家，其中外资金融机构28家，分别比上年增长6.2%和7.7%。此外，杭州市还拥有各类股权投资机构425家。

上市融资持续推进。2012年，新增上市公司6家，募集资金52.62亿元。至年末，上市公司累计98家，实现上市融资972.5亿元。

保险市场稳步发展。2012年，保费收入247.92亿元，比上年增长17.4%，其中，财产险保费收入113.36亿元，增长17.8%，人身险保费收入134.56亿元，增长17.1%。共支付各类保险赔款85.41亿元，增长36.9%，其中财产险62.08亿元，增长37.2%，人身险23.32亿元，增长36.0%。

【金融创新】 2012年，杭州辖内金融机构不断创新金融产品和服务方式，支持小微企业和实体经济发展。一是创新抵押贷款产品。全市银行业针对中小企业融资难问题，不断拓宽抵押物范围，根据不同行业的特征，知识版权、订单、合同、股权等无形资产都可以拿来申请银行贷款。2012年7月，浙江华人卡通有限公司通过质押木偶剧的版权证，从杭州银行获得了200万元的贷款。杭州科技节能有限公司凭借一个几百万的订单，从杭州银行获得了280万元的贷款。二是创新服务方式。2012年，中国农业银行浙江省分行推出了小微企业特色产品“杭州商宝”，在前期签约的基础上，企业主发个短信就能实时收到贷款。更为普遍的创新方式则是借助网上银行实现24小时自助提款和还款。此外，银行业金融机构创新还款方式，帮助小微企业实现贷款的无缝对接。杭州银行推出“小微循环贷款”，招商银行杭州分行推出了授信期限最长10年、分20年按揭还款的新模式和个性化的本金归还计划等。

为推动新型城镇化发展，杭州市人民政府、人行杭州中心支行、浙江省银监局、浙江省证监局、浙江省保监局根据上年发布的《关于加快杭州市中心镇金融服务业发展的实施意见》下达了2012年度杭州市中心镇金融服务业发展项目的通知，要求辖内各相关政府部门和在杭金融机构认真组织实施。此外，杭州市人民政府办公厅印发了《杭州市金融创新奖评选办法的通知》，鼓励在杭金融机构加大金融创新力度，促进金融业发展，增强服务经济社会的能力。

（邓舒仁）

杭州市主要经济金融统计

(2008—2012年)　　单位:亿元

项　目	2008年	2009年	2010年	2011年	2012年
国内生产总值	4 781.16	5 098.66	5 945.82	7 011.80	7 803.98
第一产业(增加值)	178.64	190.25	207.96	236.07	255.93
第二产业(增加值)	2 389.38	2 434.89	2 844.47	3 322.15	3 626.88
第三产业(增加值)	2 213.14	2 473.52	2 893.39	3 453.58	3 921.17
全社会固定资产投资	1 961.72	2 291.65	2 753.13	3 105.16	3 722.75
地方财政收入	455.35	520.79	671.34	1 488.92	859.99
地方财政支出	419.67	490.40	616.58	747.50	786.28
社会消费品零售总额	1 558.38	1 804.93	2 146.08	2 548.36	2 944.63
居民消费价格指数(以上年为100)	104.9	98.6	103.9	104.8	102.5
进出口总额(亿美元)	480.65	404.17	523.55	639.72	616.83
进　口(亿美元)	144.51	132.37	170.18	244.50	204.22
出　口(亿美元)	336.14	271.80	353.37	415.21	412.62
全部金融机构各项存款(余额)	11 333.35	14 284.21	17 084.35	18 396.57	20 148.77
企业存款	4 690.71	6 728.99	7 936.54	11 648.10	12 644.93
财政存款	388.44	446.51	470.61	427.18	478.97
城乡储蓄存款	3 476.59	4 223.58	4 932.87	5 547.48	6 089.98
全部金融机构各项贷款(余额)	10 069.03	13 113.30	15 078.73	16 573.74	18 090.90
短期贷款	4 796.81	5 595.02	6 500.78	7 947.96	8 748.39
中长期贷款	4 413.89	6 227.99	7 609.84	7 956.66	8 272.12
全部保险机构保费收入	146.21	159.69	202.94	211.10	247.92
全部保险机构保险赔款支出(含满期给付)	47.79	49.90	48.98	62.39	85.41
全部保险机构保险密度(元/人)	2 167	2 375	2 417	3 034	3 539
全部保险机构保险深度(%)	3.06	3.13	3.41	3.01	3.18

注:全部金融机构各项存款、贷款余额的七项数据为本外币并表统计数(含外资金融机构)。

2. 宁　波　市

【概况】 2012年宁波市经济总体呈"缓中趋稳、稳中有升"态势,实现地区生产总值6 524.7亿元,按可比价计算,同比增长7.8%。其中,第一产业实现增加值270.0亿元,同比增长1.6%。第二产业增加值3 516.7亿元,增长6.0%,第三产业完成增加值2 738.0亿元,增长10.9%。

投资较快增长。全年完成固定资产投资2 901.4亿元,增长21.6%。其中,民间投资完成1 306.8亿元,增长13.9%;基础设施投资850.1亿元,增长21.9%;工业投资817.2亿元,增长22.3%;房地产开发投资884.4亿元,同比增长17.1%。

消费增势见快。全市社会消费品零售总额2 329.3亿元,增长15.4%,增速比上半年提高1.4个百分点。其中,限额以上服装类、食品类商品零售额增长23.2%,成为消费增长的中坚力量,汽车零售额增长4.8%,同比回落6.2个百分点。

出口低位徘徊。全市外贸进出口总额、出口和进口分别为965.7亿美元、614.4亿美元和351.3亿美元,同比分别减少1.6%、增长1.0%和减少

5.9%。其中，出口增速呈低位趋稳态势。

居民收入较快增长。全年市区居民人均可支配收入37 902元，同比增长11.3%。全市农村居民人均纯收入18 475元，同比增长11.8%。

财政收入平稳增长。全市实现公共财政预算收入1 536.5亿元，同比增长7.3%，其中地方财政一般预算收入完成725.5亿元，增长10.3%。全市完成公共财政预算支出828.4亿元，增长10.4%。

工业利润同比减少。全市规模以上工业企业实现利税1 057.5亿元、利润520.3亿元，分别减少8.3%和15.2%，降幅比上半年分别缩小15.5个和22.1个百分点。

【金融运行】 融资总量快速增长。2012年度全市社会融资规模1 795.19亿元，比上年同期多79.07亿元。其中：金融机构本外币贷款新增1 287.79亿元，同比多增0.23亿元；银行表外融资（委托贷款、信托贷款和银行承兑汇票）新增244.81亿元，同比多增0.21亿元；直接融资（企业债券和股票融资）新增180.03亿元，同比多增51.93亿元；其他融资（投资性房地产、保险公司赔偿与其他等）新增82.56亿元，同比多增26.71亿元。

融资结构调整优化。一是银行表内融资占比有所下降，全市新增本外币贷款占比71.74%，比上年同期下降3.29个百分点。二是银行表外融资比重略有回落。全市金融机构表外融资占比为13.64%，比上年同期回落0.62个百分点。三是直接融资比重略有提高。全市直接融资占社会融资规模比重为10.03%，比上年同期提高2.56个百分点。四是其他融资比重有所上升。全市其他融资占社会融资规模比重为4.60%，比上年同期提高1.34个百分点。

存贷比依然高企。截至12月末，宁波市金融机构本外币存款余额11 980.50亿元，全年新增1 321.65亿元，同比多增419.54亿元，增长12.40%；本外币贷款余额11 961.01亿元，全年新增1 285.75亿元，同比多增22.55亿元，增长12.03%。12月末，余额、增量存贷比均接近100%，分别为99.84%、97.28%。

信贷投向重点突出。一是企业生产经营资金需求得到较好满足。12月末，单位经营贷款余额5 085.87亿元，全年新增541.73亿元，同比多增16.20亿元。二是外向型经济得到有效支持。12月末，贸易融资余额836.15亿元，新增191.90亿元，同比多增15.04亿元。三是个人住房贷款增长较快。12月末，个人住房贷款余额1 081.18亿元，增长6.39%，增速比上年提高5.14个百分；全年新增个人住房贷款64.64亿元，同比多增49.59亿元。

利率水平降中趋稳。全年全市金融机构加权平均利率呈降中趋稳态势。前3个月，加权平均利率在7.60%—7.74%之间振荡；4月份以后，随着货币政策微调和基准利率下调，加权平均利率持续走低。从浮动区间看，12月份上浮类贷款占比78.08%，分别比9月末、上年同期下降1.35个、1.68个百分点。整体来看，利率水平降中趋稳。

收支顺差小幅下降。2012年，全市跨境收入956.8亿美元，同比增长13.4%；跨境支出606.6亿美元，增长23.3%；收支顺差350.2亿美元，下降0.4%。从跨境收支顺差结构看，货物贸易占比为81.7%，收支顺差下降1.4%，是导致总体收支顺差减少的主要交易项目。

【金融市场】 2012年新增银行业金融机构2家，年末达到60家，其中政策性银行3家，大型银行5家，股份制商业银行11家，城市商业银行11家，邮储银行1家，外资银行5家，农村合作金融机构9家，新型农村金融机构12家，非银行金融机构3家。

全市证券成交总额14 494.9亿元，比上年下降6.9%，其中股票和基金成交9 856.2亿元，下降29.0%。证券客户交易结算资金余额69.7亿元，下降12.3%。期货代理交易量4 643.4万手，代理交易额41 991.5亿元，分别增长113.6%和59.8%。年末证券投资者开户93.2万户，增长4.7%。年内新增期货营业部4家，年末全市共有58家证券营业部，2家证券投资咨询公司，1家期货公司和31家期货营业部。年内新增境内上市公司4家，实现IPO融资49.3亿元，境内上市公司总数达到42家。

全市保险业实现保费收入164.7亿元，比上年增长10.8%，高于全国8.0%的平均增幅。其中，财产险86.2亿元，增长11.6%；人身险78.5亿元，增长10.0%。保险业累计赔款和给付64.3亿元，增长33.4%，高于全国20.0%的平均水平。其中，财产险赔付支出51.9亿元，增长38.5%，人身险赔付支出12.4亿元，增长15.4%。年末共有50家保险公司，较上年增加4家，其中产险公司28家，寿险公司22家。保险业资产总额突破300亿，达到311.0亿元，较年初增长20.1%。

【货币政策】 2012年，中国人民银行宁波市中心支行积极发挥货币信贷政策对经济发展的导向作用。对28家金融机构开展信贷政策导向效果综合评估和中小企业、涉农两个专项评估，并对其中8家金融机构进行现场评估。稳步推进利率市场化改革，对3家法人金融机构利率定价能力进行评估，推动辖内法人金融机构参与同业拆借、债券回购等市场业务。引导金融机构加大对涉农、中小微企业的信贷投入，全年累计发放支农再贷款87.01亿元，办理再贴现2 470笔，金额13.82亿元，平均单笔金额56万元。支持优质企业发行短期融资券、中期票据和中小企业集合票据，2012年全市累计有18家企业发行债务融资工具90.1亿元，其中短期融资券发行45.2亿元，中期票据发行25.6亿元，中小企业集合票据实现零突破，发行2单共4.3亿元。宁波城建投资控股有限公司在银行间债券市场以非公开定向方式发行了全国首单资产支持票据，融资10亿元。审核鄞州银行20亿元小微企业金融债券，宁波银行30亿元次级债券获准发行。积极推进跨境人民币结算，全市跨境人民币结算业务量1 229.63亿元，全市有1 500余家企业开展了跨境人民币结算，业务涉及129个国家(地区)，成功办理全省首笔境外项目人民币贷款，辖内企业顺利完成1.35亿元提款。

【金融稳定】 2012年，中国人民银行宁波市中心支行有针对性对金融机构开展窗口指导，及时提示风险，督促金融机构开展全面风险排查，及时梳理、评估、应对各类风险，防范不良贷款持续反弹。发挥宁波市金融稳定协调工作领导小组办公室作用，积极参与和支持重大金融风险事件的处置，支持金融机构债权落实。扩展金融风险监测覆盖面，对金融机构报送的500万元以上授信风险事件实行按周、按月监测，开展对辖区全部银行业金融机构稳健性情况的月度监测，开展法人银行业金融机构流动性风险和稳健性监测，对非法集资活动情况实施按季监测。组织辖区约30家法人金融机构和160多家银证保金融机构市级分支机构开展稳健性自评估，覆盖面达到100%。强化金融消费权益保护和金融机构综合管理。举办宁波市金融消费权益保护启动仪式，进一步提高科学性和有效性，率先运用风险导向和绩效理念对金融机构综合管理工作进行全面、深入审计评估，在此基础上修订金融机构综合管理办法、综合评价办法。试行大额现金存取登记制度、网上银行开户数量和转账限额管理制度。启动支付机构的反洗钱监管工作，对8家支付机构进行现场走访。开展“交易报告质量年”活动，促进可疑交易报告与客户风险等级分类相结合。

9月6日，由中国人民银行宁波市中心支行主办的宁波市金融消费权益保护启动仪式举行

(陈　科)

宁波市主要经济金融统计

(2008—2012年)　　单位:亿元

项　目	2008年	2009年	2010年	2011年	2012年
国内生产总值	3 964.10	4 214.60	5 125.80	6 010.48	6 524.70
第一产业(增加值)	167.40	183.80	218.40	255.76	270.00
第二产业(增加值)	2 196.70	2 247.80	2 848.20	3 335.37	3 516.70
第三产业(增加值)	1 600.00	1 783.00	2 059.20	2 419.35	2 738.00
全社会固定资产投资	1 728.20	2 004.20	2 206.50	2 392.90	2 901.40
地方财政收入	390.40	432.80	530.90	657.60	725.50
地方财政支出	439.40	506.10	600.70	750.70	828.40

（续表）

项目	2008年	2009年	2010年	2011年	2012年
社会消费品零售总额	1 238.00	1 434.40	1 704.50	2 018.90	2 329.30
居民消费价格指数(以上年为100)	105.00	99.40	103.70	105.30	101.70
进出口总额(亿美元)	678.40	608.10	829.00	981.90	965.70
进　口(亿美元)	215.10	221.60	309.30	373.60	351.30
出　口(亿美元)	463.30	386.50	519.70	608.30	614.40
全部金融机构各项存款(余额)	6 353.60	8 083.94	9 755.52	10 659.27	11 980.50
企业存款	2 173.39	2 899.05	3 410.43		
财政存款	59.62	155.79	208.23		
城乡储蓄存款	2 396.31	2 869.56	3 312.17	3 696.28	4 208.80
全部金融机构各项贷款(余额)	5 820.80	7 424.87	9 414.20	10 676.84	11 961.00
短期贷款	3 242.92	3 893.50	4 811.29	5 945.05	6 760.30
中长期贷款	2 184.77	3 176.14	4 150.68	4 485.41	4 790.10
现金投放(+)回笼(−)	252.35	256.77	319.17		
全部金融机构保费收入	87.14	107.40	144.06	148.39	164.71
全部保险机构保险赔款支出(含满期给付)	37.90	36.30	38.10	48.14	64.27
全部保险机构保险密度(元/人)	1 534	1 881	2 003.60	1 929.00	2 138.00
全部保险机构保险深度(%)	2.20	2.54	2.81	2.50	2.52

注:全部金融机构各项存、贷款余额的七项数据位本外币并表统计数(含外资金融机构)。

3. 嘉兴市

【概况】 2012年,嘉兴市实现生产总值2 885亿元,同比增长8.7%。工业经济企稳回升,企业效益降幅收窄。全市规模以上工业产值6 004.1亿元,同比增长7.7%,实现利润255.9亿元,同比下降10.8%。投资增速总体企稳,消费增速有所回升。全市固定资产投资完成1 642.3亿元,同比增长10.4%;全市社会消费品零售总额1 083.7亿元,同比增长14.3%。出口增幅有所回落,利用外资增速下降。全市进出口总额287.4亿美元,同比增长0.9%,其中出口196.0亿美元,增长1.7%;全市合同利用外资28.1亿美元,同比下降9.6%。财政收入保持增长,物价水平总体回落。全市财政一般预算收入471.9亿元,同比增长13.4%,其中地方一般预算收入257.7亿元,增长13.8%;市区居民消费价格累计同比上涨2.2%。

【货币政策】 2012年,中国人民银行嘉兴市中支认真贯彻稳健的货币政策,引导信贷适度增长,进一步调整和优化信贷结构。

引导辖内金融机构贷款适度增长。切实配合上级行做好信贷总量调控工作,走访辖内多家金融机构,做好年度信贷投放摸底工作。第一时间对支行和辖内法人机构传达上级行信贷调控要求,引导辖内法人机构合理安排信贷增量,把握好投放力度和节奏。

切实用好并优化差别准备金动态调整工具。认真参与《浙江省地方法人金融机构稳健性参数动态调整实施方案(试行)》的制定工作。结合金融机构稳健性状况及信贷政策执行情况,通过动态调整稳健性参数,对辖内法人金融机构年度贷款安排进行有针对性、灵活性、区别性的微调,支持资本充足率较高、资产质量较好、法人治理结构完善、信贷政策执行有力的地方法人金融机构业务发展。

加强存款准备金管理。严格执行有关管理规定,依法调整及考核金融机构存款准备金。认真落实存款准备金率调整政策,按季报送《存款准备金政策执行报告》。加强对辖区内法人金融机构头寸的监测分析，密切关注金融机构流动性状况变化，对存贷比较高、流动性水平较低的中小金融机构及时了解相关情况和给予风险提示。

完善再贷款、再贴现业务管理。完成再贷款、再贴现系统升级、数据录入及培训工作。上报关于要求大力发展再贷款、再贴现业务的调研，使上级行加大了对再贷款、再贴现业务的推广力度并下发了地区需求申请，积极了解辖内法人金融机构需求，并获批了 6 000 万元的额度。

【金融运行】 2012 年，嘉兴市金融运行总体平稳，金融总量不断扩大；信贷结构有所调整，重点支持实体经济发展。

存款同比少增。12 月末，全市金融机构本外币各项存款余额 4 597.3 亿元，比年初增加 429.8 亿元，同比少增 146.4 亿元，余额同比增长 10.3%，比上年同期回落 5.6 个百分点。与各地市比较，12 月末存款余额、增量、增速分列第 6、第 5、第 6。

贷款适度增长。12 月末，全市金融机构本外币各项贷款余额 3 670.5 亿元，比年初增加 457.8 亿元，同比少增 3.9 亿元，余额同比增长 14.3%，比上年同期回落 2.4 个百分点。与各地市比较，12 月末贷款余额、增量、增速分列第 7、第 6、第 5。

国际收支顺差缩小，跨境人民币业务持续扩大。1—12 月，全市国际收支总计 413.6 亿美元，同比增长 10.6%，其中收入 264.1 亿美元，增长 3.0%；支出 149.5 亿美元，增长 27.5%；顺差 114.7 亿美元，下降 17.7%。全市跨境人民币结算量达 304.0 亿元，同比增长 53.6%。

银行不良贷款有所上升。12 月末，全市金融机构本外币不良贷款余额 46.1 亿元，比年初增加 21.1 亿元；不良贷款率 1.26%，比年初上升 0.48 个百分点。

【金融市场】 1—12 月，全市累计保费收入 74.7 亿元，同比增长 6.6%；累计赔款和给付支出 25.9 亿元，同比增长 32.7%。全市累计证券交易额 4 050.8 亿元，同比下降 19.2%；12 月末，全市证券保证金余额 26.7 亿元，同比下降 15.5%。全市企业直接融资新增 85.2 亿元，全市小额贷款公司贷款余额达到 49.2 亿元。

【金融创新】 中国人民银行嘉兴市中支多次召开行长、部门金融创新工作推进会。一是推进不动产余值再抵押贷款。会同政府有关部门，多次讨论，认真拟定了《关于加强房地产等财产抵（质）押登记管理工作的暂行办法》，并积极会同市房管局等登记部门完善不动产再抵押登记制度，理顺并明确不动产再抵押的流程和清偿顺序，支持抵押人利用抵押物余值再次抵押或向融资性担保公司提供反担保，对辖内余值抵押贷款业务起到了强有力的推动作用。截至年末，辖内金融机构不动产余值再抵押贷款合计 3.6 亿元。二是深化中小企业金融产品创新。联合市财政局推动中小企业专项信用贷款增量扩面。8 家合作银行已累计向 78 家小企业发放信用贷款 126 笔，贷款余额 5.8 亿元。同时继续深化开展小企业微贷、无还本续贷、偿还期调整等各类贷款方式创新。三是发展知识产权质押贷款。通过市科技局定期向金融机构推荐商标权、专利权的最新信息，并将拥有较好发展前景的科技企业、项目纳入储备库，提高了科技优势与金融资源结合水平。四是扩大应收账款质押贷款。为切实解决商业银行在应收账款质押贷款中遇到的困难与法律瓶颈。通过努力，成功解决了湖州银行嘉兴分行应收账款质押贷款优先受偿的问题，并将主要做法在全市范围推广。截至年末，全市银行应收账款融资余额达 38.2 亿元，同比增长 77.6%。

9 月 20—21 日，嘉兴市金融学会举办"金融支持实体经济发展"研讨会

（郑　飞）

嘉兴市主要经济金融统计

（2008—2012 年） 单位:亿元

项　目	2008 年	2009 年	2010 年	2011 年	2012 年
国内生产总值	1 815.30	1 917.96	2 296.00	2 668.06	2 884.94
第一产业(增加值)	105.52	107.01	126.30	146.09	150.05
第二产业(增加值)	1 085.29	1 111.74	1 342.12	1 536.18	1 620.82
第三产业(增加值)	624.49	699.21	827.58	985.79	1 114.07
全社会固定资产投资	1 006.70	1 233.34	1 518.60	1 502.48	1 642.31
地方财政收入	126.87	141.70	176.83	226.40	257.73
地方财政支出	135.92	161.11	199.06	240.61	260.70
社会消费品零售总额	599.61	694.30	799.40	948.57	1 083.74
居民消费价格指数(以上年为 100)	105.2	99.1	104.00	105.5	102.2
进出口总额(亿美元)	198.33	172.04	228.20	284.84	287.44
进　口(亿美元)	57.29	48.63	67.79	92.12	91.41
出　口(亿美元)	141.04	123.41	160.41	192.72	196.03
全部金融机构各项存款(余额)	2 227.82	2 904.21	3 590.82	4 168.17	4 597.34
企业存款	628.04	955.10	1 151.16	2 130.87	2 265.45
财政存款	21.78	30.06	54.06	61.71	51.36
城乡储蓄存款	1 155.38	1 376.76	1 621.29	1 910.30	2 181.17
全部金融机构各项贷款(余额)	1 668.42	2 278.65	2 753.64	3 212.74	3 670.52
短期贷款	905.00	1 156.87	1 390.05	1 831.14	2 167.67
中长期贷款	668.74	1 029.32	1 252.27	1 359.05	1 444.41
现金净投放(＋)回笼(－)	71.90	50.89	50.85	43.26	21.32
全部保险机构保费收入	42.88	47.25	59.27	70.09	74.71
全部保险机构保险赔款支出(含满期给付)	16.69	15.82	13.04	19.55	25.94
全部保险机构保险密度(元/人)	1 273.12	1 397.93	1 764.13	2 051.81	2 178.10
全部保险机构保险深度(%)	2.36	2.46	2.58	2.63	2.59

注:全部金融机构各项存款、贷款余额的七项数据(不含财政存款)为本外币并表统计数(含外资金融机构)。全社会固定资产投资、企业存款 2011 年口径有调整。

4. 湖　州　市

【概况】 2012 年,湖州市实现地区生产总值(GDP)1 661.97 亿元,按可比价格计算,比上年增长 9.7%。分产业看,第一产业增加值 123.31 亿元,增长 2.5%;第二产业增加值 888.2 亿元,增长10.7%,其中,工业增加值 796.54 亿元,增长 11.3%;第三产业增加值 650.46 亿元,增长 9.6%。三次产业比例为 7.3∶53.3∶39.4。按户籍人口计算的人均 GDP 为 63 714 元,增长 9.4%,折合 10 211.4 美元;按常住人口计算的人均 GDP 为 57 350 元,增长 9.5%,折合 9 191.44 美元。全年实现农林牧渔业总产值 209.15 亿元,比上年增长 5.4%。全年实现规模以上工业增加值 555.55 亿元,比上年增长 13.2%,全年规模以上工业实现主营业务收入 3 341.76 亿元,比上年增长 16.8%,利税 256.69 亿元,其中,利润 158.79 亿元,分别增长 8.2%和 6.9%。全年完成固定资产投资 970.73 亿元,比上年增长 20.6%,其中,非国有投资 795.45 亿元,增长 24.1%。全市外贸进出口总额 87.37 亿美元,比上年增长 0.9%。其中,出口 73.96 亿美元,增长 0.6%;进口 13.4 亿美元,增长 2.5%。全年新批准及增减资利用外资项目 192 个,其中,新批外商投资企业 108 家,批准增资项目54个。合同外资16.87亿美元。全年接待国内外旅游人数4 238.1万人次，比上年增长19.1%。财政总收入246.88亿元，其中，地方财政收入138.55亿元，分别比上年增长12.7%和13.5%。财政总收入占GDP的比重为14.8%。社会消费品零售总额703.87亿元，比上年增长15.4%，居民消费价格总水平比上年上升2%。

【货币政策】 2012年中国人民银行湖州市中心支行贯彻稳健货币政策，引导货币信贷总量合理增长。灵活实施货币政策工具操作，开展信贷政策执行效果评估。打造小微金融服务平台，与经信委签订《小微企业金融服务战略合作协议》，在产业支持类、银担合作类和创业创新类等六大类领域开展深度合作，深化了信贷政策与产业政策的协同配合。推动市政府出台《关于降低和优化工业企业产成品存货应收账款占用企业资金的工作意见》，盘活小微企业"两项"资金占用。举办"2012湖州市银企对接会"，为15家企业达成4.21亿元合作协议。在全省率先制定并实施辖区金融业中长期创新发展战略，构建"项目申报、专家评审、分级奖励、社会监督"的金融创新奖项评定模式。构建以湖州市金融创新奖励评价办法、湖州市金融机构考核评价办法和湖州市小微企业专项考核办法为核心的工作评价体系，全方位引导金融机构开展产品和服务创新。在全国率先推出"黄酒原酒质押贷款"等担保物权的创新；在全省率先推出"诚信经营者无担保贷款"、"1+N"个人经营贷款和木地板产业集群融资服务平台等服务模式的创新。

【金融运行】 2012年末，全市本外币各项存款余额2 285.66亿元，比年初增加183.75亿元，同比少增115.93亿元，同比增长8.73%，增速低于上年同期7.53个百分点，低于全省平均增速0.77个百分点，列全省第8位。全市本外币贷款余额1 912.4亿元，比年初增加200.23亿元，同比少增50.61亿元，同比增长11.69%，增速低于上年同期5.48个百分点，低于全省平均增速0.09个百分点，列全省第8位。全市金融机构不良贷款余额26.48亿元，比年初增加18.5亿元；不良贷款率1.38%，比年初上升0.91个百分点。

【金融市场】 全市实现证券交易额1 441.28亿元，同比下降27.75%。其中，A股累计交易额1 167.15亿元，下降37.69%；基金累计交易额0.98亿元，下降50.23%。个人开户数较2011年底增加10 769户，同比少增1 831户；机构开户数较2011年底增加15户，同比多增10户。全市保险公司全年保费收入47.55亿元，同比增长3.3%。其中，产险保费收入19.85亿元，增长12.47%；寿险保费收入27.7亿元，下降2.41%。各类保险理赔支出14.59亿元，同比增长34.44%。其中，产险理赔支出10.23亿元，增长36.92%；寿险理赔支出4.36亿元，增长28.94%。

【金融稳定】 积极探索政府领导、部门协同下的金融维稳工作框架，搭建政府统一领导下的区域金融稳定协调机制。推动政府出台《关于防范化解涉企金融风险、维护经济稳定的实施意见》。协调五部门建立工业企业"监测预警、分类评估、应急处置"三项工作机制，有效防范实体经济风险向金融领域蔓延。出台《依法保护金融债权服务经济发展的实施意见》，为金融债权涉诉案件受理、审判、执行开辟绿色通道。探索经济金融监测预警新手段。建立"1+1+N"(重大信贷业务信息+重大风险事项信息+其他重大事项信息)报告制度，构建全覆盖、高密度、快反应的预警机制。

【金融服务】 在全省率先开展助农取款服务效果评估工作，构建了"定量与定性评估、自评与外部评价、非现场与现场评估"相结合的评价工作体系。大力推动社保卡金融功能在医疗领域的运用，在全省率先推出"医银POS"、"医达通"特色服务，极大地解决了看病付费难、医疗结算成本高等实际问题。在全省率先实现撤库县域小面额现金调剂中心全覆盖，有效缓解了县域小面额人民币供应不足现状。搭建反假币综合治理平台，将反假货币工作纳入地方法治建设重点项目和考核体系。构建"四建一简"涉外税收收缴服务平台，成为全省两个提供涉外税收服务的地区之一。依托税务征收机关数据支持平台，在全省率先建立企业税负水平监测机制。

【外汇管理】 创新跨境人民币业务工作模式，在全省率先建立跨境人民币业务准入退出机制。建立跨部门的业务协同和数据交换机制，在全省率先出台《跨境人民币业务内部审批权限管理规定》，对业务项下资料实施集中审核。深入开展货物贸易外汇管理改革流程再造，简化企业手续、降低企业成本，使辖区99.5%以上涉外企业享受新政便利。推进外汇"一体化"监管模式再造，在全省率先将贸易外汇核查、国际收支申报核查、会计事务所专项审计三查合一、相互印证，提高异常企业现场核查效果。

在全省率先探索在涉外企业集聚区设立"外汇政策服务站",通过与外汇指定银行签订协议,将外汇政策和外汇服务"送进"企业。

【征信管理】 创新机构信用代码与账户许可集中办理模式,并在全省率先制定机构信用代码后续管理办法,相关管理和考核做法得到上级行充分肯定并作为模板借鉴。开展征信数据 T+1 测试工作,加强科技和数据支持平台建设,推动辖区长兴联合村镇银行成为全省实现个人征信数据 T+1 报送的首家地方性银行机构。将小贷公司纳入统计征信考核范围,出台窗口服务"三办法、一流程",实施贷款卡滚动年审模式,有效契合了日益增长的征信服务诉求。

(孙 巍)

湖州市主要经济金融统计

(2008—2012 年) 单位:亿元

项 目	2008 年	2009 年	2010 年	2011 年	2012 年
国内生产总值	1 034.89	1 111.50	1 301.73	1 518.83	1 661.97
第一产业(增加值)	82.63	89.74	104.22	116.02	123.31
第二产业(增加值)	593.56	617.76	715.01	824.55	888.20
第三产业(增加值)	358.70	404.00	482.50	578.26	650.46
全社会固定资产投资	525.24	637.84	719.98	809.65	970.73
地方财政收入	71.61	80.01	97.27	122.12	138.55
地方财政支出	86.42	108.51	127.12	151.73	167.51
社会消费品零售总额	382.11	442.57	516.09	609.89	703.87
居民消费价格指数(以上年为 100)	105.10	99.20	104.00	104.80	102.00
进出口总额(亿美元)	55.88	48.33	69.28	86.62	87.37
进 口(亿美元)	6.87	7.57	10.67	13.06	13.40
出 口(亿美元)	49.01	40.76	58.61	73.56	73.96
全部金融机构各项存款(余额)	1 013.73	1 397.68	1 805.61	2 102.05	2 285.66
企业存款	274.33	444.04	558.92	1 067.82	1 128.95
财政存款	7.13	9.76	14.11	25.61	35.48
城乡储蓄存款	542.18	688.32	821.68	954.44	1 082.79
全部金融机构各项贷款(余额)	786.04	1 150.71	1 461.32	1 712.17	1 912.40
短期贷款	449.54	624.98	812.49	1 057.63	1 202.75
中长期贷款	316.41	477.41	600.84	629.46	666.11
全部保险机构保费收入	29.33	31.45	41.43	46.03	47.55
全部保险机构保险赔款支出(含满期给付)	9.17	6.35	6.35	8.04	14.59
全部保险机构保险密度(元/人)	1 135.01	1 209.62	1 442.50	1 590.93	1 636.90
全部保险机构保险深度(%)	2.84	2.83	3.18	3.03	2.86

注:全部金融机构各项存款、贷款余额的七项数据为本外币并表统计数(含外资金融机构)。

5. 绍 兴 市

【概况】 2012 年,绍兴市实现地区生产总值 3 620 亿元,增长 9.7%,比上年度回落 0.8 个百分点。全社会固定资产投资 1 722 亿元,增长 20.8%,比上年回落 4 个百分点。其中,基础设施投资 284 亿元,增长 17.9%;工业性投资 881 亿元,增长 18.4%;房地产开发投资 468 亿元,增长 16.0%。全市外贸进出口总额 321 亿美元,同比下降 4.2%。其中,全年累计自营出口 256 亿美元,同比下降 1.7%;全年累计进口 65 亿美元,同比下降 13.0%。全市累计实现社会消费品零售总额 1 159 亿元,增长 15.1%。商品房销售建筑面积和销售额增速分别为

5.9%和8.6%。城镇居民人均可支配收入和农村居民人均现金收入分别为36 911元、17 706元，增长10.9%和11.6%。全市规模以上工业企业实现利润437亿元，下降0.2%。财政总收入469亿元，增长10.5%；财政支出279亿元，增长10.0%。12月，市区CPI同比升2.8%；工业生产者出厂价格指数和购进价格指数累计同比分别下降3.1%和2.2%。

【货币政策】 2012年，中国人民银行绍兴市中心支行引导金融机构促进货币信贷合理适度增长，推动信贷结构优化，积极支持全市经济又好又快发展。一是加强指导管理。出台绍兴市货币信贷工作指导意见、全市货币信贷工作要点，召开经济金融形势分析会。加强存款准备金管理，对绍兴银行开展存款准备金缴存现场检查，对一家农村合作银行准备金透支情况进行处罚。开展信贷政策导向效果评估工作，畅通货币信贷传导机制。二是做好法人金融机构货币信贷调控工作。实施"监测＋指导＋微调"的工作措施，控制法人金融机构信贷投放及投向。全年共实施信贷指导5次，发出信贷均衡度书面提示2则、约见法人金融机构行级领导1次。在加强与上级行沟通的基础上，合理整合法人金融机构的合意贷款，提升其支持实体经济的能力。三是推进利率市场化。建立存款挂牌利率和贷款利率执行情况报备制度。组织开展利率知识宣传咨询活动，将宣传对象扩大到广大市民，编发宣传手册4 000余册。四是加强政策扶持，促进地方实体经济快速发展。出台《关于金融支持绍兴市实体经济发展的实施意见》、《绍兴市金融支持中小微企业的指导意见》、《关于当前做好金融支持抗灾救灾工作的若干意见》等，完善金融支持经济发展政策体系。开展小企业贷款、农信社涉农贷款风险补偿和助学贷款、小额担保贷款等的贴息工作。五是促进银企合作。开展"绍兴市金融支持实体经济发展服务年"活动、"优化中小微企业金融服务专项行动"。联合经信委举行"成长型小微企业培育库建立暨银企对接会"，发布2 070家小微企业培育库名单，组织小微企业融资专题讲座。牵头召开战略性新兴产业银企对接会，组织24家银行与企业签订总额21亿元的授信协议。六是创新金融产品。深入推进贷款模式和抵质押方式创新，12月末，全市排污权、农村住房、林权、商标权抵(质)押贷款余额合计8.38亿元。推动债务融资工具发展，1—12月全市发行银行间市场债务融资工具98.45亿元，同比增长114.5%，发行量居全省第二位。

【金融运行】 存款低位徘徊，增势疲软。年末，全市各项存款余额5 923.6亿元，比年初增加415.5亿元，同比少增148.8亿元。余额同比增长7.5%，比5月末的历史低点略提高1.6个百分点，比上年同期回落3.7个百分点，低于全省平均增速2.0个百分点。增量居全省第6位，增速居全省第9位，均与上年同期持平。主要特点：个人资金回流银行，但单位存款大幅少增，实体企业现金流趋紧，且理财产品分流呈常态化。

贷款持续多增，资源配置得到优化。12月末，全市各项贷款余额5 129.2亿元，比年初增加666.1亿元，同比多增137.3亿元。余额同比增长14.9%，高出全省平均增速3.1个百分点，并高于存款增速7.4个百分点，也高于全市主要经济指标。增量居全省第4位，同比上升1位；增速居全省第4位，同比上升5位。主要特点：一是存贷比处历史高位。余额存贷比86.6%，比上年同期提高5.6个百分点，增量存贷比达160.3%，比上年同期提高66.6个百分点。二是年初大投放的格局发生变化，投放更处均衡。各季度贷款投放量分别占全年的26.1%、25.0%、27.5%和21.4%。三是贷款资金回归实体经济。商业银行重视存量贷款结构调整和增量优化，腾出空间和资源用于支持工业、商贸服务业和小微企业，信贷资金逐渐从投资领域向生产经营领域回归。各季末工业贷款余额占全部贷款的比重分别为50.2%、50.2%、50.3%和50.5%，全年新增372.7亿元，同比多增87.8亿元。四是抵质押贷款比重上升。按企业贷款的担保方式分，信用贷款、保证贷款和抵(质)押贷款占比分别为3.4%、41.6%和55%，其中抵(质)押贷款同比提高2.37个百分点。

表外信贷敞口收缩，社会融资规模少增。全市金融机构银行承兑汇票、信用证和保函等表外信贷净(敞口)余额为1 077.2亿元，比年初下降45.4亿元。全年社会融资规模为781.5亿元，比上年同期少增144.8亿元。

异地信贷继续流入，增速趋缓。12月末，绍兴市异地信贷资金流入余额为1 704.3亿元，比年初增加61.5亿元，同比少增163.3亿元，余额同比增长3.74%。其中，异地流入的各项贷款余额1 223.6亿元，比年初增加53.9亿元，同比少增

45.2亿元，余额同比增长4.61%。异地贷款少增原因：一是异地贷款本地化，部分银行在绍设立分支机构后，异地贷款从上级行划转到绍兴；二是部分异地银行担心风险，对异地企业收贷、惜贷现象也增多。

资金价格回落，企业融资成本降低。2012年，“稳增长”成为宏观调控的主基调，两次降息后银行贷款利率趋降。人民币贷款平均利率从上年末的7.48%回落到2012年末的6.8%，降幅达10%。贴现利率为6.1%，同比回落3.12个百分点，降幅达33.2%。存款贴息价格整体处于逐季下行态势，第四季度算术平均约为2.2%，同比回落2.3个百分点。全年金融机构财务顾问收入同比下降45%，企业降息减负成效显著。

【金融市场】 2012年末，全市商业银行同业拆借余额22.6亿元，比年初增加21.9亿元，同比多增21.7亿元；拆放同业11.9亿元，比年初减少14.1亿元。全市证券资金账户新增开户数1.3万户，同比少增2.9万户；当年累计证券总交易额为8 300亿元，同比下降13.9%。全市境内外上市企业52家，当年新增3家，从资本市场直接融资88亿元。全市保险机构保费收入75.2亿元，同比增长12.9%，增速提高5.3个百分点。其中寿险保费收入40.7亿元，增长10.9%；财产险保费收入34.5亿元，增长16.8%，同比回落5.2个百分点。

（徐明昌）

绍兴市主要经济金融统计

（2008—2012年）　　单位：亿元

项　　目	2008年	2009年	2010年	2011年	2012年
国内生产总值	2 223	2 375	2 783	3 291	3 620
第一产业(增加值)	117	124	149	172	185
第二产业(增加值)	1 329	1 380	1 583	1 844	1 949
第三产业(增加值)	777	872	1 051	1 275	1 486
全社会固定资产投资	913	1 055	1 254	1 426	1 722
地方财政收入	144	160	193	240	266
地方财政支出	144	170	222	253	279
社会消费品零售总额	619	718	853	1 007	1 159
居民消费价格指数(以上年为100)	105.0	99.2	104.0	105.4	102
进出口总额(亿美元)	239	205	270	335	321
进　口(亿美元)	63	47	59	75	65
出　口(亿美元)	175	158	211	260	256
全部金融机构各项存款(余额)	3 263	4 140	4 948	5 510	5 924
企业存款	817	1 418	1 815	3 094	3 174
财政存款	60	73	93	98	113
城乡储蓄存款	1 416	1 707	1 946	2 228	2 503
全部金融机构各项贷款(余额)	2 491	3 297	3 934	4 463	5 129
短期贷款	1 885	2 404	2 840	3 392	3 957
中长期贷款	499	733	952	1 024	1 117
全部保险机构保费收入	41.2	47.5	61.87	66.56	75.22
全部保险机构保险赔款支出(含满期给付)	15.8	12.9	16.02	18.23	24.65
全部保险机构保险密度(元/人)	941	1 080	1 413	1 348	1 520
全部保险机构保险深度(%)	1.85	2.0	2.22	2.02	2.08

注：全部金融机构各项存款、贷款余额的七项数据为本外币并表统计数(含外资金融机构)。

6. 舟 山 市

【概况】 2012年,舟山市地区生产总值851.95亿元,比上年增长10.2%。其中,第一产业增加值83.05亿元,增长10.2%,第二产业增加值385.42亿元,增长12.3%,第三产业增加值383.48亿元,增长9.1%。城镇居民人均可支配收入34 224元,渔农村居民人均纯收入18 601元。海洋经济总产出1 959亿元,海洋经济增加值585亿元。工业总产值1 215.66亿元,同比增长11.3%。全社会固定资产投资600.81亿元,同比增长26.2%。社会消费品零售总额290.54亿元,同比增长16.0%。舟山港域完成港口货物吞吐量为2.91亿吨,同比增长16%。全市外贸进出口总额153.56亿美元,同比增长15.8%,其中,出口总额92.24亿美元,同比增长23.4%。财政总收入133.45亿元,同比增长4.9%,其中,地方财政一般预算收入85.56亿元,增长11.9%。

【货币政策】 2012年6月,浙江舟山群岛新区正式挂牌,舟山经济社会大开发、大建设正式启动。在此背景下,中国人民银行舟山市中心支行积极执行稳健的货币政策,引导金融机构加强金融业务创新,为舟山群岛新区建设提供金融保障。

传导落实稳健货币政策,积极争取政策支持助力新区建设。结合新区建设实际,制订了《加强和改进金融服务支持实体经济发展的指导意见》,争取中国人民银行杭州中支出台《全省金融支持舟山群岛新区建设指导意见》,全力保障实体经济资金需求。开展"金融助推新区腾飞——支持实体经济发展"专题活动,充分依托金融支持新区建设例会机制,凝聚金融合力促进规划、政策、资金三落实。准确把握宏观调控政策走向,宣传和深化"银行融资总量"概念,创新建立银行融资总量统计制度并获地方政府认可,将表内外融资列入考核依据。改进对金融机构实施月均余额考核,将五大国有商业银行信贷投放情况按月抄告其省分行,督促全年贷款增速高于其系统内全省平均增长水平2个百分点以上。引导金融机构将表外融资列入金融工作重点,并单列作为支持地方经济考核内容。开好例会并按季上报政策争取情况,引导商业银行向上争取规模、资金和政策的倾斜,定期交流、督办新区建设和政策落实情况。

突出海洋金融特色研究,探索海洋经济发展新途径。专题开展浙江舟山群岛新区经济金融领域研究,形成《浙江舟山群岛新区海洋经济发展亟待金融产业配套跟进》、《国家新型工业化示范基地背景下舟山船舶工业发展研究》、《我国船舶工业转型升级亟需调整信贷政策》、《关于整合舟山市投融资平台的主要观点和几点建议》等多篇前瞻性材料,主题均紧扣新区和海洋金融特色。其中,《我国船舶工业转型升级亟需调整信贷政策》引起上级行领导重视,相关政策建议同时被舟山市政府上报工业与信息化部的《建设国家新型工业化产业示范基地(船舶与海洋工程装备)实施方案》采纳,为下阶段出台金融支持船舶工业转型升级的有关政策奠定了基础。加强基层经济金融运行情况调查,全年共走访企业50家(次),累计发放各类调查问卷270份,共完成对金融支持大宗商品交易中心建设、舟山造船企业转型升级、二次抵押业务、海运企业经营等各类调查43项,为上级行和地方政府决策提供了有益的参考。

对接综保区和涉外企业需求,不断深化外汇政策支持。分类梳理新区外汇政策需求,因地制宜出台20条措施引导金融机构支持新区发展。主动对接舟山港综保区和大宗商品交易中心相关外汇咨询需求,在外汇总局和省分局支持下,顺利完成舟山设立综合保税区事宜会签工作。积极争取上级政策支持,多项外汇政策在舟山先行先试,包括出口信保项下短期融资结汇、集团公司内部关联企业外汇资金融通使用和舟山港口服务企业行使外轮总代理等。努力探索涉外企业融资新形式、新途径,通过"外保内贷"、"内保外贷"等方式帮助境内企业和"走出去"企业融通资金,为船舶修造等重点企业实现境内融资2亿元、境外融资1.6亿美元,向上级局争取到中资企业"外保内贷"业务额度7 500万美元。继续大力推进离岸业务,支持辖内交通银行为辖内70多家有境外单船公司的船务公司开立离岸账户,资金结算量达1.5亿美元,大大降低了企业成本。

【金融运行】 2012年全市银行融资总量平稳增长,资金投向结构不断优化,较好满足了海洋经济发展的资金需求,有力地促进了舟山群岛新区的建设发展。

银行业金融机构存款同比明显少增。12月末,全市金融机构本外币存款余额1 389.97亿元,比年初增加75.01亿元,同比少增88.15亿元,同比增长

5.7%。从结构上看，三大类存款增长情况较差：企业存款比年初下降 19.98 亿元，同比少增 67.92 亿元；个人存款比年初增加 46.88 亿元，同比少增 7.72 亿元；机关团体存款比年初增加 9.14 亿元，同比少增 24.78 亿元。

信贷运行态势总体平稳，表内贷款同比少增。12 月末，全市金融机构本外币贷款余额 1 295.83 亿元，同比增长 11.5%；新增贷款 133.17 亿元，同比少增 11.76 亿元。全市银行业金融机构余额存贷比为 93.2%，新增存贷比 177.6%。一是企业流动资金贷款同比明显增加，银行对企业流动资金投入保持较快增长态势。12 月末，全市企业流动资金贷款余额 627.96 亿元，比年初增加 115.46 亿元，同比增长 22.5%。二是新发放企业项目贷款与上年基本持平，项目贷款余额下降。全年项目贷款新发放 86.96 亿元，同比少增 2.43 亿元。三是个人贷款同比大幅少增，中小机构少增情况尤为突出。12 月末，全市个人贷款余额为 341.33 亿元，比年初增加 23 亿元，同比少增 39.3 亿元。

银行表外融资稳步增长。12 月末，全市银行机构表外融资业务余额 302.79 亿元，比年初增加 72.95 亿元。从业务品种增量看，收益权信托、委托贷款和其他创新类融资明显增长，12 月末余额分别比年初增加 34.4 亿元、19.76 亿元和 19.71 亿元，其中工行和浙商银行为海投公司办理收益权信托 13.4 亿元；银行承兑汇票（风险敞口）、跨境人民币贸易融资、转贴现（转出）、融资租赁等业务稳步增长，12 月末余额分别比年初增加 11.89 亿元、8.81 亿元、6.53 亿元和 4.44 亿元。

市外融资持续增长。截至 12 月末，全市企业市外融资余额为 618.38 亿元，比年初增加 53.83 亿元。从资金投向看，重点流入工业和港口物流、房地产、批发零售等行业。12 月末，市外融资余额工业企业、港口物流企业、批发零售企业和房地产企业为 300.77 亿元、160.57 亿元、66.44 亿元和 45.83 亿元，分别占全部市外融资的 48.6%、26.0%、10.7%、7.4%，其中工业企业和房地产企业的市外融资较快增长，分别比年初新增 40.40 亿元和 20.25 亿元。

贷款重点投向实体经济，保障重点行业和领域资金需求。一是海洋经济相关产业信贷投入保持较快增长。从贷款增量看，对商业贸易业、海运业、港口物流业、政府及公共事业、船舶修造业等行业的投入保持较快增长，分别比年初新增 73.62 亿元、17.76 亿元、9.94 亿元、8.23 亿元和 7.93 亿元。从贷款存量看，商业贸易业、港口物流业、海运业、政府及公共事业、船舶修造业、水产加工业贷款余额占全市企业贷款的比重较高，分别为 28.4%、20.5%、13.4%、12.4%、11.6%和 6.2%。二是对中小微企业贷款投入持续较快增长。12 月末，全市中小微企业贷款余额达到 810.82 亿元，比年初新增 88.51 亿元，占全部企业贷款增量的 81.5%，继续保持快速增长的势头。其中，对小型和微型企业的扶持力度较为突出。全年新增小企业贷款 46.8 亿元，占中小微企业贷款增量的 52.9%，新增微型企业贷款 6.08 亿元，占全部中小微企业贷款增量的 6.9%。三是继续保持房地产贷款适度增长。12 月末，全市房地产开发贷款余额 48.91 亿元，比年初增加 4.88 亿元；全市个人住房按揭贷款余额 153.98 亿元，比年初增加 9.51 亿元，同比少增 12.82 亿元。

【金融市场】 证券市场交易规模逐步减小。12 月末，华宝证券、浙商证券和华泰证券共有交易客户 59 088 户，全年累计新开户 3 657 户，同比减少 1 639 户，证券交易额 550.78 亿元，同比减少 142.93 亿元。

在全市证券营业部开户的个人进入股市资金 56.00 亿元，比上年同期减少 40.59 亿元，企业累计进入股市资金 2 190 万元，比上年同期减少 1 880 万元。全年累计转出资金 55.00 亿元，其中，个人转出资金 54.86 亿元，企业转出资金 1 368 万元。截至 12 月末，股市累计沉淀资金 3.52 亿元，同比减少0.2 亿元。

9 月 23 日，由中国人民银行舟山市中支、市钱币学会主办，省农信联社舟山办事处、舟山电视台经济生活频道承办的“农信杯”舟山市银行业机构反假货币电视知识竞赛、手工点钞、人民币识假比赛

保险行业运行平稳。1—12月，全市保险业共实现保费收入21.33亿元，同比增长6.9%。其中，产险收入9.73亿元，同比增长5.0%；寿险收入11.6亿元，同比增长8.8%。1—12月，寿险业退保金额2.10亿元，占同期寿险业务保费收入的18.1%。1—12月，全市保险公司保费给赔付支出7.29亿元，同比增长19.7%。其中，财险赔款支出5.34亿元，同比增长15.3%；寿险给赔付1.95亿元，同比增长33.6%。

（马国标　季子悦）

舟山市主要经济金融统计

（2008—2012年）

单位：亿元

项　目	2008年	2009年	2010年	2011年	2012年
国内生产总值	490.25	533.26	633.45	765.30	851.95
第一产业（增加值）	49.18	51.41	62.44	76.09	83.05
第二产业（增加值）	226.44	248.25	288.55	344.82	385.42
第三产业（增加值）	214.63	233.60	282.46	344.39	383.48
全社会固定资产投资	339.43	400.66	413.84	500.53	600.81
地方财政收入	43.15	48.78	61.04	76.48	85.56
地方财政支出	76.78	82.74	105.03	148.10	155.22
社会消费品零售总额	157.83	181.69	212.54	251.71	290.54
居民消费价格指数（以上年为100）	105.60	99.2	104.1	105.8	101.7
进出口总额（亿美元）	60.53	70.23	107.33	132.64	153.56
进　口（亿美元）	27.67	32.84	37.95	57.91	61.32
出　口（亿美元）	32.86	37.39	69.37	74.73	92.24
全部金融机构各项存款（余额）	746.65	943.93	1 143.25	1 314.97	1 389.97
企业存款	268.15	367.23	402.66	497.50	474.63
财政存款	16.05	35.35	54.26	56.26	78.83
储蓄存款	301.72	356.36	410.80	461.30	508.59
全部金融机构各项贷款（余额）	647.39	854.02	1 017.72	1 162.66	1 295.83
短期贷款	333.68	415.74	475.99	610.26	733.89
中长期贷款	302.82	414.33	507.02	549.11	559.77
全部保险机构保费收入	15.70	16.43	19.00	19.95	21.33
全部保险机构保险赔款支出（含满期给付）	5.63	7.21	6.21	5.80	7.29
全部保险机构保险密度（元/人）	1 623	1 699	1 963	2 061	1 902
全部保险机构保险深度（%）	3.20	3.08	3.00	2.61	2.50

注：全部金融机构各项存款、贷款余额的七项数据为本外币并表统计数（含外资金融机构）。

7. 台　州　市

【概况】 2012年台州经济保持平稳增长，全年共实现生产总值2 927.34亿元，比上年增长7.5%。其中，第一产业增加值201.12亿元，增长2.5%；第二产业增加值1 435.04亿元，增长7.1%；第三产业增加值1 291.18亿元，增长8.6%。全年完成全社会固定资产投资1 242.56亿元，比上年增长23.3%。消费品市场持续活跃，2012年，全市实现社会消费品零售总额1 304.30亿元，比上年增长15.2%。全年外贸进出口总额206.22亿美元，比上年增长0.6%，其中自营出口总额172.39亿美元，增长1.2%。城乡居民生活水平进一步提高，全年城镇居民人均可支配收入33 979元，比上年增长11.4%，全年农村居民人均纯收入14 567元，比上年增长11.1%。2012年全市实现财政总收入408.95亿元，比上年同期增长10.4%，其中地方财政收入220.42

亿元，增长 10.1%。

【货币政策】 加强货币信贷政策传导。中国人民银行台州市中心支行制定出台《关于加强和改进金融服务支持实体经济发展的意见》、《2012 年全市货币信贷工作指导意见》、《金融支持文化产业发展的指导意见》等，加强货币信贷政策传导，支持实体经济发展。每季召开全市行长联席会议、货币信贷联席会议，引导全市金融机构准确把握信贷导向、合理规划信贷总量，推动经济转型升级。编制全市年度信贷发展规划，分解落实任务。合理规划法人机构信贷投放，召开全市法人信贷调控工作指导会，完善法人机构高管约谈制度，逐月调查了解法人机构贷款投放预测情况，及时修编月度增贷计划。实施全市中小企业和涉农信贷政策导向效果评估，落实涉农贷款风险补偿 453.5 万元和小微企业贷款风险补偿 426.61 万元，全市农村合作金融系统涉农贷款风险补偿资金总额连续四年位居全省第一，及时落实到位支农再贷款新增额度 11 465 万元，发挥激励引导作用。

创新开展“金融两年”活动。积极开展“金融创新推进年、实体经济服务年”主题活动，突出“进企业、入农户、推创新、促转型”这一主题思想，通过设定活动目标、明确工作重点、印发活动方案、召开动员大会、搭建政银企沟通平台、拓宽融资渠道，深入推进金融支持地方实体经济发展，取得明显成效。信贷对实体经济的支持力度不断加大，截至 12 月末，全市工业贷款新增 132.61 亿元，占全部新增贷款的比例达 31.39%；制造业贷款、个人经营性贷款、建筑业贷款等六项主要行业贷款新增额占全部新增贷款的 75.15%。融资创新稳步推进，全年有 7 家企业注册发行企业债务融资工具 19.37 亿元，3 家小法人金融机构获准发行 95 亿元小微企业贷款专项金融债券，台州银行被批准为全国资产证券化的三家城商行之一。银企合作得到加强，2012 年全市人民银行系统共牵头举办各类银企(农)合作签约会 20 余次，落实企业(项目)贷款意向金额 287.46 亿元。

深入开展“千名信贷员进企入户办实事”活动。为切实解决当前中小企业融资难题，支持实体经济发展，深入开展“千名信贷员进企入户办实事”活动，通过重点调查企业经营和资金需求，突出解决银行难贷款、企业贷款难问题；通过全覆盖广延伸走访，扩大企业信贷覆盖面；通过大力宣讲信贷政策，提升企业发展信心。活动期间，全市银行机构累计 27 794 人次参与“进企入户”走访，走访企业 92 784 家次；了解融资困难及需求企业 28 743 家，已解决融资困难及需求企业 18 035 家；累计发放贷款(新增授信)206.24 亿元，其中贷款新增 83.07 亿元。至 12 月末，全市中小微企业贷款(含个人经营性贷款) 2 654.48 亿元，比年初增加 359.53 亿元，占全部新增贷款的 85.12%，金融支持中小微企业的力度显著增强。

【金融运行】 存款同比多增，增速有所回升。一是存款增量高于上年水平。2012 年下半年，全市金融机构本外币存款增长有所改善，由上半年同比少增转为全年的同比多增，全市全年新增存款 510.28 亿元，同比多增 114.33 亿元。二是存款冲高回落现象仍未改观。从月度存款增量看，2012 年存款增长延续了 2010 年以来的“季末冲高、季初回落”的运行状态，存款余额分别在 4 月、7 月、10 月三个季初月份出现负增长，存款增长缺乏稳定性。三是存款增速有所回升。2012 年 12 月末，全市金融机构本外币存款余额 4 509.17 亿元，同比增长12.8%。全年存款增速呈现前低后稳的态势，下半年有所回升，9 月份后连续 4 个月超越贷款增速，12 月末增速比年内最低点的 6 月末增速高出 4.8 个百分点，比年初增速高出 1.4 个百分点。

贷款增量同比略有增加，增速低位企稳。2012 年，全市金融机构本外币贷款新增 422.4 亿元，同比多增 7.11 亿元。受调控因素影响，2012 年贷款仍保持弱势增长格局，增量与上年基本持平，是近四年来增量较少的一年。12 月末，全市金融机构本外币贷款余额 3 893.16 亿元，同比增长 12.2%，比年初下降 1.4 个百分点。全年的贷款增速虽然整体处于 2010 年以来的下降通道，各月增速仅略高于 10%，但四季度以来增速有所回升，贷款增长低位企稳的态势有所显现。

银行机构人民币贷款利率低位企稳。不同于 2011 年渐进式的攀升，2012 年全市银行机构人民币贷款加权利率呈现先高后低的走势。年初受市场资金面趋紧的影响，贷款利率持续上扬，5 月份达到 8.96%的历史高点。此后，在贷款基准利率 2 次下调和存款准备金率再次下调的影响下，市场资金面紧张的状况不断缓解，带动贷款利率逐步下行。10

月份，人民币贷款加权利率跌至 8.35%的谷底，创下自 2011 年 3 月份以来的新低。11 和 12 月份的贷款利率继续在低位盘整，12 月份浮动贷款和固定贷款加权平均利率分别为 7.06%和 8.45%，比年初分别下降 36 和 73 个基点。

金融机构数量持续扩张。中国民生银行台州分行、平安银行台州分行、天台民生村镇银行等 26 家支行于 2012 年相继成立。2012 年以来全市增设专门为中小(小微)企业服务的银行内设部门 99 个、中小(小微)企业贷款专营机构 14 家。年末台州市小额贷款公司数量已达 29 家，合计注册资金 45.4 亿元。

【金融市场】 2012 年，台州共有 3 家企业挂牌上市，募集资金 15.16 亿元；2 家上市公司股票再融资，募集资金 10 亿元；2 家上市公司完成公司债募集 9.3 亿元。年末台州市累计已有上市公司 28 家，累计融资总额达到 249.80 亿元。台州市保险业持续扩张，2012 年底保险机构 50 家。至年末，全年保费总收入 84.40 亿元，比上年增长 11.2%。其中财产险保费收入 39.14 亿元，人寿险保费收入 45.26 亿元，分别比上年增长 14.4%和 8.6%。全年各类赔款、给付支出 29.17 亿元，比上年上升 27.8%，保险深度和密度分别达到 2.87%和 1 428.2 元/人。

(奚尊夏　魏博文)

台州市主要经济金融统计

(2008—2012 年)

单位：亿元

项　目	2008 年	2009 年	2010 年	2011 年	2012 年
国内生产总值	1 965.27	2 025.47	2 415.12	2 794.91	2 927.34
第一产业(增加值)	133.54	131.91	159.99	188.90	201.12
第二产业(增加值)	1 037.47	1 039.01	1 262.66	1 443.97	1 435.04
第三产业(增加值)	794.26	854.55	992.47	1 162.04	1 291.18
全社会固定资产投资	759.58	834.10	950.24	1 104.08	1 242.56
地方财政收入	126.05	136.02	164.88	200.12	220.42
地方财政支出	153.81	175.95	222.76	265.53	287.93
社会消费品零售总额	709.71	817.88	960.45	1 132.37	1 304.3
居民消费价格指数(以上年为 100)	104.80	99.20	104.6	106.3	102.3
进出口总额(亿美元)	138.11	120.32	170.01	205.04	206.22
进　口(亿美元)	20.47	19.65	30.38	34.69	33.83
出　口(亿美元)	117.64	100.67	139.63	170.35	172.39
全部金融机构各项存款(余额)	2 371.70	2 935.61	3 588.48	3 998.90	4 509.17
企业存款	595.07	852.25	982.70	1 758.76	1 936.93
财政存款	41.03	55.40	74.07	78.89	98.64
储蓄存款	1 204.44	1 443.75	1 725.08	2 110.37	2 405.68
全部金融机构各项贷款(余额)	1 926.27	2 518.06	3 055.82	3 470.76	3 893.16
短期贷款	1 239.22	1 560.38	1 932.49	2 354.77	2 661.14
中长期贷款	606.89	821.94	984.53	1 089.62	1 158.38
全部保险机构保费收入	49.40	56.86	72.92	75.40	84.40
全部保险机构保险赔款支出(含满期给付)	17.97	19.25	18.43	22.38	29.17
全部保险机构保险密度(元/人)	866.70	983.76	1 250.47	1 284.56	1 428.2
全部保险机构保险深度(%)	2.51	2.81	3.02	2.70	2.87

注：全部金融机构各项存款、贷款余额的七项数据为本外币并表统计数(含外资金融机构)。

（四）安徽省金融概览

【银行业】 银行业稳定健康发展，机构体系建设有序推进。2012年，安徽省银行业资产总额增长21.6%，较上年提高1.5个百分点，利润总额增长19.7%。资产质量进一步提升，不良贷款率2.1%，较上年末下降0.4个百分点。银行业法人金融机构达131个，较上年增加7个。

表1　2012年安徽省银行业金融机构情况

机构类别	营业网点			法人机构（个）
	机构个数（个）	从业人数（人）	资产总额（亿元）	
一、大型商业银行	2 293	47 081	12 476.0	0
二、国家开发银行和政策性银行	90	2 335	3 287.2	0
三、股份制商业银行	196	4 487	2 967.2	0
四、城市商业银行	208	4 843	3 311.7	1
五、城市信用社	—	—	—	—
六、小型农村金融机构	2 946	30 737	5 030.5	83
七、财务公司	4	136	222.5	4
八、信托公司	2	286	92.9	2
九、邮政储蓄	802	13 546	2 092.0	0
十、外资银行	3	90	40.6	0
十一、新型农村金融机构	66	1 230	161.7	39
十二、其他	2	267	114.5	2
合　计	6 612	105 038	29 796.7	131

注：(1)营业网点不包括总部。(2)小型农村金融机构含农村商业银行、农信社、农村合作银行。(3)新型农村金融机构包括村镇银行、贷款公司和农村资金互助社三类机构。(4)“其他”包含金融租赁公司、汽车金融公司、货币金融公司、消费金融公司等。

【存款】 各项存款稳定增长，金融机构资金来源充足。2012年末，全省本外币各项存款余额23 211.5亿元，同比增长18.7%；全年增加3 664.7亿元，同比多增630.3亿元。单位存款余额同比增长15.6%，全年增加1 471.9亿元，同比多增81.3亿元；储蓄存款余额同比增长21.1%，全年增加1 948.1亿元，同比多增494.3亿元。

【贷款】 各项贷款适度增长，信贷结构持续优化。2012年末，安徽省本外币各项贷款余额16 795.2亿元，同比增长18.7%，较上年末回落2.2个百分点。全省银行业金融机构认真落实稳增长要求，全年本外币贷款增加2 649.6亿元，同比多增193.5亿元。贷款投放节奏较为均衡，季度占比分别为23%、32%、23%、22%。

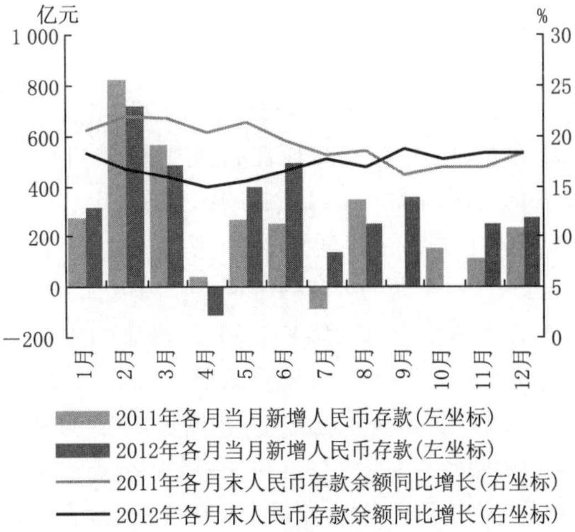

图1　2011—2012年安徽省金融机构人民币存款增长变化

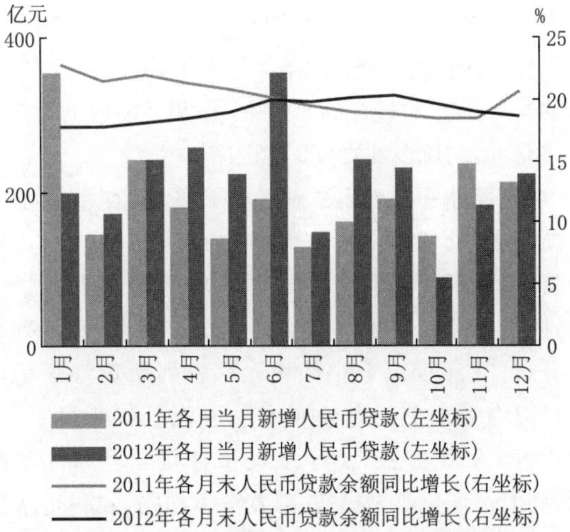

图2　2011—2012年安徽省金融机构人民币贷款增长变化

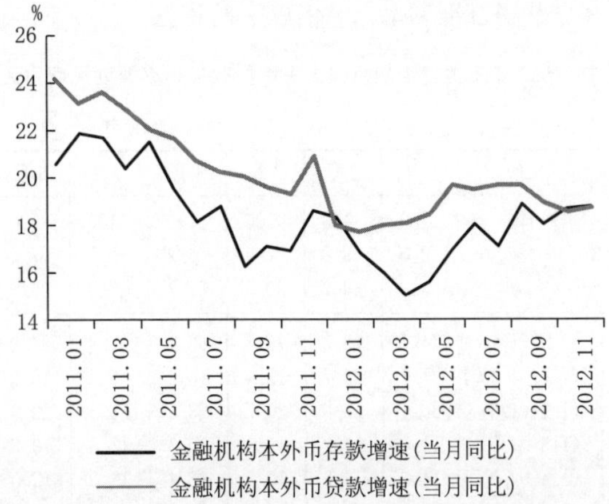

图3　2011—2012年安徽省金融机构本外币存、贷款增速变化

【信贷结构】 一是信贷资金向重点区域集中。全年皖江城市带承接产业转移示范区人民币贷款增加 1 823.5 亿元，同比多增 26.4 亿元，合芜蚌自主创新试验区人民币贷款增加 1 322.1 亿元，同比多增 153.4 亿元，增量分别占全省的 71.1%和 51.5%。二是高耗能行业贷款占比下降。2012 年末，全省石化、化工、水泥、钢铁、有色、电力六大高耗能行业中长期贷款余额 822.6 亿元，占全部中长期贷款的比重为9.5%，较上年下降 1 个百分点；全年增加 25.2 亿元，同比少增 23.7 亿元。三是社会薄弱环节的信贷支持力度加大。2012 年，全省小微企业贷款增长 20.1%，高于大中型企业 5.2 个百分点，其中微型企业贷款增长34.9%。涉农贷款增长 26.5%，县域金融机构贷款增长 22%，分别高于各项贷款增幅 7.8 个百分点和 3.3 个百分点。再贴现政策导向作用得到发挥，年末中小微企业、涉农企业票据再贴现余额占比分别达到88.8%、22.4%。四是民生领域金融服务水平提升。制定促进安徽省民生金融发展的指导意见，督促和引导银行业金融机构落实小额担保贷款和助学贷款政策。全年累计发放小额担保贷款 4.9 万笔，合计金额 51.1 亿元；累计发放助学贷款 10.5 亿元，同比多发放 0.8 亿元。

【利率水平】 贷款利率水平平稳，存款差别定价能力提升。2012 年，安徽省银行业金融机构人民币贷款加权平均利率为 7.82%，较上年略升 3 个基点，执行下浮和基准利率贷款占比较上年下降 4.8 个百分点。1 年期以上小额美元存款利率走势平稳，3 个月以内大额美元存款利率水平较上年明显下降。2012 年，人民银行扩大了人民币存贷款利率浮动范围，利率市场化明显提速，存款竞争加剧，农村金融机构存款利率普遍高于其他金融机构，但存款份额却不升反降；贷款利率浮动区间扩大影响有限，仅个别优质客户获得基准利率 0.9 倍以下的贷款。

表 2 2012 年安徽省金融机构人民币贷款各利率浮动区间占比

单位：%

月 份		1月	2月	3月	4月	5月	6月	7月	8月	9月	10月	11月	12月
合 计		100	100	100	100	100	100	100	100	100	100	100	100
(0.9—1.0)		2.0	3.3	2.9	6.2	5.1	7.0	9.2	8.9	8.8	10.3	10.4	8.8
1		23.3	26.2	20.5	27.7	27.0	26.0	24.7	22.6	20.6	31.0	25.1	25.2
上浮水平	小 计	74.7	70.5	76.6	66.1	67.9	67.0	66.1	68.5	70.6	58.7	64.5	66.0
	(1.0—1.1)	21.7	22.7	19.4	16.9	16.2	16.0	14.4	14.9	18.3	15.5	13.6	13.3
	(1.1—1.3)	24.1	22.8	26.7	23.8	24.3	23.3	24.4	25.6	24.3	21.9	24.3	25.5
	(1.3—1.5)	11.7	9.2	11.9	10.3	11.3	13.2	11.0	11.2	11.7	8.6	11.2	13.0
	(1.5—2.0)	14.5	12.6	15.1	12.4	13.5	12.0	13.3	13.9	13.5	10.2	12.5	11.6
	2.0 以上	2.7	3.2	3.5	2.7	2.6	2.5	3.0	2.9	2.8	2.5	2.9	2.6

注：2012 年 8—12 月统计数据的下浮区间为(0.7—1.0)。

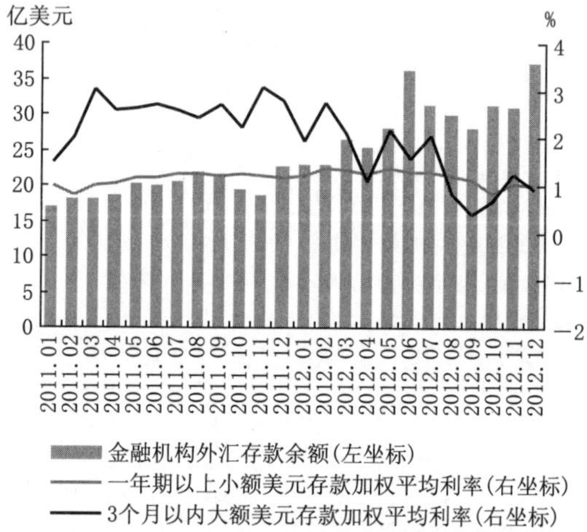

图 4 2011—2012 年安徽省金融机构外币存款余额及外币存款利率

【人民币结算】 跨境人民币业务快速发展。2012 年，全省跨境人民币实际收付量达 145.4 亿元，是上年结算量的 14 倍，有力地支持了全省涉外经济发展。其中，货物贸易跨境人民币结算量 84.2 亿元，是上年的 21.9 倍，占同期海关进出口总额的比例由上年的 0.5%上升到 3.4%。资本项下跨境人民币实际收付 51.9 亿元，是上年的 9.3 倍。跨境人民币业务辐射范围不断拓宽，往来国家和地区由上年末的 12 个增加到 107 个。企业参与度大大提高，全年共有 419 家企业办理了跨境人民币业务，是上年的 7.8 倍。

【证券期货】 证券期货法人机构经营稳健，股票市场融资规模下降。2012 年末，全省共有证券经营网点 158 家，较上年增加 4 家，实现利润总额 3.5 亿元，较上年回落 48.5%；两家法人证券公司实现利润总额 6.5 亿元。三家法人期货公司盈利改善，实现营业利润 8 847 万元，创历史新高。2012 年末，全省境内上市公司78家;全年新增1家上市公司,6家企业增发新股,9家企业发行公司债;全年非金融企业境内股票融资41.6亿元,发行公司债99.5亿元。受股市低迷、企业股票融资意愿下降、IPO审批速度放缓等影响,全省股票融资企业数量和融资规模均较上年有所下降。

表3 2012年安徽省证券业基本情况

项　　目	数　量
总部设在辖内的证券公司数(家)	2
总部设在辖内的基金公司数(家)	0
总部设在辖内的期货公司数(家)	3
年末国内上市公司数(家)	78
当年国内股票(A股)筹资(亿元)	41.6
当年发行H股筹资(亿元)	0
当年国内债券筹资(亿元)	872.2
其中:短期融资券筹资额(亿元)	197.8
中期票据筹资额(亿元)	317.8

【保险业】 保险业务平稳增长,保险服务能力不断提升。一是保险业经营机构稳步发展。2012年末,全省各类保险公司省级分支机构47家,比上年增加6家。保险代理公司、保险经纪公司、保险公估公司分别达36家、3家、10家;保险兼业代理机构和保险营销员分别达5 744家和137 810人。二是保险业务平稳增长。2012年,全省财产险和人身险保费收入合计453.6亿元,同比增长5%。其中,财产险保费收入同比增长18.4%,人身险保费收入同比下降1.7%。财产险结构进一步改善,非车险业务保费收入同比增长22.1%。寿险业务下滑导致人身险保费收入下降,寿险保费收入同比下降3.6%。三是保险服务能力不断提升。全年保险业以基础设施建设和重大工程项目为重点,共为各类经济实体提供保额为8 934亿元的企财险风险保障和574亿元的工程险风险保障。小微企业承保数量同比增长375%,短期贸易险支持企业出口额同比增加近30%。2012年末,保险资金运用在安徽的投资金额突破300亿元。

表4 2012年安徽省保险业基本情况

项　　目	数　量
总部设在辖内的保险公司数(家)	1
其中:财产险经营主体(家)	1
人身险经营主体(家)	0
保险公司分支机构(家)	47
其中:财产险公司分支机构(家)	22
人身险公司分支机构(家)	25
保费收入(中外资,亿元)	453.6
其中:财产险保费收入(中外资,亿元)	169.1
人身险保费收入(中外资,亿元)	284.6
各类赔款给付(中外资,亿元)	152.7
保险密度(元/人)	757.5
保险深度(%)	2.6

【融资结构】 融资结构不断改善,金融市场交易活跃。一是直接融资占比创新高,融资结构显著改善。2012年全省非金融机构直接融资额达913.7亿元,同比增长21%;直接融资在融资总额中的占比创新高,较上年提高3.2个百分点。受国家加快债券市场发展和债券融资成本较低等影响,全年全省直接债务融资额872.2亿元,同比增长70.2%。其中发行债务融资工具515.6亿元,发行企业数、发行金额分别是上年的2倍、1.9倍。

表5 2001—2012年安徽省非金融机构部门融资结构

年份	融资量(亿元人民币)	比　重(%)		
		贷款	债券(含可转债)	股票
2001	240.5	89.8	0.0	10.2
2002	368.4	92.2	0.0	7.8
2003	519.0	94.1	2.9	3.0
2004	608.2	94.4	1.4	4.1
2005	598.8	91.9	7.8	0.3
2006	987.1	84.1	14.1	1.8
2007	1 166.8	79.1	8.8	12.1
2008	1 488.7	81.3	6.8	11.9
2009	2 803.0	85.8	8.4	5.8
2010	2 797.6	82.1	12.5	5.4
2011	3 170.9	77.5	16.3	6.2
2012	3 563.4	74.4	24.5	1.1

二是同业拆借和债券交易业务活跃,净融入格局明显。2012年,全省银行间市场成员债券回购和同业拆借交易量分别突破6.1万亿和0.2万亿元,净融入资金近1.2万亿元。债券交易量稳步扩大,全年现券交易额3万亿元,同比增长21.9%。受央行下调准备金率和逆回购操作等因素影响,银行间市场融资成本下降幅度较大。三是票据交易总体活跃,利率回落明显。2012年末,全省金融机构银票承兑余额1 759亿元,同比增长11.7%。受中国人

民银行两次下调存款准备金率和存贷款基准利率影响，全年票据贴现加权平均利率为 5.63%，较上年下降 246 个基点。四是民间借贷活跃。2012 年，全省民间借贷监测点样本发生额同比增长 35.5%。民间借贷加权平均利率为 18.1%，同比提高 6 个百分点，从走势看，1 季度上行较快，自 2 季度开始保持平稳。五是债券品种创新取得积极进展。2012 年，全省实现了中小企业集合票据、中小企业集合债券、中小企业私募债和非公开定向债务融资工具 4 种创新型融资产品的首次发行，各品种发行额分别为 6.6 亿元、5.9 亿元、1.2 亿元和 145 亿元。

表 6　2012 年安徽省金融机构票据业务量统计

单位:亿元

季度	银行承兑汇票承兑		贴现			
			银行承兑汇票		商业承兑汇票	
	余额	累计发生额	余额	累计发生额	余额	累计发生额
1	866	735	520	814	8.3	15.8
2	1 663	1 605	745	1 784	14.0	33.0
3	1 835	2 430	817	3 510	16.6	72.5
4	1 759	3 542	730	4 816	17.7	101.8

表 7　2012 年安徽省金融机构票据贴现、转贴现利率

单位:%

季度	贴现		转贴现	
	银行承兑汇票	商业承兑汇票	票据买断	票据回购
1	6.91	7.96	6.81	5.15
2	5.28	5.58	5.26	4.54
3	5.31	5.92	5.07	4.40
4	5.51	6.00	5.07	4.79

（人行合肥中支）

1. 合　肥　市

【概况】　2012 年，合肥市生产总值(GDP)4 164.34 亿元，按可比价格计算，比上年增长13.6%。其中，第一产业增加值 229.05 亿元，增长 5.4%；第二产业增加值 2 303.91 亿元，增长 15.4%；第三产业增加值 1 631.38 亿元，增长 12.3%。三次产业结构调整为 5.5∶55.3∶39.2，其中工业增加值占 GDP 的比重为 43.6%，比上年提高 0.7 个百分点。人均生产总值达到 55 186 元(折合 8 742 美元)。

全年居民消费价格上涨 2.2%，涨幅比上年回落 3.5 个百分点。工业生产者出厂价格下降 0.1%，工业生产者购进价格下降 2.3%。

年末全市从业人员 484.9 万人，比上年增加 8.6 万人。其中，第一产业 106.5 万人，减少 8.8 万人；第二产业 164.5 万人，增加 7.7 万人；第三产业 213.9 万人，增加 9.7 万人。城乡私营企业从业人员和个体劳动者 103.0 万人，增加 1.2 万人。全年城镇新增就业 14.0 万人，下岗失业人员再就业 4.5 万人。年末城镇登记失业率为 3.65%，比上年下降 0.28 个百分点。

年末全市规模以上工业企业 2 087 户，全年实现工业增加值 1 653.54 亿元，比上年增长 17.4%。其中，轻工业增加值 653.28 亿元，增长 16.5%；重工业增加值 1 000.26 亿元，增长 18%。战略性新兴产业完成产值 1 598.74 亿元，比上年增长 24.6%。

全年全社会固定资产投资 4 001.10 亿元，比上年增长 23.7%。分产业看，第一产业投资 56.63 亿元，增长 77.0%；第二产业投资 1 579.02 亿元，增长 23.6%，其中工业投资 1 551.40 亿元，增长 23.5%；第三产业投资 2 365.45 亿元，增长 22.9%。分投资主体看，民间投资 2 292.40 亿元，增长 16.2%；国有投资 1 477.14 亿元，增长 34.1%；外商及港澳台商投资 231.56 亿元，增长 43.3%。分行业看，食品及农副产品加工业、装备制造业、汽车制造业、家用电器制造业累计完成投资 691.36 亿元，占工业投资 44.6%，比上年增长 36.7%，高于工业投资增速 13.2 个百分点；六大高耗能行业完成投资 253.31 亿元，增长 13.3%，低于工业投资增速 10.2 个百分点。城市基础设施完成投资 689.77 亿元，增长 24.1%。

全年社会消费品零售总额 1 293.62 亿元，比上年增长 16.7%。按消费形态分，商品零售额 1 191.61 亿元，增长 16.7%；餐饮收入 102.01 亿元，增长16.1%。按经营单位所在地分，城镇零售额 1 260.06 亿元，增长 17.0%；乡村零售额 33.56 亿元，增长 6.5%。

全年进出口总额 176.42 亿美元，比上年增长 43.3%。其中，出口 136.28 亿美元，增长 74.3%；进口 40.14 亿美元，下降 10.6%。加工贸易出口额 21.74 亿美元，下降 3.9%。机电产品出口 49.90 亿美元，增长 87.7%。高新技术产品出口 14.32 亿美元，增长 10.5%。

全年财政收入694.36亿元，比上年增长11.3%，其中地方财政收入389.50亿元，增长15.1%。财政支出572.10亿元，比上年增长20.5%。其中，社会保障与就业支出增长14.6%，教育支出增长48.5%。

【货币政策】 2012年，合肥市银行业金融机构贯彻落实稳健的货币政策，加大对经济发展的支持力度。全年银行业金融机构发展稳健，货币信贷运行平稳，促进经济发展的能力显著增强。第一，中长期贷款企稳回升。2012年末，全市人民币中长期贷款余额4 370.4亿元，同比增长14.4%，增速在当年4月份降至9.1%后企稳回升；全年增加549.5亿元，同比多增89.3亿元。票据融资余额234.4亿元，同比增长177.7%；全年增加150亿元，占全市新增人民币贷款的17.1%，同比多增105.7亿元。短期贷款余额1 522亿元，同比增长12.7%；全年增加172.2亿元，同比少增31.5亿元。第二，农村法人金融机构贷款大幅增加。2012年末，合肥市农村法人金融机构人民币贷款余额370.9亿元，全年新增103.7亿元，同比多增41.4亿元，占全市贷款增量的11.8%，比上年末上升4.4个百分点。第三，经济薄弱环节支持力度加大。一是小微企业的信贷投放进一步加大。年末全市小微企业贷款余额992.3亿元，占全部企业贷款的24.1%，较年初增长61.5亿元。二是县域贷款增长较快。年末合肥市县域人民币贷款余额578.8亿元，同比增长24.3%，高于同期各项人民币贷款增速7.6个百分点。三是社会弱势群体金融服务进一步完善。全年全市下岗失业贷款、助学贷款分别发放17 659万元、83 187万元，发放笔数、人数分别为1 641笔和129 072人。第四，个人消费贷款增长加快。2012年末，全市个人消费贷款余额1 174.6亿元，同比增长14.8%，较上年末有所提升；比年初增加152.9亿元，同比多增31.1亿元。

【金融运行】 一是各项存款较快增长，单位存款、个人存款多增明显。2012年末，全市金融机构本外币各项存款余额7 075.2亿元，同比增长21.5%，比上年提高4个百分点，较年初增长1 252.2亿元，同比多增383.1亿元。其中，单位存款、个人存款同比多增明显，分别比上年多增201.4亿元和134.3亿元。二是各项贷款稳定增长，贷款结构持续优化。合肥正处于经济社会加快发展、转型提升的重要时期，

2月9—10日，中国人民银行金融稳定工作会议在合肥召开

工业化、城镇化的推进，自主创新、承接产业转移、合肥经济圈等一系列重大发展战略的深入实施，均构成了旺盛的信贷需求。年末全市本外币各项贷款余额6 462.5亿元，同比增长17.2%，较上年同期微落0.7个百分点，低于全省1.5个百分点；全年新增950.1亿元，占全省贷款增量的35.9%，同比多增136.4亿元。三是银行体系不断完善，赢利能力显著增强。全市银行业机构竞争规范、优势互补、共同发展，资产规模不断壮大，同比增长33.9%；经营效益大幅攀升，净利润同比增长20.2%；年末不良贷款余额52.4亿元，不良贷款率0.8%。金融体系逐步完善，巢湖、庐江、长丰县农商行陆续挂牌开业，皖能集团财务公司开业，瑞福德汽车金融公司已获银监会批准筹建。

【金融市场】 2012年合肥市首发上市公司1家，融资8.5亿元。年末全市共有30家境内上市公司。全年债券融资236.55亿元。证券营业部59个，比上年增加12个，证券交易量4 995.86亿元，从业人员2 697人。期货营业部18个，比上年增加6个，期货交易量122 188.26亿元，从业人员621人。

2012年保险公司保费收入89.33亿元，比上年增长31.4%。其中，财产险保费收入40.02亿元，增长29.1%；人身险保费收入49.31亿元，增长33.4%。支付各类赔款及给付29.98亿元，比上年增长40.4%。其中，财产险赔款与给付20.11亿元，增长48.6%；人身险赔款与给付9.87亿元，增长26.4%。

（人行合肥中支）

合肥市主要经济金融统计

(2008—2012 年)　　单位:亿元

项　目	2008 年	2009 年	2010 年	2011 年	2012 年
国内生产总值	1 664.8	2 102.1	2 702.5	3 636.6	4 164.34
第一产业(增加值)	105.2	108.7	132.6	208.2	229.05
第二产业(增加值)	834.9	1 105.0	1 457.6	2 002.2	2 303.91
第三产业(增加值)	724.7	888.4	1 112.3	1 426.2	1 631.38
全社会固定资产投资	1 838.6	2 468.4	3 067.0	3 376.97	4 001.10
地方财政收入	160.94	180.9	259.4	338.51	389.50
地方财政支出	206.8	245.9	317.7	474.89	572.10
社会消费品零售总额	588.4	703.4	839.0	1 111.12	1 293.62
居民消费价格指数(以上年为 100)	106.4	99.1	102.7	105.7	102.2
进出口总额(亿美元)	77.1	64.3	99.6	123.09	176.42
进　口(亿美元)	22.8	19.8	43.3	44.89	40.14
出　口(亿美元)	54.3	44.5	56.3	78.20	136.28
全部金融机构各项存款(余额)	2 725.7	3 735.3	4 591.8	5 370.7	6 913.84
企业存款	1 323.4	1 909.0	2 180.9	3 577.4	4 320.67
财政存款	59.1	94.6	146.6	158.5	2 125.19
城乡储蓄存款	852.8	1 031.8	1 241.9	1 429.8	2 065.57
全部金融机构各项贷款(余额)	2 640.6	3 528.8	4 353.8	5 041.4	6 136.03
短期贷款	782.9	966.5	1 083.2	1 254.1	1 521.96
中长期贷款	1 773.3	2 463.9	3 219.0	3 709.0	4 370.36
全部保险机构保费收入	37.9	40.8	65.7	67.97	89.33
全部保险机构保险赔款支出(含满期给付)	19.4	14.0	16.5	21.35	29.98
全部保险机构保险密度(元/人)	778.2	830.6	1 152.1	903.85	1 180.05
全部保险机构保险深度(%)	2.28	1.94	2.43	1.87	2.15

注:全部金融机构各项存款、贷款余额的七项数据为人民币统计数(含外资金融机构)。

2. 马鞍山市

【概况】 2012 年,马鞍山市实现地区生产总值(GDP)1 232 亿元,按可比价格计算,比上年增长 12%。其中,第一产业增加值 71.5 亿元,增长 5.2%;第二产业增加值 818.9 亿元,增长 12.4%;第三产业增加值 341.6 亿元,增长 12.5%。人均 GDP 达 8 600 美元,建设全面小康社会综合实现程度为 97.1%。全年固定资产投资完成 1 201.15 亿元,比上年增长 25.4%,投资总额居全省第三位。实现社会消费品零售总额 262.94 亿元,比上年增长 16.5%。城市居民人均消费性支出 18 286 元,比上年增长 15.6%;农民人均生活消费支出 6 782 元,比上年增长 17.3%。全年实现进出口总额 36.52 亿美元,总量居全省第三位。其中,出口 12 亿美元,增长 51.3%;中小企业进出口值达 11.5 亿美元,同比增长 22.3%。利用外资增长势头强劲,全年实际利用外资 13.39 亿美元,比上年增长 34.4%。2012 年,全市克服结构性减税政策及部分骨干企业效益下滑影响,财政收入突破两百亿元,累计完成 210.6 亿元,比上年增长 13%。地方财政收入高速增长,完成地方财政收入 127.82 亿元,比上年增长 40.3%。

【货币政策】 2012 年,面对严峻复杂的经济形势,中国人民银行马鞍山市中支制订出台了《金融服务实体经济发展的指导意见》,开展了“金融支持实体经济服务年”活动,实施了“信贷资金引流工程”、“小微企业信贷倍增计划”、“民生金融普惠工程”、

“跨境贸易人民币结算业务工程”、“非金融企业债务融资工具倍增计划”等五大信贷品牌工程，引导全市金融机构认真贯彻执行稳健的货币政策，进一步优化信贷结构，完善各类金融服务，着力支持实体经济增长。2012年度人民银行两次下调基准利率，并进一步扩大存贷款利率浮动区间，扩大了金融机构自主定价空间，企业融资成本有所下降，信贷支持力度得到增强。人民币6个月以内固定贷款加权平均利率为5.56%，较上年下降6.93%；浮动利率贷款区间收窄并下移，2012年金融机构执行下浮利率贷款占比为26.54%，比上年提高7.79个百分点。其中票据贴现加权平均利率为5.21%，比2011年下降33.96%。小额外币存款利率也呈现下浮走势，以一年期美元存款为例，2012年美元存款利率为1.11%，比2011年下降0.09个百分点，同比下降7.5%。

【金融运行】 2012年年末马鞍山市金融机构本外币各项存款余额1 269.19亿元，比年初增加192.09亿元，同比增长16.01%。随着下半年经济企稳好转，企业应收账款等流动资金归集较多，单位存款大幅增长，年末单位存款余额为602.65亿元，同比增长17.93%，单位存款活期化趋势明显；受资本市场持续低位运行、房地产投资收益较低及年末集中揽储等因素影响，城乡居民储蓄存款也增长较多，年末余额为637.58亿元，同比增长14.80%。2012年全市金融机构本外币各项贷款余额为877.14亿元，比年初增加75.80亿元，同比少增98.91亿元，同比增长8.79%，但较2011年增速下降18.98个百分点。在信贷投放较为乏力情况下，全市各金融机构纷纷通过各种表外业务融资来扩大规模，表外化融资趋势明显。截至年末，全市银行表外业务资金余额497.67亿元，比年初增加204.52亿元，其中：银行承兑汇票余额224.9亿元，比年初增加90亿元；委托贷款余额183.47亿元，比年初增加89.66亿元；开立各类信用证余额72.2亿元，比年初增加22.9亿元。此外各银行业金融机构还通过信托贷款、各类保函、保理等表外业务有效满足了各层次融资主体多元化融资需求。

【金融机构】 2012年，马鞍山市银行业机构扩容步伐继续，新设股份制银行一家（民生银行马鞍山分行），全市已构建成包括政策性银行、国有商业银行、股份制商业银行、农村合作类银行、邮政储蓄、村镇银行、财务公司在内的多层次银行类金融体系。行政区划调整后，全市银行类金融机构营业网点总数增至358个，从业人员数达5 270人。全市银行业资产规模和经济效益迅速扩大，资产总额达1 533亿元，全年实现营业净利润22亿元，银行业金融机构呈现稳健发展的态势。

【金融市场】 融资结构逐步优化，非金融企业债务融资实现快速增长。2012年马鞍山市非金融企业表外融资和直接融资渠道拓宽，金融工具应用较多。包括股票融资、中期票据、短期融资券、理财产品、定向增发在内的直接融资额快速增长。2012年包括贷款、表外业务、直接融资、产业基金、小贷公司及保险公司有效投入在内的社会融资总量达到550亿元，再创历史新高。人民银行马鞍山市中心支行实施了“债务融资工具倍增计划”，辖区发行非金融企业债务融资工具的工作取得了较好的效果。全年马鞍山辖内企业在银行间市场累计发行非金融企业债务融资工具6支，共募集资金人民币73亿元，同比增长115%，非金融企业债务融资工具连续3年实现了快速增长。票据承兑、贴现的余额和业务量水平均有明显提升，票据市场呈现多元化发展态势，参与的主体日趋丰富，投放结构日趋优化。金融机构票据贴现利率呈现持续走低态势，年末直贴和转贴现季度加权平均利率分别为4.88%和5.28%，分别比年初降低了4.2和3.6个基点。

【金融创新】 2012年，中国人民银行马鞍山市中心支行以“金融服务实体经济服务年活动”为主题，通过出台《金融支持实体经济信贷指导意见》（被市政府转发）、制定“金融服务实体经济服务年”活动方案、完善中小企业信贷政策导向效果评估机制、灵活运用再贴现货币政策工具、切实推进小额担保贷款等措施，引导全市银行业金融机构以满足中小微企业生产经营资金需求为责任，创新金融服务意识，加大金融产品创新力度，着力提升对中小微企业金融服务水平。农发行马鞍山市分行推出的农业小企业贷款可为AA级以上农业客户提供一年期内信用贷款；工行马鞍山分行的“网贷通”产品可以通过网络为系统内中小企业提供资金；农行马鞍山市分行把针对中小企业的“简式快捷贷”产品审批权限提高到1 000万元；中行马鞍山市分行通过办理应收账款保理和国内信用证项下的买方押汇，为中小企业提供人民币贸易融资服务；建行无需评级、授信的

“速贷通”业务审批权限金额提高到2 000万元；交行马鞍山分行针对微型企业，推出了为个人办理小型设备贷款业务；徽行马鞍山分行为马钢、华菱、星马汽车等大型核心企业上下游中小企业提供“产业链融资”业务；马鞍山农村商业银行加大“微小企业贷款”推动力度；邮储银行马鞍山分行以“整贷直发”贷款模式，加大对劳动密集型小企业支持力度。人行马鞍山市中支通过开通“商业承兑汇票再贴现”窗口业务，通过马钢财务公司向马钢上下游中小钢铁企业提供5 000余万元资金支持，缓解钢铁企业融资压力。

【金融生态】　2012年，人行马鞍山市中支从机制建设、宣传教育、政策引导和防范金融风险等方面加强工作，积极引导政府有关部门、金融机构、企业进一步改善金融生态环境，构建完备的信用支付体系。一是提请市政府印发了中心支行制定的《进一步推进马鞍山市金融生态环境建设实施方案》，联合市相关职能部门成立了金融风险工作应对领导小组，修订完善了《马鞍山市银行业金融机构重大事项报告工作实施办法》。二是开发“221”综合管理信息系统，对2家金融机构开展了综合执法检查，批复了5家新设金融机构开展相关业务。三是推动县域金融生态环境建设向纵深推进，以当涂县为试点，制定了《当涂县创建金融生态县实施方案》，对创建目标、任务及措施作详细规定，高标准严实施，确保县域金融生态环境创建取得新进展。四是大力开展“农汇通工程”建设，实现了银行卡助农取款业务在县域所有乡镇的全覆盖。大力推广电子商业汇票业务，扩大了小额定期业务的应用范围。加大金融IC卡的推广应用，首发了具有地方特色的金融IC卡——马鞍山城市卡，有效提升了金融服务质量。

8月28日，马鞍山市郑蒲港新区在和县举行了中华人民共和国家金库郑蒲港新区国库成立揭牌仪式

（尚有胜）

马鞍山市主要经济金融统计

（2008—2012年）　　单位：亿元

项　目	2008年	2009年	2010年	2011年	2012年
国内生产总值	636.3	665.9	811.0	1 144.0	1 232
第一产业(增加值)	24.5	25.7	28.5	66.9	71.5
第二产业(增加值)	432.5	443.0	563.6	779.04	818.9
第三产业(增加值)	179.3	197.2	219	298.24	341.6
全社会固定资产投资	404.1	546.1	740.3	1 311	1 201.15
地方财政收入	43.3	63.7	69.9	91.04	127.82
地方财政支出	56.2	80.0	87.4	139.57	190.37
社会消费品零售总额	106.0	125.7	147.8	226.09	262.94
居民消费价格指数(以上年为100)	105.2	98.3	103.0	104.8	102
进出口总额(亿美元)	33.5	17.33	28.8	41.97	36.52
进口(亿美元)	22.4	12.8	23.7	34.03	24.52
出口(亿美元)	11.1	4.53	5.07	7.94	12
全部金融机构各项存款(余额)	550.8	705.9	808.2	1 094	1 269.2
企业存款	167.5	218.5	241.0	361.89	602.65
财政存款	20.9	23.6	17.6	13.31	11.1
储蓄存款	259.6	305.8	355.0	555.39	637.58

（续表）

项　　目	2008年	2009年	2010年	2011年	2012年
全部金融机构各项贷款(余额)	328.1	453.1	554.5	806	877.1
短期贷款	108.9	173.2	220.6	367.19	386.64
中长期贷款	174.9	219.0	277.4	363.99	391.1
全部保险机构保费收入	12.6	14.0	16.52	16.61	21.4
全部保险机构保费支出(含满期支付)	3.2	3.0	3.4	4.43	7.79
全部保险机构保险密度(元/人)	12 988.26	1 090	1 280.62	1 277.69	903
全部保险机构保险深度(%)	1.98	2.11	2.04	1.68	1.89

注:全部金融机构各项存款、贷款余额的七项数据为本外币并表统计数(含外资金融机构)。

3. 芜　湖　市

【概况】 2012年,芜湖市紧紧抓住皖江城市带承接产业转移示范区、合芜蚌自主创新综合试验区建设和行政区划调整等重大战略机遇,大力实施“创新驱动、产业强市、统筹城乡、开放合作、和谐发展”五大战略,全力以赴稳定经济增长,开拓创新推进结构调整。全年实现地区生产总值1 873.63亿元,比上年增长13.8%,总量位居全省第二位,增速连续三年保持全省第一。全年实现财政收入337.06亿元,比上年增长15.9%,其中地方财政收入178.91亿元,增长26.5%;支出295.15亿元,增长20.1%。全年完成固定资产投资1 700.79亿元,比上年增长25.6%。其中,工业投资859.78亿元,增长17.1%;房地产开发投资366.67亿元,增长25.6%。全年实现进出口总额46.24亿美元,比上年增长16.7%。其中,进口总额12.54亿美元,下降0.3%;出口总额33.70亿美元,增长24.6%。全年实现社会消费品零售总额490.20亿元,比上年增长16.7 %。城市居民人均可支配收入23 784元,比上年增长13.2%;人均消费支出16 992元,比上年增长13.2%。农村居民人均纯收入9 675元,比上年增长15.0%;人均生活费支出6 369元,比上年增长13.6%。

【货币政策】 2012年,中国人民银行芜湖市中心支行按照“总量适度、节奏平衡、结构优化”的调控原则,全面提升信贷政策导向力,加强窗口指导,引导金融机构深入贯彻稳健的货币政策。一是灵活运用货币政策工具,促进信贷投放平稳增长。全年累计发放再贷款金额3.2亿元,办理再贴现35.43亿元,发放商票再贴现1.48亿元。落实法人金融机构考核结果,及时下调无为农商行和繁昌农合行存款准备金率各一个点。成功发行全省首笔中小企业集合债券4.1亿元,成功募集中小企业集合票据4.5亿元,实现全省中小企业集合票据“零”的突破。二是加强“窗口指导”,促进信贷结构优化调整。组织召开季度经济金融形势分析会、信贷资金运营分析会和法人金融机构信贷调控会议,传达窗口指导意图,突出信贷支持重点,推进辖区产业转型升级。截至12月末,全市金融机构对战略性新兴产业贷款余额77.67亿元,较年初增加16.84亿元,增幅为27.68%。启动“小微企业融资年”活动,提升中小企业服务水平,截至12月末,全市金融机构小微企业贷款余额417.0亿元,较年初增加56.3亿元,增幅15.6%,比大型和中型企业贷款增速分别高3.8个和3.7个百分点。三是加大对民生领域和经济发展薄弱环节的支持。重点推动小额担保贷款“整贷直发”新模式,2012年,全市累计发放小额担保贷款11 342笔,发放金额10.7亿元,发放总量和帮扶人数居全省前列,充分发挥了小额担保贷款在惠民生、促就业、保稳定方面的积极作用。

【金融运行】 2012年,芜湖市金融业运行总体平稳,全市金融机构本外币各项存款余额为1 876.26亿元,较年初增加183.36亿元,余额同比增长11.87%,增速较上年同期下滑7.98个百分点,存款总量、增量、增速分别居全省第2、7和16位。全市金融机构本外币贷款余额为1 725.94亿元,较年初增加293.13亿元,余额同比增长20.88%,增速较上年同期下滑4.27个百分点,贷款总量、增量、增速分别居全省第2、2和9位。全年信贷运行的特点为:一是信贷投放节奏平稳。中国人民银行坚持实行稳健的货币政策,并且2次下调存贷款基准利率、2次下调存款准备金率。在此背景下，芜湖市信贷投放保持平稳较快增长，全年除10月份之外，其余月份增量保持均衡正增长，且单月增速均保持在20%以上，有力地支撑了芜湖市的经济发展。二是期限结构不断优化。截至12月末，全市金融机构本外币短期贷款余额680.01亿元，较年初增加71.82亿元，同比少增81.93亿元；余额同比增长12.38%；中长期贷款余额909.86亿元，较年初增加126.67亿元，同比多增6.06亿元，余额同比增长16.45%，中长期贷款投放加快迹象较为明显。三是融资租赁发展稳定。皖江金融租赁公司自年初开业以来大力拓展金融租赁业务，取得了积极的进展，年末融资租赁余额达60亿元，为缓解辖区中小企业融资难发挥了积极的作用。四是县域贷款的投放增量同比多增，增速高于全市平均水平。截至12月末，辖内四县各项贷款余额为426.73亿元，较年初增加77.95亿元，同比多增11.40亿元；贷款余额同比增长22.29%，增速较全市高出1.41个百分点，也高于全省县域18.95%的平均贷款增速。

11月22日，由芜湖市政府金融办、中国人民银行芜湖市中心支行和中国银联安徽分公司主办的芜湖城市金融IC卡首发仪式

【金融市场】　2012年，受多种因素影响，芜湖市证券业交易额同比持续缩减，累计完成交易额714.21亿元，较上年同期下降24.91%；实现营业收入7 533万元，同比下降22.90%；实现营业利润3 337万元，同比下降33.21%。其中，基金交易稳步增长，全辖证券业实现基金交易额12.21亿元，同比增长111.98%；股票交易持续跌势，全年累计完成交易额613.76亿元，同比下降33.76%；权证交易未有起色，全年未发生权证交易业务；国债交易持续增长，完成国债交易额88.24亿元，同比增长477.87%。2012年，芜湖市保险业继续稳步发展，全辖累计实现保费收入27.75亿元，同比增长21.44%；保险累计赔付和各类给付支出9.47亿元，同比增长20.18%。分保险类别看，1—12月份，财险累计承保金额为4 136.03亿元，实现保费收入12.07亿元，同比增加21.06%；累计赔付支出6.43亿元，平均赔付率50.8%。全辖累计实现寿险保费收入15.68亿元，同比下降5.68%；累计赔付与其他各类给付共计3.04亿元；寿险退保集中度依然较高，全年累计退保金额达3.74亿元。2012年，芜湖市票据市场交易活跃，截至12月末，全市票据融资余额74.68亿元，较年初增加33.34亿元，同比多增20.50亿元，主要原因为票据融资利率低位运行。全年票据融资加权平均利率为5.46%，低于同期贷款利率1.8个百分点，较上年末下降了2.57个百分点。

【金融改革】　随着辖内地方法人金融机构改革的不断深入，辖内第四家农村商业银行——繁昌农村商业银行成功改制，推动了全市农村合作金融机构经营规模快速壮大，资产总额增长21.5%，规模占17.0%。芜湖市已形成多层次机构并存、功能互补的金融组织体系，金融业态日臻丰富。2012年，全市银行业金融机构累计达23家，非银机构3家，证券期货营业部21家，保险机构27家，38家融资性担保机构获得重新核准，小额贷款公司62家，法人典当行21家，第三方支付机构1家。全省首只中央财政参股、总规模2.9亿元的节能环保创业投资基金获批设立，全市70家各类股权投资企业认缴资金规模197.48亿元。芜湖市2012年还组建了注册资金10亿元人民币的民强担保集团，成立了市中小企业金融服务中心，设立了股权投资企业服务中心，着力解决中小企业融资问题，一个多元化、多层次、充满活力的金融业发展格局逐步形成。

【金融创新】　一是创新建立金融风险监测体系。制定《关于进一步加强金融稳定工作深化金融风险监测、报告、提示制度建设的实施意见》，促进金融风险管理工作日常化、系统化、规范化。建立银行业金融资产质量监测报告制度，强化金融风险动态监测。建立小额贷款公司、融资性担保公司和典当行等三类机构的风险监测指标体系，加强类金融机构风险的识别预警。基本建立覆盖金融机构和类金融机构的金融综合数据库。二是起草《关于芜湖市开展信用评级工作的实施意见》，由市政府转发全市执行，芜湖市政府分管副市长还专门对此做出批示，要求全市相关单位遵照执行。二是牵头建立芜湖市保障房建设金融监测制度，拓宽保障性住房融资渠道。按月收集、整理、分析保障房建设金融情况，定期通报全市城镇保障性安居工程项目金融支持情况。截至12月末，全市保障性住房项目融资66.69亿元，其中，银行贷款26.69亿元，债券融资23亿元，融资租赁融资17亿元，支持了全市近7万套保障房开工建设。四是推进农村金融产品和服务方式创新，提升"三农"金融服务水平。指导县域金融机构为农业春耕生产、农田水利建设方面创新金融产品、倾斜信贷规模，做好对"三农"的金融支持。截至12月末，芜湖辖区农村金融创新产品19个，较上季度末增加1个，贷款余额14.24亿元，同比增长16%，受益农户达11 695户，受益企业达161户。

【外汇管理】 2012年，芜湖市积极推进外汇管理重点领域改革，加强跨境资金流动的监测和管理，提高外汇管理政策透明度，增强外汇服务意识，有力助推地方外向型经济发展。一是全面推进国家货物贸易外汇管理制度改革，及时做好货物贸易外汇管理新政策的宣传及应用系统的操作培训等工作。自行设计《货物贸易重点监测企业核查通知书》和《货物贸易重点监测企业核查结果认定审核表》，探索对异常交易的非现场排查新办法，努力提高基层外汇局日常非现场监测的成效。二是尝试资本项目外汇管理新方法，大力支持实体经济快速发展。在加强日常监管的基础上，继续授权外汇指定银行办理外商投资企业资本金结汇业务，方便企业操作。加强外债监测工作，支持企业合理融资需求。加大企业境外投资扶持力度，通过内保外贷的形式，为辖内重点企业解决融资性对外担保问题，有效解决了境外企业资金需求的实际困难。探索对外担保余额管理新模式，在省分局指导下，为辖内重点涉外企业——奇瑞汽车股份有限公司争取了10亿美元的对外担保余额管理额度，实现了该业务在全省的"零突破"。三是加强日常外汇监管工作，强化外汇业务市场准入管理，组织各外汇指定银行签订《依法合规经营外汇业务责任书》，并定期开展现场检查和执行外汇管理规定的年度考核与评估工作。积极开展"诚信兴商宣传月"活动，营造诚实守信、依法合规经营的良好外汇金融秩序。

（曹义锋）

芜湖市主要经济金融统计

（2008—2012年）

单位:亿元

项　目	2008年	2009年	2010年	2011年	2012年
国内生产总值	749.65	902.00	1 108.63	1 658.24	1 873.63
第一产业(增加值)	39.44	41.80	49.21	107.01	117.63
第二产业(增加值)	454.36	565.02	722.63	1 092.55	1 234.24
第三产业(增加值)	255.85	295.20	336.80	458.68	521.76
全社会固定资产投资	614.95	900.69	1 220.10	1 354.21	1 700.79
地方财政收入	54.39	69.41	94.84	139.97	178.91
地方财政支出	84.31	104.68	144.54	236.14	295.15
社会消费品零售总额	203.20	241.51	287.45	421.01	490.20
居民消费价格指数(以上年为100)	106.60	99.20	103.80	105.70	102.4
进出口总额(亿美元)	20.36	14.28	26.10	39.65	46.24
进　口(亿美元)	5.16	5.33	9.41	12.61	12.54
出　口(亿美元)	15.20	8.95	16.69	27.04	33.70
全部金融机构各项存款(余额)	730.25	971.23	1 238.28	1 491.57	1 876.26
企业存款	233.10	397.39	510.03	886.20	971.49
财政存款	10.43	14.55	17.37	15.58	14.01
储蓄存款	345.71	409.23	485.62	574.68	869.05

（续表）

项　目	2008年	2009年	2010年	2011年	2012年
全部金融机构各项贷款(余额)	564.05	809.90	1 051.23	1 314.50	1 725.94
短期贷款	240.88	290.04	378.52	532.01	680.01
中长期贷款	251.66	434.08	635.07	745.85	909.86
全部保险机构保费收入	14.73	20.05	23.00	22.85	27.75
全部保险机构保险赔款支出(含满期给付)	5.75	5.69	5.91	7.88	9.47
全部保险机构保险密度(元/人)	638.24	871.45	1 006.10	993.0	1 303.1
全部保险机构保险深度(%)	1.96	2.22	2.10	1.60	1.6

注：全部金融机构各项存款、贷款余额的七项数据为本外币并表统计数(含外资金融机构)。

4. 铜　陵　市

【概况】 2012年，铜陵市积极应对宏观经济环境的新变化，大力发展实体经济，推进经济发展方式转变。全年实现地区生产总值621.3亿元，按可比价计算增长11.0%，连续11年保持两位数增长。三次产业比例调整为1.96∶72.62∶25.42，第三产业增加值占GDP比重比上年提高1.3个百分点。固定资产投资534.3亿元，增长29.5%。外贸进出口总额35.7亿美元，同比下降13.5%，外贸总额居安徽省第四位，其中进口额32.2亿美元，居全省第一位。实际利用外资4.9亿美元，增长23.1%，其中外商直接投资3.34亿美元，增长40.2%。财政收入127.3亿元，增长10.1%，其中地方性财政收入63.6亿元，增长40.2%。财政支出92.9亿元，增长31.9%。全年CPI累计上涨2.5%，涨幅较上年同期下降2.8个百分点，比全国、全省平均水平分别低0.1个和0.2个百分点。2012年，铜陵市通过实施“城乡居民收入倍增计划”，居民收入快速增长。城镇居民人均可支配收入达24 685元，增长13.1%，农民人均纯收入达9 847元，增长15%。全年实现社会消费品零售总额137.2亿元，增长16.8%，增幅比全省高0.8个百分点，居全省第二位。

【货币政策】 2012年中国人民银行铜陵市中心支行围绕执行好稳健的货币政策，积极引导金融机构调整信贷结构，服务实体经济发展。一是注重与地方党委政府的沟通和联系，通过组织召开金融工作座谈会、行长联席会及形势分析会等形式，传导稳健的货币政策意图。定期编发《金融时讯》、《金融统计快报》等，分送地方党政主要负责人和相关部门，动态反映货币政策执行效果；二是灵活运用货币政策工具。继续做好民贸企业贷款贴息工作，全年办理贴息30万元，灵活运用货币政策工具，累计发放支农再贷款0.5亿元，办理再贴现9.82亿元，引导金融机构加大对涉农企业、农户和小微企业的信贷支持；三是积极推动跨境贸易人民币结算工作。通过完善机制、帮扶指导等方式，稳步推进跨境贸易人民币结算工作，全年实现结算量13.9亿元，位居全省第三位；四是继续加强信贷投向引导，配合市金融办等相关部门修订完善了《铜陵市金融机构考核办法》，鼓励和引导金融机构重点加大对小微型企业的支持力度；五是加强银企关系的协调，继续推进银企合作，注重金融与产业的结合。2012年通过金融超市平台共举办12次银企对接活动，累计签约金额超过20亿元。

【金融运行】 2012年，铜陵市金融运行平稳，信贷投放增长总体稳健，投向结构不断优化，符合宏观调控预期。

各项存款稳步增长，季度性波动特征明显。2012年末，铜陵市金融机构本外币各项存款余额570.8亿元，同比增长17.5%，增速较上年末下降0.84个百分点。其中人民币存款增速比上年末下降0.95个百分点，外汇存款增速比上年同期提高5.55个百分点。银行机构受季末理财产品到期转为储蓄存款以及季末营销力度加大等因素影响，存款波动明显，呈现出“季初负增、季中少增、季末冲高”特征。

各项贷款较快增长，结构进一步优化。2012年末，铜陵市银行业金融机构本外币各项贷款余额600.5亿元，首次突破600亿元，同比增长21.0%，高于全省平均水平2.3个百分点，增速较上年末提升7.4个百分点，比年初增加104.3亿元，同比多增

65.1亿元。其中，人民币各项贷款余额514.8亿元，增速较上年末下降5.15个百分点。人民币信贷投放呈现如下特点：一是期限结构进一步优化，短期贷款增速高于中长期贷款增速16.6个百分点；二是信贷投放针对性增强，贷款主要流向实体经济，新增贷款投向前五大行业依次为批发和零售，制造业，水利、环境和公共设施管理业，建筑业和交通运输，仓储和邮政业，贷款余额占全部行业贷款余额的62.1%；三是小微企业信贷支持力度继续加强，全年小微企业贷款增速高于人民币各项贷款增速14.3个百分点；四是加大对战略性新兴产业支持力度。全年战略性新兴产业新增贷款48.7亿元，增量占全部贷款增量的46.8%。

资产规模稳步提高，质量整体良好。2012年末铜陵市银行业金融机构资产总额达808亿元，同比增长25.5%。年末不良贷款率为1.03%，较年初下降0.15个百分点。

【金融市场】 2012年，铜陵市金融市场平稳发展，融资总量不断增加。铜陵市6家上市公司通过发行中期票据和短期融资券募集资金23亿元，1家非上市公司通过发行短期融资券融资15亿元，实现了非上市公司直接融资零的突破。受宏观经济和国内资本市场较为低迷影响，股票市场持续走低，资本市场交易量有所回落。全年证券投资者新开户同比减少1 765户，下降33.2%，实现证券交易额334.5亿元，同比减少108.5亿元，下降24.5%。2012年末，铜陵市共有各类保险公司分支机构13家，其中财产险公司8家，寿险公司5家。全年实现保费收入9.3亿元，较上年增长9.7%，其中财产险收入增长15.8%，人身险收入增长6.5%，全年保险业各类赔款给付支出3.4亿元，较上年下降17.4%。

【金融改革】 金融改革继续深化，金融服务功能进一步提升。大型商业银行不断巩固改革成果，内部管理和风险控制能力不断增强；辖内两家农村合作银行率先在全省改制为农村商业银行；村镇银行立足县域经济发展不断增设分支机构；小额贷款公司增至22家，全年累计发放贷款60亿元，位居全省第四位；担保公司实力不断增强，年末担保贷款余额达62.9亿元。微小金融机构的不断发展，进一步提升了服务小微企业的能力。

【金融创新】 中国人民银行铜陵市中心支行会同相关部门出台的《银行从业人员预防电信诈骗奖励办法》取得实效，2012年铜陵市已成功堵截了20起电信诈骗案件，金额达70余万元，该办法已获准在安徽省推广。创新农村产权抵押融资产品，紧紧抓住铜陵列入全国发展改革试点城市的契机，会同相关部门及时制定农村产权抵押融资实施方案并由市政府批转执行，在全省率先启动农村房屋抵押贷款业务。各银行业金融机构大力开展北交所委托贷款、黄金租赁贷款、标准厂房按揭贷款、助保金贷款、股权质押贷款等，截至2012年末，以上创新类贷款余额达到15.9亿元。

【金融生态】 2012年，铜陵市政府、中国人民银行铜陵市中心支行、各金融机构等加强联动，促进生态环境持续优化。一是全力提升征信管理水平，大力推进信用体系建设。实施信用示范户、信用农业产业化龙头企业信贷扶持计划；二是强化服务优先，扎实推进金融基础设施建设。2012年共完成全部POS机具改造和80%以上的ATM机及商业银行柜台终端改造任务，金融IC卡发卡量9 200余张。金融IC卡行业应用取得实质性进展，实现了金融IC卡高速公路刷卡收费，校园一卡通成功发行；三是加强多方协作，切实改善司法环境。2012年继续开展“集中清理积案活动长效机制”，加大金融诉讼案件的强制执行力度，全年金融案件胜诉案达100%；四是大力改善农村地区支付服务环境。银行卡助农取款服务实现全覆盖，铜陵市全部129个行政村共设置取款点179个。

6月27日，由安徽省金融学会和铜陵市政府联合举办的“安徽省金融学会常务理事会暨金融支持实体经济发展交流会”在铜陵市召开

（叶文辉）

铜陵市主要经济金融统计

(2008—2012年)　　　　单位:亿元

项　目	2008年	2009年	2010年	2011年	2012年
国内生产总值	325.31	343.66	466.70	579.4	621.3
第一产业(增加值)	8.43	8.96	9.65	11	11.8
第二产业(增加值)	218.32	233.29	339.5	433	456.3
第三产业(增加值)	98.56	101.44	117.55	135.4	153.2
全社会固定资产投资	175.03	282.94	362.26	412.72	534.3
地方财政收入	23.79	33.05	34.73	45.36	63.6
地方财政支出	35.76	48.64	57.32	70.34	92.9
社会消费品零售总额	70.63	83.25	99.15	117.75	137.2
居民消费价格指数(以上年为100)	106.11	98.9	103.0	105.3	102.5
进出口总额(亿美元)	34.72	22.34	34.11	41.31	35.7
进　口(亿美元)	32.80	20.57	31.14	36.11	32.2
出　口(亿美元)	1.92	1.77	2.97	5.19	3.5
全部金融机构各项存款(余额)	266.08	350.01	410.27	485.66	570.8
企业存款	85.77	117.14	143.08	255.60	291.6
财政存款	1.17	2.22	2.17	5.48	6.27
储蓄存款	146.48	169.75	193.49	223.70	266.4
全部金融机构各项贷款(余额)	254.49	332.16	437.01	496.37	600.5
短期贷款	100.79	127.05	172.36	222.38	313.8
中长期贷款	135.65	164.04	224.45	241.44	259.9
全部保险机构保费收入	7.5	7.94	9.27	8.5	9.3
全部保险机构保险赔款支出(含满期给付)	2.3	2.3	2.1	4.2	3.4
全部保险机构保险密度(元/人)	1 014	1 073	1 253	1 143	1 216
全部保险机构保险深度(%)	2.3	2.3	1.99	1.5	1.6

注:全部金融机构各项存款、贷款余额的七项数据为本外币并表统计数(含外资金融机构)。

5. 安　庆　市

【概况】 2012年,安庆市经济继续保持平稳较快发展态势,全市实现地区生产总值1 359.7亿元,同比增长11.5%。其中,第一、二、三产业分别实现增加值196.2亿元、759.4亿元、404.1亿元。全市投资、消费、净出口继续保持较快增长,对经济增长的拉动性持续增强。

固定资产投资稳步增长。全市累计完成固定资产投资972.0亿元,同比增长21.1%。其中城镇投资899.3亿元,增长22.0%,农村非农户投资72.7亿元,增长10.9%。分行业看,第一产业完成投资34.3亿元,同比增长38.3%。第二产业完成投资536.7亿元,占全部投资总额的55.2%,其中制造业投资额达489.9亿元。第三产业完成投资401.0亿元,同比多增85.1亿元。

消费品市场协调发展。全市实现社会消费品零售总额460.6亿元,同比增长16.1%,增速高于安徽省平均水平0.1个百分点。其中,城镇零售额313.7亿元,增长16.2%;乡村零售额146.8亿元,增长16.0%,城乡零售额增速差距较上年同期缩小0.2个百分点,城乡消费品市场发展的协调性进一步增强。

外向型经济持续向好。全市外贸进出口总额达12.4亿美元,同比增长44.4%。其中,进口2.3亿美元,下降9.3%;出口10.1亿美元,增长67.5%。全市外商直接投资达3.3亿美元,同比增长23.6%,

较上年提高7.8个百分点，增势良好。

人民生活持续改善。全市城镇居民人均可支配收入20 453元，同比增长13.6%，高出安徽省平均增速0.6个百分点。农民人均纯收入6 820元，同比增长15.6%，高于安徽省平均水平0.7个百分点。

物价涨幅持续回落。全市CPI同比上涨2.1%，较上年同期回落3.4个百分点，涨幅低于安徽省平均水平0.2个百分点。全市PPI累计指数为99.8%，较上年涨幅大幅回落10.8个百分点。

【货币政策】 2012年安庆市制定实施相关货币信贷政策指导意见，引导金融机构加大支持实体经济发展的力度，全市实现社会融资总量275.71亿元，其中本外币各项贷款较年初增加166.12亿元，同比多增22.86亿元，增量位居安徽省第三。

一是实施金融助推转型行动，促进地方经济转型。制定实施了《金融支持文化旅游产业发展指导意见》、《金融支持战略性新兴产业发展指导意见》，引导金融业加大支持安庆市实体经济发展。牵头召开第十届全市银企洽谈会，确定“基础、支柱、新兴、民生、涉外”五个重点支持板块，有效引导各银行业金融机构根据自身业务发展特点和市场发展布局进行针对性对接。搭建农业产业化食品加工板块银企专项对接平台，促进全市食品加工产业集群加速形成。

二是实施金融扶弱强化行动，促进薄弱行业、小微企业发展。认真做好支农再贷款的使用管理工作，全辖全年累计发放支农再贷款45 130万元，累计收回再贷款27 330万元，支农再贷款余额38 130万元，有效满足了辖内7家法人金融机构的支农资金需求，增强了涉农信贷投放能力。

【金融运行】 2012年，全市银行业金融机构以稳健的货币政策为导向，深度契合全市产业发展特点，积极扩大信贷有效供给，信贷投放规模达到历史最高水平，总量和增量分别跃居安徽省第4位和第3位，信贷支持全市经济发展的力度不断增强。

资产规模持续扩大。截至年末，全市银行业金融机构发展至25家，资产总额达1 904.8亿元，同比增长21.1%。经营效益持续提升，税后利润达19.9亿元，同比增长31.9%。不良贷款继续呈现“双降”。

各项存款保持平稳增势。2012年末，全市本外币各项存款余额1 703.4亿元，同比增长20.9%，银行业体系资金来源总体较为充裕。其中，本外币单位存款余额587.0亿元，增长18.6%；个人存款年末余额达1 076.5亿元，增长23.0%。

各项贷款合理较快增长。2012年末，全市本外币各项贷款余额860.2亿元，同比增长23.9%，高出安徽省平均增速5.2个百分点。贷款主要投向实体经济，其中制造业，批发和零售业，水利、环境和公共设施管理业合计新增贷款89.8亿元，占全部新增贷款比重的53.2%；薄弱环节和民生领域的支持规模不断加大，全市小微企业贷款比年初新增74.0亿元，占全部企业贷款增量比重超过60%。

金融机构改革纵深推进。一是大型商业银行改革不断深化。中国银行安庆分行新增设立岳西、太湖两家县级支行，服务全市经济发展半径进一步延伸。农业银行安庆分行“三农金融事业部”改革深入推进，支农力度更加显著。二是农村合作金融机构改革成效明显。治理机制更趋完善、经营业绩稳步提升。12月末，全市农村合作金融机构资本充足率为11.1%，高出监管标准值3.1个百分点；实现净利润4.2亿元。全年涉农贷款新增48.2亿元，同比多增11.8亿元，支持县域经济发展的主力军地位进一步凸显。

跨境人民币业务发展良好。全市跨境人民币结算额达6.39亿元，居安徽省第5位。货物贸易跨境人民币结算量4.93亿元，占全市进出口贸易总额的6.31%，超出安徽省平均水平2.91百分点，占比位居安徽省第二。

【金融市场】 证券业运行平稳。截至12月末，全市共有4家非法人证券分支机构，5家证券营业部，机构、网点数较上年同期持平。证券从业人数较上年同期减少18人。

受宏观经济探底回升、股票市场持续低迷等因素影响，投资者交易意愿下降，证券交易量继续下滑。全市证券分支机构客户保证金余额和证券累计交易额分别为3.6亿元和347.2亿元，分别比上年同期减少0.4亿元和157.2亿元。伴随着证券交易量的走低，全市5家证券分支机构仅实现营业收入4 862.3万元，同比下降52.0%；实现营业利润2 119.5万元，同比下降70.5%。

保险业市场规模稳步扩大。全市保险业市场规模稳步扩大，保险保障功能有效发挥。2012年末，全市共有保险分支机构27家，其中寿险公司15家，财险公司12家，专业中介机构1家。保险密度和深度分别达到 658.7 元/人和 3.0%。全市实现保费收入 42.33 亿元,同比增长 32.8%。累计赔付支出 10.75 亿元,同比增长 52.7%。保险品种仍较单一。商车险和交强险保费分别占到财险总保费的 51.6%和19.6%;投资分红险保费占到寿险总保费的 86.3%;农业保险发展加快。全市农业保险实现保费收入 1.7 亿元,占财险保费收入的 15.4%,累计赔付金额达 1.2 亿元,占财险赔付总额 18.6%。

全市金融机构存贷利率小幅下行。全市存款利率总体小幅下行,定期存款利率上浮出现阵营分化,其中农村合作金融机构根据安徽省联社部署、村镇银行为抢占存款市场各期限利率均一浮到顶、力度最大;贷款利率小幅下行,年末全市金融机构人民币贷款加权平均利率为 8.30%,比年初下降 1.58 个百分点。其中,执行上浮利率和执行基础利率的贷款的占比分别比年初下降 13.1 个和提高 14.0 个百分点。贷款利率的下降有助于进一步降低实体经济的融资成本。

民间借贷利率小幅上扬。12 月末,全市民间借贷平均加权利率为 17.11%,比年初提高 2.15 个百分点。

【金融创新】 中国人民银行安庆市中心支行联合市总工会连续 2 年在全市银行业金融机构间组织开展"星级产品、星级服务"金融创新竞赛,各银行机构紧密结合市场需求和自身优势,共推出了 50 余项市场反应良好、示范作用较强、运用成果明显的信贷创新产品与服务,进一步激发了各银行业金融机构的创新活力。

(操基平)

安庆市主要经济金融统计

(2008—2012 年)　　单位:亿元

项　目	2008 年	2009 年	2010 年	2011 年	2012 年
国内生产总值	704.72	802.7	988.11	1 215.7	1 359.7
第一产业(增加值)	134.21	142.7	155.55	180.7	196.2
第二产业(增加值)	299.07	373.3	523.99	672.7	759.4
第三产业(增加值)	271.44	286.6	308.57	362.3	404.1
全社会固定资产投资	439.2	601.6	809.4	830.2	972.01
地方财政收入	38.46	41.56	50.57	82.4	85.62
地方财政支出	111.97	139.96	161.2	213.4	245.64
社会消费品零售总额	241.76	287.9	338.7	397.5	460.56
居民消费价格指数(以上年为 100)	107.2	98.6	103.6	105.5	102.1
进出口总额(亿美元)	5.32	4.98	6.81	8.58	12.39
进　口(亿美元)	1.84	1.11	1.75	2.58	2.34
出　口(亿美元)	3.48	3.88	5.06	6.00	10.05
全部金融机构各项存款(余额)	755.33	944.9	1 155.99	1 408.63	1 703.37
企业存款	137.4	193.6	246.46	494.9	400.75
财政存款	12.97	17.9	32.99	24.4	25.09
储蓄存款	508.18	608.3	716.08	875.15	1 069.21
全部金融机构各项贷款(余额)	345.17	449.5	555.94	694.28	860.20
短期贷款	206.55	232.86	279.39	370.45	489.09
中长期贷款	121.78	199.37	258.42	304.82	354.65
全部保险机构保费收入	22.4	32.5	32.8	34.8	42.33
全部保险机构保险赔款支出(含满期给付)	8.07	6.7	7.7	8.2	10.75
全部保险机构保险密度(元/人)	309.38	527.7	532.8	365.3	685.7
全部保险机构保险深度(%)	2.72	4.05	3.32	2.9	3.0

注:全部金融机构各项存款、贷款余额的七项数据为本外币并表统计数(含外资金融机构)。

6. 池 州 市

【概况】 2012年，池州市实现生产总值417.4亿元，较上年增长12.3%，比全国、全省分别高5.5个、0.2个百分点，增幅居全省第9位。分产业看，第一产业增加值62.2亿元，增长6.0%；第二产业增加值204.1亿元，增长14%；第三产业增加值151.1亿元，增长12.6%。全市三次产业结构由上年的15.1∶49.6∶35.3调整为14.9∶48.9∶36.2。人均生产总值达29 471元(约合4 678美元)，比上年增加3 025元。实现财政收入71.7亿元，比上年增长20.6%，增幅比全省高5.7个百分点，增幅居全省第5位。全市财政支出111.3亿元，增长18.1%，继续稳步向民生工程建设倾斜。2012年，全市完成固定资产投资374.7亿元，比上年增长29.3%，增幅居全省第3位。其中，工业投资187.8亿元，增长17.6%；房地产开发投资92.3亿元，增长18.5%。年末，全市工业增加值156.4亿元，占GDP的比重为37.5%。规模以上工业企业374户，比上年增长86户。全年规模以上工业增加值118.5亿元，比上年增长18.5%，增幅比全省高2.3个百分点，增幅居全省第1位。对外经济快速增长。全市全年进出口总额3.45亿美元，比上年增长35.4%。其中，出口2.19亿美元，增长33.7%；进口1.26万美元，增长38.4%。实际利用外资2.1亿美元，增长18.8%。价格走势平稳。全市居民消费价格上涨1.8%，比全省低0.5个百分点，比上年回落3.9个百分点。全市工业生产者出厂价格持续走低，比上年下降3.3%。全面实施居民收入倍增计划，人民生活明显改善。全市城镇居民人均可支配收入21 386元，比全省平均水平多362元，收入比上年增长13%；农民人均纯收入7 986元，比全省平均水平多825元，收入比上年增长15.6%，增幅比全省高0.7个百分点，居全省第6位。全市城镇居民人均消费支出14 432元，增长12.5%，农村居民人均消费支出5 839元，增长26.8%；城乡居民恩格尔系数分别为38.9%、41.7%，比上年分别提高0.3个百分点和下降3.7个百分点。

【金融运行】 2012年，池州市金融系统积极应对国内外复杂的经济金融形势，认真贯彻执行稳健的货币政策，密切结合池州市经济社会发展战略，采取切实措施，不断改进金融服务，优化信贷结构，加大实体经济的有效信贷投入，力促池州市经济又好又快发展。2012年末，全市银行业金融机构本外币合计各项存款余额518.95亿元，同比增长18.86%，比年初增加82.39亿元。其中，人民币各项存款余额518.15亿元，同比增长18.95%，比年初增加82.59亿元。贷款投放总量合理，期限结构持续优化。2012年末，全市银行业金融机构本外币合计各项贷款余额371.97亿元，同比增长17.42%，比上年末回落10.3个百分点；比年初增加55.23亿元，同比少增13.53亿元。其中，人民币各项贷款余额368.89亿元，同比增长17.01%，增幅较上年末回落10.27个百分点；比年初增加53.69亿元，同比少增13.89亿元。从增速看，全年增速保持在17.42%—23.57%的区间内波动，波动幅度小于往年。从投放节奏看，1—4季度分别新增贷款18.91亿元、19.21亿元、13.27亿元和3.84亿元，总体呈现上半年投放较多，下半年投放平稳的态势，较为符合信贷调控政策的要求。2012年，随着池州市社会资金需求结构变化，全市信贷投放的结构也顺应市场需求、调控政策变化而调整。短期贷款比重显著提高，中长期贷款增速下降。年末短期贷款余额137.43亿元，比年初增加37.69亿元，占同期各项贷款增量的70.19%，较上年同期提升31.65个百分点；中长期贷款余额226.53亿元，比年初增加17.95亿元，占同期各项贷款增量的33.44%，较上年同期下降29.34个百分点；票据融资余额4.76亿元，比年初减少2.12亿元。从贷款投向看，新增的短期贷款中，增加最多的是单位经营贷款，较年初增加30.58亿元，同比多增12.97亿元，其次是个人消费贷款，较年初增加1.16亿元，同比少增0.17亿元；新增的中长期贷款中，增加最多的是个人消费贷款，比年初增加9.59亿元，同比少增4.55亿元，其次是单位经营贷款，比年初增加5.84亿元，同比多增5.13亿元。新增贷款更多投向了中小微型企业、“三农”以及新兴产业等实体经济领域。银行业金融机构资产负债规模不断扩大，盈利水平提高。年末，池州市银行业金融机构网点数为408个，资产总额达到604.75亿元，较年初增加91.62亿元，增长17.85%。不良贷款余额5.85亿元，较年初增加0.3亿元；不良贷款率1.57%，较年初下降0.22个百分点。池州市银行业金融机构累计盈利8.05亿元，同比增加1.27亿元，增长18.73%。受银行体系流动性总体充裕和人民银行连续两次下调存贷款基准利率等因素影响，全市金融机构存贷款利率总体下行。2012年，池州市跨境外汇收入2.08亿美元，同比增长22.26%，跨境外汇支出1.94亿美元，同比增长45.86%。外汇收支总额4.02亿美元，同比增加9 880万美元，上升32.63%。跨境收支相比顺差1 360万美元，同比顺差减少2 320万美元。全年，全市银行结售汇总额3.09亿美元，同比增加5 512万美元，增长21.67%。其中：银行结汇1.88亿美元，同比增加3 728万美元，上升24.84%；售汇1.22亿美元，同比增加1 788万美元，增长17.17%。结售汇相比顺差6 528万美元。外债（含外汇转贷款）0.96亿美元，较上年同期增加2 004万美元，增长26.37%。

【货币政策】 2012年，池州市金融部门认真贯彻落实稳健的货币政策，不断创新工作方式，突出金融在支持产业结构调整，支持地方经济发展中的作用。一是中国人民银行池州市中心支行切实加大“窗口指导”作用，通过行长联席会、信贷月度调度会、经济金融形势研判会等形式，把稳健货币政策的精神及时传达到地方党政、金融机构和社会公众。二是以差别准备金动态调整工具为抓手，加强地方法人金融机构合意贷款的监测调控，同时综合运用再贷款、再贴现政策工具的政策引导，促进其贷款投向、结构趋向合理。并适时将有关调控情况反馈地方政府等相关部门，取得了社会各界的理解和支持。三是通过出台各类指导意见，督促各银行业金融机构按照“有保有压、有扶有控”的信贷政策要求，引导和支持金融机构加大对“三农”、战略新兴产业等重点领域和薄弱环节的信贷支持力度。先后制定和出台了《关于金融支持池州市战略性新兴产业发展的指导意见》、《池州市金融支持文化产业发展繁荣的指导意见》等。四是继续通过再贷款、再贴现等货币政策工具的引导作用，加大金融对薄弱环节的扶持。中国人民银行池州市中心支行积极向上级行争取再贷款、再贴现指标，同时灵活加强再贷款、再贴现的管理，全年，累计发放支农再贷款4.92亿元，同比增加4.42亿元；办理再贴现2.22亿元，同比增加1.38亿元。五是继续推行银企“网上”和“现场”对接活动，有效地推动金融机构支持实体经济发展。全年“网上对接”项目39个，金额达1.83亿元。与市金融办联合开展4次大型银企现场对接，对接项目89个，金额达59.12亿元。六是跨境人民币业务进展迅速。通过宣传推介和组织业务培训等多种形式，推动了跨境人民币结算业务在辖区有效拓展。至年末，全市跨境人民币结算业务总量1.68亿元。

【金融市场】 金融市场平稳缓慢发展，融资结构仍显单一。2012年，全市融资结构仍以银行间接融资为主。票据市场稳定发展。2012年，池州市各金融机构累计承兑银行承兑汇票20.95亿元，年末余额7.79亿元；累计贴现41.61亿元，年末余额7.31亿元。贴现、转贴现利率逐步回落，第四季度贴现利率水平为5.74%，比年初下降1.25个百分点。保险业稳健发展。年末，全市共有保险机构16家，较上年增加1家。全年保险业保费收入9.9亿元，较上年下降1.7%。其中，财产保险业务保费收入3.57亿元，增长19.7%；人寿险业务保费收入6.34亿元，下降10.7%。累计赔付3.87亿元。其中，财产险业务赔款和给付支出2.21亿元；人寿险业务赔款和给付支出1.66亿元。2012年，全市证券业机构2家，证券交易额为104.58亿元，较上年减少17.39亿元，下降14.25%。年末，全市证券公司营业收入为0.12亿元，较上年同期下降0.04亿元，降幅达25%，营业利润为0.049亿元，较上年同期下降0.036亿元。

【金融创新】 一是强化制度引领和措施保障，进一步推动民生金融工作开展。先后通过《池州日报》开办民生金融专刊等媒体宣传、举办全市民生金融经验交流会、出台小额担保贷款推动全民创业就业等制度、以再贷款等政策正向激励措施，提升民生金融服务水平。2012年末，全市已累计发放创业贷款8.9亿元，发放小额担保贷款1.45亿元。二是创新金融产品和金融服务方式，支持小微企业发展。全年通过推行池州市涉农和中小企业信贷政策导向效果专项评估制度，建立小微企业拨款“绿色通道”，对金融机构扶持小微企业进行督查，开展金融产品创新竞赛活动等，有效丰富小微企业融资渠道和服务手段。2012年全市累计推介助保金、四方担保协议、采矿权抵押、旅游经营权质押等融资创新产品39个。年末，小微企业贷款余额195.3亿元，比年初净增38.09亿元，增长24.23%，高于同期贷款增速6.8个百分点。三是以“金融服务下乡”活动为抓手，健全辖区农村金融基础设施建设。通过推动“新农村金融服务示范乡镇”建设，开展“池州市银行业百家金融网点千名从业人员‘金融优质服务月’竞赛”等活动，提升金融机构服务水平。年末，全市48个乡镇，拥有金融机构网点103家，ATM自助设备终端76台，实现了“镇镇有ATM”的建设目标，“银行卡助农取款”服务实现全辖467个行政村村村覆盖。四是创新监管方式，维护金融健康稳定发展。人民银行池州市中心支行本着管理与服务并重的原则，整合资源，有效开展“两管理、两综合、一保护”工作。认真推进对辖内金融机构开业管理、营业管理，实施综合评价、综合执法检查，并切实加强金融消费者权益保护，提升依法行政的整体效能。关注金融机构改革的进程，持续跟踪农业银行“三农事业部”改革进展，加强其服务“三农”的考核评估。强化地方法人金融机构改革监测，及时进行风险提示。组织开展了对辖内银行业金融机构突发事件应急处置操作规程桌面模拟推演活动，提高区域金融发展安全。以非现场监管信息分析、评估、通报、约见谈话等形式，切实实施反洗钱非现场监管。强化协作机制，扩大了反假货币工作覆盖面。建立了皖赣毗邻地区反假货币工作协作机制。五是围绕宏观调控及稳健货币政策的实施，结合区域特色开展专题调查研究。先后突出辖内旅游、生态农业等特色产业及其产业链发展等情况，组织开展金融支持实体经济发展的调查和专题研究，为地方经济发展和有关部门提供决策支持。

【金融合作】 2012年3月5日，池州市宏基创业投资发展基金正式揭牌成立，这是该市第一家股权投资基金。基金由上海正大财富资产管理有限公司、上海正大财富投资控股有限公司及池州城市经营投资有限公司共同发起设立。基金总规模人民币5亿元，将不少于80%的基金资金投向于池州旅游文化、电子信息、新材料、新能源、节能环保、生物医药等符合池州市新兴产业及高新技术产业发展规划的领域，重点投资处于初创期的池州市科技创新型及成长性良好的具有上市潜力的企业、金融板块、皖江经济示范区的开发建设以及土地一级开发及旧城改造及其他PE股权投资。

（周玉钦）

池州市主要经济金融统计

（2008—2012年） 单位：亿元

项　　目	2008年	2009年	2010年	2011年	2012年
国内生产总值	213.72	245.59	300.80	372.50	417.40
第一产业（增加值）	39.20	40.98	45.70	56.30	62.20
第二产业（增加值）	83.70	104.29	140.20	184.50	204.10
第三产业（增加值）	90.82	100.32	114.90	131.70	151.10
全社会固定资产投资	179.40	257.46	356.90	289.80	374.70
地方财政收入	17.80	24.10	31.21	56.80	71.70
地方财政支出	40.04	51.54	65.80	88.10	111.30
社会消费品零售总额	66.50	79.18	91.20	107.10	124.30
居民消费价格指数（以上年为100）	—	—	—	105.7	101.8
进出口总额（亿美元）	1.09	1.97	2.11	2.58	3.45
进　口（亿美元）	0.39	1.26	1.14	0.94	1.26
出　口（亿美元）	0.70	0.71	0.97	1.64	2.19
全部金融机构各项存款（余额）	226.97	288.07	366.17	436.59	518.95
企业存款	47.99	70.52	102.65	175.48	194.06
财政存款	4.28	4.39	7.77	8.30	7.68
储蓄存款	141.39	168.88	199.75	252.23	315.73

（续表）

项　目	2008年	2009年	2010年	2011年	2012年
全部金融机构各项贷款(余额)	122.95	171.64	248.05	316.80	371.97
短期贷款	58.22	62.87	75.59	101.33	139.89
中长期贷款	59.04	103.01	166.35	208.59	227.15
全部保险机构保费收入	5.51	9.25	9.47	9.65	9.91
全部保险机构保险赔款支出(含满期给付)	1.76	1.98	2.01	2.70	3.87
全部保险机构保险密度(元/人)	346	579	590	598	612
全部保险机构保险深度(%)	2.86	3.77	3.15	2.59	2.37

注：全部金融机构各项存款、贷款余额的七项数据为本外币并表统计数(含外资金融机构)。从2011年起，各项存款里企业存款一栏为单位存款，储蓄存款一栏为个人存款。

7. 滁　州　市

【概况】 2012年，滁州市实现地区生产总值970.7亿元，增长13.1%；社会消费品零售总额296.8亿元，增长16.9%；固定资产投资882.6亿元，增长27.9%；外贸进出口总额15.3亿元，增长35.4%；实现财政收入153.2亿元，增长21.8%；城镇居民人均可支配收入20 426元，增长14.0%。

【货币政策】 加大窗口指导力度，优化金融机构信贷结构。中国人民银行滁州市中心支行召开金融形势分析会和法人金融机构信贷工作座谈会，引导各金融机构以助推滁州市经济平稳较快发展和促进经济转型升级为着力点，努力调整信贷投放结构。指导地方法人金融机构正确把握宏观政策导向，结合风险控制、业务发展及资本金水平，科学合理地安排全年信贷投放。

加强货币政策工具管理，引导信贷合理投放。密切关注年内两次降息的政策效应，调查反馈辖内法人金融机构利率挂牌情况和贷款利率浮动情况，特别关注各金融机构存款利率浮动幅度及对存款市场秩序的影响。跟踪关注年内两次存款准备金率下调政策效应，及时反馈合作金融机构和村镇银行对政策调整的反应情况，尤其关注存款准备金率变动后流动性状况及资金运用情况。充分发挥再贷款、再贴现政策工具作用，办理支农再贷款1 200万元，累计审核办理再贴现6 177.36万元。

创新银企对接模式，提高银企合作成效。在调查中小微企业融资现状和特点、征集银行业金融机构及相关协办部门功能需求的基础上，设计开发了“滁州市中小微企业金融服务平台”，与市经信委联合印发了《关于登录滁州市中小微企业金融服务平台的通知》，拟定并提请市政府印发了《关于进一步做好滁州市中小微企业金融服务平台运行工作的通知》。平台已经注册金融机构11家，注册企业49家，贷款咨询回复32次、贷款申请14条、贷款需求5 870万元。以“小规模、多形式、重实效、解难题”为宗旨，制定了《2012年滁州市银企合作活动实施方案》，与市工招园指挥部、南谯区政府等合作先后协助市建行、市工行、皖东农商行、市徽商银行组织了4场专场银企对接会，签约项目133个，达成贷款意向20.28亿元。

【金融运行】 各项存款快速增长，存款稳定性增强。全年本外币存款增加1 117亿元，增长21.7%，较上年提高4.2个百分点；人民币存款增加1 111.6亿元，增长21.6%，较上年提高4.3个百分点。

各项贷款较快速增长，贷款增量逐季推高。2012年，各金融机构着眼服务实体经济的需要，努力开展信贷服务工作，克服各种不利因素影响，截至年末，本外币各项贷款余额715.4亿元，增长22.2%，较上年下降0.9个百分点。人民币各项贷款余额708.2亿元，较年初增加131.7亿元，增长22.9%，较上年下降0.6个百分点。

保险机构业务结构逐步优化，市场结构继续改善，保险功能得到有效发挥。滁州市共有保险公司分支机构115家，保费收入23.65亿元，较上年增长3.35%。各类赔款给付共计6.94亿元，比上年减少1.15亿元。保险密度523.16元/人，保险深度2.44%。

直接融资取得新突破，金融市场多元化发展。2012年，滁州市发行债券18.5亿元，比上年增加8.5亿元。其中滁州市城市建设投资有限公司发行债券15

亿元,安徽天大企业(集团)发行债券3.5亿元。

金融机构改革继续推进,农村金融机构稳健运行。中信银行、兴业银行在滁设立分行,中国银行、交通银行和徽商银行增设支行。定远、来安农村信用联社分别整体改制为农村商业银行。明光市、天长市、全椒县、来安县、定远县村镇银行相继开业,村镇银行实现县域全覆盖。

(鲍庆群)

滁州市主要经济金融统计

(2008—2012年)　　单位:亿元

项　目	2008年	2009年	2010年	2011年	2012年
国内生产总值	520.11	576.18	695.65	850.49	970.74
第一产业(增加值)	123.33	134.51	148.42	173.29	192.79
第二产业(增加值)	222.94	262.08	342.01	439.65	507.60
第三产业(增加值)	173.84	179.59	298.51	237.55	270.36
全社会固定资产投资	360.96	506.8	703.43	690.13	882.59
地方财政收入	28.64	37.07	50.53	73.86	96.94
地方财政支出	83.69	105.95	127.09	183.00	230.78
社会消费品零售总额	154.39	183.62	214.8	254.47	296.81
居民消费价格指数(以上年为100)	100.3	100.1	103.3	105.2	102.1
进出口总额(亿美元)	7.03	6.88	9.13	11.32	15.32
进　口(亿美元)	1.21	1.52	2.05	2.50	3.72
出　口(亿美元)	5.82	5.36	7.08	8.81	11.60
全部金融机构各项存款(余额)	472.61	616.57	778.46	917.91	1 117.02
企业存款	90.24	142.13	151.6	217.49	261.76
财政存款	11.02	16.39	31.0	38.23	43.32
储蓄存款	304.17	353.34	418.76	492.53	600.12
全部金融机构各项贷款(余额)	283.12	389.94	482.47	585.21	715.36
短期贷款	195.80	237.59	267.42	320.52	371.01
中长期贷款	70.15	133.44	198.1	254.18	322.13
全部保险机构保费收入	14.82	18.12	21.64	22.88	23.65
全部保险机构保险赔款支出(含满期给付)	2.6	6.76	6.9	8.09	6.94
全部保险机构保险密度(元/人)	329	402.67	480.04	505.2	523.16
全部保险机构保险深度(%)	2.85	3.14	3.11	2.69	2.44

注:全部金融机构各项存款、贷款余额的七项数据为本外币并表统计数(含外资金融机构)。

8. 宣　城　市

【概况】 2012年,宣城市地区生产总值757.5亿元,按可比价计算,比上年增长12.6%。其中,第一产业增加值111.7亿元,同比增长5.8%;第二产业增加值395.1亿元,同比增长14.9%;第三产业增加值250.7亿元,同比增长12.1%。

固定资产投资保持较快的增长速度。全年完成固定资产投资805.3亿元,同比增长26.7%,高于全省平均水平2.5个百分点。分行业看,工业投资增长15.8%,其中制造业增长12.2%。六大高耗能行业投资增长13.7%。三产中的金融业增长192.3%,水利和公共设施管理业增长93.1%,教育业增长30.4%。

社会消费增速持续上升。全年实现社会消费品零售总额为265.8亿元,比上年增长16.4%。分销售地区看,城镇消费品市场实现消费品零售额

169.9 亿元,比上年增长 16.5%,乡村消费品市场实现消费品零售额 95.9 亿元,增长 16.1%。销售额按行业分,实现批发业销售额 223.2 亿元,增长21.5%;实现零售业销售额 304.2 亿元,增长22.0%;实现住宿业销售额 9.9 亿元,增长 22.8%;实现餐饮业销售 46.8 亿元,增长 22.1%。

外贸稳中有增。全年实现进出口总额 135 483 万美元,比上年增长 36.1%,其中,出口 120 227 万美元,增长 40.7%;进口 15 256 万美元,增长 8.3%。从出口经营主体看,生产型、贸易型企业出口分别增长 13.3%和 40.7%。从出口商品看,机电产品出口增长 34.8%,汽车零部件出口增长 15.3%,电容器出口增长 42.7%,塑料及橡胶件出口增长 43.0%,纺织品出口增长 44.6%,广义农产品出口增长 23.1%。

财政收支总体趋稳。2012 年,全市财政总收入完成 137.6 亿元,比上年增收 19.0 亿元,增长 16.0%。地方财政收入 86.9 亿元,比上年增收 18.5 亿元,增长 27.2%,其中税收收入中增值税完成 11.1 亿元,增长 0.5%;营业税完成 20.2 亿元,增长 15.7%;企业所得税完成 3.9 亿元,增长 3.9%;个人所得税完成 1.2 亿元,下降 0.8%。全市财政支出 178.4 亿元,比上年增加 36.7 亿元,增长 25.9%,其中,公共安全支出增长 19.3%,科学技术支出增长 28.1%,文化体育与传媒支出下降 1.5%,医疗卫生支出增长 41.1%,城乡社区事务完成支出增长 42.9%,农林水事务支出增长 18.0%,节能环保支出增长 48.6%。

城乡居民收入稳步增长。全市城市居民人均可支配收入 20 477.9 元,比上年增长 13.8%,人均消费性支出 15 401.6 元,增长 13.8%,全年农村居民人均纯收入 9 036 元,增长 15.2%,人均生活消费支出 6 358 元,增长 7.3%。

【货币政策】 中国人民银行宣城市中心支行加强窗口指导,增加实体经济有效供给。出台《小额担保贷款指导意见》,拟定《金融支持宣城市实体经济发展指导意见》并由宣城市政府下发。组织召开年度银企对接会,签约项目 307 个,合同签约贷款约 66.26 亿元,意向性贷款 44 亿元,签约项目数、合同贷款签约额均创历史新高。至年末,宣城市人民币各项存款余额 808.8 亿元,同比增长 19.6%;人民币各项贷款余额 592.7 亿元,同比增长 23%,高于全省平均水平 4.3 个百分点,增幅居全省第 5 位;全年新增贷款 110.7 亿元,位居全省第 5 位(不含合肥)。

2 月 29 日,宣城市举行 2012 年银企对接会

鼓励开展金融创新,优化信贷投放结构。鼓励金融机构开展动产质押、"供应链"融资、"创业富民"、小额担保等融资模式,继续加大对在建重点项目、小微型企业、"三农"、就业以及保障性住房等民生金融领域的支持力度。定期对开发区贷款的总量和结构进行通报。至年末,全市中小企业贷款余额 267.48 亿元,同比增长 23.42%;小微企业贷款余额 183.23 亿元,同比增长 17.3%;全市农村金融产品创新贷款余额 20.53 亿元,比年初增加 4.2 亿元,同比增长 25.75%。

运用货币政策工具,增强金融机构支农实力。积极争取再贷款和再贴现额度。进一步改进和完善支农再贷款管理,重点支持涉农比例较高、经营稳健的县域法人金融机构。发挥再贴现引导信贷资金流向的作用。2012 年累计发放再贷款和再贴现 5.91 亿元。2012 年末,宣城市涉农贷款余额 365.18 亿元,同比增长 27.4%,高于全部贷款增速 4.43 个百分点。

【金融运行】 银行业贷款质量较好、盈利水平不断提升。2012 年银行业机构资产规模继续增长,资产总额达 954.4 亿元,比上年增长 17.5%。各银行机构加强风险控制,努力提高经营水平,2012 年末宣城市银行业机构不良贷款余额 10.48 亿元,比年初下降 0.17 亿元;不良贷款率为 1.76%,比年初下降 0.44 个百分点。银行机构实现利润 15.98 亿元,比上年多增 3.51 亿元。

各项存款呈增长态势。2012 年末，宣城市银行机构本外币各项存款余额 812.81 亿元，同比增长 19.6%，比上年末高 2.1 个百分点；余额比上年末增加 133.19 亿元，同比多增 32.57 亿元。

信贷保持高增长水平。宣城市各金融机构认真执行稳健货币政策，努力保持人民币各项贷款增长水平，信贷增长虽有所回落，增速向常态回归，但信贷投放增速与国家要求的信贷适度均衡增长的调控目标相符合，并且信贷投放增量取得新突破，创年增量历史新高。2012 年末，宣城市银行机构本外币各项贷款余额 592.65 亿元，同比增长 22.97%，比上年末低 2.3 个百分点；余额比上年末增加 110.7 亿元，同比多增 13.48 亿元。

信贷结构呈持续优化态势。贷款短多长少特征明显。2012 年末，宣城市银行机构短期贷款余额 248.45 亿元，同比增长 29.1%，比上年末高 3.56 个百分点；余额比上年末增加 56 亿元，同比多增 14.14 亿元。中长期贷款余额 319.55 亿元，同比增长 18.91%，比上年末低 3.32 个百分点；余额比上年末增加 50.79 亿元，同比多增 1.9 亿元。2012 年在地方政府融资平台及房地产贷款受到调控的情况下，中长期贷款增长乏力，各金融机构通过调整信贷结构，努力增加实体经济流动资金投入。2011 年 12 月以来短期贷款增速一直超中长期贷款增速，并且新增短期贷款占全部新增贷款比重明显提高。2012 年末短期贷款同比增速高于中长期贷款同比增速 10.19 个百分点，新增短期贷款占全部新增贷款比重高于中长期贷款 4.71 个百分点，短期贷款成为拉动贷款增长的主力，存贷款期限错配得到一定程度的缓解。

【金融市场】 证券市场低迷，交易额锐减。2012 年受股指下跌影响，宣城市两家非法人证券营业机构交易额明显大幅减少，宣城市股票、基金和债券交易量 291.11 亿元，同比少增 118.4 亿元。其中：股票交易量为 289.96 亿元，同比少增 118.02 亿元。

直接融资取得明显突破，金融市场进一步发展。2012 年宣城市直接融资继续发展，宣城市国投公司发行 10 亿元公司债券，工商银行承销的安徽中鼎控股(集团)股份有限公司中期票据 4.2 亿元，在银行间债券市场成功发行，这是宣城市企业第一次成功登陆央行银行间债券市场。同时宣城市启动中小企业私募债券发行试点工作，宣酒集团中小企业私募债券 1 亿元已发行，另外还有 4 家企业上市报会待批。

保费收入缓慢增长，赔付支出稳步增长。2012 年，宣城市保险业累计实现保费收入 17.13 亿元，同比增加 0.44 亿元，同比增长 2.64%。其中，财产险、寿险、意外伤害险和健康险保费收入分别为 7.54 亿元、8.29 亿元、0.35 亿元、0.95 亿元，同比增长 14.72%、—4.04%、16.49%、32.03%。2012 年保险密度为 616.74 元，比 2011 年提高 15.95 元；保险深度为 2.26%，比 2011 年略降 0.23 个百分点。全市保险机构共赔付 3.71 亿元，同比提高 1 144.6 万元。其中人身险赔付 3 473.52 万元，同比提高 1 356.52 万元；财险赔付 3.36 亿元，同比下降 211.91 万元。特别是在台风海葵登陆宣城市期间，山洪暴发造成农田毁损，大风造成的水稻、玉米、棉花倒伏，导致全市宣州区、泾县、宁国、绩溪等地农作物受灾较为严重，全市累计接到农作物受灾报案 260 余起，受灾面积 26.1 万亩，赔付金额近 2 000 万元，政策性农保的社会保障功能日益显现。

【金融创新】 金融体系逐渐完善。2012 年外埠金融机构马鞍山农商行广德支行和宁国民生村镇银行相继设立，工商银行、建设银行和徽商银行分别新设 1 家支行，金融服务水平进一步得到提升，逐步形成多层次并存、功能互补的金融组织体系。

农村金融机构改革不断深化。农业银行宣城分行进一步推进“三农”金融事业部改革，分行和 6 个县域支行三农事业部均挂牌，小企业金融服务中心和县域小企业由三农金融部负责，为小企业信贷提供一站式服务。加强农村合作金融机构法人治理改革，绩溪县农村合作银行改制为农村商业银行。进一步完善央行票据后续监测考核，加强对农村金融机构信贷调控，进一步提高“三农”服务效率和能力。率先在全省启动省农村信用体系宁国市试验区建设，营造良好的经济和金融环境，促进经济社会持续健康快速发展。

非金融机构发展态势良好。宣城市小额贷款公司发展良好，2012 年贷款余额 22.3 亿元，当年新增 6.18 亿元；融资性担保机构共对中小企业、“三农”提供担保户数 4 195 户，担保金额为 43.75 亿元，有力支持了宣城市中小企业和“三农”经济发展。

金融产品创新水平显著提高。2012 年宣城市各银行机构增强金融产品创新能力，为中小企业提供更好的金融服务，努力满足中小实体经济的合理信贷需求。如：建行宣城分行推出中小进出口企业专项担保“助力贷”新产品，为中小进出口企业降低信贷担保门槛和融资成本，7月首次发放两笔“助力贷”450万元，累计投放1 350万元。中行宣城分行通过“快易贷”、“企保通”等信贷产品，增加有效信贷投入支持小企业，2012年为32户小企业发放“快易贷”6 398万元，为5户企业发放“企保通”贷款1 820万元。

（汪光炎 王 珊）

宣城市主要经济金融统计

（2008—2012年）

单位：亿元

项 目	2008年	2009年	2010年	2011年	2012年
国内生产总值	411.6	432.8	525.7	671.4	757.5
第一产业(增加值)	74.6	85	88.5	102.1	111.7
第二产业(增加值)	176.9	199.7	248.2	349.9	395.1
第三产业(增加值)	160.1	148.1	189	219.4	250.7
全社会固定资产投资	416.4	600.8	730	635.6	805.3
地方财政收入	27.6	35.4	49.8	68.4	86.9
地方财政支出	68.6	85.7	104.0	141.7	178.4
社会消费品零售总额	140.7	167.1	195.0	228.9	265.8
居民消费价格指数(以上年为100)	105.7	99.7	102.9	105.4	102.0
进出口总额(亿美元)	5.6	4.7	6.9	10.0	13.5
进 口(亿美元)	0.6	0.7	1.1	1.4	1.5
出 口(亿美元)	5.0	4.0	5.9	8.5	12.0
全部金融机构各项存款(余额)	345.4	438.2	578.4	679.6	812.8
企业存款	65.1	93.9	140.5	176.3	212.3
财政存款	9.5	13.3	15.0	14.0	14.9
城乡储蓄存款	218.5	257.7	319.7	388.8	466.4
全部金融机构各项贷款(余额)	203.9	285.7	387.6	483.8	594.8
短期贷款	114.4	132.3	153.4	194.2	249.9
中长期贷款	79.8	140.2	219.9	268.9	320.1
现金投放(+)回笼(−)	−36.2	−42.8	−48.1	−50.2	−56.2
全部保险机构保费收入	9.8	12.9	14.2	16.7	17.13
全部保险机构保险赔款支出(含满期给付)	4.0	5.8	2.4	3.7	3.71
全部保险机构保险密度(元/人)	323.4	341.1	509.9	600.1	616.74
全部保险机构保险深度(%)	2.89	2.97	2.70	2.49	2.26

注：全部金融机构各项存款、贷款余额的七项数据为本外币并表统计数(含外资金融机构)。“全社会固定资产投资”2011年统计口径发生变动，导致数据比上年下降。

9. 六 安 市

【概况】 2012年，六安市实现地区生产总值918.2亿元，按可比价格计算，比上年增长11%，增速较上年下降1.3个百分点，低于全省平均增速1.1个百分点，GDP占全省比重5.33%。分产业看，第一产业增加值198.8亿元，增长5.6%；第二产业增加值423.3亿元，增长15.3%；第三产业增加值296.1亿元，增长8.7%。从增幅来看，六安市GDP已连续九年保持两位数的增长。全年累计完成固定资产投资687.2亿元，增长23.1%，居全省第13位。

全年进出口总额73 689万美元，比上年增长17.8%，其中出口71 088万美元，同比增长22.6%，进口2 601万美元，同比下降43%。全市利用境外资金29 917万美元，增长38.9%，其中外商直接投资实际到位26 030万美元，增长27%。全年社会消费品零售总额382.7亿元，增长15.7%，其中城镇消费品零售额178亿元，增长15.8%，乡村消费品零售额204.7亿元，增15.6%。六安市居民消费价格指数为101.5，其中食品类价格上涨1.8%，居住类价格上涨0.5%。全市城市居民人均可支配收入19 369元，比上年增长13.3%；城市居民人均消费性支出15 059元，增长15.9%。农村居民人均纯收入6 535元，比上年增长15.8%；农村居民人均生活消费支出4 853元，增长9.2%。

【货币政策】 2012年，六安市金融系统以深化活力金融体系建设为主线，以“服务实体经济发展”为主旨，认真贯彻执行稳健的货币政策，合理加大信贷投放，不断调整优化信贷结构，积极支持服务实体经济，不断提升服务经济的质量和效率，促进经济、金融协调可持续发展。

中国人民银行六安市中心支行科学规划年度有效信贷增长目标，采取约见谈话、按季调度、按月监测和信贷政策导向评估等方式，引导辖区金融机构把握好信贷投放力度和节奏，灵活运用政策工具，引导信贷合理投向，加大对涉农、中小企业和民生领域的信贷支持。通过窗口指导和再贴现、再贷款等货币政策工具的运用，引导金融机构加大对实体经济的信贷支持。对新增存款主要用于当地、投放比例较高的县域法人金融机构下调存款准备金率1个百分点；对农业银行县域“三农事业部”进行综合考核并对达标机构给予2个百分点的存款准备率的优惠。2012年末，对涉农金融机构累计发放支农再贷款4.1亿元，同比增长121.1%，对中小金融机构持有的中小企业票据累计办理再贴现2.2亿元，同比增长71.4%。

金融机构积极配合六安经济发展战略，信贷投放重点支持机械加工、现代农业等地方支柱性产业，大力支持文化、节能环保、科技创新等战略性新兴产业，促进地方经济又好又快发展。实体经济得到有力支撑，中小企业融资难有效缓解。坚持“区别对待、有扶有控”的调控原则，加大对中小微企业的信贷支持力度。截至2012年末，全市中小微企业贷款余额303.0亿元，占贷款余额的45.3%，高于上年末3.0个百分点，当年新增30.4亿元，占全市新增贷款32.8%，中小微企业贷款增幅高于贷款平均增幅，2012年，中小微企业贷款同比增长19.7%，高于各项贷款2.1个百分点。中小企业贷款满足率、覆盖率和服务满意度进一步提升。

【金融运行】 2012年末，全市银行业金融机构人民币各项存款余额1 278.02亿元，比年初增加223.3亿元，各项存款同比增长21.2%。存款变化季节性因素明显，一季度受到元旦、春节和农民工回流因素影响，存款增加128.00亿元，明显高于其他各季。全市各项存款总量居全省第5位，占全省总量5.56%，较上年提升了0.13个百分点；增量居全省第4位；增幅居全省第5位，高于全省增幅2.67个百分点。银行业金融机构各项贷款余额687.82亿元，比年初增加109.5亿元，各项贷款同比增长19.0%，超过全省平均增幅0.1个百分点。全市各项贷款余额、增量和增幅，分别位列全省第7、第8和第13位。金融机构中长期贷款余额为336.69亿元，比年初增加36.7亿元，同比增长12.3%；短期贷款余额为318.09亿元，比年初增加45.5亿元，同比增长16.7%，高于中长期贷款增幅4.4个百分点。

【金融市场】 2012年，六安市仍只有一家上市公司，总市值47.1亿元。全年通过债券市场实现直接融资7.2亿元，占全部融资量6.2%，其中，六安市精工钢构通过发行企业债券直接融资7亿元，安徽华安达公司通过发行中小企业私募债券0.2亿元。保险经营主体有序发展。全年累计实现各类保费收入31.94亿元，同比增长5.4%；其中，产险保费收入11.08亿元，同比增长16.7%，寿险保费收入20.86亿元，同比增长0.25%。各项保费支出10.81亿元，增长6.6%。保险密度为449.69元/人，保险深度3.49%。农业保险业务发展迅速，覆盖面提升，保险功能显现。

【金融创新】 安徽省政府出台了《金寨县农村金融综合改革实施方案》(皖抓金〔2012〕1号)，确定了“一个指导思想”和“四大改革目标”。中国人民银行六安市中心支行积极落实上级行和安徽省各级政府的要求，牵头主抓和直接参与了32项金融改革任务。农户信用信息采集实现全覆盖，建成安徽省首个(共20个)“四位一体”村级金融综合服务室，为贫困地区金融改革积累了有益经验。同时，按照“一县一策”思路，在辖内各县全面推进金融创新试点，初步建立了霍山县农村信用体系建设示范点、舒城县皖江城市带产业服务示范点等，金融综合改革走在全省前列。制定《推进金寨县农村金融综合改革工作要点》，对关键环节、重点领域进行攻坚，争创“全国改善农村支付结算服务环境示范县”，争取纳入中国人民银行总行“农村信用体系建设重点联系行”，扩大农户信用信息评级结果运用，力争实现金融消费权益保护站、反假货币宣传站“村村通”，不断寻求改革新突破。同时，契合合肥经济圈、皖江城市带、大别山革命老区和皖北沿淮地区等“一圈一带两区”的区域发展政策和全国新一轮扶贫开发攻坚机遇，进一步完善各项配套措施，全市农村金融组织创新、体制机制创新、金融产品和服务方式创新稳步推进。

12 月 10 日，中国银监会主席尚福林一行赴金寨县调研农村金融综合改革工作

（云　松）

六安市主要经济金融统计

（2008—2012 年）

单位：亿元

项　目	2008 年	2009 年	2010 年	2011 年	2012 年
国内生产总值	534.0	584.0	676.0	821	918.2
第一产业（增加值）	129.3	138.4	159.3	182.1	198.8
第二产业（增加值）	205.9	237.7	285.8	372.1	423.3
第三产业（增加值）	198.8	207.9	231.1	266.8	296.1
全社会固定资产投资	256.2	355.2	490.5	588.1	687.24
地方财政收入	26	33.1	42.7	56.8	69.53
地方财政支出	99.2	111.38	148.4	205.6	250.2
社会消费品零售总额	198.2	235.5	279.9	331.3	382.66
居民消费价格指数（以上年为 100）	105.8	99.1	103.2	105.2	101.5
进出口总额（亿美元）	3.33	3.3	4.54	6.26	7.37
进　口（亿美元）	0.09	0.1	0.19	0.46	0.26
出　口（亿美元）	3.24	3.21	4.35	5.8	7.11
全部金融机构各项存款（余额）	539.7	681.2	843.5	1 054.9	1 278.02
企业存款	95.84	145.73	192.7	423.23	501.06
财政存款	20.73	23.08	34.2	45.65	45.69
储蓄存款	347.14	403.58	472.3	581.06	723.94
全部金融机构各项贷款（余额）	273.58	378.5	485.3	578.6	687.82
短期贷款	187.87	220.51	234.3	236.56	318.09
中长期贷款	79.76	152.72	243.7	255.63	336.69
全部保险机构保费收入	23.5	27.1	38.9	30.4	31.94
全部保险机构保险赔款支出（含期满给付）	3.2	6.9	5.36	10	10.81
全部保险机构保险密度（元/人）	334.95	386	553	431	449.69
全部保险机构保险深度（%）	4.4	4.64	5.75	3.7	3.49

注：全部金融机构各项存款、贷款余额的七项数据为人民币统计数（含外资金融机构）。

10. 黄　山　市

【概况】 黄山市生产总值424.9亿元，比上年增长11.6%，连续12年保持两位数增长。三次产业结构由上年的11.9∶46.1∶42.0调整为11.4∶46.3∶42.3。三次产业对经济增长的贡献率分别为5.3%、55.1%和39.6%。按常住人口计算，人均GDP 31 452元，按平均汇率计算，达4 982美元。财政收入76.9亿元，比上年增长20.1%；固定资产投资完成445.2亿元，同比增长20.3%；社会消费品零售总额172.1亿元，同比增长16.2%；外贸进出口总额突破7亿美元，同比增长51.9%。服务业实现增加值175亿元，增长10.6%，同比提升1.2个百分点。文化产业实现增加值41.0亿元，增长30%。全年接待游客3 641.3万人次，增长19.2%；旅游总收入302.98亿元，增长20.7%；接待入境旅游者160.3万人次，增长22.0%；旅游创汇4.82亿美元，增长25.2%。全国首个跨省流域生态补偿机制试点全面实施，99个试点项目累计完成投资20亿元。居民消费价格同比上涨2.4%，同比回落2.9个百分点，城镇居民人均可支配收入21 208元，比上年增长13.6%。农村居民人均纯收入9 161元，比上年增长15.2%。

【货币政策】 中国人民银行黄山市中支加强窗口指导，增强对特色产业和重大项目金融支持。充分依托黄山市作为全省唯一的国家服务业综合改革试点城市、全国首个跨省流域的新安江生态补偿机制试点、国家级的徽文化生态保护试验区和皖南国际文化旅游示范区四大战略平台，制定并提请市政府印发了《关于金融支持黄山市文化产业发展繁荣的实施意见》，引导全市金融机构成功开发“非物质文化遗产贷”、“手艺保”、“徽艺贷”等信贷产品，金融支持以文化旅游为主的服务业力度进一步增强；重点做好水利改革发展的金融支持和服务，大力发展“绿色信贷”，协助市政府与国开行、农发行对接，做好水利金融工作。

扎实开展“金融进园区”活动，不断提高小微企业信贷满足度。共计开展金融产品推荐暨各园区银企对接会等20场，对接项目数831个，对接资金达266.6亿元。各金融机构在园区开办助保金贷款、设备融资租赁等业务，支持小微企业融资。召开全市小微企业金融服务评优表彰会，总结、交流和推广先进工作经验。

8月10日，黄山市举办中小企业直接融资推介会

发展民生金融，着力提高政策执行的实效性。推进扶贫贴息贷款管理体制的改进和完善，大力推广小额担保贷款政策的成功经验。全市“整贷直发”小额担保贷款正式发放。指导、督促各金融机构认真落实居民家庭购买首套普通自住房的首付比例和贷款利率的优惠政策。继续推动生源地助学贷款业务。

加强监测督导和管理，着力提高政策执行有效性。落实企业运行监测制度，建立贷款跟踪调查机制。严格执行存款准备金管理规定，对5起法定存款准备金透支行为实施了处罚。稳步推进农业银行“三农金融事业部”差别化存款准备金率改革试点。落实县域法人金融机构新增存款一定比例用于当地贷款考核和农村信用社改革试点专项票据兑付后续监测考核政策激励等工作。加强利率管理，引导辖内法人金融机构通过完善定价制度、健全利率风险防范体系。加强再贷款管理，加大对农村金融机构支农再贷款的投放，全年累计发放支农再贷款12 709万元。

【金融运行】 2012年末，全市金融机构人民币存款余额658.97亿元，比年初增加99.63亿元，同比多增12.94亿元，比年初增长17.8%，居全省第11位。人民币贷款余额416.83亿元，比年初增加67.84亿元，同比多增390万元，比年初增长19.44%，高于全省0.73个百分点，居全省第10位。

短期贷款比年初增加 39.7 亿元，同比多增 8.68 亿元，比年初增长 31%。中长期贷款比年初增加 19.63 亿元，同比少增 11.6 亿元，比年初增长9.6%。票据融资比年初增加 8.45 亿元，同比多增 2.89 亿元，比年初增长 54.2%。信贷对县域经济的支持力度持续增强，年末县域（二区四县）贷款余额 240.7 亿元，新增 50.01 亿元，占全部新增贷款的 73.7%，增长 26.2%，高于中心城区 14.9 个百分点。全市新增房地产贷款 9.58 亿元，同比少增 9.04 亿元，增长 10%。全市租赁和商务服务业新增贷款 5.34 亿元，增长 138.4%；批发和零售业新增贷款 5.37 亿元，增长 33.1%；住宿和餐饮业新增贷款 3.41 亿元，增长 20.7%。全市小型企业新增贷款 24.62 亿元，增长 27%；微型企业新增贷款 1.12 亿元，增长 25.4%；涉农贷款新增 33.32 亿元，占全部新增贷款的 49.1%。

2012 年末，全市共有政策性银行 1 家、国有商业银行 4 家、邮储银行 1 家、徽商银行 1 家、农村合作金融机构 7 家（2 家农商行、4 家农合行、1 家农信社）、村镇银行 3 家。有证券业机构 3 家，证券业投资者账户数 35 271 户，同比增加 4.8%；证券交易额 163.73 亿元，下降 21.5%。有保险业机构 17 家，比 2011 年末新增 2 家；累计实现保费收入 12.05 亿元，同比下降 11.6%；累计赔付金额 4.16 亿元，同比增长 10.4%。

市建行发挥投行业务的优势，发行建行财富·信托贷款理财产品，分别为黄山旅游集团公司和黄山旅游发展股份有限公司募集资金 1.5 亿元和 1.99 亿元，年末理财产品和中期票据余额 5.89 亿元。市农行在全省农行系统率先开办委托债权融资业务，为黄山旅游股份融资 3 亿元。市中行黄山旅游股份发行信托理财产品 1 亿元。

【金融创新】 引导金融机构充分利用黄山特色资源优势，继续在担保物、担保方式及信贷管理环节加快创新步伐，进一步拓展商标权质押贷款、林权抵押贷款、景点经营权质押贷款业务规模。全市已累计发放林权抵押贷款、景点经营权质押贷款合计 15.74 亿元。商标权质押贷款余额 2 350 万元，是年初的 4.3 倍。市建行、屯溪农合行与财政部门合作，投入财政资金 3 000 万元开展助保金贷款，银行按照 1∶10 的比例放大资金，累计发放助保金贷款 20 笔 1.23 亿元。市工行创新开办设备租赁贷款 2 000 万元，解决企业资金困难。积极推进跨境人民币结算业务，不断促进人民币贸易投融资便利化。全年共办理跨境人民币结算业务 99 笔，实际收付结算量累计达到 32 885 万元。

（徐明奇）

黄山市主要经济金融统计

（2008—2012 年）　　单位:亿元

项　目	2008 年	2009 年	2010 年	2011 年	2012 年
国内生产总值	249.9	266.92	309.3	378.8	424.9
第一产业(增加值)	34.3	35.61	39.3	45.1	48.5
第二产业(增加值)	98.6	108.42	136.4	175.4	196.6
第三产业(增加值)	117.1	122.89	133.6	158.2	179.7
全社会固定资产投资	266.7	341.34	454.3	370.0	445.2
地方财政收入	16.8	31.23	44.3	64.0	76.9
地方财政支出	45.0	58.04	70.3	94.4	124.7
社会消费品零售总额	90.4	107.56	126.0	148.3	172.1
居民消费价格指数(以上年为 100)	105.9	98.40	104.0	105.3	102.4
进出口总额(亿美元)	1.8	2.33	3.28	4.62	7.00
进　口(亿美元)	0.4	0.79	0.78	0.95	0.7
出　口(亿美元)	1.4	1.54	2.49	3.67	6.3

（续表）

项　目	2008年	2009年	2010年	2011年	2012年
全部金融机构各项存款(余额)	300.0	374.49	474.33	561.55	660.50
企业存款	65.0	88.65	102.49	233.08	266.37
财政存款	8.9	10.12	13.57	13.82	10.21
储蓄存款	182.9	217.29	258.03	310.73	376.78
全部金融机构各项贷款(余额)	154.8	211.92	281.01	350.54	417.46
短期贷款	60.0	78.43	97.68	129.47	168.24
中长期贷款	85.4	125.40	174.27	205.47	225.10
全部保险机构保费收入	8.4	10.74	12.9	13.63	12.05
全部保险机构保险赔款支出(含满期给付)	3.4	3.08	3.6	3.77	4.16
全部保险机构保险密度(元/人)	567	725.00	868.4	921	818.17
全部保险机构保险深度(%)	3.36	4.03	4.17	3.68	2.84

注:全部金融机构各项存款、贷款余额的七项数据为本外币并表统计数(含外资金融机构)。

二、长三角金融稳定报告

1. 上海市金融稳定报告摘要

2012年，上海市金融机构认真贯彻稳健的货币政策，国际金融中心建设、金融支持实体经济工作稳步推进，金融业保持良好发展态势，为上海经济转型提供了有力支持。

(一) 经济与金融环境

1. 上海经济金融运行总体平稳

2012年，上海市实现生产总值20 101.33亿元，按可比价格计算，同比增长7.5%；第三产业增加值占全市生产总值的比重首次达到60%。

(1) 固定资产投资平稳增长。2012年，上海市完成投资总额5 254.38亿元，同比增长3.7%，增速比2011年提高3.4个百分点。三大投资领域“两升一降”，房地产开发投资同比增长9.7%，工业投资同比增长1.1%，城市基础设施投资同比下降9.8%。

(2) 消费增长基本稳定。2012年，上海市商品销售总额53 795.1亿元，同比增长16.8%；社会消费品零售总额7 387.32亿元，同比增长9%。

(3) 外贸形势依然严峻。2012年，上海市实现进出口总额4 367.58亿美元，同比下降0.2%。其中，出口2 068.07亿美元，同比下降1.4%；进口2 299.51亿美元，同比增长1%，贸易逆差231.44亿美元。

(4) 财政收入增长放缓。2012年，上海市完成地方财政收入3 743.71亿元，同比增长9.2%，增速比2011年下降10.2个百分点。地方财政支出为4 184.02亿元，同比增长6.9%。

(5) 工业企业效益略有下降。2012年，上海市规模以上工业企业实现利润总额2 131.33亿元，同比下降2.8%，降幅比2011年扩大1.5个百分点；产成品存货同比下降7%；实现税金总额1 637.28亿元，同比增长6%。

(6) 居民收入增长较快。2012年，上海市城市和农村居民家庭人均可支配收入分别为40 188元和17 401元，同比分别增长10.9%和11.2%。全年新增就业岗位61.38万个，其中农村富余劳动力实现非农就业11.02万个。

(7) 金融业稳步发展。2012年，上海市实现金融业增加值2 450.36亿元，同比增长12.6%。全国银行间货币和债券市场成交金额263.63万亿元，同比增长34.1%。上海黄金交易所总成交金额3.53万亿元，同比下降20.5%。上海证券交易所各类有价证券成交金额54.75万亿元，同比增长20.4%。上海期货交易所各品种总成交金额89.2万亿元，同比增长2.6%。中国金融期货交易所总成交金额75.84万亿元，同比增长73.3%。上海市原保险保费收入820.64亿元，同比增长9%。

2. 促进经济增长和金融稳定的重要举措

(1) 深化房地产市场调控。2012年以来，上海市政府积极贯彻落实中央出台的房地产各项调控政策，严格执行差别化住房信贷、税收和限售等规定，加大保障性住房和普通商品住房土地供应力度，认真搞好房产税试点，不断加强房地产市场监管，为上海房地产市场稳定健康发展奠定了良好的基础。

(2) 加快经济结构战略性调整。现代服务业加快发展。2012年，上海市第三产业增加值同比增长10.6%，增速领先第二产业7.5个百分点。全市产业布局进一步优化，战略性新兴产业加快培育。

(3) 继续实施稳健的货币政策。2012年，中国人民银行上海总部认真落实中央和总行稳增长的各项政策措施，围绕强化金融支持上海经济转型发展这一主题，不断增强各项政策的针对性、有效性和前瞻性，引导金融机构拓展新的贷款增长点，继续加大对保障房建设、小微企业和战略性新兴产业的信贷支持。

(4) 深入推进上海国际中心建设。2012年，上海加快推进上海国际中心建设,各项工作取得显著突破。金融市场体系日益健全。金融机构不断集聚,新型金融机构加快集聚,截至2012年末,上海共有51家企业获得第三方支付牌照,位列全国首位。金融对外开放进一步扩大,跨境人民币业务规模继续扩张,境外三类机构、人民币合格境外机构投资者(RQFII)等投资银行间债券市场规模稳步扩大。金融发展环境进一步优化。

(5) 引导金融支持实体经济。2012年初,中国人民银行上海总部出台了《加强和改进金融服务支持上海实体经济发展的指导意见》,加强对金融系统服务实体经济的政策指导。各金融机构加大了支持上海实体经济的力度,上海金融支持实体经济的长效机制逐步形成。优化资源配置,在信贷投向上坚持"四个优先倾斜";改革管理制度,在服务模式上提倡"提速增效创优";推动产品和组织创新,以担保方式为核心探索新型金融产品。

3. 经济金融运行中需要关注的方面

(1) 关注上海经济增长持续放缓。长期来看,上海依靠大规模投资驱动经济增长的模式不可持续,经济增速放缓是经济结构调整必然要经历的一个过程。但短期来看,在外需依然疲软、消费增长难以显著提升的背景下,投资增长偏低会对全市经济平稳增长形成不小压力。应密切关注上海经济增长放缓对政府财政收入、企业效益、居民收入的影响,以及通过实体经济与金融体系的关联对金融机构资产质量产生的潜在影响。

(2) 关注经济结构调整对个别行业的负面冲击。在创新驱动发展战略的推动下,战略性新兴产业较快发展,传统支柱产业竞争优势逐步减弱。一是部分加工型劳动密集型产业向市外转移。二是在国内产能过剩、市场需求不足的情况下,钢材价格总体下行。三是受鼓励消费政策退出、宏观经济放缓等因素影响,汽车制造业产值增速同比回落。应重点关注经济结构调整时期,个别行业的低迷可能带来行业整体资产质量的下降,并由此引发的潜在金融风险。

(3) 关注政府融资平台贷款风险。截至年末,上海市政府融资平台贷款余额5 812.02亿元,仍处于较高水平。部分平台贷款经过"借新偿旧"的期限调整,2016年及以后到期债务占比有所上升。截至2012年末,上海市政府融资平台贷款不良率在可控范围内,债务总体安全。但也应密切关注平台贷款逐渐进入还款高峰期后各级地方政府的还款能力以及防范财政风险转嫁为金融风险的隐患。

(二) 银行业

2012年,面对复杂的国际国内经济环境,上海银行业加强风险管控机制,坚守风险底线,确保不发生区域性和系统性风险,为上海市的金融稳定奠定了基础。

1. 上海银行业发展运行情况

(1) 资产负债增长平稳,增长幅度回落。2012年,上海银行业资产负债稳中有升。截至年末,上海辖内银行业金融机构本外币资产总额9.03万亿元,同比增长11.91%,增幅回落4.20个百分点。负债总额8.74万亿元,同比增长16.04%,同比增幅回落4.23个百分点。

(2) 银行存贷款增速放缓,结构持续改善。截至年末,上海市本外币各项存款余额63 555.25亿元,同比增长9.2%,同比增速回落3.1个百分点;上海市本外币各项贷款余额40 982.48亿元,同比增长10.2%,同比增速回落0.1个百分点。人民币贷款投放节奏稳中趋缓,外汇贷款增长较快。贷款期限呈短期化趋势,中长期贷款少增明显。贷款投向进一步优化,继续加大对中小型企业的信贷倾斜力度。

(3) 拨备覆盖率保持高位,风险抵补能力增强。截至年末,上海辖内金融机构拨备覆盖率平均达到296.23%,贷款损失准备充足率平均达到285.13%;上海法人银行机构资本充足率为14.27%,平均贷款损失准备充足率、拨备覆盖率分别为315.53%和291.61%,远高于监管要求。银行抗风险能力进一步增强。

(4) 盈利水平增幅回落,结构趋于改善。截至年末,上海辖内金融机构实现净利润1 018.54亿元,同比增长6.67%,增幅同比回落13.02个百分点。2012年,辖内金融机构盈利结构呈现出以下特点:一是存贷款利率浮动范围扩大后,利差收窄,导致存贷款利息净收入增速下降;二是在宏观经济下行和整顿收费双重压力下,银行开展中间业务难度加大;三是投资资产增加拉动投资收益增长。

2. 上海银行机构稳健性评估

(1) 资本充足率监管标准不断提高,资本工具创新迫在眉睫。中国银监会发布《商业银行资本管理办法(试行)》实施后,系统重要性银行和非系统重要性银行的资本充足率不得低于11.5%和10.5%。在新的资本监管标准下,上海银行业经营规模受到一定资本约束。目前上海经济处于调整结构、转型发展阶段,经济增长速度有所下滑,不良贷款反弹压力加大,资本补充机制亟待完善,迫切需要资本工具创新,提高资本的运作效率。

(2) 经济增长放缓,不良贷款反弹明显增加。截至年末,上海辖内银行业不良贷款率为0.66%,低于全国不良贷款率0.29个百分点。经济持续下滑,银行业风险形势的复杂性增加,不良贷款余额和不良贷款率反弹压力较大。不良贷款结束了连续九年的"双降"局面,首现"双升"。不良贷款余额270.93亿元,比年初增加47.14亿元,同比增长21.06%;不良贷款率较2011年末上升0.06个百分点。

(3) 银行存款波动幅度增大,流动性管理压力加大。2012年,上海市辖内各项存款月度波动明显,表现为季初大幅下降,季末快速回升,波动幅度增大。受人民币升值预期减弱、企业持汇意愿增强以及境内外存贷款利差大等多种因素影响,外汇存款保持快速增长势头。2012年,外币存款共增加3 837.51亿元,增幅达30.35%。2012年末,辖内中资法人金融机构存贷比为71.08%,同比提高0.46个百分点;外资法人银行存贷比为65.96%,同比提高0.16个百分点。中资法人金融机构流动性比例为37.99%,同比下降0.04百分点;外资法人银行流动性比例为64.48%,同比下降1.39个百分点。

(4) 业务竞争激烈,创新能力略显不足。近几年上海银行业中间业务发展较快,中间业务收入占比提高,但在中间业务的发展中仍存在诸如盲目追求中间业务收入占比提高、服务质量整体偏下等问题。在目前经营环境(包括整个社会的融资体系)未发生根本性变化的情况下,盲目追求中间业务收入占比的提高,有可能导致中间业务发展偏离其本质。

3. 上海银行业发展中需要关注的方面

(1) 关注重点行业的信用风险。关注房地产贷款风险。2012年房地产市场步入调整期,相当部分企业的偿债能力面临考验;若房价连续下降,抵押品价值下降,将加剧银行信贷资产质量下滑。目前,房地产贷款质量总体稳定,但个人住房贷款不良率继续攀升。关注钢贸行业及其他部分重点行业风险。目前,钢贸企业贷款集中度偏高,对上海中小银行影响较大。此外还应高度关注光伏、造船等产能过剩行业的风险以及铜、石材、木材等大宗商品市场的波动,密切跟踪外贸行业下行期间进出口企业违法违规套取资金冲动上升的风险。

(2) 关注跨区域信贷风险的传递。2012年受到民间借贷的影响,在长三角经济区设有分支机构的在沪法人银行以及在上海设有分行的长三角地区城市商业银行不良贷款有所回升。民间融资导致资金链断裂的风险进一步加深,易诱发区域系统性风险,应引起充分关注。

(3) 关注银行理财业务高速增长下的风险隐患。上海理财产品业务涉及面广,品种丰富,不仅有利于商业银行资产负债结构的调整,还对银行的资产管理、保险、托管等业务产生良好的促进作用,对提升银行转型和收入多元化、提升竞争力意义重大。但是,目前我国银行理财仍处于初级阶段,各种法律制度和信息披露并不完善,容易产生风险隐患,应密切予以关注。

(4) 关注中小银行的可持续经营。截至年末,上海中小金融机构各项资产为3 719.71亿元,同比增长16.12%;各项贷款余额为1 986.21亿元,同比增长16.34%;不良贷款率为1.25%,上升0.12个百分点。上海中小银行对支持地方经济企稳回升和加快发展做出了突出贡献,但某些中小银行定位不清晰,与国有、股份制商业银行存在业务上的同质化趋势,信用风险和贷款集中度风险隐患开始显现,内控管理薄弱,操作风险加大。

(三) 证券业

1. 上海证券业发展运行情况①

(1) 上海证券期货经营机构种类齐全,数量位居全国前列。2012年,上海共新增各类证券期货经营机构及其他持牌机构31家。截至年末,上海辖区共有证券公司20家,总资产3 884.2亿元,净资产1 592.5亿元,净资本1 139.9亿元。共有基金公司37家,管理公募基金522只,基金总净值9 108亿元。共有期货公司30家,总资产546.28亿元(含客户权益),净资产88.97亿元,净资本82.06亿元,客

① 机构经营数据未经审计。

户权益438.45亿元。

(2) 基础制度建设有序推进，行业规范进一步加强。2012年，上海市辖区证券公司进一步完善治理结构，注重优化流程管理、强化合规管理有效性评估和合规问责的实效；继续深化风控指标动态管理，进一步完善以净资本为核心的风险管理体系，优化净资本补足机制。基金业合规内控机制进一步健全，公司治理逐步完善，风险防控建设有效推进。期货公司治理和内控管理逐步完善，有效落实净资本管理和保证金安全存管，基础性建设进一步夯实。

(3) 行业创新能力进一步增强。2012年，上海证券公司不断弱化通道业务依赖、拓展理财服务模式，提升投融资服务能力，4家证券公司荣获2012年上海市金融创新奖。新增20家基金公司获批专户理财业务资格，7家公司获得批准受托管理保险资金，6家基金公司荣获2012年上海市金融创新奖。7家期货公司申报并首批获准资产管理业务资格，8家期货公司荣获上海市金融创新奖。

(4) 国际化取得新进展。截至年末，上海市共有合资证券公司6家，占全国43%；合资基金公司23家，占全国53%；合资期货公司1家，占全国1/3。外资代表处81家，占全国近一半。已有5家证券公司、6家基金公司在香港设立分支机构并取得相关业务牌照。5家证券公司的香港子公司共设立53只基金，受托资产总额达104亿元。4家证券公司、3家基金公司借助香港子公司首批获准开展RQFII业务试点。

(5) 直接融资比重有所提升。截至年末，上海共有上市公司203家，占全国8.7%，市值约占全国9.3%。2012年，上海上市公司境内资本市场直接融资688.83亿元，其中，首发上市融资40.45亿元，股票再融资526.38亿元，债券融资122亿元。

2. 上海证券机构稳健性评估

(1) 证券公司资产规模增长，风控体系运行良好。截至年末，上海证券公司总资产3 884.2亿元，同比增长18.74%；净资产1 592.5亿元，同比增长17.11%；合计净资本、托管证券市值、客户资产、金融资产均较上年末有所上升；净资本与净资产的比例为71.58%、净资本与各项风险资本准备之和的比例为923.0%，证券机构净资本覆盖风险的能力保持在较高的水平。

(2) 盈利水平明显下降，盈利模式逐步转型。2012年，上海20家证券公司实现营业收入259.23亿元，同比下降6.31%；实现净利润82.76亿元，同比下降20.19%。5家证券公司出现亏损，亏损总额为2.06亿元。经纪、投行业务收入比重下滑较快，自营、融资融券和资产管理业务比重较上年有所上升，证券公司盈利模式转型初见成效。

(3) 经纪和证券承销业务收入下降。2012年，上海证券公司经纪业务收入为97.65亿元，同比减少24.94%；占总营业收入的比重为37.67%，比2011年的47%有较大幅度的下降，但仍为证券公司最主要的收入来源。承销保荐业务净收入合计29.47亿元，比2011年下降9.66亿元，降幅为24.69%；占总营业收入的比重为11.37%，比2011年的14.1%有所下降。

(4) 自营及融资融券业务收入增加。2012年，辖区公司证券自营业务净收入67.59亿元，同比增长107.97%。全年实现融资融券息费收入16.31亿元，同比增长68.14%。自营及融资融券业务收入占总营业收入的比重分别为26.07%和6.29%，较2011年有较大幅度的提升。尤其是融资融券业务，自2012年转为常规业务后发展迅速，占营业收入比重已大大超越资产管理业务。上海辖区证券公司融资融券息费收入更是占全国证券公司融资融券息费收入的31.01%。

(5) 资产管理规模迅速扩大，收入占比有所提升。截至年末，辖区证券公司受托资产为4 989.50亿元，同比增长408.66%。2012年，辖区公司共实现资产管理业务收入6.98亿元，同比增长9.23%。从业务收入占比看，资产管理业务收入占总营业收入的比重为2.69%，比2011年的2.3%有所提升。

3. 上海证券业发展中需要关注的方面

(1) 关注创新业务风险的防范。2012年，证券期货业全面进入创新发展的新阶段。随着创新政策的明朗、行业门槛的降低，各类组织、业务、产品创新将逐步出现，也将带来各种新的风险隐患，包括新业务与新产品仓促上线易产生各类经营风险，公司发展过快与人员、信息技术储备不足易产生各类内控风险，公司仅关注自身利益、忽视投资者利益易产生各类违规风险。

(2) 关注跨市场金融风险的传递和叠加。金融行业综合经营和业务交叉的趋势日渐明显，一方面，在同一控股集团下分设银行、证券、保险等法人机构从事金融领域业务的综合化经营趋势越来越明显。另一方面，相关业务领域也出现了相互融合和交叉的趋势。而与此同时，在现有的分业经营、分业监管体制下，不同监管部门的监管目标、手段和标准不一致，容易导致缺乏对金融体系整体风险的监测和判断。有必要加强金融管理部门间的信息共享和协调配合，对金融行业实施功能监管，关注金融机构所从事的经营活动而非金融机构本身，共同防范和化解跨行业金融风险。

（3）关注资产管理行业发展面临的挑战。新《基金法》降低了基金管理公司准入门槛，同时商业银行设立基金管理公司试点再度启动，新公司入市步伐继续加快，可能出现行业的并购重组；《资产管理机构开展公募证券投资基金管理业务暂行规定》已正式发布，保险、信托等其他金融机构均可申请公募证券投资基金资格，行业格局进一步打破，财富管理业务发展迅速；市场对外开放步伐不断加快，各类外资金融机构通过各种途径进入中国市场，资产管理行业将面临严峻的外部竞争环境。

（四）保险业

2012年，上海保险业以科学发展观为主题，把握“稳中求进、进中求好”的主基调，统筹推进“抓服务、严监管、防风险、促发展”相关工作，推动行业发展和保险监管呈现新面貌。

1. 上海保险业发展运行情况

（1）保险业保持平稳运行。截至年末，上海共有122家保险公司和6家保险资产管理公司。2012年，上海原保险保费收入累计820.64亿元，同比增长8.97%。赔付支出累计255.79亿元，同比下降1.89%。

（2）保险业改革持续推进。一是着眼于上海国际金融和航运中心建设，充分发挥保险保障国计民生的积极作用。积极推动上海航运保险协会组建，做好个人税延型养老保险试点前准备，鼓励保险机构通过产品、模式和服务创新支持小微企业发展。二是以综合治理车险理赔难和人身险销售误导为重点，逐步建立消费者利益保护体系和长效机制。三是逐步完善保险风险监测体系，防范化解各类风险隐患。以现场检查和非现场监管为支撑，逐步完善风险导向型、功能辅助型的保险监管体系。

2. 上海保险机构稳健性评估

（1）整体实力不断增强，保费收入稳步增长。截至年末，上海法人保险机构①总资产共计4 396.87亿元，同比增长27.55%。产险公司结构调整稳步推进，业务结构不断优化，责任保险和意外险等业务快速发展，占产险业务比重达8.9%，同比分别上升0.66和0.41个百分点。

（2）偿付能力充足率整体良好，风险防范能力得到提高。截至年末，上海35家保险公司②偿付能力充足率情况整体良好，有34家保险公司偿付能力充足率高于150%，属于充足Ⅱ类公司，仅有1家保险公司偿付能力充足率为123%，属于关注类公司。

（3）盈利能力大幅提高，投资收益率明显上升。2012年，上海法人保险公司共实现净利润26.50亿元，同比增长82.92%。其中，产险公司共实现净利润17.40亿元，仅5家出现亏损；人身险公司共实现净利润2.29亿元；6家资产管理公司盈利状况良好，共实现净利润6.80亿元。上海法人保险公司共实现投资收益136.89亿元，同比增长56.76%；投资收益率达3.39%，同比上升0.26个百分点。

（4）保险资金运用渠道进一步放开，资金运用余额大幅增长。截至年末，上海法人保险机构保险资金运用余额达4 043.71亿元，同比大幅增长44.84%。保险资金在债券投资、股票投资上的投入继续下降，银行存款和证券投资基金的占比继续上升，在基础设施、不动产和股权上的投资比例仍然较低。

3. 上海保险业发展中需要关注的方面

（1）产险公司综合成本率和风险留存率有所上升。2012年，上海17家法人产险公司平均综合成本率100.84%，同比上升2.52个百分点。其中，平均费用率为41.15%，同比上升1.56个百分点；平均赔付率为59.70%，同比上升0.97个百分点。产险公司自留保费同比增长19.77%，风险留成率为85.53%，同比上升2.47个百分点。

---

① 包括法人注册地在上海的36家保险公司和6家保险资产管理公司全国分支机构的汇总数据，具体名单见附录二，未包括东方人寿保险股份有限公司（于2004年起停业整顿至今）和中融人寿保险股份有限公司（2011年注册地迁往北京）。由于太保集团尚未披露2012年年报，因此也未包括太保寿险和太保产险。下同。

② 不包括长江养老保险公司和6家保险资产管理公司。由于长江养老保险公司经营信托型企业年金管理业务和养老保障委托管理业务，故不适用偿付能力信息披露要求。

（2）人身险公司业务结构仍待优化。2012年，上海法人人身险公司业务收入大幅增长，但业务结构仍需优化。分红险保费收入占原保险保费收入的比重同比上升2.11个百分点，而保障功能最强的普通寿险收入占比同比下降了0.79个百分点，健康险和意外险保费收入占比同比分别下降0.73个和0.58个百分点。

（3）人身险公司退保风险整体可控，但个别机构仍须保持关注。2012年，上海法人人身险公司退保金共计74.90亿元，同比增长15.12%。其中，分红险退保金共计68.52亿元，同比上涨16.59%，分红险退保金占总退保金的91.48%，是造成退保金上涨的主要原因。2012年人身险公司退保率为3.50%，较2011年下降0.54个百分点。上海各法人人身险公司均未出现群体性退保现象，退保风险管控情况良好，但个别公司的退保率较高，需保持重点关注。

（4）中小保险公司银保业务销售渠道不规范操作仍然存在。保监会和银监会联合下发的《关于加强银行代理寿险业务结构调整促进银行代理寿险业务健康发展的通知》，对规范代理合同和手续费支付行为、严厉查处不正当竞争行为等方面提出明确要求。但中小保险公司银保合作业务大多起步晚、发展时间短，当前仍然存在诸多不规范操作。

（五）基础设施建设

1. 支付体系建设稳步推进

2012年，中国人民银行上海总部发布了地方性非金融支付监管制度，进一步明确和完善了支付制度和监管规则。组织上海市各支付清算系统参与者建立健全支付清算系统风险管理工作机制，把支付清算系统安全稳定运行放在突出位置；稳步推进综合业务系统二期项目建设，配合做好二代支付系统的联调测试和模拟运行工作，继续加大金融基础设施建设力度。推动票据业务创新，鼓励票据电子化；推广支票授信，缓解中小企业融资困境；继续改善银行卡受理环境，拓展银行卡行业应用领域；加大非现金支付工具的宣传力度，提高社会认知度，逐步推广非现金支付工具使用。加强人民币银行结算账户管理，持续落实银行账户实名制；依法开展违规签发支票行为行政处罚，严控支票账户违规透支风险；强化银行卡风险管理，深化非金融机构日常监管。

2. 征信体系建设不断完善

2012年，中国人民银行上海总部探索加强与地方信用体系建设合作，积极推进上海市村镇银行、小额贷款公司等微型金融机构接入征信系统进程，充分发挥中国人民银行征信体系在社会信用体系建设中的重要作用，引导和推动地方信用体系建设。积极推进企业和个人征信系统应用管理工作，顺利完成信用报告新旧版本的升级切换，扎实开展征信系统数据质量管理工作，全力做好机构信用代码推广应用工作。大力推广应收账款质押和融资租赁登记系统应用，积极服务上海实体经济发展。深化评级市场的培育与管理，促进评级市场的健康发展；不断完善借款企业、担保机构和集团企业归集评级制度，扩大评级覆盖面和评级品种；进一步修改完善评级指标体系，增强评级结果的准确性和科学性。

3. 夯实反洗钱基础，突出反洗钱实效

2012年，中国人民银行上海总部进一步加强与上海银监局、证监局、保监局反洗钱牵头部门的反洗钱合作，形成反洗钱监管合力，积极探索发挥同业公会在反洗钱工作中的作用；有效应对反洗钱国际形势变化，积极参与总行FATF新标准及国内政策衔接研究；全面落实风险为本反洗钱工作思路，有效推动大额和可疑交易报告综合试点工作；规范开展反洗钱执法检查，依法实施行政处罚；规范开展反洗钱行政调查，提高反洗钱调查工作有效性；推进支付机构反洗钱工作，加强反洗钱监管；认真开展反洗钱调研及宣传培训工作；加强客户身份识别工作，大力推进机构信用代码反洗钱应用工作。

（总　纂：凌　涛
统　稿：杜要忠　王新东
执　笔：王新东　谢　斌　张雅楠
张国文　郭　芳）

2. 江苏省金融稳定报告摘要

2012年，江苏省按照稳中求进的工作基调，及时加强和改善宏观调控，把稳增长放在更加重要的位置，国民经济运行缓中企稳，经济社会发展稳中有进。2012年实现国内生产总值519 322亿元，按可比价格计算，比上年增长7.8%，虽然增速回落，但仍然处在一个较高的增长平台。

(一) 江苏经济运行

2012年，江苏经济向着宏观调控的预期方向发展，经济平稳较快增长的态势进一步巩固，综合实力明显增强。一是经济平稳较快增长，结构进一步优化。据江苏省统计局核算，2012年全省GDP达到54 058.22亿元，同比增长10.1%。其中，三次产业增加值分别为3 418.34亿元、27 121.92亿元和23 517.96亿元，同比分别增长4.6%、11.0%和9.6%。二是国内需求稳步增长。2012年，全省固定资产投资31 707.20亿元，同比增长20.5%，社会消费品零售总额18 215.33亿元，同比增长15%。三是财政收入增长较快，城乡居民收入持续增加。全年全省实现财政一般预算收入5 860.69亿元，同比增长13.8%，城镇居民人均可支配收入和农民人均纯收入分别为2.9万元和1.2万元，同比增长12.7%和12.9%。四是物价水平得到有效控制。至12月末，全省居民消费者价格指数同比上涨2.4%，较上年末下降1.2个百分点。

(二) 企业与居民部门

1. 企业

2012年，江苏省企业部门生产经营活动指标总体保持增长势头，但各项指标增速大幅回落。受国内外市场不景气等因素影响，企业资金周转效率比上年有所降低，短期、长期偿债能力基本保持稳定，中小企业信贷占比继续保持高位。

2. 居民

2012年江苏省住户部门贷款继续保持稳定增长，杠杆率维持在较高水平，居民储蓄意愿继续回升，未来通胀预期有所增强，住户部门贷款质量有所下降，个人汽车消费贷款质量显著下降。

(三) 金融业

1. 银行业

2012年末，全省非法人银行金融机构共有国有大型商业银行5家，政策性银行3家，邮政储蓄银行1家，股份制商业银行12家，城市商业银行10家，外资银行17家。法人银行业金融机构共有城市商业银行4家，农村商业银行58家，农村信用社4家，外资银行5家，村镇银行52家。2012年全省银行业金融机构经营总体稳健。至2012年末，全省银行业金融机构资产总额95 947.46亿元，比年初增加14 494.35亿元，负债总额92 926.59亿元，比年初增加14 139.44亿元，增速分别为17.79%和17.95%。全省金融机构人民币各项存款余额75 481.51亿元，比年初增加9 761.78亿元，同比多增3 031.01亿元；人民币各项贷款余额54 412.30亿元，比年初增加6 550.69亿元，同比多增759.1亿元。

2. 证券业

2012年，全省证券期货业保持了稳定健康发展的态势，资本市场快速发展，创新发展能力显著增强。至2012年末，全省共有法人证券公司6家，证券营业部364家，法人期货公司11家，营业部101家。法人证券公司资产总额1 142.55亿元，净资产506.61亿元，净资本349.9亿元，与上年同期相比变化不大；法人期货公司资本总额115.63亿元，净资本26.57亿元，与上年同期相比分别增长了9.53%和16.13%。至2012年末，全省期货公司营业部交易量122 812.12亿元，比上年同期增长了21.70%，利润总额3亿元，比上年同期增长了48.51%。另外，不少期货公司以新品种上市为契机，大力拓展业务渠道，积极开展投资咨询、资产管理等创新业务，参与国债和期权仿真交易。

3. 保险业

2012年全省保险业业务发展基本保持稳定，市场主体活跃程度不断提高。2012年新开业法人机构1家(东吴人寿)，至2012年末，全省共有法人保险公司4家(紫金产险、乐爱金产险、利安人寿、东吴人寿)。全年全省累计实现保费收入1 301.28亿元，保费规模位居全国首位。其中财产险保费收入440.92亿元，人身险保费收入860.36亿元，分别比上年同期增长了16.05%和4.91%。

(四) 金融改革与创新

1. 银行业

(1) 政策性金融改革继续推进。国家开发银行江苏省分行深入探索“开发性金融引领民间借贷规范化”路径，全力推进江苏“人人贷”业务试点工作，完成“开鑫贷”试点方案、模式设计、业务流程设计以及公司筹建方案等多项开创性成果；积极贯彻国家继续坚定不移的建设保障性安居工程的精神，至2012年，累计支持保障性住房项目87个，表内外贷款余额239.2亿元，累计发放表内外贷款262.5亿元。进出口银行江苏省分行加大对实体经济支持力度，重点支持外贸出口稳定增长，2012 年，充分运用出口卖方信贷和买方信贷等传统特色业务品种，支持企业扩大高新技术产品出口，提高出口产品档次和附加值，优化对外贸易结构；深入推进“银政合作”和“金融同业合作”平台建设，至 12 月末，已经与江苏省 13 个地级市中的 10 个城市签署了银政合作战略协议，县级市与国家级开发区签约数量达到 18 个。与主要往来商业银行签署银银战略合作协议，目前签约数量达到 17 家。农业发展银行江苏省分行认真执行支持国家“三农”发展的方针政策，各项业务取得快速健康发展。2012 年粮油购销储贷款投放 429.29 亿元，比上年增长 22.03%；全年实现中间业务收入 9 162 万元，比上年增长 61%。

(2) 大型商业银行改革进一步深化。工商银行江苏省分行优化渠道布局，新建网点 46 家，迁建网点 60 家，主要投向县域、新城区及城郊结合部；创新“开发区＋区内企业”营销方式，批量拓展入园优质企业，以固定资产支持融资为抓手，积极营销高端酒店、大型百货等客户，带动收单、结算业务同步增长；针对资产质量管控的严峻形势，在系统内率先实施违约贷款集中催收和不良贷款集中管理，各二级分行相继设立了“三小贷款”催收中心和不良贷款集中管理专业团队。2012 年，全行累计清收处置不良贷款 45.59 亿元，较上年同期增加 23.64 亿元。中国银行江苏省分行落地实施中初级专业序列建设，明确了各领域专业人才培养的总体目标、职责定位以及分级管理体系，建立了明晰的专业队伍授权体系及激励约束机制；进一步丰富高端个人客户产品库，携手美国运通公司，推出国内第一张为私人银行客户量身打造的长城美国运通卡，丰富差异化产品体系服务内涵；持续推动系统优化，2012 年创新实施了尾箱 6S 标准化管理法、ATM 清机合规台账、远程集中授权管理分析系统、清分中心日志等 5 项管理创新。农业银行江苏省分行三农金融事业部改革不断推进，省分行和 13 个二级分行均成立了三农金融事业分部和管理委员会。省分行专门设立了“两部五中心”，即农村产业金融部和农户金融部两个前台部门，“三农”信贷管理、风险管理、人力资源管理、资本与资金管理、核算与考评等五大支持管理中心。

(3) 农村金融改革稳步推进。一是推进省联社行业公共中后台服务能力建设，发挥行业资源集聚优势，加强产品与服务的研发创新，年内已实施创新项目 46 个，行业股权登记、远程集中授权等重点项目进入运行，在全国农信系统首家完成金融 IC 卡统一申报。二是农村法人银行机构改革逐步深化。随着徐州睢宁农合行与连云港灌云农合行改制农商行工作的完成，辖内所有农村合作银行均已成功改制为农村商业银行。2012 年共有 11 家农村合作银行和 9 家农村信用社改制为农村商业银行。三是强化现代金融企业建设的基础工作。与南京大学合作完成 4 个班高管人员现代企业制度课程研修，继续推进“六大体系”建设，完成会计业务操作、信息科技工作和岗位标准化建设的行业规范，促进经营管理的标准化科学化。

2. 证券业

(1) 直接融资规模位居全国前列。2012 年江苏共有 22 家公司实现首发，首发直接融资额 135 亿元，分别占到全国总量的 14%和 13%，全年新增上市公司总数位列全国第三，首发募集资金额位列全国第四。至 2012 年末，全省上市公司总数已达到 236 家，累计融资总额超过 2 900 亿，其中首发融资 1 700 亿，再融资 1 200 亿。另外全省拟上市公司也有 200 多家。根据已披露的半年报来看，上半年在宏观经济减速的背景下，全省上市公司整体业绩基本保持稳定，营业收入略有增加，但归属母公司股东的净利润有所下降。

(2) 服务区域经济社会发展功能日益凸显。一是新兴产业成为市场发展的焦点。2012 年新增的上市公司中，创业板企业 14 家，占据全省上市企业六成以上。二是服务业上市公司持续增长。全省全年新增 5 家服务类上市企业，首发融资额 25 亿元。服务业新增上市公司数和首发融资额均占全省的五分之一。三是民营企业占比不断提升。2012 年，江苏新增的上市公司全部为民营资本控股。目前，民营控股上市公司累计已占江苏全部上市公司总量的 70%。

(3) 证券市场创新发展能力显著提升。2012 年，在市场低迷的行情中，江苏券商保持了平稳运行态势。一是市场主体规模不断扩大。目前，江苏共有 6 家法人证券公司，证券营业部达到 364 家，南京证券经中国证监会批准，已改制成为股份公司。二是市场主体资本规模总体保持稳定。至 2012 年末，全省法人证券公司总资产合计 1 142.55 亿元，同比减少 4.58%，净资产为 506.61 亿元，比上年同期增长2.58%。

3. 保险业

(1) 创新保险行业产品功能和服务,提升行业服务效率。继续深入推进政策性农业保险,2012年,全省农险保费收入及农险基金总计为23.14亿元,为全省农户提供了468亿元的农业生产保障,全省支付各类农险赔款10.23亿元,397万户次农民从中受益。全省实现高效农业保险保费收入6.49亿元,保费同比增长136%。新推出了螃蟹保险、山羊保险、荷藕保险、水蜜桃保险等农户迫切需求的高效农业保险险种。

(2) 积极开展社会保障体系建设。至2012年底,共有中国人寿、太平洋人寿、新华人寿和中华联合4家保险公司为全省15个县市区689万农民提供了新农合管理服务,累计筹集农村医保基金110.34亿元(2012年22.49亿元)为3 473万人次(2012年650万人次)农民提供了累计77.57亿元(2012年19.05亿元)的合作医疗费用补偿。

(3) 责任保险快速发展成为江苏产险业发展的一大亮点。至11月末,全省医疗责任保险投保家数同比增长66%,保费同比增长20%;环境污染责任保险保费2 678万元,投保家数同比增长30%,保费同比增长42%;安全生产责任保险在全省13个市全面推开,实现保费收入7.41亿元,为全省各类企业承担了7 000多亿元的安全生产风险保障。

(五) 金融基础设施

1. 支付体系

(1) 全面推进农村地区银行卡助农取款服务,逐步实现从"全覆盖"向"强质量"转型。人民银行南京分行根据江苏省各地经济发展实际和助农取款业务进展情况,制定"薄弱地区合理增设+成熟地区存量商户筛选优化+发达地区布放ATM"的立体推广原则。至2012年末,江苏省内已布置助农取款服务终端23 175台,平均每个行政村1.69台,助农取款服务行政村覆盖率已达100%。

(2) 进一步规范支付服务市场管理,初步建立非金融支付机构监管体系。2012年中国人民银行南京分行对非金融支付业务的监管工作由2011年的准入审查转向落实总行整改要求、督促支付机构规范经营、防范风险。通过建立重大事项报备、支付业务报表报送、支付业务风险提示等管理机制,对非金融支付业务经营情况开展持续监管。

(3) 重视支付系统安全运行管理,进一步强化支付风险防范机制。十八大召开期间,中国人民银行南京分行密切关注辖内支付系统运行状况,加强预警和巡查工作,建立了支付系统运行情况日报制度,突出"面、线、点"管理要求。组织成立由支付结算、科技等部门相关人员及外部专家组成评估小组,对江苏省12家同城电子清算系统进行评估。

(4) 提高银行卡市场管理水平,促进银行卡产业健康发展。人民银行南京分行成立江苏省刷卡手续费标准调整方案实施工作领导小组,负责统一领导、部署和协调过渡期的各项工作。组织对两家银行业金融机构和三家支付机构在江苏省的七个分公司开展检查,对存在的问题督促其及时整改。加强与公安部门的协调配合,强化联合整治银行卡违法犯罪工作机制。据统计,至2012年11月底,专项行动期间全省公安机关共立案4 658起,破案3 357起,共挽回经济损失8 911.18万。

2. 信用环境

(1) 大力推动江苏省机构信用代码的推广工作。自2012年3月人民银行总行在全国范围开展机构信用代码推广应用工作,至行动结束,江苏省共发放机构信用代码证155.26万个,居全国第一。全省反洗钱业务累计实现信用机构代码查询运用69.03万笔,其中对新客户身份识别环节查询20.72万笔,在持续客户身份识别和重新识别环节查询48.31万笔。

(2) 深入推进中小企业信用体系试验区建设工作。2012年,中国人民银行南京分行以中小企业信用信息辅助管理系统为抓手,强化信息应用,推动融资培育,努力发挥试验区建设在促进中小企业融资方面的积极作用。至2012年11月末,江苏中小企业系统共收录企业117万户,采集企业信贷、纳税、社保等各类信息近2 792万条,入库贷款余额近4.14万亿元。

(3) 继续推进农村信用体系建设工作。省内中国人民银行各市中心支行完善了多部门参与的工作领导机构及联席会议制度,制定符合当地实际的方案及目标,牵头推动及协调农村信用体系建设的各项具体工作。6月份组织开展了"农户及农村合作经济组织信用信息系统"在全省的推广应用,至11月末,全省已有74个县区开展了农户系统建设工作，共采集 92 万户农户 618 万条信息，1 649 户农村合作经济组织 6 452 条信息。

3. 反洗钱

（1）稳步推行金融机构法人监管制度。中国人民银行南京分行对全辖 155 家地方性法人机构进行逐一摸底调查，了解各机构反洗钱工作实际状况及存在问题。选择反洗钱基础工作较好的江苏银行、华泰证券，指导其开展自建可疑交易监测指标工作。对 12 家反洗钱工作基础较为薄弱的信托公司等六类机构以及 12 家新纳入反洗钱义务主体的支付类法人机构，召开专题工作会议，要求其根据法律法规，规范健全反洗钱组织架构，履行反洗钱义务。

（2）提升反洗钱监管效能。2012 年全省共对 45 家金融机构实施执法检查，对其中 8 家作出行政处罚决定，罚款金额 108 万元。持续完善升级“反洗钱客户身份信息核查系统”。以加强对反洗钱监管的数据支持为目标，围绕风险评估和风险监控，开发了“金融机构反洗钱监控系统”，在系统中嵌入风险评估模块，强化了对金融机构的风险监控工作。

4. 金融生态建设

（1）金融生态环境持续优化。2012 年金融生态县普及率进一步提高，品牌内涵更为丰富。目前，全省共有 24 个金融生态优秀（示范）县，31 个金融生态达标县，共覆盖全省 65.47% 设乡镇的县（市、区）。通过持续推进动态考评机制、“一票否决制”、“金融生态优秀（示范）县”称号满三年重新审核制度和摘牌制度，全省金融生态县创建的良性互动效应和示范引导效应显著加强，有效促进地方经济金融稳健发展。

（2）金融投资者教育和金融消费者权益保护成效明显。2012 年以来，全省开展了金融投资风险现场讲座、征信记录关爱日、反洗钱宣传周、支付结算和反假服务宣传等形式多样的金融投资者教育活动，特别是县域金融投资者教育工作覆盖面广、针对性强、实用性高，成效显著。同时，随着金融维权服务站的建立、金融投诉维权渠道的畅通，公众参与打击和防范经济犯罪活动的意识、积极性和主动性进一步提高。

（3）地方金融风险处置应对得力。江苏省部分地市设立应急专项资金，有效应对和防范企业资金链断裂事件；中国人民银行各市中心支行和县级支行积极协助当地政府组织有关银行和政府相关部门就问题企业召开座谈会，共同研究制定处理方案，对经营不善的企业实施信贷稳步退出政策，对有市场但一时资金紧张的企业实施信贷注入救助政策，有效防控信贷风险。此外，江苏打击非法集资、高利贷等违法行为的专项整治活动不断推进，对已暴露的非法民间融资风险事件处置得当，辖内金融生态环境平稳向好。

（总　纂：李文森
统　稿：李湘宁　李　军
执　笔：马军伟　卜建明　宋　磊
张　曦　刘　璐）

3. 浙江省金融稳定报告摘要

2012 年，浙江省经济保持了平稳发展的势头，产业结构继续优化，转型升级步伐加快，为区域金融稳健运行创造了良好的环境。金融业稳步发展，银行业业务总量保持适度增长，对实体经济的支持力度不减，机构改革稳步推进，法人机构经营较为稳健。证券期货机构稳健运营能力加强，创新业务开展情况良好，收入结构进一步优化，风险抵御能力稳步提升。保险业市场体系日益完善，业务规模平稳增长，保险覆盖面持续扩大，法人保险公司偿付能力有所好转。小额贷款公司、典当行、融资性担保公司等具有融资功能的非金融机构较好发挥补充作用，温州、丽水金融改革稳步推进，金融基础设施持续完善，全省金融稳定状况良好。

（一）区域经济运行

2012 年，在一系列稳增长政策措施下，浙江经济企稳回升态势明显，转型升级与经济结构调整步伐加快。

1. 经济运行概况

（1）经济增长总体平稳，产业结构优化升级。2012 年，浙江省实现地区生产总值 34 606.3 亿元，比上年增长 8%，增幅下降 1 个百分点；人均生产总值 63 266 元，比 2011 年增长 7.7%，增幅提高 0.6 个百分点。三次产业结构由 2011 年的 4.9∶51.3∶43.8 变为 4.8∶50∶45.2，第三产业占比稳步提高。工业经济发展总体稳定，规模以上工业增加值 10 875.26 亿元，比 2011 年增长 7.1%，增幅回落

3.8 个百分点。

(2) 内需支撑作用增强，外需增长明显回落。2012 年，浙江省全社会固定资产投资 17 095.96 亿元，比上年增长 21.4%，比 2011 年下降 3.4 个百分点。社会消费品零售总额 13 546.34 亿元，扣除价格因素实际增长 11.4%，增速比 2011 年上升 0.1 个百分点；进出口增速大幅下滑，进出口总额 3 122 亿美元，比 2011 年增长 0.9%，增幅回落 21.1 个百分点。

(3) 物价涨幅持续回落，进出价差有所缩小。居民消费价格同比上涨 2.2%，涨幅比 2011 年下降 3.2 个百分点。从全年价格走势看，年中连续 11 个月出现下滑。工业品出厂价格和原材料购进价格同比大幅回落，分别比 2011 年下降 2.7%和 3.3%，涨幅分别同比下降 8.2 个和 11.6 个百分点；进出涨幅差 0.6 个百分点，比 2011 年下降 2.7 个百分点。

(4) 转型升级步伐加快，科技创新取得积极成效。2012 年，浙江省战略性新兴产业、高新技术产业和装备制造业成为工业经济发展的新增长点。战略性新兴产业增加值比上年增长 9.2%，拉动规模以上工业增长 2.1 个百分点，占规模以上工业的比重为 23.2%，比上年提高 0.2 个百分点。高新技术产业和装备制造业增加值分别增长 9.9%和 6.9%，比重上升至 24.1%和 32.7%。全省国内专利申请受理数、授权数分别为 24.9 和 18.8 万件，比上年分别增长 40.8%和 44.7%，高出全国平均增速 13.8 个和 12.7 个百分点。

2. 经济运行中需要关注的问题

(1) 有效需求不足影响经济增长。一是浙江省长期以来依靠的低端产业、低成本劳动力、资源消耗型增长模式越来越难以为继，先发优势不断削弱。二是浙江外贸依存度较高，外需增长趋缓对浙江经济冲击较大。三是房地产调控对内需的影响不容忽视。

(2) 部分行业出现潜在产能过剩现象。多年来，产能过剩、过度竞争是导致浙江企业利润率低下的首要原因，这一轮的经济下行，使得产能过剩的影响更加突出，与浙江省经济关系密切的纺织、造船、光伏等多个行业仍面临较严重的产能过剩。

(3) 企业经营困难仍然持续。一方面，受成本高企、市场需求不足等因素影响，全省企业收入增长缓慢，利润下降，亏损增加，小微企业经营状况更不乐观。另一方面，当前浙江省工业企业投资意愿依旧低迷，投资前景尚不明朗。

(二) 银行业

2012 年，浙江省银行业业务总量保持适度增长，为浙江经济平稳发展提供了有力保障，银行机构改革创新稳步推进，但信用风险充分暴露，不良贷款大幅反弹。

1. 银行业稳健性评估

(1) 存款增长总体乏力，季末冲高特征明显。年末，浙江省银行业金融机构本外币存款余额 66 679.08 亿元，比上年增长 9.5%，增速回落 2.46 个百分点。存款季末冲高特征明显。3 月、6 月、9 月和 12 月等季末月份分别新增存款相当于全部新增存款的 119.56%。

(2) 贷款增速有所回落，支持实体经济力度不减。年末，浙江银行业金融机构本外币贷款余额 59 509.22 亿元，比上年增长 11.78%，增速回落 2.06 个百分点。中小微企业本外币新增贷款占全部企业贷款增量的 81.85%；制造业、批发和零售业贷款增速均高于全部贷款增速，支持实体经济力度不减。

(3) 盈利水平有所下降，中间业务收入占比降低。2012 年，浙江省银行业金融机构实现本年利润 1 193.08 亿元，比上年减少 184.5 亿元；资产利润率 2.52%，比年初下降 0.06 个百分点。受多重因素影响，中间业务收入率比年初下降 2.68 个百分点，为 12.86%。

(4) 不良贷款快速反弹，资产质量有所下滑。年末，浙江省银行业金融机构不良贷款余额 951.51 亿元，比年初增加 460.1 亿元；不良贷款率 1.6%，比年初上升 0.68 个百分点。其中，2011 年 9 月至 2012 年 10 月，不良贷款连续 14 个月呈“双升”态势。同时，全省关注类贷款余额 2 121.22 亿元，比年初增加 272.88 亿元；关注类贷款比例 3.56%，比年初提高了 0.09 个百分点。

(5) 银行业改革稳步推进，金融体系不断丰富。邮储银行改革稳步推进，全年二类支行共启动改革 36 家。农村金融改革取得新成果，全年共有 8 家农商行开业，已开业村镇银行达 50 家。其他银行业金融机构改革发展齐头并进，金融组织体系建设进一步丰富。

(6) 中小法人机构经营状况较为稳健。2012 年末，浙江省法人银行机构①存款余额 21 235.85 亿元，比上年增长 17.68%；贷款余额 15 152.98 亿元，比上年增长 17.67%；实现本年利润 366.14 亿元，比上年增长 16.26%；不良贷款率 1.29%，低于全部银行机构平均水平；加权核心资本充足率和加权资本充足率分别为 11.61%和 13.57%，贷款损失专项准备和拨备覆盖率分别高达 360.19%和 262.50%，抗风险仍然较强。

2. 银行业运行中需要关注的主要问题

(1) 不良贷款持续反弹，信用风险管控压力增大。影响银行资产相关风险因素短期难以消除，一是经营环境改善尚需时日，中小企业经营仍然困难。二是担保链风险突出，防范化解难度较大。三是房地产行业潜在风险不容忽视。四是政府融资平台偿债压力依然存在。

(2) 利率市场化开始推进，中小银行机构面临挑战。随着利率浮动区间的扩大预示着利率市场化的推进，部分中小银行机构尤其是法人银行机构经营模式相对落后、高度依赖利息收入的，产品定价能力、风险管理能力以及存款服务竞争力都将受到一定的考验和挑战。

(3) 操作风险不容忽视，案防形势依然严峻。在当前的经济金融环境下，贷款资金挪用、担保链断裂等问题愈演愈烈，这些问题背后涉及的银行员工内外勾结骗贷、民间借贷、受贿等问题有所暴露。尤其是基层银行机构还存在不少案防漏洞。

(三) 证券业

受证券市场整体形势不佳影响，浙江省证券市场交易规模、利润有所下降，期货经营机构效益有所上升；证券公司创新稳步推进，稳健性经营状况不断改善；企业上市步伐有所放缓。

1. 证券业稳健性评估

(1) 证券期货市场出现分化，证券机构利润明显下滑。2012 年，浙江省证券经营机构累计代理交易额 8.87 万亿元，比上年下降 15.44%，实现利润 16.33 亿元，比上年下降 37.24%。期货经营机构经营状况较好，全年代理交易额 39.22 万亿元，比上年增长 2.16%，实现利润 7.98 亿元，比上年增长 22.39%。

(2) 证券公司创新稳步推进，区域性交易市场取得突破。法人证券公司融资融券业务顺利开展，资产管理业务规模扩大，投资银行业务快速发展，业务结构得到优化。2012 年 10 月，浙江股权交易中心正式成立，截至年底，已有 55 家企业挂牌，挂牌企业总股本 38 亿股，总市值 149 亿元。

(3) 证券公司稳健性提升，期货公司实力不断壮大。3 家法人证券公司净资产 114.69 亿元，净资本 89.46 亿元。净资本/净资产为 78%，净资本/负债为 46.16%，均符合监管要求。11 家法人期货公司净资产 55.71 亿元，净资本 51.47 亿元，净资本/净资产为 92.4%，抵御风险能力较强。

(4) 企业上市步伐有所放缓，公司债成为融资亮点。2012 年，浙江省新增境内上市公司 20 家，比上年少增 20 家；境内上市公司累计融资 338.17 亿元，比上年下降 46.14%，其中首发融资 142.24 亿元，增发融资 98.13 亿元；公司债成为融资亮点，全年公司债融资 97.8 亿元，比上年增长 57.74%。

2. 证券业运行中需要关注的问题

(1) 证券公司业务转型力度仍需加强。省内法人证券公司收入结构中经纪业务占比仍高达 60%，依赖程度仍然较高，导致不能有效规避整体市场下探的系统性风险，也制约了创新业务拓展。

(2) 上市公司稳健合规经营意识有待提高。一是上市公司审慎经营意识不足，不少上市公司对外提供担保事项较为普遍，相互担保关系盘根错节。二是业务发展规划不足导致经营压力显现，经济下行周期面临较大去“库存化”压力。三是上市公司违规行为时有发生。

(3) 非法证券活动依然存在。受证券市场走势不佳影响，散户投资者依靠正规渠道盈利难度上升，部分正规渠道以外的投资活动出现。例如在期货配资之后，又出现部分股票配资公司，涉嫌超经营范围从事资金借贷业务。

(四) 保险业

2012 年，浙江省保险业积极推进改革创新，市场体系日益完善，资产规模稳步增长，服务领域进一步拓宽，保险深度达到 2.8%，保险密度达 1 579 元/

① 包括浙商银行、城市商业银行、农村商业银行、农村合作银行、农村信用社、村镇银行、农村资金互助社、贷款公司和外资法人银行。

人,保险经济补偿和风险保障功能有效发挥。

1. 保险业稳健性评估

(1) 市场体系日益完善,资产规模稳步增长。年末,浙江省共有保险市场主体73家,比年初增加3家;保险专业中介机构127家,兼业代理机构9 838家,保险业总分机构、中介机构、行业社团共同繁荣发展的行业市场格局日益完善。保险公司资产总额1 998.1亿元,增长15.50%。

(2) 业务规模增长平稳,保险补偿功能有效发挥。2012年,浙江省保险业共实现原保险保费收入984.6亿元,排名全国第4位,收入比上年增长12.0%。保险业赔付支出342.6亿元,增长33.7%,增幅高于全国13.7个百分点。

(3) 保险覆盖面继续扩大,服务领域稳步拓宽。2012年,浙江省保险服务领域不断拓展,政策性农业保险共为197万户农户提供281亿元的农业保险保障,政策性农村住房保险参保率98.5%。出口信用保险保障作用有效发挥,小额贷款保证保险工作实现扩面。

(4) 行业效益有所下降,机构盈利能力出现分化。2012年,财产险公司实现利润总额23.5亿元,比上年减少10.7亿元,承保利润率仅6.8%,比上年下降3.3个百分点。机构间盈利能力出现分化,大公司盈利能力为中小型公司的8倍。寿险公司受满期给付高峰和退保因素影响,亏损额比上年放大9.17亿元,创下2009年以来新高。

(5) 法人机构偿付能力有所改善,投资收益情况良好。浙商财险增资扩股后,偿付能力充足率达286.87%;信泰人寿当年通过资本补充偿付能力充足率提升41个百分点,为151%,但仅高于保监会Ⅱ类公司监管标准1个百分点。法人公司投资收益情况总体良好,浙商财险全年实现市值口径投资收益率5.8%。

2. 保险业运行中需要关注的问题

(1) 业务持续发展与结构调整的矛盾依然存在。一是财产险新业务增长点尚未培育,企业财产险保费、责任险、工程险、船舶险等重点领域险种占比仍然较低。二是寿险产品轻保障、重理财的局面没有根本改善,分红险产品一险独大的局面已持续多年。

(2) 寿险公司保费收入受银保合作政策影响下滑明显。银保新规出台后,寿险公司银保业务增长受到较大影响,银保渠道客户新增能力减弱,寿险公司新单保费收入增速放缓,已连续四季度呈负增长态势,市场开发能力和发展后劲明显不足。

(3) 县域保险监管力量薄弱。县域保险市场监督管理体系尚不完善,面对县域保险市场,管理半径过大,存在队伍力量薄弱、管理经验不足、监管制度不完善等问题,难以对基层保险市场发展中的问题形成有效监督。

(五) 社会金融活动

2012年,浙江省具有融资功能的非金融机构①业务发展出现分化。小额贷款公司仍然保持了良好的发展势头,典当企业和融资性担保机构业务出现萎缩。

1. 小额贷款公司稳健性评估

(1) 行业规模进一步扩大。截至年末,全省新增设立小额贷款公司91家,已开业小额贷款公司277家;新增注册资本金总额为159.27亿元,注册资本金总额达到576.02亿元,可贷资金规模达到829.59亿元。

(2) 贷款总量保持较快增长。2012年,浙江省小额贷款公司②累计发放贷款2 657.39亿元,比上年增长45.79%。年末贷款余额732.38亿元,比上年末增长36.81%;单家机构贷款余额2.93亿元,比上年末下降5%。

(3) 贷款方式以保证担保为主。2012年末,浙江省小额贷款公司抵押、质押和保证等非信用贷款余额共计716.62亿元,占全部贷款余额的97.85%。其中,保证贷款余额629.77亿元,占全部贷款余额的85.99%。

(4) 盈利能力保持稳定。2012年,浙江省小额贷款公司实现营业收入111.61亿元,比上年增长46.53%;实现净利润61.17亿元,比上年增长40.59%;但每家小额贷款公司平均实现净利润2 208.21万元,比上年下降11.68%。

(5) 需要关注的问题。一是信用风险持续暴露。部分地区小额贷款公司不良贷款大幅攀升。同时,部分小额贷款公司存在不良贷款少报现象,小额贷款公司实际不良贷款率可能还要高于名义数据。二是内部管理不够完善。小额贷款公司普遍重业务扩张、轻内部管理,存在内控制度不健全、各项内部

① 包括小额贷款公司、典当企业和融资性担保公司。

② 指250家上报报表的小额贷款公司,下同。

管理制度执行不到位、人员素质有待提高等问题。三是快速发展带来隐忧。随着机构扩容加速，可选为股东的企业和个人资质、实力等都在递降。而新设小额贷款公司面临较大的业务发展压力和盈利压力，可能导致过度竞争甚至是恶性竞争。

2. 典当业稳健性评估

(1) 机构数目有所增加。2012 年末，浙江省共有 449 家典当企业，比上年末增加 68 家。注册资本总额 75.68 亿元，比上年末增加 12.02 亿元。负债总额 9.76 亿元，比上年减少 1.95 亿元。全行业资产负债率 10.31%，比上年下降 4.21 个百分点。

(2) 典当业务有所回落。2012 年，浙江省典当行业累计发放典当贷款 389 亿元，在典当企业数量增加的情况下仍比上年下降 4.58%。其中动产质押典当贷款比上年增长 13.33%；房地产抵押典当贷款和财产权利质押典当贷款则分别比上年下降 9.51%和 5.77%。

(3) 经营利润同比下降。2012 年，浙江省典当业实现利息与综合服务费收入 8.33 亿元，仅比上年增长 1.81%；综合息费率 2.14%，较上年上升 0.13 个百分点。全年典当企业实现税后利润 2.23 亿元，比上年下降 3.09%。

(4) 需要关注的问题。一是部分典当企业经营风险较高。今年以来，受宏观经济环境影响，典当行业业务面临萎缩，盈利能力下降，亏损面扩大，逾期贷款有所增加。二是内部管理尚需加强。典当企业存在组织架构不健全，缺乏优秀管理人员和专业技术人员等问题。三是经营环境有待改善。四是部分寄售行、调剂行、二手车中介等机构超经营范围变相从事典当业务，给典当业整体声誉带来负面影响。

3. 融资性担保机构稳健性评估

(1) 机构数量大幅减少。2012 年，浙江省共有融资性担保机构 589 家，比上年末减少 87 家。实收资本 353.53 亿元，比上年末减少 9.92 亿元；净资产 359.87 亿元，比上年末减少 9.97 亿元。

(2) 业务规模有所萎缩。2012 年，浙江省融资性担保机构担保责任发生额 1 158.92 亿元，比上年减少 76.03 亿元，其中，融资性担保责任发生额 1 051.25 亿元，比上年减少 83.05 亿元。

(3) 盈利水平出现下降。2012 年，全省融资性担保机构共实现担保业务收入 15.89 亿元，比上年减少 1.18 亿元。全年共实现净利润 1.31 亿元，比上年减少 0.92 亿元；平均每家机构的利润为 22.24 万元，比上年下降了 32.59%。

(4) 需要关注的问题。一是代偿风险明显扩大。2012 年，全省融资性担保机构共发生担保代偿 18.09 亿元，比上年增长 184.87%，并有担保公司因代偿损失大而申请退牌。二是持续发展难度加大。部分银行机构合作意愿明显减弱，融资性担保公司业务大幅下降。三是内部管理机制不健全。多数机构内部管理还处于"粗放型"阶段，公司治理结构和内部管理机制尚不完善、专业人员匮乏。

(六) 区域金融改革

1. 温州金融综合改革

2012 年 3 月 28 日，国务院第 197 次常务会议决定设立温州市金融综合改革试验区。近一年来，浙江省、温州市按照总体方案的主要任务，推进试验区建设。

(1) 探索民间融资规范化和阳光化。一是建立民间融资登记服务平台，已开业运营 4 家民间借贷服务中心，借贷总成交金额 3.57 亿元。二是开展民间资本管理公司试点，已开业 6 家民间资本管理公司。三是定期(按周)发布民间融资综合利率指数，即"温州指数"。

(2) 推进金融机构和产品创新。深化农村合作金融机构改革，发展新型金融组织，推出小额贷款公司主发起人招投标制度，培育发展村镇银行。设立小微企业融资综合服务中心，发展设备融资租赁，深化小额贷款保证保险试点，推出科技保险、国内贸易信用险、环境污染责任险。

(3) 多渠道破解"两难"问题。建立知识产权交易中心、股权运营中心、大宗商品电子交易中心、文化金融交易中心等平台，打造综合型金融服务平台。设立各类小微企业专营机构 106 家。拓展多元化融资渠道，成功发行 1.5 亿元私募债和 18.7 亿元银行间债务融资工具。储备个人境外投资项目 6 例。

(4) 加快金融基础设施建设。初步完成金融业综合统计信息平台和温州金融监测报数平台两大系统建设，首批试点机构进入试报阶段。将征信查询服务延伸到温州市民间借贷登记中心；推动村镇银行、小额贷款公司等接入征信系统，加快农户和中小企业信用信息采集和电子化进程。

(5) 加强地方金融管理和风险防范。设立温州市地方金融管理局，在部分县(市、区)设立监管服务中心或金融服务中心，构建市县两级联动监管格局。设立金融犯罪侦查支队、金融仲裁院和金融法庭。开展对融资性担保公司等融资中介机构和寄售行、调剂行、投资机构等市场主体风险专项检查。

2. 丽水农村金融改革

2012年3月30日，中国人民银行和浙江省政府联合印发通知，决定在丽水市开展农村金融改革试点工作，采取中国人民银行和浙江省人民政府"行省共建"模式，是目前为止全国首个经央行批准开展农村金融改革试点的地区。

(1) 支农工程持续发展。林权抵押贷款实现扩面增量，累计发放林权抵押贷款65.14亿元。创新推出以茶园、生态公益林等为抵押担保的支农产品，稳步推进农户、社区居民和中小企业"三位一体"的社会信用体系建设，探索开展"城乡一体化"的信用体系建设，行政村信用评价面达到100%。深化支付便农工程，在2 114个行政村设立了助农取款服务点。

(2) 丰富发展农村金融产品。引导各金融机构创新推出石雕抵押贷款、农副产品仓单质押贷款及农民工创业扶持贷款，探索开展小额农贷"整村批发、集中授信"试点工作。创新银保合作信贷产品，推出银保合作金融产品"易保贷"，累计发放小额保证保险贷款6 407万元。采取银政保合作模式在景宁率先开展低收入农户扶贫贷款项目试点。

(3) 推动金融基础服务体系建设。设立全省第二家货币兑换公司(渤海汇通兑换公司)，并设立全国首个村级外币兑换点，累计办理代兑业务4.44万余笔，金额2.03亿美元。完成17条"省级刷卡无障碍示范街区"建设和所有中心镇"便农支付工程示范镇"创建。推进开展农民担保公司建设，已有9家农民担保公司开展业务，累计为600余户农民担保贷款3亿元。

(七) 金融基础设施

1. 支付体系稳健性评估

2012年，全省支付体系安全稳定运行，全年未发生一起重大支付清算系统安全事故。电子支付业务应用有效推进，小额支付系统银行本票实现全省通用，电子商业汇票应用更加广泛，银行卡在公共交通、医院、旅游等重难点领域的应用取得新突破。继续深化实施"便农支付工程"，重点深化银行卡助农取款服务，创新推出银行卡代理转账业务，推进"刷卡无障碍示范县、示范镇"创建活动，组织开展互联网支付、移动电话支付应用试点。年末，中心镇以上银行网点支付系统覆盖率达到100%，全省助农取款服务点达16 833个。支付机构监管体系初步建立，出台支付机构业务创新管理、分公司管理、突发事件应急管理等系列管理制度，探索建立窗口指导、高管人员谈话、监管评估等监管机制，深化支付机构现场检查及非现场监测，初步建立了较为完善的支付机构监管体系。

2. 征信体系稳健性评估

2012年，征信系统覆盖面进一步扩大，已覆盖全省3 436.3万自然人和56.7万户企业，数据来源日益丰富，涵盖全省所有银行业金融机构、部分微型金融机构、地方政府部门、公用事业单位等。征信系统服务对象日趋广泛，已开通系统查询用户3.5万个，金融机构月均查询量376.4万次，成为金融机构防范信贷风险的重要工具。农村和中小企业信用体系建设加快推进，累计为711.8万农户以及18.5万户尚未与银行发生信贷关系的中小企业建立了信用档案。评级市场格局优化，初步形成涵盖大企业、中小企业、担保机构和小额贷款公司等多主体、多层次的信用评级体系。

3. 反洗钱体系稳健性评估

2012年，全省反洗钱工作有效推进。省内各级人民银行深入贯彻风险为本监管理念，积极开展风险评估试点，努力实现监管方式多样化，提升监管工作科技含量，反洗钱监管水平全面提升。严把支付机构准入关，推进大额和可疑交易综合试点及机构信用代码在反洗钱领域的应用。全省人民银行向各级公安机关移送涉及洗钱、毒品交易、非法经营票据、地下钱庄、网络赌博、虚假注资等各类案件线索48起，移送并协助破获了萧山某特大非法票据贴现案等一批具有重大影响的案件。组织开展主题为"警惕网络洗钱陷阱、增强反洗钱意识"的反洗钱宣传月活动，共主办或组织各类广场、街头宣传活动3 211次，群众参加34.6万余人次，进一步扩大了反洗钱工作的社会影响。

(总　纂:赵　军
统　稿:胡卫华　潘晓斌
执　笔:吴　云　刘占稳　芦华征　陈楠希
胡虎肇　洪　昊　翁　磊　黄　河
潘晓斌)

4. 安徽省金融稳定报告摘要

(一) 经济运行与金融稳定

2012 年,安徽省经济继续保持平稳较快发展态势,经济结构调整和承接产业转移成效显现,投资、消费、出口保持较快增长,经济运行质量与效益明显提高,经济增长的持续性、协调性增强,金融业稳健运行的宏观经济环境得到改善。初步核算,全年全省 GDP 总量达 17 212.1 亿元,按可比价格计算,比上年增长 12.1%,连续 9 年保持两位数增长,全年增速高于全国 4.3 个百分点。

1. 经济发展特征分析

(1) 经济增速企稳回升,长期发展趋势向好。2012 年上半年,安徽省经济增长开始出现筑底企稳迹象,四季度明显回升,全年 GDP 增幅比上半年和前三季度均提高了 0.1 个百分点,与全国走势基本相同。2007 年以来,全省生产总值近五年平均增长 13.2%,增幅高于全国平均水平 3.9 个百分点,居全国、中部位次由 2007 年的第 21 位、第 5 位跃升至 2012 年的第 9 位和第 1 位;人均生产总值由 2007 年过 1 万元增加到 2012 年的 28 792 元,占全国比例由 2007 年的 59.7%提高到 2012 年的 74.9%。

(2) 需求增长较快,结构有所改善。一是消费环境的不断改善和消费转型升级有力促进了消费增长。全年社会消费品零售总额 5 685.6 亿元,增长 16%,增幅比前三季度提高 0.2 个百分点,同比回落 2 个百分点,增幅居全国第 2 位、中部第 1 位。二是基础设施、新兴产业等大项目成为投资增长的重要引领力量,投资持续较快增长。全年固定资产投资 15 055 亿元,增长 24.2%,增幅比全国高 3.6 个百分点。分项目看,全年亿元以上新开工项目 1 747 个,增长 14.9%;完成投资额 2 844.4 亿元,增长 29.6%。其中,一、三产业投资增速加快,六大高耗能行业投资增速回落。三是对外经济保持较快发展,利用外资快速增长。全年进出口总额 393.3 亿美元,增长 25.6%,同比回落 3.5 个百分点,但增幅比全国高 19.4 个百分点,居全国第 7 位;实际利用外商直接投资 86.4 亿美元,增长 30.3%。

2. 经济运行中应予以关注的问题

当前,安徽省已进入平稳较快的经济发展周期,仍处于承接国内外产业转移的重要窗口期,支撑中长期经济稳步发展的基本面没有改变。同时,经济金融运行中的固有矛盾依然存在,部分行业产能过剩、生产要素成本上升等矛盾和问题依然突出,在经济转型过程中出现的、新老交错的问题与矛盾可能向金融体系传导。

(1) 维持经济高增长需求势头减弱,经济发展的外部环境未见根本好转。一是投资持续较快增长难度加大。承接产业转移难度增加,政府投资资金压力加大,民间投资动力不足,特别是制造业投资明显减速,投资需求面临回落压力。二是人均消费水平较低,服务业相对滞后,难以满足消费转型升级意愿,拉动经济增长的作用比较有限。三是对外贸易产品层级相对较低,科技含量不高,将面临着发达经济体在金融危机后工业回归战略冲击。此外,生产要素成本处于上升态势,可能进一步对中小出口企业生产带来负面影响。

(2) 产能过剩压力在未来一段时期将继续存在,两高一资行业对经济增长贡献度减弱。一是受需求持续放缓、市场竞争加剧、宏观政策调整等因素影响,传统优势产业甚至部分新兴产业面临产能过剩的压力,企业经营困难增多,发展空间受到挤压。二是当前产业梯度转移与同质布局并存,各地同质布局现象较多,可能会进一步加剧未来产能过剩压力。

(3) 通货膨胀预期增加,物价存在反弹上涨压力。多数发达国家为刺激经济增长可能进一步松动货币政策,输入型通胀风险加剧等。上半年,居民消费价格指数逐步走低,月度涨幅在 7 月份达到全年新低点 1.1 以后,物价开始呈小幅上行态势,并于 12 月份升至 2.1,物价上行压力逐步显现。

(二) 银行业与金融稳定

1. 银行业发展基本情况

至 2012 年末,全省银行业机构资产余额 2.97 万亿元,同比增长 21.59%,增幅高于全国 3.89 个百分点,居全国第 10 位、中部第 1 位。其中,银行法人机构资产同比增长 27.22%,占全省银行业总资产的 29.27%,同比提高 1.30 个百分点。

(1) 各项存款增速高位趋缓,存款稳定性趋强。至 12 月末,全省银行业金融机构本外币合计各项存款余额 23 211.50 亿元,同比增长 18.7%,增幅比上年末略升 0.1 个百分点。新增存款逐季递减，存款季末“冲时点”特征仍较明显，全年四个季度存款分别新增 1 541.59 亿元、841.67 亿元、693.76 亿元和 587.72 亿元。从存款类别看，单位存款增速减缓，个人存款大幅增加。至年末，单位存款余额同比增长 14.89%，增幅下降 2.31 个百分点；个人存款同比增长 21.97%，增幅提高 2.07 个百分点。从存款期限分析，定期类、结构类以及同业类存款增长较快。至年末，定期存款余额同比增长 25.30%，增速比活期存款和各项存款分别高 13.04 个和 6.55 个百分点；活期存款占总存款 42.01%，同比下降 2.7 个百分点。

(2) 各项贷款平稳增长，投放结构渐趋均衡。至年末，本外币合计各项贷款余额 16 795.2 亿元，同比增长 18.73%，增幅同比回落 2.2 个百分点。从投放趋势看，信贷投放节奏平稳，但仍存在信贷投放季末集中、季间不均衡现象，四个季度新增贷款分别占全部新增贷款的 22.76%、32.10%、23.06%和 22.08%，但 3、6、9、12 月新增贷款均为季度内最高值。从期限结构看，短期贷款和票据融资较快增长，中长期贷款增速持续回升。至年末，短期贷款余额增速比各项贷款平均增速和中长期贷款增速分别高 1.10 个和 5.46 个百分点；票据融资余额增长 62.57%，同比提高 19.16 个百分点，比各项贷款增速高 43.84 个百分点；中长期贷款余额增长 14%，增幅同比下降 2.5 个百分点。

(3) 经营效益持续增加，法人机构经营效率有所提升。全年银行业机构累计实现利润总额 379.46 亿元，同比增长 19.68%；成本收入比 32.52%，下降 2.08 个百分点。银行法人机构资产利润率和资本利润率分别为 1.23%、17.13%，分别上升 0.04 个和 0.44 个百分点。

2. 银行业发展中应予以关注的问题

(1) 不良资产反弹压力增加，部分行业企业的资产质量下降。一是关注类贷款比年初增加 38.72 亿元，制造业、批发业、房地产业以及建筑业表现较为突出。二是逾期 90 天以上贷款比年初增加 15.44 亿元，国有大型商业银行增加较多。三是银行业机构贷款向下迁徙率比年初上升 0.17 个百分点，正常类、次级类贷款向下迁徙率分别比年初上升 0.38 个和 0.60 个百分点。四是重点行业和重点领域的信贷风险值得关注。地方政府融资平台信贷增长有所回升，前期债务开始进入集中还款期，潜在偿付风险值得关注；房地产信贷投放快速增长，房地产贷款增量占各项贷款增量的 28.0%，同比提高 5.0 个百分点；钢贸、造船等部分行业企业信用风险开始显现。

(2) 银行面临的市场风险、操作风险有增加倾向。一是随着利率市场化改革逐步深化，传统商业银行业务的利率风险管理压力逐步增加，而处于快速发展中、对利差敏感度较高的资金业务和理财业务面临较大的市场风险。二是操作风险不断上升，票据诈骗、银行卡犯罪、POS 机套现等金融突发案件呈增多趋势。

(3) 利润增速明显放缓，盈利能力变化趋势需密切关注。至年末，银行机构累计实现利润额增速比上年同期下降 19.42 个百分点，其中，国有、股份制商业银行利润增速下降幅度较大。主要原因是中间业务收入增长持续放缓以及净息差下降所致。

(4) 银行表外业务和同业业务快速发展，跨市场、跨机构的交叉性金融风险有所显现。一是表外业务保持较快发展，表外业务垫款增长较快。至年末，销售与购买协议、委托贷款以及承兑汇票余额同比增长 147.92%、32.51%和 19.36%，垫款余额比年初增长 377.88%。二是银行短期及资产池类理财产品快速发展，加剧存款市场分流波动。三是同业类尤其是回购业务增长迅速。至年末，同业资产余额同比增长 74.57%，其中，买入返售、同业负债业务余额分别增长 276.39%和 42.36%。

(三) 证券业与金融稳定

1. 证券业发展基本情况

2012 年，安徽省证券期货业总体保持稳健发展的态势。至年末，全省共有法人证券公司 2 家、法人期货公司 3 家、证券营业部 218 家、期货营业部 36 家、证券咨询机构 2 家、证券期货从业人数合计达 4 658 人。

(1) 证券交易量大幅下降，期货市场活跃度稳步提升。至年末，证券投资者账户数为 208.56 万户，同比增长 4.07%；证券经营机构全年累计交易量和客户保证金余额分别为 10 955.17 亿元和 88.37 亿元，同比分别下降 13.87%和 2.29%；期货业从业人数 417 人，同比增长 34.95%；期货经营机构全年累计代理交易额和客户保证金余额分别为 14.54 万亿元和 30.52 亿元，同比分别增长 94.91%和 60.21%。

(2) 证券公司盈利水平大幅下滑，期货公司经营效益有所改善。至年末，两家法人证券公司总资产同比下降6%，所有者权益同比增长4.43%，全年实现营业收入和净利润同比分别下降10.68%和77.57%；三家法人期货公司总资产同比增长25.09%，所有者权益同比增长12.16%，实现净利润同比增长4.05%。

(3) 股票融资大幅减少，上市公司后备资源充足。全年实现1家IPO融资和6家增发融资，募集资金总额57.16亿元，同比减少145.2亿元。至12月末，境内上市公司总数为78家，其中主板46家、中小企业板25家、创业板7家，上市公司数量居全国第10位；全省过会待发公司3家，报会在审公司24家，辅导备案公司22家。

2. 证券期货业发展中应予以关注的问题

证券期货业总体保持稳健运行态势，但受外部环境复杂、行业整体市场波动以及微观主体综合竞争能力薄弱等因素影响，区域证券期货业发展仍面临较多不确定性因素。

(1) 证券公司各项风险控制指标变化平稳，但综合竞争力和市场风险管理能力有待进一步加强。2012年，法人证券公司各项风险控制指标变化均符合监管标准，面临非预期风险冲击的偿还能力较为稳定，抵御预期损失能力呈现企稳回升态势。自营收入和利息收入增长较快，收入结构有所优化，但仍存在经纪业务收入占比偏高、投行业务受IPO审批暂停影响较大、研究服务、资产管理业务等收入占比较小等问题，综合竞争力有待加强。

(2) 期货公司风险变化平稳可控，但业务结构、成本控制能力和盈利能力仍有待改善。法人期货公司保持平稳发展势头，净资本稳步增长，风险补偿能力逐年增强，主要风险控制指标符合监管标准。随着期货交易品种的丰富和股指期货成交量的大幅增长，期货公司经纪业务快速上升，但受成本控制能力不强等因素限制，盈利能力增长缓慢。

(3) 超募资金使用效率较低，委托投资理财、对外担保风险值得关注。一是超募资金总额规模较大，部分公司对超募资金的使用缺乏明确规划和有效渠道，使用效率不高。至12月末，全省共有11家中小板公司和7家创业板公司超募资金尚未使用完毕，金额分别为12.77亿元和25.25亿元。二是委托贷款、委托理财规模大幅增长。至2012年末，全省有9家上市公司涉及委托贷款事项，委托贷款本金余额合计8.31亿元，较年初增加1.78亿元。三是对外担保持续增长。至2012年末，全省有34家上市公司涉及对外担保事项，对外担保总额合计142.98亿元，同比增长36.67%。其中，关联方担保余额占对外担保总额的67.68%；数家公司对外担保金额接近净资产。

(四) 保险业与金融稳定

1. 保险业发展基本情况

至年末，全省共有保险法人机构1家，省级分支机构46家，专业保险中介机构49家；总资产1 055.76亿元，同比增长11.7%；保险深度和保险密度分别为2.64%和757.54元/人。

(1) 保费收入保持增长，服务领域不断拓宽。2012年，全省实现保费收入453.61亿元，同比增长4.93%，总保费收入居全国第12位。其中，财产险业务继续保持较快增长，实现保费收入169.06亿元，同比增长18.37%；受银保新规、货币政策调整影响，人身险业务实现保费收入284.55亿元，同比下降1.70%。出口信用保险、农业保险、小额信贷保险加快发展，医疗责任保险试点扩展至全辖，保险资金在皖投资范围涵盖债权、股权、大额存款、股票基金和后台中心建设等。

(2) 保险赔付支出增长较快，保障服务功能进一步发挥。2012年，全省累计赔款与给付152.65亿元，同比增长21.69%。其中，财产险业务赔付支出91.48亿元，同比增长28.65%；人身险业务赔付支出61.17亿元，同比增长12.59%。全省保险业共为各类经济实体提供保额为8 934.32亿元的企财险风险保障和574.11亿元的工程险风险保障，小微企业出口信用保险承保数量同比增长372.73%；2008—2012年，政策性农业保险累计为农户提供风险保障1 112亿元，支付保险赔款30.4亿元。

2. 保险业发展中应予以关注的问题

(1) 保险业发展进入深度调整期，市场竞争压力增大。寿险市场需面对传统险保证利率放开和营销员管理体制改革的双重压力，以银保渠道为主销售投资储蓄型产品的发展模式继续面临变革压力。全年银邮代理保费收入125.09亿元，同比下降18.88%。产险市场竞争继续加剧，车险费率市场化改革将重新引入价格竞争机制，产险企业的承保盈利将呈现回落态势。全年产险应收保费率为3.49%，同比提高了0.84个百分点。

（2）保险业务结构不均衡仍较突出，转型发展困难较多。财产险方面，尽管保费收入实现较快增长，且呈现多元化发展趋势，但财产险产品结构仍不够合理，对车险业务依赖程度依然较高，财产险业务发展将受制于机动车数量的持续增长能力。全年车险业务占财产险保费收入的比重为78.12%，车险保费增长对财产险保费增长的贡献率仍高达74.52%。人身险方面，产品结构调整进展较慢，普通型寿险产品发展困难，而投资型业务占比过高。全年普通寿险业务保费收入降幅达4.82%，分红险在寿险业务中占比达90.37%。

（3）赔付压力增加，资金管理难度加大。受车险赔付大幅上升及人身险满期赔付等因素影响，保险赔付支出大幅增长。全年财产险赔付支出增速超出保费收入增速10.28个百分点，其中车险赔付同比增长了28.78%；人身险赔付支出同比增长12.59%，而保费收入则是下降1.70%。保险退保大幅增多亟待引起关注，全年保险退保率同比提高0.36个百分点。特别是近10年来分红险在2002年、2007年经历了两次销售高峰，部分分红险当期收益率远低于预期收益率，人身险公司面临一定的退保压力和满期给付压力。

（4）县域保险发展仍处于初级阶段，市场秩序不规范现象相对突出。各地区不同程度存在违规多支报酬"揽保"、变相提高手续费用揽保、变相降低保费揽保等现象。

（五）金融市场与金融稳定

2012年，安徽省加强了金融市场政策的协调与监督管理，有力促进了辖内金融市场稳健较快发展。

1. 货币市场逐步成为市场参与者短期头寸调节的重要工具

（1）同业拆借市场交易显著增长，拆借交易机构、品种分布仍不均衡。2012年，安徽省4家金融机构参与同业拆借交易，累计进行信用拆借交易592笔，成交金额2 214.45亿元，同比增长34.52%。交易品种主要集中在短期品种，资金流向为净融入，拆入资金利率小幅上升，拆出资金利率大幅下降。

（2）债券回购市场快速发展，短期质押式回购交易居主导地位。2012年，全省32家银行间债券市场成员中共有17家机构参与债券回购市场，累计成交60 601.58亿元，同比增长52.67%。债券回购市场短期化趋势明显，质押式回购占整个回购市场的主导地位，买断式回购业务参与机构较少，质押式回购融入融出利率和买断式回购融入融出利率下降幅度均在50—60基点之间。

（3）票据市场利率降中趋稳，利差显著收窄。2012年，全省金融机构票据贴现加权平均利率为5.63%，同比大幅下降246个基点；转贴现加权平均利率为5.03%，同比下降92个基点。全年贴现利率与转贴现利率变动趋势一致，前8个月贴现与转贴现利率持续下降，9月后贴现和转贴现利率小幅反弹，票据贴现与转贴现之间利差均维持在50—60个基点。

2. 债券交易稳步增长，债务性融资创历史新高

（1）银行间债券交易市场运行平稳，交易机构集中明显。2012年，全省12家机构参与了银行间债券市场现券买卖交易，累计成交11 993笔，成交金额29 638.97亿元，同比上升21.85%。交易量前三家机构年度成交量占全省的96.76%，债券资金净回笼，现券买卖加权到期收益率同比下降20个基点。

（2）债务性融资额快速增长，融资结构明显改善。2012年，全省企业累计发行各类债务性融资工具872.15亿元，同比增加319.65亿元；占全省直接融资的93.85%，较上年提高32.53个百分点。债务融资工具以中长期融资为主，多家企业成为全国首批通过发行定向债务融资工具的企业。

3. 银行间外汇市场大幅增长，银行结售汇略有下降

（1）银行间外汇市场交易快速增长，以美元结算的交易居主导地位。2012年，全省累计完成即期结售汇交易36.99亿美元，同比增长68.97%。以美元结算的交易占比95.66%。

（2）银行结售汇略有下降，经常项目结售汇顺差大幅增长。2012年，全省结售汇总额分别达160.09亿美元和125.37亿美元，结售汇顺差34.72亿美元，较上年基本持平。

4. 民间借贷活跃程度走低

通过对全省222户企业开展问卷调查，企业通过民间融资方式借入呈现总量下降、参与面逐渐收窄、交易活跃程度降低、不同类型企业对民间融资依赖程度差异较大等特征。其中，租赁和商务服务业

对民间融资依赖程度最高，工业和房地产业依赖度较低；小微企业对民间融资的依赖程度越高。民间融资利率呈前高后低态势，与当前宏观经济及货币政策走向基本保持一致；借款期限越短利率水平相对越高；工业企业融资成本最高且涨势明显，其次是批发零售业、建筑业。

5. 金融市场发展中亟需关注的问题

(1) 商业银行代持交易粉饰业绩、规避限额管理和监管要求现象。交易员频繁通过隔夜代持债券交易降低资金占用成本；债券投资部门为规避限额管理，将部分债券交由他方代持，将债券自营投资金额降至限额上限以下；在监管指标考核时点前通过债券代持交易对风险资本占有量等进行调节；通过代持规避企业会计准则关于金融资产不得随意重分类的规定。

(2) 远期交易存在不合规现象。金融机构违规定开展远期交易现象突出，把本应纳入专项监测的远期交易做成了一笔单纯的现券交易，从而规避了现行政策关于远期交易的各项限制性规定。

(六) 金融基础设施与金融稳定

1. 支付系统

(1) 支付系统业务量和交易金额大幅提高。一是大、小额支付系统安全、平稳运行。2012 年，55 家现代化支付系统直接参与者和 5 042 家间接参与者通过大、小额支付系统共处理支付清算业务 6 534.86 万笔、金额 506 714.96 亿元，同比增幅分别为 36.1% 和 40.4%。二是支票影像交换系统业务平稳增长。2012 年共处理支票业务 10 820 笔，同比增长 46.4%；金额 5.74 亿元，同比减少 6.4%。三是中央银行会计集中核算系统平稳运行。全年处理会计核算业务 47.80 万笔，其中，贷款业务有所增加，存款业务、货币发行略有减少，再贴现业务大幅下降。四是同城票据交换系统业务量处于逐年萎缩态势。全年共处理支付清算业务 302.10 万笔，清算资金 7 156.65 亿元，同比分别下降 15.0% 和 10.8%。五是银行业金融机构行内支付系统延续增长态势，但增速有所放缓。全年共处理支付业务 14 286.75 万笔、金额 66 864.54 亿元，同比分别增加 25.7% 和 6.9%。六是银行卡跨行交易笔数、交易金额持续呈现较大幅度且稳定的增长。全年银行卡跨行信息交换系统成果处理交易 26 961.31 万笔，同比增长 28.9%；清算交易 17 608.03 万笔，同比增长 34.8%。七是中央银行会计核算电子对账系统对账率和对账一致率均进一步提高。全年全省中央银行会计核算电子对账系统各开户单位共计应对账 256 095 次，对账率 99.998 8%，对账一致率 99.82%。

(2) 应予以关注的问题。一是现有法规制度有待完善，部分条款已不能适应当前社会经济活动和人民银行监管的需要。二是缺乏复合型执法人才培养机制，执法人员难以在短时间内熟练掌握并达到独立胜任执法检查的水平。三是非金融支付机构管理不规范，银行卡收单业务违规现象突出，预付卡等业务合作不规范，网络支付业务漏洞较多。四是现行银行账户管理体系监管机制尚不完善，缺乏完备的准入、退出管理机制和违规行为处罚细则等。

2. 征信体系

(1) 征信系统功能日趋完善，服务水平进一步增强。一是企业征信系统接入网点数继续增加，查询量稳步增长。至年末，企业征信系统累计接入机构 27 家，累计收录企业和其他组织约 17.54 万户，同比增加 1.24 万户；全年累计查询次数达 112.13 万次，同比增加 13.05 万次；日均查询 4 449 次，同比提高 453 人次。二是个人征信系统收录人数不断增加，查询量不断攀升。至年末，个人征信系统全省自然人数达 3 131.63 万人，同比增加 97.02 万人；全年累计查询次数 478.33 万次，同比增长 13.43%；日均查询 18 981 次，同比提高 1 978 人次。三是应收账款质押登记公示系统和融资租赁登记公示系统得到广泛应用。至年末，安徽省共审核通过 206 个常用户，同比增加 43 个；累计登记 19 121 笔，同比增长 46%；累计查询 28 034 笔，同比增长 50%。

(2) 应予以关注的问题。一是系统接入覆盖面有待进一步拓展，小额贷款公司、村镇银行等各类小型贷款机构接入比例较低。二是非银行信息采集征信系统和政府各职能部门的信用信息共享范围狭窄，渠道不畅。三是征信系统产品单一，亟需开发符合市场预期的多元化征信产品。

3. 反洗钱

(1) 优化反洗钱监管工作机制，创新现场检查工作方式。一是修订完善了《安徽省金融机构反洗钱工作非现场监管评价暂行办法》，综合运用多种监管手段，提升反洗钱工作效率。二是以非模块化视角引导模块化的检查工作，从流程控制角度考察金融机构反洗钱工作效率。全年共对83家金融机构实施了反洗钱执法检查,其中银行业机构40家、证券业机构3家、保险业机构40家。三是强化反洗钱领域案件线索的收集、研判和移送,完善银警情报信息交流机制。全年开展行政调查23次,参与或指导金融机构协查经济类案件39起,涉及金额19.5亿元,协助破获案件27起,涉及金额5.2亿元。

(2) 应予以关注的问题。一是在"风险为本"的反洗钱工作理念转型期间,金融机构或多或少存在着对业务内容不熟悉、对新工作要求持等待、观望态度的现象,一定程度上影响工作成效。二是当前支付机构对于反洗钱业务缺乏足够认识,对洗钱风险理解不深刻,对可能出现的预付卡套现、黑钱融入金融体系等风险的识别能力和控制能力仍待加强。

4. 反假币工作

(1) 发挥联席会议机制作用,严厉打击假币犯罪活动。人民银行合肥中心支行定期召开由反假币联席会议成员单位参加的联络员会议,召集"2012鄂豫皖赣毗邻地区反假货币协作会议";与安徽省社会管理综合治理委员会联合印发反假货币工作考核评比办法和评比细则。初步统计,全年假币案件立案68起,破案62起,抓获犯罪嫌疑人129名。

(2) 组织反假货币宣传,加强业务监督检查。组织开展"人民币防伪知识宣传"、"爱护人民币宣传"宣传月活动,扩大社会公众反假货币知晓率,促进树立"爱护人民币、保护人民币"良好意识。开展现钞处理设备防伪性能检测认定工作,推广开展《反假货币上岗资格证书》电子化考试和年审工作。加大对问题金融机构实行重点监管,实行整改情况跟踪检查。

(总 纂 张 燕
统 稿 吴丹果 梁 斌
执 笔 季 军 鲁玉祥 王 亮)

5. 长三角地区金融稳定评估报告

(一) 长三角地区经济运行

2012年,长三角地区经济保持平稳健康发展态势,但部分行业产能过剩,房价反弹压力加大等问题应引起关注。

1. 长三角经济运行概况

(1) 经济稳中趋缓,产业结构不断优化。2012年,长三角地区实现地区生产总值10.88万亿元,比上年增长9.02%,增速较上年回落0.79个百分点。其中,江苏、浙江、上海分别实现地区生产总值5.41万亿元、3.46万亿元和2.01万亿元,同比分别增长10.1%、8%和7.5%,增速分别回落0.9、1和2.4个百分点。三次产业比例由上年的4.78∶49.49∶45.73优化为4.80∶48.13∶47.08,第三产业占比持续提高,对经济增长的拉动力逐步增强。以上海市为例,全年整体经济增长速度虽有所放缓,但第三产业引领经济发展的态势更加明显,成为拉动经济增长的主要动力,第三产业增加值占全市生产总值的比重达到60%,比上年提高2.1个百分点。

新兴行业发展加快。江苏省全年实现高新技术产业产值45 041.5亿元,增长17.4%,占规模以上工业总产值比重的37.5%,比上年提高2.2个百分点。浙江省战略性新兴产业增加值比上年增长9.2%,拉动规模以上工业增长2.1个百分点,占规模以上工业的比重为23.2%,比上年提高0.2个百分点。上海市战略性新兴产业总产值7 581亿元,占全市工业总产值的22.8%。生物、生命科学和航空航天等高新技术产品进出口增速均在20%以上。

(2) 内需拉动作用有所减弱,外贸增速大幅下滑。内需增速放缓。2012年,长三角地区完成全社会固定资产投资总额5.41万亿元,同比增长18.38%,低于全国全社会固定投资名义增速1.92个百分点。其中江苏、浙江投资增速分别比上年回落1个和3.4个百分点。2012年,长三角地区共实现社会消费品零售总额3.91万亿元,同比增长13.01%,比上年回落3.39个百分点。其中江苏、浙江和上海的增速分别为15%、13.5%和9%,分别比上年回落2.5个、3.9个和3.3个百分点。

外贸增速大幅下滑。2012年,长三角地区进出口总额达12 970.87亿美元,同比增长0.82%。其中,进口总额5 371.72亿美元,同比下降1.94%,较上年大幅回落21.99个百分点;出口总额7 599.15亿美元,同比增长2.86%,较上年大幅回落14.08个百分点。

(3) 财政、居民收入稳步增长,企业经营效益下滑。财政收入增长较快。2012年,长三角地区地方一般预算收入达13 045.63亿元,其中江苏、浙江和上海地方一般预算收入同比分别增长13.8%、9.2%和9.2%。全年长三角地区地方一般财政支出合计15 342.49亿元,其中江苏、浙江和上海同比分别增长12.5%、8.3%和6.9%。

城乡居民收入保持平稳较快增长。2012年,江苏、浙江和上海城镇居民人均可支配收入分别为2.9万元、3.46万元和4.02万元,同比分别增长12.7%、9.2%和10.9%;农村居民人均纯收入分别为1.2万元、1.46万元和1.74万元,同比分别增长12.9%、11.3%和11.2%。

企业经营效益下滑。2012年,江苏规模以上工业企业利润总额达到6 881.79亿元,同比仅增长0.46%,增速比上年下降23.84个百分点,企业经营效益增速有所放缓;浙江、上海规模以上工业企业利润总额分别为2 899.8亿元、2 131.33亿元,同比减少5.85%、2.06%。

2. 经济运行中应关注的问题

(1) 有效需求不足影响经济增长。以浙江省为例,2012年全省投资、消费和出口增速比上年同期分别回落3.4、3.9个和16.1个百分点,其中消费、出口增速分别低于全国平均水平0.8个和4.1个百分点。浙江省500户工业企业监测数据显示,市场需求持续回落,第四季度产品市场需求指数同比下滑8.17点;银行家问卷调查也显示,第四季度全省总贷款需求指数同比回落18.85点,二者在一至三季度均连续出现下滑。有效需求不足的原因是多方面的:一是近年来,在国家加大结构调整力度的背景下,浙江省长期以来依靠的低端产业、低成本劳动力、资源消耗型增长模式越来越难以为继,先发优势不断削弱。二是2012年以来,美、日等发达经济体复苏仍较缓慢;欧元区受债务危机影响,新兴经济体则面临外部需求减弱和通货膨胀双重压力。由于浙江外贸依存度较高,外需增长趋缓对浙江经济冲击较大。

(2) 房价反弹压力不容忽视。随着房地产市场回暖,房价反弹压力有所增加。从供给看,随着商品房销售回升,开发商资金回笼加快,同时信托等非信贷渠道融资增长依然较快,开发商资金链紧张状况明显缓解,从而选择不断小幅拉高房价的销售策略。江苏省重点房地产企业问卷调查显示,表示未来三个月将"适度提价"的房地产企业占比连续四个季度上升,从2012年一季度的6.5%上升至2012年四季度的19.5%;与此同时,拟降价销售的企业占比由30.7%下降至11.95%。从需求看,居民购房意愿回升,其中受未来房价上涨预期总体较强的影响,改善性和投资性购房需求明显回升。2012年四季度江苏城镇储户问卷调查显示,"未来三个月打算购房"的居民占比为12.23%,较上季和上年同期分别提高1.36个、0.69个百分点;其中高收入家庭的投资性购房意愿上升相对更为明显。在这种供需双方的短期预期趋于一致的情况下,房价上涨压力有可能进一步加大。

(二) 长三角银行业稳健性评估

2012年,长三角地区银行业认真贯彻落实国家宏观调控和结构调整政策,积极推进改革创新,努力增加信贷有效投入,规模稳步增长,业务结构持续优化,为区域与经济平稳发展提供了有力保障。但信贷资产质量下行压力增大,表外业务风险积聚等问题需引起重视。

1. 银行业运行状况

(1) 资产规模稳步增长,增速有所回落。截至年底,长三角地区银行业金融机构本外币资产规模总额27.19万亿元,同比增长14.53%;本外币负债总额26.26万亿元,同比增长14.52%;本外币各项存款余额20.70万亿元,同比增长11.77%;本外币各项贷款余额15.83万亿元,同比增长13.07%。银行资产、负债、存款和贷款增速放缓,分别较去年同期下降0.77个、0.47个、1.07个和1.34个百分点。

(2) 盈利水平略有下降,业务结构趋于改善。受浮动利率新政实施、信贷总体需求放缓、金融脱媒趋势明显和揽存难度不断加大等因素影响,银行业机构盈利水平略有下降。截至年底,长三角银行业机构净利润同比下降0.24%。在发展业务的同时,长三角地区银行机构高度重视盈利结构的改善。以上海市为例,2012年辖内金融机构盈利结构呈现出以下特点:一是存贷款利率浮动范围扩大后,利差收窄,导致存贷款利息净收入增速下降。2012年,平均净利差2.87%,比2011年收窄0.12个百分点。全年实现存贷款利息净收入1 646亿元,同比增长10.31%,增速较上年同期下降8.37个百分点;二是在宏观经济下行和整顿收费双重压力下,银行开展中间业务难度加大。2012年,上海辖内银行业金融机构中间业务收入占比为18.31%,比2011年下降0.52个百分点。手续费及佣金净收入342.1亿元,同比增长11.45%,增速比2011年下降21.32个百分点;三是投资资产增加拉动投资收益增长。2012

年投资收益213.55亿元，同比增长24.21%，较2011年上升1.61个百分点。其中，债券投资利息收入151.15亿元，同比增长18.11%；其他投资收益45.26亿元，同比增长42%。

2. 银行业发展中应关注的问题

(1) 信贷资产质量下行压力增大。长三角地区银行业金融机构不良贷款余额和不良贷款率反弹压力有所上升。一是经营环境改善尚需时日，中小企业经营仍然困难。经济增速放缓背景下的企业经济效益不佳是影响银行机构资产质量的重要因素。2012年，在需求不足的同时，企业各项成本、费用不断上升，经济效益普遍下滑。这在中小企业中体现得尤其显著。以浙江省为例，2012年中小企业不良贷款明显增加，年末全省中小企业不良贷款率高于全省不良贷款率0.67个百分点。二是防范化解担保链风险的难度较大。企业间互保、联保在中小企业中成为普遍现象，一些授信企业在彼此担保过程中交织成复杂而庞大的网络，提高了整体杠杆率。目前，银行机构缺乏担保管理的科学手段，关联企业间相互担保、循环担保和过度担保情况较多，担保效力偏低。一旦担保链中的某家企业出险，往往由点及面，引发大批企业的连锁巨额代偿风险。

(2) 表外业务扩张迅速，各类风险有所积聚。一是传统表外业务风险显现。银行业金融机构存在利用表外业务带动负债业务和进行监管套利的现象，部分银行基层行为完成存贷款和中间业务考核指标，盲目发展承兑汇票、跟单信用证等表外业务，相关授信调查、审查、审批工作较为粗放，对于贸易真实背景审核不够严格。同时，存在部分涉足民间融资高利贷企业在表内融资饱和的情况下，利用虚假的贸易背景或者为融资而制造贸易背景。二是理财业务发展粗放。部分理财产品投向房地产、"两高一剩"等限制性行业，规避政策限制的同时也带来了较大的信用风险；理财市场投资者理念尚不成熟，一旦理财产品因市场波动无法实现预期收益或者出现亏损，往往只能由银行机构予以补足，否则很可能会对银行机构带来声誉风险。

(3) 利率市场化开始推进，中小银行机构面临挑战。2012年6月8日，中国人民银行将存款和贷款利率区间浮动上限和下限分别扩大至基准利率的1.1倍和0.8倍，绝大部分银行业金融机构都上调了存款利率。利率浮动区间的扩大预示着利率市场化的推进，为防止存款流失，竞争力稍弱的中小金融机构往往只能采取"一浮到顶"的策略。随着存贷款浮动区间的放开，银行机构存贷利差趋于缩窄，面临的市场竞争将更趋激烈。部分中小银行机构经营模式相对落后，其产品定价能力、风险管理能力以及存款服务竞争力都将受到一定的考验和挑战，尤其是法人银行机构高度依赖利息收入，市场行为相对粗放，利率浮动范围扩大或将对其负债业务发展及运营稳健性带来更大的压力和冲击。

(4) 操作风险不容忽视，案防形势依然严峻。经过几年的改革发展，银行内控机制日趋完善，但仍然存在着一些漏洞，导致当前银行操作性风险案件时有发生。其主要表现在：一是绝大部分风险事件均存在于存贷款领域。二是贷款资金挪用、担保链断裂等问题往往涉及银行员工内外勾结、民间借贷、受贿等，银行机构在强化员工职业道德教育、加强员工异常行为管控等方面仍存在不少问题。

(三) 长三角证券业稳健性评估

2012年，长三角地区证券经营机构发展平稳，证券市场融资功能持续增强，行业创新取得新进展，区域证券业发展总体稳定。但跨市场金融风险的传递和叠加、资产管理行业发展面临的挑战、市场发展不规范及非法证券活动仍制约证券业的发展。

1. 证券业运行状况

(1) 证券经营机构发展平稳。截至年底，长三角地区共有法人证券公司29家，较上年增加3家；基金管理公司38家，较上年增加3家；法人期货经纪公司52家，较上年增加2家。长三角地区法人证券机构总资产为5 335.23亿元，同比增长11.30%，营业收入合计81.04亿元，同比增长5.01%。

(2) 证券市场融资功能持续强化。截至年底，长三角地区共有境内上市公司685家，全年新增境内上市公司49家，累计募集资金6 966.39亿元，同比上升16.93%。江苏省新增境内上市公司22家，累计募集资金2 990.34亿元；浙江省新增境内上市公司20家，累计募集资金2 786.23亿元；上海市新增境内上市公司7家，累计募集资金22.76亿元。

(3) 证券业务创新取得新进展。2012年，长三角金融创新和开放步伐加快，一批创新型业务相继推出。一是融资融券业务顺利开展，利息与佣金收入成为重要的利润增长点。二是资产管理业务规模扩大，部分证券改善成立全资子公司进行资产管理。三是投资银行业务快速发展。四是成立了股权交易中心。2012 年 10 月，浙江股权交易中心正式成立，成为继上海股权托管交易中心后，长三角地区另区域性股权交易市场。该中心主要为省内企业特别是中小企业提供股权登记托管、公司挂牌、私募债备案等业务。截至 2012 年底，浙江共有 55 家企业挂牌，挂牌企业总股本 38 亿股，总市值 149 亿元，平均每股收益 0.31 元。

2. 证券业运行中应关注的问题

(1) 需关注创新业务风险的防范。随着创新政策的持续推进、行业门槛的降低，各类组织、业务、产品创新将逐步出现，也将带来各种新的风险隐患。如新业务与新产品仓促上线易产生各类经营风险，公司发展过快与人员、信息技术储备不足易产生各类内控风险，公司仅关注自身利益、忽视投资者利益易产生各类声誉风险。

(2) 关注跨市场金融风险的传递和叠加。金融行业综合经营和业务交叉的趋势日渐明显。一方面，在同一控股集团下分设银行、证券、保险等法人机构从事金融领域业务的综合化经营趋势越来越明显。另一方面，相关业务领域也出现了相互融合和交叉的趋势。例如保险资金可以按照一定比例直接进入资本市场；银行理财产品、投资连结险、信托产品等已大量投资于证券市场等。需加强金融监管部门间的信息共享和协调配合，对金融行业实施功能监管，共同防范和化解跨行业金融风险。

(3) 关注资产管理行业发展面临的挑战。在基金行业内部，新修订的《证券投资基金法》降低了证券投资基金管理公司准入门槛，同时商业银行设立证券投资基金管理公司试点再度启动，新公司入市步伐继续加快，可能出现行业的并购重组。在大资产管理行业范围内，《资产管理机构开展公募证券投资基金管理业务暂行规定》已正式发布，将于 2013 年 6 月 1 日开始实施，保险、信托等其他金融机构均可申请公募证券投资基金资格，行业格局进一步打破，财富管理业务发展迅速。此外，市场对外开放步伐不断加快，各类外资金融机构通过各种途径进入中国市场，资产管理行业将面临严峻的外部竞争环境。

(4) 证券市场竞争秩序有待规范。2012 年以来股票市场持续低迷，证券客户拓展难度增加，加上业务空间的狭小和收入来源的高度同质化，一定程度上加剧了同业间恶性竞争。部分中小券商、异地券商不计成本降低佣金争夺市场份额，个别营业部违背监管规定，使用过低的佣金争夺大客户，扰乱了市场正常秩序。部分经纪人无执照展业或多人挂靠一个执照开展业务、代客理财等违规现象屡禁不绝。

受证券市场走势不佳影响，散户投资者依靠正规渠道盈利难度上升，部分正规渠道以外的投资活动出现。在期货配资之后，2012 年出现部分股票配资公司，此类公司通过为客户垫资进行股票交易，配资公司提供账户，将客户的自有资金和杠杆配资放进指定账户，由客户来操作。目前多采用通过在网站上宣传招揽顾客进行运营的模式。股票配资活动可能存在以下风险：一是配资炒股合法性存在质疑，投资者与配资公司之间的借贷行为是否属于正常的民间借贷尚存疑问；二是股票配资公司经工商管理部门核定登记的范围多为投资咨询、投资管理或管理咨询等，未取得任何金融业务许可牌照，涉嫌超经营范围从事资金借贷业务。

(四) 长三角地区保险业稳健性评估

2012 年，长三角地区保险市场规模不断扩大，市场主体数量继续增加，业务开展情况良好，结构有所优化，区域保险业总体运行平稳。但保险业发展面临新的挑战，业务持续发展与结构调整矛盾依然存在，行业不正当竞争行为时有发生。

1. 保险业运行状况

(1) 保险市场稳步发展。保险市场体系逐步完善。截至年末，长三角地区省级分公司以上保险公司资产总额合计 8 403.56 亿元，同比增长 18.13%。

长三角地区保险深度和保险密度有所上升。2012 年，长三角地区保险深度 2.86%，比上年上升 0.02 个百分点。其中，浙江和上海保险深度分别为 2.8%和 4.08%，分别比上年上升 0.05 个和 0.16 个百分点。长三角地区保险密度为 1 969 元/人，同比增长 9.21%。其中，江苏、浙江和上海保险密度分别达到 1 643.03 元/人、1 579 元/人和 3 496 元/人，江苏和上海分别比上年增加 8.15 元/人和 8.98 元/人，浙江比上年下降 1.89 元/人。

(2) 业务开展情况良好。截至年底，长三角地区实现保费总收入 3 106.5 亿元，同比增长 9.68%。其中，财产险保费收入 1 141.75 亿元，同比增长 12.87%；人身险保费收入 1 964.75 亿元，同比增长 7.90%。全年赔款和给付支出共计 985.39 亿元，同比增长 17.12%。其中财产险支出 629.58 亿元，同比增长 32.91%；人身险支出 355.81 亿元，同比下降 3.21%。

(3) 业务结构有所优化。长三角地区保险业结构调整不断推进，行业改革稳步进行。江苏产险行业保持了结构持续优化、整体实现盈利的良好局面。非车险增长快于车险，特别是与经济民生关联度较高的责任险、农业险业务规模均实现 20%以上的较快增长。上海保险业充分发挥政策性保险功能，重点支持实体经济和民生保障中的薄弱环节、弱势群体和重点领域。2012 年，出口信用保险覆盖上海出口风险 230.9 亿美元，同比增长 26.9%；服务企业 1 429 家，同比增加 713 家，累计向 66 家企业支付赔款 3 803 万美元，同比增长 53.2%；一般贸易出口的渗透率达 25.3%。

2. 保险业发展中应关注的问题

(1) 保险产品结构不均衡。其主要表现为：车险在财产险中仍一险独大。2012 年长三角地区保险公司车险保费收入 834.94 亿元，占财产险保费总收入的 73.13%；寿险产品结构调整进展缓慢，部分收益率甚至低于银行同期存款，全年分红险保费收入合计 1 514.71 亿元，占寿险产品保费总收入的 77.09%，而万能险保费收入仅为 11.47 亿元。同时，各保险公司市场份额显著不均衡，大型保险公司形成市场垄断，中小保险公司发展亟待破题。

(2) 保险市场非理性竞争有所加剧。车险电、网销业务违规宣传及促销情况时有出现，以费用换保费现象普遍存在，且非理性价格竞争有进一步向理赔环节转移的趋势。人身险方面，销售误导、虚列费用等问题仍未得到根本性解决。部分县域新设保险机构为快速抢占保险市场，不计成本争夺保险营销人员，导致营销人员流动过于频繁。

(3) 中小保险公司银保业务销售渠道不规范操作仍然存在。中国保监会和中国银监会联合下发的《关于加强银行代理寿险业务结构调整促进银行代理寿险业务健康发展的通知》，对规范代理合同和手续费支付行为、严厉查处不正当竞争行为等方面提出明确要求。但中小保险公司银保合作业务大多起步晚、发展时间短，当前仍然存在诸多不规范操作。例如，部分银保网点销售过程中仍然存在保险利益误导、夸大产品收益、违规使用宣传材料等行为，引发客户投诉甚至退保，不仅影响保险公司健康发展，也给银行的信誉造成巨大损失。又如，个别保险公司为拓展网点通过账外向银行支付额外费用等。

(五) 长三角地区金融基础设施稳健性评估

2012 年，长三角地区继续加强支付清算系统建设，支付业务现代化水平明显提高，农村支付体系覆盖稳步提高，支付业务监管持续推进；深入推进企业和个人征信系统建设，征信系统重要新逐步提升，征信数据覆盖面扩大，中小企业及农村信用体系建设成效显著；反洗钱工作成效明显，监管持续深入，环境有所优化。

1. 支付体系稳健性评估

一是支付业务现代化水平明显提高。长三角地区积极推进电子支付业务发展，业务规模和金额增长迅速。浙江省共有 4 869 家银行网点开办电子商业汇票业务，比上年增加 216 家，办理电子商业汇票业务 28 255 笔，金额 1 826 亿元，分别同比增长 108.00%和 163%。上海市积极吸收符合条件的机构加入电子商业汇票系统，逐步扩大上海市商业汇票电子化的覆盖范围。全年共为 87 家银行营业机构办理新增接入系统，为 5 家法人机构(主管行)办理以共享间连方式加入系统，组织 6 家外资银行变更系统接入方式，向上海市提供电子商业汇票服务的 45 家法人机构(主管行)发放《电子商业汇票业务宣传手册》。

二是农村支付体系覆盖稳步提高。至 2012 年末，江苏省内已布置助农取款服务终端 23 175 台，平均每个行政村 1.69 台，助农取款服务行政村覆盖率已达 100%。浙江省重点深化银行卡助农取款服务，创新推出银行卡代理转账业务，推进“刷卡无障碍示范县、示范镇”创建活动，组织开展互联网支付、移动电话支付应用试点。年末，中心镇以上银行网点支付系统覆盖率达到 100%，92%的中心镇符合条件的银行网点可直接签发银行本票、三省一市汇票；农村地区已布放 ATM 机 2.3 万台、POS 机 34.2 万台，同比分别增长 62%、37%；566 个商品交易市场已实现银行卡应用；全省助农取款服务点达 16 833 个，已实现了助农取款服务在符合条件且确有需求行政村的全覆盖；全年农村地区持卡消费 7 775 万笔、8 840 亿元，银行卡渗透率达到 30%。

三是支付业务监管持续推进。2012 年浙江省支付机构监管重点由“准入审查”转向“日常监管”，创新出台支付机构业务创新管理、分公司管理、突发事件应急管理等系列管理制度，探索建立窗口指导、高管人员谈话、监管评估等监管机制，深化支付机构现场检查及非现场监测，初步建立了较为完善的支付机构监管体系。2012 年末，全省共有 12 家机构获得《支付业务许可证》，2012 年辖内支付机构共办理支付业务 72 亿笔，16 374 亿元，同比分别增长 55%和 62%。江苏省进一步规范支付服务市场管理，初步建立非金融支付机构监管体系。通过建立重大事项报备、支付业务报表报送、支付业务风险提示等管理机制，对非金融支付业务经营情况开展持续监管。上海市加强人民币银行结算账户管理，持续落实银行账户实名制，依法开展违规签发支票行为行政处罚，严控支票账户违规透支风险，多部门联动，强化银行卡风险管理，深化非金融机构日常监管。

2. 征信体系稳健性评估

一是征信系统重要性逐步提升。随着征信系统不断完善，应用面不断拓宽，长三角地区征信系统在社会经济生活中的重要性逐步提升。征信系统为金融监管、司法、审计等单位开展企业风险调查等提供数据线索，为农业厅、商务厅、金融办等部门组织诚信企业评选、小贷公司股东资质审核提供信用调查意见，征信系统提供的信用报告在贸易往来、民间借贷、雇员招聘等社会经济生活领域得到进一步应用。2012 年，浙江省已开通系统查询用户 3.5 万个，金融机构月均查询量 376.4 万次，增长 35.1%。上海市积极推进村镇银行、小额贷款公司等微型金融机构接入征信系统，推动在商业保理试点工作中运用应收账款质押登记公示系统，在《上海市浦东新区设立商业保理企业试行办法》中明确有关业务要在系统中进行权属登记，在上海地区开展应收账款质押登记操作系统的宣传、培训和推广，核实补充辖内更新应收账款质押登记系统常用户联系人信息，全年累计审核常用户 50 户。

二是征信数据覆盖面扩大。以浙江省为例，征信系统数据来源日益丰富，涵盖全省所有银行业金融机构、部分微型金融机构、地方政府部门、公用事业单位等。2012 年，继续完善与社保、法院、环保等部门间的信息合作机制，推动公积金、电信等非银行信息采集，促进征信系统信息增量扩面，全年共有各类非银行信息约 2 500 万条采集入库。随着征信数据来源多元化，征信系统覆盖的经济主体规模进一步扩大，截至 2012 年底，已为 3 436.3 万自然人和 56.7 万户企业建立了信用档案，征信系统已成为信用体系建设的重要基础设施。上海市 2012 年对全市各区县 77 021 户持卡企事业单位进行贷款卡年审，其中 69 793 户通过年审，年审通过率 90.6%，创历史新高。

三是中小企业信用体系稳步推进。长三角地区人民银行分支机构依托全国统一的企业信用信息基础数据库，为中小企业建立信用档案，帮助金融机构和其他企业了解企业的信用状况，为金融机构拓展和管理中小企业信贷业务提供支持，为企业经济交往提供服务，通过改善信用环境，拓宽中小企业融资渠道，为中小企业健康发展打下坚实的基础。浙江省累计为 18.5 万户尚未与银行发生信贷关系的中小企业建立了信用档案，其中约 4.3 万户获得银行授信意向。江苏省以中小企业信用信息辅助管理系统为抓手，强化信息应用，推动融资培育，努力发挥试验区建设在促进中小企业融资方面的积极作用。至 2012 年 11 月末，江苏中小企业系统共收录企业 117 万户，采集企业信贷、纳税、社保等各类信息近 2 792 万条，入库贷款余额近 4.14 万亿元。

四是机构信用代码推广应用成效显著。江苏省自 2012 年 3 月中国人民银行总行在全国范围开展机构信用代码推广应用工作，至行动结束，江苏省共发放机构信用代码证 155.26 万个，居全国第一。全省反洗钱业务累计实现信用机构代码查询运用 69.03 万笔，其中对新客户身份识别环节查询 20.72 万笔，在持续客户身份识别和重新识别环节查询 48.31 万笔。上海市大力推广机构信用代码应用工作，有效保证了全市银行业金融机构保质保量地完成机构信用代码证发放工作。截至 2012 年 10 月末，上海市共完成机构信用代码证发放 118.88 万张，其中存量部分实现对所有未消亡机构的代码证发放任务，新增部分实现 100%发证。

3. 反洗钱工作稳健性评估

一是反洗钱工作成效明显。长三角地区中国人民银行分支机构大力开展反洗钱调查和案件协查，积极加强部门合作，移送可疑交易线索，与省市公安和检察部门保持紧密联系和磋商，促进洗钱案件侦查、起诉和审判。深入开展反洗钱行政调查，配合公安机关查处大案、要案多起，洗钱犯罪打击效果明显。同时，深挖下游犯罪，推动洗钱定罪取得积极进展。在协助破获上游犯罪的同时，各级人民银行主动加强与公安、检察等部门的沟通联系，提前参与，积极协调，深入挖掘其中涉嫌洗钱犯罪的情节。

二是反洗钱监管工作持续深入。适时对金融机构开展现场检查，不断加强对报告机构的日常指导工作，不断提高重点可疑交易报告质量，指导报告机构完善反洗钱工作机制，处置潜在洗钱风险。2012年，浙江省内中国人民银行分支机构深入贯彻风险为本监管理念，按照“差别监管、分类指导”原则，共现场检查61家机构。中国人民银行江苏省分行对12家反洗钱工作基础较为薄弱的信托公司等六类机构，以及12家新纳入反洗钱义务主体的支付类法人机构，召开专题工作会议，要求其根据法律法规，规范健全反洗钱组织架构，履行反洗钱义务。中国人民银行上海总部对6家金融机构及支付机构开展了反洗钱执法检查。根据执法检查发现的违规事实，依法对相关机构进行了行政处罚。

三是反洗钱工作环境有所优化。浙江省组织开展主题为“警惕网络洗钱陷阱、增强反洗钱意识”的反洗钱宣传月活动，共主办或组织各类广场、街头宣传活动3 211次，群众参加34.6万余人次，进一步扩大了反洗钱工作的社会影响。通过网络、电视电话、现场培训、派遣师资等方式分批、分层次举办各类反洗钱培训41期，参加人数3 800余人。上海市组织金融机构和支付机构举办了反洗钱政策培训研讨班，认真开展反洗钱培训工作。

（资料来源：中国人民银行上海总部金融稳定部、
中国人民银行南京分行金融稳定处、
中国人民银行杭州中心支行金融稳定处）

第十一篇　机 构 名 录

一、2012年上海市金融机构名录

（一）金融管理机构名录

机构名称	地址	负责人	电话	邮编
中国人民银行上海总部	陆家嘴东路181号	张新	58845000	200120
中国银行业监督管理委员会上海监管局	合欢路35号华银大厦	廖岷	38650100	200135
中国证券监督管理委员会上海监管局	迎春路555号	张思宁	50121111	200135
中国保险监督管理委员会上海监管局	合欢路39号	马学平	38656666	200135
上海市金融服务办公室	大沽路100号	方星海	23111111	200003

（二）金融市场机构名录

机构名称	地址	负责人	电话	邮编
中国外汇交易中心暨 全国银行间同业拆借中心	张东路1387号30幢	胡正衡	63298988	201203
中国银联	含笑路36号	许罗德	68401888	200135
上海黄金交易所	河南中路99号	王喆	33189588	200001
上海证券交易所	浦东南路528号	黄红元	68808888	200120
上海期货交易所	浦电路500号	杨迈军	68400000	200122
中国金融期货交易所	世纪大道1600号6楼	张慎峰	50160666	200122
上海联合产权交易所	广东路689号3楼	蔡敏勇	63410000	200001
银行间市场清算所股份有限公司	中山南路318号33—34层	许臻	63321616	200010

（三）同业公会机构名录

机构名称	地址	负责人	电话	邮编
上海市银行同业公会	杨高南路428号2号楼20层	潘岳汉	68286900	200127
上海市证券同业公会	襄阳北路97号501室	储晓明	54042715	200031
上海市期货同业公会	浦电路500号2201A室	钱荣金	68400125	200122
上海市基金同业公会	世纪大道1600号11楼	陈敏	58203337	200122
上海市保险同业公会	中山南路1228号8楼	张俊才	63155989	200011

（四）银行业机构名录

1. 中资银行机构

（1）政策性银行

机构名称	地址	负责人	电话	邮编
国家开发银行上海市分行	浦明路68号	郭　濂	38784999	200120
中国进出口银行上海分行	浦东南路500号27—29楼	李　莅	68593366	200120
中国农业发展银行上海市分行	延安东路45号	山云达	63366336	200002
中国农业发展银行上海市闵行支行	莘庄镇莘浜路6号	陆　琪	64922148	201100
中国农业发展银行上海市嘉定支行	张马路20号	赵秋良	59526223	201800
中国农业发展银行上海市宝山支行	友谊路1518弄4号	戚海峰	56785844	201900
中国农业发展银行上海市南汇支行	惠南镇南门大街104号	胡　筠	58020875	201300
中国农业发展银行上海市奉贤支行	韩村路706号	丁为民	67103712	201400
中国农业发展银行上海市松江支行	文诚路338弄26号	倪永平	67665257	201620
中国农业发展银行上海市金山支行	石化卫零路611弄112号	童继宏	57965346	200540
中国农业发展银行上海市青浦支行	青湖路977号	阙　刚	69714508	201700
中国农业发展银行上海市崇明支行	崇明县城桥镇东门路125号	李　雄	69698525	202150
中国农业发展银行上海市浦东分行	源深路300号	徐　浩	58208123	200120
中国农业发展银行上海市分行营业部	延安东路45号	沈　战	63365464	200002

（2）中国工商银行上海市分行

机构名称	地址	负责人	电话	邮编
中国工商银行上海市分行	浦东大道9号	沈立强	58885888	200120
中国工商银行上海市宝山支行	淞滨路318号	王　睿	56845858	200940
中国工商银行上海市漕河泾开发区支行	宜山路900号	李毓菖	54235423	200233
中国工商银行上海市长宁支行	延安西路895号	苏岳勤	62252200	200050
中国工商银行上海市崇明支行	城桥镇南门路158号	陈　磊	69691942	202150
中国工商银行上海市分行第二营业部	即墨路88号	洪晓岚	58885888＊1221	200120
中国工商银行上海市分行营业部	中山东一路24号	徐晓萍	63211678	200002
中国工商银行上海市奉贤支行	南桥镇南中路48号	盛俊中	57102768	201400
中国工商银行上海市虹口支行	东大名路578号	钱勤新	25101800	200080
中国工商银行上海市虹桥开发区支行	娄山关路83号	张　政	62097999	200336
中国工商银行上海市黄浦支行	四川中路346号	周紫华	63392828	200002
中国工商银行上海市嘉定支行	清河路151号	杨　勇	59927999	201800
中国工商银行上海市金山支行	石化卫零路558号	王卫政	57964638	200540
中国工商银行上海市静安支行	康定路699号	胡霄骅	32184610	200040
中国工商银行上海市卢湾支行	淮海中路98号	王德湛	53858068	200021

（续表）

机 构 名 称	地 址	负责人	电 话	邮 编
中国工商银行上海市闵行支行	莘松路288号	王燕青	64889900	201100
中国工商银行上海市南汇支行	惠南镇城南路258号	冯 羽	58020695	201300
中国工商银行上海市浦东分行	浦东南路2024—2034号	秦 华	58757777	200127
中国工商银行上海市浦东开发区支行	金桥路1391号3—7层	吴燕芬	58993652	200129
中国工商银行上海市普陀支行	大渡河路388弄5号	徐光华	33606888	200060
中国工商银行上海市青浦支行	城中东路485号	吴晓春	59724800	201700
中国工商银行上海市松江支行	中山二路218—228号1层(平高大厦)、216号2—4层(平高大厦)	徐 莹	57813122	201600
中国工商银行上海市外滩支行	中山东二路11号	冯雁飞	63217777	200002
中国工商银行上海市徐汇支行	广元西路8号	王伟权	64475858	200030
中国工商银行上海市杨浦支行	控江路1698号	张 毅	65021880	200092
中国工商银行上海市闸北支行	河南北路485号	赵家骏	63642288	200071
中国工商银行上海市张江支行	张江路639号	江齐青	50797273	201120
中国工商银行上海市临港支行	临港新城新元南路555号	孙 伟	68284190	201306
中国工商银行上海市世博支行	耀华路8号	王育松	58680662	200126
中国工商银行上海市地铁支行	南京西路67号	郑唐浩	22057676	200003

(3) 中国农业银行上海市分行

机 构 名 称	地 址	负责人	电 话	邮 编
中国农业银行上海市分行	徐家汇路599号	刘桂平	53961888	200023
中国农业银行上海市分行信用卡中心	汉口路515号	许雪兴	63523645	200001
中国农业银行上海市分行信息技术管理部	桂箐路69号26幢	华建兴	34612888	200233
中国农业银行上海市分行电子银行部	宜山路888号2楼	陈志祥	34164510	200233
中国农业银行上海市分行委托资产处置中心	洪山路189号	王永明	58474246	200126
中国农业银行上海市分行营业部	延安东路518号	沙笑春	63512345	200001
中国农业银行上海市闵行支行	水清南路68号	陈 东	64136413	201199
中国农业银行上海市嘉定支行	塔城路355号	陆济忠	69919618	201800
中国农业银行上海市宝山支行	同济路131号	黄 雷	56676666	200940
中国农业银行上海市南汇支行	惠南镇听潮二路35号	陆 挺	68013002	201300
中国农业银行上海市奉贤支行	南奉公路8515号	杨卫超	57422445	201400
中国农业银行上海市松江支行	人民北路2—8号	冯国红	57813026	201600
中国农业银行上海市金山支行	蒙源路99号	李康康	57321258	200540
中国农业银行上海市青浦支行	公园路8号	王连军	69721333	201700
中国农业银行上海市崇明县支行	崇明县城桥镇人民路38号	陈 标	59622073	202150
中国农业银行上海市徐汇支行	天钥桥路30号	谢 斌	64279999	200030
中国农业银行上海市五角场支行	翔殷路1128号	吴海涛	65115858	200433

（续表）

机 构 名 称	地 址	负责人	电 话	邮 编
中国农业银行上海市静安支行	乌鲁木齐北路 207 号	陆青婕	62495599	200040
中国农业银行上海市长宁支行	定西路 998 号	施征宇	62111800	200050
中国农业银行上海市普陀支行	曹杨路 697 号	刘晓荒	32074590	200062
中国农业银行上海市闸北支行	天目西路 488 号	陈国忠	63548000	200070
中国农业银行上海市黄浦支行	福州路 666 号	向志良	63917636	200001
中国农业银行上海市虹口支行	吴淞路 469 号	俞金权	63091007	200081
中国农业银行上海市浦东分行	浦东南路 379 号	王世雄	58870000	200120
中国农业银行上海市川沙支行	新川路 385 号	丁惠华	58989013	201200
中国农业银行上海市金桥支行	新金桥路 188 号	马晓军	50311100	201206
中国农业银行上海市卢湾支行	徐家汇路 601 号	王 蓓	53961888	200023

（4）中国银行上海市分行

机 构 名 称	地 址	负责人	电 话	邮 编
中国银行上海市分行	银城中路 200 号	潘岳汉	38824500	200120
中国银行上海市分行营业部	中山东一路 23 号	费晓娴	63291979	200002
中国银行上海市普陀支行	长寿路 831 号	顾力星	52987711	200042
中国银行上海市徐汇支行	虹桥路 355 号	沈如春	34601188	200030
中国银行上海市闸北支行	恒丰路 218 号	郭 珩	61408555	200070
中国银行上海市中银大厦支行	银城中路 200 号	张骏燕	50372130	200120
中国银行上海市嘉定支行	塔城路 451 号	柏 京	69919000	201800
中国银行上海市黄浦支行	中山南路 328 号	张继为	63326806	200010
中国银行上海市杨浦支行	平凉路 1128 号	楼继忠	65194868	200090
中国银行上海市闵行支行	莘建路 256 号	张知遥	64889988	201100
中国银行上海市宝山支行	宝杨路 1008 号	胡正茂	56128852	201900
中国银行上海市奉贤支行	南桥镇人民中路 8 号	李 坚	57424369	201400
中国银行上海市金山支行	蒙山路 1111 号	沈 杰	69761609	200540
中国银行上海市长宁支行	延安西路 2067 号	盛振洲	62785055	200335
中国银行上海市浦东开发区支行	新金桥路 58 号	李 宁	50302277	201206
中国银行上海市南汇支行	康沈路 1727 号	吴文新	68111919	201318
中国银行上海市浦东分行	张杨路 838 号	方国华	58206780	200122
中国银行上海市静安支行	南京西路 1515 号	支 佐	52985587	200040
中国银行上海市松江支行	中山中路 208 号	刘 涓	57822162	201600
中国银行上海市卢湾支行	茂名南路 205 号	杨 军	64310909	200031
中国银行上海市青浦支行	城中东路 608 号	陈 纲	59729942	201700
中国银行上海市虹口支行	四川北路 1393 号	鲁影萍	63074844	200080

(5) 中国建设银行上海市分行

机构名称	地址	负责人	电话	邮编
中国建设银行上海市分行	淮海中路200号	王江	58880000	200021
中国建设银行上海市分行营业部	淮海中路200号	曹筠	68491322	200021
中国建设银行上海市分行大客户一部	延安东路700号	童志康	53850163	200001
中国建设银行上海市分行大客户二部	金陵东路499号	姚涣冰	63282190	200021
中国建设银行上海市分行大客户三部	淮海中路200号	洪誉	63181818	200021
中国建设银行上海市分行大客户四部	滇池路103号	李群	63232666	200002
中国建设银行上海市分行大客户五部	四川中路321号	纪万林	63231188	200002
中国建设银行上海闸北支行	天目西路290号	谢晨	63531915	200070
中国建设银行上海宝钢宝山支行	牡丹江路1398号	吴文新	56125612	201900
中国建设银行上海金山石化支行	金山区象州路52号	房师新	57942710	200540
中国建设银行上海黄浦支行	淮海东路85号	赵奇飞	63558695	200021
中国建设银行上海卢湾支行	徐家汇路530号	李群	64157878	200025
中国建设银行上海徐汇支行	衡山路920号	蔡宏	64072750	200030
中国建设银行上海长宁支行	延安西路2067号(6F)仲盛金融中心	周涛	62785139	200336
中国建设银行上海静安支行	愚园路172号	张志东	62491680	200040
中国建设银行上海普陀支行	长寿路95号	邹林	62996298	200060
中国建设银行上海虹口支行	吴淞路211号	关雁翎	63577626	200080
中国建设银行上海杨浦支行	长阳路1288号	齐红	65190446	200090
中国建设银行上海闵行支行	沪闵路6555号	丁云康	64126412	201100
中国建设银行上海嘉定支行	嘉定镇塔城路365号	董子泳	59526583	201800
中国建设银行上海松江支行	松江镇中山中路89号	衣寅炯	57721471	201600
中国建设银行上海奉贤支行	南桥镇解放中路332号	周瑾	57502457	201400
中国建设银行上海青浦支行	城中东路550号	黄勇	59729556	201700
中国建设银行上海崇明支行	崇明县城桥镇八一路387号	董宣忠	59622456	202150
中国建设银行上海浦东分行	陆家嘴环路900号	李骏	68490557	200120

(6) 交通银行

机构名称	地址	负责人	电话	邮编
交通银行	银城中路188号	胡怀邦	58781234	200120
交通银行上海市分行	中山南路99号	郑志扬	63111000	200010
交通银行上海市分行大客户一部	江西中路200号	乐自强	63213400	200002
交通银行上海市分行大客户二部	江西中路200号	袁翔	63213400	200002
交通银行上海市分行大客户三部	松涛路560号	李卓	50803986	201203
交通银行上海市分行大客户四部	商城路518号	沈卫东	58823456	200120
交通银行上海市分行大客户五部	新金桥路260号	钱国钦	60899091	201206

（续表）

机构名称	地址	负责人	电话	邮编
交通银行上海第一支行	中山南路99号	陆燕丽	63111000	200010
交通银行上海市分行营业部	江西中路200号	陆燕丽	63213400	200002
交通银行上海浦东分行	商城路518号	彭悦箐	58823456	200120
交通银行上海新区支行	新金桥路260号	欧阳琦	50316600	201206
交通银行上海徐汇支行	衡山路18号	厉　静	64669748	200031
交通银行上海长宁支行	江苏路508号	王成宝	62408461	200050
交通银行上海市西支行	江宁路350号	贺瑞康	62151235	200041
交通银行上海闸北支行	恒通路211号	叶晓宏	63549090	200070
交通银行上海虹口支行	四平路263号	陈　德	65225128	200081
交通银行上海杨浦支行	长阳路1317号	茅晓佩	65195656	200090
交通银行上海黄浦支行	淮海东路99号	罗日军	63861230	200021
交通银行上海宝山支行	淞滨路138—146号	董怡蓓	56841100	200940
交通银行上海闵行支行	文井路145号	戚慧康	64303804	200245
交通银行上海嘉定支行	城中路68号	鲁　联	59922288	201800
交通银行上海松江支行	人民北路227号	宋　滨	57815855	201600
交通银行上海临港新城支行	临港新城新元南路555号	曾文伟	68284197	201306
交通银行上海奉贤支行	南桥人民中路200号	柳春燕	57100666	201400
交通银行上海青浦支行	公园路348号	凌海强	59733533	201700
交通银行上海金山支行	卫清西路68号	程　华	37908000	201508
交通银行上海崇明支行	城桥镇新崇南路28号	沈　萍	69695559	202150

（7）上海浦东发展银行

机构名称	地址	负责人	电话	邮编
上海浦东发展银行	中山东一路12号	吉晓辉	61618888	200002
上海浦东发展银行上海分行	浦东南路588号	姜明生	68887000	200120
上海浦东发展银行第一营业部	中山东一路12号	袁　蕊	61618888	200002
上海浦东发展银行上海分行营业部	浦东南路588号	徐　俊	68887000	200120
上海浦东发展银行宝山支行	牡丹江路1283号	李　峥	56111666	201900
上海浦东发展银行长风支行	大渡河路168弄56号1层110A室	郭树森	32160822	200062
上海浦东发展银行长宁支行	长宁路855号	张以磊	62401568	200050
上海浦东发展银行崇明支行	崇明县城桥镇北门路228—236号	杨少波	59627078	202150
上海浦东发展银行奉贤支行	南桥镇解放中路352号	康志信	57180840	201400
上海浦东发展银行虹口支行	曲阳路731号	许建明	65543900	200437
上海浦东发展银行虹桥支行	兴义路8号	隋艳坤	52082418	200336
上海浦东发展银行黄浦支行	宁波路50号	俞建平	63291188	200002
上海浦东发展银行嘉定支行	博乐路199号	刘冰岩	59538383	201800
上海浦东发展银行金桥支行	金港路509号	肖逸琳	58994808	201206
上海浦东发展银行金山支行	卫清西路153—159号	陈天鸣	37907858	200540

（续表）

机　构　名　称	地　　址	负责人	电　话	邮　编
上海浦东发展银行静安支行	北京西路669号	翁维文	62185500	200041
上海浦东发展银行空港支行	启航路1000号	华　瑾	68841200	201202
上海浦东发展银行龙阳支行	龙阳路2277号	常　涛	50101188	201204
上海浦东发展银行陆家嘴支行	东方路710号汤臣金融中心底层	华　巍	58303888	200122
上海浦东发展银行卢湾支行	斜土路713号	顾　炯	53027256	200023
上海浦东发展银行闵行支行	闵行莘松路159号	陆海量	64882488	201100
上海浦东发展银行南汇支行	惠南镇人民东路3388号	钟　泉	58024800	201300
上海浦东发展银行南市支行	陆家浜路1011号	徐　军	51159500	200011
上海浦东发展银行普陀支行	长寿路746号	王汉斌	62300583	200060
上海浦东发展银行青浦支行	城中东路699号	吴乃君	59722888	201700
上海浦东发展银行三林支行	上南路4511—4525号	周明强	50109999	200123
上海浦东发展银行松江支行	松江乐都路388号	陆　明	57718547	201600
上海浦东发展银行外高桥保税区支行	加枫路18号	李数光	50482333	200131
上海浦东发展银行新华支行	番禺路483号	乔　华	32508319	200052
上海浦东发展银行徐汇支行	建国西路589号	宋志青	64458518	200031
上海浦东发展银行杨浦支行	许昌路1296号	顾建敏	65033118	200092
上海浦东发展银行闸北支行	天目西路123号	傅　翔	63531008	200070
上海浦东发展银行张江支行	科苑路151号	苗得雨	50801562	201203

(8) 上 海 银 行

机　构　名　称	地　　址	负责人	电　话	邮　编
上海银行	银城中路168号	范一飞	68475888	200120
上海银行信用卡中心	天目中路363号	冯雪飞	63174739	200070
上海银行小企业金融服务中心	中山南路318号13楼	朱会冲	63325352	200010
上海银行浦东分行	张杨路699号	方坚华	68409685	200120
上海银行福民支行	江西中路250号	徐　铃	63517905	200002
上海银行白玉支行	肇嘉浜路798号	宋利群	64669533	200030
上海银行浦西支行	中山南路318号	赵玉华	63323365	200010
上海银行黄浦支行	福州路120号	周　乐	63505582	200002
上海银行静安支行	陕西北路80号	陈　新	32274666	200041
上海银行卢湾支行	复兴中路369号	王晓岗	63266567	200025
上海银行徐汇支行	南丹东路238号	朱守元	64271483	200030
上海银行长宁支行	仙霞路320号	顾超然	62095115	200336
上海银行虹口支行	吴淞路408号	徐　峰	63647791	200080
上海银行杨浦支行	国宾路46号	胡　敏	33620162	200433
上海银行闸北支行	梅园路228号	唐晨壬	63818765	200070
上海银行普陀支行	曹杨路500号	刘兆庆	62441932	200063

（续表）

机构名称	地址	负责人	电话	邮编
上海银行漕河泾支行	康健路66、68、70号	顾卫东	64808225	200233
上海银行金山支行	卫清西路185—201号	孙 劼	57943294	200540
上海银行闵行支行	七莘路1885号	陈 华	52961188	201101
上海银行宝山支行	牡丹江路1528号	丁 兵	56116660	201900
上海银行青浦支行	青安路39号	卜月林	59723023	201700
上海银行奉贤支行	南奉公路9639号	吴祖亮	67117617	201400
上海银行南汇支行	惠南镇人民东路2881号	陈君杰	58002368	201300
上海银行嘉定支行	塔城路388号	陈 新	69988282	201800
上海银行松江支行	中山中路199号	戚美荣	57723678	201600
上海银行崇明支行	崇明县城桥镇东门路465—485号	倪国庆	69631306	202150

(9) 上海农商银行

机构名称	地址	负责人	电话	邮编
上海农商银行	银城中路8号15—27楼	胡平西	38576666	200120
上海农商银行总行营业部	延安西路728号	陈 跃	52381688	200050
上海农商银行滨江支行	银城中路8号底层	李 斌	38575160	200120
上海农商银行浦东分行	世纪大道1500号	王建平	50588619	200122
上海农商银行闵行支行	七莘路670号1、2层	吴以浩	64885278	201319
上海农商银行嘉定支行	塔城路386号	项伟民	69988911	201800
上海农商银行宝山支行	牡丹江路1198号	仇忠亮	56676900	200940
上海农商银行南汇支行	惠南镇少年路5号	朱忠文	58012035	201300
上海农商银行奉贤支行	南奉公路9780号	徐文洁	57106290	201400
上海农商银行松江支行	人民北路405号	杨园君	57728322	201600
上海农商银行金山支行	卫清西路505号	王仁康	57961842	200540
上海农商银行青浦支行	公园路399号	张金明	59718208	201700
上海农商银行崇明支行	崇明县城桥镇北门路188号	许建华	59620534	202150
上海农商银行徐汇支行	肇嘉浜路9弄3—7号	乔东林	64228151	200032
上海农商银行普陀支行	新村路599号	张根林	56357446	200333
上海农商银行虹口支行	松花江路2721号	张伟昌	55884187	200437
上海农商银行杨浦支行	黄兴路1599号	张烈军	55123303	200433
上海农商银行闸北支行	共和路169号一楼	王亚青	56626165	200070
上海农商银行长宁支行	古北路555弄8号	包继军	52067918	200051
上海农商银行黄浦支行	广东路500号一楼东侧	刘 涌	63620177	200001
上海农商银行卢湾支行	瞿溪路822号	陈雪松	53023019	200023
上海农商银行静安支行	北京西路770号	李 斌	62173377	200041
上海农商银行张江科技支行	张衡路500弄B区8号103—108室	李天明	61681372	201204

（10）中国邮政储蓄银行上海分行

机 构 名 称	地 址	负责人	电 话	邮 编
中国邮政储蓄银行上海分行	九江路38号	敞宗泉	63292666	200002
中国邮政储蓄银行上海分行营业部	九江路38号	顾碧青	63293268	200002
中国邮政储蓄银行上海静安区支行	北京西路1757号	倪 强	62312723	200040
中国邮政储蓄银行上海徐汇区支行	宛平南路99弄1号3楼	蔡 春	64413966	200032
中国邮政储蓄银行上海闸北区支行	恒丰路605号	何志刚	65558450	200070
中国邮政储蓄银行上海浦东新区支行	蓝村路2号	陈建平	58399878	200127
中国邮政储蓄银行上海闵行区支行	莘建路120号	王 卓	64887400	201100
中国邮政储蓄银行上海宝山区支行	双城路803弄9号楼15楼	郭长生	69711633	201700
中国邮政储蓄银行上海奉贤区支行	南桥镇南桥路199号	葛建刚	57412200	201400
中国邮政储蓄银行上海松江区支行	人民南路65号	沈 彬	57815284	201600
中国邮政储蓄银行上海青浦区支行	青浦公园655号	秦建忠	69711633	201700
中国邮政储蓄银行上海嘉定区支行	平城路56号	蔡建英	69036288	201899
中国邮政储蓄银行上海金山区支行	金一东路233号	卢 盛	57955111	201540
中国邮政储蓄银行上海南汇区支行	惠南镇北门大街33号	金 鸣	58000033	201300
中国邮政储蓄银行上海川沙区支行	翔川路392号	俞 彬	50118178	201200
中国邮政储蓄银行上海崇明县支行	崇明县城桥镇八一路365号	李建昌	59623521	202150
中国邮政储蓄银行上海黄浦区支行	中山南路76号A楼2—3层	侯洋龙	53217166	200010
中国邮政储蓄银行上海虹口区支行	恒丰路601号3楼	张国雄	63170051	200070
中国邮政储蓄银行上海长宁区支行	武夷路348号2楼	励剑麟	62809630	200050
中国邮政储蓄银行上海普陀区支行	东新路360号4楼	颜卫明	62032378	200063
中国邮政储蓄银行上海杨浦区支行	安波路569号三楼	蔡建杰	65336996	200433

（11）中信银行上海分行

机 构 名 称	地 址	负责人	电 话	邮 编
中信银行上海分行	富城路99号	吴小平	58776287	200120
中信银行上海分行营业部	富城路99号	杨宇星	58778990	200120
中信银行上海南京东路支行	南京东路61号	顾 宏	23029225	200002
中信银行上海淮海路支行	淮海中路1355号	李德英	64318266	200031
中信银行上海普陀支行	宁夏路328号	汪 涛	52350398	200063
中信银行上海漕河泾支行	苍梧路12号	吴文宇	64837775	200233
中信银行上海北京西路支行	北京西路1691号	顾睿彦	62886728	200040
中信银行上海中山公园支行	宣化路300号	沈韶明	62671210	200040
中信银行上海虹桥支行	延安西路2077号	潘静一	62193869	200336
中信银行上海虹口支行	四川北路1755号	顾志涛	56969986	200081
中信银行上海黄浦支行	西藏南路518号	周志勇	63919081	200021
中信银行上海四平路支行	四平路204号	张文杰	65078638	200086

（续表）

机构名称	地址	负责人	电话	邮编
中信银行上海外滩支行	北京东路290号	乐　奕	63211118	200002
中信银行上海松江支行	新松江路1338弄117—119号	张剑平	67828223	201620
中信银行上海闵行支行	莘建路160号	龚红燕	64887925	201100
中信银行上海卢湾支行	打浦路268号	周晓东	63032871	200023
中信银行上海富丽大厦支行	江宁路1306弄11号	王庆凤	62986390	200060
中信银行上海南汇支行	人民东路2569号	金　敏	68245115	201300
中信银行上海张江支行	科苑路201号	徐悦宁	50277538	201203
中信银行上海闸北支行	沪太路559号	邱　玥	66581231	200070
中信银行上海青浦支行	青安路288号	陶　然	69721957	201700
中信银行上海宝钢宝山支行	牡丹江路1278号	衣学政	66593601	201900
中信银行上海嘉定支行	金沙路1号	沈奇青	59928607	201800
中信银行上海古北支行	古北路1088号	曹洵如	62951938	201103
中信银行上海中环支行	梅川路1275号	徐　琪	52822019	200333
中信银行上海浦东分行营业部	东方路710号	林小锋	58310216	200120
中信银行上海徐汇支行	漕溪北路737弄1号	胡雪梅	54255508	200030
中信银行上海五牛城支行	浦东大道1085号	刘　峰	58218689	200135
中信银行上海中信泰富广场支行	南京西路1168号	谭　瑾	52925139	200041
中信银行上海长宁支行	江苏路398号	何　梅	32506228	200050
中信银行上海五角场支行	四平路2543号	赵雪萍	65106099	200433
中信银行上海联洋支行	长柳路88号	张　鹏	68543969	200135
中信银行上海市中支行	成都北路333号	郑　艳	52981299	200041
中信银行上海沪西支行	天山路919号	徐　波	62335052	200051
中信银行上海奉贤支行	环城南路1070号	邢　军	57188867	201400
中信银行上海外高桥支行	日京路28号	张弛雷	58682200	200131
中信银行上海北外滩支行	杨树浦路147号	顾　海	65456096	200082
中信银行上海人民广场支行	金陵东路500号	符玥青	63281159	200021
中信银行上海南外滩支行	中山南路28号	易　慧	63333053	200010
中信银行上海周浦支行	沪南路3439弄57号	陆　雄	20983313	201318
中信银行上海大柏树支行	曲阳路908号	郎唯亚	55896729	200437
中信银行上海徐家汇支行	漕溪北路331号	薛　莉	33973706	200030

（12）中国光大银行上海分行

机构名称	地址	负责人	电话	邮编
中国光大银行上海分行	世纪大道1118号	刘　珺	63606360	200002
中国光大银行上海分行营业部	世纪大道1118号	张雷文	63606360	200002
中国光大银行上海浦东支行	张杨路630号	倪　镇	58356677	200122
中国光大银行上海浦东第二支行	浦建路15号	柳美娟	61641288	200127
中国光大银行上海虹口支行	四平路210号	陈旭东	65086789	200086

（续表）

机　构　名　称	地　　址	负责人	电　话	邮　编
中国光大银行上海徐汇支行	虹桥路 188 号	张　颂	64692466	200030
中国光大银行上海静安支行	新闸路 955 号	王　健	62870303	200041
中国光大银行上海闸北支行	天目西路 218 号	郑　颖	63549292	200070
中国光大银行上海黄浦支行	黄陂北路 227 号	刘　寅	63758600	200003
中国光大银行上海市北支行	康定路 1592 号	吴　伟	62304535	200042
中国光大银行上海古北支行	宋园路 105 号	许海敏	62705601	200336
中国光大银行上海淮海支行	新华路 455 弄 1 号	蒋　澍	62810018	200052
中国光大银行上海不夜城支行	天目中路 383 号	陈孜胤	63541144	200070
中国光大银行上海南市支行	陆家浜路 1139 号	刘　泓	63452642	200011
中国光大银行上海市中支行	西藏中路 579 号	周　期	63501157	200003
中国光大银行上海市南支行	斜土路 500 号	章　斌	53027611	200023
中国光大银行上海北外滩支行	东大名路 378 号	戎　坤	65952555	200080
中国光大银行上海长宁支行	天山路 1111 号	杜建伟	52127228	200051
中国光大银行上海漕河泾开发区支行	漕宝路 68 号	蒋　雯	64326331	200233
中国光大银行上海外滩支行	天津路 2 号	刁如华	63612346	200020
中国光大银行上海市东支行	东体育会路 990 号	陈苗青	55399959	200437
中国光大银行上海外高桥保税区支行	外高桥保税区台北西路 168 号	胡　萃	50461509	200131
中国光大银行上海松江支行	人民北路 171 弄 1 号	王　巍	57816677	201600
中国光大银行上海嘉定支行	城中路 76 号	徐向军	69988898	201800
中国光大银行上海花木支行	东绣路 575 号	史俊玮	50458521	200127
中国光大银行上海宝山支行	牡丹江路 1317 号	龚　兵	56107456	201900
中国光大银行上海金桥支行	新金桥路 201 号	夏　劲	50318880	201206
中国光大银行上海闵行支行	水清南路 20 号	陆胜权	64149797	201100
中国光大银行上海杨浦支行	政通路 218 号	奚　洁	55660900	200433
中国光大银行上海青浦支行	青松路 22 号	管银熙	59721911	201700
中国光大银行上海市西支行	愚园路 864 号	何　娟	62133136	200050
中国光大银行上海真新支行	梅川路 1550 号	濮蓉蓉	69192268	201824
中国光大银行上海卢湾支行	复兴中路 1 号	杨　健	63368828	200021
中国光大银行上海普陀支行	兰溪路 179 号	苗逢光	52663930	200062
中国光大银行上海大华支行	大华二路 268 号	张坚军	66393888	200442
中国光大银行上海昌里支行	齐河路 280—286 号	顾旗旗	58729188	200126
中国光大银行上海常德支行	新闸路 1518 号	吴慧敏	61229538	200040
中国光大银行上海金山支行	卫清西路 508 号	杨忠铭	67965533	200540
中国光大银行上海期交所支行	世纪大道 1589 号	钱文佳	58310110	200122
中国光大银行上海长兴岛支行	崇明县长兴岛乡江南大道 988 号	王　玮	60862003	201913
中国光大银行上海江宁支行	江宁路 1153 号	王俊毅	62765003	200060
中国光大银行上海联洋支行	迎春路 821 号	董晓春	60933969	200135
中国光大银行上海龙茗支行	漕宝路 1505 号	计宇涛	54782383	201101

（续表）

机构名称	地址	负责人	电话	邮编
中国光大银行上海彭浦支行	汾西路471号	俞世俊	56911997	200435
中国光大银行上海周浦支行	年家浜路426号	辛　辉	68128018	201318
中国光大银行上海奉贤支行	环城东路467、471号	陆传峰	61909176	201400
中国光大银行上海天山支行	哈密路198号	张建平	32170396	200336
中国光大银行上海控江支行	许昌路1566号	王　华	33811986	200092
中国光大银行上海南翔支行	沪宜公路1158号	金宝明	60713379	201802

(13) 华夏银行上海分行

机构名称	地址	负责人	电话	邮编
华夏银行上海分行	浦东南路256号	郑　超	38839666	200120
华夏银行上海分行营业部	浦东南路256号	孙友江	38839666	200120
华夏银行上海杨浦支行	控江路1207号	柴淑芳	65195796	200093
华夏银行上海虹口支行	甜爱支路17号	杨拯华	65089595	200092
华夏银行上海浦东支行	东方路738号	董　霖	58202730	200122
华夏银行上海徐汇支行	肇嘉浜路807号	孟海疆	64287360	200032
华夏银行上海外滩支行	中山南路76号B座	康文捷	63390990	200002
华夏银行上海大柏树支行	中山北一路1200号	叶　南	65605025	200437
华夏银行上海普陀支行	西康路1329号	郭奕鸣	62981424	200060
华夏银行上海虹桥支行	古北路458号	方海瑞	62289859	200336
华夏银行上海闸北支行	秣陵路38号	赵淑琴	63805390	200070
华夏银行上海外高桥支行	台中南路2号	李建华	50484812	200131
华夏银行上海闵行支行	莘松路183号	王惠明	54958187	201100
华夏银行上海陆家嘴支行	浦东南路1036号	陈建忠	58774406	200120
华夏银行上海黄浦支行	中华路1465号	陆维勤	63697055	200010
华夏银行上海静安支行	威海路218号	王宏斌	52981647	200041
华夏银行上海长宁支行	长宁路515号	陈方晓	52395702	200050
华夏银行上海卢湾支行	鲁班路279号	吴彩虹	53014486	200023
华夏银行上海市西支行	北京西路1828号	李佳得	62258866	200040
华夏银行上海南汇支行	秀沿路885号	沈志军	68069933	201315
华夏银行上海宝山支行	牡丹江路1338号	赵　莉	56110330	201900
华夏银行上海嘉定支行	塔城路453-1号	杨文豪	69919966	201800
华夏银行上海临港支行	鸿音路2899号	陆　斌	38258970	201306
华夏银行上海奉贤支行	德丰路299弄1号	沈　洁	37580390	201400
华夏银行上海青浦支行	城中北路780号	项　军	69795577	201700
华夏银行上海张江支行	哈雷路1133号	刘天凤	33909613	201203
华夏银行上海松江支行	南期昌路701号	朱　虹	37705053	201620
华夏银行上海漕河泾支行	桂平路391号B座104—106室	杨　磊	54203270	200233

(14) 中国民生银行上海分行

机构名称	地址	负责人	电话	邮编
中国民生银行上海分行	浦东南路100号	王建平	61877000	200120
中国民生银行上海分行营业部	浦东南路100号	刘佳敏	61874005	200120
中国民生银行上海广场支行	威海路48号	张湘云	53857700	200003
中国民生银行上海外滩支行	同心路8号	李　丽	63298200	200002
中国民生银行上海浦东支行	东方路836号	萧　珂	68867975	200122
中国民生银行上海市西支行	长寿路1118号	袁丽莉	62116331	200042
中国民生银行上海市北支行	沪太路549号	陆晓斌	66580860	200070
中国民生银行上海市东支行	四平路529号	戚云峰	65211903	200092
中国民生银行上海徐汇支行	肇嘉浜路1033号	朱立佶	64271274	200030
中国民生银行上海黄浦支行	九江路399号	陈申炜	63601060	200001
中国民生银行上海虹桥支行	仙霞路88号	计晓桦	62700510	200336
中国民生银行上海市南支行	徐家汇路550号	杨　迅	54658899	200025
中国民生银行上海静安支行	海防路435号	刘书英	62489119	200040
中国民生银行上海嘉定支行	塔城路430号	马蓓蓓	69919167	201800
中国民生银行上海闵行支行	莘松路405号	黄　翔	64986498	201100
中国民生银行上海浦江支行	昌里路97号	罗宣东	63372198	200126
中国民生银行上海陆家嘴支行	张杨路1498号	王汝欣	50338775	200135
中国民生银行上海长宁支行	定西路1115号	徐黎丽	62407473	200050
中国民生银行上海外高桥支行	夏碧路62号	李洪波	58624073	200131
中国民生银行上海虹口支行	黄浦路53号	钟灵芝	53931111	200082
中国民生银行上海市中支行	江宁路261号	蒋　玮	62715318	200041
中国民生银行上海汽车城支行	安亭镇墨玉路29号	蔡　莹	59569120	201805
中国民生银行上海卢湾支行	西藏南路238号	康永健	63343712	200021
中国民生银行上海福山支行	浦东大道729号	金芳芳	50816636	200120
中国民生银行上海华山支行	淮海西路55号	夏　露	52989810	200030
中国民生银行上海西南支行	肇嘉浜路333号	李玉婵	64033377	200032
中国民生银行上海东门支行	中华路179号	郑　利	63304240	200010
中国民生银行上海松江支行	谷阳北路277号	孟天乐	57825353	201600
中国民生银行上海丽园支行	制造局路188号	向　阳	53015053	200023
中国民生银行上海世纪公园支行	民生路1286号	张　颖	61002900	200135
中国民生银行上海延中支行	延安西路726号	陈丽伟	52395513	200050
中国民生银行上海东方支行	福山路458号	鲁燕华	68756050	200122
中国民生银行上海京门支行	石门二路181号	陈晓军	52282690	200041
中国民生银行上海普陀支行	长寿路127号	张　伟	62778113	200060
中国民生银行上海延平支行	延平路81号	艾宝伦	62328610	200042
中国民生银行上海漕河泾支行	康健路38号	鞠青松	33683008	200235
中国民生银行上海天钥支行	天钥桥路458号	赵　彤	64868855	200030

（续表）

机构名称	地址	负责人	电话	邮编
中国民生银行上海杨浦支行	黄兴路 2009 号	黄 菁	55063655	200433
中国民生银行上海滨江支行	浦东南路 1426 号	赵 菁	58778368	200122
中国民生银行上海宝山支行	牡丹江路 1272 号	赖烈娜	56113203	201900
中国民生银行上海古北支行	红宝石路 500 号	胡 峻	32092510	201103
中国民生银行上海期交所支行	浦电路 500 号	张志伟	68400025	200122
中国民生银行上海青浦支行	青湖路 1023 号	袁 征	69728107	201799
中国民生银行上海曹杨支行	曹杨路 503 号	张剑锋	32516257	200063
中国民生银行上海吴中支行	吴中路 1155 号	陆 钧	64055891	201103
中国民生银行上海七宝支行	七莘路 2888 号	夏爱华	24201922	201101
中国民生银行上海南汇支行	周浦年家浜路 340 号	计秋明	68124292	201318
中国民生银行上海花木支行	银霄路 280 号	应 玲	50452500	201204
中国民生银行上海九亭支行	九亭镇九新公路 289-1 号	李 梅	67859288	201615
中国民生银行上海曹安支行	丰庄路 521 号	王海华	39118293	201824
中国民生银行上海凯旋支行	凯旋路 3131 号	熊志晖	54251266	200030
中国民生银行上海奉贤支行	奉浦环城东路 603 号	李 敏	67103003	201400
中国民生银行上海大华支行	大华路 352 号	梁潇洁	56318387	200442
中国民生银行上海金桥支行	浦东新区张杨路 3555 号金桥国际商业广场 10 座	陈良运	20223791	200136
中国民生银行上海新泾支行	金钟路 607 号	舒昱君	62386655	200335
中国民生银行上海武宁支行	武宁路 507 号	吴美芳	52715360	200063
中国民生银行上海逸仙支行	逸仙路 15 号	阳成洁	55386203	200437
中国民生银行上海金山支行	蒙山路 996 号	苗 瑾	37907766	200540
中国民生银行上海泗泾支行	泗砖路 101 号	蔡 军	67655676	201601
中国民生银行上海同福支行	板泉路 2007 号	刘 菁	68588863	200123
中国民生银行上海九星支行	虹莘路 2795 号	顾剑锋	64615988	201101

（15）招商银行上海分行

机构名称	地址	负责人	电话	邮编
招商银行上海分行	陆家嘴东路 161 号 7 楼	连柏林	58795555-9018	200120
招商银行上海静安寺支行	北京西路 1700 号	许雪红	62551110	200040
招商银行上海曹杨支行	曹杨路 188 号	张 迅	52352219	200063
招商银行上海徐家汇支行	漕溪北路 18 号	陈金升	64698135	200030
招商银行上海长乐支行	常熟路 158 号	张 晖	54051150	200031
招商银行上海长宁支行	长宁路 1266 号	沈 洁	52728877 * 218	200051
招商银行上海曹家渡支行	长寿路 1148 号	熊晨岚	62112829	200042
招商银行上海长阳支行	长阳路 1441 号	徐海虹	53825656-799	200090
招商银行上海东大名支行	东大名路 700 号	谢钟鸣	65966128	200080
招商银行上海新外滩支行	东大名路 908 号	翁 敏	65950463	200080
招商银行上海东方支行	东方路 902—904 号	陈思青	50810243	200122

（续表）

机 构 名 称	地 址	负责人	电 话	邮 编
招商银行上海延西支行	法华镇路555号	李海松	62827215	200052
招商银行上海江湾支行	丰镇路1号	鲁 民	65440011	200434
招商银行上海福州路支行	福州路646号	许 竞	63616898	200001
招商银行上海豫园支行	河南南路378号	汤德君	63340670	200010
招商银行上海新客站支行	天目西路455号恒汇国际大厦1楼	宋晓萍	32537020	200070
招商银行上海华灵支行	华灵路1号	徐 麟	66343355-107	200436
招商银行上海淮海支行	淮海中路1155号	潘 艳	64332423	200031
招商银行上海淮中支行	淮海中路398号	张昱蒨	53825656-799	200020
招商银行上海五角场支行	黄兴路2000号	沈国强	55055050-219	200433
招商银行上海嘉定支行	嘉定区塔城路399号	陆 江	59537072	201800
招商银行上海江宁支行	江宁路1296号	卜 景	62272946	200060
招商银行上海金桥支行	金桥路1398号	宣培栋	50753796	201206
招商银行上海张江支行	科苑路88号	潘浩玉	50806828-120	201203
招商银行上海丽园支行	丽园路1015号	束学连	63042292-103	200023
招商银行上海天山支行	天山路762号304室	沈 立	62335219	200051
招商银行上海分行营业部	陆家嘴东路161号	褚洪珺	58790043	200120
招商银行上海民生支行	民生路600号	石海兰	58520355-102	200135
招商银行上海宝山支行	牡丹江路1577号	张 新	56128533-216	201900
招商银行上海南西支行	南京西路128号1501室	沈大钧	63591332	200003
招商银行上海人民广场支行	南京西路456号	肖 伟	63278989-111	200003
招商银行上海世纪大道支行	世纪大道1589号	戴深宇	50587622	200122
招商银行上海古北支行	水城南路75号	陈 镌	62085711	201103
招商银行上海川北支行	四川北路1717号1609室	周跃敏	63936555	200080
招商银行上海四平支行	四平路1396号	万 钢	33628029	200092
招商银行上海松江支行	人民北路92—98号	陆 毅	57826760-308	201600
招商银行上海天目支行	天目东路258号	陈 华	51270800	200071
招商银行上海天钥桥支行	天钥桥路86号	龚宏强	54250082	200030
外高桥保税区支行	富特西一路333号	徐培琪	58663349	200131
招商银行上海大宁支行	广中路957号	徐伟峰	66242020	200072
招商银行上海闵行支行	莘松路365号	饶 芳	54958899-203	201100
招商银行上海泰兴支行	新闸路847号	张 宜	62186862	200041
招商银行上海源深支行	羽山路102—108号	张 巍	50939995-114	200135
招商银行上海张杨支行	张杨路810号	汪冬萍	58352663	200122
招商银行上海大木桥支行	肇嘉浜路333号	刘 宜	64226802	200032
招商银行上海高安支行	肇嘉浜路680号	许昌东	64719955-212	200233
招商银行上海外滩支行	中山东一路16号	李 莉	63528270	200002
招商银行上海中山支行	中山南路1867号	唐明春	63086387	200011
招商银行上海中远两湾城支行	中潭路91弄3号	来拥军	52956821	200061
招商银行上海虹桥支行	遵义南路88号	王昕红	62708721	200336

（续表）

机构名称	地址	负责人	电话	邮编
招商银行上海虹口体育场支行	花园路32号	谢玉凤	68590397	200083
招商银行上海新天地财富管理中心	兴业路193号	赵 静	53822823	200020
招商银行上海延东支行	延安东路700号1楼104室	李海静	58350115	200001
招商银行上海联洋支行	芳甸路300号"联洋广场"C区一层C106单元	倪遥遥	61637167	200135
招商银行上海长宁财富管理中心	长宁路1266号4楼	孔 涓	52731636	200051
招商银行上海田林支行	田林路140号15单元	邓琳琳	60823369	200233
招商银行上海浦东大道支行	浦东大道535号	杨苏秦	58520355	200120
招商银行上海宜山支行	虹桥路355号城开国际大厦1楼101—105单元	甘剑亮	64071212	200030
招商银行上海金陵支行	金陵东路569号101、201室招商银行	王 杰	53821222	200001
招商银行上海金沙江支行	金沙江路1759号A座1层	王 怡	32550101	200333
招商银行上海杨思支行	上南路3063号	康铁军	50172729	200002
招商银行上海奉贤支行	南奉公路9777号5楼	徐玮峰	57410259	201400
招商银行上海创智天地支行	淞沪路333号101单元	沈国强	55675565＊806	200433
招商银行上海吴中路支行	田林路140号	马欣旻	60839500＊109	200233
招商银行上海瑞虹支行	天宝路123号	翁 敏	55139585	200086

（16）兴业银行上海分行

机构名称	地址	负责人	电话	邮编
兴业银行上海分行	江宁路168号	于晓青	62677777	200041
兴业银行上海虹桥支行	仙霞路137号	徐志宏	62342243	200051
兴业银行上海卢湾支行	蒙自路59号	张 隽	53025345	200023
兴业银行上海大柏树支行	逸仙路661号	杨 敏	51251155	200434
兴业银行上海市南支行	鲁班路160号	周 立	53020908	200023
兴业银行上海松江支行	人民北路181号	丁玉兰	67722330	201600
兴业银行上海杨浦支行	本溪路225号	郭丽萍	55969077	200092
兴业银行上海闵行支行	莘建路258号	许浩峰	64981100	201100
兴业银行上海人民广场支行	威海路147号	陈志康	63599577	200003
兴业银行上海浦东支行	东方路710号	李崇凯	58303977	200112
兴业银行上海华山支行	肇嘉浜路909号	谢如明	54894305	200030
兴业银行上海长宁支行	华山路800弄6号	孟健平	52391930	200050
兴业银行上海宝山支行	牡丹江路1285号	顾 政	56123119	201900
兴业银行上海漕河泾支行	宜山路540号	宋全斌	64756170	200233
兴业银行上海徐汇支行	肇嘉浜路238号	周勇义	64671116	200031
兴业银行上海虹口支行	四川北路1955号	龚建生	65870204	200081
兴业银行上海静安支行	万航渡路99号	张顺国	62895580	200040
兴业银行上海黄浦支行	北京东路117号	卓恺农	63210008	200002
兴业银行上海金沙江支行	中山北路3553号	曹东胜	62453553	200062
兴业银行上海南外滩支行	制造局路584号	梅 珺	63155128	200023

（续表）

机 构 名 称	地 址	负责人	电 话	邮 编
兴业银行上海普陀支行	常德路1199号	韩雅维	62668961	200060
兴业银行上海嘉定支行	塔城路265号	徐加军	69530260	201800
兴业银行上海陆家嘴支行	浦建路145号	蔡成钢	58396700	200127
兴业银行上海淮海支行	兴业路180号	翁德章	53835326	200020
兴业银行上海武宁支行	武宁南路408号	刘筱华	62322322	200042
兴业银行上海闸北支行	天目西路500号	陈日新	63807572	200070
兴业银行上海南汇支行	惠南镇人民西路89—95号	吕 亮	58011666	201300
兴业银行上海市中支行	成都北路600号	吴爱华	63726119	200003
兴业银行上海七宝支行	吴宝路255号	陈惠琴	54495821	201101
兴业银行上海青浦支行	青湖路1010号	吴健青	69728297	201700
兴业银行上海奉贤支行	南桥镇环城南路1099号	王 勤	37596692	201400
兴业银行上海市北支行	保定路621号	陈炜明	65633889	200086
兴业银行上海市西支行	梅川路1325号	林 坚	52787996	200333
兴业银行上海五角场支行	淞沪路290号	谈悦楚	33811869	200433
兴业银行上海龙柏支行	红松路227号	王 勇	55343292	201103
兴业银行上海沪闵支行	龙茗路1186号	张 毅	52968969	201101
兴业银行上海彭浦支行	汾西路459号	张 忠	36392120	200435
兴业银行上海交易所支行	世纪大道1701号	陈 启	50203692	200122
兴业银行上海天山支行	天山路600弄1号	何锷扬	62338356	200051

（17）广发银行上海分行

机 构 名 称	地 址	负责人	电 话	邮 编
广发银行上海分行	徐家汇路555号	莫宝鸿	63022233	200023
广发银行上海分行营业部	徐家汇路555号	徐 斌	63022233	200023
广发银行上海浦东支行	浦东南路855号	吴春宁	58369010	200120
广发银行上海外滩支行	黄浦路99号	沈 超	63250707	200080
广发银行上海徐汇支行	肇家浜路746号	邵 敏	64450558	200030
广发银行上海虹口支行	四平路188号	张秋玲	65228977	200086
广发银行上海静安支行	北京西路1068号	王艳辉	62584384	200041
广发银行上海南汇支行	惠南镇城南路1号	夏国才	68037370	201300
广发银行上海松江支行	中山中路245号	曹建华	57823333	201600
广发银行上海长宁支行	淮海西路666号101、102、103、104室	王 虹	62813177	200052
广发银行上海黄浦支行	徽宁路665号商铺	龚汉兵	63128900	200011
广发银行上海虹桥支行	古北路716号	葛剑辉	62090509	200336
广发银行上海延安支行	镇宁路251号	陈金隆	62519900	200050
广发银行上海宝山支行	牡丹江路1211号	郭 榆	56113038	200940
广发银行上海淮海支行	淮海中路1360号	郑红宇	62813177	200052

（续表）

机构名称	地址	负责人	电话	邮编
广发银行上海福州路支行	福州路318号102B、501室	田 滨	62078339	200001
广发银行上海闵行支行	莘朱路222弄268号	郑敏之	54153366	201100
广发银行上海嘉定支行	博乐路172号	吴 进	69919902	201800
广发银行上海闸北支行	天目中路267号	周海巍	51016828	200070
广发银行上海普陀支行	梅川路1275号	陈爱忠	52821111	200333
广发银行上海青浦支行	华青南路489号	毕春虎	33863919	201700
广发银行上海金山支行	卫清西路150号	徐文光	33699330	200540
广发银行上海大柏树支行	汶水东路29号	尤 莹	65161155	200437
广发银行上海奉贤支行	南桥镇环城东路西侧608号	谢玲珑	37566633	201400
广发银行上海桃浦支行	真南路1288号107室、601室	黄伟达	62556512	200331
广发银行上海长寿支行	昌化路926号、932号、946号、962号1楼、2楼	施 琳	52400590	200060
广发银行上海五角场支行	黄兴路1621号、1625号103、105、107、109、111、113、115室	杨忠相	55229980	200433
广发银行上海大宁支行	共和新路1301号南楼1层	王 莹	63061669	200070
广发银行上海漕河泾支行	宜山路700号	李逸云	64821966	200233

（18）平安银行上海分行

机构名称	地址	负责人	电话	邮编
平安银行上海分行	陆家嘴环路1333号	杨 华	58877777	200120
平安银行上海分行营业部	陆家嘴环路1333号	陈 新	58877777	200120
平安银行上海浦南支行	浦东南路1351号	吴桂国	58827203	200012
平安银行上海延东支行	吴淞路130号	郑 青	63303333	200002
平安银行上海南京西路支行	南京西路920号	罗聚荣	62717998	200041
平安银行上海西南支行	漕溪北路1200号	吉红艳	64395577	200030
平安银行上海长宁支行	定西路1299号	薛虹霞	52413131	200050
平安银行上海虹口支行	四川北路1661号	江 源	63253358	200080
平安银行上海普陀支行	曹杨路171号	张伟航	52350055	200063
平安银行上海卢湾支行	徐家汇路560号	陆荣华	64729577	200025
平安银行上海市东支行	周家嘴路1081号、1085号	裔 骏	65633450	200092
平安银行上海淮海支行	延安东路700号	韩 勤	53851008	200001
平安银行上海陆家嘴支行	浦东南路500号	朱 刚	58784818	200120
平安银行上海市中支行	虹桥路628号	王志明	64485500	200030
平安银行上海黄浦支行	九江路333号1901室	童国飙	63502266	200001
平安银行上海嘉定支行	博乐路100号	奚军俊	59533333	201800
平安银行上海闵行支行	水清南路19号	吕晓峰	54130202	201100
平安银行上海松江支行	谷阳北路1025号	吴 敏	67737754	201620
平安银行上海花木支行	芳甸路1108号	黄晓军	50705500	201204

（续表）

机 构 名 称	地 址	负责人	电 话	邮 编
平安银行上海市西支行	宛平南路 25—31 号	刘 峰	51168116	200032
平安银行上海宝山支行	牡丹江路 1081 号	叶 玫	56579988	200940
平安银行上海青浦支行	城中北路 735 号	许彩红	59855555	201700
平安银行上海虹桥支行	仙霞路 328 号	黄宇飞	62755511	200336
平安银行上海静安支行	长寿路 1071 号	俞琳放	62320055	200042
平安银行上海安亭支行	墨玉路 141 号、153 号	顾 睿	59566333	201805
平安银行上海五角场支行	黄兴路 1855 号	史学锋	55056262	200433
平安银行上海南汇支行	惠南镇人民东路 2545 号	宋子清	38258289	201300
平安银行上海闸北支行	天目中路 380 号	赵 钢	63538989	200070
平安银行上海奉贤支行	江海路 301 号	马长江	57412000	201400
平安银行上海市南支行	西藏南路 888 号	张 辉	63452323	200011
平安银行上海北京西路支行	万航渡路 179 号	汤达伟	62722266	200042
平安银行上海周浦支行	年家浜路 449 号	张盛苑	20907431	201318
平安银行上海松江钢材城支行	泗泾镇泗砖路 103 弄 43 号，45 号	王 文	37686943	201601
平安银行上海金山支行	卫清东路 3070—3086 号	俞 宏	37907878	201508
平安银行上海常熟路支行	常熟路 8 号静安广场	储 征	62078059	200040
平安银行上海张江支行	上丰路 1288 号 2 号楼 C2 区 1F9—14 轴	陈海鹰	33827057	201201
平安银行上海九江路支行	九江路 701、705、707 号	张晓峰	63504821	200001
平安银行上海外滩支行	中山东二路 15 号 1 楼	龚马铃	63733033	200002
平安银行上海新天地支行	马当路 182 弄 1 号	张 琼	63851127	200020
平安银行上海徐家汇支行	肇家浜路 959 号 1 至 2 层	谢 鹏	64874552	200030
平安银行上海四川北路支行	四川北路 1941 号 1 楼	蒙海敏	56663974	200081
平安银行上海古北支行	黄金城道 893—899 号	姚 颂	62753458	201103
平安银行上海常德路支行	常德路 1231 号 1 层	苏俊和	62764405	200060
平安银行上海松江新城支行	新松江路 888 弄 102 号 1 层	费群群	57817086	201620

(19) 浙商银行上海分行

机 构 名 称	地 址	负责人	电 话	邮 编
浙商银行上海分行	威海路 567 号	骆航鲁	61333333	200041
浙商银行上海陆家嘴支行	浦东大道 288 号	陈劼超	60933999	200120
浙商银行上海徐汇支行	肇嘉浜路 680 号金钟大厦	王佑常	61922398	200031
浙商银行上海长宁支行	古北路 258 号	李 铭	61733288	200051
浙商银行上海普陀支行	曹杨路 860 号	丁国海	60717688	200063
浙商银行上海闸北支行	广中路 927 号	忻海国	36567128	200072
浙商银行上海闵行支行	报春路 239 号	邵建宏	61915999	201100
浙商银行上海嘉定支行	环城路 188 号	潘德安	60836133	201800
浙商银行上海松江支行	新松江路 292 号	黄 明	31271288	201620

(20) 渤海银行上海分行

机构名称	地址	负责人	电话	邮编
渤海银行上海分行	银城中路68号	冯　强	50106666	200120
渤海银行上海分行营业部	银城中路68号	杨　磊	50106916	200120
渤海银行上海静安支行	石门一路217号	徐昱峰	62711116	200041
渤海银行上海同济支行	四平路1230号	李　方	55677850	200092
渤海银行上海闵行支行	水清路1026号33幢	杨　阳	54177656	201199
渤海银行上海松江支行	谷阳北路1783号	吴　元	37773421	201620

(21) 北京银行上海分行

机构名称	地址	负责人	电话	邮编
北京银行上海分行	河南南路16号中汇大厦5、6层	沈建峰	63361000	200002
北京银行上海分行营业部	河南南路16号中汇大厦1层	徐　骏	63361510	200002
北京银行上海宝山支行	双城路803弄9号一层南侧、二层南侧	缪洁霞	61809560	200940
北京银行上海浦东支行	世纪大道1588号104A、1568号1101—1102室	莫伟毅	61065258	200122
北京银行上海闵行支行	闵城路179、185号、199弄16号102、201、202室	王国富	64606033	201100
北京银行上海嘉定支行	博乐路100号	张翼华	39517333	201800
北京银行上海长宁支行	华山路1568号1楼	宓亦群	62832921	200052
北京银行上海松江支行	新松江路1188弄101号	万　英	67663096	201620
北京银行上海普陀支行	金沙江路1628弄10号1楼、18楼01、02、08、09单元	黄文涛	32512918	200333
北京银行上海南汇支行	南汇城南路403—409号	陈正标	68008218	201300
北京银行上海徐汇支行	宛平南路75号1楼、8楼	钱　东	33680618	200032
北京银行上海奉贤支行	通阳路203—221号	潘雪辉	57429763	201400
北京银行上海杨浦支行	黄兴路1816号、1820号、1868弄46号、1868弄80号	张　峰	55785030	200433
北京银行上海虹口支行	中山北二路1800号7幢一层27—40单元,二层29—40单元	张卫国	55896380	200437

(22) 天津银行上海分行

机构名称	地址	负责人	电话	邮编
天津银行上海分行	汉口路110号	王建平	63298989	200002
天津银行上海陆家嘴支行	浦东大道1号101室、1701室	王家征	61683008	200120
天津银行上海闸北支行	恒丰路556号、558号和560号恒汇国际大厦1层1单元,恒丰路568号恒汇国际大厦5层2单元	张遇华	61683003	200070
天津银行上海徐汇支行	斜土路2119号1楼和3楼	杨指宇	60407060	200032
天津银行上海虹口支行	大连路843号101室、845—847号102室、851号103—104室,大连路839弄1号604—606室	洪自林	61685341	200080
天津银行上海长宁支行	延安西路2111号扬子江商务大厦1楼	游江龙	60290913	200336
天津银行上海卢湾支行	顺昌路622号1号幢1层101、102、103室及2层201至207室	刘美剑	61768102	200021

(23) 江苏银行上海分行

机构名称	地址	负责人	电话	邮编
江苏银行上海分行	富城路 99 号 7 楼	许林樵	50639999	200120
江苏银行上海分行营业部	富城路 99 号 1 楼	陈　瑾	50639999	200120
江苏银行上海普陀支行	中山北路 3000 号	张　卫	32522720	200063
江苏银行上海杨浦支行	四平路 1779 号	徐凯辉	65111700	200433
江苏银行上海南汇支行	年家浜东路 25 号	戚卫东	68188150	201318
江苏银行上海徐汇支行	肇嘉浜路 446 弄 1 号	焦　群	64738378	200031
江苏银行上海松江支行	中山中路 79 弄 25 号	祝国江	57812022	201600
江苏银行上海金桥支行	新金桥路 28 号	杨　婷	50322368	201206
江苏银行上海闵行支行	莘松路 380 号	殷正元	64985559	201100
江苏银行上海宝山支行	淞宝路 155 弄 2 号	柏　松	36500075	200940
江苏银行上海嘉定支行	永盛路 1190 号	毕建新	60765079	201800
江苏银行上海奉贤支行	环城东路 883 弄 8 号	盛胜利	37568587	201400
江苏银行上海黄浦支行	西藏中路 18 号	王　琪	60871516	200001

(24) 南京银行上海分行

机构名称	地址	负责人	电话	邮编
南京银行上海分行	徐家汇路 518 号	孙艺祥	24198800	200025
南京银行上海浦东支行	世纪大道 787 号	徐　鸣	68876888	200120
南京银行上海徐汇支行	南丹路 80 号	张　雄	61950666	200030
南京银行上海杨浦支行	国顺东路 260 号	倪　军	61855999	200433
南京银行上海淮海支行	西藏南路 228 号	张　黎	61970888	200021
南京银行上海长宁支行	延安西路 1358 号	陈斌全	61970900	200052
南京银行上海普陀支行	长寿路 59 号	包　隽	60566999	200060
南京银行上海虹口支行	同丰路 631 号	乔　弘	60568300	200083
南京银行上海静安支行	新闸路 951 号	谷　丽	61761566	200041

(25) 宁波银行上海分行

机构名称	地址	负责人	电话	邮编
宁波银行上海分行	世纪大道 210 号	施道明	31158888	200120
宁波银行上海营业部	世纪大道 210 号	张　亮	31158210	200120
宁波银行上海黄浦支行	黄河路 37 号	朱　洪	31158788	200003
宁波银行上海徐汇支行	漕溪北路 458 号	刘浩毅	31158355	200030
宁波银行上海松江支行	人民北路 175 号	严　铭	31158426	201600
宁波银行上海闵行支行	莘松路 355 号	钟　华	31158469	201100

（续表）

机构名称	地址	负责人	电话	邮编
宁波银行上海静安支行	北京西路1788号	戴良军	31158500	200040
宁波银行上海浦东支行	浦东南路1036号	孙燕平	31158565	200120
宁波银行上海嘉定支行	博乐路198-5号	陈　巍	31158638	201800
宁波银行上海长宁支行	天山路919号	黄　群	31158655	200051
宁波银行上海普陀支行	中山北路3553号	罗益平	62868291	200062

（26）杭州银行上海分行

机构名称	地址	负责人	电话	邮编
杭州银行上海分行	九江路686号10、12、17楼	方建新	61612822	200001
杭州银行上海分行营业部	九江路686号1楼	罗白焱	61612357	200001
杭州银行上海杨浦支行	四平路2535号1—2层	郑冠群	65111277	200433
杭州银行上海浦东支行	向城路15、17号1层	郭　涛	58307741	200122
杭州银行上海闵行支行	广通路58号	曹保良	34972105	201199
杭州银行上海徐汇支行	肇嘉浜路366号1A室	张　敏	54668632	200031
杭州银行上海虹口支行	海宁路269号	刘　坚	63098927	200080
杭州银行上海嘉定支行	塔城路297弄37号	姜卫星	59918096	201800
杭州银行上海长宁支行	安顺路251号101室	张竺华	32509227	200051
杭州银行上海青浦支行	青湖路876—860号	邵　夫	69237205	201700

（27）温州银行上海分行

机构名称	地址	负责人	电话	邮编
温州银行上海分行	九江路333号	张　潜	63601116	200001
温州银行上海宝山支行	牡丹江路1508号1楼东侧	李小凡	66680133	201900
温州银行上海浦东支行	浦东大道1122—1128号	夏立峰	58607066	200135
温州银行上海徐汇支行	田林路140号六号楼	沃俊杰	64701883	200233
温州银行上海虹莘支行	虹莘路2938—2940号	潘修平	54392677	201101
温州银行上海嘉定支行	永盛路1218号金元大厦1楼109—114号	秦为群	59905682	201808

（28）浙江泰隆商业银行上海分行

机构名称	地址	负责人	电话	邮编
浙江泰隆商业银行上海分行	常德路425号	严　强	61713999	200040
浙江泰隆商业银行上海闵行支行	漕宝路1687号	章君飞	34677367	201101
浙江泰隆商业银行上海松江支行	泗砖路88号	张志军	37014024	201601

（续表）

机 构 名 称	地 址	负责人	电 话	邮 编
浙江泰隆商业银行上海嘉定支行	澄浏中路2583号	董吾会	60712929	201818
浙江泰隆商业银行上海浦东支行	成山路811号1—3层	贺玲平	20287650	200215
浙江泰隆商业银行上海青浦支行	青湖路782—798号	李丹阳	69225905	201799
浙江泰隆商业银行上海南汇支行	城南路335号1—3层	应子斌	20921223	201300
浙江泰隆商业银行上海奉贤支行	环城东路570弄90—92号	陈 奋	67105397	201400
浙江泰隆商业银行上海杨浦支行	四平路2158号1层	泮莉芬	55136013	200092
浙江泰隆商业银行上海曹安支行	曹安路1509号1层、2层	贺金华	69183611	201824
浙江泰隆商业银行上海宝山支行	友谊路1588-108号	蒋正栋	51839290	201999
浙江泰隆商业银行上海川沙支行	华夏东路2566号	周才星	61713946	200120
浙江泰隆商业银行上海闸北支行	海宁路939号1楼及2楼	陈 俊	61713946	200040
浙江泰隆商业银行上海金山支行	卫青东路2850—2862号1层、2层	王志明	61713946	201500

(29) 浙江民泰商业银行上海分行

机 构 名 称	地 址	负责人	电 话	邮 编
浙江民泰商业银行上海分行	桂林路928号2号楼	戚玉林	33561991	201103

2. 中资银行在沪持牌营运中心

机 构 名 称	地 址	负责人	电 话	邮 编
中国工商银行票据营业部	天潼路133号17楼	郭 伟	61235588	200080
中国农业银行票据营业部	浦东南路379号4楼	王红霞	58885226	200120
中国银行上海人民币交易业务总部	银城中路200号中银大厦48层	董唯俭	58774910	200120
兴业银行资金营运中心	江宁路168号28楼	陈世涌	32174699	200041
中国农业银行信用卡中心	中山南路318号10楼	张立林	33054699	200010
中国建设银行信用卡中心	源深路419号	段超良	50378888	200135
招商银行信用卡中心	来安路686号	刘加隆	38834600	201201
兴业银行信用卡中心	来安路500号B楼5楼	郑志明	20320000	201201
中国工商银行私人银行部	中山东一路24号6楼	马 健	23229500	200002
中国农业银行私人银行部	中山东一路26号	周宏亮	53211761	200002
中国工商银行贵金属部	中山东二路11号13楼	周 明	63299299	200002
交通银行太平洋信用卡中心	松涛路80号	蒋伟森	38769888	201203
浦发银行信用卡中心	浦东南路588号	冯 菁	38784978	200120
浦发银行中小企业中心	北京东路689号东银大厦15楼	汪素南	61618888	200001
上海银行信用卡中心	天目中路363号	冯雪飞	63545155	200070
上海银行小企业金融服务中心	银城中路168号	朱会冲	68476742	200120

3. 村镇银行

机构名称	地址	负责人	电话	邮编
上海崇明沪农商村镇银行股份有限公司	崇明县城桥镇朝阳门路19号	王　洋(董事长) 陈文斌(行长)	69695660	202150
上海奉贤浦发村镇银行股份有限公司	南桥镇环城东路692号	黄建强(董事长) 刘　胜(行长)	61820800	201400
上海松江民生村镇银行股份有限公司	文诚路230号	张　滢(董事长) 周　丽(行长)	67663016	201620
上海浦东江南村镇银行股份有限公司	周浦镇沪南路3439弄65号	路向阳(董事长) 张建军(行长)	38230700	201318
上海浦东建信村镇银行股份有限公司	川沙镇北市街26号	陈金富(董事长) 金建华(行长)	58989299	201200
上海闵行上银村镇银行股份有限公司	鑫都路2531号	钱芝平(董事长) 喻菁华(行长)	52276658	201108
上海嘉定民生村镇银行股份有限公司	金沙路245号	朱鹤勇(董事长) 丁民华(行长)	69016300	201800
上海宝山富民村镇银行股份有限公司	宝林路458号	梁景光(董事长) 杨志军(行长)	66680633	201999
上海金山惠民村镇银行股份有限公司	卫清东路3008—3018号	邢　敏(董事长) 董　克(行长)	37213031	201500

4. 其他金融机构

(1) 中国银联上海分公司

机构名称	地址	负责人	电话	邮编
中国银联上海分公司	吴淞路218号宝矿大厦7楼	陈　刚	63098888	200080

(2) 城市商业银行资金清算中心

机构名称	地址	法定代表人	主任	电话	邮编
城市商业银行资金清算中心	张杨路699号7楼	王世豪	袁伯平	58358787	200120

(3) 资产管理公司

机构名称	地址	负责人	电话	邮编
中国华融资产管理股份有限公司上海市分公司	中山东二路15号10楼	祝晓军	63289900	200002
中国长城资产管理公司上海办事处	浦东南路379号金穗大厦27—28楼	徐沪江	68869601	200120
中国东方资产管理公司上海办事处	茂名南路205号瑞金大厦27楼	陈小伶	64729268	200020
中国信达资产管理股份有限公司上海市分公司	北京西路1399号信达大厦24—25层	颜祖旺	52000808	200040

(4) 非银行金融机构

机构名称	地址	负责人	电话	邮编
上海国际信托有限公司	天津路155号名人大厦22楼	傅帆	23131111	200001
安信信托投资股份有限公司	广东路689号29楼	张春景	63410777	200001
华澳国际信托有限公司	花园石桥路33号17楼	赵文杰	68883098	200120
中泰信托有限责任公司	中华路1600号黄浦中心大厦18层	周雄	63871888	200021
中海信托股份有限公司	中山东二路15号7楼	陈浩鸣	63551500	200002
华宝信托有限责任公司	世纪大道100号环球金融中心59层	钱骏	38506666	200120
上海爱建信托有限责任公司	零陵路599号	周磊	64396600	200030
上海汽车集团财务有限责任公司	康定路1199号	沈根伟	62311010	200042
东航集团财务有限责任公司	吴中路686号东航金融中心15楼	肖顺喜	64056666	201103
中船财务有限责任公司	浦东大道1号船舶大厦6楼	曾祥新	68860290	200120
锦江国际集团财务有限责任公司	延安东路100号联谊大厦27楼	陈月明	63264000	200002
申能集团财务有限公司	陆家嘴环路958号10楼	张芊	68866767	200120
上海浦东发展集团财务有限责任公司	浦东南路256号华夏银行大厦34、35楼	王鸿	58889596	200120
日立(中国)财务有限公司	茂名南路205号瑞金大厦1908室	水流孝一	64721002	200020
松下电器(中国)财务有限公司	陆家嘴环路1000号7楼	上田幹男	68412032	200120
上海电气集团财务有限责任公司	江宁路212号8楼	秦怿	52895555	200041
宝钢集团财务有限责任公司	浦电路370号宝钢大厦9楼	袁磊	38671888	200122
中海集团财务有限责任公司	东大名路670号5楼	严李浩	65966666	200080
上海复星高科技集团财务有限公司	江宁路1158号友力国际大厦1903A室	何霄	60760684	200060
上海华谊集团财务有限责任公司	浦东南路1271号华融大厦15楼	郭牧	50156688	200122
中国石化财务有限责任公司上海分公司	张扬路500号时代广场25楼	刘锡健	58367877	200122
中国电力财务有限公司华东分公司	广东路500号28楼	蔡伟	38393911	200001
交银金融租赁有限责任公司	仙霞路18号	陈敏	53559858	200336
招银金融租赁有限公司	世纪大道201号渣打银行大厦9楼	郭光	61059999	200120
农银金融租赁有限公司	世纪大道100号环球金融中心55层	高克勤	68776699	200120
浦银金融租赁股份有限公司	中山东一路12号	向瑜	61618888	200002
菲亚特汽车金融有限责任公司	淮海中路300号香港新世界大厦20楼	AllAN	23109000	200021
福特汽车金融(中国)有限公司	芳甸路1155号浦东嘉里城办公楼19层、20层	陈新敏	20894666	201204
上汽通用汽车金融有限责任公司	浦明路160号财富广场F座	刘榕	28936000	200120
东风日产汽车金融有限公司	福山路500号11楼	周强	38576000	200122
上海国际货币经纪有限责任公司	陆家嘴环路1233号汇亚大厦1205室	沈峻	38617800	200120
上海国利货币经纪有限公司	陆家嘴环路1318号星展银行大楼1001室	蔡广龙	38789777	200120
中银消费金融有限公司	滇池路74号3楼	卢伟	50375880	200002

（5）金融服务公司

机构名称	地址	负责人	电话	邮编
上海远东资信评估有限公司	杨树浦路248号瑞丰国际大厦2楼	徐明棋	61428000	200082
上海新世纪资信评估投资服务有限公司	汉口路398号14楼	潘洪萱	63501349	200001
中诚信证券评估有限公司	西藏南路760号8楼	周 浩	51019090	200011
华杰资信评级有限责任公司	延安西路570号	曹志莺	62130555	200050
上海资信有限公司	北京东路280号4—6楼	沈 琨	53211561	200002
上海天诚企业征信有限公司	北京东路280号4—6楼	孙 坚	53211525	200002
上海金国咨询服务有限公司	南苏州路333号华隆大厦21楼	沈佩云	33620017	200002
银联商务有限公司	张衡路1006号	李晓峰	61088288	201203

5. 小额贷款公司

机构名称	地址	法定代表人	电话	邮编
上海宝山宝莲小额贷款有限公司	双城路803弄7号101室	朱卫杰	61808853	200940
上海松江龙欣小额贷款股份有限公司	玉华路181号	郑朝龙	37702225	201600
上海浦东新区张江小额贷款股份有限公司	春晓路439号4号楼	林贤培	58958800	201203
上海宝山神农小额贷款股份有限公司	牡丹江路1288号302，305室	郑雷飞	56105501	201900
上海青浦明诚小额贷款股份有限公司	青浦镇淀山湖大道2号	於德明	39222727	201700
上海奉贤新发展小额贷款股份有限公司	南桥镇南桥路1号	何伟昌	57426919	201400
上海嘉定西上海小额贷款有限公司	梅川路1481号—3	宋建明	69502276	201805
上海嘉定银丰小额贷款股份有限公司	塔城路365号15楼	张锡森	59916219	201800
上海崇明宝盈小额贷款有限公司	崇明县城桥镇西门路208号	黄锦培	69615655	202150
上海普陀宝祥小额贷款有限公司	桃浦路226号510室	王岳祥	52859093	200333
上海闵行九星小额贷款股份有限公司	虹莘路2845号	吴恩福	54147694	201101
上海金山民欣小额贷款有限公司	朱泾镇金龙新街440号	沈世荣	57335227	201599
上海青浦兴众小额贷款股份有限公司	青湖路1023号晨光商务楼511—515室	郭连学	69729773	201700
上海闵行幸子小额贷款股份有限公司	莘建东路58弄A座203室	张明华	54178965	201100
上海松江星浩小额贷款有限公司	谷阳北路1787号	陈国邦	37703239	201620
上海浦东新区融和小额贷款有限公司	惠南镇人民东路2465、2467、2469号	黄新观	38258136	201300
上海松江骏合小额贷款股份有限公司	新松江路909号20层	张玉峰	67752500	201620
上海奉贤绿地小额贷款股份有限公司	解放东路1008号201室	张 蕴	67108383	201400
上海崇明为中小额贷款股份有限公司	崇明县长兴岛凤蓉路682号	樊为中	56857912	201913
上海浦东新区银泰小额贷款有限公司	惠南镇卫星东路140号	黄联群	58013555	201300
上海徐汇华擎小额贷款股份有限公司	龙漕路299号3幢B—C座1楼	张永林	54039122	200235
上海杨浦科诚小额贷款股份有限公司	国定路335号2号楼1504室	谢吉华	55663075	200433
上海奉贤南郊小额贷款股份有限公司	南桥新城展园路398号	蔡永康	37529333	201400
上海杨浦科创小额贷款股份有限公司	武东路198号12楼1205—1206室	朱 方	65903664	200433
上海宝山东圣小额贷款有限公司	双城路746号	邵东明	56678227	200940

（续表）

机构名称	地址	法定代表人	电话	邮编
上海黄浦豫园小额贷款股份有限公司	西藏南路1229号	张培海	63669151	200011
上海静安和信小额贷款股份有限公司	南京西路1081弄30号	王邦煜	62179559	200041
上海宝山富邦源小额贷款股份有限公司	牡丹江路1211号D区1108—1110室	方壮源	56120116	200940
上海嘉定协通小额贷款股份有限公司	嘉行公路1257号6号楼	万　燕	59556996	201808
上海闸北景业小额贷款股份有限公司	七浦路225—253号豪浦服饰城7楼721室	平学孝	63938366	200085
上海虹口中科小额贷款股份有限公司	四平路210号1楼	陈庆钱	55158655	200086
上海闵行星云小额贷款股份有限公司	古美路997号	沈慧琴	54803331	201102
上海宝山银合小额贷款有限公司	双城路803号7号楼1704室	郑　斌	61810667	200940
上海长宁长诚小额贷款股份有限公司	幸福路68号恒力公寓	胡　凯	62113350	200050
上海徐汇大众小额贷款股份有限公司	中山西路1513号	顾　华	64862727	200235
上海松江华松小额贷款股份有限公司	松卫北路665号企福天地商务楼103室	夏秋珍	37745116	201600
上海长宁东虹桥小额贷款股份有限公司	红宝石路500号东银中心B栋30楼	施建兴	32094612	201103
上海闸北北方小额贷款股份有限公司	中兴路1286号202室	曾　云	66296993	200070
上海松江九和小额贷款股份有限公司	玉树北路6号3号楼	王久林	37702253	201620
上海嘉定嘉加小额贷款股份有限公司	环城路2420弄10号	张建良	69987958	201800
上海浦东新区浩大小额贷款股份有限公司	环林东路541弄2号	桂国杰	50655506	200123
上海卢湾天益小额贷款股份有限公司	马当路548号	高幸奇	63855880	200025
上海杨浦华宏小额贷款股份有限公司	国宾路18号1401室	林木强	65429370	200433
上海杨浦览坤小额贷款股份有限公司	武东路198号809室	周华瑞	35306100	200434
上海松江永信小额贷款股份有限公司	乐都西路761、763、765号	石海云	57817666	201600
上海浦东新区金浦小额贷款有限公司	昌里路218号	朱永兴	60891522	200126
上海普陀延华小额贷款股份有限公司	西康路1255号普陀科技大厦6楼	胡黎明	62762770	200060
上海宝山融泰小额贷款有限公司	殷高西路101号1102、1104室	魏盛荣	65171609	201900
上海虹口虹叶小额贷款有限公司	周家嘴路979号1楼	谭国平	65033388	200086
上海杨浦盛瑞德小额贷款股份有限公司	国和路490号金宏商务大厦1002室	陈　平	65571001	200433
上海金山众鑫小额贷款有限公司	石化卫零路773号1楼	谢鹤鸣	67223666	200540
上海金山利民小额贷款有限公司	枫泾镇枫丽路132号	王利荣	33697958	201501
上海松江御圣小额贷款股份有限公司	仓丰路242、244号	唐菊芳	67815588	201600
上海浦东新区致广小额贷款有限公司	周浦镇沈梅路99弄1号9楼B座	孟　煜	50880508	201318
上海浦东新区鑫隆小额贷款股份有限公司	龙阳路2277号1003室	汤庆宝	51860086	201204
上海宝山华辉小额贷款股份有限公司	长逸路15号B座1107—1110室	周伦磐	36322511	200439
上海杨浦杨科小额贷款股份有限公司	黄兴路2005弄2号1008室	冯金安	55061077	200433
上海金山金开小额贷款有限公司	卫清西路773号(工行3F)	徐　弢	57953456	200540
上海金山众达小额贷款有限公司	金一路29弄99号	姚龙昌	57930303	200540
上海崇明南亩小额贷款有限公司	崇明城桥镇人民路58号3—5层	滕祖昌	59615788	202150
上海宝山庙行小额贷款股份有限公司	共和新路5199号9楼A座	张东敏	36411590	200435
上海静安华谊小额贷款股份有限公司	延安中路1000号上海展览中心商务楼一楼A座	常　清	32568622	200040

（续表）

机构名称	地址	法定代表人	电话	邮编
上海闵行南大小额贷款股份有限公司	都市路3870号	张立斌	34718026	201108
上海闸北德润小额贷款股份有限公司	共和新路2750号2幢903—905室	郭浩根	60760808	200072
上海宝山亚东小额贷款股份有限公司	双城路803弄9号2901室	李金钢	61812497	200940
上海杨浦华东小额贷款股份有限公司	国泰路11号602室	庄　正	55120926	200433
上海嘉定祥融小额贷款有限公司	清河路151号一楼西侧	孟　龙	57618708	201800
上海静安甬商汇小额贷款股份有限公司	吴江路15号604室	庄晓天	52370931	200041
上海奉贤金海小额贷款股份有限公司	德丰路299弄1号1108室	朱德才	37580033	201400
上海奉贤申星小额贷款股份有限公司	南桥镇宏伟路24号	陈柄均	57427308	201400
上海杨浦金五角场小额贷款股份有限公司	包头路92号6层	邢志浩	55128035	200433
上海普陀华盛小额贷款股份有限公司	宁夏路312弄8号201室	叶　俊	33530305	200063
上海虹口北外滩小额贷款股份有限公司	邯郸路173号1号楼C区109，111，112，116室	袁　立	66187238	200437
上海嘉定中鑫小额贷款有限公司	曹安公路1515号3号楼102室	徐永顺	33518900	201824
上海奉贤聚银小额贷款股份有限公司	德丰路299弄1号303室	李丰林	37580273	201400
上海松江平高小额贷款股份有限公司	中山二路216号13层1301、1302、1303室	俞跃良	67651872	201600
上海浦东新区玖创小额贷款股份有限公司	仁庆路509号12号楼1楼	钱敏华	68826508	201201
上海长宁大众小额贷款股份有限公司	延安西路1033号	顾　华	62526808	200050
上海浦东新区邦信小额贷款股份有限公司	莲林路15号1幢106室	陈小侉	61652961	200122
上海浦东新区长江鼎立小额贷款有限公司	高东镇航津路1929号	海　乐	60470558	201201
上海浦东新区金桥小额贷款股份有限公司	金桥出口加工区金藏路258号第5幢第6层608室	吉蔚娣	61657060	201206
上海长宁国智小额贷款股份有限公司	虹桥路1452号802室	朱国琴	32098669	201103
上海奉贤维大小额贷款有限公司	环城东路465弄19号	杜建良	37569121	201400
上海浦东新区银盛小额贷款有限公司	金桥路939号614室	凌根新	61650559	200136
上海浦东新区恒大小额贷款有限公司	板泉路728号12幢301—304室	周　奚	50493033	200123
上海闸北市北高新小额贷款股份有限公司	江场三路238号1504室	张羽祥	56061818＊8008	200436
上海松江承平小额贷款股份有限公司	茸梅路518弄5号	李国强	37019988	201600

6. 支付机构

机构名称	地址	电话	邮编
安付宝商务有限公司	真光路1258号6楼	96801	200333
宝付网络科技(上海)有限公司	祖冲之路899号soho软件园2号楼	68811008	201203
东方电子支付有限公司	亮秀路112号Y1座510室	400-821-7660	201203
东方付通信息技术有限公司	双城路803号9号楼29楼	0571-65116505	200940
汇潮支付有限公司	中江路879号上海天地软件园2号楼402室	52837768	200333
锦江国际商务有限公司	长乐路400号5楼	400-866-6000	200020
卡友支付服务有限公司	国定路323号创业大厦14—15楼	4008815516，4006701999	200433

（续表）

机 构 名 称	地 址	电 话	邮 编
快钱支付清算信息有限公司	浦电路360号投资大厦12—13楼	025-68526799	200120
普天银通支付有限公司	宜山路700号A4座3楼	33677777	200233
杉德电子商务服务有限公司	田林路487号宝石园22号楼	962567	200233
上海便利通电子商务有限公司	金沙江路1685号	96896	200333
上海畅购企业服务有限公司	四川北路525号宇航大厦1406—1408室	400-886-6631	200085
上海大千商务服务有限公司	小木桥路681号外经大厦28楼	62709616	200032
上海大众交通商务有限公司	昭化路12号裙楼底楼	62188888	200050
上海得仕企业服务有限公司	中山西路1800号10楼F座	4008200222	200235
上海德颐网络技术有限公司	钦州北路1199号88幢5楼	8008202829	200233
上海点佰趣信息科技有限公司	伊犁路152号2楼	4008846868	200051
上海电银信息技术有限公司	博霞路50号503—504室	0571-65005061	201203
上海东方汇融信息技术服务有限公司	延安西路593号1号楼1楼	61229322	200050
上海都市旅游卡发展有限公司	中山南路28号久事大厦9楼	63309120	200010
上海付费通企业服务有限公司	广中西路777号12号楼3楼	962233	200072
上海付费通信息服务有限公司	广中西路777号12号楼3楼	962233	200072
上海富友金融网络技术有限公司	民生路1399号太平人寿大厦502室	4006677333	200135
上海富友支付服务有限公司	民生路1399号太平人寿大厦511室	4006677333	200135
上海瀚银信息技术有限公司	新昌路80号智富休闲广场4楼	400-670-8866	200003
上海华势信息科技有限公司	东方路877号嘉兴大厦2108室	400-670-0808	200122
上海汇付数据服务有限公司	虹梅路1801号凯科国际大厦9楼	400-820-2819	200233
上海捷银信息技术有限公司	崂山路316号6楼	400-670-0118	200021
上海巾帼三六五企业服务有限公司	民生路1403号上海信息大厦206室	400-880-0365	200135
上海金诚通电子支付服务有限公司	零陵路899号飞洲国际广场601室	400-018-9991	200030
上海乐易信息技术有限公司	北京西路780号	400-821-5715	200041
上海纽斯达科技有限公司	黄浦区威海路48号民生大厦323室	021-63831111	200003
上海千悦企业管理有限公司	静安区延平路121号15楼A座	400-820-6070	200042
上海瑞得企业服务有限公司	卢湾区鲁班路166号	400-820-0108	200023
上海润通实业投资有限公司	大连路990号海上海10号楼1008室	400-116-5556	200092
上海杉德支付网络服务发展有限公司	田林路487号宝石园22号楼	962567	200233
上海商联信电子支付服务有限公司	上南路3855号11号楼5楼	400-88-95135	201315
上海商旅通商务服务有限公司	空港一路528号航友宾馆1号楼	95524	200335
上海商业高新技术发展有限公司	曲阳路800号1101室	021-65534350，400-888-6635	200437
上海申城通商务有限公司	南京东路233号620室	63600100	200002
上海盛付通电子支付服务有限公司	张衡路666弄1号9楼	400-720-8888	201203
上海索迪斯万通服务有限公司	仙霞路320号鑫达大厦1101—1104室	62096001	200336
上海通卡投资管理有限公司	东方路800号宝安大厦3楼	400-820-0696	200122
上海新华传媒电子商务有限公司	漕溪北路331号A座701室	400-8888-315	200002
上海亿付数字技术有限公司	博霞路160号4楼	51261919	200083
上海银联电子支付服务有限公司	东方路800号宝安大厦28、29、30楼	95534-6	200122

（续表）

机构名称	地址	电话	邮编
上海银生宝电子支付服务有限公司	上南路3855号11号楼5楼	400-88-95135	201315
上海优乐网络科技股份有限公司	商城路618号良友大厦16楼	400-820-8877	200000
通联商务服务有限公司	项城路288号8楼	95156	200122
通联支付网络服务股份有限公司	陆家嘴西路号万向大厦12楼	0571-6511-0551	201206
迅付信息科技有限公司	天钥桥路1178号环球实业大厦	400-643-8588	200232
银联商务有限公司	张衡路1006—1008号	400-622-8888	201203
银视通信息科技有限公司	杨高南路428号由由世纪广场2号楼9层A单元	400-8212-166	200120
中钢银通信息技术服务有限公司	浦电路438号双鸽大厦21楼	400-005-5858	200122

7. 在沪外资法人银行

机构名称	地址	负责人	电话	邮编
汇丰银行(中国)有限公司	世纪大道8号上海国金中心汇丰银行大楼	黄碧娟	38883888	200120
花旗银行(中国)有限公司	花园石桥路33号花旗集团大厦	欧兆伦	28966000	200120
渣打银行(中国)有限公司	世纪大道201号渣打银行大厦28层	林清德	38518000	200120
东亚银行(中国)有限公司	花园石桥路66号42楼	关达昌	38663866	200120
恒生银行(中国)有限公司	陆家嘴环路1000号恒生银行大厦34楼、36楼	关燕萍	38658888	200120
星展银行(中国)有限公司	陆家嘴环路1318号星展银行大厦18楼	葛甘牛	38968888	200120
瑞穗实业银行(中国)有限公司	世纪大道100号上海环球金融中心21—23楼	网野良一	38558888	200120
三菱东京日联银行(中国)有限公司	陆家嘴环路1233号汇亚大厦22楼	吉川英一	68881666	200120
华侨银行(中国)有限公司	源深路1155号	康慧珍	58200200	200135
苏格兰皇家银行(中国)有限公司	陆家嘴环路1233号汇亚大厦25楼	华庆成	28939600	200120
南洋商业银行(中国)有限公司	世纪大道800号3层、6层至9层	程泽宇	38566500	200120
大华银行(中国)有限公司	东园路111号	陈建发	60618888	200122
法国巴黎银行(中国)有限公司	世纪大道100号上海环球金融中心201室、25层及2610室	陶怀方	28962888	200120
华美银行(中国)有限公司	世纪大道88号金茂大厦30楼	吴　鹏	50499999	200121
华一银行	浦东南路360号新上海国际大厦底层	谢泓源	58881234	200120
三井住友银行(中国)有限公司	世纪大道100号上海环球金融中心11楼	国贺久德	38609000	200120
东方汇理银行(中国)有限公司	世纪大道100号上海环球金融中心3370室	Xavier	38566888	200120
盘谷银行(中国)有限公司	中山东一路7号	洪钦雄	23290100	200002
澳大利亚和新西兰银行(中国)有限公司	陆家嘴环路166号未来资产大厦15楼、17楼和12楼B单元	李　权	61696000	200120
正信银行有限公司	中山东一路17号大楼底层大厅及第1层、第2层	刘向东	63352788	200002
浦发硅谷银行有限公司	昆明路518号北美广场A座2—3层	Ken Wilcox	35159172	200082
通用电气金融财务(中国)有限公司	世纪大道88号金茂大厦1402室	杨志中	50988851	200120

8. 外资银行上海分行

机 构 名 称	地 址	负责人	电 话	邮 编
埃及国民银行股份公司上海分行 National Bank of Egypt Shanghai Branch	浦东大道1号船舶大厦12B07室	YASSER EL NEGOULY (亚瑟曼古里)	68861889-8000	200120
澳大利亚澳洲联邦银行公众股份有限公司上海分行 National Australia Bank Limited，Shanghai Branch	陆家嘴环路1233号汇亚大厦1101—1102室	陈 庆	61238900	200120
澳大利亚国民银行有限公司上海分行 Commonwealth Bank of Australia Shanghai Branch	银城中路68号时代金融中心42层4201—4204室	Daniel Brian Joseph Armstrong	20890280	200120
比利时联合银行股份有限公司上海分行 KBC Bank N. V.，Shanghai Branch	浦东大道1号船舶大厦15楼1501—1505单元	李金通 (LEE KIM TONG)	58791599-310	200120
德国北德意志州银行上海分行 Norddeutsche Landesbank Girozentrale Shanghai Branch	陆家嘴东路166号中国保险大厦15楼	Dr. Stephan Popp (浦德范)	58888168-100	200120
德国宝缔纲银行股份有限公司上海分行 Portigon AG Shanghai Branch	陆家嘴环路1000号恒生大厦12楼	谢洁青	50663328	200120
俄罗斯外贸银行公开股份公司上海分行 JSC VTB Bank Shanghai Branch	南京西路1266号恒隆广场一期11楼01A、02、03室	Alexander Milyukov	61366288	200040
法国外贸银行股份有限公司上海分行 NATIXIS Shanghai Branch	陆家嘴环路1000号恒生大厦19楼19032室	鲁赐强	61633200	200120
荷兰安智银行股份有限公司上海分行 ING Bank N. V.，Shanghai Branch	陆家嘴环路1000号恒生银行大厦37—022室	荣彼得	20208050	200120
韩国大邱银行股份有限公司上海分行 The Doegu Bank Ltd. Shanghai Branch	红宝石路500号东银中心B栋11层03室	赵诚文	62369208	201103
美国富国银行有限公司上海分行 Wells Fargo Bank N. A. Shanghai Branch	世纪大道100号上海环球金融中心32楼30单元	Benjamin Hill Kinnas	28927700-7610	200121
挪威银行公共有限公司上海分行 DnB NOR Bank ASA Shanghai Branch	淮海中路381号中环广场9楼901室	MATS INGEMAR WERMELIN	61322801	200020
日本横滨银行股份有限公司上海分行 The Bank of Yokohoma，Ltd. Shanghai Branch	世纪大道100号环球金融中心17楼70室	加藤隆 (KATO TAKASHI)	68776800-500	200120
日本三井住友信托银行股份有限公司上海分行 The Bank of Yokohoma，Ltd. Shanghai Branch	世纪大道88号金茂大厦50楼5001、5002、5006、5007A、5007B、5008、5009室	芥川佳久 (AKUTAGAWA YOSHIHISA)	50476661-501	200120
北欧银行瑞典有限公司上海分行 Nordea Bank AB Shanghai Branch	西藏中路268号来富士广场4806室	Corrado Christian Lillelund Forcellati	63405111-115	200001
瑞典北欧斯安银行有限公司上海分行 Skandinaviska Enskilda Banken AB(publ) Shanghai Branch	世纪大道8号上海国金中心办公楼二期33层3301—3305、3315—3316室	Fredrik Bertil Hahnel	53966681-818	200021
瑞典商业银行公共有限公司上海分行 Svenska Handelsbanken AB(publ) Shanghai Branch	天津路155号2005—2006室	Mikael Vesterback (魏炳坤)拟任	63298877-888	200002
瑞典银行有限公司上海分行 Swedbank Shanghai Branch	花园石桥路33号花旗集团大厦601室	刘志美	38612688	200122
瑞士信贷银行股份有限公司上海分行 Credit Suisse AG Shanghai Branch	世纪大道8号国金中心二期2801—2804、2813—2816、2901—2906、2916室	朱承东	38560088	200120
西班牙桑坦德银行有限公司上海分行 Banco Santander，S. A. Shanghai Branch	世纪大道88号金茂大厦2001室	Angel Ortiz Calle (欧安和)	61686088	200120

（续表）

机构名称	地址	负责人	电话	邮编
意大利联合圣保罗银行股份有限公司上海分行 Intesa Sanpaolo S. P. A. Shanghai Branch	陆家嘴东路161号招商局大厦1001楼	Rosario Pedicini	20822600-688	200120
意大利西雅那银行股份有限公司上海分行 Banca Monte dei Paschi di Siena S. P. A. Shanghai Branch	太仓路233号新茂大厦2501—2504室	Paolo Lucioli （路千里）	53862800-108	200020
印度卡纳拉银行上海分行 Canara Bank Shanghai Branch	银城中路168号上海银行大厦2601室	Nara Simhan Raghu	68596017	200120
印度尼西亚曼底利银行上海分行 PT Bank Mandiri(Persero) Shanghai Branch	银城中路168号上海银行大厦12楼01—04室	陆宝林	20332611	200120
英国巴克莱银行有限公司上海分行 Barclays Bank PLC Shanghai Branch	陆家嘴环路1233号汇亚大厦29楼2905室、31楼3101室、3102B室	欧阳锦绍	38966100	200120
第一商业银行股份有限公司上海分行 First Commercial Bank Shanghai Branch	红宝石路500号东银中心大厦A栋15层01、04室	陈金富	32098611-101	201103
国泰世华商业银行股份有限公司上海分行 Cathay United Bank Company，Limited Shanghai Branch	花园石桥路66号东亚银行金融大厦19层05单元	刘俊豪	68863785-1000	200120
台湾土地银行股份有限公司上海分行 Land Bank of Taiwan Shanghai Branch	富城路99号震旦国际大楼1203—04室	林坤地	50372495-101	200120
台湾银行股份有限公司上海分行 Bank of Taiwan，Shanghai Branch	南京西路1788号1788国际中心30楼	颜圭田	32569900-101	200040
中国信托商业银行股份有限公司上海分行 Chinatrust Commercial Bank Co. Ltd. Shanghai Branch	世纪大道100号上海环球金融中心27楼T70室	杨铭祥	20805999	200120
首都银行（中国）有限公司上海分行 Metropolitan Bank(China) Ltd. Shanghai Branch	延安西路1152号101、102、103室，延安西路1160号301、302、303室，延安西路1168号305室	岳　洋	61910719	200052
德意志银行（中国）有限公司上海分行 Deutsche Bank(China) Co.，Ltd. Shanghai Branch	世纪大道8号上海国金中心办公楼二期（B座）30层3001—16室、38层3804—11室、39层3901—16室、40层4001—16室	叶素兰 （YAP SOH LAN）	20802611	200120
法国兴业银行（中国）有限公司上海分行 Societe Generale(China) Limited Shanghai Branch	世纪大道88号金茂大厦45层4501、4507—4509单元，48层4801、4802、4806B、4807—4810、4812单元，裙房2C-01、2C-02、2C-03单元	郭　坚	38669888	200121
友利银行（中国）有限公司上海分行 Woori Bank(China) Ltd. Shanghai Branch	浦电路480号陆家嘴广场1楼	梁君弼	50810707-200	200122
韩亚银行（中国）有限公司上海分行 Hana Bank(China) Co. Ltd. Shanghai Branch	银城中路200号中银大厦3301—3304室	赵章行	50372121-11	200120
新韩银行（中国）有限公司上海分行 Shinhan(China) Ltd. Shanghai Branch	陆家嘴环路958号华能联合大厦1楼	郑勋楠	68865566-101	200120
韩国外换银行（中国）有限公司上海分行 Korea Exchange Bank (China) Shanghai Branch	浦东南路588号浦发大厦17层	李哲雨	58825998-116	200120

（续表）

机 构 名 称	地 址	负责人	电 话	邮 编
加拿大蒙特利尔银行（中国）有限公司上海分行 Bank of Montreal Shanghai Branch	世纪大道8号上海国金中心办公楼二期20层	夏瑾璐	61363636	200120
摩根大通银行（中国）有限公司上海分行 JPMorgan Chase Bank (China) Company Limited Shanghai Branch	南京西路1601号越洋国际广场41层、4201A、4201B、4202、4203、4205A、4207A、4901、4902A室		52002288	200030
中信银行国际（中国）有限公司上海分行 Citic Bank International (China) Limited Shanghai Branch	银城中路200号中银大厦4404—4406室	黄天石	61006106	200120
厦门国际银行上海分行 Xiamen International Bank Shanghai Branch	浦东大道138号永华大厦一楼A室、四楼A室	郑 威	58881518-208	200120
大新银行（中国）有限公司上海分行 Dah Sing Bank(China) Limited Shanghai Branch	漕溪北路86号1层	庄佩蓉	24113318	200030
永亨银行（中国）有限公司上海分行 Wing Hang Bank(China) Limited Shanghai Branch	世纪大道210号21世纪中心大厦23层	杨玲媛（代）	28983816	200120
加拿大丰业银行有限公司上海分行 The Bank of Nova Scotia Shanghai Branch	世纪大道88号金茂大厦2904室	傅 琼	60728988	200121
上海商业银行有限公司上海分行 SHANGHAI COMMERCIAL BANK LIMITED Shanghai Branch	陆家嘴东路161号上海招商局大厦913室	陈丽莺	20891888	200120
永隆银行有限公司上海分行 Wing Lung Bank Ltd. Shanghai Branch	世纪大道8号国际金融中心二期26楼2601—2609室	程晗光	20357155	200120
澳大利亚西太平洋银行有限公司上海分行 Westpac Banking Corporation Shanghai Branch	世纪大道8号国际金融中心二期27层2709—2716单元	Andrew Frank Whitford	61657677	200120
德国商业银行股份有限公司上海分行 Commerzbank AG Shanghai Branch	世纪大道100号上海环球金融中心37楼	Peter Wolfgang Rolf Vent（樊仲德）	38559688	200120
韩国产业银行上海分行 The Korea Development Bank Shanghai Branch	世纪大道100号上海环球金融中心38楼3810室	崔畅范	68775508	200120
荷兰合作银行有限公司上海分行 Rabobank Nederland Shanghai Branch	世纪大道8号国金中心办公楼10楼1001—1008室	Wilhelmus Theodorus Gerardus Hendriks	28934788	200120
美国银行有限公司上海分行 Bank of America, N. A. Shanghai Branch	陆家嘴环路1233号汇亚大厦16楼1—6单元、17楼	黄晓光	61608726	200120
美国纽约梅隆银行有限公司上海分行 Bank of New York Mellon Shanghai Branch	陆家嘴环路1000号恒生大厦41楼	龚忆明（拟任）	38661100	200120
马来西亚马来亚银行有限公司上海分行 Malayan Banking Berhad, Shanghai Branch	浦东大道1号船舶大厦15层	叶志辉	68860003-12	200120
意大利裕信银行股份有限公司上海分行 Unicredit Banca di Roma Shanghai Branch	浦东世纪大道88号金茂大厦2401室	Maurizio Brentegani（毛 瑞）	50470077-101	200121
印度国家银行上海分行 State Bank of India Shanghai Branch	淮海中路1010号嘉华中心4201、4205、4206室	Dinesh Sharma	54051022-302	200031
韩国友利银行股份有限公司上海分行 Woori Bank Shanghai Branch	世纪大道1600号浦项商务广场2302室	金正起	50810707-268	200120
中信银行国际上海分行 Citic Bank International Shanghai Branch	银城中路200号中银大厦4404—4406室	钱晓亮	61006108	200120

9. 外资银行上海代表处

机构名称	地址	负责人	电话	邮编
阿联酋联合国民银行公开合股公司上海代表处 Union National Bank Shanghai Representative Office	世纪大道100号上海环球金融中心64楼6470单元	ZAHID MAHMOOD KHALID	68805533	200120
阿联酋阿布扎比银行上市股份公司上海代表处 National Bank of Abu Dhabi P. J. S. C.	世纪大道8号上海国金中心办公楼2期2304室	吴　颖	60952388	200120
巴西亿达富贝贝亚银行股份有限公司上海代表处 Banco Itau-BBA S. A. Shanghai	湖滨路222号企业天地商业中心1号10楼1009室	HOWARD JYHOON HAN	33113469	200021
巴西银行有限公司上海代表处 Banco do Brasil S. A. Shanghai Representative Office	南京西路1515号嘉里中心1305室	Sergio Edegar Girardi de	62890707	200040
德国黑森—图林根州银行上海代表处 Landesbank Hessen-Thuringen Girozentrale Shanghai Representative	陆家嘴环路1000号恒生大厦06—022室	王　艺	68777707	200120
德国贝伦贝格银行两合制公司上海代表处 Berenberg Bank Shanghai Representative Office	思南路75号	徐英峰	64188415	200120
德国巴登—符腾堡州银行上海代表处 Landesbank Badenwurttemberg Shanghai Representative Office	世纪大道1600号陆家嘴商务广场23楼2311室	Marcus Wassmuth	50816002	200092
德国地金银行股份有限公司上海代表处 Aareal Bank AG. Shanghai Representative Office	南京西路1266号恒隆广场2902室	Thomas Adammer	62889908	200040
法国爱德蒙得洛希尔银行股份有限公司上海代表处 La Compagnie Financiere Edmond De Rothschild Banque Shanghai Representative Office	陆家嘴东路166号保险大厦2902室	王育群	60862599	200120
法国阔达银行股份有限公司上海代表处 Banque Accord Shanghai Representative Office	长阳路738号3楼C3001—2室	于　阳	61418484	200082
法国工商银行有限公司上海代表处 Credit Industriel Et Commercial Shanghai Representative Office	延安西路129号华侨大厦2005室	胡　姗	62496690	200040
哈萨克斯坦博泰银行股份公司上海代表处 Joint Stock Company "BTA" Bank Shanghai Representative Office	外高桥保税区基隆路55号17楼04室	Chzhan Tszyunshen	58789502	200131
韩国输出入银行上海代表处 The Export-Import Bank of Korea Shanghai Representative Office	遵义路107号1203室	郑求熙	62375561	200336
荷兰银行有限公司上海代表处 ABN AMRO Bank N. V. Shanghai Representative Office	世纪大道8号上海国金中心办公楼2期865—866室	邹江磊	60627377	200135
荷兰欧洲信贷银行有限公司上海代表处 Credit Europe Bank N. V. Shanghai Representative Office	南京西路1266号4609室	Mehwet Sudak	61361818	200040
加拿大帝国商业银行有限公司上海代表处 Canadian Imperial Bank of Commerce Shanghai Representative Office	西藏中路268号来福士广场4807—4808室	叶　俊	63404600	200001
加拿大多伦多道明银行有限公司上海代表处 The Toronto-Dominion Bank Shanghai Representative Office	南京西路1266号恒隆广场25楼2504，2505室	鲍李晨(拟任)	62887979	200040

（续表）

机 构 名 称	地 址	负责人	电 话	邮 编
加拿大国民银行有限公司上海代表处 National Bank of Canada Shanghai Representative Office	零陵路899号飞洲国际广场29-B	龚 瑶	51506588/6788	200030
卡塔尔国民银行公共有限公司上海代表处 Qatar National Bank S. A. Q. Shanghai Representative Office	世纪大道100号930室	史 皓	68778980	200120
卡塔尔多哈银行股份有限公司上海代表处 Doha Bank Shanghai Representative	南京西路1376号上海商城360室	卢伟明	62798008/6	200040
科威特国民银行股份有限公司上海代表处 National Bank of Kuwait, S. A. K. Shanghai Representative Office	陆家嘴环路1233号汇亚大厦1003室	杨先柳	68881092	200120
马来西亚联昌银行股份有限公司上海代表处 CIMB Bank Berhad Shanghai Representative Office	陆家嘴环路1233号汇亚大厦802室	KOK CHEW CHIN(郭洲政)	61940212	200120
美国浦瑞兴银行股份有限公司上海代表处 PNC Bank, National Association Shanghai Representative Office	延安东路222号金光外滩金融中心4304室	嵇董蕾 (DONGLEI JI)	63350098	200002
美国国泰银行有限公司上海代表处 Cathay Bank Shanghai Representative	南京西路1515号嘉里中心2610A	刘志伟 (LIU, CHIH-WEI)	52985357	200040
美国硅谷银行有限公司上海代表处 Silicon Valley Bank Shanghai Representative Office	淞沪路234号410C室	杨大和	61433818	200041
南非第一兰特银行有限公司上海代表处 FirstRand Bank Limited Shanghai Representative Office	延安西路728号华敏汉尊大厦20楼B座	朱 瑾	62100909	200050
葡萄牙圣灵银行股份有限公司上海代表处 Banco Espirito Santo S. A. Shanghai Representative Office	陆家嘴东路161号招商大厦2509室	钟培忠	58870016	200120
日本鹿儿岛银行上海代表处 The Kagoshima Bank, Ltd. Shanghai Representative Office	陆家嘴环路恒生大厦27楼141室	久保敏也 (KUBO TOSHIYA)	68415185	200120
日本蓝天银行股份有限公司上海代表处 Aozora Bank, Ltd. Shanghai Representative Office	陆家嘴环路1000号恒生银行大厦27楼043室	田中滋 (TANAGA SHIGERU)	51178952	200040
日本美纳都银行股份有限公司上海代表处 The Minato Bank, Ltd. Shanghai Representative Office	铜仁路195号中欣大厦3312室	河村真二 (KAWAMURA SHINJI)	62898080	200040
日本南都银行股份有限公司上海代表处 The Nanto Bank, Ltd. Shanghai Representative Office	陆家嘴环路1000号恒生大厦16楼	竹本和靖 (TAKEMOTO KAZUYASU)	68412771	200120
日本百十四银行股份有限公司上海代表处 The Hyakujushi Bank, Ltd. Shanghai Representative Office	陆家嘴环路1000号恒生大厦14楼012室	盐田哲也 (SHIOTA TETSUYA)	58770114	200120
日本七十七银行股份有限公司上海代表处	陆家嘴环路1000号恒生大厦16楼	栉田贤治	68412077	200120
日本北洋银行股份有限公司上海代表处 North Pacific Bank, Ltd. Shanghai Representative Office	延安西路2201号国贸中心1602室	大内正规 (MASANORI OUCHI)	62752666	200336

（续表）

机构名称	地址	负责人	电话	邮编
日本商工组合中央金库股份有限公司上海代表处 The Shoko Chukin Bank Shanghai	延安西路2201号国贸中心1706室	木铺万裕 （KISHIKU KAZUHIRO）	62753860	200336
日本京都银行股份有限公司上海代表处 The Bank of Kyoto, Ltd. Shanghai Representative Office	陆家嘴环路1000号恒生大厦18楼	光岛秀（拟任）	68410575	200120
日本肥后银行股份有限公司上海代表处 The Higo Bank, Ltd. Shanghai Representative Office	西藏中路268号来福士广场4007室	浦上英树 （URAGAMI HIDEKI）	63403915	200001
日本信金中央金库有限公司上海代表处 Shinkin Central Bank Shanghai Representative Office	延安西路2201号国贸中心508室	村上昌隆 （MURAKAMI MASATAKA）	62703091	200336
日本北国银行有限公司上海代表处 The Hokkoku Bank, Ltd. Shanghai Representative Office	南京西路1376号上海商城350室（东峰）	一愿阳光 （ICHIGAN AKIMTSU）	62798717	200040
日本陆奥银行股份有限公司上海代表处 The Michinoku Bank, Ltd. Shanghai Representative Office	陆家嘴环路1000号恒生大厦28楼	和岛贵之 （WAJIMA TAKAYUKI）	68410698	200120
日本百五银行有限公司上海代表处 The Hyakugo Bank, Ltd. Shanghai Representative Office	茂名南路205号瑞金大厦1002室	广田诚 （HIROTA MAKOTO）	54661105	200020
日本滋贺银行有限公司上海代表处 The Shiga Bank, Ltd. Shanghai Representative Office	陆家嘴环路1000号恒生大厦27楼	户簾和俊 （TOMISU KAZUTOSHI）	68415101	200120
日本山阴合同银行股份有限公司上海代表处 The San-in Godo Bank, Ltd. Shanghai Rep. Office	陆家嘴环路1000号恒生大厦15层	加藤贵史 （TAKASHI KATO）	68411661	200120
日本大垣共立银行股份有限公司上海代表处 THE OGAKI KYORITSU BANK, LIMITED Shanghai Representative Office	世纪大道88号金茂大厦4406A室	王绍青	50472700	200120
日本八十二银行股份有限公司上海代表处 THE HACHIJUNI BANK, LTD. SHANGHAI REPRESENTATIVE OFFICE	陆家嘴环路1000号恒生大厦8楼	米泽正太郎 （YONEZAWA SHOTARO）	68411882	200120
日本里索那银行股份有限公司上海代表处 Resona Bank, Ltd. Shanghai Representative Office	延安西路2201号国贸中心2709室	平原行雄	62755198	200336
日本常阳银行股份有限公司上海代表处 THE JOYO BANK, LTD. Shanghai Representative Office	延安西路2201号国贸中心1901室	加藤伦夫 （KATO MICHIO）	62090258	200336
日本CHUGOKU银行股份有限公司上海代表处 THE CHUGOKU BANK, LTD. Shanghai Representative Office	延安西路2201号国贸中心2007室	大木正和	62751988	200336
日本广岛银行股份有限公司上海代表处 THE HIROSHIMA BANK, LTD. Shanghai Representative Office	延安西路2201号国贸中心1713室	政兼浩光 （MASAKANE HIROMITSU）	62752755	200336
日本千叶银股份有限公司上海代表处 THE CHIBA BANK, LTD. Shanghai Representative Office	延安西路2201号国贸中心707室	渡边康儿	62780482	200336
日本静冈银行股份有限公司上海代表处 THE HIZUOKA BANK, LTD. Shanghai Representative Office	延安西路2201号国贸中心1813室	大杉幸弘 （OSUGI YUKIHIRO）	62098115	200336

（续表）

机　构　名　称	地　　址	负责人	电　话	邮　编
日本名古屋银行股份有限公司上海代表处 THE BANK OF NAGOYA LTD. Shanghai Representative Office	延安西路2201号国贸中心1809室	金田诚二	62754207	200336
日本福冈银行股份有限公司上海代表处 THE FUKUOKA BANK，LTD. Shanghai Representative Office	延安西路2201号国贸中心2010室	安恒忠纪（YASUTSUNE TADANORI）	62194570	200336
日本伊予银行股份有限公司上海代表处 THE IYO BANK，LTD. Shanghai Representative Office	延安西路2201号国贸中心1603室	栗原隆（KURIHARA TAKASHI）（拟任）	62707488	200336
日本北陆银行股份有限公司上海代表处 THE HOKURIKU BANK，LTD. Shanghai Representative Office	延安西路2201号国贸中心602室	浜田贵英（HAMADA TAKAHIDE）	62708108	200336
西日本城市银行股份有限公司上海代表处 THE NISHI—NIPPON CITY BANK，LTD. Shanghai Representative Office	延安西路2201号国贸中心2209室	石内宏明	62190600	200336
日本十六银行股份有限公司上海代表处 THE JUROKU BANK，LTD. Shanghai Representative Office	陆家嘴环路1000号恒生大厦18楼022室	岩村志	68411600	200120
日本第四银行股份有限公司上海代表处 THE DAISHI BANK，LTD. Shanghai Representative Office	陆家嘴环路1000号恒生大厦28楼022室	土田直树	50119832	200120
日本群马银行股份有限公司上海代表处 THE GUNMA BANK，LTD. Shanghai Representative Office	陆家嘴环路1000号恒生大厦18楼011室	三轮利夫	68416288	200120
瑞士盈丰银行股份有限公司上海代表处 EFG Bank Shanghai Representative Office	世纪大道100号环球金融中心65楼T10单元	陆　玮	61680518-108	200120
瑞士银行有限公司上海代表处 UBS AG. Shanghai Representative Office	南京西路1168号中信泰富广场2411—2412室	刘元隆	61033099	200041
瑞士宝盛银行有限公司上海代表处 Bank Julius Baer & Co. Ltd. Shanghai Representative Office	世纪大道8号国际金融中心1003室	孙　妍	60753180	200041
泰国开泰银行（大众）有限公司上海代表处 Kasikornbank Public Company Limited Shanghai Representative Office	陆家嘴东路166号中国保险大厦2708室	CHATCHAISKUL NANTHAKORN	68419528/29	200120
土耳其实业银行股份公司上海代表处 TURKIYE IS BANKASI Shanghai Representative Office	世纪大道88号金茂大厦4407室	Tune Turker	50470882	200120
土耳其担保银行股份公司上海代表处 Garanti Bank Shanghai Representative	浦东大道1号船舶大厦1304室	Mustafa Noyan Rona	58797900/4155	200120
西班牙人民银行有限公司上海代表处 BANCO POPULAR ESPANOL，S. A. Shanghai Representative Office	南京西路1038号梅龙镇广场2104室	LUCIANO MENENDEZ RODRIGUEZ	52281543	200041
西班牙萨瓦德尔银行股份有限公司上海代表处 Banco De Sabedell，S. A. Shanghai	南京西路1038号梅龙镇广场1605A室	Guillermo Diaz Sevilla	62718347	200041

（续表）

机 构 名 称	地 址	负责人	电 话	邮 编
西班牙对外银行有限公司上海代表处 Banco Bilbao Vizcaya, S. A. Shanghai Representative Office	世纪大道 88 号金茂大厦 3405 室	刘 瑛	50470031	200120
西班牙班西亚银行股份上海代表处 BANKIA S. A. Shanghai Representative Office	银城中路 200 号 402 室	JESUS CARLOS MIRAMON GARCIA	38713642	200120
西班牙商业银行股份有限公司上海代表处 Caixa-bank, S. A. Shanghai Representative Office	广东路 689 号 1610 室	Danni Cheng Zhou	63410055	200001
意大利意联银行股份合作公司上海代表处 Unione di Banche Italiane S. c. p. a Shanghai Representative Office	长乐路 989 号世纪商贸广场 3304 室	陆 波	61675333	200040
意大利维琴察人民银行股份有限公司上海代表处 Banca Popolare Di Vicenza-Societa Cooperativa per Azioni Shanghai	长乐路 989 号世纪商贸广场 3307B 室	李 鸣	54075455/ 54075456	200030
意大利人民银行有限责任合作公司上海代表处 Banco Popolare-Societa Cooperativa	陆家嘴环路 1000 号恒生大厦 27 楼 27—103 室	Luigi Grisi	68410599	200120
印度联合银行上海代表处 Union Bank of India Shanghai Representative Office	兴义路 8 号万都中心 1911 室	SAKTHIVEL SHANMUGAVELU	52082258	200336
印度同心银行有限公司上海代表处 Axis Bank Limited Shanghai Representative Office	花园石桥路 33 号花旗大厦 23 楼 03 室	Raj Kumar Khosa	61010262	200120
印度旁遮普国家银行上海代表处 Punjab National Bank Shanghai Representative Office	商城路 800 号胜康斯米克大厦 1411 室	Mattathil Mani Thomas	22157751	200120
印度爱西爱西爱银行有限公司上海代表处 ICICI Bank Limited Shanghai Representative Office	南京西路 1717 号会德丰国际广场 2585 室	韩 珏	61575169	200040
英国标准银行有限公司上海代表处 Standard Bank London Limited. Shanghai Representative Office	世纪大道 8 号上海国金中心汇丰银行大楼 12 层 1207—1208 室	姚 彬	68412666	200120
约旦阿拉伯银行公众有限公司上海代表处 Arab Bank Plc. Shanghai Representative Office	四平路 188 号商贸大厦 1803 室	陈 刚	65077737	200086
协和银行有限公司上海代表处 Concord Bank Limited Shanghai Representative Office	延安西路 2077 号金桥大厦 1706 室	朱利平	62753170	200336
大西洋银行股份有限公司上海代表处 Banco Nacional Ultramarino, S. A. Shanghai Representative Office	陆家嘴环路 1233 号汇亚大厦 31 楼 3103 室	王若冰	68888525	200120
台湾中小企业银行股份有限公司上海代表处 Taiwan Business Bank, Shanghai Representative Office	淮海中路 300 号香港新世界大厦 47 楼	陈绍晃	51162823	200021
大众银行(香港)有限公司上海代表处 Public Bank(Hongkong) Limited Shanghai Representative Office	138 号永华大厦 8 楼 G 室	陈力航	58878851	200120
创兴银行有限公司上海代表处 CHONG HING BANK, LTD. Shanghai Representative Office	南京西路 288 号创兴金融中心大厦 2605 室	张 雷	62794172	200040

10. 外资非银行金融机构上海代表处

机构名称	地址	负责人	电话	邮编
AEON 信贷财务公司上海代表处	汉中路 158 号汉中广场 1201 室	於汝毅	63548303	200070
中央短资上海代表处	浦东陆家嘴东路 161 号招商局大厦 1905 室	张　华	58799592	200120
上田八木短资上海代表处	茂名南路 205 号瑞金大厦 1906 室	陈盈萱	54562362	200020
东京短资股份有限公司上海代表处	陆家嘴东路 161 号招商局大厦 812 室	徐双龙	68886992	200120
高祺金融国际经纪有限公司上海代表处	广东路 689 号 35 层 3512 室	夏　霏	68411781	200120
毅联汇业有限公司上海代表处	银城中路 168 号上海银行大厦 1708 室	陶慎昌	68886909	200120
万邦有利上海代表处	浦东南路 360 号新上海国际大厦 34 楼 F 座	裘　英	68410549	200120
大来信用证国际(香港)有限公司上海代表处	浦东花园石桥路 33 号花旗集团大厦 29 层	卫晨霏	28963940	200120
中银信用卡(国际)有限公司上海代表处	遵义路 100 号虹桥上海城 A1215 室	唐　骏	61917931	200040
美国速汇金国际有限公司上海代表处	浦东南路 588 号浦发大厦 16 楼 D 室	马　勇	61946966	200120
英国满利通国际特快汇款有限公司上海代表处	上海市西藏中路 168 号 2508 室	陈　峰	51798399	200001

(五) 证券业机构名录

1. 证券公司

机构名称	地址	电话	邮编
爱建证券有限责任公司	上海市浦东新区世纪大道 1600 号 32 层	32229888	200122
长江证券承销保荐有限公司	上海市世纪大道 1589 号长泰国际金融大厦 21 层	38784899	200122
德邦证券有限责任公司	上海市福山路 500 号 26 层	68761616	200122
东方证券股份有限公司	上海市中山南路 318 号 2 号楼 22、23、25—29 层	63325888	200010
光大证券股份有限公司	上海市新闸路 1508 号	22169999	200040
国泰君安证券股份有限公司	上海市银城中路 168 号	38676666	200120
海际大和证券有限责任公司	上海市陆家嘴环路 1000 号恒生银行大厦 45 层	38582000	200120
海通证券股份有限公司	上海市广东路 689 号	23219300	200001
航天证券有限责任公司	上海市曹杨路 430 号	62446688	200063
华宝证券有限责任公司	上海市世纪大道 100 号环球金融中心 57 层	68777222	200120
财富里昂证券有限责任公司	上海市世纪大道 100 号环球金融中心 9 层	38784818	200120
上海证券有限责任公司	上海市西藏中路 336 号	53519888	200001
申银万国证券股份有限公司	上海市常熟路 171 号	54033888	200031
中银国际证券有限责任公司	上海市银城中路 200 号中银大厦 39、40、41 层	20328000	200120
摩根士丹利华鑫证券有限责任公司	上海市世纪大道 100 号环球金融中心 75 层	20336000	200120
上海国泰君安证券资产管理有限公司	上海市银城中路 168 号上海银行大厦 24 层	38676666	200120
上海东方证券资产管理有限公司	上海市中山南路 318 号 2 号楼 31 层	63325888	200010
上海光大证券资产管理有限公司	上海市新闸路 1508 号 17 层	22169999	200040
东方花旗证券有限公司	上海市中山南路 318 号 2 号楼 24 层	23153888	200010
上海海通证券资产管理有限公司	上海市黄浦区广东路 689 号 32 层	23219300	200001

2. 基金管理公司

机 构 名 称	地 址	电 话	邮 编
长信基金管理有限责任公司	银城中路68号时代金融中心9楼	61009999	200120
东吴基金管理有限公司	源深路279号	50509888	200135
富国基金管理有限公司	世纪大道8号上海国金中心二期16—17层	20361818	200120
光大保德信基金管理有限公司	延安东路222号外滩中心46/37层	33074700	200002
国海富兰克林基金管理有限公司	世纪大道8号上海国金中心二期9层	38555555	200120
国联安基金管理有限公司	陆家嘴环路1318号星展银行大厦9楼	38992888	200121
国泰基金管理有限公司	世纪大道100号上海环球金融中心39楼	38561600	200120
华安基金管理有限公司	世纪大道8号二期31—32楼	38969999	200120
华宝兴业基金管理有限公司	世纪大道100号环球金融中心58楼	38505888	200120
华富基金管理有限公司	陆家嘴环路1000号汇丰大厦31层	68886996	200120
汇丰晋信基金管理有限公司	富城路99号震旦大厦35楼	38789898	200120
海富通基金管理有限公司	陆家嘴花园石桥路66号东亚银行金融大厦36—37层	38650999	200120
汇添富基金管理有限公司	富城路99号震旦大厦21楼	28932888	200120
金元惠理基金管理有限公司	陆家嘴花园石桥路33号花旗集团大厦3608室	68881801	200120
交银施罗德基金管理有限公司	世纪大道201号渣打银行大厦10层	61055050	200120
诺德基金管理有限公司	陆家嘴环路1233号汇亚大厦12楼	68879999	200120
农银汇理基金管理有限公司	世纪大道1600号陆家嘴广场7楼	61095588	200122
浦银安盛基金管理有限公司	淮海中路381号中环广场38楼	23212888	200020
上投摩根基金管理有限公司	富城路99号震旦国际大楼20楼	38794999	200120
申万菱信基金管理有限公司	淮海中路300号香港新世界大厦40层	23261188	200021
泰信基金管理有限公司	浦东南路256号华夏银行大厦36、37层	20899188	200120
天治基金管理有限公司	复兴西路159号	64371155	200031
万家基金管理有限公司	浦电路360号9层	38619999	200122
信诚基金管理有限公司	世纪大道8号上海国金中心汇丰银行大楼9层	68649788	200120
兴业全球基金管理有限公司	张杨路500号时代广场20楼	58368998	200122
华泰柏瑞基金管理有限公司	民生路1199弄上海证大五道口广场1号17层	38601777	200135
银河基金管理有限公司	世纪大道1568号中建大厦15楼	38568888	200122
中海基金管理有限公司	银城中路68号2905—2908室及30层	38429808	200120
中欧基金管理有限公司	花园石桥路66号东亚银行金融大厦8层	68609600	200120
中银基金管理有限公司	银城中路200号中银大厦45层	38834999	200120
纽银梅隆西部基金管理有限公司	世纪大道100号上海环球金融中心19楼	38572888	200120
富安达基金管理有限公司	世纪大道1568号中建大厦29层	61870999	200122
财通基金管理有限公司	银城中路68号时代金融中心41楼	68886666	200120
长安基金管理有限公司	芳甸路1088号紫竹国际大厦16层	20329999	201204
德邦基金管理有限公司	吴淞路218号宝矿国际大厦35层	26010999	200080
华宸未来基金管理有限公司	四川北路859号中信广场16层	26066999	200085
中原英石基金管理有限公司	花园石桥路33号花旗银行大厦17层	38556666	200120

3. 期货公司

机构名称	地址	电话	邮编
中信新际期货有限公司	浦东大道1085号C座401室	61051166	200135
新湖期货有限公司	裕通路100号36层	22155599	200070
申银万国期货有限公司	东方路800号7、8、10楼	50588811	200122
上海中期期货经纪有限公司	浦电路500号期货大厦11楼	61090799	200122
上海中财期货有限公司	陆家嘴环路958号23楼、2402室	68866688	200120
上海浙石期货经纪有限公司	浦电路438号10楼	50586902	200122
上海通联期货有限公司	陆家嘴环路958号7楼	68866986	200120
上海普民期货经纪有限公司	中山北路2550号820—824室	62570000	200063
上海良茂期货经纪有限公司	打浦路198号	63046489	200023
同信久恒期货有限责任公司	世纪大道1500号12楼北座	68416966	200122
上海金源期货有限公司	源深路273号(1、2楼)	68559999	200135
上海东证期货有限公司	松林路300号期货大厦14层	68400610	200122
上海东亚期货有限公司	松林路300号期货大厦2202—2205室	68400499	200122
上海东方期货经纪有限责任公司	松林路300号1603室	68401477	200122
上海大陆期货有限公司	凯旋路3131号明申中心大厦25楼、26楼	54071888	200030
华元期货有限责任公司	浦电路500号期货大厦12层	68402805	200122
华鑫期货有限公司	宁海东路200号申鑫大厦27、28楼	63558998	200021
华闻期货经纪有限公司	浦东大道720号国际航运金融大厦22楼A、B、C、D、M、N室	50368918	200120
恒泰期货有限公司	松林路357号19层、21层E、F座	68405178	200122
海证期货有限公司	临平北路19号	65218887	200086
海通期货有限公司	世纪大道1589号17楼、6楼01—04单元、25楼	61871688	200122
国投中谷期货有限公司	东大名路638号501室、502室、511A室、511B室、512室、515室	60560800	200080
国泰君安期货有限公司	延平路121号三和大厦26层	52138857	200042
光大期货有限公司	福山路458号303、601、602、1301—1303、1311、1312室	22169060	200122
东兴期货有限责任公司	杨树浦路248号22层	65456870	200082
东吴期货有限公司	西藏南路1208号6楼、10楼EFGH室	63123019	200011
东航期货经纪有限责任公司	吴中路686弄3号D幢16楼	64068796	200233
湘财祈年期货经纪有限公司	四川北路859号1006室	62898711	200085
大华期货有限公司	源深路1088号7楼	38529787	200135
天鸿期货经纪有限公司	东大名路1080号21层01、02、03室	60769640	200082

4. 外资证券基金类机构上海代表处

机构名称	地址	电话
野村证券株式会社上海代表处	淮海中路381号中环广场35楼3501室	61937212
法国巴黎资本(亚洲)有限公司上海代表处	世纪大道100号上海环球金融中心26楼2630室	60969006
美国美林国际有限公司上海代表处	陆家嘴环路1233号汇亚大厦1607B—1608单元	61324896

（续表）

机构名称	地址	电话
里昂证券有限公司上海代表处	世纪大道100号环球金融中心9楼0910室	20205881
香港新鸿基投资服务有限公司上海代表处	南京西路338号天安中心1903室	63276850
摩根士丹利亚洲有限公司上海代表处	延安东路222号金光外滩金融中心7楼702A室	23260116
高盛(中国)有限责任公司上海代表处	长乐路989号世纪商贸广场43楼	24018621
巴克莱证券有限公司上海代表处	陆家嘴环路1233号汇亚大厦3102A室	58403250
苏皇证券亚洲有限公司上海代表处	陆家嘴环路1233号汇亚大厦25楼2503单元	28939721
韩国友利投资证券公司上海代表处	浦东南路528号证券大厦北塔1205室	68826100＊120
香港群益国际控股有限公司上海代表处	浦东南路360号新上海国际大厦18楼A座	58887188
韩国现代证券公司上海代表处	浦东南路528号证券大厦北塔1405室	68817007
台湾元富证券(香港)有限公司上海代表处	淮海中路918号久事复兴大厦16楼D座	61369088
新加坡星展唯高达香港有限公司上海代表处	陆家嘴环路1318号1306室	68883376
香港永丰金证券(亚洲)有限公司上海代表处	浦东南路256号华夏银行大厦2405室	68865358-101
香港日盛嘉富证券国际有限公司上海代表处	遵义路107号安泰大楼2004室	62375057
新加坡星展亚洲融资有限公司上海代表处	陆家嘴环路1318号1305室	68886820
台湾兆丰资本(亚洲)有限公司上海代表处	天钥桥路325号嘉汇国际广场2208室	
花旗环球金融亚洲有限公司上海代表处	花园石桥路33号花旗集团大厦34楼	28963816
台湾凯基证券亚洲有限公司上海代表处	仙霞路317号远东国际广场2502—2504室	62350738
洛希尔中国控股有限公司上海代表处	南京西路1266号恒隆广场2期3207室	62881528
台湾统一证券(香港)有限公司上海代表处	浦东南路360号新上海国际大厦6楼F座	58402533
三星证券公司上海代表处	延安西路2201号上海国际贸易中心2601室	62704168＊372
台湾大华证券(香港)有限公司上海代表处	南京西路1601号越洋广场1508A室	52082070
香港上海汇丰银行有限公司(证券业务)上海代表处	世纪大道8号上海国金中心汇丰银行大楼20楼2013—2016单元	38882609
韩国韩华投资证券股份有限公司上海代表处	世纪大道88号金茂大厦2007室	50490866
内藤证券公司上海代表处	茂名南路205号瑞金大厦1101室	64672900
香港摩根大通证券(亚太)有限公司上海代表处	南京西路1601号越洋广场50楼5001A、5001B、5002、5003A	52003900
法国兴业证券(香港)有限公司上海代表处	世纪大道88号金茂大厦4806A室	50470218
香港卓亚(企业融资)有限公司上海代表处	东方路710号汤臣金融大厦1504室	68763248
富达基金(香港)有限公司上海代表处	世纪大道8号上海国际金融中心办公楼二期(B座)33层3311—12室	20305610
台湾元大宝来证券股份有限公司上海代表处	浦东大道138号永华大厦12H	58875599
大和投资管理(香港)有限公司上海代表处	陆家嘴环路1000号汇丰大厦45楼012室	58401886
瑞士信贷(香港)有限公司上海代表处	浦东南路528号上海证券大厦南塔1704室	68818188
日本瑞穗证券股份有限公司上海代表处	世纪大道100号环球金融中心17楼T10室	68778000
三井住友资产管理股份有限公司上海代表处	南京西路1168号中信泰富广场1002单元	52925960
台湾富邦综合证券股份有限公司上海代表处	遵义路100号虹桥上海城A座2111—12室	62370935
德意志银行股份有限公司(证券业务)上海代表处	世纪大道8号上海国金中心办公楼二期38层01—02和15—16室	38962830
渣打证券(香港)有限公司上海代表处	世纪大道201号渣打银行大厦13楼02单元	38518207

（续表）

机 构 名 称	地　　址	电　话
美国富瑞金融集团上海代表处	南京西路1168号中信泰富广场1909室	51118700
冈三证券股份有限公司上海代表处	世纪大道100号上海环球金融中心1730室	68811001-202
马丁可利投资管理有限公司上海代表处	陆家嘴花园石桥路33号花旗大厦1602室	61017800
美国威廉-博莱有限责任公司上海代表处	湖滨路222号企业天地1号楼1116—1118室	13916631099
英国施罗德集团上海代表处	世纪大道8号国金中心11楼1101室	50120580
麦格理证券(澳大利亚)股份有限公司上海代表处	长乐路989号世纪商贸广场3楼309—311单元	24129003
荷兰荷宝基金管理公司上海代表处	陆家嘴环路1000号汇丰大厦18楼142室	68412280
香港致富证券有限公司上海代表处	陆家嘴东路161号招商局大厦1309室	38870772 13681962345
韩国未来资产迈普斯资产运用株式会社上海代表处	陆家嘴环路166号未来资产大厦5楼B室	31352084
东洋证券股份有限公司上海代表处	南京西路1376号上海商城416室	62798112
韩国大信证券股份有限公司上海代表处	银城中路8号中融碧玉蓝天大厦809室	50105298
益华证券有限公司上海代表处	银城中路68号时代金融大厦3305—3307室	50106218
韩国新韩金融投资股份有限公司上海代表处	陆家嘴环路958号1楼104单元	68889135
新加坡安本亚洲资产管理有限公司上海代表处	太仓路233号新茂大厦21层01单元	51525600
新加坡东京海上国际资产管理有限公司上海代表处	陆家嘴环路1000号汇丰大厦18楼122室	68410288
蓝泽证券股份有限公司上海代表处	南京西路1376号上海商城536室	62798906
韩国科提比资产运用株式会社上海代表处	陆家嘴东路161号1108室	68766869
韩国爱思开证券股份有限公司上海代表处	陆家嘴环路166号未来资产大厦20-01Q室	51748840
日本大和住银投信投资顾问株式会社上海代表处	陆家嘴环路1000号汇丰大厦24楼011室	68410800
香港联昌证券有限公司上海代表处	陆家嘴环路1233号汇亚大厦803室	50471771
美国盈透证券有限公司上海代表处	陆家嘴环路1233号汇亚大厦1007室	60868508
台湾华南永昌综合证券股份有限公司上海代表处	漕溪北路18号19C座	34241158
新加坡利安资金管理公司上海代表处	淮海中路333号瑞安广场12层REGUS瑞安中心A19室	51160529
韩国华宜资产运用株式会社上海代表处	浦东南路528号证券大厦北楼2306B室	66800218
韩国投资信托运用株式会社上海代表处	世纪大道100号上海环球金融中心64楼64T50室	68776880
韩国大宇证券股份有限公司上海代表处	陆家嘴环路1000号恒生银行大厦28楼013室	50136392
香港第一金和昇证券有限公司上海代表处	红宝石路500号2号楼11楼02室	32080311
台湾复华证券投资信托股份有限公司上海代表处	淮海中路1010号嘉华中心27楼远雄国际商务中心2718室	61031206
台湾元大宝来证券投资信托股份有限公司上海代表处	东方路877号嘉兴大厦1401室	50580071
野村投资管理香港有限公司上海代表处	淮海中路381号中环广场8楼825室	61937329
香港博大证券有限公司上海代表处	新闸路356号悦达黄浦河滨大厦1202室	
香港海通国际证券有限公司上海代表处	陆家嘴东路166号中国保险大厦2905室	68411902

（六）保险业机构名录

1. 寿险总公司

机构名称	地址	总经理	电话	传真	批准时间
中国太平洋人寿保险股份有限公司	银城中路190号	徐敬惠	33965062/58776688	68871070	1991.4
太平人寿保险有限公司	民生路1399号	张　可	50614888	68544257	2001.11
国华人寿保险股份有限公司	世纪大道88号4层	金振华	61058666	61642088	2007.10
建信人寿保险有限公司	源深路1088号8、9楼及1602—1604单元	赵富高	38991666＊1133/1147	33901152	1998.9
平安养老保险股份有限公司	陆家嘴环路1333号20楼、21楼	赵卫星	38636134	50471712/1709	2004.12
太平养老保险股份有限公司	银城中路488号太平金融大厦25、26层	陈锦魁	61652352	61002855	2004.12
长江养老保险股份有限公司	浦东南路588号浦发大厦7楼	李春平	38606836/38606823	38606801	2007.3
平安健康保险股份有限公司	陆家嘴环路1333号中国平安金融大厦19楼	JOHAN VAN ROOYEN	38635846/7361/13817659791	58587521/58587502	2005.5
东方人寿保险股份有限公司	张杨路500号华润时代广场12楼	田　地	58367996	58367311	2001.12
中宏人寿保险有限公司	世纪大道88号金茂大厦6楼	Raymond Adam Mi	50492288＊5292/5311	50490042/50490268	1996.11
工银安盛人寿保险有限公司	陆家嘴环路166号未来资产大厦19楼	马哲明	58792288	58799527	1999.6
交银康联人寿保险有限公司	仙霞路18号18—21楼	张宏良	22192288＊2100	62759023	2000.8
北大方正人寿保险有限公司	世纪大道1168号东方金融广场A栋21层	李　平	38929911	58989727	2002.11
海康人寿保险有限公司	张恒路1000弄77号	马君硕	38784868	50179089	2003.4
长生人寿保险有限公司	世纪大道100号8楼08T70室	余部信也	38999888	62470739/62472709	2003.9
国泰人寿保险有限责任公司	世纪大道88号11楼	林国寿	61006168＊0/1055	61001682/61001683	2004.12
中美联泰大都会人寿保险有限公司	黄陂北路227号中区广场15楼	贝克俊	23103695/23103636	33302178/68877032	2005.7
汇丰人寿保险有限公司	世纪大道8号汇丰银行大楼18楼	林丽霞	38509200	38950282	2009.6
中德安联人寿保险有限公司	浦东南路360号新上海国际大厦2楼A区、C区及37楼A区	陈　良	61653688	61653853/61653699	1998.10
复星保德信人寿保险有限公司	芳甸路1155号浦东嘉里城办公楼36层3601—3605室	杨永彪	38139588	68826199	2012.9.13
友邦保险有限公司上海分公司	中山东一路17号友邦大厦3—8楼	洪志强	53599988＊62002	23308216	1992.9

2. 寿险分公司

机构名称	地址	总经理	电话	传真	批准时间
中国人寿保险股份有限公司上海市分公司	人民路858号	肖星	23221307	63267557	2003.6
中国平安人寿保险股份有限公司上海分公司	常熟路8号静安广场	韩光	62078673/62078817/62078951	62078681	2002.11
中国太平洋人寿保险股份有限公司上海分公司	吴淞路400号	徐勇	66779900＊2400	66085787	2000.12
泰康人寿保险股份有限公司上海分公司	南京西路580号南证大厦47楼	方秋霞	61939300/9667	51062813	2000.4
泰康养老保险股份有限公司上海分公司	南京西路580号南证大厦48楼	刘跃	61939522	51062812	2010.3
新华人寿保险股份有限公司上海分公司	东大名路558号5—10楼、B1层B1101、B1201—1205	唐庚荣	60934263	62170772	2001.3
太平人寿保险有限公司上海分公司	民生路1399号10—12层、17层	马玉春	62727777/62722800	62722166	2002.4
生命人寿保险股份有限公司上海分公司	张杨路707号37楼、36楼、6楼	施文澜	58773333/28993009	58361333	2004.4
东方人寿保险股份有限公司上海分公司	张杨路500号华润时代广场12楼	李铭	58367321	58367311	2004.4
民生人寿保险股份有限公司上海分公司	江宁路167号新诚大厦23层及501A室	孙国强	61355555＊5523	62558955	2004.10
合众人寿保险股份有限公司上海分公司	东方路69号12楼	于振东	68634567	68879081	2005.4
中国人民人寿保险股份有限公司上海市分公司	浦东南路1085号华申大厦10楼	孙磊	58359700＊200	58358998	2007.10
正德人寿保险股份有限公司上海分公司	宁波路1号8楼	薄卫民	63238666＊6202	63238621	2007.10
英大泰和人寿保险股份有限公司上海分公司	恒通路360号一天下大厦5楼B座	韩朔	51160000/51160090	51160090	2007.11
华泰人寿保险股份有限公司上海分公司	世纪大道1589号6层	傅元智	61870518	61649992	2008.1
幸福人寿保险股份有限公司上海分公司	北京西路1399号信达大厦23层	张嘉伟	61031155	61350024	2008.7
国华人寿保险股份有限公司上海分公司	世纪大道88号金茂大厦办公楼1区4层01—03单元	金振华	61098585	61098500	2008.9
平安养老保险股份有限公司上海分公司	常熟路8号5楼	周连成	62078795	62078345	2007.2

（续表）

机构名称	地址	总经理	电话	传真	批准时间
太平养老保险股份有限公司上海分公司	南京西路1600号7楼	吴金发	60456666	60459700	2008.6
中国人寿养老保险股份有限公司上海市分公司	人民路858号7层	芮国良	63365221/23221612（13501663572）	63744206	2009.7
中国人民健康保险股份有限公司上海分公司	商城路618号良友大厦27楼	乔善波	61001166＊8618	58799019	2005.12
和谐健康保险股份有限公司上海分公司	浦东南路1118号17楼1702—1704室	刘　华	68875856		2006.6
平安健康保险股份有限公司上海分公司	常熟路8号9楼	吴新春	62078278	62494270	2006.12
昆仑健康保险股份有限公司上海分公司	虹桥路1386号文广大厦3层3E01	王　勋	22198239/22198318	22198273	2010.3
阳光人寿保险股份有限公司上海分公司	南京西路819号20楼	张华伦	62588313	62588538	2010.6
光大永明人寿保险有限公司上海分公司	淮海中路200号淮海金融大厦29层A区、30层	朱龙峰	61566156/6192/6167	61566199	2007.12
安邦人寿保险股份有限公司上海分公司	浦东南路1118号鄂尔多斯大厦16楼1606室	叶晓雯	61096956	61600111	2011.2
中融人寿保险股份有限公司上海分公司	北京西路1465号（国立大厦）19楼	寿宇卫	22301699	22301600	2011.3
信泰人寿保险股份有限公司上海分公司	吴淞路469号森林湾大厦C区2002室、2006室	陈　莉	60650333＊76369/76365	60650300	2011.9
天安人寿保险股份有限公司上海分公司	浦东南路360号新上海国际大厦3层A、B室	任　军	60750789	60451311	2011.11
华夏人寿保险股份有限公司上海分公司	竹林路101号陆家嘴基金大厦六楼601、604单元	李尚武	029-88337100	029-88337100	2012.3
中宏人寿保险有限公司上海分公司	广东路500号世界贸易大厦4楼	黎伟伦	53594770＊8518	50490042	2007.4
中德安联人寿保险有限公司上海分公司	浦东南路360号新上海国际大厦2楼B区	林　霄	61653578（法规部）	61653893	2008.4
中意人寿保险有限公司上海分公司	吴淞路218号宝矿国际大厦19、20楼	涂开元	61055588＊1901	61050103	2005.10
瑞泰人寿保险有限公司上海分公司	淮海中路398号世纪巴士大厦19层ABC1	严国超	61418800＊2711	61418801	2005.11
招商信诺人寿保险有限公司上海公司	世纪大道1589号长泰国际金融大厦706、707单元	白　宇	61871288＊821	61681699	2005.11
信诚人寿保险有限公司上海分公司	四川北路859号中信广场25层2503、2504室	赵建刚	68644688	50478038	2005.5
中荷人寿保险有限公司上海分公司	竹林路101号上海基金大厦1704室	王　佶			2012.11

3. 产险总公司

机构名称	地址	总经理	电话	传真	批准时间
中国太平洋保险(集团)股份有限公司	银城中路190号	霍联宏	33961067/33961663	68870922/58409643	1991.4
中国太平洋财产保险股份有限公司	银城中路190号	吴宗敏	33962106/33962309	68871218	1991.4
天安财产保险股份有限公司	浦东大道1号	高焕利	61017878	50543218	1994.1
大众保险股份有限公司	延安西路1033号裙楼6楼	陈耀中	23076617	23076966	1995.1
中国大地财产保险股份有限公司	民生路1199弄1号证大五道口广场8楼	郭　敏	68577310	68577577	2003.9
安信农业保险股份有限公司	共和新路3651号	周伟国	66988000	66988877	2004.9
永诚财产保险股份有限公司	陆家嘴环路958号华能联合大厦37层	Sammy Sum Yu Chan	51105888	68865503	2004.9
天平汽车保险股份有限公司	浦东南路500号15楼	胡　务	58401126/13901720988	58401229	2004.12
中国人保资产管理有限公司	银城中路200号中银大厦10楼		38571800	68598911	2003.7
华泰资产管理有限公司	世纪大道88号金茂大厦4308室	淦客兴	61001668	61001626	2005.1
平安资产管理有限责任公司	陆家嘴环路1333号中国平安金融大厦29—31楼	万　放	38638888	33826688/58585491	2005.5
太平洋资产管理有限责任公司	银城中路68号时代金融中心31楼	于业明	68659999＊5625	50106126	2006.6
太平资产管理有限公司	银城中路488号42、43楼	杨新民	61002999/61655387	61605368	2006.9
民生通惠资产管理有限公司	松花江路2601号1幢B区3楼	葛　旋			2012.10
华泰财产保险有限公司	世纪大道88号金茂大厦四区43层03单元	丛雪松	60963663/010-59371363	60963660	2011.7
三星财产保险(中国)有限公司	虹桥路1438号古北国际财富中心20楼02—04单元	郑贤俊	22311841/22311888	62701657	2001.4
三井住友海上火灾(中国)有限公司	世纪大道100号上海环球金融中心34—T70	伊藤幸孝	68777800	68776066/68777288	2001.1
太阳联合保险(中国)有限公司	芳甸路1155号浦东嘉里城办公楼3201室和3205室	张嘉麟	60359188	60359102	2007.7
丘博保险(中国)有限公司	芳甸路1155号浦东嘉里城901—905、907—908室	冯天佑	23256688	52925880	2007.9
美亚财产保险有限公司	世纪大道1589号长泰国际金融大厦5楼	Kevin Michael Goulding	38578000	38578111	2007.9
东京海上日动火灾保险(中国)有限公司	陆家嘴环路1000号恒生银行大厦38楼、41楼	大野博仁	68414455	68412573	2008.7
国泰财产保险有限责任公司	长乐路989号世纪商贸广场大厦30层	陈谨洲	61032288＊法务部	61911677	2008.9
劳合社保险(中国)有限公司	陆家嘴环路1233号汇亚大厦3301—3305室	高　璁	61628211/8235	61628251	2007.3
信利保险(中国)有限公司	世纪大道1568号中建大厦33层3305B	谢哲强	60583909/60583911	60583950	2010.12
丰泰保险(亚洲)有限公司上海分公司	世纪大道1701号中国钻石交易中心南塔11层	陈耀棠	68823351	68824600/68825603	1996.11
汉诺威再保险有限公司上海分公司	世纪大道1568号中建大厦3305A、3307室	周俊明	50819585＊115	58209396＊115	2008.3
德国通用再保险股份公司上海分公司	陆家嘴东路161号招商局大厦1803室	蔡端绵	61006300	61006366	2004.5

4. 产险分公司

机构名称	地址	总经理	电话	传真	批准时间
中国人民财产保险股份有限公司上海市分公司	中山南路700号	张家庆	63773000	63764678	1949.10
中国人民财产保险股份有限公司航运保险运营中心	中山南路700号17层	祖宙军	63671089/63671003	63671108	2010.12
中国太平洋财产保险股份有限公司上海分公司	吴淞路400号	张渝	66779900＊1626	66085008	1991.4
中国太平洋财产保险股份有限公司航运保险事业营运中心	吴淞路400号11—12楼	李齐宁	66779900＊1251	66085500	2010.12
中国平安财产保险股份有限公司上海分公司	常熟路8号静安广场10楼	吴军	62494670	62078073	2002.5
中国平安财产保险股份有限公司航运保险运营中心	浦东南路360号28层	檀芳	13701988025	62484240/62078073	2012.3
天安财产保险股份有限公司上海分公司	浦东大道2000号7楼	黄方红	58219955＊1225/68552394	58216553	1994.1
大众保险股份有限公司上海分公司	延安西路1033号信港大厦4—5楼	李涛	23076724	23076777	2003.3
华泰财产保险有限公司上海分公司	浦东大道720号26楼	马坚	51163578/13661618720	68753171	1998.1
太平财产保险有限公司上海分公司	陆家嘴东路166号中保大厦	阚季刚	58877888	58820888	2002.4
中国出口信用保险公司上海分公司	杨高南路428号由由世纪广场写字楼4号楼	朱守中	63306030＊6226/6236	63305980	2002.6
中华联合财产保险股份有限公司上海分公司	成都北路600号中华保险华盛大厦13—22层	陆丰元	53554600	63276000＊6823	2003.3
华安财产保险股份有限公司上海分公司	浦东新区世纪大道1777号3楼A、B、F2单元	杨海鸥	38570000	61650518/52136006	2003.9
中国大地财产保险股份有限公司上海分公司	北京西路1465号国立大厦7F	万忠明	52120000/52588913	52120660/68590016	2003.11
安邦财产保险股份有限公司上海分公司	浦东南路1118号16楼	丁晓娜	61601166	61600111	2003.11
永诚财产保险股份有限公司上海分公司	浦东大道900号9楼	李明华	58525999	58520222/58522299	2005.11
阳光财产保险股份有限公司上海市分公司	广中西路777弄55号启迪大厦9楼	王森	66316727	66316726	2005.12
中国大地财产保险股份有限公司营业部	浦东新区浦东南路855号世界广场37层	黄叻	58827966	68590013	2006.4
天平汽车保险股份有限公司上海分公司	浦东南路500号21—22层D单元	张晓宇	63555599	63558109	2006.9
都邦财产保险股份有限公司上海分公司	福山路450号新天国际大厦8楼	顾大庆	61638888	60930300/68549521	2006.11
中国人寿财产保险股份有限公司上海市分公司	天潼路133号12楼	高志缨	61810000	63062267/63556601	2007.6

（续表）

机 构 名 称	地 址	总经理	电 话	传 真	批准时间
民安财产保险有限公司上海分公司	福山路33号建工大厦24楼B座	徐勇强	68877231	68877190/58828606	2007.7
中银保险有限公司上海分公司	四川中路321号中央大厦9楼	刘 洪	63391396/63392880	63391025/63391396	2007.7
安诚财产保险股份有限公司上海分公司	中山南路969号17层	谢 伟	52588797	52588262	2007.1
渤海财产保险股份有限公司上海分公司	浦东南路2240号201、507室	邵洪勇	51325906	51325938	2007.11
华泰财产保险有限公司营业部	世纪大道1600号浦项商务广场2206室	胡千海	38617101	38617199	2008.6
英大泰和财产保险股份有限公司上海分公司	世纪大道1568号中建大厦28层03—05单元	汪 媛	51168168/13585550778	51190701	2009.1
紫金财产保险股份有限公司上海分公司	淮海西路666号702—704室	徐建民	20301211	20301200	2009.12
中国财产再保险股份有限公司上海分公司	花园石桥路66号1203室	吴忠东	33830050	33830100	2004.3
信达财产保险股份有限公司上海分公司	北京西路1399号信达大厦18楼	强来娣	62792812/62792888	62792075	2010.6
鼎和财产保险股份有限公司上海分公司	铁岭路32号同叶大厦1701—1706室	何 雷	61731988	61736300	2010.7
中国人寿再保险股份有限公司上海分公司	陆家嘴环路1318号304室	方 力	58369788	58369570	2004.3
长安责任保险股份有限公司上海分公司	东大名路879号5楼	李人杰	51821395	51821355	2011.1
浙商财产保险股份有限公司上海分公司	四川北路1717号嘉杰国际广场21层	秦沪鹰	36531290办公室	36531281	2011.1
安联财产保险(中国)有限公司上海分公司	富城路99号震旦国际大楼主楼第8层第03室	何 祺	61653688＊2201		2012.1
永安财产保险股份有限公司上海分公司	花园路66弄1号嘉和国际大厦1801—1812室	吴正东	61815516	61815501	2012.5
东京海上日动火灾保险(中国)有限公司上海分公司	陆家嘴环路1000号恒生银行大厦38楼0214	平塚隆之	68414455/62786680	68410618	2008.7
中意财产保险有限公司上海分公司	世纪大道88号金茂大厦702室	严劲秋	60581925	60581988	2010.11
日本财产保险(中国)有限公司上海分公司	陆家嘴环路1000号恒生银行大厦20楼	石田伸一	54075828	54076055	2007.9
美亚财产保险有限公司上海分公司	世纪大道1589号长泰国际金融大厦5楼	郑 艺	38578000	38578290	1992.9
众诚汽车保险股份有限公司上海分公司	四川北路859号中信广场2505、2506室	张 建	63071000	63071236	2012.12
三井住友海上火灾(中国)有限公司营业部	世纪大道100号上海环球金融中心34楼T30室	安田吉宏	68777899/68777858	68777500	2012.12

5. 部分保险中介机构

序号	机构名称（全称）	地 址	法定代表人（主要负责人）	邮 编	电 话（总机）	客户服务电话	传 真	网 址
	保险代理公司							
1	上海东方保险代理有限公司	曹安路1926号4楼	刘彦武	201824	59184367	8008203375	59192597	www.soia.com.cn
2	上海文定保险代理有限公司	汶水路8号8幢2A1-2室	沈国文	200072	50459341	50597406	36536198	
3	上海国彰保险代理有限公司	新闸路1098弄1号1604室	李艳波	200041	52930280	52930280	52930599	www.goodjump.com.cn
4	上海宜安保保险代理有限公司	张江高科技园区卡园二路108号1幢3层	陆 健	201201	68619188	68619188	68619189	
5	上海尚诚保险代理有限公司	斜土路2570号东影大厦8层	秦 轶	200030	64383393	4006196119	64692681	www.chinaintegrity.com
6	上海鑫舟保险代理有限公司	肇嘉浜路159号友谊时代大厦2303室	夏文庆	200032	51586970	51711823	51711811	http://www.aowia.com/
7	上海龙旗保险代理有限公司	金沙江路2009弄（金沙商务广场）1号楼1305室	潘以江	200333	65305800	65305800	52687133	
8	上海诚锐保险代理有限公司	西环路301号2号楼1楼	沈德君	201199	54955700	54955700	54958730	
9	天平保险销售有限公司	浦东南路500号22楼D座	阮尔清	200120	50153083	50158888	58401229	
	保险公估公司							
1	上海恒量保险公估有限公司	瞿溪路350号16楼	张世民	200011	63126667	63126667	63126660	http://www.highlevel-sh.com/
2	上海谛诚保险公估有限公司	牡丹江路1325号407室	陈传麒	201190	34140801	34140801	54489986	www.dictum.cn
3	上海锦正保险公估有限公司	哈密路433号4号楼A-B座	朱 青	200335	52199276	52199276-801	52199250	www.jinzheng88.cn
	保险经纪公司							
1	上海东大保险经纪有限责任公司	新华路539号2楼	王荣桃	200052	52582299	52582299	62816226	www.dibchina.com
2	中怡保险经纪有限责任公司	世纪大道88号金茂大厦42楼	邬小蕙	200120	38658000	38658000	50498331	http://www.aon-cofco.com.cn
3	上海环亚保险经纪有限公司	六合路98号13楼	鲍荣清	200001	63616888	400-820-8883	63507288	http://www.firsthuan-ya.com
4	上海安国保险经纪有限公司	莲花路1733号华纳风格酒店商务中心308室	柳镇源	201103	51698989	51698989	64016108	www.ianguo.com
5	上海中盈保险经纪有限公司	衡山路922号30楼B座	俞侃敏	200030	64078781	64078781	54076180	www.joying-insurance.com
6	上海天合保险经纪有限公司	番禺路390弄（时代大厦）1803	陈愚石	200050	60702336	60702336	60702337	http://www.tianhejingji.com/
7	上海银盾保险经纪有限公司	崇明县绿华镇嘉华路4号	周国勋	202151	59351781	20280315	20280319	

6. 外资及港澳台保险机构上海代表处

序号	国别地区	机构名称	地　址	首席代表	电　话	邮　编	获批日
1	德　国	慕尼黑再保险公司上海代表处	陆家嘴环路 1000 号汇丰大厦 14 楼	容　欣	68411666 * 261	200120	1997-8-28
2	德　国	德国汉萨美安保险集团上海代表处	西藏中路 268 号来福士广场 51 楼 5161 室	朱文婕	23127589	200001	2009-2-4
3	法　国	巴黎人寿保险有限公司上海代表处	世纪大道 100 号环球金融中心 26 楼 2611 室	吴文华	68775258	200120	2003-4-16
4	法　国	法国圣汇安保险经纪股份有限公司上海代表处	张江高科技园区科苑路 88 号德国中心 2 座 630 室	许端格	61870488	201203	2009-6-26
5	韩　国	LIG 财产保险公司上海代表处	陆家嘴东路 161 号招商局大厦 2216 室	金胜稙	58406489/6478	200122	2003-2-20
6	韩　国	韩国贸易保险公社上海代表处	兴义路 8 号万都中心 2210 室	安秉哲	52081181	200336	2004-9-15
7	韩　国	韩国现代海上火灾保险株式会社上海代表处	娄山关路 85 号东方国际大厦 C 座 1402 室	张云飞	62787740	200336	2008-11-24
8	荷　兰	富杰保险国际股份有限公司上海代表处	银城中路 488 号太平金融大厦 3801B	苏永雄	50988808	200120	2003-2-20
9	荷　兰	安卓信用保险公司上海代表处	世纪大道 210 号二十一世纪大厦 6088 室	吴承刚	51727215	200120	2009-1-7
10	美　国	大西洋再保险公司上海代表处	世纪大道 8 号上海国金中心二期 2307—2308 室	陈　蕾	50312671/2675	200020	1997-10-29
11	美　国	北美洲保险公司上海代表处	世纪大道 88 号金茂大厦 2905 室	吴韵源	50470780	200121	2002-11-25
12	美　国	大陆保险公司上海代表处	延安西路 129 号华侨大厦 2003 室	刘佩华	62497511	200040	2000-3-2
13	美　国	美国盛博保险有限公司上海代表处	花园石桥路 33 号花旗大厦 23 楼 2325 室	罗仲尹	61010069	200120	2007-8-15
14	美　国	美国安泰保险公司上海代表处	世纪大道 88 号金茂大厦 2405 室	赵　红	38780375	200121	2008-3-25
15	日　本	第一生命保险公司上海代表处	世纪大道 100 号上海环球金融中心 15 楼 70 室	杉崎知喜	68775788	200120	2004-12-16
16	瑞　士	苏黎世保险公司上海代表处	淮海中路 283 号香港广场南座 2603 单元第 32 室	谷学斌	61035712	200021	1996-5-3
17	瑞　士	瑞士再保险公司上海代表处	世纪大道 201 号渣打银行大厦 7 楼	高　青	61826720	200120	1996-11-5
18	卢森堡	卢森堡瑞再国际财产保险有限公司上海代表处	世纪大道 201 号 515A 室	万马腾	61826788	200120	2010-4-20
19	中国台湾	新光人寿保险股份有限公司上海代表处	淮海中路 222 号 3813—3815 室	曾铭秋	53965897	200021	2004-12-14

（续表）

序号	国别地区	机构名称	地　址	首席代表	电　话	邮　编	获批日
20	中国台湾	新安东京海上产物保险股份有限公司上海代表处	虹桥路808号(加华商务中心)A栋8106室	孔昱翔	64477858	200030	2006-5-18
21	中国台湾	台湾产物保险股份有限公司上海代表处	淮海中路333号瑞安广场1504室	李建成	58772839	200021	2006-5-16
22	中国台湾	兆丰产物保险公司上海代表处	浦东大道138号15楼H室	蔡志伦	61005269	200120	2007-9-3
23	中国香港	蓝十字(亚太)保险有限公司上海代表处	北京西路1277号国旅大厦915室	潘　为	62895883	200040	2003-3-25
24	中国香港	中国太平保险控股有限公司上海代表处	民生路1399号8层806室	隋　舵	58769567	200135	2000-12-18
25	意大利	忠利保险有限公司上海代表处	世纪大道88号金茂大厦702A	姚建丰	61050165	200121	1997-7-4
26	英　国	英国库柏·盖伊有限公司上海代表处	浦东南路379号金穗大厦26楼	张雯颖	58780639	200120	2006-9-12
27	英　国	英国利安杰集团上海代表处	花园石桥路66号1202室	刘慧琳	61092332	200120	2010-12-20
28	澳大利亚	澳大利亚保险集团有限公司上海代表处	浦东南路999号14层A单元	周　峰	58209676	200122	2005-10-10
29	中国台湾	台湾南山人寿保险股份有限公司上海代表处	银城中路168号上海银行大厦1907室	贾　宁	68593398	200120	2012-6-18

二、2012 年江苏省金融机构名录

1. 南京市主要金融机构

机 构 名 称	地 址	负责人	电 话	邮 编
中国人民银行南京分行	南京市建邺路 88 号	周学东	025-84790002	210004
中国人民银行南京分行营管部	南京市中山东路 200 号	张 奎	025-84557049	210002
中国银监会江苏监管局	南京市建邺路 90 号	于学军	025-84212999	210004
中国证监会江苏监管局	南京市中山东路 90 号	左 红	025-84575555	210002
中国保监会江苏监管局	南京市汉中路 169 号	谢 宪	025-86793999	210029
国家开发银行江苏省分行	南京市广州路 188 号	茆君才	025-83273888	210024
中国农业发展银行江苏省分行	南京市汉中路 120 号	石晶莹	025-51807990	210029
中国进出口银行南京分行	南京市中山南路 49 号	张 强	025-86890500	210005
中国工商银行江苏省分行	南京市中山南路 408 号	孙持平	025-52858118	210006
中国农业银行江苏省分行	南京市洪武路 357 号	李志成	025-84577188	210002
中国银行江苏省分行	南京市中山南路 148 号	谢 平	025-84206696	210005
中国建设银行江苏省分行	南京市洪武路 188 号	杨 毓	025-84213599	210002
交通银行南京分行	南京市中山北路 124 号	顾 生	025-83278828	210009
江苏银行	南京市洪武北路 55 号	黄志伟	025-58588388	210005
南京银行	南京市淮海路 50 号	林 复	025-84551088	210005
江苏省农村信用社联合社	南京市中山南路 368 号	王晨曦	025-52378008	210001
中信银行南京分行	南京市中山路 348 号	焦世经	025-83799001	210008
华夏银行南京分行	南京市中山路 81 号	沈 建	025-84789899	210005
上海浦东发展银行南京分行	南京市中山东路 90 号	吴国元	025-84579101	210002
招商银行南京分行	南京市汉中路 1 号	金 毅	025-84797102	210005
广东发展银行南京分行	南京市湖南路 47 号	李兴智	025-58701299	210009
光大银行南京分行	南京市汉中路 120 号	章子华	025-84787601	210029
民生银行南京分行	南京市中山北路 26 号	胡庆华	025-83279088	210008
深圳发展银行南京分行	南京市山西路 128 号	杨建军	025-83168550	210008
兴业银行南京分行	南京市珠江路 63 号	陈信健	025-83191177	210008
恒丰银行南京银行	南京市长江路 188 号	杨 强	025-86827777	210018
中国邮政储蓄银行江苏省分行	南京市中山路 19 号	马洪宁	025-83796098	210003
宁波银行南京分行	南京市汉中路 120 号	徐震宇	025-51808008	210029
渤海银行南京分行	南京市中央路 389 号	王哲华	025-89677886	210037
浙商银行南京分行	南京市中山北路 9 号	刘英明	025-86823688	210008

（续表）

机　构　名　称	地　　址	负责人	电　话	邮　编
浙江稠州商业银行南京分行	南京市洪武路 198 号	汪　方	025-66997777	210002
徽商银行南京分行	南京市中央路 231 号	陈先宏	025-83119999	
上海银行南京分行	南京市北京东路 22 号	许建华	025-86896709	210008
南京市区农村信用合作联社	南京市中山南路 368 号	陶正国	025-52378113	210001
渣打银行南京分行	南京市鼓楼街 88 号	黎敏威	025-83763988	210008
比利时联合银行南京分行	南京市中山南路 49 号	郭西薇	025-86893531/105	210005
香港恒生银行南京分行	南京市洪武北路 55 号	郑炳建	025-83753336	210005
东亚银行南京分行	南京市洪武路 23 号	许　华	025-86899988/8000	210005
华融资产管理公司南京办事处	南京市北京东路 42 号	王　标	025-83680099	210008
长城资产管理公司南京办事处	南京市延龄巷 2 号	钱宗宝	025-84551329	210002
东方资产管理公司南京办事处	南京市洪武路 29 号	于家钦	025-84503903	210005
信达资产管理公司南京办事处	南京市中山北路 26 号	彭郎辉	025-83241268	210008
江苏省国际信托投资有限责任公司	南京市长江路 88 号	黄东峰	025-84784865	210005
江苏金融租赁有限公司	南京市长江路 188 号	熊先根	025-86816901	210018
中国银联江苏分公司	南京市中山南路 414 号	耿静良	025-52348615	210006
江苏省银行业协会	南京市中山南路 101 号	戴书宁	025-83193656	210005
华泰证券有限责任公司	南京市中山东路 90 号	吴万善	025-84457777	210002
信泰证券有限责任公司	南京市中山东路 90 号	吴建党	025-84784765	210005
南京证券有限责任公司	南京市大钟亭 8 号	张华东	025-83367888	210008
中信证券南京营业部	南京市高楼门 5 号	葛　政	025-83363531	210000
南京国信证券有限责任公司	南京市洪武路 239 号	高德康	025-84567088	210002
海通证券股份有限公司南京营业部	南京市常府街 85-7 号	王开国	025-84400266	210002
联合证券有限责任公司南京营业部	南京市中山北路 212-8 号	马昭明	025-83581111	210003
申银万国证券南京营业部	南京市华侨路 29 号	刘作书	025-84763784	210029
平安证券南京营业部	南京市太平北路 51 号	雷　建	025-84783232	210018
国泰君安股份有限公司江苏省分公司	南京市太平南路 371 号	杜新乐	025-84575516	210002
信泰证券有限责任公司南京中华路证券营业部	南京市中华路 8-1 号	赵家龙	025-52334754	210001
东北证券有限责任公司南京中山北路证券营业部	南京市中山北路 168 号	赵政军	025-66605698	210009
海通证券有限公司南京常府街证券营业部	南京市常府街 85-7 号	张海波	025-84413133	210001
国信证券有限责任公司南京洪武路证券营业部	南京市洪武路 239 号	徐小柔	025-84567052	210002
光大证券有限责任公司南京中山北路证券营业部	南京市中山路 81 号	杨友明	025-83196988	210005
兴业证券股份有限公司南京珠江路证券营业部	南京市珠江路 699 号	邱福兵	025-84661588	210018
湘财证券有限责任公司南京牌楼巷证券营业部	南京市牌楼巷 45 号	杜颖灏	025-86587066	210029
广发证券股份有限公司南京洪武路证券营业部	南京市洪武路 23 号	陈　梅	025-86899208	210005
长江证券有限责任公司南京中央路证券营业部	南京市中央路 42 号	武　雁	025-83276888	210008
宏源证券有限责任公司南京汉中路证券营业部	南京市鼓楼区汉中路 6 号	吴　欣	025-84717073	210029
东兴证券有限责任公司南京洪武路营业部	南京市洪武路 29 号	刘晓东	025-84638555	210005
恒泰证券有限责任公司南京水西门大街证券营业部	南京市建邺区水西门大街 203 号	华金良	025-84780368	210017
华创证券经纪有限责任公司南京和燕路证券营业部	南京市和燕路 5 号	桂　彬	025-85080568	210037

（续表）

机构名称	地址	负责人	电话	邮编
方正证券有限责任公司南京中山东路证券营业部	南京市中山东路75号	徐联	025-84218626	210002
人保江苏省分公司	南京市长江路69号	华山	025-84715888	210005
太平洋财险江苏分公司	南京市洪武路137号	孔兵	025-84508808	210005
平安财险江苏分公司	南京市正洪街18号	吴军	025-84705999	210005
天安保险江苏省分公司	南京市石鼓路107号	袁雪楼	025-84202666	210005
大众保险江苏分公司	南京市中央路258号	蒋香	025-83302800	210008
华泰财险江苏省分公司	南京市中山北路26号	卓娅	025-83302800	210008
中国人寿江苏省分公司	南京市汉中路88号	缪平	025-83783011	210005
平安人寿江苏分公司	南京市长江路99号	谭宁	025-84799666	210005
太平洋寿险江苏分公司	南京市洪武路137号	张东	025-84508808	210005
信诚人寿江苏分公司	南京市中山路268号	丁易	025-83176899	210008
中国大地财产保险江苏分公司	南京市龙蟠中路93-8号	秦国民	025-84569400	210016
泰康人寿保险江苏分公司	南京市龙蟠中路323号	陈东升	025-84470666	210001
阳光财产保险股份有限公司江苏省分公司	南京市中山东路145号	朱印法	025-84651800	210002

2. 无锡市主要金融机构

机构名称	地址	负责人	电话	邮编
中国人民银行无锡市中心支行	无锡市五爱路33号	何敏峰	0510-82221688	214031
中国银行业监督管理委员会无锡监管分局	无锡市县前西街109号	戴玉明	0510-82795258	214031
无锡市人民政府金融工作办公室	无锡市太湖新城观山路市民中心3号楼15层	杨福良	0510-81820581	214131
中国农业发展银行无锡市分行	无锡市健康路89号	陈一兵	0510-82732153	214001
中国工商银行无锡分行	无锡市五爱路30号	耿立波	0510-82753162	214031
中国农业银行无锡分行	无锡市解放北路55号	陈杏梅	0510-82832788	214002
中国银行无锡分行	无锡市中山南路258号	马晓	0510-82739388	214002
中国建设银行无锡分行	无锡市五爱路88号	张伟煜	0510-81181991	214031
交通银行无锡分行	无锡市人民中路198号	鲁敏	0510-82792188	214001
中信银行无锡分行	无锡市人民西路112号	奚国光	0510-82701308	214031
华夏银行无锡分行	无锡市新生路105号	张南洋	0510-82769956	214002
上海浦东发展银行无锡分行	无锡市解放西路191号	陈晨	0510-82796029	214005
招商银行无锡分行	无锡市人民中路128号	初海军	0510-82720768	214002
广发银行无锡支行	无锡市五爱路79号	许嘉炯	0510-82739980	214031
兴业银行无锡分行	无锡市县前西街99号	蒋占琴	0510-82760996	214001
江苏银行无锡分行	无锡市工运路8号	杨凯	0510-82306000	214005
上海浦东发展银行江阴支行	江阴市虹桥南路99号	黄汉进	0510-86875558	214400
南京银行无锡分行	无锡市人民中路220号	徐腊梅	0510-82751555	214001
中国民生银行无锡分行	无锡市青石路1号	曹亮	0510-81189998	214043
中国光大银行无锡分行	无锡市人民中路1号	张明翱	0510-81802888	214031

（续表）

机构名称	地址	负责人	电话	邮编
上海银行无锡支行	无锡市红星路250-4号	吴劲松	0510-81186880	214000
平安银行无锡分行	无锡市北大街20号	乐晓峰	0510-81187568	214043
宁波银行无锡分行	无锡市北大街20号	沈晓驰	0510-81086703	214000
浙商银行无锡分行	无锡市湖滨路688号华东大厦一楼	谭龙彬	0510-81801688	214000
恒丰银行无锡分行	无锡市梁清路118号	唐宏文	0510-81086012	214000
渤海银行无锡分行	无锡市运河东路557号时代国际C幢	郝　扬	0510-85769869	214023
国联信托股份有限公司	无锡市县前东街8号3楼	华伟荣	0510-82831280	214005
中国邮政储蓄银行无锡市分行	无锡市健康路87号	张晓刚	0510-82702094	214001
江苏江阴农村商业银行	江阴市澄江中路1号	孙　伟	0510-86839901	214431
江苏锡州农村商业银行	无锡市解放北路1号	任晓平	0510-82832088	214002
宜兴市农村合作银行	宜兴市宜城镇通贞观西路28号	王　炜	0510-87924815	214200
日本瑞穗实业银行无锡分行	无锡新区长江路16号无锡软件园8楼	中山秀纪	0510-85223939-100	214028
三菱东京日联银行无锡分行	无锡新区长江路16号无锡软件园10楼	大原俊介	0510-85211818-100	214028
新韩银行无锡分行	无锡新区长江北路5号长江俱乐部1—2楼	李俊燮	0510-81813456	214028
南洋商业银行无锡分行	无锡新区长江北路28号万科家园	高晔华	0510-82200638	214028
花旗银行无锡分行	无锡市中山路218号锦江大酒店7楼	相　雷	0510-82799668-11211	214028
汇丰银行无锡分行	无锡市新区长江路21-1号	乔　俊	0510-81121800	214028
国联财务有限责任公司	无锡市县前东街168号	杨静月	0510-82833897	214001
红豆集团财务有限公司	无锡市锡山区东港镇红豆工业城	胡国梁	0510-88358603	214199
华西集团财务有限公司	江阴市华士镇华西村	卞三荣	0510-86216810	214000
招商银行小企业信贷中心	无锡市五爱路33号人民银行11楼	张晓菁	0510-81809901	214000
国联证券有限责任公司	无锡市滨湖区观山路国联金融大厦	雷建辉	0510-82832919	214002
国联证券无锡中山路证券营业部	无锡市中山路153号	顾　励	0510-82759199	214001
国联证券无锡人民东路证券营业部	无锡市人民东路29号	浦慧华	0510-82829338	214007
国联证券无锡五爱北路证券营业部	无锡市五爱北路60号	李　玮	0510-82715151	214001
国联证券无锡梁溪路证券营业部	无锡市梁溪路28号	梁粤雷	0510-85801573	214062
国联证券无锡县前东街证券营业部	无锡市县前东街168号	陈　玮	0510-82830100	214003
国联证券无锡湖滨路证券营业部	无锡市湖滨路1号	张　进	0510-85122200	214073
国联证券无锡新区长江北路证券营业部	无锡市长江北路97号	王龙金	0510-82200051	214028
国联证券无锡洛社镇人民南路证券营业部	无锡市洛社镇人民南路47号3楼	糜　晟	0510-83319618	214187
国联证券无锡华夏南路证券营业部	无锡市华夏南路11-2500	邹　顺	0510-88202569	214101
国联证券江阴大桥北路证券营业部	江阴市大桥北路105号	张冬梅	0510-86876301	214400
国联证券宜兴人民南路证券营业部	宜兴市宜城镇人民南路168号	吴新凤	0510-87911776	214200
国联证券宜兴阳羡东路证券营业部	宜兴市阳羡东路193、195号	贾江晖	0510-87610155	214200
华泰证券无锡解放西路证券营业部	无锡市解放西路327号	刘晓冰	0510-82702153	214001
华泰证券无锡永乐路证券营业部	无锡市永乐路水利大厦一二层	尤凌燕	0510-85045101	214000
华泰证券无锡解放北路证券营业部	无锡市解放北路16号4楼	周红霞	0510-82768155	214001
华泰证券无锡苏锡路证券营业部	无锡市贡湖大道苏锡路359号	张　叶	0510-85065672	214123

（续表）

机　构　名　称	地　　址	负责人	电　话	邮　编
华泰证券江阴福泰路证券营业部	江阴市福泰路8号	顾福平	0510-86817888	214431
大通证券无锡建筑路证券营业部	无锡市滨湖区建筑路456号	刘立忠	0510 85812373	214071
招商证券无锡新生路证券营业部	无锡市新生路107号	周彩娟	0510-82756333	214002
海通证券无锡解放南路证券营业部	无锡解放南路1008号	吴国华	0510-82328831	214000
银泰证券无锡兴源北路证券营业部	无锡市兴源北路401号北塘科创园10楼	王正洋	0510-82615272	214000
广发证券无锡清扬路证券营业部	无锡清扬路99号太湖明珠数码大厦7楼	唐　枫	0510-85059002	214000
南京证券无锡五爱北路证券营业部	无锡市五爱北路97金置电脑广场4楼	傅金发	0510-82809808	214031
南京证券江阴人民中路证券营业部	江阴人民中路289-2号泓昇商务大厦1楼17—18楼	梅　颖	0510-86874807	214400
申银万国证券无锡清扬路营业部	无锡市清扬路24号	华　炯	0510-82856988	214000
国泰君安无锡人民中路证券营业部	无锡市人民中路97号佳福大厦1200室	成美颖	0510-82710198	214000
国信证券无锡梁溪路营业部	无锡市万达广场A区梁溪路51号12楼	李　忠	0510-85881783	214000
国元证券无锡学前街营业部	无锡市学前街5号银辉大厦5楼	秦　柳	0510-82749161	214000
华龙证券无锡人民东路营业部	无锡人民东路305号	廖　炜	0510-82606633	214000
中国建银投资证券有限责任公司无锡清扬路营业部	无锡市南长区清扬路123号金阳大厦3楼	戴国强	0510-82708577	214000
东吴证券无锡锡沪路证券营业部	无锡市东亭锡沪路168号	刘　伟	0510-88229966	214000
长江证券无锡政和大道营业部	惠山区政和大道209号	陈韩岩	0510-83588601	214000
山西证券五爱路营业部	无锡市五爱路18号化轻大厦2—3楼	田　璟	0510-81080275	214000
东北证券江阴营业部	江阴市朝阳路77—79号	浦　岩	0510-86818238	214000
宏源证券宜兴人民中路营业部	宜兴市人民中路宏源证券营业部	刘晓燕	0510-87962161	214000
中国人民财产保险股份有限公司无锡市分公司	无锡市中山路58号	于敬东	0510-68865169	214002
中国人寿保险股份有限公司无锡市分公司	无锡市梁青路4号	张泰立	0510-85808188	214061
中国太平洋财产保险股份有限公司无锡分公司	无锡市崇宁路8号	戴荣达	0510-82752041	214002
中国太平洋人寿保险股份有限公司无锡中心支公司	无锡市县前东街86号	陈爱国	0510-82750105	214002
中国平安财产保险股份有限公司无锡分公司	无锡市解放北路1号锡州银行大厦7楼	许　威	0510-82831177	214000
中国平安人寿保险股份有限公司无锡中心支公司	无锡市中山路343号东方广场A座12、16、18、19楼	侯　勇	0510-82709108	214061
天安保险股份有限公司无锡中心支公司	无锡市太湖西大道258号金星睦邻中心附楼5楼	胡熙斐	0510-66961011	214023
大众保险股份有限公司无锡中心支公司	无锡市新生路107号新鼎球大厦15楼	王广辉	0510-82729188	214002
新华人寿保险股份有限公司无锡中心支公司	无锡市永乐路29号新天地休闲广场1号楼	吴伟民	0510-85059821	214032
泰康人寿保险股份有限公司无锡中心支公司	无锡市梁青路58-1号华邸国际大厦10楼	狄秀英	0510-87925578	214062
中华联合财产保险股份有限公司无锡中心支公司	无锡市人民中路97号佳福大厦17楼	吴耀宇	0510-82799198	214002

（续表）

机构名称	地址	负责人	电话	邮编
中国大地财产保险股份有限公司无锡中心支公司	无锡市清扬路91—99号4楼	赵爱莲	0510-85059022	214071
永安财产保险股份有限公司无锡中心支公司	无锡市水车湾12号	赵吉平	0510-82767113	214002
太平人寿有限公司无锡中心支公司	无锡市北大街1号华锦大厦8楼	陈跃辉	0510-68869998	214005
太平财产保险有限公司无锡中心支公司	无锡市隐秀路872号蠡园开发区A2栋7楼	周振冬	0510-82809088	214000
民生人寿保险股份有限公司无锡中心支公司	无锡市五爱路81号航信大厦4楼	刘　毅	0510-82710700	214031
华安财产保险股份有限公司无锡中心支公司	无锡市湖滨路688号	徐苏宁	0510-81009186	214000
生命人寿保险股份有限公司无锡中心支公司	无锡市健康路6号华岳大厦6楼	夏卫国	0510-88662596	214031
安邦财产保险股份有限公司无锡中心支公司	无锡市解放北路21号锡银大厦13楼A	陈　勇	0510-82830060	214002
中国出口信用保险公司江苏分公司无锡办事处	无锡市人民中路123号27楼	龚伟坚	0510-82749985	214026
阳光财产保险股份有限公司无锡中心支公司	无锡市中山路118号置业新天地412室	周金陵	0510-82733108	214002
海康人寿保险有限公司江苏分公司无锡营销服务部	无锡市解放北路1号金马大厦22A	戴安杰	0510-82804868-1950	214002
华泰财产保险股份有限公司无锡中心支公司	无锡市新区长江北路6号百仕达大厦8楼	洪　兵	0510-81819601	214028
信诚人寿保险股份有限公司无锡营销服务部	无锡市中山路159号时代大厦20楼	王　平	0510-82616333	214000
合众人寿保险股份有限公司无锡中心支公司	无锡市南禅寺商城111号2—3楼	周小军	0510-82715658	214001
中宏人寿保险股份有限公司无锡中心支公司	无锡市人民中路97号佳福大厦10楼	吴公荣	0510-82762109	214005
国泰人寿保险股份有限公司无锡营销服务部	无锡市太湖西大道1890号太湖明珠发展大厦605—607室	徐超键	0510-82326899	214000
海尔纽约人寿保险股份有限公司无锡营销服务部	无锡市清扬路99号数码广场6楼618室	林章铭	0510-85031678-2888	214023
都邦财产保险股份有限公司无锡中心支公司	无锡市湖滨路77号锦绣大厦9楼	邓永东	0510-85113218	214073
中意人寿保险有限公司江苏分公司无锡中心支公司	无锡市中山路359号东方广场B座8楼	陶　炯	0510-80186706	214001
嘉禾人寿保险股份有限公司无锡中心支公司	无锡市健康路6号7楼	方　辉	0510-82717759	214001
中银保险股份有限公司无锡中心支公司	梁青路2号	华永康	0510-82703965	214000
永诚保险有限公司江苏分公司江阴支公司	江阴市人民中路289号	龚学新	0510-86873012	214061
恒安标准人寿江苏分公司无锡营销服务部	无锡市北大街1号A座华锦大厦11楼	施　开	0510-66678601	214061
美国友邦保险有限公司江苏分公司无锡营销服务部	无锡市县前东街1号金陵大饭店25楼	蔡哲惟	0510-82327558-71713	214000
中国人寿财产保险股份有限公司无锡市中心支公司	无锡市解放南路槐古豪庭8号11—13楼	杨　伟	0510-82790168	214000

（续表）

机　构　名　称	地　　址	负责人	电　话	邮　编
民安保险(中国)有限公司无锡中心支公司	无锡市广益路188号崇安区广益街道13楼	叶新伟	0510-82798511	214000
天平汽车保险股份有限公司无锡中心支公司	无锡人民中路123号	徐长庚	0510-82739696	214036
瑞泰人寿保险有限公司江苏分公司无锡营销服务部	无锡人民中路123号	赵　敏	0510-82747298	214000
中国人民健康保险股份有限公司无锡中心支公司	无锡市中山路58号保险大厦12楼	穆　睿	0510-82728580	214002
渤海财产保险股份有限公司无锡中心支公司	无锡市南湖大道588号501室	徐　辉	0510-85410770	214000
光大永明人寿保险有限公司无锡中心支公司	无锡市复兴路121号益鹏大厦6楼	殷　文	0510-68937988	214061
平安养老保险股份有限公司江苏分公司无锡中心支公司	无锡市中山路343号东方广场A座16楼	钱平家	0510-82718688	214001
华农财产保险公司无锡中心支公司	无锡市惠山区花园街9号601室	芮东青	0510-66688681	214061
安诚财产保险股份有限公司无锡中心支公司	无锡市建筑西路567号宝通大厦3A楼	何　斌	0510-82325169	214000
华泰人寿保险股份有限公司无锡中心支公司	无锡市五爱路78号德源大厦4楼	孟　军	0510-82711758	214001
长城人寿保险股份有限公司无锡支公司	无锡市复兴路155号	薛　年	0510-82790591	214001
英大泰和人寿保险股份有限公司无锡中心支公司	无锡市新生路107号鼎球大厦9楼	刘运成	0510-66076001	214001
无锡市保险行业协会	无锡市五爱路33号	尤玲娜	0510-82729826	214031
华夏人寿保险股份有限公司无锡中心支公司	无锡市新生路107号鼎球大厦6楼	汤　淏	0510-68005115	214001
中美联泰大都会人寿无锡营销服务部	无锡市中山路359号东方广场B座23楼	杨华艳	0510-82760060	214000
阳光人寿保险公司无锡中心支公司	无锡市中山路159号时代中心大厦7楼	凌志波	0510-82718669	214002
正德人寿保险公司无锡中心支公司	无锡市解放西路195号华通大厦4楼	邓　唯	0510-85139756	214001
中国人民人寿保险股份有限公司无锡中心支公司	无锡市中山路58号保险大厦13楼	周幼幼	0510-66968001	214007
信泰人寿保险公司无锡中心支公司	无锡市槐古豪庭15号3楼	缪卫红	0510-68000086	214002
国泰财险无锡中心支公司	无锡市解放东路槐古豪庭8号	赵　涼	0510-82790168	214001
长安责任保险无锡市中心支公司	无锡市清扬路333号创业大厦16楼	陈锁君	0510-66072788	214023
紫金财产保险股份有限公司无锡中心支公司	无锡市湖滨路688号华东大厦6楼	吴文南	0510-82710022	214071
和谐健康保险无锡中心支公司	无锡市复兴路155号机械大楼10楼	黄颖筠	0510-80212990	214000
三井住友海上火灾保险(中国)有限公司江苏分公司	无锡市新区龙山路4号旺庄科技创业中心C幢1001—1004室	田村弘之	0510-81122307	214028
英大泰和财产保险股份有限公司无锡中心支公司	无锡市建筑西路567号宝通大厦21楼	郑　采	0510-66613366	214072
信达财产保险股份有限公司无锡中心支公司	无锡市兴源路100号崇安城投4楼	丁瑞峰	0510-81807666	214000
北大方正人寿江苏分公司无锡营销服务部	无锡市清扬路99号数码大厦6楼618室	吕旭南	0510-85031678	214023
工银安盛人寿江苏分公司无锡营销服务部	无锡市人民中路20号财富大厦26楼	周施杰	0510-82210888	214001
国华人寿保险股份有限公司无锡中心支公司	无锡市南长区永乐路29号新天地写字楼904室	袁亚芹	0510-85043001	214000

（续表）

机构名称	地址	负责人	电话	邮编
中英人寿保险有限公司江苏分公司无锡营销服务部	无锡市北大街22号禾嘉大厦415单元	李广	0510-66613631	214000
幸福人寿保险股份有限公司无锡中心支公司	无锡市建筑西路567号宝通大厦11楼	吴晓华	0510-66682666	214072
中德安联人寿保险有限公司江苏分公司无锡营销服务部	无锡市中山路531号红豆国际8楼	丁一斐	0510-81807337	214002
利安人寿保险股份有限公司无锡分公司	无锡市中山路333号华光大厦21楼	过华	0510-81808803	214000
招商信诺人寿保险有限公司江苏分公司无锡营销服务部	无锡市梁溪路51号万达广场903室	刘金斌	0510-85867818	214000
交银康联人寿保险有限公司无锡中心支公司	无锡市北大街28号8—9楼	陆炜	0510-81187700	214043

3. 常州市主要金融机构

机构名称	地址	负责人	电话	邮编
中国人民银行常州市中心支行	常州市广化街18号	刘又林	0519-86648124	213001
中国人民银行武进支行	常州市武进区延政中路	王建春	0519-86310950	213159
中国人民银行金坛市支行	金坛市西门大街23号	王照洪	0519-82887566	213200
中国人民银行溧阳市支行	溧阳市平陵中路10号	冯晓兴	0519-87222371	213300
中国银行业监督管理委员会常州监管分局	常州市晋陵中路417号	陈中云	0519-88126789	213003
中国农业发展银行常州市分行	常州市丽景花园14幢	陈建中	0519-88155205	213003
中国工商银行常州分行	常州市延陵中路680号	岳小勇	0519-88138116	213003
中国农业银行常州分行	常州市和平北路19号	刘家旺	0519-88126998	213003
中国银行常州分行	常州市和平北路21号	程祥	0519-88158222	213003
中国建设银行常州分行	常州市广化街299号	尹家健	0519-86670058	213001
交通银行常州分行	常州市通江南路255号交银大厦	李瑶	0519-86636658	213022
中信银行常州分行	常州市博爱路72号	孙波	0519-88100088	213003
招商银行常州分行	常州市和平北路120号	张增荣	0519-88179001	213003
华夏银行常州分行	常州市和平北路162号	廉衡	0519-88133818	213003
广发银行常州分行	常州市龙锦路1258号	倪文华	0519-81881111	213000
平安银行常州分行	常州市飞龙东路288号	赵建焕	0519-86929999	213022
兴业银行常州支行	常州市河景花园1幢	沙涛	0519-89893333	213001
上海浦东发展银行常州支行	常州市延陵中路29号	贡志文	0519-88178979	213003
中国民生银行常州支行	常州市怀德中路50号	夏云	0519-89858288	213001
中国光大银行常州支行	常州市和平北路128号	周永宏	0519-89990009	213001
中国邮政储蓄银行常州市分行	常州市怀德中路82号澜天大厦	刘晓波	0519-86619661	213003
江苏银行常州分行	常州市延陵中路500号	杨毅	0519-88121616	213000
江南农村商业银行	常州市延陵中路668号	陆向阳	0519-89995188	213003
首都银行(中国)有限公司常州分行	常州市通江中路58号福地聚龙苑7—8号	宣建方	0519-88061618	213000

（续表）

机 构 名 称	地 址	负责人	电 话	邮 编
中国人民财产保险公司常州市分公司	常州市和平北路11号	孙益民	0519-88111616	213000
中国人民人寿保险公司常州中心支公司	常州市武青北路1号金汇大厦5楼	袁龙才	0519-88017828	213003
中国人寿保险公司常州市分公司	常州市和平北路11号	龚永敏	0519-88120039	213001
中国人寿财产保险公司常州中心支公司	常州市晋陵中路558号红晋大厦北楼1—2楼	华繁令	0519-85216818	213000
太平洋财险公司常州分公司	常州市广化街281号	王 峰	0519-86633123	213003
太平洋寿险公司常州分公司	常州市广化街281号	朱 宝	0519-86816608	213001
平安财险公司常州中心支公司	常州市晋陵中路590号	喻一峰	0519-86688999	213002
平安寿险公司常州中心支公司	常州市延陵西路29号投资广场20楼	殷 辉	0519-88110701	213003
泰康人寿保险公司常州中心支公司	常州市关河西路180号恒远大厦	成 炜	0519-88139188	213002
新华人寿保险公司常州中心支公司	常州市南大街28号商务楼C座5楼	张 挺	0519-85217988	213000
天安保险公司常州中心支公司	常州市和平北路132号8楼	谈文兴	0519-88159986	213000
中华联合财产保险公司常州中心支公司	常州市晋陵中路515号	金 锋	0519-88157000	213003
生命人寿保险公司常州中心支公司	常州市怀德南路90号	吴 氢	0519-88015501	213000
大众保险公司常州中心支公司	常州市晋陵中路388号南方大厦4楼	吴 剑	0519-87208110	213000
太平保险有限公司常州中心支公司	常州市和平北路65号丰润大厦4楼	尤乐群	0519-88166033	213000
太平人寿保险有限公司常州中心支公司	常州市南大街99号邮政大楼8\9楼	沈明敏	0519-88168883	213000
永安保险公司常州中心支公司	常州市健身路12号机关大楼5楼	杨 玲	0519-86677616	213000
华安财产保险公司常州中心支公司	常州市清潭路134号3楼	靡艳春	0519-86998918	213000
安邦财产保险公司常州中心支公司	常州市广化街20号丰臣海悦10楼	解文萍	0519-86691599	213000
都邦保险公司常州中心支公司	常州市新市路1号药监大厦5楼	谈小浩	0519-86619867	213000
民生人寿保险公司常州中心支公司	常州市南大街28号商C-417室	丁宣华	0519-83966680	213000
永诚财产保险公司常州中心支公司	常州市关河东路38号15楼	钱健明	0519-88881119	213000
江苏常信保险经纪有限公司	常州市局前街285号嘉乐广场A座710室	潘俊铭	0519-88100620	213003
江苏华康保险代理有限公司常州分公司	常州市关河西路128-6号6楼	任朝晖	0519-88119208	213000
合众人寿保险公司常州营销服务部	常州市玉隆花园7幢6楼	徐 玮	0519-86618300	213001
信诚人寿保险公司常州营销服务部	常州市延陵西路99号嘉业国贸大厦18楼	谢观兴	0519-86618200	213000
中宏人寿保险公司常州营销服务部	常州市延陵中路678号消防指挥中心大楼4—5楼	刘永进	0519-88101199	213003
海尔纽约人寿保险公司常州营销服务部	常州市关河东路38号九州环宇商务广场13楼	王立新	0519-85220684	213004
海康人寿保险公司常州营销服务部	常州市关河东路38号九州环宇商务广场18楼A座	张美琴	0519-95105768	213004
中国大地财产保险公司常州中心支公司	常州市晋陵北路1号新天地商业广场B座401室	殷 军	0519-88176967	213000
阳光财产保险公司常州中心支公司	常州市博爱路113号工商银行3—4楼	胡 旭	0519-85017800	213003
国泰人寿保险公司常州营销服务部	常州市延陵西路19号嘉宏世纪大厦12楼	殷 涛	0519-88118978	213001

（续表）

机构名称	地址	负责人	电话	邮编
华泰人寿保险公司常州中心支公司	常州市关河东路38号九州环宇20楼	陈 艳	0519-85223962	213004
瑞福德健康保险公司常州中心支公司	常州市新市路1号药监大厦6楼	张 锐	0519-86810308	213003
渤海财产保险公司常州中心支公司	常州市局前街50号新都大厦14楼	戴 静	0519-88178689	213000
民安保险（中国）公司常州中心支公司	常州市和平中路322号	霄云里	0519-86811806	213004
恒安标准人寿保险公司常州营销服务部	常州市延陵西路19号嘉宏世纪大厦30楼	金 庆	0519-88029917	213003
中德安联人寿保险公司常州营销服务部	常州市西横街61号常柴大厦5楼	花锡青	0519-86687293	213003
美国友邦保险公司常州营销服务部	常州市延陵西路19号嘉宏世纪大厦6楼	赵 斌	0519-88887998	213003
安诚财产保险公司常州中心支公司	常州市化龙巷1号恒利大厦A座4楼	夏齐华	0519-86800323	213000
中银保险公司常州营销服务部	常州市和平北路21号	江伟明	0519-88126771	213004
华夏人寿保险公司常州中心支公司	常州市鹏欣丽都1-1幢	施 延	0519-89890808	213003
阳光人寿保险公司常州中心支公司	常州市新丰街20号天安城市酒店6楼	殷 勇	0519-89990180	213000
金盛人寿保险公司常州营销服务部	常州市广化街20号丰臣海悦广场15楼	吴公荣	0519-89962666	213001
长安责任保险公司常州中心支公司	常州市博爱路72号博爱大厦10楼	王一新	0519-83030777	213003
华农财产保险公司常州中心支公司	常州市通江大道318号世纪广场A座4楼	尤益苍	0519-85177350	213022
华泰证券常州和平北路证券营业部	常州市和平北路9号	张 霞	0519-88106040	213002
华泰证券常州东横街证券营业部	常州市东横街2号	刘 靖	0519-86600788	213003
华泰证券常州北大街证券营业部	常州市北大街35号玉隆花园7幢5楼	高 波	0519-86618266	213003
国泰君安证券常州广化街证券营业部	常州市广化街187—189号	殷 敏	0519-86689702	213003
中投证券常州晋陵中路证券营业部	常州市晋陵中路368号	冯美英	0519-86675119	213003
中投证券常州溧阳证券营业部	溧阳市平陵中路357号	郭永金	0519-87578880	213300
海通证券常州健身路证券营业部	常州市健身路16号	岳 岚	0519-86687980	213003
中信证券常州环府路证券营业部	常州市武进区湖塘镇环府路10号	周晋飞	0519-86565768	213159
东海证券常州延陵中路营业部	常州市延陵中路498号	俞 洋	0519-88111191	213000
东海证券常州博爱路营业部	常州市博爱路129号	陈 超	0519-86633222	213000
东海证券常州劳动西路营业部	常州市劳动西路3号	陶 陶	0519-86900002	213001
东海证券常州通江中路营业部	常州市通江中路369号太阳城商务中心4楼	朱 飚	0519-68881688	213000
东海证券常州溧阳证券营业部	溧阳市南大街12号	彭建福	0519-87281068	213300
信达证券常州延陵中路证券营业部	常州市延陵中路678号	左道军	0519-88118270	213003
中信建投有限责任公司常州分公司	常州市邮电路3号	李 响	0519-86673663	213001
信泰证券有限责任公司常州分公司	常州市东横街2号	唐 枫	0519-86803606	213000
国联证券常州营业部	常州市新北区通江大道555号中天凤凰大厦1—2楼	孟庆庭	0519-89883767	213000
东吴证券常州关河中路证券营业部	常州市关河中路38号粤海酒店2号楼2楼	龚建中	0519-88153760	213000

4. 苏州市主要金融机构

机 构 名 称	地 址	负责人	电 话	邮 编
中国人民银行苏州市中心支行	苏州新区狮山路59号	高爱武	0512-68253692	215011
中国银行业监督管理委员会苏州监管分局	苏州新区金山路16号	朱厚志	0512-68253049	215011
中国保险监督管理委员会苏州监管分局	苏州市工业园区苏惠璐98号国检大厦14层	单来锦	0512-85667666	215021
中国工商银行苏州分行	苏州市阊胥路88号	徐晓岚	0512-68261379	215002
中国农业银行苏州分行	苏州新区狮山路65号	高友清	0512-68412093	215011
中国银行苏州分行	苏州市干将西路188号	朱 韬	0512-65113558	215002
中国建设银行股份有限公司苏州分行	苏州工业园区苏华路18号	岳 鹰	0512-62788020	215021
交通银行苏州分行	苏州南园北路77号	束兰根	0512-65188666	215006
国家开发银行苏州分行	苏州工业园区旺墩路158号置业商务广场11—12楼	李 虹	0512-67887305	215028
中国农业发展银行苏州市分行	苏州人民路179号	徐 萍	0512-65612076	215007
中信银行苏州分行	苏州竹辉路258号	方合英	0512-65191309	215006
华夏银行苏州分行	苏州工业园区星海街188号恒宇广场	刘瑞嘉	0512-68623879	215021
上海浦东发展银行苏州分行	苏州市人民路1478号	傅 浩	0512-67208070	215005
中国光大银行苏州分行	苏州工业园区星海街188号恒宇广场	李 良	0512-68662988	215021
招商银行苏州分行	苏州市工业园区万盛街36号	施顺华	0512-69869361	215123
招商银行小企业信贷中心	苏州工业园区旺墩路158号置业商务广场15楼	潘德祥	0512-69995096	215123
江苏银行苏州分行	苏州市三香路6号	王卫兵	0512-68631882	215004
中国民生银行苏州分行	苏州工业园区星海街200号	杨 华	0512-62568888	215021
兴业银行苏州分行	苏州工业园区旺墩路188号建屋大厦	沙 涛	0512-66607890	215123
宁波银行苏州分行	苏州干将东路749号	徐正良	0512-65828619	215005
恒丰银行苏州分行	苏州工业园区星海街198号星海大厦1幢	杜 娟	0512-69368655	215123
广东发展银行苏州分行	苏州市阊胥路292号	张广勤	0512-89987777	215008
苏州银行	苏州市工业园区钟园路728号	王兰凤	0512-69868023	215028
南京银行苏州分行	苏州工业园区圆融时代广场24幢A座	朱 刚	0512-62709908	215028
上海银行苏州分行	苏州工业园区圆融时代广场23幢B座	崔庆军	0512-66960747	215028
泰隆银行苏州分行	苏州工业园区圆融时代广场24幢B座	徐世标	0512-62709555	215028
南昌银行苏州分行	苏州工业园区圆融时代广场25幢B座	黄 江	0512-62709600	215028
浙商银行苏州分行	苏州工业园区翠微街9号月亮湾国际商务中心	徐正方	0512-62995528	215028
中国邮政储蓄银行苏州市分行	苏州市工业园区旺墩路邮政大楼	韩 电	0512-67201545	215001
苏州市信托投资有限公司	苏州工业园区苏雅路308号	朱立教	0512-65209888	215021
苏州创元集团财务有限公司	苏州三香路333号万盛大厦1楼	陆惠章	0512-68292390	215004
苏州市沙钢集团财务有限公司	张家港市锦丰镇永新路	倪云山	0512-58963006	215600
汇丰银行(中国)有限公司苏州分行	苏州工业园区苏华路1号世纪金融大厦1505—1510室	卞庭珠	0512-67619669	215021
日本三井住友银行股份有限公司苏州分行	苏州新区狮山路199号新地中心23楼	田中隆一	0512-68258205	215011

（续表）

机构名称	地址	负责人	电话	邮编
星展银行苏州分行	苏州工业园区苏华路2号国际大厦7楼	苏顺仪	0512-62888090	215021
渣打银行有限责任公司苏州分行	苏州工业园区苏华路2号国际大厦1楼0103室及10楼1001室	杨传东	0512-67630198	215021
企业银行(中国)有限公司苏州分行	苏州工业园区苏华路2号国际大厦209A	梁钟必	0512-67671112	215021
东亚银行(中国)有限公司苏州分行	苏州工业园区旺墩路158号置业商务广场2楼	是少搏	0512-68735088	215028
韩国国民银行股份有限公司苏州分行	苏州工业园区化华池街时代广场24幢	金翊柱	0512-62927228	215028
友利(中国)有限公司苏州分行	苏州工业园区苏华路8号惠龙大厦101B—201室	朴达永	0512-62950777	215021
华一银行苏州分行	苏州工业园区星海街188号恒宇广场1—3楼	樊方智	0512-62555777	215021
彰化银行昆山分行	昆山市黑龙江北路88号A座1—2楼	张维材	0512-57325768	215300
合作金库银行苏州分行	苏州工业园区圆融时代广场24幢1601室	谢钦龙	0512-62958895	215028
瑞穗实业银行苏州分行	苏州工业园区旺墩路188号建屋大厦1701室	吉川贵志	0512-62968343	215123
江苏常熟农村商业银行	常熟市新颜路100号	吴建亚	0512-52786168	215500
江苏张家港农村商业银行	张家港市人民中路66号	季　颖	0512-58236370	215600
江苏昆山农村商业银行	昆山市前进中路219号	刘　斌	0512-57379288	215301
江苏吴江农村商业银行	吴江市中山南路1777号	陆玉根	0512-63418030	215200
江苏太仓农村商业银行	太仓太平南路市27号	张云清	0512-53853741	215400
张家港渝农商村镇银行	张家港市长安路487—489号	夏先智	0512-58918989	215600
昆山鹿城村镇银行	昆山市长江中路181—183号	杨懋劼	0512-50112020	215300
常熟建信村镇银行	常熟市海虞北路33号	张轶民	0512-51910528	215500
太仓民生村镇银行	太仓市上海东路199号A3栋	甘　斌	0512-53206891	215400
东吴证券股份有限公司	苏州工业园区翠园路181商旅大厦	吴永敏	0512-65588077	215008
华泰证券苏州分公司	苏州市人民路1925号	伯　榕	0512-67529429	215000
海通证券苏州营业部	苏州市竹辉路180号	岳　岚	0512-65204738	215006
中信建投证券苏州营业部	苏州市东环路129号	金　鹏	0512-67423563	215021
中信证券中新路营业部	苏州市中新路58号	严　勇	0512-67619636	215000
申银万国苏州营业部	苏州市东吴北路158号	瞿　仁	0512-65282176	215007
招商证券苏州营业部	苏州市干将西路232号	张　哲	0512-65225258	215002
长城证券吴中区营业部	苏州市吴中东路171号	洪　源	0512-65620990	215218
渤海证券苏州营业部	苏州市景德路110号	盛　况	0512-65235747	215005
中创公司苏州营业部	苏州市人民路67号	丁志琴	0512-65203578	215002
中创证券十全街营业部	苏州市十全街150号	杨　明	0512-65203578	215006
恒远经纪公司苏州营业部	苏州市干将西路1296号	苏　琪	0512-68270491	215004
信泰证券苏州营业部	苏州市新市路48号	朱建明	0512-65200884	215007
中关村证券苏州营业部	苏州市新市路438号	沈坚杰	0512-65199828	215007

（续表）

机构名称	地址	负责人	电话	邮编
上海证券苏州营业部	苏州市干将西路456号	张华波	0512-65580677	215004
广发证券苏州营业部	苏州干将西路636号	方强	0512-65156868	215005
东海证券苏州营业部	苏州工业园区苏华路2号	蒋琤	0512-62881210	215021
新时代证券苏州营业部	苏州市白路东路102号	潘斌	0512-67205006	215001
银河证券苏州营业部	苏州市三香路718号	查日胜	0512-87187708	215004
红塔证券苏州营业部	苏州市人民路385号	彭洪斌	0512-69000228	215005
金元证券苏州营业部	苏州商务大厦511—513室	张伯富	0512-62233678	215000
民族证券苏州营业部	苏州市金河大厦10层	帅建红	0512-88185588	215011
东方证券苏州营业部	苏州市临顿路82号	许文平	0512-65235138	215000
光大证券苏州营业部	苏州工业园区苏惠路98号国检大厦东3楼	赵志明	0512-62986283	215021
华泰证券何山路营业部	苏州新区何山路56号	包新	0512-68781557	215011
银泰证券苏州营业部	苏州市莫邪路葑门西街11号	乔豹	0512-65267873	215000
安信证券苏州营业部	苏州市人民路538号工人文化宫1楼	高群	0512-65198818	215005
中国人民财产保险公司苏州市分公司	苏州市新区狮山路16号	沈丽敏	0512-68258962	215011
中国太平洋财产保险股份有限公司苏州分公司	苏州市干将西路218号	孙海洋	0512-65218858	215002
中国平安财产保险股份有限公司苏州分公司	苏州市工业园区苏雅璐388号新天翔广场540—552号	邹宣戈	0512-65111715	215000
天安保险股份有限公司苏州中心支公司	苏州市干将西路245号	柯峰	0512-65119228	215002
大众保险股份有限公司苏州分公司	苏州市干将西路389号	蒋雷	0512-65242381	215002
华泰财产保险股份有限公司苏州中心支公司	苏州市干将西路115号5楼	潘小刚	0512-65232720	215002
中华联合财产保险股份有限公司苏州中心支公司	苏州市三香路53—105号	徐峰	0512-66091615	215004
太平保险有限公司苏州中心支公司	苏州市工业园区时代广场24幢A座	华巍	0512-65237600	215021
永安财产保险股份有限公司苏州中心支公司	苏州市工业园区苏惠璐98号国检大厦	孙辉	0512-88178886	215021
华安财产保险股份有限公司苏州中心支公司	苏州市道前街128号喜悦假日酒店6楼	徐苏宁	0512-65128125	215002
中国大地财产保险有限公司苏州中心支公司	苏州市东环路1400号开元大厦	张瑞武	0512-85550710	215004
安邦财产保险股份有限公司苏州分公司	苏州市狮山路88号1幢5层	莫飞	0512-67326818	215011
阳光财产保险股份有限公司苏州中心支公司	苏州市高新区邓尉路9号	曹义勇	0512-65126009	215011
都邦财产保险股份有限公司苏州中心支公司	苏州市吴中区东吴北路109号东吴大厦C座15楼	钱寥	0512-66037006	215128
永诚财产保险股份有限公司苏州中心支公司	苏州市新区狮山路277号68幢	王法林	0512-68059018	215011
天平汽车保险股份有限公司苏州中心支公司	苏州市劳动路28号23层	王昌洪	0512-65095818	215004
中银保险有限公司苏州中心支公司	苏州市干将西路1359号	朱君毅	0512-68238319	215004

（续表）

机 构 名 称	地 址	负责人	电 话	邮 编
民安保险(中国)有限公司苏州中心支公司	苏州市吴中区东吴南路153号凯悦大厦南2楼	吴国红	0512-89178778	215128
渤海财产保险股份有限公司苏州中心支公司	苏州市桐泾北路26号统能大厦4楼	缪唯芳	0512-68381571	215000
中国人寿财产保险股份有限公司苏州市中心支公司	苏州市桐泾北路26号	陈家悦	0512-69131068	215004
安诚财产保险股份有限公司苏州中心支公司	苏州市人民路1508号5楼	朱 铭	0512-69335808	215000
华农财产保险股份有限公司苏州中心支公司	苏州市三香路333号万盛大厦2楼	魏 明	0512-68365101	215004
长安责任保险股份有限公司苏州中心支公司	苏州市干将西路1306号1幢4楼	陆生权	0512-85888881	215004
三星火灾财产保险(中国)有限公司苏州分公司	苏州市华池街时代广场24幢苏州国际金融中心505室	刘明钟	0512-62925968	215021
紫金财产保险股份有限公司苏州中心支公司	苏州市干将西路515号11楼	苏广山	0512-69325225	215004
日本财产保险(中国)有限公司江苏分公司	苏州工业园区旺墩路188号建屋大厦1602室	小林孝	0512-62969918	215123
浙商财产保险股份有限公司苏州支公司	苏州工业园区苏华路1号世纪金融大厦	孙广军	0512-67619256	215021
日本海上日动火灾保险(中国)有限公司江苏分公司	苏州工业园区化华池街时代广场24幢1810—1815室	比留间太郎	0512-62965018	215021
英大泰和财产保险股份有限公司苏州中心支公司	苏州市苏华路1号世纪金融大厦1幢1609室	肖 岗	0512-88881399	215021
浙商财产保险股份有限公司苏州中心支公司	苏州市工业园区苏华路1号世纪金融大厦	刘晓武	0512-67619265	215021
信达财产保险股份有限公司苏州中心支公司	苏州市工业园区苏华路8号中银惠龙大厦32楼	吉家国	0512-80994999	215021
中国人寿保险股份有限公司苏州市分公司	苏州市新区狮山路103号	冉正源	0512-68077010	215011
中国太平洋人寿保险股份有限公司苏州中心支公司	苏州市干将西路218号	夏建阳	0512-65216167	215002
东吴人寿保险股份有限公司	苏州市狮山路22号人才广场	黄建林	0512-69580000	215011
中国平安人寿保险股份有限公司苏州中心支公司	苏州市干将东路548号	徐 彬	0512-65111715	215005
新华人寿保险股份有限公司苏州中心支公司	苏州市干将东路599号东凌商务大厦4楼	徐彩萍	0512-65230795	215002
泰康人寿保险股份有限公司苏州中心支公司	苏州市高新区邓尉路9号润捷广场北11楼	包加顺	0512-68710016	215011
美国友邦保险有限公司苏州中心支公司	苏州市三香路353号友邦大厦	蔡永清	0512-65225558	215004
信诚人寿保险有限公司苏州营销服务部	苏州市新区狮山路35号金河国际大厦8层	俞为明	0512-68415666	215011
民生人寿保险股份有限公司苏州中心支公司	苏州市侍其巷1号4楼	王 堃	0512-65165092	215002
太平人寿保险有限公司苏州分公司	苏州市新区狮山路35号金河国际大厦15层	陈德林	0512-68419693	215011

（续表）

机构名称	地址	负责人	电话	邮编
生命人寿保险股份有限公司苏州中心支公司	苏州市东环路1400号开元大厦10楼	吴　氢	0512-88168621	215021
国泰人寿保险有限责任公司苏州营销服务部	苏州市人民路1058号房地产大厦5楼	苏键川	0512-65120928	215002
海尔纽约人寿保险股份有限公司苏州营销服务部	苏州市干将东路566号宏盛大厦5楼	杨雪宜	0512-69161999	215005
光大永明人寿保险有限公司苏州营销服务部	苏州市桐泾北路26-4号统能大厦4楼	王晓燕	0512-80980222	215004
中宏人寿保险有限公司苏州营销服务部	苏州市干将路879号瑞基大厦201室	唐　健	0512-65127508	215006
瑞福德健康保险股份有限公司苏州中心支公司	苏州市南园北路118号天和大厦2楼	俞为明	0512-65167593	215006
中德安联人寿保险有限公司苏州营销服务部	苏州市干将西路1028号1—4层	黄建中	0512-68702990	215004
中宏人寿保险有限公司苏州营销服务部	苏州市干将东路879号201室	高莺娟	0512-65234688	215000
平安养老保险股份有限公司苏州中心支公司	苏州市干将东路566号宏盛大厦6楼	陆思东	0512-69161132	215005
华厦人寿保险股份有限公司苏州中心支公司	苏州市学士街175号	吴宇超	0512-88866328	215002
华泰人寿保险股份有限公司苏州中心支公司	苏州市道前街140—146号4楼	王苏生	0512-65128376	215002
中国人民健康保险股份有限公司苏州中心支公司	苏州市干将西路236号	梁　健	0512-65813608	215002
中国人民人寿保险股份有限公司苏州中心支公司	苏州市三香路825号	李红芳	0512-68703505	215004
中意人寿保险有限公司苏州营销服务部	苏州市狮山路88号金河国际中心16楼	朱庆国	0512-68187531	215011
恒安标准人寿保险有限公司苏州营销服务部	苏州市干将西路93号国涛商务大厦7楼	覃　勇	0512-68316005	215005
金盛人寿保险有限公司苏州营销服务部	苏州市狮山路88号金河国际中心27楼	张卫国	0512-68187988	215011
长城人寿保险股份有限公司苏州中心支公司	苏州市阊胥路130号金洲大厦9层A4室	吕旭南	0512-87771001	215004
阳光人寿保险股份有限公司苏州中心支公司	苏州市高新区邓尉路9号润捷广场北楼1605室	严士杰	0512-69370918	215011
幸福人寿保险股份有限公司苏州中心支公司	苏州市工业园区苏惠路98号15层	孟　云	0512-86669309	215021
联泰大都会人寿保险有限公司苏州支公司	苏州市高新区狮山路88号金河国际国际中心1112室	方　磊	0512-68185139	215011
和谐健康保险股份有限公司苏州中心支公司	苏州市高新区狮山路88号金河国际国际中心516—518室	曹燕东	0512-52171501	215004
利安人寿保险股份有限公司苏州分公司	苏州工业园区星海街198号星海大厦9楼	陈小冬	0512-65922330	215021
华夏人寿保险股份有限公司苏州中心支公司	苏州市沧浪区学士街173号	吴宇超	0512-65129693	215002
建信人寿保险有限公司苏州中心支公司	苏州市工业园区星海街198号星海大厦4幢1001室	张明权	0512-88879999	215021
交银康联人寿保险有限公司苏州市中心支公司	苏州工业园区圆融时代广场23栋B座8楼807、808、809室	刘宝泉	0512-62607100	215028

5. 南通市主要金融机构

机 构 名 称	地 址	负责人	电 话	邮 编
中国人民银行南通市中心支行	南通市崇川路8号	姚 军	0513-85512128	226001
中国银行业监督管理委员会南通监管分局	南通市人民中路27号	周洪生	0513-85159511	226001
中国工商银行南通分行	南通市姚港路8号	刘小全	0513-83558428	226006
中国农业银行南通分行	南通市姚港路18号	王 强	0513-83518847	226006
中国银行股份有限公司南通分行	南通市青年西路19号	吴 敏	0513-83516888-3406	226006
中国建设银行股份有限公司南通分行	南通市姚港路1号	沈 康	0513-68091541	226006
交通银行股份有限公司南通分行	南通市人民中路27号交银大厦702室	王 飙	0513-85058082	226001
上海浦东发展银行股份有限公司南通分行	南通市桃坞路1号	边道华	0513-85126517	226000
中国农业发展银行南通市分行	南通市青年中路8号	陈梦蒙	0513-85128964	226006
江苏银行股份有限公司南通分行	南通市南大街300号	许 雄	0513-85123050	226001
招商银行股份有限公司南通分行	南通市工农路111号	詹 毅	0513-81551806	226003
中国邮政储蓄银行江苏省南通市分行	南通市人民中路88号	龚 毅	0513-85115189	226001
中信银行股份有限公司南通分行	南通市北濠桥路1号南通大厦C座	陈永宏	0513-81120961	226001
南通市农村商业银行	南通市通州区建设路1号	曹 康	0513-86027010	226006
华夏银行股份有限公司南通分行	南通市青年中路90号人保大厦	熊广霖	0513-81128816	226006
兴业银行股份有限公司南通分行	南通市工农路249号都市豪庭	周 浩	0513-85016666-257747	226008
南京银行股份有限公司南通分行	南通市跃龙路71号	朱 峰	0513-81128163	226001
中国民生银行股份有限公司南通分行	南通市跃龙路80号	张 静	0513-81128680	226001
广发银行南通分行	南通市洪江路88号	夏济龙	0513-81589294	226007
日本名古屋银行南通分行	南通市开发区通盛大道188号创业外包服务中心C楼2楼	渡井久友	0513-89192280-120	226009
江苏通州华商村镇银行股份有限公司	南通通州金沙镇开发区世纪大道西侧杏园路南侧	仲春浩	0513-86120099	226300
江苏海安县农村商业银行股份有限公司	南通市海安县长江中路88号	徐建强	0513-88925801	226600
江苏海安盐海村镇银行股份有限公司	南通市海安县江海西路44号	刘 丰	0513-80680869	226600
江苏如皋农村商业银行股份有限公司	南通如皋市如城镇海阳路195号	汪农生	0513-87616019	226500
江苏如皋包商村镇银行股份有限公司	南通如皋市九华镇南大街88号	杨建高	0513-87579312	226500
如东县农村信用合作联社	南通市如东县掘港镇范堤路2号	刘 伟	0513-84118628	226400
江苏如东融兴村镇银行有限责任公司	南通市如东县青园路38号	盛中伟	0513-87158168	226400
江苏海门农村商业银行股份有限公司	南通海门市海门镇解放中路137号	佘 俊	0513-82268998	226100
江苏海门建信村镇银行有限责任公司	南通海门市海门镇解放中路248	姜旭照	0513-81262288	226100
江苏启东农村商业银行股份有限公司	南通启东市汇龙镇人民中路599号	陈卫兵	0513-83320398	226200
江苏启东珠江村镇银行股份有限公司	南通启东市汇龙镇南苑中路455—467号	陈泽填	0513-83904318	226200
华泰证券股份有限公司南通姚港路证券营业部	南通市姚港路6号	顾文焕	0513-85580999	226001
华泰证券股份有限公司南通环城西路证券营业部	南通市环城西路18号飞马大厦2楼	任巧建	0513-85126785	226001
华泰证券有限责任公司南通人民中路证券营业部	南通市人民中路10号	沙 斐	0513-85123188	226000

（续表）

机 构 名 称	地 址	负责人	电 话	邮 编
申银万国证券股份有限公司南通青年中路证券营业部	南通市青年中路58号	刘进富	0513-89011886	226006
南京证券有限责任公司南通姚港路证券营业部	南通市姚港路10号	严子禹	0513-85127778	226001
海通证券股份有限公司南通人民中路证券营业部	南通市人民中路88号邮政大楼2楼	赵建祥	0513-85119899	226001
中山证券有限责任公司南通孩儿巷证券营业部	南通市姚港路2号鸿运大厦C座4楼	邢 澄	0513-85594286	226006
广发证券股份有限公司南通城山路证券营业部	南通市青年中路9号中城大厦1—2楼	陶 宁	0513-85116616	226007
联讯证券经纪有限责任公司南通工农路证券营业部	南通市工农路245号(成功大厦)	沙 泉	0513-83586883	226007
金元证券股份有限公司南通青年中路证券营业部	南通市青年中路69号通明大厦A座3楼	倪建伟	0513-85051288	226006
中国建银投资证券有限责任公司南通青年西路营业部	南通市姚港路38号	曹培荣	0513-83558988	226006
国联证券股份有限公司南通工农路证券营业部	南通市工农路486号	周 波	0513-85288560	226007
中航证券有限公司南通城港路证券营业部	南通市城港路18号	许耀波	0513-51003868	226000
国信证券股份有限公司南通跃龙路证券营业部	南通市跃龙路100号经典大厦12楼	祁立林	0513-89016298	226006
江苏文峰期货经纪有限责任公司	南通市青年中路	顾金坤	0513-85529853	226001
江苏弘业期货经纪有限公司南通营业部	南通市姚港路6号方天大厦703室	蔡许文	0513-85113509	226006
国联期货有限责任公司南通营业部	南通市南大街290号崇川大厦4楼	金沁炜	0513-85587588	226001
东海期货有限责任公司南通营业部	南通市人民中路71号润友大厦6楼	杨国光	0513-80107692	226001
冠通期货经纪有限公司南通营业部	南通市姚港路6号方天大厦408室	赵国新	0513-55081952	226001
华泰长城期货有限公司南通营业部	南通市青年中路69号4楼401室	朱建平	0513-89013831	226006
南华期货有限公司南通营业部	南通市南大街89号总部大厦603室	朱威桢	0513-89011160	226000
中国人寿保险股份有限公司南通市分公司	南通市环西路华威园7号楼	张建平	0513-85102697	226001
中国太平洋人寿保险股份有限公司南通中心支公司	南通市工农路129号	季金忠	0513-85018301	226001
中国平安人寿保险股份有限公司南通中心支公司	南通市人民东路328号平安人寿	勾希光	0513-81186188	226007
新华人寿保险股份有限公司南通中心支公司	南通市城山路78号金和大厦5楼	朱 健	0513-89012333	226006
泰康人寿保险股份有限公司南通中心支公司	南通市外环西路49号外滩大厦11楼	于永平	0513-89082061	226007
太平人寿保险有限公司南通中心支公司	南通市人民中路95号纺织大厦5楼	刘 峰	0513-68002088	226001
生命人寿保险股份有限公司南通中心支公司	南通市青年西路208号	李 迎	0513-85353666	226006
民生人寿保险股份有限公司南通中心支公司	南通市跃龙路71号濠河名邸302室	李 军	0513-89012188	226006
合众人寿保险股份有限公司南通中心支公司	南通市姚港路6号方天大厦3楼	徐 玮	0513-85159901	226000
海康人寿保险有限公司江苏分公司南通营销服务部	南通市人民东路159号瑞景广场4号楼9楼	朱 勇	0513-85524868-1566	226001
信诚人寿保险有限责任公司江苏分公司南通营销服务部	南通市人民东路6号王府大厦2幢6楼	朱晓科	0513-85065932	226001

（续表）

机 构 名 称	地 址	负责人	电 话	邮 编
嘉禾人寿保险股份有限公司江苏分公司南通营销服务部	南通市虹桥路66号易家桥中学综合楼4楼	钱伟煌	0513-89012666	226001
中国人民健康保险股份有限公司南通中心支公司	南通市青年中路90号保险大厦13楼	朱泉海	0513-81566009	226006
国泰人寿保险有限责任公司江苏分公司南通营销服务部	南通市环城西路16号飞马大厦4楼	林鸿志	0513-85050118-2000	226001
中宏人寿江苏分公司南通营销服务部	南通市人民东路159号瑞景商贸广场3楼	金 伟	0513-89016088	226001
光大永明人寿保险有限公司南京分公司南通营销服务部	南通市跃龙路38号国际大厦11层B座	李文华	0513-80208199	226001
恒安标准人寿保险有限公司江苏分公司南通营销服务部	南通市人民中路71号润友大厦3楼	曹美娟	0513-80107058	226001
平安养老保险股份有限公司南通中心支公司	南通市工农路168号文峰大厦18楼	黄慧青	0513-85018096	226007
和谐健康保险有限公司江苏分公司南通营销服务部	南通市桃坞路服饰城1幢11层	艾 虹	0513-85057380	226001
中国人民人寿保险股份有限公司南通中心支公司	南通市青年中路90号人保大厦17楼	尹建乐	0513-80113299	226006
正德人寿保险股份有限公司南通中心支公司	南通市城山路34号5楼	朱德友	0513-89015170	226006
中德安联人寿保险有限公司江苏分公司南通营销服务部	南通市工农路249号都市豪庭11楼1103室	丁建峰	0513-81181990	226007
阳光人寿保险股份有限公司南通中心支公司	南通市南大街290号崇川大厦3楼	杨建明	0513-85158588	226001
华夏人寿保险股份有限公司南通中心支公司	南通市人民中路20号南通大厦A座19楼	戴 蓉	0513-85797358	226001
中英人寿保险有限公司江苏分公司南通营销服务部	南通市人民中路71号润友大厦13楼	姜晓丹	0513-80112652	226001
信泰人寿保险股份有限公司南通中心支公司	南通市工农路256号鑫龙大厦5楼	孙 林	0513-68581318	226008
长城人寿保险股份有限公司南通中心支公司	南通市人民中路203号中南大厦B座17楼	鹿宝成	0513-85798610	226001
幸福人寿保险股份有限公司南通中心支公司	南通市工农路5号亚太大厦8楼、11楼	季少伟	0513-80106818	226001
华泰人寿保险股份有限公司南通中心支公司	南通市濠西路78号汉庭酒店3楼	罗向东	0513-89011300	226006
国华人寿保险股份有限公司南通中心支公司	南通市青年中路111号通明大厦三楼	单云峰	0513-85531201	226006
中美联泰大都会人寿保险有限公司江苏分公司南通营销服务部	南通市人民东路159号瑞景商贸广场4号楼10楼	宋文通	0513-89012929	226006
长生人寿保险有限公司江苏分公司南通营销服务部	南通市工农路155号天鑫大厦310—312室	黄建新	0513-55012899	226001
中意人寿保险有限公司南通营销服务部	南通市人民东路159号瑞景广场4—11层	张 忠	0513-80208299	226001
金盛人寿保险有限公司江苏分公司南通营销服务部	南通市人民东路159号瑞景广场7号楼3楼	刘岳军	0513-81159366	226001
英大泰和人寿保险股份有限公司南通中心支公司	南通市外环西路49号外滩大厦2楼	黄 海	0513-80103333	226001
中国人民财产保险股份有限公司南通市分公司	南通市青年中路90号	高 峰	0513-68095688	226000

（续表）

机 构 名 称	地 址	负责人	电 话	邮 编
中国太平洋财产保险股份有限公司南通中心支公司	南通市人民中路 203 号中南大厦 B 座 8—10 楼	朱伯春	0513-68095590	226001
中国平安财产保险股份有限公司南通中心支公司	南通市工农路 155 号天星大厦 3 楼	杨晓迪	0513-81186777	226007
天安保险股份有限公司南通中心支公司	南通市桃坞路 89 号莘园大厦 6 楼	顾祖平	0513-80106088	226006
大众保险股份有限公司南通中心支公司	南通市桃坞路 1 号浦发大厦 10 楼	李 坪	0513-85128988	226006
华泰财产保险股份有限公司南通中心支公司	南通市姚港路 6 号方天大厦 6 楼	孙晓强	0513-85128578	226000
中华联合财产保险股份有限公司南通中心支公司	南通市虹桥路 66 号	杜炳冲	0513-85158518	226006
太平保险有限公司南通中心支公司	南通市工农路 129 号	高 鹏	0513-85219668	226007
中国大地财产保险股份有限公司南通中心支公司	南通市孩儿巷南路 50 号 13 幢 1—4 层	陈 晓	0513-85050188	226001
永安财产保险股份有限公司南通中心支公司	南通市工农路 59 号新景大厦 2 层	许文杰	0513-81552666	226007
安邦财产保险股份有限公司南通中心支公司	南通市人民中路 95 号纺织大厦 7 楼	尤志明	0513-85158897	226001
阳光财产保险股份有限公司南通中心支公司	南通市桃坞路 2 号友谊大厦 15 楼	刘建平	0513-85053818	226001
都邦财产保险股份有限公司南通中心支公司	南通市工农路 155 号天鑫大厦 8 楼	曹建军	0513-81185688	226000
华安财产保险股份有限公司南通中心支公司	南通市北濠桥路锦绣花园 1 店面附 3 室	何晓松	0513-85198928	226000
美国友邦保险有限公司江苏分公司南通营销服务部	南通市工农路 6 号华丽大厦 0303 室	朱璟莉	0513-85798588-71109	226001
中银保险有限公司南通中心支公司	南通市工农路 198 号金唐大厦 3 楼	秦永东	0513-83561133	226000
中国人寿财产保险股份有限公司南通市中心支公司	南通市青年东路 7 号	赵建平	0513-68195526	226008
民安财产保险有限公司南通中心支公司	南通市工农路 111 号南通华辰大厦 3 座 6 层	彭 云	0513-55013890	226001
渤海财产保险股份有限公司南通中心支公司	南通市工农路 135 号三喜大厦 3 楼	张 健	0513-81125222	226007
长安责任保险股份有限公司南通市中心支公司	南通市人民东路 159 号瑞景广场 4 号楼 7 楼	史昱敏	0513-80108159	226001
华农财产保险股份有限公司南通中心支公司	南通市工农路 8 号华雅大厦南 2 楼	周骅骝	0513-55012388	226007
安诚财产保险股份有限公司南通中心支公司	南通市青年西路 208 号海关大楼 11 楼	洪 军	0513-81567001	226001
永诚财产保险股份有限公司南通中心支公司	南通市桃坞路 2 号	唐德林	0513-81121188	226001
紫金财产保险股份有限公司南通中心支公司	南通市城山路 129 号	江 健	0513-89198090	226001
英大泰和财产保险股份有限公司南通中心支公司	南通市工农路 6 号华丽大厦 4 楼 402 室	刘森雄	0513-85238060	226007

6. 扬州市主要金融机构

机 构 名 称	地 址	负责人	电 话	邮 编
中国人民银行扬州市中心支行	扬州市文昌中路561号	张 强	0514-87935288	225009
中国银行业监督管理委员会扬州监管分局	扬州市扬子江中路756号	张宗政	0514-87782877	225009
江苏银行扬州分行	扬州市文昌中路563号	艾 晨	0514-87933099	225009
扬州农村商业银行	扬州市鸿大路1号	周仁山	0514-87788688	225002
中国农业发展银行扬州市分行	扬州市百祥路123号	朱文根	0514-82989899	225012
中国工商银行股份有限公司扬州分行	扬州市扬子江中路656号	顾国庆	0514-87859678	225009
中国农业银行扬州市分行	扬州市文昌西路2号	葛志强	0514-87863328	225000
中国银行股份有限公司扬州分行	扬州市文昌中路541号	仇志祥	0514-87361008	225009
中国建设银行股份有限公司扬州分行	扬州市文昌中路100号	张玲莉	0514-87340515	225001
交通银行股份有限公司扬州分行	扬州市汶河北路2号	吴 好	0514-87359111	225002
中信银行扬州分行	扬州市维扬路171号	徐 勇	0514-87890988	225009
招商银行扬州分行	扬州市文昌西路12号	庄晓梅	0514-82988601	225009
中国邮政储蓄银行扬州市分行	扬州市运河西路176号	葛 鹏	0514-82989600	225012
华夏银行扬州支行	扬州市邗江中路301号	陈章棋	0514-82962818	225012
江苏邗江民泰村镇银行股份有限公司	扬州市兴城西路191号	杨 扬	0514-82681666	225009
南京银行扬州分行	扬州市江阳中路433号	徐建华	0514-82991001	225009
上海浦东发展银行扬州分行	扬州市文昌西路202号	严如勤	0514-82981111	225009
光大银行扬州分行	扬州市文汇东路231号	陆建荣	0514-89988855	225009
兴业银行扬州分行	扬州市维扬路399号	李贵标	0514-89710801	225007
中国人寿保险股份有限公司扬州市分公司	扬州市文昌中路543号	黄广银	0514-87340901	225002
中国人民财产保险股份有限公司扬州市分公司	扬州市文昌中路388号	杨玉宏	0514-87333906	225001
中国太平洋人寿保险股份有限公司扬州中心支公司	扬州市文昌中路542号	刘 枫	0514-87316105	225002
中国太平洋财产保险股份有限公司扬州中心支公司	扬州市文昌中路540号	吴 华	0514-87331880	225002
招商证券扬州汶河北路证券营业部	扬州市汶河北路38号	张 宁	0514-87346818	225002
海通证券股份有限公司扬州汶河南路证券营业部	扬州市汶河南路69号	刘俊杰	0514-87360056	225002
申银万国证券股份有限公司扬州扬子江中路证券营业部	扬州市扬子江中路758号	臧 扬	0514-87891800	225009
中投证券扬州营业部	扬州市邗江北路68号	张卫兵	0514-87322885	225002

7. 镇江市主要金融机构

机 构 名 称	地 址	负责人	电 话	邮 编
中国人民银行镇江市中心支行	镇江市中山西路110号	缪 斌	0511-85246166	212004
中国银行业监督管理委员会镇江监管分局	镇江市梦溪路43号	周盛武	0511-88982002	212003

（续表）

机 构 名 称	地 址	负责人	电 话	邮 编
中国农业发展银行镇江市分行	镇江市中山东路16号	徐素荣	0511-85032998	212300
中国工商银行股份有限公司镇江分行	镇江市解放路308号	张清水	0511-85038728	212000
中国农业银行股份有限公司镇江分行	镇江市电力路19号	宋国云	0511-85275208	212007
中国银行股份有限公司镇江分行	镇江市长江路15号	孙庆阳	0511-85081588	212001
中国建设银行股份有限公司镇江分行	镇江市正东路29号	朱 成	0511-84434216	212003
交通银行股份有限公司镇江分行	镇江市解放路229号	葛晓祥	0511-85086218	212001
华夏银行股份有限公司镇江分行	镇江市解放路288号东邦国际商务大厦19楼	王琪生	0511-88910988	212001
民生银行股份有限公司镇江支行	镇江市长江路7号地方海事大厦1、2层	丁 勇	0511-88916668	212001
上海浦东发展银行股份有限公司镇江支行	镇江解放路318号	陈士杰	0511-85085088	212002
招商银行镇江分行	镇江市电力路18号	周建明	0511-88916889	212007
江苏银行镇江分行	镇江市正东路28号	金向阳	0511-85010097	212000
中国邮政储蓄银行有限责任公司江苏省镇江市分行	镇江市中山西路65号	吕志军	0511-85230216	212004
江苏省镇江市农村商业银行	镇江市寿邱街9号	王国力	0511-85013502	212001
大新银行(中国)有限公司镇江分行	镇江市解放路59号	李奇瑞	0511-85309968	212001
中国人民财产保险股份有限公司镇江市分公司	镇江市正东路35号	刘 亮	0511-84434067	212003
中国太平洋财产保险股份有限公司镇江中心支公司	镇江市中山东路19号	杨宁国	0511-84433541	212003
中国平安财产保险股份有限公司镇江中心支公司	镇江市解放路357号1号楼3楼	张雪冰	0511-85037709	212003
天安保险股份有限公司镇江中心支公司	镇江市黄山北路韵成大厦B座2—4楼	周 昭	0511-85116088	212000
大众保险股份有限公司镇江中心支公司	镇江市解放路318号3楼	王宇龄	0511-85034086	212001
中华联合财产保险股份有限公司镇江中心支公司	镇江市电力路39号中基大厦4楼	刘 颖	0511-85293688	212002
永安财产保险股份有限公司镇江中心支公司	镇江市解放路430号5楼	曹 伟	0511-85371116	212001
太平财产保险有限公司镇江中心支公司	镇江市大西路286号同德大厦2楼	崔建中	0511-85282666	212002
安邦财产保险股份有限公司镇江中心支公司	镇江市邱寿街8号6楼	莫群飞	0511-85905999	212000
华安财产保险股份有限公司镇江中心支公司	镇江市黄山南路2—16号天和星城东大门右侧(疾控中心对面)	魏俊伟	0511-84490352	212002
都邦财产保险股份有限公司镇江中心支公司	镇江市解放路22号2号楼4楼	倪 凯	0511-85911987	212000
阳光财产保险股份有限公司镇江中心支公司	镇江市丁卯桥108号2楼	周 武	0511-88892755	212000
大地财产保险股份有限公司镇江中心支公司	镇江市电力路30号7楼	冷吉义	0511-85950001	212000
中银保险有限公司镇江中心支公司	镇江市中山西路59号京都大厦11楼	蒋金署	0511-86060117	212000
华泰财产保险股份有限公司镇江中心支公司	镇江市解放路115号大市口邮政局4楼	钱 杰	0511-85084588	212000

（续表）

机构名称	地址	负责人	电话	邮编
渤海财产保险股份有限公司镇江中心支公司	镇江市中山东路68号嘉源大厦806室	孙力宇	0511-85082789	212000
民安保险（中国）有限公司镇江中心支公司	镇江市中山东路4号附楼	洪　兵	0511-86110899	212000
国寿财产保险股份有限公司镇江中心支公司	镇江市黄山南路20号德润大厦10层	杨铁牛	0511-85218503	212000
安诚财产保险股份有限公司镇江中心支公司	镇江市中山东路381号中山大厦7楼	于整放	0511-85115999	212000
长安责任财产保险股份有限公司镇江中心支公司	镇江市中山东路45号华星大厦15楼（1501—1508室）	王鸣威	0511-85118700	212000
永诚财产保险股份有限公司镇江中心支公司	镇江市解放路288号东邦国际大厦9楼	徐　斌	0511-85013988	212000
中国人寿保险股份有限公司镇江市分公司	镇江市正东路148号	黄　俊	0511-84415466	212003
中国太平洋人寿保险股份有限公司镇江中心支公司	镇江市中山东路19号	韩建玲	0511-88990705	212003
中国平安人寿保险股份有限公司镇江中心支公司	镇江市中山东路189号诚和大厦13楼	张　劼	0511-85033562	212003
新华人寿保险股份有限公司镇江中心支公司	镇江市大西路347号2—3楼	鲁勇军	0511-85294990-808	212002
泰康人寿保险股份有限公司镇江中心支公司	镇江市电力路28号6楼	孟庆飙	0511-85296301	212002
太平人寿保险股份有限公司镇江中心支公司	镇江市解放路22号京城大厦3—5楼	陆　静	0511-88989999	212000
民生人寿保险股份有限公司镇江中心支公司	镇江市中山东路423号邮政大厦7楼	凌志波	0511-85909801	212004
合众人寿保险股份有限公司镇江中心支公司	镇江市电力路30号（润州教育局）6楼	袁　因	0511-85087888	212000
生命人寿保险股份有限公司镇江中心支公司	镇江市解放路430号6楼	沈兆萍	0511-85118999	212000
中宏人寿保险股份有限公司镇江营销服务部	镇江市中山东路25号京口教育大厦13楼	陈志武	0511-88989001	212000
海康人寿保险股份有限公司镇江营销服务部	镇江市中山西路100号明珠大厦611室	吴　均	0511-85214568	212000
嘉禾人寿保险股份有限公司镇江营销服务部	镇江市中山西路98号外贸大厦10楼	鄢鸿军	0511-85936901	212000
华夏人寿保险股份有限公司镇江中心支公司	镇江市运河路4号南1—6楼	严建俊	0511-85117099	212000
平安养老保险股份有限公司镇江中心支公司	镇江市中山东路189号诚和大厦14楼	戴　漪	0511-85033564	212000
国泰人寿保险股份有限公司镇江营销服务部	镇江市大西路120号（建行3楼）	陈炜权	0511-85226538-2200	212000
正德人寿保险股份有限公司镇江中心支公司	镇江市望京天地2楼	唐　钢	0511-85930090	212000
长城人寿保险股份有限公司镇江中心支公司	镇江市大西路286号（中行3楼）	董静波	0511-85931101	212000
阳光人寿保险股份有限公司镇江中心支公司	镇江市梦溪路2号船院空调2楼	陈　艳	0511-84436228	212000
华泰人寿保险股份有限公司镇江中心支公司	镇江市解放路68号内	张国清	0511-85221978	212000
信泰人寿保险股份有限公司镇江中心支公司	镇江市电力路39号中基大厦5楼	徐　国	0511-85907888	212000
中国人民人寿保险股份有限公司镇江市分公司	镇江市中山东路45号701（7楼A座）	周　鸿	0511-85959777	212000
华泰证券股份有限公司镇江营业部	镇江市中山东路4号	袁红彬	0511-85037090	212001
申银万国证券股份有限公司镇江营业部	镇江市中山东路28号	王　劲	0511-85032138	212001
安信证券股份有限公司镇江营业部	镇江市中山东路189号2楼	陈国兴	0511-85023108	212001
南京证券股份有限公司镇江营业部	镇江市中山东路288-1号	王曙福	0511-85248167	212001
国联证券股份有限公司镇江南门大街证券营业部	镇江市南门大街269号	朱向明	0511-84428548	212000

8. 泰州市主要金融机构

机 构 名 称	地 址	负责人	电 话	邮 编
中国人民银行泰州市中心支行	泰州市海陵南路 319 号	贾 拓	0523-86836933	225300
中国银行业监督管理委员会泰州银监分局	泰州市五一路 121 号	陈惠莲	0523-86392800	225300
泰州市保险行业协会	泰州市青年南路 157 号	朱 彤	0523-82098578	225300
中国工商银行股份有限公司泰州分行	泰州市青年北路 168 号	蔡万周	0523-86225108	225300
中国农业银行泰州市分行	泰州市青年南路 56 号	陈杏梅	0523-86896288	225300
中国银行股份有限公司泰州分行	泰州市青年路 128 号	刘乐浩	0523-86230388	225300
中国建设银行股份有限公司泰州分行	泰州市五一路 79 号	沈 康	0523-86328699	225300
交通银行股份有限公司泰州分行	泰州青年北路 151 号	孙 亮	0523-86242160	225300
中国农业发展银行泰州市分行	泰州市人民西路 20 号	孟凡庭	0523-86231908	225300
中信银行股份有限公司泰州分行	泰州市青年路 39 号	宋建中	0523-86399199	225300
南京银行股份有限公司泰州分行	泰州市五一路 80 号	陈 骏	0523-86392998	225300
江苏银行泰州分行	泰州市东进东路 10 号	封 林	0523-86392001	225300
邮政储蓄银行泰州分行	泰州市东进西路 7 号 B 楼	唐安乐	0523-86999600	225300
招商银行泰州分行	泰州市迎春东路 28-8 号	赵庆平	0523-86681666	225300
兴业银行泰州分行	泰州市凤凰东路 88 号	刘金本	0523-86195333	225300
江苏长江商业银行泰州分行	泰州市府前路 9 号	王 燕	0523-86390929	225300
上海浦东发展银行泰州分行	泰州市青年北路 215 号	薛 博	0523-86899588	225300
江苏泰州农村商业银行	泰州市青年路 52 号	陈 飞	0523-86239100	225300
江苏靖江农村商业银行	靖江市骥江路 179 号	刘友余	0523-84826628	214500
江苏泰兴农村商业银行	泰兴市国庆西路 88 号	施正山	0523-87627000	225400
江苏姜堰农村商业银行	姜堰市人民路 560 号	洪其华	0523-88289829	225500
江苏兴化农村商业银行	兴化市五里东路 2 号金融大厦 602 室	黄锦荣	0523-83328818	225700
江苏长江商业银行股份有限公司	靖江市骥江西路 359 号	朱惠健	0523-84891001	214500
中国人民财产保险股份有限公司泰州市分公司	泰州市凤凰东路 80 号	王晓文	0523-80916988	225300
中国人寿保险股份有限公司泰州市分公司	泰州市人民西路 28 号	孟 昶	0523-86211609	225300
中国太平洋财产保险股份有限公司泰州中心支公司	泰州市鼓楼南路 557 号	高 巍	0523-86363601	225300
中国太平洋人寿保险股份有限公司泰州中心支公司	泰州市鼓楼南路 559 号	张玉梅	0523-86363033	225300
中国平安财产保险股份有限公司泰州中心支公司	泰州市海陵南路 295 号	李 翔	0523-86333456	225300
中国平安人寿保险股份有限公司泰州中心支公司	泰州市迎春西路 69 号	辛朝辉	0523-86335918	225300
天安保险股份有限公司泰州中心支公司	泰州市海陵南路 389 号	谈桂君	0523-82190701	225300
新华人寿保险股份有限公司泰州中心支公司	泰州市东进东路 118 号锦泰商城东楼	朱金海	0523-86398608	225300
泰康人寿保险股份有限公司泰州中心支公司	泰州市海陵北路 288 号(坡子街商业中心)6 楼	李建华	0523-86393699	225300

（续表）

机构名称	地址	负责人	电话	邮编
中华联合财产保险股份有限公司泰州中心支公司	泰州市江洲南路117号	肖　玮	0523-86243333	225300
民生人寿保险股份有限公司泰州中心支公司	泰州市鼓楼北路1号(泰州书城4楼)	张丽群	0523-86392333	225300
中国大地财产保险股份有限公司泰州中心支公司	泰州市鼓楼南路398号	赵富洋	0523-86398595	225300
华安财产保险股份有限公司泰州中心支公司	泰州市江洲南路90号	金　菊	0523-86898761	225300
永安财产保险股份有限公司泰州中心支公司	泰州市海陵南路315东楼1层	王　骏	0523-86392666	225300
太平人寿保险有限公司泰州中心支公司	泰州市海陵区海陵北路199号401—407室	王廷宏	0523-80813366	225300
生命人寿保险股份有限公司泰州中心支公司	泰州市鼓楼南路355号金地商务大厦6楼	郭湘兵	0523-82111988	225300
安邦财产保险股份有限公司泰州中心支公司	泰州市海陵区阳光新城5幢511—513室	郑路遥	0523-86395666	225300
阳光财产保险股份有限公司泰州中心支公司	泰州市梅兰东路33号	林　蔚	0523-86896919	225300
合众人寿保险股份有限公司泰州中心支公司	泰州市青年北路219号金茂大厦8楼	杨　静	0523-86236996	225300
都邦财产保险股份有限公司泰州中心支公司	泰州市济川西路376号4楼	夏万友	0523-86350000	225300
中国人寿财产保险股份有限公司泰州市中心支公司	泰州市江洲南路115号	邵立民	0523-86998688	225300
中国人民健康保险股份有限公司泰州中心支公司	泰州市海陵南路47号	树　华	0523-82190999	225300
华泰财产保险股份有限公司泰州中心支公司	泰州市鼓楼南路355号金地商务大厦5楼	钱厚峰	0523-82088901	225300
太平财产保险有限公司泰州中心支公司	泰州市鑫泰花园沿街商铺S1栋5室	于秀明	0523-86390555	225300
民安财产保险有限公司泰州中心支公司	泰州市海陵北路186号601室	徐俊峰	0523-86998188	225300
友邦保险有限公司泰州中心支公司	泰州市济川东路220号万达广场写字楼8楼	王　伟	0523-86216508-75501	225300
信泰人寿保险股份有限公司泰州中心支公司	泰州市鼓楼北路1号(泰州书城5楼)	丁　凯	0523-80813118	225300
农银人寿保险股份有限公司泰州中心支公司	泰州市坡子街商业中心288号2层2单元202室	王鹏飞	0523-89996698	225300
华夏人寿保险股份有限公司泰州中心支公司	泰州市税东街9号	耿海鹭	0523-82196068	225300
华泰人寿保险股份有限公司泰州中心支公司	泰州市江洲南路90号胜家宾馆3楼	吴冷飞	0523-86399600	225300
国泰人寿保险有限责任公司江苏分公司泰州营销服务部	泰州市济川东路220号万达广场写字楼5楼	黄俊德	0523-86998966-2300	225300
中银保险有限公司泰州中心支公司	泰州市人民西路6号3楼	吴　建	0523-86695288	225300
阳光人寿保险股份有限公司泰州中心支公司	泰州市东进东路鹏欣丽都G3写字楼3楼	桑永青	0523-86390666	225300

（续表）

机构名称	地址	负责人	电话	邮编
长安责任保险股份有限公司泰州市中心支公司	泰州市江洲南路90号胜家宾馆4楼	张年华	0523-82121069	225300
渤海财产保险股份有限公司泰州中心支公司	泰州市海陵北路288号6楼二单元603室	钱铁敏	0523-15850888799	225300
长城人寿保险股份有限公司泰州中心支公司	泰州市坡子街2单元606室	刘红卫	0523-86156633	225300
中国人民人寿保险股份有限公司泰州中心支公司	泰州市凤凰东路68号建工大厦7楼	潘　庆	0523-80729009	225300
紫金财产保险股份有限公司泰州中心支公司	泰州市凤凰东路98号	王京苏	0523-82216888	225300
中意人寿保险有限公司泰州中心支公司	泰州市鹏欣丽都G7幢4楼	费年龙	0523-82195799	225300
光大永明人寿保险有限公司泰州中心支公司	泰州市鼓楼北路20-1号	曹维国	0523-82210168	225300
英大泰和财产保险股份有限公司泰州中心支公司	泰州市江洲南路鑫泰苑04号商铺	邱　阳	0523-82100009	225300
天平汽车保险股份有限公司泰州中心支公司	泰州市海陵区老街北停车场南侧管理2楼	高　强	0523-86155509	225300
工银安盛人寿保险有限公司江苏分公司泰州营销服务部	泰州市海陵区阳光新城3幢1楼	陈　平	0523-86519800-9801	225300
英大泰和人寿保险股份有限公司泰州中心支公司	泰州市鼓楼南路315号盐务局3楼	冯　俊	0523-82162666	225300
建信人寿保险有限公司泰州中心支公司	泰州市东风北路1号楼301室	缪天洁	0523-86519588	225300
利安人寿保险股份有限公司泰州分公司	泰州市鼓楼南路539号接待室	周　红	0523-86159788	225300
百年人寿保险股份有限公司泰州中心支公司	泰州市海陵区东风北路85号鑫隆商业广场4楼	安　刚	0523-86510111	225300
安诚财产保险股份有限公司泰州支公司	泰州市海陵区江州南路鑫泰花园沿街商业铺S2-1室	卢　勇	0523-82101126	225300
泰山财产保险股份有限公司泰州中心支公司	泰州市海陵区鼓楼南路348号	吴　菁	0523-82168668	225300
安邦人寿保险有限公司泰州中心支公司	泰州市东风路阳光新城513号	丁　卫	0523-86695678	225300
和谐健康保险有限公司泰州中心支公司	泰州市济川东路220号万达广场写字楼8楼	周秀芳	0523-82168999	225300
华泰证券股份有限公司泰州迎春西路证券营业部	泰州市迎春西路22号	田志武	0523-86234237	225300
华泰证券股份有限公司泰州鼓楼北路证券营业部	泰州市鼓楼北路11-1号	周德洪	0523-86242500	225300
中信建投股份有限公司泰州青年北路证券营业部	泰州市青年路63号	吴月军	0523-86222733	225300
海通证券有限公司泰州鼓楼南路营业部	泰州市鼓楼南路315号	乔雷璋	0523-86890755	225300
长江证券股份有限公司泰州迎春西路证券营业部	泰州市迎春西路22—59号	王　勇	0523-86998099	225300
国联证券股份有限公司泰州济川东路营业部	泰州市济川东路99—106号	洪　亮	0523-86390396	225300

（续表）

机构名称	地址	负责人	电话	邮编
申银万国证券股份有限公司靖江骥江路证券营业部	靖江市骥江路160号	徐志凤	0523-84834066	214500
东吴证券股份有限公司泰州海陵南路证券营业部	泰州市海陵区海陵南路360-6号	秦国军	0523-86313068	225300
申银万国证券股份有限公司泰兴长征路营业部	泰兴市长征路99号	沈剑峰	0523-87650123	225400
华泰证券股份有限公司靖江人民中路证券营业部	靖江市人民中路68号国贸中心9楼	陶　津	0523-84961111	214500
南京证券有限公司靖江骥江路证券营业部	靖江市骥江路276号4楼	王卫东	0523-84893333	214500
东海证券有限公司靖江车站路证券营业部	靖江市车站路2号金泰大厦1幢临街房1—2层	丁　煜	0523-89101058	214500
华泰证券股份有限公司姜堰东大街证券营业部	姜堰市东大街23号	张英黎	0523-88209518	225500
中信建投证券股份有限公司兴化建设路证券营业部	兴化市建设路113号	黄志军	0523-83224099	225700
华泰证券股份有限公司泰州高港金港南路证券营业部	泰州高港区金港南路都市嘉园6栋02室	张　展	0523-86985597	225000
华泰证券股份有限公司泰兴国庆西路证券营业部	泰兴市泰兴镇国庆西路29号	张仁荣	0523-89795597	225400
东吴证券股份有限公司姜堰人民中路证券营业部	姜堰市人民中路82-58号	李友林	0523-88113199	225500
华泰证券股份有限公司泰州兴化长安中路证券营业部	兴化市锦绣园一期网点由南向北第13、14间	苏　斌	0523-83256333	225700
东海证券有限公司泰兴市营业部	泰兴市济川路9号	贾　斌	0523-87082005	225400
江苏东华期货经纪有限公司泰州营业部	泰州市金茂大厦716室	陶中荣	0523-86223959	225300
江苏弘业期货经纪有限公司泰州营业部	泰州市金茂大厦801室	蒋　励	0523-86211993	225300

三、2012年浙江省金融机构名录

1. 杭州市主要金融机构

机构名称	地址	负责人	电话	邮编
中国人民银行杭州中心支行	杭州市延安路149号	刘仁伍	0571-87686688	310001
中国银行业监督管理委员会浙江监管局	杭州市解放路187号	韩　沂	0571-87189900	310001
中国证券监督管理委员会浙江监管局	杭州市文三路90号东部软件园1号楼3楼	王宝桐	0571-88473323	3100012
中国保险监督管理委员会浙江监管局	杭州市体育场路105号凯喜雅大厦12楼	吴勉坚	0571-85777751	310004
中国农业发展银行浙江省分行	杭州市建国北路283号	王玉高	0571-87299111	310003
国家开发银行浙江省分行	杭州市环城西路108号	徐　勇	0571-85786055	310006
中国进出口银行浙江省分行	杭州市杭大路9号聚龙大厦西楼15楼	陈筱敏	0571-87851888	310007
中国工商银行股份有限公司浙江省分行	杭州市中河中路150号	沈荣勤	0571-87803888	310009
中国农业银行浙江省分行	杭州市长庆街55号	赵忠世	0571-87226000	310003
中国银行股份有限公司浙江省分行	杭州市凤起路321号	陈　石	0571-85011888	310003
中国建设银行股份有限公司浙江省分行	杭州市体育场路288号	余静波	0571-85313228	310003
中国华融资产管理公司杭州办事处	杭州市清泰街499号金隆花园	胡　英	0571-87836709	310009
中国长城资产管理公司杭州办事处	杭州市邮电路23号	张范全	0571-85167890	310006
中国东方资产管理公司杭州办事处	杭州市庆春路225号西湖时代广场5楼	章建新	0571-87163173	310006
中国信达资产管理公司杭州办事处	杭州市延安路528号标力大厦B座12楼	涂咸阳	0571-85774692	310006
浙商银行股份有限公司	杭州市庆春路288号	龚方乐	0571-87659090	310006
浙江省农村信用社联合社	杭州市环城北路292号	姚世新	0571-85866910	310006
交通银行股份有限公司浙江省分行	杭州市庆春路173号	俞炯玲	0571-87216012	310006
中信银行股份有限公司杭州分行	杭州市延安路88号	王利亚	0571-87032888	310002
上海浦东发展银行股份有限公司杭州分行	杭州市延安路129号	杨绍红	0571-87366688	310002
华夏银行股份有限公司杭州分行	杭州市庆春路73号	杨素法	0571-87239000	310003
招商银行股份有限公司杭州分行	杭州市杭大路23号	朱建新	0571-87395500	310007
广东发展银行股份有限公司杭州分行	杭州市延安路516号	金海腾	0571-87019888	310006
深圳发展银行股份有限公司杭州分行	杭州市庆春路36号	袁振瑜	0571-87224888	310003
中国民生银行股份有限公司杭州分行	杭州市庆春路25号远洋大厦	顾立辉	0571-87239790	310009
兴业银行股份有限公司杭州分行	杭州市庆春路40号	官恒秋	0571-87037999	310003
中国光大银行股份有限公司杭州分行	杭州市庆春路200号	郑学筠	0571-87895358	310006

（续表）

机构名称	地址	负责人	电话	邮编
恒丰银行股份有限公司杭州分行	杭州市建国北路639号	杨林茂	0571-85086006	310004
渤海银行股份有限公司杭州分行	杭州市延安路468号浙江外经贸广场B座9—10楼	姜乳云	0571-28119999	310006
中国邮政储蓄银行有限责任公司浙江省分行	杭州市百井坊巷87号	王雄飞	0571-87335033	310003
杭州银行股份有限公司	杭州市庆春路46号	吴太普	0571-85109707	310003
宁波银行股份有限公司杭州分行	杭州市保俶路146号	贝　瑜	0571-87205966	310007
温州银行股份有限公司杭州分行	杭州市仙林桥直街3号	金建康	0571-87338001	310003
浙江稠州商业银行股份有限公司杭州分行	杭州市建国中路68号	屠　整	0571-87137788	310009
浙江民泰商业银行股份有限公司杭州分行	杭州市莫干山路501号	张国浩	0571-87209665	310005
浙江泰隆商业银行股份有限公司杭州分行	杭州市中河中路198号	郑君京	0571-88333777	310006
上海银行股份有限公司杭州分行	杭州市庆春路138号	叶继雄	0571-87560219	310003
北京银行股份有限公司杭州分行	杭州市庆春东路78号	蒋增浩	0571-81998205	310016
平安银行股份有限公司杭州分行	杭州市教工路18号世贸丽晶城A区11楼	章国华	0571-88933000	310012
杭州联合农村合作银行	杭州市中山北路288号	张　晨	0571-87923272	310003
三井住友银行(中国)有限公司杭州分行	杭州市庆春路118号嘉德广场23楼	柴田学	0571-28891111	310003
东亚银行(中国)有限公司杭州分行	杭州市庆春路228—230号	麦子平	0571-89812288	310003
汇丰银行(中国)有限公司杭州分行	杭州市庆春路136号广利大厦15A层	黄　平	0571-87249898	310003
花旗银行(中国)有限公司杭州分行	杭州市庆春路118号嘉德广场13楼	窦淑芳	0571-87229088	310003
恒生银行(中国)有限公司杭州分行	杭州市庆春路151-1号瑞丰国际商务大厦首层	谢世铿	0571-87296178	310003
渣打银行(中国)有限公司杭州分行	杭州市庆春路151号瑞丰国际商务大厦A2、A3、B2、B3	吴　鹏	0571-87365288	310003
南洋商业银行(中国)有限公司杭州分行	杭州市庆春路195-1号	邓淑萍	0571-87038080	310003
中投信托有限责任公司	杭州市教工路18号世贸丽晶城A座18—19层	叶　星	0571-85069326	310012
浙江省工商信托投资股份有限公司	杭州市体育场路429号	胡子南	0571-85807853	310006
杭州工商信托股份有限公司	杭州市庆春路136号广利大厦25层	郑向炜	0571-87218033	310003
华融金融租赁股份有限公司	杭州市曙光路122号世贸中心A座6—7楼	胡继良	0571-87950988	310007
万向财务有限公司	杭州市庆春路225号西湖时代广场7楼	傅志芳	0571-87163333	310006
浙江省能源集团财务有限责任公司	杭州市环城北路华浙广场9楼	杨剑雄	0571-86669990	310006
中信金通证券有限责任公司	杭州市滨江区江南大道558号恒鑫大厦主楼19—20层	刘　军	0571-85783737	310053
浙商证券有限责任公司	杭州市杭大路1号黄龙世纪广场A区6楼	吴承根	0571-87901963	310007
财通证券有限责任公司	杭州市解放路111号金钱大厦	沈继宁	0571-87828088	310009
中国人民财产保险股份有限公司浙江省分公司	杭州市中河中路66—68号	华美春	0571-87810888	310009
中国太平洋财产保险股份有限公司浙江分公司	杭州市庆春路196号	车平华	0571-87230051	310006

（续表）

机　构　名　称	地　　址	负责人	电　话	邮　编
中国平安财产保险股份有限公司浙江分公司	杭州市教工路 88 号立元大厦 8 楼	尤程明	0571-88381818	310005
中华联合财产保险股份有限公司浙江分公司	杭州市湖墅南路 505 号中华保险大厦 15 楼	胡拥军	0571-88391596	310005
天安保险股份有限公司浙江省分公司	杭州市庆春路 25—29 号远洋大厦 19 楼	毛惠春	0571-87041888	310009
大众保险股份有限公司浙江分公司	杭州市解放路 89 号星河商务大厦 10 楼	金国兴	0571-88078999	310009
中国大地财产保险股份有限公司浙江分公司	杭州西湖大道 35 号万新大厦 1 号楼 11 楼	舒文跃	0571-87000188	310009
华泰财产保险股份有限公司浙江省分公司	杭州市庆春东路 66 号庆春发展大厦 B 座 15 楼	吴立强	0571-87238300	310008
太平保险有限公司浙江分公司	杭州市庆春路 136 号广利大厦 15 楼	黄寿山	0571-28811000	310003
华安财产保险股份有限公司浙江分公司	杭州市天目山路 7 号东海创意中心大厦 15 楼	廖小卫	0571-87168888	310007
永安财产保险股份有限公司浙江分公司	杭州市体育场路 498 号浙江省地质勘察局地勘大楼 5、6 层	黄晓燕	0571-85789659	310007
安邦财产保险股份有限公司浙江分公司	杭州市建国北路 639 号华源发展大厦 19 楼	董　悦	0571-85780832	310004
都邦财产保险股份有限公司浙江分公司	杭州市体育场路 105 号凯喜雅大厦 14 楼	顾大庆	0571-28006720	310004
天平汽车保险股份有限公司浙江分公司	杭州市教工路 88 号立元大厦 5 楼	陈志斌	0571-28809111	310012
中银保险有限公司浙江分公司	杭州市西湖大道 58 号金隆花园华顺大厦 5 楼	张伟宁	0571-85011100	310009
阳光财产保险股份有限公司浙江省分公司	杭州市新塘路 33 号三新大厦 14 楼	费一飞	0571-87680399	310020
民安保险(中国)有限公司浙江分公司	杭州市天目山路 159 号现代国际大厦 B 座 12 楼	郑剑波	0571-87669121	310007
渤海财产保险股份有限公司浙江省分公司	杭州市滨江区江南大道 558 号恒鑫大厦 4 楼	葛煜国	0571-28992555	310052
中国人寿财产保险股份有限公司浙江省分公司	杭州市青春坊 33 幢 18 楼	施建峰	0571-87216466	310003
安诚财产保险股份有限公司浙江省分公司	杭州市新塘路 19 号采荷嘉业大厦 5 幢 10 楼	钱心葵	0571-88110000	310016
永诚财产保险股份有限公司浙江分公司	杭州市湖墅南路 186 号丽阳国际商务中心 19—20 层	郭　浪	0571-28002888	310005
长安责任保险股份有限公司浙江省分公司	杭州市凯旋路 445 号物产国际广场 22 楼	杨锡忠	0571-28110808	310020
安信农业保险股份有限公司浙江分公司	杭州市上塘路 50-4 号	周　立	0571-28112858	310014
中国出口信用保险公司浙江分公司	杭州市延安路 528 号标力大厦 B 座 25 层	钱水凤	0571-28036700	310006
中国人寿保险股份有限公司浙江省分公司	杭州市中河中路 80 号	祝　平	0571-87216401	310007
中国太平洋人寿保险股份有限公司浙江分公司	杭州西湖大道 35 号万新大厦 1 号楼	张鸣放	0571-87224949	310006
中国平安人寿保险股份有限公司浙江分公司	杭州市环城北路 208 号坤和中心 11 楼	崔龚英	0571-87556600	310006

（续表）

机构名称	地址	负责人	电话	邮编
泰康人寿保险股份有限公司浙江分公司	杭州市下城区仙林桥直街3号仙林大厦9层	汪刚	0571-85802112	310003
新华人寿保险股份公司浙江分公司	杭州市中河中路216号平海国际大厦4楼	陈国平	0571-87235369	310003
太平人寿保险有限公司浙江分公司	杭州市庆春路136号广利大厦裙楼5楼	黄朝辉	0571-28889696	310003
民生人寿保险股份有限公司浙江分公司	杭州市潮王路225号红石中央大厦18层	田安	0571-85389504	310005
光大永明人寿保险有限公司杭州分公司	杭州市杭大路15号嘉华国际商务中心802室	司存伟	0571-87858398	310007
中宏人寿保险有限公司浙江分公司	杭州市黄龙路5号恒励大厦2楼	林继平	0571-28023322	310007
华泰人寿保险股份有限公司浙江分公司	杭州市中河南路11号万凯商务楼B座	金国民	0571-28009160	310008
中德安联人寿保险有限公司浙江分公司	杭州市庆春路118号嘉德广场10楼	赵卫国	0571-28906161	310003
中国人民健康保险股份有限公司浙江分公司	杭州市延安路466号省外经贸大楼11楼	赵波	0571-28918898	310006
合众人寿保险股份有限公司浙江分公司	杭州市中河中路222号平海国际大厦17楼	金丹颂	0571-28907766	310003
信诚人寿保险有限公司浙江省分公司	杭州市凤起路96号之俊大厦23楼	茅重远	0571-28065118	310003
长生人寿保险有限公司浙江分公司	杭州市庆春路136号广利大厦15B	徐良	0571-28035888	310003
中国人民健康保险股份有限公司浙江省分公司	杭州市庆春东路68号杭州汽轮国际大厦A座9楼	廖定进	0571-28118888	310020
平安养老保险股份有限公司浙江分公司	杭州市延安路398号省二轻大厦5楼	何方	0571-85776870	310006
海康人寿保险有限公司浙江分公司	杭州市西溪路128号金鼎广场西侧新湖商务大楼4楼	冯伟琦	0571-28894868	310007
生命人寿保险股份有限公司浙江分公司	杭州市庆春路118号嘉德广场15楼	沈江明	0571-28867766	310003
嘉禾人寿保险股份有限公司浙江分公司	杭州市延安路528号标力大厦9楼	徐济东	0571-85175999	310006
招商信诺人寿保险有限公司浙江分公司	杭州市杭大路15号嘉华国际商务中心510室	万晓梅	0571-87168790	310007
国泰人寿保险有限责任公司浙江分公司	杭州市建国北路658号海华广场23楼	王政传	0571-28039899	310004
正德人寿保险股份有限公司浙江分公司	杭州市庆春路137号华都大厦15楼	张传林	0571-87232168	310003
国华人寿保险股份有限公司浙江分公司	杭州市河坊街60号卫监局四层	张志明	0571-28116000	310009
联泰大都会人寿保险有限公司浙江分公司	杭州市中河中路258号瑞丰国际商务大厦27楼	陈连荣	0571-87799688	310003
阳光人寿保险股份有限公司浙江分公司	杭州市庆春路26号发展大厦12楼	王晓明	0571-87563153	310009
太平养老保险股份有限公司浙江分公司	杭州市延安路468号省外经贸大厦B座2楼	张杰	0571-28889696	310006
英大泰和人寿保险股份有限公司浙江分公司	杭州市教工路88号立元大厦10楼	季建文	0571-51212003	310012
瑞泰人寿保险有限公司浙江分公司	杭州市体育场路105号凯喜雅大厦13楼	洪罕群	0571-28068606	310004
浙商财产保险股份有限公司	杭州市密渡桥路1号浙商时代大厦15—18层	张忠继	0571-28191000	310005
信泰人寿保险股份有限公司	杭州市定安路68号定安名都商务大厦	郑秋根	0571-87116666	310002
三井住友海上火灾保险公司杭州代表处	杭州市杭大路15号1707室	鞠惠艳	0571-87652851	310007
日本东京海上日动火灾保险公司杭州代表处	杭州市杭大路15号嘉华国际商务中心308室	王婷	0571-87041998	310007

2. 宁波市主要金融机构

机构名称	地址	负责人	电话	邮编
中国人民银行宁波市中心支行	宁波市江东北路138号	宋汉光	0574-87058147	315040
中国银行业监督管理委员会宁波监管局	宁波市江东北路138号	吉　明	0574-87737580	315040
中国证券监督管理委员会宁波监管局	宁波市江东区中兴路737号天润商座A座10楼	邵锡秋	0574-87325107	315040
中国保险监督管理委员会宁波监管局	宁波市江东区惊驾路555号泰富广场A座16—17楼	邓俊辉	0574-27996530	315040
中国农业发展银行宁波市分行	宁波市灵桥路255号中宁大厦	徐世平	0574-87072821	315000
国家开发银行股份有限公司宁波市分行	宁波市海曙区镇明路36号中信银行大厦22—26层	樊立新	0574-83872888	315000
中国进出口银行宁波市分行	宁波市江东区惊驾路555号中信泰福广场A座18楼	周安岳	0574-87209999	315040
中国工商银行股份有限公司宁波市分行	宁波市中山西路218号	俞　龙	0574-87361135	315010
中国农业银行股份有限公司宁波市分行	宁波市中山东路518号	彭超英	0574-87363537	315040
中国银行股份有限公司宁波市分行	宁波市药行街139号	钱建忠	0574-87196666	315000
中国建设银行股份有限公司宁波市分行	宁波市广济街31号	苏　克	0574-87313888	315010
交通银行股份有限公司宁波分行	宁波市中山东路55号	边黎平	0574-87363941	315000
上海浦东发展银行股份有限公司宁波分行	宁波市江厦街21号	楼戈飞	0574-87268111	315000
兴业银行股份有限公司宁波分行	宁波市江东区百丈东路905号	王登星	0574-87733333	315040
中国光大银行股份有限公司宁波分行	宁波江东区福明路828号	杨　明	0574-87311527	315040
平安银行股份有限公司宁波分行	宁波市江东北路138号21—23楼	洪　卉	0574-87721124	315040
招商银行股份有限公司宁波分行	宁波市江东区民安东路342号	郑先炳	0574-87015501	315040
中信银行股份有限公司宁波分行	宁波市镇明路36号	夏年炉	0574-87733226	315040
中国民生银行股份有限公司宁波分行	宁波市江东民安路348号	孙红英	0574-87260600	315010
广发银行股份有限公司宁波分行	宁波市灵桥路473号	吴晓庭	0574-87289888	315000
浙商银行股份有限公司宁波分行	宁波市中兴路739号	张叶艺	0574-81855678	315010
华夏银行股份有限公司宁波分行	宁波市江东区和源路366号	魏开文	0574-87976666	315040
恒丰银行股份有限公司宁波分行	宁波江东区民安东路280号	章德春	0574-55229999	315041
中国邮政储蓄银行宁波市分行	宁波市江北区桃渡路120号	陈建宏	0574-87950985	315020
宁波银行股份有限公司	宁波市宁南南路700号	陆华裕	0574-87050028	315040
宁波东海银行股份有限公司	宁波市民安东路268号国际金融中心A座5—7楼	方海良	0574-81872233	315042
上海银行股份有限公司宁波分行	宁波市江东区朝晖路1号	沈业贵	0574-87202799	315040
包商银行股份有限公司宁波分行	宁波市百丈东路883—885号君悦花园1幢1—4层	武仙鹤	0574-87816710	315040
临商银行股份有限公司宁波分行	宁波市江东区沧海路1918号上东商务中心C座3幢	卢立富	0574-87861100	315040
浙江泰隆商业银行股份有限公司宁波分行	宁波市江东区中山东路437、439号	颜利红	0574-87861100	315040
杭州银行股份有限公司宁波分行	宁波市惊驾路598—622号	邵为民	0574-27991166	315040

（续表）

机构名称	地址	负责人	电话	邮编
温州银行股份有限公司宁波分行	宁波市江东区世纪大道北段 555-1 号温州银行大厦	张志勇	0574-87860999	315040
浙江民泰商业银行股份有限公司宁波分行	宁波市鄞州区钱湖北路 942 号	董　明	0574-82807028	315100
象山国民村镇银行有限责任公司	宁波市象山石浦镇金山路浦港茗都街面 15 号	王传宁	0574-65981238	315731
慈溪民生村镇银行股份有限公司	宁波市慈溪市周巷镇兴业北路 1 号	黄敏军	0574-63336016	315300
宁波通商银行股份有限公司	宁波市民安东路 268 号国际金融服务中心 A 座 1 楼 1 号	戴敏伟	0574-83096666	315040
奉化罗蒙村镇银行有限责任公司	宁波市奉化市溪口镇中兴中路 257 号	单国辉	0574-88873857	315502
鄞州国民村镇银行有限责任公司	宁波市鄞州区集士港镇商贸路 8 号	徐　文	0574-89015537	315171
宁海建信村镇银行有限责任公司	宁海县西店镇滨海路 115 号	蒋新麒	0574-82535268	315613
慈溪建信村镇银行有限责任公司	慈溪市龙山镇仙境路 2—10 号	胡巨明	0574-63993506	315311
江北富民村镇银行股份有限公司	宁波市江北区慈城镇民权路 18 号	冀明星	0574-87646191	315035
北仑国开村镇银行股份有限公司	宁波北仑新大路 837—847 号	钟伟栋	0574-86856786	315800
协和银行(中国)有限公司宁波分行	宁波市江东北路 138 号	洪建远	0574-87729968	315040
恒生银行(中国)有限公司宁波分行	宁波市海曙药行街 77—81 号都市仁和 1 层	赖仁安	0574-83876000	315000
汇丰银行(中国)有限公司宁波分行	宁波市彩虹北路 50 号波特曼中心 C 座	边　毅	0574-87059000	315040
渣打银行(中国)有限公司宁波分行	宁波市海曙区和义路 168 号万豪中心 18 楼	夏奕奕	0574-83883999	315000
浙江稠州商业银行股份有限公司宁波分行	宁波市江东区福明路 578 号	楼剑青	0574-87209567	315040
中信证券(浙江)有限责任公司宁波分公司	宁波市海曙区镇明路 36 号中信银行大厦	许训建	0574-88127015	315010
光大证券股份有限公司宁波分公司	宁波市海曙区中山西路 2 号恒隆中心 24 楼	满全杰	0574-83852212	315010
中国人民财产保险股份有限公司宁波市分公司	宁波市大来街 50 号	毛寄文	0574-87196111	315000
中国太平洋财产保险股份有限公司宁波分公司	宁波市和义路 95 号	张　渝	0574-83880263	315010
中国平安财产保险股份有限公司宁波分公司	宁波市开明街 396 号	杨　刚	0574-87281888	315000
中国出口信用保险公司宁波分公司	宁波市江东区民安东路 342 号招商银行大厦 19—20 楼	陈小萍	0574-87341066	315040
大众保险股份有限公司宁波分公司	宁波市江东区灯达升路 15、17、19 号	李恒飞	0574-87011016	315040
天安保险股份有限公司宁波分公司	宁波市会展路 128 号国际会展中心 10 号楼 9 层 B 区	黄观峰	0574-87897958	315040
中华联合财产保险股份有限公司宁波分公司	宁波市江东区桑田路 643 号	张伟星	0574-87811582	315040
中国大地财产保险股份有限公司宁波分公司	宁波市江东区朝晖路 17 号汉通大厦 9—10 楼	吕家麒	0574-27860006	315040

（续表）

机　构　名　称	地　　址	负责人	电　话	邮　编
华安财产保险股份有限公司宁波分公司	宁波市百丈东路711弄2号金都大厦7楼	林　峰	0574-87979171	315040
安邦财产保险股份有限公司宁波分公司	宁波市海曙区灵桥路255号中宁大厦18楼	黄永祥	0574-27862818	315000
永安财产保险股份有限公司宁波中心支公司	宁波市高新区江南一品花园666号宁兴大厦18楼	许继革	0574-27882889	315040
天平汽车保险股份有限公司宁波中心支公司	宁波市江东区甬江大道1号8号楼8楼A座	蒋　蓉	0574-27829900	315000
华泰财产保险股份有限公司宁波分公司	宁波市蓝天路9号凯悦商务大厦12层	裘华刚	0574-27890055	315000
阳光财产保险股份有限公司宁波市分公司	宁波市江东区江南路39号A座3楼	黄雁南	0574-27896610	315016
渤海财产保险股份有限公司宁波分公司	宁波市天童北路933号和邦大厦A座3楼	葛煜国	0574-28882229	315192
中银保险有限公司宁波中心支公司	宁波市海曙区药行街139号27层	张雪芬	0574-27892693	315000
都邦财产保险股份有限公司宁波分公司	宁波市江北区人民路132号外滩大厦22层	朱天旗	0574-87656888	315000
民安保险(中国)有限公司宁波中心支公司	宁波市鄞州区天童北路933号和邦大厦A座8楼	席志敏	0574-83051797	315192
太平保险有限公司宁波分公司	宁波市镇明路36号中信银行大厦18楼	钟佳伶	0574-27891819	315000
安诚保险股份有限公司宁波分公司	宁波市江东区会展路128号宁波国际贸易展览中心常年展2号馆8楼B区	林曾荣	0574-83089502	315000
长安责任保险股份有限公司宁波中心支公司	宁波市江东区悦盛路359号滨江商业广场1号楼19层	刘德贵	0574-28872916	315000
中国人寿财产保险股份有限公司宁波市中心支公司	宁波市海曙区府桥街3号恒隆中心北裙楼7—8楼	费剑锋	0574-83892520	315000
浙商财产保险股份有限公司宁波中心支公司	宁波市江北区新马路97号	栗茂文	0574-27991906	315020
永诚财产保险股份有限公司宁波中心支公司	宁波市鄞州区天童北路1539号麒麟大厦南楼七楼	谢武海	0574-28897177	315100
紫金财产保险股份有限公司宁波分公司	宁波市江东区惊驾路668号银晨国际2幢6号5楼	童　科	0574-87799021	315040
泰山财产保险股份有限公司宁波分公司	宁波市江东区福明路858号恒富大厦6楼	莫亦军	0574-55663162	315040
英大泰和财产保险股份有限公司宁波分公司	宁波市海曙区布政巷16号科创大厦25层	缪君秋	0574-55127961	315010
信达财产保险股份有限公司宁波分公司	宁波江东区悦盛路359号滨江商业广场1号楼9层	陈文君	0574-55227777	315041
中国人寿保险股份有限公司宁波市分公司	宁波市解放南路65号	张忠平	0574-87291082	315010
中国太平洋人寿保险股份有限公司宁波分公司	宁波市和义路95号	陈兴土	0574-87231750	315010
中国平安人寿保险股份有限公司宁波分公司	宁波市海曙区开明街396号平安大厦15—16楼	肖　丽	0574-87689810	315000

（续表）

机构名称	地址	负责人	电话	邮编
泰康人寿保险股份有限公司宁波分公司	宁波市和义路168号万豪中心10—11层	秦　健	0574-87036696	315020
新华人寿保险股份有限公司宁波分公司	宁波市海曙区车桥街69号恒泰大厦12—13楼	张　杰	0574-87278721	315000
太平人寿保险有限公司宁波分公司	宁波市海曙区中山西路2号恒隆中心4—6楼	朱庆国	0574-87710888	315010
民生人寿保险股份有限公司宁波中心支公司	宁波市海曙区车桥街69号恒泰大厦16层	汪　森	0574-27879016	315000
中宏人寿保险有限公司宁波分公司	宁波市海曙区镇明路36号中信银行大厦28楼	郑智茂	0574-87073322	315010
生命人寿保险股份有限公司宁波分公司	宁波市彩虹南路11号嘉汇国贸大厦A座6层	李　俊	0574-27879090	315000
中德安联人寿保险有限公司浙江分公司宁波营销服务部	宁波市南站东路16号月湖银座18—10室	罗珍时	0574-27829955	315040
光大永明人寿保险有限公司宁波营销服务部	宁波市海曙区冷静街8号银亿时代广场7—13	谢金玉	0574-87205111	315040
合众人寿保险股份有限公司宁波中心支公司	宁波市药行街169号A座5楼8501室	俞永明	0574-27897773	315000
平安养老保险股份有限公司宁波分公司	宁波市海曙区开明街396号平安大厦12楼	吴　松	0574-83891522	315010
信诚人寿保险有限公司浙江省分公司宁波营销服务部	宁波市江东区朝晖路17号11-1室	张理秀	0574-27709770	315040
国泰人寿保险有限责任公司浙江分公司	宁波市鄞州区天童南路568号恒元商务大厦1203室	郑汉忠	0574-27892888	315010
嘉禾人寿保险股份有限公司宁波分公司	宁波市百丈东路886号万金大厦3楼	林丽莉	0574-27892888	315040
海康人寿保险有限公司浙江分公司宁波营销服务部	宁波市江东区百丈东路787号B801室	王　辉	0574-27784879	315040
联泰大都会人寿保险有限公司浙江分公司宁波营销服务部	宁波市中山西路布政巷科技创业大厦12楼	冯佩军	0574-87687368	315000
中国人民人寿保险股份有限公司宁波市分公司	宁波市海曙区永丰西路231号BOBO国际七层、八层	金晓民	0574-83880888	315000
阳光人寿保险股份有限公司宁波中心支公司	宁波市中山西路布政巷科技创业大厦8楼	陈振华	0574-83880688	315000
信泰人寿保险股份有限公司宁波中心支公司	宁波市江东区悦盛路359号滨江商业广场22楼	杨剑锋	0574-83899507	315010
浙江省农村信用社联合社宁波办事处	宁波市育才路15号	张初础	0574-87201280	315016
昆仑信托有限责任公司	宁波市江东北路138号	王　亮	0574-87033100	315010
华融金融租赁股份有限公司宁波分公司	宁波市江东区中兴路739号7楼	徐高峰	0574-87734768	315040
宁波港集团财务有限公司	宁波市北仑区明州路301号	李令红	0574-27696669	315800

3. 嘉兴市主要金融机构

机 构 名 称	地 址	负责人	电 话	邮 编
中国人民银行嘉兴市中心支行	嘉兴市中环南路1385号	褚小平	0573-82166101	314001
中国银行业监督管理委员会嘉兴监管分局	嘉兴市秀洲区新平路21号	周立新	0573-82793022	314031
中国工商银行嘉兴市分行	嘉兴市禾兴南路269号	沈 忻	0573-82168999	314001
中国农业银行嘉兴市分行	嘉兴市斜西街383号	金烈祥	0573-82051888	314001
中国银行嘉兴市分行	嘉兴市中山路56号	郭 林	0573-82051288	314001
中国建设银行嘉兴市分行	嘉兴市紫阳街198号	陈 强	0573-82032222	314001
农业发展银行嘉兴市分行	嘉兴市洪兴西路南1号	孙跃旗	0573-82720788	314001
交通银行嘉兴分行	嘉兴市中山西路236号	梁蕴旭	0573-82054567	314031
中信银行嘉兴分行	嘉兴市中山路111号	朱 进	0573-82096222	314001
上海浦东发展银行嘉兴分行	嘉兴市环城西路东菱天官坊3号楼	宣骥翃	0573-82092128	314001
兴业银行嘉兴支行	嘉兴市城东路83号	彭光辉	0573-82039901	314001
招商银行嘉兴支行	嘉兴市中山西路253号	常建梁	0573-82779888	314001
浙商银行嘉兴支行	嘉兴市梅弯街1号	曹志元	0573-82038001	314001
深圳发展银行嘉兴支行	嘉兴市禾兴南路89号	陶 岚	0573-82053111	314001
民生银行嘉兴分行	嘉兴市禾兴南路337号	王小列	0573-82153822	314001
嘉兴银行	嘉兴市建国路467号	许洪明	0573-82062388	314001
湖州银行嘉兴分行	嘉兴市中山西路250号	邹 霞	0573-83673001	314001
光大银行嘉兴分行	嘉兴市中环南路2285号	余建海	0573-82795595	314001
绍兴银行嘉兴分行	嘉兴市中环西路88号	陈永惠	0573-82621508	314001
浙江省信用联社嘉兴办事处	嘉兴市越秀南路903号	吴建伟	0573-82070988	314001
邮政储蓄银行嘉兴分行	嘉兴市勤俭路369号	李丽青	0573-82627011	314001
中国人民财产保险股份有限公司嘉兴市分公司	嘉兴市斜西街213号	李旭伟	0573-82072299	314001
中国人寿保险股份有限公司嘉兴分公司	嘉兴市中山路87号	齐孝安	0573-82077598	314001
中国太平洋财产保险股份有限公司嘉兴中心支公司	嘉兴市禾兴南路298号	程 伟	0573-82080788	314001
中国太平洋人寿保险股份有限公司嘉兴中心支公司	嘉兴市禾兴南路298号	李爱良	0573-82093223	314001
中国出口信用保险公司嘉兴办事处	嘉兴市中山西路527号	王忠琴	0573-82721336	314001
爱建证券嘉兴分公司	嘉兴市斜西街132号	沈建昌	0573-82078655	314001
上海证券嘉兴分公司	嘉兴市越秀北路	薛 旎	0573-82113558	314001
新时代证券嘉兴分公司	嘉兴市吉杨路1号	胡卫东	0573-83929188	314001
中信金通证券嘉兴分公司	嘉兴市吉杨路35号	蒋伟忠	0573-82069343	314001
申银万国证券嘉兴分公司	嘉兴市禾兴北路	刘国勇	0573-82056778	314001
银河证券嘉兴分公司	嘉兴市勤俭路363号	胡 俊	0573-82058188	314001

4. 湖州市主要金融机构

机构名称	地址	负责人	电话	邮编
中国人民银行湖州市中心支行	湖州市东街91号	王维强	0572-2362755	313000
中国银行业监督管理委员会湖州监管分局	湖州市益民路33号	徐卫国	0572-2288109	313000
中国农业发展银行湖州市分行	湖州市东街89号	张韩强	0572-2064318	313000
中国工商银行股份有限公司湖州分行	湖州市红旗路48号	李强	0572-2036929	313000
中国农业银行股份有限公司湖州分行	湖州市人民路88号	孙宏卫	0572-2502119	313000
中国银行股份有限公司湖州市分行	湖州市人民路208号	董瑞芳	0572-2501679	313000
中国建设银行股份有限公司湖州分行	湖州市红旗路118号	王剑雄	0572-2500218	313000
交通银行股份有限公司湖州分行	湖州市人民路299号	栾小华	0572-2213448	313000
上海浦东发展银行股份有限公司湖州支行	湖州市体育场路120号	罗强	0572-2578000	313000
中信银行股份有限公司湖州支行	湖州市环城西路318号	褚建平	0572-2226100	313000
招商银行股份有限公司湖州支行	湖州市苕溪西路138号	方德明	0572-2583014	313000
浙商银行股份有限公司湖州分行	湖州市人民路136号	曹秀双	0572-2777110	313000
华夏银行湖州分行	湖州市红旗路618号	韩建红	0572-2310910	313000
湖州银行股份有限公司	湖州市南街471—475号	路国民	0572-2213053	313000
嘉兴银行湖州分行	湖州市人民路518号	林杰	0572-2585570	313000
浙江省农村信用社联合社湖州办事处	湖州市环城东路215号	赵兴意	0572-2073828	313000
中国邮政储蓄银行有限责任公司浙江省湖州市分行	湖州市凤凰路792号	朱棣	0572-2109085	313000
中国人民财产保险股份有限公司湖州市分公司	湖州市南街368号	杨培根	0572-2031792	313000
中国人寿保险股份有限公司湖州分公司	湖州市人民路169号	王炳福	0572-2033171	313000
中国太平洋财产保险股份有限公司湖州中心支公司	湖州市人民路136号	盛立松	0572-2070458	313000
中国太平洋人寿保险股份有限公司湖州中心支公司	湖州市环城东路255号	顾昕晗	0572-2025460	313000
中国平安财产保险股份有限公司湖州中心支公司	湖州市杭长桥北路68—78号	唐益萌	0572-2122364	313000
中国平安人寿保险股份有限公司湖州中心支公司	湖州市龙凤路18号金世纪大厦A座9楼	倪伟忠	0572-2121120	313000
新华人寿保险股份有限公司湖州中心支公司	湖州市凤凰路820号美欣商务大厦15楼	柳显胜	0572-2038530	313000
天安保险股份有限公司湖州中心支公司	湖州市湖东路320号中铁十六局4楼	吴斌	0572-2071029	313000
中华联合财产保险股份有限公司湖州中心支公司	湖州市青铜路21号	姜萍	0572-2125004	313000
太平人寿保险股份有限公司湖州中心支公司	湖州市滨河路315号凤凰大厦4楼	斯京	0572-2139332	313000
民生人寿保险股份有限公司湖州中心支公司	湖州市现代广场3号楼华亭宾馆18层	王剑敏	0572-2039969	313000
华安财产保险股份有限公司湖州中心支公司	湖州市仁皇山路1148—1150号	吴胜晖	0572-2129703	313000
中信金通证券有限责任公司湖州环城西路营业部	湖州市环城西路288号	王蕊	0572-2035005	313300
财通证券有限责任公司湖州红旗路营业部	湖州市红旗路66号新天地五楼A区	徐卫东	0572-2022657	313300
中国银河证券股份有限公司湖州证券营业部	湖州市红旗路128号	楼大新	0572-2500312	313300
浙商证券股份有限公司湖州双子大厦证券营业部	湖州市苕溪西路89号双子大厦1楼	施坚	0572-2059666	313000

5. 绍兴市主要金融机构

机 构 名 称	地 址	负责人	电 话	邮 编
中国人民银行绍兴市中心支行	绍兴市人民中路339号	陈 隆	0575-85209001	312000
中国银监会绍兴监管分局	绍兴市延安路266号	夏朝光	0575-88588201	312000
中国工商银行绍兴分行	绍兴市胜利东路180号	邵锦华	0575-88576688	312000
中国农业银行绍兴分行	绍兴市人民西路297号	朱文达	0575-85091999	312000
中国银行绍兴市分行	绍兴市人民路201号	朱鸿飞	0575-85222588	312000
中国建设银行绍兴分行	绍兴市中兴南路2号	刘雁群	0575-88162001	312000
交通银行绍兴分行	绍兴市人民中路283号	肖 亮	0575-85094567	312000
绍兴银行	绍兴市劳动路20号	骆有才	0575-85087100	312000
浙江省联社绍兴办事处	绍兴市环城北路33号	林雨青	0575-85134865	312000
中信银行绍兴市分行	绍兴市人民西路289号	应顺华	0575-85227188	312000
光大银行绍兴支行	绍兴市解放北路57号	何 强	0575-88000333	312000
华夏银行绍兴分行	绍兴市中兴南路354号	李 华	0575-88580966	312000
上海浦东发展银行绍兴分行	绍兴市人民东路2号	许国明	0575-88121028	312000
兴业银行绍兴支行	绍兴市县前街71号	吴 渊	0575-85088901	312000
民生银行绍兴支行	绍兴市解放北路38号	李祥林	0575-85088288	312000
招商银行绍兴分行	绍兴市胜利东路357号	周明鸣	0575-85081800	312000
恒丰银行绍兴支行	绍兴市延安东路517号	陈明华	0575-88586999	312000
浙商银行绍兴分行	绍兴县金柯桥大道1418号	龚国强	0575-81166001	312030
渤海银行绍兴支行	绍兴市解放北路312号	王坚刚	0575-88689588	312000
杭州银行绍兴分行	绍兴市中兴中路29号	郭 瑜	0575-88300166	312000
北京银行绍兴支行	绍兴市延安路268号	王文军	0575-88588801	312000
上海银行绍兴支行	绍兴县柯桥兴越路1585号财智国际大厦	陈 琦	0575-81105501	312030
天津滨海农商行绍兴支行	绍兴县柯桥育才路310号	王海昌	0575-81109001	312030
中国农业发展银行绍兴市分行	绍兴市延安东路176号	孙跃旗	0575-85147278	312000
中国邮政储蓄银行绍兴市分行	绍兴市延安东路558号	陈时峰	0575-88617988	312000
广发银行绍兴分行	绍兴市中兴南路215号	沈葵揆	0575-81505511	312000
浙江瑞丰农村商业银行	绍兴县柯桥迪扬路1363号	俞俊海	0575-84788388	312000
浙江绍兴恒信农村合作银行	绍兴市中兴中路159号	王火金	0575-85085999	312000
浙江诸暨农村商业银行	诸暨市大桥东路2号	冯华良	0575-87014615	311800
浙江上虞农村合作银行	上虞市百官德盛路55号	程其海	0575-82119788	312300
浙江嵊州农村合作银行	嵊州市官河路398号	吴智晖	0575-83123268	312400
浙江新昌农村合作银行	新昌县七星街道七星路18号	赵学夫	0575-86266999	312500
浙江嵊州瑞丰村镇银行	嵊州市嵊州大道108号	吴志良	0575-83015088	312400
浙江新昌浦发村镇银行	新昌县七星街道鼓山西路180号	黄 斌	0575-86266888	312500
中国人民财产保险公司绍兴市分公司	绍兴市人民西路192号	徐 虎	0575-85207879	312000
中国太平洋财产保险公司绍兴中心支公司	绍兴市人民中路285号	程海彦	0575-85225790	312000
中国平安财产保险公司绍兴中心支公司	绍兴市人民中路341号人行副楼6楼	邢 渊	0575-85222968	312000

（续表）

机构名称	地址	负责人	电话	邮编
天安保险绍兴中心支公司	绍兴市延安东路505号国际商务广场15楼	商锋平	0575-85110007	312000
华泰财产保险绍兴中心支公司	绍兴市迪荡湖路68号昆仑国际2号楼26楼	马伟国	0575-85011999	312000
大众保险绍兴中心支公司	绍兴市越城区解放南路高立花园11幢B区11—12楼	魏志峰	0575-85225288	312000
中华联合财产保险绍兴中心支公司	绍兴市舜江路499号	李　忠	0575-85203208	312000
中国大地财产保险绍兴中心支公司	绍兴市延安东路505号国际商务广场12B	章建文	0575-88125006	312000
华安财产保险绍兴中心支公司	绍兴市环城西路478—480号	陈周平	0575-88059118	312000
永安财产保险绍兴中心支公司	绍兴市胜利东路367号富绅大厦15层	章立峰	0575-88000798	312000
太平财产保险绍兴中心支公司	绍兴市胜利东路393号昆仑国际商务中心1幢2701室	丁扬飞	0575-88926501	312000
安邦财产保险绍兴中心支公司	绍兴市迪荡新城昆仑国际商务中心1幢1701、1704室	张　宏	0575-89197768	312000
都邦财产保险绍兴中心支公司	绍兴市迪荡新城北辰广场13楼1301—1302室	施纪荣	0575-88958988	312000
天平汽车保险绍兴中心支公司	绍兴市中兴北路390号泓城大厦738室	俞华伟	0575-88667518	312000
阳光财产保险绍兴中心支公司	绍兴市中兴南路42号4楼	周九天	0575-85095520	312000
民安财产保险绍兴中心支公司	绍兴市延安东路182号奥菲大厦B1幢401—406室	蒋燕铭	0575-88127701	312000
中国人寿财产保险公司绍兴中心支公司	绍兴市人民中路36号	蒋永明	0575-85220127	312000
中银保险绍兴中心支公司	绍兴市人民西路92号	邱柏华	0575-88680001	312000
永诚保险绍兴中心支公司	绍兴胜利东路405号国茂大厦1101室	朱勤勤	0575-88925888	312000
渤海财产保险绍兴中心支公司	绍兴市中兴北路390号泓城大厦508室	姚华庆	0575-88686166	312000
长安责任保险绍兴中心支公司	绍兴市解放北路148号交通大厦9楼	吕世明	0575-88688686	312000
安成财产保险绍兴中心支公司	绍兴市胜利东路435号迪荡新城元城大厦5楼	魏志成	0575-88583288	312000
安信农业保险绍兴中心支公司	绍兴市延安东路308号国脉大楼3楼	程卫力	0575-88966566	312000
浙商财产保险股份有限公司绍兴中心支公司	绍兴迪荡新城富绅大厦25楼	石利军	0575-88660555	312000
紫金财产保险股份有限公司绍兴中心支公司	绍兴市延安东路511号811、813室	周忆兰	0571-88689002	312000
中国人寿保险绍兴分公司	绍兴市中兴中路309号	楼　升	0575-85220128	312000
中国太平洋人寿保险股份有限公司绍兴中心支公司	绍兴市人民中路285号	方月明	0575-85221298	312000
中国平安人寿保险股份有限公司绍兴中心支公司	绍兴市迪荡新城梅龙湖路80号财智大厦24楼	吴　威	0575-85335667	312000
泰康人寿保险股份有限公司绍兴中心支公司	绍兴市迪荡新城元城大厦5楼	钟康力	0575-85147281	312000
新华人寿保险公司绍兴中心支公司	绍兴市解放南路1387号越兰大厦南6楼	陆建光	0575-88370158	312000
民生人寿绍兴中心支公司	绍兴市人民中路341号4楼	竺向东	0575-85095255	312000

（续表）

机　构　名　称	地　　址	负责人	电　话	邮　编
太平人寿绍兴中心支公司	绍兴市人民中路399号财通证券7楼	杜伟民	0575-88665501	312000
生命人寿绍兴中心支公司	绍兴市中兴中路300号金鑫大厦5楼	张　昕	0575-88908168	312000
中宏人寿绍兴营销服务部	绍兴市胜利东路86号金盾大厦西3楼	王泽江	0575-85083322-101	312000
光大永明保险有限公司绍兴分公司	绍兴市越城区迪荡新城北辰广场1幢12楼	何益民	0575-88670777	312000
农银人寿保险公司绍兴中心支公司	绍兴市胜利东路367号富绅大厦9楼901室	庞文虎	0575-88660698	312000
合众人寿保险有限公司绍兴分公司	绍兴市胜利东路17号凯盛国际大厦9楼	魏远梁	0575-88662988	312000
华泰人寿保险有限公司绍兴分公司	绍兴市胜利东路365号迪荡新城富绅大厦10楼	姚旭东	0575-88688078	312000
平安养老保险有限公司绍兴分公司	绍兴市迪荡新城梅龙湖路80号财智大厦21层2111室	陈奕英	0575-85176818	312000
国华人寿保险有限公司绍兴分公司	绍兴市迪荡新城汇金大厦11楼东半楼	周永锋	0571-28115867	312000
中国人民健康保险有限公司绍兴分公司	绍兴市中兴中路287号时代大厦7楼	顾晚霞	0575-88121898	312000
中国人民人寿保险有限公司绍兴分公司	绍兴市中兴大道35—45号	沈红尧	0575-88320101	312000
阳光人寿保险有限公司绍兴分公司	绍兴市中兴中路300号金鑫大厦4楼	朱伟清	0575-85097555	312000
信泰人寿绍兴中心支公司	绍兴市迪荡新城国茂大厦11楼1102室	陈立清	0575-88605258	312000
中国出口信用保险绍兴中心支公司	绍兴市迪荡新城昆仑国际2幢8楼	周　翔	0575-88603595	312000
中德安联人帮绍兴营销服务部	绍兴市中兴中路276号现代大厦A-301室	徐鲁剑	0575-88667389	312000
嘉禾保险绍兴中心支公司	绍兴市胜利东路365号富绅大厦9楼901号	徐国宁	0575-88660898	312000
国泰人寿保险有限公司诸暨营销服务部	诸暨市暨阳街道艮塔路9号银证大厦10楼	简家进	0575-89709661	311800
海康人寿保险有限公司绍兴营销服务部	绍兴市越城区解放南路620号303室	王　虹	0575-88684879	312000
联泰大都会保险有限公司绍兴分公司	绍兴市迪荡湖路68号昆仑国际大厦2-2404室	黄丽萍	0575-88001058	312000
信诚人寿绍兴营销服务部	绍兴市中兴路金丰大厦10楼	朱吉祥	0575-88928818-8888	312000
中国银河证券股份有限公司绍兴证券营业部	绍兴市鲁迅中路146号	奚美蕉	0575-88583388	312000
海通证券股份有限公司绍兴劳动路营业部	绍兴市劳动路158号	陈　青	0575-88952666	312000
方正证券股份有限公司绍兴胜利东路证券营业部	绍兴市胜利东路39号中兴商贸大楼3楼	倪伟英	0575-85222008	312000
财通证券有限责任公司绍兴人民中路证券营业部	绍兴市人民中路399号	叶耸霄	0575-85222111	312000
财通证券有限责任公司绍兴县柯桥湖西路营业部	绍兴县柯桥湖西路228号轻纺大厦B幢3楼	董烨青	0575-84098201	312000
财通证券有限责任公司绍兴县钱清镇前路证券营业部	绍兴县钱清镇前路永通国贸大厦D座2楼	边春霄	0575-84513456	312000
浙商证券有限责任公司绍兴人民路证券营业部	绍兴市人民中路106号	沈益丰	0575-85131858	312000

（续表）

机构名称	地址	负责人	电话	邮编
浙商证券有限责任公司绍兴解放北路证券营业部	绍兴市解放北路258号	陈永忠	0575-85222228	312000
浙商证券有限责任公司绍兴金柯桥大道证券营业部	绍兴县金柯桥大道1056号外贸大厦12楼	孙国兴	0575-85588518	312000
华泰证券股份有限公司绍兴上大路证券营业部	绍兴市上大路128号	周向明	0575-85222917	312000
国泰君安证券股份有限公司绍兴中兴中路证券营业部	绍兴市中兴中路23—25号中区大厦	夏　欣	0575-85222606	312000
万联证券有限责任公司绍兴中兴南路证券营业部	绍兴市中兴南路358号	刘　攀	0575-88329968	312000
光大证券股份有限公司绍兴胜利东路北辰广场证券营业部	绍兴市胜利东路北辰广场1幢5楼	江伍平	0575-85114788	312000
中信证券(浙江)绍兴越王城证券营业部	绍兴市偏门直街117号	胡南生	0575-88589001	312000
中信证券(浙江)绍兴万商路证券营业部	绍兴县柯桥万商路1076号	童维佳	0575-84131583	312000
广发证券股份有限公司绍兴中兴中路证券营业部	绍兴市中兴中路300号金鑫大厦三楼	谢华峰	0575-85123108	312000
齐鲁证券有限责任公司绍兴解放北路营业部	绍兴市解放北路320—342月池坊	何小明	0575-85099278	312000
山西证券股份有限公司绍兴鲁迅西路营业部	绍兴市鲁迅西路58号	马众钰	0575-85087866	312000
国元证券公司绍兴县金柯桥大道证券营业部	绍兴县柯桥万国中心A座17层	丁继军	0575-89868000	312000
浙江大越期货公司	绍兴市解放北路186号7楼	吴　坚	0575-85110022	312000
国海良时期货公司	绍兴市迪荡新城北辰广场16楼	周　胜	0575-85359280	312000
永安期货公司绍兴营业部	绍兴市崇贤街9号昆仑国际3幢19楼	张桂珍	0575-85149353	312000
浙江中证期货公司绍兴营业部	绍兴市中兴中路288号现代大厦8幢401—402室	陈玲军	0575-85099709	312000
浙商期货公司绍兴营业部	绍兴市城南绿洲新村写字楼5层	王会安	0575-88970718	312000
南华期货公司绍兴营业部	绍兴市中兴南路95号中兴商务楼南楼5—6层	郑忠平	0575-85095818	312000
海亮集团财务公司	诸暨市店口镇解放路386号	余勇文	0575-87633659	312000

6. 舟山市主要金融机构

机构名称	地址	负责人	电话	邮编
中国人民银行舟山市中心支行	舟山市定海区昌国路26号	吴勇敏	0580-2061108	316000
中国银行业监督管理委员会舟山监管分局	舟山市定海区西大街42号	郑子凯	0580-2061266	316000
中国农业发展银行舟山市分行	舟山市定海区人民北路32号	方艳珍	0580-8260501	316000
中国工商银行舟山市分行	舟山市定海区人民南路16号	谢素薇	0580-2069866	316000
中国农业银行舟山市分行	舟山市定海区环城东路66号	叶淑贞	0580-2263609	316000
中国银行舟山市分行	舟山市定海区解放东路33号	陈旭卉	0580-2068188	316000

（续表）

机构名称	地　　址	负责人	电　话	邮　编
中国建设银行舟山市分行	舟山市定海区人民中路 68 号	方士瞬	0580-2066077	316000
交通银行舟山分行	舟山市定海区环城北路 167—177 号	徐建平	0580-2260701	316000
中国邮政储蓄银行浙江省舟山市分行	舟山市定海区东海东路 168 号	俞　峰	0580-2616666	316000
浙江省农村信用联社舟山办事处	舟山市定海区环城东路 81 号	沈平安	0580-2060336	316000
杭州银行舟山分行	舟山市定海区环城东路 98 号	张利平	0580-2269399	316000
浙江民泰商业银行舟山分行	舟山市芙蓉洲南路 25—33 号	倪　韶	0580-2269277	316000
台州银行舟山分行	舟山市定海区新桥路 120 号	徐　伟	0580-2628528	316000
浙商银行舟山支行	舟山市临城新区海宇道 111 号	应继红	0580-2089666	316000
华宝证券舟山解放西路营业部	舟山市定海区解放西路 55 号	张　涛	0580-2020680	316000
浙商证券舟山人民南路营业部	舟山市定海区人民南路 10 号 3 楼	丁　雄	0580-2030111	316000
华泰证券舟山滨港路证券营业部	舟山市普陀区滨港路 280 号	钟　迪	0580-6386566	316100
中国人民财产保险股份有限公司舟山市分公司	舟山市定海区环城东路 115 号	沈承章	0580-2265577	316000
中国人寿保险股份有限公司舟山分公司	舟山市定海区解放西路 128 号	郑向慧	0580-2020105	316000
太平洋财产保险股份有限公司舟山中心支公司	舟山市定海区解放西路 57 号	阴海燕	0580-2051917	316000
太平洋人寿保险股份有限公司舟山中心支公司	舟山市定海区解放西路 57 号	陈海陆	0580-2034684	316000
天安保险股份有限公司舟山中心支公司	舟山市定海区育苗路 9 号	毛志权	0580-2037127	316000
泰康人寿保险股份有限公司舟山中心支公司	舟山市定海区南珍大厦 11 楼	季伟昌	0580-2031068	316000
中国平安人寿保险股份有限公司舟山中心支公司	舟山市定海区解放东路 118 号博源商务楼 507 室	闫群峰	0580-2034077	316000
中国平安财产保险股份有限公司舟山中心支公司	舟山市定海区卫海路 108 号	欧阳晶琳	0580-2038138	316000
中华联合保险有限公司舟山中心支公司	舟山市定海区昌洲大道 1001 号	包明海	0580-2265101	316000
民生人寿保险股份有限公司舟山中心支公司	舟山市定海区人民南路 287 号	包挺挺	0580-2610866	316000
大地保险股份有限公司舟山中心支公司	舟山市定海区环城东路 100 号	何　舟	0580-2918555	316000
安邦财产保险股份有限公司舟山中心支公司	舟山市定海区康达公寓 3 幢 1 单元 2 楼	王群丹	0580-2029318	316000
中银保险舟山营销服务部	舟山市定海环城东路 18 号	范海平	0580-8115566	316000

7. 台州市主要金融机构

机构名称	地　　址	负责人	电　话	邮　编
中国人民银行台州市中心支行	台州市椒江区东环大道 310 号	肖宗富	0576-88553598	318000
中国银监会台州监管分局	台州市椒江区中山西路 2 号	林　奇	0576-88553538	318000
中国工商银行台州市分行	台州市椒江区市府大道 609 号	王国才	0576-88894301	318000
中国农业银行台州市分行	台州市椒江区市府大道 529 号	金跃强	0576-88839501	318000

（续表）

机构名称	地址	负责人	电话	邮编
中国银行台州市分行	台州市椒江区解放南路281号	郑剑荣	0576-88825111	318000
中国建设银行台州市分行	台州市椒江区广场西路1号	郑　浩	0576-88818101	318000
中国农业发展银行台州市分行	台州市椒江区中心大道215号	何敏强	0576-88322901	318000
上海浦东发展银行台州分行	台州市椒江区市府大道500号	林　海	0576-88815079	318000
兴业银行台州分行	台州市椒江区市府大道308号	陈云杉	0576-88528877	318000
中国光大银行台州支行	台州市椒江区市府大道222号	王直林	0576-88818858	318000
交通银行台州分行	台州市椒江区东环大道298号	季建友	0576-89021001	318000
招商银行台州分行	台州市椒江区市府大道535号	徐跃军	0576-88600601	318000
华夏银行台州分行	台州市椒江区东环大道312号	蒋国华	0576-81871501	318000
广发银行台州分行	台州市椒江区市府大道500号	李振岳	0576-81876001	318000
浙商银行台州分行	台州市椒江区市府大道509号	赵洁平	0576-81887666	318000
中信银行台州分行	台州市椒江区市府大道489号	郑爱民	0576-88819901	318000
邮政储蓄银行台州市分行	台州市椒江区中山西路292号	王　斌	0576-88833003	318000
台州市商业银行	台州市路桥区南官大道92号	黄军民	0576-82454216	318050
浙江泰隆商业银行	台州市路桥区南官大道188号	王官明	0576-82449222	318050
浙江民泰商业银行	温岭市三星大道168号	杨小波	0576-86510128	317500
浙江省农村信用联社台州办事处	台州市椒江区中山西路338号	杜立岳	0576-88833851	318000
中国人民财产保险台州分公司	台州市椒江区市府大道359号	郑建刚	0576-88528288	318000
中国人寿保险台州分公司	台州市椒江区轮渡路58号	冯四明	0576-88839688	318000
太平洋财险台州分公司	台州市椒江区市府大道188号	程海彦	0576-88208628	318000
太平洋寿险台州中心支公司	台州市椒江区市府大道188号	郭海云	0576-88503501	318000
平安财险台州中心支公司	台州市椒江区东海大道362号	江陈兵	0576-88527988	318000
平安人寿台州中心支公司	台州市椒江区东海大道362号	王存君	0576-88539588	318000
方正证券台州营业部	台州市椒江区解放南路36号	温如春	0576-88807887	318000
财通证券台州营业部	台州市椒江区解放南路18号	林红峰	0576-88869200	318000
浙商证券台州营业部	台州市黄岩区环城东路198号	徐宏飞	0576-84274118	318020

四、2012年安徽省金融机构名录

1. 合肥市主要金融机构

机构名称	地址	负责人	电话	邮编
中国人民银行合肥中心支行	合肥市滨湖新区洞庭湖路3366号	刘伟建	0551-63691088	230091
中国银监会安徽监管局	合肥市合作化路466号	陈 琼	0551-65192666	230075
中国证监会安徽监管局	合肥市天波路6号	方向瑜	0551-65367292	230088
中国保监会安徽监管局	合肥市濉溪路278号财富广场20楼	胡 皖	0551-65633999	230041
国家开发银行安徽省分行	合肥市芜湖路246号开行大厦	宋伟农	0551-62867898	230061
中国农业发展银行安徽省分行	合肥市金寨路126号	周良伟	0551-63623703	230022
中国进出口银行安徽省分行	合肥市肥西路66号汇金大厦	李晓苹	0551-65170616	230031
中国工商银行安徽省分行	合肥市芜湖路189号	常真旺	0551-62869518	230001
中国农业银行安徽省分行	合肥市长江中路448号	顾正宇	0551-62223288	230061
中国银行安徽省分行	合肥市长江中路313号	唐小晴	0551-62926666	230061
中国建设银行安徽省分行	合肥市徽州大道255号	戴跃明	0551-62886655	230051
交通银行安徽省分行	合肥市花园街38号	徐 斌	0551-62638099	230001
招商银行合肥分行	合肥市阜南路169号东怡金融广场A座招银大厦	程龙辉	0551-62828309	230061
中国光大银行合肥分行	合肥市长江西路200号	王 彪	0551-65101966	230031
中信银行合肥分行	合肥市徽州大道78号	何小龙	0551-62618918	230001
兴业银行合肥分行	合肥市阜阳路99号	荣益民	0551-62666366	230001
上海浦东发展银行合肥分行	合肥市长江西路3号春天大厦	张 勇	0551-62253688	230061
中国民生银行合肥分行	合肥市亳州路135号天庆大厦B座	叶 骏	0551-65332666	230041
华夏银行合肥分行	合肥市濉溪路278号财富广场C座	王晓勇	0551-65776001	230041
中国邮政储蓄银行安徽省分行	合肥市合作化南路35号	张 宏	0551-62256618	230031
安徽省农村信用社联合社	合肥市琥珀山庄东村298幢	张良庆	0551-65620811	230061
徽商银行	合肥市安庆路79号	王晓昕	0551-62667729	230001
九江银行合肥分行	合肥市濉溪路287号金鼎广场B座	刘 健	0551-65662622	230041
东亚银行(中国)有限公司合肥分行	合肥市淮河路266号香港广场大厦26层	许翰祺	0551-65663801	230001
汇丰银行(中国)有限公司合肥分行	合肥市濉溪路278号财富广场首座1—2层	李皓根	0551-65756001	230041
杭州银行合肥分行	合肥市政务新区怀宁路1639号	王为民	0551-63546699	230071
东莞银行合肥分行	合肥市芜湖路1号御景湾	葛锡军	0551-62689777	230071
合肥科技农村商业银行	合肥市长江西路101号	刘万霞	0551-65196222	230001

（续表）

机构名称	地址	负责人	电话	邮编
中国银联股份有限公司安徽分公司	合肥市马鞍山路绿地赢海国际大厦C座20层	柳青扬	0551-62691566	230051
中国华融资产管理公司合肥办事处	合肥市寿春路211号	任津平	0551-62633788	230001
中国长城资产管理公司合肥办事处	合肥市寿春路40号	刘方成	0551-62636266	230001
中国东方资产管理公司合肥办事处	合肥市金寨路131号	徐劲流	0551-63655856	230022
中国信达资产管理股份有限公司安徽省分公司	合肥市阜南路166号润安大厦	方　力	0551-62834827	230061
安徽国元控股(集团)有限责任公司	合肥市寿春路179号	过仕刚	0551-65227001	230001
安徽国元投资有限责任公司	合肥市宿州路20号	邵文革	0551-62207516	230001
安徽国元信托有限责任公司	合肥市宿州路20号	俞仕新	0551-62619858	230001
建信信托有限责任公司	合肥市九狮桥街45号兴泰大厦	曾见泽	0551-65295588	230001
国元证券股份有限公司	合肥市寿春路179号国元大厦	蔡　咏	0551-62207516	230001
华安证券有限责任公司	合肥市阜南路166号润安大厦	李　工	0551-65161691	230061
安粮期货有限公司	合肥市芜湖路168号同济大厦11层	汪　勇	0551-62870130	230001
华安期货有限责任公司	合肥市长江中路419号	汪　泓	0551-62839073	230061
徽商期货有限责任公司	合肥市芜湖路260号	吴国华	0551-62865905	230061
中国人民财产保险股份有限公司安徽省分公司	合肥市梅山路2号银保大厦	夏玉扬	0551-62827119	230022
国元农业保险股份有限公司	合肥市琥珀山庄东村298栋农金大厦一楼	张子良	0551-65269818	230061
中国太平洋财产保险股份有限公司安徽分公司	合肥市阜阳北路1号太平洋大厦	程　辉	0551-65549637	230041
中国出口信用保险公司安徽分公司	合肥市淮河路303号	马卫星	0551-62681868	230001
中国平安财产保险股份有限公司安徽分公司	合肥市政务区怀宁路1639号平安大厦23楼	朱友刚	0551-62611903	230001
天安保险股份有限公司安徽省分公司	合肥市濉溪路99号	李　静	0551-64675797	230041
大众保险股份有限公司安徽分公司	合肥市濉溪路16号信达大厦8、9层	刘敏俊	0551-62851300	230041
中国大地财产保险股份有限公司安徽分公司	合肥市濉溪路212号6楼	李晓民	0551-62661855	230001
太平保险有限公司安徽分公司	合肥市长江西路200号置地投资广场19楼	蒋素华	0551-65376666	230031
华安财产保险股份有限公司安徽分公司	合肥市庐阳区濉溪路278号财富广场二期B幢19、20层	李　山	0551-65661257	230041
安邦财产保险股份有限公司安徽分公司	合肥市长江西路200号置地投资广场26楼	赵　明	0551-62663715	230031
都邦财产保险股份有限公司安徽分公司	合肥市长江中路金城大厦9、11楼	赵景奇	0551-62853200	230001
渤海财产保险股份有限公司安徽分公司	合肥市淮河西路472号3层	徐纪华	0551-62690666	230001
永诚财产保险股份有限公司安徽分公司	合肥市濉溪路278号财富广场二期A座16层	齐永健	0551-65666202	230041
阳光财产保险股份有限公司安徽省分公司	合肥市马鞍山南路1000号新都会环球广场3层	陈　晓	0551-64682888	230011

（续表）

机构名称	地址	负责人	电话	邮编
中国人寿财产保险股份有限公司安徽省分公司	合肥市长江西路春天大厦裙楼1楼、4楼	顾成林	0551-62830979	230061
华泰财产保险股份有限公司安徽省分公司	合肥市淮河路303号邮电大厦1楼、5楼	孙鉴	0551-62680018	230001
民安保险(中国)有限公司安徽分公司	合肥市濉溪路278号财富广场二期A座6层	项锡山	0551-65267776	230041
中银保险有限公司安徽分公司	合肥市宁国南路合肥工业大学建筑设计院裙楼1楼、2楼	刘洪	0551-64672225	230009
浙商财产保险股份有限公司安徽分公司	合肥市濉溪路118号置地汇丰广场27层	赵明	0551-66100168	230001
中国人寿保险股份有限公司安徽省分公司	合肥市寿春路90号	朱宏伟	0551-62635688	230001
中国平安人寿保险股份有限公司安徽分公司	合肥市政务文化新区东流路西999号新城国际A座3、4楼	邱真真	0551-62655626	230071
平安养老保险股份有限公司安徽分公司	合肥市寿春路152号平安大厦三楼	翟凌云	0551-62662365	230001
中国人民人寿保险股份有限公司安徽省分公司	合肥市梅山路2号银保大厦	吴保亚	0551-62837626	230022
中国太平洋人寿保险股份有限公司安徽分公司	合肥市阜阳北路1号	张松	0551-65619907	230041
新华人寿保险股份有限公司安徽分公司	合肥市长江中路319号仁和大厦4楼	李磊	0551-62691888	230061
泰康人寿保险股份有限公司安徽分公司	合肥市长江中路423号	何承周	0551-62830865	230061
太平人寿保险股份有限公司安徽分公司	合肥市长江西路200号置地投资广场4—5楼,16—18楼	孙玉德	0551-65376666	230041
合众人寿保险股份有限公司安徽分公司	合肥市寿春路356号徽商国际大厦6楼	陈荣	0551-65255200	230001
华夏人寿保险股份有限公司安徽分公司	合肥市濉溪路278号财富广场首座9楼	费建国	0551-65267678	230041
中国人民健康保险股份有限公司安徽分公司	合肥市红星路1号省委办公厅服务楼11楼	蔡皖伶	0551-67191010	230001
民生人寿保险股份有限公司安徽分公司	合肥市长江西路3号春天大厦3楼	谢礼斌	0551-62830586	230061
生命人寿保险股份有限公司安徽分公司	合肥市马鞍山路1000号新都会环球广场22楼	李平	0551-64683766	230011
嘉禾人寿保险股份有限公司安徽分公司	合肥市长江中路369号百大CBD写字楼8楼	杨树林	0551-65226161	230001
幸福人寿保险股份有限公司安徽省分公司	合肥市阜南西路166号润安大厦A座7—8层	李传学	0551-65291888	230061
阳光人寿保险股份有限公司安徽分公司	合肥市徽州大道15号天徽大厦C座22层	余胜昔	0551-62611008	230001
百年人寿保险股份有限公司安徽分公司	合肥市濉溪路278号财富广场C座17楼及1102室、1103室	王广华	0551-65773718	230041
首创安泰人寿保险有限公司安徽省分公司	合肥市濉溪路278号财富广场二期B座108室	周南	0551-65666000	230041

2. 马鞍山市主要金融机构

机构名称	地址	负责人	电话	邮编
中国人民银行马鞍山市中心支行	马鞍山市西塘路500号	陈联明	0555-2378088	243000
中国银行业监督管理委员会马鞍山监管分局	马鞍山市印山东路碧溪丽景19栋1号	胡宏琦	0555-2372601	243000
中国农业发展银行马鞍山市分行	马鞍山市雨田路1577号	马良元	0555-2324934	243000
中国工商银行股份有限公司马鞍山市分行	马鞍山市湖南路501号	李为民	0555-2350768	243000
中国农业银行股份有限公司马鞍山市分行	马鞍山市花雨路111号	李 晓	0555-2364978	243000
中国银行股份有限公司马鞍山市分行	马鞍山市华飞路太古广场	樊 伶	0555-2339599	243000
中国建设银行股份有限公司马鞍山分行	马鞍山市湖东中路26号	刘希卿	0555-2366262	243000
交通银行股份有限公司马鞍山分行	马鞍山市湖东南路156号	周 庆	0555-2389151	243000
中国邮政储蓄银行有限责任公司马鞍山市分行	马鞍山市雨山西路500号	刘希军	0555-8361888	243000
徽商银行股份有限公司马鞍山分行	马鞍山市湖东南路3号	叶 翔	0555-2361962	243000
马鞍山市农村商业银行	马鞍山市红旗南路1659号	孙 晓	0555-8361757	243000
招商银行马鞍山分行	马鞍山市湖东中路20号	赵家勇	0555-2112399	243000
光大银行马鞍山分行	马鞍山市花雨路109号	朱 革	0555-2118299	243000
民生银行马鞍山市分行	马鞍山市雨山东路865号	李敏祥	0555-2961099	243000
中兴银行马鞍山市分行	马鞍山市湖西中路1177号	黄 骏	0555-2772888	243000
中国人民财产保险股份有限公司马鞍山中心支公司	马鞍山市湖西中路1169号	俞能德	0555-2345732	243000
中国平安财产保险股份有限公司马鞍山中心支公司	马鞍山市湖东中路49号	宣意俊	0555-2341898	243000
华安证券马鞍山花雨路营业部	马鞍山市花雨路306	赵立新	0555-2476449	243000
国元证券马鞍山雨山路营业部	马鞍山市雨山西路497号安基大厦7楼	翟建国	0555-2615656	243000
银河证券马鞍山营业部	马鞍山市中岗1村18号	汪恭满	0555-2348134	243000
华泰证券马鞍山营业部	马鞍山市花山区珍珠园2村10栋5—6号	张 俊	0555-7185520	243000
中投证券马鞍山营业部	马鞍山市花园路功辉大厦四楼	刘震环	0555-3109888	243000
海通证券马鞍山营业部	马鞍山市湖东中路中央大厦3楼	王尚钟	0555-2119011	243000

3. 芜湖市主要金融机构

机构名称	地址	负责人	电话	邮编
中国人民银行芜湖市中心支行	芜湖市北京东路18号	汪 俊	0553-3128888	241000
中国银监会芜湖银监分局	芜湖市九华山路172号	洪 风	0553-3813002	241000
中国工商银行股份有限公司芜湖分行	芜湖市北京东路98号	钱晓东	0553-3117777	241000
中国农业银行股份有限公司芜湖分行	芜湖市九华中路179号	宋志明	0553-3810168	241000
中国银行股份有限公司芜湖市分行	芜湖市九华山路204号	曹运文	0553-3810778	241000
中国建设银行股份有限公司芜湖市分行	芜湖市九华山路302号	洪 峰	0553-3828186	241000

（续表）

机构名称	地址	负责人	电话	邮编
中国农业发展银行芜湖市分行	芜湖市渡春路25号	汪根水	0553-3856529	241000
交通银行股份有限公司芜湖分行	芜湖市北京西路1号	董吴	0553-3839608	241000
上海浦东发展银行芜湖分行	芜湖市北京东路203号	曾少清	0553-3111688	241000
徽商银行芜湖分行	芜湖市北京西路45号	吴耘	0553-3831581	241000
中国邮政储蓄银行有限责任公司芜湖市分行	芜湖市天门山西路24号	吕锡兵	0553-3832672	241000
招商银行股份有限公司芜湖分行	芜湖市中山路步行街2号	吴天竹	0553-3888988	241000
中信银行股份有限公司芜湖分行	芜湖市镜湖路8号镜街西街X1—X4	张金山	0553-3888681	241000
中国光大银行股份有限公司芜湖分行	芜湖市北京路2号	李晨	0553-3888096	241000
兴业银行股份有限公司芜湖分行	芜湖市青山街金山国际公寓2号楼	杨健	0553-5906111	241000
芜湖扬子农村商业银行股份有限公司	芜湖市银湖南路135号	潘耀	0553-3889181	241000
芜湖津盛农村合作银行	芜湖市芜湖县湾址镇芜湖中路91号	章杰	0553-8817070	241100
安徽繁昌农村商业银行股份有限公司	芜湖市繁昌县繁阳镇金峨南路1号	颜世龙	0553-7862872	241200
安徽南陵农村商业银行股份有限公司	芜湖市南陵县籍山路	黄跃红	0553-6821384	241300
奇瑞徽银汽车金融有限公司	芜湖市步行街金鼎大厦金鼎阁6楼	刘宪志	0553-7521188	241000
皖江金融租赁有限公司	芜湖市镜湖区镜湖路35号	李铁民	0553-3880588	241000
中国人寿保险股份有限公司芜湖分公司	芜湖市北京东路179号	徐政	0553-3120596	241000
中国人民财产保险股份有限公司芜湖市分公司	芜湖市北京东路177号	张永安	0553-3114152	241000
中国太平洋产险芜湖中心支公司	芜湖市九华山中路169号	蔡明祥	0553-3842937	241000
中国太平洋寿险芜湖中心支公司	芜湖市长江路55号	石松	0553-3840566	241000
中国平安产险芜湖中心支公司	芜湖市银湖南路新市口金三角5号	肖新彬	0553-3826110	241000
中国平安寿险芜湖中心支公司	芜湖市镜街金鼎综合楼3—4层	国鹏	0553-3812336	241000
泰康人寿芜湖中心支公司	芜湖市中山路61号银座大厦3楼	蔡而林	0553-2398166	241000
太平产险芜湖中心支公司	芜湖市银湖中路71号天香商务3058室	宋军	0553-3818960	241000
太平人寿芜湖中心支公司	芜湖市镜街金鼎综合楼19层	罗再琼	0553-3829165	241000
天安保险芜湖中心支公司	芜湖市民生路26号凯帆大厦10楼	骆本能	0553-3889255	241000
新华人寿芜湖中心支公司	芜湖市民生路26号凯帆大厦17楼	王诗琪	0553-3832868	241000
华安保险芜湖中心支公司	芜湖市银湖南路88号侨鸿凤凰花园	苏猛	0553-5991822	241000
安邦财险芜湖中心支公司	芜湖市新时代商业街7栋75号	张宏	0553-3938018	241000
大地财险芜湖中心支公司	芜湖市新市口名流印象搜狐楼15楼	边武	0553-5877266	241000
都邦财险芜湖中心支公司	芜湖市北京东路199号	张堃	0553-3112668	241000
渤海财险芜湖中心支公司	芜湖市花津中路森海都市花园20#C-05、C-06室	张晨阳	0553-3938108	241000
国寿财险芜湖中心支公司	芜湖市黄山西路2号8、9楼	李振	0553-3888018	241000
国元农业保险芜湖中心支公司	芜湖市镜街金鼎综合楼7层	陈钢	0553-5882700	241000
人保健康芜湖中心支公司	芜湖市中山北路77号侨鸿国际写字楼809室	董旭明	0553-3809049	241000
阳光财险芜湖中心支公司	芜湖市民生路26号凯帆大厦13楼1301室	荣发厚	0553-3121201	241000
永诚财险芜湖中心支公司	芜湖市南瑞商业街3号楼3层(西)	周道伟	0553-3888038	241000

（续表）

机 构 名 称	地 址	负责人	电 话	邮 编
幸福人寿芜湖中心支公司	芜湖市新芜路58号新利大厦东6楼	滕 琳	0553-5662301	241000
民生人寿芜湖中心支公司	芜湖市新时代商业街金玺广场6楼	张 伟	0553-3838198	241000
中银保险芜湖中心支公司	芜湖市北京西路17号	黄 磊	0553-3888707	241000
人保人寿芜湖中心支公司	芜湖市民生路26号凯帆大厦11楼	陶定平	0553-3875358	241000
平安养老芜湖中心支公司	芜湖市镜街金鼎综合楼3—4层	朱晓斌	0553-3838050	241000
华安证券芜湖新芜路营业部	芜湖市新芜路58号	贺 晓	0553-3815002	241000
华安证券芜湖九华南路营业部	芜湖市九华山南路112号	郭 俊	0553-4822751	241000
国元证券芜湖黄山西路营业部	芜湖市黄山西路	汪 洋	0553-3812578	241000
国元证券芜湖北京东路营业部	芜湖市北京东路249号财政大楼2楼	王春保	0553-3115533	241000
国元证券芜湖九华山路营业部	芜湖市九华山路154号	董 海	0553-3941151	241000
海通证券芜湖文化路营业部	芜湖市文化路44号	夏斯清	0553-5011500	241000
齐鲁证券芜湖营业部	芜湖市镜湖路8号	周召平	0553-3856708	241000
南华期货芜湖营业部	芜湖市中山北路77号侨鸿国际商城908室	田宏伟	0553-3880211	241000
中信证券芜湖营业部	芜湖市新时代商业街15栋155号	王正东	0553-5955988	241000

4. 铜陵市主要金融机构

机 构 名 称	地 址	负责人	电 话	邮 编
中国人民银行铜陵市中心支行	铜陵市石城大道北段1268号	权俊良	0562-2893088	244000
中国银行业监督管理委员会铜陵监管分局	铜陵市长江西路41号	马 平	0562-2835072	244000
中国农业发展银行铜陵市分行	铜陵市北京路43号	鲍晓安	0562-2835177	244000
中国工商银行股份有限公司铜陵分行	铜陵市长江西路2号	李新彬	0562-2880692	244000
中国农业银行铜陵分行	铜陵市淮河南路	吴叶宏	0562-5827088	244000
中国银行股份有限公司铜陵分行	铜陵市石城路82号	许志勇	0562-2853377	244000
中国建设银行股份有限公司铜陵分行	铜陵市长江西路41号	王明启	0562-2820006	244000
中国邮政储蓄银行铜陵市分行	铜陵市建设路邮政超市4楼	范新宇	0562-2662899	244000
交通银行铜陵分行	铜陵市长江中路999号	卢朝晖	0562-2186688	244000
浦东发展银行铜陵支行	铜陵市长江西路171号	章明霞	0562-2851188	244000
徽商银行股份有限公司铜陵分行	铜陵市义安南路义安大厦	高春明	0562-2866244	244000
铜陵农村商业银行	铜陵市北京中路66号	阮为光	0562-2806566	244000
铜陵皖江农村商业银行	铜陵县五松镇人民大道5号	房玉珍	0562-8810291	244100
铜陵铜源村镇银行	铜陵市铜芜大道666号	阮为光	0562-8895699	244000
铜陵有色集团财务有限公司	铜陵市长江西路171号	韦江宏	0562-5861991	244000
中国人民财产保险公司铜陵分公司	铜陵市石城路南段181号	肖尚根	0562-2837099	244000
中国人寿保险股份有限公司铜陵分公司	铜陵市淮河大道中段242号	范文波	0562-2833207	244000
中国平安财险铜陵中心支公司	铜陵市北京路(鸿泰大酒店旁)	金 华	0562-2815599	244000
中国平安寿险铜陵中心支公司	铜陵市乐都商城5楼	汪永斌	0562-2839068	244000
太平洋财险铜陵中心支公司	铜陵市铜商品市场10楼	丁子平	0562-5828611	244000

（续表）

机 构 名 称	地 址	负责人	电 话	邮 编
太平洋寿险铜陵中心支公司	铜陵市铜商品市场5楼	叶 龙	0562-5822588	244000
天安保险铜陵中心支公司	铜陵市长江西路41号10楼	郭 毅	0562-2818637	244000
安邦财险铜陵中心支公司	铜陵市铜陵大市场	陶 静	0562-2828617	244000
华安财险铜陵中心支公司	铜陵市铜庄小区幼儿园附近	章秀英	0562-5859607	244000
国元保险铜陵中心支公司	铜陵市北京路有色大楼3楼	方 芸	0562-2837258	244000
泰康寿险铜陵中心支公司	铜陵市市工会6楼	柯 翔	0562-2857666	244000
中国人民人寿保险股份有限公司铜陵中心支公司	铜陵市长江中路红楼三层1038号D楼13层	姜世海	0562-2878416	244000
中国人寿财产保险股份有限公司铜陵中心支公司	铜陵市翠湖一路959号	常 胜	0562-2688866	244000
华安证券铜陵淮河北路营业部	铜陵市淮河北路2号	俞 勇	0562-2867124	244000
华安证券铜陵淮河路营业部	铜陵市淮河路1号	肖晓明	0562-2869389	244000
国元证券义安南路证券营业部	铜陵市义安南路10号	程晓照	0562-2831339	244000
招商证券股份有限公司铜陵石城大道证券营业部	铜陵市石城大道110号银晖大厦6楼	郭增金	0562-2889090	244000
上海金源期货铜陵营业部	铜陵市铜官山区铜商品市场二楼	黄 蓓	0562-5860996	244000
徽商期货铜陵营业部	铜陵市义安大道财富广场A座1501室	唐世堃	0562-2837238	244000

5. 安庆市主要金融机构

机 构 名 称	地 址	负责人	电 话	邮 编
中国人民银行安庆市中心支行	安庆市龙山路168号	傅德汉	0556-5515581	246003
中国农业发展银行安庆市分行	安庆市人民路417号	储桂生	0556-5526708	246000
中国工商银行股份有限公司安庆分行	安庆市孝肃路230号	王新潮	0556-5515615	246003
中国农业银行安庆分行	安庆市孝肃路50号	李富强	0556-5515307	246000
中国银行股份有限公司安庆分行	安庆市湖心北路2号	张 浩	0556-5349777	246005
中国建设银行股份有限公司安庆市分行	安庆市集贤南路241号	丁大庆	0556-5329882	246001
中信银行股份有限公司安庆分行	安庆市中兴大道101号	张守富	0556-5280619	246001
上海浦东发展银行股份有限公司安庆分行	安庆市湖心北路9号	魏翔鸿	0556-5350755	246005
兴业银行股份有限公司安庆分行	安庆市菱湖南路238号	吴红先	0556-5280888	246003
交通银行安庆分行	安庆市龙山路99号	方 梁	0556-5509666	246003
徽商银行股份有限公司安庆分行	安庆市人民路528号	周 彤	0556-5579999	246003
安庆市独秀农村商业银行	安庆市集贤南路40号	卢义林	0556-5220819	246001
安庆市桐城农合行	安庆桐城市龙眠路104号	苏绍云	0556-6216922	231400
安庆市枞阳农村信用社	安庆市枞阳县枞阳镇湖滨东路40号	刘小勤	0556-2818867	246700
安庆市怀宁农合行	安庆怀宁县高河镇稼先路188号	齐小飞	0556-4634666	246121
安庆市潜山农商行	安庆潜山县舒州大道1072号	余汪明	0556-8931200	246300
安庆市太湖农商行	安庆太湖县人民路61号	纽国林	0556-4167154	246400
安庆市望江农行	安庆望江县清廉路101号	马金林	0556-7172062	246202

（续表）

机 构 名 称	地 址	负责人	电 话	邮 编
安庆宿松农合行	宿松县孚玉西路641号	殷传书	0556-7834599	246501
安庆市岳西农合行	安庆岳西县天堂镇前进北路8号	徐进军	0556-2176630	246600
中国邮政储蓄银行有限责任公司安庆市分行	安庆市纺织南路35号	何政杰	0556-5227168	246002
中国人民人寿保险股份有限公司安庆中心支公司	安庆市菱湖南路553号	孙一龙	0556-5532277	246002
中国人寿保险股份有限公司安庆市分公司	安庆市湖心北路50号	顾永明	0556-5514480	246002
中国人寿财产保险股份有限公司安庆市分公司	安庆市中兴大道25号	郭海南	0556-5326060	246002
中国人民财产保险股份公司安庆公司	安庆市菱湖南路553号	薛 柏	0556-5531908	246002
中国太平洋人寿保险股份有限公司安庆中心支公司	安庆市中兴大街103号	鲍海涛	0556-5591927	246003
中国太平洋财产保险股份有限公司安庆中心支公司	安庆市中兴大街中段	段金勇	0556-5325567	246003
中国平安人寿保险股份有限公司安庆中心支公司	安庆市菱湖南路189号	黄显进	0556-5592977	246002
中国平安财产保险股份有限公司安庆中心支公司	安庆市人民路416号	王跃华	0556-5576299	246001
国元农业保险股份有限公司安庆中心支公司	安庆市湖心北路1号	李传盛	0556-5356789	246003

6. 池州市主要金融机构

机 构 名 称	地 址	负责人	电 话	邮 编
中国人民银行池州市中心支行	池州市东湖中路199号	石春利	0566-2027914	247000
中国银行业监督管理委员会池州监管分局	池州市东湖中路199号	高江宁	0566-2022302	247000
安徽省农村信用联合社铜池办事处	池州市清风西路139号	齐继民	0566-2039237	247000
中国农业发展银行池州市分行	池州市翠柏北路188号	刘小平	0566-2128000	247000
中国工商银行股份有限公司池州分行	池州市贵池区秋浦西路117号	黄乐志	0566-2028934	247000
中国农业银行股份有限公司池州分行	池州市翠柏中路171号	李 晓	0566-2039906	247000
中国银行股份有限公司池州分行	池州市贵池区长江中路308号	林 均	0566-2090012	247000
中国建设银行股份有限公司池州市分行	池州市翠微西路150号	张天祥	0566-2037996	247000
中国邮政储蓄银行有限责任公司池州市分行	池州市蓉城路144号	戴四清	0566-2029909	247000
徽商银行股份有限公司池州分行	池州市长江南路688号	许小明	0566-2044897	247000
池州九华农村商业银行股份有限公司	池州市清风西路139号	胡孝峰	0566-2027162	247000
安徽青阳农村商业银行	池州市青阳县蓉城镇木镇路51号	周长明	0566-5022047	242800
东至县农村合作银行	池州市东至县尧渡镇建设路87号	周红日	0566-7020308	247200
安徽石台县农村商业银行	池州市石台县仁里镇和平南路	戴南利	0566-6028760	245100
安徽青阳九华村镇银行	池州市青阳县蓉城镇木镇路和贵人家1栋4号	戴先言	0566-5036515	242800
池州贵池民生村镇银行	池州市青阳路127号	马香波	0566-5268282	247000
中国人民财产保险公司池州分公司	池州市池阳路165号	王诗贵	0566-2020706	247000

（续表）

机构名称	地址	负责人	电话	邮编
中国人民人寿保险公司池州中心支公司	池州市清风西路 2 号	卢晓芳	0566-5204999	247000
中国人寿保险股份公司池州分公司	池州市池阳路 165 号	王建桐	0566-2027506	247000
中国人寿财产保险股份公司池州分公司	池州市贵池区平天湖假日酒店 A 楼 3 楼	刘南平	0566-2120699	247000
平安财产保险池州中心支公司	池州市百牙西路 2 号	张祥宏	0566-2030226	247000
平安人寿保险池州中心支公司	池州市贵池区毓秀门小区 1 号 5 楼	鲍华国	0566-2041881	247000
天安财产保险池州中心支公司	池州市清风西路 18 号皖江大厦 1—2 层	刘翠霞	0566-2127016	247000
安邦财产保险池州中心支公司	池州市贵池区湖光路湖光苑 4 号楼	杨献坤	0566-2030710	247000
大地财产保险池州中心支公司	池州市昭明大道百荷蓝江苑门口综合楼 7 楼	姜四文	0566-5202222	247000
中国太平洋人寿保险公司池州中心支公司	池州市长江北路 2 号	叶　龙	0566-2033888	247000
中国太平洋财产保险公司池州中心支公司	池州市清溪大道 697 号海关大楼	鲍　淮	0566-5220111	247000
泰康人寿保险池州中心支公司	池州市百牙路 6 号	何　刚	0566-2092288	247000
新华人寿池州中心支公司	池州市长江南路 688 号财富广场 16 层	王传洋	0566-2120128	247000
华夏人寿保险池州中心支公司	池州市池阳路府儒学东 4 楼	李全安	0566-2028006	247000
阳光人寿保险股份有限公司池州市中心支公司	池州市贵池区建设西路综合楼 4 楼	杨剑锐	0566-5229606	247000
国元农业保险公司池州中心支公司	池州市贵池区九华山大道 520 号	熊言明	0566-2083666	247000
华安证券池州营业部	池州市东湖南路 198 号	盛　靖	0566-2027174	247000
国元证券股份有限公司池州证券营业部	池州市青阳路 19 号国元大厦	褚卫宁	0566-2128339	247000

7. 滁州市主要金融机构

机构名称	地址	负责人	电话	邮编
中国人民银行滁州市中心支行	滁州市清流路 446 号	刘树德	0550-3067552	239000
中国银行业监督管理委员会滁州银监分局	滁州市清流路 497 号	吕发刚	0550-3078618	239000
中国农业发展银行滁州市分行	滁州市琅琊路 286 号	洪登峰	0550-3068992	239000
中国工商银行股份有限公司滁州分行	滁州市南谯北路 854 号	王良琴	0550-3038761	239000
中国农业银行滁州分行	滁州市清流路 296 号	汤　镇	0550-3078505	239000
中国银行股份有限公司滁州分行	滁州市琅琊路 115 号	孙　伟	0550-3036789	239000
中国建设银行股份有限公司滁州市分行	滁州市凤凰路 424 号	马　红	0550-3065526	239000
中国交通银行股份有限公司滁州分行	滁州市琅琊西路 81 号	王　群	0550-3078001	239000
中国邮政储蓄银行股份有限公司滁州市分行	滁州市琅琊东路 164 号	张文保	0550-3068326	239000
兴业银行股份有限公司滁州分行	滁州市琅琊东路 168 号	章　宏	0550-2181201	239000
中信银行股份有限公司滁州分行	滁州市琅琊西路 79 号	宣　健	0550-3529588	239000
徽商银行股份有限公司滁州分行	滁州市丰乐北路 286 号	高建军	0550-3010336	239000
滁州皖东农村商业银行股份有限公司	滁州市清流西路 248 号	李　平	0550-3065671	239000
中国人民财产保险股份有限公司滁州市分公司	滁州市凤阳路 99 号人保大厦	曾庆松	0550-3048170	239000

（续表）

机构名称	地址	负责人	电话	邮编
中国人寿保险股份有限公司滁州分公司	滁州市凤凰路428号	张建华	0550-3057856	239000
中国平安财产保险股份有限公司滁州中心支公司	滁州市南谯中路2329号	谢肆俊	0550-3062323	239000
中国平安人寿保险股份有限公司滁州中心支公司	滁州市琅琊西路81号(建委大厦)	胡琼	0550-3021698	239000
中国太平洋财产保险股份有限公司滁州中心支公司	滁州市南谯南路中安大厦	吕正民	0550-3217177	239300
民生人寿保险股份有限公司滁州中心支公司	滁州市南谯北路615号顺风大厦7楼	贾珣	0550-3119000	239000
天安保险股份有限公司滁州中心支公司	滁州市丰乐北路与琅琊西路交叉口文教体局电教中心大楼	钱森	0550-3075111	239000
安邦财产保险股份有限公司滁州中心支公司	滁州市南谯南路698号	姜晓春	0550-7111666	239000
中国大地财产保险股份有限公司滁州中心支公司	滁州市中都大道777号	叶荣林	0550-3046555	239300
都邦保险股份有限公司滁州中心支公司	滁州市丰乐大道1899号皖东国际车城A区4栋12楼	尚龙	0550-3309008	239000
阳光财产保险股份有限公司滁州中心支公司	滁州市南谯中路2268号	王兵	0550-3010050	239000
中国人寿财产保险股份有限公司滁州中心支公司	滁州市开发区会峰西路电信大厦2、3楼	龚乐	0550-3518168	239000
渤海财产保险股份有限公司滁州中心支公司	滁州市南谯中路2228号	李泽民	0550-3518855	239000
国元农业保险股份有限公司滁州中心支公司	滁州市清流西路201号	陈泽全	0550-3518818	239000
中国太平洋人寿保险股份有限公司滁州中心支公司	滁州市南谯北路512号	陈翀	0550-3523099	239000
泰康人寿保险股份有限公司滁州中心支公司	滁州市天长东路151号	吴羽	0550-3071818	239000
太平人寿保险有限公司滁州中心支公司	滁州市天长东路152号	鲁宏宇	0550-3026608	239000
华夏人寿保险股份有限公司滁州中心支公司	滁州市琅琊西路59号	刘国新	0550-3010090	239000
中国人民人寿保险股份有限公司滁州中心支公司	滁州市南谯北路740号11栋	邓珑	0550-3023193	239000
阳光人寿保险股份有限公司	滁州市卫校巷气象局4楼	汤震	0550-7128181	239000
新华人寿保险股份有限公司滁州中心支公司	滁州市南谯北路756号	陈建刚	0550-3010666	239000
合众人寿保险股份有限公司滁州中心支公司	滁州市琅琊东路201号	阮海峰	0550-7128800	239000
嘉禾人寿保险股份有限公司滁州中心支公司	滁州市育新路81号	马红	0550-3532222	239000
生命人寿保险股份有限公司滁州中心支公司	滁州市天长东路169号	马飞	0550-3120788	239000
大众保险股份有限公司滁州中心支公司	滁州市南谯中路2228号	胡德胜	0550-3809168	239000

（续表）

机构名称	地址	负责人	电话	邮编
太平保险股份有限公司滁州中心支公司	滁州市丰乐大道1899号皖东国际车城A区3栋2单元9层	张斌	0550-3010999	239000
紫金保险股份有限公司滁州中心支公司	滁州市丰乐大道1899号皖东国际车城A区4栋2单元901—904室	李晓军	0550-3707799	239000
华安证券滁州营业部	滁州市天长东路169号	胡向东	0550-3043003	239000
国元证券滁州营业部	滁州市琅琊东路8号	宁皖明	0550-3044818	239000

8. 宣城市主要金融机构

机构名称	地址	负责人	电话	邮编
中国人民银行宣城市中心支行	宣城市陵西路92号	李成强	0563-3032021	242000
中国银行业监督管理委员会宣城监管分局	宣城市昭亭南路水务公司大楼六楼、七楼	杨峻松	0563-3032798	242000
中国农业发展银行宣城市分行	宣城市西林路35号	洪流	0563-3019660	242000
中国工商银行股份有限公司宣城分行	宣城市鳌峰西路10号	曲乐	0563-3030088	242000
中国农业银行宣城分行	宣城市叠嶂西路1号	杨树荣	0563-3033801	242000
中国银行股份有限公司宣城分行	宣城市鳌峰中路47号	顾成友	0563-3021108	242000
中国建设银行股份有限公司宣城市分行	宣城市状元南路17号	史志高	0563-3028230	242000
交通银行股份有限公司宣城分行	宣城市鳌峰中路70号	王峰	0563-2366666	242000
中国邮政储蓄银行有限责任公司宣城市分行	宣城市陵西路74号	金自强	0563-2833318	242000
徽商银行宣城分行	宣城市叠嶂西路1号	叶未明	0563-3035678	242000
国元证券股份有限公司宣城市分公司	宣城市状元北路B号楼	乔大庆	0563-2718258	242000
华安证券公司宣城市分公司	宣城市鳌峰西路9号	来新弟	0563-3017118	242000
中国人民财产保险股份有限公司宣城分公司	宣城市鳌峰西路16号	王学军	0563-3030596	242000
中国人寿保险股份有限公司宣城分公司	宣城市鳌峰西路16号	张意农	0563-3030518	242000
中国太平洋财产保险股份有限公司宣城中心支公司	宣城市鳌峰西路9号	丁子平	0563-3013266	242000
中国太平洋人寿保险股份有限公司宣城中心支公司	宣城市叠嶂中路银府大厦	程杰	0563-2829999	242000
中国平安财产保险股份有限公司宣城中心支公司	宣城市宣湖路35号	张进军	0563-3013819	242000
中国平安人寿保险股份有限公司宣城中心支公司	宣城市鳌峰东路27号	罗谡	0563-2716168	242000
中国大地财产保险股份有限公司宣城中心支公司	宣城市陵西路211号	郭健	0563-5209900	242000
泰康人寿保险股份有限公司宣城中心支公司	宣城市梅西路107号	陶国胜	0563-2110301	242000
安邦财产保险股份有限公司宣城中心支公司	宣城市状元北路52号	茆恒忠	0563-2719911	242000
渤海财产保险股份有限公司宣城中心支公司	宣城市梅溪路156号	尚殿龙	0563-3021178	242000
民安财产保险股份有限公司宣城中心支公司	宣城市环城北路31号	戴季根	0563-5208509	242000
中国人寿财产保险股份有限公司宣城中心支公司	宣城市梅西路108号	王周杨	0563-3016555	242000
国元农业保险股份有限公司宣城中心支公司	宣城市经济技术开发区综合楼1-1栋	胡家林	0563-3017020	242000
生命人寿保险股份有限公司宣城中心支公司	宣城市叠嶂东路47号	王洪	0563-5280111	242000
阳光人寿保险股份有限公司宣城中心支公司	宣城市向阳路口眼科医院3楼	黄新军	0563-5282880	242000

9. 六安市主要金融机构

机 构 名 称	地 址	负责人	电 话	邮 编
中国人民银行六安市中心支行	六安市人民东路41号	赵永红	0564-3316633	237006
中国银行业监督管理委员会六安监管分局	六安市解放南路79号	李绪国	0564-3227699	237300
中国农业发展银行六安市分行	六安市长安南路银波厦11—12层	史少宁	0564-3219875	237000
中国工商银行股份有限公司六安分行	六安市解放南路79号	杨 林	0564-3228199	237300
中国农业银行股份有限公司六安分行	六安市皋城路89号	江继武	0564-3338266	237000
中国银行股份有限公司六安分行	六安市人民路84号	孙长文	0564-3315542	237006
中国建设银行股份有限公司六安市分行	六安市大别山路13号	丁玉兵	0564-3327788	237001
交通银行六安分行	六安市解放南路53号	李 军	0564-3233533	237000
中国邮政储蓄银行股份有限公司六安市分行	六安市梅山南路电信办公大楼6—7层	黄 健	0564-3210666	237001
徽商银行六安分行	六安市梅山南路凯旋国际广场	王 鸣	0564-3339096	237001
中国人民财产保险股份有限公司六安市分公司	六安市球拍路财保大楼	奚曾钊	0564-3316111	237000
中国太平洋财产保险股份有限公司六安中心支公司	六安市梅山南路总工会大楼	王正智	0564-3378602	237001
安邦财产保险股份有限公司六安中心支公司	六安市龙河路滨河小区	李洪浩	0564-3312616	237000
中国大地财产保险股份有限公司六安中心支公司	六安市平桥路口安丰大厦302室	闫丰生	0564-5380011	237000
华安财产保险股份有限公司六安中心支公司	六安市徽商国贸小区10幢1层1楼	刘国禹	0564-3335198	237000
天安保险股份有限公司六安中心支公司	六安市梅山中路欧美亚商厦	陈洪飞	0564-3339910	237000
中国人寿财产保险股份有限公司六安中心支公司	六安市解放中路明珠广场丽景苑4单元12楼	苏 浩	0564-3210621	237000
渤海财产保险股份有限公司六安中心支公司	六安市开发区东城路8号	李从海	0564-3631555	237000
太平保险有限公司六安中心支公司	六安市梅山北路老年活动中心商办楼4楼	藏 军	0564-3333222	237000
中国平安财产保险股份有限公司六安中心支公司	六安市皖西大道皋城大厦	王 鸿	0564-3358530	237006
国元农业财险公司六安中心支公司	六安市公积金管理中心4楼	游家荣	0564-3376158	237000
阳光财产保险股份有限公司六安市中心支公司	六安市光电中心南楼一层	潘文奇	0564-3233858	237000
紫金保险股份有限公司六安市中心支公司	六安市开发区金太阳国际汽车城B2幢301、302室	管 红	0564-3637116	237000
中国人寿保险股份有限公司六安分公司	六安市人民东路61号	高绪祥	0564-3317741	237006
中国太平洋人寿保险股份有限公司六安中心支公司	六安市人民东路30号	陈 军	0564-3336633	237000
泰康人寿保险股份有限公司六安中心支公司	六安市皖西东路140号	司守峰	0564-3311539	237006
太平人寿保险有限公司六安中心支公司	六安市梅山北路23号老干部活动中心3楼	王光付	0564-3319906	237000

（续表）

机构名称	地址	负责人	电话	邮编
中国平安人寿保险股份有限公司六安中心支公司	六安市皖西路168号皖西路小学门面前楼4楼	张本武	0564-3286670	237000
民生人寿保险股份有限公司六安中心支公司	六安市解放路79号天成精品城6号楼3楼	唐亚伟	0564-3212511	237000
幸福人寿保险股份有限公司六安中心支公司	六安市梅山北路老年活动中心4楼	徐大锐	0564-5338898	237000
合众人寿保险股份有限公司六安中心支公司	六安市明珠广场粮食局7楼	李炳胜	0564-5389977	237000
生命人寿保险股份有限公司六安中心支公司	六安市磨子潭路舒怡花园11号楼7楼	张建国	0564-3217530	237000
人保人寿保险股份有限公司六安中心支公司	六安市球拍路财保大楼8楼	袁传双	0564-3339493	237000
阳光人寿保险股份有限公司六安中心支公司	六安市凯旋国际广场16楼	徐　立	0564-5360888	237000
华夏人寿保险股份有限公司六安中心支公司	六安市东城路9号1—3层	陈久华	0564-5369955	237000
新华人寿保险股份有限公司六安中心支公司	六安市皋城路96号	李政琪	0564-5360999	237000
华安证券有限责任公司六安梅山路证券营业部	六安市梅山中路	江　坤	0564-3315686	237006
华安证券有限责任公司六安大别山路证券营业部	六安市大别山路8号	张俊涛	0564-3213558	237008
国元证券公司有限责任公司六安人民路营业部	六安市人民路88号	束　强	0564-3322848	237000

10. 黄山市主要金融机构

机构名称	地址	负责人	电话	邮编
中国人民银行黄山市中心支行	黄山市长干东路118号	王　林	0559-2314388	254000
中国银监会黄山监管分局	黄山市滨江西路23号	刘　星	0559-2583098	245000
中国农业发展银行黄山市分行	黄山市屯光大道1号	余立松	0559-2357738	254000
中国工商银行股份有限公司黄山市分行	黄山市黄山中路59号	张宇建	0559-2514270	254000
中国农业银行股份有限公司黄山市分行	黄山市前园北路25—27	吴合陵	0559-2358901	254000
中国银行股份有限公司黄山市分行	黄山市黄山中路1号	马中华	0559-2538969	254000
中国建设银行股份有限公司黄山市分行	黄山市前园南路2号	方志明	0559-2516139	254000
中国邮储银行股份有限公司黄山市分行	黄山市前园南路108号	陆世隆	0559-2315762	254000
徽商银行股份有限公司黄山分行	黄山市黄山西路39号	许　明	0559-2520176	254000
中国人寿保险股份有限公司黄山市分公司	黄山市滨江东路9号	许　可	0559-2542276	254000
中国人民财产保险股份有限公司黄山市分公司	黄山市新园东路2号	张　弘	0559-2319736	254000
中国平安财产保险股份有限公司黄山中心支公司	黄山市滨江中路59号	周晓雨	0559-2529938	254000

（续表）

机构名称	地址	负责人	电话	邮编
太平洋人寿保险股份有限公司黄山中心支公司	黄山市天都大道市总工会大楼8层	凌建宏	0559-5299988	254000
国元农业保险有限公司黄山中心支公司	黄山市新园东路19号黄山市财政局大楼5层	汪　深	0559-2330200	254000
中国平安人寿保险股份有限公司黄山中心支公司	黄山市黄山东路140号（地质科技大厦）	李任兵	0559-2515096	254000
天安财产保险股份有限公司黄山中心支公司	黄山市屯光大道9号	吴　暑	0559-2356468	254000
大地财产保险股份有限公司黄山中心支公司	黄山市北海路22号	许正宝	0559-5299700	254000
安邦财产保险股份有限公司黄山中心支公司	黄山市黄山东路140号（地质科技大厦）	鲍旭东	0559-2530118	254000
泰康人寿保险股份有限公司黄山中心支公司	黄山市北海路58号	李志刚	0559-2345966	254000
中国人民健康保险股份有限公司黄山中心支公司	黄山市新园东路2号南大楼	黄　忠	0559-2510977	254000
太平洋财产保险股份有限公司黄山中心支公司	黄山市天都大道市总工会大楼12层	程志平	0559-2518555	254000
平安养老保险股份有限公司黄山中心支公司	黄山市黄山东路140号（地质科技大厦）	余大利	0559-2543649	254000
中国人民人寿保险股份有限公司黄山市中心支公司	黄山市安东路118号	张玲珑	0559-2589618	254000
中国人寿财产保险股份有限公司黄山中心支公司	黄山市滨江中路2号	管有祥	0559-2589601	254000
浙商财产保险股份有限公司黄山中心支公司	黄山市东关路1—14号	陈　健	0559-2550818	254000
新华人寿股份有限公司黄山中心支公司	黄山市黄山中路百川财富广场1单元12层	汪振济	0559-5208912	254000
华安证券有限责任公司黄山前南新村证券营业部	黄山市前南新村18号	何雄辉	0559-2317668	254000
国元证券股份有限公司黄山新安北路证券营业部	黄山市新安北路23号	江从波	0559-2541090	254000
银河证券股份有限公司黄山新园东路证券营业部	黄山市新园东路198号财政局1楼	陆文斌	0559-2550909	254000

附　　录

一、2012年长三角金融大事记

上　海　市

1月12日　2011上海金融信息服务业高峰论坛暨上海银行家沙龙年会在上海召开。融道网中小企业融资研究中心在论坛上发布了《上海创新型中小企业融资调查报告》。

1月17日　中国人民银行上海总部出台《加强和改进金融服务　支持上海实体经济发展的指导意见》，包括十二个方面、三十条举措，涵盖了货币信贷政策执行、金融市场发展、金融对外开放、金融稳定、金融基础设施建设、信用环境建设以及金融企业社会责任建设等各个方面。

1月18日　2011年度"中国金融学科终身成就奖"颁奖典礼暨上海市金融学会学术年会在上海举行。上海市金融学会顾问、中国金融学会金融史专业委员会主任洪葭管先生荣获2011年度"中国金融学科终身成就奖"。刘鸿儒金融教育基金会名誉理事长、中国证监会首任主席刘鸿儒，中国人民银行副行长杜金富共同为洪葭管先生颁奖并分别致贺词。

2月13日　中国金融期货交易所正式启动国债期货仿真交易。开展仿真交易是金融期货新产品上市前的重要环节，对于完善合约规则、检验技术系统、积累运行维护经验以及开展投资者教育具有重要意义。

2月15日　上海股权托管交易市场在浦东张江正式启动，首批19家企业成功在上海股权托管交易中心挂牌。中共中央政治局委员、上海市委书记俞正声出席启动仪式并敲响开市锣。市委副书记、市长韩正出席并致辞。市委常委、副市长屠光绍为上海智富场外市场股权投资基金管理有限公司揭牌。

2月16日　国内最大规模的人民币国际投贷基金在上海起航。中国人民银行副行长刘士余，上海市委常委、副市长屠光绍为赛领资本管理有限公司揭牌，并为赛领国际投资基金首募成功剪彩。赛领国际投资基金是由上海国际集团和相关投资人共同发起设立的人民币国际投贷基金。组织形式为公司制，母基金规模500亿元人民币，其中首期募集规模120亿元人民币，基金投资人包括中央和地方企业集团、上市公司、知名民营企业及金融机构等。

2月20日　为认真贯彻全国金融工作会议精神，全面落实《"十二五"时期上海国际金融中心建设规划》，上海市政府在世博中心召开上海市金融工作会议。

2月22日　2012年上海市国际金融中心建设工作推进小组工作会议召开。市委常委、副市长、市国际金融中心建设工作推进小组组长屠光绍出席会议并讲话。会议回顾总结了2011年上海国际金融中心建设工作取得的重要进展，部署了2012年上海国际金融中心建设推进工作。

中国证监会批复深圳众禄投资咨询有限公司、好买基金旗下好买财富、东方财富信息股份公司旗下上海东方财富投资顾问、诺亚财富的申请，中国首批独立基金销售机构诞生，标志国内第三方基金销售的大幕终于开启。

2月23日　2012年上海市跨境人民币业务工作会议在中国人民银行上海总部召开。会议回顾总结了2011年以来上海市跨境人民币业务发展情况，对2012年上海市跨境人民币业务工作做出安排部署。

3月1日　"中国民生银行上海分行—长宁区小微企业城市商业合作社"在上海揭牌，这是上海市首个银政合作成立的小微企业联合性服务组织。揭牌仪式上，民生银行上海分行与上海长宁区金融办签署了总额5亿元的小微业务专项授信战略合作协议，用于解决长宁区合作社会员的融资问题。

3月7日　上海市银行同业公会迁址暨与香港银行学会合作签约仪式在公会新址举行。

3月20日　中国银行上海人民币交易业务总部成立仪式在上海举行。上海市委书记俞正声、上海市市长韩正、上海市副市长屠光绍、中国人民银行行长助理李东荣、中国银行董事长肖钢、交通银行董事长胡怀邦等出席成立仪式。中国银行上海人民币交易业务总部的业务范围包括人民币债券自营交易、货币市场交易、贵金属交易业务和金融机构业务，内设金融市场部、金融机构部、跨境人民币清算中心和综合管理部，将为海内外金融机构搭建起人民币交易的重要平台，极大地推动人民币交易业务发展，为上海国际金融中心建设提供有力的支持。

3月28日　安信农业保险公司与上海市民政局举行合作备忘录签字仪式。双方重点在服务网络共享、专业技术合作和救助方式创新等方面展开合作，共同推进社会救助和保险灾害补偿向更及时、更高效、更科学的方向发展。

3月29日　交通银行上海市分行"科技金融创新试验基地"正式落户张江园区，包括"科技金融服务中心"及5家"科技金融试点支行"同时揭牌。作为上海市科技金融试点工作之一的"张江高科技园区科技金融服务平台"同日启动。交行上海市分行还与张江等五大园区签署了总计50亿元的专项授信额度，用于支持科技型小企业发展，并为5家科技型企业提供了近亿元的信贷资金支持。同时，携手上海张江(集团)有限公司、上海市再担保公司推出创新产品，降低科技型小企业融资准入门槛，计划年内服务200家科技型小微企业。

3月31日 以“金融反腐倡廉”为主题的第六届上海国际金融中心建设论坛举行。论坛宣告，上海金融学院与上海市人民政府发展研究中心合作成立“上海国际金融中心建设研究基地”，同时上海金融学院在市金融纪工委支持下成立“上海金融廉洁文化研究基地”。

上海市金融学会、上海财经大学现代金融研究中心、上海国际金融研究中心、上海市世界经济学会等联合召开2012中国金融稳定发展的内生性与外生性因素国际研讨会，就世界经济情况与中国货币政策、中国货币政策与结构性问题、汇率、经常账户失衡和人民币国际化、2012年最优货币政策选择等主题展开深入讨论。

4月10日 浦发银行举行“吉祥三宝”启动仪式，向市场正式推出中小企业创新服务模式——“银元宝”、“银通宝”、“银链宝”(合称“吉祥三宝”)。“吉祥三宝”模式是针对特定领域、有共性需求的中小企业金融服务的创新模式，包括三大服务领域：针对园区中小企业的“银元宝”模式、针对交易市场(流通流域)中小企业的“银通宝”模式、针对供应链上下游中小企业的“银链宝”模式。

4月11日 由前台湾海峡交流基金会董事长辜振甫创办的台湾“中国信托商业银行”在浦东设立上海分行，成为第七家在大陆设立分行的台资银行。

4月13日 上海市商务委员会、上海进出口商会与上海联合融资担保有限公司签订战略合作框架协议，积极打造外贸领域政策性融资担保专业平台。根据战略合作框架协议，上海市商务委、市财政局将拨付上海联合融资担保有限公司5 000万元专项资金，这是上海首次使用财政资金专项用于资助担保机构开展中小外贸企业融资担保业务。

4月20—21日 中共中央政治局委员、国务院副总理王岐山在上海市考察工作，并主持召开保险业改革与发展座谈会。

4月24日 中国证监会发布了《关于同意上海期货交易所开展白银期货交易的批复》，正式同意上海期货交易所开展白银期货交易，对助推我国现有白银产业具有重要意义。

4月26日 上海金融业联合会换届选举暨全体会员大会举行。大会选举产生了新一届联合会理事会，交通银行行长牛锡明再次当选第二届理事会理事长，另有20名在沪金融机构领导和高管当选为副理事长。上海金融业联合会与中国欧盟商会、卢森堡金融技术转让中心、英国金融职业网、罗兰贝格公司、上海中心大厦、黄浦区人民政府分别签署有关举办大型研讨会、开展免费金融人才培训、开展“海外金融人才网络视频招聘会”、编制“上海金融景气指数”、赞助支持会员活动、举办“金融家俱乐部”和“中小企业融资沙龙”活动等方面的合作协议。

上海银行首家私人银行与财富管理中心正式开业，标志着该行在高知识含量、高专业水准和高附加值的个人财富管理业务上推出了一个新渠道。服务内容涵盖了财务规划、资产管理、顾问咨询、私人增值礼遇等系列高端服务，既为客户提供个人服务，也为其家庭及企业提供建议方案。

4月28日 由上海市工商界爱建特种基金会联合16家民营企业共同发起设立的爱国建设(上海)投资基金管理有限公司在上海成立，旨在利用金融创新为全市中小企业提供专业的投融资渠道。

5月6日 “民生银行上海分行——小微企业物流专业合作社”正式挂牌成立。该合作社是由民生银行上海分行牵头，联合金山区政府和新跃物流企业管理有限公司以及区域内关心小微工商企业发展的有关人士自愿组成的服务性组织，是上海地区首家也是全国首家专业性小微企业联合性组织。

5月8日 上海市经济和信息化委员会与国家开发银行上海市分行签署了《开发性金融合作备忘录》，在“十二五”期间，国家开发银行上海市分行将提供全面的融资支持，为全市产业和信息化领域融资总额将达1 500亿元。

5月10日 白银期货在上海期货交易所挂牌上市。这是2012年以来国内市场首个期货新品种，也成为我国期货市场第28个上市品种。中国证监会副主席刘新华，市委常委、副市长屠光绍共同为白银期货合约揭牌并鸣锣开市。

“2011年上海金融景气指数”发布。上海金融业整体发展度指数达2 570点，较2010年增长324点，增幅为14.4%。在增长的324点中，金融创新贡献122点，占增长的37.7%。金融国际化贡献74点，占增长的22.9%。

5月11日 浦银金融租赁股份有限公司在上海正式开业。该公司是由浦发银行、中国商用飞机有限责任公司和上海国际集团有限公司共同发起设立的全国性非银行金融机构，注册资本27亿元人民币，其中浦发银行出资18亿元人民币，持股66.67%；中国商用飞机有限责任公司出资6亿元人民币，持股22.22%；上海国际集团有限公司出资3亿元人民币，持股11.11%，是国内首家由商业银行、先进制造企业和综合化金融控股集团共同发起设立的金融租赁公司。

5月14日 浦东新区政府与国盛集团签订战略合作备忘录，合资组建浦东新区融资担保有限公司。该公司首期注册资本8亿元人民币，由浦东新区政府出资6亿元，占注册资本的75%；市政府委托国盛集团出资2亿元，占注册资本的25%。

5月16日 来自全市各区县科委、孵化器、金融服务机构的100名一线工作人员，被上海市科技创业中心聘任为“科技金融专员”，成为上海推动科技与金融结合的生力军。

5月18日 2011年度上海金融创新奖揭晓。上海市人民政府授予“期货保税交割”等5个项目2011年度上海金融创新成果奖一等奖，“股指期货投资者适当性制度”等10个项目获二等奖，“票据市场利率监测系统”等23个项目获三等奖，“金融便利店”

等14个项目获提名奖。同时市政府授予"促进与规范上海市第三方支付产业跨越式发展"等5个项目2011年度上海金融创新推进奖,"开拓多元化化解保险纠纷工作新机制"等2个项目2011年度上海金融创新推进奖提名奖。

5月22日 上海证券交易所发布《中小企业私募债券业务试点办法》,标志着中小企业私募债业务正式启动。

5月23日 上海市经济信息化委、中国人民银行上海总部、上海银监局、市商务委等四部门联合召开上海金融支持实体产业经济发展会议。上海市经济信息化委与工商银行上海市分行等12家银行签署了总额达6 600亿元的"信贷资金支持实体经济投资意向合作备忘录"。

5月24日 上海市政府正式发布了《上海市加快国际航运中心建设"十二五"规划》,这是上海国际航运中心建设的第一个专项五年规划。

5月28日 上海浦东新区长江鼎立小额贷款有限公司举行开业庆典。该公司由两家上市公司——长发集团长江投资实业股份有限公司和上海鼎立科技发展(集团)股份有限公司共同发起设立,注册资本1亿元人民币。

6月6日 建设银行上海市分行黄金回购中心在黄浦区斜桥支行开业,推出黄金回购业务。

6月7日 上海证券交易所宣布,建立新闻发言人制度并进入试运行。官方微博"上交所发布",在人民网、新华网、腾讯网和新浪网上线并进入试运行。

6月12日 为展现上海金融的良好发展环境和发展前景,吸引更多境外金融机构和人才参与上海国际金融中心建设,市政府新闻办和市金融办共同举办了"感知上海邀访活动——解读'十二五'时期上海国际金融中心建设规划"。

6月17日 由中国社会科学院金融研究所和上海市浦东新区金融服务局等单位共同举办的"2012中国新兴金融发展论坛"在上海举行,就现阶段我国金融业的发展环境,特别针对小微企业信贷、融资中存在的问题和解决途径等展开讨论。

6月19日 由上海银监局指导、上海市银行同业公会开发的"小微企业信贷产品信息查询平台"正式上线,首批汇集了上海54家中外资商业银行的224款服务小微企业的特色金融产品。

6月26日 上海市人民政府台湾事务办公室和上海银行签署《支持台资企业发展金融合作协议》,启动新一轮合作。上海银行将在今后2年内为上海地区台资企业意向性提供总额不低于等值人民币200亿元的综合授信支持,重点培育与台企相关联的优质中小企业客户群,并与上海市台办共同探索、创新服务,强化对台资企业的金融支持。

6月28日 "中国民生银行上海分行—田子坊小微企业城市商业合作社"在田子坊"陈逸飞工作室"旧址揭牌成立。

6月28—30日 由中国人民银行、中国银监会、中国证监会、中国保监会、上海市人民政府共同主办的"2012陆家嘴论坛"在上海举行。中国人民银行行长周小川和上海市市长韩正担任本次论坛联合主席。论坛主题是"金融治理改革与实体经济发展",举行了4场全体大会、10场专题论坛和8个浦江夜话。

7月10日 台湾规模最大的银行——台湾银行在上海为其首个大陆分行举行开业庆典。

国泰君安证券"个人投资者投资景气指数"(Individual Investment Index,简称"3I指数")正式发布。作为月度指数,3I指数将通过对海量个人投资者真实投资交易信息的深入挖掘分析,解读个人投资者交易行为的变化、投资信心的状态与发展趋势。

7月11日 上海保监局举行保险消费者权益保护工作社会监督员聘任仪式,并为10名社会监督员颁发聘书。

7月17日 以金融服务外包产业为基础的"上海金融谷"项目在嘉定工业区奠基。奠基仪式上举行了首批入驻"上海金融谷"企业的签约仪式。

上海浦东发展银行上海分行设立的首家专注于小微企业金融服务的新型楼宇银行正式开业,并与闸北区财政局签署了《政银推进小微企业信用贷款试点战略合作协议》,意向性同意向该协议项下政府推荐的诚信小微企业提供年度累计总额1亿元人民币的融资规模。

上海国际集团旗下的上海国金租赁有限公司正式开业。

7月19日 作为国务院批准的商业银行入股保险业首批试点公司之一——工银安盛人寿保险有限公司在上海正式挂牌成立。中国工商银行持有公司60%的股权,成为公司控股股东,安盛中国公司和中国五矿集团公司分别持有公司27.5%和12.5%的股权。

在沪召开的"2011年度上海市高新技术成果转化项目百佳十强颁奖表彰大会"上,上海市科技创业中心与交通银行上海市分行联合签署了《成果转化项目信用贷产品合作协议》,共同推出了适合科技型企业的融资产品"高新技术成果转化信用贷款",是针对全市重点扶持的优质科技型中小企业群体给予一定额度信用贷款的金融产品。

7月23日 交通银行与阿里巴巴共同宣布推出"交通银行淘宝旗舰店",是国内银行业首度登陆淘宝。首期开放的内容包括:贵金属、基金、保险、个人/小企业贷款、贵宾客户服务、借记卡等6个频道。

7月24日 上海市商务委员会与上海银行签订战略合作协议,双方将在上海内外贸易、外商投资、金融产品创新、支持中小企业发展、虹桥商务区建设等方面加强合作,共同推进上海国际贸易中心建设。同时,上海银行与上海进出口商会、上海市再担保有限公司、上海联合融资担保有限公司签订四方合作协议,推出了旨在丰富全市中小型进出口企业融资渠道的授信产品——"外贸通",信贷额度30亿元。

7月26日 上海首家科技支行——上海农商银行张江科技支行在张江高科技园区举行开业仪式。开业当天,上海农商银行张江科技支行与浦东新区国际人才城项目筹备组签署了战略合作协议，与上海市科技创业中心联合推出了针对科技型企业的信用贷款产品“鑫用贷”，与接力基金、创业接力担保签署了“投贷保”合作协议等一系列合作协议。

7月27日 中国人民银行上海总部召开了上海市51家获得支付业务许可的支付机构主要负责人参加的工作会议。51家支付机构签署了共同倡议发起的《上海市支付机构承诺书》。

8月1日 中国平安财产保险股份有限公司上海航运保险运营中心正式开业，成为第三家在上海开业的航运保险专业机构。

8月2日 招商银行小企业信贷中心与上海市促进中小企业发展协调办公室及金山、宝山、闵行、静安四区中小企业服务中心签订“金伙伴计划”合作协议，双方将合作推出包括“专精特新中小企业信用贷”等专属金融产品。招商银行小企业信贷中心承诺在合作中提供10亿元意向性授信额度，专项支持“专精特新”中小企业，其中5亿元为信用贷款意向性授信额度。

8月6日 中共上海市金融工委、上海市金融办、中央“千人计划”联谊会经济金融与管理专业委员会承办的“融合 创新 发展——‘三个融合’助推上海国际中心建设主题论坛”在上海国际会议中心举行。

东方证券股份有限公司和花旗环球金融亚洲有限公司共同宣布，双方合资成立的证券公司正式开业运营。该合资公司为东方花旗证券有限公司，在上海注册成立并设立总部，注册资本8亿元。

8月7日 上海市金融服务办公室、上海市政府法制办公室联合召开新闻发布会，向社会公开发布《上海国际金融中心法治环境建设》白皮书，同类型书籍的出版在全国尚属首次。

8月10日 上海农商银行首家鑫意财富管理中心在徐汇区开业。

8月15日 国内首家专注科技企业的独立法人银行——浦发硅谷银行在上海正式开业。总部注册在上海市杨浦区，注册资本10亿元人民币，由上海浦东发展银行股份有限公司和美国硅谷银行合资成立，双方各持50%股权。

8月18日 主题为“全球经济动荡中的金融理财新思维”的中国金融理财师年会(2012)在上海举行。

8月21日 花旗银行发布新闻公报称，在中国开始发行花旗品牌信用卡。该行成为首家在中国单独发行信用卡的全球性银行。

“2012年国家新兴产业创投计划参股上海创业投资基金设立揭牌暨首批基金投资项目签约仪式”在上海举行。

8月23日 2012年度“新华-道琼斯国际金融中心发展指数”在上海发布。纽约、伦敦与东京继续领跑综合发展实力前三甲，上海仍居第6位，并连续三年蝉联“成长发展”首位。

8月27日 上海证券交易所发布《转融通证券出借交易实施办法(试行)》，并自发布之日起施行。

8月28日 上海生物医药中小微企业金融服务促进会成立暨战略合作签约仪式在张江生药企业孵化园举行。该促进会是由上海市生物医药科技产业促进中心，携手民生银行、宁波银行、邮储银行等在沪分行，以及上海科技投资公司等单位共同发起成立的产业金融服务平台。

广发银行上海五角场支行开业，这是广发银行在上海的第一家小企业金融中心。

中信银行上海分行贵宾理财中心在南京东路61号开业。

9月12日 上海期货交易所与芝加哥商业交易所集团(CME Group)续签合作备忘录(MOU)，正式将如何促进跨市场交易、信息共享、新产品合作开发、市场研究开发和员工培训、跨境风险管理、联合营销和投资者教育和成立联合工作组等新的合作主题写入协议。

9月16日 瑞盈财富成立一周年庆典——“瑞盈财富价值之旅”在上海举行，瑞盈(上海)财富管理中心同时成立。

9月17日 仲信国际租赁公司举行上海总部开幕仪式。仲信国际租赁公司是中国信托金控旗下子公司中国信托资产管理公司转投资之租赁公司，注册资本金为人民币3.1亿元，以中小企业机器设备融资为主要业务。

中国太保集团上海首个产寿服务共享门店开始对外试营业，“一个太保”的一站式综合服务模式正式启动。

9月18日 上海银行与中国上海国际艺术中心签署合作协议，正式成为第十四届中国上海国际艺术节“首席合作伙伴”。签约仪式上，由上海银行发起的“上海文化发展基金会上海银行文化艺术专项基金”同时揭牌。

9月19日 “中国农业发展银行支持上海城乡统筹发展合作项目签约仪式”在上海举行，中国农业发展银行与上海地产(集团)有限公司、光明食品(集团)有限公司就上海“十二五”期间涉农产业和新农村建设重点发展项目签订了战略合作备忘录和整体授信协议。

9月21日 由中国银联推出的具有自主知识产权的金融IC卡互联网应用终端——“银联迷你付”在上海亮相。“银联迷你付”是中国银联结合金融IC卡支持“闪付”、存储信息量大等特征，研发而成的多功能应用终端，目的是打造个人和家庭的网上支付平台。

9月25日 中国浦东干部学院与上海市金融学会联合召开“中浦2012地方金融论坛”，共同探讨地方金融困局的破解与创新。

9月26日 上海浦东国际人才城举行开城典礼。上海农商银行和浦东国际人才城签署战略合作协议，成为浦东国际人才城唯一的战略合作银行。

9月27日 中国工商银行上海市分行信用卡商户服务中心揭牌。该中心致力于服务信用卡收单商户，此举在沪上是首创。

在与上海市采购中心、中投保上海分公司合作推出“中投保政策性担保项下政府采购融资方案”(即“政府采购贷”)基础上，上海银行发放“政府采购贷”项目的第一笔融资贷款。这笔由上海银行发放给上海升意实业有限公司的110万元流动资金贷款，是上海市第一笔"政府采购贷"。

10 月 10 日　由上海金融业联合会、中国社会科学院、黄浦区人民政府三方共同发起的学术平台——"金融时代"品牌举行成立仪式。首期沙龙活动由中国社会科学院副院长李扬主讲，报告主题为"中国金融改革思考"。

10 月 11 日　汇添富基金首家开通货币基金网上直销 T+0 赎回业务，并发布详细业务规则。该项业务首次真正实现货币基金赎回实时到账，打破此前基金赎回时间限制，投资者在包括周一至周日的任何一个自然日的 7 点至 22 点均可进行货币基金赎回，并即时取现。

10 月 18 日　上海金融业联合会专家委员会召开 2012 年第一次全体委员会议，专家委员会主任委员、中国银联股份有限公司董事长苏宁主持会议。

10 月 19 日　农业银行在上海国际会议中心举行新产品发布会，正式推出国内首个规范化票据转贴现组合交易产品——"票远通"。此次推出的"票远通"产品是国内票据市场首款符合市场发展规律和监管规定，具有现实需求和长期发展空间的基于票据远期交易的产品。

上海市外国专家局、美国期权行业协会、上海市金融服务办公室联合举办"2012 年上海证券期权业发展：经验与未来"报告会。

由浦东新区政府发起，浦东新区金融服务局和陆家嘴金融贸易区管委会联合陆家嘴金融城各界共同举办的第六届陆家嘴金融文化节开幕仪式举行，主题为"活力陆家嘴，魅力金融城"。

10 月 25 日　北京银行上海分行在普陀支行成立上海分行首家支行级"小微企业信贷工厂"，以全新的商务模式服务上海小微企业，并与上海联合融资担保有限公司联合推出"园区贷"、"外贸贷"和"科技贷"等小微企业特色融资产品。

"金融让生活更幸福"——万名进城务工者金融知识教育项目在浦东新区正式启动，监管部门、银行业机构和社会公益组织三方联动协作，促进金融普惠的新模式进入实质性的运行

10 月 26 日　上海闸北市北高新小额贷款股份有限公司在市北高新园区正式开业，首批 3 家企业共获得 1 600 余万元贷款。公司主发起人为上海市北高新(集团)有限公司。

浦发银行举办首届股权基金投资者年会，同时成立股权基金投资者俱乐部，这是国内由商业银行发起设立的第一个专门服务于股权基金投资者的平台。

11 月 1 日　交通银行作为发起机构在全国银行间债券市场成功发行 30.335 5 亿元人民币的信贷资产支持证券。这是自 2012 年 5 月中国人民银行、中国银监会和财政部联合下发《关于进一步扩大信贷资产证券化试点有关事项的通知》后，首单由全国性股份制商业银行发起设立的证券化项目。在信贷证券化产品认购的机构投资者中，首次出现保险资金。

11 月 2 日　上海市金融学会举办第三届"青年金融论坛"。论坛分设上下午两个专场，交流了 15 篇论文。该活动在上海市社联第六届学会学术活动月评选中获优秀组织奖。

11 月 6 日　中国人民银行上海总部召开《上海市志・金融分志・综合卷(1978—2010)》编纂工作启动大会。

11 月 12 日　中国银行上海市分行表示，已推出航运金融创新方案并成功完成首单业务。针对货代企业的经营特点，为客户研发推出"池融资"概念，将应收账款作为一个不断流动但余额相对稳定的"资金池"，并以此为质押物开展融资，帮助企业解决向下游支付运费的资金缺口。

11 月 16 日　由亚洲资信评估协会主办、上海新世纪资信评估投资服务公司协办的最佳实践对话暨协会年度会议在上海举行。主题是"追求国内债券市场和亚洲市场的发展"。

11 月 19 日　建设银行上海市分行表示，已成功为通用电气(中国)有限公司办理了对其境外母公司通用电气公司的人民币放款业务，金额为 1.5 亿元，这是全国首笔以公司内部贷款形式、以人民币为币种的跨境资金运作。

11 月 21 日　保险行业"电子签名"第一单在上海签出，"电子签名"这一创新模式在保险行业首次被成功应用，这是太保集团运用新技术在推动销售和服务模式转型道路上迈出的重要一步。

11 月 23 日　由上海市国际股权投资基金协会、上海市黄浦区人民政府、中欧陆家嘴国际金融研究院共同举办的"外滩金融・上海国际股权投资论坛"在上海举行。论坛上，上海市国际股权投资基金协会与中信证券、上海银行签署协议，共同发起设立 30 亿元人民币规模的上海国际股权投资发展基金(FOF)。

12 月 5—6 日　上海市金融学会《上海金融》杂志和上海金融业联合会航运金融专业委员会、上海浦东新区航运服务办公室、上海国际航运中心发展促进会、上海组合港管理委员会办公室在上海浦东联合主办"第四届航运金融服务国际会议 2012"。

12 月 11 日　浦发硅谷银行在上海举行运营庆典，中国第一家专注服务于科技创新产业的银行正式开始为创新企业提供金融服务。

12 月 12—14 日　上海农商银行在全国银行间债券市场成功发行了总额为 50 亿元人民币的小型微型企业专项金融债券。上海农商银行成为全国首家成功发行小微金融债券的省级农村商业银行。

12 月 17 日　韩国大邱银行在上海开设分行并正式营业。这是韩国地方银行首次进入中国市场。

12 月 19 日　由解放日报主办的"2012 上海金融服务总评榜"在上海揭晓。浙江泰隆商业银行上海分行获得"2012 最佳金融服务奖"。中国光大银行上海分行、华夏银行上海分行、交通银行上海市分行、宁波银行上海分行、上海农商银行、广发银行上海分行获得"2012 最佳金融服务入围奖"。

由上海证券交易所、中国上市公司协会共同主办，以"股东回报与公司治理"为主题的"第十一届中国公司治理论坛"在上海召开，并向获奖上市公司颁发了"2012 年度董事会奖"和"2012 年度信息披露奖"二个专项奖。

12月20日 由上海市信息服务业行业协会主办的上海金融信息服务业年度峰会在上海召开。国内首家网络信贷服务业企业联盟在上海正式成立。

上海东虹桥融资担保股份有限公司开业。该公司于9月获批成立,注册资本5亿元,是上海首家获得国资入股的民营担保公司。同日,上海市中小微企业融资创意论坛召开。

12月26日 中国人民银行金融消费权益保护局成立会议在上海召开。

上海市金融学会召开2012年学术年会。上海市金融学会常务副会长郑杨作工作报告。中国人民银行纪委书记、党委委员王华庆作了题为"金融创新、金融危机和可持续发展"的学术报告。

上海期货交易所发布了有色金属期货价格指数,这是国内首个期货交易所发布的商品指数,反映有色金属行业价格的整体运行情况。

"2012年度上海中小企业融资服务合作伙伴"评选结果揭晓,中国银行上海市分行、上海农商行、工商银行上海市分行、浦发银行上海分行、上海联合融资担保有限公司当选"2012年度上海中小企业融资服务最佳合作伙伴"。

12月27日 2012年度上海金融创新奖公布,"非上市股份有限公司股份转让制度体系"等46个项目荣获2012年度上海金融创新奖及提名奖。

12月28日 由新华社上海分社、新华社金融信息平台上海总部、第一财经、上海金融业联合会联合主办的2012沪上金融家评选揭晓。30位中外籍金融界精英分别荣获2012"沪上十大金融家"、2012"沪上十大金融行业领袖"、2012"沪上十大金融创新人物"奖。

江 苏 省

2月1日 苏州市政府召开全市银行行长联席会议,确定2012年苏州全市新增全社会融资总量目标接近4 000亿元。

2月28日 汇丰银行入驻无锡,成立汇丰银行无锡分行。

3月6日 无锡市政府召开2012年银企保授信签约大会。全市27家金融机构与3 283家(次)的企业、项目签订了2 018亿元的授信合作协议,银企授信家数和金额再创历年新高;全市23家金融机构与104家担保公司签订了606.88亿元的合作协议,签约担保机构的平均授信放大担保倍数达到4.75倍,银保签约授信面实现逐年提升。

3月15日 中国人民银行南京分行在全国率先发布《江苏省金融消费者现金业务权益保护办法(暂行)》,全省358家银行业机构签署了《江苏省金融消费者现金业务权益保护公约》。

为大力推动辖区征信系统规范管理,不断提高广大金融消费者自我维权意识、个人信息保护意识,人民银行镇江市中心支行在全辖范围内开展了"3·15"消费者权益保护主题征信宣传活动。

3月18日 中国人民银行苏州市中心支行牵头举办"金融消费者权益保护宣传月活动"启动仪式暨"3·15金融消费者维权主题宣传活动"。

3月28日 中国人民银行镇江市中心支行联合镇江市经信委组织辖内各金融机构、担保机构及相关评级机构召开2012年镇江市担保机构信用评级会议。

3月30日 常州市政府出台《关于加大对小微企业金融支持力度的若干意见》等文件政策,引导金融机构围绕增加信贷支持、深化金融创新、科技金融结合、完善配套服务、降低融资成本、防范金融风险等方面,强化小微企业金融支持。2012年末全市小微企业贷款户数达到10 383户,比年初增加626户,增长6.42%;小微企业贷款余额为2 077.14亿元,增长21.06%,高于各项贷款平均增幅6.44个百分点。

2012年苏州市金融支持促进发展转变经济发展方式银企合作活动举行,国家开发银行等24家银行与苏州文化旅游发展集团有限公司等48家企业分别进行签约,合作金额近200亿元。

3月 中国人民银行泰州市中支举办"3·15金融消费者权益保护"大型广场宣传活动。

4月17日 中国人民银行南京分行与省经信委、中小企业局在南京联合举办"2012年全省工业企业融资洽谈活动项目签约暨战略合作协议签署仪式"。遴选投资额达4 484亿元的400项重点工业投资项目,鼓励银行业金融机构积极跟踪,主动对接。

4月18日 兴业银行入驻扬州,成立兴业银行扬州分行。

4月23日 邮政储蓄银行江苏省镇江市分行组织人力深入农村小卖部、小超市、村委会进行调研沟通,获取营业额、客流量等信息,选择最合适的助农取款服务点,率先开通"商易通"助农取款业务,并且试点成功。

5月7—8日 中国人民银行主办的国际货币基金组织(IMF)"G20应对数据缺口区域研讨会"在苏州市举行。

5月21日 中国人民银行扬州市中心支行联合扬州团市委在首家试点地区仪征市召开农村青年信用示范户融资扶持签约大会暨2012年农村青年信用示范户创建工作。

5月24日 由江苏省信用再担保有限公司提供反担保,中债信用增进投资股份有限公司提供信用增进,国家开发银行主承销的常州市2012年区域集优集合票据项目成功注册。

6月4日 无锡市商务局、中信保公司和江苏银行分别与5家中小外贸企业签订投保、金融服务协议,中信保公司和江苏银行将分别为符合条件的近400家小微企业提供10亿美元的出口承保,为中小外贸企业提供三年100亿元的意向性融资支持。

6月11日 东吴人寿保险股份有限公司开业,这是全国首家地市级法人保险公司正式获批开业。

6月12日 由平安证券担任主承销,深圳发展银行作为债券受托管理人的无锡市首单中小企业私募债发行圆满成功,它是全国首批中小企业私募债中发行规模最大、债项评级最高、发行价格较低的中小企业私募债。发行人为无锡高新物流中心有限公司，发行规模 2.5 亿元，募集资金主要投向码头建设。

6 月 19 日　由无锡国联证券编制的无锡地区上市公司指数首度发布，无锡上市公司的规模位居全国大中城市第五位，地市级城市首位，显示了很强的经济实力和在资本市场的竞争力。

6 月 28 日　无锡易通精密机械股份有限公司成功登录沪版 OTC 市场——上海股权交易托管中心，成为该中心挂牌的第 20 家企业。这是江苏省首家在上海股权交易托管中心挂牌的企业，开创了中小企业资本市场融资的又一新模式。

江苏省银行业机构硬币自助存款兑换服务试点在南京市正式启动。

7 月 1 日　句容农村商业银行正式上线银行卡“助农取款村村通”服务工程，为省内农信系统首家上线单位。

7 月 11 日　全国社保基金理事会与无锡市住房保障建设发展有限公司签订保障房项目合作协议。无锡成为全国地级市中首个成功利用社保基金支持保障房项目的城市。

7 月　中国人民银行南京分行在江苏省兴化市举办人民银行泰州兴化农商行代理发行库试点启动仪式。

8 月 18 日　扬州市第二届银行业机构点钞识假技能竞赛在中国人民银行扬州市中心支行成功举行。

8 月　江苏省货物贸易外汇管理制度改革正式实施。

中国人民银行南京分行立项开发的金融消费权益保护工作管理系统正式在江苏全省推广使用。

9 月 12 日　由中国钱币博物馆、中国人民银行南京分行共同主办，江苏银行、南京银行、江苏省钱币学会协办的货币历史文化与银行展在南京文化艺术中心隆重举办。

9 月 30 日　江苏省银行业机构所属自动柜员机配款全部完成冠字号码记录、存储、备查工作，实现全覆盖的目标。

10 月 8 日　扬州市政府召开全市金融工作会议。会上举行了银企综合授信签约仪式。

11 月 2 日　中国人民银行句容市支行与当地农村金融机构在处于城乡结合部、小商品交易活跃的华阳镇农民街联合开展了“刷卡无障碍示范街”和银行卡助农服务支付结算业务现场宣传活动。

11 月 6 日　江苏宝应农村商业银行挂牌成立。

11 月 12 日　江阴福斯特纺织有限公司在德国法兰克福证券交易所主板成功上市，这是江苏省在德国上市的第一家企业。

11 月 20 日　江苏宝应锦程村镇银行正式成立。

11 月 25 日　苏州市政府与中国人寿保险(集团)公司签署战略合作协议，设立股权性质的苏州市城市投资发展基金，总值达 100 亿元。

11 月　中国人民银行泰州市中支召开全市外经贸企业重大项目推介暨信贷需求信息发布会，全市 15 家外汇银行分管负责人和国际业务部门负责人、商务局和中心支局相关处室负责人共约 40 人参加了会议。

泰州市举办医药高新区银企对接暨签约仪式大会。泰州市 15 家银行业金融机构与 28 家企业进行了现场签约，4 家银行机构现场进行了特色信贷产品推介。

11 月底　中国人民银行南京分行与公安部门协调配合，开展打击银行卡犯罪专项行动，专项行动期间全省公安机关共立案 4 658 起，破案 3 357 起，挽回经济损失 8 911.18 万元。

12 月 12 日　渤海银行入驻无锡，成立渤海银行无锡分行。

12 月 18 日　扬州市政府与相关银行业机构联合举行了扬州市国家标准化社会保障卡首发仪式，在全省率先实现了 PBOC2.0 国际新标准和“一卡多用”功能。

12 月 21 日　华泰证券成为全国首批 10 家获得银行间市场非金融企业债务融资工具主承销商业务资质的券商。

12 月 24 日　江苏首台“全民付”社区服务终端在扬州市区春江花园社区布放。人民银行扬州市中心支行和扬州市民政局在该社区联合举办了“全民付”便民支付服务进社区活动启动仪式。

2012 年　常州市落实江苏省债务融资工具“双速计划”，加快推动金融产品和服务创新，努力拓展企业融资渠道。至 12 月 31 日，全市直接债务融资工具余额 78.5 亿元，是上年末的 6.8 倍，并且发行企业数量增加，融资工具运用多样，增量扩面效应明显。

全年，江苏省成功截获 5 起利用伪造凭证式国债质押贷款案件。上述案件涉案金额均在 2 000 万元以上，最高达 1 亿元。

浙　江　省

1 月 4 日　嘉兴市召开嘉兴市经济金融形势分析会暨金融界迎春团拜会。

1 月 4 日　中国人民银行舟山市中支与定海区委、区政府共同举办 2012 年定海区政银企融资恳谈会，谢海潮副行长出席会议。会上，定海区 6 家银行与 10 家企业现场签约，共授信 15 亿余元。

1 月 20 日　中国农业发展银行舟山市分行与舟山市钓梁海涂围垦综合开发有限公司签订水利建设固定资产贷款合同 40 000 万元。项目建成后可形成渔港防波堤 1 500 米，直立式护岸1 245 米，码头 3 座。

1 月 29 日　宁波市第一单中小企业集合票据在银行间债券市场成功发行，发行人由宁波新福钛白粉有限公司、宁波德泰化学有限公司、宁波太平洋海运有限公司 3 家中小企业组成。

3 月 5 日　中国人民银行宁波市中心支行召开金融支持实体经济新闻发布会暨“金融支持实体经济服务年”活动启动仪式。

3 月 18 日　平安银行宁波分行与宁波出入境检验检疫局合作的“检快通”电子收费项目全线贯通。

3 月 21 日　嘉兴市举办区域集优债务融资合作洽谈会，中债信用增进投资股份有限公司等相关部门参加洽谈。

3 月 23 日　中国农业发展银行舟山市分行与定海区农村住房建设投资开发有限公司签订农民集中住房建设固定资产贷款合同 18 000 万元。项目建成后可新增农民住房面积 69 412.8 平方米，改善农民住房 628 户。

3月28日　国务院常务会议决定设立温州市金融综合改革试验区，批准实施《浙江省温州市金融综合改革试验区总体方案》。

3月30日　中国人民银行和浙江省政府决定在丽水市开展农村金融改革试点工作，着力破解"三农"发展的资金瓶颈。

4月6日　宁波东海银行在宁波国际金融中心举行成立庆典。

4月10日　嘉兴市召开金融支持战略性新兴产业发展情况汇报会。

4月13日　中国人民银行宁波市中心支行联合市经信委举办了"宁波中小微企业网上融资平台运行开通仪式"。

4月16日　宁波通商银行举行成立庆典。

4月25日　全省金融工作会议暨温州市金融综合改革试验区工作动员大会在杭州召开。

4月26日　舟山建行与舟山市工商局下属的舟山市诚信企业促进会、舟山市民营企业协会、舟山市个体劳动者协会签订"诚信通"小微企业、个体工商户成长合作协议，通过"诚信通"信贷产品为小微企业发展提供30亿的信贷资金扶持。

5月10日　中国银行间市场交易商协会、中国人民银行杭州中心支行、浙江省金融办签署《借助银行间市场助推浙江省经济发展合作备忘录》。全年债务融资工具发行836.2亿元，同比增长近一倍，推动直接融资比例创新高。

5月15日　英大泰和财险宁波分公司正式开业。

6月1日　浙江省保险行业协会组织39家升级人身保险公司签署《治理销售误导自律公约》，以促进人身保险业持续、稳定、健康发展，更好地维护保险消费者合法权益。

6月16日　浙江省委、省政府出台《关于加快金融改革发展的若干意见》，推动浙江"十二五"期间金融业改革发展。

6月20日　宁波开始大规模发行单芯片金融社保卡。全市职工医保参保人员可通过金融社保卡的金融借记账户，领取各类社保待遇，缴纳社保费，并可作为银行卡使用。

6月28日　中国人民银行嘉兴中心支行组织市金融系统赴嘉兴学院举办"我们的价值观"宣讲报告会。

6月30日　中国银行宁波市分行与宁波利时集团推出该行首张联名借记卡——"长城—利时联名卡"。

7月3日　中国人民银行宁波市中心支行和市经信委在金港大酒店联合举办宁波市合同能源管理项目和重点节能改造项目银企对接会。会上，银行与合同能源管理公司、重点企业共达成融资意向12.5亿元，签约金额6.5亿元。

7月6日　国家外汇管理局批准在宁波地区试点中资企业境外机构或个人担保项下境内贷款(外保内贷)政策，核定地区贷款额度为2亿美元。

7月13日　浙江证监局联合浙江上市公司协会召开浙江上市公司内部控制规范实施培训会，部分中小板上市公司讲授了内控建设经验。

7月17日　中国人民银行杭州中支制定出台《关于金融支持浙江舟山群岛新区建设的指导意见》(杭银发〔2012〕149号)，提出18条举措要求全省金融机构重点突出对新区的资金倾斜和政策扶持，加大金融支持力度推进新区发展。

7月25日　建设银行浙江省分行黄先俊行长率团到舟山新区，与舟山市周国辉市长率领的政府有关部门负责人和企业家团队就群岛新区重大项目推进、金融支持服务等发展大事进行交流。并在全面战略合作协议签订仪式上，为建设银行舟山分行成为"舟山群岛新区建设金融服务创新试点行"进行揭牌。"金融服务创新试点行"将在信贷政策、产品创新、金融服务等方面给予倾斜。

7月25日　交通银行舟山普陀支行开业。

7月26日　由中国人民银行宁波市中心支行主办、宁波银联承办、全市发卡银行协办的"金融服务民生银行卡走进'芯'时代"宁波市金融IC卡宣传活动正式启动。

8月3日　宁波城建投资控股有限公司以宁波市天然气收费收益权为支持，在银行间债券市场以非公开定向发行方式发行了全国首单资产支持票据，期限分为1年、2年、3年，融资额分别为2亿元，2亿元，6亿元，发行利率分别为5.3%、5.5%、5.7%。

8月6日　浙江省政府出台《关于改善金融服务实体经济发展的若干意见》，引导和鼓励金融机构改善金融服务，加大金融对实体经济的支持力度。

8月10日　中国人民银行嘉兴市中心支行举行共同促进开放型经济发展合作备忘录签署仪式暨政策培训会。

8月17日　台州银行杭州分行在杭州地区批量化筹建3家小微企业专营支行，是浙江省内首批获准筹建的小微企业专营支行，有利于推动小微企业金融资源的优先配置。

8月27日　浙江省财政厅、浙江省地方税务局下发《关于扶持金融业发展有关财税政策的通知》，出台包括金融保险业营业税增收奖励政策、对金融机构"支农支小"的财政补偿政策及各类税收优惠政策。

9月19日　浙江省政府举行浙江省金融控股有限公司成立大会暨海洋产业投资基金启动仪式，为打造区域金融中心、建设金融强省服务。

9月20—21日　嘉兴市金融学会举办"金融支持实体经济发展"研讨会。

10月11日　浙江银监局召开杭州银行业发展与监管恳谈会，并在会上正式成立了浙江银监局杭州监管委员会。

10月17日　中国银行宁波市分行与宁波公运集团合作的"自助终端汽车票代售"项目上线运行。

10月18日　浙江股权交易中心暨区域性股权交易市场成立，为省内企业提供股权债权的转让和融资服务，并积极培育企业进入证券市场。

10月23日　台州首单中小企业集合票据成功发行。至此，台州市发行的企业债务融资工具已覆盖短期融资券、中期票据和中小企业集合票据三个主要品种，实现了百花齐放的良好局面。

10月26日　"交通银行财富管理走遍浙江"巡回路演第三站走进舟山。巡演活动分为产品推介、财富论坛、企业座谈等环节，共话银企合作事宜。

11月19日　2012年海峡两岸小微金融发展研讨会在浙江台州路桥区举行。两岸学者、业界人士就推动海峡两岸金融合作与交流,促进小微企业进入服务创新等议题进行了深入探讨。

11月20日　中国人民银行嘉兴市中心支行与市经信委等联合主办嘉兴市促进中小企业发展高峰论坛。

宁波镇海农村商业银行股份有限公司开业。这是浙江省首家由农村信用社改制而来的农商银行。

12月5—6日　中国人民银行嘉兴市中心支行组织开展嘉兴市"珍爱信用记录,享受幸福人生——我与征信"演讲比赛。

12月12日　上海浦东发展银行舟山分行在舟山新城绿城大酒店举行开业仪式,上海浦东发展银行杭州分行与舟山市政府签订总额为200亿元的战略合作协议。

12月17日　临海农村信用联社成功改制为浙江临海农村商业银行。该行是台州首家农商银行,也是浙江银监局审批的第一家由县级农村信用社直接改制而成的商业银行。

12月20日　中韩人寿保险有限公司正式成立,成为第一家总部设在浙江的中外合资寿险公司。

12月　浙江省政府发布《关于在台州市设立浙江省小微企业金融服务改革创新试验区的批复》,批准台州设立"浙江省小微企业金融服务改革创新试验区"。

安 徽 省

1月14日　合肥市小额贷款公司协会第一次会员大会暨协会成立大会在梅山饭店成功召开。

1月18日　芜湖市外汇局为信义光伏产业(安徽)控股有限公司登记备案2.1亿元人民币外债。

1月20日　中国人民银行马鞍山市中心支行出台《关于金融支持马鞍山市实体经济发展的指导意见》。

2月9—10日　2012年中国人民银行金融稳定工作会议在合肥召开。

2月29日　宣城市率先在全省举办2012年首场银企对接会。本次银企对接会签约项目307个,合同签约贷款约66.26亿元,意向性贷款44亿元。签约项目数、合同贷款签约额均创历史新高。

2月　《安徽省大型商业保险及招投标业务规范》出台。

3月12日　合肥市制定并印发《合肥市集中清理整顿各类交易场所工作方案》,正式开展交易场所清理整顿工作,对合肥市列入清理整顿范围的31家交易场所进行整改验收,最后4家交易所经中国证监会审核予以保留。

3月13日　中国人民银行六安市中心支行与裕安区政府共同举办"金融服务实体经济活动年"启动仪式暨小微企业(裕安)融资洽谈会,六安市200家小微企业法定代表人参加会议,六安市10家银行业金融机构、2家融资性担保公司主要负责人和业务宣传人员参加活动,活动现场10家银行与20家小微企业签订贷款协议20项,平均单笔贷款小于500万元,最小一笔贷款200万元,突出了支持小微企业的导向。

《安徽证监局证券机构行政许可操作规程》出台。

3月15日　安徽省首家私人银行中心—中国工商银行安徽省分行私人银行中心正式成立。

3月18日　全国台企联合企业产业转移(皖江铜陵)示范区—台湾产业园揭牌暨台湾城奠基仪式在铜陵举行。

3月20日　合肥市2012年度第一期暨庐阳区首批"滨湖春晓"中小企业贷款集合资金信托计划在合肥发行,发行规模为1亿元,全年累计发行5.1亿元。

3月23日　由山东寿光农商行作为主发起人联合十一家股东,共同发起的芜湖泰寿村镇银行股份有限公司正式挂牌营业,注册资金2亿元人民币。

3月29日　建设银行安徽省分行举行合肥私人银行暨小企业之家开业庆典仪式。

4月5日　宣城市出台《金融支持宣城市实体经济发展指导意见》。

4月10日　中国人民银行宣城市中心支行与宣城市人力资源与社会保障局、宣城市财政局联合印发《加大小额担保贷款政策落实力度　促进创业型城市建设工作的意见》。

工商银行芜湖分行为奇瑞汽车股份有限公司成功办理人民币出口代付业务1亿元,该业务是芜湖市首笔跨境人民币出口协议融资业务。

4月18日　农业银行安徽省分行在合肥举行三农金融部安徽省分部揭牌仪式。

4月24日　《安徽保险业信访投诉工作量化考评办法》发布实施。

4月25日　《安徽辖区证券投资顾问业务工作指引(试行)》,发布实施。

4月　铜陵市在全省率先启动农村房屋抵押贷款业务,迈开了农村金融改革的新征程。《人民日报》、中央电视台先后给予了专题报道。

5月8日　2012年安庆市金融工作会议暨第十届银企信贷项目洽谈会召开。

5月27日　中国银行安徽省分行网银银医通项目成功投产。

6月6日　安徽保险行业内第23家财产险主体,英大泰和财产保险股份有限公司安徽分公司获批开业。

6月27日　由安徽省金融学会和铜陵市政府共同主办的省金融学会常务理事会议暨金融支持实体经济发展交流会在铜陵举行。

7月4日　邮储银行马鞍山市分行"整贷直发"小额担保贷款首发成功。

7月5日　2012年安庆市银行卡助农取款服务暨新农村金融服务示范乡镇建设经验交流会召开。

7月6日 安徽省首个小微企业投保出口信用险试点在宁国启动。

7月13日 由兴业银行芜湖分行主承销的芜湖市第一期中小企业集合票据成功发行。

7月19日 安徽省省农村合作金融机构"金融服务进村入社区"、"阳光信贷"和"富民惠农金融创新"三大工程实施推进会在合肥召开。

7月20日 合肥市金融办与高新区共同举办"深圳证券交易所与合肥高新区战略合作协议签约仪式暨科技金融结合发展论坛"。

7月24日 中国民生银行马鞍山分行正式开业。

7月31日 安徽省农村信用体系桐城市试验区建设正式启动。

8月1日 黄山市农村信用体系试验区建设启动仪式和业务培训在休宁县召开。

8月8日 马鞍山承接产业转移集中示范园区正式批准设立。

8月9日 中国人民银行池州市中心支行组织制定《池州市金融支持文化产业发展的意见》，推动做好辖区金融支持文化产业的发展工作。

8月10日 中国人民银行安庆市中心支行联合安庆市农业委员会举行"统贷直放"合作协议签约仪式。

8月10日 黄山市金融系统会同市委统战部、市工商联、市经信委、市金融办举办"黄山市中小企业直接融资推介会"。

8月16日 安徽省农村信用体系宁国市试验区建设正式启动。

8月21日 金寨县召开全县农村信用体系建设动员大会，启动该县农村信用体系建设，正式拉开全县农村金融综合改革序幕。动员会上，人行合肥中心支行决定正式授予金寨县为安徽省农村信用体系建设试验区，并举行了授牌仪式。

8月22日 金寨农村商业银行股份有限公司正式挂牌成立。

8月24日 马钢首期10亿元中期票据发行成功。

8月27日 《国务院关于大力实施促进中部地区崛起战略的若干意见》(国发〔2012〕43号)明确提出将合肥纳入金融改革和金融创新试点区。

8月28日 安徽省能源集团财务有限公司获批开业。

国家金库马鞍山市郑浦港新区国库成立。

9月13日 宣城市召开创建金融生态县推进会，出台《宣城市金融生态环境建设实施意见》。

9月14日 中国人民银行安庆市中心支行组织召开鄂豫皖赣毗邻地区反假货币协作会，有效推进跨区域人民币反假工作联动机制建设。

9月27日 中国农业银行客户服务中心(合肥)暨安徽省分行综合业务楼奠基仪式在合肥举行。

合肥市2012年第一期中小企业集合票据成功在银行间市场交易商协会成功注册，实现合肥市中小企业集合票据业务零的突破。

9月28日 黄山屯溪农村商业银行股份有限公司召开创立大会。

9月29日 由中国工商银行股份有限公司担任发行主承销商，安徽中鼎控股(集团)股份有限公司中期票据在银行间债券市场流通交易。本次共发行面值4.2亿元人民币的中期票据、期限为3年，每张面值为100元，票面利率为年利率5.35%。

10月8日 合肥首个省级中小金融机构集聚区，瑶海区中小金融机构创新园申报省级服务业集聚区获得省发改委批准。

10月16日 池州贵池民生村镇银行正式开业，该行是由民生银行作为主发起人发起设立的股份制商业银行，注册资本人民币5 000万元，其中民生银行占股51%。

10月17日 池州城市经营投资有限公司发行9亿元企业债券。该债券由国家发展改革委核准的池州城市经营投资有限公司发行，期限7年。募集资金将全部用于固定资产投资项目的建设，其中，5.4亿元用于池州市水环境综合治理工程，3.6亿元用于池州至青阳、九华山快速通道工程。

10月26日 芜湖市中小企业金融服务中心挂牌成立，该中心整合了辖内所有符合要求的中小企业贷款需求，向国开行统一申请中小企业贷款，并按期统一归还。

10月27日 建设银行六安市分行与市商务局、市财政局举行中小进出口企业专项贷款统担合作协议签约仪式。

10月30日 中国银行间市场交易商协会与人民银行合肥中心支行、省政府金融工作办公室签署三方合作备忘录。

10月31日 中国人民银行安庆市中心支行组织市各银行业金融机构开展金融IC卡应用宣传活动，并提请市政府出台《安庆市金融IC卡应用总体方案》。

11月5日 联想控股全资子公司正奇安徽金融控股有限公司以约8.47亿元人民币的总价，受让合肥市国资控股的合肥市创新融资担保有限公司100%股权、合肥市国正小额贷款有限公司100%股权、安徽省金丰典当有限公司95.2%股权。

11月26日 池州市外商投资企业禄思伟矿业资源(安徽)有限公司成功办理了池州市首笔5 000万元人民币外债业务。该笔借款系禄思伟矿业资源(安徽)有限公司向其海外总部禄思伟矿业集团海外总部(巴西)的境外股东借款，用于偿还前期汇丰银行的贷款。该企业通过举借人民币外债，有效规避汇率波动风险，降低资金使用成本。

11月29日 安徽繁昌农村商业银行股份有限公司挂牌成立，实现了从农村信用社到农村商业银行的转变。

12月3日 池州市召开全市打击和处置非法集资工作会议，研究部署打击和处置非法集资工作，推动规范民间借贷市场，维护辖内金融市场秩序。

12月6日 六安"城市一卡通"举行首发仪式。

12月10日 中国银监会主席尚福林一行在安徽省常务副省长詹夏来的陪同下赴金寨县调研农村金融综合改革工作。

12月18日 马鞍山市举行"金融IC卡——马鞍山城市卡"首发仪式，马鞍山城市卡是继芜湖、六安之后全省第三个发行金融IC卡的城市。

二、2012年上海市贷款企业资信A级汇编

序号	企 业 名 称	2010年	2011年	2012年	评级机构
1	上海贝尔股份有限公司	AAA	AAA	AAA	大公
2	中国商用飞机有限责任公司	—	—	AAA	新世纪
3	上海三菱电梯有限公司	AAA	AAA	AAA	中诚信
4	上海汽车集团股份有限公司	AAA	AAA	AAA	中诚信
5	上海汽车工业(集团)总公司	—	—	AAA	中诚信
6	联合汽车电子有限公司	AAA	AAA	AAA	中诚信
7	上海外高桥造船有限公司	AAA	AAA	AAA	中誉
8	上海医药集团股份有限公司	AAA	AAA	AAA	中诚信
9	上海家化(集团)有限公司	AA+	AAA	AAA	新世纪
10	宝钢集团有限公司	AAA	AAA	AAA	中诚信
11	宝山钢铁股份有限公司	—	AAA	AAA	中誉
12	上海市电力公司	AAA	AAA	AAA	新世纪
13	远东国际租赁有限公司	AA+	AA+	AAA	中诚信
14	上海友谊集团股份有限公司	—	—	AAA	新世纪
15	国药控股股份有限公司	AAA−	AAA−	AAA	新世纪
16	中化国际(控股)股份有限公司	AAA	AAA	AAA	新世纪
17	上海浦东国际机场航空油料有限责任公司	AA	AA+	AAA	华杰
18	上海建工集团股份有限公司	—	—	AAA	远东
19	中交上海航道局有限公司	AAA	AAA	AAA	华杰
20	复旦大学	AAA	AAA	AAA	远东
21	上海航天技术研究院	AAA	AAA	AAA	华杰
22	上海外国语大学	AAA	AAA	AAA	华杰
23	上海财经大学	AAA	—	AAA	华杰
24	上海久事公司	AAA	AAA	AAA	新世纪
25	上海市申江两岸开发建设投资(集团)有限公司	AAA	AAA	AAA	新世纪
26	上海同盛投资(集团)有限公司	AAA	AAA	AAA	新世纪
27	上海国际集团有限公司	AAA	AAA	AAA	新世纪
28	上海建工(集团)总公司	AAA	AAA	AAA	新世纪
29	锦江国际(集团)有限公司	AAA−	AAA	AAA	联合
30	上海上实(集团)有限公司	AAA	AAA	AAA	新世纪
31	上海市浦东新区房地产(集团)有限公司	AA+	—	AAA−	联合
32	大华(集团)有限公司	AAA−	AAA−	AAA−	远东
33	上海陆家嘴(集团)有限公司	AAA−	AAA−	AAA−	远东

（续表）

序号	企 业 名 称	2010年	2011年	2012年	评级机构
34	上海陆家嘴金融贸易区开发股份有限公司	A	A－	AAA－	远东
35	上海地产(集团)有限公司	AAA－	AA＋	AAA－	新世纪
36	上海药明康德新药开发有限公司	AAA－	—	AAA－	联合
37	国际商业机器(中国)有限公司	AA	AA	AAA－	远东
38	中交第三航务工程勘察设计院有限公司	AAA－	AAA－	AAA－	远东
39	上海文化广播影视集团	AA	AA＋	AAA－	中誉
40	上港集团物流有限公司	AA－	AA	AAA－	大公
41	上海汽车变速器有限公司	—	—	AAA－	华杰
42	上海医药(集团)有限公司	AAA－	AAA－	AAA－	中诚信
43	上海机场(集团)有限公司	AAA－	AAA－	AAA－	远东
44	上海铁路局	AAA－	AAA－	AAA－	中诚信
45	华东电网有限公司	AAA－	AAA－	AAA－	远东
46	中国电信股份有限公司上海分公司	AAA－	AAA－	AAA－	中诚信
47	招银金融租赁有限公司	—	AAA－	AAA－	远东
48	中船第九设计研究院工程有限公司	AAA	AAA－	AAA－	鹏元
49	中交第三航务工程局有限公司	AAA－	AAA－	AAA－	中诚信
50	华东理工大学	AAA－	AAA－	AAA－	远东
51	复旦大学附属中山医院	AAA－	AAA－	AAA－	中诚信
52	同济大学	—	—	AAA－	中誉
53	华东师范大学	AAA－	AAA－	AAA－	华杰
54	上海市城市建设投资开发总公司	AAA－	AAA－	AAA－	新世纪
55	文汇新民联合报业集团	AAA－	AAA－	AAA－	华杰
56	上海兴邦房地产有限公司	AA＋	AA＋	AA＋	联合
57	上海实业发展股份有限公司	AA＋	AA＋	AA＋	远东
58	上海锦江国际酒店(集团)股份有限公司	—	AA	AA＋	联合
59	上海现代建筑设计(集团)有限公司	AA＋	AA＋	AA＋	中诚信
60	上海电气集团股份有限公司	AA＋	AA＋	AA＋	大公
61	上海汉钟精机股份有限公司	AA＋	AA＋	AA＋	鹏元
62	上海小糸车灯有限公司	AA	AA	AA＋	中诚信
63	上海大众动力总成有限公司	AA＋	AA＋	AA＋	中诚信
64	上海嘉乐股份有限公司	AA－	AA＋	AA＋	远东
65	上海生物制品研究所有限责任公司	—	—	AA＋	华杰
66	交通运输部上海打捞局	AA	AA	AA＋	大公
67	中海发展股份有限公司	AAA－	AAA－	AA＋	新世纪
68	上海电力股份有限公司	AA	AA	AA＋	新世纪
69	上海化学工业区中法水务发展有限公司	AA＋	AA＋	AA＋	华杰
70	东方有线网络有限公司	AA＋	AA＋	AA＋	中誉
71	百联集团有限公司	AA＋	AA＋	AA＋	联合

（续表）

序号	企 业 名 称	2010 年	2011 年	2012 年	评级机构
72	上海市糖业烟酒（集团）有限公司	AA+	AA+	AA+	华杰
73	上海城建（集团）公司	AA	AA+	AA+	新世纪
74	华东政法大学	AA+	AA+	AA+	远东
75	上海商学院	AA+	AA	AA+	中誉
76	上海美国学校	AA−	AA+	AA+	华杰
77	复旦大学附属妇产科医院	AA−	AA−	AA+	华杰
78	上海海事大学	AA−	AA−	AA+	华杰
79	上海浦东发展（集团）有限公司	AA	AA+	AA+	新世纪
80	上海国盛（集团）有限公司	AA+	AA+	AA+	远东
81	通用汽车（中国）投资有限公司	AA	AA+	AA+	新世纪
82	上海国有资产经营有限公司	AAA−	AAA−	AA+	新世纪
83	上海国际集团资产管理有限公司	AA	AA	AA+	新世纪
84	上海化学工业区发展有限公司	AA+	AA+	AA+	中诚信
85	上海漕河泾开发区高科技园发展有限公司	AA+	AA+	AA+	中诚信
86	上海新兴技术开发区联合发展有限公司	AA+	AA+	AA+	中诚信
87	上海张江高科技园区开发股份有限公司	AA+	AA+	AA+	新世纪
88	上海徐家汇商城（集团）有限公司	AA+	AA+	AA+	大公
89	万达信息股份有限公司	AA+	AA	AA+	中诚信
90	上海市信息投资股份有限公司	A+	—	AA+	中诚信
91	上海城投控股股份有限公司	—	AA−	AA+	新世纪
92	光明食品（集团）有限公司	AA+	AA+	AA+	新世纪
93	上海九海利盟房地产有限公司	AA−	AA	AA	大公
94	上海纪兴房地产有限公司	AA−	AA−	AA	大公
95	新资房地产开发（上海）有限公司	A+	AA−	AA	联合
96	上海嘉汇达房地产开发经营有限公司	AA	AA	AA	联合
97	上海梅龙镇广场有限公司	AA	AA	AA	中诚信
98	上海世博土地控股有限公司	AAA	AAA	AA	中誉
99	上海荣广商务中心有限公司	AA	AA−	AA	华杰
100	上海虹桥宾馆有限公司	BBB	A	AA	联合
101	上海新华传媒股份有限公司	AA	AA	AA	新世纪
102	环旭电子股份有限公司	AA−	AA−	AA	新世纪
103	上海雷诺尔科技股份有限公司	—	A	AA	大公
104	上海电器科学研究所（集团）有限公司	—	—	AA	大公
105	上海海拉电子有限公司	A+	AA	AA	鹏元
106	上海长丰智能卡有限公司	A+	AA	AA	远东
107	德尔福派克电气系统有限公司	AA	AA	AA	中诚信
108	上海新时达电气股份有限公司	AA	AA	AA	中诚信
109	上海金亭汽车线束有限公司	AA	AA	AA	中诚信

（续表）

序号	企业名称	2010年	2011年	2012年	评级机构
110	中国航空无线电电子研究所	—	—	AA	中诚信
111	上海海隆防腐技术工程有限公司	—	—	AA	大公
112	上海康达化工新材料股份有限公司		AA	AA	万隆
113	上海赛科石油化工有限责任公司	AAA	AAA	AA	中诚信
114	上海巴斯夫聚氨酯有限公司	AA	AA	AA	中诚信
115	上海焦化有限公司	AA	AA	AA	中诚信
116	上海化学工业区工业气体有限公司	AA	AA	AA	中诚信
117	先尼科化工(上海)有限公司	—	AA	AA	新世纪
118	上海佳力士机械有限公司	A+	AA	AA	新世纪
119	上海凯泉泵业(集团)有限公司	AA	AA	AA	新世纪
120	上海置信电气股份有限公司	—	AA	AA	新世纪
121	上海熊猫线缆股份有限公司	AA+	AA	AA	华杰
122	萨克斯汽车零部件系统(上海)有限公司	AA	AA	AA	华杰
123	上海德尔福汽车空调系统有限公司	—	—	AA	大公
124	唯赛勃环保材料制造(上海)有限公司	—	AA	AA	大公
125	上海电气电站设备有限公司	AA	—	AA	大公
126	江南造船(集团)有限责任公司	AA−	AA−	AA	鹏元
127	沃尔沃建筑设备(中国)有限公司	—	BBB−	AA	万隆
128	上海新业锅炉高科技有限公司	A	—	AA	远东
129	德尔福(上海)动力推进系统有限公司	A	AA−	AA	中诚信
130	上海海立(集团)股份有限公司	A−	AA−	AA	中诚信
131	上海汇众汽车制造有限公司	A	AA−	AA	中诚信
132	贺德克液压技术(上海)有限公司	AA+	AA	AA	中诚信
133	上海皮尔博格有色零部件有限公司	AA	AA	AA	中诚信
134	延锋百利得(上海)汽车安全系统有限公司	AA	AA	AA	中诚信
135	上海天纳克排气系统有限公司	AA−	AA	AA	中诚信
136	延锋伟世通汽车电子有限公司	A	AA−	AA	中诚信
137	上海飞和实业集团有限公司	AA	AA	AA	中诚信
138	上海三电汽车空调有限公司	AA	AA	AA	中诚信
139	申雅密封件有限公司	AA	AA	AA	中诚信
140	上海三电贝洱汽车空调有限公司	AA	AA	AA	中诚信
141	上海拖拉机内燃机有限公司	AA	AA	AA	中诚信
142	上海烟草机械有限责任公司	AA	AA	AA	中诚信
143	宝马格(中国)工程机械有限公司	BBB	A+	AA	中誉
144	上海江南长兴造船有限责任公司	A	AA	AA	中誉
145	沪东中华造船(集团)有限公司	AA−	AA	AA	中誉
146	上海天合汽车安全系统有限公司	AA−	AA	AA	中诚信
147	上海世纪出版股份有限公司	AA+	AA−	AA	新世纪

（续表）

序号	企　业　名　称	2010年	2011年	2012年	评级机构
148	上海现代制药股份有限公司	AA+	—	AA	联合
149	水星控股集团有限公司	—	—	AA	万隆
150	上海紫江(集团)有限公司	A+	AA−	AA	远东
151	上海紫江企业集团股份有限公司	A+	AA	AA	远东
152	上海嘉麟杰纺织品股份有限公司	AA	AA	AA	远东
153	3M中国有限公司	—	—	AA	中诚信
154	大山合集团有限公司	A	A+	AA	中誉
155	上海杰隆生物制品股份有限公司	A+	AA	AA	中誉
156	上海双立人亨克斯有限公司	AA	AA	AA	新世纪
157	希悦尔包装(中国)有限公司	BBB	A	AA	华杰
158	上海烟草包装印刷有限公司	—	—	AA	华杰
159	上海北海船务股份有限公司	AA	AA+	AA	大公
160	大众交通(集团)股份有限公司	AA	AA	AA	新世纪
161	上海强生控股股份有限公司	AA−	AA	AA	新世纪
162	上海永达汽车集团有限公司	—	—	AA	中诚信
163	安川电机(中国)有限公司	BBB+	BBB−	AA	万隆
164	上海医药分销控股有限公司	—	AA	AA	中诚信
165	宝钢资源有限公司	AA	AA	AA	中誉
166	上海市水利工程集团有限公司	AA−	AA−	AA	鹏元
167	上海交通建设总承包有限公司	—	—	AA	远东
168	上海隧道工程股份有限公司	AA	AA	AA	中诚信
169	中港疏浚有限公司	AA	AA	AA	新世纪
170	上海金融学院	AA	AA−	AA	远东
171	上海师范大学	AA	AA	AA	远东
172	上海交通大学医学院	AA	AA	AA	远东
173	上海应用技术学院	AA	AA	AA	远东
174	上海海洋大学	A+	A+	AA	远东
175	上海中医药大学附属岳阳中西医结合医院	AA	AA	AA	中诚信
176	复旦大学附属儿科医院	AA−	AA	AA	中诚信
177	上海宝山城乡建设投资经营有限公司	AA	AA	AA	中誉
178	上海联和投资有限公司	AA	AA	AA	联合
179	阿特拉斯·科普柯(中国)投资有限公司	AA	AA	AA	联合
180	上海虹桥经济技术开发区联合发展有限公司	AA	AA	AA	中诚信
181	上海汽车工业销售有限公司	—	AA	AA	中诚信
182	上海大众公用事业(集团)股份有限公司	AA	AA	AA	新世纪
183	上海金桥出口加工区开发股份有限公司	AA	AA	AA	中诚信
184	上海闵行联合发展有限公司	AA	AA	AA	中诚信
185	上海西郊国际农产品交易有限公司	AA	AA	AA	中诚信

（续表）

序号	企 业 名 称	2010年	2011年	2012年	评级机构
186	上海青草沙投资建设发展有限公司	AA	AA	AA	新世纪
187	上海申虹投资发展有限公司	AA	AA	AA	新世纪
188	上海利星汽车维修有限公司	—	AA−	AA	大公
189	上海核工程研究设计院	AA	AA	AA	中诚信
190	中国建材国际工程集团有限公司	AA	AA	AA	中誉
191	杉杉控股有限公司	AA	AA−	AA	中誉
192	上海新华发行集团有限公司	AA−	AA−	AA	新世纪
193	上海豫园旅游商城股份有限公司	AA−	AA	AA	新世纪
194	上海申通地铁资产经营管理有限公司	AA	AA	AA	新世纪
195	上海恒大建材市场管理股份有限公司	AA	AA−	AA−	大公
196	上海金光外滩置地有限公司	AA−	AA−	AA−	远东
197	上海帝泰发展有限公司	A+	AA−	AA−	中诚信
198	上海四季同仁房产开发有限公司	AA−	A+	AA−	中誉
199	新上海国际大厦有限公司	AA−	A+	AA−	华杰
200	上海房地产经营(集团)有限公司	AA	A+	AA−	联合
201	上海古北(集团)有限公司	AA+	A	AA−	中誉
202	复地(集团)股份有限公司	A	AA−	AA−	新世纪
203	上海商城	AA−	AA−	AA−	大公
204	上海浦东新区香格里拉酒店有限公司	AA−	AA−	AA−	大公
205	上海锦江饭店有限公司	A−	A+	AA−	联合
206	上海新国际博览中心有限公司	AA	A+	AA−	远东
207	上海市水利工程设计研究院有限公司	—	AA−	AA−	远东
208	优特埃国际物流(中国)有限公司	A	AA−	AA−	大公
209	上海孚宝港务有限公司	A+	AA−	AA−	远东
210	上海浦东国际机场货运站有限公司	—	—	AA−	中诚信
211	上海华为技术有限公司	—	AA	AA−	华杰
212	上海航天电子有限公司	A	A+	AA−	大公
213	上海新进半导体制造有限公司	A	AA−	AA−	大公
214	上海凯思尔电子有限公司	—	—	AA−	远东
215	展讯通信(上海)有限公司	A	A+	AA−	中诚信
216	上海杉杉科技有限公司	—	—	AA−	大公
217	庄信万丰(上海)化工有限公司	AA	AA−	AA−	大公
218	上海奇想青晨新材料科技股份有限公司	AA	A	AA−	远东
219	上海高桥-巴斯夫分散体有限公司	AA−	AA−	AA−	中诚信
220	中国石化上海石油化工股份有限公司	AA−	AAA−	AA−	中誉
221	上海东洋炭素有限公司	A	AA	AA−	新世纪
222	立邦涂料(中国)有限公司	AA+	AA−	AA−	新世纪
223	上海复星医药(集团)股份有限公司	—	AA−	AA−	新世纪

（续表）

序号	企 业 名 称	2010年	2011年	2012年	评级机构
224	上海联明机械股份有限公司	—	AA—	AA—	新世纪
225	上海双桦汽车零部件股份有限公司	AA	AA	AA—	新世纪
226	上海中科电气(集团)有限公司	AA—	AA—	AA—	新世纪
227	上海中炼线材有限公司	A+	AA	AA—	新世纪
228	上海连成(集团)有限公司	AA—	AA—	AA—	新世纪
229	华荣集团有限公司	AA	AA	AA—	华杰
230	上海电器股份有限公司人民电器厂	A	A	AA—	大公
231	上海大众液压技术有限公司	AA—	AA—	AA—	联合
232	上海岱美汽车内饰件股份有限公司	AA	AA—	AA—	联合
233	美诺精密压铸(上海)有限公司	A—	A—	AA—	万隆
234	上海蓝滨石化设备有限责任公司	A+	AA—	AA—	远东
235	上海佩纳沙士吉打机械有限公司	—	AA—	AA—	远东
236	上海春日机械工业有限公司	A+	AA—	AA—	远东
237	上海加冷松芝汽车空调股份有限公司	AA—	AA—	AA—	远东
238	福耀集团(上海)汽车玻璃有限公司	AA	AA	AA—	远东
239	京西重工(上海)有限公司	—	AA—	AA—	中诚信
240	上海集优机械股份有限公司	—	AA—	AA—	中诚信
241	上海宝钢阿赛洛激光拼焊有限公司	—	AA—	AA—	中诚信
242	上海特波电机有限公司	AA—	AA—	AA—	中诚信
243	登福机械(上海)有限公司	A+	AA—	AA—	中诚信
244	上海畅汇实业发展有限公司	A+	AA	AA—	中誉
245	上海电气(集团)总公司	AA—	AA—	AA—	中誉
246	上海爱使股份有限公司	A	A	AA—	万隆
247	中达电通股份有限公司	—	—	AA—	中诚信
248	金安国纪科技股份有限公司	—	AA—	AA—	中誉
249	老凤祥股份有限公司	AA—	AA—	AA—	联合
250	衣念(上海)时装贸易有限公司	AA—	AA—	AA—	万隆
251	光明乳业股份有限公司	—	—	AA—	远东
252	上海东方希望动物营养食品有限公司	A+	A	AA—	远东
253	上海益生源药业有限公司	—	—	AA—	远东
254	上海信谊药厂有限公司	A—	AA—	AA—	中诚信
255	上海伊诺尔印务有限公司	—	—	AA—	中诚信
256	上海海隆赛能新材料有限公司	AA—	A—	AA—	中诚信
257	通用电气照明有限公司	A+	AA—	AA—	新世纪
258	舒驰容器(上海)有限公司	A—	AA—	AA—	新世纪
259	上海复旦复华药业有限公司	AA—	AA	AA—	新世纪
260	上海百诺食品有限公司	A+	A+	AA—	新世纪
261	上海天伟生物制药有限公司	—	—	AA—	华杰

（续表）

序号	企 业 名 称	2010 年	2011 年	2012 年	评级机构
262	上海梅林正广和股份有限公司	BB－	BBB－	AA－	华杰
263	上海红双喜股份有限公司	AA－	AA－	AA－	华杰
264	宝钢新日铁汽车板有限公司	—	AA＋	AA－	新世纪
265	神华中海航运有限公司	—	—	AA－	中诚信
266	上海申通地铁集团有限公司	AA－	AA－	AA－	中诚信
267	上海漕泾热电有限责任公司	A	A＋	AA－	新世纪
268	中航国际租赁有限公司	AA－	AA－	AA－	中诚信
269	上海益民商业集团股份有限公司	A＋	A＋	AA－	中诚信
270	中国石油化工股份有限公司上海沥青销售分公司	A＋	AA－	AA－	鹏元
271	伊藤忠纤维贸易(中国)有限公司	—	A＋	AA－	万隆
272	上海伊藤忠商事有限公司	AA－	AA－	AA－	中诚信
273	上海宏龙空调电器有限公司	AA	AA－	AA－	新世纪
274	上海申能燃料有限公司	A－	A－	AA－	华杰
275	上海市建设工程有限公司	A＋	A＋	AA－	联合
276	惠生工程(中国)有限公司	BBB＋	AA	AA－	远东
277	上海强劲地基工程股份有限公司	—	—	AA－	中诚信
278	舜元建设(集团)有限公司	A－	AA－	AA－	新世纪
279	上海市第五建筑有限公司	—	—	AA－	新世纪
280	上海工程技术大学	AA－	AA－	AA－	远东
281	上海交通投资(集团)有限公司	A－	A＋	AA－	中诚信
282	上海黄浦置地(集团)有限公司	A	A＋	AA－	中誉
283	上海盛瀚投资有限公司	AA－	AA－	AA－	大公
284	上海国际汽车城(集团)有限公司	AA	AA－	AA－	联合
285	中信兴业投资集团有限公司	A＋	AA－	AA－	联合
286	中信基建投资有限公司	AA	AA	AA－	联合
287	上海金桥(集团)有限公司	AA－	AA－	AA－	新世纪
288	上海复星高科技(集团)有限公司	A＋	AA－	AA－	新世纪
289	上海紫竹高新区(集团)有限公司	A	A＋	AA－	远东
290	东方希望集团有限公司	A＋	AA－	AA－	远东
291	上海交运股份有限公司	AA－	AA－	AA－	中诚信
292	上海化学工业区公共管廊有限公司	A＋	AA－	AA－	中诚信
293	上海东樱房地产有限公司	A	A－	A＋	万隆
294	嘉麒房地产开发(上海)有限公司	A	A	A＋	远东
295	上海新茂房地产开发有限公司	A＋	A＋	A＋	远东
296	裕廊腾飞置业(上海)有限公司	A＋	A＋	A＋	中诚信
297	上海联洋集团有限公司	A－	A	A＋	中诚信
298	上海兴启房地产有限公司	AA－	A	A＋	华杰
299	上海新天地广场有限公司	AA－	A	A＋	华杰

（续表）

序号	企 业 名 称	2010年	2011年	2012年	评级机构
300	上海柏兴房地产有限公司	AA−	A	A+	华杰
301	上海复祥房地产有限公司	AA	A	A+	大公
302	上海达安泰豪置业有限公司	无法定级	A	A+	联合
303	和记黄埔地产(上海)陆家嘴有限公司	A+	A+	A+	中诚信
304	上海绿捷快餐有限公司	—	BBB+	A+	远东
305	上海金桥信息股份有限公司	—	A	A+	大公
306	上海中和软件有限公司	AA−	A−	A+	远东
307	上海集海航运有限公司	BB	BB	A+	大公
308	上海鸿盛港泰海运有限公司	—	—	A+	大公
309	上海经贸山九储运有限公司	A+	A+	A+	万隆
310	中国外运华东有限公司	—	A+	A+	中诚信
311	欧西爱司物流(上海)有限公司	—	—	A+	中诚信
312	上海高信国际物流有限公司	A	A+	A+	中诚信
313	上海安吉通汇汽车物流有限公司	—	A+	A+	中诚信
314	中远集装箱运输有限公司	A+	A+	A+	中诚信
315	上海浦航石油有限公司	A+	A+	A+	新世纪
316	上海畅联国际物流有限公司	A	A	A+	新世纪
317	上海东方远航物流有限公司	A+	—	A+	华杰
318	上海大唐移动通信设备有限公司	A+	A+	A+	新世纪
319	人民电器集团上海有限公司	BBB	BBB+	A+	华杰
320	上海仪电控股(集团)公司	A−	A	A+	联合
321	新宸宜(上海)实业发展有限公司	BBB	A−	A+	鹏元
322	上海爱普生磁性器件有限公司	—	—	A+	万隆
323	上海美维电子有限公司	A+	—	A+	远东
324	格科微电子(上海)有限公司	—	—	A+	远东
325	上海先进半导体制造股份有限公司	BBB	A+	A+	中诚信
326	上海良信电器股份有限公司	—	—	A+	中诚信
327	上海华虹NEC电子有限公司	BBB	A	A+	中诚信
328	上海尖点精密工具有限公司	A	A+	A+	中誉
329	上海龙孚材料技术有限公司	—	—	A+	大公
330	上海科华染料工业有限公司	—	A	A+	大公
331	上海普利特复合材料股份有限公司	AA	—	A+	联合
332	上海华林工业气体有限公司	BBB+	A	A+	联合
333	上海三爱富新材料股份有限公司	A−	A+	A+	鹏元
334	亚东石化(上海)有限公司	A+	A+	A+	鹏元
335	上海吴羽化学有限公司	BBB−	BBB	A+	万隆
336	上海花王化学有限公司	BBB+	A	A+	远东
337	上海金发科技发展有限公司	AA−	AA−	A+	远东

（续表）

序号	企业名称	2010年	2011年	2012年	评级机构
338	上海石化比欧西气体有限责任公司	A+	A+	A+	中诚信
339	上海阿科玛双氧水有限公司	BBB+	A+	A+	中诚信
340	上海大赛璐塑料工业有限公司	A+	A-	A+	中诚信
341	上海明治橡胶制品有限公司	A+	A+	A+	中诚信
342	上海富臣化工有限公司	A	A	A+	中诚信
343	华东理工大学华昌聚合物有限公司	AA-	AA-	A+	华杰
344	上海华明高压电气开关制造有限公司	A+	—	A+	新世纪
345	上海华明电力设备制造有限公司	A+	—	A+	新世纪
346	上海华建开关有限公司	A-	A+	A+	新世纪
347	上海永固电力器材有限公司	AA	AA	A+	新世纪
348	上海爱知锻造有限公司	BBB	A	A+	新世纪
349	上海保隆汽车科技股份有限公司	A	A	A+	新世纪
350	上海科德轧辊表面处理有限公司	A+	A+	A+	新世纪
351	上海交运汽车动力系统有限公司	A+	—	A+	华杰
352	上海清河机械有限公司	A	A	A+	华杰
353	上海昊德电气有限公司	A	A	A+	大公
354	上海福耀客车玻璃有限公司	—	—	A+	大公
355	上海永冠商业设备有限公司	—	A-	A+	大公
356	上海第一机床厂有限公司	A	A	A+	大公
357	上海中发电气(集团)股份有限公司	A	A+	A+	联合
358	上海船舶工艺研究所	—	—	A+	鹏元
359	上海海隆石油钻具有限公司	A+	A-	A+	鹏元
360	上海郎特汽车净化器有限公司	—	—	A+	万隆
361	日轻(上海)汽车配件有限公司	—	BBB+	A+	万隆
362	上海广电电气(集团)股份有限公司	A+	A	A+	远东
363	上海浦东电线电缆(集团)有限公司	AA	AA	A+	远东
364	上海宝临电器成套制造有限公司	A+	A	A+	远东
365	上海威特力焊接设备制造股份有限公司	—	A	A+	远东
366	恒天凯马股份有限公司	A	A+	A+	远东
367	上海长顺电梯电缆有限公司	—	—	A+	远东
368	上海普丽盛包装股份有限公司	—	—	A+	远东
369	上海泰胜风能装备股份有限公司	AA	—	A+	中诚信
370	长飞光纤光缆(上海)有限公司	A+	A	A+	中诚信
371	上海飞机制造有限公司	A+	A+	A+	中诚信
372	马瑞利动力系统(上海)有限公司	A-	—	A+	中诚信
373	住友电工(上海)电子线制品有限公司	A+	A+	A+	中诚信
374	上海通用轴承有限公司	BBB	A+	A+	中诚信
375	上海创力集团股份有限公司	A-	A+	A+	中诚信

（续表）

序号	企 业 名 称	2010 年	2011 年	2012 年	评级机构
376	第星油压工程机械(上海)有限公司	A	AA	A+	中诚信
377	美嘉帕拉斯特汽车零部件(上海)有限公司	—	—	A+	中诚信
378	上海凯波特种电缆料厂有限公司	A+	A	A+	中诚信
379	上海强邦印刷器材有限公司	—	—	A+	中诚信
380	上海快鹿电线电缆有限公司	A+	AA	A+	中诚信
381	上海南汇立达铸造有限公司	A−	A+	A+	中诚信
382	上海森松化工成套装备有限公司	AA	A+	A+	中诚信
383	上海赛科利汽车模具技术应用有限公司	A	A+	A+	中诚信
384	上海中国弹簧制造有限公司	A−	A	A+	中诚信
385	上海科泰电源股份有限公司	A+	AA−	A+	中诚信
386	喜利得(上海)有限公司	—	—	A+	中诚信
387	上海捷众汽车冲压件有限公司	—	A+	A+	中誉
388	上海莱必泰数控机床股份有限公司	—	A	A+	中誉
389	上海洪铺钢结构工程有限公司	A	A+	A+	远东
390	上海英硕聚合材料股份有限公司	A+	A+	A+	远东
391	上海公元建材发展有限公司	A+	A+	A+	中诚信
392	上海中技桩业股份有限公司	—	A	A+	中诚信
393	上海伟星新型建材有限公司	—	—	A+	新世纪
394	上海柘中建设股份有限公司	A+	A	A+	新世纪
395	上海贺利氏工业技术材料有限公司	A−	A+	A+	中誉
396	上海冠生园食品有限公司	—	—	A+	大公
397	上海奕方农业科技股份有限公司	A	—	A+	联合
398	上海玛珂琴业有限公司	—	—	A+	鹏元
399	上海华拓医药科技发展股份有限公司	—	—	A+	鹏元
400	宇旭时装(上海)有限公司	A	AA−	A+	万隆
401	上海紫泉包装有限公司	AA−	A+	A+	远东
402	上海百年大师科技发展有限公司	—	A	A+	远东
403	上海金汇通创意设计发展股份有限公司	—	A+	A+	远东
404	上海金叶包装材料有限公司	—	—	A+	远东
405	上海联合赛尔生物工程有限公司	—	—	A+	远东
406	上海康耐特光学股份有限公司	A	A+	A+	中诚信
407	上海亚大塑料制品有限公司	—	A	A+	中诚信
408	上海水星家用纺织品股份有限公司	—	A+	A+	中诚信
409	上海亚大汽车塑料制品有限公司	—	—	A+	中诚信
410	上海英济电子塑胶有限公司	A−	A+	A+	中诚信
411	上海宝钢包装股份有限公司	BBB+	A	A+	中诚信
412	上海上丰集团有限公司	—	A	A+	中誉
413	上海江崎格力高食品有限公司	BBB	A+	A+	新世纪

（续表）

序号	企 业 名 称	2010年	2011年	2012年	评级机构
414	上海飞乐音响股份有限公司	A+	A+	A+	新世纪
415	上海迪赛诺化学制药有限公司	A	A+	A+	新世纪
416	上海超人电气有限公司	A	A	A+	新世纪
417	康那香企业(上海)有限公司	AA	BBB+	A+	华杰
418	上海泰士星日用制品有限公司	A	A+	A+	华杰
419	上海浦远船舶有限公司	AA−	AA−	A+	大公
420	上海中化思多而特船务有限公司	—	A+	A+	中诚信
421	上海吉祥航空股份有限公司	A	A+	A+	中诚信
422	沪杭铁路客运专线股份有限公司	A	A	A+	新世纪
423	上海强生出租汽车有限公司	—	—	A+	华杰
424	上海新奥九环车用能源股份有限公司	AA−	—	A+	大公
425	上海青浦工业园区热电有限公司	A+	A+	A+	远东
426	上海市城市排水有限公司	—	A+	A+	中诚信
427	华能上海燃机发电有限责任公司	A	A	A+	中誉
428	上海闸电燃气轮机发电有限公司	A+	A+	A+	新世纪
429	上海电气租赁有限公司	A	A	A+	大公
430	恒信金融租赁有限公司	—	A	A+	远东
431	上海汇之星汽车维修服务有限公司	—	AA−	A+	大公
432	上海来伊份股份有限公司	—	—	A+	中诚信
433	上海迪信电子通信技术有限公司	AA	AA	A+	中诚信
434	上海东昌汽车服务有限公司	A+	AA−	A+	新世纪
435	上海新世界股份有限公司	A+	A+	A+	新世纪
436	上海申鑫国际贸易有限公司	BBB+	—	A+	大公
437	哈威油液压技术(上海)有限公司	—	—	A+	联合
438	上海协通(集团)有限公司	BBB−	A	A+	远东
439	日立建机(上海)有限公司	AA−	AA	A+	中诚信
440	松下电器机电(中国)有限公司	A+	AA−	A+	中诚信
441	上海精锐广用动力科技有限公司	—	BBB+	A+	中诚信
442	蝶理(中国)商业有限公司	AA−	A−	A+	中誉
443	上海金象铝业有限公司	—	A+	A+	新世纪
444	上海长江口商城股份有限公司	A+	A+	A+	华杰
445	上海名华工程建筑有限公司	A+	AA−	A+	远东
446	上海南汇发展(集团)有限公司	A+	A+	A+	远东
447	上海江南建设工程总承包有限责任公司	A	A−	A+	中诚信
448	上海宝冶集团有限公司	AA	A+	A+	新世纪
449	上海金安泰建筑安装工程有限公司	—	A+	A+	新世纪
450	上海港务工程公司	A	A	A+	华杰
451	中铁二十四局集团有限公司	—	—	A+	华杰

（续表）

序号	企 业 名 称	2010年	2011年	2012年	评级机构
452	上海电力学院	A+	A	A+	远东
453	复旦大学附属金山医院	A+	A+	A+	远东
454	上海电机学院	AA-	A	A+	远东
455	上海浦东新区土地储备中心	A+	A+	A+	中誉
456	上海市松江区中心医院	A	A+	A+	新世纪
457	上海市浦东新区公利医院	A+	A+	A+	新世纪
458	上海浦东土地控股(集团)有限公司	A+	A+	A+	中诚信
459	上海长江隧桥建设发展有限公司	AAA-	AA+	A+	华杰
460	上海大盛资产有限公司	AA-	A+	A+	大公
461	上海证大投资发展有限公司	A	A	A+	中诚信
462	恒源祥(集团)有限公司	A+	A+	A+	中诚信
463	上海华虹(集团)有限公司	A+	A+	A+	新世纪
464	海隆石油工业集团有限公司	BBB	A	A+	大公
465	西上海汽车服务股份有限公司	—	—	A+	远东
466	西上海(集团)有限公司	A+	A+	A+	远东
467	花旗软件技术服务(中国)有限公司	—	—	A+	中诚信
468	上海东方汇文国际文化服务贸易有限公司	A+	A+	A+	中诚信
469	上海龙创自控系统有限公司	—	—	A+	中诚信
470	上海数讯信息技术有限公司	—	—	A+	中诚信
471	可口可乐企业管理(上海)有限公司	—	—	A+	中诚信
472	上海中山医疗科技发展公司	A+	AA-	A+	中誉
473	上海金陵股份有限公司	A	A-	A+	中誉
474	上海宏康医院有限公司	A+	—	A+	新世纪
475	上海星峡置业有限公司	A+	AA-	A	联合
476	上海新金穗实业(集团)股份有限公司	BBB	BBB+	A	远东
477	上海金山市场有限公司	A	A-	A	远东
478	上海新世界淮海物业发展有限公司	A+	A+	A	中诚信
479	上海九百城市广场有限公司	A	A	A	新世纪
480	上海会德丰广场发展有限公司	A-	A-	A	新世纪
481	上海红星美凯龙装饰家具城有限公司	BB	A-	A	华杰
482	上海中建投资有限公司	BB-	BBB	A	华杰
483	上海华庆房地产开发有限公司	A+	A	A	华杰
484	上海陆家嘴商务广场有限公司	A+	A+	A	华杰
485	上海神旺房地产有限公司	BB+	BBB-	A	华杰
486	上海雅汇房地产开发有限公司	A	A	A	大公
487	上海纬立房地产有限公司	BB	BB	A	远东
488	中华企业股份有限公司	AA-	A	A	中诚信
489	上海仁恒杨浦房地产有限公司	BBB+	A	A	中诚信

（续表）

序号	企 业 名 称	2010 年	2011 年	2012 年	评级机构
490	上海万源房地产开发有限公司	A	A	A	中诚信
491	上海久事置业有限公司	—	A	A	中誉
492	上海市黄浦区房地产开发实业总公司	BBB	A	A	中誉
493	上海瀛浦置业有限公司	BBB	B	A	中誉
494	上海丰收日(集团)有限公司	—	—	A	中诚信
495	上海大众空港宾馆有限公司	A—	A	A	中誉
496	中国金茂(集团)有限公司	AA—	AA—	A	新世纪
497	上海小南国餐饮有限公司	A	A+	A	华杰
498	上海东方典当有限公司	A+	—	A	联合
499	上海瑞慈健康体检管理股份有限公司	BBB—	A	A	万隆
500	上海市教育发展有限公司	A	A	A	远东
501	上海天华建筑设计有限公司	—	—	A	中诚信
502	同济大学建筑设计研究院(集团)有限公司	—	A	A	中诚信
503	上海利隆路演展示有限公司	—	—	A	中誉
504	上海远成实业有限公司		A—	A	万隆
505	德邦物流股份有限公司	—	BBB+	A	远东
506	上海宝钢商贸有限公司	A+	A+	A	新世纪
507	上海海泰钢管(集团)有限公司	BB+	BBB—	A	华杰
508	上海浦罗贸易有限公司	—	A	A	中诚信
509	芯发威达电子(上海)有限公司	A	A	A	新世纪
510	上海东洲罗顿通信股份有限公司	—	BBB+	A	新世纪
511	上海查尔斯电子有限公司	—	A	A	新世纪
512	上海泰伦针织制品有限公司	A+	A—	A	华杰
513	华东计算技术研究所	A	A—	A	华杰
514	上海商景实业有限公司	A—	BBB+	A	华杰
515	博康智能网络科技股份有限公司	—	—	A	大公
516	上海中发电力自动化有限公司	A	A	A	联合
517	富士通将军(上海)有限公司	—	—	A	万隆
518	上海卡姆丹克太阳能科技有限公司	BBB+	AA	A	远东
519	上海鸿辉光通材料有限公司	—	—	A	远东
520	联芯科技有限公司	A+	A	A	中诚信
521	上海江森自控汽车电子有限公司	BB+	A—	A	中诚信
522	奥特斯(中国)有限公司	—	A	A	中诚信
523	上海京瓷电子有限公司	A+	AA—	A	中诚信
524	上海徕木电子股份有限公司	—	—	A	中誉
525	中涂化工(上海)有限公司	AA—	A	A	万隆
526	上海三乐高分子材料有限公司	A	A	A	远东
527	上海长光企业发展有限公司	A—	BBB+	A	远东

（续表）

序号	企 业 名 称	2010 年	2011 年	2012 年	评级机构
528	上海台界化工有限公司	A	—	A	远东
529	上海联恒异氰酸酯有限公司	A－	A	A	中诚信
530	上海国际油漆有限公司	A＋	—	A	中诚信
531	上海生农生化制品有限公司	—	—	A	中诚信
532	上海申星化工有限公司	A	A	A	中诚信
533	上海东升新材料有限公司	A	A＋	A	中诚信
534	上海图博可特石油管道涂层有限公司	A	A	A	新世纪
535	帝人化成复合塑料(上海)有限公司	BBB＋	BBB＋	A	新世纪
536	上海锦湖日丽塑料有限公司	A	A－	A	新世纪
537	上海华电阀门集团有限公司	—	A＋	A	新世纪
538	上海东升焊接集团有限公司	AA＋	A	A	新世纪
539	上海人民低压电器有限公司	A	A	A	新世纪
540	上海核威实业有限公司	—	—	A	新世纪
541	上海西门子高压开关有限公司	A－	A＋	A	新世纪
542	上海日红钢板加工有限公司	A－	A－	A	新世纪
543	上海华中实业(集团)有限公司	A	A	A	新世纪
544	上海中发环保科技有限公司	A	A	A	新世纪
545	光驰科技(上海)有限公司	BBB＋	—	A	新世纪
546	上海敏泰液压件有限公司	—	A	A	华杰
547	上海上泵(集团)有限公司	AA－	A＋	A	华杰
548	龙工(上海)机械制造有限公司	A	A	A	华杰
549	中变集团上海变压器有限公司	BBB＋	A	A	华杰
550	威迩徕德电力设备(上海)有限公司	—	—	A	华杰
551	上海东方泵业(集团)有限公司	A＋	A	A	华杰
552	上海沪工焊接集团股份有限公司	—	—	A	华杰
553	上海宇航系统工程研究所	—	—	A	华杰
554	上海上力叉车有限公司	A－	—	A	华杰
555	上海雷博司电器有限公司	—	—	A	华杰
556	上海英提尔交运汽车零部件有限公司	—	—	A	华杰
557	上海宝临电气集团有限公司	A	AA－	A	华杰
558	上海景泽实业集团有限公司	—	—	A	大公
559	上海电气集团上海电机厂有限公司	AA＋	—	A	大公
560	上海克莱德贝尔格曼机械有限公司	AA	—	A	大公
561	上海胜华电缆(集团)有限公司	BBB＋	BBB＋	A	联合
562	中发电气股份有限公司	A＋	AA－	A	联合
563	上海中发开关有限公司	A	A	A	联合
564	上海采埃孚伦福德底盘技术有限公司	BBB－	A	A	联合
565	上海浦江缆索股份有限公司	A	A－	A	鹏元

（续表）

序号	企 业 名 称	2010年	2011年	2012年	评级机构
566	上海高桥橡套电缆有限公司	A	BBB	A	鹏元
567	斯帝尔模具(上海)有限公司	—	—	A	鹏元
568	神钢压缩机制造(上海)有限公司	BB—	A+	A	万隆
569	上海安川电动机器有限公司	A	A	A	万隆
570	上海飞航电线电缆有限公司	BBB	BBB+	A	远东
571	上海鑫毅交通工业有限公司	BBB+	A—	A	远东
572	上海起帆电线电缆有限公司	BBB	A	A	远东
573	东风电子科技股份有限公司	BBB	A	A	远东
574	正泰电气股份有限公司	A+	A+	A	远东
575	上海合丰电器有限公司	—	—	A	远东
576	上海胜武电缆有限公司	—	—	A	远东
577	上海华普国润汽车有限公司	A+	A+	A	远东
578	豪德机械(上海)有限公司	—	—	A	中诚信
579	三菱电机上海机电电梯有限公司	A	A+	A	中诚信
580	海德堡印刷设备(上海)有限公司	BB—	A—	A	中诚信
581	上海日野发动机有限公司	A	A	A	中诚信
582	上海振华重工(集团)股份有限公司	A	A	A	中诚信
583	上海南华兰陵电气有限公司	A	A	A	中诚信
584	上海华普电缆有限公司	BBB	A—	A	中诚信
585	上海松川精密电子有限公司	—	A+	A	中诚信
586	上海超滤压缩机净化设备有限公司	—	A	A	中诚信
587	上海屹丰汽车模具制造有限公司	A+	A	A	中诚信
588	上海飞奥燃气设备有限公司	A—	A—	A	中诚信
589	上海永进电缆(集团)有限公司	BBB—	BBB+	A	中誉
590	上海瑞纽机械装备制造有限公司	A+	AA—	A	中誉
591	上海沃施园艺股份有限公司	A—	A—	A	中誉
592	上海瑞派机械有限公司	—	—	A	中誉
593	上海船厂船舶有限公司	BBB	A	A	中誉
594	上海森林特种钢门有限公司	A—	A—	A	中诚信
595	上海上塑控股(集团)有限公司	BBB+	A—	A	新世纪
596	上海宇培特种建材有限公司	—	A—	A	新世纪
597	上海奥达科(股份)有限公司	BB+	A	A	中诚信
598	上海金伯利钻石有限公司	BB+	BBB+	A	新世纪
599	上海密特印制有限公司	—	—	A	大公
600	上海永裕塑胶有限公司	A	A—	A	大公
601	上海莘威运动品有限公司	—	BBB+	A	大公
602	伟亚(上海)时装有限公司	BB—	BBB—	A	大公
603	曼盛包装(上海)有限公司	—	A	A	大公

（续表）

序号	企业名称	2010年	2011年	2012年	评级机构
604	上海张铁军珠宝集团有限公司	A	A	A	联合
605	嘉艺(上海)包装制品有限公司	BBB+	A	A	联合
606	衣恋时装(上海)有限公司	A−	A+	A	万隆
607	上海老凤祥有限公司	A−	A−	A	远东
608	上海紫泉标签有限公司	A	A−	A	远东
609	上海紫江彩印包装有限公司	A	A	A	远东
610	上海紫日包装有限公司	A	BBB+	A	远东
611	上海太太乐食品有限公司	—	BBB	A	远东
612	上海康德莱企业发展集团股份有限公司	A	A	A	远东
613	上海益民食品一厂(集团)有限公司	BB+	BBB	A	远东
614	上海冠华不锈钢制品股份有限公司	A	A+	A	远东
615	上海中浪集团实业有限公司	BBB+	A	A	远东
616	上海农乐生物制品股份有限公司	—	A	A	远东
617	上海市凌桥环保设备厂有限公司	—	—	A	远东
618	上海翔港印务有限公司	—	—	A	远东
619	金光纸业(中国)投资有限公司	A−	A	A	中诚信
620	上海罗氏制药有限公司	AA−	—	A	中诚信
621	上海奔腾企业(集团)有限公司	A	A+	A	中诚信
622	上海安兴汇东纸业有限公司	A	A	A	中诚信
623	上海中华药业有限公司	—	—	A	中诚信
624	上海艺友金属制品有限公司	A−	A−	A	中诚信
625	华德塑料制品有限公司	BBB+	—	A	中诚信
626	上海新通联包装股份有限公司	—	BBB	A	中诚信
627	上海皮皮狗毛纺织有限公司	BBB−	A	A	中诚信
628	上海五丰上食食品有限公司	AA−	AA	A	中诚信
629	上海红富士家纺有限公司	A−	A	A	中诚信
630	上海东方教具有限公司	BBB+	BBB+	A	新世纪
631	上海新业鸿刺绣服饰有限公司	—	A	A	新世纪
632	上海日之升新技术发展有限公司	—	—	A	新世纪
633	上海好成食品发展有限公司	A+	AA−	A	新世纪
634	日东电工(上海松江)有限公司	—	—	A	新世纪
635	上海新亚药业有限公司	A	A	A	新世纪
636	上海铭源数康生物芯片有限公司	A	A+	A	华杰
637	上海大昭和有限公司	BBB+	A+	A	华杰
638	上海亚明照明有限公司	A	A+	A	华杰
639	上海太太乐福赐特食品有限公司	—	—	A	华杰
640	上海亚德林有色金属有限公司	A+	A	A	远东
641	上海飞轮有色新材料股份有限公司	A+	A	A	中誉

（续表）

序号	企 业 名 称	2010年	2011年	2012年	评级机构
642	上海海博股份有限公司	A	A	A	中诚信
643	上海申通地铁股份有限公司	A	A	A	中诚信
644	中国东方航空股份有限公司	BBB—	A	A	中誉
645	中国东方航空集团公司	BBB	A	A	中誉
646	上海强生常宁出租汽车有限公司	A	A	A	新世纪
647	春秋航空股份有限公司	A—	A	A	新世纪
648	上海南汇水务(集团)有限公司	—	A	A	联合
649	上海天然气管网有限公司	A	A	A	万隆
650	上海浦东燃气发展有限公司	—	—	A	远东
651	上海大众嘉定污水处理有限公司	BBB+	BBB+	A	中诚信
652	上海液化天然气有限责任公司	A	A	A	中诚信
653	上海水务资产经营发展有限公司	A	A	A	新世纪
654	百家好(上海)时装有限公司	—	—	A	万隆
655	上海和凌汽车服务有限公司	AA—	A	A	万隆
656	上海第一食品连锁发展有限公司	—	—	A	中诚信
657	上海拉夏贝尔服饰股份有限公司	—	—	A	中诚信
658	上海宝大祥青少年儿童购物中心	BBB+	BBB	A	中誉
659	上海定安贸易有限公司	—	BBB+	A	大公
660	上海爱普食品科技(集团)有限公司	—	—	A	大公
661	上海艾格服饰有限公司	A—	A—	A	大公
662	上海美特斯邦威服饰股份有限公司	A	A	A	大公
663	上海燃料有限公司	A	A	A	联合
664	康达医疗器械(上海)有限公司	—	A	A	联合
665	捷豹路虎汽车贸易(上海)有限公司	—	A—	A	联合
666	上海润达医疗科技股份有限公司	—	—	A	联合
667	杉埃克国际贸易(上海)有限公司	—	—	A	联合
668	中国石化化工销售有限公司华东分公司	AA	A	A	鹏元
669	邦吉(上海)管理有限公司	B	BB—	A	鹏元
670	上海新宇钟表集团有限公司	AA—	A—	A	远东
671	上海怡达科技投资有限责任公司	A—	A	A	远东
672	惠普贸易(上海)有限公司	BBB	BBB	A	远东
673	西门子医学诊断产品(上海)有限公司	—	BBB	A	远东
674	东丽国际贸易(中国)有限公司	BBB、	—	A	中诚信
675	菲拉格慕时装贸易(上海)有限公司	—	—	A	中诚信
676	丹佛斯自动控制管理(上海)有限公司	A	—	A	中诚信
677	三井塑料贸易(上海)有限公司	A	A	A	中诚信
678	三井物产(上海)贸易有限公司	A+	A	A	中诚信
679	上海华长贸易有限公司	A+	A	A	中诚信

（续表）

序号	企业名称	2010 年	2011 年	2012 年	评级机构
680	三菱商事(上海)有限公司	A	A	A	中诚信
681	上海龙宇燃油股份有限公司	A	AA	A	中诚信
682	斯堪的亚电子(上海)有限公司	—	—	A	中诚信
683	上海中油浦东石油销售有限公司	A	—	A	中诚信
684	欧普照明股份有限公司	—	—	A	中诚信
685	上海邵万生商贸有限公司	—	A	A	中誉
686	上海都市农商社有限公司	—	—	A	中誉
687	上海裕金实业有限公司	BBB+	A	A	新世纪
688	上海岩谷有限公司	—	—	A	新世纪
689	奥林巴斯贸易(上海)有限公司	—	—	A	新世纪
690	上海申泉工贸有限公司	—	A	A	新世纪
691	上海复星医药投资有限公司	—	A-	A	新世纪
692	上海华东电器(集团)有限公司	A+	A+	A	华杰
693	中国航空油料有限责任公司上海分公司	BBB	BBB	A	华杰
694	东亚联合控股(集团)有限公司	A+	A+	A	大公
695	上海全筑建筑装饰集团股份有限公司	—	A+	A	大公
696	上海森信建设工程有限公司	A	A	A	万隆
697	上海新世纪绿化建设有限公司	A	A-	A	远东
698	上海住建工程有限公司	—	—	A	远东
699	中建七局(上海)有限公司	—	A+	A	中誉
700	中国二十冶集团有限公司	BBB+	A	A	新世纪
701	上海星宇建设集团有限公司	A-	A+	A	新世纪
702	上海东冠通信建设有限公司	—	—	A	新世纪
703	中国建筑第八工程局有限公司	AA-	A	A	新世纪
704	上海科学技术职业学院	A	A	A	鹏元
705	上海政法学院	A-	A-	A	远东
706	上海市土地储备中心	A	A	A	中誉
707	上海市浦东新区南汇中心医院	A+	A+	A	新世纪
708	上海嘉定区妇幼保健院	A	A	A	华杰
709	上海大连路隧道建设发展有限公司	BBB+	A-	A	大公
710	上海路桥发展有限公司	A	A	A	远东
711	上海西乐路工程管理有限公司	BB+	BB	A	远东
712	上海浦东路桥建设股份有限公司	A-	A	A	远东
713	上海浦东滨江开发建设投资有限公司	A-	A	A	远东
714	上海环境实业有限公司	A-	A-	A	中誉
715	上海复兴隧道建设发展有限公司	A+	AA	A	华杰
716	液化空气(中国)投资有限公司	BBB	A-	A	大公
717	采埃孚(中国)投资有限公司	—	A	A	中诚信

（续表）

序号	企业名称	2010年	2011年	2012年	评级机构
718	罗氏(中国)投资有限公司	—	A	A	中诚信
719	上海昊元(集团)有限公司	—	—	A	中诚信
720	上海外经贸投资(集团)有限公司	A—	A	A	中诚信
721	上海申迪(集团)有限公司	—	A	A	中诚信
722	上海市漕河泾新兴技术开发区发展总公司	A	A	A	中诚信
723	上海工业投资(集团)有限公司	A	A	A	中诚信
724	上海盛融投资有限公司	AA	A	A	中诚信
725	上海远洋渔业有限公司	A	A	A	中诚信
726	上海汽车工业开发发展有限公司	A	A	A	中诚信
727	福信集团有限公司	A	A—	A	中誉
728	上海盛太投资管理有限公司	BB+	A	A	中誉
729	上海东昌投资发展有限公司	A	A	A	新世纪
730	上海精文投资有限公司	—	—	A	新世纪
731	上海奉贤绿地小额贷款股份有限公司	—	A	A	新世纪
732	上海临港经济发展(集团)有限公司	A	A	A	联合
733	上海金桥出口加工区联合发展有限公司	A	A	A	中诚信
734	上海闵联临港联合发展有限公司	A	A	A	中诚信
735	上海复旦科技园股份有限公司	A	A	A	新世纪
736	上海张江集成电路产业区开发有限公司	A	A	A	新世纪
737	上海张江(集团)有限公司	A	A	A	新世纪
738	上海松江新城建设发展有限公司	A	A+	A	新世纪
739	上海公路投资建设发展有限公司	BBB+	A	A	中诚信
740	全华网络有限公司	A—	A	A	联合
741	上海恒大(集团)有限公司	AA—	A	A	远东
742	上海云峰(集团)有限公司	A	A	A	远东
743	上海开创远洋渔业有限公司	AA	A	A	中诚信
744	上海华腾软件系统有限公司	—	—	A	中诚信
745	亚什兰(中国)投资有限公司	—	A	A	中诚信
746	上海印迹广告有限公司	A—	A—	A	中诚信
747	上海印纪广告有限公司	A	A	A	中诚信
748	上海柯斯软件有限公司	—	—	A	中诚信
749	上海微创软件股份有限公司	AA	AA	A	中诚信
750	上海博天信息科技有限公司	A+	A	A	中诚信
751	上海勘测设计研究院	—	A+	A	中诚信
752	上海博达数据通信有限公司	—	A	A	中诚信
753	上海淮海商业(集团)有限公司	A—	A+	A	中誉
754	上海复旦复华科技股份有限公司	A—	A—	A	中誉
755	宝钢金属有限公司	A	A—	A	新世纪

（续表）

序号	企 业 名 称	2010 年	2011 年	2012 年	评级机构
756	上海复星产业投资有限公司	A—	A	A	新世纪
757	永光置业（上海）有限公司	BBB	BBB+	A—	大公
758	上海临港普洛斯国际物流发展有限公司	A—	A—	A—	联合
759	上海兰生房产实业有限公司	BBB+	A—	A—	联合
760	汤臣集团嘉地（上海）房地产有限公司	BBB+	BBB+	A—	鹏元
761	汤臣高尔夫（上海）有限公司	A—	A—	A—	鹏元
762	力宝置业（上海）有限公司	A	A—	A—	远东
763	上海万达商业广场置业有限公司	BBB	A—	A—	远东
764	上海桥梓湾实业有限公司	A—	A—	A—	远东
765	上海环球金融中心有限公司	BBB—	BBB	A—	远东
766	上海福乐思特房地产发展有限公司	BB+	BBB—	A—	中诚信
767	上海新陆二房地产有限公司	BB—	B	A—	中诚信
768	上海新陆三房地产有限公司	BB+	BB	A—	中诚信
769	上海越洋房地产开发有限公司	BBB+	BBB+	A—	中诚信
770	上海证大商业旅游投资发展有限公司	BBB	BBB	A—	中诚信
771	上海金顺房地产有限公司	A	A—	A—	中诚信
772	上海宝廷置业有限公司	BBB+	BBB	A—	中诚信
773	上海金欣联合发展有限公司	BB	BBB	A—	中誉
774	红星美凯龙家居集团股份有限公司	BBB—	BB+	A—	中誉
775	上海永达置业发展有限公司	A+	BBB+	A—	新世纪
776	上海世界贸易商城有限公司	A	A—	A—	华杰
777	上海药谷药业有限公司	BBB	BBB+	A—	华杰
778	上海宝地杨浦房地产开发有限公司	A—	A—	A—	大公
779	上海天祥华侨城投资有限公司	—	BBB+	A—	大公
780	上海鹏利置业发展有限公司	BBB—	A	A—	大公
781	上海西郊庄园资产经营管理有限公司	A—	A—	A—	联合
782	上海锦绣华城房地产开发有限公司	A+	A	A—	远东
783	上海新黄浦置业股份有限公司	A—	A—	A—	远东
784	汤臣海景花园（上海浦东新区）有限公司	—	A—	A—	中诚信
785	上海中融置业集团有限公司	A	A—	A—	中誉
786	上海新长宁（集团）有限公司	A—	A—	A—	中誉
787	上海鹏晨联合实业有限公司	BBB+	BBB	A—	中誉
788	上海尚发房地产发展有限公司	—	—	A—	中誉
789	上海中星（集团）有限公司	A	A	A—	中誉
790	上海世茂股份有限公司	A	A—	A—	中誉
791	上海中环投资开发（集团）有限公司	A—	A—	A—	中誉
792	上海张江微电子港有限公司	A+	A+	A—	新世纪
793	上海顾村房地产开发（集团）有限公司	A	A—	A—	新世纪

（续表）

序号	企 业 名 称	2010 年	2011 年	2012 年	评级机构
794	上海信达银泰置业有限公司	A—	A—	A—	新世纪
795	上海万业企业股份有限公司	AA—	A+	A—	新世纪
796	上海嘉宝实业(集团)股份有限公司	AA—	A+	A—	华杰
797	上海东方金融广场企业发展有限公司	A	A—	A—	中诚信
798	上海银汇房地产发展有限公司	—	—	A—	华杰
799	上海和平饭店有限公司	—	BBB	A—	联合
800	上海市黄浦江行人隧道联合发展有限公司	BBB+	A—	A—	新世纪
801	盛大计算机(上海)有限公司	—	—	A—	大公
802	上海房屋置换股份有限公司	A+	A—	A—	联合
803	上海新闻晚报传媒有限公司	—	A—	A—	联合
804	中国石化集团上海海洋石油局	—	A	A—	鹏元
805	东风日产汽车金融有限公司	BBB	BBB	A—	远东
806	医学之星(上海)租赁有限公司	A	A	A—	远东
807	安吉汽车租赁有限公司	A—	A—	A—	中诚信
808	上海中冶职工医院	A—	A—	A—	中誉
809	上海千年城市规划工程设计股份有限公司	—	—	A—	中誉
810	上海师范大学天华学院	—	BBB+	A—	新世纪
811	上海永达汽车租赁有限公司	A—	A—	A—	新世纪
812	上海蔬菜(集团)有限公司	—	BBB+	A—	新世纪
813	上海新文化传媒集团股份有限公司	—	—	A—	新世纪
814	上海现代物流投资发展有限公司	A+	A	A—	联合
815	锦海捷亚国际货运有限公司	—	A—	A—	联合
816	东方国际物流(集团)有限公司	A—	A—	A—	鹏元
817	长发集团长江投资实业股份有限公司	BBB—	BBB—	A—	中诚信
818	中航国际物流有限公司	A—	A	A—	中诚信
819	上海嘉禾航运有限公司	—	—	A—	新世纪
820	上海圆通速递有限公司	BB	BBB+	A—	新世纪
821	上海华冶钢铁集团有限公司	A+	A	A—	远东
822	上海日东光学有限公司	A—	A—	A—	新世纪
823	大碇电脑配件(上海)有限公司	BBB+	BB+	A—	大公
824	方正科技集团股份有限公司	A—	A—	A—	联合
825	上海电表厂有限公司	—	—	A—	鹏元
826	上海惠普有限公司	A+	A—	A—	远东
827	上海宏和电子材料有限公司	BBB	A—	A—	远东
828	纽福克斯光电科技(上海)有限公司	—	A	A—	远东
829	上海建伍电子有限公司	—	—	A—	中诚信
830	上海合晶硅材料有限公司	A	A	A—	中诚信
831	上海晶盟硅材料有限公司	CCC—	—	A—	中誉

（续表）

序号	企 业 名 称	2010年	2011年	2012年	评级机构
832	液化空气上海有限公司	BBB	BBB	A－	大公
833	上海氯碱化工股份有限公司	BBB－	A－	A－	远东
834	上海中石化三井化工有限公司	BB	BBB＋	A－	中诚信
835	上海天坛助剂有限公司	A－	A－	A－	中诚信
836	上海东昊油品有限公司	A－	A－	A－	中誉
837	上海雅运纺织化工股份有限公司	—	BBB＋	A－	新世纪
838	上海一电集团有限公司	BBB	A－	A－	新世纪
839	上海人民电力设备股份有限公司	A	A＋	A－	新世纪
840	上海汇大机械制造有限公司	—	—	A－	新世纪
841	上海太阳机械有限公司	A	A＋	A－	新世纪
842	上海南大集团有限公司	A＋	A	A－	新世纪
843	上海大侨允德机械工业有限公司	—	—	A－	新世纪
844	龙工(上海)挖掘机制造有限公司	—	A	A－	新世纪
845	上海瑞华(集团)有限公司	A－	A－	A－	新世纪
846	上海申茂电磁线有限公司	—	A－	A－	新世纪
847	上海日立电器有限公司	A－	A－	A－	华杰
848	上海恒锦动力科技有限公司	A	A－	A－	华杰
849	上海飞众汽车配件有限公司	A	A－	A－	华杰
850	上海阿波罗机械股份有限公司	—	A－	A－	华杰
851	上海阀门厂有限公司	—	—	A－	华杰
852	上海东汇集团有限公司	A＋	A＋	A－	大公
853	上海半径电力铜材有限公司	—	BBB	A－	大公
854	力赛佳管道支架技术(上海)有限公司	A－	A－	A－	大公
855	上海艾克森新技术有限公司	—	A	A－	联合
856	上海金旅汽车配件有限公司	A－	A	A－	鹏元
857	上海新旭发机械科技有限公司	—	BBB	A－	鹏元
858	上海理研塑料有限公司	BBB＋	A＋	A－	万隆
859	上海汉虹精密机械有限公司	AA	A＋	A－	万隆
860	中海工业有限公司	A＋	AA－	A－	远东
861	上海凯科阀门制造有限公司	BBB	—	A－	远东
862	上海华新合金有限公司	BBB	A－	A－	远东
863	上海富山精密机械科技有限公司	BBB	A－	A－	远东
864	上海斯可络压缩机有限公司	—	—	A－	远东
865	上海北特科技股份有限公司	—	A＋	A－	远东
866	上海金盾消防安全设备有限公司	AA－	A－	A－	远东
867	上海肯特仪表股份有限公司	—	—	A－	远东
868	上海贵衣缝纫设备有限公司	—	—	A－	远东
869	上海格尔汽车附件有限公司	—	—	A－	远东

（续表）

序号	企 业 名 称	2010 年	2011 年	2012 年	评级机构
870	上海德真工贸有限公司	—	—	A—	远东
871	上海柘中电气股份有限公司	—	BBB—	A—	远东
872	上海 ABB 变压器有限公司	A—	A—	A—	中诚信
873	卡斯马汽车系统(上海)有限公司	BB+	—	A—	中诚信
874	上海胜狮冷冻货柜有限公司	—	BBB+	A—	中诚信
875	日工(上海)工程机械有限公司	BBB+	A	A—	中诚信
876	上海裕生特种线材有限公司	A—	A—	A—	中诚信
877	上海索菲玛汽车滤清器有限公司	A	A	A—	中诚信
878	上海川也电机有限公司	A—	A—	A—	中诚信
879	日泰(上海)汽车标准件有限公司	BB+	BBB+	A—	中诚信
880	上海沪日智能电器有限公司	A—	A—	A—	中誉
881	上海金涌模具有限公司	—	—	A—	中誉
882	上海瑞尔实业有限公司	—	AA	A—	中誉
883	美联钢结构建筑系统(上海)股份有限公司	A—	A—	A—	万隆
884	上海欣世纪幕墙工程有限公司	A—	A—	A—	远东
885	上海明珠石材有限公司	—	A—	A—	远东
886	南方水泥有限公司	BBB—	A—	A—	远东
887	上海华垒石材有限公司	BBB+	BBB+	A—	中诚信
888	上海建筑材料(集团)总公司	A—	A—	A—	中誉
889	上海建工材料工程有限公司	A—	A—	A—	新世纪
890	上海斯米克焊材有限公司	A—	A+	A—	大公
891	上海江南船舶管业有限公司	A—	A—	A—	鹏元
892	基胜工业(上海)有限公司	A	A	A—	中诚信
893	上海永发金属钢管有限公司	A—	A—	A—	新世纪
894	上海林汇塑料制品有限公司	—	A—	A—	大公
895	上海胜华电气股份有限公司	—	BBB+	A—	联合
896	上海胜华电缆厂有限公司	A+	A	A—	联合
897	上海老周红木家具有限公司	—	A—	A—	联合
898	上海胜华特种电缆有限公司	—	—	A—	联合
899	上海元盛食品有限公司	A—	A—	A—	鹏元
900	上海欧祺亚羊绒服饰有限公司	A—	A—	A—	鹏元
901	上海金丝猴食品股份有限公司	A	A	A—	远东
902	上海东隆羽绒制品有限公司	—	BBB	A—	远东
903	上海清美绿色食品有限公司	A—	BBB	A—	远东
904	巨圆纸业(上海)有限公司	A	A—	A—	远东
905	上海马腾新型材料厂	BBB	A—	A—	远东
906	上海佳田药用包装有限公司	A+	A+	A—	远东
907	上海农好饲料有限公司	BBB	BBB+	A—	远东

（续表）

序号	企业名称	2010年	2011年	2012年	评级机构
908	上海晶华粘胶制品发展有限公司	—	BBB—	A—	远东
909	上海双鹿电器有限公司	—	A	A—	远东
910	上海新农饲料有限公司	—	—	A—	远东
911	中粮融氏生物科技有限公司	—	—	A—	远东
912	上海一揽实业有限公司	BBB+	—	A—	远东
913	上海雪榕生物科技股份有限公司	—	A—	A—	远东
914	上海嘉里食品工业有限公司	A—	A—	A—	中诚信
915	上海丰科生物科技股份有限公司	—	A+	A—	中诚信
916	箭牌糖类(上海)有限公司	A+	A+	A—	中诚信
917	上海晨冠乳业有限公司	—	BBB	A—	中诚信
918	上海博格工业用布有限公司	A—	A—	A—	中诚信
919	上海海虹实业(集团)有限公司	—	—	A—	中誉
920	金井特线工业(上海)有限公司	BB	A+	A—	新世纪
921	上海龙头(集团)股份有限公司	BBB+	BBB+	A—	新世纪
922	普利茂斯永乐胶带(上海)有限公司	BBB—	BBB	A—	新世纪
923	上海华潮丽恒电器有限公司	A+	A—	A—	新世纪
924	上海虎生电子电器有限公司	BBB+	A—	A—	新世纪
925	上海交大昂立股份有限公司	A—	—	A—	新世纪
926	上海景峰制药有限公司	BBB	BBB+	A—	华杰
927	上海欧卡纺织品特种整理有限公司	A+	—	A—	华杰
928	上海古鳌电子科技股份有限公司	—	A	A—	华杰
929	好丽友食品(上海)有限公司	—	A—	A—	华杰
930	宝钢钢构有限公司	—	—	A—	华杰
931	上海中河金属加工有限公司	BBB+	BBB+	A—	华杰
932	中海集装箱运输股份有限公司	A—	AA	A—	中诚信
933	上海浦东新区杨高公共交通有限公司	—	A	A—	中诚信
934	上海奉贤大众汽车客运有限公司	A+	A+	A—	新世纪
935	上海浦东新区金高公共交通有限公司	A—	A—	A—	新世纪
936	上海海博出租汽车有限公司	A	A	A—	华杰
937	上海阳晨投资股份有限公司	BBB	BBB	A—	大公
938	上海外高桥第三发电有限责任公司	A—	A—	A—	万隆
939	上海松江车墩自来水厂	—	—	A—	远东
940	上海市自来水闵行有限公司	A—	A—	A—	中诚信
941	上海大众燃气有限公司	A—	A—	A—	中诚信
942	上海奉贤燃气有限公司	—	—	A—	中诚信
943	上海上电漕泾发电有限公司	BBB+	A—	A—	中诚信
944	上海奉贤燃机发电有限公司	BBB	BBB+	A—	中誉
945	上海同岳租赁有限公司	BBB	A—	A—	万隆

（续表）

序号	企 业 名 称	2010年	2011年	2012年	评级机构
946	聚信国际租赁有限公司	—	A—	A—	远东
947	美联信金融租赁有限公司	BBB—	BBB	A—	中诚信
948	上海永达路捷汽车销售服务有限公司	—	—	A—	大公
949	上海均瑶(集团)有限公司	A—	A+	A—	远东
950	上海城隍珠宝有限公司	A	A	A—	中誉
951	联强国际贸易(中国)有限公司	BBB+	—	A—	大公
952	上海物资贸易股份有限公司	A+	A	A—	联合
953	上海隆丰汽车零部件有限公司	—	—	A—	联合
954	沃尔沃汽车销售(上海)有限公司	A	A—	A—	联合
955	上海亚一黄金珠宝销售有限公司	A—	—	A—	联合
956	上海建浦进出口有限责任公司	AA—	AA—	A—	联合
957	上海外高桥医药分销中心有限公司	A—	A—	A—	联合
958	上海恩斯凯轴承有限公司	A—	A—	A—	联合
959	上海富天健粮油贸易有限公司	BBB+	A—	A—	鹏元
960	上海怡康化工材料有限公司	A+	A—	A—	万隆
961	艾迪科(上海)贸易有限公司	—	—	A—	万隆
962	上海南方全维科技发展有限公司	—	—	A—	万隆
963	上海光电塑纤通信有限公司	—	—	A—	万隆
964	上海郑隆汽车销售有限公司	AA—	A+	A—	远东
965	上海嘉远拜力投资管理有限公司	—	—	A—	远东
966	松下电器(中国)有限公司上海分公司	BBB+	A—	A—	中诚信
967	上海三凯进出口有限公司	A—	A—	A—	中诚信
968	上海浦顺进出口有限公司	A	A—	A—	中诚信
969	开德阜国际贸易(上海)有限公司	—	BBB+	A—	中诚信
970	帕太国际贸易(上海)有限公司	—	—	A—	中诚信
971	上海医药工业有限公司	A	A	A—	中诚信
972	万向资源有限公司	A—	A—	A—	中诚信
973	上海热浪实业有限公司	A	A	A—	中誉
974	上海伊禾农产品科技发展股份有限公司	BBB	BBB+	A—	中誉
975	上海益森园艺用品有限公司	—	BBB	A—	新世纪
976	人本集团上海轴承有限公司	A—	A+	A—	新世纪
977	上海凯琳实业有限公司	A—	A	A—	新世纪
978	上海森村贸易有限公司	—	BBB	A—	新世纪
979	国药控股分销中心有限公司	A+	A+	A—	新世纪
980	欧士机(上海)精密工具有限公司	—	BBB+	A—	新世纪
981	明朗国际贸易(上海)有限公司	A	BBB	A—	华杰
982	上海晋能国际贸易有限公司	A—	A—	A—	华杰
983	上海东铃商贸有限公司	—	A—	A—	华杰

（续表）

序号	企 业 名 称	2010年	2011年	2012年	评级机构
984	上海石洞口围堤开发工程有限公司	—	—	A—	鹏元
985	中机国能电力工程有限公司	—	—	A—	鹏元
986	中城建第九工程局有限公司	BBB	A—	A—	远东
987	上海云峰建设有限公司	A	A—	A—	远东
988	上海龙人石业装饰有限公司	—	—	A—	远东
989	中国核工业第五建设有限公司	A—	A—	A—	中诚信
990	上海贝电实业(集团)股份有限公司	—	—	A—	中诚信
991	红阳建设集团有限公司	A	A+	A—	新世纪
992	上海叠加建设发展有限公司	A—	A	A—	新世纪
993	宝钢工程技术集团有限公司	—	—	A—	新世纪
994	中冶天工上海十三冶建设有限公司	A	A	A—	新世纪
995	上海泛华工程有限公司	A+	—	A—	新世纪
996	国电太阳能系统科技(上海)有限公司	—	BBB—	A—	新世纪
997	上海嘉实(集团)有限公司	A	A+	A—	华杰
998	上海空间推进研究所	A	A+	A—	华杰
999	上海外环隧道建设发展有限公司	BBB+	BBB+	A—	大公
1000	上海国际汽车城新安亭联合发展有限公司	A+	A—	A—	联合
1001	上海基础设施建设发展有限公司	A	BBB	A—	万隆
1002	上海奉贤南桥新城建设发展有限公司	A—	BBB	A—	远东
1003	上海市滩涂造地有限公司	A+	A—	A—	中诚信
1004	上海松江城镇建设投资开发有限公司	A—	A—	A—	中诚信
1005	上海公路建设总公司	A—	A—	A—	中诚信
1006	上海青浦投资有限公司	A—	A—	A—	中誉
1007	上海长兴岛开发建设有限公司	—	A—	A—	中誉
1008	上海市松江区建设投资开发总公司	A—	A—	A—	新世纪
1009	上海卢浦大桥投资发展有限公司	A—	A—	A—	华杰
1010	上海申渝公路建设发展有限公司	A—	A	A—	华杰
1011	上海环境集团有限公司	—	A—	A—	华杰
1012	上海翔殷路隧道建设发展有限公司	A—	A—	A—	华杰
1013	上海嘉定轨道交通建设投资有限公司	BBB	BBB+	A—	华杰
1014	上海中城联盟投资管理有限公司	BBB+	BBB+	A—	大公
1015	上海化学工业区投资实业有限公司	A—	A—	A—	联合
1016	上海临港经济发展集团投资管理有限公司	A	A—	A—	联合
1017	上海海外联合投资股份有限公司	A—	A—	A—	远东
1018	上海大华企业发展有限公司	—	A—	A—	远东
1019	梅塞尔格里斯海姆(中国)投资有限公司	—	—	A—	中诚信
1020	舍弗勒投资(中国)有限公司	—	—	A—	中诚信
1021	卡博特(中国)投资有限公司	—	—	A—	中诚信

（续表）

序号	企 业 名 称	2010年	2011年	2012年	评级机构
1022	上海汤臣房地产开发有限公司	—	—	A—	中诚信
1023	上海悦达新实业集团有限公司	BBB	A—	A—	中誉
1024	上海新世界(集团)有限公司	A—	A—	A—	中誉
1025	上海外滩投资开发(集团)有限公司	—	A—	A—	新世纪
1026	上海徐房(集团)有限公司	A—	A	A—	新世纪
1027	上海大众联合发展有限公司	A—	A—	A—	华杰
1028	上海漕河泾开发区新经济园发展有限公司	A	A	A—	联合
1029	上海综合保税区联合发展有限公司	A—	A—	A—	联合
1030	上海开创企业发展有限公司	BBB+	BBB	A—	联合
1031	上海同济科技实业股份有限公司	A—	A—	A—	万隆
1032	上海市外高桥保税区新发展有限公司	A—	A—	A—	中诚信
1033	上海外高桥(集团)有限公司	A—	A—	A—	中诚信
1034	上海外高桥物流中心有限公司	A	A—	A—	新世纪
1035	上海金山铁路有限责任公司	—	—	A—	远东
1036	上海白龙港污水处理有限公司	A—	—	A—	中诚信
1037	上海南汇轨道交通投资有限公司	—	A—	A—	新世纪
1038	上海浦东现代产业开发有限公司	BBB+	BBB+	A—	新世纪
1039	上海崇启通道建设发展有限公司	—	A	A—	华杰
1040	上海伦达投资集团有限公司	—	BBB+	A—	大公
1041	东方明珠安舒茨文化体育发展(上海)有限公司	—	BBB+	A—	大公
1042	上海交大教育服务产业投资管理(集团)有限公司	A	A	A—	中诚信
1043	文通钾盐集团有限公司	—	—	A—	中诚信
1044	上海同济科技园有限公司	BBB+	A	A—	中诚信
1045	上海杰事杰新材料(集团)股份有限公司	A—	BBB—	A—	中誉
1046	光明食品集团上海长江总公司	BBB+	A—	A—	中誉
1047	上海金明投资集团有限公司	A	A—	A—	新世纪
1048	上海爱建股份有限公司	BBB	BBB	A—	新世纪
1049	上海海得控制系统股份有限公司	AA—	—	A—	华杰

三、2012年度上海金融创新奖获奖项目名单

(一) 2012年度上海金融创新成果奖

一等奖

1. 非上市股份有限公司股份转让制度体系(上海股权托管交易中心股份有限公司)
2. 金融期货仿真平台(中国金融期货交易所股份有限公司)
3. “张江模式”科技型企业综合金融服务方案(中国银行股份有限公司上海市分行)
4. 华泰柏瑞沪深300ETF(华泰柏瑞基金管理有限公司)
5. 上海轨道交通网络运营第三方安全评估(中国太平洋保险(集团)股份有限公司)

二等奖

1. 中国黄金市场租借业务的实践与创新(上海黄金交易所)
2. 中小企业私募债券业务试点(上海证券交易所)
3. 银联闪付产品(中国银联股份有限公司)
4. 小微企业城市商业合作社(中国民生银行股份有限公司上海分行)
5. 行云结算卡(中国农业银行股份有限公司上海市分行)
6. 人民币黄金远期交易产品(澳大利亚和新西兰银行(中国)有限公司)
7. 跨境人民币账户融资综合服务创新(上海浦东发展银行股份有限公司)
8. 基于数据挖掘算法的证券客户行为特征分析技术及其应用(海通证券股份有限公司)
9. 程序化高频交易套利系统(申银万国期货有限公司)
10. 养老金电子商务综合服务平台(长江养老保险股份有限公司)

三等奖

1. 银行间债券市场现券交易净额清算(银行间市场清算所股份有限公司)
2. 利率互换交易确认、冲销综合服务(中国外汇交易中心)
3. “RTGS”实时逐笔全额结算(中国证券登记结算有限公司上海分公司)
4. 期货市场流动性指数(上海期货交易所)
5. 新一代信托业务系统建设项目(上海国际信托有限公司)
6. “龙行天下”出境游综合服务(中国建设银行股份有限公司上海市分行)
7. “吉祥三宝”中小企业服务模式(上海浦东发展银行股份有限公司中小企业业务经营中心)
8. 小微企业授信自动化审批系统(上海农村商业银行股份有限公司)
9. 产业债债券型证券投资基金(富国基金管理有限公司)
10. 全天候第三方存管服务体系(东方证券股份有限公司)
11. 现金管家货币集合资产管理计划(上海国泰君安证券资产管理有限公司)
12. 资本项下跨境人民币增资业务实践及创新(太平养老保险股份有限公司)
13. “神行太保”智能移动保险生态系统(中国太平洋人寿保险股份有限公司)

14. “骏合速贷”特色微型贷款业务(上海松江骏合小贷股份有限公司)
15. “易贷通”小微企业信用融资担保产品(上海联合融资担保有限公司)

提名奖

1. “iTM”远程智能柜员机系统(交通银行股份有限公司)
2. 社保缴费通项目(中国工商银行股份有限公司上海市分行)
3. 国内首笔 SHIBOR 计价招标型银团贷款(中信银行股份有限公司上海分行)
4. “慧财”人民币易精灵贵宾专属理财产品(上海银行股份有限公司)
5. 宝时达现货交易小企业网络贷(华夏银行股份有限公司上海分行)
6. 理财基金(汇添富基金管理有限公司)
7. 华安鑫系列理财基金(华安基金管理有限公司)
8. A 股挂钩结构性产品业务(光大证券股份有限公司)
9. 金融衍生品联合风险控制系统(海通期货有限公司)
10. 创新再担保机制助力中小企业打开直接融资之门(上海市再担保有限公司)

(二) 2012 年度上海金融创新推进奖

推进奖

1. 抓住关键实现上海金融对外开放新突破(中国人民银行上海分行)
2. 上海银行业创新自评估与创新报告(中国银行业监督管理委员会上海监管局)
3. 综合推动上海辖区证券公司创新转型(中国证券监督管理委员会上海监管局)
4. “上海国际航运保险中心”建设(中国保险监督管理委员会上海监管局)
5. 在沪跨国公司外汇资金池试点与深化国际贸易结算中心试点(国家外汇管理局上海市分局)

提名奖

上海证券交易结算机构审计创新与实践(审计署驻上海特派员办事处)

索　引

D

F

K

L

M

N

P

Q

R

S

T

Y

Z

图书在版编目（CIP）数据

上海金融年鉴.2013/《上海金融年鉴》编辑部编.
上海：上海人民出版社,2013
ISBN 978-7-208-11930-7

Ⅰ.①上… Ⅱ.①上… Ⅲ.①地方金融事业—上海市—2013—年鉴 Ⅳ.①F832.751-54

中国版本图书馆CIP数据核字(2013)第276362号

责任编辑　顾兆敏
封面装帧　陈　楠

上海金融年鉴
(2013)
《上海金融年鉴》编辑部 编
世纪出版集团
上海人民出版社出版
（200001　上海福建中路193号　www.ewen.cc）
世纪出版集团发行中心发行
上海中华印刷有限公司印刷
开本889×1194　1/16　印张46.25　插页41　字数1,381,000
2013年12月第1版　2013年12月第1次印刷
ISBN 978-7-208-11930-7/F·2202
定价　300.00元

凝聚资本智慧
共拓非凡价值
股权融资 / 债权融资 / 兼并收购 / 证券经纪
资产管理 / 研究 / 证券投资 / 期货 / 直接投资

光明食品（集团）有限公司

BRIGHT FOOD (GROUP)CO.,LTD.

光明食品（集团）有限公司是一家集现代农业、食品加工制造以及食品分销为一体，具有完整食品产业链的综合性的大型食品产业集团。形成上游原料资源、中间生产加工、下游流通渠道全过程控制，从“田头到餐桌”的食品全产业链。

2012年集团实现营业收入906亿元，实现利润总额37.49亿元，到2015年，集团力争实现营业收入1300亿元。

集团以糖业、乳业、酒业、综合食品制造业、品牌代理业、连锁零售业和现代农业为核心业务，以房地产和出租汽车为支撑业务，以食品包装、食品物流、电子商务、保健食品为培育业务。

其中糖业位居中国第一，乳业位居中国第三，黄酒业领先中国同行，品牌食品代理业位居中国行业首位，综合食品制造业、连锁零售业、现代农业位居中国同行前列。

目前，集团拥有光明乳业、金枫酒业、梅林股份、海博股份等4家上市企业；拥有光明、冠生园、梅林、大白兔、石库门、和酒等6大中国驰名商标和中国名牌产品，以及玉棠、海丰、爱森、佛手、正广和等36个上海市著名商标、上海市名牌产品；各类连锁销售网点近5000家，业务网络覆盖全国。同时，集团大力实施走出去战略，通过引进国际资源、布局全球网络、沟通全球市场和加强国际协同，不断塑造光明食品集团国际品牌形象。集团拥有新西兰新莱特乳业、英国维多麦食品公司、澳大利亚马纳森食品公司、法国DIVA波尔多公司等海外企业，分布在澳洲、欧洲、北美的渠道终端超过11700家。

集团全面普及使用GS1国际标准码系统和食品质量追溯系统，全面应用食品安全监测设备和技术，大力发展循环农业和节能环保食品工业，从食品源头上建立了覆盖整个光明食品集团安全保障体系。

光明食品集团收购英国weetabix股权

光明食品集团参加全国社会责任报告发布会

光明食品集团所属糖酒集团与DIVA波尔多股权交割仪式顺利完成

光明集团与澳大利亚玛纳森食品集团正式签署战略合作协议

◎绿色◎环保◎营养◎
石库门
良心品質
绿色生産
光明食品　愛心制作　安全衛生　健康伴侶

中海财务公司成功完成集团跨国公司总部外汇资金集中运营管理试点首笔交易

中海集团与昆仑银行签署战略合作协议

永德捐助仪式

中海财务
CHINA SHIPPING FINANCE

中海集团财务有限责任公司系经中国银行业监督管理委员会批准，由中国海运（集团）总公司及下属中海集装箱运输股份有限公司、中海发展股份有限公司、广州海运（集团）有限公司、中海（海南）海盛船务股份有限公司共同出资六亿元人民币设立的企业集团财务公司。

公司紧紧围绕集团“百年中海，世界一流”目标，以“依托集团、服务集团”为经营宗旨，以“规范、稳健、服务、发展”为经营方针，以“运作规范、管控有效、客户信赖、员工敬业的一流财务公司”为公司愿景，以“精益求精”为工作理念，不断提高资金运行效率与效益，努力为成员单位提供优质、高效、便捷的金融服务。

中海财务作为非银行金融机构，主要经营经银监会批准的13项经营业务，主要包括吸收成员单位包括上市公司的存款、为集团成员提供结算、贷款、票据贴现、融资租赁、委托贷款、信用鉴证、保险等相关的咨询、代理业务、同业存款、同业拆借、承销成员单位企业债券、有价证券投资等金融服务。

值得托付的
理财专家
中泰信托秉承诚信敬业理念，以创新精神
服务客户，持续为客户创造更多价值！
pg up

昆山钞票纸业有限公司

昆山钞票纸业有限公司位于江苏省昆山市国家级经济技术开发区，系中国印钞造币总公司所属钞票纸生产企业。昆山钞票纸业有限公司主营钞票纸系列产品的研制、开发、生产以及质量检测和真伪鉴别，兼营防伪证券纸、艺术水印纸、高级印刷纸、防伪印制产品等的研制、开发、生产销售和咨询服务等。

昆山钞票纸业有限公司将“提供优质产品，确保央行发行，实现员工愿景，真诚回报社会”作为企业的神圣使命，以“成为世界上有竞争力的钞票纸及其他防伪纸的供应商”为远景目标，以“朴实精进，纸求更好”为企业精神，以“成事之胸怀、成功之愿望、成人之美德、成就之能力”之“四成”精神境界，及“合心谋事、合力共事、合作共赢、合和发展”之“四合”工作状态，坚持科技兴企战略，推动公司朝“高新企业”方向发展，取得了可喜的成绩。从1998—2012年，累计有15项科研成果通过部级鉴定，其中有5项成果达到国际先进水平，6项成果达到国内领先，4项成果为国内先进，有6项获得银行科技发展奖。2000年以来，先后通过了ISO9001、ISO14001、OHSAS18001、ISO10012四大体系第三方认证，成功地运用ERP管理模块进行管理，实现了企业的办公自动化，并通过了印制行业企业管理优化型达标验收。企业为苏州、昆山地区纳税大户，从1998—2012年累计纳税达13多亿元。昆山钞票纸业有限公司曾荣获全国金融系统先进单位、国家首批环境友好企业、全国模范劳动关系和谐企业、中华全国总工会模范职工之家、江苏省文明单位标兵、江苏省五一劳动奖状等荣誉称号。昆山钞票纸业有限公司愿以优良的装备、雄厚的技术、良好的信誉和优质的产品竭诚为国内外新老客户服务。

法定代表人：安栓印　　电 话：0512-57703333　　传 真：0512-57702033

交通银行金融研究中心简介

交通银行金融研究中心（BFRC）负责开展交行改革发展、经济金融、产业发展等方面的研究，编辑《新金融》期刊，并管理博士后科研工作站，拥有一支以交通银行首席经济学家为首的三十余人的研究队伍。中心迄今已发表各类研究报告数百份，在《金融研究》等专业报刊发表文章数百篇，出版专著8部。承担了中央部委、国家社科基金和地方政府的一批重大、重点课题的研究任务。首席经济学家每年进入中南海出席国务院主要领导主持召开的专家会议，经常出席相关宏观管理部门组织的专家咨询会议，为高层决策提供建议。中心为交通银行赢得了业界肯定和良好声誉，成立以来先后获得了 “最具研究能力银行”、“年度机构首席经济学家”等近三十多个奖项。

2012年度所获奖项

行业发展研究委员会卓越贡献奖（集体）	中国银行业协会 CHINA BANKING ASSOCIATION
行业发展研究委员会卓越贡献奖（个人）	中国银行业协会 CHINA BANKING ASSOCIATION
最具研究能力银行	银行家 The Chinese Banker
最佳研究银行	中国金融高峰论坛
年度预测金融机构	第一财经 CBN | 第一财经日报
年度机构首席经济学家	第一财经 CBN | 第一财经日报
最具财富经济学家奖	亚洲财富论坛

上海金融学院 SHANGHAI FINANCE UNIVERSITY 保险学院

上海金融学院保险学院是在1981年设立的原上海银行学校国际保险班的基础上发展起来的，是我国高等院校中较早建立的保险系科。2009年1月，根据学科发展以及进一步做大做强保险与社会保障学科的需要，上海金融学院设立保险学院，是在国内高校中继西南财经大学、中央财经大学、对外经贸大学之后设立的第四家保险学院。学院下设保险系、精算系、社会保障系和保险研究所，设置保险（保险方向和精算方向）、劳动与社会保障两个本科专业，并与美国TOWSON大学的精算和风险管理专业进行“1+2+1”学位合作项目，致力于培养具有国际化视野的应用型、复合型金融保险人才。

学院现有专业教师18人，是一支具有资深保险从业与管理实务经验的“双师型”教师队伍。其中，教授3人，副教授7人；具有博士学位的教师10人；具有海外背景的教师占35%；拥有中国精算师、准精算师、金融风险管理师、保险经纪人、经济师等专业资格证书的教师占22%；具有行业背景的教师占比为60%。

近年来，学院完成国家社会科学基金课题3项，省部级课题2项，市级课题6项；出版专著6本，公开发表72篇论文，其中核心期刊上论文32篇。多项研究成果获得实务部门好评并实现了成果转化。此外，学院主办和承办了多项国内外学术论坛，如亚太保险教育培训论坛、中日社会保障学术论坛、中国社会保障30人论坛暨全国社会保障教研学术峰会等。

学院立足高校服务社会，积极开展横向课题研究，为地方政府、金融保险机构提供决策咨询服务；与平安养老、紫金保险、中国人保、中国人寿、大众保险等多家保险公司在合作办学、教师挂职、项目研究以及培训方面开展紧密合作。

《2013上海金融年鉴》长三角金融会议
宁波 2013年4月10日
热烈欢迎参加《2013上海金融年鉴》长三角金融组稿会议代表

《2013上海金融年鉴》工作会议
浙江嘉兴 2013.6.6